Das Buch

«Was Jahrhunderte lang die Festigkeit der katholischen Kirche zu sein schien, dieses Monolithische und hierarchisch Unangreifbare, das macht heute ihre Schwäche aus.» Darum muß der, der wie Drewermann an dem gegenwärtigen Zustand der katholischen Kirche etwas ändern will, bei der Gruppe von Menschen beginnen, die zentral die Kirche Christi verkörpern: bei den Klerikern. Mit Vehemenz greift er die oft menschenverachtenden Machtstrukturen der Kirche an, die statt Erlösung Angst und statt Freiheit Abhängigkeit erzeugen. Er kämpft «aus der Wahrheit der modernen Seelenlehre gegen die krankmachende Kirche» und plädiert für eine Theologie des Glücks und für das Recht auf Eros auch für Priester und Ordensfrauen. Drewermann möchte die heilenden und erlösenden Dimensionen des Glaubens neu erschließen. Dies kann seiner Ansicht nach heute jedoch nur gelingen, wenn existenzphilosophische und tiefenpsychologische Erkenntnisse mit eingebracht werden. Alle Ausdrucksformen der klerikalen Lebensweise müßten neu interpretiert werden, bis sichtbar wird, wieviel an Therapeutischem auch im psychoanalytischen Sinne in ihr enthalten ist. Dabei wird deutlich werden, daß die Theologie durch die Tiefenpsychologie bereichert und vertieft werden kann und daß so die Seelsorge erheblich an Fähigkeit zu wirksamer Lebenshilfe gewinnen wird. Ein größerer Dienst kann der klerikal geprägten Kirche kaum erwiesen werden.

Der Autor

Eugen Drewermann, 1940 in Bergkamen bei Dortmund geboren, studierte Philosophie in Münster, Theologie in Paderborn und Psychoanalyse in Göttingen und habilitierte sich in katholischer Theologie. Er war Priester und Dozent in Paderborn, bis er wegen seiner grundlegenden Kirchenkritik in Auseinandersetzung mit der katholischen Amtskirche geriet. Er ist seitdem als Schriftsteller und Psychotherapeut tätig. Veröffentlichungen u.a.: «Grimms Märchen tiefenpsychologisch gedeutet» (10 Bände, 1981–1990), «Psychoanalyse und Moraltheologie» (3 Bände, 1982–1984), «Tiefenpsychologie und Exegese» (2 Bände, 1984–1985), «Das Markusevangelium» (2 Bände, 1987–1988), «Ich steige hinab in die Barke der Sonne» (1989), «Was uns Zukunft gibt» (1991), «Das Matthäusevangelium» (1992), «Worum es eigentlich geht» (1992), «Giordano Bruno oder Der Spiegel des Unendlichen» (1992).

Eugen Drewermann:
Kleriker
Psychogramm eines Ideals

Deutscher
Taschenbuch
Verlag

Von Eugen Drewermann
sind im Deutschen Taschenbuch Verlag erschienen:
Lieb Schwesterlein, laß mich herein
Grimms Märchen tiefenpsychologisch gedeutet (35050)
Rapunzel, Rapunzel, laß dein Haar herunter (35056)

Ungekürzte Ausgabe
1. Auflage Oktober 1991 (dtv 11443)
5. Auflage Dezember 1992: 131. bis 145. Tausend
Deutscher Taschenbuch Verlag GmbH & Co. KG, München

ISBN 3-530-16902-1
Umschlaggestaltung: Celestino Piatti
Umschlagabbildung: Bildarchiv Preußischer Kulturbesitz, Berlin
(Caspar David Friedrich: Abtei im Eichwald)
Satz: Jung Satz Centrum GmbH, Lahnau
Druck und Bindung: C. H. Beck'sche Buchdruckerei, Nördlingen
Printed in Germany · ISBN 3-423-30010-8

Nur wer sich selbst entfaltet, bewirkt Gutes.

Buddhistisches Sprichwort

Für Florence Boensch

Inhalt

Vorwort
Der Pfarrherr von Ozeron oder: Das Ziel ist nicht der Ausgangspunkt

«Unter der üppigen Sonne und dem sattgrünen Laub von Ozeron schweigen die Grille, die Grasmücke und die Amsel, um der Stimme des ... Sängers ... zuzuhören:

In supremae nocte cenae
Recumbens cum fratribus ...
(Als beim letzten Abendmahle
Er mit seinen Brüdern lag)

So hast Du dich, o Herr, mit uns zu Tisch gesetzt, in der Nacht des letzten Abendmahls, und Du hast uns Deine Brüder genannt. – Der Wind fließt wie Wasser, die Haselnüsse schwellen, Binsen, Minze, Gras und Glockenblumen bedecken die staubige Straße. In einem wiegenden Auf und Ab kommt die Prozession vorüber. Die Füße der Kinder eilen bald vorwärts, bald halten sie ein. Und das Banner mitten auf der Straße schreitet stetig voran. Gestern geschnittene Zweige, die noch voll Leben sind, spannen ein grünes Netz über die Mauern. Die Getreidefelder stehen gerichtet wie herrliche Tische:

Observata lege plene
Cibis in legalibus ..
(Streng in Wahrung des Gesetzes
Bei den vorgeschriebenen Speisen)

Hier sind Rosen, ein Sturz von Rosen an der Ecke des alten Turmes, ein Sturz von roten Rosen, wie wenn es Feuer geregnet hätte. Hier stehen zwei Lilien zwischen zwei rötlich brennenden Kerzen. Eine kleine Katze legt ihren Schwanz um sich herum, wobei das untere Ende sich ringelt. Und der gute Hund, dem die Kinder das Ehrenkreuz verliehen haben, betrachtet den Zug. Sein schöner Schweif wedelt hin und her, er ist ein wenig erstaunt. All das nimmt Teil zum Ruhm des Himmels, der keine Kreatur verachtet, den Hund oder die Katze so wenig wie die Wespe, die dem Holzbock unter der Eiche Schlachten liefert:

Cibum turbae duodenae
Se dat suis manibus ...

(Gab als Speise er den Zwölfen
Selber sich in ihre Hand.)
Selige Melodie! O Du, der Du mit eigenen Händen Deinen Auserwählten zu essen gibst: wir brauchen nur noch in die Ewigkeit einzugehen.»
Mit diesen Worten schilderte der baskische Dichter FRANCIS JAMMES in seinem Roman *«Der Pfarrherr von Ozeron»* vor mehr als einem halben Jahrhundert eine Fronleichnamsprozession.[1] Sie bildete für ihn den Hintergrund, sie war für ihn der Ausdruck der Realität dessen, was die Gestalt eines Priesters, eines «Pfarrherrn», in seinen Augen ausmachte. Ein Priester, wie FRANCIS JAMMES ihn zeichnet, ist Symbol, Repräsentant, ja geistiger Garant einer Welt, die trotz aller Schwachheit und Schuld der Menschen aus den Händen Gottes nie herausgefallen ist. Allen Dingen, allen Lebewesen entsteigt in der Dichtung FRANCIS JAMMES' ein Lobgesang des Glücks und der Schönheit und das nie endende Preislied einer warmherzigen Dankbarkeit für das Geschenk des Daseins. Mag sich dieses Leben im Untergrund auch durch Kampf und Tod erhalten, so preist selbst der geschnittene Strauch mit seiner letzten Kraft noch die Erscheinung seines Schöpfers im Vorübergang. Alles, was lebt, streicheln und umfangen wie ein zärtlicher Wind die unsichtbaren Hände Gottes; die Gestalt eines Priesters aber sollte dem Unsichtbaren, dem Göttlichen, menschliche Faßbarkeit und Greifbarkeit verleihen, indem sich in ihr die flammende Rosenröte der Liebe und Leidenschaft vereint mit der Lilienweiße der Reinheit und Unschuld. Ein Priester sollte der Ort sein, an dem sich Gott zum Brot des Menschen wandelt, indem er seine Größe und Erhabenheit abstreift und als alltägliche Speise in unser Menschenmaß eintritt; und umgekehrt: ein Priester sollte durch sein segnendes Gebet das Brot der Menschen heiligen und zum Erscheinungsort des Göttlichen verklären: die ganze Welt als Sakrament, ein jedes ihrer Teile als Bildwort und Gebärde eines göttlichen Geheimnisses, ein jeder Ort in ihr als ahnbare Anwesenheit des Ewigen, so daß der Gesang des Priesters aufhebt und verkündet, was schweigend, wortlos, stumm in dem Konzert der Laute aller Lebewesen anklingt: das Einvernehmen einer Brüderlichkeit aller Kreaturen, die ganze Welt als Saal des letzten Abendmahles, und jede Dorfschaft, jeder Weiler schon jetzt ein Vorort, ein Bezirk des himmlischen Jerusalems. Unter den Händen eines Priesters, wie FRANCIS JAMMES ihn sieht, finden alle Dinge zurück in ihr Gleichmaß und atmen den Frieden des Himmels; unter seinem Wort gewinnen die Verzweifelten Mut, erfahren die Schuldigen Vergebung und erlangen die Sterbenden Hoffnung; unter seinen Augen wird die Welt durchsichtig bis zum Grund und läßt mitten in allem Dunkel ein Stückchen Sternenschein durchschimmern. «Ozeron» in diesem

Sinne ist überall, wo ein Priester die Seelen von Menschen berührt und sie einlädt, ihr Leben als einen solchen Weg der Heiligung und der Danksagung zu verstehen, als eine Weltbrüderschahft, die nur darauf wartet, im Augenblick des Todes hinüberzugehen in jene Sphäre des Ewigen, die uns in dem heiligen Mahle verheißen ist. – Und doch liegt «Ozeron» uns Heutigen unendlich fern.

Wohl wäre es verlockend und schön, unter der Anleitung eines aufrichtig frommen Menschen und Dichters wie FRANCIS JAMMES in derartigen Betrachtungen über das Wesen des Priesters fortzufahren. Für den französischen Dichter selbst waren Gedanken dieser Art so wichtig, daß er unter der poetischen Spiritualität PAUL CLAUDELS selber nach Jahren des Leids und der Ratlosigkeit zum Katholizismus konvertierte.[2] Er hatte ein solches Verlangen nach einer Welt, wie sie sein müßte, um vom Göttlichen Zeugnis zu geben: nach einer Welt, die priesterlich bestimmt ist in ihrer Kraft, alles, was lebt, in seinem Dasein zu heiligen, in seinem Bemühen zu segnen, in seinem Fehlen zu ergänzen und in seinem Wollen zu reinigen! Es wäre so nötig, von dieser Welt des FRANCIS JAMMES etwas für die Gegenwart zurückzuholen; doch es geht nicht unmittelbar. Denn es führt offensichtlich von der Dichtung dieses liebenswürdigen, mitleidigen und gütigen Dichters kein direkter Weg mehr in die Wirklichkeit. Der Grund dafür liegt nicht so sehr in dem zeitlichen Abstand, der uns Heutige von der dörflichen Idylle des südfranzösischen «Ozeron» trennt, wo die Schwalben wie Götterboten den Kirchturm umspielten und der Kuß aller Liebenden nahe am Munde Gottes war; er liegt in einer tiefgreifenden geistigen Veränderung, die an die Gestalt eines Priesters vielleicht nicht andere, wohl aber entschiedenere Ansprüche stellt.

Bereits GEORG BERNANOS bemerkte im *«Tagebuch eines Landpfarrers»*, daß die Zeiten offenbar vorüber seien, in denen man noch wirkliche «Pfarrherrn» von der Statur des Pfarrers von Torcy in die Gemeinden schickte; aus Mangel an geeigneten Kräften sei es heute üblich geworden, statt dessen «Chorknaben» in den Weinberg des Herrn zu rufen.[3] – Das galt bereits vor mehr als 50 Jahren! Die Wahrheit dieser Bemerkung besteht jedoch nicht in einer anwachsenden Neurasthenie der heranwachsenden Priester, sondern in der einfachen Tatsache, daß die Zeiten endgültig der Vergangenheit angehören, in denen der «Herr Pfarrer» als offizieller Hüter der öffentlichen Ordnung, als später Abgesandter des Ersten Standes gewissermaßen, das geistige Zentrum des Lebens (s)einer (Dorf-)Gemeinde bildete. Es wird heute, exakt 200 Jahre nach der Französischen Revolution, so leicht niemand mehr etwas um das Wort eines Pfarrers geben, nur weil er ein Pfarrer ist; der

Kredit des Vertrauens ist von allem Amtlichen und Beamteten weg radikal übergegangen auf die Frage, was für ein Mensch jemand ist, und *das* allerdings macht es unmöglich, die Sprache des FRANCIS JAMMES, des GEORG BERNANOS oder des PAUL CLAUDEL anders noch denn als eine Sprache der Sehnsucht zu verstehen.
Gerade im zeitlichen Abstand zeigt sich das Faktum in überdeutlicher Schärfe: es ist gegenüber der Institution des katholischen Priesters bis in die Tiefe des Gefühls eine fundamentale Entzauberung eingetreten, eine Entmythologisierung des gesamten Standes der «Kleriker», eine Säkularisierung in der Art der Wahrnehmung ebenso wie im praktischen Verhalten, und dieser Wandel ist gleichbedeutend und realidentisch mit einer wesentlichen Verinnerlichung des gesamten religiösen Lebens. Nicht, daß es die sogenannte «Volkskirche» bis auf einen Archipel von stehengebliebenen katholischen Inseln nicht mehr gibt, ist das Problem des heutigen Klerikerstandes; umgekehrt: was den Status der «Volkskirche» tödlich untergräbt und jede Rückkehr dorthin unmöglich macht, ist der geistig bedingte Widerwille gegen jede nur äußerlich gestützte Ordnung, gegen jede nicht von innen her beglaubigte Autorität, gegen jede nur amtlich befohlene Form von Religion, die nicht von der eigenen Person her gedeckt und mitvollzogen wird.
Damit aber gewinnt *die Frage nach der Psychologie des Klerikerstandes* eine zentrale Bedeutung, und sie erweist sich zunehmend als der eigentliche Schwachpunkt der katholischen Kirche. Denn indem die katholische Kirche sich selber wesentlich in ihren Klerikern repräsentiert und konstituiert sieht, leidet auch sie selber notgedrungen an demselben Defizit menschlicher Glaubwürdigkeit, dem der Kleriker heute als Stand unterliegt. Es ist nicht so, daß die Romane von FRANCIS JAMMES oder G. BERNANOS über Nacht ihren Rang in der Literaturgeschichte eingebüßt hätten, es ist einfach so, daß man sie nicht mehr lesen kann, ohne deutlich zu merken, mit welch einem teils lyrischen, teils existentiellen Aufwand hier Fragen der Psychologie in eine Welt metaphysischer Unantastbarkeit projiziert und transponiert werden, die man *auf Erden*, unter Menschen, in einer sinnvollen Form von Psychotherapie und Seelsorge lösen müßte.
Als ich zum letztenmal vor etwa 15 Jahren die künstlerisch hervorragende Verfilmung des *«Tagebuch eines Landpfarrers»* durch ROBERT BRESSON[4] in der örtlichen Studentengemeinde vorspielte, erlebte ich bereits damals, daß eine Epoche ein für allemal zu Ende gegangen war, in der das theologisch-existentialisierte Sprechen von «Schwachheit» und «Gnade» in paulinischem Sinne noch verstanden werden konnte, wie es Jahrzehnte lang vorher von einer Priestergeneration nach der anderen in tiefer Betroffenheit als vorbild-

lich und richtungweisend aufgenommen worden war; der Tatbestand war, daß die Diskussionsteilnehmer den «Landpfarrer», diese subjektiv unbedingt gläubige und glaubhafte Heiligengestalt der Romanvorlage von BERNANOS, als Magenneurotiker erkannten und ihm als erstes eine Einweisung in die Psychiatrie empfahlen; aus der religiösen Verkündigungssprache von Leid und Erlösung war einfach ein interessanter Fall der Psychopathologie geworden. M. a. W.: 100 Jahre nach F. NIETZSCHE und 70 Jahre nach S. FREUD ist in unserem Jahrhundert der Punkt längst erreicht und überschritten worden, von dem an es nicht mehr länger möglich ist, von Gott zum Menschen zu reden, wenn es menschlich, psychologisch, nicht stimmt. Die Hinweise dafür sind keineswegs neu, sie wurden nur allzugern und allzulange übersehen.

Als GRAHAM GREENE Anfang der 50er Jahre seinen Erfolgsroman *«Die Kraft und die Herrlichkeit»* schrieb, zeigte sich damals bereits der Wandel: auch *seine* Priestergestalt lebte, wie die Priestergestalten bei BERNANOS[5], in Schwachheit und Krankheit, aber es waren nicht die körperlichen Krankheitsstigmata des «Landpfarrers», die so lange als moralisch «sauber» gelten mochten, als man ihren neurotischen Verdrängungsuntergrund noch durch den Eindruck persönlicher Integrität kaschieren und kompensieren konnte; die «Krankheit» der Priestergestalt bei GRAHAM GREENE war nicht die erbliche Belastung durch den Alkohol, den die eigenen Eltern getrunken hatten, sondern der Alkohol, den er selber suchtartig konsumierte; und es waren auch nicht die eucharistischen Gaben von Brot und Wein, von denen, symbolisch genug, sich der «Landpfarrer» bei BERNANOS ernährte, es war bei GRAHAM GREENE ganz ordinärer Whisky, der seinen sonderbaren Romanhelden über Wasser hielt; und seine «Schwachheit» schließlich ergab sich nicht aus einer kränkelnden Blutarmut, sondern aus einer Vitalität, die ihn, Zölibat hin, Zölibat her, in die Arme einer Frau trieb, die seine «Sünde» war, aber fortan seine Verpflichtung wurde. GRAHAM GREENES Roman kam prompt auf den Index der verbotenen Bücher – die römische Zensur empfand das Bild dieses Schnapspriesters in wilder Ehe als eine infame Verhöhnung der Heiligkeit des Klerikerstandes.[6] Aber die Leser dieses immer noch in allen europäischen Sprachen zu hunderttausenden verbreiteten Romans urteilten damals und urteilen bis heute bezeichnenderweise ganz anders: sie finden diesen scheinbar verkommenen Priester ehrlicher, menschlicher und wirklichkeitsnäher gezeichnet als das entleiblichte Katharergemälde des BERNANOS oder als die gutmütig vergeistigte Idealgestalt des FRANCIS JAMMES, und sie haben ihn lieb in seiner Gebrochenheit, diesen Martyrer wider Willen, diesen Verkündiger der Gnade mitten in der Sünde, diesen Scheiternden, der erst im Tode zu sich selber findet. Ein Mensch in seinem Widerspruch, wenn er nur seelisch glaubwürdig und in sich stimmig gezeichnet ist, erscheint den meisten heute als Priester näher bei den Menschen und folglich (!) näher bei Gott zu stehen als jemand, der wie auf Wolken geht, nur um sich die Füße an dem Staub der Welt nicht zu beschmutzen. Sehr richtig sah vor Jahrzehnten bereits STEFAN ZWEIG den Wandel im Verständnis des Religiösen, als er im Blick auf die Erzählform der Legende schrieb: «Immer und in jeder Epoche werden Menschen ein heiliges Dasein versuchen müssen, weil das religiöse Gefühl der Menschheit diese höchste Seelenform immer wieder neu benötigt und erschafft... nur tut es uns nicht mehr Not, diese Wunderbaren und Seltenen als göttlich Unfehlbare und irdisch Unanfechtbare zu betrachten, sondern im Gegenteil: wir lieben diese großartigen Versucher, diese gefährlich Versuchten, gerade in ihren Krisen und Kämpfen und am tiefsten nicht trotz, sondern eben in ihrer Fehlbarkeit. Denn unser Geschlecht will seine Heiligen nicht mehr als Gottgesandte eines überirdischen Jenseits verehren, sondern gerade als die allerirdischsten unter den Menschen.»[7] M. a. W.: man wird an kein «christliches Zeugnis» der «kirchlichen Amtsträger» mehr glauben, das sich durch die hermetischen Grenzziehungen des klerikalen Standes das irdische, das menschliche, das gefährliche, das «sündige» Leben erspart; man wird nur dann ein «Zeugnis» von Gott noch glaubhaft finden, wenn es in der Kraft des Vertrauens wagt, sich der Verzweiflung, der Not, der Hoffnungslosigkeit, dem Schmutz, der Entstellung, der Gefahr des Mißverstehens und der Gefahr des Mißverstandenwerdens, der Möglichkeit tragischen Irrtums und der Aussicht tragischen Scheiterns, der Peripetie des Schädlichwerdens der besten Absichten und des Schändlichwerdens sogar der Gefühle der Liebe bis zur Leibhaftigkeit auszusetzen.

Insofern kann FRANCIS JAMMES und G. BERNANOS, kann die mystische oder heroische Verklärung des Klerikerstandes nicht länger mehr den Ausgangspunkt, sondern in ihrer sakramentalen Poesie und in ihrem Wissen um Gefährdung und Gnade allenfalls den Zielpunkt einer Untersuchung bilden, die sich bemüht, die menschliche Wirklichkeit des Erlebens in der Biographie und in der psychischen Struktur der Kleriker durchzuarbeiten, nicht damit diese als desto fragwürdiger und unglaubwürdiger dastehen, sondern im Gegenteil: damit sie in ihrem wirklichen Leben bekunden können, wie ihre Wahrheit wirkt. Nicht als vergoldete Ikonen, einzig als Menschen aus verletzbarem, schwachem Fleisch und einem manchmal bis zum Irrsinn verwirrten Geist hat Jesus seine «Jünger» «erwählt», wie der Hebräerbrief (5,1–2) denn auch erklärt: «Jeder aus Menschen genommene Hohe Priester wird für Menschen eingesetzt zum Dienst vor Gott, um Gaben und Opfer für die Sünden darzubringen als einer, der für die Unwissenden und Irrenden Verständnis haben kann, da er auch selbst mit Schwachheit behaftet ist.»[8] Jeder, dem an der Welt von «Ozeron» liegt, muß wissen, wie lang der Weg ist, der auf dieser Erde in das verlorene Paradies zurückführt; er darf nicht dabei stehenbleiben, das heilige Jerusalem, und sei es auch im Spiegelbild der sumpfigen Wasserfläche menschlichen Zerbrechens, in den Worten Kanaans zu malen, er muß die Übergänge durcharbeiten, die Menschen zu Klerikern und Kleriker zu Menschen machen, er muß die Verbindungen wiederherstellen, welche die Trennung zwischen dem Heiligen und dem Profanen revidieren helfen, er muß die Einheit in den Blick bekommen, die es im Sprechen von Gott erlaubt, die Gegensätze von Natur und Kultur, von Sinnlichkeit und Sittlichkeit, von Göttlichem und Menschlichem in einer umgreifenden Einheit zu integrieren.

In gewissem Sinne kann man auch sagen: es geht darum, dem Stand des Priesters, dem Stand des Klerikers, seine *prophetische*, seine *dichterische* Existenzform zurückzugeben. Hermann Hesse hat in seiner Erzählung *«Narziß und Goldmund»* diese Polarität und Einheit eines sich bedingenden und zusammengehörenden Widerspruchs unübertrefflich formuliert, indem er den asketisch getreuen Abt und Priester, den er im Wissen um die Gefahr steriler Selbstbewahrung und lebenverneinender Selbstbespiegelung «Narziß» nennt, als *alter ego* den Typ des suchenden, schuldigen, begnadeten Künstlers entgegenstellt, dem er den Namen «Goldmund» gibt. Es ist der Abt selber, der seinem Freund nach langem Ringen um Einsicht erklärt: «Jetzt erst sehe ich, wie viele Wege zur Erkenntnis es gibt und daß der Weg des Geistes nicht der einzige und vielleicht nicht der beste ist. Es ist mein Weg, gewiß; ich werde auf ihm bleiben. Aber ich sehe dich auf dem entgegengesetzten Weg, auf dem Weg durch die Sinne, das Geheimnis des Seins ebenso tief erfassen und viel lebendiger ausdrücken, als die meisten Denker es können ... Unser Denken ist ein beständiges Abstrahieren, ein Wegsehen vom Sinnlichen, ein Versuch am Bau einer rein geistigen Welt. Du aber nimmst gerade das Unbeständigste und Sterblichste ans Herz und verkündest den Sinn der Welt gerade im Vergänglichen. Du siehst nicht davon weg, du gibst dich ihm hin, und durch deine Hingabe wird es zum Höchsten, zum Gleichnis des Ewigen. Wir Denker suchen uns Gott zu nähern, indem wir die Welt von ihm abziehen. Du näherst dich ihm, indem du seine Schöpfung liebst und nochmals erschaffst. Beides ist Menschenwerk und unzulänglich, aber die Kunst ist unschuldiger.»[9] Ja, Narziß muß sich wenig später gestehen, daß er durch Goldmund nicht nur reicher, sondern auch ärmer und schwächer geworden ist. «Die Welt, in der er lebte und Heimat hatte, seine Welt, sein Klosterleben, sein Amt, seine Gelehrsamkeit, sein schön gegliedertes Gedankengebäude waren ihm durch den Freund oft stark erschüttert und zweifelhaft geworden. Kein Zweifel: vom Kloster aus, von der Vernunft und Moral aus gesehen war sein eigenes Leben besser, es war richtiger, steter, geordneter und vorbildlicher, es war ein Leben der Ordnung und des strengen Dienstes, ein dauerndes Opfer, ein immer neues Streben nach Klarheit und Gerechtigkeit, es war sehr viel reiner und besser als das Leben eines Künstlers, Vagabunden und Weiberverführers. Aber von oben gesehen, von Gott aus gesehen – war da wirklich die Ordnung und Zucht eines exemplarischen Lebens, der Verzicht auf Welt und Sinnenglück, das Fernbleiben von Schmutz und Blut, die Zurückgezogenheit in Philosophie und Andacht besser als das Leben Goldmunds? War der Mensch wirklich dazu geschaffen, ein geregeltes Leben zu führen, dessen Stunden und Verrichtungen die Betglocken anzeigen? War der Mensch wirklich dazu geschaffen, den Aristoteles und Thomas von Aquin zu studieren, Griechisch zu können, seine Sinne abzutöten und der Welt zu entfliehen? War er nicht von Gott geschaffen mit Sinnen und Trieben, mit blutigen Dunkelheiten, mit der Fähigkeit zur Sünde, zur Lust, zur Verzweiflung? Um diese Fragen kreisten des Abts Gedanken, wenn sie bei seinem Freunde weilten. – Ja, und es war vielleicht nicht bloß kindlicher und menschlicher, ein Goldmundleben zu führen, es war am Ende wohl auch mutiger und größer, sich dem grausamen Strom und Wirrwarr zu überlassen, Sünden zu begehen und ihre bitteren Folgen auf sich zu nehmen, statt abseits der Welt mit gewaschenen Händen ein sauberes Leben zu führen, sich einen schönen Gedankengarten voll Harmonie anzulegen und zwischen seinen behüteten Beeten sündelos zu wandeln. Es war vielleicht schwerer, tapferer und edler, mit zerrissenen Schuhen durch die Wälder und auf den Landstraßen zu wandern, Sonne und Regen, Hunger und Not zu leiden, mit den Freuden der Sinne zu spielen und sie mit Leiden zu bezahlen. – Jedenfalls hatte Goldmund ihm gezeigt, daß ein zu Hohem bestimmter Mensch sehr weit in die blutige, trunkene Wirrsal des Lebens hinabtauchen und sich mit vielem Staub und Blut beschmutzen könne, ohne doch klein und gemein zu werden, ohne das Göttliche in sich zu töten, daß er durch tiefe Verdunkelungen irren könne, ohne daß im Heiligtum seiner Seele das göttliche Licht und die Schöpferkraft erlosch.»[10]

Der gesamte Stand der Kleriker wird heute eine gewisse Glaubwürdigkeit nur zurückgewinnen, wenn es gelingt, «Narziß» und «Goldmund» als Einheit zu begreifen und in Einheit zu leben. Nur so würde es dem Beispiel Jesu entsprechen, der weder Mönch noch Priester war, eher Prophet und Dichter, Vagabund und Visionär, Arzt und Vertrauter, Wanderprediger und Troubadour, Harlekin und Zauberer des ewigen und unerschöpflichen Erbarmens Gottes.[11] Erst wenn es gelingt, die «Rosen» und die «Lilien» am Rande der «Fronleichnamsprozession» des FRANCIS JAMMES als die gemeinsamen und ungetrennten Blütenzweige ein und desselben Lebens im Dasein des Standes der Kleriker zu lebendiger Entfaltung zu bringen, wird man den Priester, die Nonne, den Mönch nicht mehr als Typus einer lebensfernen Heiligkeit bzw. einer zwanghaften Scheinheiligkeit der Wirklichkeit gegenüber betrachten und insgeheim bei aller Reverenz belächeln. Es ist nicht zu sehen, wie dieser Schritt zu einer lebendigen Einheit heute ohne das Instrumentarium gelingen sollte, das die katholische Kirche gerade mit Bezug zu den Klerikern immer noch am meisten (und offenbar wohl mit gewissem Recht) zu fürchten scheint: ohne die Psychoanalyse. Wenn wir dabei im folgenden von «Klerikern» sprechen, so rechnen wir selbstverständlich die *Ordensschwestern* mit hinzu, da sie in ihren psychischen Konflikten und konstruktiven Möglichkeiten derselben Welt angehören wie ihre männlichen Ebenbilder: die Ordensmänner. Daß nach Canon 1024 des römischen Kirchenrechtes nur Männer heilige Weihen empfangen können, macht zwar den rechtlichen Graben deutlich, der in psychologisch höchst charakteristischer Weise den Mann in der katholischen Kirche gegenüber der Frau privilegiert, kann aber die psychische Einheit der Strukturen männlicher wie weiblicher Ordensgemeinschaften nicht aus der Welt schaffen.

Desgleichen verwenden wir den Begriff «Orden» allgemein auch für diejenigen Gemeinschaften, die kirchenrechtlich als «Kongregation» oder «fromme Vereinigung» unterschieden werden. Nicht die juristischen Differenzierungen, sondern die psychologisch gemeinsamen Strukturen bilden den Gegenstand dieser Untersuchung, und so wird es erlaubt sein, die Worte so zu verwenden, wie es im Sprachgebrauch des Volkes in der Kirche und in der Öffentlichkeit außerhalb der Kirche üblich ist.

I. Vorhaben und Verfahren

Wozu eine psychoanalytische Studie über Kleriker?
Manche meiner Freunde haben mich gewarnt, andere, deren Wohlwollen mir nicht so zweifelsfrei erscheint, haben mir Mut zu machen versucht. Doch beider Voten sind nicht ausschlaggebend – sie können es nicht sein.
Gewiß ist es leichter, kritischen Themen aus dem Wege zu gehen, zumal, wenn die Aussicht, eine wirkliche Änderung zu bewirken, womöglich in keinem Verhältnis zu der Höhe des zu erwartenden eigenen Risikos steht. Aber wenn es an sich auch schwierig genug ist, in den Fährnissen des Lebens zwischen Weisheit und Feigheit einigermaßen klar zu unterscheiden, so sollte es doch keinen Zweifel leiden, daß ein Theologe nicht «weise» sein darf, wenn es darauf ankommt, engagiert zu sein. Für einen christlichen Theologen, mehr noch als für jeden anderen, sollte als Verheißung und als Maßstab gelten, was Jesus seinen Jüngern in Mk 16,18 als Vermächtnis hinterlassen hat: sie würden in der Kraft des Vertrauens «Schlangen aufheben» und «Gift trinken» können, ohne Schaden fürchten zu müssen.[1] «Schlangen aufheben» – das kann doch nur heißen, sich mutig ein Herz zu fassen und bestimmte «heiße Eisen» nicht länger im «Sand» des Vergessens liegen zu lassen, sondern sie an der richtigen Seite anzupacken, und «Gift zu trinken ohne Schaden» kann doch nur heißen, keinerlei Verleumdung und Verfälschung von außen als etwas letzthin Tödliches fürchten zu müssen. Es sollte das Ehrenkleid eines Theologen bilden, in seinem Leben und in seinem Einsatz den Worten aus der vorevangelischen Redequelle zu entsprechen, in denen Jesus seine Jünger beschwört, doch nicht Menschen zu fürchten, sondern allein Gott ernst zu nehmen (Mt 10,28; Lk 12,4).[2] Wenn irgendwo auf der Welt, so sollte sich eine solche Haltung unerschrockenen Mutes in den Reihen der Theologen geradezu bevorzugt finden. Man mag mit anderen weise Nachsicht üben, wenn sie, servil genug, den Denk- und Sprachtabus der Macht submissest Folge leisten, ein Theologe hat vor Gott die Pflicht, die Felder nach den «Schlangen» abzusuchen bzw., wie man in gutem Deutsch auch wohl zu sagen pflegt, zu sehen, wo der Hund begraben liegt, und notfalls «Gift» zu trinken, in der Hoffnung, daß er geistig «überlebt».
Wie also könnte, steht es so, der Rat am Platze sein, sogar in der eigenen Kirche tunlichst der Angst den Vortritt vor der Wahrheit des Erkennens und der Klarheit des Bekennens einzuräumen? Die Kirche sollte, entsprechend ihrem eigenen Selbstverständnis und im Unterschied zu allen anderen menschlichen Gruppierungen, eine Gemeinschaft bilden, die nicht auf die Erfahrung des Mangels und auf die Strukturen verinnerlichter Gewalt gegründet ist, sondern die wesentlich von dem Geschenk der Gnade und der Offenheit des Vertrauens lebt; innerhalb einer solchen Gemeinschaft sollte

es undenkbar sein, daß gerade ihre eigenen Repräsentanten ausgerechnet bei eben dem Thema, das sie selbst zentral betrifft, aus Angst vor Repression und Strafe vor einer offenen, uneingeschüchterten Diskussion zurückschrecken könnten. Wenn irgend etwas, so sollte in der Kirche Christi das Thema der Kleriker mit allem Freimut, ohne Scheu und ohne innere oder äußere Hemmnisse, behandelt werden dürfen.
Freilich kennt jeder die Wirklichkeit. Es gibt in der katholischen Kirche seit Jahrhunderten kein strengeres Tabu als den Stand der Kleriker selbst. Gerade sie, die dem Ideal nach ein Maximum an Ungezwungenheit und Freiheit ausstrahlen und verkörpern sollten, scheinen eines merkwürdigen hermetischen Kordons von Denkeinschränkungen und Diskussionsverboten zu bedürfen, um sich am Leben zu erhalten, als drohte ihnen, antiken Gemälden gleich, sogleich der Zerfall, setzte man sie auch nur minutenlang gewöhnlicher Atemluft aus. Es ist wahr: Tabus entstehen in jeder Gesellschaft als Zonen des Selbstschutzes, um bestimmte lebenswichtige Institutionen vor der Zerstörungskraft analytischer Reflexionen zu bewahren[3]; es ist auch wahr, daß jemand, der die Hand an die Zonen eines Heiligtums legt, und geschehe es selbst zu dessen eigenem Schutz, sich wie zwangsläufig einer strafenden Vergeltungskausalität aussetzt, ganz so, wie die Bibel in 2 Sam 6,4–8 von dem armen Ussa erzählt, der, zusammen mit seinem Bruder Ahjo, tanzend die Lade des Herrn bei ihrer Überführung nach Jerusalem begleitete und auf der Tenne Nachons, als die Rinder die Lade umzuwerfen drohten, mit der Hand nach ihr griff, um sie festzuhalten: trotz seiner guten Absicht entbrannte der «Zorn des Herrn» gegen ihn, so daß er neben dem Heiligtum Gottes verstarb.[4] Das Heilige wäre nicht das Heilige, erwiese es sich nicht als sakrosankt eben durch seine strafmächtige Unantastbarkeit. Doch so richtig solche Zusammenhänge der Religionspsychologie und der Gruppendynamik im allgemeinen auch sind, so wird doch im Kontrast nur um so deutlicher, daß die Kirche das, was ihr heilig ist, gerade nicht mit derartigen Mitteln der Tabubildung und Einschüchterung schützen kann; will sie, entsprechend dem Maßstab ihres eigenen Anspruchs, glaubwürdig bleiben, so bleibt ihr einzig und allein als Kraft der Überzeugung die Evidenz einer freien und offenen Menschlichkeit.
Insofern tut man der Kirche keinen Gefallen, wenn man die neuralgischen Punkte ihrer institutionalisierten Ängste aus eigener Strafangst respektvoll umgeht, im Gegenteil, es liegt im Interesse der Kirche selbst, die Beschränktheiten ihrer Selbstdarstellung aufzubrechen und die göttliche Macht der freien Rede nach Möglichkeit zu fördern. Der Rat meiner Freunde, dieses Buch nicht zu schreiben, verrät, so betrachtet, ein zu geringes Maß an Ver-

trauen in die Kräfte, denen die Kirche selbst und schließlich auch die Freundschaft sich verdankt.

Doch auch die Erwartung derer, die auf eine kirchenpolitische Herausforderung hoffen, wenn sie von einer psychoanalytischen Untersuchung der Frage der Kleriker hören, besteht schwerlich zu Recht, ja, sie basiert auf einem prinzipiellen Mißverständnis. Wohl reichen die Sonden der Psychoanalyse in Zonen der menschlichen Psyche hinab, durch welche die Oberflächenruhe einer auf bewußtes Wollen und Denken reduzierten Anthropologie immer wieder auf eigentümliche Weise erschüttert und aufgebrochen wird; keine Frage auch, daß die Psychoanalyse, weitab von dem Verdacht, eine rein individuelle Selbstbetrachtung zu sein[5], in Wahrheit das Gesicht der westlichen Kultur in wesentlichen Punkten entscheidend verändert hat; aber gerade wegen ihrer analytischen Schärfe eignet die Tiefenpsychologie sich durchaus nicht zur Polemik.[6] Sie ist ein äußerst wirksames Instrument der Veränderung; aber sie ist und bleibt dabei an ihre eigene Zielsetzung: Bewußtwerdung und Entfaltung in Freiheit, gebunden. Die Psychoanalyse will und kann nicht mit Vorwürfen, Anklagen oder Forderungen arbeiten; sie kann und will lediglich Zusammenhänge, Tendenzen, Hintergründe und Strukturen aufweisen und entsprechend den Möglichkeiten des Patienten vorteilhafter gestalten. Aus ihren Einsichten ergibt sich eine Fülle von Hinweisen auf das, was vernünftigerweise geschehen sollte; aber daß es wirklich geschieht, kann die Psychoanalyse nicht bestimmen. Ein wirklicher Anspruch, etwas zu verändern, ergibt sich allein aus dem Faktor des seelischen Leids, auf das die Psychoanalyse immer wieder aufmerksam machen muß, sowie aus der Konfrontation ihrer Ergebnisse bei der Untersuchung faktischer Zustände mit dem Selbstverständnis eines Patienten bzw. in unserem Falle mit dem theologischen Anspruch, den die Kirche an sich selbst und ihre Mitglieder richten zu müssen glaubt. Insofern ist eine psychoanalytische Untersuchung, gleich zu welchem Thema, vorderhand keine «politische» Streitschrift, sondern nichts weiter als der Versuch, etwas besser zu verstehen.

An diesen wesentlich verstehenden, therapeutischen, nicht politischen bzw. aggressiv-polemischen Wert und Gebrauch psychoanalytischer Untersuchungen zu erinnern, erscheint besonders mit dem Blick auf die möglichen Leser dieses Buches angebracht. Es gibt keine psychoanalytische Einsicht, die nicht aus einem Dialog des Vertrauens zwischen Analytiker und Analysand erwachsen wäre; nur im Gegenüber einer Person, die nicht zensiert, dirigiert oder manipuliert, sondern die toleriert und akzeptiert, was immer an Wahrheit in der Seele eines Menschen lebt, ist es möglich, sich selber

gegenüber ehrlich zu werden und aus den gewonnenen Einsichten den Mut zu neuen Einstellungen zu gewinnen. Ein Buch über Psychoanalyse stellt notgedrungen eine Abstraktion von dem entscheidenden Erlaubnis- und Freigabehintergrund der unmittelbaren menschlichen Begegnung dar; es isoliert die Entdeckungen persönlicher Erfahrungen, verwandelt sie in theoretisch formulierbare Erkenntnisse und liefert den Leser gewissermaßen schonungslos an sich selber aus. Das Problem ist nicht, daß man aus psychoanalytischen Büchern nicht genug lernen könnte, das Problem besteht darin, daß man nicht selten in die Gefahr kommt, aus ihnen mehr über sich zu erfahren, als man sinnvoll verarbeiten kann.
Eine psychoanalytische Untersuchung enthält an sich keine Gebrauchsanweisung zur rechten Nutzanwendung für den individuellen Leser, und so wird er geneigt sein, die gewonnenen Erkenntnisse entsprechend der eigenen Psychodynamik für sich auszuwerten. In gewissem Sinne liegt dies in der Natur der Sache. Man kann psychoanalytische Bücher nicht lesen wie eine Abhandlung über die Chemie der Kohlenwasserstoffe; man soll und muß sie lesen in Richtung auf die eigene Existenz, wenn man sie verstehen will. Dann aber kann es geschehen, daß die hier getroffenen Analysen der Psychologie von Klerikern bei einer Reihe von Lesern anders wirken, als sie gemeint sind. Bereits im analytischen Gespräch ist es oft nicht vermeidbar, daß bestimmte neue Einsichten, die an sich als Hilfe und Ansporn wirken könnten, z. B. vor dem Hintergrund einer vorwiegend *zwangsneurotischen* Persönlichkeitsstruktur, weit eher als Vorwurf oder Anschuldigung erlebt werden: der zwangsneurotische Perfektionsanspruch erlaubt es einfach nicht, in Ruhe dazuzulernen; unter seinem Diktat muß man entweder zu jeder Zeit alles richtig gemacht haben oder man ist total verkehrt und lebensunwert; schon von daher kann auf manchen Leser als Vorwurf wirken, was als Einsicht gemeint ist. Ähnlich kann etwa ein *depressives* Vorverständnis bei der Lektüre eines psychoanalytischen Buches dem Überich mit seinen ständigen Anklagen und Entwertungstendenzen durch die Erkenntnis tief verwurzelter Fehleinstellungen noch zusätzlich Wasser auf die Mühle liefern.
Deswegen sei gleich zu Anfang besonders den Klerikern selbst, die in eigener Betroffenheit und Angefochtenheit, hoffentlich recht zahlreich, zu diesem Buch greifen, in aller Ausdrücklichkeit versichert, daß es gerade nicht darum geht, die eigene Person in aller Öffentlichkeit ins Zwielicht zu rücken oder das Ansehen des Priester- und Ordensstandes als ganzen zu demontieren bzw. den persönlichen Idealismus zu demoralisieren; es geht einzig und allein darum, die Erlaubnis zurückzugewinnen, uralte Tabus zu brechen

und über bestehende Probleme offen zu sprechen. Was in der Psychotherapie einzelner als das eigentliche Agens innerer Befreiung wirkt: die generelle Erlaubnis, sprechen zu können, diese unbedingte Redefreiheit vor Gott (Hebr 3,6), gilt es im Rahmen der Großgruppe Kirche wiederherzustellen.[7]
Ein Hauptziel dieser Arbeit ist schon erreicht, wenn es gelingt, die unerhörte Einsamkeit so vieler Ordensleute und Priester aufzulösen und sie aus dem Getto ihrer beamteten Unpersönlichkeit herauszuholen, innerhalb dessen sie ständig ein bestimmtes Ideal zu verkörpern haben, an dem gemessen ihnen kaum etwas anderes übrig bleibt, als sich auf ganz private Weise für Versager zu halten. Es geht zu einem nicht geringen Teil darum, das unselige Gefühl der Unsäglichkeit all der Belastungen und Schwierigkeiten abzuarbeiten, die insgesamt im Feld des Kommunikationstabus jedem einzelnen den Eindruck vermitteln, unter den anderen Klerikern, unter den Mitbrüdern und Schwestern, so etwas zu sein wie ein schwarzes Schaf. Dieses Buch will zeigen, daß man auch und gerade als Priester, Ordensschwester, Pater oder Bruder gewisse Probleme getrost haben darf, ja, sozusagen haben muß, um überhaupt zum Kleriker zu taugen, und daß es sich unbedingt lohnt, offen darüber zu sprechen, stets geleitet von der Überzeugung, daß nicht das Bestehen, sondern das Verschweigen und Verdrängen psychischer Schwierigkeiten die eigentlichen Konflikte allererst schafft und die vorhandenen Konflikte am Ende wirklich unlösbar macht. Dieses Buch will ein Plädoyer sein nicht nur für diejenigen unter den Klerikern, die mit ihrem Leben kaum noch zurechtkommen: für all die, welche sich für unwürdig, für gescheitert, für verflucht halten, die sich als chronische Heuchler, als bedienstete Lügner, als lebende Charaktermasken empfinden, die sich in ihren Frustrationen und Dekompensationen zu innerlich Haltlosen, zu Süchtigen, zu vermeintlich oder wirklich «Perversen» «verkommen» fühlen – es will darüber hinaus auch ein Plädoyer einlegen für all die ungelebten bzw. mit Schuldgefühlen abgelehnten Seiten der menschlichen Psyche im Schatten der offiziellen Lebensform der Kleriker; es möchte mithin dem scheinbar Privat-Exzeptionellen im Negativanteil der Klerikerpsyche den Charakter des nur persönlichen Versagens nehmen, indem es die Problematik dort verankert, wo sie ersichtlich ihren Ursprung hat: in den objektiv vorgegebenen Strukturen, in denen die katholische Kirche den Lebensweg ihrer treuesten und ergebensten Anhänger «regelt».
Allerdings ist gerade das der Punkt, an dem diese psychoanalytisch ausgerichtete Untersuchung nun doch eine (kirchen-)politische Dimension erhalten wird und erhalten soll: der Problemschwerpunkt wird gleich zweimal hintereinander verlagert.

In den üblichen Traktaten über den Stand des Klerikers, sofern sie überhaupt auf psychische Probleme eingehen, herrscht ein moralistisch geprägtes Denken in den Kategorien von Bewährung und Versagen vor:[8] wer einmal von der Gnade Gottes zum Kleriker berufen wurde, der kann, indem er willentlich an der Gnade Gottes «mitwirkt», auch den Anforderungen entsprechen, welche die Kirche mit dem Stand des Klerikers verbindet[9]; und in jedem Falle darf als sichere theologische Lehrmeinung gelten, daß Gott so viele Gnaden gibt, wie ein jeder braucht, um den Versuchungen der Welt zu widerstehen.[10] Eine psychoanalytische Untersuchung kann die Dinge so praktisch-simpel nicht sehen: sie kann den Supranaturalismus im Sprechen von «Berufung» und «Gnade» nicht als apodiktische Tatsache hinnehmen, und sie kann noch weniger finden, daß «Schuld» und «Versagen» einfachhin als moralische Begriffe auf der Ebene der individuellen Freiheit abzuhandeln seien.

Zum einen lehrt eine psychoanalytische Untersuchung auf Schritt und Tritt, wie klein der Spielraum persönlicher Freiheit in Anbetracht der Psychodynamik des Unbewußten wirklich ist, so daß sich das Zentrum der Betrachtung von vornherein aus dem Bereich des reflexiven Bewußtseins weg in die Sphäre des Unbewußten verschiebt; zum anderen aber zeigt sich, daß es «das Unbewußte» nicht als eine fixe Größe, sondern nur als etwas geschichtlich (biographisch) Gewordenes gibt, das nach allen Seiten hin mit den konkreten Bedingungen seiner sozialen Formung verknüpft ist (und darauf zurückwirkt). Die theologisch gesetzte Trennung zwischen dem an sich heiligen System der kirchlichen Institution als einer in sich unanfechtbaren, gewissermaßen von Gott selbst gewollten Einrichtung und dem, leider Gottes, immer wieder «angefochtenen» und «fehlbaren» Menschen erweist sich damit als eine künstliche, schematisierende Abstraktion, die der lebendigen Wirklichkeit Unrecht tut, um die vorgegebene Ordnung ideologisch zu stabilisieren.[11] Die Institution des Klerikerstandes wird in psychoanalytischer Betrachtung (wieder) als Teil eines sozialen Prozesses sichtbar, der sich in seinen Bedingtheiten, Funktionen und Auswirkungen allgemein verständlich, ohne die Zuhilfenahme eines mystifizierenden Vokabulars, beschreiben läßt. M. a. W.: Kleriker sind auch Menschen; ihre Konflikte aber sind nicht nur *ihre* Konflikte, sondern sie sind ursächlich in den Strukturen ihres Standes selbst gelegen, der damit selber in seinen Stärken und Schwächen, in seinen Vorzügen und Nachteilen, in seinen Licht- und Schattenseiten wieder diskutierbar wird.

Es ist folglich nicht mehr länger möglich, die kirchliche Ordnung selbst in einer tabuisierten Idealität zu rechtfertigen, indem man in jedem Konfliktfall die Individualität des einzelnen Klerikers um der Heiligkeit seines Standes willen schuldig spricht; anders ausgedrückt: es läßt sich psychoanalytisch nicht vermeiden, in der Untersuchung der jeweils individuellen Pathologie nach den pathogenen Kräften des maßgebenden Bezugssystems zu fragen, vor allem dann, wenn dieses System selber geradewegs verlangt, sich in möglichst vollkommener Weise in der Existenz seiner Träger widerzuspiegeln und zu verkörpern.

Wozu ein Buch über Kleriker? – Zu dem Zweck zuvörderst, daß der einzelne Priester, die einzelne Ordensschwester die erheblichen psychischen Probleme ihres Standes nicht länger nur als eine Art Privatverschulden zu betrachten lernt, sondern daß der Kirche als einem Gesamtsystem von Institutionen und Ordnungsvorstellungen ihr eigener Schatten, ihr kollektives Unbewußtes, verdeutlicht und zum Durcharbeiten aufgegeben wird.

Ein Anrecht auf eine solche Untersuchung haben jedoch nicht nur die betroffenen Kleriker selbst, sondern darüber hinaus nicht minder die sogenannten *«Laien»* innerhalb der kirchlichen Gemeinschaft. Sie sind es immerhin, die als Mütter und Väter jene Menschen allererst zur Welt bringen und als Persönlichkeiten formen, die später zu Klerikern sich entwickeln; es ist nur fair und rechtens, diesen fundamentalen Zusammenhang, der den Kleriker psychisch geradewegs als das «Kind» des «Laien» zeigt, analytisch in aller Ausführlichkeit zu erörtern, schon damit der Stand der Kleriker wieder an das Leben der Gemeinde zurückgegeben wird. Es geht nicht an, einmal im Jahr aus Anlaß des Evangeliums vom «guten Hirten» (Joh 10,1–30) in einem «Hirtenwort» an die Eltern und Familien die Mahnung zu richten, sie sollten Sorge tragen, daß durch die Pflege eines christlichen Glaubenslebens in reichem Maße Arbeiter dem Weinberg des Herrn erwüchsen[12]; in psychoanalytischer Betrachtung zeigt sich vielmehr, wie dialektisch gebrochen, wie vielschichtig und widersprüchlich, wie wenig gradlinig jedenfalls der Werdegang eines Klerikers psychologisch zu sein pflegt. Vor allem aber kommt es darauf an, durch die Aufklärung der wesentlich unbewußten Zusammenhänge in der Psychogenese eines Klerikers den «Laien» ein Gefühl für ihre eigene Bedeutung zurückzugeben – ähnlich wie man durch Aufklärung der soziologischen Zusammenhänge einer geschichtlichen Epoche nachhaltig die ideologisch fixierte Vorstellung auflösen kann, derzufolge es der jeweilige Herrscher war, der seinem Volke Sieg und Größe schenkte. «Der junge Alexander eroberte Indien. Er allein?», fragte ironisch BERTHOLT BRECHT.[13] Den Nimbus des klerikalen Gottesgnadentums kann man am einfachsten entstauben, indem man zeigt, aus welchen durchaus «irdischen» Verdrängungen und Übertragungen jenes Bild von der gewisserma-

ßen überirdischen Erhabenheit des Klerikerstandes sich zusammensetzt. Zugleich wird durch einen solchen Akt der psychoanalytischen Entmythologisierung des Klerikerbildes den Müttern und Vätern, statt einer moralischen Pflicht, die psychologische Frage ganz neu gestellt, ob sie im Bewußtsein wirklich noch wollen können, was im Unbewußten zur Formung der Psyche eines Klerikers als unerläßlicher oder zumindest als begünstigender Einfluß betrachtet werden muß.
Und schließlich: Indem die «Laien» ihren eigenen Anteil an der Heranbildung einer klerikalen Psyche bewußter zu begreifen vermögen, werden sie zugleich kritischer den Einflüssen gegenübertreten, denen sie inmitten der Kirche im Umgang mit Klerikern ausgesetzt sind. Die Psychoanalyse ist durch die Macht der Bewußtwerdung in ihrer sozialpsychologischen Wirkung eine ausgesprochen demokratische Instanz gegenüber allen Instituten unaufgeklärter Ehrwürdigkeiten. Sie reißt die Zäune nieder, die bis in die juristische Absicherung hinein den Stand der Kleriker von den Laien trennen: den Priester von der Gemeinde, den Mönch von dem Mann auf der Straße, die Ordensschwester von der Frau und Mutter – die Sphäre des Göttlichen von der Sphäre des Menschlichen; sie rückt zusammen, was in den Wurzeln des gemeinsamen Ursprungs zusammengehört, und beendet damit das Schuldgefühl, das den «Laien» stets überkommen muß, *kein* Kleriker zu sein –: Wie, wenn das Problematische, das Fragwürdige, das Unerlöste am Ende weit mehr noch in den Klerikern selber verkörpert wäre als in den «Kindern dieser Welt»? Und wie, wenn keine hierarchisch begründete Autorität mehr geglaubt würde, die mit der Verdrängung ihrer eigenen psychogenetischen Grundlagen unterhalb des Reflexionsniveaus ihrer Zeit leben muß, um ihre monumentale Größe weiter behaupten zu können? Man wird den Stand der Kleriker selbst, wenn er sich derartig darstellt, wohl nicht gerade verachten – man wird ihn weit eher betrachten, wie man heute vom Rheindampfer aus zu den hochgelegenen Burgen aufschaut: mit einem leise schaudernden Respekt vor diesen steinernen Zeugen einer Zeit der Unterdrückung und Gewalt, und doch zugleich erleichtert und erheitert von der offenbaren Ohnmacht und musealen Überlebtheit dieser Relikte einer glücklicherweise überwundenen Phase des menschlichen Bewußtseins; es ist immer noch schön, in den Gemäuern einer solchen Burg zu Abend zu speisen oder gar eine Hochzeit auszurichten, aber mehr als ein romantisches Dekor ist von der restaurierten Altehrwürdigkeit dieser mittelalterlichen Prunkbauten nicht übriggeblieben. Wenn die Kirche heute den ihr so wichtigen Stand der Kleriker nicht zum bloßen Gaststättenbetrieb oder zu einer clownesken Don Quijotterie verkommen lassen will, so muß sie sich der

Herausforderung der psychoanalytischen Aufklärung stellen, indem sie selber, was ein Kleriker ist, mit den Einsichten darüber zu verbinden wagt, wie man ein Kleriker *wird* und wie man als Kleriker *wirkt.* «Selbst noch für eure Träume sollt ihr verantwortlich sein», meinte FRIEDRICH NIETZSCHE schon vor 100 Jahren.[14] Seiner radikalen psychologischen Kritik an den «Priestern» gilt es endlich in Offenheit zu antworten.

Und nicht zuletzt die bürgerliche Gesellschaft! Mancherorts ist man wohl immer noch des Glaubens, die Frage der Kleriker sei eine rein innerkirchliche Angelegenheit, ja, manche Stellungnahmen der Kirche selbst erwecken den Eindruck, als handle es sich in dieser Frage wirklich um eine Angelegenheit allein in den eigenen Mauern. Aber so verhält es sich natürlich nicht. Als eine lebendige Gemeinschaft steht die Kirche in einer Vielzahl von Wechselbeziehungen und Rückkoppelungen zu den Gegebenheiten und Vorgängen der sie umgebenden Gesellschaft; was sie tun kann und wie sie erscheint, wird keinesfalls von ihr allein bestimmt, sondern hängt ab von den Bedingungen und Strukturen der Kultur, aus der sie kommt und der sie umgekehrt sich zu vermitteln sucht. Schon insofern läßt sich die Frage der Kleriker psychoanalytisch nicht für sich isoliert im luftleeren Raum erörtern. Es besteht indessen nicht nur ein solches *indirektes* Interesse der Gesellschaft an der Klerikerfrage, es ist für die außerkirchliche Öffentlichkeit auf ganz unmittelbare Weise von höchster Bedeutung, wie die Kirche mit ihren Klerikern umgeht. In allen Kulturen hat die Religion die Aufgabe, das Feld der Kontingenz zu schließen, das alle menschlichen Einrichtungen und Verrichtungen kennzeichnet[15], und zugleich Asylstätten des Absoluten einzurichten, an denen es möglich ist, vom Handeln zum Horchen, vom Haben zum Sein, vom Planen zum Hoffen, vom Richten zum Vergeben – vom Endlichen ins Unendliche sich führen zu lassen.[16] Eine Gesellschaft, in der solche Freiräume der Ewigkeit nicht oder nur unzureichend ausgebildet sind, erstirbt an sich selbst aus Mangel an Atemluft. Von daher kann es in keiner Kultur und Gesellschaft gleichgültig sein, in welcher Weise die Amtsträger der maßgebenden Religionsform den Inhalt ihres Glaubens vermitteln oder verstellen; Fragen der Psychohygiene speziell der Führungsschicht einer Religion sind deswegen auch für den nicht religiös gebundenen Teil der Bevölkerung von unmittelbarem Interesse. Solange eine bestehende Religionsform nicht zur Sekte verkommt, prägt sie durch die Mentalität ihrer Kerngruppen die Moral und Lebensauffassung der Kultur, in der sie lebt, entscheidend mit, so wie sie umgekehrt immer wieder durch die Veränderungen ihres gesellschaftlichen Umfeldes zu Wandlungen und neuen Antworten genötigt wird. Die Frage nach der Psychologie der Kleriker einer Religion bedarf

auch deshalb einer offenen, d. h. in aller Öffentlichkeit geführten Diskussion.
Wie aber lassen sich über Psychogenese, Psychostruktur und Psychodynamik von Klerikern begründete Erkenntnisse gewinnen? Es gehört zu der weitgehenden Tabuisierung der Fragestellung selbst, daß ein bestimmter Kreis der betroffenen Kleriker geneigt sein wird, nur diejenigen Aussagen in der vorliegenden Arbeit als zutreffend zu akzeptieren, die sich mit dem ideologisch vermittelten Bild von sich selber in etwa decken; bei allen das Autostereotyp infragestellenden Beobachtungen und Ergebnissen ist mit jeder nur möglichen Form *der Abwehr* zu rechnen: der *Verleugnung in der Realität*, der *Bagatellisierung*, der *Rationalisierung* oder, wenn alle anderen Maßnahmen versagen, der aggressiven *Diffamierung* des Autors, so daß wir uns an allen Stellen, die psychologisch etwas scheinbar Negatives über das Persönlichkeitsbild des Klerikers enthalten, auf eine Kaskade von Einwänden und Vorwänden eines Teils der Kleriker selbst werden vorbereiten müssen.[17] «Verzerrende Darstellungen», «aus der Luft gegriffene Behauptungen», «Übertreibungen», «Einseitigkeiten», «Unterstellungen», «Verleumdungen», «längst überholt, wo doch heute alles ganz anders ist», – mit solchen Wendungen wird man geneigt sein, den Ernst der vorliegenden Betrachtung schlechtweg als gegenstandslos abzutun und in seiner Realität zu bestreiten; oder man wird die Bedeutung der geschilderten Zusammenhänge herunterspielen wollen: «Das alles ist schon oft behauptet worden», «an sich nichts Neues», «bloße Allerweltsprobleme», «nichts von Belang» wird der Tenor anderer Stellungnahmen lauten; «eine völlige Verkennung des theologischen Ranges der gestellten Problematik», «eine totale Mißachtung der christologischen Verwurzelung des Klerikeramtes», «eine unglaubliche Blindheit gegenüber der Hoheit des Standes und gegenüber dem Adel des Ideals eines Klerikerlebens», so lassen sich die systemkonformen Erwiderungsschablonen im Sinne der Rationalisierung voraussehen; «eine bloße Projektion der eigenen Schwierigkeiten», «eine üble Nestbeschmutzung», «eine Darstellung von rein subjektiver Bedeutung», «das Psychogramm des Autors, aber nicht des Klerikers», wird die zu erwartende Replik *ad personam* lauten. Es bleibt in der Tat die Frage: Wie kann man gewisse Probleme des Unbewußten mit Hilfe eines Buches Menschen bewußt machen, deren Selbstsicherheit sich wesentlich auf die Verdrängung der aufgezeigten Sachverhalte gründet? Wie kann man ihre Unsicherheit, ja, Erschütterung positiv fruchtbar machen und dem neuerlichen Nachverdrängen vorbeugen, das auf eine unerwünschte Aufklärung unbewußter Zusammenhänge mit Regelmäßigkeit zu folgen pflegt?

Es hat in der Wahl der Methode keinen Sinn, gewissermaßen um ganz sicherzugehen, allein mit «harten» Tatsachen aufwarten zu wollen und die Zuflucht in möglichst genauen statistischen Dokumentationen zu suchen. Solche Versuche hat es oft genug gegeben, und sie haben ersichtlich in der Kirche nichts geändert.[18] Zudem ist die Psychoanalyse wohl eine quantitativ denkende, aber keine quantitativ arbeitende Methode: sie definiert den Unterschied zwischen Gesundheit und Krankheit wesentlich nach dem Quantum des Leids, doch ihr eigentlicher Wert liegt in dem Aufweis struktureller Zusammenhänge im Reich der Psychopathologie. Bereits die Mühe und der zeitliche Aufwand, die erforderlich sind, um auch nur im Leben eines einzelnen Patienten die entscheidenden Faktoren seiner Entwicklung und die wesentlichen Verarbeitungsmuster innerhalb seines Charakterbildes herauszuarbeiten, stehen einer generalisierenden statistischen Auswertung im Wege.[19] Statt dessen ermöglicht die Psychoanalyse Einblicke und Gestaltwahrnehmungen von der exemplarischen Aussagekraft eines Kunstwerkes, einer lebendigen Dichtung, und dementsprechend kommt es auch in der Darstellung nicht auf möglichst extensive Vollständigkeit, sondern auf möglichst intensive Verständlichkeit an. Bei jeder Argumentation in Zahlen und Prozenten könnte der Leser sich selbst und seinen Erfahrungsraum noch als Ausnahme reklamieren und das gesamte Erscheinungsbild als eine rein zufällige Momentaufnahme interpretieren; erst wenn die Darstellung ihm unverkennbar naherückt, wenn er sich wider Willen eingestehen muß oder geradezu befreit sich zugestehen darf, daß, wenn er sich nicht selbst Sand in die Augen streut, von niemand anderem als von ihm selber die Rede ist, läßt sich in dem derzeitigen Tabubereich der Psychologie des Klerikerstandes so etwas wie eine verbindliche Ehrlichkeit gewinnen, und das bedeutet, die Person des Klerikers selbst, nicht die Ziele seiner Lebensform, in den Mittelpunkt der Betrachtung zu rücken.

Eine entscheidende Erweiterung unserer Menschenkenntnis wurde möglich, indem die Psychoanalyse das Bonmot FRIEDRICH NIETZSCHES beim Wort nahm: «Ideen muß man untersuchen in Richtung auf den Kopf, der sie nötig hat.»[20] Fast alle Untersuchungen zur Frage der Kleriker begehen den Fehler, daß sie von den Idealen ausgehen, die das Leben der Kleriker in institutioneller Pflicht und eidesstattlicher Versicherung prägen: den Idealen der Demut (des Gehorsams), der Armut (der Besitzlosigkeit) und der Keuschheit (der Ehelosigkeit)[21]; bewiesen wird in solchen Untersuchungen, welch einen Grund die genannten Ideale in der Person und Botschaft Jesu besitzen, wie sie in der Kirchengeschichte vor allem durch die Mönchsbewegungen vom 4. Jahrhundert an sich in der Kirche ausgeprägt und auf die Kirche

Einfluß gewonnen haben, und wie sie noch heute in der Reinheit der Christusnachfolge und entsprechend dem Wesen der Kirche als dem «eschatologischen Volk Gottes» das glaubwürdigste «Zeichen» der «Ganzhingabe» an Christus und der in Christus erschienenen «unüberbietbaren» Nähe der «Gottesherrschaft» darstellen.[22] In all diesen Betrachtungen wird unterstellt, daß der Mensch sich verstehen lasse, wenn man Kenntnis gewinne von dem, was er will, wobei gleich zwei Kurzschlüsse zustande kommen: 1. der Kurzschluß, als ob das, was jemand subjektiv sich als Ziel (als Ideal) vorsetzt, auch schon identisch sei mit dem, was man als den objektiven Inhalt des jeweiligen Ideals bestimmt – der Kurzschluß der Identität zwischen der psychischen Motivation und der sozialen Funktion eines Ideals, und 2. der Kurzschluß, ein Mensch werde wesentlich bestimmt durch die Ausrichtung seines moralischen Wollens – der Kurzschluß der Identität von Sein und Bewußtsein in der Psyche des Menschen. Im ersteren Falle verwechselt man das soziale Sein eines Menschen, seine persona, mit seiner Person – eine Verwechslung, die uns bald schon in ihrer ganzen Tragweite wirklich deutlich werden wird; im zweiten Falle verwechselt man das subjektive Bewußtsein mit dem Sein des Subjekts – eine idealrealistische Gleichsetzung wie in den Tagen des George Berkeley[23] mit seinem berühmten *«esse est percipi»* – «Sein ist Bewußtsein», oder: «Die Dinge sind, wie wir sie verstehen.» Tatsächlich verstehen wir das Sein des Klerikers nicht, wenn wir bei dem Inhalt des objektiv gegebenen Ideals beginnen und in gleichem Atemzug die subjektive Seite des Wollens damit identisch setzen. Vielmehr kommt es zugunsten eines tieferen Verstehens entscheidend darauf an, den Ausgangspunkt genau am gegenteiligen Ende zu nehmen. Die wesentliche Frage, wenn es um die betroffenen Menschen, die Kleriker als Personen, gehen soll, darf nicht länger lauten, was jemand subjektiv will, sie muß lauten: wie ist jemand als Subjekt derart geprägt und geformt worden, daß er bestimmte Ideale als die zentralen Lebensinhalte seines Daseins wollen kann; nicht der Inhalt und die Tatsache einer bestimmten Motivation, sondern die Geschichte der Motivation ist das menschlich Anrührende bzw. das Aufrührende, das persönlich Verbindliche oder das tragisch Verbildende in der entsprechenden Lebensausrichtung. Wir sprechen von «Lebensausrichtung», nicht von «Lebensentscheidung», weil es in Kürze schon sehr die Frage sein wird, wieviel an persönlicher Freiheit in der spezifischen Motivationsgeschichte der Biographie eines Klerikers überhaupt enthalten ist.

Der Unterschied in der Betrachtungsweise ist eklatant. – Wer mit dem Ideal der Gestalt des Klerikers seine Untersuchung beginnt, der wird zur

Wirklichkeit stets nur in ein moralisierendes Verhältnis treten können; er wird versuchen, aus der kirchlichen Tradition zu entwickeln, was ein Kleriker wesenhaft ist und warum es sich lohnt, ja, warum es unter Umständen «gefordert» ist, ein Kleriker zu werden. Psychoanalytisch hingegen erscheint diese Argumentationsfigur selbst bereits als nicht unbedenklich, und es läßt dieser Einwand sich bis zu einem gewissen Grade sogar in die Sprache der scholastischen Philosophie übersetzen: Wer von einem fertigen Ergebnis sozusagen als der *«causa finalis»* ausgeht, um daraus das psychologische Motiv, die *«causa efficiens»* in scholastischer Sprechweise, abzuleiten, der begründet unvermeidbar eine Psychologie des Zwangs, indem er eine Einheit und Vernünftigkeit im menschlichen Wollen und Handeln voraussetzt, die im Grunde nur bei Gott besteht: nur in einem absoluten Wesen sind Endursache und Wirkursache miteinander identisch[24]; wir Menschen hingegen müssen uns damit begnügen, daß das, was wir wollen, oft weit von dem abweicht, was uns als Ziel vor Augen steht, und daß wiederum das, was wir erreichen, sehr selten mit dem übereinstimmt, was wir erreichen wollten. M.a.W.: Statt als fertig zu definieren, wie das Ideal eines Klerikers beschaffen ist, und dann von oben herab zu dekretieren, daß es dieses Ideal sei, das beim Eintritt in den Klerikerstand *de facto* erstrebt und befolgt werde, scheint es ungleich menschlicher und wahrhaftiger, sich zu fragen, wie denn jemand überhaupt dazu kommt, ein bestimmtes Ideal als vorbildlich für sich selber zu empfinden. Gerade nicht die subjektiv bewußten Zielsetzungen und Absichten der Motivation des «erwachsenen» Klerikers, sondern die ihm selbst zumeist verborgenen Einflüsse und Prägungen seiner Kindheit und Jugend, die seinen späteren Entschlüssen zugrunde liegen, müssen den Ausgangspunkt einer Betrachtung bilden, die der psychischen Wirklichkeit und Wirkung des Klerikerstandes auf die Spur kommen will.
Ebensowenig wie in einer psychoanalytischen Untersuchung die Psyche des Klerikers als eine fertige, idealkonforme Größe angenommen werden kann, ebensowenig kann zudem auch der Begriff der Kirche selbst als etwas Fertiges vorausgesetzt werden. Psychoanalytisch ist es nicht möglich, die Kirche wie aus der Pistole geschossen als den «Mystischen Leib Christi» oder als das «Ursakrament der Welt» in die Debatte einzuführen[25]; es gilt im Gegenteil, von all den organizistischen Sozialmodellen wegzukommen, die als archetypische Symbolvorlagen gewiß einen hohen Integrationswert besitzen, die aber außerhalb analytischer Reflexion leicht die Gefahr kollektivistischer Vereinnahmungen und ideologischer Festschreibungen mit sich bringen.[26]
Um die Eigenart der Psyche des Klerikers wirklich zu begreifen, ist es nicht möglich, bei dem Modell einer einlinigen Kausalität stehenzubleiben; man

muß vielmehr auf verschiedenen Ebenen in ständigen Rückkoppelungen und Vernetzungen denken, um der komplexen Wirklichkeit der Klerikerpsyche näherzukommen.

Da ist in der Psychogenese als erstes *die Familie* zu beachten, in der ein späterer Kleriker aufwächst. Ihre Strukturen gilt es auf die spezifischen Konstellationen hin zu untersuchen, aus welchen die Psychologie eines späteren Klerikers erwachsen kann.[27] Sodann kommt es darauf an, die Einwirkung der familiären Faktoren auf *die kindliche Entwicklung* entlang den einzelnen Phasen der Psychogenese zu untersuchen – wir betreten damit die Ebene der individuellen Psychologie, auf welcher der Einzelne in großem Umfang zunächst als kindliches «Opfer» seiner Umstände erscheint. Es wäre aber ein schwerwiegender Irrtum, zu glauben, es genügte, einen Menschen als das bloß passive Produkt von Erziehung und Milieu zu betrachten; an jeder Stelle gilt es vielmehr, zugleich sich zu fragen, welche Reaktionen dem Einzelnen in Antwort auf die jeweiligen Einflüsse seiner Umgebung möglich sind, wie ihm die «Welt» entsprechend seinem eigenen «Entwurf» erscheint und wie er die verinnerten Strukturen durch sein Handeln und Verhalten an die Umgebung rückentäußert.[28] Stelle für Stelle ist die analytisch-regressive Untersuchungsrichtung daher durch eine synthetisch-progressive Sichtweise zu ergänzen und zu vervollständigen.[29] Insbesondere gilt es, den *geistigen* Einfluß zu untersuchen, den das Vorhandensein bestimmter Ideale und Wertsysteme auf der Ebene der Kirche auf das Verhalten der Familie und die Einstellung des Einzelnen ausübt, um dann wieder umgekehrt zu fragen, welch eine Funktion den betreffenden Anschauungen für das kirchliche Leben zukommt, indem wir untersuchen, auf welche Weise die jeweiligen kollektiven Zielsetzungen sich in der individuellen Haltung und Verhaltensweise – in «Hexis» (Haltung) und Praxis (Handlung) – reproduzieren.

Eine besondere Bedeutung kommt dabei natürlich der Untersuchung der Verfahren zu, mit deren Hilfe die kirchliche Ausbildung selbst in Internat und Seminar, in Noviziat und Konvikt ihre angehenden Kleriker zu unterweisen und auf die künftigen Aufgaben vorzubereiten sucht; an dieser Nahtstelle zwischen Persönlichem und Allgemeinem, zwischen Privatem und Sozialem wird am deutlichsten, wie die Ideale des Klerikerstandes sich psychisch auswirken und welche psychischen Strukturen sie voraussetzen, um dem Einzelnen als erstrebenswert, ja, als innerlich notwendig gegenüberzutreten; es wird sich dann zugleich zeigen, welche vorbereitenden Verknüpfungen zwischen Kirche und Familie den bisherigen Lebensweg eines Klerikers mitbestimmt haben und weiter bestimmen werden, indem die

kirchliche Verkündigung durch ihre Kleriker wieder auf die Familien zurückwirkt, aus denen sie ihren Klerikernachwuchs rekrutiert.
Schließlich ist die *Ebene der Gesellschaft*, in welcher die Kirche lebt und in welcher der Einzelne heranwächst, in ihren bestätigenden, störenden, widersprüchlichen oder zustimmenden Einflüssen mit zu betrachten; auch sie besitzt eine Fülle geistiger Inhalte und prägender Ideale, die sich mitunter mit den kirchlichen Zielsetzungen decken, ihnen aber nicht selten auch widersprechen; dieser Bezug zu der Gesellschaft, in der sie groß geworden sind und zu der sie später gesandt werden sollen, ist nicht nur für die Weltpriester konstitutiv – besonders die Ordensgemeinschaften haben sich zumeist überhaupt erst in Antwort auf bestimmte Gegebenheiten ihrer Zeit geformt und sich auf bestimmte «Dienste» innerhalb der Gesellschaft ihrer Zeit hin in ihrer besonderen Aufgabenstellung und Verfassung spezialisiert; durch die Art, wie die Bedingungen der heutigen Gesellschaft sich gegenüber diesen besonderen ordenseigenen Zielsetzungen verändert haben, werden natürlich auch die Mentalität und die Form des Zusammenlebens der Ordensmitglieder innerhalb der jeweiligen Gemeinschaft wesentlich mitbestimmt.
Insgesamt dürfte klar sein, daß die verschiedenen Ebenen der Betrachtung gewiß aus Gründen der methodischen Differenzierung und der schrittweisen Darstellung immer wieder Abschnitt für Abschnitt gesondert betrachtet werden müssen, daß aber an keiner Stelle vergessen werden darf, wie sehr in der Frage der Psychologie der Kleriker die einzelnen Aspekte miteinander verbunden sind und aufeinander zurückwirken. Zwischen den genannten vier Ebenen: Familie, Individuum, Kirche und Gesellschaft sind nicht nur die «Nahwirkungen» ihrer unmittelbaren Wechselwirkungen aufeinander zu beachten, es müssen diese «Nahwirkungen» zugleich auch als vermittelte «Fernwirkungen» all der anderen Kausalbeziehungen angesehen werden; und daneben gilt es, die unmittelbaren übergreifenden Zusammenhänge zu sehen, in denen z. B. die Familie direkt von der Gesellschaft geformt wird und ihrerseits wieder auf sie zurückwirkt; und das gleiche gilt von der Ebene des Individuums, das gleiche von der Ebene der Kirche. In schematischer Darstellung entsteht somit das folgende Bild einer Vernetzung von Wirkfaktoren, innerhalb deren alles mit allem zusammenhängt und voneinander abhängt:

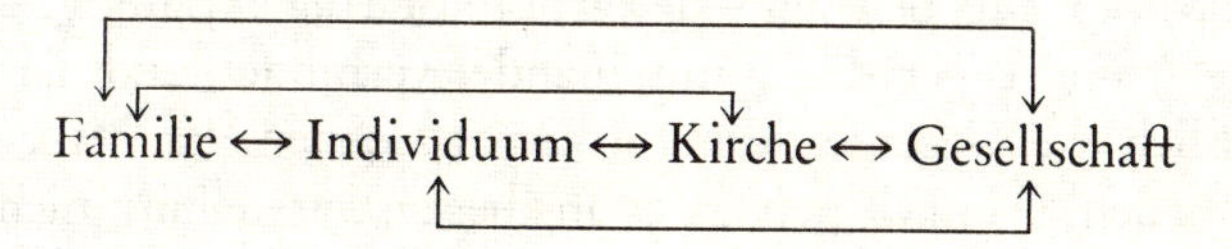

Wie man sieht, steht jede der vier Größen mit drei anderen in Verbindung, indem eine jede die Eigenart der anderen mitbedingt und mitbewirkt, sowie sie selbst von diesen mitbedingt und mitbewirkt wird. Im ganzen kommt es darauf an, die Frage nach der Psychologie der Kleriker als einen lebendingen, vielfältigen und vielfach determinierten Prozeß zu betrachten, der gerade das nicht ist, als was eine ideologisch motivierte Betrachtung pro und contra ihn hinstellen möchte: eine feste und in sich klare Tatsache, die sich pauschal nach den Kategorien von «gut» und «böse» bewerten ließe.[30] Im übrigen wird sich zeigen, daß der eigentliche Maßstab für den Wert kirchlicher Institutionen nicht in dem liegt, was geschieht, sondern in dem, wie es geschieht. Wenn es mit diesem Buch gelingen könnte, Verdrängtes aussprechbar zu machen, Einsamkeit zu überwinden, Fronten der Starrheit abzubauen und eine Diskussion in Gang zu setzen, die von Ängsten und Sanktionen aller Art bislang immer wieder unterbunden wurde, obwohl sie doch längst überfällig ist, wenn es zudem gelingen sollte, möglichst vielen Lesern ein Gefühl dafür zu vermitteln, daß sie in ihren Schwierigkeiten und Konflikten auf Verständnis statt auf Verurteilung und Ablehnung zählen dürfen, so hätten Mühe und Einsatz sich sehr gelohnt. Es geht mit diesem Buch im Grunde um so etwas wie um eine verantwortbare Seelsorge an den Seelsorgern der Kirche selbst, hoffend, damit den Stand der Seelsorge insgesamt wesentlich verbessern zu können.

Dann mag als genereller Einwand womöglich Stelle für Stelle immer wieder die Frage auftauchen: Ist es denn aber *nur* so, wie es hier geschildert wird? Gibt es nicht auch Fälle, in denen es anders ist? Darauf läßt sich mit einem Bild antworten: In der Geschichte der Physik hat man bis zu Beginn des 20. Jh.'s geglaubt, es sei die *Natur* des Lichtes, zwischen zwei Punkten stets den kürzesten Weg zu «wählen»; wir wissen heute, daß das Licht niemals nur einen, sondern buchstäblich jeden nur möglichen Weg zwischen zwei Punkten A und B zurücklegt. Um genau zu sein, hat man in der Physik sich angewöhnt, Pfeile zu zeichnen, deren Richtung die Zeit des jeweils zurückgelegten Weges markiert, und die Pfeile so miteinander zu verknüpfen, daß sich als Summe aller Möglichkeiten eine Resultierende ergibt, aus deren Quadrat sich die Größe der Wahrscheinlichkeit des faktisch zurückgelegten Weges errechnet.[31] Man erkennt bei diesem Verfahren relativ leicht, daß für die Bestimmung der Wahrscheinlichkeitsamplitude der größte Teil der auch möglichen Wege nichts beiträgt – der größte Beitrag entfällt wirklich auf die Strecke, die A und B geradlinig miteinander verbindet, und daraus ergeben sich schließlich die Gesetze der Optik, nach denen wir Mikroskope und Fernrohre bauen. Ähnlich genügt es in dieser Darstellung nicht, zu schildern, was alles möglich ist, es kommt darauf an, zu beschreiben, was in der Wirklichkeit die größte Wahrscheinlichkeit besitzt, auch so zu sein. Dabei liefern wir *Modelle* der psychischen Wirklichkeit des Klerikerseins, indem wir dessen Idealform zur Voraussetzung nehmen, um die Bedingungen zu ermitteln, unter denen sie sich zu realisieren vermag. Je mehr die Wirklichkeit dem angenähert ist, was die katholische Kirche selber als das Ideal des Klerikerseins bestimmt, desto genauer werden die Annahmen unserer Modellbeschreibung auch im Einzelfall zutreffen. Es geht nicht darum, ob es «nur so» ist, es geht darum, daß es *wesentlich* so ist, wie es hier geschildert wird.

II. Der Befund

Gegen die vorgeschlagene Methode einer psychoanalytischen Untersuchung der Psyche der Kleriker richtet sich ein prinzipieller *theologischer* Einwand, der, selbst wenn er nicht offen geäußert wird, gleichwohl gewisse tiefsitzende Vorbehalte und eine bestimmte emotionsgeladene Kritikbereitschaft gegen das gesamte Unternehmen auf den Plan rufen kann und deshalb vorweg behandelt werden muß; der Einwand lautet, eine psychoanalytische (und überhaupt jede «nur» psychologische) Betrachtungsweise sei im Falle der Psyche der Kleriker ihrem Gegenstand schlechterdings inkommensurabel; der Schicksalsweg eines Klerikers sei der Weg der Berufung eines Menschen durch die Gnade Gottes; es handle sich hier um ein *Mysterium sui generis,* um ein Geheimnis *sensu stricto,* das sich nicht in die triviale Logik der «Froschperspektive» etwa der Psychoanalyse einordnen lasse; wenn irgendwo, so gelte hier das Verbot Jesu, das Heilige nicht den «Hunden» (Mk 7,27) bzw. die Perlen nicht den «Schweinen» vorzuwerfen (Mt 7,6). In einer etwas gemäßigteren Form wird man einwenden, daß die Gesetze der Psychologie in gewissem Sinne vielleicht auch auf die Biographie von Klerikern angewandt werden könnten, es sei aber doch wohl nicht möglich, das Spezificum des Klerikalen von daher zu begreifen; dieses entziehe sich nun wirklich jedem Erklärungsversuch und entspringe einzig der Freiheit des positiven Gnadenwillens Gottes.[1] – Da Einwände dieser Art theologisch begründet sind, lassen sie sich in der Tat auch nur theologisch widerlegen, wenngleich sie in ihrer sozialpsychologischen Funktion erkennbar darauf hinauslaufen, den Sonderstatus der Kleriker mit einem logischen Zirkelschluß zu rechtfertigen: Da die Kleriker allem «menschlich Gewöhnlichen» gegenüber etwas «Außerordentliches» darstellen, *weil* sie von Gott auserwählt sind, so sind auf sie die Gesetze der «normalen» Psychologie so wenig anwendbar, daß man schon von daher sagen muß, sie *seien* von Gott auserwählt. Es gehört zur Eigenart theologischer Argumentation, daß sie ihren Anspruch keinesfalls bereits verliert, wenn man ihre ideologische Standpunktbedingtheit und ihre logische Tautologie aufzeigt: Das «Ideologische» selbst ist geheiligt, also wahr durch die Heiligkeit der Kirche selbst, und die Zirkularität des Denkens ergibt sich zufolge dieser Argumentation just durch das notwendige Scheitern des menschlichen Verstandes an der Unerforschlichkeit des Göttlichen selbst. – Wären es nicht gerade sehr viele persönlich redliche Priester und Ordensleute, von denen oft und immer wieder diese Art des Denkens vertreten wird, so wäre eine Diskussion darüber vielleicht nicht sonderlich vonnöten; es wird indessen mit dieser Denkweise eine Form von Theologie grundgelegt, die an vielen Stellen ihren Schaden deutlich hinterlassen hat und daher vorab einer Korrektur bedarf.

Der springende Punkt liegt philosophisch oder theologisch darin, daß hier etwas (die Berufung zum Kleriker) als menschlich «unerklärlich» behauptet wird, um es hernach mit der Unerklärlichkeit des göttlichen Willensratschlusses doch wieder zu «erklären». Man macht auf diese Weise, womöglich ohne es selber recht zu merken, nicht nur eine «Zwei-Stockwerke-Theologie» auf, bei der das Menschliche und das Göttliche, die Ordnung des menschlichen Lebens und die Ordnung der göttlichen Gnade, als zwei getrennte Größen sich zueinander verhalten wie Wasser und Luft, wie Erde und Himmel, wie Wolken und Licht: – wohl «bewegt» die Luft das Wasser, wohl «berührt der Himmel die Erde», wohl «durchdringt» das Licht die Wolken, aber die «höhere» Ebene wirkt stets aus sich heraus und unabhängig von der «niederen», der Schöpfer ist in keiner seiner Willenshandlungen gebunden an die Schöpfung, die er selbst «gemacht» hat[2]; man macht darüber hinaus, je nach Bedarf, Gott zu dem Lückenbüßer der vermeintlichen oder wirklichen Nullstellen des menschlichen Erkennens oder gar des prinzipiellen Erkenntnisunvermögens des menschlichen Verstandes[3], man macht am Ende Gott zu einer Teilursache des Geschaffenen, um es in der Sprache der scholastischen Philosophie zu formulieren, man tut so, als ließe sich etwas empirisch Feststellbares, etwas «Natürliches», aus dem Bereich des Metaphysischen, des «Übernatürlichen», erklären. In Wahrheit «erklärt» das Sprechen von Gott nichts, es *deutet* allenfalls etwas, das in sich selbst sehr wohl «erklärbar» sein muß, um sich überhaupt vollziehen zu können[4], es interpretiert den Inhalt des faktisch Vorhandenen, es verleiht natürlichen Tatbeständen die Weihe göttlicher Abkunft, aber es bezeichnet nicht die empirischen Ursachen seiner Herkunft. Mit anderen Worten: Die Frage ist selber schon psychologischer Art, wie es dahin kommt, etwas in Raum und Zeit Gegebenes für «von Gott gewirkt» zu «erklären»[5], und statt das Sprechen von Gott schon für die Erklärung zu halten, bedarf es selbst bereits am allermeisten der psychologischen Erklärung; theologisch stellt sich lediglich die Frage, *nicht:* welche Ereignisse im Leben eines Menschen *de facto* als «göttliche Berufung» interpretiert werden, sondern welche Gegebenheiten mit Hilfe dieser Vokabel gedeutet werden können oder sollten.

Im Grunde läuft die prinzipielle theologische Einrede, eine psychoanalytische Untersuchung über die Psyche der Kleriker sei etwas in sich «Unangemessenes» und die «Dignität» des Gegenstandes gewissermaßen «Verletzendes», auf einen Denkfehler, um nicht zu sagen auf eine Denkfaulheit hinaus, die es unterläßt, ja, unter Verbot stellt, den natürlichen Ursachen gewisser Erscheinungen mit den gebotenen und gegebenen Mitteln unseres Erkenntnisvermögens nachzugehen, aus Sorge, die Größe Gottes herabgesetzt zu finden, wenn die Gesetze seiner Schöpfung uns klarer sichtbar würden. Es handelt sich um dasselbe Problem, das mit dem Beginn der Neuzeit, spätestens mit der Philosophie der Aufklärung vor 200 Jahren, in bezug zur Naturwissenschaft insgesamt sich erhob: was wird aus Gottes «Vorsehung», wenn seine Welt von Gesetzen gelenkt wird, die auf die Sonderbedürfnisse des Menschen nicht Rücksicht nehmen und blind sind für die (allzu) menschlichen Wertungen und Gefühle unserer Ethik und Ästhetik?[6] Was wird aus der Frömmigkeit der Gläubigen, wenn Blitz und Donner, Sturm und Wetter, Feuchtigkeit und Niederschlag – wenn *alle* Grundlagen des menschlichen Daseins nicht unmittelbar aus den Händen eines treusorgenden Vatergottes hervorgehen, sondern ihre eigenen Ursachen haben, die in sich selbst erforscht und erklärt werden können und müssen? Die Erkenntnisse der modernen Naturwissenschaften bedeuteten nicht nur das Ende eines magisch-animistischen Verhältnisses des Menschen zu der ihn umgebenden Natur[7], sie nötigten vor allem die christliche Theologie zu einem endlosen Rückzugsgefecht, in dem stets die Stelle des wissenschaftlich noch nicht Erkannten (z. B. vor 100 Jahren die Frage der Abstammung des Menschen oder vor 50 Jahren die Frage der Entstehung des Lebens oder heute die Frage nach der Entstehung des Universums) jeweils als die eigentliche Domäne des Wirkens Gottes ausgegeben wurde.[8] Abschnitt für Abschnitt dieser künstlichen theologischen Front gegen den Fortschritt menschlicher Erkenntnis mußte inzwischen kleinlaut geräumt werden, die entscheidende Wandlung des Bewußtseins aber ist offenbar immer noch nicht wirklich vollzogen worden: Gott in seiner Größe wird nicht am besten «bewiesen» oder «gepriesen», indem man sein Handeln zur übernatürlichen Ausnahme überhöht[9] oder ganz einfach zum Füllsel unserer Wissenschaftslücken erniedrigt; Gott wirkt in und durch seine Natur, und er rückt uns nicht ferner, er wird uns vertrauter, je mehr wir versuchen, die Grundlagen und Gesetze seiner Schöpfung zu verstehen: *sie* sind es, die uns seine wahre Größe und seine Weisheit wenigstens in etwa ahnen lassen. In einem Einzelfall der menschlichen Geschichte zu sagen: «Hier hat Gott einen Menschen oder ein Volk erwählt oder geführt», ist unter diesen Umständen zwar immer noch sinnvoll, aber nicht zu verstehen als eine Mitteilung über einen an sich bestehenden Tatbestand, der als «objektiv» wahr zu halten ist, sondern als Mitteilung über die subjektive Bedeutung eines Ereignisses, durch welches das Leben von Menschen von Grund auf verwandelt wurde.

Ein solches Sprechen von der «Führung» oder «Erwählung» durch Gott macht es nötig, die Aufmerksamkeit psychologisch auf zwei Fragen zu konzentrieren: 1. Von welcher Art sind die psychischen Erfahrungen selbst, deren Ursprung als göttlich interpretiert wird, und 2. Was bedeutet es für den Betreffenden selbst, wenn den prägenden Erfahrungen seines Lebens die Bedeutung eines göttlichen Ursprungs verliehen wird? Inhalt wie Interpretation auch und gerade des Lebens eines Klerikers müssen *psychoanalytisch* verstanden werden, wenn das Sprechen von Gott nicht zu einer äußerlichen, von außen aufgeklebten, fremden und entfremdeten ideologischen Setzung geraten soll.

Im Namen Gottes also und im Interesse der Menschen, aus Gründen der Theologie ebenso wie aus Gründen der Psychohygiene ist es nicht nur legitim, sondern unumgänglich, gerade und als erstes mit den Mitteln der Psychoanalyse die Klammer bzw. den Rahmen zu untersuchen, durch welche das Leben eines jeden Klerikers zusammengehalten bzw. eingefaßt wird: die Grundvoraussetzung des Glaubenssatzes von der besonderen Erwählung durch Gott.

A. Die Erwählten oder: Die ontologische Verunsicherung

Die Frage, die sich psychoanalytisch stellt, lautet nach dem Gesagten nicht, wie der Glaube an die besondere Erwählung eines Klerikers durch Gott theologisch (entsprechend dem Plan der göttlichen «Heilsordnung», wie sie im Leben Christi vermeintlich als Vorbild sichtbar geworden ist und sodann im Leben der Kirche in angemessener und gültiger Weise ausgeprägt wurde) im Verlauf der Geschichte verstanden wurde oder auch heute noch zu verstehen ist, die psychoanalytische Frage lautet, wie man es verstehen kann, daß jemand dazu kommt, sich im Alter, sagen wir: von ca. 25 Jahren, am Ende von Pubertät und Adoleszenz, für von Gott erwählt zu halten; nicht ob und inwieweit dieser Glaube theologisch objektiv zu Recht besteht oder nicht, sondern wie er subjektiv zustande kommt, ist die Frage einer psychoanalytischen Untersuchung, und umgekehrt auch ist zu fragen, wie ein solcher Glaube, einmal erzeugt, auf den Betreffenden zurückwirkt: wie empfindet sich ein Mensch, der sich für von Gott «erwählt» hält – was versteht er darunter und was fängt er damit an?

1. Der Schattenbruder des Schamanen

Es ist stets von Nutzen, Fragen der Religionspsychologie durch einen Vergleich zwischen verschiedenen Religionen zu präzisieren und anhand spezifischer Unterschiede gewisse Strukturen bewußtzumachen, die innerhalb des Kulturraumes der eigenen Religionsform infolge ihrer scheinbaren Selbstverständlichkeit leicht übersehen oder in ihrer Bedeutung unterschätzt werden. – Eine Berufung durch göttliche Mächte zu einem priesterlichen oder priesterähnlichen Beruf kennt natürlich nicht nur die katholische Kirche, sondern in gewisser Weise jede Religion, ja, es erscheint unter den Augen vornehmlich der protestantischen Kritik geradewegs als ein Rückfall in heidnische Vorstellungen, daß es auch innerhalb des Christentums (wieder!) die Institution eines heiligen Standes von besonders Berufenen geben soll.[1] Gleichwohl sind die Unterschiede auf bezeichnende Weise deutlich.

Das Erlebnis der «Erwählung» bzw. «Berufung» durch göttliche Mächte tritt uns im Verlaufe der Religionsgeschichte in der wohl ursprünglichsten und am weitesten verbreiteten Form in den Initiationsträumen der *Schamanen* entgegen.[2] Es handelt sich um Erlebnisse, die bereits acht-, neunjährigen Kindern zuteil werden – keinesfalls dürfen sie später als bei Eintritt der Pubertät sich ereignen, wenn sie wirklich für das gesamte Weiterleben bestimmend sein sollen. In der ethnologischen Literatur früherer Zeiten hat man gerade wegen dieser Berufungsträume in die Psychologie der Schamanen mit Vorliebe alle nur erdenkbaren Eigenschaften der Psychopathologie hineingelesen, nur weil man außerstande war, von unserem abendländisch geprägten Denken her eine Erscheinung zu begreifen, die zu dem Großartigsten und Überwältigendsten gehört, was die menschliche Psyche heimsuchen kann[3]; heute wissen wir, nicht zuletzt durch den Einfluß der Tiefenpsychologie, daß es sich dabei um *Traumerfahrungen* handelt, die in Kaskaden archetypischer Bilder einem einzelnen Menschen zum Schicksal werden, indem sie ihm die Kraft verleihen, in heiligen Riten Kranke zu heilen, in hilfreichen Ahnungen die Zeichen der Zeit zu interpretieren und in Liedern und Beschwörungen die Geister der Tiere und der Ahnen herbeizurufen.[4] Tiefenpsychologisch gelesen, erscheinen die schamanistischen Initiationserlebnisse als eine Art spontaner Psychoanalyse, indem sie symbolisch in einer Reihe charakteristischer Folgen die einzelnen Stadien von Analyse und Synthese, von Regression und Regeneration, von Auflösung und Wiedergeburt abbilden[5]; in der Sprache des Mythos kann man auch sagen, daß die Berufungsträume der Schamanen wie Wege sind, die zurückführen in ein verlorenes Paradies, hin zu dem Ort, an dem die Welt ihr verborgenes Zentrum besitzt, wo der Himmel die Erde berührt und jene geheimen Kräuter und Pflanzen blühen, die als symbolische Chiffren die Ordnung der Welt repräsentieren – magische Formen und Formeln einer ursprünglichen Heilheit und Ganzheit des Seins.[6] Scharlatanerie und geschäftstüchtiger Trug, wie man oft unterstellt hat, sind den durch solche Träume Berufenen wesenhaft fremd; ihrem ganzen Dasein nach sind die Schamanen Priesterpropheten: Dichter und Künder, göttliche Ärzte, Seher und Weise – traumgeleitete Suchwanderer auf dem Wege zu den geheimnisvollen Jenseitszonen des menschlichen Bewußtseins. Gewiß sind die so Berufenen in strengem Sinne «anormale», «abartige» Charaktere – sie sind außerstande zu dem gewöhnlichen Leben des Stammes[7], und wer, wie sie, dem Geiste nahe ist, mag in der Welt alltäglicher Normalität wohl mit gewissem Recht in soziologischem Sinne als «verrückt» gelten, unfähig jedenfalls, als Jäger und als Krieger, als Ehemann und als Familienvater, als Herrscher und als Staatsmann sich hervorzutun.[8] Auch psychoanalytisch betrachtet erscheinen die Schamanen unzweifelhaft als äußerst gefährdete Persönlichkeiten, die ihrem Unbewußten oft bis zum Rand des Psychotischen ausgeliefert sind. Doch eben in ihrer Gefährdung gründet tiefenpsychologisch ihre Befähigung, Krankheit zu heilen und Besessenheit zu bannen.[9] Ihre jugendlichen Initiationsträume wirken auf sie wie eine frühe Schutzimpfung, um diejenigen Seelenkräfte in ihnen wachzurufen, die später dem Ausbruch drohender psychischer Erkrankung entgegenzutreten vermögen – eine Art spontaner Selbstheilung im Angesicht einer schweren seelischen Krise. Ein so Berufener hat schon deshalb keine andere Wahl: entweder er bekennt sich zu seiner Traumbotschaft, die ihn seit Kindertagen zum Schamanen des Stammes bestellt, oder er wird hilflos der Welt der Geister, dem Chaos des Unbewußten, ausgesetzt sein. Die Tiefe der seelischen Gefährdung bestimmt dabei als ihre Reaktionsbildung die Stärke der heilenden Kraft; denn recht verstanden werden berufene Schamanen später nie etwas anderes tun, als anderen Menschen, die an sich selbst und an der Welt bis zur Zerstörung leiden, die Wege zu zeigen, auf denen sie als Kinder bereits in ihren Großen Gesichten zu sich zurückgefunden haben. Schamane zu sein ist für sie die einzige Form, der lauernden Zerstörung zu entgehen, – eine wahrhaft «göttliche» Berufung, nicht anders als bei der Berufung jedes wirklichen Dichters, Malers oder Musikers.[10] Schamanismus – das ist das Leben als vollzogenes Künstlertum, als realisierte Poesie, als Existenzverdichtung durch ein äußerst angespanntes, symbolisches Leben; das ist die Synthese von Gegensätzen, an deren Lösung ein weniger ingeniös veranlagter Geist unfehlbar zerbrechen müßte.

Bei dem Vergleich einer solchen schamanistischen Traumberufung mit der Berufung und dem Dasein eines Klerikers der katholischen Kirche fallen bei dieser Schilderung zwei wesentliche Unterschiede auf:

a) die Verlagerung der psychischen Elemente des Berufungserlebens vom Traum weg in die bewußte «Entscheidung» und

b) die Ersetzung der persönlichen Sphäre der Mitteilung durch die Objektivierung im Amt.

Beide Punkte mögen, so ausgesprochen, an dieser Stelle recht unscheinbar wirken – sie bedeuten in Wirklichkeit eine grundsätzlich andere Weichenstellung in Entwicklung und Ausformung dessen, was innerhalb des bestehenden religiösen Systems als göttliche Berufung zu gelten hat, so daß alles weitere von ihnen mitgestaltet und geprägt wird. Sehen wir also genauer zu.

a) Für jeden psychologisch Gebildeten, der häufig mit Klerikern spricht, muß es Wunder nehmen, wie oft er die Ansicht vertreten hört, daß eigentlich erst der unmittelbare Einfluß der Kirche: der Eintritt in das Theologenkon-

vikt, der Beginn des Noviziats, maßgeblich die spätere Lebensform geprägt habe.
Gleichgültig, ob dankbar oder vorwurfsvoll, es scheint im Bewußtsein vieler Kleriker der Einfluß der kirchlichen Institutionen so stark, daß sie alles, was sie sind, zu ihrem Heil oder zu ihrem Unheil aus den Händen der «Mutter» Kirche empfangen zu haben glauben. Diese Sicht der Dinge verrät nicht nur eine erstaunliche Identifikationsbereitschaft des eigenen Daseins mit den Einflüssen und Zielsetzungen der Kirche, sondern sie zeugt vor allem von einer breit angelegten *Verdrängung der Kindheit bzw.*, was auf dasselbe hinausläuft, von einer merkwürdigen *Kindlichkeit in der Einstellung* gegenüber der Kirche selbst.
Fragt man einzelne Priester oder Ordensleute, womit sie beispielsweise ihre akuten sexuellen Schwierigkeiten, ihre Angst gegenüber den Oberen oder ihre Unfähigkeit, sich gegenüber anderen durchzusetzen, begründen könnten, so lautet die Antwort nicht selten, man habe sie beim Eintritt in den Orden oder in den Sonntagsansprachen im Konvikt halt dahin erzogen, und dadurch sei alles so geworden. Es ist, als wenn die Betreffenden eine eigene Kindheit nie erlebt hätten und gewissermaßen erst im Alter von 20 Jahren zur Welt gekommen wären. Natürlich hat eine derart massive Verdrängung der gesamten Kinder- und Jugendzeit ihre eigenen Gründe, denen wir noch ausführlich werden nachgehen müssen; an *dieser*Stelle aber genügt es, die Tatsache selber zu beschreiben und festzuhalten, daß die eigentlichen Faktoren der «Berufung» eines Klerikers subjektiv gerade nicht in den unbewußten Einflüssen der frühen Kindheit und in den Auseinandersetzungen der Pubertätszeit festgemacht werden, sondern daß darüber eine Decke des Vergessens und des Verschweigens vor sich selbst und vor den anderen gebreitet wird; statt dessen schreibt man dem Erwachsenen-Ich bzw. dem Einfluß des vermeintlich reifen «Erwachsenen» die Ausrichtung auf den Klerikerberuf zu. Der Gedanke, daß die entscheidenden Gründe einer Berufung zum Kleriker sich *bereits vor dem Eintritt der Pubertät* fest stabilisiert und zu einem eigenen System formiert haben müßten, um die nachfolgenden Krisen im Leben eines Heranwachsenden zu überdauern, dürfte den meisten Klerikern vollkommen fremd sein – er verstößt viel zu sehr gegen das Dogma von der Willensfreiheit und wird daher unisono als psychoanalytisches Vorurteil belächelt –, allenfalls, daß man *im Positiven*, scheinbar nicht-konflikthaften Teil der eigenen Entwicklung in gerader Linie den Einfluß der Eltern auch in frühen Kindertagen zugeben wird: daß z. B. die Mutter bereits den Dreijährigen zu Weihnachten mit in die Kirche nahm oder ihn das Vaterunser beten lehrte, wird man als bestimmenden Einfluß in Richtung der späteren Beru-

fung durchaus anerkennen, ja, man wird ein ähnliches Verhalten durchaus als pädagogische Bedingung der Erziehungsarbeit den Eltern anempfehlen und anmahnen; jedoch: wie verschachtelt und in sich gebrochen die frühen Kindheitseindrücke den Werdegang eines späteren Klerikers beeinflußt haben, darüber darf sozusagen bei einem Kleriker der katholischen Kirche – im Gegensatz zu dem Schamanen der Stammeskulturen – keinerlei Bewußtsein entstehen. Und noch weniger darf ein Wissen darum zugelassen werden, daß es gewisse *unbewußte,* traumnahe Kräfte in den Tiefenschichten der menschlichen Psyche geben könnte, durch welche die göttliche Berufung sich kundtue. Wohl wird man gewissen Heiligen des Mittelalters wie dem heiligen Franz von Assisi zubilligen, daß sie durch eine Vision oder Audition zu ihrem Auftrag berufen worden seien, und man wird sich nicht scheuen, in solchen Ausnahmefällen die Sprache der Legende historisch nachzusprechen[11], aber man macht sich nicht die Mühe, die Berufung etwa des heiligen Franziskus zu Armut und Ehelosigkeit womöglich mit seinem ausgeprägten Haß auf den brutalen Vater, den Kaufmann Bernardone, oder mit seiner innigen Liebe zu seiner feinnervigen französischen Mutter, an deren Herkunft schon sein Name erinnert, in Verbindung zu bringen. Vollends in der Gegenwart würde ein Theologiestudent, der seinen Wunsch, Priester zu werden, mit einem bestimmten Traumerlebnis begründen wollte, gewiß eher Kopfschütteln und Heiterkeit erregen als Vertrauen und Zustimmung gewinnen, und jedenfalls wird man ihm allzu ausgedehnte Exkursionen in das Seelenleben seiner Kindertage gelegentlich eines Vorstellungsgesprächs oder einer Bewerbung, als Priesteramtskandidat Theologie studieren zu dürfen, nicht gerade honorieren. Die Klarheit der bewußten Entscheidung – daß man «als gestandener Mann» weiß, was man will, oder als dienstbare Magd Christi zu allen Opfern der Christusnachfolge bereit ist – gilt als entschieden viel zuverlässiger denn das chaotische Gewirr psychoanalytischen Durcheinanders, als dieser «Mumpitz», wie ein ehrwürdiger Kardinal vor Jahren sich diesbezüglich zu äußern beliebte.

Indessen entsteht hier nun doch ein Problem, das *theologisch* weit delikater ist als psychologisch: wenn die jungen Alumni oder Postulantinnen sich dergestalt in Freiheit und Bewußtheit für ihre große Aufgabe als angehende Kleriker der Kirche selber entscheiden, was hat dann Gott damit zu tun? Es ist das erstemal in dieser Studie, daß wir auf den Zusammenhang aufmerksam werden, der Schritt für Schritt zwischen einer bestimmten psychischen Struktur der Kleriker und gewissen kirchlichen Lehrsätzen, den Glauben betreffend, besteht. Gerade die Frage nach dem Verhältnis von göttlicher Erwählung und menschlicher Willensfreiheit, von geschenkter Gnade und

eigenem Mitwirken durchzieht wie ein roter Faden die gesamte abendländische Theologiegeschichte von Augustinus bis Martin Luther, Calvin, Blaise Pascal und den Jansenisten bis hin zu Yves Congar und Urs v. Balthasar[12], sie erzwingt immer neue Lösungsversuche, schafft immer wieder neue Gruppen von «Ketzern» und «Irrlehrern» und ist dabei offenbar auf das engste verflochten mit der Psychologie der Gruppen, in deren Kreisen derartige Fragen aufgeworfen und bis zur Bedrohung mit Acht und Bann diskutiert werden: in den Kreisen der (männlichen) Kleriker. Ohne Zweifel darf die *katholische* Lösung der Frage nach der Art der göttlichen Vorsehung und Gnade psychoanalytisch als direkter Ausdruck der Selbsterfahrung der klerikalen Berufung gewertet werden, denn diese Lösung besteht in eben der Zweiteilung, die sich auch im psychischen Erleben der Kleriker geradezu pflichtgemäß bzw. standesgemäß abzeichnet: der *Zweiteilung* zwischen menschlichem Wollen und göttlichem Ratschluß. Auf der einen Seite bleibt es dabei, daß man, um Kleriker der katholischen Kirche zu werden, sich selber zu dieser Lebensform freiwillig entscheiden muß, auf der anderen Seite aber muß auch Gott in seiner Gnade diesen Willensentschluß mitvollzogen haben, indem er ihm durch seine Gnade zuvorkommt, ihn begleitet und zur Vollendung bringt.[13] Mit einem Wort: Es ist der freie Entschluß eines Menschen zu der besonderen Art der Nachfolge Christi im Stande eines Klerikers der dogmatischen Überzeugung nach ebenso ein «Werk» des Menschen, wie er von Gott bewirkt wird; in dieser Unterschiedenheit und Einheit von göttlichem und menschlichem Wollen wird nach katholischer Auffassung der menschliche Wille selber in seiner Eigenständigkeit weder eingeschränkt noch aufgehoben, wie es die lutherische oder calvinistische «Häresie» vermeintlich behauptete, im Gegenteil, der menschliche Wille wird der theologischen Erklärung zufolge ermöglicht, gefördert und erhoben.
Es sei dahingestellt, welche theologischen Möglichkeiten und Schwierigkeiten dieses Konzept vor allem in der «kontroverstheologischen» Diskussion zwischen Protestanten und Katholiken auch heute noch mit sich bringt; es genügt an dieser Stelle, die *psychologischen* Implikationen und Konsequenzen herauszustellen, die mit diesem Ansatz verbunden sind. Und da fällt als erstes *die anthropologische Reduktion* auf, mit der die Beteiligung des Menschen an dem «Werk» seiner «Erwählung» zum Kleriker ganz und gar auf den *bewußten* Anteil seiner *«Freiheitsentscheidung»* und seines moralischen Wollens zusammenschrumpft; der gesamte Teil des Unbewußten, m. a. W.: das riesige Areal der frühen Kindheit, die psychischen und sozialen Prägungen in Elternhaus und Milieu, die Geschichte der subjektiven Verarbeitungen und Erlebnisweisen der vorgegebenen Einflüsse und Formungen, gar

nicht zu sprechen von den Faktoren der persönlichen Veranlagungen und Eigenarten – all das geht sang- und klanglos unter, indem es als bestimmender Faktor auf dem Wege eines Menschen zum Beruf bzw. zur Berufung eines Klerikers neutralisiert wird. Dieser Tatbestand ist so ernst zu nehmen und als Faktum derart deutlich, daß er als praktische Grundhaltung die gesamte kirchliche Ausbildung der Kleriker durchzieht, streng nach der Devise: «Berühre niemals den Werdegang einer Persönlichkeit; betrachte die 18jährige Postulantin, den 20jährigen Theologiestudenten eben aufgrund ihrer Entscheidung für den Klerikerstand als fertige Wesen, als reife Persönlichkeiten, und lediglich im Störfall, wenn bestimmte charakterliche Eigenheiten den kirchlichen Sozialisationsprozeß in der Gemeinschaft der Kleriker erschweren oder zu verhindern drohen, forsche nach, warum die (der) Betreffende wohl nicht geeignet ist. In summa: die psychische Entwicklung und die Eigendynamik der unbewußten psychischen Abläufe tauchen, wenn überhaupt, dann rein negativ auf. Folgerung: Es ist des Menschen *Pflicht*, mit der Gnade Gottes mitzuwirken, und tut er das nicht in der gewünschten Weise, so ist er entweder sündhaft und schuldig, oder er ist unfrei und krank.

Man sieht: die Verdrängung des Unbewußten bietet gleich zwei Vorteile: sie erlaubt scheinbar eindeutige Bewertungen nach vermeintlich klaren Prinzipien, und sie vereinfacht die kirchliche Ausbildung zu einem rein moralischen und intellektuellen Lehrbetrieb in der Einprägung bestimmter Verhaltensweisen und in der Weitergabe gewisser Bildungsinhalte; die eigentliche Formung der Persönlichkeit braucht weder hinterfragt noch weitergeführt zu werden, so daß auch die Ausbilder selbst ihre eigene Person weder zu hinterfragen noch ins Spiel zu bringen brauchen. Der Weg zum Kleriker ist nunmehr *standardisierbar*, objektivierbar – der Apparat der Institutionellen beginnt rasch und umstandslos zu arbeiten.

Auf der anderen Seite geht der verdrängte Anteil des Unbewußten natürlich nicht einfach verloren, er wird vielmehr vom Menschen abgezogen und auf «Gott» übertragen, oder anders ausgedrückt: die psychische Verdrängung des Unbewußten führt zur theologischen Projektion des Verdrängten in das Göttliche. Es tritt damit religionspsychologisch genau die Situation ein, die der Religionskritik LUDWIG FEUERBACHS zugrunde lag[14], indem er die Religion insgesamt als die Darstellung des menschlichen Wesens in projizierter Form betrachtete, das dem Menschen selbst aufgrund der Projektion in nunmehr entfremdeter und entfremdender Form gegenübertrete. Inzwischen können und müssen wir den Gedanken FEUERBACHS freilich genauer formulieren: nicht das Wesen des Menschen, wohl aber ein wesentlicher Teil der menschlichen Psyche wird in der theologischen Theorie über die Erwählung der Kleriker aus dem Unbewußten in das Göttliche projiziert; darin aber besteht nicht das Wesen der Religion, sondern lediglich diejenige Form von Religiosität, die heute in der Gestalt des Klerikers der katholischen Kirche in der Tat personifiziert erscheint: eine Mentalität ständiger Aufspaltungen, unter denen der Mensch sich selber ungeheuer wird und Gott in höchstem Maße zweideutig erscheint. Denn indem es besonders die problematischen, änstigenden Inhalte des Unbewußten sind, die im Abwehrvorgang der Projektion vom eigenen menschlichen Ich abgetrennt werden, zieht fortan die Person Gottes all die Ambivalenzgefühle und Widersprüche auf sich, die zuvor in der Biographie des Klerikers ungelöst liegengeblieben sind.[15]

Das schlimme daran ist, daß es jetzt gleich drei Mächte gibt, die einer späteren Lösung der jeweiligen Konflikte im Wege stehen: da der Projektionsvorgang selbst nicht nur unbewußt bleibt, sondern durch den Gedanken der göttlichen Erwählung theologisch verfestigt wird, kommt es fortan ernsten Glaubenszweifeln gleich, sich mit der eigenen Motivationsgeschichte noch einmal kritisch auseinanderzusetzen – ein Kampf nicht nur mit «Menschlichem», sondern immer zugleich mit Göttlichem, wie in dem Kampf Jakobs am Jabbok (Gen 32,22–32); darüber hinaus hat sich die ursprüngliche Fremdheit der eigenen Psyche gegenüber durch den Vorgang der Projektion potenziert, indem der Status der *psychischen* Entfremdung sich zu einem Status *religiöser* Entfremdung überformt hat – das so entstandene Gottesbild, das nun selbst als eine Art übermächtigen Gegenübers erscheint, verhindert im folgenden sehr wirkungsvoll mit Hilfe all der Zwänge und Schuldgefühle, die in ihm ihren objektiven Ausdruck gefunden haben, daß das eigene Ich jemals noch den Mut findet, im Vertrauen auf Gott sich selber zu wagen; und vor allem: es sind jetzt die Trennung und der Widerspruch zwischen den «Forderungen» «Gottes» und den Wünschen des Menschen zu einem konstitutiven Teil der Psyche des Klerikers geworden – sie bilden fortan die unbewußte Voraussetzung auch des theologischen Verstehens.

Es ist klar, daß unter solchen Voraussetzungen mit Hilfe des Erwählungsgedankens seelische Konflikte nicht gelöst, sondern verewigt werden. Wenn wir vorhin sagten, daß beim schamanistischen Berufungserlebnis eine schwere seelische Krise, eine drohende Krankheit am Rand der Psychose durch entsprechende regulative Bilder kompensiert werde, so muß man im Unterschied dazu von dem Verständnis der Berufung eines Klerikers der katholischen Kirche sagen, daß mit seiner Verdrängung des Unbewußten seelische Konflikte nicht konstruktiv bearbeitet, sondern geradewegs konserviert werden.

b) Eng zusammen hängt dieser Befund mit dem zweiten Moment, das den katholischen Kleriker von der Psychologie eines Geistheilers und Medizinmannes der Stammeskulturen deutlich unterscheidet: das ist *der Faktor des Amtes bzw. die Institutionalisierung des Klerikerstandes* durch den Außenhalt kirchlicher Absicherungen. Denn wie der Anteil der persönlichen Konflikte im Erwählungsgedanken von der Person des Einzelnen, der sich zum Kleriker berufen wähnt, im Projektionsvorgang abgezogen und als göttlicher Wille verobjektiviert wird, so werden auch *die heilenden Bilder* aus der Psyche herausgenommen und als objektive Symbole des Glaubens und des Ritus im Leben der Kirche als göttliche Offenbarung vergegenständlicht und entpersönlicht.

Gewiß bildet auch der Stand der Schamanen in den Stammeskulturen eine eigene institutionelle Größe, aber mit welchem Unterschied! Ein Schamane gewinnt seine berufliche Stellung und sein öffentliches Ansehen auf keinem anderen Wege, als es in unserer Kultur heute einzig noch den Künstlern möglich ist: sie treten zu einem bestimmten Zeitpunkt, wenn sie sich reif genug fühlen, mit ihren Bildern und Traumerzählungen an die Öffentlichkeit und stellen sich mit ihren Erlebnissen den Zeitgenossen bzw. den Stammesangehörigen vor. Freilich erwartet von einem Dichter, Bildhauer, Musiker oder Maler *in unseren Tagen* kaum noch jemand, daß er irgendetwas mitzuteilen hätte, was über die Beschreibung seelischer Not und Zerrissenheit hinausginge – die Suche nach dem Heilenden ist längst schon aus dem Kulturleben der Gegenwart ausgewandert[16]; es ist eine Frage, die entscheidend von der *Religion* beantwortet werden müßte, und so läßt sich der Schaden ermessen, der entsteht, indem die kirchliche Theologie zwar alle möglichen Bilder von Heil und Heilung in den Archiven ihrer dogmatischen Erklärungen gespeichert hat, doch nur, um sie als Vollzüge an sich, als Werke, die durch sich selber wirken, als *opera operata* dem subjektiven Erleben entgegenzusetzen und sie damit aus dem Zusammenhang herauszunehmen, in dem Riten und Symbole psychisch heilend wirken könnten. Ein Schamane beglaubigt seine Berufung vor den Augen der Stammesmitglieder, indem er die Bilder, die ihn selbst von schwerer Krankheit befreit haben, zum Wohl einzelner in dramatischer Form aktualisiert; ein Priester der katholischen Kirche wird dazu bestellt, in der Gestalt der überlieferten Sakramente rituelle Zeichen gegenwärtigzusetzen, die sich gerade nicht seiner eigenen Seele, um so mehr aber der kontrollierten Tradition des katholischen Lehramtes verdanken; diese Bilder sind *Zeichen* für den Glauben,

aber sie sind selber ohnmächtig, mit Hilfe dieses Glaubens Krankheiten der Seele und des Körpers wirksam durchzuarbeiten.[17] Ein Schamane übernimmt sein Amt innerhalb des Lebens eines Stammes aus der Kraft seiner eigenen Persönlichkeit; ein katholischer Kleriker tritt in den Stand seiner Berufung ein um den Preis, daß zwischen seiner Person und seinem Amt eine tiefe Zäsur liegt: das Amt, das er bekleiden soll, ergibt sich gerade nicht aus seiner Person, sondern aus den objektiv vorgegebenen Strukturen der Kirche; er wird zwar aufgefordert, in das Amt, das ihn bekleiden soll, hineinzuwachsen, aber das Problem ist ähnlich wie in der Geschichte vom Kampf zwischen David und Goliath (1 Sam 17,1–51): man kann nur wirklich gut «kämpfen», wenn man sich so bewegen kann, wie es einem entspricht – der «Panzer Sauls» sieht vielleicht «richtiger» aus, bleibt aber etwas Übergestülptes, Künstliches und Abgeleitetes.
Es ist klar, daß auch dieses Verfahren der *Objektivierung der Berufung* seine Vorteile hat: Wenn es gelingt, den Typus der «Amtsträger» einer Religion wesentlich als Beamte zu definieren, so daß sie eben nicht in ihrer Person, sondern nur in ihrer objektiven Beauftragung durch die Kirche «Göttliches» zu wirken vermögen, so erreicht man eine Form der Religion, in der das *Prophetische,* Visionäre, Exstatische konsequent eliminiert ist zugunsten des Bürokratischen, Administrativen und Konservativen.[18] Wenn es gelingt, das eruptive Magma der Botschaft Jesu in erkaltetem Zustand zu festgefügten Bruchsteinen zu verarbeiten, entsteht die Kirche Petri als ein vollendet organisiertes Gemeinwesen, als *«societas perfecta»*, erst dann treten Übersicht und planende Vernunft an die Stelle der Unberechenbarkeit persönlicher Begabungen, die gehen und kommen, wie sie wollen. Und tut man nicht recht so? Schließlich mußte selbst Moses, am Ende seines Lebens, das Werk seiner großen Gesichte dem praktischen Talent des kriegerischen Josua in die Hände legen (Dtn 34,9)[19]; sollte da nicht auch die Kirche Christi befugt und berechtigt sein, durch eine straff geführte Beamtenschaft für Ausgewogenheit, Ruhe und Ordnung zu sorgen, indem sie die Weite des Göttlichen an überschaubare Spielregeln von Ritus und Sprache bindet?
Natürlich wird die kirchliche Theologie den so entstehenden Gegensatz zwischen Priestertum und Prophetentum sich nicht eingestehen wollen[20]; sie wird mit Fleiß zu beweisen suchen, daß das neutestamentlich verfaßte Priestertum, im Unterschied z. B. zu dem Priestertum des Alten Bundes, das prophetische Element wesenhaft in sich schließe und sogar, recht verstanden, in Erfüllung der Weissagung von Joel 2,28–32 und Apg 2,16ff die eschatologische Vollendung alles Prophetischen darstelle.[21] Aber solche Erklärungen können höchstens beschreiben, wie die Kirche ihrem theologi-

schen Selbstverständnis nach sein sollte; sie können die psychische Wirklichkeit nicht aus der Welt reden, daß es gerade der Stand von Beamten, eben nicht von Propheten ist, zu dem die Kirche ihre Kleriker nötigt, indem sie das Außerordentliche einer spontanen Berufung durch Gott in das Beamtete eines besonderen Standes umwandelt.

Psychologisch entsteht damit eine eigentümliche Lage, ein wirkliches Spezificum der katholischen Kirche. Wer heute in ihr zum Kleriker sich weihen läßt, übernimmt damit eine Lebensform, die zwei Merkmale in sich vereinigt, in denen man normalerweise extreme Gegensätze erblicken muß, die hier aber eine sonderbare Ehe miteinander eingehen: die behagliche Ruhe im Beamtenstatus und die ausgesprochen antibürgerliche Lebensform der sogenannten «evangelischen Räte». Jeder, der heute Kleriker wird oder ist, muß psychologisch gerade auf diesen Widerspruch hin geformt worden sein, und so läßt sich die Frage nach der Psychologie der spezifischen Erwählung eines Klerikes weit prägnanter stellen als bisher: was, so müssen wir jetzt fragen, sind das für Menschen, die *beides gleichzeitig* wollen: einerseits das Leben einer vollkommenen Ausnahme und, *ineins damit,* die Geborgenheit und Sicherheit eines geregelten Beamtenlebens, und wie hängen beide so gegensätzliche Zielsetzungen miteinander zusammen?

Eines ist bereits klar: wir können die Gründe dafür nicht im Soziologischen, sondern allein im Psychologischen suchen. In früheren Zeiten und in anderen Verhältnissen mag es geradezu üblich gewesen sein, unter dem Deckmantel des Gelöbnisses von Armut, Demut und Keuschheit in Wahrheit sozialen Aufstieg, Macht und Prestige bei den Frauen zu suchen. Noch in der Mitte des vergangenen Jahrhunderts konnte STENDHAL in seinem Roman *«Rot und Schwarz»* beschreiben, wie *Julien Sorel,* aus niedrigen Verhältnissen stammend, den Stand eines Klerikers anstrebt, um auf diesem Wege seine Karriere vorzubereiten und eine günstige Ausgangsposition für das Privileg der freien Liebe zu erreichen.[22] Man muß, um STENDHALS «Helden» zu verstehen, die Gepflogenheiten im Zeitalter des Absolutismus vor Augen haben, in denen es üblich war, daß die Kinder der Bürgerlichen durch das Studium der Theologie sich in die Ministerien ihrer Fürsterzbischöfe hocharbeiteten, um es den Adeligen gleichzutun, ja, um es ihnen im Ersten Stand zuvorzutun. Auch heutigen Tags wird man die relativ hohe Anzahl von Berufungen von Ordensschwestern etwa im südindischen Kerala, aber auch vor wenigen Jahrzehnten noch in manchen ländlichen Gebieten der Bundesrepublik, nicht allein auf Motive der Frömmigkeit zurückführen können, sondern dabei vor allem an die Stellung eines Mädchens in einer vielköpfigen Familie mit minimalen Chancen zu einer ordentlichen Berufsausbildung und einer womöglich ebenso geringen Aussicht auf Heirat denken müssen. Diese Zeiten sind hierzulande so gut wie vorüber – allenfalls, daß neuerdings die Engpässe des Arbeitsmarktes und die vergleichsweise geringen intellektuellen Mühen eines Studiums der Theologie manchem den Wunsch zum Klerikerberuf mit garantiert sicherem «Arbeitsplatz» und fast garantiert ausreichenden Prüfungen suggerieren mögen; doch gerade durch den weitgehenden Ausfall sozialer Gründe erhalten wir Gelegenheit, um so klarer den *psychischen* Faktoren bei der «Berufung» eines Klerikers nachzugehen. Woher also stammen die psychischen Gründe, beides zugleich sein zu wollen: Ausnahme und Regel, Exzentrizität und Durchschnitt, Besonderheit und Mittelmaß? Die Beantwortung dieser Frage ist kompliziert und vielschichtig, doch eines läßt sich bereits vorweg sagen: daß *beide* Momente in der Psychogenese eines Klerikers gleichstark vorgekommen sein müssen, d. h. man wird voraussetzen dürfen, daß jemand, der in seinem Leben etwas Besonderes werden möchte, psychisch wohl immer schon genötigt war, eine Ausnahme zu sein, und daß wiederum der Wunsch zum Beauftragten, Vorgegebenen und Beamteten mit einem Überdruck der ursprünglichen familiären Ausgangssituation zusammenhängen wird.

Wenn es nützlich ist, das «geistige», «prophetische» Element in der Berufung eines Klerikers an seinen intensivsten Ausprägungen in Gestalt der schamanistischen Initiationsträume zu messen, so wird man das beamtete, «dienstliche» Element am besten vor dem Hintergrund seiner möglichst profanen, säkularen Ausprägung betrachten können. Da das «Beamtete», die «offizielle» Beauftragung, sich nach dem Gesagten als Lebensdesiderat einem Heranwachsenden heute gewiß nicht sozial aufdrängt, sondern im Werdegang eines Klerikers wesentlich psychisch motiviert ist, so ist auch das Beamtenmäßige des Klerikerstandes keinesfalls als eine bloße *façon de vivre* aufzufassen, sondern als unmittelbarer Ausdruck der psychischen Persönlichkeit zu werten. Dafür spricht nicht zuletzt die kirchliche Sozialisationsvorgabe selbst: ein Kleriker hat seinen Dienst nicht auszuüben wie ein Gerichtsassessor oder Bundesbahnkontrolleur – als eine Möglichkeit, in begrenzter Zeit durch eine persönlich mehr oder minder gleichgültige Tätigkeit die finanzielle Existenz zu sichern; ein Kleriker hat sein Amt laut Anweisung vollkommen zu verinnerlichen, er hat das Ordensgewand und die Soutane im Grunde 24 Stunden täglich, bei Tag und bei Nacht, zu tragen, er hat seinen Dienst eben nicht als Broterwerb, sondern als völlige Inanspruchnahme durch Gott bzw. als totale Hingabe im Dienst an die Menschen zu verstehen.

Sieht man einmal von der mystifizierenden Sprache solcher Anweisungen in den theologischen Traktaten ab[23], so könnte man eigentlich ohne Mühe schon von selbst auf die Idee kommen, daß jemand, um mit seiner Aufgabe *total identifiziert* zu sein, bereits in seinem psychischen Entwicklungsgang auf diese Aufgabe als die ihm gemäß erscheinende Form seiner Identität hingeführt worden sein muß. Das Beamtete als seelische Haltung, das offizielle Amt als Lebenseinstellung – *das* allerdings spitzt die Frage jetzt aufs äußerste zu: wie gelangt jemand dahin, wesentlich nicht seine eigene Person leben zu wollen, sondern ein allgemeines Vorbild seiner selbst an die Stelle des eigenen Ichs zu rücken? Wie kann der Wunsch entstehen, die eigene Existenz vollständig an die Charaktermaske des Offiziellen zu delegieren, um, statt selber zu sein, das Allgemeine zu werden? Oder, um in der Sprache der psychoanalytischen Topik zu sprechen: Welche Einflüsse bringen einen Menschen dahin, sein Ich gänzlich dem Diktat des Überichs zu unterwerfen und gerade die verinnerlichte Form von Zwang und Außenlenkung für die eigentliche Wahrheit des eigenen Lebens zu erklären?

Natürlich, daß schon diese Feststellung in manchen Kreisen heftigsten Widerstand hervorrufen muß, denn, zugegeben, sie unterwandert und unterwühlt die offizielle theologische Verbrämung von Opfer, Ganzhingabe und Pflichterfüllung, ja, sie lädt unumwunden dazu ein, die konventionellen Begriffe des christlich Erhabenen und womöglich Heiligmäßigen der kritischen Instanz psychodynamischer Untersuchungen zu unterwerfen.[24] Hat nicht eben dies auch heute noch als Ziel und Auftrag eines Klerikers zu gelten, er müsse nach der Formel des Apostels Paulus «Allen alles» sein (1 Kor 9,22), er müsse es als sein Vorbild betrachten, sagen zu dürfen, wie der Apostel: «Nicht mehr ich lebe, sondern Christus lebt in mir» (Gal 2,20).[25] Doch eben da liegt der Unterschied.

Ohne in eine längere Diskussion über die Persönlichkeit und Psychologie des heiligen Paulus eintreten zu wollen, darf man doch sagen, daß gerade die entsprechenden Zitate aus den Paulusbriefen sich nur aus dem dramatischen Erleben seiner Berufungsvision wirklich verstehen lassen. Für Paulus bedeutete der (epileptische) Zusammenbruch vor Damaskus[26] die entscheidende Lösung eines Problems, das ihn im Umgang mit dem jüdischen Gesetz bis an die Grenze der Ausweglosigkeit getrieben hatte; die Erscheinung Jesu bedeutete für ihn das Ende eines Unlebens unter der Zuchtrute äußerer Gesetzlichkeit, das Ende einer Überich-Religion der Angst und der Außenlenkung[27]; für ihn war das Prinzip der Gnade eines vorbehaltlosen Seindürfens, wie er es mit der Person des gekreuzigten Christus verband, der Beginn eines eigenen Daseins. Gerade die Gestalt des heiligen Paulus darf auf dem Boden des Neuen Testamentes als das letzte große Beispiel dafür gelten, wie jemand nicht von seiten der bestehenden kirchlichen Ämterhierarchie zu seinem «Dienst» am «Evangelium» berufen wird, sondern durch eine autochthone Vision bzw. Audition – religionspsychologisch ganz in Analogie zu den Berufungsträumen der Schamanen. Wie schwer es bereits der frühen Kirche gefallen ist, diese Dimension von Erfahrung in ihrem Raum anzuerkennen, bezeugt dabei überdeutlich gerade das Beispiel des Apostels Paulus selbst.[28] Erst wenn man die späteren theologischen Darlegungen des Paulus von dem befreienden Erlebnis seiner Berufung isoliert, bekommen sie allerdings einen Ton, der eine neue Form von Zwang und Forderung begründen kann und *de facto* in der Kirchengeschichte begründet hat.[29] Besonders FRIEDRICH NIETZSCHE hat deshalb mit einer gewissen Berechtigung die Theologie des heiligen Paulus als den Exemplarfall der priesterlichen Umwertung und Verfälschung des Lebens herauszustellen versucht, indem er die Leidensmystik und Lebensmüdigkeit, die Opfermentalität und das hochgezüchtete Sündenbewußtsein der kirchlichen Frömmigkeit als Folge eines perversen priesterlichen Machtinstinktes deutete.[30] In Wahrheit galt das Lebenswerk des heiligen Paulus jedoch gerade nicht der Erzeugung masochistischer Sündenängste, sondern diente der Befreiung von der Todespraxis des Gesetzes; ganz gewiß wollte er keine Anleitung dafür liefern, wie man den Menschen Schuldgefühle von solcher Art einprägen könnte, daß sie für alle Zeiten, statt von dem Erbarmen Gottes, von der Vergebung der Priester abhängig würden. Sehr zu Recht mit Berufung auf die Erfahrungen des heiligen Paulus war es deshalb MARTIN LUTHER möglich, gegen die – wie er es empfand – ausufernde Priesterherrschaft die Unmittelbarkeit jedes einzelnen gegenüber seinem Gott wiederzuentdekken.[31] Die Worte des Paulus sind daher wohl am wenigsten geeignet, einen mystischen Kult der Selbstunterdrückung und, damit verbunden, eine prinzipielle Gegnerschaft gegen die Psychoanalyse zu begründen. Im Gegenteil scheint es, daß sich unter den gegenwärtigen Umständen die befreienden Einsichten des Paulus überhaupt erst mit Hilfe der Psychoanalyse für den Klerikerstand zurückgewinnen lassen.

Wie also, noch einmal gefragt, muß man sich die Psychogenese und die Psychodynamik von Menschen vorstellen, die durch das Schicksal ihrer Kindertage genötigt sind, etwas Außerordentliches zu werden und das Außerordentliche zu suchen, die aber umgekehrt zu schwach sind, dieses Ungewöhnliche ihrer Bestimmung aus der Kraft ihrer Persönlichkeit zu leben, und die statt dessen gleichzeitig zu der Objektivität eines Amtes ihre Zuflucht nehmen?

2. Der Schattenbruder des Chefs

Auf der Suche nach einem geeigneten Beispiel *aus dem Profanbereich* dürfte sich als Kontrastvorlage keine bessere Darstellung finden lassen als die Studie von JEAN-PAUL SARTRE über *«Die Kindheit eines Chefs»* – eine Schilderung, die schon in ihrem Titel die Bedingung bezeichnet, unter welcher der Gegensatz zwischen dem Willen zum Besonderen und dem Wunsch nach dem Beamteten überbrückt werden kann: beides ist eins, wenn es gelingt, *eine leitende Position* zu erobern.

Bei dem folgenden Beispiel geht es, wohlgemerkt, nicht darum, zu behaupten oder nahezulegen, alle Kleriker seien mit dem «Chef» im Sinne SARTRES identisch – es wird sich im Gegenteil an vielen Stellen ein markanter Unterschied zeigen; wohl aber dient uns SARTRES Darstellung als ein «Intelligibilitätsschema», um Strukturmerkmale herauszuarbeiten, die zeigen, aus welchen Motiven und Zusammenhängen Menschen dazu kommen, sich mit einer bestimmten Rolle vollständig zu identifizieren, so sehr, daß am Ende diese Rolle selbst als die Schicksalsbestimmung des ganzen eigenen Lebens erscheint.

Das Labyrinth verschlungener Seelenpfade zur Erwählung und Erreichung des Ziels eines «Chefs» beschreibt SARTRE in der Gestalt des *Lucien Fleurier*, der in seinem Werdegang alles vereinigt, was ihn befähigt, was ihn *prädestiniert*, zum «Chef» zu werden.

An sich ist *Lucien* ein Kind, das in einem Nebel der Ungewißheit aufwächst. Ungewiß ist ihm bereits die Tatsache, ob er als Junge oder als Mädchen zur Welt gekommen ist, und er erwacht zum Leben mit einem Gefühl «so weich in seinem Innern, daß es ihm etwas zuwider war».[1] Seine Zuneigung zur Mutter ist ebenso groß wie die Angst und die Abneigung gegenüber dem Vater, und der früheste seiner Träume, der die gemeinsamen Nächte im Bett bei den Eltern beendet, scheint sich lehrbuchmäßig auf die Beobachtung der «Urszene» des elterlichen Verkehrs (unter der Bettdecke?) zu beziehen:[2] ein blauer Tunnel, «durch ein bleiches, graues Licht erhellt», an dessen Ende «etwas sich bewegte».[3] Seither fürchtet *Lucien*, sich von seiner Mutter berühren zu lassen, deren Gestalt er im übrigen eher als männlich denn als fraulich erlebt; ja, er fragt sich, auf dem Töpfchen sitzend, ob sie wirklich seine richtige Mama sei. Seit jener «Tunnelnacht» ist sein Vertrauen zu den Eltern wie zerbrochen, und das Zusammenleben mit ihnen erscheint *Lucien* wie eine Komödie, ganz so, als ob Diebe damals «Papa und Mama aus ihren Betten gestohlen und diese da an ihrer Stelle zurückgelassen hätten.»[4] «Alle spielten» – das ist *Luciens* ebenso ängstigende wie befreiende Entdeckung.[5]

So gehört es z. B. zur Rolle der Eltern, Weihnachtsmann zu spielen, während *Lucien* selbst am liebsten «Waisenkind» spielt. Er gilt als «das reizendste Kind»[6], aber er führt das Dasein einer Puppe, brav und galant, und er ist wütend und verzweifelt, als ihn der Pfarrer des Ortes vor die Alternative stellt, wen er mehr liebe: «seine Mama oder den lieben Gott?»[7] *Lucien* spürt wohl, daß er seine Mutter nicht liebt, «aber er war um so netter zu ihr, denn er dachte, man muß sein Leben lang so tun, als liebe man seine Eltern, sonst war man ein böser kleiner Junge».[8] So wie *Lucien* «gutsein» *spielt*, so *spielt* er indessen wenig später «trotzigsein» und «Tiere quälen», ja, es wird für ihn die anale Zerstörung vorübergehend zu der wichtigsten Form, die «Realität» der Dinge, aber mehr noch die Wirklichkeit menschlicher Beziehungen auf die Probe zu stellen.[9] Am liebsten spielt *Lucien* freilich «Nachtwandler», denn er dachte, «es müsse einen wirklichen Lucien geben, der nachts umherlief, sprach und seine Eltern wahrhaftig liebte, daß er aber am Morgen alles dies vergäße und dann wieder nur so täte, als sei er Lucien».[10]
M. a. W.: es teilt sich *Luciens* Dasein schon sehr bald aus Angst in ein geheucheltes Leben bewußter «Moral» am Tage und ein verdrängtes, nächtliches Leben, das sich nach Liebe sehnt und zugleich voller Aggressionen aus Enttäuschungen und Frustrationen steckt. Lediglich der liebe Gott läßt sich nicht täuschen: er bleibt ein unbestechlicher Aufseher, der *Luciens* Versicherungen, wie lieb er seine Mutter habe, nie ganz Glauben schenkt und außerdem Nacht für Nacht sieht, wie er abends im Bett mit dem kleinen Ding zum Pipimachen spielt, das ihm im Vergleich mit anderen Jungen beschämend klein vorkommt. In der Kirche, auf dem Betschemel freilich gibt *Lucien* «sich Mühe, artig zu sein, damit Mama ihn beim Verlassen der Kirche lobte, aber der liebe Gott war ihm zuwider: der liebe Gott wußte mehr über Lucien als Lucien selbst. Der liebe Gott wußte, daß Lucien weder Mama noch Papa liebte, daß er nur so tat, als sei er artig.»[11] Nach einer Weile empfindet *Lucien* die Daueraufsicht des lieben Gottes als so lästig und die Mühen, Gott zu hintergehen, als so schwierig, daß er sich bald schon nicht mehr mit ihm abgibt. Doch trotzdem: «Bei seiner ersten Kommunion sagte der Herr Pfarrer, er sei der artigste und frömmste Junge des ganzen Jahrgangs.»[12] Und diese Kunst, in einem ständigen Gefühl des Zweifels gegenüber dem eigenen Sein eine Versicherung durch die Bestätigung anderer zu finden, wird für *Lucien* zunehmend zur Grundlage seiner gesamten Existenz.
Vor allem sein Vater, der, nach einer kurzen Zeit an der Front, als Chef einer Fabrik für die Produktion freigestellt wird, zeigt *Lucien* das große Ziel seines Lebens: Chef werden wie sein Vater! Alles beginnt damit, sich «Gehorsam und Liebe zu erringen», indem man sich interessiert zeigt für die fremde

Not und sich die Namen der Mitmenschen einprägt[13]; nur kann es nicht ausbleiben, daß *Lucien* eine Weile lang in der Schule dem Abt *Gerromet* durch eine merkwürdige Uninteressiertheit auffällt – es ist ein wie in Watte getauchtes Leben an unsichtbaren Marionettenfäden. Wie um das Gefühl seiner Unwirklichkeit und Minderwertigkeit noch zu erhöhen, schießt er als Schüler am Anfang der Pubertät lang auf – ein «großer Spargel», wie ihn die anderen hänseln.[14] Der eigene Körper wird von *Lucien* bewohnt wie etwas Fremdes, und auch, wenn er der Mutter im Bad oder dem Dienstmädchen nachspioniert, geschieht das mehr aus einer eigentümlichen Neugier als aus erwachender Leidenschaft. Sexualkunde wird für ihn so zu einem Thema, um sich bei den Kameraden wichtig zu machen – die fundamentale Langeweile löst auch die beginnende Zeit der Reife nicht auf. Im Gegenteil: die Welt schaut ihn durch den Schleier der Schläfrigkeit an wie durch ein umgekehrt gehaltenes Opernglas. «Wer bin ich», fragt sich *Lucien.* «Ich heiße Lucien Fleurier, aber das ist nur ein Name. Ich tue mich dicke. Ich tue mich nicht dicke. Ich weiß nicht, es ergibt keinen Sinn. – Ich bin ein guter Schüler. Nein, Täuschung: ein guter Schüler liebt die Arbeit – ich nicht. Ich habe gute Zeugnisse, aber ich liebe die Arbeit nicht. Ich verabscheue sie auch nicht, sie ist mir wurscht. Alles ist mir wurscht. Aus mir wird niemals ein Chef. Angstvoll dachte er: Aber was soll aus mir werden... Was bin ich – ich? Da war dieser dichte unentwirrbare Nebel. Ich!... Ich habe es, dachte er, ich habe es gefunden! Ich bin meiner Sache sicher: ich existiere nicht.»[15]

Wie kann ein Leben weitergehen, das von Kindertagen an auf den Eindruck der kompletten Nicht-Existenz gegründet ist – eine existentielle Widerlegung des Descartesschen *Cogito ergo sum*[16]? Selbst die Achtung der Arbeiter für den Sohn des Chefs ihrer Fabrik läßt spürbar nach, und *Lucien* denkt immer wieder daran, sich mit dem kleinen Revolver seiner Mutter das Leben zu nehmen, um allen «unzweideutig das Nicht-Bestehen der Welt» vor Augen zu führen:[17] «Ich töte mich, weil ich nicht existiere. Und auch ihr, meine Brüder, seid nicht existent», würde er auf den Abschiedsbrief schreiben.[18] Dann aber stellt er sich vor, «daß alle wahren Chefs die Versuchung des Selbstmordes kennengelernt hatten» – Napoleon auf Sankt-Helena z. B.[19] Ja, es scheint ihm, daß nur aus solchen Krisen gute Chefs hervorgehen können. Jedoch verläuft der Weg dahin nicht gradlinig.

Eine Weile lang fasziniert *Lucien* das zynische Geniegerede seines Klassenkameraden *Berliac,* der nach dem Vorbild RIMBAUDS Gedichte schreibt und darüber philosophiert, daß niemals irgend etwas die geringste Bedeutung hat.[20] Vor allem die Psychoanalyse wird für *Lucien* jetzt zu einer großartigen

Entlastung und Beruhigung – sie verschafft ihm eine Art Machtgefühl, den Nebel des Bewußtseins zu durchdringen und «die dunkle, grausame und gewalttätige Welt» des Unterbewußten zu durchleuchten:[21] hat er nicht auch schon mit seiner Mutter schlafen wollen, hat er sich nicht gerade noch die Brust von *Berliacs* Mutter unter dem gelben Pullover vorgestellt? *Lucien* weiß, daß er voller Komplexe steckt, ja, es wird sein Stolz, möglichst viele dieser «Krebse... unter dem Mantel des Nebels» aufzuspüren[22]; aber er bekommt auch zunehmend Angst vor sich selber; er bekommt Angst vor dem Gute-Nacht-Kuß seiner Mutter, er bekommt Angst vor seiner Zwangsonanie, er bekommt Angst, sich wie sein Freund *Berliac* beim Rauchen von Opiumzigaretten mit Wohlgefühl zu versichern, verloren und gescheitert zu sein, schon weil alle «Weiber» sich erschreckt fühlen müßten durch das Ungeheure in seiner Seele. Wohl ist es *Lucien* möglich, sein gesamtes Seelenleben mit analytischen Begriffen der Psychopathologie zu belegen – gewiß ist er auch ein analer Typ –, aber an das eigentliche Problem: an seine Nicht-Existenz, rührt die Psychoanalyse nicht heran.[23]
Dafür gerät er durch Vermittlung *Berliacs* in die Hände des Herrn *Achille Bergère*, dem er gesteht, «daß er im Grunde nichts liebe, und ihm alles als Komödie erscheine»[24], um von ihm zu erfahren, daß gerade dieser Zustand seiner Verwirrung «eine außergewöhnliche Chance» darstelle: «Sehen Sie», erklärt ihm *Bergère*, «alle diese Schweine ringsum? Das sind die Gesetzten.»[25] *Lucien* wird niemals als ein «Gesetzter» leben wollen, leben können. Zwar ist er schockiert, zu erfahren, daß RIMBAUD ein Päderast war. Aber die Päderastie RIMBAUDS, erläutert *Bergère*, «ist ja gerade der erste und geniale Umsturz seines Empfindungsvermögens. Gerade ihm verdanken wir seine Gedichte... Zu glauben, daß es spezifische Dinge zur Erregung der Geschlechtslust gäbe und daß diese Dinge die Frauen sind, nur weil sie ein Loch zwischen den Beinen haben, das ist ja der abscheuliche und nur allzu gern verbreitete Irrtum der Spießer.»[26] *Lucien* graut vor all diesen Ungeheuerlichkeiten und Obszönitäten. Gewiß, *Bergère* ist ein Genie, aber wenn er selber wirklich bis zum Umsturz aller Empfindungen ginge, würde er dann nicht aus der Bahn geworfen werden? So flüchtet *Lucien* wieder in die Abendgesellschaft seiner Eltern, auf diese Insel der Sicherheit, zurück, während er sich *gleichzeitig* von *Bergère* in die Geheimnisse der körperlichen Liebe einführen läßt, dabei die Rolle RIMBAUDS spielend. Im Grunde kann er tun, was er will: er kann Haschisch rauchen, Bordelle besuchen oder sich zur homosexuellen Befriedigung *Bergère* zur Verfügung stellen – am Ende bleibt es wahr, wenn *Berliac* ihn einen «Spießer» nennt: «du markierst den Schwimmer, in Wahrheit aber hast du Angst, den Boden unter den Füßen zu

verlieren.»[27] Selber erscheinen ihm nach jener Nacht mit *Bergère* alle Menschen als so moralisch. «Das ist der verhängnisvolle Weg nach unten, dachte er, mit dem Ödipus-Komplex hat es angefangen, dann wurde ich Anal-Sadist, und jetzt bin ich glücklich Päderast; wo wird das enden? Freilich, sein Fall war noch nicht sehr schwer; er hatte an den Liebkosungen Bergères kein großes Vergnügen gefunden. Aber wenn es mir zur Gewohnheit wird?, dachte er erschreckt... Er würde ein anrüchiger Mensch werden, niemand würde ihn mehr empfangen.»[28] *Lucien* beschließt, aus Angst vor dem Abgrund dem gesamten psychoanalytisch verbrämten Geniegehabe ein Ende zu setzen. «Humbug, dachte er, nichts als Humbug! Sie wollten mich aus der Bahn werfen, aber es ist ihnen nicht gelungen. In Wahrheit hatte er niemals seinen Widerstand aufgegeben: Bergère hatte ihn in seine Schlußfolgerungen eingewickelt, aber Lucien hatte wohl herausgefühlt, daß z. B. die Päderastie Rimbauds ein Makel war, und als dieser kleine Taugenichts von Berliac ihn zum Haschisch verleiten wollte, hatte ihn Lucien zum Teufel gejagt. Fast hätte ich mich verloren, dachte er, aber meine moralische Gesundheit hat mich gerettet!»[29]
Die «moralische Gesundheit» *Luciens* besteht indessen darin, daß er mit einem Ruck den inneren Unrat seiner Seele zu vergessen sucht und fortan dem Vorbild seines Vaters nachstrebt, der ihm den rechten Begriff von der wahren Verantwortung eines Chefs beizubringen versucht, nämlich: Einen Gegensatz zwischen Arbeitern und Arbeitgebern kann es gar nicht geben, denn die guten Geschäfte des Unternehmers kommen ja als ersten seinen Angestellten und Arbeitern zugute. Daraus folgt für den Arbeitgeber, daß er gar nicht das Recht hat, schlechte Geschäfte zu machen – *das* ist die eigentliche Solidarität der Klassen! Ganz entsprechend entschließt sich *Lucien* jetzt dazu, daß er in Wirklichkeit ein Mann der Tat ist; ja, er versteht es, den Status seiner Nicht-Existenz als Stärke, nicht als Mangel zu definieren. «Er dachte: Ich bin nichts, weil nichts mich beschmutzt hat... Ich kann ein wenig Ungewißheit ertragen: sie ist der Tribut, den man der Reinheit zollen muß.»[30] Fortan bemüht er sich, die grüblerischen Selbstanalysen zu unterdrücken, aber kaum liegt er ausgestreckt auf dem Bett, beginnt wieder dieser Nebel, der er selbst ist. «Er kam sich wie eine launische und flüchtige Wolke vor, immer die gleiche, und doch immer eine andere, eine Wolke, die sich unaufhörlich an den Rändern auflöste. ‹Ich frage mich, warum ich existiere?› Er war da, er verdaute, er gähnte, er hörte den Regen gegen die Scheiben schlagen, und da war auch dieser weiße Nebel in seinem Kopf – und dann? Seine Existenz war ein Skandal und ließ sich kaum durch die Verantwortung rechtfertigen, die er später einmal tragen sollte. ‹Letzten Endes habe ich ja

nicht verlangt, geboren zu werden›, sagte er sich. Er wurde von Mitleid mit sich selbst ergriffen... im Grunde genommen war ihm auch heute noch das Leben eine Last, ein großes und unnützes Geschenk, er hatte es in seinen Armen getragen, ohne zu wissen, was er damit machen und wo er es ablegen sollte. ‹Ich habe meine Zeit damit zugebracht, zu bedauern, daß ich geboren bin.› »[31]

Was *Lucien Fleurier* mit diesen Meditationen der Nichtigkeit als kultische Selbstverachtung zelebriert, treibt ihn jedoch nicht zu Resignation und Passivität, sondern setzt sich im Gegenteil in eine wachsende Verachtung der Mitmenschen an seiner Seite um. Er umwirbt und verführt das Stubenmädchen *Berthe*, um schließlich den Gedanken, mit ihr zu schlafen, mit stolzer Vorsicht von sich zu weisen – zweifellos ein neuer Sieg seiner Moral, Dienstbotenliebschaften abzulehnen, schon weil sie seinem Vater u. U. Unannehmlichkeiten bereiten könnten. Statt dessen getraut er sich, auf dem Tanzboden in einen Kußwettbewerb mit seinem Kollegen *Guigard* einzutreten, und wenn auch «seine» *Maud* nicht so schön ist wie das Mädchen seines Freundes, so scheint es eine Weile doch, als liege ihm wirklich an seiner Eroberung. Zumindest bedarf er ihrer jetzt als Zeugin seiner eigentlichen Aktivitäten: er nimmt das Recht wahr, in *politischen* Angelegenheiten mitzusprechen. Mag er auch seelisch ein Entwurzelter sein, so entdeckt er doch endlich eine andere Dimension der Wirklichkeit jenseits der Psychologie. Endlich kann *Lucien* sich von der unfruchtbaren und gefährlichen Selbstbetrachtung lösen und sich «der Erdkunde der Menschheit und ihrer Geschichte» zuwenden.[32] «... um wievieles war ihm das ländlich duftende Unbewußte... lieber als die gräßlichen und schlüpfrigen Viecher eines Freud!»[33] Aus der Landschaft, aus der einfachen Schönheit der Natur wird *Lucien* fortan die Kraft schöpfen, ein Chef zu werden. Er entwickelt sich bei Bridge und Billard mehr und mehr zu dem «vaterländischen Fleurier»[34], der seine soziale Bestätigung und Anerkennung dadurch gewinnt, daß er den manifesten, noch unsystematischen Judenhaß der Kameradenmeute verinnerlicht und als seine unbedingte Überzeugung zu demonstrieren sucht, in einem «fast religiösen Gefühl»[35]. Auch sein Privatleben profitiert von seiner Profilierung als Mann: es gelingt ihm, mit seiner Freundin *Maud* endgültig zusammenzusein – zu ihrer beider Überraschung; aber während *Maud* sich am anderen Morgen zu dem Geschehenen bekennt, fühlt *Lucien* «sich um etwas gebracht: was er an Maud geliebt hatte, noch am Tage zuvor, das war ihr feines, verschlossenes Gesicht, das so angezogen wirkte, das war ihre schmale Silhouette, ihr aufrechter Gang, ihr Ruf als anständiges junges Mädchen, ihre Verachtung für das männliche Geschlecht, kurz alles, was sie zu

einem nicht alltäglichen Persönchen machte... Und nun war all dieser Glanz unter seiner Umarmung zusammengeschmolzen, geblieben war nur Fleisch; seine Lippen hatten sich einem Gesicht ohne Augen genähert, nackt wie ein Bauch, besessen hatte er eine dicke, feuchtfleischige Pflanze... nie hatte er bei einem Menschen die gleiche ekelhafte Intimität empfunden.»[36]
Aus Abscheu vor sich selbst weicht *Lucien* um so heftiger in die «Überzeugung» seines Judenhasses aus, der fortan mehr und mehr seine eigentliche Identifikationsgrundlage bildet; die umgelenkte Form des Selbsthasses ist es, die ihn geradewegs verwandelt, die ihn zu einem anderen macht, als er selber ist, die ihm das Vertrauen gibt, endlich nicht mehr er selbst zu sein. «Lucien, das bin ich. Jemand, der keine Juden leiden kann.»[37] Es ist der Kern, um den sich seine neue Selbstachtung lagert: seine Nichtexistenz läßt sich negieren, wenn er die Existenz der Juden negiert. «Dort, wo ich mich suchte, dachte er, dort konnte ich mich nicht finden. Er hatte nach bestem Wissen aufs sorgfältigste zusammengetragen, was er war. Aber wenn ich nur das sein sollte, was ich bin, dann wäre ich nicht mehr wert als dieser kleine Judenjunge. Wenn man so die schleimige Intimität durchstöberte, was konnte man da schon anderes finden als die traurigen Freuden des Fleisches, die verräterische Lüge von der Gleichheit und die Unordnung? Erster Grundsatz, sagte sich Lucien: nicht in sich selbst hineinblicken, es gibt gar keinen gefährlicheren Irrtum. Der wahre Lucien – jetzt wußte er es – den mußte man in den Augen der anderen suchen, ... in der hoffnungsvollen Erwartung all dieser Menschen, die für ihn wuchsen und reiften, dieser jungen Lehrlinge, die seine Arbeiter sein würden... So viele Menschen warteten auf ihn, den Waffenträger, und er war immer, er würde immer die ungeheuere Erwartung der anderen sein. Das ist ein Chef, dachte er... Generationen von Arbeitern konnten aufs peinlichste Luciens Befehlen gehorchen, niemals würden sie sein Recht zum Befehlen ausschöpfen, denn dieses Recht ging über die Existenz hinaus, wie die Grundsätze der Mathematik, wie die Dogmen der Religion. Und Lucien war das: ein riesiger Strauß von Verantwortung und Rechten. Lange hatte er geglaubt, sein Leben sei etwas Zufälliges, ein zielloses Dahinschlendern: aber nur weil er nicht genügend nachgedacht hatte. Lange vor seiner Geburt hatte ihn das Schicksal an seinen Platz gestellt. Und schon lange vor der Heirat seines Vaters wartete man auf ihn; wenn er auf die Welt gekommen war, dann war es, um diesen Platz auszufüllen. Ich existiere, weil ich das Recht habe zu existieren.»[38]
Es ist jetzt nur noch nötig, daß *Lucien* sich einen Schnurrbart wachsen läßt und die Beziehung zu *Maud* fallenläßt, um statt dessen «ein junges, reines Mädchen» zu suchen, «die für ihn ihre Keuschheit bewahrte» und die nur er

allein «erkannt» haben wird.[39] «Er würde sie heiraten, sie wäre seine Frau, das lieblichste aller seiner Rechte... Was sie ihm zeigen würde, sie wäre verpflichtet, es keinem anderen zu zeigen, und der Liebesakt wäre für ihn die wollüstige Inventur seines Vermögens... Respekt bis in seine fleischliche Lust, Gehorsam bis in sein Bett.»[40] Er wird mit ihr viele Kinder haben. Er wird seinen Vater ablösen und dessen Werk fortsetzen. Der künftige Chef ist geboren. Er wartet nur noch darauf, die Bühne des Lebens betreten zu dürfen, d. h. vom «Schicksal» in Dienst genommen zu werden.
Was SARTRE mit diesem frühen psychologischen bzw. daseinsanalytischen Entwurf zeigen wollte und zeigen kann, ist die außerordentliche Gebrochenheit und Brüchigkeit der Voraussetzungen, die einen Menschen *wesentlich*, mit der Macht eines göttlichen Fatums, dahin bestimmen, ein leitender Beamter, ein «Chef» zu werden. Man könnte, beispielsweise von F. NIETZSCHE herkommend, bei einem solchen Entschluß zum Besonderen im Amt an sich womöglich einfach den *Willen zur Macht* für ausschlaggebend halten[41]; aber eine solche Motivation allein ergäbe allenfalls das Sujet zur Darstellung der Rivalitätskonflikte Gleichrangiger und Gleichgesinnter – SARTRE weiß selbstverständlich, daß ein bloß natürliches Verlangen nach Einfluß und Macht niemals stark genug sein könnte, um *mit verzweifelter Entschiedenheit* Macht zu erstreben. Sich für die Rolle eines «Chefs» zu entscheiden, kann aber auch nicht einfach eine Berufswahl sein, wie sonst jemand sich dafür entscheidet, Zahnarzt, Fotojournalist oder Heiratsvermittler zu werden; zu einem «Chef» wird man nicht, indem man *etwas* will, sondern indem man *sich* will in einer bestimmten Form der Identität; doch wenn es, um sich als Menschen akzeptabel zu finden, unerläßlich ist, in einem wenn auch noch so nebensächlichen Bereich die erste Stelle einzunehmen, so wird man die Unbedingtheit eines solchen Willens zur Macht nur aus einem totalen Minderwertigkeitsgefühl verstehen können: SARTRES *Lucien* braucht die Rolle eines «Chefs», um in der Nichtigkeit seiner Existenz gerechtfertigt zu sein; der Status der Macht, die Geltung nach außen, die Bestimmtheit durch die anderen muß dazu herhalten, das gähnende Loch der eigenen Hohlheit zu füllen.[42] Aber auch das Schema von elterlichem Vorbild und Vaterideal im Sinne der Lernpsychologie wäre, für sich allein genommen, viel zu simpel, um zu verstehen, in welcher Weise die Fremdbestimmtheit für einen Mann wie *Lucien* schicksalhaft werden kann. Noch ehe man etwa auf den prägenden Einfluß des Vaters in *Luciens* Leben hinweist, muß man die Frage beantworten, wieso er dazu kommt, gerade mit der Rolle dieses ursprünglich ungeliebten Mannes zu verschmelzen.
Die entscheidende Einsicht, die sich aus der Studie SARTRES bzgl. der Psy-

chogenese eines Mannes gewinnen läßt, der beides: Amt und Macht, *unbedingt* braucht, um überhaupt zu leben, lautet, daß gerade die von uns gesuchte Kombination zweier derart gegensätzlicher Motivationen wie des Wunsches zur Normalität und des Wunsches zum Außergewöhnlichen sich nur verstehen läßt aus der Kreuzung zweier Umkehrbewegungen, die zum einen von einer ungewöhnlichen Anormalität der psychischen Voraussetzungen in den äußeren Anschein der Normalität zurückstrebt und zum anderen aus der als skandalös empfundenen, spießerhaften Normalität in das Außergewöhnliche hinausdrängt. In beiden Bewegungen aber handelt es sich lediglich um die widersprüchlichen Turbulenzen, die dem Zentrum ein und desselben existentiellen Vakuums entsteigen und in jeder Entwicklungsstufe und in jedem Triebbereich eigentümliche «Wirbel» erzeugen. M. a. W.: wer die ausgesprochen neurotische, immer wieder an den Rand des Perversen abgleitende Psychogenese eines kommenden «Chefs» in SARTREschem Sinne verstehen will, der muß seine gesamte Persönlichkeitsstruktur als Phänomenologie einer *ontologischen Unsicherheit* lesen, die als das Kernproblem alle Bereiche des Lebens durchzieht und sich in allen einzelnen Haltungen und Verhaltensweisen totalisiert.

Unsicher ist *Lucien* bereits gegenüber seiner Geschlechtsrolle: ist er ein Junge oder ein Mädchen? Seine Bisexualität, die sich später beinahe zur manifesten Homosexualität ausformt, durchzieht sein ganzes Leben und findet ihr scheinbares Ende erst in einer extrem patriarchalen, aber als «gutes Recht» verkündeten Form bürgerlicher Ehe, in der es nicht mehr um die Liebe, dafür aber um die Besitzverhältnisse sexueller (Zuge)Hörigkeiten geht. *Unsicher* ist *Lucien* gegenüber dem Problem von Freiheit und Moral: was darf er tun und was darf er nicht tun? Ist er eine Marionette oder ein eigenständiges Wesen? Und wo eigentlich liegt die Grenze zwischen Realität und Vorstellung, zwischen Wirklichkeit und Spiel; zwischen Verbindlichkeit und Unverbindlichkeit? *Unsicher* ist *Lucien* gegenüber seinen Eltern: wessen Kind ist er eigentlich, d. h., wem gegenüber könnte er sich sicher genug fühlen, um die eigene Position definieren zu können? *Unsicher* ist *Lucien* vor allem gegenüber seinen eigenen Gefühlen: wann liebt er, und wann haßt er? An dieser Stelle liegt, psychologisch betrachtet, offenbar das Hauptproblem aller *«Luciens»:* wenn sie jemanden oder etwas hassen möchten, so dürfen sie nicht hassen; und wenn sie etwas oder jemanden lieben, so können sie sich ihre eigene Liebe nicht glauben, da sie nicht der eigenen Freiheit, dem wirklichen Gefühl, sondern einer erzwungenen Anpassungsleistung des Ichs entstammt. Wenn ein *«Lucien»* «böse» ist, *spielt* er seine Bosheit, und wenn er «brav» ist, *spielt* er seine Bravheit; weder in dem einen noch in dem anderen Falle begegnet man einer wirklichen Person, eher einer Amöbe, die versuchsweise eines ihrer Pseudopodien in gerade die jeweilige Richtung ausstreckt. *Luciens* Bewußtsein ist wie ein niemals festgestellter, in sich unregelmäßig schwingender bzw. in ungleichen Phasen um sich selbst rotierender Spiegel, der von der Außenwelt stets nur ein verschwommenes Bild zurückwirft – jenen undurchdringlichen «Nebel», der niemals eine wirkliche Perspektive oder eine klare Entscheidung erlaubt. «Es ist, als wenn ich Watte im Kopf hätte – so ein taubes, blödes Gefühl im Kopf, als würden in meinem Gehirn die Gedanken wie Linsen durch den Kochtopf gerührt», solche Äußerungen, die man am Rande einer Psychose nicht selten hört, beschreiben recht gut den Zustand dieser existentiellen Richtungslosigkeit im Feld *ontologischer Unsicherheit.*

Dazu gehört das Gefühl der *Fremdheit sich selbst gegenüber,* das *Lucien* namentlich den eigenen Körper als eine entseelte, von außen gesteuerte Maschinerie erscheinen läßt, so daß er besonders die Sexualität empfindet wie eine schleimige Unreinheit. Was immer er hier tut, *geschieht* ihm mehr, als daß er selber es vollzöge, es ergibt sich als das Produkt fremder Maßstäbe und fremder Erwartungen, nicht als Ausdruck seines Ichs; und eben weil *Lucien* stets in dem Status des Andererseins, der permanenten Alteriertheit existiert, weitet sich das Loch seiner Nichtexistenz immer mehr aus.

Noch lange bevor *Lucien* das Zeug hat, die Rechtfertigung seiner Existenz in dem Außergewöhnlichen institutionalisierter Macht zu finden, ist es erschreckend zu sehen, daß eigentlich nur die soziale Umgebung darüber entscheidet, wer er ist und was aus ihm wird. In gewissem Sinne könnte ein Mensch wie *Lucien* ebensogut einem humanitären Verein beitreten, wie er zum Mitglied und Anführer einer faschistoiden Meute wird. Was er als seine Überzeugung ausgibt, ist im Grunde nichts weiter als eine Radikalisierung des *common sense* der jeweiligen Bezugsgruppe, und wenn man in der Sozialpsychologie sagt, der Führer einer Gruppe habe die Aufgabe, die faktischen Normen des Zusammenlebens zu formulieren und zu verkörpern[43], so ist es gerade dieses Bemühen und diese Fähigkeit, die *Lucien* in den Augen der anderen groß macht: er ist ihrem eigenen Ungeist stets noch ein Stück weit voraus – ein prophylaktisches Chamäleon, dessen Angst vor Ablehnung dazu nötigt, am heftigsten mit denjenigen Erwartungen der anderen sich zu identifizieren, deren Erfüllung die höchste Belohnung verspricht. Die Übererfüllung bestimmter Gruppennormen, ursprünglich aus der Angst vor Ablehnung entstanden, wird schließlich auf dem Wege eines demonstrativen Imponiergehabes zu einem Mittel der Einschüchterung anderer.

Indessen wäre es verfehlt, diese Flucht nach vorn im Werdegang eines «Chefs» für einen wohlkalkulierten Akt der Berechnung zu halten; es handelt sich vielmehr um eine Totalverdrängung ganzer Bereiche der eigenen Psyche, die in der Widerwärtigkeit ihrer Konflikte, in der Ungreifbarkeit ihrer Probleme, in der Angst, die ihre Abgründe erzeugen, als eine ständige Erniedrigung und Last empfunden wird. Es ist dies die Stelle, an der wir die wesentliche Sehnsucht nach dem Offiziellen, nach dem Dienstlichen, nach dem Beamteten in der Unbedingtheit eines *«Lucien»* als Reaktionsbildung auf den permanenten *Ekel* vor sich selbst verstehen lernen:[44] ein Mensch wie SARTRES *Lucien Fleurier* braucht notwendig das «Allgemeine», um dem allzu Persönlichen seines Ichs zu entrinnen; er erzeugt exakt das, was in der Sprache *Hegels* als das allgemeine Individuum beschrieben wird[45], indem er beständig die Ebenen vertauscht: er personalisiert die Ansichten und Interessen seiner sozialen Umgebung, indem er sie zu seiner *Anschauung* erklärt, und umgekehrt individualisiert er den Standpunkt der anderen, indem er ihn an die Durchsetzungsfähigkeit seiner Person bindet. Eben diese Doppelbödigkeit, im Allgemeinen persönlich und im Persönlichen allgemein zu sein, bildet fortan die nicht-existierende Identität, die *Lucien* zum Chefsein prädestiniert, eine Verlogenheit, die dazu führt, daß er niemals ist, was er ist, sondern ständig sich bemüht zu sein, was er nicht ist.[46] Das Existenz*spielen,* der Nebel des Bewußtseins, die Unwirklichkeit an Sein nötigt *Lucien* dazu, in den Schoß der Meute zu fliehen, um sich von ihr sagen zu lassen, wer er ist; doch je tiefer er in den Sog des Andererseins hineingezogen wird, rückentäußert er die eigene Fremdbestimmtheit als Zwangsvorschrift für die anderen: er, der selber kein eigenes Selbst besitzt, ergreift als Chef Besitz von dem Selbstsein der anderen. Um selber *etwas* zu sein, muß ein Mensch wie *Lucien* den anderen *alles* sein; er, der in sich selbst keinen Halt besitzt, muß sich zur Säule, zum Fixpunkt, zum ehernen Halt der anderen machen, weil nur das Korsett entliehener Geltung ihn selbst vor dem Auseinanderfallen bewahrt. Um selbst nicht als Null entdeckt zu werden, muß er sich als Vorzahl den anderen vorsetzen, indem er sie mehr und mehr in serielle Nullen verwandelt, denen er seinen Willen aufzwingt, damit sie ihn mit dem Anschein eines wirklichen Seins, einer geliehenen Bedeutung umkleiden.

Nur wer die abgeleitete Existenzform eines Menschen von der Art *Luciens* vor Augen hat, kann verstehen, warum er es schließlich als seine Berufung, als seine Erwählung erlebt, «Chef» werden zu müssen. Andere mögen in ihrem Leben durch die Gunst der Umstände oder auch durch eigene Leistung in eine ähnliche Position gelangen wie *Lucien;* aber für sie bleibt das Chefsein eine sekundäre Hinzufügung, eine qualitative Kontingenz. Men-

schen wie *Lucien* hingegen können, wirklich wie unter göttlichem Befehl, nicht anders, als ein leitendes Amt zu übernehmen; dieses Amt *bedeutet* sie, dieses Amt füllt sie aus, dieses Amt *sind* sie, denn sie sind nichts ohne dieses Amt. Eben deswegen kann dieses Amt auch nicht einfach ein Amt sein; es bedarf, um selber bedeutsam zu werden, eines missionarischen Inhaltes; die Gruppe, die es trägt und von ihm getragen wird, muß in eine eingeschworene Aktionsgemeinschaft verwandelt werden – das Ziel ist erst erreicht, wenn der Status des Beamten von der bloßen Verwaltung weg sich in ein schicksalhaftes, in ein quasi göttliches Mandat verwandelt. Ein Erwählter an beauftragter Stelle inmitten einer Gemeinschaft von Auserwählten zu sein – *das* erst befriedigt und befriedet die ontologische Unsicherheit der Menschen vom Schlage eines *Lucien,* der Menschen des angehenden Chefseins. Aus dem Schleier ihrer Perversitäten webt sich das Gewand ihrer «gesunden Moral»; aus dem Nebel ihrer Angst entsteigt der Zwang zur festgelegten Ordentlichkeit; aus dem Verwirrspiel ihrer Lebenslügen formt sich die beamtete Wahrheit: die Wahrheit für andere.
Es ist dies der Punkt, an dem das Paradigma «Lucien» gerade in den ganz und gar profanen Inhalten des Chefseins zum Schlüssel des Verständnisses auch des Klerikerseins wird. Überträgt man das Beispiel auf die Sache, so muß man allerdings den Begriff des «Chefs» nicht pressen: man findet die «Chefs» im Sinne SARTRES keinesfalls nur in den Chefetagen der Firmen, Banken und Betriebe, ja, es gehört dazu nicht einmal die Ausübung eines wirklichen Amtes als Chef; gesehen haben wir ja, daß das Chefsein zunächst kein sozialer Status, sondern ein existentieller Entwurf ist, der eine bestimmte Psychologie mit einem eigenen Selbstverständnis zur Voraussetzung und zur Folge hat. Ein «Chef» ist, so verstanden, jeder, der aufgrund seiner ontologischen Unsicherheit bzw. der in der Angst seiner fundamentalen Nichtigkeit wesentlich die Besonderheit eines Amtes, einer öffentlichen Beauftragung braucht, um sich selbst als Person leben zu können, indem er sein Wertgefühl aus dem Besonderen und sein Existenzrecht aus der Normalität gewinnt. Gerade indem solche Beamte des Schicksals, solche Auserwählten des göttlichen Willens das Normale in das Besondere überhöhen, sind sie, die ursprünglich durchaus Gewöhnlichen, selber das nunmehr Ungewöhnliche, Mittler des Göttlichen, Katalysatoren des Schicksals, und zwar nicht aufgrund des persönlichen Risikos innerer Gesichte und Traumvisionen nach Art der schamanistischen Berufung, sondern eben: aufgrund einer offiziellen Bestätigung, aufgrund des Amtlich-Besonderen. Anders gesagt: die Erwählung des Klerikers ist, psychoanalytisch und daseinsanalytisch gelesen, das vielschichtige Kompensat einer ontologischen Unsicher-

heit, die das eigene Personsein so tiefgreifend und nachhaltig aushöhlt und zerfasert, daß die eigene Identität nur in der Identifikation mit einer fremden Rolle, in der Verschmelzung mit dem Inhalt einer vorgegebenen, objektiven Beauftragung als gesichert erscheint. Das «Amt» ist fortan die eigentliche Wahrheit des Selbst; es ist seine Bewahrung und Bewährung; es ist fortan der ganze Wert, in dem das eigene Ich sich selbst auslegt. Nicht das Personsein, das Klerikersein bildet nunmehr die wesentliche Form der Existenz.

Und daraus folgt: Erst wenn es gelingt, Menschen zu erzeugen, die in ihrer Existenz bis in die Wurzel verunsichert sind, und wenn es gleichzeitig gelingt, ihnen die Korsettage des Offiziellen und Beamteten als letzten Halt anzuempfehlen, darf der Reproduktionsweg der Kleriker der katholischen Kirche als gesichert gelten. Menschen dieser Art müssen das Leid an sich selber, die Angst vor sich selber, die Furcht vor den anderen so fundamental verinnerlicht haben, daß ihnen der Weg in das Klerikersein wie die Summenformel aller Einzeladditionen, wie der verborgene Sinn all des Ungereimten und Ungeheuerlichen ihres Lebens bisher, wie der einzig logische Schluß all der unentwirrbaren Rätsel ihrer vergangenen Existenz erscheinen muß – wirklich als der Wille Gottes, als Fügung des Schicksals. Und nimmt man hinzu, wie subjektiv ausweglos am Ende der Pubertät, am Anfang des beginnenden Klerikerseins, den Betreffenden ihr weiteres Leben vorkommt, setzt man des weiteren in Rechnung, daß ihnen die Gründe der Ausweglosigkeit weitgehend unbewußt sind, und fügt man noch hinzu, daß die verhindernden, Leben verbietenden Stimmen und Kräfte in der Psyche eines angehenden Klerikers in göttlich-projizierter Form reflektiert werden, so beginnt man zu verstehen, welch eine befreiende, oft geradezu rauschhafte Entdekkung es sein kann, daß es inmitten all der Gedrücktheit und Bedrücktheit doch etwas zu erkennen gibt, das als ein positiver Wille von Anbeginn, «vom Schoß meiner Mutter an», mit dem Apostel gesprochen (Gal 1,15)[47], sich offenbart. – Es ist die Geschichte CHRISTIAN ANDERSENS vom *«Häßlichen Entlein»*[48], das hier in Erfüllung zu gehen scheint: Was 15, 20 Jahre lang als mickrig, verhuscht, gehemmt und verschüchtert, was als verweigert und vertan erscheinen mochte, das gerade erweist sich jetzt als wahrhaft höhere Berufung, als ein «gleichsam» auserwähltes Sein. Alle Leiden, Kränkungen, Ängste, Sehnsüchte und niemals eingestandenen Erwartungen ans Leben erhalten jetzt endlich ihr eigentliches Ziel, sie rücken in die Nähe einer Ahnung von Erfüllung – es ist, wenn auch auf einem Umweg, doch und um so mehr erreichbar, was zunächst so grausam verstellt erschien: Liebe und Ansehen, Achtung und Wertschätzung vor Gott und den Menschen – im Gewande des Klerikers, unter dem Schleier der ehrwürdigen Schwester, unter dem Habit des ehrwürdigen Paters kehrt alles das wieder, was einst als unerreichbar galt.[49] Der Gemiedene der Spielplätze, das Mauerblümchen der Klassenfeten, die verlachte Unschuld vom Lande, der belächelte «Senator» der Jugendhorden – sie alle sind vom Tag ihres Entschlusses zum Klerikersein an Umgewertete, Umgewandelte, von heiligem Schauer Umgebene. Die ehedem Verzweifelten sind jetzt die Lieblinge Gottes. Wer sie nicht respektiert, ist selber nicht mehr als ein Ungläubiger, als ein Gottloser – ein Bedauernswerter, bei Licht besehen. Wie sollte es nicht Gott sein, der aus solchen Träumereien spricht? Wie sollte es nicht wahr sein, was so sehr als Offenbarung evident ist? Sind denn die Christen überhaupt von dieser Welt, und ist es nicht geradezu ihr Anderssein gegenüber allen anderen, was sie dem Gekreuzigten gleichmacht (Joh 15,18–27)[50]? Sollte man wirklich die Stirn haben, etwas so Wohltuendes, etwas so offensichtlich Positives psychoanalytisch zu hinterfragen und infragezustellen?

Man muß, um der Religion Gerechtigkeit widerfahren zu lassen, die Problematik sogar ausdehnen, bzw. die Fragestellung selber radikalisieren: Ist nicht, was wir vorhin im Falle des *Lucien Fleurier* als ontologische Unsicherheit beschrieben haben, im Grunde das Schicksal *jedes* Menschen? Ist nicht jeder, einfach schon weil er ein denkender Mensch ist, inmitten dieser Welt dazu verurteilt, ein Leidender, ein Unglücklicher zu sein?[51] Sind nicht in gewissem Sinne alle Menschen krank an ihrem Geist, indem sie mit Bewußtsein ausgesetzt sind dem Tod, der Vergänglichkeit, der Nichtigkeit, der Nicht-Notwendigkeit der Existenz[52] – ihrem nur scheinbaren Sein? Und ist es dann nicht als ein Akt der Gnade Gottes zu erachten, wenn er bestimmte Menschen dadurch auszeichnet, daß sie das Problem der Existenz aller Menschen auf ihrem Lebensweg in besonderer Weise, d.h. besonders intensiv erleben und erleiden? Besteht nicht die Religion wesentlich in einer Antwort auf dieses Grundproblem alles geschaffenen, endlichen Daseins, nur kontingent zu sein[53], und ist es dann ein Wunder, wenn Menschen, die durch ihre Biographie auf diese Problematik besonders hingewiesen wurden, sich in besonderer Weise an die Religion klammern, um über dem Abgrund zu leben? Und sind es nicht wirklich Erwählte und Begnadete, denen in Angst und Leid eine solche Schule der Wahrheit zuteil wird?

Ja und nein, muß die Antwort lauten. – *Ja,* wenn die «ontologische Unsicherheit» dort empfunden wird, wo sie als Problem hingehört – auf der Ebene der Grundlagen der menschlichen Existenz; *nein,* wenn die «ontologische Unsicherheit» aus dem metaphysischen Raum auswandert und sich von den Grundlagen der menschlichen Existenz weg in den kategorialen Bereich der möglichen Lebensinhalte verschiebt. Der Unterschied ist äußerst wichtig, und zwar bezogen auf die Ursachen ebenso wie mit Bezug auf die Folgen.

Ein Mann wie *Lucien Fleurier* z. B. ist in seiner ontologischen Unsicherheit lediglich die Summe bzw. die Totalisierung all der Unsicherheiten und Ängste, die er allen möglichen Lebensinhalten gegenüber empfindet; seine Bisexualität, sein Ödipuskomplex, seine analen Machtgelüste, sein Anderssein-wollen ergeben zwar eine fundamentale Verunsicherung seiner Existenz, aber sie ergeben sich keinesfalls aus dem Fundament der menschlichen Existenz selbst. Ob *Lucien Fleurier* eine Frau zu lieben vermag oder nicht, entscheidet zwar sehr wesentlich mit darüber, ob er sich als überflüssig und nicht-existierend vorkommt, oder ob er sich als berechtigt im Dasein entdecken kann, über die Frage des Menschseins an sich aber ist damit durchaus nichts entschieden; im Gegenteil: es zeugt weit eher von seiner neurotisch resignierten Schlaffheit, wenn er seine eigenen psychischen Probleme in dieser Weise zu den Problemen der ganzen Welt aufbläst. Umgekehrt: erst jemand, dessen Dasein einigermaßen in sich selbst und in der Welt ruht, wird ehrlich und unverfälscht sich der Endlichkeit und Kontingenz des Daseins stellen. M. a. W.: die Psychologisierung des Metaphysischen bzw. die Metaphysizierung des Psychologischen löst nicht die Frage der ontologischen Unsicherheit der menschlichen Existenz, sondern verwirrt sie nur durch eine Vertauschung der Ebenen analog zu dem ständigen Verwirrspiel zwischen dem Individuellen und dem Kollektiven, das wir auch sonst bei einem Mann wie *Lucien Fleurier* beobachten mußten und das geradewegs das Vorbild für die falsche Synthese des Persönlichen und des Beamteten schlechthin zu sein scheint. Insofern stimmt es bereits von den Voraussetzungen her nicht, in der Neurotisierung des Psychischen so etwas wie eine mögliche Intensivierung des Religiösen vermuten zu wollen; allenfalls eine stärkere Deformation des Religiösen wird auf diese Weise entstehen.

Besonders bedenklich aber sind die Konsequenzen, die sich aus der *Kategorialisierung der ontologischen Unsicherheit* für die bestehende Religion selbst ergeben. Gerade wenn es stimmt, daß «Ungewißheit und Wagnis»[54] des menschlichen Daseins das Fundament jeder wirklichen religiösen Erfahrung bilden, so müßte es im Interesse der Wahrhaftigkeit des Religiösen selbst gelegen sein, diese ihre eigenen Quellen selber in Fluß zu halten; solange aber die Wasser der Angst ungehindert fortströmen, drohen sie immer von neuem, auch vor den ehrwürdig geformten Mauern der Tempel und Heiligtümer der bestehenden Religion nicht haltzumachen; sie stellen das mühsam errichtete Deich- und Schleusenwerk der jeweiligen Religion immer wieder in Frage, und so kommt es zunehmend dahin, daß die bestehende Religionsform durch ihre Einrichtungen die Wasser des Lebens ihrer rauschend-rauschhaften Gefährlichkeit wegen von den Erfahrungsräumen des Alltags fernzuhalten versucht. Nicht mehr soll das Meer in seiner ungestalteten Allmacht ungehindert auf den Menschen eindringen, sondern ein ausgeklügeltes System von Sielen und Prielen soll die Gefährlichkeit der schäumenden Brandung bändigen. Es liegt viel Mitleid und Priesterweisheit in dieser Kunst des Deichebauens gegen das Unendliche, indem sie es versteht, den Menschen das ungewisse, ruhelose Dasein der Sturmvögel über dem Kommen und Gehen der Fluten im Watt zu ersparen und sie hinter den Deichen, in den dicht am Boden geduckten Riedgrashütten in Sicherheit zu bergen. Aber die Religion wird an dieser Stelle selber dialektisch. Je besser es ihr gelingt, die Quellen der *wesenhaften* Angst des menschlichen Daseins abzudämmen und einzudeichen, desto mehr beraubt sie sich im Grunde ihrer eigenen Grundlage; je besser sie «funktioniert», desto funktionsloser im Leben der Gesellschaft wird sie schließlich selber – aus den Kögen der eingedeichten Marschen wird schließlich festes Land, in dem nach einer Weile sogar die Erinnerung daran verblaßt, jemals dem Meere zugehört zu haben; nur noch die Kanalisationen und Entwässerungsgräben verweisen dann noch auf die Herkunft dieses neu gewonnenen Kulturlandes. Gegenüber diesen Resten des Meeres mitten im Leben muß dann die bestehende Religion, will sie nicht selber aufgrund ihrer eigenen Tüchtigkeit sich buchstäblich aufs Trockene setzen, jene Angst erzeugen, die im Grunde nur gegenüber der Weite des Meeres Berechtigung hat. Sie muß m. a. W. zu ihrem eigenen Selbsterhalt ein wachsendes Interesse daran gewinnen, selber die ontologische Unsicherheit und Grundangst des menschlichen Daseins zu kategorialisieren und vom Wesentlichen ins Gegenständliche umzulenken, wo dann wieder neue Formen von Aufsicht, Reglement, Kontrolle und Bewahrung nötig werden.

In gewissem Sinne wird es daher zu einem Interesse insbesondere der Amtsträger einer bestehenden Religion, das Leben in seinen Grundbedürfnissen mit unangemessenen Ängsten zu überziehen und es so weit zu neurotisieren und zu psychiatrisieren, daß man immer neuer priesterlicher, klerikalgebundener Amtshandlungen bedarf, um von den Konflikten der individuellen Ängste zu entlasten, indem man sie an das angstentbindende und angstverbindende System des Kollektivs (der) Kirche delegiert. Die Religion, die ursprünglich dazu bestimmt war, die Angst des menschlichen Daseins zu besänftigen, braucht jetzt die kleinlichen Ängste des Alltags, um sich selber in ihrem sicher reglementierten Alltagsleben den Status von Berechtigung und Unverzichtbarkeit zu sichern; sie *instrumentalisiert* fortan die Angst,

die von ihr selber ausgeht, um ihre eigenen Institutionen mit Würde und Wert zu umhüllen, doch diese ihre Institutionen sichern nicht mehr den Menschen, sondern nur noch sich selber. Es ist die Spätzeit einer Religiösität von Epigonen, die die Neurotisierung des Alltagslebens braucht, um sich in der exemten Übernatürlichkeit ihrer Heilsvermittlungsinstitute begründen zu können[55], und als ihrer rechten Funktionsträger bedarf sie einer Schicht von Menschen, die am eigenen Leib, in der eigenen Seele, so weit von Angst, Schuldgefühlen und Unsicherheiten aller Art durchsetzt sind, daß sie die Flucht in die Entlastung im Offiziellen, Beamteten, im garantiert Richtigen und Heilsamen als den einzigen von Gott gewählten Weg ins Leben empfinden müssen.
Wie diese Enthebung von der persönlichen Wirklichkeit in die beamtete Übernatürlichkeit psychologisch wirkt, hat niemand besser gesehen als FRIEDRICH NIETZSCHE, dessen Kritik am Priester, am Kleriker, am Kirchlichen uns auf Schritt und Tritt begleiten wird. In seiner (zeitbedingten!) Sprache hört sich die Diagnose so an: «Wer Theologen-Blut im Leibe hat, steht von vornherein zu allen Dingen schief und unehrlich. Das Pathos, das sich daraus entwickelt, heißt sich Glaube: das Auge ein für allemal vor sich schließen, um nicht am Aspekt unhaltbarer Falschheit zu leiden. Man macht bei sich eine Moral, eine Tugend, eine Heiligkeit aus dieser fehlerhaften Optik zu allen Dingen, man knüpft das gute Gewissen an das Falschsehen – man fordert, daß keine andere Art Optik mehr Wert haben dürfte, nachdem man die eigene mit den Namen ‹Gott›, ‹Erlösung›, ‹Ewigkeit› sakrosankt gemacht hat. Ich grub den Theologen-Instinkt noch überall aus: er ist die verbreitetste, die eigentlich unterirdische Form der Falschheit, die es auf Erden gibt. Was ein Theologe als wahr empfindet, das muß falsch sein: man hat daran beinahe ein Kriterium der Wahrheit. Es ist sein unterster Selbsterhaltungs-Instinkt, der verbietet, daß die Realität in irgendeinem Punkte zu Ehren oder auch nur zu Worte käme. Soweit der Theologen-Einfluß reicht, ist das Wert-Urteil auf den Kopf gestellt, sind die Begriffe ‹wahr› und ‹falsch› notwendig umgekehrt: was dem Leben am schädlichsten ist, das heißt hier ‹wahr›, was es hebt, steigert, bejaht, rechtfertigt und triumphieren macht, das heißt ‹falsch› ...»[56]
Selbst den Gegensatz zwischen dem «Ungewöhnlichen» in der Traumberufung der Schamanen und dem institutionell Gesicherten der «Erwählung» der Kleriker der Kirche hat NIETZSCHE klar gesehen, indem er die Moral des Christentums als eine imaginäre Anti-Wirklichkeit beschrieb und meinte: «Diese reine Fiktions-Welt unterscheidet sich dadurch sehr zu ihren Ungunsten von der Traumwelt, daß letztere die Wirklichkeit widerspie-

gelt, während sie die Wirklichkeit fälscht, entwertet, verneint. Nachdem erst der Begriff ‹Natur› als Gegenbegriff zu ‹Gott› erfunden war, mußte ‹natürlich› das Wort sein für ‹verwerflich› – jene ganze Fiktions-Welt hat ihre Wurzel im Haß gegen das Natürliche (– die Wirklichkeit! –), sie ist der Ausdruck eines tiefen Mißbehagens am Wirklichen... Aber damit ist alles erklärt. Wer allein hat Gründe, sich wegzulügen aus der Wirklichkeit? Wer an ihr leidet. Aber an der Wirklichkeit leiden heißt eine verunglückte Wirklichkeit sein... Das Übergewicht der Unlustgefühle über die Lustgefühle ist die Ursache jener fiktiven Moral und Religion: ein solches Übergewicht gibt aber die Formel ab für *décadence*...»[57]

NIETZSCHE erhob gegenüber dem Priestertum der katholischen Kirche vor allem den Vorwurf, es verfälsche durch ein *Parasitenattentat* alle geraden Werte: «Der Priester herrscht durch die Erfindung der Sünde.»[58] Die Lehre von der Erlösung verwandelt sich in den Augen NIETZSCHES in ein Verfahren, die Menschen allererst erlösungsbedürftig, d. h. krank bis zur seelischen und körperlichen Zerstörung zu machen: «Daß der Glaube u. U. selig macht, daß Seligkeit aus einer fixen Idee noch nicht eine wahre Idee macht, daß der Glaube keine Berge versetzt, wohl aber Berge hinsetzt, wo es keine gibt: ein flüchtiger Gang durch ein Irrenhaus klärt zur Genüge darüber auf. Nicht freilich einen Priester: denn er leugnet aus Instinkt, daß Krankheit Krankheit, daß Irrenhaus Irrenhaus ist. Das Christentum hat die Krankheit nötig, ungefähr wie das Christentum einen Überschuß von Gesundheit nötig hat – krank machen ist die eigentliche Hinterabsicht des ganzen Heilsprozeduren-Systems der Kirche. Und die Kirche selbst – ist sie nicht das katholische Irrenhaus als letztes Ideal? – die Erde überhaupt als Irrenhaus? – Der religiöse Mensch, wie ihn die Kirche will, ist ein typischer *décadent;* der Zeitpunkt, wo eine religiöse Krisis über ein Volk Herr wird, ist jedesmal durch Nerven-Epidemien gekennzeichnet; die ‹innere Welt› des religiösen Menschen sieht der ‹inneren Welt‹ der Überreizten und Erschöpften zum Verwechseln ähnlich; die ‹höchsten› Zustände, welche das Christentum als Wert aller Werte über der Menschheit aufgehängt hat, sind epileptoide Formen – die Kirche hat nur Verrückte oder große Betrüger *in majorem dei honorem* (zur größeren Ehre Gottes, d. V.) heilig gesprochen...»[59] «Das Christentum hat die Ranküne der Kranken auf dem Grunde, den Instinkt gegen die Gesunden, gegen die Gesundheit gerichtet. Alles Wohlgeratene, Stolze, Übermütige, die Schönheit vor allem tut ihm in Ohren und Augen weh. Nochmals erinnere ich an das unschätzbare Wort des Paulus: ‹Was schwach ist vor der Welt, was töricht ist vor der Welt, das Unedle und Verachtete vor der Welt hat Gott erwählet›: das war die Formel, *in hoc signo* (in diesem Zeichen, d. V.) siegte die *décadence*. – Gott am Kreuze – versteht man immer noch die furchtbare Hintergedanklichkeit dieses Symbols nicht? Alles was leidet, alles was am Kreuze hängt, ist göttlich ... Wir alle hängen am Kreuze, folglich sind wir göttlich ... Wir allein sind göttlich ... Das Christentum war ein Sieg, eine vornehmere Gesinnung ging an ihm zugrunde, – das Christentum war bisher das größte Unglück der Menschheit.»[60]

Es geht an dieser Stelle nicht darum, die theologischen Inhalte besonders der christlichen Erlösungslehre gegenüber der psychologisch gewiß einseitigen Kritik NIETZSCHES zu «rechtfertigen», es geht allein darum, die Umkehrung und Verkehrung aller religiösen Inhalte vom Heilenden ins Zerstörerische zu bemerken, die sofort eintreten muß, wenn das Beamtete in einer bestehenden Religion sich als verselbständigten Eigenwert setzt[61], und dieser Fall tritt ein, wenn der Beamtenstatus von den Amtsträgern der Religion selber wesentlich angestrebt wird, um dem Dilemma der persönlichen Nicht-Existenz zu entgehen, bzw. wenn umgekehrt die Reproduktion des klerikalen Beamtenstandes in der Kirche zentral die Entpersönlichung ihrer eigenen Kandidaten und Postulanten voraussetzt und betreiben muß. Es ist am Ende die Angst vor sich selbst, die, wie in dem Beispiel des *Lucien Fleurier*, das Beamtete als geradezu göttliche Aufgabe und Erwählung erscheinen läßt und es damit letztlich selbst zur Quelle der Angsterzeugung umqualifiziert.

Aber, wird man sagen, wie soll es denn möglich sein, den Werdegang eines perversen Lüst- und Wüstlings wie SARTRES *Lucien Fleurier* mit dem Wege der Heiligkeit und der Reinheit von Menschen zu vergleichen, die Gott zum Heil der Welt und zum Zeugnis für die Nähe seines Reiches in Dienst genommen hat? Sind all das nicht vollkommen unhaltbare Unterstellungen und – man muß schon sagen –: böswillige und bösartige Parallelisierungen? Nein, keinesfalls!

Unser Problem war es, wie eine Psychologie sich beschreiben läßt, in der die äußerste Exzentrizität des Lebens nach dem Beispiel der Schamanen sich verbindet mit der zentralen Alltäglichkeit eines Beamtenstatus, wie eine äußerste seelische Gefährdung am Rand des Pathologischen einmünden kann in das normale Reglement einer institutionalisierten Funktion, und da können und müssen wir an der Gestalt des *Lucien Fleurier* lernen, wie gerade die kategorialisierte Form ontologischer Unsicherheit den Status des leitenden Beamten als Berufung des Schicksals einem Einzelnen aufgrund seiner ganzen Biographie förmlich aufzuzwingen imstande ist.

Aber, mag man einwenden, all die Ordensschwestern z. B., die in einer klösterlichen Gemeinschaft leben, lassen sich doch nicht mit «leitenden Beamten» vergleichen – für manche Priester, die sich so gebärden, mag das vielleicht zutreffen, nicht aber für diese «armen Dienstmägde Christi». Es ist zuzugeben und wird noch zu analysieren sein, daß zwischen der Psychologie eines «Weltpriesters» und einer «Ordensschwester» z. B. gewiß erhebliche spezifische Unterschiede bestehen; gleichwohl sind diese nicht in der Flucht vor dem Persönlichen in das Beamtete, Offizielle, Institutionelle gelegen, sondern allenfalls in den Variationen, in denen sich das Bedürfnis nach Geltung, Anerkennung und Macht (aus)leben läßt; und da ist der katholischen Kirche ein schwerer Vorwurf nicht zu ersparen: wieviele Ordensschwestern, die durch ihren psychischen Werdegang vortrefflich darauf vorbereitet sind, würden leidenschaftlich und begeistert das Amt und die Aufgabe eines Priesters auch in der Öffentlichkeit übernehmen und ausüben, wenn man sie nur ließe![62] Es ist jedenfalls ein doppeltes Unrecht, erst den Frauen in der Kirche das Recht auf das Priesteramt abzusprechen[63] und dann zu unterstellen, daß sie psychisch so verschieden von den Priestern seien, daß sie ein solches Amt auch gar nicht zu versehen vermöchten. Man muß im Gegenteil nur betrachten, wie bestimmte Ordensschwestern, die ihrer ganzen Mentalität nach auf den Gemeindedienst hingeordnet sind und über ausgezeichnete Befähigungen dafür verfügen, in den engen Regeln ihres Ordens buchstäblich verkümmern und verkommen. So verschieden ist die Psychologie der Kleriker im Amt voneinander offenbar nicht, als daß das «Chefsein» im Sinne des Wunsches nach einer geheiligten Ausnahme im Amt nicht als das allen Klerikern Gemeinsame betrachtet werden könnte.

Noch bestehen bleibt ein letzter wirklich ernst zu nehmender Einwand gegen eine Parallelisierung zwischen dem psychischen Entwicklungsweg eines Klerikers und der Psychogenese etwa eines *Lucien Fleurier:* die Tatsache ist mit Händen zu greifen, daß heute so gut wie niemand mehr zum Priester sich weihen lassen würde, der bereits in der Pubertät das Stadium eines genialischen Bohemiens durchlaufen hat; im Gegenteil – die sexuelle Unberührtheit und Unerfahrenheit gilt als die unbedingte Voraussetzung eines katholischen Klerikers, so sehr, daß schon in den Anfangsexerzitien jedenfalls die «mutigen» Spirituale und Novizenmeister unumwunden erklären werden, daß niemand sich zum Priestertum oder Ordensstand für geeignet halten solle, der schon einmal mit einer Frau (oder mit einem Manne) geschlafen habe; man hält eine einzige solche Erfahrung für so prägend, daß jemand, der sie genossen (oder durchlitten) hat, niemals mehr davon werde lassen können – «wenn der Tiger Blut geleckt hat, erwacht in ihm das Raubtier», lautete das Motto dieser Vorstellungen in der unnachahmlichen Diktion eines Franziskanerpaters. Eine Zeit ausgedehnter homosexueller Aktivitäten, vorehelicher Verkehr, Kußwettbewerbe auf offener Tanzfläche – wo immer das «Scrutinium» (die strenge Gewissenserforschung gegenüber dem kirchlich zugelassenen Beichtvater in der Ausbildung der angehenden Kleriker) auf derartige Tatbestände stoßen sollte, darf man des massivsten Beratungsdrucks der zuständigen Kreise gewärtig sein, buchstäblich um Himmels willen von dem Plan abzulassen, in den Klerikerstand der katholischen Kirche aufgenommen werden zu wollen. Und es ist richtig: man *möchte* in der katholischen Kirche nicht nur sicher gehen – nach Jahren der psychischen Beeinflussung mit Hilfe von jahrhundertelang erprobten Verfahren *kann* die katholische Kirche sicher sein, daß die Frauen und Männer, die sie zu Nonnen, Patres und Priestern weiht, all die Dinge nicht erlebt haben, die SARTRE bei seinem *Lucien Fleurier* auf dem Wege zum Chefsein schildert. Auch von Judenhaß, Haschisch und aggressiver Kumpanei muß das Leben eines angehenden Klerikers lupenrein frei sein, wenn sein Werdegang noch als Berufung Gottes erscheinen soll.

Aber sind die Unterschiede wirklich so groß? – Auch der noble Monsieur *Fleurier* will von einem gewissen Zeitpunkt an von all dem «Schmutz» und den «Verführungen» seiner «Freunde» von einst nichts mehr wissen; seine Unfähigkeit zu sexuellem Genuß und sein Ekel vor den Schleimigkeiten des Körpers würde die meisten Kleriker in ihren Selbstzweifeln förmlich beruhigen; und wenn man «Judenhaß» mit missionarischem Eifer gegen die Nicht-Zugehörigen der eigenen Bezugsgruppe, wenn man «Haschisch» mit Alkohol und wenn man «Kumpanei» mit Vereinsmeierei gleichsetzt, sollte es dann wirklich so schwer fallen, die Gleichheit der psychischen Strukturen hier wie dort zu bemerken? Wahr ist, daß der Verdrängungsschub, die radikale Abkehr von sich selber, bei *Lucien Fleurier* erst einsetzt, *nachdem* er die entsprechenden Erfahrungen mit den zugehörigen Reaktionen von Angst, Ekel und Schamgefühl bereits gemacht hat; aber man müßte nur voraussetzen, daß er aus lauter Angst in einer Art präventiver Verdrängung *von Anfang an* daran gehindert worden wäre, sich auf ein Leben à la RIMBAUD einzulassen, und man hätte in allen Details das Bild einer angehenden klerikalen Psychologie vor Augen. Ein Mann wie *Lucien Fleurier* und ein Kleriker der katholischen Kirche sind in den Inhalten ihrer seelischen Konflikte, in dem Gefühl der ontologischen Unsicherheit, in ihrer Persönlichkeitsflucht, in ihrem Streben nach offizieller Anerkennung, in der Umprägung ihrer Ausgesetztheit und Fremdheit in eine schicksalhafte Berufung zum Außerordentlichen (Schamane) und doch vom Ungewöhnlichen her wieder Gewöhnlichen (Chef) einander so ähnlich wie ein Ei dem anderen – nicht zu

Unrecht meinte SARTRE, dessen eigene Kindheitserinnerungen bei der *«Kindheit eines Chefs»* weitgehend Pate gestanden haben, von sich selber einmal, er hätte statt Philosoph des Atheismus auch Mönch werden können.[64]
Was mithin einen *«Fleurier»* von einem Kleriker in spiegelbildlicher Symmetrie *unterscheidet* wie die linke von der rechten Hand, sind nicht die psychischen «Musterungen» seiner «Haut» oder die seelischen «Proportionen» seiner «Gliedmaßen», sondern *die Verschiebungen des Zeitpunkts,* zu dem der Verdrängungsvorgang einsetzt: was *Lucien Fleurier* tut bzw. *getan hat,* ist gerade dasjenige, was ein angehender Kleriker der Kirche aus lauter Angst *nicht tun wird* und auch nicht getan haben wird, wenn irgend er später in den Genuß der göttlichen Erwählung kommen will. Die psychischen Konfliktstoffe, vor allem die Gefühle der ontologischen Unsicherheit gegenüber den verschiedenen phasenbedingten Problemstellungen der psychischen Entwicklung, sind indessen hier wie dort dieselben; was allerdings einen entscheidenden *Unterschied* ausmacht, ist die Strenge der *Überich-Zensur,* die bei jemandem, der später zum Kleriker der katholischen Kirche bestimmt ist, von vornherein all die Experimente untersagt, an denen ein *Fleurier* scheitert. Der «Nebel», der SARTRES angehenden «Chef» seine ganze Kindheit und Jugend über begleitet, wird in der Psychogenese eines Klerikers an bezeichnender Stelle durch den strengen Strahl einer strafenden Moral durchbrochen: es gibt in Fragen von Gut und Böse keine Experimente und Zweifel; man hat zu wissen, was gut und böse ist; man darf nicht gut und böse *spielen,* man hat gut zu *sein* – zumindest ist es nicht gestattet, *«böse»* zu spielen.
M. a. W.: Bei aller Gemeinsamkeit in den Strukturen der Nicht-Existenz und des Andererseins ist es wesentlich die klare inhaltliche Konturiertheit, *die scharfe Ausgestanztheit des Überichs,* die einen Kleriker in Psychogenese und Psychodynamik von einem *Fleurier* unterscheidet, und wo dieser aus seinen Perversionen und Haltlosigkeiten in die große schicksalhafte Beauftragung zu fliehen sucht, da sehen wir den jugendlichen (und erwachsenen) Kleriker vor der Gefahr des Abgleitens in Perversion und Haltlosigkeit fliehen. Es ist, anders gesagt, die *vorgreifende* Gewissensangst, die den kommenden Kleriker davor bewahrt (oder ihn daran hindert), die Welt und sich selbst auf eine Weise zu entdecken, die ihm das latente Material seiner Psyche vor Augen stellen könnte. Und diese *neurotische* Form der abgewehrten Perversion ist es, die dann auch das «Chefsein», das «Beamtersein», modifiziert: was immer ein Monsieur *Fleurier* später tun wird, er wird es tun in relativ eigener Regie, ja, es wird bei aller inneren Gebundenheit seine trium-

phierende Illusion sein, daß er in erhabener Gottgleichheit über Menschen und Dinge schalten und walten kann – in «Verantwortung» gegenüber dem Wohl der Menschen und Dinge, versteht sich. Ein Kleriker der katholischen Kirche hingegen wird sich viel enger an sein Beamtentum binden; er wird es weit weniger selbst gestalten können; er wird noch in der Position eines Propstes, Prälaten oder Bischofs weisungsabhängig bleiben; mit einem Wort: das «Chefsein» eines Klerikers erhebt sich niemals über das Niveau des Funktionärs. Er ist wirklich «der Diener aller» (Mk 10,44):[65] In gewissem Sinne ist das nicht nur Anspruch, sondern psychische Realität der Kleriker. Aber: man kann auch herrschen, indem man sich selber unterdrückt. Und das ist die Wahrheit, die den meisten entgeht.

3. Die psychische Struktur, Dynamik und Gedankenwelt des Klerikers oder: Was es bedeutet, von Amts wegen zu existieren

Wie im einzelnen die Psychogenese eines Klerikers entlang den phasenspezifischen Konflikten der frühen Kindheit verlaufen muß, um zu den Idealbildungen der Demut, Armut und Keuschheit tauglich zu werden, bleibt Stück für Stück des weiteren zu untersuchen; an *dieser* Stelle haben wir es nur mit der Frage zu tun, wie ein Dasein beschaffen ist, das aufgrund einer außerordentlichen Intensität ontologischer Unsicherheit sich in außerordentlicher Weise an ein öffentliches Amt bindet, um von dort her seine Berechtigung, Bestätigung und Befähigung zum Leben zu erlangen.
Der Unterschied in der Psychologie eines *Lucien* und eines Klerikers gegenüber dem Beamtetsein läßt sich wohl am besten mit dem Begriffspaar beschreiben, das Sören Kierkegaard als *die Verzweiflung des Trotzes* und als *die Verzweiflung der Resignation* (bzw. als die Verzweiflung der Schwäche) einander gegenübergestellt hat.[1] *Lucien Fleurier* ist insofern ein echtes «Kind dieser Welt», als er versucht, durch eigene Aktivität den Status seines Beamtentums allererst aufzubauen; wohl empfängt er seine Position und Rolle durch die Vorarbeit und nach dem Vorbild seines Vaters, aber entscheidend ist, daß die *«Fleuriers»* immer noch glauben können, sich letztlich durch ihren eigenen Existenzentwurf gegründet und hervorgebracht zu haben; selbst wenn am Ende das offizielle Amt, m. a. W. die Außerordentlichkeit ihres Spießertums, das Resultat all ihrer Anstrengungen bildet, so können sie doch mit einer gewissen Berechtigung der stolzen Illusion frö-

nen, selber zum Grund ihrer eigenen Existenz geworden zu sein – etwas durch sich selbst Gottgleiches, ein approximatives Anundfürsichsein gewissermaßen.[2] Die Psychologie eines *Klerikers* beharrt entsprechend ihrer eigenen theologischen Selbstdarstellung im Gegensatz dazu auf einem spiegelbildlichen Kontrast, der so groß ist wie der Unterschied zwischen Himmel und Hölle: das Klerikersein verdankt man gerade nicht dem eigenen Wollen, es wäre vielmehr die größte Vermessenheit, eine Art psychischer Simonie[3], sich diese nur durch das Handeln Gottes zu erreichende Gnade selbst «verdienen» zu wollen. Den Status des Klerikers wählt man nicht, man wird, man ist erwählt!

Kaum eine Predigt bei dem Weihegottesdienst einer Ordensschwester oder eines Priesters wird in diesem Sinne sich die Gelegenheit entgehen lassen, an das Wort aus den Abschiedsreden Jesu in Joh 15,16 zu erinnern: «Nicht ihr habt mich erwählt, sondern ich habe euch erwählt», und, in Joh 15,15, aus dem Gleichniswort von dem Weinstock und den Reben: «Ohne mich könnt ihr nichts tun.»[4] Es ist die unbedingte Grundlage des theologischen Selbstverständnisses eines Klerikers, diese Worte für den Schlüssel seines neuen Seins im Amt zu halten: sein Klerikersein ist nicht ein Etwas in seinem Leben, es ist das schlechterdings Entscheidende seines ganzen Daseins, und eben dieses Entscheidende in seinem Dasein verdankt er in absolutem Sinne nicht sich selber, sondern ganz und gar dem Werk der göttlichen Gnade.

Es zeugt daher von Hochmut, Stolz und Insurgenz, zu meinen, die eigene Person sei es, die das Amt des Klerikers ergriffe, trüge und gestaltete; umgekehrt: was ein Kleriker ist und was ihn in Zeit und Ewigkeit bestimmt, ist der Umstand, daß Gott an ihm handelt und wirkt; er selber ist nichts – das hat die zentrale Einsicht seines Lebens zu bilden; das einzige, was ihn ausmacht und auszeichnet, ist sein Amt als Kleriker. Sobald er das Kleid des Mönchs, die Soutane des Priesters, das Habit der Nonne auszieht, steht er buchstäblich nackt: beschämt, erbärmlich und in obszöner Lächerlichkeit vor den Augen aller da. Die Amtsgnade, die ihm so zuteil wird, fordert und fördert die gänzliche Entleerung der gesamten eigenen Existenz, des gesamten eigenen Selbstwertgefühls an die objektive Werthaftigkeit des Amtes. Sich vom Amt her zu verstehen, sich stets an die Würde des Amtes zu erinnern und das eigene Sein gänzlich in die objektive Form des Klerikerseins zu entäußern, gilt fortan als die entscheidende Gabe Gottes und als die wesentliche Aufgabe klerikaler Existenz. Nur jemand, der diese Umstülpung des Daseins, diese Schwergewichtsverlagerung vom Persönlichen in das Institutionelle, aus eigenem Bedürfnis an sich vollziehen läßt, ja, der sie als eine gnädige Befreiung von sich selber und zugleich zu sich selber erlebt, entspricht in vollem Sinne dem Idealzustand der klerikalen Psyche. Es ist der Standpunkt einer totalen Unterwerfung, einer in der Tat *verzweifelten Resignation* – der wahre Gegenpol der SARTREschen Philosophie, in theologischer Reflektiertheit eine extreme Ideologie der Ichschwäche und der Icheinschränkung – das äußerste Gegenstück einer Psychologie der «Selbstverwirklichung» und des «Selbstseinwollens».

a) Ideologische Fixierungen und Behandlungswiderstände

Immer, wenn ein bestimmtes weltanschauliches Gebäude sich in logische Widersprüche verwickelt, die dennoch als unwiderlegliche Wahrheiten auf das heftigste verteidigt werden, darf man psychoanalytisch dem Verdacht nachgehen, daß hier starke psychische Kräfte, gewissermaßen infolge ihrer eigenen Schwerkraft, eine Krümmung des geistigen Feldes hervorrufen, so daß aus geraden Linien in sich zurücklaufende Kreisbahnen werden.
Ein solcher Widerspruch ist das Paradox der katholischen Gnadenlehre in bezug zu den Vorstellungen dessen, was als «Amtsgnade» zu bezeichnen ist; wir sind dieser Frage schon bei dem Begriff der «Erwählung» begegnet, finden sie jetzt aber als das konkrete Problem der einzelnen Lebensführung wieder. Da es in der gesamten Problemstellung der Psychologie der Kleriker nach 2000 Jahren Kirchengeschichte nicht einen einzigen relevanten Punkt gibt, der nicht von ganzen Theologengenerationen dogmatisch ausformuliert und definiert worden wäre, ist jedes Stück psychoanalytischer Durcharbeitung immer auch ein Stück Ideologiekritik, und so müssen wir Zug um Zug immer auch die jeweiligen theologischen Argumentationsmuster in ihren eigenen Brechungen und Widersprüchlichkeiten bewußt machen, um gewisse Widersprüche des Lebens selber abzutragen. Die Aufgabe stellt sich nicht anders dar als in der Psychotherapie: Es genügt keinesfalls, nur die Geschichte der individuellen Triebentwicklung, die Ebene des «Es» also, zu analysieren; es ist für ein Gelingen der Therapie zumindest ebenso wichtig, das Ich dahin zu stärken, daß es die rationalisierten Formen seiner Triebverdrängungen und Icheinschränkungen als solche erkennt und durch ein realitätsgerechteres Denken und Urteilen ersetzt. Keine Psychoanalyse kann deshalb darauf verzichten, sich in die philosophische bzw. religiöse Gedankenwelt eines Patienten zu versetzen und die dort anzutreffenden Widersprüche aufzulösen; es geht dabei wohl nur in seltenen Fällen darum, das betreffende Weltbild als ganzes zu hinterfragen; zumeist genügt es – ist dann aber unerläßlich –, die Widersprüche innerhalb des bestehenden Weltbildes

aufzulösen und in eine logische Kohärenz zu setzen. Und gerade das müssen wir jetzt tun, wenn wir auf die widersprüchliche Fassung der katholischen Gnadenlehre in bezug auf die Definition der *Amtsgnade* hinweisen.
Denn widersprüchlich ist es, wenn in der katholischen Dogmatik der allgemeine Begriff der «Gnade» speziell im Falle der sog. «Amtsgnade» nicht nur um seinen Inhalt gebracht, sondern für die Praxis geradewegs in sein Gegenteil verformt wird.[1] Deutlich wird dieser Widerspruch am stärksten an den «Rändern» der Existenz eines Klerikers, wenn der objektiv bestehende Konflikt sich auch subjektiv am heftigsten bemerkbar macht – z. B. wenn jemand in der therapeutischen Beratung überlegt, ob er noch länger in seinem Amt bleiben oder aber sich «laisieren» lassen soll. Gerade wenn man die Berufung eines Menschen zum Klerikersein im Sinne der Dogmatik als «Gnade» definiert, sollte eben dieser «normale» Begriff von dem, was unter «Gnade» zu verstehen ist, jedem Priester oder jeder Ordensschwester an sich genügend Spielraum für ein therapeutisches Suchen nach einem eigenen Weg zu einem persönlichen Glück bereitstellen. Bereits der heilige THOMAS VON AQUIN vertrat vor 750 Jahren den seither klassischen katholischen Standpunkt, die Gnade setze die Natur voraus, erhebe und vollende sie.[2] Gilt dieser Lehrsatz, so sollte man erwarten, daß ein Priester oder Ordensgeistlicher, der mit starken Zweifeln an seinem Amt und an seiner persönlichen Identität in die Beratung kommt, sich namentlich von dieser Gnade Gottes wie von einem starken Arm getragen fühlt – voller Vertrauen in die Berechtigung seines eigenen Ichs, ja, voller Zuversicht, daß Gott als erstes sein persönliches Glück und die Eigenständigkeit seines Lebens zum Ziele habe. Statt dessen sieht man sich therapeutisch ausnahmslos und oft auf Jahre hin mit den heftigsten scheinbar rational begründeten Widerständen gegenüber jeder Form einer persönlichen Existenz konfrontiert. Je länger die Behandlung dauert, desto deutlicher zeichnet sich die Struktur und Einflußstärke einer bestimmten ideologisch und moralisch verfestigten Form der Selbstunterdrückung und der Selbstverneinung ab; an jeder Stelle, die einen gewissen Ausweg aus der inneren Gefangenschaft in Richtung von auch nur ein wenig mehr privater Zufriedenheit oder Genußfähigkeit zu weisen imstande wäre, tauchen standardisierte Selbsteinwände auf: «So einfach darf man es sich aber nicht machen.» «Ich frage mich, was das noch mit dem Eigentlichen meines Lebens zu tun hat.» «Ich finde es nicht gerechtfertigt, in einer Welt von Hunger und Leid an das eigene Vergnügen zu denken.» «Zur heiligen ANGELA VON FOLIGNO hat Christus gesagt: ‹Ich habe dich nicht geliebt, damit du lachst.›»[3] Oder, stärker von wirklichen Gefühlen ausgehend: «Ich fühle mich unglaublich mies für meine Verschwen-

dungssucht.» «Ich werde mir selber zum Ekel.» «Alle anderen (sc. im Orden oder als Priester) können doch so leben, warum ich denn nicht!»
Ein Stück tiefer findet man hinter derartigen Äußerungen mit Regelmäßigkeit eine extrem grausame Gottesvorstellung, in schreiendem Gegensatz zu dem verbalen Bekenntnis von dem liebenden und vergebenden Gott. Seine Legitimation empfängt dieser Widerspruch stets aus der christlichen *Opfertheologie* schon des Neuen Testamentes[4], in welcher die psychologische Ambivalenz einer göttlichen Liebe, die an blutige Vorleistungen gebunden ist, nicht nur klassisch formuliert wurde, sondern sich bis in die moralischen Idealbildungen hinein verfestigt hat: Weil Christus gelitten hat, müssen auch wir die Angst vor dem Schmerz überwinden und den Weg in das Passahmysterium des Christus mitgehen; Christusnachfolge ist Leidensnachfolge[5] – so schon die entsprechenden Stellen in Mk 8,31; 9,31; 10,33 –; wie kann da jemand, der in seinem ganzen Amt, in seiner einzigartigen Erwählung zu dem Hohen Priestertum Christi, vor den Menschen ausgezeichnet wurde, sich eine Lebensphilosophie zurechtlegen, wie der «primitive Hedonismus» der Psychoanalyse sie predigt[6], wonach es geradezu die oberste Pflicht eines Menschen ist, glücklich zu werden und Lust zu verbreiten? Insbesondere die Meßopfertheologie[7] hat Gedankenbahnen dieser Art mit der nimmermüden Mechanik täglich zum Brunnen rollender Eselskarren in das Land der Seele ganzer Generationen von Priestern eingegraben. Gefragt auch nur, warum man rein praktischerweise bei einer Messe in kleinen Gruppen in der Krypta der Kirche nicht vielleicht die Kommunion erst an die Gläubigen austeilen könnte, damit nicht am Ende ein Zuwenig oder Zuviel an Hostien übrigbleibe, lautete vor Jahr und Tag die Antwort eines hochgestellten Kirchenmannes: weil der Priester die Pflicht hat, als erster an der Spitze seiner Gemeinde in das Opfer Christi einzutreten. Seine Formel: Priesterleben – Opferleben.[8]
Und für die *Ordensschwestern* nicht minder. Hat nicht für diese Bräute Christi das Vorbild der Mutter Gottes zu gelten, deren Namen eine jede von ihnen bei der Weihe übernimmt? Und war die Mutter Gottes etwa nicht die *mater dolorosa,* die schmerzhafte Mutter, deren Herz von sieben Schwertern durchbohrt wurde[9], die aushielt unter dem Kreuz, als alle anderen die Flucht ergriffen, die in das Leid ihres Sohnes einwilligte und dadurch zur *corredemtrix*, zur Miterlöserin der gefallenen Menschheit[10], wurde, deren Stammeltern gesündigt hatten durch ihre Begehrlichkeit und durch ihren Stolz, wie Gott sein zu wollen?[11] Jedes Mädchen, jede Frau, die den Schleier nimmt, hüllt sich notwendig auch in den Schmerz dieser unserer ewigen und himmlischen Mutter, der ganz Sündelosen, der immerwährenden Jungfrau

Maria.[12] Keinerlei Form von irdischer Glücksuche, von «Selbstverwirklichung» und von opferscheuer Bequemlichkeit ist damit vereinbar. Wer das Amt eines Klerikers bekleidet, hat, um der Erlösung der Welt willen, kein Recht mehr auf einen eigenen Anspruch ans Lebens; ein solcher ist buchstäblich «in Christus den Naturmächten der Welt gestorben», wie der Apostel Paulus sagt (Kol 2,20)[13]; er ist wesentlich Mittler der Gnade und darf sich als solcher dem Erlösungswirken des göttlichen Geistes nicht entgegenstellen.

An der Wand meines Zimmers hängt eine Abbildung des aztekischen Kalendersteins aus dem alten *Tenochtitlan*[14]; sie zeigt den indianischen Sonnengott *Tonatiuh* inmitten des Zeitkreises der ineinandergreifenden Himmelsmechanik, im Zentrum des Zyklus der vier Weltalter, er selber ein Bild des pulsierenden Herzens der Welt; doch sein Gesicht ist wie das eines Raubvogels, der in seinen Adlerklauen die blutenden Herzen von Menschen hält, die man allmorgendlich auf den Tempelpyramiden opferte, um die Sonne zu ernähren, wenn sie sich entkräftet und geschwächt aus der Kälte der Nacht zu einem neuen Aufgang erhob; hungrig nach Menschenfleisch und dürstend nach Blut streckt der Gott *Tonatiuh* seine Zunge heraus, die das steinerne Opfermesser ist, mit dem die Priester ihren menschlichen Opfertieren die Brüste aufschneiden und die Herzen herausreißen. Der Gott des Lichtes und des Lebens kann nur leben durch die freiwilligen Opfer der Menschen, und er hat ein Anrecht darauf; denn die Sonne selbst, so glaubten die Azteken, war entstanden, als der bescheidene, gütige, arme Gott, der syphilitische *Nanauatzin*, sich zum Wohle der Welt in die Flammen des Götterofens stürzte.[15] Diesem heroischen Beispiel eines Selbstopfers der Liebe Gottes, wie sie in der Sonne erscheint, stellten die Azteken das beschämende Verhalten des Gottes *Tucuciztecatl* zur Seite, der mit vielen Worten den Göttern versprach, sich zur Erleuchtung der Welt in den Ofen zu werfen, aber es doch erst als zweiter wirklich zu tun wagte, indem er sich in den Mond verwandelte. Damit aber Sonne und Mond nicht stillstehen am Himmel, damit es folglich ein Fortschreiten der Zeit, damit es Bewegung und Entwicklung gibt, mußten die Götter sich opfern: alles Leben, alles Reifen in der Zeit, setzt voraus, daß Altes stirbt und Neues wird[16]; die Bewegung des Himmels vollzieht sich nur in einem ständigen Opfern himmlischer Mächte. Das Dasein selbst ist, so betrachtet, ein ständiger Austausch, indem die Götter sich der Welt und dem Menschen zum Opfer bringen und die Menschen umgekehrt sich und die Dinge der Welt den Göttern in den Tod geben. Das Opfer erhält und trägt die Welt; es ist das innerste Geheimnis des Göttlichen; aus dem Blut göttlicher Opfer fließt der Strom des Lebens für alles,

was lebt. – Als ich vor über 20 Jahren selber zum Priester geweiht wurde, wußte ich (noch) nicht, wie sehr das Gottesbild der Kleriker, wenn man nur lange genug zuhört, weit eher dem Gott der Azteken, dem blutrünstig-segnenden *Tonatiuh*, als dem «Vater» Jesu Christi[17] entspricht, – eine echte «Wiederkehr des Verdrängten» im Sinne der Religionsphilosophie ebenso wie der Psychoanalyse.[18]
Das Paradox läßt sich so formulieren, daß die Kleriker ständig von Amts wegen, entsprechend ihrem theologischen Selbstverständnis, eine Erlösung verkünden und bezeugen müssen, die sie selber als Personen kaum je erreicht hat und – versteckt unter einem Gestrüpp wohlklingender theologischer Redensarten – auch nicht wirklich erreichen soll, damit sie in eben der Spannung von Opfer und Selbstverzicht gehalten werden, welcher vermeintlich das Erlösungswerk Christi entsteigt. Der theologische, nicht erst psychologische Widerspruch liegt natürlich darin, daß hier unter den Begriffen von *Erlösung* und *Gnade* buchstäblich mit zweierlei Maß gemessen wird. In dem einen, allgemeinen Sinne ist mit «Gnade» gerade die Kraft gemeint, die das Leben des Menschen von den Einengungen der Schuld befreit und zu dem Glück der Dankbarkeit des eigenen Wesens zurückführt; Gnade bezeichnet hier die *«Frucht»* der «Erlösung», ihr wünschenswertes Ergebnis gewissermaßen. In dem anderen, speziellen Sinne des Amtes hingegen wird die «Gnade» ganz und gar von der Bedingung des *Opfers* her definiert, auf daß der Kleriker als die offizielle Nachfolgegestalt des Christus im Amt (*«personam Christi gerens»* – die Person des Christus darstellend, wie man mit Bezug auf das Meßopfer dogmatisch zu sagen pflegt[19]) an das Opfer des Christus gebunden wird, indem man seine gesamte Persönlichkeit dadurch ins Mittelbare, ins Vermittelnde bannt. Statt daß die «Erlösung» (was immer das sei) an dem Kleriker selber «wirksam» werde, muß sie, *soll* sie durch ihn für andere «wirksam» werden. Es handelt sich um ein Problem, das mit F. NIETZSCHES Ausspruch: «Erlöster sollten sie mir aussehen»[20], noch zu schwach ausgedrückt wird, da es wirklich nur das «Aussehen», den Phänotyp, nicht aber den Hintergrund, den Genotyp von masochistischem Leid und verzweifeltem Opferwillen der Kleriker berührt.
Wem eigentlich «nützt» das Selbstopfer der Kleriker, ihre mystisch-existentielle, offiziös beamtete Teilhabe am Passahmysterium, am Erlösungsopfer Christi, an seiner «Ganzhingabe», seinem Holocaust für den «Vater»?[21] Was ist das für ein «Vater», der nach theologischer Auskunft so unendlich liebend ist, daß er dem Menschen unendlich vergeben möchte, der aber zugleich so unendlich gerecht ist, daß die Sünde des Menschen ihn unendlich

beleidigt und er deshalb ein unendlich wertvolles Opfer, seinen eigenen Sohn also, braucht, um den Widerspruch von Erbarmen und Strafen, in den die Sünde des Menschen den Allwissenden und Allweisen getrieben hat, in sich selber auf einem äußerst abenteuerlichen Wege zu versöhnen?[22] Wenn Jesus von seinem Vater sprach, schilderte er ihn stets nach der Art eines Königs, der seinen Schuldnern alles, ohne jede Vorleistung, vergibt, einfach weil sie in ihrer Ausweglosigkeit gar nicht dazu imstande sind, irgend etwas von ihrer Hypothek abzutragen.[23] In dem berühmten *Gleichnis vom «Schalksknecht»* z. B. erzählte Jesus von einem Hofbeamten, der mit über 40 Millionen Mark bei seinem Herrn in Mißwirtschaft geraten ist; dieser Mann versucht zu «opfern», indem er alles verkaufen will: seine Frau, seine Kinder, sich selbst – es wird nicht einmal ausreichen, auch nur ein weniges der Schuldenzinsen abzutragen; wenn dieser Mann leben soll, dann einfach, weil der König ihm vergibt, aus Mitleid, unter Verzicht auf jede Vorleistung, so wie es Jesus auch schildert (Mt 18,23–35).[24] Von diesem einfach nur guten, vergebenden Gott erhoffte sich Jesus, daß er auch *unser Vater* werden könnte, wenn wir ihm nur genügend Vertrauen entgegenbrächten, um uns bedingungslos in seine Hände fallen zu lassen[25]; keine neue Sintflut, kein prasselndes Strafgericht[26] – Vergebung und Güte, das hundertste Schaf (Mt 18,12–14; Lk 15,1–7)[27] –, *das* waren die Gedanken und Taten des Jesus von Nazareth. Der Gott Jesu Christi kannte nicht das Theologenproblem, wie er mit dem unendlichen Widerspruch seiner Liebe und seiner Gerechtigkeit zurechtkommen könnte; der Gott Jesu Christi hätte gehofft, daß seine Verkündiger eines Tages wohl dahin kommen könnten zu merken, wie sehr sie mit Theorien dieser «Güte» lediglich ihre eigenen Widersprüchlichkeiten ins Unendliche steigern, indem sie zum Problem des höchsten Gottes erklären, was höchstens ihr eigenes, in jedem Falle aber ein rein menschliches Problem ist: wie vereinbaren *wir* den ewigen Konflikt von Liebe und Gerechtigkeit, von Gnade und Gesetz, von Vergebung und Vergeltung?[28]

Es dürfte keinen Priester und keine Ordensschwester geben, die nicht von der Wahrheit der Worte Jesu von der Vergebungsbereitschaft Gottes zutiefst überzeugt wären, ja, denen sie nicht den Inhalt einer unendlichen Sehnsucht bildeten, so sehr, daß nicht wenige zu Tränen gerührt werden, kaum daß man diese Saiten der Verkündigung Jesu in ihnen zum Schwingen bringt. Warum aber dann diese grausame, total verinnerlichte Opfertheologie? Man ginge völlig fehl, wollte man sich der Meinung anschließen, die viele Kleriker in der therapeutischen Behandlung eine ganze Weile lang sich allen Ernstes nahezulegen suchen: nämlich, daß sie erst durch die kirchliche Opfertheologie selbst zu den «Opfern» der Erlösung geworden seien. Keine

Theorie, auch keine theologische, die jemand mit 20, 25 Jahren in der Zeit seines Studiums kennenlernt, besäße die Macht, ein ganzes Leben zu bestimmen, wenn sie nicht in symbolischer Form tiefgreifende Ängste, Sehnsüchte und Bedürfnisse zusammenfassen und in rationalisierter Form aussprechen würde, die bereits in früher Jugend grundgelegt wurden. Statt die Kleriker zu den ersten Opfern ihrer eigenen Opfertheologie zu erklären, muß man vielmehr umgekehrt sagen, daß jemand, der sich zum Kleriker der katholischen Kirche eignet, psychoanalytisch gesehen in weiten Bereichen seiner Persönlichkeitsentwicklung schon als Kind «geopfert» worden sein muß, um sich später mit der entsprechenden theologischen Doktrin identifizieren zu können. Denn dies zeigt die psychoanalytische Widerstandsbearbeitung während der Therapie von Klerikern überaus deutlich: wie groß förmlich das Bedürfnis ist, sich mit Leibeskräften an die Ideologie und Mystik des Opfergedankens zu klammern. Wer *sie* erschüttert, bringt das mühsam stabilisierte Ich eines Klerikers ins Wanken; er ruiniert sein Selbstwertgefühl, das einer fiktiven Annihilation, einer demonstrativen Vernichtung bedarf, um zum Sein zugelassen zu werden; er gefährdet seine Identität, indem er den Unterschied zum Verschwinden bringt, der den Kleriker durch sein Anderersein bzw. in seinem Anderssein von allen anderen trennt. Im Untergrund und Hintergrund der Opfertheologie lauert ein maßloser Wunsch nach Selbstvernichtung, ein Diktat der Angst, wirklich ein «Vampir-Attentat», das als erstes dem Kleriker selbst, noch als er ein Junge oder ein Mädchen war, zugefügt worden sein muß, ohne daß wir bereits verstünden, warum.

Diese Sehnsucht nach Opfer und Nichtsein ist es, die als das Primäre betrachtet werden muß und die schließlich selbst die Beschreibungen des Neuen Testamentes von der Erlösung in bizarrer Weise *verfälscht*[29], indem sie mit Hilfe uralter archetypischer Schemata ritueller Opfervorstellungen die Botschaft Jesu um jeden Sinn bringt. Heute, nach 100 Jahren, kann man mit Erschütterung und Erbitterung nur feststellen, wie richtig FRIEDRICH NIETZSCHE sah, als er seinen *«Zarathustra»* von den Priestern sagen ließ: «Ich leide und litt mit ihnen (sc. den Priestern, d. V.): Gefangene sind es mir und Abgezeichnete. Der, welchen sie Erlöser nennen, schlug sie in Banden. – In Banden falscher Werte und Wahn-Worte! Ach, daß einer sie noch von ihrem Erlöser erlöste! Auf einem Eilande glaubten sie einst zu landen, als das Meer sie herumriß; aber siehe, es war ein schlafendes Ungeheuer! Falsche Werte und Wahn-Worte: das sind die schlimmsten Ungeheuer für Sterbliche – lange schläft und wartet in ihnen das Verhängnis. Aber endlich kommt es und wacht und frißt und schlingt, was auf ihm sich Hütten baute. O seht mir doch diese Hütten an, die sich diese Priester bauten! Kirchen heißen sie ihre süß duftenden Höhlen! O über dies verfälschte Licht, diese verdumpfte Luft! Hier wo die Seele zu ihrer Höhe hinauf – nicht fliegen darf! Sondern also gebietet ihr Glaube: ‹auf den Knien die Treppe hinan, ihr Sünder!› Wahrlich, lieber sehe ich noch den Schamlosen, als die verrenkten Augen ihrer Scham und Andacht! Wer schuf sich solche Höhlen und Buß-Treppen? Waren es nicht solche, die sich verbergen wollten und sich vor dem reinen Himmel schämten?... Sie nannten Gott, was ihnen widersprach und wehe tat: und wahrlich, es war viel Helden-Art in ihrer Anbetung! Und nicht anders wußten sie ihren Gott zu lieben, als indem sie den Menschen ans Kreuz schlugen! Als Leichname gedachten sie zu leben, schwarz schlugen sie ihren Leichnam aus; auch aus ihren Reden rieche ich noch die üble Würze von Totenkammern... Wahrlich, ihre Erlöser selber kamen nicht aus der Freiheit und der Freiheit siebentem Himmel! Wahrlich, sie selber wandelten niemals auf den Teppichen der Erkenntnis!... Blutzeichen schrieben sie auf den Weg, den sie gingen, und ihre Torheit lehrte, daß man mit Blut die Wahrheit beweise. Aber Blut ist der schlechteste Zeuge der Wahrheit; Blut vergiftet die reinste Luft noch zu Wahn und Haß der Herzen. Und wenn einer durchs Feuer geht für seine Lehre – was beweist dies! Mehr ists wahrlich, daß aus eigenem Brande die eigene Lehre kommt!»[30]

Wahrhaftig, man muß es NIETZSCHE zugeben: Was ein Kleriker gerade nicht darf, das ist: aus eigenem Brande glühen und aus eigenem Herd die Fackel des Lichts entzünden. Alles, was er zu sein hat, hat ein geliehenes Leben zu sein, ein verliehenes Sein – ein begnadetes Amt. Aber indem er selber nicht lebt, verleumdet er den, der im Namen Gottes die Toten auferweckte, und er dient nicht dem Christus, der von sich sagte, er sei die Wahrheit und das Leben.[31]

«Ja eben», wird sogleich die klerikale Dialektik einhaken, «*Christus* ist die Wahrheit – das heißt doch wohl, daß wir, die Menschen, Lüge sind; *Christus* ist das Leben – das heißt doch wohl, daß wir die Toten sind bzw. daß wir erst das falsche Leben töten, «opfern» müssen, indem wir das ‹Absterben› systematisch schulen und trainieren.»[32] Diese Argumentationsmuster sind so stark verinnerlicht, sie sind in sich selbst so fest gefügt, daß die meisten Therapeuten, die als Nicht-Theologen einen Kleriker zu behandeln versuchen, an dieser ideologischen Abwehrmauer scheitern werden; ja, man darf sagen, daß jeder «normale» Stadtneurotiker leichter zu therapieren ist als die Vertreter und Missionare eines derart «umgekehrten» Lebens. «Du bist nichts» – das ist der Glaubenssatz, dem auch die Lehre Christi sich zu fügen hat. «Ohne mich könnt ihr nichts tun» (Joh 15,5) – solche Sätze müssen wie Gift auf Menschen wirken, die von ihrer fundamentalen Nichtigkeit ohnehin überzeugt sind. Sie dürfen nicht «an sich selbst denken», sie müssen (an) Christus denken; sie dürfen nicht «um sich kreisen» – ihr Zentrum muß Christus sein – und ist nicht bereits die ganze Psychoanalyse ein einziges Kreisen um sich selbst[33], eine narzißtische Nabelschau, eine Strategie der Leidvermeidung? Das Instrumentarium solcher Selbstzerstörung läßt sich, je nach dem Stand der Reflexion, endlos ausweiten. Ein wichtiger Vertreter der «politischen Theologie» z. B. meinte vor einer Weile ungeniert in einem Seminar, die Psychoanalyse maße sich an, zu entscheiden, wer welches Leid ertragen könne; das Christentum sei aber kein Verfahren, Leid zu vermeiden, und Christus sei kein Arzt gewesen; es gelte vielmehr, gerade die evangelischen Räte heute als Antworten auf die Not der Dritten Welt zu deuten. Es ist der alte Psychoterror in neuem Gewand, d. h. mit noch ausgedehnteren Schuldgefühlen und noch vermehrten Parametern der Verantwortung, die objektiv gewiß zu Recht bestehen, hier aber subjektiv zu Mitteln einer pflichtgemäßen psychischen Unterdrückung gegenüber den Vorgängen der eigenen Seele verkommen.[34] Es ist fast aussichtslos, in einem solchen geistigen Klima daran zu erinnern, daß ein Satz wie der von dem Weinstock und den Reben in Joh 15,5 nur zu verstehen ist *als Sprache von Liebenden:* es geht *gerade nicht* um die Entwertung der eigenen Person zugunsten der vermeintlichen Hochschätzung des Göttlichen, es geht um das Gefühl einer inneren Einheit, das als Welle und als Woge das gesamte Sein durchfließt wie ein Strom, der zum Meer zurück will. Es handelt sich um ein ganz und gar organisches, nicht-gewalttätiges Bild. Und das gleiche gilt von dem Wort Jesu über die Erwählung (Joh 15,16): gewiß ist, daß ein Liebender niemals glauben wird, er habe selber eine Wahl getroffen, im Gegenteil, er weiß, daß er in den Fragen der Liebe buchstäblich keine Wahl hat und daß, solange er noch wählerisch ist, er gewiß noch nicht wirklich ein Liebender ist; statt dessen wird er sich reich beschenkt und in diesem Sinne womöglich «unwürdig» seines «unverdienten» Glückes fühlen, von gerade demjenigen geliebt zu sein, dessen Zuneigung er am sehnsüchtigsten sich erhoffte.[35] Außerhalb der Sprache der Liebe, eingefaßt in den asketischen Dozierstil exegetischer und dogmatischer Gelehrtensprache hingegen, wirken Worte dieser Art absolut demütigend und entleerend – eine mystische Daumenschraube endloser Quälereien, die nur das immer wieder erneuerte, leidvoll monotone Bekenntnis hervorpreßt: «Ich bin nichts! Ich bin nichts!»

Ein Kleriker, der sich auf solche Weise genötigt sieht, ständig für andere etwas zu leben, was für ihn selber nicht gilt noch gelten darf, wird unvermeidlich in eine *Existenz der Doppelbödigkeit* hineingedrückt: er vergibt all-

samstäglich (sofern das Sakrament der Beichte noch «gesetzt» wird) den anderen «Sünden», die er sich selber gerade nicht vergibt[36]; er läßt den anderen Schulden nach, die er sich selber ständig übel nehmen muß; er versucht den anderen von Amts wegen Mut zu einem bescheidenen Glück zu machen, das selber zu leben er sich gerade nicht getraut.[37] All diese Brechungen in seinem Dasein werden ihn freilich nicht sehr beunruhigen, demonstrieren sie doch im Gegenteil den standesgemäßen Unterschied – eine Zweiklassenmoral, deren versteckter Stolz bei einem derartigen Ausmaß an Selbstunterdrückung und Selbstdemütigung allerdings kaum bemerkt werden kann.[38] Gleichwohl möchte man auch hier schon sagen: «Mach dich nicht so klein, so groß bist du gar nicht.» Aber es ist klar, daß solche Sätze, die in therapeutischen Gesprächen nicht ohne Wirkung zu sein pflegen, an der *Charakterpanzerung*[39] einer klerikalen Psyche folgenlos abprallen müssen.
Aus den Mauern eines solchen zweistöckigen Gefängnisses rationalisierter Verdrängungen führt im Grunde nur ein einziger sehr gewundener, schmaler und verstohlener Weg ins Freie: die Entdeckung, daß es nicht möglich ist, andere Menschen glücklich machen zu wollen, während man selbst das Recht sich nicht nimmt, auch im eigenen Leben glücklich zu sein.[40] Ja, gewiß, ich höre schon wieder die Stimmen: «Glück ist nicht Erlösung. Glück – das ist eine ästhetische Bestimmung, das ist etwas rein Irdisches, das ist etwas nur Menschliches.[41] Hier aber handelt es sich um ein göttliches Heilsgeheimnis. Hier geht es um die Erlösung von dem *mysterium iniquitatis* (dem Geheimnis der Schuld) durch das Blut, das Christus am Holz des Kreuzes für uns vergossen hat.»[42] Aber wenn «Sünde» kein rein formaler Begriff ist, wenn er vor allem nicht mit einer moralischen Kategorie im Sinne der Übertretung irgendeines Gebotes verwechselt werden darf[43], wenn er m. a. W. wirklich das bezeichnet, was er bezeichnen soll: die völlige Entfremdung des menschlichen Daseins von Gott, ein radikales Abgetrenntsein von der Gnade, ein Herausgefallensein aus der Einheit mit dem Ursprung, eine Verkehrung der menschlichen Wirklichkeit von «Gut» in «Böse»[44] – wie will man dann den Zustand der Sünde anders bezeichnen denn im KIERKEGAARDschen Sinne als «Verzweiflung»?[45] Und was ist dann «Erlösung» anderes als die Rückkehr des Daseins aus jener unglückseligen Existenzrichtung, stets auf unheilvolle Weise sein zu wollen, was man nicht ist, und nicht sein zu wollen, was man ist?[46] Es ist lediglich eine Frage, wie vornehm oder wie niedrig man das Glück des Menschen definiert, um die theologischen Verwirrungen zu revidieren, nach denen der Opfertod Christi alles mögliche bewirken mag, nur eines nicht: den Menschen «glücklich» zu machen.
Aber selbst wer auch heute noch den übel verleumdeten, weil im Christen-

tum niemals wirklich verstandenen EPIKUR[47] meint als einen glatten Hedonisten der griechischen Aufklärung, als einen frühen Vorläufer der heutigen Psychoanalyse rundweg ablehnen zu müssen, wird als Kleriker: als Priester im Amt, als Schwester am Krankenbett, an der Einsicht nicht vorbeikommen, daß die Menschen nichts anderes möchten, als glücklich sein, und daß sie mit Recht erwarten, daß die christliche Theologie ihre Vorstellungen von der Erlösung auf eine Weise klärt, die nicht immer wieder darin besteht, Gott als den Erlöser in Gegensatz zu dem Gott der Schöpfung zu stellen – eine «Irrlehre», die in der frühen Kirche von MARCION vertreten wurde.[48] Packt man die Sache von dieser Seite her an, wird man manch einen Theologen in der Therapie am Ende womöglich auch theologisch in die Enge treiben können; aber der Haushalt seiner Gefühle weist damit immer noch die gleiche, unverändert miserable Bilanz auf. Eine wirkliche Veränderung im Leben eines Klerikers ereignet sich wohl nur in recht seltenen, dramatischen Fällen von innen heraus; sie geschieht in der Regel durch Anstöße von außen, d.h. durch Erfahrungen, die am Beispiel lebender Menschen die eigene Widersprüchlichkeit nicht nur offenkundig, sondern geradewegs unentschuldbar machen.

Vom ersten Tag nach der «Primiz» (der ersten Meßfeier nach seiner Priesterweihe) an wird besonders *ein Priester* vor die Frage gestellt, was er für maßgebend hält: die Normen, Richtlinien und Lehrsätze, die er im Namen der Kirche kraft seines Amtes als die in Christus geoffenbarte Wahrheit Gottes weitersagen und zum Heil der Menschen «verkündigen» soll, oder die Not der Menschen, die von seinen fertigen, ja, u.U. leichtfertigen Antworten so gut wie nicht berührt werden. «Wir müssen», sagte vor einiger Zeit ein wichtiger Kirchenmann, «als Bischöfe Antworten geben – *kurze!*» Er wollte damit andeuten, daß meine psychoanalytischen Überlegungen zum gegenwärtigen Zustand der Kirche nicht «praktisch» seien, schon deshalb nicht, weil sie alles langwierig und kompliziert erscheinen ließen. Das aber ist das eigentliche Problem: Wer von den Klerikern hat jemals Nächte – *lange!* – wach gelegen, gepeinigt von Fragen, auf die er heute Antworten – kurze! – zu geben vermöchte? Wann je hat er darunter gelitten, auf Konflikte und Tragödien zu treffen, die sich, wie alles wirkliche menschliche Leid, nicht mehr von Amts wegen und nicht mehr in dem Raum der allgemeinen Grundsätze von Kirche und Gesellschaft lösen lassen, sondern nur in einem unbedingten Respekt vor der unvertauschbaren Individualität und Einmaligkeit dieser konkreten Situation?[49] Ein Priester ist noch nicht zehn Tage «im Dienst», und es haben sich, ob er es weiß oder nicht, bereits die Weichen für sein weiteres Leben gestellt: wem wird er folgen – dem Auftrag der 99

Schafe, die (vermeintlich) der «Umkehr» nicht bedürfen, oder dem hundertsten Schaf, das sich verloren hat und das verloren wäre, ginge er ihm nicht nach, bis er es «eingeholt» – «gefunden» hat, wie Jesus sagt (Mt 18,12–14; Lk 15,1–7).[50] Im ersteren Falle wird er sich immer fester der Rollenvorschrift seines Amtes und den Inhalten seines Überichs angleichen und mit den Menschen außerhalb des «Schafstalls» entweder gar keinen oder einen eher wechselseitig abschreckenden Kontakt unterhalten; im zweiten Fall wird er in sich selbst gegenüber seiner Gewissenszensur und nach außen gegenüber seinen «Vorgesetzten» und «Mitbrüdern im Amte» in erhebliche Schwierigkeiten und Spannungen treten, dafür aber wird er den Menschen an den Rändern nahe sein und wenigstens manchmal Leuten einen Zugang zu sich selbst und zu Gott eröffnen können, die den Glauben an sich selber längst verloren hatten. Im ersteren Falle wird er die Menschen dazu anhalten, gefälligst zu lernen, was er selber als die Lehre der Kirche gelernt hat; im zweiten Fall wird er selber u. U. die Lehre der Kirche verlernen, um von den Menschen zu lernen, was Jesus wollte und seine Kirche sollte: zu hören, wie Gott aus dem Leid und der Not von Menschen redet, nicht als ein Gott der Toten, sondern der Lebenden (Mk 12,27). Je nachdem verfestigt sich oder stellt sich in Frage, was wir jetzt, am Ende der falschen Rationalisierungen, als Zustand des klerikalen Andersseins beschreiben und als Tatbestand zur Kenntnis nehmen müssen: das entfremdete Sein auf den *Ebenen des Denkens,* des *Lebens* und der *Umgangsformen.*

b) Das entfremdete Sein

α) Die Ebene des Denkens

Nachdem wir bisher untersucht haben, wie das klerikale Denken zu seinem Selbstschutz, sozusagen zum Hausgebrauch, funktioniert, müssen und können wir jetzt zeigen, in welchen Strukturen ein Denken sich organisiert, das jenen Sprung zum Umlernen und notfalls zum Widerspruch nicht wagt, sondern in den Gleisen des Beamteten verbleibt. Was ist das: Denken im Amt oder Denken von Amts wegen? Ein hölzernes Eisen? Schon! Aber verbreitungsfähig und ansteckend wie Viren, und zwar aus dem gleichen Grunde: Was selber kein Protoplasma besitzt, um zu leben, muß sich endlos verdoppeln, um im Zellmaterial der anderen zu werden, was es in sich selber nicht ist: existent.

Denken im Amt – das heißt *wesentlich,* von bestimmten autoritär vorgegebenen, historisch überkommenen Inhalten und Leitsätzen auszugehen und sie auf die Wirklichkeit anzuwenden. Beamtetes Denken ist wesentlich abhängiges, in sich verfestigtes Denken, das flexibel und kreativ nur in der Organisation seiner Beweismittel und in der Findigkeit seiner Anwendungsfälle sein kann. Eine solche Denkform mag in ihrer Armut an echten Gedanken als relativ «unbedenklich» gelten, solange sie in einem Bereich angesiedelt bleibt, der sich auf den reinen Pragmatismus beschränkt – als reines Ordnungsinstrument muß es in jeder differenzierten Gesellschaft Ämter und Beamte geben. In der *Religion* aber erscheint das Beamtete als ein notwendiger Widerspruch in sich[1], denn hier geht es nicht mehr darum, die Äußerlichkeit des Lebens mit äußeren, administrativen Mitteln zu regeln, sondern hier erscheint das Beamtete selbst als die äußerliche Form des Innerlichen, Geistigen, Freien im Menschen. Indem die Art des Denkens hier an das Offizielle, Beamtete, gebunden wird, erhält es wesentlich den Zweck, das Innere des Menschen zu informieren, das heißt, es tritt augenblicklich in die Gefahr, zu einem bloßen Propagandamittel der immer schon vorausgesetzten Wahrheit zu verkommen. Daß aber, was die geistige Rolle der Kleriker in der katholischen Kirche anbelangt, von einer *Gefahr* hier schon gar nicht mehr, sondern von einer *Tatsache* die Rede sein muß, läßt sich an zwei Sachverhalten leicht verdeutlichen: an der *Hierarchisierung des kirchlichen Lebens* und an der *Entwertung des Glaubens zu einer erfahrungslosen Lehre.*

1) Die Hierarchisierung des Lebens der katholischen Kirche

Die Hierarchisierung ist von der psychischen Doppelbödigkeit der klerikalen Existenzform nicht zu trennen, ja, eigentlich nur deren soziale Ausdrucksform und institutionelle Stütze.

Stets, wenn jemand an der Kirche Kritik übt, wird ihm als Antwort beschieden werden, daß «wir alle» Kirche sind und daß es mithin «die» Kirche gar nicht gibt; der Einwand oder Hinweis ist meistens gut gemeint und soll dazu auffordern, in der Kirche und an der Kirche gestaltend mitzuwirken – die «Mitarbeit der Laien» wird spätestens seit dem 2. Vatikanischen Konzil stark betont.[2] Doch schon der Ausdruck «Mitarbeit» verrät die geschichtlich gewachsene Vorstellung, daß die eigentlichen «Arbeiter» bei der «Ernte» des Herrn (Joh 4,35–38)[3] eben doch die Nicht-Laien, die wahren Fachleute der Verkündigung Christi in Wort und Sakrament, eben die Kleriker seien. Sie

sind diejenigen, die seit den Tagen des großen Papstes GREGOR VII. (1073–1085) gemeinsam mit den Mönchen als die «Geistlichen» gelten, wohingegen die Laien mehr oder minder als die «Fleischlichen», «Weltlichen» zu betrachten sind[4]; sie sind seit dem *Dekretum Gratiani* (1142) der Erste Stand der Kirche, dem die Laien untergeordnet sind. Natürlich weiß man heute, daß solche Vorstellungen in den Rahmen einer demokratischen Gesellschaft schlechterdings nicht passen, und zahlreiche theologische Ansätze bemühen sich denn auch darum, von dem Gedanken des Volkes Gottes her das Verhältnis von Klerikern und Laien neu zu bestimmen[5], indem das «Amt» als «Dienst» an der Gemeinde gesehen und folglich von den Notwendigkeiten des Gemeindelebens selbst her begründet wird. Doch scheitern diese Versuche an der Rollenidentifikation der Kleriker selber.
Indem der Priester der katholischen Kirche wesentlich nicht (wie der Pfarrer einer protestantischen Gemeinde vom Presbyterium) *gewählt*, sondern von seinem Bischof (oder Abt) *geweiht* wird, indem er darüber hinaus bei seiner Weihe dem Bischof (und dessen Nachfolgern im Amte) unbedingten Gehorsam versprechen muß, ist er und bleibt er entscheidend an die Beauftragung durch den Bischof gebunden. Wohlgemerkt geht es an dieser Stelle nicht darum, theologisch zu diskutieren, welch eine Art von Amtsverständnis dogmatisch «richtiger» bzw. «nachkonziliär» besser begründbar erscheint, es kommt hier allein darauf an, verständlich zu machen, was es psychisch für einen Kleriker im Amt bedeutet, seine gesamte Existenz wesentlich «von oben her»: von Christus und den Aposteln sowie von deren Nachfolgern in Gestalt der residierenden Bischöfe am Ort, verstehen zu müssen.[6] Es bedeutet einen ständigen Konflikt zwischen «Lehramt» und «menschlicher Erfahrung», und es bedeutet, dem Amt nach sich ständig mit den eigentlichen Entscheidungsträgern der katholischen Kirche: mit den Bischöfen als den Grundlagen des Klerikerseins, solidarisieren, ja, identifizieren zu müssen. Nicht als ob die meisten Priester heute so denken oder handeln würden, aber wenn sie nicht so denken oder handeln, potenziert sich entweder die Doppelbödigkeit ihrer Existenzform, oder sie treten in offenen Konflikt zu ihrem Beamtenstatus, und demgemäß werden sie am Ende doch durch ihr eigenes Überich *von innen, von außen* durch die Zensur der Behörde in den Konflikt des «Dieners zweier Herren»[7] hineingetrieben.
Man darf ohne Zögern behaupten, daß die meisten Priester heute der Meinung ihres Ortsbischofs so ähnlich gegenüberstehen wie die Bewohner Rußlands vor 1917 ihrer Regierung in Moskau: sie leben nach dem Motto: «Der Zar ist fern.»[8] Selbst unter den Klerikern im Amt erwartet heute von der Amtskirche kaum noch jemand etwas anderes, als in der Arbeit nicht gestört

zu werden; am wenigsten vermutet man in den päpstlichen Enzykliken und bischöflichen Hirtenbriefen, die ab und zu des Sonntags in der Messe zu verlesen sind, so etwas wie eine richtungweisende Perspektive oder geistige Führung[9]; insofern mag die Bindung der geistlichen Amtsträger an ihre «Führung» subjektiv sogar recht gering erscheinen. Doch man darf nicht vergessen, in welchem Umfang und mit welcher Intensität das kirchliche «System» in den Klerikern längst vor ihrer «Weihe» verinnerlicht wurde; und zudem gibt es immer wieder Augenblicke, in denen der «Zar» plötzlich sehr nahe ist. In solchen Augenblicken zeigt sich die enorme Abhängigkeit, mit der die Kleriker der katholischen Kirche fast ausnahmslos an ihre Auftraggeber gebunden sind, so sehr, daß der scheinbare Abstand zu ihren Oberen nicht von innerer Unabhängigkeit und persönlicher Überzeugung, sondern eher von einer *Verdrängungsgleichgültigkeit* herrührt. – Zwei Beispiele mögen dies beleuchten.

Erster Fall: Die öffentliche Verurteilung von Stephan Pfürtner u. a.
Es war nach dem 2. Vaticanum nicht gerade mehr die Regel, daß die römische Glaubenskongregation es wagte, bestimmte theologische Autoren wegen gewisser vermeintlich «nicht-katholischer» Ansichten in aller Form ihres Lehramtes zu entheben oder sie am Publizieren ihrer Gedanken in Wort und Schrift durch erhebliche Einschränkungen zu hindern. Wie auch sollte eine Kirche, die der Freiheit des Menschen zu dienen vorgibt[10], so wenig Vertrauen in die Erkenntnisfähigkeit und Urteilskraft ihrer Gläubigen setzen können, daß sie alles und jedes zu regeln und zu reglementieren versuchen müßte? Und wie sollte sie, im Wissen um die zahlreichen Wandlungen ihrer selbst in den 2000 Jahren der eigenen Geschichte, nicht deutlich vor Augen haben, wie irrtumsfähig und begrenzt auch ihre eigenen Einsichten ausfallen müssen, vor allem dann, wenn sie allzulange dem offenen Dialog und dem unschätzbaren Reichtum an Gedanken und Erfahrungen der sogenannten «Laien» aus dem Weg gegangen ist? Aber: Die Angst vor der Auflösung bzw. das Aufbrechen der latenten Angst aller institutionellen Ordnungen vor der Freiheit des Einzelnen, zu sagen und zu denken, wie er aus seiner Sicht die Dinge sieht, kehrt in bestimmten Phasen, wie der Gipfelpunkt einer Welle nach dem Durchlaufen des Tales, mit Regelmäßigkeit wieder. Schon 1973 verließ KARL RAHNER die Glaubenskongregation, als er mitansehen mußte, in welcher Weise der vorkonziliare Stil der theologischen Ausgrenzung und der hirtenamtlichen Verdächtigung wieder hervorgezogen werden sollte; gleichwohl beließ er es aus Loyalität (und aus Gründen des Alters) bei einem schweigenden Rückzug. Um diese Zeit eskalierte

bereits der «Fall» des Freiburger Moraltheologen STEFAN PFÜRTNER[11], dessen «Schuld» einzig darin bestand, daß er offen sagte, was in der Bundesrepublik die meisten Vikare beim Beichthören ihren «Pfarrkindern» im Verborgenen verrieten: daß die Enzyklika PAULS VI. *«Humanae vitae»* zum Verbot der künstlichen Empfängnisverhütung nicht wichtiger genommen werden dürfe als die Zuständigkeit und Verantwortung der betroffenen Eheleute selber.[12] Es ist dies heute – man darf sagen: ausnahmslos! – die Meinung der katholischen Moraltheologen im gesamten deutschen Sprachraum. Doch STEFAN PFÜRTNER wurde verurteilt, er mußte verurteilt werden, denn er widersprach allzu deutlich der Lehrmeinung der höchsten kirchlichen Autorität. Aus einer moralischen Frage war eine politische Frage geworden, aus einer menschlichen Frage eine Machtfrage, und in solchem Falle wird jede Behörde so handeln, wie VOLTAIRE es beschrieb: «Entre nous Socrate a raison, mais il a tort d'avoir raison si publiquement» – unter uns: Sokrates hat recht, aber er hat unrecht, so öffentlich recht zu haben.
Die Kirche war zu dieser Zeit längst zu den Ufern der Papstwahl von 1978 aufgebrochen, als sie mit Papst JOHANNES PAUL II. sich endlich wieder einen Mann an die Spitze setzte, der Prinzipientreue und Festigkeit mit leutseligem Charisma und diplomatischer Wendigkeit zu verbinden weiß: *suaviter in modo, fortiter in re* – im Umgang gewinnend und konziliant, doch in der Lehre streng und eindeutig, oder, anders übersetzt: persönlich verbindend und amtlich verbietend, ein Gegensatz, der gerade das Typische für die Gebrochenheit des Denkens im Amt ausmacht.
Es ist an dieser Stelle wieder nicht die Frage, ob die Vorstellungen der Päpste bzgl. der unsittlichen Natur von Pillen, Kondomen und Spiralen theologisch aufrechtzuerhalten ist oder nicht, worauf es in unserem Zusammenhang ankommt, ist dieses: Es gab nicht einen einzigen Priester, der vor 15 Jahren seinen Bischof aus Anlaß der Amtsenthebung STEFAN PFÜRTNERS sein Amt zur Verfügung gestellt hätte mit der Begründung, daß er in der anstehenden Frage nicht um einen Zentimeter von der Ansicht des Freiburger Theologen abwiche; und noch paradoxer; es hätte auch wohl keinen Bischof gegeben, der einem seiner Priester dieser Frage wegen mit der Suspension gedroht hätte, sofern, ja, sofern er seine Meinung für sich behielte.
Das amtsmäßige Denken, so ist bei dieser Gelegenheit als prinzipielle Einsicht zu lernen, gibt sich als erstes nicht der Wahrheit und noch weniger der Wahrhaftigkeit, sondern zuoberst der Loyalität verpflichtet. Es darf der Kirche kein Schaden entstehen, und der schlimmste Schaden, der einer Partei, einem Zweckverband, einer Behörde entstehen könnte, wäre mangelnde Geschlossenheit in den eigenen Reihen und vor allem: eine Schwächung

ihrer Autorität. Lieber erkauft sie sich die Eindeutigkeit des Amtes durch die Zweideutigkeit ihrer Amtsträger, als daß sie selber sich der Position der Macht begeben und auf das Niveau der Diskutierbarkeit herabsteigen würde. Alle politischen Gruppierungen und Verbände handeln so und müssen wohl so handeln; aber die Kirche darf gerade so nicht handeln, wenn sie ihrem Auftrag entsprechen will: das Modell einer menschlichen Gesellschaft zu bilden, die sich, im Gegensatz zu allen anderen Sozialgebilden der menschlichen Geschichte, wesentlich nicht auf die Faktoren der Angst und der Macht, sondern des Vertrauens und der Liebe gründet.[13] Daher hätten gerade die Kleriker in der Kirche sich die Frage vorzulegen, wie sie der Kirche Christi am besten «dienen» können: durch eine äußere Loyalität im Amt oder durch die persönliche Wahrheit und Wahrhaftigkeit ihres Lebens. Die Reaktion auf den «Fall» PFÜRTNER zeigt, daß ausnahmslos die Kleriker im Amt die Doppelbödigkeit ihrer Existenz akzeptiert haben, ja, genauer gesagt, es zeigt sich, in welchem Umfang die Doppelbödigkeit, pardon: die Kunst des Darüberhinwegsehens, die Virtuosität der «Dissimulation» in der Sprache des Kirchenrechts, ihre Existenz buchstäblich *«ausmacht»:* sie wären als eindeutige, entschiedene Charaktere im Amt nicht tragbar, und was sie trägt, ist das wechselseitige Einverständnis zur Verschleierung, zum *Fleurier*schen «Nebel».
Es ist natürlich nicht schwer, sich vorzustellen, wie die Alibis lauten, die ein jeder zur Entschuldigung seiner persönlichen Unentschiedenheit sich zurechtlegt. Da geht bei den «Mutigen» die Rede vom vorauseilenden Gehorsam: sie tun im verborgenen heute schon, was sie als Wahrheit von morgen für die ganze Kirche wünschen und erhoffen, und um dieser Zukunftschance willen müssen sie heute noch mitmachen; ja, gerade sie sind den Menschen gegenüber, und dann doch auch wohl Gott gegenüber, verpflichtet, im Amt zu bleiben; nein, man kann nicht, man darf nicht die Kirche den *Hardlinern* überlassen; man darf sich nicht von einer Gruppe römischer Mandarine vorschreiben lassen, was katholisch ist. Merke: Die Kirche sind wir! – Alles das, zugegeben, mögen subjektiv überzeugende, gutwillige Gründe sein, doch sind sie solange nicht glaubhaft, als sie nicht öffentlich mitteilbar sind. Alles öffentliche (politische) Handeln, meinte bereits vor 200 Jahren IMMANUEL KANT, muß sich nach der formalen Maxime der Publizität richten: Handle so, daß du die Absichten deines Handelns jederzeit allgemein bekanntgeben könntest.[14] An diesem Maßstab gemessen, erscheint das Dasein der Kleriker bereits aufgrund der Tatsache des beamteten Denkens als das, was es in seiner Widerspruchsexistenz wesentlich sein muß: als unwahrhaftig.

Ein Einwand katholischer Weisheit mag an dieser Stelle lauten, IMMANUEL KANT sei typisch ein Preuße gewesen; die preußische Mentalität verlange eine Einheit von Recht und Moral, von Allgemeinheit und Individuum, von staatlicher Gesetzgebung und privater Tugend, so, daß das Zwangssystem des MAXIMILIEN DE ROBESPIERRE zumindest psychisch unvermeidlich sei, wonach alle Macht der Tugend und des Terrors bedürfe: des Terrors, weil ohne ihn die Tugend wehrlos, der Tugend, weil ohne sie der Terror wahllos sei[15]; es stelle gerade der Menschenkenntnis und Größe der katholischen Kirche ein lobendes Zeugnis aus, daß sie, im Erbe der Staatskunst der alten Römer, mit ihren Gesetzen einzig die öffentliche Ordnung verwalten, nicht aber das Herz der Menschen vergewaltigen wolle[16]; *römisch* sei es, zwischen Außen und Innen wohl zu unterscheiden und darüber hinaus um die Fehlbarkeit des Einzelnen zu wissen.

In der Tat gehört diese *römische* Logik zum Zentrum der römisch-katholischen Kirche: sie sieht ihre Güte, ihre Christusförmigkeit wirklich darin, dem Einzelnen immer wieder in der Beichte, von Amts wegen, zu vergeben, wenn er sich von ihren Weisungen «schuldhaft» entfernt; sie ist sich dabei der Spannung zwischen dem Standpunkt des Allgemeinen und des Individuellen sehr wohl bewußt; sie duldet deshalb mit relativem Wohlwollen alle möglichen privaten Abweichungen von ihren Regeln; doch gleichzeitig legt sie unbedingten Wert auf die Anerkennung der objektiven Verbindlichkeit ihrer Normen. Es herrscht ein Denken, das gradlinig von oben nach unten verläuft: auf der einen Seite stehen die göttlich geoffenbarten Wahrheiten, die göttlichen Gebote – der gesamte Bereich der geistigen Inhalte, die vom kirchlichen Lehramt in unfehlbarer Gültigkeit verkündet und dargelegt werden, und als Agenten eben dieser Inhalte haben die Kleriker der Kirche von Amts wegen sich zu verstehen; auf der anderen Seite aber stehen all die Erfahrungen, die Menschen in ihrem Leben machen. Diese Erfahrungen sind zumeist viel zu kompliziert, als daß man sie nach den einfachen Begriffen von Wahr und Falsch, Gut und Böse, Tugend und Laster, Verdienst und Sünde einordnen könnte; aber das Entscheidende ist nun, daß die gesamte Welt dieser Erfahrungen, mithin das wesentliche Terrain der «Laien», den theologischen Begriffen des klerikalen Denkens sozusagen nur passiv, als bloßes Bewertungsmaterial, nicht als geistiger Inhalt gegenübertritt, d. h., es entsteht gerade die Form einer nur *abstrakten Wahrheit,* die G. W. F. HEGEL in seiner *«Philosophie der Geschichte»* als das eigentlich *römische* Prinzip dargestellt und kritisiert hat:[17] es existieren auf dieser Ebene des Denkens zwar an sich wahre Begriffe des Sittlichen und Religiösen, doch interpretieren und integrieren diese nicht die lebendige Wirklichkeit; es sind Begriffe, die ihre Göttlichkeit gerade darin setzen, daß sie von keiner menschlichen Erfahrung hinterfragt oder gar in Frage gestellt werden können. M. a. W.: diese Begriffe und Lehren verhalten sich zum Leben gerade so isoliert und einseitig wie der Stand der Kleriker selbst dem Stand der «Laien» gegenüber; ja, sie manifestieren und ideologisieren in dieser Form lediglich die Sakrosanktheit und Überlegenheit des Klerikerseins selbst.

Insofern ist es eine eitle Illusion, wenn immer wieder Priester glauben, sie könnten in der Gespaltenheit zwischen Klerikern und «Laien» durch alle möglichen Strategien der Heimlichkeiten und Verheimlichungen inmitten einer Existenz der Doppelbödigkeit zugleich die doppelte Aufgabe erfüllen, gegenüber den «Laien» solidarisch und gegenüber den Oberhirten loyal sich zu verhalten. Es ist die unerläßliche Bedingung persönlicher Glaubwürdigkeit, sich eindeutig zu entscheiden, indem man *zu denken,* d. h. als objektive Wahrheit zu setzen wagt, was als Erfordernis des Handelns zutageliegt, und indem man sich offen auszusprechen getraut, was man innerlich denkt, ganz in Erfüllung des Wortes Jesu, daß das heute noch im Verborgenen Geredete morgen schon von den Dächern gerufen werde (Mt 10,27; Lk 12,3)[18]. Nur so könnte es zu einer fruchtbaren Durchdringung, zu einer wahren Synthese von Idealität und Realität, von Objektivität und Subjektivität im Denken und Handeln kommen; nur so könnte der Vielfalt und Komplexität der Wirklichkeit Eigenwert und Eigengewicht zurückgegeben werden; nur so könnten die Kleriker der Kirche aufhören, Erfüllungsbeamte einer *stablinienförmigen Befehlsstruktur* von oben nach unten sein zu sollen.[19] Sie würden zum erstenmal wieder, gemeinsam mit den «Laien», aus ihrer seelsorglichen Erfahrung rückmelden, wie die Lehren des kirchlichen «Lehramtes» an der Basis wirken und verstanden werden; es käme zum erstenmal wieder zu einem wirklichen Dialog innerhalb der Amtskirche; es träte zum erstenmal die lebendige Wirklichkeit in ihren Tragödien und Leiden, in ihren Zerrissenheiten und Widersprüchen, in ihrem Suchen und Ringen als der eigentliche Ort – nicht der immer schon an sich selbst seienden, wohl aber – der sich geschichtlich gestaltenden Wahrheit in Erscheinung.[20] Es würde dazu aber gehören, was den Klerikern der katholischen Kirche wesentlich abgeht: der Mut zur persönlichen Meinung, die Ehrlichkeit des freien Denkens, das Recht, aus Erfahrungen im Umgang mit Menschen zu lernen, und, wenn nicht anders möglich, die Kraft zum Widerspruch zugunsten der Wahrheit. Es ist, wenn man so will, just *das protestantische Prinzip,* das psychologisch den katholischen Priestern abgeht, um die Struktur oder, besser, das geistige Klima der katholischen Kirche so zu verändern, daß die seelische, soziale

und theologische Doppelbödigkeit eines Lebens und Denkens in zwei unversöhnt übereinander lagernden Ebenen aufgegeben werden könnte.
Das Postulat, das sich damit stellt, ist uralt. Es entspricht, bei Licht gesehen, ältestem *reformatorischem* Denken, und es mutet insofern nahezu grotesk an, wie man in der katholischen Kirche immer noch glaubt (oder zu glauben vorgibt), in den «ökumenischen» Gesprächen wirkliche «Fortschritte» zu machen, solange man die Frage der Kleriker immer noch in der gewohnten Weise «angeht», nach welcher das katholische Verständnis von «Amt» durch Schrift und Tradition bezeugt und also von den Kirchen der Reformation nur als von Gott gegeben anerkannt werden müsse, um die Einheit der Christen «voranzutreiben»[21]. Die Frage, um die es wirklich geht, hat schon vor 150 Jahren der wohl größte Philosoph des Protestantismus, G. W. F. HEGEL, in unübertrefflicher Klarheit als das Verhältnis des Begriffs der Wahrheit zur Wirklichkeit formuliert. Bereits an der *römischen* Religion hatte er die wesentlich formelle Seite hervorgehoben und als einseitig betrachtet: «Der Hauptcharakter der römischen Religion» schrieb er, «ist... eine Festigkeit bestimmter Willenszwecke... Die römische Religion ist deswegen die ganz prosaische der Beschränktheit, der Zweckmäßigkeit, des Nutzens.»[22] In dem römischen Prinzip insgesamt erblickte HEGEL das Heilige als eine nur inhaltslose Form, die als äußere Gewalt verwaltet und als «geheiligte Ungleichheit des Willens und des besonderen Besitzes» im Grunde jede Art von Willkür mit der Rechtfertigung des Göttlichen versehen könne.[23] In der katholischen Kirche aber, in der Kirche des Mittelalters vor der Reformation, wie sie sich weitgehend bis heute erhalten hat, fand er die gleiche Ungleichheit und Äußerlichkeit wieder, die er besonders an der Trennung zwischen der Geistlichkeit und den «Laien» festmachte. HEGEL schrieb: «Die Laien sind (sc. in der katholischen Kirche, d. V.) dem Göttlichen fremd. Dies ist die absolute Entzweiung, in welcher die Kirche im Mittelalter befangen war, sie ist daraus entstanden, daß das Heilige als Äußerliches gewußt wurde. Die Geistlichkeit stellte gewisse Bedingungen auf, unter welchen die Laien des Heiligen teilhaftig werden könnten. Die ganze Entwicklung der Lehre, die Einsicht, die Wissenschaft des Göttlichen ist durchaus im Besitze der Kirche, sie hat zu bestimmen, und die Laien haben nur schlechtweg zu glauben: der Gehorsam ist ihre Pflicht, der Gehorsam des Glaubens, ohne eigene Einsicht. Dies Verhältnis hat den Glauben zu einer Sache des äußeren Rechts gemacht und ist fortgegangen bis zu Zwang und Scheiterhaufen.»[24] «Die weiteren Bestimmungen und Verhältnisse sind eine Folge dieses Prinzips. Das Wissen, die Erkenntnis der Lehre ist etwas, dessen der Geist unfähig ist, sie ist allein im Besitz eines Standes, der das Wahre zu

bestimmen hat. Denn der Mensch ist zu niedrig, um in einer direkten Beziehung zu Gott zu stehen, und, wie schon gesagt worden ist, wenn er sich an denselben wendet, so bedarf er einer Mittelsperson, eines Heiligen. Insofern wird die an sich seiende Einheit des Göttlichen und Menschlichen geleugnet, indem der Mensch als solcher für unfähig erklärt wird, das Göttliche zu erkennen und sich demselben zu nähern. Bei dieser Trennung, in der der Mensch sich vom Guten befindet, wird nicht auf eine Änderung des Herzens als solche gedrungen, was voraussetzte, daß die Einheit des Göttlichen und Menschlichen im Menschen befindlich wäre, sondern es werden die Schrekken der Hölle mit den furchtbarsten Farben dem Menschen gegenübergestellt, auf daß er ihnen, nicht etwa durch Besserung, sondern vielmehr durch ein Äußerliches – die Gnadenmittel – entgehen solle. Diese jedoch sind dem Laien unbekannt, ein anderer, der Beichtvater, muß sie ihnen an die Hand geben. Das Individuum hat zu beichten, muß die ganze Partikularität seines Tuns vor der Ansicht des Beichtvaters ausbreiten und erfährt dann, wie es sich zu verhalten habe. So hat die Kirche die Stelle des Gewissens vertreten, sie hat die Individuen wie Kinder geleitet und ihnen gesagt, daß der Mensch von den verdienten Qualen befreit werden könne, nicht durch seine eigene Besserung, sondern durch äußerliche Handlungen, opera operata – Handlungen nicht des guten Willens, sondern die auf Befehl der Diener der Kirche verrichtet werden, als: Messe hören, Büßungen anstellen, Gebete verrichten, pilgern, Handlungen, die geistlos sind, den Geist stumpf machen, und die nicht allein das an sich tragen, daß sie äußerlich verrichtet werden, sondern man kann sie noch dazu von anderen verrichten lassen. Man kann sich sogar von dem Überfluß der guten Handlungen, welche den Heiligen zugeschrieben werden, einige erkaufen, und man erlangt damit das Heil, das diese mit sich bringen. So ist eine vollkommene Verrückung alles dessen, was als gut und sittlich in der christlichen Kirche anerkannt wird, geschehen, nur äußerliche Forderungen werden an den Menschen gemacht, und diesen wird auf äußerliche Weise genügt. Das Verhältnis der absoluten Unfreiheit ist so in das Prinzip der Freiheit selbst hineingebracht.»[25]

Für uns kommt es an dieser Stelle darauf an, den Status der veräußerlichten Freiheit bzw. der verinnerlichten Entfremdung in seinen psychischen Auswirkungen im Denken der Kleriker selber festzumachen. Wer die HEGELschen Analysen liest, könnte leicht dem Mißverständnis unterliegen, es sei jene Zweiteilung der katholischen Kirche zwischen Klerikern und «Laien» einfach eine Folge klerikaler Machtbesessenheit und Privilegiensucht, die sich dann wie von selbst beizeiten ihre theologische Rationalisierung und Ideologisierung geschaffen habe. Stünde es so, müßten wir zunächst in den

Klerikern der Kirche selbst an sich freie und genußliebende Persönlichkeiten vermuten – doch nichts könnte verkehrter sein. Denn HEGEL hat recht: Es gibt keine Freiheit, solange das Denken sich selbst äußerlich bleibt. Eben dies aber: die Wahrheit in die Äußerlichkeit der Institution statt in die Klarheit des Gedankens zu setzen, gehört zur wesentlichen Kennzeichnung des beamteten Denkens im Klerikerstand; es ist ein Denken, das sich schon mutig wähnt, wenn es sich bis zur Doppelbödigkeit vorwagt. Doch eine Maus bleibt eine Maus, auch wenn sie sich getraut, einmal im Jahr quer über den Teppich des Wohnzimmers zu laufen.[26]

Man mag vielleicht einwenden, daß all diese Thesen doch recht dürftig untermauert seien; gewiß, an einem offenen Widerstand und Widerspruch im «Falle» PFÜRTNER habe es gemangelt, vor allem auf der Ebene der eigentlich Betroffenen: der Priester im Seelsorgedienst der Gemeinden und der Lehrstuhlinhaber in Moraltheologie; aber sei denn die Frage der künstlichen Empfängnisverhütung wirklich noch eine solche Frage *stantis et cadentis ecclesiae*, ein Problem, an dem das Bestehen oder Vergehen der Kirche sich entscheide, wo heute doch bereits die 14jährigen in der Schule darüber informiert würden, wie sie sich vor Aids-Infektionen schützen können? Und vor allem: wieso könne man an einem Einzelfall etwas Strukturelles aufzeigen?

Nun, es gibt eben «Einzelfälle», die nicht zufällige Einzelheiten, sondern exemplarische Ereignisse darstellen, und so wie es den Historikern möglich ist, beispeilsweise an der Zabernaffäre den Militarismus des Kaiserreiches aufzuweisen und zu belegen[27], so sollte es dem heutigen Zeitgenossen, wenn er sich nicht mutwillig blind stellt, durchaus möglich sein, das Beispiel der jahrzehntelangen Diskussion der katholischen Kirche über die moralische Erlaubtheit künstlicher Empfängnisverhütung als exemplarisch zu erkennen.[28] Wem freilich dieses eine Beispiel nicht genügt, um die psychische Struktur der Zwiespältigkeit des beamten Denkens in den Kreisen der Kleriker der Kirche klar genug zu erkennen, dem können wir gern mit einem weiteren Exemplarfall auf die Sprünge helfen: dem Beispiel der Würzburger Synode aus dem Jahre 1975 mit der bemerkenswerten Diskussion um die Möglichkeit der Wiederverheiratung Geschiedener in der katholischen Kirche.

Zweiter Fall: Der Ausgang der Würzburger Synode

Die Gedanken zum bischöflichen Würzburg in das Jahr 1975 zurückzulenken, erfüllt den heutigen Betrachter bereits mit einem Hauch von Nostalgie und Wehmut: Das gab es wirklich einmal! Eine Kirche, die geradezu wünschte, daß «Laien» und Kleriker sich an einen Tisch setzten, um offen miteinander zu reden! Eheleute und Eheberater, Psychotherapeuten und Seelsorger, die ihre Erfahrungen austauschten in der Hoffnung, gemeinsam in einem Klima wechselseitigen Verstehens durch ein Gespräch über menschliche Einsichten auch der Wahrheit des Christus näherzukommen. Es war vorerst das letzte Mal, daß diese Erwartung aufkeimen konnte. Sie wurde begraben unter dem bedauerlichen Diktat ideologischen Zwangs. Es entdeckte sich plötzlich, daß die ganze «Laienverantwortung», daß das Mitspracherecht der «Laien», daß die offene Vertretung der Interessen der «Laien» allenfalls bis zu dem Punkt hin ernstgemeint war, daß hier eine informative Sprechbühne von Laien(darstellern) unter den Augen der kirchlichen Oberhirten eingerichtet werden sollte, in Analogie zu der Bischofssynode in Rom – einem beratenden, aber entscheidungsohnmächtigen Gremium der päpstlichen Administration[29] –, ein Gebilde zwischen einem regulären Parlament und der Tabatiere des Königs Wilhelm von Preußen, in der für ein paar Stunden jeder der Minister die Erlaubnis erhielt, frei heraus seine ehrliche Meinung zu sagen, um desto erleichterter und ergebener am Tag darauf die Befehle seiner Majestät entgegenzunehmen und «zur Durchführung zu bringen»[30].

Auf der Synode in Würzburg ging es zum ersten- und vorerst zum letztenmal in der katholischen Kirche offen und geradeaus um das Thema der Ehescheidung bzw. der Wiederverheiratung Geschiedener – ein Problem, von dem man meinen sollte, daß es wie kein anderes in der Kirche in die Zuständigkeit und Kompetenz der «Laien» fiele: nur sie können nach katholischer Lehre einander das Sakrament der Ehe spenden[31], und nur als Sakrament ist – wieder nach katholischer Lehre! – der Bund der Ehe «unauflöslich»[32]. Tatsächlich hörte sich zunächst die Diskussion auch so an, als ob die «Laien», nicht zuletzt in Anbetracht der Tatsache von mehr als 100 000 Ehescheidungen pro Jahr in der BRD bei etwa 300 000 Eheabschlüssen[33], dieses Themengebiet als ihre Domäne: als den Raum ihrer Erfahrungen, Leiden und Hoffnungen vor Gott und den Menschen innerhalb der Kirche beanspruchen und etablieren könnten. Was dann geschah, war nicht so sehr eine kirchenpolitische Katastrophe – das war es auch und ist es bis heute, doch alles «Politische» ist sekundär gegenüber den Fragen der menschlichen Psyche; es war und ist vor allem eine Enthüllung, eine wirkliche *Apokalypse* der Doppelbödigkeit der Kleriker im Amt.

Kaum nämlich zeichnete sich so etwas wie ein Mehrheitskonsens zugunsten eines Mehr an Verständnis für die *tragische* Dimension so mancher Schicksalswege ab[33], kaum schien eine ehrliche, von der zur «Mitsprache» aufgeforderten «Laien» selbst getragene Anerkennung des Scheiterns so mancher

Ehen trotz äußersten Bemühens der Ehepartner in greifbare Nähe zu rükken, da erkannten die Bischöfe es als die Pflicht ihres Amtes, der sittlichen Wahrheit der Lehre Christi und des christlichen Lehramtes Ausdruck zu verleihen. Die geäußerten Ansichten der «Laien» und Seelsorger an der Basis, so befanden die Oberhirten der Herde Christi, seien wohl von Mitleid und gutem Willen getragen, aber sie stünden doch in Widerspruch zu der geoffenbarten göttlichen Wahrheit.[35] Es war nicht nur, daß die deutschen Bischöfe die bis heute letzte Chance versäumten, sich als wirkliches Sprachrohr ihrer eigenen Gläubigen zu verstehen, daß sie sich mit ihrer «Eingabe» an Rom selber entmachteten, indem sie die eigene theologische Argumentation ersetzten durch das erbetene Argument der Macht seitens der höchsten Autorität und daß sie ihre eigene Loyalität gegenüber dem «Lehramt» als Frontbildung gegenüber den «Laien» definierten – die eigentliche Bedeutung dieses Vorgangs liegt darin, daß hier die Wahrheit des Christlichen wie selbstverständlich an die Entscheidungsvollmacht der Kleriker als den von Christus amtsmäßig bestellten Hütern der Kirche gebunden wurde und sich eben damit, *ipso facto*, in ihrer eigenen Abstraktheit und Lebensfremdheit decouvrierte.[36] Es wurde unübersehbar deutlich, wie sehr der klerikale Wahrheitsbegriff der katholischen Kirche äußerlich gegenüber der Wirklichkeit, ungeschichtlich gegenüber der sozialen Veränderung einer Kultur, aufgesetzt gegenüber dem moralischen Willen des Einzelnen und autoritär-hierarchisch gegenüber dem sogenannten «Volk Gottes» der Kirche seinem ganzen Wesen nach geprägt ist.[37]
Es liegt uns an dieser Stelle erneut nicht daran, die Frage der katholischen Ehemoral exegetisch und dogmatisch zu diskutieren – das ist ausführlich und schon vor Jahren an anderem Ort geschehen[38]; *hier* kommt es einzig darauf an, zu verdeutlichen, daß die Spaltung zwischen Klerikern und «Laien» dieselbe ist, die zwischen «Amt» und Leben sich psychisch in den Klerikern selber noch einmal wiederholt bzw. die umgekehrt sich durch sie an die objektiven Strukturen der Machtverteilung rückentäußert. Die kategorische Zweiteilung zwischen dem hierarchisch gegliederten Klerikerstand und dem Stand der «Laien» ist nicht einfach eine kirchengeschichtlich gewordene Spielart ekklesialer Selbstverwaltung im Erbe lateinischer Staatskunst, sie ist vor allem die Objektivierung einer psychischen Doppelbödigkeit und Unwahrhaftigkeit, die mit dem Klerikersein von Amts wegen gegeben ist.
Der Beweis *in concreto:* Die Synode von Würzburg ging auseinander, und ein jeder ging zurück in sein Amt, als wäre nichts gewesen. Einzig der deshalb verfemte Bischof Wilhelm Kempf schrieb einen vielbeachteten Hirtenbrief, in dem er die in ihrer Ehe Gescheiterten, doch in der Kirche

Lebenden förmlich um Verzeihung und um Verständnis dafür bat, daß die katholische Kirche heute in dieser Frage immer noch nicht anders glaube entscheiden zu können.[39] In der Tat ist die «katholische» Lösung dieser Frage bereits mit Händen zu greifen: man bemüht sich heute schon in den Offizialaten, Gründe zu finden, die einem Empfang der Ehe von Anfang an im Wege gestanden hätten[40], und solche Gründe gibt es natürlich mannigfaltig, nur daß sie ohne den Einsatz der Psychoanalyse kaum bewußt werden können; und selbst dann, wenn die zahlreichen neurotischen Hintergründe in der kirchlichen Rechtssprechung endlich anerkannt würden, verbliebe gegenüber den Eheleuten immer noch ein schweres Unrecht, indem ihnen zugemutet würde, das jahrelange Ringen ihrer Ehe einfach als ein Nichts zu betrachten.[41] Die Wahrheit ist, daß kein Mensch zu Beginn einer Ehe wirklich wissen kann, ob die mit so viel gutem Willen geschlossene Beziehung eine Chance zum Gelingen hat oder nicht; doch gerade diese einfache Wahrheit anzuerkennen, fällt der katholischen Kirche offenbar am allerschwersten: sie müßte dann die Verantwortung der «Laien» wenigstens dort anerkennen, wo alle Kleriker der Kirche nichts als «Laien» sein können: eben in der Frage der Ehe. Stattdessen aber scheint es seit Jahrhunderten kein Thema zu geben, das die Kleriker mehr interessieren könnte als die Frage, welche Gesetze und Gebote ein Mann und eine Frau erfüllen müssen, wenn sie einander in der katholischen Kirche heiraten. «Sie binden den Menschen schwere Lasten auf die Schultern, aber sie selber rühren nicht mit dem Finger daran» (Mt 23,4,)[42], meinte Jesus von dem Gebaren der Pharisäer seiner Zeit; wie erst fiele sein Urteil über die Theologen unserer Zeit aus!

Es hat bis heute sicher nicht an Bemühungen gefehlt, von seiten der Moraltheologie Modelle anzubieten, die in Wahrung der dogmatischen Lehre von der Unauflösbarkeit der (sakramental geschlossenen) Ehe Wege aufzeigen könnten, um der Not der Menschen gerecht zu werden. Aber alle diese Vorschläge laufen schließlich auf eine Entmachtung des kirchlichen Klerikalismus hinaus, und also hatten sie bisher nicht die geringste Aussicht, sich in der Kirche durchzusetzen. Im Gegenteil. Im Jahre 1986 wurde der New Yorker Moraltheologe Charles Curran mit der Begründung seines Amtes enthoben, er sei in seiner Tätigkeit «unerwünscht und ungeeignet» – er hatte die Ansicht vertreten, daß eine generelle Verurteilung von Ehescheidung, Homosexualität und Abtreibung der Wirklichkeit der Menschen Unrecht tue.[43] Anfang 1988 erfuhren die deutschen Bischöfe bei ihrem *Ad limina*-Besuch in Rom, sie hätten die Pflicht, die zu laxe Praxis der Ehescheidung in ihren Diözesen wieder zu erschweren. Mitte des Jahres 1988 zeigte sich die direkte Einflußnahme der päpstlichen Kurie auf die Besetzung der

Lehrstühle für katholische Moraltheologie an deutschen Universitäten bei der Frage eines Nachfolgers von Professor F. Böckle in Bonn. «Die Frage der Wiederverheiratung Geschiedener ist derzeit nicht opportun», erklärte vor kurzem ein Theologiedozent in seinem Seminar. So wird es wohl sein. Das beamtete Denken zwingt immer wieder dazu, die Loyalität der Dienstpflicht vor die Wahrheitsliebe und die Wahrhaftigkeit zu setzen.

Wer immer noch, nicht ganz überzeugt, nach weiteren Beispielen verlangt, der schaue zur Erinnerung auf die Jahrzehnte zurück, in denen es katholischen Moraltheologen verboten war, den Pazifismus und die *Kriegsdienstverweigerung* als Möglichkeiten einer christlichen Entscheidung hinzustellen: Man erinnere sich nur, daß eines der wichtigsten Gesetze der Bundesrepublik – die Möglichkeit der Verweigerung des Wehrdienstes aus Gewissensgründen – *gegen* das Votum der «Experten» des Jesuitenordens nur zustande kam mit der Begründung, auch die katholische Kirche anerkenne die Pflicht, selbst einem objektiv irrigen (!) Gewissen Folge zu leisten.[44] Soll noch erinnert werden an die Jahrzehnte, in denen die katholischen *Exegeten* der historisch-kritischen Methode im *Antimodernisteneid* abschwören mußten?[45] Statt dessen hatten sie zu beweisen, daß das Auftreten der Schlange im Paradies im wörtlichen Sinne historisch zu verstehen sei[46], und die *Fundamentaltheologen* hatten zu zeigen, daß Jesus «wirklich» in den Himmel habe auffahren müssen, um den Jüngern, in Anpassung an die Fassenskraft ihrer Zeit, die Würde seiner göttlichen Natur sichtbar vor Augen zu stellen.[47] «Lügen und Märchen erzählen» nennt ein längst emeritierter Exeget das, was er damals (als Wissenschaftler!) getan hat.[48] Aber noch heute wird kein katholischer Exeget über die «Brüder Jesu»[49] oder die «Jungfräulichkeit Mariens»[50] ein klares Wort zu sagen sich getrauen.

Es ist bis ins Detail immer wieder dieselbe Zweiteilung zwischen den «Wissenden» und dem «Volk», mit welcher das klerikale Denken seine eigene Zwiespältigkeit verobjektiviert und institutionell verfestigt. Am Ende haben die «Laien» die Meinung der «Fachgelehrten» nur nicht richtig verstanden; sie haben unter dem Schutt zerbrochener Redensarten wirklich nicht finden können, was sie hätten glauben sollen; sie tragen schließlich selbst daran die Schuld, daß sie aus Angst sich an Lehrmeister binden mußten, die aufgrund ihrer eigenen Angst nicht nur ständig neue Angst und Ängstlichkeit verbreiteten, sondern zusätzlich immer wieder die eigene Karriere und die errungene Position ihres Beamtenstatus gegen die Herausforderungen des Geistes mit seiner Beunruhigung durch immer neue Zweifel und Fragen verteidigen mußten.

Manch ein Außenstehender könnte an dieser Stelle vielleicht meinen, das alles zeige lediglich, daß Kleriker eben nicht nur Menschen wie andere, sondern halt auch Beamte wie andere seien; niemand erwarte von einem Mann im Amt, daß er mehr oder anderes tue als seine Pflicht, und es gehöre geradewegs zu seiner Pflicht, den objektiv vorgesehenen Instanzenzug nicht noch durch persönliche Kommentare und Interventionen zu stören oder zu blockieren; ein Beamter habe im Amt per definitionem nichts anderes zu sein als das personifizierte Allgemeine. Daran mag im allgemeinen etwas Richtiges sein. Doch in der speziellen Situation des Klerikerseins trifft es nicht zu.

Jedem Beamten sonst ist das, was er tut, das Äußerliche seiner Existenz – sein Broterwerb, dessen Form bei allem Fleiß und Engagement letztlich *zufällig* bleibt: im Prinzip hätte er, statt Rechnungsprüfer beim Finanzamt zu sein, auch kaufmännischer Angestellter werden können. Anders der Kleriker der katholischen Kirche. Wenn irgend die Theorie von der «Erwählung» einen empirischen Sinn macht, so ist, wie wir gesehen haben, das Klerikersein der Persönlichkeit des jeweiligen Klerikers gerade nicht zufällig und äußerlich, sondern wesentlich und innerlich, so wie umgekehrt auch die Kirche selbst von ihm verlangt, daß er mit seiner ganzen Person in seinem Amt aufgehe, also damit identisch sei. Ein Priester soll nicht die Messe lesen, eine Hochzeit einsegnen oder eine Beerdigung halten so professionell und routiniert, als wäre er Bahnhofskellner, Stadtgärtner oder Leichenbestatter; er soll innerlich sein, was er äußerlich tut. Ein Kleriker der katholischen Kirche verhält sich zu seinen Gedanken und Verrichtungen gerade nicht so, daß er neben ihnen noch so etwas wie eine private Existenz besäße; wenn die Gedanken und Verrichtungen eines Klerikers seine eigenen nicht sind, ja, nicht einmal sein dürfen, um ihre Objektivität zu bewahren, so gewinnt damit die Äußerlichkeit selbst die Form des Innerlichen, so behauptet sich der Status der Entfremdung auf dem Terrain der Freiheit, so speist und erhält sich die Außenlenkung durch die besten Energien des eigenen Ichs. Es ist ein Zustand analog dem besetzten Frankreich 1943, als alle Zeitungen, die auf französisch erschienen, im Grunde Deutsch redeten und alle Güterzüge mit Rohstoffen und Waren auf den französischen Gleisen letztlich ins «Reich» fuhren. Psychoanalytisch haben wir es im Idealfall (!) mit einer kompletten Identifikation des Ichs mit seinem Überich zu tun – einer Struktur, deren Inhalten wir später noch im einzelnen nachgehen werden.

Vielleicht ist zur Verdeutlichung der psychischen Situation dieses *Überichdenkens* eines Klerikers zusätzlich ein Vergleich recht geeignet, den bereits S. FREUD in seiner *«Massenpsychologie»* in der Gegenüberstellung von Militär und Kirche durchgeführt hat.[51] FREUD meinte in seiner berühmten Stu-

die, daß die Psychologie des Heeres und die Psychologie der Kirche darin übereinstimmten, daß sie beide aus der Identifikation aller Mitglieder mit einer einzigen Persönlichkeit: mit dem Führer des Heeres bzw. mit der Person Christi in der Kirche, hervorgingen; die Vereinigung der Gruppenmitglieder komme nicht durch persönliche Begegnung untereinander, sondern allein durch den gemeinsamen Bezug aller zu der leitenden Identifikationsfigur zustande. Aus der Struktur derartiger Sozialgebilde einer vereinheitlichenden Identifikation mit einer einzigen überragenden Persönlichkeit entwickelte FREUD (im Anschluß an das heute wie damals umstrittene Buch[52] von G. LE BON) die Psychologie der «Masse».
Nun sei es dahingestellt, inwieweit vom Modell der «Masse» aus sich das Verhalten komplizierter sozialer Gebilde wirklich beschreiben läßt; was uns an dieser Stelle interessiert, ist der von FREUD nicht ausgeführte, aber nahegelegte Vergleich der Psychologie eines militärischen Befehlshabers mit der Psychologie eines Klerikers der Kirche. Auch FREUD erwähnte bereits die Übereinstimmung in der asketischen Vorstellung der Kirchenväter von dem christlichen Militärdienst, von der *militia Christi*[53], mit den zugehörigen Inhalten von Gehorsam, Opfermut, Hingabebereitschaft und furchtloser Treue. Bzgl. der Frage des Überichdenkens im Amt ist jedoch ein Unterschied bemerkenswert, der sich als *die formalisierte oder ideologisierte Identifikation* bezeichnen läßt. Gemeint ist der Unterschied, der darin besteht, daß in jedem säkularen Amt, selbst wenn es, wie im Militär, über Leben und Tod entscheidet, die Frage nach der Wahrheit sich relativieren, ja, pragmatisch neutralisieren läßt, in einem religiösen Amt, wie es ein Kleriker bekleidet, nicht. Ein General am Ende einer verlorenen Schlacht mag sich auf den Standpunkt zurückziehen, nur einem Befehl, möglicherweise einem falschen, gefolgt zu sein; er hat nicht den Inhalt des Befehls, sondern nur die Form seiner Ausführung zu verantworten. Ein Kleriker hat sich von Amts wegen auch und wesentlich mit den Inhalten seiner kirchlichen Weisungen und Anweisungen identisch zu setzen; es hat sein tragender Glaube zu sein, daß in ihnen nicht Menschen nur, sondern Gott selber spricht; und das heißt: die Art seiner Loyalität darf nicht formell-äußerlich bleiben, sondern sie muß selbst als Dienst an der Wahrheit *innerlich* mitvollzogen werden.
Ein Beispiel: Als im Juli des Jahres 1877 die Häuptlinge der Nez-Percé-Indianer beschlossen, unter dem Druck der Weißen aus dem Wallowatal im Nordosten des Staates Oregon aufzubrechen und sich mit 250 Kriegern und 450 Frauen zur kanadischen Grenze durchzuschlagen, hätte jedem Denkenden klar sein können, daß es keinerlei gerechten Grund gab, mit militärischen Mitteln diesen Zug zu verhindern.[54] Das Land, in dem der kleine,

bereits früh christianisierte Stamm der Nez-Percé lebte, war rechtlich Indianerland; einzig um an das Gold heranzukommen, das dort gefunden worden war, hatte man die Indianer enteignet und wollte sie in die Reservate von Idaho umsiedeln; die Nez-Percé waren friedlich genug, so daß man auch von ihrem verzweifelten Zug keine Gefahr für die weiße Bevölkerung befürchten mußte; ja, man wäre sogar die Kosten und Mühen für ihren Unterhalt im Reservat auf einfache Weise losgeworden, hätte man sie einfach ziehen lassen[55]. Aber genau das tat man nicht. «Die US-Regierung wollte ... durchsetzen, daß unterprevilegierte Bevölkerungsgruppen einmal gegebene Befehle unter allen Umständen auszuführen hätten.»[56] Vier Generäle: O. O. Howard, der sich im Bürgerkrieg gegen die Südstaaten hervorgetan hatte, Colonel John Gibbon, der im Kampf gegen die Sioux sich einen Namen gemacht hatte, Colonel Samuel Sturgis, ein Indianerhasser, nachdem die Sioux seinen Sohn getötet hatten, und Colonel Nelson Miles wurden mit 5000 Soldaten, Schnellfeuerkanonen, Kavallerie, Infanterie und Artillerie aufgeboten, um die mehr als 20fach unterlegenen, schlecht bewaffneten Indianer zu stellen und zur Kapitulation zu zwingen. Was sich dann abspielte, zählt zur Legende der Indianergeschichte Nordamerikas.
Häuptling Joseph (Inmut-too-yah-lat-lat = Donner-der-über-die-Berge-grollt) verwickelte auf einem *trail* von 1600 Meilen durch schwierigstes Gelände die US-Streitkräfte in fünf Schlachten und fügte ihnen empfindliche, ja, beschämende Niederlagen zu. Ganze vierzig Meilen vor der kanadischen Grenze, mit nur noch 87 Kriegern und 254 Frauen, erschöpft und frierend, wurde er schließlich doch noch von Nelson Miles gestellt und zur Aufgabe genötigt. Seine Worte, die er am 5. 10. 1877 zu seinem Bezwinger im Amt sprach, sind überliefert: «Meine Leute sind in die Hügel geflüchtet und haben weder Decken noch Nahrung. Die kleinen Kinder frieren sich zu Tode. Ich möchte Zeit haben, mich um meine Kinder und Leute zu kümmern und zu sehen, wie viele ich finden kann. Vielleicht sind sie alle tot. Hört mich, Weiße: Ich bin müde; mein Herz ist krank und voll Trauer. Von wo die Sonne jetzt steht, gelobe ich: Ich werde niemals wieder kämpfen!»[57]
Nelson Miles unterstützte später Josephs Kampf um Rückkehr in seine Heimat, und selbst John Gibbon versöhnte sich elf Jahre später mit dem großen Indianer. Aber die Regierung ging keinen Kompromiß ein. Im Jahre 1901 erklärte Joseph einem Interviewer: «Meine Heimat liegt im Wallowa Valley, und ich möchte zurück und wieder dort leben. Mein Vater und meine Mutter sind dort begraben. Wenn mir die Regierung nur ein kleines Stück Land im Wallowa Valley für meine Leute und dazu einen Lehrer geben würde, so ist das alles, was ich verlangen würde.»[58] Nicht einmal diese

geringfügige Bitte wurde konzediert. Am 21. Sept. 1904 starb Chief JOSEPH an gebrochenem Herzen, ohne Groll auf die Weißen. Er war klar erkennbar das Opfer eines ungerechten Krieges, und mehr oder minder müssen auch die beteiligten amerikanischen Generäle darum gewußt haben, daß sie mit ihren Aktionen nichts weiter als Handlanger ungerechter Befehle gewesen waren, so sehr auch Erwägungen von Rache, Ehrgeiz und Gehorsam diese Einsicht zeitweise überlagert haben mögen. Was sie taten, war eine infame Menschenjagd, die auf das deutlichste den Gesetzen der Vereinigten Staaten selbst widersprach.

Aber das ist nun in unserem Zusammenhang das Entscheidende: ein General muß, solange er in seinem Amt bleibt, seinem *formellen* Befehl folgen, selbst wenn er ihn inhaltlich subjektiv für falsch hält; er ist nur der Arm oder das Schwert des «Volkskörpers», für den er handelt, nicht sein Kopf oder Gehirn. Anders ein Kleriker. Er muß an den Inhalt seiner Weisungen als an etwas Göttliches glauben, ja, er muß sogar sein Klerikersein als vor Gott unabänderlich verstehen – er ist *sacerdos in aeternum*[59], Priester auf Ewigkeit; er ist, im Bilde gesprochen, selber ein Teil des zentralen Nervensystems, das den «Organismus» Kirche durchzieht; denn das Gegenüber seiner Identifikation ist nicht eine menschliche, sondern eine göttliche Person. Das heißt: in der gleichen Weise, wie das Selbstverständnis der göttlichen Erwählung zum Kleriker die eigene Person in die Sphäre des Göttlichen erhebt, ist auch die Kirche selbst für den Kleriker kein einfacher menschlicher Zweckverband mehr, sondern ein Gebilde göttlicher Vorsehung; hier ist Menschengehorsam zu betrachten als Gehorsam gegenüber Gott. Ein Kleriker, wenn er von Amts wegen «Kriege» führt, führt deshalb stets «heilige Kriege». Mit anderen Worten: er darf sich als Amtsperson niemals eingestehen, einem Irrtum aufgesessen zu sein oder einen Irrtum begangen zu haben. Es ist die Grundlage seines Seins, im Recht zu sein und auf der rechten Seite zu stehen. – Zu dem Problem der kirchlichen Gehorsamsforderung werden wir noch ausführlich Stellung nehmen; hier geht es uns nur um die Feststellung, daß das beamtete Überichdenken der Kleriker wesentlich die Form eines bedingungslosen *Rechtfertigungsdenkens* annimmt, d. h. mit einem unvermeidlichen *Zwang zu Ideologiebildungen* aller Art verbunden ist, und daß ein erheblicher Teil klerikaler Intelligenz eben deswegen zum Zwecke kirchlicher Apologetik verwendet werden muß.

Zu dieser Denkstruktur des Rechtfertigungsdenkens gehört die Prämisse, daß «die» Kirche sich niemals geirrt haben kann. Es gab die *Kreuzzüge;* doch sie waren nur die Konzession der friedliebenden Kirche an die kriegerischen Germanen.[60] Es gab die *Hexenprozesse;* doch sie waren nur Teil einer

Hysterie, der die Kirche so hilflos gegenüberstand wie z. B. dem Ausbruch des 3. Reiches im 20. Jahrhundert.[61] Es gab den *Antisemitismus* in den Jahrhunderten des Abendlandes; doch die Kirche hat selbstverständlich immer in den Juden die älteren Kinder Abrahams und die Brüder Jesu gesehen.[62] Es gab die *Inquisition;* doch die Kirche hat eigentlich nie selbst gefoltert und getötet, sie war nur – damals unvermeidlich! – mit der Ordnungsmacht des Staates verflochten, dessen strafendem Arm sie unverbesserliche Unruhestifter übergeben mußte.[63] Und überhaupt: man muß geschichtliche Erscheinungen aus der Geschichte selbst heraus zu verstehen suchen und darf sie nicht ungeschichtlich nach heutigen Maßstäben messen. GALILEI gab es; aber was stand da auch für die Kirche und die Menschen ihrer Zeit auf dem Spiel?[64] Nein, man wird allenfalls feststellen, daß die Kirche natürlich eine Kirche von Menschen ist und nicht bereits das verwirklichte Reich Gottes[65]; sie ist also oft tatsächlich nicht besser als die Zeit, in der sie lebt, aber wer wollte sie dafür verurteilen? Ist dies nicht gerade die Chance dafür, daß auch wir, Sünder zumal, der Kirche Christi uns zugehörig fühlen dürfen? – Mit Beweisgängen dieser Art können Kleriker der katholischen Kirche, wenn sie als Theologen eine Dozentur übernommen haben, ein ganzes Leben zubringen. Es ist nicht allein, daß sie tatsächlich um ihre berufliche Stellung fürchten müssen, sobald sie es wagen sollten, einmal den kirchlichen Vorgaben zu widersprechen, es ist vor allem die gesamte Ausrichtung des Denkens auf den Beweis von Sätzen, die dem Denken selbst vorausliegen, durch welche das klerikale Denken die Theologie psychologisch in eine Ideologie umformt. Ein offenes, nicht-ideologisches Denken wird ähnlich einem PLATONischen Dialog verlaufen: als ein Suchen und Prüfen und allmähliches Klären, an dessen Ende, als Resultat, eine vertrauenswürdige Einsicht, vielleicht eine Wahrheit, stehen kann; das ideologische Denken übernimmt eine gegebene These als an sich bestehende Wahrheit, und es ist ihm nur noch darum zu tun, mit den Mitteln des zeitgenössischen Denkens nach Gründen zu suchen, warum jene These wahr sein muß: Das zu Beweisende setzt sich im ideologischen Zirkel selbst zum Grund seiner Gründe; es ist als Überbau das Dach, das sich als Stütze seiner Pfeiler gibt.

Man kann gegen diese Kennzeichnung des klerikalen Denkens vordergründig geltend machen, daß es einen wirklichen Fortschritt der Theologie gar nicht geben könnte und nie gegeben hätte, wenn in der Kirchengeschichte lediglich ein starker Dogmatismus vorgeherrscht hätte; insbesondere die heutige Theologie nach dem 2. Vaticanum wisse um die Geschichtlichkeit der Wahrheit, sie *suche* geradezu den Dialog mit der Welt, sie verstehe sich ausdrücklich als Einladung zu einem gemeinsamen Weg; was hier gezeich-

net werde, sei eine Karikatur, nicht die Wirklichkeit. Dem ist zu antworten, daß es hier nicht darauf ankommt, gewisse Tendenzen und Neuansätze der Theologie in Vergangenheit und Gegenwart inhaltlich zu würdigen, sondern verständlich zu machen, warum jeder Versuch einer Veränderung des Denkens im theologischen Raum auf charakteristische Weise erschwert ist; und zudem bleibt selbst im günstigsten, im mutigsten Falle das klerikale Denken stets an die ideologische Grenzmarke der eigenen Begriffsgeschichte gebunden. Man muß zum Vergleich sich nur einmal klarmachen, daß mit dem Beginn der Neuzeit keine einzige der tradierten, wesentlich von ARISTOTELES herkommenden Vorstellungen über die Gegebenheiten und Gesetze der Natur ungeprüft blieb – fast ausnahmslos alle wurden widerlegt; und dann muß man dagegenhalten, wie speziell die katholische Theologie noch heute kaum ein einziges ihrer Dogmen zu erklären vermag, ohne sich mit der Begrifflichkeit des ARISTOTELES auseinanderzusetzen, – und das ist nur erst die Ebene *der Interpretation* der Symbole selbst, die ihrerseits als göttlich vorgegebene Wahrheiten für letztverbindlich und unverrückbar ausgegeben werden. Unter solchen Voraussetzungen ist es natürlich ganz undenkbar, daß es einen wirklichen Sprung oder Schnitt der Vergangenheit gegenüber geben könnte.
Es gehört offenbar zum Wesen jeder dogmatisch fixierten Religion, daß sie sich ungeheuer schwertut, über den Umkreis der Erfahrungsbedingungen ihrer Gründerzeit hinauszuwachsen[66], und so hat sie eigentlich nur die Chance, sich im Verlauf der Jahrhunderte zu Ende zu erklären, indem sie sich je länger desto schwerer tut, wirklich neue Erfahrungen in sich aufzunehmen. Beispielsweise käme es in unseren Tagen ganz entscheidend darauf an, den Katholizismus in eine Form zu überführen, die dem eigenen Anspruch, «für alle» dazusein, d.h. menschheitlich, universal ausgerichtet zu sein, wirklich entspräche! Alles müßte daran gelegen sein, das theologische Denkmuster vor allem im Verständnis der Grundlagen der eigenen Symbolsprache *anthropologisch,* statt, wie bisher, einseitig *historisch* zu formulieren[67]; das aber würde augenblicklich an das überkommene Exklusivitätsdenken der christlichen Theologie rühren.[68] Es ist allenfalls möglich, daß der Papst, wie in Assisi geschehen, mit den Vertretern der anderen Religionsformen gemeinsam betet[69]; es ist auch noch möglich, etwa dem Buddhismus oder Hinduismus eine gewisse vorläufige Ahnung der göttlichen Wahrheit zuzubilligen[70]; aber wer erkären wollte, daß alle Religionen in ihren Symbolen aus den gleichen Quellen der menschlichen Psyche schöpfen und es also möglich, ja, notwendig sei, den Auslegungswegen der gleichen Symbole in den nicht-christlichen Religionen nachzugehen, um auch

das christliche Bekenntnis in seinem Reichtum und in seiner Menschlichkeit allererst zu begreifen, der hätte heute noch die größten Schwierigkeiten seitens des kirchlichen Lehramtes.[71]
Der Anspruch auf eine unüberbietbare, letzte, exklusive Wahrheit gehört zur Form jedes ideologisch fixierten Denkens, das, statt von lebendigen menschlichen Erfahrungen, von der Absolutsetzung der eigenen Inhalte ausgeht. Gerade der Stand der Kleriker aber lebt von eben dieser Absolutsetzung – sie bildet die Grundlage seiner eigenen Bedeutung und Bedeutsamkeit, und so kommt es fast schon einer Beleidigung der Kleriker im Amte gleich, darauf hinzuweisen, daß es in allen Religionen «Theologen» gibt, die den eigenen Glaubensgefährten zu beweisen suchen, daß just die eigenen Überzeugungen die von den göttlichen Mächten gewollten, die für die Menschen wertvollsten und die kulturell fruchtbarsten Wahrheiten darstellen. Es handelt sich um ein Denken, das in sich selbst einer Geschichtsepoche anzugehören scheint, deren Richtung wesentlich in der Differenzierung der Menschheit in unterschiedlichen Kulturen, Völkern und Sprachen bestand; die Geschichtsepoche, in die wir Heutigen unwiderruflich eingetreten sind, folgt in allen Teilerscheinungen dem Gesetz einer fundamentalen Konvergenz der Menschheit[72], und so stellt es längst schon einen Anachronismus dar, einen Typ von Theologie zu pflegen, der mit der Ideologisierung der eigenen Autostereotype den arabischen Gottesgelehrten in Kairo oder den buddhistischen Mönchen in Rangun oder den Hindus in Benares schlechterdings so egal vorkommen muß wie den christlichen Theologen ihrerseits heute noch die Fragen der rechten Koran-Interpretation oder der rechten Auslegung des Pali-Kanons. Eine Theologie aber, die von menschlichen, ja, menschheitlichen Erfahrungen ausgehen würde statt von den fixen Daten der eigenen Dogmatik, bedürfte in ihren Vertretern einer Psychologie, die gerade das nicht zur Grundlage nimmt, was das Überichdenken der Kleriker kennzeichnet: die vollkommene Identifikation mit dem als an und für sich richtig Vorausgesetzten, das nicht aus dem eigenen Leben entwickelt werden kann, sondern dessen Übernahme allererst die Richtigkeit und Berechtigung des eigenen Lebens und Erlebens ermöglicht und bestätigt.

2) Die Entwertung des Glaubens zu einer erfahrungslosen Lehre

Von daher wird deutlich, daß die klerikale Form des Denkens psychologisch nicht nur in der subjektiven Identifikation des einzelnen Klerikers mit seinem Amt besteht, sondern daß sich aus der Struktur des Überichdenkens

selbst eine Reihe von formalen Eigenheiten ergeben, die wir in der Theologie der Kirche in Geschichte und Gegenwart in breitester Form vorherrschen sehen.
Diese Merkmale sind: die standardisierte Unpersönlichkeit des Denkens, die Rationalisierung und Historisierung der Gedankeninhalte sowie die Ersetzung argumentativer Überzeugung durch den Druck verwalteter Macht. – Es dürfte genügen, die genannten Strukturmerkmale mit einigen Beispielen zu belegen.

Die standardisierte Unpersönlichkeit des Denkens
Sie läßt sich am einfachsten an der Sprache erkennen. Vorherrschend im Kanzlei- und Kanzelton der klerikalen «Verkündigungs»-Sprache ist die Abstraktion des «wir müssen». Stereotyp wird aus den theologischen Prämissen entwickelt, was Gott alles «für uns» durch sein «eschatologisches Heilshandeln in seinem Sohne Jesus Christus» getan hat, wie Jesus «zur Vergebung unserer Sünden» am Kreuz «aus Liebe zur gefallenen Menschheit» «sein Leben hingegeben» hat[73], bzw. wie Gott selber sich mit dem Leiden des Gerechten identifiziert und in Treue zu seinen eigenen prophetisch verkündeten Heilsweissagungen in absoluter Bejahung seiner selbst den Gekreuzigten als den Verherrlichten bestätigt und dadurch sein eigenes Gottsein «durchgehalten» hat.[74] Und daraus, aus dieser «unüberbietbaren Hingabe Gottes als des Vaters an die Menschheit» und der Person des Jesus als des Sohnes an den Willen Gottes, folgt für uns, daß auch wir in der Nachfolge des Erlöserleidens Christi uns hingeben müssen im Dienst an die Menschen, im Gehorsam gegenüber dem Willen des dreifaltigen Gottes und in der Bereitschaft, an dem eschatologischen Heilshandeln Gottes zur Vollendung des Kommens seines Reiches mitzuwirken, indem wir getreu seinen Geboten leben, in wahrer Demut und christlicher Opfergesinnung einander lieben und – vor allem die «Laien»! – in rechter Weltverantwortung uns für die Notleidenden und Entrechteten einsetzen.[75] Wir werden schon im nächsten Hauptabschnitt der Reihe nach zu untersuchen haben, was die Anmahnungen von «Demut», «Opfer» und «christlicher Liebe» psychologisch für die Lebensführung derer mit sich bringt, die ernsthaft versuchen, sich danach zu richten; *hier* interessiert uns vor allem, daß sich in diesen Standardformeln – um nicht zu sagen: in dieser Phraseologie, der gesamte Inhalt der klerikalen Verkündigungssprache wiederfindet – mehr ist auf kein Problem der Welt, um was immer es sich handeln möge, innerhalb dieses Denkens zu sagen. Man hat es mit einem vollkommen formelhaften, absolut abstrakten und feierlich fixierten Schematismus der Gedanken zu tun, der

freilich endlos variiert, reflektiert und kompliziert werden kann, der aber an sich selbst durch alle seine geistigen Umschichtungen an Wirklichkeit so wenig hinzugewinnt, wie wenn man ein 1-DM-Stück in ein 50-Pfennigstück, vier Zehnpfennigstücke, ein Fünfpfennigstück, ein Zweipfennigstück und drei Einpfennigstücke zerlegt. Dabei bietet das Eine-Markstück immerhin den Vorteil, daß man es nicht nur in die Münzäquivalente seiner monetär vorgesehenen Teilmenge zerlegen, sondern es gegen jede beliebige Ware, die auf dem Markt für eine DM zu kaufen ist, eintauschen kann. Das Markstück verhält sich lediglich in *dem* Sinne abstrakt zur Wirklichkeit, als aus ihm selber nur die *Möglichkeit* des Warenumtausches an sich hervorgeht und es in keiner Weise definiert, welch ein Teil der Wirklichkeit tatsächlich gegen es einzutauschen ist. Die klerikale Verkündigungssprache hingegen hält in ihrer routinierten Abstraktheit zwar eine Menge von Anmutungen und Anmahnungen darüber bereit, was alles aus dem göttlichen Heilshandeln in Jesus Christus für das menschliche Denken und Handeln folgen müsse, aber es ergibt sich aus alldem nicht der geringste Hinweis darauf, wie das so Gefolgerte und somit Geforderte denn nun zu tun sei.
Um es paradox zu formulieren: Während der Besitzer eines 1-DM-Stücks eine Chance in Händen hält, die den Umkreis seines praktischen Wollens effektiv erweitert – er kann damit tun, was er will –, gelangt die Abstraktion des klerikalen Denkens gerade dahin, den Willen der Menschen *appellativ* festzulegen, und da sie durchaus nicht dazu kommt, die Wirklichkeit selbst innerlich zu durchdringen und geistig durchzuarbeiten, beschränkt sie sich am Ende auf das stoische Bonmot: «Bei großen Dingen genügt es, sie gewollt zu haben»; am Ende erscheint es, entgegen dem Gleichnis Jesu, bereits als an sich verdienstvoll, das eine Talent sorgsam vergraben und bewahrt zu haben (Mt 25,18); das heißt, man weiß selbstredend, daß die Reduktion auf den leeren Willen keinesfalls genügen kann, und so erfüllt sich dieses Denken abstrakter Leere vor allem darin, ein schlechtes Gewissen für das menschliche Ungenügen wachzuhalten: noch leben wir nicht im Reiche Gottes, allzumal sind wir schwache, «fehlsame» Wesen, Sünder mitsammen, vergebunsbedürftig daher – und folglich angewiesen auf die Absolution durch die Kirche Christi aus dem Munde der Kleriker.
Um Mißverständnissen vorzubeugen, sei noch einmal hervorgehoben: Es ist hier nicht die Absicht, die dogmatischen Lehren über die Trinität, die Christologie, die Soteriologie und die Eschatologie theologisch zu diskutieren oder in Frage zu stellen; worum es hier geht, ist allein die psychologische Feststellung, daß die Struktur dieses Denkens ganz und gar identisch ist mit der psychischen Struktur der Kleriker selbst, die von und zugunsten dieser

Art von Theologie ihr Leben fristen. Der entscheidende Tatbestand ihres Überichdenkens liegt darin, nicht von den Erfahrungen des Lebens auszugehen, um von dort her zu verstehen, was unter Gott und Offenbarung zu verstehen sei, sondern umgekehrt von Gott bzw. von den festgelegten Inhalten der ein für allemal ergangenen Offenbarung Gottes her auf die menschliche Wirklichkeit zuzugehen. Das Formelhafte, Aufgesetzte, Zwanghafte, das Langweilige an der klerikalen Amtssprache ist, so besehen, durchaus kein zufälliges Aperçu, eine bloße Degeneration von Stil und Geschmack, sondern Ausdruck und Manifestation einer äußerst wichtigen, pathogenen Struktur des Klerikerseins selbst: Wie die Kleriker als Stand über den Laien, so schwebt ihr Denken über der Welt, die es freilich nicht, wie der Geist Gottes am Schöpfungsmorgen, kreativ befruchtet und durchdringt, sondern die es eher skeptisch belauert und kritisch verfolgt – eine geistige Zwei-Reiche-Lehre, die zur Wirklichkeit keine andere Brücke als die Gewalttätigkeit frustraner Willensanstrengungen erlaubt.
Die Schwierigkeit des klerikalen Denkens bzw. der klerikal gebundenen Theologie zeigt sich besonders an den Bemühungen, mit denen weitschauende Männer wie TEILHARD DE CHARDIN oder KARL RAHNER schon vor Jahrzehnten versucht haben, nach Jahrhunderten der Abkoppelung der kirchlichen Theologie vom Denken der Neuzeit den Anschluß an die Zeit und an die Frage der «Welt» zurückzugewinnen.
Die anthropologische Wende, die sich programmatisch mit dem Namen RAHNERS verbindet, darf in Tendenz und Form ohne Einschränkung als die wichtigste Renovation der katholischen Theologie im 20. Jahrhundert gelten. Doch um so deutlicher und bemerkenswerter fallen die Grenzen dieses Denkens auf: es ist eine Darstellung katholischer Glaubenslehre, die im Sprechen von Geschichtlichkeit die konkreten Daten der Weltgeschichte nicht zu kennen für nötig findet, die im Sprechen von fremden Religionen sich auf die Vorstellungen fremder Kulturen niemals wirklich einzulassen braucht und die im Sprechen von Schöpfung und Welt keine einzige Frage der modernen Physik, Chemie und Biologie auch nur von ferne zu reflektieren hat: ein einziges Mal, in der Frage des sogenannten Monogenismus (ob die Menschheit von einem einzelnen Elternpaar abstammt oder aus der Vermischung verschiedener Stammreihen hervorgegangen ist), hat KARL RAHNER sich einer konkreten Frage außerhalb des kirchengebundenen Horizontes gestellt und sie bezeichnenderweise falsch beantwortet:[76] er votierte aufgrund eines metaphysischen «Sparsamkeitsprinzips» für den Monogenismus: wozu auch sollte Gott mehrere Male Menschen erschaffen haben, wo doch ein Paar am Anfang genügt? Mit den Vorstellungen des Neodarwinis-

mus über die strauchartigen Verzweigungen innerhalb des Tier-Mensch-Übergangsfeldes vor mehr als 2 Millionen Jahren[77] haben diese Spekulationen niemals etwas zu tun gehabt.

Und TEILHARD! Daß man ihn zeit seines Lebens daran gehindert hat, auch nur eine einzige seiner mystischen Visionen zu publizieren, mag an sich schon kennzeichnend genug für die psychische Wirklichkeit der katholischen Theologie sein[78]; schwerer noch wiegt indessen, daß selbst heute, 30 Jahre nach seinem Tode, trotz aller postumen Begeisterung über die christologischen Entwürfe von Evolution im Denken TEILHARDS man nach wie vor nicht für nötig findet zu begreifen, daß man das Anliegen des französischen Paläontologen nicht rezipieren kann, ohne es weiterzuführen: nicht die Diskussion der Form tierischer oder menschlicher Schädelkalotten und Bakkenzähne ist heute das Problem der Anthropologie, sondern die Frage nach der Entstehung der menschlichen Psyche: Hirnphysiologie, Kybernetik, Verhaltensforschung, Tiefenpsychologie, Völkerkunde, Kulturanthropologie – alles das müßten die Felder sein, auf denen Theologen die Infragestellungen ihrer Vorstellungen miterleben und fruchtbar aufarbeiten könnten und sollten.

Aber genau das geschieht nicht. – Das klerikale Überichdenken klammert sich wie verzweifelt an die überkommenen Formeln, die es als die geoffenbarte göttliche Wahrheit herauszustellen sucht, und es merkt nicht, daß alles Reden von den Plänen und Absichten Gottes den Status der Entfremdung des Menschen immer weiter vertieft, statt ihn zu überwinden: Indem man vorgibt, die menschliche Geschichte von Gott her zu denken, vermeidet man geradewegs, die Geschichte des Menschen überhaupt kennenzulernen; indem man vorgibt, die Schöpfung von Gott her zu betrachten, erspart man es sich geflissentlich, ihre Wirklichkeit zu sehen; und es ist eben diese Isolation des klerikalen Denkraums von der Wirklichkeit, diese vollständige Abstraktion des Begriffs, die strukturell, je länger je mehr, eine Psychologie der Engstirnigkeit und der Gedankenträgheit festschreibt und vorschreibt.

Konkret: man betrachte den theologischen Studienplan angehender Kleriker! Der Raum von *Geschichte*, den sie jemals kennenlernen werden, beginnt im 2. Jahrtausend vor Christus mit der Erwählung Abrahams und erstreckt sich niemals weiter als über das Terrain des Vorderen Orients und des christlichen Abendlandes; nur dies enthält die Geschichte der Offenbarung Gottes! Von der *Schöpfung* der Welt werden sie lediglich hören, daß sie von Gott in Freiheit geschaffen wurde, und hernach haben sie zu diskutieren, ob sich aus der Eigenart der Natur selber bereits die Dreifaltigkeit Gottes und die Menschwerdung Christi erschließen lasse oder ob diese Heilsgeheimnisse Gottes im Offenbarungsgeschehen der Schöpfung selbst noch nicht enthalten seien.[79] Die Dogmatiker und Fundamentaltheologen, die über diese Erhabenheit Gottes nachsinnen, haben von den Problemen der Allgemeinen Relativitätstheorie[80], von der Quantenelektrodynamik[81] oder von den Großen Vereinigungstheorien[82] der modernen Physik oft noch nicht einmal den Namen gehört; sie haben keine Ahnung, was Quasare[83], Schwarze Löcher[84] oder Neutronensterne[85] sind; von der Chandrasekhar-Grenze der Masse[86] und ihrer Bedeutung für die Entwicklung der Fixsternsonnen brauchen sie nichts zu wissen – aber um so ungenierter werden sie von der Erlösung des Kosmos durch die Heilstaten Christi sprechen.[87] In den vier Semestern ihres pflichtweisen systematischen *Philosophie*studiums wird ihnen in scholastischer Diktion die Existenz einer vernunftbegabten, freien und unsterblichen menschlichen Seele bewiesen[88], ohne daß die Fragen der modernen Biologie in der Beschreibung dissipativer Strukturen[89] und hochkomplexer Systeme[90] auch nur entfernt berührt würden. In *Moraltheologie* und *Dogmatik* – im besten Falle! – kann über die Fragen der Weltverantwortung gegenüber den Ländern der Dritten Welt gesprochen werden[91], ohne daß freilich von den Schwierigkeiten des Weltwährungssystems[92], der Handelsbedingungen auf dem Weltmarkt[93], der Überbevölkerung[94], der wachsenden Rohstoffknappheit[95], der soziokulturellen Differenzen zwischen den Völkern, kurz: von der wirklich bestehenden Welt auch nur annähernd die Rede sein müßte.

Mit einem Wort: das klerikale Denken heutiger Theologie dient nach wie vor nicht der Interpretation der Wirklichkeit, sondern der Rechtfertigung einer Ideologie geoffenbarter Heilsbedeutsamkeit, die der bestehenden Realität geistig abstrakt aufgeklebt und voluntativ moralistisch aufgezwungen werden soll.

Das Resultat dieses vom klerikalen Denken selbst geschaffenen Gettos wirkt nun natürlich auf die Personen jedes Einzelnen dieser «Geistlichen» im Amt prägend zurück, indem er als Priester nicht nur das Recht, sondern geradewegs die Pflicht hat, lediglich dem Dienst der Verkündigung und der Sakramentenspendung zu obliegen, d.h., er darf beamtetermaßen das Gefängnis des Geistes niemals wirklich verlassen, in das die bürgerliche Gesellschaft die Religion und die Kirche in der Neuzeit zunehmend verbannt hat.[96] Die Kleriker im Amt sind am besten aufgehoben, wenn sie ihre Pflicht tun, d.h. am Sonntag die abstrakten Formeln der christlichen Verkündigungssprache (vor einem rapid schwindenden Publikum!) zu Gehör bringen und den Gang der Welt im übrigen nicht weiter stören.

Wer an der bisherigen Beschreibung der Aufgesetztheit und Äußerlichkeit des klerikalen Denkens sich noch gewisse Zweifel erhalten hat, dem sei nun endgültig empfohlen, *die geistige Lebensführung* des geistlichen Standes der katholischen Kirche selbst sich vor Augen zu führen, und er wird auf der Stelle den Eindruck bestätigt finden, daß ein zwölfsemestriges Studium der Theologie wohl all die genannten Formen der Isolation vom Leben und der Entfremdung von der Realität in sich enthalten muß, wenn es in seiner Wirkung auf die Priester selber von der Art ist, die sich allerorten beobachten läßt.

Die Ausbildung eines einzigen Theologen zum Priester dürfte heute, alles in allem, den Kirchensteuerzahler mehr als 300 000 DM an Subventionen und Aufwendungen aller Art kosten – der Mutter Kirche in Deutschland ist an dieser, wie sie meint, zentralen Stelle ihrer Selbstreproduktion keinerlei Aufwand zu hoch. Und das Ergebnis in den Hauptfächern der theologischen Ausbildung: Nach Jahren des *philosophischen* Studiums in den Anfangssemestern wird von den Klerikern im Amt kaum jemals jemand noch der Versuchung erliegen, zu einem philosophischen Buch der Moderne zu greifen; sie selber sind (inzwischen!) zumeist wohl bereit, zuzugeben, daß die metaphysischen Formeln, die man ihnen beigebracht hat, absolut obsolet wirken, aber es ist ihnen ein philosophisches Fragen selbst so gut wie nie – allenfalls in dem Freiraum der Philosophiegeschichte – zu einem geistigen Ereignis geworden; die Beschäftigung mit der «systematischen» Philosophie hat für sie im Gegenteil weisungsgemäß nie mehr bedeuten sollen, als ein *Übersichtsdenken*[97] zum Zwecke der eigenen Ideologiebildung zu erstellen – ein Steinbruch zur Gewinnung von Begriffen, mit denen die christliche Dogmatik später ihre eigenen Gebäude zu errichten sucht. Die Herausforderung eines freien, problemorientierten, offenen, also überhaupt erst wirklich philosophischen Denkens ist in der gesamten theologischen Ausbildung systematisch vermieden worden; wie sollte das Amtsdenken später unter dem Druck praktischer Amtsausübung sich selber jemals von sich befreien können, es sei denn durch Krisen, die für gewöhnlich mit dem Verlust des Amtes selber einhergehen?

Nächst der Philosophie ist im theologischen Ausbildungsprogramm das *exegetische* Bemühen um die Auslegung der Bibel vorgesehen; es ist der Teil der Theologie, der heutzutage in Gestalt der historisch-kritischen Methode wohl am meisten «säkularisiert» ist [98]; an sich könnte gerade von ihm aus so etwas wie ein eigenständiges Suchen und Forschen ausgehen. Doch kommt es gerade dazu nicht. Unter der Angst vor dem Bannstrahl der kirchlichen Zensur hat die Exegese heute eine Form angenommen, in der sie sich aufgrund ihrer religiösen und spirituellen Inhaltslosigkeit gegenüber der Dogmatik so gut wie gänzlich neutralisiert hat; sie ist zu einem Geschäft philologischer Spezialisten verkommen, mit dem Ergebnis, daß auch in diesem Gebiet sehr früh schon die typische Doppelbödigkeit des klerikalen Denkens ihre Fortsetzung findet: auf der einen Seite arbeitet man «wissenschaftlich» an der Bibel, kann aber persönlich von den so gewonnenen Kenntnissen keinerlei Einsicht für das eigene religiöse Erleben erhoffen; und daneben erhält man sich eine Art privaten Köhlerglaubens in einem Raum von spirituellem Mystizismus, der sich geistig kaum verantworten läßt. – Von einem namhaften Exegeten berichtet man, was aufgrund der biographischen Ehrlichkeit dieses Mannes die Bewußtseinslage katholischer Kleriker in diesem Areal des objektiven Geistes wohl am besten und eindringlichsten beschreibt. «Ich habe», sagte er sinngemäß in hohem Alter, «in all meiner Arbeit nach der Wirklichkeit der Person und der Botschaft des Jesus von Nazareth gesucht. Aber es handelt sich (sc. in der Bibel) doch nur um Bilder, die auf eine unsichtbare Glasscheibe gemalt worden sind. Ich bin auf die Bilder zugegangen, die ich für Realitäten hielt, und bin voll auf die Trennscheibe gelaufen.» Dies sagte er, um wenig später sein «Geheimnis» zu enthüllen: ein kleines Altärchen, wie es Kommunionkinder vor 40 Jahren mancherorts im Mai der Himmelskönigin zu bauen pflegten. Es gibt für das klerikale Bewußtsein keine wahre Verbindung von Symbol und Wirklichkeit, von Subjektivem und Objektivem, von Gefühl und Gedanke, von Sehnsucht und Erfüllung, und diese Aufspaltung zerreißt alles, indem sie das Denken in der Kirche glaubenslos und das Glauben gedankenlos macht.

Das Resultat dieser Zerrissenheit wird den «Laien» in der Kirche Sonntag für Sonntag vorgeführt. Kaum das Examen bestanden, kann man die Kleriker im Amt auf der Landkarte der Diözese mit der Lupe suchen, die nach vier bis sechs Semestern historisch-kritischer Exegese und Sprachstudien aller Art jemals noch eine hebräische Bibel oder ein griechisches Neues Testament zur Vorbereitung einer Predigt in die Hand nehmen, von Synopsen, Konkordanzen und Kommentaren ganz zu schweigen. Die religiöse Nichtigkeit des Gelernten bestärkt sie zu Recht in dem zuversichtlichen Glauben, dieser Art von Studium bei der Präparation einer geistlichen Verkündigung nicht länger zu bedürfen, und sollten sie wirklich – man muß schon sagen aus schierer Verzweiflung – einmal zu einem der Standardwerke der Herderschen Kommentarreihe greifen, so werden sie alsbald feststellen, daß sie auf Hunderten von Seiten an gelehrtem Staub so viel aufwirbeln können, wie sie wollen – es wird ihnen nichts in den Händen bleiben, was religiös auch nur einigen Wert besäße. Mit anderen Worten: die Vorbereitung auf Predigt und Unterricht tritt zu der eigenen Glaubensgrundlage, der

Bibel, in ein vollkommen abstraktes Verhältnis: der aufgegebene Text wird nicht durchgearbeitet, sondern verflüchtigt sich zur Assoziationsanregung für alle möglichen Einfälle. Aus dem Studium der Heiligen Schrift geht keine wirkliche Anregung zur Gestaltung des eigenen Lebens hervor, sondern (ich wage zu sagen:) lediglich der schriftgelehrte Dünkel, «studiert» zu haben und «es» also zu wissen, geht daraus hervor. Das Überichdenken etabliert sich nach sechs Jahren Studiums zu einem Anspruchsdenken, das der Eitelkeit voll ist.
Und am schlimmsten in *Moraltheologie* und *Dogmatik*. Kein Priester, der nicht mindestens zwei, drei Prüfungen z. B. über das Thema der Dreifaltigkeit Gottes und die hypostatische Union der Gottessohnschaft des Jesus Christus hätte ablegen müssen; und kaum *ein* Priester, der am Ende mit diesen respektgebietenden Formeln zu sagen wüßte, was sie ihm je gesagt hätten, außer daß sie sehr wichtig, unaufgebbar, heilsbedeutsam, unerläßlich für das Heil der Welt – und zum Erlangen guter Noten in der nächsten Prüfung sind. Gleichwohl sind diese Formeln die eigentliche Domäne der klerikalen Macht. Hier herrscht die unangefochtene Fachsprache, die das einfache Volk in Erstaunen versetzt; hier ist die wahre Autorität des Standes der Kleriker verankert; hier sind sie die *Fachleute*, die kompetenten Wahrer und Tradenten des christlichen Glaubensgutes in seiner Einmaligkeit, Unverwechselbarkeit und unüberbietbaren, eschatologischen Heilsbevollmächtigung. Es ist eine Art Geheimwissen bloßer Worte, über das sich bereits in GOETHES *«Faust»* Mephisto stattsam lustig macht: «Im übrigen: haltet euch an Worte...!»[99] Man kann kaum glauben, daß diese Feststellung voller Ekel und Überdruß über die klerikale Theologie (damals der Jesuiten insbesondere) bereits vor ca. 200 Jahren geäußert wurde, ohne irgend etwas in der Kirche zu verändern. Es ist die Pflicht des klerikalen Denkens, ein Akt seiner Selbstbehauptung, sich gegenüber jeder Kritik an seiner unpersönlichen Formelhaftigkeit und Erfahrungslosigkeit gewappnet zu zeigen: Es sind eben die typischen Zeichen der Zeit: des freimaurerischen Nicht-Glauben-Wollens der Welt, der schwindenden Bereitschaft der Menschen zum Glaubensgehorsam, der Falschheit des Zeitgeistes, denen es zu widerstehen gilt, wie es geschrieben steht: «Tritt auf, sei es gelegen oder ungelegen, rüge, mahne, weise zurecht!» (2 Tim 4,2)... Ja, das tun sie, die Kleriker!
Denn zur Charakterisierung des klerikalen Denkens muß jetzt nur noch hinzugefügt werden, wie von Amts wegen der klerikale Stand insbesondere in der *Moraltheologie* darauf gedrillt ist, nach den rechten, von Gott geoffenbarten, von der Kirche gültig und unfehlbar ausgelegten Normen und Richtlinien das Verhalten von Menschen als objektives Geschehen zu beurteilen

und entsprechend das «Gewissen» der Gläubigen zu schärfen.[100] Bis in die intimsten Lebensbereiche hinein nehmen die Kleriker gegenüber den «Laien» in allen Fragen der Moral die Position der Wissenden und Weisenden ein. Es ist wirklich an ihnen, zu befinden, wann ein Junge was und wie mit einem Mädchen tun darf, wann und wie ein Mann den Wehrdienst seines Landes leisten muß, sie können ihm sogar erklären, wann er nicht einmal mehr das Recht besitzt, in Fragen solcher Wichtigkeit sich auf sein eigenes Gewissen zu berufen[101]; es sind, bei Gott, die Kleriker, auf die man als Ehefrau und Ehemann hören muß, um herauszufinden, wann eine Ehe «nichtig» ist und nicht; sie sind es, die von Gott her eingeweiht sind in die Kenntnis, wie man Kinder zeugt und wie man unerwünschte Schwangerschaften im Einklang mit der gottgewollten Schöpfungsordnung verhindert. Kurz: es gibt nach 2000 Jahren Theologie im Abendland keine Frage des privaten wie des öffentlichen Lebens, auf welche die Kleriker der katholischen Kirche nicht eine klare, richtungweisende, einfache und eindeutige Antwort wüßten bzw. wissen zu müssen glauben. Die Quellen ihrer Erkenntnisse halten sie für unwiderleglich: das Wort Gottes in der Heiligen Schrift und die Lehrautorität der vom Heiligen Geist geleiteten Kirche, so daß, wer zur katholischen Kirche gehören will, sich ihrem Diktum unterwerfen muß.

Zumindest den Klerikern selber erscheint es regelmäßig als unangemessen, wenn jemand etwa von seiten der *Ethnologie* darauf hinweist, daß die moralischen Vorstellungen der katholischen Kirche von der naturrechtlichen Begründung z. B. der Einehe durch anders geartete Kulturen widerlegt werden, die, wie in Schwarzafrika[102] oder in der Südsee, auf Polygamie oder Polyandrie, auf Vielmännerei oder Vielweiberei, basieren; derartige Argumente können nicht ausschlaggebend sein, da es sich bei den entsprechenden Völkern um heidnische Kulturen handelt, die noch nicht vom Lichte der göttlichen Gnade erleuchtet worden sind. Wollte jemand Argumente der *Verhaltensforschung*, der Ethologie also, geltend machen, um gewisse Lehren der katholischen Kirche z. B. von der monogamen Natur des Menschen zu widerlegen, so würde er lächelnd darüber belehrt werden, daß wir Menschen keine Tiere, sondern Geistwesen sind, die einer gänzlich anderen Ordnung als alle anderen Lebewesen sonst zugehören: von den Schimpansen läßt sich nun einmal nicht auf Menschen schließen. Und die *Tiefenpsychologie?* Gibt es da nicht viele unbewiesene Lehrmeinungen? Existieren dort nicht ganz verschiedene Schulen? Leugnet sie nicht die Freiheit des Menschen? Ist sie nicht zu einseitig trieborientiert?

Man muß, um sich die psychologische Bedeutung solcher «Einwände» vor Augen zu stellen, nur recht klarmachen, daß die geistige Schulung der Kleri-

ker heute immer noch wesentlich autoritär im eigenen Bereich und defensiv gegenüber den Leugnern des Christentums geprägt ist. Viele der heutigen Priester im Amt haben Vorlesungen in Philosophie, Fundamentaltheologie und Dogmatik hinter sich, in denen in einer einzigen Stunde bis zu 20 dieser Gottesleugner, Irrlehrer und Verkürzer der Wahrheit unter irgendwelchen «Gedanken-Ismen» namentlich genannt und abgehakt wurden. Nicht zu lesen, zu verstehen und zu lernen, sondern vorzuführen und abzuführen, zu beurteilen und zu verurteilen war und ist die Kunst dieser Begriffsjongleure – und die Anmaßung am Ende, die allein übrig bleibt: die Illusion von dem Alleinbesitz der Wahrheit! «Das haben doch nur wir: den Gottmenschen, in dem, wie soll ich sagen, sich Gott leibhaftig inkorporiert hat», erklärte mir vor kurzem noch ein hochgestellter Kirchenmann. Eigentlich nur um seine Suffisance ein wenig zu erschüttern, bemerkte ich, daß die Hindus beispielsweise auch ihren Gottmenschen «hätten»: in ihrem Gottmenschen Krishna sei die zweite Person der dreifaltigen Gottheit: Vishnu, «inkorporiert»[103]. «Aber das ist doch nur Mythos», lautete die Antwort, «wir aber glauben doch an ein transzendentes und gleichzeitig geschichtliches Ereignis.» «Aber eben, ein Mythos besteht darin, ein transzendentes Ereignis im Raum der Geschichte auszudrücken», versuchte ich noch einzuwenden Mein Gegenüber lächelte müde. Er wußte es – ein für allemal.
Es versteht sich, daß eine solche Sicherheit umfassender Beurteilungskompetenz von Amts wegen bzgl. aller Fragen, die menschlich irgend relevant sind, sich nicht aus dem Halt eines erworbenen Wissens ergibt, sondern lediglich eine Denkverweigerung aus Angst vor dem Rückfall in *die ontologische Unsicherheit* darstellt, die bereits am Anfang des Wunsches stand, in dem Amt eines Klerikers Zuflucht zu finden. Doch das eigentliche Problem, wohlgemerkt, liegt nicht in dem quasi privaten Arrangement von Ignoranz und Arroganz im Leben des einzelnen Klerikers, der sich, um dem Chaos der eigenen Nicht-Existenz zu entgehen, wie verzweifelt an die immer richtige Lehre der Kirche klammert, das Problem liegt in der Neigung *jeder* Religion, ihren Gläubigen eine «Sicherheit» und «Gewißheit» vorzugaukeln, die sie zu administrativ leicht lenkbaren Parteigängern herabdrückt. Sehr zu Recht sprach KARL JASPERS von dem Verhängnis, das entsteht, sobald die Unbedingtheit existentiellen Entschlusses, die zum Akt des Glaubens gehört, «zu einem in Forderung aussprechbaren Wissen vom Richtigen» gerät und sich «in allgemeingültige Wahrheit für alle» umsetzt.[104] «Unser Wissen um das Außerordentliche, was das Christentum bewirkt hat, um die hohen Menschengestalten, die in seinem Glauben und durch diesen Glauben lebten, kann nicht verwehren zu sehen, wie jene Grundverkehrung in der

Geschichte böse Folgen hat, die sich in die Hülle heiliger absoluter Wahrheit kleideten.»[105] «Schon das Neue Testament läßt Jesus, der keinen Widerstand leistet und die Bergpredigt lehrt, doch die Worte sprechen: Ich bin nicht gekommen, Frieden zu bringen, sondern das Schwert. Es wird die Alternative aufgestellt, ihm zu folgen oder nicht zu folgen: Wer nicht für mich ist, der ist wider mich. Dem entsprach das Verhalten vieler Christusgläubigen in der Geschichte. Nach der von ihnen gedachten Heilsordnung sind alle Menschen verloren, die vor Christus oder ohne Christus lebten. Die vielen Religionen sind eine Summe von Unwahrheiten oder bestenfalls Teilwahrheiten; ihre Angehörigen sind insgesamt Heiden. Diese sollen ihre Religion aufgeben und dem Christusglauben folgen. Die universale Mission verkündet nicht nur diesen Glauben allen Völkern mit allen Mitteln der Propaganda, sondern hat immer wieder im Hintergrund den Willen gehabt, den Glauben aufzuzwingen, wo er nicht willig angenommen wird (*coge intrare* – zwinge zum Eintritt, d. V., nach Lk 14,23). In der Welt werden Vernichtungsmaßnahmen, Kreuzzüge entfesselt. Unter sich haben die christlichen Konfessionen Religionskriege geführt. Die Politik wird das Mittel der Kirchen. So wird der Machtwille zu einem Grundfaktum dieser religiösen Wirklichkeit, deren Ursprung mit Macht nichts zu tun hatte. Anspruch auf Weltherrschaft ist die Folge des Ausschließlichkeitsanspruches der Wahrheit. In dem großen Prozeß der Säkularisierung … steht noch der Fanatismus des Unglaubens unter dem Einfluß des biblischen Ursprungs.»[106]
Die Angstbindung der ontologischen Unsicherheit verbündet sich in einer so gearteten Theologie insbesondere mit dem Ausschließlichkeitsanspruch der Christologie, und es scheint, als sei insbesondere das klerikale Denken die eigentliche Stelle, an welcher die Unterdrückung der Persönlichkeit zugunsten vermeintlich objektiver, an sich selbst bestehender Lehrinhalte jederzeit in Fanatismus und Gewalttätigkeit nach außen sich umzusetzen droht. Die Ungewißheit des menschlichen Daseins, die sich aus der Bestimmung geistiger Existenz notwendig ergibt und sich nur in der Freiheit des Ringens und Suchens nach Wahrheit unverkürzt leben läßt, löst in der klerikalen Psyche eine solche Beunruhigung aus, daß sie sich erst getröstet gibt, wenn *per Dekret* die kirchlichen Wahrheiten eindeutig definiert, die Abweichler anathematisiert und die immer noch Zweifelnden korrigiert worden sind. Auf diese Weise aber degeneriert psychologisch der geistige Grund und Gehalt des Religiösen zur verwalteten Ungeistigkeit, zum Tod der Gedanken, zu einem Zwangssystem falscher Garantien.
Doch auch dafür finden sich womöglich legitimierende Stellen in der Bibel. Sagt nicht «der Apostel» selber, es gelte in der Kirche Christi «das Band des

Friedens zu wahren: Ein Leib, ein Geist... ein Herr, ein Glaube, eine Taufe, ein Gott und Vater aller...» (Eph 4,3–6)?[107] Das sind in der Tat Worte, die außerhalb der Liebe, von welcher der Apostel an derselben Stelle als von der eigentlichen Bindungsenergie der Christen spricht, jeder in ihrem totalitären, das Individuum durch kollektivistische Idealbildungen zerstörenden Gebrauch noch in den Ohren haben dürfte, der den Terror des Dritten Reiches miterlebt hat: «Du bist nichts, dein Volk ist alles.» Und: «Ein Volk, ein Reich, ein Führer.» Es gibt angesehene Theologen, die auf die «integrierte» Verfaßtheit von «Gemeinde» heute schon wieder einen solchen Wert legen, daß sie in Diskussionen ungeniert erklären können, derartige Maximen seien nur falsch «außerhalb der Gemeinschaft mit Christus»[108]. Es ist die Unpersönlichkeit des beamteten Denkens selbst, das aufgrund seiner falschen Identitätsbildung mit der Persönlichkeit des Einzelnen zugleich den Geist selber zerstören muß. Ein solches «Denken» ist strukturell faschistoid, egal, mit welchen Inhalten es sich vor den Menschen zu rechtfertigen sucht.

Die psychologische Analyse des geistigen Zustandes der Kleriker der katholischen Kirche wird für jemanden, der mit den Gepflogenheiten dieses Standes nicht genügend vertraut ist, unter Umständen durch das wissenschaftliche Gehabe erheblich erschwert, mit dem die Kirche diese Schicht ihrer eigentlichen Repräsentanten zu umkleiden sucht. Auf die Reindarstellung dessen, was wir gerade als erzwungene Ungeistigkeit aller Gedanken- und Bildungsinhalte in der subjektiven Form ihrer Aneignung beschrieben haben, stößt man gleichwohl in geradewegs brutaler Direktheit, wenn man sich die Art und Weise anschaut, in der vor allem *die weiblichen Orden* ihre Schwestern in großem Umfang geistig gängeln und kujonieren. Man hat sich in der Öffentlichkeit daran gewöhnt, die unglaubliche Gedankenzensur des «*Index Romanus*»[109] als ein typisches Beispiel für den Anachronismus eines tradierten und in seiner eigenen Tradition antiquierten Systems zu belächeln; doch schon dieses Lächeln übersieht den ungeheuren geistigen und religiösen Schaden, den der Kampf der katholischen Kirche gegen die Gedanken- und Redefreiheit in ihren eigenen Reihen mit sich gebracht hat: Es ist nicht möglich, die Lektüre von Autoren wie EMILE ZOLA, ANDRE GIDE oder JEAN PAUL SARTRE einfach zu verbieten und gleichzeitig den Glauben zu nähren, es lasse sich trotzdem so etwas wie «Geist und Wahrheit» (Joh 4,23)[110] unter Menschen vermitteln; vor allem aber übersieht man nur allzu gern, daß keine Institution Jahrhunderte geistiger Unterdrückung abschütteln kann, indem sie, erneut *per Dekret,* von einem bestimmten Zeitpunkt an gewisse Organe ihrer geistigen Garotte außer Betrieb stellt; – *innerlich,* dem seelischen Klima nach, dem Angstbedürfnis nach, hat sich

dadurch noch überhaupt gar nichts geändert. Wie indessen der geistige Zustand von Menschen aussieht, über welche die Kirche, allein auf sich gestellt, die absolute Verfügungsgewalt besitzt, läßt sich auch gegen Ende des 20. Jahrhunderts nirgends klarer und erschreckender erkennen als an dem Fall katholischer Ordensschwestern. Die Angehörigen *männlicher* Orden, jedenfalls soweit sie in der Seelsorge «draußen» eingesetzt sind, haben allemal ihre Methoden und Gelegenheiten, an Informationsmaterial aller Art heranzukommen, wenn sie nur wollen. Was es demgegenüber bedeutet, ein Leben lang keine Zeitung, geschweige denn ein Buch lesen zu dürfen, sie wären denn zuvor als einwandfrei erachtet worden, kann sich ein Außenstehender nur schwer vorstellen. Es gibt keinen Film, kein Theater, keine Rundfunksendung, nicht einmal eine Schallplatte oder eine Tonbandkassette, die der geistigen Selbstversorgung einer Ordensschwester, wenn es nach den Regeln der Gemeinschaft zugeht, ungehindert zur Verfügung stünden. Was sie von den Zeitereignissen erfährt, ist in manchen Orden auch heute noch buchstäblich nichts; sie hat der «Welt» entsagt, und ihr einziges geistiges Trachten hat nurmehr das Reich Gottes zu sein, – was geht es sie da an, ob in der Bundesrepublik Atomraketen stationiert oder in Brasilien deutsche Atomkraftwerke gebaut werden! Sie wird bei der nächsten Bundestagswahl schon ihre Pflicht als mündiger Bürger wahrnehmen und in christlichem Sinne «richtig» wählen.[111] Sie hat zu keinem Vortrag, zu keiner öffentlichen Veranstaltung, zu nichts, was geistig irgendwie selbständig machen könnte, zu gehen, wenn es nicht zuvor von der zuständigen Oberin als notwendig und unbedenklich erkannt worden ist. Selbst die Prediger und Beichtväter, deren Einfluß sie ausgesetzt ist, werden ihr «von oben» und einheitlich für alle offiziell vorgeschrieben. Es ist nicht zuviel gesagt: selbst das Spezialgefängnis für Terroristen in Stuttgart-Stammheim erlaubt mehr an Gedankenfreiheit und Information, als die katholische Kirche sie für ihre «Dienstmägde Christi» vorsieht. Kann man deutlicher bekunden, daß man die Eigenständigkeit des Denkens, die Fähigkeit zur Kritik, die Mündigkeit des Geistes, kurz: die wesentlichen Errungenschaften der Aufklärung in der Kirche überhaupt nicht will, auch heute, nach 200 Jahren, nicht? Daß man im Gegenteil jede noch verbliebene Gelegenheit nutzt, die kritiklose, gedankenlose, willenlose, entfremdete und entmündigte «Annahme» eines «Glaubens» durchzusetzen, der im wesentlichen darauf hinausläuft, bedingungslos ergebene und bis zum Äußersten ausbeutbare Untertanen zu schaffen?
Man muß in der Therapie von Klerikern und Ordensschwestern einmal miterlebt haben, wie unglaublich schwer es ist, die einzige Waffe blank zu schleifen, mit der das Ich sich unter analytischer Hilfe im Verlauf von Jahren

seine Freiheit und Selbständigkeit zurückerobern kann: das Schwert des Geistes. «Als ich 15 Jahre alt war», erzählte mir vor einer Weile ein Ordensangehöriger, «war meine Hauptsünde der Glaubenszweifel. Ich ging von Kirche zu Kirche, um einen Beichtvater zu finden, mit dem ich über meine Fragen hätte sprechen können; ich gab es auf, nachdem mindestens ein halbes Dutzend mir erklärt hatten, Glaubenszweifel seien ein Ausfluß des Stolzes der Gedanken, und der Stolz sei eines der Hauptlaster, eine der sieben Todsünden, die den Menschen der Gnade Gottes entgegenstellten. Einer, noch der sympathischste, bekannte sich, als der Grundhaltung seines Lebens, zu dem lateinischen Satz: *Roma locuta, causa finita*, was heißen sollte: Wenn Rom gesprochen hat, ist jeder Zweifel ausgeschlossen und jedes Nachdenken verboten.»

Ich gebe an dieser Stelle gern zu, daß den Worten nach die katholische Theologie nach dem 2. Vaticanum sich alle Mühe gibt, um das Odium einer derartig autoritären Gedankenzensur abzuschütteln; doch besieht man sich die psychische Wirklichkeit, so scheint alles bisher Erreichte eher einer verbalen Beteuerung als einer wirklichen Gedanken- und Dialogfreiheit zu gleichen. Kaum etwas jedenfalls ist in der Therapie von Klerikern schwieriger, als die Hemmungen der Gedanken so weit abzuarbeiten, daß es zumindest eine gewisse Erlaubnis gibt, sich mit den Gehemmtheiten des Es, dem eigentlichen Gebiet der FREUDschen Analyse, auseinanderzusetzen. Die Angst vor der Strafe der inneren Gedankenzensur bzw. umgekehrt das Denken in Begriffsschablonen zur Vermeidung neuerlicher Angstentbindung darf als das Kernsymptom des klerikalen Überichdenkens im Amt gelten. An jeder Stelle drohender Freiheit bricht buchstäblich eine Höllenangst aus, von Gott verworfen zu werden und sich der Abweichung von der katholischen Lehre schuldig zu machen. Wer jemals Zeuge dieser immer wieder auftauchenden, typischen Ängste *im Zentrum* der katholischen Kirche geworden ist, der wird bestürzt vor der Feststellung stehen, mit welch einer Intensität es der katholischen Kirche gelungen ist und offenbar immer noch gelingt, sich als ein fertiges System von Gedanken in der Psyche ihrer Mitglieder zu verankern; und wem an dem Bestand und der Zukunft dieser Kirche ernsthaft gelegen ist, der kann nur mit aller Macht und mit allem Nachdruck darauf hinweisen, wie groß der strukturelle Abstand dieser mittelalterlich anmutenden Form kirchlicher Selbstdarstellung gegenüber der geistigen Kultur von Freiheit und Bewußtheit in der Neuzeit geworden ist.

Anders ausgedrückt: gerade diejenigen Verfahren, mit denen die katholische Kirche sich über lange Zeiten ihrer Geschichte hin offensichtlich sehr wirkungsvoll verbreitet und verinnerlicht hat, stehen heute ihrer Glaubwürdigkeit äußerst hinderlich entgegen; die Hauptlast dieses Problems aber haben die Kleriker selbst zu tragen: Solange sie ihre eigenen Überzeugungen so angstbesetzt verwalten wie kleine Kinder, die sogleich unsicher und verstört reagieren, sobald man ihnen ihr Lieblingsmärchen nicht Wort für Wort in der angelernten Weise aufsagt, ja, die sogleich zu Mutter oder Vater laufen, um sich zu beschweren, daß man es sich erlaubt hat, dieselbe Geschichte einmal anders aufzuzäumen, solange darf die katholische Kirche sich nicht wundern, daß sie heute statt Glaubensnachfolge und Gehorsam eher einen instinktiven Widerwillen in weiten Kreisen der Öffentlichkeit hervorruft. Es existiert zur Lösung dieses Konfliktes als Rezept nur ein einziges Mittel, das FRIEDRICH SCHILLER vor 200 Jahren bereits in *«Don Carlos»* als Forderung ausgesprochen hat: «Geben sie Gedankenfreiheit, Sire!»[112] Irgendwann wird auch die katholische Kirche dahinterkommen müssen, daß sie Gott mehr verdunkelt als verkündet, solange sie an den Begriffen einer veräußerlichten, mit der Wirklichkeit nicht versöhnten Wahrheit festhält. Erst von diesem Tag an gibt es eine Chance zu einer wirklichen Lösung der geistigen Zerrissenheit der Klerikerpsyche.

In der Zwischenzeit jedoch begibt sich für die «Laien» ein tragischer Prozeß des Scheiterns, innerhalb dessen sich die Widersprüchlichkeit der klerikalen Psyche auf dramatische Weise wiederholt: das wachsende Unvermögen der Eltern, ihre religiösen Ansichten den Kindern weiterzugeben.

Gegenüber unserer bisherigen Analyse des klerikalen Denkens als einer Form der Doppelbödigkeit, der Abstraktheit, der autoritätsabhängigen «Loyalität» auf Kosten und zu Lasten des eigenen Standpunktes, ja, als einer Form der entpersönlichten Ungeistigkeit mitten beim Sprechen vom «Geist», wird natürlich – wie auch sonst bei unliebsamen Tatbeständen – zur Entlastung das *Argument der Ausnahme* geltend gemacht werden: Es hat hier und dort vielleicht wirklich ein Theologiedozent in einer Fachzeitschrift oder sogar in dem Beitrag einer Wochenzeitschrift eine von der Generallinie des autoritären Zentralismus abweichende Meinung geäußert, und das «beweist» im Sinne der Apologetik womöglich, daß es doch einen reichen Austausch der Gedanken, ein breites Spektrum an Meinungsfreiheit, an Dialogbereitschaft etc. in der Kirche unter den Klerikern gab und gibt. Indessen ist dieses «Argument» so wohlfeil wie der Hinweis auf die Handvoll akademischer Dozenten, die im Dritten Reich sich gegen die absurde Blut-und-Boden-Mystik der Nazis ausgesprochen haben: Ihr «Widerstand» brachte sie nicht ins Konzentrationslager, solange er versteckt genug war, um das Licht der Öffentlichkeit tunlichst nicht zu erblicken. Nicht ohne Analogie dazu die Situation der Theologiedozenten in der katholischen Kirche heute![113] Was immer sie in ihren Seminaren erörtern mögen, wird solange kein «Beanstandungs-» oder «Lehraufsichtsverfahren» nach sich ziehen, als es nicht in die Öffentlichkeit dringt, als es, mit anderen Worten, die «Laien» nicht erreicht. Ja, es gibt genügend Professoren, die an diesem wichtigen Unterschied zwischen einem Meinungsaustausch unter «Fachleuten» und einer wirklichen Veröffentlichung sich subjektiv sogar ihren Mut und ihren Forschergeist sowie nicht minder auch ihr taktisches Geschick im Umgang mit den Mächtigen nebst ihrer geduldigen Kraft, das «System» von innen heraus zu verändern, mit Genugtuung zu demonstrieren suchen[114]; aber sie riskieren solange nichts, als sie nicht von den «Laien», auf den Marktplätzen sozusagen, *in aller Öffentlichkeit* für ihre Meinung einstehen. Gerade das aber muß von seiten der lehramtlichen Autorität mit allen Mitteln der Einschüchterung und Strafe verhindert werden, und so kommt es, daß in einer Gesellschaft, in der entscheidende Entdeckungen in Physik oder Biologie keine fünf Jahre mehr brauchen, um in den Schulbüchern den Heranwachsenden vermittelt zu werden, die Kenntnis der «Laien» in der katholischen Kirche beispielsweise in der Frage der Historizität der biblischen Texte oder im Verständnis von der «Unfehlbarkeit» des Papstes in etwa dem Stand der Theologie von 1890 entspricht. Und die «Strafe» folgt auf dem Fuße!

Nachdem die katholische Kirche ihrem ganzen Wesen nach die Objektivität der Wahrheit in die tradierten Formen und Formeln ihrer Riten und Lehren setzen zu müssen glaubte, bleibt es ihr in unseren Tagen nicht länger erspart, dem *Zusammenbruch* ihrer eigenen, selbstgeschaffenen Veräußerlichung beiwohnen zu müssen; nachdem sie die «Laien» über Jahrhunderte hin unter der Leitung ihrer ehrwürdigen und heiligen Väter wie unmündige Kinder an den Ohren durchs Leben geschleift hat, muß sie jetzt erleben, daß die katholischen Familien – mithin die eigentliche Basis der kirchlichen Selbstreproduktion! – als Stätten der Weitergabe christlichen «Glaubens» im Sinne eines Bündels lehrbarer Inhalte zunehmend ausfallen.

Besondes ungerecht ist es dabei, daß von seiten der Kleriker oft so getan wird, als liege darin ein Versagen der «Laien» vor. Bei allen psychologischen Fragen, welche die Kleriker *selbst* betreffen, mag eine rechte Mischung von analytischer Kritik und diagnostischem Verstehen am Platze sein – schließlich sind sie in allem, was sie an Schwierigkeiten zu tragen haben, stets die ersten Opfer ihrer selbst; jedoch zum Zorn reizt es, zu sehen, wie die manifesten Schwierigkeiten der religiösen Erziehung in den offiziellen Lehrschreiben aus Rom und Fulda den Familien selber zur Last gelegt werden. Daß sich die Kinder in hellen Scharen vom Religionsunterricht abmelden, daß sie mit 14 Jahren selbst unter erheblichem Druck nicht mehr in die Sonn-

tagsmesse zu bringen sind, daß die Vorstellungen der Kirche über das rechte voreheliche Sexualverhalten von Jugendlichen ohne große Schuldgefühle umgangen werden – all das, so ist zu lesen, liege an dem mangelnden Vorbild der Eltern.[115] Die Ehe und Familie, erläutert Papst JOHANNES PAUL II. in zahlreichen Ansprachen in aller Herren Länder, sei zentral bedroht durch die künstliche Empfängnisverhütung, die Ehescheidung und die Abtreibung.[116] Kurz: würden sich die Eheleute mehr nach den moralischen Anweisungen der katholischen Kirche richten, so wären die Familien intakt, und würde in den Familien mehr gebetet und geopfert, so daß die Kinder an ihren Eltern ein rechtes Vorbild besäßen, so würde auch die Religion wieder Halt und Festigkeit gewinnen, die Ordensgemeinschaften verlören endlich ihre drückenden Nachwuchssorgen, und auch an Berufungen zum Priestertum hätte es nicht länger mehr Mangel.
Es sei einmal von der schieren Äußerlichkeit derartiger Betrachtungsweisen abgesehen; es sei auch einmal beiseitegestellt, daß es freilich einen wachsenden Anteil von mehr oder minder religiös uninteressierten Familien in unserer Gesellschaft gibt; das wirkliche Problem aber wird erst dort sichtbar, wo Väter oder Mütter alles nur Erdenkliche und ihnen Mögliche tun: sie gehen regelmäßig in die Kirche, sie sind womöglich selbst im Kirchenvorstand oder Pfarrgemeinderat tätig, sie beten vor und nach dem Mittagessen, sie feiern Weihnachten und Ostern, sie schicken ihre Kinder zur Erstkommunion und zur Firmung – und dennoch müssen sie miterleben, daß ihre Tochter, ihr Junge sich von der religiösen Vorgabe ihrer Erziehung zunehmend lösen, und zwar *nicht* aus Bequemlichkeit oder Faulheit, sondern weil sie das Tun ihrer Eltern geistig als ein Stück unaufgeklärten Aberglaubens und psychisch als eine aufgezwungene Äußerlichkeit empfinden.
Wenn sie z. B. in Fragen der Welt- und Geschichtsbetrachtung ihrer Mutter oder ihrem Pfarrer Glauben schenken sollen, so hat Gott in einem Akt überfließender Liebe vor ein paar tausend Jahren die Erde und das Firmament geschaffen und dabei den Menschen besonders zum Herrn der Welt erkoren, und in der menschlichen Geschichte hat er sodann, nach einer unfaßbar langen Zeit heidnischer Dunkelheit, sich dem Volk der Juden und schließlich in seinem Sohne Jesus Christus zum Heil des Alls geoffenbart; alles, was Eltern ihren Kindern im Rahmen einer christlichen Erziehung zu vermitteln haben, ist in diesen Vorstellungen enthalten. Wie aber passen diese Vorstellungen zu den Theorien heutiger Kosmologie vom Urknall, wie vereinbaren sie sich mit den ersichtlich «blinden», in hohen Zufallsraten «spielenden» Gesetzen der Natur[117], wie lassen sie sich mit der Größe der nichtchristlichen Kulturen und fremden Religionen vereinbaren?

Es ist der soeben geschilderte mangelnde Mut von uns Klerikern im Amt, es ist die Enge unserer verwalteten «Wahrheit», es sind die geistigen Versäumnisse unseres Standes im Verlauf von Jahrhunderten, die heute die «Laien» hilflos und allein den Herausforderungen der Moderne ausliefern, und es ist am Ende wiederum die angstvolle Verfestigung der Gedanken auch bei den «Laien», die rückwirkend der heranwachsenden Generation von Jugendlichen den «Glauben» der Kirche verleidet oder als eine sektiererhafte Form von Unglauben und Entfremdung erscheinen läßt. Andererseits klammern sich die selbst verunsicherten Eltern unter diesen Umständen oft nur um so mehr an die «klare Lehre» der Kirche und verlangen von den Klerikern im Amt eine Art Begleitung für ihren eigenen resignativen Rückzug in die geistigen Winkelecken der Gesellschaft. Man muß die bitteren Kämpfe katholischer Eltern zwischen der Neigung zur Verurteilung und/oder zum Verständnis ihrer vermeintlich glaubenslos gewordenen Kinder immer wieder und auf lange Zeit hin miterlebt haben, um zu wissen, was es gerade für die «Laien» bedeutet, in einer Kirche zu leben, die in Gestalt ihrer Kleriker seit Jahrhunderten auf das Signal der stärksten Angst hin stets am intensivsten zu reagieren pflegt, indem sie die Ängste ihres eigenen, entpersönlichten Denkstils zum System erhebt. Was man schon in der Zeit des 2. Vatikanischen Konzils sehen konnte: wie fast alle Frömmigkeitsübungen der katholischen Kirche wie Kartenhäuser zusammenbrachen, sobald der Hauch der Freiheit und Freiwilligkeit sie streifte, das wiederholt sich heute, 25 Jahre später, in kleinerem Maßstab Familie um Familie: Eltern – Frauen zumeist –, die (noch) die Maiandacht und die Rosenkranzandacht besuchen und irgendwo eine Reliquie vom kostbaren Blut aufbewahrt halten, und daneben Kinder, vor denen sie diese Relikte dessen, was ihnen heilig ist, förmlich geheimhalten müssen – ganz so, wie jener Theologiedozent sein «Ältärchen» –, um nicht ausgelacht zu werden! Die religiöse Krise der Kirche ist wesentlich eine Folge der Ungeistigkeit ihres geistlichen Standes. Oder umgekehrt gesagt: die größte Wohltat für die «Laien» in der katholischen Kirche bestünde in einer grundlegenden Wandlung der geistigen Verfaßtheit des Klerikerstandes selbst.

Die Rationalisierung und Historisierung des klerikalen Denkens

Es gehört zu der inneren Dialektik jedes beamteten, also auch des klerikalen Denkens, daß es in seiner wesentlich äußeren, also «geistlosen» Bestimmtheit sich formal in eine möglichst rationalistische Darstellungsweise flüchtet, während es den Inhalt seiner Tätigkeit mit Vorliebe in einem historischen Gegenstand sucht. Die Erklärung dieses Tatbestandes fällt nicht schwer: Der Rationalismus wie der Historismus bilden formal wie inhaltlich die einfachsten und probatesten Wege, um sich selber zu entkommen.

Wenn wir in diesem Zusammenhang von Rationalismus sprechen, so nicht im Sinne der philosophischen Überzeugung von der vollständigen Erkennbarkeit der Welt, sondern im Sinne einer psychologischen Haltung der Ausklammerung, Unterdrückung und Verleugnung aller «nur subjektiven», «rein persönlichen» und «allzu emotionalen» Erfahrungsinhalte und Ausdrucksweisen. Subjektiv wird diese Abschottung gegenüber den eigenen Gefühlen gerade bei den geistig an sich wachen und regsamen Charakteren unter den Klerikern begreifbarerweise jedoch nicht selten als ein Akt der Verantwortung erlebt: Würden sie ihr Herz zu sehr auf der Zunge tragen, so müßten sie nur allzuoft von ihren Ängsten und Zweifeln sprechen, sie müßten riskieren, die ihnen anvertrauten «Lämmer» verwirrt und ratlos zurückzulassen; und sie können sich schlechterdings nicht vorstellen, daß ehrlich geäußerte Fragen oft mehr «Halt» zu geben vermögen als die pflichtgemäßen Artigkeiten des beamteten Denkens. – Ein so großer religiöser Sucher und Skeptiker wie der Spanier MIGUEL DE UNAMUNO hat in seinem Stück *«San Manuel»*[118] auf meisterliche Weise diesem Konflikt Ausdruck verliehen.

Don Manuel, der eine glänzende kirchliche Laufbahn ausgeschlagen hat, um nichts weiter zu sein als Priester in dem kleinen Ort Valverde de Lucerna, soll auf Betreiben des Bischofs seiner Diözese heiliggesprochen werden, da er unermüdlich, getrieben von einer tiefen Menschlichkeit und Güte, sich den Nöten der einfachen Leute mit einer solchen Hingabe gewidmet hat, daß ihm sogar überraschende Heilungen gelangen. «Wenn er beim feierlichen Hochamt die Präfation anstimmte, bebte die Kirche, und alle, die ihn hörten, fühlten sich im Innersten bewegt. Und wenn er während der Karfreitagsliturgie ausrief: Mein Gott, mein Gott, warum hast du mich verlassen?, überlief ein tiefer Schauer das ganze Dorf, und es war, als hörten sie unseren Herrn Jesus Christus selber, als töne die Stimme aus dem alten Kruzifix, an dessen Fuß so viele Generationen ihren Kummer niedergelegt hatten. Sein Einfluß auf die Menschen war so groß, daß keiner wagte, vor ihm zu lügen, und alle ihm beichteten, auch ohne den Beichtstuhl zu betreten.» Das ganze Dorf liebt und verehrt *Don Manuel* als seinen Heiligen, dessen Blick die Menschen fesselt und ihr Herz öffnet. Da geschieht es, daß seine Haushälterin *Angela Carballino* die Aufzeichnungen seines Tagebuches findet, aus denen hervorgeht, daß *Don Manuel* zeit seines Lebens an Gott in eigentlichem Sinne gar nicht hat glauben können. Zwar, als *Angelas* Bruder *Lazaro* aus den Vereinigten Staaten zurückkehrt, überzeugt *Don Manuel* den im Grunde Glaubenslosen von der Notwendigkeit des tätigen Einsatzes für die Not der Menschen; doch gesteht er ihm dabei, daß seine rastlose Tätigkeit für die Armen in Wahrheit ein einziger Versuch ist, dem drohenden Selbstmord zu entkommen. In Wirklichkeit darf niemand wissen, daß *Don Manuel* ein Mensch ist, der gerade im Angesicht des Leidens der Menschen an Gott nicht glauben kann. «... meine Aufgabe», erklärt er *Lazaro*, «besteht nicht darin, ihnen meine Zweifel mitzuteilen. Ich habe Armen, Unwissenden, des Lesens und Schreibens unkundigen Menschen, die kaum jemals aus diesem Dorf herausgekommen waren, geholfen, in Frieden zu leben, zu sterben – und zu träumen. Und ich will meine Arbeit fortsetzen, damit sie nicht aufhören zu träumen. So wie dieser See hier den Himmel träumt. Es ist zu schwer, ihnen jemals klar zu machen, wo der rechte Glaube endet und der Unglaube, der Aberglaube beginnt. Deshalb ist es besser, sie glauben alles, auch sich Widersprechendes, als daß sie überhaupt nicht glauben.» «... Ich weiß, daß die Religion nicht dazu da ist, ökonomische oder politische Konflikte dieser Welt zu lösen. Wie auch immer die Menschen denken und handeln mögen, sie sollen getröstet werden, daß sie geboren wurden. Sie sollen so zufrieden wie möglich in der Illusion leben, daß alles einen Endzweck hat. Christus ist auch nicht gekommen, die Armen den Reichen zu unterwerfen oder umgekehrt.» Und als *Lazaro* ihn fragt: «Aber ist es nicht unsere Pflicht, unser Recht, die soziale Frage zu lösen?», antwortet *Manuel:* «Recht und Pflicht, Lazaro, das sind keine religiösen Gefühle, sondern juristische. Christlich ist die Gnade und das Opfer, und christliche Demokratie ist so etwas wie eine blaue Chemie. Nein, nein, Lazaro, unsere Aufgabe besteht nicht darin, das Problem der Armut und des Reichtums auf dieser Welt zu lösen – obwohl das, was den Armen von seiner Armut, auch den Reichen von seinem Reichtum befreien muß. Genauso wie das, was den Sklaven frei macht, auch den Diktator befreien wird, und wie es auch nötig ist, daß man ein Ende mit der Todesstrafe mache, aber nicht, um den Delinquenten, sondern um den Henker zu erlösen. Darum, Lazaro, Hilfe und Verständnis für alle, ohne Unterschied ... Und glaubst du nicht auch, daß aus dem allgemeinen Wohlstand der Lebensüberdruß und die Langeweile stärker denn je hervorgerufen werden? Einer der Führer der sogenannten sozialen Revolution hat geschrieben, die Religion sei Opium für das Volk. Gut, geben wir dem Volk Opium, damit es schlafe und träume. Auch ich gebe mir Opium mit meinem verrückten Tätigkeitsdrang. Auch ich will vergessen. Doch kann ich nicht schlafen und noch weniger gut träumen. Dieser furchtbare Alptraum! Ich kann mit dem himmlischen Herrn sagen: Meine Seele ist betrübt bis in den Tod.»

Als *Manuel* den Tod nahen spürt, tritt er in einer Abschiedsrede noch einmal vor die Menschen seiner Gemeinde hin: «Wie sehne ich mich nach Schlaf. Endlos zu schlafen, ohne zu träumen. Zu vergessen. Und nun laßt mich noch eines euch sagen. Ihr werdet euch erinnern: wenn wir das Glaubensbekenntnis alle zusammen beteten, schwieg ich, wenn wir zu den Schlußworten kamen. Ich will euch heute beichten warum: Als die Israeliten an das Ende ihrer Wanderung durch die Wüste gelangten, sagte der Herr zu Aaron und Moses, er würde ihr Volk nicht in das gelobte Land führen, weil sie nicht an ihn geglaubt hätten. Er hieß sie den Berg Hor besteigen, wo Moses dem Aaron befahl, sich zu entkleiden, und wo dieser starb. Dann stieg Moses von der Ebene Moab auf den Berg Nebo, auf den Gipfel Fasga, gegenüber Jericho, und der Herr zeigte ihm das Land, das er seinem Volk verheißen hatte, aber er sagte zu ihm: ‹Du wirst es nicht betreten.› Und dort starb Moses, und niemand erfuhr, wo er begraben war. Und er hinterließ Josua als Führer. Sei du, Lazaro, wie Josua, und wenn du die Sonne anhalten kannst, tue es und kümmere dich nicht um den Fortschritt. Wie Moses habe ich den Herrn, unseren erhabensten Traum, von Angesicht zu Angesicht kennengelernt, und ihr wißt, daß die Schrift sagt, wer in Gottes Angesicht schaut, wer dem Traum in die Augen sieht, der stirbt. Darum soll unser Volk, solange es lebt, Gott nicht ins Angesicht sehen, denn nach dem Tode ist nichts mehr zu befürchten, da wird es nichts mehr sehen. Und jetzt ist es Zeit, daß man mich in diesem Sessel in die Kirche trägt, damit ich dort von meinem Dorf Abschied nehme... Nur wenige Worte, meine Kinder, denn kaum habe ich Kraft genug, um zu sterben. Ich habe euch nichts Neues zu sagen, ich habe euch schon alles gesagt. Lebt glücklich und in Frieden und hoffet darauf, daß wir uns eines Tages wiedersehen, in dem Valverde de Lucerna dort oben zwischen den nächtlichen Sternen bei dem Berg, die sich im See widerspiegeln. Und betet, betet zur heiligen Jungfrau Maria, betet zu unserem Herrn. Seid gut, das genügt. Verzeiht mir alles Böse, das ich euch vielleicht zugefügt habe, ohne es zu wollen noch zu wissen. Und jetzt, wenn ich euch den Segen erteilt habe, betet alle zusammen das Vaterunser, das Ave-Maria, das Salve und zuletzt das Credo.» – Auf diese Weise lernten die Menschen an *San Manuel,* den Guten, zu glauben, «der sie in der Hoffnung auf die Unsterblichkeit bestärkte, ohne daß er sie selbst erwartete».

Die Idee UNAMUNOS von diesem Heiligen des Zweifels und diesem glaubenslosen Martyrer der Menschlichkeit, der nur weiß, daß die Menschen den Glauben brauchen, um zu leben und sich über die Tatsache ihres Daseins hinwegzutrösten, der aber nicht weiß, ob diesem Traum etwas Wirkliches außerhalb der menschlichen Sehnsucht entspricht, ist das wohl

erschütterndste Zeugnis der «Pflicht», die ein Kleriker verspüren kann, sein Innerstes vor den Menschen zu verschließen: Man darf nicht wissen, wer er ist, da er fürchten muß, mit der Wahrheit seiner eigenen Person nichts als Schaden anzurichten. Dabei ist *«San Manuel»* an sich ein tief empfindender, sehr warmherziger Mensch, der zu gütig ist, um sich an die Welt der Theologie und der kirchlichen Verwaltung zu verlieren. *Seine* Fluchtrichtung ist *das Tun*, der Einsatz bis zur Selbstvergessenheit, die Seelsorge bis zum Vergessen der eigenen Seele. So mag *Don Manuel* als Prototyp all derjenigen Priester stehen, die sich vor ihren aufrührerischen *Ideen* mehr fürchten als vor dem Mitleid ihrer Gefühle und die bis zur Heiligkeit sich selber verschleißen, wie um sich dafür zu bestrafen, im Herzen «ungläubig» zu sein. Die Krise dieser *Don Manuels* ist nicht der Berg Nebo, das Ausschauen in ein Land, das sie selbst nie betreten; die Stunde ihrer Versuchung ist gekommen an den Wassern von Massa und Meriba (Ex 17,1–7), wenn das Volk aufsteht und sich weigert, den Weg ihres Gottes noch weiter mitzugehen – wenn es sich zeigen sollte, daß die Menschen sich nach vielem sehnen und von vielem träumen, nicht (mehr) aber von dem Gott der katholischen Kirche. Auch die *Don Manuels* verschweigen ihre Person, auch sie leben nicht das, was sie eigentlich sind, aber ihre warmherzige Liebe zu dem Volk macht sie in gewissem Sinne zu den Antipoden der «Theologie» unter den Klerikern, jener Exulanten der Existenz im Reich des unpersönlichen *Denkens*.
So wie *Don Manuel* eine gewisse Beruhigung seiner ontologischen Unsicherheit in dem Gefühl erfährt, etwas menschlich Richtiges *getan* zu haben, so fühlen die «Theologen» unter den Klerikern sich beruhigt in dem Gedanken, etwas göttlich Richtiges *gesagt* zu haben. Man kann die Befriedigung gar nicht hoch genug veranschlagen, die auf dem Hintergrund einer fundamentalen Verunsicherung, wie wir sie zur Erklärung der Widerspruchsexistenz der klerikalen Psyche voraussetzen, allein schon darin liegt, endlich einer Gemeinschaft von Menschen angehören zu dürfen, die sich selber versichert, die endzeitliche Trägerin der letzten und endgültigen Wahrheiten zu sein, die Gott der Welt und der Menschheit im ganzen mitzuteilen hat. Wie unbedingt nötig die klerikale Psyche dieser Bestätigung bedarf, das *einzig* Richtige zu denken bzw. die *ganze* Wahrheit Gottes zu wissen, erkennt man unschwer an der Heftigkeit des Widerstandes, der sich sogleich regt, wenn jemand den Versuch unternehmen sollte, den Absolutheitsanspruch des Christentums zu relativieren. Gründe dafür gäbe es genug.
Es ließe sich z. B. darauf hinweisen, wie unwahrscheinlich es ist, daß unter allen Völkern der Erde im Verlaufe der langen Menschheitsgeschichte just wir das Glück gehabt haben sollten, bereits von Kindsbeinen an in die einzig

wahre Religion hineingeboren worden zu sein – doch eine solche Frage auch nur zu stellen, bedeutet für das klerikale Denken bereits den Erweis von Glaubenslosigkeit. Man kann geltend machen, daß es im Grunde ein Merkmal *archaischen* Denkens darstellt, das eigene Volk und die eigene Kultur unbesehen für besser als alle anderen zu halten[119]; doch was bei allen anderen Religionen als primitiver Gruppenegoismus, als Anmaßung und Verstocktheit gelten muß, das ist nach klerikaler Logik in bezug zur christlichen Religion der wohlverstandene Ausdruck eines Glaubens, der sich aufrichtig dankbar weiß für die unverdiente Gnade der außerordentlichen Erwählung durch Gott. Wer an der Gültigkeit dieses Denkens Zweifel anmelden wollte, wird mit den heftigsten Verurteilungen der beamteten Hüter und Interpreten des christlichen Glaubens zu rechnen haben. Das Problem, mit dem wir es hier zu tun haben, stellt sich uns an dieser Stelle freilich wieder nicht dogmatisch – unsere Frage lautet nicht, ob der Glaube an die Person Jesu Christi notwendig den Anspruch eines exklusiven Wahrheitsbesitzes in sich schließt[120] –; was uns interessiert, ist die Entdeckung, daß die Persönlichkeit eines Klerikers selber ins Wanken gerät, sobald man ihr diesen vermeintlich festen archimedischen Punkt der Existenz entzieht.
Bereits an der Gestalt des *Lucien Fleurier* konnten wir sehen, ein wie starkes Bedürfnis nach einer *missionarischen* Aufgabe sich aus dem Grundgefühl der ontologischen Unsicherheit herleitet, welch ein kämpferischer Fanatismus, welch eine rabiate Intoleranz daraus hervorgeht; wir lernen jetzt, in welchem Umfang das klerikale Denken die Aufgabe hat, durch die Absolutsetzung seiner Gedankeninhalte und Lehren die eigene Persönlichkeit zu stabilisieren. Es ist die alte Lehre in diesem Zusammenhang in Richtung des Selbstgefühls der Kleriker ganz wörtlich zu nehmen, nach welcher ein Mensch außerhalb des christlichen Glaubens ein schlechthin Verlorener, ein durch und durch Verdammter ist, der unrettbar der ewigen Hölle anheimfallen wird, wenn er nicht durch Umkehr und Buße sich zu Christus bekennt.[121] Was hier als transzendente theologische Doktrin erscheint, läßt sich ohne weiteres als Aussage der klerikalen Selbstwahrnehmung rückübersetzen: um zum Kleriker der katholischen Kirche zu taugen, ist psychologisch gerade ein solches Gefühl unrettbarer Verlorenheit vorauszusetzen, wie es sich dann später theologisch ausspricht. Es ist, als wenn ein Kleriker tatsächlich erst durch seine Zugehörigkeit zur Kirche die Berechtigung empfangen würde, als Mensch zu leben; der *Fleurier*sche «Nebel», das Gefühl eines bodenlosen Nicht-Existierens, löst sich erst durch die von außen kommende absolute Bestätigung, trotz allem dennoch «geliebt», «gemocht», «berechtigt», «notwendig» zu sein. Alles Sprechen klerikaler Verkündigung

von Gott läuft bei Licht besehen auf diese Versicherung der eigenen Existenz hinaus; und nicht nur Gott – vor allem die eigene Religion, die eigene Konfession, die Art, in der man vor 40 Jahren im Studium die göttlichen Mysterien in der Dogmatikvorlesung erklärt bekommen hat: einzig dort ist Wahrheit und Leben, einzig dort Rechtgläubigkeit und Frieden, so daß ein Unruhestifter und Aufwiegler, ein Irrlehrer und Menschenfeind, eine abartige, kranke Persönlichkeit sein muß, wer es wagen sollte, diesen Frieden zu stören.

Bei all dem ist *das Geflecht der kleinen Unterschiede* signifikant. – Selbstverständlich findet sich ein gewisser nostalgischer Zug des Schwelgens in alten Studentenerinnerungen, eine gewisse Trägheit, sich weiterzubilden, ein gewisses Phlegma neuen Erkenntnissen und Erfahrungen gegenüber auch in vergleichbaren anderen Berufen. Welch ein niedergelassener Arzt beispielsweise wird noch zusätzlich zu seiner übervollen Behandlungstätigkeit am Abend etwas wesentlich Neues auch nur auf dem Gebiet seines eigenen Faches dazulernen wollen? Er wird finden, es sei genug, daß er sach- und fachgerecht anwendet, was er damals gelernt hat, und je «technischer» er seinen Beruf ausübt, mit desto verklärteren Augen wird er die Zeiten betrachten, in denen er sich für Biochemie und Botanik, für Zoologie und vergleichende Anatomie zu interessieren hatte; und selbst der nächste Fortbildungskurs oder Kongreß von Fachkollegen wird mehr dem geselligen als dem wissenschaftlichen Teil gewidmet sein: Man ist schließlich wer! Dergleichen ist normal. Aber bei Klerikern ist es anders. Ihnen geht es nicht um eine Art geistiger Vorruhestandsregelung, sie vertreten im Gegenteil den einzigen Beruf in der Bundesrepublik, in dem es vorgeschriebene Pflicht ist, noch mit 75 Jahren seinen «Dienst» zu verrichten – *«sacerdos in aeternum»* (Priester auf ewig), das heißt in der Sprache der Kinder dieser Welt: es gibt kein Pensionsalter! Es geht den Klerikern zumeist auch nicht um die äußere Repräsentation des gesellschaftlich Erreichten; worauf es ihnen ankommt, worin allein sie ihr Genügen finden, ist die objektive Richtigkeit, die mit höchster Autorität garantierte Wahrheit, die göttlich begründete Notwendigkeit all dessen, woran sie glauben und was sie tun. In ihrem Inneren herrscht der Sog der ontologischen Unsicherheit in einem solchen Ausmaß, daß jeder Zweifel an dem System ihrer ideologischen Selbstberuhigung als Beleidigung Gottes bzw. als Beleidigung ihrer selbst verstanden werden muß.[122] Die gesamte so mühsam niedergehaltene Angst bräche erneut wieder auf, wenn z. B. die Lehrmeinung des Professors damals sich als falsch erweisen würde. Was aus Gründen einfacher Logik als völlig unvereinbar erscheinen sollte: die Haltung einer pragmatischen Loyalität, die etwas für richtig nimmt, einfach weil es von der zuständigen Behörde «mitgetragen» wird, und die Haltung einer gläubigen Ergebenheit, die etwas nur tut, weil es auch wahr ist – eben das findet sich als Widerspruchseinheit in der Einstellung des Klerikers zusammen. Er *braucht* eine Kirche, die sich niemals irrt und die selbst dann, wenn sie ganz offensichtlich heute anders lehrt, als sie noch gestern sagte, auch darin recht hat, daß sie – nicht: sich geirrt, sondern sich *gewandelt* hat. Wie schon der Apostel sagte: «Und wenn ein Engel vom Himmel ein anderes Evangelium verkündigen würde als das, welches wir euch gepredigt haben – verflucht sei er!» (Gal 1,8)[123]

Es ist von daher sehr wichtig, immer wieder die enorme Energie basaler Angst zu beachten, die im klerikalen Überichdenken strukturell verfestigt ist. Gerade die ideologisch so stabil erscheinende Heilsgewißheit, die behauptete Irrtumsfreiheit des Lehramtes, die routinierten Ableitungen der Kirche Christi als der römisch-katholischen in allen Teilen ihrer Institutionen, Riten und Praktiken geben sich psychoanalytisch als ein phantastischer Apparat der Angstberuhigung zu erkennen, der so riesengroß ausfallen muß, weil er das Größte und Schönste, aber eben deswegen auch das am meisten Ängstigende niederhalten und überdecken muß, was im Gang der Evolution auf diesem Planeten je hervorgebracht wurde: die individuelle Person. Der ganze Überbau des klerikalen Denkens ist so lange nötig, d. h. buchstäblich «heilsnotwendig», als es die Kleriker im Amt selber nicht gelernt haben noch lernen dürfen, ein ruhiges Selbstvertrauen aufzubauen und die Wahrheit des Göttlichen in der eigenen Person zu suchen, also, theologisch gesprochen, das prophetische Element ihrer «Berufung» stärker zu leben.[124] Gebunden an die beamtete Wahrheit, dient das Überichdenken der Kleriker wesentlich der Bekämpfung, der Niederringung, wortwörtlich der «Verleugnung» des eigenen Ichs[125], und die Folgerung ist unvermeidlich, daß in dem gedanklichen Apparat der Angstberuhigung der Urwiderspruch: die fundamentale ontologische Unsicherheit gegenüber der eigenen Existenz, nicht gelöst, sondern verewigt wird, d. h.: Die Angstberuhigung auf Kosten des Ichs erschafft ein System permanenter autoritärer Außenlenkung und einer im Überich als göttlich verinnerlichten Heteronomie[126], die identisch ist mit dem Befehl, möglichst gegen sich selber anzudenken bzw. sich selber wegzudenken, um endlich so im Rahmen der Kirche Christi der göttlichen Wertschätzung von Geretteten und Auserwählten teilhaftig zu werden.

Erst unter dieser Voraussetzung versteht man psychologisch den angestrengten, konsequent verfolgten und immer wieder zum Scheitern verurteilten Willen der abendländischen Theologiegeschichte, die «Mysterien» des Glaubens mit *rationalen*, philosophischen Mitteln zu begründen und zu erklären. Kirchengeschichtlich beginnt die Rationalisierung des Glaubens bereits am Ende des 1. Jahrhunderts, als man den Christus als den Logos, als die inkarnierte Weltvernunft, als die Gestalt gewordene Weisheit Gottes erklärte.[127] Es ist die Formel, mit der die frühe Kirche sich nicht nur, wie mit einem Passepartout, die Gelehrtenstuben der heidnischen Philosophie zu öffnen suchte, indem sie sich mit Hilfe des jüdischen Monotheismus im Munde der frühchristlichen Apologeten als eine Art Aufklärungsphilosophie des Verstandes und einer höheren Sittlichkeit darzustellen bemühte[128], sondern mit der sie zugleich auch dem heidnischen Mythos in Form der hellenistischen Mysterienkulte den Kampf ansagte, indem sie die hochmythologischen Inhalte der eigenen Christologie mit vernünftigen Mitteln *historisch* zu begründen unternahm.[129] Gleichgültig, wie man zu dem Gewinn oder Nachteil dieser sehr frühen und für den weiteren Gang des Christentums im Abendland entscheidenden Weichenstellung als Kirchengeschichtlicher sich stellen mag, so ist doch psychoanalytisch zweierlei damit gegeben: zum einen die Ausformulierung des Dogmas als einer rationalen, begrifflichen Darstellung von «Heilswahrheiten», die wortwörtlich gelehrt und nachgesprochen werden müssen, um den Glauben an Christus weiterzugeben und sich zu eigen zu machen – die Umwandlung des Christusglaubens in eine Lehre objektiv gegebener «Heilstatsachen» bedeutet religionspsychologisch eben den Schritt, der strukturell die Psychodynamik der Kleriker in der Art, wie sie später durch die Jahrhunderte sich immer klarer herauskristallisiert, fördert und fordert[130]; und daneben steht mit der Unterdrückung des heidnischen Mythos zugleich die Unterdrückung, Abspaltung und Dämonisierung der mythenbildenden Kräfte der menschlichen Psyche in weiten Schichten des Unbewußten.[131] Beides zusammen; die Unterdrückung von Traum, Phantasie, Gefühl und Poesie sowie die Objektivierung und Fixierung einer rational mitteilbaren Lehre über etwas, das dem Begriff nach, als Mysterium, sich jedem Begreifen entzieht, wirkt synergistisch zusammen und erschafft ein theologisches Denken, das unabdingbar darauf besteht, die Wahrheit des Göttlichen prinzipiell nur im Absehen von sich selbst, im Wegsehen vom eigenen Gefühl finden zu können. Alles Emotionale ist im Umkreis dieses Denkens verdächtig der Unwahrheit und verführerisch zur Sünde, einfach schon deshalb, weil es Gefühl ist – weil es subjektiv, weil es persönlich, weil es lyrisch-verträumt ist. Nur der Kopf, das Denken, vom Gehorsam des Glaubens geleitet[132], ist imstande, das Wort Gottes zu vernehmen und auszulegen; das Herz hat zu beten; doch daß es Gründe des Herzens gibt, die der Verstand nicht kennt, ist das Wort eines Ketzers, eines auf den Index der verbotenen Bücher gesetzten französischen Jansenisten: BLAISE PASCAL.[133]

Es ist an dieser Stelle für uns wiederum nicht von Belang, *theologisch* zu verfolgen, wie sich der philosophische Rationalismus des großen Gegners PASCALS, wie sich die Klarheit des methodisch geleiteten Denkens DESCARTES' bis hin zur Aufklärung am Ende des 18. Jahrhunderts mit dem Triumph der subjektiven Selbstgewißheit des Verstandes immer stärker gegen den kirchlichen Dogmatismus und Klerikalismus geltend machen mußte[134] und der kirchlichen Selbstbegründung damit den einzigen Pfeiler entzog, auf dem sie sich zu etablieren suchte: die menschliche Vernunft. Was *uns* an dieser Stelle interessiert, ist die *psychologische* Funktion eines Denkens, das sich in einer eigentümlichen Askese zunehmend jeder persönlichen Beimischung oder emotionalen Eintönung als Hybris oder Willkür zu entledigen sucht; und da können wir sagen: dieses Denken hat *wesentlich* die Aufgabe, das Subjekt von der Schuld zu entlasten, durch sein ganzes Dasein, durch die Perversion seines Gefühls, durch die Irritation seines Selbst fehlbar und anfechtbar zu sein. Es handelt sich um jenen Sprung, mit dem wir soeben *Lucien Fleurier* aus dem Wirrwarr seiner Jugend sich in das Fegefeuer seiner Tugend stürzen sahen: *die missionarische Aufgabe im Kollektiv,* die rettende Lehre der Zerstörung des Minderwertigen, *die schicksalhafte Erwähltheit* im Status des «Die-anderen-brauchen-Mich». Wir beginnen an dieser Stelle allmählich zu begreifen, daß und warum innerhalb des klerikalen Denkens die christliche «Lehre» nicht erst «erlösend» ist aufgrund ihrer Inhalte, sondern bereits *in der Formalisierung als Lehre an sich:* Ihre wirklich erlösende Funktion für die Kleriker liegt darin, endlich von sich selbst nicht mehr sprechen zu müssen; es ist endlich ihre *Pflicht,* niemals mehr so anmaßend zu sein, sich selber zum Thema zu machen; vielmehr, wenn sie selbst etwas meinen, dann als Unangreifbare, dann als göttlich Beauftragte, dann als kirchlich Gesandte – als «Gefäße» göttlichen Geistes.

Das letztere Wort ist nicht zu salbungsvoll, um ein Denken zu verstehen, das wesentlich der *Absperrung und Unterdrückung eigener Gefühle* gilt. Worüber, wenn zwei Kleriker einander sich begegnen, werden sie nach zwei Minuten sprechen? Richtig: über die Gefühle anderer – mit absoluter Vorliebe über die Fragen der *Liebe,* d. h. über die Probleme der Eheleute vor der Ehe, in der Ehe und außerhalb der Ehe. Wie Gefangene von der Freiheit, wie Kranke ständig von der Gesundheit sprechen, so dreht sich das Denken dieser Liebeentsagenden, dieser Gefühlsversperrten ständig und stets um das Intimste und Gefühlsintensivste im Leben anderer. Wie frierende Tiere, die sich im Winter an die Türen der Häuser drängen, um wenigstens räumlich den Orten der Wärme nahe zu sein, zu denen ihnen selber der Zugang verwehrt ist, so wärmen sich die Kleriker ihre verfrorenen Münder am Diskutieren über die Küsse anderer, nur daß es ihnen selber nie wirklich warm dabei werden darf. Die Rationalisierung und Formalisierung ihres Denkstils, das Zergliedern, Katalogisieren und Systematisieren der Erfahrungen anderer dient dem geheimen Zweck, sich selber den Zugang zu den natürlichen Paradiesen ungehinderter Gefühle wie mutwillig zu versperren[135]. Psychoanalytisch indessen läuft dieses Denken in Bewertungen und Normierungen auf die unausgesprochene *Bestätigung der eigenen Kindheit* hinaus, in welcher der wesentliche Zugang zu der Erfahrungswirklichkeit des Gefühls in den fremden Gedanken einer entfremdenden Moral bestand: Die Summe der Verbote war das Spiegelbild dieser gefährlichen Welt eigener starker Emotionen. Und zugleich verfolgt dieses zensurierte und zensierende Denken fremder Gefühle das Ziel, auch die Gefühle anderer in die mitgebrachten Bewertungsraster einzuordnen. Noch lange bevor wir auf die spezifisch *sexuellen* Gehemmtheiten im Leben von Klerikern zu sprechen kommen, ergibt sich bereits aus der Struktur des klerikalen Denkens aufgrund seiner funktionalen Gefühlsabsperrung, daß es, beispielsweise in den Fragen der Liebe, das höchste Interesse aller geistigen Anstrengungen dieses Standes darstellen wird, den Genuß sexueller Empfindungen und starker Sympathien einzig der Ehe vorzubehalten. So wie die Kleriker selbst ihre eigenen Gefühle nur innerhalb und zugunsten der eigenen Institution zulassen können, so können sie auch die Gefühle anderer nur akzeptieren, wenn sie innerhalb eines festgefügten, eines unter allen Umständen gültigen Rahmens «vorkommen». – Man macht sich selten wirklich klar, daß Kleriker, gerade wenn sie von anderen sprechen, im Grunde immer von sich selber reden!

Was für die klerikale Psyche selbst die komplette *Verschiebung der Gefühle in die Gedanken* bedeutet, läßt sich in zwei Formen am besten beschreiben: die eine können wir als *die indirekte Mitteilung* bezeichnen, die andere als *die pastorale Unwahrhaftigkeit*.

Mit der *indirekten Mitteilung* ist das eigentümliche Phänomen im Leben vieler Kleriker gemeint, daß sie, die stets gehalten sind, die eigene Person zurückzunehmen, ersatzweise gleichwohl einen Weg finden, um sich mitzuteilen: den Weg der «Verkündigung» selbst. Das Paradox besteht, daß man viele Priester als Personen am besten (oder überhaupt nur!) kennenlernen kann, wenn man sie im «Dienst» erlebt. In ihren Predigten etwa, beim Rezitieren eines Bibeltextes, beim Vortrag eines Gedichtes oder beim Verlesen eines Briefes können sie tief bewegt sein und als Menschen in Erscheinung treten; da mit einem Mal besteht eine winzige Erlaubnis, sich selber zur

Sprache zu bringen, und in diesen Riß im Mauerwerk der Verdrängung dringt dann die gesamte Energie eines aufgestauten Lebens. Gerade bei Priestern, deren Identifikation mit dem Amt nahezu total erfolgt ist – wie es beamtetermaßen gewünscht wird! –, läßt sich diese *Personalisierung des Offiziellen* beobachten: es ist *das Amt*, das schließlich nun doch einen schmalen Erlebnisraum eröffnet, um sich selber zu leben. Man kann nicht leugnen, daß darin sogar eine besondere Chance liegt, die an das Künstlerische grenzen mag:[136] Gerade der indirekte Ausdruck erzeugt den Eindruck einer hohen Glaubwürdigkeit, indem Menschen, die im Privaten von sich selber niemals sprechen dürfen, nun, wo sie aus Anlaß einer objektiven Mitteilung ersatzweise sehr persönlich werden, ganz so wirken, als wenn sie hinter jedem ihrer Worte mit dem ganzen Ernst der Existenz stünden. Aber Vorsicht! Man hat es womöglich nur mit jener Vertauschung der Ebenen zu tun, von der wir bereits gesprochen haben (s. o. S. 75). Die Probe aufs Exempel jedenfalls läßt sich am besten entlang der Frage machen, inwieweit dieselbe Persönlichkeit bereitsteht, im Umkehrverhältnis zu der *Privatisierung des Allgemeinen* das *Persönliche in etwas Allgemeines* aufzulösen – und sich mithin auf keiner Ebene wirklich festzulegen. Es gibt ein furchtbares, aber wahres Wort im Neuen Testament, in dem Jesus sich heftigst gegen den Irrglauben verwahrt, es genüge, von Gott «aufrichtig» zu reden, und wo er verlangt, selber wirklich zu *sein:* «An jenem Tage werden viele zu mir sagen: Herr, Herr, haben wir nicht in deinem Namen als Propheten geredet und in deinem Namen Dämonen ausgetrieben...? Und dann werde ich ihnen bekennen: Ich habe euch nie gekannt...» (Mt 7,22.23)[137]. Es gibt vor Gott keinen Ersatz für ein eigenes und eigentliches Leben.

Doch je unpersönlicher und gefühlsärmer das Leben von Klerikern gerät, desto stärker tritt die zweite Variante uneigentlichen Denkens in Erscheinung: *das pastorale «Tonbanddenken»*. Mitten im Gespräch kann man erleben, daß plötzlich ein guter Bekannter anläßlich eines menschlichen Problems oder einer religiösen Frage den Tonfall seiner Rede ändert – die Stimme wird melodramatisch, die Artikulation getragen feierlich, es ertönt ein sonorer Brustton der Überzeugung – das bereits sprichwörtliche *pastorale Gehabe*, das bei aller Bemühtheit doch nur beweist, daß der andere aufhört, als er selber zu sprechen, bzw., krasser gesagt, daß er von Amts wegen im Begriff steht zu lügen. Nicht mehr er selber redet, sondern es ist, als hätten auf bestimmte Themen und Fragen hin in seinem Kopf sich unsichtbare Tonträger in Gang gesetzt, die sich nun aus gegebenem Anlaß programmgemäß abspielten. Statt sich auf die wirklich gestellte Frage einzulassen, hagelt es Redensarten, die allesamt jene Frage schon im Keime totschlagen sollen, die sich «im Glauben», wie «man» glauben soll, erst gar nicht gestellt hätte. Vor allem geht bei der Festlegung des Gesprächs auf scheinrationale Allgemeinplätze der eigentlich subjekthafte Teil wirklicher Rede: *die Ebene der emotionalen Bedeutung des Gesagten* für die Gesprächspartner selber, vollkommen unter. Man sieht nicht und darf nicht sehen, welch ein persönliches Interesse man an der Verteidigung bestimmter Theoreme hat, was es einem selber bedeuten würde, wenn dieser oder jener Lehrsatz einmal anders ausfiele, als man ihn im Erstkommunionunterricht gelernt hat[138] – es herrscht auf dem Hintergrund der ontologischen Unsicherheit eine ständige Angst, daß alles, buchstäblich alles ins Wanken geriete, wenn ein Detail in dem Gebäude des Überichs geändert würde.[139] Doch diese *Angst* wird selbst nicht wahrgenommen; sie wirkt sich unablässig aus, aber sie ist strukturell in die Sicherheit des Überichdenkens eingefroren, so daß unter diesen Umständen eine theologische Debatte subjektiv niemals als ein Problem der Angst empfunden wird, sondern als ein Problem der Verteidigung des rechten Glaubens erscheint.[140] Mit anderen Worten: die Gefühle, die in der Unpersönlichkeit des klerikalen Denkens unterdrückt werden, setzen sich um in *Spielregeln der gegenseitigen Nicht-Berührbarkeit* bzw. der nur beamteten Annäherung – und also der ideologischen *Intoleranz in jedem Falle der Normabweichung*.

Es ist ein wohl auch sonst gewohntes Schauspiel, daß Menschen, die ihrem Verein, einem Kreis von Kollegen, einer Gruppe von ehemals Gleichgesinnten «untreu» werden, mit Wut und Empörung ausgestoßen werden – der bedrohte Gruppenzusammenhalt festigt sich wieder durch die gemeinsame Jagd auf ein gemeinsames Beutetier unter möglichst großem Hallali.[141] Doch erneut wieder: was anderenortes normal ist, sollte als unnormal gelten in der Kirche. Allerdings, um die Wahrheit zu sagen: Es fällt schwer, innerhalb der Geschichte Europas eine Gruppe von Menschen zu finden, die über so lange Zeiträume, in solchem Umfang und in so erbarmungsloser Konsequenz die «Abweichler», die «Dissidenten», die «Häretiker» in ihren eigenen Reihen verfolgt und physisch wie psychisch zu vernichten getrachtet hätte wie die katholische Kirche.[142] Gewiß mag man in diesem Tatbestand den Hinweis für einen ausgeprägten, ideologisch hoch motivierten Fanatismus erblikken[143], aber *«Fanatismus»* ist psychologisch keine einfache Tatsache, sondern das Resultat zahlreicher Einzelfaktoren, als deren wichtigster *eine Theologie der strukturellen Gefühlsverdrängung* selbst erscheint. Gerade das ständige Reden von Heil und Erlösung, von Sünde und Vergebung, von Gott und Schöpfung begründet unter der erzwungenen Absperrung des

Subjektes eine *Totalanschauung* im Sinne der Religionskritik von KARL JASPERS:[144] Es darf nicht mehr bewußt gehalten werden, daß alles Sprechen über *erfahrungstranszendente* Wahrheiten nur ein *symbolisches* Sprechen sein kann, wenn es nicht zu einem objektivistischen Fundamentalismus, mithin zum Aberglauben verkommen will.[145] Indem die Psychologie des Klerikerseins indessen wesentlich auf der angstbesetzten Identifikation des Ichs mit den Inhalten des Überichs basiert, kommt es gerade in den Kreisen, die in der katholischen Kirche gewissermaßen das Monopol in allen theologischen Fragen behaupten, zu einem förmlichen Bedürfnis, die eigenen Glaubenssymbole als die Repräsentation einer Welt an sich zu verstehen – und eben nicht mehr als Chiffren, die an den Existenzvollzug des Subjekts gebunden sind. Es ist dieser *rationalistische Objektivismus*, der aus menschlichen Haltungen logische Konstrukte und aus lebendigen Erfahrungen deduzierbare Theoreme macht – und der infolgedessen gewalttätig sein *muß*, weil er strukturell in einer einzigen Verleugnung und Unterdrückung des Subjekts selbst besteht.

Man schaue zum Beweis sich die Art und Weise an, in der vor 450 Jahren die Reformation in die konfessionelle Spaltung führte.[146] Die üblichen Fragen von Geld und Macht einmal beiseite gestellt, war es offensichtlich die klerikale Unfähigkeit der damaligen Theologen, Gefühle und Erfahrungen von Menschen gelten zu lassen, oder umgekehrt die eigenen Lehrmeinungen so auszulegen, daß sie die Erlebnisweisen von Menschen hätten erschließen können und verstehen helfen, was die spätere Spaltung begründete und verfestigte. Es war diesen Verteidigern der Wahrheit Christi vollkommen unmöglich, in all den theologischen Debatten über Gnadenlehre, Willensfreiheit und Rechtfertigung *den Menschen* MARTIN LUTHER zu sehen – mit seinen Ängsten, seinen Depressionen, seinem seelsorglichen Engagement, seinem Mut zur Wahrheit und seinem wachsenden Zorn gegenüber dem Formalismus kirchlicher Rechthaberei. LUTHERS Protest geriet, je länger desto mehr, zu einem wütenden Aufstand der Persönlichkeit, des Subjekts gegen den monolithisch starren Objektivismus der römischen Theologie, aber man sah nicht und sieht bis heute nicht, daß es die unpersönliche, gefühlskalte, subjektlose Form der Theologie selbst ist, die sich aufgrund ihrer eigenen Widersprüchlichkeit und Desintegriertheit immer wieder ihre «Ketzer» und «Häretiker» erschafft und erschaffen muß, indem ihre rationalistische Argumentationsweise sich weigert, persönliche Erfahrungen und menschliche Evidenzen als Argumentationsbasis anzuerkennen. Es war nicht möglich, dem Augustinermönch LUTHER zuzubilligen, daß die Angst, die er in sich fühlte, die Angst einer ganzen Zeit und eines ganzen Kontinentes widerspiegelte[147]; man war katholischerseits außerstande zu begreifen, daß die Infragestellungen des Daseins, von denen LUTHER sprach, durch keinerlei Gesetz oder Weisung beruhigt, sondern allenfalls vermehrt werden konnten.[148] Es war unvermeidbar, daß LUTHERS Kritik an der Theologie seiner Zeit bald schon zu einer Kritik an den Klerikern der Kirche bzw. an dem Beamtenstatus des Klerikerseins geriet[149], doch es hat bis heute nicht den Anschein, als wenn man den eigentlichen Kern des protestantischen Protestes gegenüber der römischen Form des Christentums in der katholischen Kirche verstanden hätte. Man diskutiert nach wie vor über das rechte Verständnis von Amt, Sakrament, Tradition und Primat, ohne zu merken, daß man den entscheidenden Punkt ständig außer acht läßt: die Bedeutung des Subjekts mit seinen Erfahrungen und Gefühlen, Nöten und Ängsten, Tragödien und Hoffnungen. Selbst ein halbes Jahrtausend nach MARTIN LUTHER wissen wir im römischen Katholizismus immer noch nicht, was Angst ist, d. h., *wir*, die Kleriker im Amt, ersparen uns die Angst, die es kostet, ein Individuum zu sein, indem wir uns an Institutionen und scheinbar objektive Garantien göttlichen Heils klammern, als ob sie uns erlaubterweise oder gar verpflichtetermaßen von dem Lastgewicht der eigenen Existenz erleichtern könnten.

Und schlimmer noch: die Erleichterung von der eigenen Existenz, die wir auf diese Weise zu gewinnen hoffen, versperrt uns den Zugang zum anderen. Innerhalb des klerikalen Pflichtdenkens erscheinen *die menschlichen Beziehungen wesentlich durch die Frage des gemeinsamen Bekenntnisses vermittelt:* der andere ist unsere Schwester, unser Bruder, er gehört zu uns, sobald und solange er mit den Lehrformeln christlicher Frömmigkeit übereinstimmt; weicht er oder fällt er davon ab, so darf er, so soll er gelten «wie der Heide und der Zöllner» (Mt 18,17)[150], dann gilt das Apostelwort aus 2 Thess 3,6: «Wir gebieten euch aber, ihr Brüder, im Namen unseres Herrn Jesus Christus, daß ihr euch von jedem Bruder zurückzieht, der unordentlich wandelt und nicht nach der Überlieferung, die sie von uns empfangen haben.»[151] Die Beziehung unter Menschen, wenn es so steht, ist ganz und gar gebunden an die Übereinstimmung in den Dressaten des Überichs; es kommt nicht auf Sympathie und Neigung, auf Herzenseinklang und Affinität des Wesens an, es geht in keinem Falle um menschliche Gefühle – denn das alles ist ja «nur» menschlich! –, es geht allein und ausschließlich um die Konkordanz ein und desselben Glaubensbekenntnisses. Es gibt Fanatiker, die nach diesem Konzept so weit gehen, sogar eine Ehe annullieren zu wollen, nur weil ein Mann seine Frau nicht länger mehr des Sonntags in den Gottesdienst einer bestimmten, sich elitär dünkenden Gemeinde begleiten möchte: wie kann man auch einer Gemeinde von wahrhaft Christgläubigen, die auf dem Boden der Gemeindetheologie des Evangelisten Lukas zueinandergefunden haben, einfach den Rücken kehren wollen, wo diese Gemeinde von Erwählten und charismatisch Begeisterten doch als ein Zeichen der göttlichen Gnade in unserer Zeit vor den Augen aller, die guten Willens sind, beglaubigt und erwiesen ist?[152] Es scheint aus einer bestimmten Art von Theologie, wenn man sie erst einmal ernstzunehmen beginnt, kein Entrinnen mehr zu geben: das Diktat dieses Überichdenkens stumpft jedes menschliche Gefühl ab, entwertet jede menschliche Wahrnehmung und diskreditiert den Raum des Menschlichen insgesamt zu dem Ort des Verkehrten, Verführerischen, Antigöttlichen und Antichristlichen. Wenn im Rahmen einer solchen Lehre von «Liebe» die Rede ist, so kommt diese Sprache von schmalgepreßten, blutleeren Lippen, die nichts anderes kennen als die Askese der Angst. Man mag die *Kreuzzugsmentalität* des Mittelalters heute bedauern, aber wir werden sie in der katholischen Kirche erst wirklich überwunden haben, wenn wir den Klerikern dieser Kirche die Erlaubnis zurückgeben, als erstes Menschen zu sein und nicht primär Beamtete. Und umgekehrt: der Glaube des Christentums wird in der katholischen Kirche seine Menschlichkeit allererst wiedererlangen, wenn die Theologie dieser Kleriker beginnt, *das Leben von Menschen* zu interpretieren, statt es verwaltungsmäßig zu instruieren und mit moralischen und intellektuellen Zwängen zu destruieren.

Wem all diese Hinweise auf den Zusammenhang zwischen einer vereinseitigten, zur Lehre entarteten Form von Frömmigkeit und einem System geistigen Zwangs und seelischer Unterdrückung nicht Bedenken genug sind, um gegen die strukturelle Entfremdung aufzustehen, die in dem derzeitigen Status des Klerikerseins der katholischen Kirche angelegt ist, dem öffnet es vielleicht die Augen, wenn er sich möglichst deutlich klarmacht, wie wenig die Botschaft Jesu sich dazu eignet, in eine Glaubens-«Lehre» verwandelt zu werden.[153] Alles, was Jesus wollte, war durchaus keine neue «Theologie», keine Ideologie zum Aufbau einer neuen Religionsform[154], ganz im Gegenteil – in einfachen Bildern sprach Jesus von dem Vertrauen in die Güte Gottes, und es war gerade ein Kennzeichen seines Auftretens, daß er, statt in juristischen, ethischen oder philosophischen Kategorien zu sprechen, Szenen des menschlichen Lebens so schilderte, daß unser Dasein zum Himmel sich öffnete.[155] Religionspsychologisch darf man sagen, daß das bildhafte, konkrete, situationsgebundene Denken und «Lehren» Jesu die einzige Form darstellt, religiöse Wahrheiten als innere Einsicht, ohne Zwang und Entfremdung, zu vermitteln[156], wohingegen jede Art von religiöser Doktrin die

Neigung begünstigt, sich als Überichdenken zu verfestigen und sich gegen das Ich zu verselbständigen. Um es möglichst pointiert einander gegenüberzustellen: Im Sinne Jesu dürfte es keine Theologie oder Christologie geben, die einen eigenen Stand von «Schriftgelehrten» benötigt, um mit viel Macht und Geld zu erläutern, wie Jesus arm war und gelitten hat[157]; mit der Haltung Jesu ist einzig eine «Theologie» vereinbar, die in Bildern und Symbolen Erfahrungen von Gott zu vermitteln vermag, indem sie so offen, so gewaltfern, so allgemein menschlich, so international ist, daß man sie an jedem Punkt der Erde, in jeder Kultur und zu jeder Zeit vernehmen und in sich aufnehmen kann wie die «Botschaft» von BEETHOVENS 7. Symphonie[158], von SHAKESPEARES *«König Lear»*[159] oder von GOYAS *«Desastres de la Guerra»*[160]. Religiöses Verstehen ist gewiß existentiell noch weit intensiver, ganzheitlicher und menschlich verbindlicher als jede Art ästhetischer Rezeption, doch eben deshalb sollte es sich wie von selbst verbieten, Theologie als eine «Lehre» zu betreiben, die im Sinne des neuzeitlichen Wissenschaftsideals die Subjekt-Objekt-Spaltung[161] im Erkenntnisvorgang zur Voraussetzung hat und es damit geradewegs zur Pflicht erhebt, von den «Heilstatsachen» der göttlichen Offenbarung so unbeteiligt zu reden, als wenn von dem Dasein des Einhorns oder des Kraken die Rede wäre.[162]
Als eine besondere Variante der Entpersönlichung des klerikalen Denkens ist *der Hang zur Historisierung der Wirklichkeit* zu verstehen.
Zwei Faktoren wirken hier zusammen. – Da ist einmal die soeben erwähnte *Unfähigkeit zum symbolischen Denken*. Sie nötigt immer wieder dazu, die Wirklichkeit des Religiösen dort zu suchen, wo sie nicht sein kann: im Äußeren von Raum und Zeit, statt im Inneren von Gefühl und Erleben im menschlichen Herzen. Wieviel Energie hat die Theologie der katholischen Kirche bis heute darauf vergeudet, die Menschen zu der Überzeugung zu zwingen, daß die Symbole des christlichen Glaubens als objektive historische Tatsachen verstanden werden müßten! Wieviel an Glaubenslosigkeit auf der einen und an bornierter Selbstsicherheit auf der anderen Seite hat sie damit in die Welt gebracht! Und wieviel an Mystizismus, Fundamentalismus und Obskurantismus verbreitet sie noch heute damit, von dem Zynismus und Spott ihrer Gegner ganz zu schweigen[163]! Es ist die psychische Desintegriertheit, die Aufspaltung von Lehre und Leben innerhalb des Klerikerseins selbst, die Stelle für Stelle, wohin man auch schaut, eine Theologie der falschen Alternativen gebiert: entweder z. B. ist das Grab Jesu am Ostermorgen in historisch-faktischem Sinne leer gewesen oder es gibt keine Auferstehung von den Toten, entweder ist Jesus wortwörtlich vor den Augen seiner Jünger in optischem Sinne sichtbar in den Himmel aufgefahren oder

er ist nicht der Sohn Gottes bzw. es gibt gar keinen Himmel, entweder hat Jesus seinen Freund Lazarus wirklich im Sinne des Fotojournalismus aus seinem schon übel riechenden Leichentuch zum Leben erweckt oder Gott ist nicht Herr über Leben und Tod, usw. Die Ausschaltung des Subjekts innerhalb des klerikalen Denkens führt notwendig dazu, die Wirklichkeit des Göttlichen aus dem Menschen weg in die äußere Welt zu verlegen, und wenn wir früher sagten, es projiziere sich in dem Gottesbild der Kleriker das eigene verdrängte Unbewußte in die Sphäre des Göttlichen (S. o. S. 54)[164], so müssen wir jetzt ergänzend hinzufügen, daß sich infolge derselben Psychodynamik, wonach der Inhalt des Göttlichen grundsätzlich außerhalb des Menschlichen gesucht werden muß, die Mitteilungen der Offenbarung Gottes als *geschichtliche Tatsachen*, als *Fakten in Raum und Zeit* festgemacht werden müssen. Die Angst vor dem Subjekt durchzieht, psychoanalytisch gesehen, die gesamte Theologie der katholischen Kirche; sie personifiziert sich am deutlichsten in der Depersonalisierung der Kleriker selbst; doch am schlimmsten ist es, daß sie psychisch die Voraussetzungen zerstört, unter denen Religion ohne Zwang oder Aberglaube möglich ist.
Das andere Moment der Historisierung der religiösen Wirklichkeit im klerikalen Denken ergibt sich aus der *Auflösung der personhaften Spannung* der religiösen Existenz in dem zeitlichen Abstand, der uns Heutige von dem Damaligen trennt. Zum geistigen Habitus der Kleriker der katholischen Kirche gehört wesentlich die Verfeierlichung des Vergangenen, die Metaphysizierung des Entlegenen, zu dem sie als rituelle *Nachahmer* und als institutionell beauftragte *Mittler* in Beziehung treten. Von daher kommt es zu dem logisch paradoxen, aber psychologisch gut verständlichen Widerspruch, daß die Geistigkeit des Klerikers sich ständig auf das Vergangene ausrichtet, von dem her sie sich durch geschichtliche Tradition begründet und legitimiert, während sie doch gleichzeitig die größte Abneigung hegt, wirklich historisch zu denken, die Wandelbarkeit aller Erscheinungen des Lebens in Raum und Zeit sich einzugestehen und vor allem: die Sonde der historischen Kritik an die heiligen Überlieferungen heranzulassen. Abgesehen freilich von der historischen Kritik, kommt die personale Unbeteiligtheit und existentielle Gleichgültigkeit des Historismus des 19. Jahrhunderts[165] der geistigen Ausrichtung des klerikalen Denkens sehr entgegen: sie erlaubt es, alles Sprechen von Gott in die unsichtbare Klammer der Vergangenheit zu setzen![166] Sie ermöglicht es, für sich selber den Status eines informierten Spezialistentums gegenüber den bibelhistorisch ungebildeten «Laien» zu reklamieren; und sie bringt es mit sich, das historische Moment des Christlichen in eine ständige Dialektik zu der gegenwärtigen Realität zu setzen[167] – nichts ist eindeu-

tig, klar und bindend, solange es mit historischen Mitteln begründet werden muß. Daß die Historisierung des Religiösen in den Händen der Kleriker wesentlich mit dazu beiträgt, die Kirche dem Leben zu entfremden und die Formen ihrer Verkündigung und Selbstdarstellung als antiquiert und museal erscheinen zu lassen, darf offenbar immer noch nicht als Problem erkannt und bewußtgemacht werden: es stellt unseren Stand, die klerikale Theologenschaft, zu sehr in Frage.

Dabei hätte man auch in diesem Punkte bereits vor 120 Jahren von FRIEDRICH NIETZSCHE Entscheidendes lernen können. In *«Vom Nutzen und Nachteil der Historie für das Leben»* stellte dieser große Kritiker des Christentums insbesondere die existentielle Unwahrhaftigkeit der objektivierenden Distanz im Umgang mit der Geschichte bereits unter den Historikern und Philologen selber an den Pranger, indem er sich weigerte, «den zusammengehäuften Wust des Erlernten, das nicht nach außen wirkt», die «Belehrung, die nicht leben wird», als «Wissen» oder «Wissenschaft» zu betrachten.[168] Es ist auf uns Theologen ohne weiteres übertragbar, wenn NIETZSCHE schrieb: «Sieht man einmal aufs Äußerliche, so bemerkt man, wie die Austreibung der Instinkte durch Historie die Menschen fast zu lauter *abstractis* und Schatten umgeschaffen hat: keiner wagt mehr seine Person daran, sondern maskiert sich als gebildeter Mann, als Gelehrter, als Dichter, als Politiker. Greift man solche Masken an, weil man glaubt, es sei ihnen ernst, und nicht bloß um ein Possenspiel zu tun – da sie allesamt den Ernst affichieren –, so hat man plötzlich nur Lumpen und bunte Flicken in den Händen ... Sonderbar! Man sollte denken, daß die Geschichte die Menschen vor allem ermutigte, ehrlich zu sein – und wäre es selbst, ein ehrlicher Narr zu sein; und immer ist dies ihre Wirkung gewesen, nur jetzt nicht mehr! Die historische Bildung und der bürgerliche Universal-Rock herrschen zu gleicher Zeit. Während noch nie so volltönend von der ‹freien Persönlichkeit› geredet worden ist, sieht man nicht einmal Persönlichkeiten, geschweige denn freie, sondern lauter ängstlich verhüllte Universal-Menschen. Das Individuum hat sich ins Innerliche zurückgezogen: außen merkt man nichts mehr davon ... Denen steht freilich die reine Objektivität schön zu Gesichte. Scheint es doch fast, als wäre es die Aufgabe, die Geschichte zu bewachen, daß nichts aus ihr herauskomme als eben Geschichten, aber ja kein Geschehen! – zu verhüten, daß durch sie die Persönlichkeiten ‹frei› werden, soll heißen, wahrhaftig gegen sich, wahrhaftig gegen andere, und zwar in Wort und Tat.»[169] «Nur aus der höchsten Kraft der Gegenwart dürft ihr das Vergangene deuten: nur in der stärksten Anspannung eurer edelsten Eigenschaften werdet ihr erraten, was in dem Vergangenen wissens- und bewahrenswürdig und groß ist. Gleiches durch Gleiches! Sonst zieht ihr das Vergangene zu euch nieder. Glaubt einer Geschichtsschreibung nicht, wenn sie nicht aus dem Haupte der seltensten Geister herausspringt; immer aber werdet ihr merken, welcher Qualität ihr Geist ist, wenn sie genötigt wird, etwas Allgemeines auszusprechen oder etwas Allbekanntes noch einmal zu sagen: der echte Historiker muß die Kraft haben, das Allbekannte zum Niegehörten umzuprägen und das Allgemeine so einfach und tief zu verkünden, daß man die Einfachheit über der Tiefe und die Tiefe über der Einfachheit übersieht. Es kann keiner zugleich ein großer Historiker, ein künstlerischer Mensch und ein Flachkopf sein.»[170] NIETZSCHE hatte, als er das schrieb, sogar noch die Hoffnung, der Tag werde kommen, wo «Kunst und Religion» «als wahre Helferinnen» des Lebens den flachköpfigen, eitlen Wissenschaftsbetrieb der Philologen und Historiker beenden und eine Kultur aufbauen könnten, die den «wahren Bedürfnissen entspricht und die nicht, wie die jetzige allgemeine Bildung, nur lehrt, sich über diese Bedürfnisse zu belügen und dadurch zur wandelnden Lüge zu werden.»[171] Wir sind von diesem Tage bitterweit entfernt, und zu Recht betitelte denn auch NIETZSCHE selber seine Gedanken als «unzeitgemäße Betrachtungen».

Die Ersetzung argumentativer Überzeugung durch den Druck verwalteter Macht

Aus der mangelnden Durchdringung des Lebens sowie aus der Verschiebung des persönlich Erfahrbaren in eine vermeintlich objektive, historisch erweisbare, rational zu formulierende Wirklichkeit ergibt sich als Strukturbedingung klerikalen Denkens nicht zuletzt der ständige Zwang, die mangelnde argumentative Überzeugungskraft durch den *Druck verwalteter Macht* zu kompensieren.

Indem die einzelnen Seelsorger «vor Ort» erleben müssen, daß die Theologie, die sie in vielen Jahren gelernt haben, der Wirklichkeit des Lebens in Gemeinde und Gesellschaft rein abstrakt gegenübersteht, werden gerade sie beim Kontakt mit den Menschen und ihren Fragen auf das äußerste verunsichert: der Auftrag, die Lehre der Kirche zu vertreten, bricht sich an der gleichzeitigen Pflicht, diese Lehre den Menschen der Zeit nahe zu bringen, und so bleibt es nicht aus, daß zumindest die Aufgeweckteren unter den Priestern über kurz oder lang gewahr werden müssen, wie aufgesetzt das verordnete «Denken von oben» der Realität gegenüber wirken muß. *Ein* Ausweg, den nicht wenige gehen, um dem Dilemma von Amt und Menschlichkeit, von Überich und Persönlichkeit zu entrinnen, besteht darin, sich um so fester an die vorgegebenen Weisungen zu klammern und die Ursache an der bestehenden Diskrepanz von Lehre und Wirklichkeit in der Wirklichkeit zu suchen: *die Menschen* tragen die Schuld daran, daß die Vorstellungen der Kirche vom Leben sich immer mühsamer vermitteln lassen. Andere hingegen vertragen die Kälte der Isolation im Amt nicht allzulange und verlegen sich auf Formen der Seelsorge, die den faktischen Gegebenheiten mehr Rechnung tragen. Unzweifelhaft bildet sich an dieser Stelle der Kirche jener Experimentierraum, innerhalb dessen wirklich etwas Neues, Zukunftweisendes für das Leben der Kirche entsteht bzw. entstehen könnte. Doch eben deswegen erscheint der Kirchenleitung gerade dieses Terrain ihrer eigenen Renovation regelmäßig als äußerst bedenklich und suspekt. Wo soll es schließlich auch hinführen, wenn Vikare, geistliche Studienräte und Religionslehrer sich weigern, ganz einfach die einfache Lehre der Kirche weiterzugeben, und statt dessen mit ihren Schülern über ihre Ansichten zu den Fragen der Dritten Welt oder der Freundschaft zwischen Jungen und Mädchen diskutieren? Was soll werden, wenn Pfarrer Mädchen als Ministrantinnen an den Altar lassen und Frauen das Recht erteilen, im Hochamt die Lesung vorzutragen? Ist eine katholische Meßfeier noch gültig, wenn die Texte des Kanons durch willkürliche Einschübe und Auslassungen verfremdet werden? Was wird aus dem Bußsakrament, wenn Pfarrgemeinderäte eigenmächtig glauben beschließen zu können, den Erstbeichtunterricht der Kommunionkinder abzuschaffen bzw. durch Bußandachten zu ersetzen? – Fragen über Fragen, die alle eines gemeinsam haben: Sie entstehen aus den Turbulenzen, die sich an den Rändern des geistigen Unterdruckgebietes bilden müssen, das jede Form beamteter Theologie zu hinterlassen pflegt. Je weniger eine bestimmte Anschauung die Wirklichkeit geistig durchdringt, desto sicherer verselbständigt sich der Gehalt der Wirklichkeit gegenüber dem Inhalt der jeweiligen Doktrin und desto notwendiger wird es für die Führungsspitze, die fehlende Überzeugungskraft ihrer Lehren mit den Mitteln der Macht zu kompensieren. Hirtenworte, Anweisungen, Bestimmungen, Enzykliken, Richtlinien – der administrative Aufwand und der lehramtliche Dirigismus stehen in direktem Verhältnis zu dem Ausmaß des abstrakten Formalismus der offiziös vorgetragenen Lehre. Man muß es als die entscheidende Tragödie der katholischen Kirche betrachten, daß sie auf die geistigen Herausforderungen der Neuzeit immer wieder vornehmlich mit den Mitteln der Macht statt mit den Mitteln des Geistes, mit dem Versuch zur Disziplinierung und Homogenisierung des Denkens statt mit dem Vertrauen in die Überzeugungskraft ihrer Lehren, mit einem ausgeklügelten System von Zensur und Strafe statt mit dem Glauben an die Wahrheitsliebe und Wahrheitssuche ihrer eigenen Gläubigen geantwortet hat. Jeder, der heute zum Kleriker der katholischen Kirche sich weihen läßt, übernimmt und verinnerlicht für sich, ob er es will oder nicht, die Hypothek der Angst aus Jahrhunderten mit ihren eigenen psychischen Strukturen und Gesetzen.

Was insbesondere die Frage der *Hierarchisierung* und der *Abstrahierung* des klerikalen Denkens angeht, so zeigt sich, daß die beiden bisher erörterten Faktoren sich rückläufig durch den Widerstand verstärken, den ihnen die Realität des Lebens entgegenstellt. Während ein System *flexibler* Rückkoppelungen von Lehre und Erfahrung die Ebene der verwalteten, sakrosankten, hierarchisch gesicherten, weil als göttlich beglaubigten Wahrheit in Gestalt der Kleriker selber allenfalls *als funktionalen Grenzfall* der Möglichkeiten kirchlichen Zusammenlebens erscheinen ließe (wie es der Theorie nach in etwa dem *protestantischen* Modell entspricht)[172], führt die Verselbständigung des Amtes in der katholischen Kirche durch den Faktor der Zeit wie von selbst zu einer fortschreitenden Verhärtung der Widersprüche, als deren Kristallisationsformen *zwei Merkmale* in Erscheinung treten: *die Auswahlkriterien* bei der Selbstreproduktion des Klerus (speziell in der Etablierung des höheren Klerus) legen bevorzugten Wert auf die Merkmale *beamteter Zuverlässigkeit* und begründen damit wie von selbst einen Formalismus der Erstarrung des geistigen Lebens; *und* daneben schafft sich diese Psychologie der Unbeweglichkeit und des ausfallenden Dialogs nach innen ihre eigene gewissermaßen biologische Basis in Form der gewollten Überalterung der Amtsträger an der Spitze der Kirchenleitung: *die Gerontokratie* als das typische Endprodukt aller konsequent autoritären Systeme, die länger als ein paar Generationen sich selber überdauern. Beide Merkmale: die *Erstarrung* wie die *Überalterung*, lassen sich im katholischen Klerus besonders gut beobachten und erzeugen im Raum der Kirche eigentümliche Wirkungen.

Ein soziales System, das sich in der Wahl seiner Organisationsform und in der Artikulation seines Selbstverständnisses zentral auf die Hierarchisierung des Leitungsstils festlegt, indem es die Identität der Zusammengehörigkeit seiner Mitglieder entscheidend an die formale Übereinstimmung mit einer amtsmäßig vorgegebenen, objektiv fixierten Wahrheit knüpft, kann in das Amt selbst nur Menschen berufen, die in ihrer (zumindest äußeren) Erscheinung den Eindruck von *Solidität und Festigkeit* vermitteln: die Formaltugenden von Treue, Pflichtbewußtsein und Korrektheit in der Lebensführung, verbunden mit einer gewissen Leistungs- und Einsatzbereitschaft sowie einem relativen Flair von Leutseligkeit und Jovialität werden in allen Fragen der Berufung eines Klerikers spätestens vom Mitarbeiter im General-

vikariat oder von der Mitgliedschaft im Domkapitel an, ganz gewiß aber bei der Ernennung zum Monsignore, zum Propst, Prälaten oder Weihbischof, den entscheidenden Ausschlag geben[173]; andere Eigenschaften wie Kreativität, Phantasie, Intelligenz (im Sinne der Fähigkeit, Neues zu lernen und Getrenntes miteinander zu verknüpfen) sowie persönliche Wärme erscheinen demgegenüber als zweitrangig. Es ist das «klerikale Denken von Amts wegen» selber, das auf Jahrhunderte hin in der Sozialisationsgeschichte der katholischen Kirche einen Selektionsdruck ihrer Amtsträger in Richtung einer solchen Mentalität bienenfleißiger und opferwilliger, aber im Grunde geist- und gedankenloser Anpassungsbereitschaft geschaffen hat.
Man mag es als ein Problem öffentlicher Ämter überhaupt erachten, daß sie, gleich, ob im politischen, sozialen oder eben auch kirchlichen Bereich, mit Vorliebe Menschen «in Dienst» nehmen, die sich eher durch ihr Geschick zum Verwalten als durch ihr Geschick zum Gestalten, eher durch ihren Instinkt für Öffentlichkeit als durch Sensibilität für Innerlichkeit, eher durch Repräsentation und notfalls auch Repression als durch Information und Performation in ihren «Amtshandlungen» auszeichnen. Jede Gruppe neigt dazu, als ihren Führer, gruppendynamisch formuliert: *in die Alpha-Position*[174], Menschen zu berufen, die durch ihre Entschlossenheit den anderen zeigen, wo der Weg langgeht, während die Nachdenklichen, die Intelligenten, eher in die *Beta-Rolle,* in den Stab der *«egg-heads»,* aufrücken. Stets scheint sich somit zwischen Macht und Geist, zwischen Handeln und Denken, zwischen Bestimmen und Wissen ein nahezu alternativisches Verhältnis zu bilden[175], und es mutet von daher wie eine mythische Illusion an, wenn z. B. die Alten Ägypter glaubten, der Gott des Lichtes *(Re)* und der Gott des Geistes *(Amun),* König und Priesterschaft, Politik und Frömmigkeit, Thron und Altar könnten eine wechselseitige Einheit bilden.[176] Gleichwohl haben seit der französischen Revolution die Staaten Europas ausnahmslos (bis auf das zaristische Rußland) eine politische Kultur gewonnen, die sie von den verhängnisvollen Schattenseiten einer Führerschicht der Erbfolge und des Blutadels unabhängig machte.[177] Statt die Führung einer sozialen Gemeinschaft an derart irrationale Bedingungen wie biologische Genealogie und Erstgeburtsrecht zu binden, hat der Gedanke sich durchgesetzt, daß die Macht, ein Volk zu regieren, vom Volke selbst ausgehen müsse.[178] Inzwischen ist im Bewußtsein der Bevölkerung Europas *der demokratische Gedanke* nicht mehr nur eine politische Idee oder eine bloße Bestimmung im Grundgesetz des jeweiligen Staatswesens, sondern der Inbegriff eines Wertsystems von Gleichberechtigung, Selbstbestimmung, Mitspracherecht und Toleranz, mit anderen Worten: so etwas wie die Grundlage eines

Umgangsstils wechselseitigen Respektes im Sinne der Anerkennung von Mehrheiten und der Duldung von Minderheiten – inklusive der Akzeptation eines gewissen Pluralismus in allen Weltanschauungsfragen.[179]

Gemessen daran, stellt das hierarchische Führungsprinzip der katholischen Kirche so etwas dar wie *eine spiritualistische Traditionsoligarchie:* Es enthält – im Gegensatz zu dem Blutadel der Erbmonarchien des alten Europas – durchaus ein demokratisches Moment der Wählbarkeit der führenden Amtsträger: der Äbte, Bischöfe, Päpste etc., und in *diesem* Punkte hat die katholische Kirche sich sehr früh von dem Modell der dynastischen Thronfolge gelöst[180]; ja, sie hat den archaischen Gedanken einer *biologischen* Tradition von Ämtern, wie er, modifiziert durch die buddhistische Reinkarnationslehre, auch noch der Sukzession des *Dalai Lama* zugrundeliegt oder in Gestalt der geistlichen Erbfolgedynastie der Schiiten im Islam herrscht[181], zugunsten einer *rein geistigen* Nachfolge im Amte verworfen; zugleich aber hat sie diesen Grundsatz erheblich eingeschränkt: das Recht, seine Führungsspitze zu wählen, besitzt nicht das «Volk», sondern nur ein erwählter Kreis von Klerikern, der auf diese Weise hermetisch unter sich bleibt; zudem wird der Besitz des «Geistes» im Amtsverständnis der katholischen Kirche nicht als eine persönliche Eigenschaft oder Befähigung verstanden, sondern (wie das Klerikersein selbst) als eine objektive Qualität betrachtet[182], die Gott dem Menschen durch die Übergabe des Amtes selbst infolge der historischen Kontinuität der Ämternachfolge verleiht, – woraus sogleich der Glaubenssatz folgt, daß es in der katholischen Kirche zwar fehlbare Menschen, niemals aber unfähige bzw. buchstäblich «geistlose» Amtsträger geben kann. Es ist infolgedessen niemals möglich, daß das Kirchenvolk so etwas wie ein Vetorecht, gegen die Weisungen seines Bischofs etwa, besäße.

Indem der «Geistbesitz» der «Geistlichen» der katholischen Kirche sich mithin aus dem Besitz des Amtes selbst ergibt, ja, eine «inhärierende Qualität» des Amtes selber darstellt, folgt des weiteren, daß klerikale Führungsämter noch *bis ins hohe Alter* ausgeübt werden können – und werden.

Alle totalitären Regierungsformen der Geschichte unterliegen einem ausgeprägten Hang zum Führerkult, doch sie kennen normalerweise auch den konkurrierenden Machtkampf an der Spitze; ein in sich sakrosanktes Leitungssystem wie das der katholischen Kirche hingegen unterliegt einer eigentümlichen Wechselwirkung seiner selbstgeschaffenen Bedingungen: die Überwertigkeit des Amtes selbst, die den personalen Faktor des Amtsträgers *der Theorie nach* entwertet, macht es in der Praxis unumgänglich, besonders sorgfältig nachzuprüfen, *wer* in ein bestimmtes Amt berufen wird – schließlich ist eine Diözese, deren Bischof im Alter von ca. 50 Jahren sein

Amt antritt, mit aller Wahrscheinlichkeit für das kommende Vierteljahrhundert auf Gedeih und Verderb an die Person dieses Mannes gebunden. Von daher wird man nicht leichtfertig einen *homo novus,* einen Newcomer, mit einem wichtigen kirchlichen Amt betrauen, man wird im Gegenteil durch ein ausgeklügeltes Hürdensystem den Weg einer klerikalen Karriere in der katholischen Kirche so abzustecken suchen, daß nur die im Sinne der genannten Kriterien «Fittesten» am Ende zur Auswahl für die wichtigsten Ämter bereitstehen. Diese Art der Selektion kann relativ früh beginnen – ein Theologiestudium in Rom z. B. ist auch heute noch so etwas wie ein Entreebillet für die höhere Ämterlaufbahn in der Kirche. Alles in allem aber resultiert aus der objektiven Überwichtigkeit der klerikalen Ämter (d. h. aus der ideologischen Verleugnung des personhaften Moments) vor allem aufgrund der Indienststellung auf Lebenszeit *nolens volens* eine Überwichtigkeit der Amtspersonen selbst, und das wiederum führt zu einem so langen Auswahlweg bzw. zu einer solchen Angst, den falschen Mann an die falsche Spitze zu setzen, daß *die Vergreisung der klerikalen Ämter* mit den ihr eigenen Formen des Traditionalismus, Konservatismus und starren Moralismus in der römischen Kurie inzwischen ein groteskes Ausmaß erreicht hat. Und so kehrt schließlich das System doch wieder zu seiner Ausgangsbedingung zurück: daß genau besehen Menschen *als Personen* doch nicht so wichtig sind, weder als Amtsträger noch als Untergebene – Gott allein ist wichtig, d. h. in seinem Namen machen sich alle möglichen Beta-Gestalten daran, den überalterten Alphas so lange in den Ohren zu liegen, bis sie für ihre taktisch wohlüberlegten Schachzüge, wie sie denken, die passende Unterschrift auftreiben können.

Bis dahin freilich haben sich die beamteten Entscheidungsträger der katholischen Kirche mit der Tatsache auseinanderzusetzen, daß sie ständig mit höchstem Anspruch und höchster Autorität göttliche Wahrheiten formulieren und auslegen müssen, die von ihrer persönlichen Einsicht weder begründet noch weiterentwickelt werden können.

Rein «menschlich» betrachtet, sollte man glauben, daß die Wahl zum Bischof oder die Ernennung zum Prälaten niemandem auch nur um ein Lot Hirn mehr an Weisheit, Güte und Verstand, als er zuvor besaß, verleihen wird; theologisch betrachtet aber sind solche Ansichten nichtig und in sich selbst bereits ein Zeichen mangelnden Vertrauens in die Leitung der Kirche durch die Kraft des Heiligen Geistes, dessen waltende Vorsehung just an den Ernennungen und Berufungen der höheren Kleriker immer wieder sich so wohltuend und augenfällig, wie man glauben muß, bemerkbar macht. Ein Ministerpräsident, sagen wir des Landes Nordrhein-Westfalen, würde in

keine Debatte gehen, ohne daß ein Stab von Ministern, Staatssekretären und Ghostwritern ihm die nötigen Informationen und Formulierungshilfen anböte. Ein Bischof, dessen Amt inmitten einer pluralistischen Gesellschaft von der Vielfalt seiner Aufgabenstellung her etwa ein entsprechendes Maß an Komplexität und Differenziertheit besitzt, kann es sich scheinbar immer noch leisten, autokratisch von Amts wegen über Gut und Böse, Erlaubt und Unerlaubt, Christlich und Unchristlich, Wahr und Falsch, Menschlich und Unmenschlich zu entscheiden; er kann, wenn er es richtig findet, sich über das Votum seiner Berater hinwegsetzen, ja, er hat sogar die Pflicht dazu, wenn es sich um die «geoffenbarten Wahrheiten» der Kirche handelt.[183] Indem sein Amt ihm die Autorität der Wahrheit verleiht, schließt sich an dieser Stelle das klerikale Amtsdenken zum Teufelskreis zusammen: In demselben Maße, in dem es verlangt, daß alle Überlegungen von einer fertigen Meinung auszugehen haben, ist es jetzt nicht einmal mehr wichtig, was aus welchen Gründen gesagt wird, sondern allein, *wer*, d.h. *in welchem Amte* jemand etwas sagt; unter der Hand verfälscht damit das Objektivitätsideal des klerikalen Denkens die Frage nach der Wahrheit zu einer Frage nach der Macht, und ob man es will oder nicht: aus der Frage nach Gott, der im Herzen jedes einzelnen spricht, ist jetzt eine Frage nach der pragmatischen Funktion der Kirche geworden. Die Ausschaltung des Personhaften, die strukturell das Klerikersein prägt, die Unterdrückung des eigenen Ichs behauptet sich nunmehr als Unterdrückung von Person- und Subjekthaftigkeit an sich, als Umwandlung des Überzeugungsglaubens in einen Autoritätsglauben, als Identifizierung der symbolischen Hinweisfunktion von Kirche mit der Realität des Göttlichen selbst.[184]
Wie weit speziell im westdeutschen Katholizismus die Umwandlung von theologischen Fragen in Autoritätsfragen gediehen ist, läßt sich noch einmal im Rückblick auf das Ergebnis der *Würzburger Synode* erkennen: Die Bischöfe stellten ihre Überzeugungen bzgl. der Ehescheidung und anderen Fragen nicht zur Diskussion – ihre Überzeugung war als die einzig gültige zu betrachten, eben weil sie im Amte der Bischöfe sprachen; es war infolgedessen nicht möglich, ohne die Loyalität mit der katholischen Kirche als ganzer zu verraten, auch nur etwa die Frage zu stellen, wie es denn komme, daß unter den Bischöfen offenbar nur Personen sich fänden, die in einer so wichtigen Frage wie der Wiederverheiratung Geschiedener einhellig und einseitig eben dieser Meinung huldigten – eine solche Frage hätte ja nicht allein den theologischen Sachverstand der Bischöfe für diskutierbar erklärt, sondern die soziale Psychodynamik der kirchlichen Ämterhierarchie und ihrer Reproduktionswege selbst in Frage gestellt! Doch eben, daß solche

Diskussionen erst gar nicht geführt werden können, weil sie sich hinter dem Nebel aus theologischen Formeln, hierarchischen Unangreifbarkeiten und gottgewollten Mystizismen *auf die Personen* im Amt beziehen, sie womöglich in Frage stellen und *als Menschen* sichtbar machen, beweist deutlich genug, warum eine psychoanalytische Untersuchung der Person im Amt für die Autorität des Amtes, will sagen: für die Macht der Kirche, als bedrohlich empfunden wird. Die Bischöfe in Würzburg taten sogar noch ein Übriges: um einem Eklat zwischen dem deutschen Episkopat und den Gläubigen der eigenen Kirche zu entgehen, delegierten sie die Frage der Wahrheit, die sie als individuelle Personen bereits sich weigerten zu beantworten, sogar noch von der Autorität ihres eigenen Amtes weg an die höchste Autorität in Rom. Und dies ist seither der Stil interner Auseinandersetzungen in der Kirche geblieben: statt die Leitungskompetenz innerhalb des eigenen Bistums oder der eigenen Landeskirche wahrzunehmen, verlegt sich der einzelne Bischof auf die Gemeinsamkeit der Bischöfe im Amt, und diese wiederum berufen sich am liebsten auf die Belange der Weltkirche – der Martyrerkirche in Korea z. B. oder der Kirche in Polen[185] –, und die Einheit mit der Weltkirche schließlich erfordert naturgemäß ein klares römisches Votum oder Veto, so daß man mit Vorliebe den Papst zum Sprachrohr der «Wahrheiten» macht, die man den eigenen Gläubigen gegenüber selber sich nicht mehr recht zu vertreten getraut: die rege Reisetätigkeit des derzeitigen Papstes JOHANNES PAUL II. ist gewiß nicht nur ein Ausdruck des wiedererstarkenden römischen Zentralismus, sondern auch eine Reaktion auf die manifeste Ratlosigkeit der Ortsbischöfe in ihren Regionalkirchen; nur so läßt sich verstehen, daß man dem Papst bei seinen Besuchen in europäischen Ländern immer wieder Texte zum Vorlesen vorlegt, die in letzter Autorität die Diskussion um gewisse strittige Themen am Ort gewissermaßen durch ein Machtwort beenden sollen.

Psychologisch gesehen wiederholt sich mithin auf der höchsten Entscheidungsebene der katholischen Kirche das gleiche Dilemma, das wir vorhin als Grundstruktur des klerikalen Denkens erkannt haben: so wie der einzelne Kleriker, statt vom eigenen Denken sich leiten zu lassen, seinen Halt in den vorgegebenen Inhalten der kirchlichen Doktrin sucht, so verschiebt sich die Suche nach Halt und Festigkeit immer weiter von unten nach oben, bis daß sie sich schließlich als das enthüllt, was sie im Grunde ist: eine verzweifelte Reduktion der Wahrheitsfrage auf die Dezision der Macht[186] bzw. eine Kompensation der ontologischen Unsicherheit durch den Fanatismus autoritären Denkens, und diese Feststellung ist jetzt sehr wichtig. Es zeigt sich nämlich, daß das klerikale Denken mit seinem rationalistischen, objektivistischen, personfernen Denken psychoanalytisch nicht nur strukturell auf verinnerlichter Gewalt gründet, sondern daß es sich seinerseits als eine Form der Gewalt rückentäußert, oder, anders gesagt: daß die Struktur des klerikalen Denkens nicht nur Gewalt produziert, sondern selbst als ideologische Grundlage von Macht und Gewalt fungiert.

In der Betrachtung der Kirchengeschichte hat man immer wieder geglaubt, die manifeste Gewalttätigkeit der Kirche mit der «Konstantinischen Wende» begründen zu können[187]; erst durch die Umwandlung des Christentums von einer Religion der Martyrer in die bestimmende Religion des römischen Staates Anfang des 4. Jahrhunderts sei die charakteristische Verbindung von Kirche und Macht zustandegekommen.[188] Man verkennt in dieser Argumentation jedoch, daß überhaupt nur ein bestimmter Typ von Theologie sich dazu eignet, als politische Ideologie zur Vereinheitlichung der Untertanen eingesetzt zu werden, und daß die Methoden theologischer Zwangsvereinheitlichung durch Ketzermacherei und Häretikerausschluß bereits im 2. Jahrhundert in der Kirche gang und gäbe waren – sie verfügten lediglich noch nicht über die Möglichkeit staatlicher Repression und Durchsetzungsgewalt.[189]

Der Gegensatz zwischen diesem Typ kirchlicher Theologie und einer möglichen Alternative, wie sie in den 2000 Jahren der abendländischen Kirchengeschichte immer wieder versucht wurde, ist wohl an keinem Zeitpunkt besser demonstrierbar als in der Bewegung der Katharer[190] im 13. Jahrhundert und ihrer Vernichtung durch Papst Innozenz III. Wie stark die Katharer von der Lehre und Praxis der Kirche abwichen, mag man daran ersehen, daß sie das Sündenbewußtsein und den Strafkatalog der Kirche mit den Drohungen furchtbarer Höllenqualen rundum ablehnten. «Sie verachteten die Sakramente, zahlten den Kirchenzehnten nicht und ließen Frauen zum Priesteramt zu. Die katharische Kirche war besitzlos und kostenlos. Ihre Rituale fanden in Wohnungen statt. Es war eine Untergrundkirche wie die urchristliche und sie war ebenso schwer zu bekämpfen.»[191] Zudem lebten die Katharer streng vegetarisch. In der Stunde des Todes legten sie dem Sterbenden die Hände auf und hielten ihn danach für «getröstet», so daß seine Seele auch ohne Bußakt und Reue im Vertrauen auf Gott Vergebung erlangte. «Die Gläubigen der katharischen Kirche konnten ihre Sünden ohne Angst begehen, und der Zugang zum ewigen Leben war für sie umstandslos und kostenfrei.»[192] Entsprechend groß war der Zulauf, den die Katharer vor allem im Languedoc erhielten. Als jedoch 1198 Papst Innozenz III. in sein Amt gewählt wurde, ließ sich rasch erkennen, wie energisch er mit der Häresie aufzuräumen gedachte. 1203 bereits wandte er sich an die Feudalherren im Norden und an alle Gläubigen, die Häresie mit Gewalt zu bekämpfen, indem er den Teilnehmern an dem Kreuzzug gegen die Ketzer die Vergebung aller Sünden versprach: «Voran, nun, Ritter Christi! Voran, tapfere Rekruten des christlichen Heeres! Möge der Aufschrei der heiligen Kirche euch mitreißen! Möge ein frommer Eifer euch entflammen, eine solche Beleidigung eures Gottes zu rächen! ... Der Glaube, so sagt man, ist dahin, der Friede tot, die häretische Pest und die kriegerische Wut sind zu neuen Kräften gekommen.»[193] «Widmet euch der Vernichtung der Häresie mit allen Mitteln, die Gott euch eingeben wird. Seid gewissenhafter als bei den Sarazenen, denn sie sind gefährlicher. Bekämpft die Häretiker mit starker Hand und hoch erhobenem Arm. Wenn der Graf von Toulouse ... der Kirche und Gott keine Genugtuung leistet, dann verjagt ihn und seine Mittäter aus den Zelten des Herrn. Nehmt ihm seine Ländereien weg, damit katholische Einwohner die vernichteten Häretiker ersetzen können ...»[194] Was folgte, war die übliche stupide Abfolge brutaler Massaker, wüster Agitationen, der Verhängung der Exkommunikation über ganze Städte und der systematischen Ausrottung ganzer Landstriche ohne Schonung der Frauen und Kinder. Und was der Katharerkreuzzug im Languedoc nicht erreichte, setzte die Inquisition in den Händen der Dominikanermönche fort. Die Katharer wurden vernichtet – auch Geist kann man zerstören. Im Jahre 1321, im Burghof von Villerouge-Thermenès endete der letzte katharische Parfait auf dem Scheiterhaufen.[195] Die Frage aber bleibt, was uns dazu bestimmt, *von Amts wegen* Grausamkeiten aller Art zu begehen, indem ein bestimmter Begriff von Wahrheit in seiner abstrakten und objektivistisch verstandenen Form als Inhalt göttlicher Offenbarung verstanden und somit *auf fanatische Weise* zur physischen und psychischen Vernichtung von Menschen verwandt wird?

Psychologisch klärt sich der Terror des Amtsdenkens eigentlich erst, wenn man primär nicht von bestimmten Gedankeninhalten ausgeht, die, als Ideologie verstanden, zu Fanatismus und Terror anleiten würden, sondern wenn man begreift, daß *die Identifikation des Ichs mit bestimmten Inhalten des Überichs bzw. mit einer bestimmten Gruppe* in sich selbst entsprechende Verhaltensweisen zeitigen muß.[196] Wie wenig es auf bestimmte geistige Inhalte selbst dabei ankommt, läßt sich durch ein scheinbar harmloses Beispiel verdeutlichen: Man sitzt vor dem Fernsehapparat und schaut dem Fußballspiel zweier Mannschaften zu, die man noch nie zuvor gesehen hat; es ist durchaus normal, daß nach wenigen Minuten eine gewisse Sympathie für die eine der beiden Mannschaften sich einstellt – die Gründe mögen ganz absurd sein: vielleicht liegt die eine Mannschaft gerade zurück und man gönnt ihr, daß sie doch noch gewinnt, oder der Name des Herkunftsortes hat einen besonders melodischen Klang, oder das Trikot der einen Mannschaft ist farbenfroher als das der anderen, egal – es ist möglich, nach fünf Minuten empört aufzuschreien, daß der Schiedsrichter ein grobes Foul an dem Stürmer dieser neu gewonnenen Lieblingsmannschaft einfach übersehen hat, und es ist höchstwahrscheinlich, daß man inzwischen völlig blind geworden ist für die Tricks, mit denen die Stars der «eigenen» Mannschaft sich auf dem Spielfeld durchmogeln; ja, die inzwischen *fanatische* Parteilichkeit kann so weit gehen, daß man es geradeheraus wünscht und lautstark dazu aufruft, die Helden der eigenen Gunst möchten es ihren Gegnern nur endlich heimzahlen. Es kann noch verrückter kommen: Aus irgendeinem Grunde fühlt jemand sich seit 20 Jahren als geheimer Fan des Hamburger Sportvereins oder von Bayern München, obwohl er die Mannschaften selbst nie gesehen hat und alle Personen innerhalb der jeweiligen Mannschaft in der Zwischenzeit, die seine Begeisterung dauert, längst zwei-, dreimal ausgetauscht worden sind – die Sympathie hängt ersichtlich nicht an den Personen, sondern an dem bloßen Namen der Gruppe, an ihrer Vereinsfahne, und zwar konstant und beharrlich, bis dahin, daß jemand sich den ganzen Sonntag über miserabel fühlen kann, wenn «seine» Bayern am Samstagnachmittag ein wichtiges Spiel verloren haben.

All das bewirken Identifikationen des Ichs mit einer bestimmten Gruppe. – Stellt man sich jetzt vor, daß jemand, der ohnehin schon mit einem relativ schwachen Ich begabt ist, dem jahrelangen und äußerst intensiven Anpassungs- und Identifikationsdruck einer bestimmten Gruppe wie der Kirche unterliegt, so begreift man wohl, daß er schließlich sich etwas Köstlicheres kaum noch vorstellen kann, als dieser Gruppe mit der Kraft seiner ganzen Persönlichkeit sich dienstbar zu machen und auf Gedeih und Verderb sich ihr zu verschreiben; es wird dann auch wohl verständlich, in welch einer Gefahr speziell das Amtsdenken der Kleriker steht, einem bedingungslosen Fanatismus der eigenen Gruppe, d. h. der Kirche, zu folgen, und warum diese Gefahr im Verlauf der Kirchengeschichte immer wieder hervorgetreten ist. Nach den archaischen Gesetzen der Gruppendynamik endet in gewissem Sinne der Begriff der Menschlichkeit an den Grenzen des eigenen Gruppenzusammenhalts[197], und jenseits davon beginnt für das primitive Bewußtsein die Welt der Barbaren, der Unmenschen, der leibhaftigen «Pest», um die Sprache von PAPST INNOZENZ III. zu verwenden. Fanatismus ist u. a. nichts weiter als ein Rückfall in diese archaische Mentalität, die in jedem von uns schlummert und besonders im Zustand der Überangepaßtheit und Überidentifikation wie notwendig von uns Besitz ergreift.

Es ist dabei besonders wichtig zu sagen, daß Intelligenz an sich durchaus keinen Schutz gegenüber dem Fanatismus des Amtsdenkens darstellt. Der naive Glaube der «einfachen Leute», daß gebildete Menschen gegen unmenschliche Dummheiten gefeit wären, entstammt offenbar einem liebenswürdigen Wunschdenken, ja, er erfährt denn auch bald seine Korrektur an dem Sprichwort derselben einfachen Leute: «Je gelehrter, desto verkehrter», und *dieser* Satz ist so falsch nicht. Unter keinem autokratischen, totalitären Regime haben jemals die Dozenten auf den Lehrstühlen eine gute Figur in Sachen Widerstand gemacht, und am entsetzlichsten diesbezüglich ist gewiß das Beispiel der passiven oder gar aktiven Kollaboration größter Teile der deutschen Gelehrtenschaft in der Zeit des Dritten Reiches.[198]

Noch vorhin haben wir auf die wenig heldenmütige Protestbereitschaft der Theologiedozenten in wichtigen Fragen ihres eigenen Fachgebietes gegenüber dem gegenwärtigen Druck des Vatikans hingewiesen. Es liegt nahe, als Erklärung dieses Verhaltens die äußere Feststellung gelten zu lassen, daß gerade diese Kreise im Konfliktfall besonders viel an erreichtem Erfolg, an Ansehen und Ehre, an Unterhalt und Unterhaltung, an Pläsier und Komfort zu verlieren haben; doch psychologisch liegen die Dinge weit verwickelter. Zum einen muß man sehen, daß es im Raum der katholischen Kirche nur einen einzigen Weg gibt, um mit Hilfe der Eigenschaft «Intelligenz» zu etwas zu kommen: man kann sich zum Dozenten entwickeln; der Preis dafür aber ist hoch: er besteht darin, Zug um Zug das Überichdenken noch weiter zu differenzieren, zu reflektieren, zu totalisieren und zu perfektionieren. Solche Leute sind am Ende zumeist noch viel weniger sie selbst als am Anfang, nur daß sie sich hinter den Masken kirchlicher und gesellschaftlicher Reputation besser verstecken können. In jedem Fall sind sie mit ihrem selbstgeschaffenen Status noch weit mehr identifiziert als etwa ein einfacher Vikar auf dem Land. Einen Spielraum für menschliche Ehrlichkeit, gedankliche Offenheit, persönliche Eindeutigkeit oder auch nur für wissenschaftliche Neugier in diesen Kreisen zu vermuten, hieße nach einem Jesuswort die Trauben bei den Disteln zu suchen (Mt 7,16).[199]

Ein anderes kommt hinzu, was man als einen *wachsenden Entzug an menschlicher Verantwortung* beschreiben kann. Das klerikale Überichdenken, aufgrund seiner unpersönlichen, standardisierten Form, neigt von Hause aus dazu, Menschen in «Sachen» zu verwandeln und die «Sachen» in Ideen zu überführen, und wer einmal in dieses System hineingewachsen ist, wird allein mit Intelligenz keinen Ausweg daraus finden. *Ein* Element allerdings existiert, das sich im Leben vieler Kleriker als ein wahres Lebenselixier erweist: der seelsorgliche Bezug zu wirklichen Menschen. Hier, wenn überhaupt, geschieht es, daß die theologischen Begriffe ihren eigentlichen Inhalt, ihre Erfahrungstiefe zurückerhalten können, denn hier, wenn je, ist die Person, das Ich, nicht das Überich des einzelnen Klerikers angeredet und gefordert. Wohl haben wir bereits gesehen, wie leicht es möglich ist, sich dieser menschlichen Anforderung zu entziehen; aber es bleibt zumindest bei den Seelsorgern in den Pfarreien doch immer ein gewisser korrigierender Druck erhalten, der verhindert, daß die innere Depersonalisation im Amt vor allem auf der Ebene des Denkens ein gewisses Maß überschreitet. Anders bei den höheren Klerikern und den Dozenten der Theologie. Sie unterliegen durchaus keinem menschlich hemmenden Faktor mehr: sie sind nicht verheiratet, sie haben keine Kinder, sie verfügen, wie es beliebt, über einen Haufen von Hilfskräften, von der Putzfrau über die Sekretärin bis hin zum Assistenten und Chauffeur, und mit all diesen Bediensteten können sie im Ton der Herrenmenschen reden; sie verfügen über angesammelte Wissensmengen in solcher Fülle, daß sie subjektiv sich das Recht nehmen können, jeden zum Dummkopf zu stempeln, der ihnen widerspricht; und sie leben im Status der wirklich «Erwählten» – auf *sie* kommt es an! Das Resultat all dieser Vorzüglichkeiten jedoch ist zumeist weit weniger großartig.

Vor kurzem sagte mir ein Pfarrer im Gespräch über einen ehemals befreundeten Kurskameraden, der inzwischen ein hohes Amt im Rang eines Bischofs bekleidet: «Den kenne ich gar nicht wieder. *Der war doch früher so ganz anders.*» Er meinte damit, daß die fröhliche, kameradschaftliche Art, die er früher an seinem Bekannten so bewundert und geschätzt hatte, sich in seinen Augen nur sehr schwer mit den hirtenamtlichen Maßnahmen und Erklärungen dieses Mannes jetzt vereinbaren ließe. Tatsächlich bedarf es einer psychoanalytischen Betrachtung, um derartige Widersprüche zu verstehen. Man erkennt dann allerdings sehr bald, daß jene joviale Heiterkeit und scheinbar glaubensfrohe Leutseligkeit die Reaktion eines Ichs darstellten, das in dem Rahmen seiner schützenden Überichvorstellungen seit Kindertagen wohlbehütet und unangefochten eingespannt gewesen war; die Schattenseite einer solchen Überichgeborgenheit blieb so lange wenig auffällig, als keine Notwendigkeit bestand, auf andere Personen *doktrinär* und *autoritär* einzuwirken; wohl hätte auch damals schon ein aufmerksamer Beobachter bemerken können, wie das muntere Gehabe bei jenem Kleriker augenblicklich erstarrte, wenn er «dienstlich» redete und fungierte, – wie künstlich dann sein Satzbau, sein Tonfall, seine Wortwahl und seine Mimik wurden. Doch all das fiel nicht ins Gewicht, weil nach geraumer Zeit gewiß wieder der alte, gute Kerl in ihm zum Vorschein kam. In Wirklichkeit aber existierte der Betreffende auch damals schon weit eher in seinem Überich als

in seinem Ich, und als nun nach seinem Aufstieg in die höhere Klerikerschaft *die soziale Kontrolle der gewöhnlichen Seelsorge* mit ihren Anforderungen an das Ich der Persönlichkeit dahinfiel, als im Gegenteil die Beanspruchung der reinen Lehre des Überichs immer mehr zunahm, hatte das äußere Erscheinungsbild dieses Mannes in den Augen seines alten Freundes offenbar eine vollständige Wandlung durchlaufen, während psychoanalytisch gesehen nur die eigentliche Psychodynamik ungeschützter durchzubrechen begann. Für den Kleriker ist die Seelsorge oft die letzte Anbindung an die Wirklichkeit; verliert er diesen menschlichen Rückhalt, so gleicht er einem Freiballon, den der Wind der Zeit fortträgt, wohin er will.
Doch man verliert nicht die Wirklichkeit der Menschen, man verliert nicht die Wirklichkeit des eigenen Ichs, *ohne darüber auch Gott zu verlieren.* Bereits in der Konviktszeit läßt sich im Verlauf der Theologenausbildung ein eigenartiger Effekt beobachten. Viele der «Alumni» in den Anfangssemestern zeigen sich wirklich von hohem Idealismus, großer Einsatzbereitschaft und einem begeisternden Schwung; doch dann, nach der Rückkehr aus den sogenannten «Freisemestern», in einer Zeit, in welcher sie im Verlauf ihrer Ausbildung den christlichen Glauben bestens begründet, erklärt und ausgelegt erhalten haben, beginnen merkwürdige Zweifel sie zu plagen, vor denen ihre Dozenten, Rektoren und Spirituale zumeist wie vor einem Rätsel stehen: was soll man noch sagen, wo alles schon so oft gesagt worden ist? Des Rätsels Lösung hingegen fällt nicht schwer, sie rührt nur an die Wurzeln des klerikalen Ausbildungssystems selbst und lautet: der Mangel an Persönlichkeit! Als die Priesteramtskandidaten in den ersten Semestern der Theologie von Gott sprechen hörten, sagten ihnen die Worte noch etwas Lebendiges, weil es sich für sie mit einer Fülle von Erfahrungen assoziierte, die sie in der Jugendarbeit, in der Heimatpfarrei, in der Katholischen Arbeiterjugend, bei den Pfadfindern oder sonstwo gemacht hatten; dann aber waren die Erinnerungen daran mehr und mehr verblaßt, und neue persönliche Reifungsschritte aufgrund tiefergehender menschlicher Erfahrungen waren nicht hinzugetreten. Statt dessen war ihre Person immer stärker mit dem Firnis der fertigen Redensarten überzogen worden, und das Ergebnis war danach: Die Theologiestudenten glichen einem Schwarm von Heringen, die, ohne es zu merken, in ein Netz gegangen sind, von dem sie nach und nach, Semester für Semester, immer weiter aus dem Wasser gezogen wurden, bis daß sie kläglich mit offenen Mäulern nach Luft schnappten. Was als Glaubenszweifel sich darbot, erwies sich, bei Lichte besehen, als ein langsames Ersticktwerden im theologischen Gerede, ja, als ein Überdrüssigwerden an all den Leerformeln von der «Salbung» Christi mit dem «Chrisam des Geistes» zur

Würde des Hohen Priesters im Moment seiner Taufe im Jordan ... Die tiefste Gefahr des klerikalen Denkens liegt ohne Zweifel darin, daß die Entpersönlichung und Erfahrungsferne dieser Art von Theologie zugleich mit der Person des Einzelnen die Quelle von Glauben und Religiösität selbst zerstört. So wie in einer Ehe, die nur durch das Gefühl der Pflicht aufrechterhalten wird, die Grundlagen der Liebe allmählich absterben, so ist die beamtete Frömmigkeit der Kleriker für sich selbst die größte Gefahr.
Würde man einmal offen sprechen können, woran ein Dozent der Theologie nach Jahren seiner «Lehrtätigkeit» wirklich noch glaubt, was einen Bischof im Amt menschlich noch trägt, so wäre man erschüttert, welch einen Abgrund an Einsamkeit und Kälte es hier zu sehen gibt. Im Vordergrund mag dem Betrachter imponieren, wie ungeistig, wie auf dem Niveau des Stammtisches, wie ordinär die Zusammenkünfte auch und gerade dieser Spitzenmänner der katholischen Kirche in erdrückender Monotonie zu sein pflegen – Intrigen, Klatsch und Peinlichkeiten aller Art, dazu ein ständiges Gewitzel über Inhalte, die sonst für heilig gelten. – Wer je gehofft hätte, das Treffen von Klerikern könnte auch nur entfernt einem platonischen Symposion ähneln, wird sich bitter enttäuscht sehen. Man sagt im Französischen: Für einen Kammerdiener gibt es keinen hohen Herrn. Doch nichts ist schlimmer, als schließlich bei einiger Ehrlichkeit sich selber eingestehen zu müssen, daß von dem Glauben an einen Gott, dem man, ähnlich dem *syrischen Moloch,* alle Kräfte des persönlichen Lebens geopfert hat, nichts weiter geblieben ist als der blanke Zynismus einer sinnlos gewordenen Macht.
Es ist das Bild der katholischen Kirche, das F. M. DOSTOJEWSKI vor 100 Jahren als die geheime Wirklichkeit des römischen Christentums in der Gestalt des *Großinquisitors* verkörpert sah, indem er den Kampf gegen das Subjekt, den Feldzug gegen die Freiheit des Einzelnen, in die programmatischen Worte faßte: «Oh, wir werden sie (sc. die Menschen in der Kirche, d. V.) schon überreden, endlich einmal abzulassen von ihrem Stolze. Denn du (Jesus von Nazareth, d. V.) hast sie stolz gemacht, da du sie zu hoch erhobst. Wir werden ihnen beweisen, daß Schwäche ihr Teil ist, daß sie nur elende Kinder sind, daß aber der Kinder Glück süßer ist als jedes andere. Und sie werden bescheiden werden und werden hinaufblicken zu uns und werden sich in Furcht an uns anschmiegen, wie die Kücklein an die Henne. Sie werden uns anstaunen und heilige Scheu hegen vor uns, und sie werden stolz darauf sein, daß wir mächtig und klug genug waren, eine so wilde Hundert-Millionen-Horde zu bändigen. Sie werden in Schwäche erzittern vor unserem Zorne, ihr Geist wird verzagen vor uns, und ihre Augen werden voller Tränen sein wie bei Kindern und Frauen; aber ebenso leicht werden sie auf

einen Wink von uns übergehen zu Heiterkeit und zu Lachen, zu lichter Freude und zu glücklichen Kinderliedchen. Wohl werden wir sie zur Arbeit zwingen, aber in arbeitsfreien Stunden werden wir ihnen das Leben zu einem einzigen Kinderspiel gestalten mit Kinderliedern, Chorgesang und unschuldigen Tänzen. Oh, wir werden ihnen auch die Sünde gestatten – sie sind ja nun einmal schwach und kraftlos –, und sie werden uns deswegen lieben wie Kinder. Wir werden ihnen sagen, daß jede Sünde gesühnt werden kann, wenn sie getan ist mit unserer Einwilligung. Alles das tun wir, weil wir sie lieben, und darum nehmen wir auch die Strafe für ihre Sünde auf uns. Sie aber werden uns vergöttern dafür, daß wir für sie vor Gott ihre Sünde tragen. Und keinerlei Geheimnisse werden sie vor uns haben. Wir werden ihnen erlauben oder verbieten, mit ihren Frauen zu leben oder mit ihren Geliebten, Kinder zu haben oder nicht – alles je nach ihrem Gehorsam –, und sie werden sich mit Freuden fügen. Die allerquälendsten Geheimnisse ihres Gewissens, alles, alles werden sie uns darbringen, und alles werden wir entscheiden, und sie werden uns mit Freuden glauben deshalb, weil wir sie so der quälenden Sorge entheben, in Freiheit selber zu wählen. Und alle werden glücklich sein, alle Millionen Geschöpfe – bis auf die Hunderttausend derer, die sie leiten. Denn nur wir, wir, die wir das Geheimnis hüten, nur wir werden unglücklich sein. Es wird Tausende Millionen glücklicher Kinder geben und hunderttausend Dulder, die auf sich genommen haben den Fluch der Erkenntnis des Guten und Bösen. Still werden die sterben, still werden sie erlöschen in deinem Namen, und im Grabe werden sie nichts als den Tod finden. Aber wir werden das Geheimnis wahren, und zu der Menschen Glück werden wir ihnen ewige Belohnung im Himmel verheißen. Wenn es aber auch wirklich irgend etwas in jener Welt geben sollte, so doch schon natürlich nicht für solche, wie sie es sind.»[200]

β) Das symbolische Leben oder: Ein Dasein «in effigie»

Kaum eine Erkenntnis im Leben eines Klerikers ist so vernichtend, als zu sehen, wie am Ende eines jahrelangen angestrengten und opfervollen Bemühens womöglich menschlich nichts gestimmt hat, ja, vielleicht sogar das ganze Leben *schädlich* gewesen ist, indem die systematische Selbstunterdrückung im Amt notwendig auch zur Unterdrückung anderer geriet.
Die landläufige Kritik an den Priestern und Ordensleuten der Kirche unterstellt nur allzugern, es handle sich hier um ein Volk von heuchlerischen Nichts- und Wichtigtuern, die anderen predigten, was sie selbst nicht hiel-

ten[1], und die es letztlich nur auf Geld und Macht und auf die Befriedigung abartiger Gelüste abgesehen hätten.[2] Doch eine solche Kritik ist ungerecht und ungerechtfertigt, weil viel zu simpel, undialektisch und linear gedacht; sie ist fast so verkehrt wie das klerikale Denken selbst: Verwechselt dieses, wie wir sahen, das Ziel mit dem Motiv, so jenes das Erscheinungsbild mit der Absicht, und der Idealismus der einen ist menschlich nicht weniger verkürzend als der vermeintliche Realismus der anderen. Offenbar fällt es nicht leicht, in einer Logik ständiger Brechungen, Umkehrungen, Gegenfinalitäten, Kompensationen, reaktiven Frustrationen, Ersatzbildungen, Fehlidentifikationen, Rationalisierungen und ähnlichem sich einigermaßen zurechtzufinden. Doch die Psychologie von Klerikern zählt gewiß zu den kompliziertesten Erscheinungen der menschlichen Psyche; wer hier mit einfachen Gleichungen rechnen will, der mißversteht die Aufgabe, die er zu lösen vorgibt.

So wird man *eines* sicher sagen können: an gutem Willen und Bemühen mangelt es den Klerikern der katholischen Kirche im Ansatz wohl niemals. Gerade sie, die in der ontologischen Unsicherheit ihrer Existenz in der Erwählung des Amtes ihren eigentlichen Wert, die wahre Bestätigung ihres Wesens, die entscheidende Anerkennung ihrer Person erblicken, werden verzweifelt bestrebt sein, alles nur Erdenkliche zu tun, was von ihnen verlangt wird; es ist *der Mangel an Persönlichkeit,* der sich selber zur unentrinnbaren Falle wird und alle geraden Wege krumm macht. Gerade die Ausschaltung, die Unterdrückung, die Vergleichgültigung des Persönlichen ist es, was den Lebensstil des Klerikers wesentlich bestimmt.

Wir haben bisher recht ausführlich über die hierarchisierte Unpersönlichkeit des klerikalen Denkens gesprochen, und das war unerläßlich, weil das Leben der Kleriker der katholischen Kirche sich wesentlich im Denken (oder vielmehr auf der Ebene vorgedachter Gedanken) abspielt. Die *Künstlichkeit und Exemtheit* gegenüber der Normalität prägt von daher alle Einzelheiten des klerikalen Lebensstils.

Wie massiv die Entpersönlichung insbesondere der vitalen, gefühlsnahen Lebensvollzüge durch das klerikale Ideal strikt vorgeschrieben wird, läßt sich natürlich dort am besten beobachten, wo dieses Ideal wirklich ernstgenommen wird, und das ist nicht so sehr bei den Weltpriestern der Fall, deren Lebensführung trotz aller abgelegten eidlichen Versprechungen sich de facto recht freizügig gestalten kann, als vielmehr bei den Ordensleuten, vornehmlich bei den Ordensschwestern

1) Der festgelegte Raum oder: Die Kleidung

Es beginnt mit der *Kleidung* und dem äußeren Gehabe. – Nicht ohne Grund startete Anfang der 80er Jahre (dieses Jahrhunderts!) der Vatikan eine Initiative, um auch dem Weltklerus wieder die strikte Einhaltung der priesterlichen Kleidungsvorschriften einzuschärfen.[3] Bis dahin hatten viele Priester erleben müssen, daß nicht wenige Menschen bereits von der klerikalen Kleidung derart abgeschreckt werden, daß sie erst gar nicht zu einem Gespräch erscheinen, oder daß die Kleidung es unmöglich macht, einen Ton im Gespräch zu finden, der persönlich und vertrauensvoll genug wäre, um die wirklich wichtigen Themen zur Sprache zu bringen; also hatten sie um einer persönlicheren Form der Seelsorge willen die Talare und Kollare in den Schrank gehängt, um ihre Verbundenheit und Zugehörigkeit zu den Menschen – nicht zu demonstrieren, sondern wie selbstverständlich zu leben. Sie konnten dabei neben den seelsorgerischen Gründen sogar eine Reihe gewichtiger anderer Argumente geltend machen. Hatte nicht Jesus selber ausdrücklich vor der Eitelkeit der Pharisäer und Schriftgelehrten gewarnt, mit ihren langen Gewändern und Quastensäumen (Mk 12,38)?[4] Ist es von daher überhaupt möglich, mit der unmittelbaren Nähe Jesu zu den Menschen eine besondere, exorbitante Kleidungsform und -vorschrift in Verbindung zu bringen? Oder, geradeheraus gefragt: Wenn der heilige FRANZISKUS vor 780 Jahren die vornehme Kleidung seines Vaters öffentlich auf dem Marktplatz ausgezogen hatte, um nur noch zu gehen wie die einfachen Leute auf dem Lande, wie läßt sich dann ohne monströse Verschiebungen und Verdrehungen aus eben dieser Kleidung des heiligen FRANZISKUS ein unterscheidendes Merkmal klerikaler Würde gegenüber den Mitmenschen heute schneidern? Ist nicht gerade die klerikale Kleidung, so betrachtet, lediglich ein trauriger Beweis für die Fähigkeit des Menschen, selbst die einfachsten und menschlichsten Gedanken heiliger Vorbilder in unheiligen Pomp und geckenhafte Wichtigtuerei zu pervertieren?[5] Ja, um es offen auszusprechen: Als FEDERICO FELLINI schon vor über 20 Jahren seinen Film *«Roma»* drehte, sah er da nicht völlig richtig, als er am Ende eine Viertelstunde lang eine päpstliche Modenschau zeigte, in deren Verlauf die hochwürdigen Herren Soutanen- und Birett-Träger, die fahrradfahrend und promenierend die neuesten Creations à la mode du Jesu Christ vorführten, sich zunehmend in Mumien und Skelette verwandelten – ein Museumsauftritt lebendig Toter, deren einzige Sorge darin zu bestehen schien, sich wenigstens ein schönes Begräbnis zu sichern?[6]

Doch weder theologische noch menschliche Einwände noch der ätzende, sarkastische Hohn vermögen etwas gegen die Treueverpflichtung eines wirklich ergebenen Klerikers. – Man muß nur einmal hören, wie vor allem Jugendliche den allsonntäglichen Aufzug der Prälaten zur Vesper in den Dom kommentieren und wie auf sie die Akkumulation von Hermelin und Samt, die rosafarbenen Söckchen und Schühchen an den Füßen erwachsener Männer, nicht zu reden von den pittoresken Formen der Kopfbedekkung, wirken – alle Assoziationen von «Schuhus» über «Fledermäuse» bis zu «Nachtfaltern» sind Assoziationen mit der funebren Maskerade des Todes. Man sollte denken, daß die so Gewandeten um die Bewandtnis ihrer großartig grotesken Erscheinung hinlänglich Bescheid wüßten; gleichwohl lautet die Begründung für die Beibehaltung ihrer Amtstracht, es gelte, das geistliche Element im Erscheinungsbild einer Stadt durch das Auftreten z. B. der *Schwesterntracht* missionarisch bewußt zu machen, es gelte, für Christus und seine Reichsgottespredigt *Zeugnis abzulegen*, es gelte, auf die Möglichkeit eines pastoralen Zuspruchs aufmerksam zu machen. Auch diese Begründung ist in ihrer Wirklichkeitsfremdheit anders gemeint, als sie klingt – ein typisches Beispiel der Doppelbödigkeit des Klerikerseins bis in die Details hinein. In Wahrheit nämlich geht es in der Kleiderfrage (jedenfalls zunächst) natürlich nicht um das «Zeugnis» für die «Laien», *sozialpsychologisch* geht es als erstes um die Disziplinierung der Kleriker selbst: *ihnen*, nicht den «Laien», soll durch das Tragen einer betont auffallenden Kleidung die Besonderheit ihres Standes nebst den damit verbundenen Pflichten eingeschärft werden. Indem sie durch die Kleidung weithin als Kleriker kenntlich sind, unterliegen sie einer ständigen sozialen Kontrolle; d. h. sie müssen sich, zumindest in den Augen der Öffentlichkeit, entsprechend den stereotypen Verhaltensmustern, die das *«Image»*, das selbsterzeugte Berufsbild eines Klerikers, in der Öffentlichkeit bestimmt, auch wirklich betragen: es ist schwer möglich, in Priesterkleidung allein auch nur in ein Bistro oder Eiscafé zu gehen, – für eine Ordensschwester endet hier bereits die Grenze ihrer Freiheit, – von Kinobesuchen wie FELLINIS *«Roma»* ganz zu schweigen. Bestimmte Äußerungen von starker Erregung oder bestimmte Verhaltensweisen, die den Eindruck der Unkontrolliertheit erwecken könnten, müssen gleichermaßen als ungebührlich gelten – es gehört noch heute zur Klerikerausbildung ein umfangreicher, betriebseigener «Knigge», ein Wust mündlicher Anweisungen, die besagen, ob man mit einer Frau zusammen Moped fahren darf, wie man als Priester sich einer Frau am Krankenbett nähern sollte, wie man im Dorf die Leute grüßt usw. Wenn irgend das Sprichwort der *«Leute von Seldwyla»* gilt: «Kleider machen Leute», so trifft es ganz gewiß auf die Kleriker der katholischen Kirche zu. Auf französisch allerdings müßte man wohl bissiger sagen: «Les belles plumes font les beaux oiseaux» – schöne Federn machen schöne Vögel. Nur daß die Federn selbst die Vögel heute schmerzen.

Was die leidige Kleiderfrage besonders *im Leben einer Ordensschwester* bedeutet, geht allein schon aus der Manier hervor, mit welcher ihr beim Eintritt in die Schwesterngemeinschaft die eigenen Habseligkeiten fortgenommen und in Verwahrung gegeben werden – wird sie jemals wieder den Orden verlassen, wird man ihr die Habseligkeiten so korrekt zurückerstatten, wie man im Gefängnis einem Inhaftierten all seine Mitbringsel am Tag seiner Freilassung auszuhändigen pflegt. Es werden ihr bei der Ableistung der Ordensgelübde, bei der Profeß, noch heute in manchen Kongregationen die Haare so kurz geschnitten wie beim kanadischen Militär, angeblich, um die Hauben der Schwesterntracht besser tragen zu können – wobei sich bereits hier natürlich die Frage stellt, wozu eine Ordenstracht gut sein soll, die vom Kopf bis zum Fuß die gesamte Weiblichkeit der Erscheinung buchstäblich zum Gleichgültigen entwertet[7]; vorderhand jedoch besteht die unmittelbare Wirkung dieses Rituals ganz einfach darin, daß eine solche Ordensschwester, ob sie will oder nicht, auf jeden Fall sich ohne ihr Ordenskleid in der Öffentlichkeit, kurz geschoren, wie sie ist, nicht ohne weiteres mehr sehen lassen kann.

Und das ist nicht der einzige Effekt.

Man muß sich klarmachen, daß für viele, die mit 18, 20 Jahren (früher durchaus schon mit 16!) in einen Orden eintraten, aus vielen Gründen, die wir noch erörtern werden, dieser Schritt in etwa einem verschleierten Selbstmord gleichkommt – es ist gewissermaßen der letzte Weg, der noch übrig bleibt, um dem physischen Suizid zu entrinnen.[8] Unter den Voraussetzungen der extremen ontologischen Unsicherheit stellt es indessen mit großer Regelmäßigkeit *zunächst* einen außerordentlichen Schutz, eine kostbare Auszeichnung, einen in der Tat vorzüglichen Ersatz für den Brautschleier dar, den Schleier einer Braut Christi zu nehmen. Ein Mädchen, das in seinen gewöhnlichen Kleidern durchaus gewöhnlich aussehen würde und (vor allem bei seinen ausgeprägten Gehemmtheitsstrukturen!) kaum die Chance besäße, ein hinreichendes Maß an Aufsehen und Ansehen zu erregen, um die bindende Liebe eines Partners zu erringen, mag durchaus zu Recht im Moment seiner Einkleidung empfinden, daß es durch das Tragen der Ordenstracht auch objektiv an Wert und Würde gewinnt, und darin eine Rangerhöhung erblicken, wie sie etwa den Trägern des «blauen Rocks» der kaiserlichen Truppe zuteil wurde. Das Schwarz-Weiß der Tracht umhüllt es mit einer feierlichen Reinheit und Eindeutigkeit, mit einer Klarheit von Entschiedenheit und Weltüberlegenheit, die wie selbstverständlich Respekt erheischt.[9] Es fällt dagegen nicht schwer ins Gewicht, daß damit verbunden ein Verhaltenscodex einhergeht, der in etwa den Ausführungen des ARISTOTELES über den *«gut-schönen Menschen»* in der *«Nicomachischen Ethik»* entspricht[10], wie er gemessen sich bewegt, auf eine gewisse gravitätische Attitüde nicht gänzlich Verzicht leistet und durch eine überlegene Vornehmheit sich auszeichnet. Für Menschen, die eine eigene Würde mit ihrer eigenen Person niemals haben in Verbindung bringen dürfen, bedeutet es einen wonnevollen Schauer, bereits durch die Kleidung endlich allgemeingültig und vor allen sichtbar nicht nur *etwas,* sondern fortan sogar *etwas Besonderes* zu sein.

Dieses Gefühl, so wenig jesuanisch oder franziskanisch es auch sein mag, endet übrigens keinesfalls bei den Ordensschwestern. Warum trägt *ein Prälat* statt einer schwarzen eine rote Soutane? Nun? Auf die Antwort dürften selbst eingefuchste Katholiken nicht so ohne weiteres verfallen. Weil sie, im Unterschied zum tristen Schwarz der niederen Stände, vielleicht bereits die Kunst erlernt haben, in rechter Weise die Annehmlichkeiten des Lebens, insbesondere die Gefühlsseligkeit der Liebe, zu genießen, ohne sich durch Laster und Sünden zu beschmutzen?[11] Weit gefehlt! Sie hüllen sich in die rote Farbe ihrer Gewänder, um dadurch dem hingebungsvollen Blutopfer der Martyrer näher zu sein. Man sollte, um mit KIERKEGAARD zu reden, zur Speisung solcher wirklicher Wahrheitszeugen zumindest am Gedenktage des heiligen *Laurentius,* welcher dem Glauben zuliebe auf einem Rost zu Tode gebraten wurde[12], unbedingt als Festvorschrift verfügen, daß ihnen *ein Fisch,* der doch auch ein Zeichen Christi ist, *auf einem Rost* gebraten würde, damit ihnen noch mehr an Gemeinsamkeit mit den echten Martyrern anzumerken sei.[13]

Doch zurück zu den einfachen Ordensschwestern. Ihr wesentliches Problem liegt, weit mehr noch als in den männlichen Ordensgemeinschaften, beim Umgang mit der Kleidung darin, daß die Geltung und Wertschätzung, die ihnen für ihre Ordenstracht zuteil wird, erkennbar nicht ihrer Person, sondern einzig ihrem gottgeweihten Stande gilt; d. h., dasselbe Mittel, das im Augenblick über die Unsicherheit der eigenen Persönlichkeit hinwegzuhelfen vermochte, löst in seiner Äußerlichkeit das bestehende Problem nicht wirklich, sondern deckt es buchstäblich nur zu und konserviert, ja, verschlimmert es damit. Fortan bildet der Fluchtraum der Unpersönlichkeit einen heiligen Tempel der Selbstverleugnung, in dem lebenslänglich zu verweilen als göttliche Pflicht gelten muß; die uniformierende Kleidung aber

erscheint als das rechte Mittel, um die Ausschaltung des Einzelnen demonstrativ zu vervollkommnen.
Auch hier sind es wieder die Unterschiede, die den Unterschied ausmachen. Um FREUDS Vergleich zwischen Militär und Kirche aufzugreifen:[14] auch die Uniform eines Heeres schaltet die Soldaten einer Truppe gleich, ordnet sie einander zu und markiert durch entsprechende Rangabzeichen die Stufen der Befehlspyramide; das Zusammengehörigkeitsgefühl, der Korpsgeist, die Pflicht zu unverbrüchlicher Kameradschaft, vor allem aber: die nicht weiter mehr zu diskutierende Tatsache, unwiderruflich, durch Eid verpflichtet, dieser bestimmten Institution anzugehören, finden ihren sichtbaren Ausdruck in der Uniform. Dennoch bleibt als entscheidend bestehen, daß die militärische Uniform den diensttuenden Soldaten nur als Soldaten, nicht als Menschen definiert, und dieser Unterschied gilt zumindest so lange, als das Militär nicht selbst, wie z. B. der Jaguarorden der *Azteken*[15], als eine religiöse Gemeinschaft gelten muß – so lange der Krieg nicht als Gottesdienst betrieben wird.[16] Anders in der *militia Christi* (im Heer Christi), den christlichen Ordensgemeinschaften. Es gehört zum Gedanken klerikaler Erwählung, daß alles, was Gott mit dem Leben eines Menschen will, seine Erfüllung in der Bestimmung zum Kleriker findet; alles, was ein Kleriker ist, ist er als Mitglied dieses Ordens, dieser Gemeinschaft, ohne Rest und Reserve.[17] Er hat nichts, er ist nichts, vielmehr: Was er ist und was er hat, bestimmt ab sofort sein Orden. Mit anderen Worten: das Habit, die Tracht einer Ordensschwester z. B., ist eben keine bloße Berufskleidung, sondern ihre Kleidung ist der Ausdruck ihrer Berufung vor Gott. Das, was sie auf dem Leibe trägt, das, was sie kennzeichnet und auszeichnet, ist eben nicht das, was sie mitgebracht hat. Was sie mitgebracht hat an eigener Schönheit, wird ihr weggenommen und weggeschnitten – ein «Umtopfen von Pflanzen» nennt man das gern; die Ordensgemeinschaft erscheint fortan als der eigentliche Erdboden, als die Verkörperung des Weinstockes, welcher Christus ist (Joh 15,1 ff.), als die Quelle, aus der künftig allein das Wasser des Lebens zu trinken ist.
Die Details der Lebensführung gestalten sich dementsprechend. In einer klösterlichen Zelle gibt es keinen Spiegel – der Rosenkranz und das Gebetbuch, wenn man den Worten glauben darf, geben das Abbild einer Ordensschwester wieder. Die Kleidung bis hin zur Unterwäsche, bis hin zu Peinlichkeiten aller Art, hat aus den Händen der Gemeinschaft in Empfang genommen zu werden, und der Geist der Gemeinschaft duldet weder Eigenheiten noch Eigenmächtigkeiten. War nicht die heilige THERESE VON LISIEUX gerade dadurch heilig, daß sie, schwer lungenkrank, durchaus nicht

darum bat, des Nachts wärmere Decken in ihre unbeheizte Zelle zu bekommen, sondern geduldig und demütig die Schmerzen der Krankheit ertrug – und Gott ihr Leiden belohnte, indem er die früh Vollendete im Alter von 24 Jahren zu sich nahm?[18] Selbst Theologen wie URS VON BALTHASAR, die sehr wohl begriffen haben, in welchen Spannungen die Mentalität der Ordensgemeinschaften zu der Botschaft Jesu steht, fanden psychologisch nichts Bedenkliches an dem Beispiel der «kleinen» Therese, an diesem masochistischen Triumph der Selbstzerstörung.[19]

Doch sogar im Tod hört der Kult der Gleichheit in allen äußeren Dingen nicht auf. Man gehe zu den Friedhöfen der Städte, die größere Ordensgemeinschaften beherbergen – zum Ostfriedhof von Paderborn z. B. – und betrachte die Gräber der Ordensschwestern: winzige Reihengrabsteine, in absolut einheitlicher, jahrzehntelang beibehaltener Form, eingraviert der Ordensname – nicht der Mädchenname, kaum der Familienname – was dieser Mensch war, soll das heißen, besteht einzig darin, daß er ein Mitglied dieses Ordens war, alles andere ist Gott gleichgültig. Es gibt nicht viele Denkmäler, die trauriger stimmen als diese. Auf den Soldatenfriedhöfen mit den unzähligen Kreuzen, darauf geschrieben steht: «unbekannt», mag man die trostlose Gleichheit der Gräber als eine aufrüttelnde Mahnung gegenüber dem Wahnsinn des Krieges empfinden: – den Granaten und Flammenwerfern vor Verdun war es wirklich gleichgültig, wessen Glieder sie zerfetzten und zerkohlten. Doch diese Gleichgültigkeit sollte Gottes sein? So war niemals der Vater Jesu Christi; so ist der Gott des Großinquisitors, wie DOSTOJEWSKI ihn schilderte; so entspricht er dem theologischen Sozialismus des Mönches TOMMASO CAMPANELLA mit seinen Ideen vom *«Sonnenstaat»*[20], diesem System einer totalen Gleichheit aller, diesem Glückseligkeitszuchthaus[21], in dem unter einem Wust von Verboten eigentlich nur eines wirklich verboten ist: eine eigene Person zu sein.

Kann man denn all das, wird mancher, noch zweifelnd, *an dieser Stelle* vielleicht fragen, allein schon an der Kleidung der Ordensschwestern ablesen? Nein, nicht an der Kleidung allein, wohl aber daran, daß diese selbst den Ausdruck einer konsequenten Entpersönlichung darstellt. Gerade auf der Ebene der Kleidung, dieser gewissermaßen *räumlichen* Form der Zerstörung des Individuellen durch das Kollektive, kommt es freilich nicht selten zu einer recht amüsanten Wiederkehr bzw. *Dennochdurchsetzung des Verdrängten.*[22] Denn mag man auch jeder einzelnen Ordensschwester jedwede Anwandlung von Eitelkeit und Putzsucht untersagen, das Ordensgewand selber ist doch etwas Heiliges und wohl zu Hütendes, etwas immer ganz Sauberes, Anständiges und Akkurates, derart, daß man selbst unter den bizarrsten Extravaganzen höfischer Barockkleider schwerlich Frauenkleider finden wird, die in der Länge der Kittel, Mäntel und Schleier so unpraktisch und in der penetranten Steifheit der Stärkewäsche so schwer tragbar wären wie Schwesternkleider. Selbst eine Frau am Putztisch wird so viel der Zeit kaum aufzuwenden haben, um sich zurecht zu·machen, wie es in manchen Orden kostet, allmorgendlich das Ordenshabit den Regeln entsprechend anzulegen. In keinem Falle ist das die Kleidung der armen Landfrauen aus der Zeit des Franziskus und Dominikus; eher hat man es mit einer eigentümlichen Kopie der Kleidung adeliger Damen des 17. Jhs. zu tun[23], wobei das ausladende Dekolleté des Vorbildes züchtig ersetzt wird durch die Attrappe des gesteiften Brusttuchs und das Flattern der Haare durch den langen Schleier.[24] Selbst die Einführung von Fingerringen und Ketten war und ist nicht aufzuhalten. Ein Bischof, selbstredend, trägt den «Fischerring»; in manchen Orden tragen die Schwestern eine Kette mit einem schlichten oder, je nach Gemeinschaft, auch auffälligeren Kreuz – um die Einführung oder Abschaffung solcher Insignien oder Utensilien können jahrelange Redeschlachten toben. Doch am Anfang wie am Ende ist sie wieder da: die durchaus weibliche und an sich sehr berechtigte Sehnsucht, sich schön zu machen, nur in einer traurigen, weil unpersönlichen, das *Opfer* des Ichs, nicht seine Geltung betonenden Form. Wenn die Kleidung eines Menschen etwas ausdrückt, dann ist das Habit der Ordensschwestern ein furchtbar beredtes Zeugnis für die absolute Gleichschaltung und zugleich Ausschaltung des Persönlichen, für die Zerstörung des Natürlichen und für dessen Ersetzung durch die Maske einer künstlich übergezogenen Einheitsform des Religiösen.

2) Die festgelegte Gegenwart oder: Das Stundengebet

Parallel zur Kleidung existiert eine zweite Ebene, um das Leben der Kleriker zu entpersönlichen, die sich als *die Kollektivierung in der Zeit* beschreiben läßt. Der Ausdruck dafür ist *die Forderung des Stundengebetes.*

Auf den ersten Blick sollte man meinen, es sei ganz absurd, ausgerechnet das Gebet als Instrument der Depersonalisation zu verstehen oder zu verwenden – heißt nicht «beten», sich am intensivsten und intimsten Gott in die Hände geben? Gewiß, das heißt es. Als Jesus seine Jünger beten lehrte, empfahl er ihnen sogar ausdrücklich, sie sollten vor Gott nicht viele Worte machen, sondern ihm statt dessen mit Vertrauen begegnen – «Euer Vater weiß doch, längst ehe ihr ihn bittet» (Mt 6,7.8)[25], und: «Stellt euch nicht vor die anderen hin, wenn ihr betet, sondern geht in euer Kämmerlein – euer Vater sieht doch» (Mt 6,5.6).[26] Anders als die «Heiden» und die «Heuchler» sollten die Jünger Jesu beten – nicht voller Angst wie die Menschen, die Gott nicht wirklich kennen (so «die Heiden»), und nicht rein äußerlich, um unter den Augen der Menschen ein religiöses «Werk» zu verrichten (so «die Heuchler»). Doch genau entgegengesetzt lautet die Ordnung, auf welche die Kleriker der katholischen Kirche durch Eid ihr Leben lang verpflichtet werden.

Den absoluten Vorrang im Gebetsleben der Kleriker besitzt *das Gemeinschaftsgebet,* so sehr, daß eine Ordensschwester im Konvent schon rein zeitlich zum privaten Beten kaum mehr kommt. Es gehört zum ehernen Bestand der klösterlichen Disziplin und Doktrin, daß aus dem Gemeinschaftsgebet jener Segen entsteigt, der das Leben aller fruchtbar und gottgefällig gestaltet. Wer sich dem Gemeinschaftsgebet entzieht, stellt sich mithin außerhalb des Herzens der Gemeinschaft, er sündigt schwer und hat laut Vorschrift bei der nächsten Beichte vor Gott und dem Beichtvater darüber Rechenschaft abzulegen. Der Theorie nach gilt dasselbe auch für den Weltklerus. Man kann zwar nicht verlangen, daß die Priester eines Dekanates oder auch nur einer Pfarrei sich räumlich zum Gebet zusammenfinden, doch haben sie ihrem Bischof bei der Priesterweihe feierlich zugesagt, täglich ihr Brevier, ihr Stundengebet, zu verrichten und also an dem Gebet der Kirche, an dem stündlichen Opfer des Wortes, an dem Lobpreis der Schöpfung, teilzuhaben.

Der Gedanke selber ist im Grunde sehr poetisch und schön – vermutlich verdankt er sich den altägyptischen Hymnen auf den Sonnengott mit den dazu passenden Stundenschemata[27], und auch die ritualisierte Form, den Gang des Lichtgestirns durch die Pforten der Zeit mit entsprechenden Dankgesängen zu begleiten, dürfte dem *Alten Ägypten* entstammen.[28] Im Leben der Kleriker der älteren Generation, die sich an ihre Weihegelöbnisse wirklich noch gebunden fühlten, führte die Ordnung des Stundengebetes indes in der Praxis nicht selten dazu, die Worte zum Lobpreis des aufgehenden Lichtgestirns, statt des morgens an die Sonne, noch kurz vor Mitternacht an den Mond zu richten: nicht ob es sinnvoll war, so zu beten, war die Frage, sondern daß die Gebete verrichtet wurden, war das Entscheidende, oder, anders gesagt: nicht die Person des Betenden, nicht seine Gefühle, nicht seine Erfahrungen, sondern *die objektive Vollständigkeit des Gebetes an sich* bildete das Ziel der Brevierpflicht. Aus dem Allerpersönlichsten, aus dem am meisten Lyrischen, wurde damit ein formaler Ritus, der als eine feste Ordnung abzuleisten war.

Es kommt, genau besehen, nicht einmal darauf an, ob der Einzelne verstehen kann, was er beten soll – die Tatsache, daß eine Ordensschwester im Verlauf von vierzig und mehr Jahren den ganzen Psalter viele Hunderte von Malen deklamieren muß, ist absolut kein Grund, ihr exegetisch die Psalmen inhaltlich nahe zu bringen, ja, selbst die meisten Priester und Ordensleute werden kaum jemals mehr als fünf bis zehn Psalmen des Alten Israel sich wirklich einmal zu Gemüte geführt haben. Und warum auch? *Gerade die relative Unverständlichkeit* macht ja überhaupt erst möglich, daß Leute, die in ihrem Leben sonst womöglich kaum je ein Gedicht oder gar einen Band moderner Lyrik zur Hand nehmen, tagaus tagein zu dem Hersagen altorientalischer Lieder genötigt werden können. Hört man in Gesprächen aufmerksam zu, werden die meisten Ordensschwestern ehrlicherweise sagen müssen, daß sie insbesondere mit den häufigen Verwünschungen und Haßtiraden der Psalmen gegenüber den *«Feinden»* niemals etwas Rechtes haben anfangen können; gerade die Texte, die den Grund ihres Lebens und des Zusammenlebens aller abgeben sollen, sind ihnen auf große Strecken einfach fremd geblieben – das Beten selber in dieser Form fungiert als Mittel der Entfremdung, da es gerade das Wichtigste nicht erlaubt: den persönlichen Ausdruck in einer eigenen, unmittelbaren Sprache.

Dabei ist zu bedenken, daß es in den Psalmen nicht *ein einziges wirkliches Fürbittgebet* gibt – es sind Texte, gebunden an den heiligen Egoismus einer altorientalischen Stammesreligion, und so findet in den Stundengebeten nicht einmal *das* Gefühl Worte, das vielen Ordensschwestern unstreitig zutiefst zugehört: die Sorge und das Mitleid mit anderen Menschen. Da kommt also, um es möglichst handgreiflich zu sagen, eine Ordensschwester von der Krankenstation um Schlag 18 Uhr in die Kapelle; sie hat gerade noch gesehen, wie eine Frau, die Mutter zweier Kinder, nach einer schweren Operation um ihr Leben rang; die Schwester hat sich sehr beeilen müssen, um die Frau auf ihrer Station für die Nacht «fertig» zu machen und der Nachtschwester eine geordnete Arbeit zurückzulassen; doch ihre Gedanken weilen natürlich noch am Krankenbett, und innerlich läuft sie noch ein, zwei Stunden lang durch die Zimmer und die Flure ihrer Station. Jetzt aber ist das Stundengebet, und so muß sie beten, daß Gott dem König Macht gibt, seine Rache an den Feinden zu genießen. – Ein System solcher Anordnungen macht schon einen Sinn, nur besteht er nicht darin, eine Kultur des Gebetes, eine religiöse Zärtlichkeit der Sprache oder eine persönliche Vertiefung der Frömmigkeit zu pflegen; ganz im Gegenteil: Der Sinn liegt darin, bis in den letzten Winkel des Herzens die Gefühle, die Gedanken, die eigenen Worte fortzunehmen, bis nichts mehr übrigbleibt als eine Ansammlung fertiger Riten, immer richtiger Gedanken und standardisierter Redewendungen. Die

endlose Monotonie der immer gleichen Wiederholungen, die formelhafte Mechanik, mit der das stehende Repertoire der ein für allemal festgelegten Abfolge der Psalmen durch bestimmte, auf besondere Weise nachzuschlagende Zwischenverse dem Tageskalender angepaßt wird, der getragene Wechselgesang der Gregorianik – all das beschwört eine heilige Ordnung, die der Einzelne wohl mitvollziehen und mittragen, auf keinen Fall aber mitgestalten oder gar verändern soll.
Der Vermittlung des gleichen Eindrucks dient auch die obligatorische *Lektüre ausgewählter Texte der Kirchenväter.* Nicht das Gebet, das Gefühl, der Gedanke des Einzelnen, sondern das Gebet der Kirche, die Tradition ihrer Lehren, die Ehrwürdigkeit ihrer unverrückbaren Autoritäten bilden die Grundlage und das Ziel dieser Lesungen. Trotz des mühsam errungenen Zugeständnisses, das Breviergebet seit dem 2. Vatikanum in der jeweiligen Landessprache verrichten zu dürfen – der eigentliche psychologische Sinn dieser Einrichtung erfüllt sich wirklich erst, wenn der Kleriker in der demütigen Haltung des Gebetes die Muttersprache seiner Kirche, die tote Fremdsprache des Lateinischen, verinnerlicht. Gemessen daran war und ist es im Grunde doch eine Unvollkommenheit und ein Zeichen mangelnder Bildung, wenn Priester und Ordensschwestern notgedrungen zur deutschen Ausgabe des Breviers (eine Anschaffung im Werte von mehr als 300,– DM!) greifen. Was der ganzen Natur nach dazu bestimmt wäre, die Person des Einzelnen im Gegenüber Gottes zu erheben und zu stärken – die Innerlichkeit des Gebetes –, dient in dieser Äußerlichkeit gerade umgekehrt der vollkommenen Einpassung und Anpassung des Einzelnen an die Gemeinschaft der Kirche bzw. an die Gemeinschaft des Ordens, die in seinem Erleben immer mehr die Stelle Gottes einzunehmen beginnt.

3) Das festgelegte Gewissen oder: Der öffentliche Bußakt

Wie weit man die Auslieferung des Einzelnen an die Gemeinschaft der Kirche treiben kann, wie weit die veräußerlichende Entfremdung gerade des Intimbereiches, wie weit vor allem *die Ersetzung des persönlichen Gewissens durch ein kollektives Reglement* von heiligen, die Stelle Gottes einnehmenden Instanzen gehen kann, davon legt das beredteste Zeugnis unzweifelhaft der bis in die 60er Jahre allgemein gepflegte *Bußritus in den Ordensgemeinschaften* ab. In der Ausbildung der Priesteramtskandidaten wurde in vergangenen Zeiten auf Generationen hin versucht, die Regel einzuprägen, man müsse beichten *«semel saltem in hebdomada»* – mindestens einmal pro

Woche.[29] Der Grund: Man könne später anderen nur überzeugt das Sakrament der Sündenvergebung spenden, wenn man seine wohltuende Wirkung im eigenen Leben hinreichend erfahren habe. Doch wie üblich, liefert auch hier die rationale Begründung nur die Verschleierung, nicht die Erklärung der kirchlichen Anweisungen. Denn statt des befreienden Gefühls der Vergebung erzeugt der häufige, ritualisierte Empfang der Beichte weit eher ein chronisches Schuldgefühl sowie das Empfinden, selbst in objektiv vollkommen belanglosen Nebensächlichkeiten von dem Rat und Beistand der Beicht-«Väter» der Kirche abhängig zu sein; und damit wächst nach und nach das förmliche Bedürfnis nach der Gedankenkontrolle und Gedankenzensur durch eine fremde, äußere Autorität.[30] So erzeugt und vermehrt sich das Grundempfinden, im eigenen Leben, nur auf sich gestellt, ganz gewiß nicht zu wissen, wie es um das eigene Leben vor Gott bestellt ist. Ja, es müßte geradewegs als ein besonders krasses Beispiel menschlichen Hochmuts und Eigensinns gelten, wenn jemand sich des Wahns vermessen wollte, daß im Grunde niemand, ganz bestimmt aber kein ehrwürdiger Vater, nach zwei Minuten eines formalisierten Bekenntnisses von Sünden wie: «Ich bin in der Morgenmesse zu müde gewesen» und: «Ich habe am Morgen des Heiligen Abends ein Stück Schokolade gegessen», von dem Zustand des eigenen Lebens sich ein besseres Bild machen könne als das eigene Ich. Eben diese Mündigkeit und Eigenständigkeit im Umgang mit sich selber sind die geheimen Angriffsziele der klerikalen Bußpraxis; *sie* gilt es im Kern zu zerstören, um schließlich Menschen zu formen, die sich bis zum letzten ihrer selbst entleeren und ausliefern.[31] Wenn die ontologische Unsicherheit, die wir als den eigentlichen Grund des Klerikerseins kennengelernt haben, sich nur noch zu retten weiß in ein System äußerer Überwachung, Zensur und Kontrolle, gedeiht der entscheidende Lehrsatz der katholischen Kirche auch subjektiv zur unbedingten Evidenz: Die Kirche ist eine von Gott eingesetzte und für das Heil des Menschen notwendige Einrichtung.

Gewiß wiederum: *Die Weltpriester* in den Pfarreien haben, aller Ausbildung zuwider, in aller Regel längst gelernt, sich auch an dieser Stelle den Armen der Mutter Kirche zu entwinden. Viele von ihnen haben seit Jahrzehnten nicht mehr gebeichtet in der durchaus nicht so verkehrten Vermutung, daß ihre spezifischen Schwierigkeiten von ihren «Amtsbrüdern» doch nicht verstanden würden und sie nur mit unsinnigen Bußauflagen in Fragen zu rechnen hätten, für die es im Sinne der kirchlichen Moral offenbar keine brauchbare Antwort gibt. Lieber sprechen sie einmal in zwei Jahren mit einem alten Freund, der weit genug entfernt wohnt, um ihn nicht zu häufig aufzusuchen, im allgemeinen über ihre Situation, als daß sie sich noch dem alten Psycho-

streß des Beichtrituals mit seinen unangemessenen Schablonisierungen aussetzen würden. Doch was die kirchlichen Institutionen eigentlich bezwekken und bewirken, erkennt man nicht in ihren verwässerten, sondern natürlich am besten in ihren konzentriertesten Formen, und hier bieten *wiederum die Ordensschwestern* als die in gewissem Sinne am meisten beispielhaften Gestalten der katholischen Kirche das klarste Exempel.
In den Konstitutionen (Verfassungen) vieler Orden genügte es bis vor Jahren nicht, einem von der Ordensleitung approbierten Priester in regelmäßigen Abständen die Sünden zu beichten; vielmehr erscheint das Institut der Beichte hier als etwas Unvollkommenes. Der benediktinische Grundsatz gilt: *primus iustus accusator* – nur, wer sich selbst anklagt, erfüllt die Gerechtigkeit ganz, und dieser Satz ist *sozial* zu leben, nicht nur im geheimen zu verwirklichen.
Tatsächlich vertritt in dogmatischer Betrachtung der Priester im Beichtstuhl lediglich die Gemeinde der Menschen, denen durch eigenes Versagen Schaden zugefügt wurde, und eigentlich handelt er in ihrem Namen, wenn er über ein «Beichtkind» die Worte der Lossprechung betet.[32] Ein wahrhaft christusförmiges Leben kann dabei natürlich nicht stehenbleiben, vielmehr ist Wert darauf zu legen, daß das System von Bekenntnis und Vergebung nicht nur sakramental verwaltet, sondern vor allem gemeinschaftlich gelebt wird: Die private Beichte kommt, so gesehen, erst zu ihrer eigentlichen Wirksamkeit, wenn die einzelne Ordensschwester vor den Konvent ihrer Mitschwestern hintritt, (sich vor ihnen ursprünglich langgestreckt zur Erde wirft) und ihnen bekennt: «Ich habe vor Schwester Hyazintha absichtlich die Tür ins Schloß fallen lassen»; «Ich habe Schwester Anastasia beim Mittagessen nicht die Wurst herübergereicht»; «Ich habe im Refektor (dem Erholungsraum) Schwester Irmina durch vorlautes Betragen das Wort abgeschnitten» – und es hat die so Angeredete die schwesterliche Pflicht, der reumütig Schuldigen im Namen Christi zu verzeihen. Doch auch damit nicht genug: Es obliegt der Mutter Oberin, zur heilsamen Bußfertigkeit ihrer geistlichen Tochter in milder Strenge die Wiedergutmachung aufzutragen, die unter den Augen aller mitunter oft tagelang zu verrichten ist, wie: sich ehrenvoll vor einer verächtlich behandelten Mitschwester zu verneigen, das Mittagessen aus den Händen der Oberin selber löffelweise in Empfang zu nehmen und dergleichen mehr. Und selbst diese Praktiken erscheinen noch «unvollkommen», wenn es darum geht, *die Postulantinnen,* die noch ganz am Anfang des klösterlichen Lebens stehen, in der rechten Christusliebe zu unterweisen: Ihnen ist aufzuerlegen, daß sie nicht nur dem Priester, nicht nur der Oberin, sondern auch der Novizenmeisterin ihre Fehler offenba-

ren, auf daß diese über die Würdigkeit der Einzelnen bei der Berufung zum heiligen Stande einer Braut Christi sich recht informieren könne.
Welche seelischen Qualen mit dieser totalen Auslieferung an die Gemeinschaft für die einzelne Schwester verbunden sind, kann man sich nur vorstellen, wenn man die Bedingungslosigkeit mit hinzunimmt, in welcher die einzelnen Ordensschwestern sich aus ihrer ontologischen Unsicherheit in den Schoß der jeweiligen Kongregation geflüchtet haben – es gibt für sie kein Entrinnen! Nur diese vollkommene Abhängigkeit ermöglichte allererst dieses Schauspiel der Demütigung, das in den psychischen Torturen sich nicht nur auf geradem Wege aus dem Verfahren der heiligen Inquisition herleitet[33], sondern ihnen auch 500 Jahre später immer noch auf grausame Weise ähnlich sah, nur daß die sadistische Entblößung weiblicher Nacktheit sich vom Körperlichen weg verinnerlicht hat. Man möchte die Erfinder dieser «Ordnungen» selbst einmal hochnotpeinlich darüber verhören, wie sie denn je haben glauben können, daß jemand die Wahrheit über sein Leben zu sagen vermöge, wenn man ihn im Falle wirklicher Schuld mit der augenblicklichen Zerstörung seiner neu gewonnenen Existenzsicherung in der jeweiligen Gemeinschaft bedroht! Die objektiv das Lächerliche streifenden öffentlichen Schuldbekenntnisse offenbarten in ihrer Nichtigkeit denn auch *die angstbesetzte Doppelbödigkeit* der klerikalen Existenz an dieser vermeintlichen Zentralstelle der Wahrhaftigkeit nicht minder deutlich als die erstaunliche Bereitschaft der Vorgesetzten, diese Tragikomödie der Futilitäten mitzuspielen, ja, in ihr einen Beweis sogar für die fortgeschrittene Verfeinerung der Gewissensbildung erkennen zu wollen.
In Wirklichkeit erlernte innerhalb dieses Systems totaler Selbstentblößung bereits ein zwanzigjähriges Mädchen als Postulantin die Fähigkeit, mit aufrichtig klingenden Selbstanklagen zunächst vor den Oberen und den Mitschwestern, dann aber auch vor sich selber falsche Spuren zu legen, indem es die Aufmerksamkeit von den wirklich bedeutsamen Tatbeständen weg auf die Nebenschauplätze des Lebens lenkte. Das ganze Verfahren bestand am Ende in der zwangsneurotisch anmutenden Kunst, das absolut Unwichtige so ernst zu nehmen und so wichtig zu machen, daß darunter das wirklich Wichtige vollkommen unterging.[34] Darf man beispielsweise eigenmächtig eine Briefmarke im Werte von 80 Pfennigen auf einen Brief kleben, wenn der Geldbetrag nicht zuvor mit der Mutter Oberin erörtert worden ist? Darf man eine Schachtel Pralinés für sich behalten, die eine Tante am 1. Adventssonntag anläßlich ihres Besuches mitgebracht hat? Darf man sich ein Paar Handschuhe stricken, wenn man die ordenseigenen im vergangenen Winter verloren hat? Muß man gestehen, daß man heimlich ein braunschwarzes

Hamsterchen in der Zelle hält? Es würde einem bestimmt weggenommen, teilte man die Tatsache jemandem mit, aber es ist doch etwas Lebendes, es ist das womöglich einzige im ganzen Leben einer Ordensschwester, das wirklich auf sie wartet, wenn sie am Abend nach der Komplet aus einer Gemeinschaft von 80 Mitschwestern in ihr Zimmer zurückkehrt. Darf man im Winter heimlich die Vögel mit Küchenabfällen füttern? – Wer schließlich nur noch Fragen dieser Güte an sein Leben zu richten hat, darf der nicht als ein Glücklicher gelten?
Doch nicht alle vermögen scheinbar folgenlos, nur in der Form der Charakterpanzerung[35], diese erheblichen Verschiebungen und Icheinschränkungen mitzuvollziehen. Vor allem der Bereich der *Sexualität,* über den wir später noch ausführlich zu sprechen haben, stellt unter diesen Umständen ein unerschöpfliches Reservoir von Schuldgefühlen und Strafängsten aller Art dar. Es gehört zu den zweifellos schlimmsten Entdeckungen in der Psychotherapie von Ordensschwestern und Klerikern, oft erst nach Jahren des Gesprächs, aber mit großer Regelmäßigkeit herausarbeiten zu müssen, wie sie bereits sehr früh ihre Schuldgefühle bestimmter sexueller Regungen, Phantasien oder Handlungen wegen einfachhin tapfer verdrängen mußten. Jahrelang hatte man ihnen beigebracht, daß jedes freiwillig hervorgerufene sexuelle Lustempfinden außerhalb der Ehe als schwere Sünde, als Todsünde, als Verlust der göttlichen Rechtfertigungsgnade, als eine Schuld zu betrachten sei, die, wenn im Falle des Todes noch ungesühnt, mit der ewigen Verdammnis bestraft werde, und jahrelang hatten sie, spätestens von der Pubertät an, verzweifelt versucht, gegen die Regungen des sündigen Fleisches anzukämpfen – mit wechselndem Erfolg, denn bei völliger Resignation ihrer sittlichen Bemühungen hätten sie den Weg hinter Klostermauern gar nicht erst gefunden. Doch nun, unversehens, Beichte um Beichte, die verborgensten Peinlichkeiten gestehen zu sollen, würde ein nahezu heroisches Maß an Ehrlichkeit erfordern; «nur deswegen» aber den Orden wieder zu verlassen, finden die meisten – zu Recht – unzumutbar, und so ist es am Ende die Forderung nach totaler Offenheit und Ehrlichkeit, die den Grund zu chronischer Unaufrichtigkeit und einer schwer erkauften Doppelmoral bildet. Denn jene «schwere Sünden» *nicht* zu beichten bedeutet im Grunde, die Lage ins Hoffnungslose zu dramatisieren: Eine «schwere Sünde» nicht zu beichten bedeutet, «vermessentlich zu sündigen auf Gottes Barmherzigkeit»[36], und *das* ist noch weit schlimmer, als eine Todsünde zu begehen, *das* ist ein «Gottesraub», das ist die «Sünde wider den Heiligen Geist»[37], die dem Menschen nicht vergeben wird!
Und einmal die Weichen so gestellt, geht es jetzt in geometrischer Reihe wei-

ter: Jede weitere Beichte vermehrt nur die Schuld, jede heilige Kommunion in der morgendlichen Messe bedeutet «unwürdig den Leib des Herrn zu empfangen» und sich damit «das Gericht zu essen» (1 Kor 11,29)[38] – wie soll eine Frau leben, die im Alter von 20 Jahren in eine religiöse Gemeinschaft eingetreten ist und mit 35 Jahren sich vorrechnen muß, daß sie 15 mal 365 unwürdige Kommunionen und mindestens 15 mal 30 unwürdige Beichten empfangen hat, plus 15 mal werweißwieviel Todsünden gegen die heilige Keuschheit begangen hat? Es gibt Theorien, wonach die Verhängung der Todesstrafe auf gewisse Verbrechertypen keine abschreckende Wirkung ausübe; wie schlimm muß da ein Mensch sein, der selbst vor der Androhung ewiger Höllenstrafen sich von seinem schamlosen und verlogenen Tun nicht abbringen läßt?[39] Wie viele Ordensschwestern, die dem Namen nach ihr ganzes Leben dem gütigen und gnädigen Gott opfern, leben in Wahrheit mitten in diesem «eschatologischen Vortrab des Heils», wie K. Rahner einmal die Kirche und ihre Orden genannt hat[40], als lebenslänglich Verdammte? Die Häftlinge in dem legendären unentrinnbaren Gefängnis von Alcatraz mögen auf den Tag ihrer Hinrichtung warten, ungewiß, wann er kommt; solche Ordensschwestern werden durch die theologische Doktrin und durch die kirchliche Tradition ganzer Jahrhunderte versichert, daß sie endgültig und unrettbar verloren sind – in Zeit und Ewigkeit –, oder sie müßten tun, was sie nie haben tun können und, je länger es währt, um so weniger zu tun vermögen: ein öffentliches Bekenntnis ablegen und ein völlig verfehltes Leben bereuen, um hernach zur Wiedergutmachung der beleidigten Gerechtigkeit des dreifaltigen Gottes aus dem Orden ausgestoßen zu werden bzw. (im Gnadenfall!) als seelisch krank in die Psychiatrie empfohlen zu werden.

Andere sagen sich, daß Gott so grausam nicht sein könne, und hoffen mehr oder minder wider alle kirchliche Hoffnung auf eine himmlische Amnestie; aber sie fühlen sich als prinzipiell rechtlose, ausgesetzte Wesen in einer Hölle der Einsamkeit, und das einzige, was sie Gott anzubieten haben, ist der gute Wille, sich gänzlich zu opfern und sich in allen anderen Dingen so pflichtgetreu und ergeben zu zeigen wie nur irgend möglich.[41] Und selbst der Preis *dafür* besteht nicht selten in ausgedehnten *Depressionen,* deren Grund niemand ahnt, niemand ahnen darf; in jedem Falle hat als die Schuld und das Versagen des Einzelnen zu gelten, was klar erkennbar die Schuld eines erbarmungslosen Systems unmenschlicher Moralvorstellungen, unchristlicher Gottesbilder und grausamer psychischer Quälereien darstellt.

Ödön von Horváth hat in seinem Theaterstück *«Geschichten aus dem Wienerwald»* in der Gestalt der *Marianne* einmal diese Situation eines Menschen geschildert, der in seiner Not vergeblich um die Vergebung der Kirche bittet. *Marianne* hat die von den Eltern ihr aufgezwungene Verlobung mit dem sadistisch-frommen Fleischermeister *Oskar* wieder aufgelöst und sich statt dessen dem sensiblen, dekadenten Stutzer *Alfred* zugewandt. Als sie von ihm schwanger wird, willigt sie unter seinem Druck beinahe in eine Abtreibung ein, ist aber nach ihrer Niederkunft noch mehr von ihm abhängig. Der Beichtvater, den sie aufsucht, um ihn um die Lossprechung ihrer «Sünden» zu bitten, fragt sie, ob ihr der Abtreibungsversuch leid tue, was sie bejaht; ob sie bereue, daß sie «mit jenem entmenschten Subjekt in wilder Ehe» zusammenlebe, was sie nur zögernd bejaht; ob sie bereue, ihr Kind im Zustand der Todsünde empfangen und geboren zu haben – da sagt sie: «Nein, das tu' ich nicht. – Nein, davor hab' ich direkt Angst, daß ich es bereuen könnt. – Nein, ich bin sogar glücklich, daß ich es hab', sehr glücklich.»[42] Darauf der Beichtvater: «Wenn du nicht bereuen kannst, was willst du dann von deinem Herrgott ... komme erst mit dir ins Reine, ehe du vor unseren Herrgott hintrittst.»[43] Während *Marianne* den Beichtstuhl verläßt, hört man das Gemurmel einer Litanei, die mit einem Vaterunser endet; leise, mit den Lippen, betet *Marianne* mit: «Erlöse uns von dem Bösen.» «Wenn es einen lieben Gott gibt», fügt sie verzweifelt hinzu, «was hast du mit mir vor, lieber Gott? – Lieber Gott, ich bin im achten Bezirk geboren und hab' die Bürgerschul besucht, ich bin kein schlechter Mensch – hörst du mich? – Was hast du mit mir vor, lieber Gott?»[44] Es ist die Hoffnung der Verlorenen, daß ein Gott sei, der sie hört, wo die Kleriker der Kirche sie ablehnen, weil sie die Bedingungen nicht erfüllen können, die den Forderungen der bürgerlichen und noch mehr der kirchlichen Moral entsprechen würden; es ist die Hoffnung so vieler Ordensschwestern und so mancher Kleriker selbst, daß Gott so sei, wie *Jesus* ihn den Menschen bringen wollte, als er gerade zu denjenigen sich gesandt fühlte, die in ihrer Not nicht ein noch aus wußten.[45] Wie lange soll es noch zur Pflicht der Kleriker der Kirche gehören, gerade die einfache Menschlichkeit Jesu zu verleugnen, die sie selber oft am meisten nötig hätten?

Man wird die Strukturen der Entpersönlichung in der katholischen Kirche im Umgang mit ihren Klerikern indes so lange nicht begreifen, als man sie in gewissem Sinne selber personalisiert und damit relativiert, indem man sie auf das bedauerliche Versagen einzelner, auf die Schwäche oder auf den Machtwillen dieser oder jener Oberin etwa, oder auch auf die überholten Leitungsformen ganzer Ordensgemeinschaften zurückzuführen sucht. Nicht um ein individuelles Versagen, sondern um die Unmenschlichkeit eines jahrhundertelang etablierten und mit heiligen Formeln aller Art für sakrosankt erklärten Systems der konsequenten Zerstörung des Individuums auf allen Ebenen persönlicher Existenz geht es; und so genügt es keinesfalls, das Verfahren des klerikalen Bußaktes isoliert für sich zu betrachten. Manch ein Einwand mag immer noch lauten, unsere Darstellung orientiere sich zu sehr an Praktiken, die zwar bis zum 2. Vaticanum eingestandenermaßen üblich waren, seitdem aber doch erheblich liberalisiert worden seien. Dagegen ist zu sagen, daß ein System von so hohem Identifikationszwang wie das Klerikersein der Kirche in seinen verinnerlichten psychischen Strukturen beschrieben werden muß, und diese Strukturen verschwinden durchaus nicht dadurch, daß hier und da gewisse Kautelen und Paragraphen verändert oder ganz gestrichen werden. Die Ordensschwestern beispielsweise, die heute 45 Jahre alt sind, haben allesamt die auch äußerlich reibungslos funktionierenden Verfahren der Außenlenkung in der beschriebenen Weise bis in den Intimbereich an sich selbst erfahren müssen; sie leiden noch heute darunter, und nichts ist damit gewonnen, scheinheilig sich die Hände in Unschuld zu waschen mit der Erklärung, um wieviel besser «alles» in der Zwischenzeit geworden sei. Denn: Ist es wirklich besser geworden? Es ist in der katholischen Kirche so lange nichts wirklich gebessert, als man nicht offen und klar die Inhumanität der bestehenden Strukturen selber eingesteht und die Leitziele für das Leben der Kleriker so formuliert, daß die Förderung der persönlichen Entfaltung, die Wertschätzung der Individualität und der Respekt vor der Souveränität des Einzelnen als zentrale Inhalte eines «in Christus erlösten Daseins» verstanden werden.[46] Bis dahin sind die alten Tendenzen der Zerstörung der Person nach wie vor als das wahre Konstitutivum des Klerikerseins anzusprechen, und es verschlägt nichts, daß diese Prinzipien in den letzten 20 Jahren aus Schwäche und Machtzerfall ein wenig von ihrer äußeren Strenge eingebüßt haben mögen. Ein Vampir bleibt ein Vampir, auch wenn ihm durch Überalterung inzwischen ein paar Zähne ausgefallen sind; er mag deswegen schon eher Mitleid als Furcht verdienen, aber das hindert nicht, daß man vor ihm erst Ruhe haben wird, wenn man seine scheinbar jugendliche Gestalt als Larve einer blutsaugerischen, parasitären Mumienexistenz bewußtmacht, die sich nur durch das Opfer immer neuen jungen Lebens zu erhalten vermag.

4) Das festgelegte Gefühl oder: Das Verbot privater Freundschaften

Wie das Ideal des Klerikerseins in der katholischen Kirche in Gänze beschaffen ist, zeigt sich am klarsten, wenn man zu der Bloßstellung des Einzelnen vor dem Konvent als komplementäre Bestimmung das strikte *Verbot* hinzunimmt, irgendwelche persönlichen Gefühle für andere Menschen zu entwickeln, dargestellt als *das Verdikt privater «Partikularfreundschaften»*.

Man könnte von außen her denken, eine solche Maßnahme wie das öffentliche Schuldbekenntnis sei ein typisches Merkmal der Degeneration aller totalitären Herrschaft. Kennt man nicht das System der «Selbstkritik» auch von den Schauprozessen und den Parteitagen z. B. der kommunistischen Partei in der Sowjetunion? Gewiß, alle totalitären Systeme ähneln einander in der Unterdrückung des Individuums, und so nimmt es nicht wunder, hier wie dort auf verwandte Erscheinungen zu treffen. Allerdings darf man nicht übersehen, daß ein politisches System, selbst wenn es, wie der Bolschewismus eine Zeitlang, sich mit dem messianischen Anspruch einer Ersatzreligion umgibt, niemals über die Macht verfügt, die Person des Einzelnen bis in ihre geheimsten Gefühle hinein zu dirigieren. Über eine solche Macht verfügt allein die Religion, wenn sie zur Herrschaft über Menschen depraviert, und mit welcher Energie der Katholizismus willens war und ist, über Menschen zu regieren, zeigt sich erschreckend deutlich in den Bestimmungen, mit denen er glaubt, *sogar den Gefühlsbereich* der ihm untergebenen Kleriker bis ins Detail hinein kontrollieren zu können und zu müssen.

In Anbetracht des *kommunistischen* Systems schilderte vor Jahrzehnten George Orwell in seiner Horrorvision *«1984»* als apokalyptische Warnung einen Zustand der Menschheit, in dem der «Große Bruder» die Liebe zwischen den Geschlechtern auf strenge Weise überwacht. «Das Ziel der Partei war nicht nur», schrieb Orwell, «das Zustandekommen enger Beziehungen zwischen Männern und Frauen zu verhindern, die sie vielleicht nicht mehr übersehen konnte. Ihre wirkliche, unausgesprochene Absicht ging dahin, den sexuellen Akt aller Freude zu entkleiden. Nicht so sehr die Liebe, als vielmehr die Erotik wurde als Feind betrachtet, sowohl in wie außerhalb der Ehe.»[47] Die *katholische Kirche* darf uneingeschränkt als dasjenige System gelten, das am konsequentesten, am dauerhaftesten und am erfahrungsreichsten in der Geschichte Europas, ja, einzigartig, wirklich «exklusiv» in dieser Hinsicht in der Geschichte der Menschheit insgesamt, die psychische Entfremdung seiner Mitglieder vorangetrieben und ausgebaut hat. Allen Ernstes richteten Ende der 60er Jahre Bundeswehroffiziere, die mit der Frage der inneren Führung betraut waren, die Bitte an ein örtliches Theologenkonvikt, doch ein paar Tage studieren zu dürfen, wie es möglich sei, auf Monate hin ein gutes Hundert junger Män-

ner kaserniert beieinander zu halten ohne Sex, Krawall und Alkohol. Bei den Verantwortlichen empfand man dieses Ansinnen, auch wenn man es abschlägig beschied, durchaus nicht als eine ironische Infragestellung der eigenen Praktiken, sondern in gewissem Sinne als eine ehrende Anerkennung. Noch GEORGE BERNANOS beschließt sein Priesterporträt im *«Tagebuch eines Landpfarrers»* mit der Parallele von Militär und Klerus – auch das Militär besitze eine Ordnung, freilich eine «Ordnung ohne Liebe».[48] Aber gerade gegen die Liebe richten sich die strengsten Bestimmungen der klerikalen Lebensformen der katholischen Kirche, und zwar zunächst noch nicht einmal der möglichen sexuellen Implikation und Explikation wegen, sondern ganz einfach deshalb, weil die Liebe (nebst ihrer enttäuschten Kehrform, dem Haß) die intensivste persönlichste Gefühlsregung schlechterdings darstellt.
Jedes totalitäre System muß die Liebe zu seinem ärgsten Feind erklären, weil sie diejenige Bindungsenergie darstellt, die das Ich am leidenschaftlichsten erhebt und ihm im Gegenüber eines anderen Kräfte verleiht, die es nie zuvor in sich gespürt hat; und umgekehrt: wie totalitär ein Sozialgebilde sich darbietet, läßt sich an keinem Kriterium in solcher Klarheit erkennen wie an der Frage, wie seine Einstellung gegenüber der Liebe beschaffen ist. Es ist mir nicht bekannt, daß es in der Religionsgeschichte der Völker jemals ein System gegeben hätte, das nicht nur die Liebe zwischen Mann und Frau, sondern weit darunter noch *sogar die Freundschaft* zwischen den Gruppenmitgliedern unter Aufsicht und Verbot gestellt hätte. Selbst das Neue Testament zögert nicht, Jesus die «Ungerechtigkeit» zuzutrauen, daß er einen seiner Jünger mehr geliebt habe als die anderen[49], und man darf annehmen, daß ihm auch manche Frauen wie Maria und Martha, die Schwestern seines Freundes Lazarus (Joh 11,1–2) z. B.[50], näherstanden als seine eigenen Schwestern und Brüder, mit denen er allem Anschein nach überhaupt nichts anzufangen wußte (Mk 6,1–6)[51]. Allein der katholischen Kirche blieb es vorbehalten, christlicher als Christus selber sein zu wollen und ein Modell von Gemeinschaft zu errichten, in dem nichts Persönliches, also auch keine Beziehungen persönlicher Sympathie mehr existieren dürfen. In den Priesterseminarien der 70er Jahre noch galt es als höhere Stufe eines christusförmigen Lebens, daß die Subdiakone und Diakone, Männer immerhin im Alter von ca. 25 bis 30 Jahren, des Nachmittags am Aushang am Schwarzen Brett nachzulesen hatten, wer mit wem zwischen 15 bis 16 Uhr zu zweit spazierenzugehen hatte. Ein Kleriker hat nach diesen Vorstellungen keine persönlichen Liebhabereien und Bevorzugungen zu pflegen; er hat in der rechten Christusliebe seine Gunst und Aufmerksamkeit allen Menschen glei-

chermaßen zu schenken, und so muß er lernen, niemandes Freund und doch jedermanns Weggefährte zum Heil zu sein.
Um die Wirkung derartiger Bestimmungen auf die Psyche des einzelnen Priesters, der einzelnen Ordensschwester in ihrem ganzen Ausmaß zu würdigen, muß man erneut bedenken, daß alle klerikalen Lebensformen von dem Hintergrund der ontologischen Unsicherheit geprägt sind. Man hat es von vornherein mit Menschen zu tun, die sich nach dem Modell des *Lucien Fleurier* in allen Fragen menschlicher Beziehung und persönlicher Kontakte ohnedies schon außerordentlich schwertun. Selbst wenn sie objektiv ihre Jugend als Leiterinnen von Jugendgruppen in der Pfarrei oder als Klassensprecher in der Schule durchlaufen haben und dem äußeren Eindruck nach sogar eine bemerkenswerte Vielfalt sozialer Beziehungen vortäuschen mochten, so findet man in ihrem Selbstgefühl, wenn man nur tief genug nachgräbt, doch die ausgeprägtesten Ängste und Behinderungen, sich der Zuneigung anderer auch nur von ferne zu getrauen. Es mag unter ihnen wahre Virtuosen im Überspielen derartiger Verunsicherungen geben – Leute zum Beispiel, die schon von ferne auf jede Annäherung mit witzigen und charmanten Bemerkungen reagieren, nur um dem eigentlichen persönlichen Kontakt durch ein kunstvolles Rollenspiel höflicher Artigkeiten und Floskeln auszuweichen[52] –, doch bedeutet es in gewissem Sinne gerade für sie zunächst eine enorme Erleichterung, all des mühseligen Fragens und Suchens enthoben zu sein, ob dieser oder jener unter ihren «Mitmenschen» die eigenen Sympathien erwidern könnte oder nicht; es beendet die ständige *Angst vor Enttäuschungen*, es überwindet das chronische *Gefühl der Ungeliebtheit* und der Einsamkeit, es beruhigt den uralten tiefsitzenden Verdacht, im Grunde zu niemandem zu gehören und letztlich völlig allein auf der Welt zu sein. Nur unter Voraussetzung solcher Gefühle läßt sich *das förmliche Bedürfnis* verstehen, endlich in eine Welt einzutauchen, in der man das eigene abgelehnte Ich ablegen kann, um im Vergessen seiner selbst einer Gruppe von Menschen anzugehören, bei denen die Fragen von Kontakt und Gemeinschaft *garantiertermaßen* positiv beantwortet sind. Solange noch die Spielregeln von Sympathie und Freiheit walten würden, wäre die Angst nicht zu beruhigen, am Ende doch wieder allein dazustehen; erst wenn es auf Sympathie und Freiheit endgültig *nicht* mehr ankommt, kann man in Ruhe darauf zählen, nicht mehr enttäuscht zu werden, erst dann gibt es ein Recht, ja, sogar eine Pflicht, «gemocht» zu werden, erst dann widerlegen sich wirklich die bitteren Erfahrungen und Nöte so vieler Kinderjahre.
Mit anderen Worten: Das System der Gefühlsunterdrückung ist absolut plausibel und *erstrebenswert* für denjenigen, der es geradewegs als Gefahr

erlebt hat, in der Entwicklung «normaler» Gefühle «als ein Nichts beiseite gedrückt zu werden»; für Menschen, die sich selbst und ihre Umwelt so erfahren (haben), ist es förmlich *nötig*, ein System zu ersinnen, in dem es in gewissem Sinne mitleidiger, gnädiger, also «christlicher» zugeht als in der rauhen Welt der Kinderspielplätze und Schulklassenausflüge. Das leidige ist nur, daß das gleiche System, das im ersten Anlauf das Gefühl der ontologischen Unsicherheit, jetzt im Kontaktbereich, beruhigt, sich wenig später schon als Einengung und Verbot jeder freien Entfaltung erweist, und es ist der zentrale Vorwurf, der sich bei der Analyse der psychischen Strukturen des Klerikerseins Schritt für Schritt, je weiter wir vordringen um so deutlicher, gegenüber der katholischen Kirche erhebt: *daß sie auf die Angst und Not der Menschen, die sich an sie wenden, nicht mit den Mitteln Jesu, nicht mit den Formen personal vermittelten Vertrauens, sondern mit den Verfahren institutioneller Absicherungen* zu antworten sucht, indem sie die Quellen der Angst verstopft, die mit der Freiheit der Person selber gegeben sind, und von daher umgekehrt die schlimmste aller Ängste zu mobilisieren und zu instrumentalisieren unternimmt: die Angst, ein eigenes Leben in Eigenständigkeit und Eigenverantwortung zu wagen. Was am Anfang als hilfreich erscheint – und von den Betreibern zumeist wohl auch so gemeint ist! –, erweist sich auf diese Weise schließlich als *Verfestigung der Angst* in Form von institutionalisierten Vorschriften, die aus den ursprünglichen Formen der Angstflucht heilige Pflichten, mit anderen Worten: aus der Not die Tugend machen. Die Angst vor der Einsamkeit endet auf diese Weise mit der lebenslänglichen *Pflicht zur Einsamkeit* – ein trauriger Kreislauf der Unerlöstheit mitten im Herzen von Menschen, die den Worten nach vorgeben, der Erlösung der Menschheit dienstbar zu sein.
Rein logisch betrachtet, läßt sich das System der Unpersönlichkeit und Entfremdung an dieser Stelle erneut auf die einfache Formel einer Vertauschung der Ebenen bringen, indem auch hier das Persönliche kollektiviert und das Kollektive personalisiert wird: Einerseits müssen die Dinge, über die man eigentlich nur mit einzelnen, Vertrauten sprechen könnte, offen vor den Ohren aller ausgesprochen werden, und diese öffentliche Vertrautheit muß all diejenigen Gespräche und Mitteilungen ersetzen, die auf der privaten Ebene ausfallen; dafür erörtert man in der erzwungenen Unpersönlichkeit der Privatkontakte mit Vorliebe all die Dinge, die im Grunde die Angelegenheit aller wären – *hier* erörtert man zum 1001. Male die jüngsten Beschlüsse des Provinzkapitels, den bevorstehenden Besuch der Generaloberin oder die Haltung des Chefarztes den freien Schwestern gegenüber. Auf beiden Ebenen herrscht eine sich wechselseitig bedingende *Unaufrichtigkeit;* denn die

Intimität der öffentlichen Geständnisse dient, wie wir sahen, mehr dem Verbergen als dem Offenbaren der eigenen Person, während die Privatisierung des Allgemeinen auf der persönlichen Ebene in Wahrheit nicht dem Aufbau, sondern der Vermeidung wirklicher Beziehungen dient. In beiden Fällen wird überdeutlich, daß es nicht möglich ist, menschliche Gemeinschaften zu begründen, die wesentlich auf der Grundlage einer angstbesetzten Entpersönlichung gründen.

Und doch wird es versucht, *muß* es versucht werden, um der ontologischen Unsicherheit Paroli zu bieten! – Bei allen Untersuchungen lebender Systeme gilt, daß man die analysierten Vorgänge so lange noch nicht wirklich versteht, wie man den inneren Zusammenhang der einzelnen Erscheinungen noch nicht begriffen hat. Die Institution des Klerus der katholischen Kirche ist eine Einrichtung, die, geschichtlich betrachtet, enorme Zeiträume überlebt hat; derartige Einrichtungen kann man nur verstehen, indem man die scheinbar getrennten Phänomene als innerlich zusammengehörige, im Grunde einheitliche Ausformungen ein und derselben Grundeinstellung zu betrachten lernt. Unter dieser Perspektive ergänzt und bestätigt es unsere Diagnose von der systematischen Entpersönlichung als Grundzug des Klerikerseins zur Abwehr der ontologischen Unsicherheit, wenn wir hören, daß die Unterdrückung des Persönlichen sich nicht nur auf den Umgang mit den «Brüdern» und «Schwestern» im eigenen Orden bezieht, sondern sich pflichtgemäß auch auf *die Zerstörung der familiären Verbundenheit,* ja, in gewissem Sinne auf *die Verleugnung der gesamten eigenen Biographie* erstreckt.

5) Die festgelegte Vergangenheit oder: Die Trennung von der eigenen Familie

Es ist vom Ordenseintritt an verboten, außerhalb bestimmter gerade noch gestatteter Gelegenheiten und Formen mit Vater und Mutter, Geschwistern und Verwandten irgendeinen Kontakt aufzunehmen oder aufrechtzuerhalten. Wie die Feldpost von Soldaten an der Front, die dem Gegner, gewollt oder ungewollt, kriegswichtige Informationen zuspielen könnte, wird die wenige erlaubte Briefpost der Ordensangehörigen von Vorgesetzten durchgelesen – es soll endgültig nicht mehr sein, daß eine Novizin in ihren Nöten sich noch Hilfe von den eigenen Familienangehörigen erhofft; mit all ihren Verzweiflungen und Hoffnungen soll sie ausschließlich und ganz – an Gott?, jedenfalls *an die Gemeinschaft* des Ordens gebunden werden. «Nur wer tut, was Gott will, der ist mir Bruder und Schwester und Mutter» (Mk

3,35)[53] – mit diesem Jesus-Wort wird die vollkommene Trennung und Gefühlsablösung von den Eltern und Geschwistern verlangt, auf daß fortan die Ordensgemeinschaft selbst an die Stelle der Familie trete. Doch eben in diesem erzwungenen Austausch der Bezugsgruppen liegt ein schweres Problem; denn es ist nicht möglich, einfachhin sozial die Familiengemeinschaft gegen die klerikale Gemeinschaft der «Schwestern» und «Brüder» auszutauschen, also gewissermaßen biologische in geistige Verbindungen umzuwandeln, ohne den entscheidenden Zwischenbereich der psychischen Bindungen und Gefühle zu berücksichtigen und durchzuarbeiten; anderenfalls löst man die bestehenden Konflikte nicht, sondern verewigt sie nur. Doch auch hier erscheint dem Einzelnen zunächst als Erleichterung, was ihn erst später als ein System von Zwang und Gewalt anmutet.
Zu den streng gehüteten Tabubereichen der Motivationsgeschichte des Klerikerseins gehört die Auseinandersetzung mit der eigenen Familie – *Auseinander-setzung* in wörtlichem Sinne. – Bereits die Widersprüchlichkeiten der theologischen Theoriebildung verraten, daß an dieser Stelle eine psychische Konfliktstelle liegt. Auf der einen Seite – so die Theorie – hat Jesus die Ehe geheiligt und zur Würde eines Sakramentes erhoben[54]; auf der anderen Seite aber hat er das Unverheiratetsein der Kleriker als den Gott wohlgefälligeren Stand anempfohlen.[55] Zwischen diesen beiden Aussagen liegen erhebliche psychische Spannungen, die wir später bei der Frage des Umgangs der Kleriker mit der Sexualität noch ausführlicher erörtern werden. Vorerst genügt es, darauf hinzuweisen, daß, historisch betrachtet, Jesus ersichtlich weder das eine noch das andere getan hat: die Frage, ob Jesus selber verheiratet war oder nicht, ist dem Neuen Testament so gleichgültig, daß es wohl für alle Zeiten unmöglich ist, darauf eine schlüssige Antwort zu geben[56], und was den Stand der klerikalen Lebensweise angeht, so hat Jesus ganz sicher keinen Orden (nach dem Vorbild z. B. der Gemeinde von Qumran) oder ordensähnliche Gemeinschaften gründen wollen[57]; ganz im Gegenteil wollte Jesus die elitäre Abgrenzung der «Frommen» seiner Zeit gegenüber den einfachen «Leuten vom Lande»[58], gegenüber den Gesetzlosen, gegenüber den Außenseitern überwinden[59], und seine Haltung angstloser Freiheit hat durchaus nichts gemein mit den Abgrenzungen des Klerikerseins der katholischen Kirche; andererseits gehört es zu dem Historismus des klerikalen Denkens und bildet ein Kennzeichen seiner autoritären Außenlenkung, nicht aus der menschlichen Erfahrung heraus zu argumentieren, sondern sich in ein geschichtliches Vorbild projizieren zu müssen, um von dort her eine, wenn auch noch so legendarische, Begründung seiner selbst zu gewinnen. In Wirklichkeit muß man psychoanalytisch auch die klerikale Überzeugung, es

sei «besser», keine Familie zu gründen, nicht so sehr aus dem Wort Jesu in Mt 19,10 abzuleiten suchen[60], als sie in das biographische Erleben rückübersetzen: Nicht um die Ablehnung von Ehe und Familie im allgemeinen geht es bei der Berufung eines Klerikers, wohl aber um die Verneinung *des* Typs von Ehe und Familie, den man in der eigenen Kindheit und Jugend kennengelernt hat; gemessen daran, in der Tat, erscheint es subjektiv als «nicht gut», zu heiraten, und zwar so sehr, daß *die Ablehnung*, konkret: *der Ehe der eigenen Eltern*, der Familie, der man selber entstammt, sich zu dem Grundprinzip des gesamten weiteren Lebensentwurfes auszuweiten vermag.
Es ist dies ein Punkt, an dem sich die psychische Struktur der Berufung zum Kleriker um ein weiteres Stück genauer bestimmen läßt, indem sie sich etwa von dem «Chefsein» des *Lucien Fleurier* auf spezifische Weise unterscheidet. Auch ein Mann wie SARTRES Antiheld könnte seinem ganzen Werdegang nach zum wahren Eheskeptiker wie geschaffen scheinen; tatsächlich kommt auch er zur Ehe nicht aus so «bürgerlichen» Motiven wie aus Liebe und Zuneigung, sondern durch den gewaltsam-trotzigen Entschluß, sich selber als den gestaltenden Maßstab der an sich verachteten Welt der bürgerlichen Existenz zu setzen. Der spezifische Unterschied zwischen den *«Fleuriers»* und den Klerikern liegt indessen nicht in dem erfahrungsbedingten Mißtrauen gegenüber der Ehe (der eigenen Eltern) an sich, sondern in der schmalen, aber äußerst wichtigen *Differenz* dieses Konfliktes: Ein *Fleurier* verfügt über ein beträchtliches Maß größerer Ichstärke, und so versucht er, das Problem «sthenisch», d. h. aktiv, durch eigene Entschlossenheit zu lösen; ein *Kleriker* verfügt über diesen Mut gerade nicht, und so protestiert er gegen die Ehe seiner Eltern, indem er unter den Belastungen ihres Vorbildes den Glauben fahren läßt, jemals so etwas wie eine geordnete bürgerliche Existenz aufbauen zu können.[61] Dabei spielen, wohlgemerkt, der Trotz eines *«Fleurier»* und die Resignation eines Klerikers sich auf einer Ebene ab, die zwar am Rande der Gesellschaft angesiedelt ist, aber doch auf einem Umweg noch eine Rückkehr sogar zu einer besonderen Form gesellschaftlicher Achtung ermöglicht und offenhält; noch einen Schritt weiter allerdings, und die Gefahr begönne, in pathologische Formen der Asozialität abzugleiten – schon von daher begründet die Aufkündigung der Familienbande in der «Erwählung» eines Klerikers in gewissem Sinne eine riskante und stets gefährdete Existenzform. Wichtiger freilich ist es, bereits an dieser Stelle zu betonen, daß die Haltung der Kleriker zu den Fragen von Ehe und Familie sich gewiß nicht aus dem (entwicklungspsychologisch recht späten!) Einzelthema (genitaler) Sexualität verstehen läßt, sondern vor dem Hintergrund der ontologischen Unsicherheit viel breiter fundiert und motiviert ist.

Was kann jemand tun, der in seinem Elternhaus sich niemals wirklich «zu Hause» gefühlt hat? – Mädchen und Jungen, die weniger von dem Diktat ihres Überichs zurückgehalten werden, mögen sehr früh bereits, im Alter von 16, 18 Jahren, nach einem Partner suchen, in dessen Nähe sie sich ein eigenes «Nest», einen Ersatz für Vater und Mutter aufzubauen versprechen. Die Ichstruktur eines Klerikers hingegen ist zu gehemmt und eingeengt, um einen solchen Schritt von sich aus wagen zu können.[62] Wenn es für ihn jemals so etwas wie einen Ersatz für die so bitter vermißte familiäre Geborgenheit geben sollte, so müßte sie *von außen* bereitgestellt werden, und gerade das macht in gewissem Sinne den Eintritt in einen Orden so attraktiv, gibt es doch hier «Schwestern» und «Brüder», die gewiß niemals zanken und streiten, die kein oder nur selten ein lautes Wort zueinander sagen und die unter dem Schutz und der Obhut von «ehrwürdigen» «Vätern» und «Müttern» leben, die nicht, wie die eigenen Eltern womöglich, fluchen, schlagen, saufen und prügeln, sondern die in der Liebe Christi die Güte, Sanftmut und Geduld in Person zu sein versprechen. Und all das findet sich, einfach indem man die latente Resignation gegenüber den Möglichkeiten eines eigenen Lebens bis zur letzten Konsequenz treibt! Es ist, als wenn ein Kreis sich endlich schließen wollte.
Gleichwohl bedeutet «Resignation» zwar den Verzicht auf Trotz, doch keineswegs das Fehlen starker Aggression. Das Beispiel des heiligen FRANZISKUS mag noch einmal als Exempel dafür gelten, wie sich in der Entscheidung zum Ordensleben eine Gesinnung äußerster Sanftmut mit einem extremen (ödipalen) Protest gegen den eigenen Vater und gegen die Ehe der eigenen Eltern paaren, ja, geradewegs daraus herleiten kann.[63] Die Erörterung des ganzen Problemkreises gestaltet sich eben deshalb so schwierig, weil der aggressive, protestierende Anteil bei der «Wahl» der Ersatzfamilie eines Ordens zumeist völlig verdrängt wird – er verträgt sich vermeintlich nur schwer mit dem Wortlaut der Bergpredigt und fällt schon deswegen der Überichzensur anheim; doch tiefer als das moralische Motiv der Aggressionsverdrängung wirkt eine andere, bereits in Kindertagen installierte Mechanik: die Angst, in der eigenen Familie gar nicht mehr existieren zu können, wenn man sich wirklich die Erlaubnis gäbe, für wahr zu nehmen, was unmittelbar an familiären Konflikten wahrzunehmen ist, sowie die Drohung, die schon bestehenden Konflikte womöglich erst recht ins endgültig Unlösbare, Explosive zu verschieben, wenn man es wagen würde, sie offen auszusprechen. Diese *Angst vor der Schädlichkeit offener Kritik* an den eigenen Eltern ist im Vorbau der Berufungsgeschichte von Klerikern nicht nur mit großer Regelmäßigkeit zu beobachten, sie führt vor allem zu einer

erzwungenen Anpassungsbereitschaft bis hin zu phantastisch anmutenden *Verleugnungen der Realität:* Die Ehe der Eltern hat in Ordnung zu sein bzw. als in Ordnung befindlich betrachtet zu werden, und wer dieses Grunddogma der Artigkeit kindlichen Rechtverhaltens etwa in einer therapeutischen Sitzung in Frage zu stellen droht, wird als erstes selber eben die Aggressionen auf sich versammeln, die ursprünglich den eigenen Eltern zugedacht waren. Allenfalls wird man den extremen Fall antreffen, daß jemand den einen Elternteil, z. B. als Junge den Vater, als Mädchen die Mutter, in ödipaler Weise mit den heftigsten Vorwürfen überzieht, um desto entschiedener Partei für den anderen zu ergreifen, doch stellt auch diese Form der Kritik noch einen Teil des moralischen Rechtverhaltens dar: Man hat ganz einfach die *Pflicht,* z. B. die leidende Mutter oder den alleinstehenden Vater zu schützen und zu unterstützen. Stets aber begreift man, warum die Lehre von der «Heiligkeit» der «sakramentalen» Ehe bis hin zu dem kirchlichen Lehrsatz ihrer Unauflöslichkeit für die klerikale Psyche eine solche Rolle spielt: Sie dient zu einem erheblichen Teil dem Schutz vor der eigenen Aggressivität gegenüber der Ehe der Eltern, die vor Gott als ebenso «geweiht» und «ewig» zu gelten hat – wie am Ende das eigene Klerikersein selbst.

Andererseits, gewissermaßen im Schutze dieser Absicherung, kommt in der Latenz, auf der *Haltungsseite*[64], die abgewehrte Aggression denn doch spürbar zum Vorschein. Selbst in der vorsichtigsten Formulierung der theologischen Selbstdarstellung des Klerikerstandes ist trotz aller Lippenbeteuerungen eine Herabwertung der Ehe als Institution nicht vermeidbar: Sie gilt als das nur Vorläufige, nur Irdische, Unvollkommene, Weltliche, das es im Grunde um des Gottesreiches willen zu überwinden gilt. Bereits die reformatorische Kritik, G. W. F. HEGEL insbesondere, hat hier recht klar gesehen: «Man muß nicht sagen, das Zölibat sei gegen die Natur, sondern gegen die Sittlichkeit. Die Ehe wurde ... zwar von der Kirche zu den Sakramenten gerechnet, trotz diesem Standpunkt aber degradiert, indem die Ehelosigkeit als das Heiligere gilt.»[65]

Darüber hinaus aber ist natürlich deutlich, daß der Entschluß zum Klerikersein nicht nur philosophisch auf eine *indirekte* Kritik an der Institution der Ehe im allgemeinen hinausläuft, sondern psychologisch zugleich auf eine *direkte* Kritik an der Ehe der eigenen Eltern, und gerade so wird die Mitteilung, ins Kloster gehen oder Priester werden zu wollen, auch zumeist von den eigenen Eltern verstanden: Sie empfinden sehr deutlich das Vorwurfsvolle, das in der Entscheidung ihrer Tochter, ihres Sohnes liegt, und es ist nicht nur der Zwang, ihre Kinder endgültig abgeben zu müssen, ohne je zu

Weihnachten oder zum Geburtstag ihren Besuch erwarten zu dürfen, es ist vor allem, daß spürbar wird, wie sehr die betreffende Tochter, der betreffende Sohn auch von sich her mit dem Entschluß zum Klerikersein den Kontakt mit der Familie aufzukündigen beabsichtigt. Nicht zu Unrecht fragen sich viele Eltern deshalb, was sie in der Erziehung ihrer Kinder falsch gemacht haben, ja, manche Mutter kommt in die Beratung eigentlich nur aus Verzweiflung darüber, daß ihr Sohn, ihr Einziger, zu den Jesuiten oder zu den Dominikanern gehen will, wohl ahnend, daß dieser Wunsch z. B. das angstbedingte Übermaß an Bindung gegenüber der Mutter oder gegenüber dem Vater auf dem einzig erlaubten Ausweg aufkündigen soll – man kann ihnen eben nicht sagen, daß man das Leben an ihrer Seite nicht länger mehr aushält; doch auch die unbewußte, gut verdrängte Aggression erreicht ihr Ziel, nur daß das, was mit eigenem Willen in Freiheit zu wünschen nicht erlaubt war, nunmehr in rationalisierter Form als göttlicher Wille und heiliges Opfer erscheint.

Es gibt übrigens zwei «Experimente», die jeder machen kann, um die hier aufgestellte These zu überprüfen, daß die dogmatische Überhöhung der Ehe als einer unauflöslichen sakramentalen Gemeinschaft und ihre gleichzeitige Abwertung im Ideal des Klosterstandes *beide* gemeinsam derselben Wurzel eines Gutteils latenter Aggressivität entsteigen und also in Wechselwirkung zueinander betrachtet werden müssen.

Das erste «Experiment» hat die Geschichte der Kirche selbst in Gestalt des *Protestantismus* geliefert. Es war ein erstaunliches psychologisches Argument, mit dem Martin Luther im *Großen Katechismus* von 1529 den Ordensstand verwarf, da «niemand ... so wenig Liebe und Lust zur Keuschheit (habe) als eben die, die den Ehestand aus großer Heiligkeit meiden»[66], d. h. er unterstellte, daß der Entschluß zum Klerikersein durch einen äußersten Gegensatz zu den wirklichen Neigungen motiviert werde; mit der Beseitigung des Ordens- und Klerikerstandes beabsichtigte er ausdrücklich, ein Ende nicht nur der offenen oder heimlichen Heuchelei zu machen, sondern auch eine Art Psychohygiene in die Strukturen der Kirche einzuführen. Gerade die unverkrampftere Einstellung der Reformatoren zu Ehe und Sexualität aber erlaubte es der protestantischen Theologie zugleich, auch das mögliche Scheitern von Menschen in der Ehe einzugestehen und der Wiederverheiratung Geschiedener zuzustimmen[67] (ähnlich wie übrigens auch die Orthodoxen und Anglikaner, die mit der Zulassung von Verheirateten zu den geistlichen Ämtern auch die Auflösbarkeit einer gescheiterten Ehe kennen).

Demgegenüber lag die Entwicklung der katholischen Moraltheologie seit jeher in den Händen von unverheirateten Klerikern, und es scheint mit den Gesetzen ihrer eigenen Psychologie zu tun zu haben, daß *sie* bei der Lektüre derselben Bibelstellen, die auch den reformatorischen Anschauungen zugrunde liegen, über die Jahrhunderte hin zu ganz entgegengesetzten Schlüssen gelangten.[68] Zu einem nicht unerheblichen Teil spricht manches dafür, daß die Kleriker der katholischen Kirche die Unauflöslichkeit der Ehe so stark betonen müssen, um einen Konflikt ihrer eigenen Motivationsgeschichte zu lösen: Der aggressive Wunsch, die Ehe ihrer eigenen Eltern zerstören zu wollen und zerstört zu sehen, wird aufgefangen durch die antithetische Forderung, daß eine *katholisch* geschlossene Ehe unter allen Umständen unauflösbar sei, wobei man nicht vergißt zu betonen, daß diese Forderung sich nicht «natürlich», sondern «übernatürlich», aus der *Sakramentalität der Ehe* begründe, und auch so entsteht eine gewisse Korrespondenz zwischen der «Übernatürlichkeit» der eigenen Berufung und der «Übernatürlichkeit» des (elterlichen) Eheversprechens. Gleichwohl läßt sich auch in dieser moralischen Idealbildung selbst noch der aggressive Anteil ihrer Motivation nicht verleugnen: Sie erreicht im Endeffekt nicht mehr und nicht weniger, als daß die Eheleute (die eigenen Eltern!) dazu gezwungen werden, es trotz aller Spannungen lebenslänglich miteinander auszuhalten. Im Verbot der Ehescheidung lebt allem Anschein nach die alte Konfliktverleugnung weiter – man *darf* die bestehenden Konflikte im Eheleben der Eltern weder wahrnehmen noch offen aussprechen, da sonst der Bestand der Ehe selbst gefährdet wäre; darüber hinaus aber enthält diese Bestimmung auch so etwas wie eine *Rache der Kleriker an ihren Eltern als Eheleuten:* Sie verurteilt jene zu einem Leben, das die Kleriker selber niemals führen werden, und man versteht von daher allererst das Interesse gerade dieser Gruppe, ständig mit Fragen sich zu beschäftigen, die mit der eigenen Lebensführung, äußerlich betrachtet, durchaus nichts zu tun haben. Die Erklärung ist, daß die Vorstellungen der katholischen Moraltheologie von der Ehe unter diesen Umständen zwar nicht den Nöten und Bedürfnissen der Eheleute, wohl aber den verdrängten Schwierigkeiten der Kleriker selber aufs äußerste entgegenkommen. Und da alle Dinge in psychologischen Fragen kompliziert sind, darf neben den beiden genannten Motiven der angstbesetzten Konfliktverleugnung in der Wahrnehmung sowie der latenten Rache auch ein drittes Motiv nicht vergessen werden: Es ist die Logik aus Mt 19,10: Wenn das Leben von Eheleuten innerhalb der katholischen Moralvorstellungen sich möglichst schwierig gestaltet, so ist es für die Kleriker dieser Kirche um so leichter, auf den Stand der Ehe zu verzichten.[69] Man sieht, daß Probleme, die theologisch schier unlösbar scheinen, psychoanalytisch sehr

gut verständlich werden, sobald man die Psychodynamik der Menschen mit berücksichtigt, in deren Köpfen die jeweiligen Ideen reflektiert werden.
Das andere «Experiment» zur Überprüfung unserer Thesen läßt sich als einfache Feststellung machen: Statt zu sagen, der Entschluß zum Klerikersein bedeute den «Verzicht» auf die Ehe, sollte man psychoanalytisch eher sagen, er bilde *die Folgerung* aus der psychischen Unfähigkeit der Betreffenden, sich zum Zeitpunkt ihres Eintritts in den Orden oder in die Priesterschaft der Kirche eine glückliche Ehe für sich selber auch nur annähernd vorzustellen. Nicht selten finden sich in Klerikerfamilien gleich mehrere Kinder, die unter dem Eindruck ihres elterlichen Beispiels unverheiratet bleiben: eine Schwester begleitet ihren Bruder in das katholische Pfarrhaus, oder sie folgt seinem Schritt zum Klerikersein, indem sie selber in einen Orden eintritt; andere heiraten zwar, müssen sich aber später unter erheblichen Gewissensqualen, allen Widerständen zum Trotz, doch schließlich scheiden lassen – das Paradox existiert nicht selten, daß ein katholischer Bischof einen Hirtenbrief über die Unauflöslichkeit der Ehe glaubt verfassen zu müssen oder daß ein Pfarrer eine entsprechende Verlautbarung am Ambo verlesen soll, während seine eigene Schwester oder sein eigener Bruder irgendwo in einer zweiten Ehe lebt. Wo irgend aus einer Ehe ein Kleriker hervorgeht, darf man psychoanalytisch in dieser Tatsache selbst bereits durchaus so etwas wie einen Krisenindikator bzw. so etwas wie eine Anfrage an die Ehe der eigenen Eltern erblicken. – Auch dies, nebenbei gesagt, leistet die Psychoanalyse Schritt für Schritt: daß sie an die Stelle der erhabenen Redensarten von der «Erwählung» durch Gott und von der übernatürlichen Gnade des Amtes das einfache menschliche Leid wieder zu sehen lehrt. Auch im Leiden spricht Gott, gewiß, aber nur wer das Leid der Menschen sieht, vermeidet es, aus der Gnade Gottes ungnädige Folgerungen zu ziehen. – Übrigens wird man nach der statistischen Regel, daß an der «Front» auf jeden «Gefallenen» etwa vier «Verwundete» kommen, das wirkliche psychische Unglück im Umfeld von Klerikerfamilien zahlenmäßig noch weit höher ansetzen müssen, als es äußerlich sichtbar in Erscheinung tritt. Wir werden noch sehen, daß aus den an sich gescheiterten, aber durch «Pflicht» stabilisierten katholischen Ehen bevorzugt eine gewisse Art der Motivation zum Kleriker hervorgeht.
Alles in allem wird deutlich, daß die strenge Regel, beim Eintritt in eine Ordensgemeinschaft den Kontakt zu den Eltern und Angehörigen so gut wie gänzlich abzubrechen, nicht nur eine äußere Pflicht darstellt, sondern, ähnlich wie auch die anderen Verordnungen, *ein latentes Bedürfnis* aufgreift, dem eigenen Elternhaus so gründlich wie möglich und ein für allemal den Rücken zu kehren. Wie weit *die Abneigung* vieler Priester und Ordens-

schwestern *gegenüber ihren Eltern und Angehörigen* geht, zeigt sich nicht zuletzt an dem ausgesprochenen Schamgefühl, das viele überkommt, wenn anläßlich der Profeß, der Priesterweihe oder sonstiger Gelegenheiten die Verwandten zu Besuch erscheinen: Die Eltern werden so ganz anders empfunden, als es den Haltungen eines klerikalen Lebens entsprechen würde, sie benehmen sich vergleichsweise «ungebildet», sie denken weltanschaulich nicht «kirchlich» genug, ihr Bedauern und ihr Schmerz über den Schritt ihrer Tochter oder ihres Sohnes sind noch zu spürbar, und auch das latente Schuldgefühl, die Eltern – oft recht brüsk – «verlassen» zu haben, erschwert den Kontakt erheblich. Freilich hindert all dies nicht, daß bei jeder Priesterweihe oder Profeßfeier den Eltern auf das herzlichste für die Erziehung ihrer Kinder zum Klerikersein gedankt wird – ein Trost, der allerdings den Eltern selber nicht sehr viel Nutzen bringt; denn die Geschichte des latenten Protestes geht auch später noch weiter. Wer z. B. muß im Krankheits- oder Sterbefall eines Elternteils für den alleinstehenden Vater oder die Mutter sorgen? Es ist im allgemeinen klar, daß ein Pfarrer oder eine Ordensschwester an sich zu beschäftigt sind, um noch nebenher als Familienpfleger tätig werden zu können; Aufgaben dieser Art entfallen daher zumeist wie selbstverständlich auf die anderen Geschwister. Lediglich *die* Konstellation ist nicht so selten, daß von vornherein die eigene Mutter mit ihrem Sohn in das Pfarrhaus zieht, ganz einfach, weil dieser es nicht schafft, sich von dem Druck seiner Mutter zu lösen; die Schwierigkeiten aber, die sich daraus ergeben, verdichten lediglich und fassen als Multiplikation zusammen, was in der bisherigen Untersuchung klerikaler Ambivalenzgefühle schon an einzelnen Faktoren zutage getreten ist.

Nun könnte man denken, die Geschichte der Entpersönlichung des Verhältnisses zwischen dem Kleriker und seinem Elternhaus sei damit zu Ende, doch weit gefehlt. Immer erzeugt das Unbewußte nicht nur seine eigene Dialektik gegenüber den Prozessen des Bewußtseins, sondern auch innerhalb seiner eigenen Ambivalenzen und Widersprüchlichkeiten. Gerade Menschen, die psychisch niemals ein Zuhause hatten, hören deswegen noch lange nicht auf, sich nach einem Zuhause zu sehnen, und wenn schon der Entschluß zum Klerikersein selbst zu einem erheblichen Betrag dieser Sehnsucht entspringt, so läßt sich leicht vorstellen, wie rasch *die unvermeidbaren Enttäuschungen an den wirklichen Verhältnissen* in Kirche und Ordensgemeinschaft die alten Strebungen nach Akzeptation und Geborgenheit zu ihrem wahren Ausgangspunkt zurückdrängen müssen. Indem die Ängste und Konflikte der ontologischen Unsicherheit in den kirchlichen Institutionen nicht durch Verfahren der Stärkung, sondern der *Unterdrückung des*

Ichs beantwortet werden, bleibt es nicht aus, daß über kurz oder lang die Sehnsucht nach Liebe und Gemeinschaft in den Ersatzfamilien der «Schwestern» und «Brüder» im Amt recht schmerzhaft frustriert wird: Die kirchliche Gemeinschaft bietet zwar «Sicherheit» in höchstmöglichem Sinne, aber eben keine Geborgenheit; im Gegenteil: Sie tut mit Sorgfalt alles Erdenkliche, um durch die Verfestigung ihrer Überichstrukturen die Gefühle der Ausgesetztheit, der Ungeliebtheit und der Unbedeutendheit des Ichs und damit das *Gefühl der radikalen Einsamkeit* noch zu verstärken; und so ergibt sich, daß dieselben Schwestern und Priester, die ursprünglich, wie auf der Flucht, ihrem Elternhaus zu entkommen suchten, sich in ihren Träumen und Phantasien nach ihrem Elternhaus zurücksehnen und sich unentwegt mit den Personen ihrer Verwandtschaft beschäftigen. Ja, als nach dem 2. Vaticanum, dieser äußerst wichtigen geistigen Zäsur des Katholizismus im 20. Jahrhundert, in manchen Ordensgemeinschaften das «Kontaktsperregesetz» bzgl. der eigenen Familienangehörigen endlich gelockert wurde, als endlich sogar Fahrten ins Elternhaus, Briefkorrespondenzen und Besuche in größerem Stil gestattet wurden, trat in vielfacher Form offen zutage, was an aufgestauter Sehnsucht all die Zeit über so stark im Untergrund erlebt worden war: *Jetzt* geschah es, daß manche Ordensschwestern ganze Chroniken und Stammbäume ihrer Eltern und Ahnen anlegten, daß sie all den Seitenverzweigungen ihrer Sippe brieflich nachzugehen suchten und daß sie sich mehr und mehr zu der eigentlichen Drehscheibe aller familiären Neuigkeiten entwickelten. Doch auch dabei wiederholt sich für sie zumeist nur die alte Tragödie ihres Familienlebens: Man schenkt in der Regel unter den Angehörigen ihrem dienst- und entsagungsvollen «Opferleben» Respekt und Achtung, man sieht womöglich in der einzelnen Ordensschwester auch so etwas wie eine treue Seele und verbucht es dankbar, daß sie ganze Tage etwa am Sterbebett ihrer Geschwister, Onkel und Tanten zubringt; und doch wirken alle menschlichen Beziehungen nach wie vor eher kühl und distanziert – eine bemühte, fast verkrampfte Herzlichkeit mit dem bitteren Flair alles Unpersönlichen: einer ersterbenden Langeweile. Niemandes Kind zu sein – ist das der bleibende Preis, ein Gotteskind zu sein?[70]

6) Die festgelegte Zukunft oder: Die Zwangsversicherung des Eides

Die katholische Kirche hat, solange es Kleriker gibt, sehr wohl geahnt, wie brüchig die psychischen Grundlagen sind, auf welche sie diese Form ihrer institutionellen Ordnungen zu setzen suchte. Ihre ständige Gefährdung bleibt die Freiheit des Subjekts, diese nie ganz zum Verschwinden zu bringende Ichhaftigkeit der Menschen, die sie in das Felsengebäude der Kirche Petri einzufügen sucht.

Jede Organisation, jede menschliche Gruppenbildung, steht vor diesem Problem: Wie entschärft man die jederzeit drohende Möglichkeit, daß einzelne Mitglieder ihre Mitgliedschaft aufkündigen, wie unterläuft man das Risiko, genauer: *die Unzuverlässigkeit* einer *nur* freien, also prinzipiell revidierbaren Gruppenzusammengehörigkeit? Jede menschliche Gruppe hat zur Lösung dieses Problems den *Weg der verinnerlichten Gewalt* gewählt: Es kommt darauf an, die Freiheit des Einzelnen durch sich selber in eine unauflösliche Zwangsbindung umzuformen, und das kann gelingen, wenn man ein jedes der Gruppenmitglieder (zumindest in den tragenden Positionen) nötigt, feierlich zu versprechen und zu geloben, daß es seine Freiheit *in alle Zukunft* nur als gebundene, entschiedene, als *festgelegte* Freiheit aktuieren und aktivieren wird. Der Einzelne muß *schwören*, auf daß die Allgemeinheit seiner gefesselten Freiheit sicher werde. Nur durch dieses Verfahren des *Eides*, durch diesen Zwang, den die Gruppe zu ihrer Selbststabilisierung jedem ihrer beamteten, leitenden Mitglieder auferlegt, glaubt man, das Ekrasit der Auflösung im Herzen eines jeden entschärfen zu können. Besonders J. P. SARTRE hat diese *Terrorbrüderlichkeit des Eides* meisterlich beschrieben, indem er auf die strukturelle Gewalt hinwies, die in der Eidesleistung enthalten ist.[71]

Vorausgesetzt ist bei der Institution des eidlichen Treueversprechens, daß die jeweilige Gruppe um ihre eigene Instabilität sehr wohl weiß; sie ist sich also von vornherein darüber im klaren, daß die Attraktivität und innere Plausibilität der Gruppenmitgliedschaft an entscheidenden Stellen zu wünschen übrigläßt; und sie kennt zudem die latente Neigung ihrer Angehörigen, sich, wenn es darauf ankommt, aus dem Staube zu machen. Mit anderen Worten: der Eid ist solange notwendig, als es Gruppen gibt, die sich begründen *im Status der Angst aller vor der Freiheit des jeweils anderen* und die als Mittel zur Überwindung dieser Angst über nichts anderes verfügen als die Fesselung der Freiheit, als den im Schuldgefühl verinnerlichten äußeren Zwang. Damit dieser Zwang nur ja recht wirksam sei, gehört es zum Eid, daß für den Fall seiner Übertretung die empfindlichsten *Strafen* vorgesehen sind: die Gruppe selber wird über den Eidbrecher als über einen Ehrlosen den Stab brechen, und, damit nicht genug, es wird *Gott im Himmel* an der Seite der strafenden Gruppe über diesen *«outlaw»* zu Gericht sitzen, indem er die Gruppenjustiz mit der Weihe seiner ewigen Weisheit umstrahlt.[72] Es ist nicht allein die archaische Selbststilisierung des Gruppenegoismus, die sich bis hin zu mythischen Verklärungen in solchen Denkvorstellungen ausdrückt (als Beispiel: der Fahneneid der Feldgeistlichen auf ADOLF HITLER 1935 als ein Treueversprechen gegenüber Gott?) – es ist vor allem die Verwandlung Gottes in das unsichtbare Oberhaupt des Clans oder Stammesverbandes, gegen welche die Kirche Christi ihrem ganzen Wesen nach sich eigentlich immun zeigen müßte.

Jesus selber hat ausdrücklich den Eid für seine Jünger verboten (Mt 5,33–37)[73], und die Urkirche hat sich streng an diese Praxis gehalten (Jak 5,12)[74]. Der Grund sollte jedermann evident sein: Wenn das Hauptproblem der menschlichen Beziehungen die Angst ist, so ist es nicht möglich, dieser Angst Herr zu werden, indem man den «Herrgott» zum zusätzlichen Popanz der menschlichen Angst erniedrigt; man totalisiert und metaphysiziert damit lediglich die Menschenangst, indem man sie ins Göttliche projiziert, und die Angstmoral, die so entsteht, geht regelmäßig an ihrer eigenen Starre und Gewaltsamkeit im Verlauf der Geschichte zugrunde. Umgekehrt! Indem Jesus die Praxis des Eides als einen unsinnigen Widerspruch zum Wesen Gottes verwarf, wollte er es seinen Jüngern gerade zumuten, daß sie den Mut zur Überwindung ihrer Angst voreinander eben nicht in feierlichen Zwangsversicherungen gegeneinander, sondern allein in der Ungeschütztheit des Vertrauens zu Gott fänden. Anders gesagt: Gott ist für Jesus das wesentliche Fundament der menschlichen Existenz, um ein Gruppendasein zu ermöglichen, das nicht primär von Angst und Gewalt gekennzeichnet ist; wer dieses Gegenüber menschlicher Angstüberwindung erneut – wie in der Praxis der Eidesleistung – in eine Quelle von Strafangst und Schrecken verwandelt, der löst im Sinne Jesu nicht das Problem der sozialen Angstflucht aller vor allen, sondern der beraubt den Menschen der einzigen Möglichkeit, zu Gott jenes Vertrauen zu fassen, innerhalb dessen das menschliche Zusammenleben seine unmenschlichen Strukturen verlieren könnte.

Es sollte von daher für schlechterdings unvorstellbar gelten, daß eine Gemeinschaft wie die katholische Kirche, die sich als die heilsnotwendige Institution zur Erlösung der Menschheit begreift, wie alle anderen menschlichen Gruppenbildungen zu dem Mittel des Eides greift, um sich der «Treue» ihrer eigenen Mitglieder in den leitenden Ämtern und zentralen Positionen zu versichern. In jeder anderen Gemeinschaft wäre ein solches Vorgehen nichts weiter als eine Ironie der Geschichte, in der Kirche Christi ist es ein tragisches Versagen, wenn sich zeigt, daß in keiner anderen Institution so viele Eide geschworen werden wie eben in der katholischen Kirche.

Zu reden ist kaum von der Posse, mit der heute 12jährige Mädchen und Jungen in der *«Firmung»* vor dem Bischof ihrer Diözese ihr(?) Taufversprechen(?) erneuern(?) müssen: diese, halbe Kinder noch, widersagen «in feierlicher Form» «dem Teufel und all seinen Werken» und geloben, ihr Leben lang auf die Lehren der Kirche zu hören. Schon SÖREN KIERKEGAARD bemerkte mit Bezug zur protestantischen *Konfirmation* bissig, man solle doch wenigstens den Jungen bei dieser Gelegenheit einen falschen Bart umhängen, damit die Sache immerhin den Anschein von Ernst bekäme[75] – nicht 100 Dukaten würde man Jugendlichen dieses Alters anvertrauen, aber über Heil und Unheil sollten sie eidesstattlich sich verbürgen können! Ja, um den Spaßcharakter der ganzen Veranstaltungen ins rechte Licht zu rücken: Die katholische Kirche traut ihren Mitgliedern so wenig, daß sie Versprechen dieser Art *gar nicht früh genug* just den Unmündigen abverlangen zu müssen meint, aus der nicht unberechtigten Sorge heraus, daß wenige Jahre später, gegründet auf Freiwilligkeit, so mancher der Jugendlichen gar nicht mehr zu dem Empfang einer solchen «Firmung» zu bewegen wäre. Nicht Wahrhaftigkeit und existentieller Ernst, sondern die rituelle Feierlichkeit zugunsten der Wahrung des Mitgliederstandes bestimmt die Kirche zu diesem Vorgehen.

Doch das ist nur der allgemeine Stil, die Grundlage von allem anderen. Zu ihrer wahren Pracht entfaltet sich die angstberuhigende Sucht der Kirche nach allen möglichen Eidesleistungen erst auf dem Parcours einer Klerikerlaufbahn: pro Hürde ein Eid, stets geschworen auf die Bibel, in welcher steht: «Du sollst überhaupt nicht schwören» und: «Du sollst den Namen Gottes nicht zum Wahnhaften heben» (Ex 20,7)[76]. Es geht dabei nicht einmal so sehr um den *Inhalt* der Eidesleistungen – mehr als ein halbes Jahrhundert lang hatten z. B. die angehenden Priester vor dem Empfang der Diakonatsweihe den geistig monströsen *«Antimodernisteneid»*[77] abzulegen, der verlangte, so ziemlich allem von Amts wegen zu widersprechen, was bereits im 19. Jahrhundert in Philosophie, Naturwissenschaft, historischer Forschung und Philologie an neuen Erkenntnissen hinzugewonnen worden war; entscheidend ist die *Tatsache* der Eidesleistung selbst: Priester, Theologiedozenten, Bischöfe – die Kirche kann sich nicht genug tun, ihnen immer neu, am liebsten alle Jahre wieder, die eidesstattliche Versicherung ihrer unwandelbaren Treue abzunehmen; entsprechende Erklärungen werden den Ordensmitgliedern in Profeß und Profeßerneuerungsfeiern abverlangt. Das System der Einschüchterung geht dabei so weit, daß von Priestergruppen berichtet wird, die nach ihrem goldenen Priesterjubiläum nach der Ansprache ihres Bischofs mit Tränen in den Augen spontan wie die Kommunionkinder sangen: «Fest soll mein Taufbund immer stehen, ich will die Kirche hören. Sie soll mich allzeit gläubig sehen und folgsam ihren Lehren. Dank sei dem Herrn, der mich aus Gnad' in seine Kirch' berufen hat...» Die vollständige Identifikation mit der Kirche als Vorbedingung, um Gott als Christ zu dienen – wer dahin gelangt, hat den Sinn der Eidesleistungen bis zur Nichtunterscheidbarkeit in sein Denken aufgenommen.

Das psychische Problem der Institution des Eides liegt freilich nicht allein in der manifesten kirchlichen Angst, die zu ihrer Selbstberuhigung immer neuer Eidesleistungen bedarf, es liegt für die Kirche selbst entscheidend darin, daß sie durch diese Praxis sich als Kirche Christi desavouiert und der Psychodynamik jeder beliebigen anderen Gruppenorganisation, wie dem Staat zum Beispiel, gleichstellt. Statt als Kirche vermenschlichend auf die machtpolitischen Gebilde der menschlichen Geschichte einzuwirken, indem sie wenigstens im Umgang mit ihren eigenen Mitgliedern das Prinzip des Vertrauens zur undiskutierbaren Grundlage erhebt, betrachtet die Kirche es scheinbar als ganz normal, in klarem Gegensatz zu den Worten Jesu, die Logik der Angst in ihren eigenen Institutionen zu verfestigen. Ja, es gelingt ihr, christlich gesehen, das Gaunerstück, daß ein Bischof bei seinem Amtsantritt nicht nur gegenüber der Kirche selbst, sondern auch gegenüber den staatlichen Behörden unter Eid seine Treue geloben muß. Merke: Es taugt zum Wahrer der Wahrheit Christi nur, wer das Zeug hat, ein Staatsbeamter zu werden! Wer nach den Gründen für die bedrückende Staatsloyalität der katholischen Kirche selbst in der Zeit des Dritten Reiches suchen will – hier kann er sie finden.[78] Anpassung statt Erlösung, Überleben statt Bekennen – der Eid unterhöhlt, ob man es wahrhaben will oder nicht, den Charakter der Kirche selbst.

Und er unterhöhlt den Charakter derer, die ihn leisten. Die Perfidie des Eides liegt darin, daß er, in der Gegenwart gesprochen, *die Ungewißheit menschlicher Zukunft zum Planbaren, Kontrollierbaren, zum pflichtweise Vorhersagbaren* erklärt. – Wir haben bereits gesehen, wie die Anordnungen der katholischen Kirche das Leben ihrer Kleriker von allen Seiten einkesselt: die *räumliche* Bewegungsfreiheit wird eingeengt durch die Kleidung (von dem Gelübde der «Ortsgebundenheit» mancher Orden einmal ganz abgesehen); die *gegenwärtige Zeit* wird eingeengt durch den geheiligten Stundenrhythmus kanonischer Gebete; *die vergangene Zeit* wird eingeengt durch die Kontaktbeschränkung gegenüber den eigenen Angehörigen; es tritt jetzt als Letztes und Endgültiges *die Festlegung aller zukünftigen Zeit* hinzu: Um die Zukunft der Institution zu garantieren, muß der Entwicklungsfreiheit des Individuums die Zukunft genommen werden. Durch den Eid hat der Einzelne sich selber zur seelischen Permanenz des *status quo* zu verurteilen – er

hat in allen Zeiten so zu bleiben, wie er jetzt ist; er darf zwar altern, aber er darf sich nicht verändern; es mag ihm im künftigen Leben begegnen, was will – er hat jede Art von Erfahrung nach dem Schema zu interpretieren, in dem er angetreten ist, und dieses *Verbot persönlicher Entwicklung*, diese Negation lebendiger Zukunft, *diese moralische Zwangsdetermination der Zukunft* bildet das flagrante Unrecht, das psychisch dem Einzelnen durch die Institution des Eides zugefügt wird. Von keinem Auto, von keinem mechanischen Gerät läßt sich versprechen, daß es in fünf Jahren noch betriebsgerecht funktionieren wird – nicht einmal bei sorgfältigem Prüfungs- und Wartungsdienst; von fühlenden, denkenden Menschen aber soll garantiert werden können, daß sie in entscheidenden Fragen ihres Lebens auch in 50 Jahren noch genau so fühlen und denken werden wie heute!
Der Eid in der Kirche ist die klarste Manifestation der Angst, des psychischen Drucks und der inneren Doppelbödigkeit des Standes, der ihm unterworfen ist: der Kleriker selbst. Mit dem Eid verschließen sie sich die einzige Richtung, in die hinein es auch für sie so etwas geben könnte wie Reifung und Entwicklung, wie wachsende Vermenschlichung und sich entfaltende Integration. Mit dem Eid endgültig beginnt das Leben fertiger Beamter – ein hermetisches Getto ohne den geringsten Fluchtraum.

7) Die festgelegte Tätigkeit oder: Die Flucht in den «Dienst»

D. h.: nicht ganz so. Wenn es keine Bewegungsrichtung in die Zukunft, in die Freiheit, in das Werden der Persönlichkeit mehr gibt, so ist doch eine andere Fluchtrichtung nicht ausgeschlossen, sondern sogar vorgezeichnet: die Flucht in die Intensivierung der Entpersönlichung, *die Flucht in den Dienst,* die Flucht in die Arbeit.
Die alte mönchische Regel des *ora et labora,* die Aufteilung des Tagesablaufs in Zeiten des Gebetes und in Zeiten der Arbeit, könnte an sich eine sehr weise Lebensform bestimmen, wenn damit auch heute gemeint wäre, daß alles Tun von Phasen der Besinnung unterstützt und begleitet ist und alles Nachsinnen umgekehrt einmündet in praktisches Handeln – ein ständiges Hin- und Herschwingen von Systole und Diastole, von Anspannung und Entspannung, von Einatmen und Ausatmen der Seele. Doch wie in der Lebensführung der Kleriker selbst das Gebetsleben weitgehend zu einem Ritual der Entfremdung umfunktioniert ist, so weist noch stärker der Arbeitsbereich die Merkmale des Unpersönlichen und Pflichthaften, der «Werkgerechtigkeit» in protestantischem Sinne auf. Die innere Einstellung

spielt hierbei ebenso eine Rolle wie der Druck der Umstände, nur daß diese Synthese von «Pflicht und Neigung» selten glücklich ausfällt, sondern im Gegenteil ganz dramatische Formen der Ausweglosigkeit zeitigen kann.
Der äußere Arbeitsdruck auf die Priester sowie auf die männlichen wie weiblichen *Ordensmitglieder,* wofern sie nicht den beschaulichen Orden zugehören, ist für einen Außenstehenden schwer vorstellbar. Im Unterschied zu einer «freien» Krankenschwester mit einer tariflich geregelten Arbeitszeit wird eine Schwester z. B. aus einem der pflegerischen Orden wie der Vinzentinerinnen oder der Clemensschwestern gut und gerne tagaus, tagein, solange sie kann, auf den Beinen stehen; die Arbeitsbereitschaft, die man von ihr erwartet, kennt eigentlich keine Pausen und kein Ende – ganz nach dem alten Kleriker-Bonmot: «‹Nonne› ist eine lateinische Fragepartikel (sc. mit der Bedeutung ‹nicht wahr›), auf die man stets ein ‹ja› erwartet.» Was immer von einer Ordensschwester «im Dienst» gewünscht wird, hat zu geschehen, gleich, ob der Stationsarzt, ein Patient oder ein Krankenhausseelsorger es so haben möchte. Ein «nein» zu äußern verstieße gegen den Geist der Demut und bedeutete ein nicht-christusförmiges Verhalten.
Vor dem Hintergrund dieser Einstellung ist schon oft darauf hingewiesen worden, daß es für Mitarbeiter in kirchlichen Diensten ein Mitspracherecht der ÖTV (der Gewerkschaft für öffentliche Dienste, Transport und Verkehr) geben müsse, da die Art, wie die Kirche mit ihren Angestellten umgehe, immer noch ungehemmt den Stil des frühen Manchester-Kapitalismus zu Beginn des 19. Jahrhunderts widerspiegele.[79] Tatsächlich hat die Kirche es verstanden, sich von der Geschichte der Arbeitskämpfe und den Auseinandersetzungen um die Einführung sozialer Rechte weitgehend abzukoppeln – zwar genießt sie in der Bundesrepublik das Vorrecht, daß der säkulare Staat ihr von den religiös bei ihr eingeschriebenen Bürgern die Steuern gegen Entgelt einzieht, doch was sie dann mit den Geldern macht, welche Löhne sie zahlt, welche Arbeitsverträge zu welchen Bedingungen sie ausstellt, gilt als ihre eigene Angelegenheit, da tritt sie wie ein Privatunternehmen auf. Der Staat, selbstredend, hat ein Interesse, diesen Zustand zu seinem eigenen Nutzen zu erhalten; denn die Kirche nimmt ihm durch das Wirken gerade der Pflegeorden eine beträchtliche Menge an Arbeit und Aufgaben zum Nulltarif ab – Krankenhäuser, Altenheime, Waisenhäuser sind von altersher die Domänen christlich gelebter Caritas, ja, es lagen diese Dienste ursprünglich ganz und gar in den Händen der Kirche[80], und solange sie hier tätig ist, braucht die staatliche Administration in diese Belange nicht einzugreifen. Andererseits hat die moderne Naturwissenschaft gegen den jahrhundertelangen Widerstand der Kirche überhaupt erst die Voraussetzungen

für einen Pflegedienst geschaffen, der gegen Schmerz und Krankheit, gegen tödliche Seuchen und die Leiden des Alters relativ wirksame Maßnahmen zu setzen vermag. Parallel zu dem Aufbau staatlicher Pflegeeinrichtungen mußten daher auch die kirchlichen Institutionen trotz allen Widerstrebens sich die Erkenntnisse und Praktiken der modernen Medizin, Geriatrie, Psychiatrie und Pädagogik zu eigen machen; für die Schwestern der Pflegeorden aber ergeben sich daraus eigentümliche Schwierigkeiten im Arbeitsbereich, deren Ergebnis eine chronische Überforderung für die Betroffenen in allen Richtungen darstellt – eine Situation, permanent gewissermaßen zwischen allen Stühlen zu sitzen.

Es genügen einfache Hinweise. – Das ist zunächst der *Widerspruch zwischen Motivation und Wirklichkeit.* Als der heilige VINCENZ VON PAUL seine Schwesterngemeinschaft zur Pflege der Kranken und Armen gründete, stand er wohl vor der organisatorischen und sozialen Schwierigkeit, Frauen aus vornehmen Familien darin zu ermutigen, daß sie sich über die Vorurteile ihrer Zeit hinwegsetzten und das Elend der ausgesetzten Waisenkinder, der Bettler und der alleinstehenden Witwen in den Gassen und Straßen von Paris nicht länger mehr ignorierten[81]; zwischen dem unmittelbaren Gefühl des Mitleids und dem praktischen Tun, zwischen affektiver Motivation und effektiver Ausführung bestand ein gradliniger, ungestörter Zusammenhang. Anders bei den Töchtern des heiligen Vincenz heute. Um einem Kranken beizustehen, bedarf es einer eigenen Ausbildung als Krankenschwester, um einem Waisenkind zu helfen, muß man Sozialpädagogik studieren, und alles das kostet viel Zeit und Geld; die so vermittelten Lerninhalte indessen haben mit den ursprünglich humanitären und religiösen Zielsetzungen kaum noch etwas zu tun – es rächt sich an dieser Stelle auf ganz verheerende Weise, daß die kirchliche Theologie zu der Wirklichkeit menschlichen Leids stets nur in ein abstrakt moralisierendes, nie in ein integratives, geistiges Verhältnis getreten ist[82]; aus der dogmatischen Behauptung eines geheimnisvollen Zusammenhangs zwischen Sünde und Krankheit sind durch die Abwehrhaltung gegenüber der Psychoanalyse niemals konkrete Einsichten in die Psychodynamik und Psychosomatik der Angst menschlicher Existenz im Felde der Gottesferne entwickelt worden, so daß die Seelsorge theoretisch und praktisch in der Welt moderner Pflegeanstalten sich hätte zurechtfinden können. Von daher stecken die ordenseigenen, kirchlichen Krankenhäuser oder Altenheime heute in einer unerfüllbaren Beweisnot ihrer Legitimation und spezifischen Eigenart.

Ein Krankenhaus war vor 20 Jahren noch für den Patienten erkennbar katholisch, wenn ein Kreuz *mit dem Bild des Gekreuzigten* an der Wand hing, wenn abends jemand mit Weihwasser über die Station ging und gegen 18.30 Uhr «gute Nacht» wünschte, wenn darauf geachtet wurde, daß dem Sterben nahe katholische Patienten noch rechtzeitig die Gelegenheit erhielten, einen Priester zur «Letzten Ölung» zu rufen, und wenn des Sonntags über Lautsprecher der Gottesdienst übertragen wurde; in allen anderen Belangen war ein katholisches Krankenhaus nicht anders als jedes beliebige andere Krankenhaus der Stadt. Von diesen unterscheidenden Merkmalen sind, in berechtigter Rücksicht auf die Freiheit der Patienten und auf die Erfordernisse einer pluralistischen Gesellschaft, nur noch gewisse Angebotsmomente übriggeblieben, die prinzipiell auch in jedem anderen Krankenhaus unterzubringen wären. Mit anderen Worten: die Katholizität eines Krankenhauses z. B. hat sich reduziert auf die Frage der Trägerschaft und auf die Quelle der Geldmittel zu seinem Unterhalt, und daraus wieder ergibt sich das Paradox, daß *die schwindende Innerlichkeit* des Geistigen zu einem ausufernden Wachstum in allen äußeren Belangen führt: Es wird zu einem entscheidenden Problem, wie die Kirche ihre Pflegeeinrichtungen bezahlen kann, und hier kommen ihr die Ordensschwestern höchst gelegen: *hier* ist eine Reservearmee von Arbeitskräften, die allein für Nahrung, Kleidung und Unterkunft ohne steigende Lohn- und Gehaltskosten für die Kirche eine schier unerschöpfliche Einnahmequelle bildet. Für die einzelne Ordensschwester aber bedeutet diese Situation, endlos arbeiten und arbeiten zu müssen für ein Ziel, das mit ihr selber weder materiell noch geistig etwas zu tun hat – ein Maximum an Entfremdung. Was sie zu tun hat, unterscheidet sich im Labor, in der Röntgenabteilung oder auf der Säuglingsstation in nichts von dem, was ihre «freien» Mitschwestern tun, nur daß *sie* es unentgeltlich und in gewissem Sinne an ihren eigentlichen Motivationen vorbei tun muß: Die moderne Gerätemedizin erschwert den persönlichen Zugang zu den Patienten, die Verteuerung der Krankenhaussätze zwingt dazu, die Verweildauer der Patienten nach Möglichkeit herabzusetzen, die gestiegenen Personalkosten wiederum nötigen zur Einsparung im Pflegedienst, deren Folgen erneut bevorzugt von den kostenlos arbeitenden Ordensschwestern kompensiert werden müssen – eine Schraube ohne Ende. Das Resultat: Man hat nicht selten Ordensschwestern vor sich, die mit 50 Jahren seelisch und physisch verbraucht sind und die zunehmend um ihr Leben sich wie betrogen fühlen, indem sie immer weniger sehen, daß ihre Opfer für irgend jemanden von Nutzen gewesen wären: in den Orden eingetreten, um Gott in den Menschen zu dienen, haben sie schließlich das Gefühl, in einem erstickenden Wust von Arbeit weder Gott noch den Menschen begegnet zu sein und einfach nicht mehr zu wissen, wofür.

An den Rändern dieser menschlichen Tragödie ereignen sich mitunter Schicksale, die wie in Momentaufnahme die Schwäche des Gesamtsystems verdeutlichen. Vor allem Ende der 60er Jahre wurde es üblich, den bedrükkenden Schwund an Ordensnachwuchs durch *ausländische Schwestern* auszugleichen; insbesondere die indischen Zeitungen diskutierten damals heftig über die massenweise Abwanderung von «Kerala-Girls» in die *«nun-hungry convents in Europe»;* doch die wenigsten sahen, was die Umstellung von den indischen auf die deutschen Verhältnisse für die Betreffenden selber bedeutete. Viele indische Ordensschwestern, die das Elend in den Slums von Bombay spätestens bei der Fahrt mit dem Omnibus zum Flughafen, wenn nicht schon in der eigenen Heimat, mit Händen hatten greifen können, waren hochmotiviert, zu helfen und zur Linderung der Not sich persönlich mit allen Kräften einzusetzen. Aber man schickte sie eben nicht zu MUTTER THERESA, sondern steckte sie auf Jahre hin in die sauber getünchten, sorgfältig gepflegten und stets gut aufgeräumten Räumlichkeiten der deutschen Klöster; man lehrte sie, deutsch zu sprechen, man ließ sie an den Krankenpflegekursen teilnehmen, man achtete auf ihre religiöse Ausbildung, indem man eigens indische Geistliche ins Haus holte – doch je länger all diese Maßnahmen währten, desto entfremdeter fühlten sich die Schwestern von ihren ursprünglichen Absichten: auf einfache Weise einfach zu helfen; ja, sie fingen an, sich für den Wohlstand zu schämen, in den man sie hineinerzogen hatte, und sie wehrten sich gegen die Vorstellung, eines Tages nach deutschem Vorbild etwas Ähnliches irgendwo in Kerala aufbauen bzw. einmal die Leitung in einem solchen Institut übernehmen zu sollen, das in der Zwischenzeit womöglich schon schlüsselfertig für sie als die kommenden Spitzenleute errichtet worden war. – An diesem kleinen Beispiel läßt sich gewiß auch ablesen, daß die kirchliche «Missionsarbeit» einen gewissen neokolonialistischen Anstrich immer noch nicht verloren hat; was aber für unseren Zusammenhang so deutlich wird, ist ein Problem, das, wenngleich weniger kraß, vergleichsweise auch für die deutschen Schwestern in den Pflegeorden existiert: nach Jahren der Ausbildung schließlich den eigenen Standort verloren zu haben und nicht mehr zu wissen, was man eigentlich will.

Doch statt dieses Problem bearbeiten zu können, verschärft sich das Dilemma noch im täglichen Stationsdienst. Für gewöhnlich haben «freie» Krankenschwestern eine gute Chance, beizeiten von der Station weggeheiratet zu werden, so daß immer wieder relativ junge, auf neuestem Stand ausgebildete Krankenpflegerinnen den älteren Ordensschwestern gegenübertreten. Um mit den wenigen Kräften das eigene Krankenhaus halten zu können, versucht man natürlich seitens der Ordensleitung, die entscheidenden Positionen mit den eigenen Schwestern besetzt zu halten, und schon dadurch können einzelne Schwestern erheblich überfordert werden. Hinzu kommt unvermeidbar das Gefühl, körperlich wie geistig zunehmend den «jungen Dingern» gegenüber nicht gewachsen zu sein – ein Konkurrenzkampf, der zu erheblichen äußeren und inneren Spannungen führen kann. Häufig hört man die Klage, die freien Schwestern seien so «vorlaut» und «frech» – schließlich hat niemals jemand eine Ordensschwester gelehrt, mit ihren eigenen und anderer Leute Aggressionen sinnvoll umzugehen, Konflikte offen zu diskutieren und sich gegen Widerstände mit verständlichen Argumenten durchzusetzen. Was also bleibt ihr, als zu tun, was die Soldaten jeder geschlagenen Armee tun werden, die von ihrer Führung im Stich gelassen werden: sich einzuigeln und die Stellung zu halten! Die schlimmste aller Formen menschlicher Verzweiflung: das *Weitermachen*, wird zur vermeintlichen Lösung aller Schwierigkeiten. Doch das Gefühl wächst unaufhaltsam, im Grunde versagt zu haben, und zwar schließlich sogar in dem Bereich, in dem offiziell die besondere Kompetenz des eigenen Ordens beansprucht wird: in dem Bereich werktätiger Liebe.

Analog, wenngleich weniger sichtbar, sind *die Schwierigkeiten der Kleriker in der Seelsorge.* Auch hier entsteht objektiv ein erheblicher Druck auf den Einzelnen durch die personelle Unterbesetzung der Pfarreien. Bis zu einem Drittel der dörflichen Gemeinden in manchen Diözesen der Bundesrepublik haben heute bereits keinen Pfarrer mehr und müssen «überregional» mitversorgt werden.[83] Der alarmierende Rückgang im Priesternachwuchs bewirkt seit langem eine Ämterhäufung und Arbeitsmehrbelastung, wie sie vergangenen Priestergenerationen völlig unbekannt war.

Es klingt fabelhaft, in Gesprächen mit *älteren Amtsbrüdern* zu hören, wie diese sich vor 50 Jahren noch bis zu 20 Stunden von montags bis samstags auf ihre zehnminütige Sonntagspredigt vorbereiten konnten, wie sie den Montag als den eigentlichen «Pfaffensonntag» mit Doppelkopf, Skat und ausgedehnten Wanderungen verbringen konnten und im übrigen von einem Sozialprestige getragen wurden, das sie die Entbehrungen z. B. des Zölibats wacker aushalten ließ. Man kann zuversichtlich die Behauptung wagen, daß das psychische Gefüge der Kleriker sich so lange noch in relativem Gleichgewicht befand, als die Kompensationsschiene von öffentlicher Anerkennung, sozialer Macht und einer abgeklärt wirkenden Gemächlichkeit ungehindert offenstand. In jenen Tagen kam das Volk noch zum Pfarrer; es bedurfte seiner zum Empfang der Sakramente, zur Vergebung der Sünden sowie nicht zuletzt – Kulturkampf hin, Kulturkampf her – zur Bestätigung der gottgewollten Einheit von Kirche und Vaterland. Die Fragen des Lebens lösten sich durch die wohltuenden Bestimmungen des römischen Kirchenrechts in der epochemachenden Ausgabe von 1917[84] sowie durch die unfehlbaren Erklärungen des Heiligen Stuhles zu allen erdenkbaren Themen von der Erkenntnistheorie bis zur Geschichtsphilosophie, von der Astrophysik bis zur Molekularbiologie.[85]

Es lebt sich heute spürbar anders – unruhiger, nervöser, neurasthenischer. Es genügt nicht mehr, als Predigt am Sonntag der Gemeinde (vor allem denen, die sich unterstehen, dem Gottesdienst fernzubleiben) in der klassizistischen Rhetorik des 19. Jahrhunderts die Leviten zu lesen; spätestens seit dem 2. Vaticanum soll des Sonntags eine bibelgerechte *Homilie* gehalten werden – eine Auslegung der vorgeschriebenen Abschnitte aus den Evangelien und Lesungen. Der Maßstab einer gelungenen Predigt liegt nicht mehr in der exakten Einhaltung der festgesetzten Silbenzahl, wie es noch bis zu Beginn der 50er Jahre in manchen Homiletikkursen trainiert wurde – es kommt neuerdings (nach Jahrzehnten der dogmatischen Abwehr der existentialen Hermeneutik R. BULTMANNS) darauf an, die Menschen selbst in ihren wesentlichen Fragen als Betroffene anzureden. Überhaupt ähnelt der priesterliche «Dienst» zunehmend dem Bemühen von Vertretern, die für eine Sache Reklame machen sollen, die kein Mensch mehr haben will. Die Gottesdienste müßten lebendiger sein, um vor allem die Kinder nicht schon mit acht Jahren als erstes in Fragen der Religion zu lehren, daß Katholischsein im wesentlichen eine Mischung aus Pflicht, Gehorsam, Stillsitzen und Langeweile darstellt; die Regeln einer katholischen Meßfeier aber erlauben keinen großen Spielraum für Spontaneität und Kreativität. Der Wegfall so gut wie aller Andachtsformen außerhalb der Meßfeier am Sonntag hat umgekehrt gerade der Eucharistie eine Bedeutung verliehen, die sie in ihrer monolithischen Erhabenheit gar nicht auszufüllen vermag: erlebt und erfahren wird sie durchaus nicht als unüberbietbare Aufgipfelung und Zusammenfassung aller Heilsgnaden und Heilsmysterien; ob man es wahrhaben will oder nicht, auch die katholische Meßfeier gleicht sich mehr und mehr der protestantischen Abendmahlsfeier an: *Die Predigt* wird der entscheidende Ort religiöser Vermittlung im Gottesdienst, und *sie* wieder hängt wesentlich von der Person dessen ab, der sie hält; und das wiederum verstärkt den Druck auf den einzelnen Priester. Die Zahl der Gottesdienstbesucher ist in den letzten 25 Jahren allerorten um rund 50% zurückgegangen; mit anderen Worten: es geht nicht länger mehr an, die formulierte und formalisierte Religion der Lehrbücher und Agenden aufzusagen und abzuspulen, es kommt darauf an, *Motive zu wecken*, aus denen heraus es sich lohnt, auch gegen Ende des 20. Jahrhunderts noch «fromm» zu sein. Was immer

heute Religion heißt, vermittelt sich persönlich oder gar nicht, und hier liegt der zentrale Schwachpunkt des Klerikerseins der katholischen Kirche, das in seiner beamteten Entpersönlichung sich gerade gegenüber dieser Herausforderung am meisten schwertut.
Die eigentliche Überforderung der heutigen Priester liegt nur scheinbar in der unabsehbaren Verlängerung ihrer Aufgaben und Pflichten; umgekehrt: Ihre Aufgaben sind so vielfältig geworden, weil sie immer stärker hinter einzelnen Menschen hergehen müssen, die von sich aus mit der Kirche kaum noch etwas im Sinn haben. Im Grunde handelt es sich dabei um die Folgen des Zusammenbruchs aller vorgegebenen Strukturen bzw., positiv ausgedrückt, um die Notwendigkeit, endlich jenen Stil von Seelsorge zu beerdigen, der darin bestand, den Apparat göttlicher Heilstaten, den man als fertiges Deposit in Händen zu haben glaubte, nach Ritus und Gesetz auf die Menschen abzuzwecken; es kommt heute darauf an, alle Ausdrucksformen christlicher Selbstdarstellung in ein Bündel von Angeboten umzuwandeln, die von den Menschen selber als hilfreich und wichtig empfunden werden.[86] Man will nicht länger mehr hören, aus was für theologischen Gründen die römisch-katholische Kirche für alle Menschen auf Erden «heilsnotwendig» ist, man will ganz einfach sehen, was man am Ort mit ihren Vertretern im Rahmen ihrer Einrichtungen anfangen kann. Gewiß stehen dahinter auch die bekannten soziologischen Umgruppierungen, vornehmlich die globale Verstädterung: Bereits bis zum Ende dieses Jahrhunderts werden weltweit fast 4 Milliarden Menschen in Städten leben, darunter ca. 400 Städte mit mehr als 1 Million Einwohnern![87] Aber das Problem liegt nicht allein in dem *Zusammenbruch der dörflichen Strukturen der Seelsorge*[88], sondern in einer geistigen Umorientierung großen Stils.
Als die katholische Kirche *nach 1945* wie gelähmt aus dem Alptraum des Dritten Reiches erwachte, folgte man weitgehend der *Verhängnistheorie:* Der Faschismus war als *Heimsuchung* über die Deutschen gekommen, und jedenfalls trug die katholische Kirche keinerlei Schuld an dem verbrecherischen System dieser Wahnsinnigen, die sich Nationalsozialisten genannt und das ganze Volk verführt hatten; nichts schien näherzuliegen, als an der Seite KONRAD ADENAUERS die Gefahr aus dem Osten, den atheistischen Bolschewismus, weiter zu bekämpfen und im übrigen die Kirche in der Form wiederherzustellen, wie sie 1933 bestanden hatte: mit ihren Verbänden, Organisationen und Vereinen. Die wirkliche Lektion aus der Zeit des Faschismus weigerte man sich zu lernen: daß es absolut *fatal* ist, *auf die Angst von Menschen mit Mitteln der Massenpsychologie zu antworten* statt mit der Stärkung des Einzelnen und die Furcht vor dem Chaos der Freiheit

zu beruhigen durch die Ordnung eines kollektiven Reglements.[89] Auch heute wird ein erheblicher Anteil der Arbeitszeit der Vikare und Pastöre in den Pfarreien von dem Besuch der noch bestehenden *Vereine* absorbiert: Kolping, katholische Arbeiterbewegung, Elisabethverein, Caritaskonferenz, Pfadfinder, Landjugend, Meßdienergruppen – alles in allem ein abendfüllendes Programm quer durch die Woche, nicht zu vergessen die örtlichen Schützenvereine, der Kirchenchor, die Elendenbruderschaft, der Neviges-Wallfahrtsverein und was sonst noch. «Ich brauchte», sagte mir schon vor Jahren ein nachdenklicher Pfarrer, «das Gemüt eines Schaukelpferdes, um das mein Leben lang mitzumachen.» Es ist nicht die Zeit allein, es ist *die offenbare Sinnlosigkeit* der Zeitvergeudung, die dem einzelnen Pfarrer den «Dienst» so schwierig macht. Freilich gibt es Priester, Prälaten und Bischöfe, deren psychische Struktur für den *Verbandskatholizismus* maßgeschneidert scheint. «Der Schützenverein», erklärte im Jahre 1988 zu Paderborn der erste Mann der Diözese allen Ernstes sinngemäß, «muß seine Aufgabe darin sehen, die kulturellen Werte, die in ihm leben, der Jugend weiterzugeben.»[90] Und dankbar sekundierte der Schützenoberst des Vereins: «Wenn die Jungen sich danach richten, was die Alten ihnen vorleben, ist alles in Ordnung.» Die meisten Priester dürften heute wissen, daß nichts in Ordnung ist, solange diese Mentalität weiter sich zur Norm erhebt. Sie leiden darunter, bei allen möglichen Gelegenheiten die Good-will-Tour ihrer Repräsentationspflicht abfahren zu müssen; sie sehnen sich danach, Menschen, wirklichen Menschen, zu begegnen. Aber die Kunst scheint schwieriger als in den Tagen des Diogenes von Sinope, der am hellen Mittag mit der Laterne auf den Marktplatz ging und den Leuten ins Gesicht leuchtete, um zu sehen, ob er einen Menschen *finde.*[91]

Natürlich liegt es nicht an den Menschen. Aber wie niemals zuvor spüren die Priester heute selber, daß sie ein System verkörpern und verwalten sollen, dessen Gefangene sie selber sind und das sie daran hindert zu tun, was sie eigentlich möchten und müßten. *Mitarbeit der Laien* – gewiß, solange nicht die Rede ist von Mitsprache und Mitbestimmung. *Beratungsdienste* – gewiß, solange nicht die Morallehre der Kirche verlassen wird. *Pastoralassistenten* – gewiß, solange sie nicht anfangen, predigen zu wollen und den Leitungsstil des Pfarrers in Frage zu stellen. Es gibt eine Fülle von Ansätzen und Konzeptionen, wie eine «moderne» Pfarrei heute aussehen könnte[92], aber das alles wird entscheidend behindert, ja, verhindert durch die dogmatische Exemtstellung der Kleriker im Amt. Auf *sie* kommt es an, auf *sie* hat es maßgeblich anzukommen, denn nur auf ihnen, den Geweihten, ruhen die göttlichen Vollmachten, und es ist dieses Prinzip des Übernatürlichen, des

Besonderen, des Zwiegespaltenen, durch welches die Kleriker selber in ihrer Arbeit psychisch zerrissen werden.
Bereits in der Zeit des 2. Vaticanums hatte man dem Gedanken zugestimmt (bzw. die bestehende Notwendigkeit anerkannt!), die Arbeit der Priester in der Seelsorge auf mehrere Schultern zu verteilen. *Der Stand der Diakone* sollte nicht länger mehr eine bloße Zwischenweihe auf dem Weg zum Priestertum darstellen, sondern als eine eigene Funktion mit eigenen Aufgaben und Befugnissen ernst genommen werden[93], und natürlich wäre es dabei nur konsequent gewesen, auch und gerade Verheiratete (Frauen und Männer) zu Diakonen zu weihen. Mit dem Tode von Papst JOHANNES XXIII. trat jedoch an die Stelle der pastoralen Denkweise sehr bald wieder die alte Sorge, was denn wohl aus der gottgewollten Einzigartigkeit des Priestertums, was aus der in Christus exemplarisch gelebten Ehelosigkeit u. a. m. werden sollte. Mit anderen Worten: Das «Diakonat» beschränkt sich heute nach einem enormen Wust von Diskussionen praktisch darauf, daß des Sonntags ein (un)verheirateter Mann, zusätzlich zu den sonstwie besonders «ausgebildeten» Kommunionhelfern, auch seinerseits in der Messe die Kommunion austeilen darf. Predigen darf nur, wer das Brot bricht, also eigentlich nur der Priester. Als Verheirateter muß der Diakon 35 Jahre alt sein, damit er (auf dem an sich «leichteren» Weg der Ehe!) als bewährt gelten kann, als Unverheirateter muß er die Ehelosigkeit geloben – aber warum soll er dann «nur» Diakon und nicht auch Priester werden? Aus einer dringend notwendigen «Hilfe» nicht nur, sondern einer wesentlichen Ergänzung zu den Klerikern im Amt ist in 25 Jahren theologischer Analysen über den immerwährenden Geist des 2. Vaticanums so etwas geworden wie ein nahezu peinliches Kuriosum. Man sage nicht, die katholische Kirche sei nicht wandlungsfähig!
Aber die Sache ist ernst, außerhalb Europas mehr noch als speziell etwa im deutschsprachigen Raum. Wie einfach eine Religion sich den Menschen ihrer Zeit mitteilen und verständlich machen kann, zeigt heute beispielsweise *der Islam*, der soeben dabei ist, sich als die Religion Afrikas zu etablieren.[94] Seine Verbreitung erfolgt wesentlich durch einfache Händler, die ihre unkomplizierte, im Grunde undogmatische Botschaft vor allem in Schwarzafrika als eine aufgeklärte Vernunftreligion unter die Leute zu bringen vermögen. Die islamische Missionstätigkeit ist nicht gebunden an einen kleinen Stab von Patres und Entwicklungshelfern mit europäischem *Know how*, die doch immer wieder nur einen sozialen Fremdkörper im Lande errichten können, sondern sie wächst auf einfache Weise von unten; sie muß nicht als erstes die polygamen Familienstrukturen und damit die zentrale Stelle der vorgegebenen Kultur zerstören[95], sondern sie paßt sich ohne Schwierigkeiten den bestehenden

Verhältnissen an; und sie bedarf nicht des unerhörten Zubehörs an Bildung, Macht und Geld, auf welche die Klerikermissionare der katholischen Kirche trotz ihrer anspruchslosen Lebensweise am Ort wesentlich angewiesen sind. Doch selbst wen in der römischen Kurie die wachsende Gleichgültigkeit oder Feindschaft der Bevölkerung *Europas* gegenüber der katholischen Klerikerkirche nicht weiter beunruhigt, selbst wen die rasche Islamisierung *Afrikas* nicht nachdenklich stimmt, weil er glaubt, die Zukunft der katholischen Kirche liege ohnedies in *Lateinamerika*, der müßte in wohlverstandenem katholischem Eigeninteresse dafür Sorge tragen, die klerikalen Strukturen der Kirche aufzubrechen. Was für eine Seelsorge soll es sein, die darin besteht, daß in manchen Gegenden *Brasiliens* ein einzelner Priester die größte Mühe hat, wenigstens einmal im Jahr «seine» Gemeinden besuchen zu können?[96] Flehentlich baten die lateinamerikanischen Bischöfe in der Zeit des 2. Vaticanums um die Entsendung europäischer Priester in ihre leerstehenden Diözesen, aber das einzige, was sie erreichten, war die Verpflichtung der deutschen Bischöfe, niemanden daran zu hindern, wenn er für fünf Jahre in ein lateinamerikanisches Land gehen wollte. Im Grunde kann man bei dem eigenen Priestermangel in Deutschland auch wirklich nicht wünschen, daß sich allzu viele Priester dazu melden, und wenn, so wird man dafür sorgen, daß sie sich am Ort ihres Einsatzes «loyal» verhalten, sich nicht allzusehr politisch engagieren und im übrigen die dringende Not der «Sakramentenspendung» mildern; es versteht sich, daß von diesen Aussichten am ehesten Priester sich angesprochen fühlen, die sich danach sehnen, irgendwann einmal in ihrem Leben sich mit hohem Idealismus verausgaben zu können, indem sie etwas tun, das ihnen als ein für allemal richtig, nützlich und notwendig aufgetragen wird. Die Zweifel kommen, wie stets, später.
Das alles, sicher, müßte nicht so sein. Ebenfalls seit dem 2. Vaticanum bemüht man sich in der Bundesrepublik verstärkt um die Ausbildung und den Einsatz von *«Pastoralassistenten»*, wie man die früheren «Seelsorgehelfer(innen)» umbenannt hat. Tatsächlich könnte hier eine große Chance der katholischen Kirche liegen: *Die katholischen Fachhochschulen* für Theologie könnten einen Ort bilden, an dem – endlich – religiöse Erfahrung und Reflexion sich wieder wechselseitig befruchteten, an dem die Entfaltung der Persönlichkeit einen größeren Raum einnähme als innerhalb des intellektuellen und moralischen Formalismus heutiger Priesterausbildung und an dem die «Dozenten» selber den Status steriler Schriftgelehrsamkeit verließen und sich als gemeinsam Lernende an der Seite ihrer «Schüler» begriffen. Ansätze dazu bestehen durchaus, indem die Fachhochschulen sich sehr zu Recht weigern, in den Rang von theologischen Fakultäten zweiter Klasse abgeschoben zu werden, und auf ihre

Eigenart und Eigenständigkeit pochen. Aber es geht nicht. Es scheitert (mal wieder!) an den beiden selbstgeschaffenen Haupthindernissen der katholischen Kirche: an den Fragen von Geld und Macht: Die Beschäftigung zahlreicher Pastoralassistenten bedeutete einen beträchtlichen Anstieg der Personalausgaben in den Diözesankassen – Kosten, die man sich angeblich nicht leisten kann, und sie bedeutete einen Schwund an klerikalem Einfluß.
Tatsächlich sind die Bewerbungen an den wenigen theologischen Fachhochschulen heute etwa zwei- bis dreimal so hoch wie die Zahl der eingerichteten Studienplätze – man sage nicht, in der Bevölkerung bestehe kein Interesse an Religion und Kirche; ein vergleichbares Phänomen existiert übrigens auch in den evangelischen Landeskirchen, die inzwischen weit mehr Theologen ausbilden, als sie Gemeindestellen einzurichten vermögen. Man macht sich in den Behörden der katholischen Kirche indessen anscheinend immer noch keine rechte Vorstellung davon, was es bedeutet, wenn zahlreiche junge Leute, die zur Mitarbeit in der Kirche bereit wären, einfach per Post auf dem Verwaltungswege kaltgestellt werden, noch ehe sie überhaupt eine Gelegenheit bekommen, ihre Fähigkeiten zu entfalten. Die Gründe, warum von den 75 % der abgelehnten Bewerber auf den Studienplatz an einer theologischen Fachhochschule dieser oder jener *nicht* genommen wurde, bleiben im einzelnen (natürlich?) geheim – es gibt keinen objektivierbaren Schlüssel wie etwa die Numerus-Klausus-Bestimmungen in vergleichbaren anderen Fächern; und so spielt im Einzelfall ein nicht geringes Maß an Zufall und Willkür die Rolle des Schicksals für so manchen Studienbewerber.
Ein Maßstab freilich bleibt transparent und kann unter Umständen zu erstaunlichen Aktivitäten Anlaß geben: der Maßstab einer sittlich einwandfreien Lebensführung. «Sittlich einwandfrei», d. h. in bezug zu jungen Leuten in der katholischen Kirche immer noch: keine «zu weitgehenden» Kontakte zwischen Jungen und Mädchen vor der Ehe. Da aber Studenten im allgemeinen nicht verheiratet sind, ist in diesem Punkte ein erhöhter Bedarf an Aufsichtspflicht zu vermerken. Ist es beispielsweise statthaft, wenn das Auto eines Studenten nachts vor einem von Ordensschwestern geleiteten Studentinnenwohnheim parkend gefunden wird? Hieße es nicht, die in diesem angezeigten Mißtrauensfall gebotene Sorgfaltspflicht zu verabsäumen, würde man das skandalös anmutende Vorkommnis nicht sogleich der zuständigen Personalabteilung melden? Und die wiederum – kann sie denn in eigener Vollmacht ohne Rücksprache bei dem zuständigen Generalvikar in dieser delikaten Angelegenheit tätig werden? Ja, muß nicht auch der Bischof in Kenntnis gesetzt werden, damit er der bedenklich scheinenden Gefahr einer ungünstigen Entwicklung von Präzedenzfällen durch eine klare Entschei-

dung entgegentritt? All das können, all das *müssen*, recht verstanden, die Probleme der katholischen Kirche in der Ausbildung ihrer Pastoralassistenten sein. Vielleicht hilft es, die Bizarrerie einmal durch einen Vergleich zu beleuchten: Jener junge Mann mit seinem parkenden Auto war vielleicht gerade 19 Jahre alt, als er pflichtgemäß in der Bundeswehr lernte, wie man am praktischsten und schnellsten einen «Gegner», wenn es darauf ankommt, im Nahkampf tötet; keine Kirche hat bis heute gegen die allgemeine Wehrpflicht der Bürger irgend etwas einzuwenden gehabt; wenn aber derselbe junge Mann, 22jährig, des Nachts versuchen sollte, sich seiner Freundin auf eine Weise zu nähern, die ihr das Gefühl gibt, es auch auf längere Zeit mit ihm aushalten zu können, so ist dieser «Annäherungsversuch» *«toto genere sui»* (der ganzen Art nach) als «unsittlich» zu betrachten. Wirklich, wir leben im Jahre 1989?
Doch zurück zu den finanziellen Aspekten der «Indienststellung» von Pastoralassistenten. Das Problem wäre selbstverständlich ohne Schwierigkeiten lösbar. Man müßte es den Pfarreien ohne Seelsorger (doch meist mit vorzüglich eingerichteten, leerstehenden Pfarrhäusern) lediglich freistellen, für den Unterhalt eines Pastoralassistenten selber aufzukommen – eine Regelung, zu der manche Pfarrer sich inzwischen aufgrund ihrer Arbeitsüberlastung bereits auf eigene Faust gedrängt sehen. Allerdings bedeutete dieser an sich sehr kostengünstige Vorschlag für die Diözesankasse vermutlich einen gewissen Rückgang des Kollektenaufkommens; er bedeutete einen Abbau des kirchlichen Zentralismus zugunsten einer stärkeren Regionalisierung der Seelsorge; und vor allem: er bedeutete eine weitgehende Eigenständigkeit in der Arbeit der Pastoralassistenten, und *das* ist nun der Punkt, an dem sich zeigt, daß hinter den Finanzfragen sich im Grunde Machtfragen verbergen. Es könnte die Unvergleichlichkeit des Klerikerstandes beeinträchtigen, wenn plötzlich 25jährige Pastoralassistentinnen auf den Dörfern des Sonntags Gottesdienste abhielten und predigen würden, wenn sie den alten Leuten die Kommunion brächten und vielleicht sogar die Beerdigungen übernähmen. Besser, man traut einem alten Mann von 75 Jahren zu, daß er die Jugend dreier Dörfer im Sauerland in der rechten Weise für Christus erzieht, als derartige antiklerikale Auswüchse zu dulden. Tatsächlich zeigt besonders die Frage der *«Laienpredigt»*, wo die eigentlichen Schwierigkeiten der katholischen Kirche mit ihren Pastoralassistenten (und Diplomtheologen) liegen. Die jungen Absolventen der Fachhochschulen verstehen in der Regel von moderner Theologie und Bibelauslegung entschieden mehr als – sagen wir: die meisten Pfarrer, die vor 1962 ihre Examina gemacht haben und (man darf ehrlich sprechen) auf dem Stand ihres «Wissens» von damals stehengeblieben sind. Doch

eben diese offensichtliche Tatsache darf nicht offenkundig werden, und so scheint es der katholischen Kirche immer noch vorteilhafter, auf der Fiktion der theologischen Kompetenz ihrer Kleriker zu bestehen, als wenigstens im seelsorglichen Arbeitsbereich für eine gewisse Entlastung und höhere Effizienz ihrer eigenen Priester im Amt zu sorgen.

Diese selber freilich führen unter den genannten Umständen eher das Dasein von Managern als von Geistlichen. In dem deutlichen Gefühl, nichts zu leisten, was sich sehen lassen könnte, fliehen sie in Ersatzbeschäftigungen aller Art: sie lassen den Glockenturm ihrer Kirche ausbessern, sie sorgen für einen neuen Wandanstrich, sie ersammeln sich das Geld für eine «neue» Barockorgel, sie bilden, anders gesagt, mit äußeren Mitteln die Äußerlichkeit ab, zu welcher der Beamtenstatus des Klerikerseins sie verurteilt. Doch in all dem häufen sich die inneren und äußeren Reibungspunkte bis zu dem Ausmaß einer schleichenden Apathie und eines wachsenden Gefühls, das Leben von Gefangenen in goldenen Käfigen zu führen, *ein Leben in effigie*[97], ein «gleichsames» Dasein, ein Marionettenspiel. Wie weit ist der Weg von der Verzweiflung, nicht man selbst zu sein, zu der asozialen Destruktion, am liebsten überhaupt nichts mehr zu sein?

Den vollen Umfang an Leid im Leben zahlreicher Kleriker ermißt man nur, wenn man den Ausgangspunkt ihrer Entwicklung im Amt sich noch einmal klar vor Augen stellt: *das Grundgefühl ontologischer Unsicherheit* läßt gerade sie das Klerikersein wie eine Erlösung, wie eine äußerste Rettung ergreifen; ihre Tätigkeit als Priester, als Ordensschwester ist ursprünglich der einzige Ausgleich, die ganze Erfüllung ihrer in allen anderen Bereichen weitgehend unentfalteten Persönlichkeit. Gestaltet sich nun auch noch dieser einzige hochmotivierte und hochkompensierte Weg einer Bestätigung durch den Beruf frustran, so droht nicht mehr und nicht weniger als eine *Dekompensation* all der hochgeschraubten Idealbildungen von Armut, Demut, Keuschheit, Ganzhingabe, Christusliebe und dergleichen mehr, d. h. es beginnt ein Leben im psychischen Souterrain mit der flächenweisen Ausbreitung heimlicher Laster und masochistischer Selbstbestrafungen.

Der äußere Anlaß dazu kann recht nebensächlich scheinen: Eine neuerliche *Versetzung z. B.*, für den Außenstehenden vielleicht nur eine Bagatelle, kann im Einzelfall buchstäblich das Maß «vollmachen». In Kreisen vieler Ordensschwestern ist es, wie man spöttisch sagt, ohnedies die Sitte, mit dem Koffer in der Hand zu leben, d. h. sich darauf einzurichten, daß jederzeit, wenn die höheren Belange des Ordens es erheischen, mal wieder eine Versetzung auf eine neue Stelle ins Haus steht. Oft allerdings sind selbst die Gründe des jeweiligen Revirements nur vorgeschoben, und die Dringlichkeit der Umbesetzungen ergibt sich aus *moralischen Prinzipien:* Eine Ordensschwester soll nicht die Früchte ihrer eigenen Tätigkeit genießen dürfen – sie könnte sonst stolz werden, sie könnte die Arbeit, die sie selbst aufgebaut hat, als ihr Eigentum betrachten, sie könnte so vermessentlich sein, sich mit ihrer Tätigkeit, statt mit den Heilstaten Gottes, deren eine ihr Orden ist, zu identifizieren. *Dagegen* gibt es ein einfaches, bewährtes Mittel: Spätestens nach drei bis fünf Jahren ist die Stelle mit einer anderen Schwester zu besetzen, wobei besonders das Auf und Ab von relativ wichtigen und vergleichsweise nichtigen Tätigkeiten als ein hervorragende Disziplinierungswerkzeug sich empfiehlt. Eine so hervorragende Krankenschwester z. B. wie die Clemensnonne EUTHYMIA, die von vielen, die sie kannten, noch heute wie eine Heilige verehrt wird[98], mußte nach 1945 aus ihrer Tätigkeit im Lazarett als erstes in die Waschküche gesteckt werden – eine heilsame Demütigung, die ganz gewiß half, alle Anwandlungen weltlicher Hoffart zu besiegen. Es ist nicht, daß Obere, die solche Maßnahmen treffen, von persönlicher Abneigung gegenüber der einzelnen Schwester geleitet werden müßten, es ist ganz einfach ihre Pflicht, so zu verfahren, ganz wie ein Kellner ein *Menü à la maison* serviert. Daneben, selbstverständlich, bestehen auch wirkliche «Sachzwänge». Es fehlen in der Tat Priester und Ordensschwestern an allen Ecken und Enden, so daß *die Stellenbesetzungspolitik* der kirchlichen und ordenseigenen Vorgesetzten schon seit langem der Tätigkeit eines Mannes gleicht, der sein Zimmer warm zu halten sucht, indem er das Holz aus den Balken des eigenen Hauses verfeuert. Viele Obere wissen genau, was sie den Einzelnen mit den ständigen Wechseln zwischen den Orten und den Aufgaben (und bei den Ordensangehörigen zwischen den verschiedenen Konventen) zumuten; ja, es tut ihnen selber später womöglich bitter leid, denselben Schwestern wieder zu begegnen, die sie objektiv, wenngleich in bester Absicht zumeist, mit ihren Versetzungen förmlich gequält haben. Für die Betroffenen aber führt das Versetzungskarussell irgendwann wirklich dazu, der jeweiligen Aufgabe nur noch in einer Art *Barrasmentalität* gegenüberzutreten: Man tut seinen Dienst, man riskiert zu «vergammeln», um im Komißdeutsch zu bleiben; man hört auf, sich mit irgend etwas wirklich identisch zu setzen; es beginnt *die Passivisierung* der geschlagenen Opfer. «Ich weiß nicht», sagte mir vor Jahren eine Ordensschwester, «ob ich an Gott glaube. Aber an das Jüngste Gericht glaube ich, denn da möchte ich alle meine Oberen wiedersehen.»

Relativ gut gefeit gegenüber kircheninterner Behördenwillkür sind in nicht nur bewundernswerter Weise unzweifelhaft *die älteren Priesterjahrgänge*, die den 2. Weltkrieg als erwachsene Männer überlebt haben. Sie haben es im Dritten Reich als eine entscheidende Lehre ihrer Jugend in sich aufgenommen, daß die Entscheidungen von Vorgesetzten nicht nur unglücklich und irrig, sondern geradewegs borniert und lächerlich sein können, und sie haben gelernt, damit zu leben; ja, es ist, wenn man ihnen zuhört, oft genug erschütternd, in welch einem Schlamassel sie ausgehalten haben, ohne ihr Gottvertrauen zu verlieren. Bedenklich wird diese Bereitschaft, Absurditäten aller Art im Glauben hinzunehmen, freilich auf der Stelle, wenn sie sich als Maßstab verinnerlicht. Es ist nicht nur die FREUDsche Parallele der Sozialpsychologie zwischen Militär und Kirche, es scheint, sieht man genau hin, der kirchliche Leitungsstil auch heute noch sich sehr konkret an Modellen zu orientieren, die in ihrer düsteren Neigung, notfalls über Leichen zu gehen, die strukturelle Menschenverachtung militärischen Gehabes unmittelbar nachahmen. Man darf es nicht für bloße Stammtischwitze halten, wenn hohe Kirchenbeamte über die Weisheit eines Ausspruchs der Hanse-Zeit sinnieren: *Navigare necesse est, vivere non necesse est* – frei übersetzt: Im Notfall ist ein Kauffahrteischiff wichtiger als ein Matrose. Es herrscht bei den alten Kämpen in den höchsten Ämtern der Kirche noch immer eine bedenkliche Ehrfurcht gegenüber großsprecherischen Phrasen von Opfer, Einsatz, Fügung und Notwendigkeit vor sowie eine *fatale Schicksalsergebenheit* in vermeintliche Tragödien. Man legt es in diesen Kreisen den jüngeren Priestern allem Anschein nach als eine Art Charakterschwäche aus, wenn diese von Bewährungsproben und Opfern nach dem Vorbild soldatischer Pflichterfüllungen im Sinne der Spartaner in den Thermopylen nicht länger mehr hören wollen, sondern auf demokratische Transparenz der Entscheidungswege und auf eine rational vertretbare Begründung der Entscheidungsinhalte dringen. Mehr als 40 Jahre Demokratie in der Bundesrepublik haben eine undiskutierbare Ethik des Widerstandes zumindest gegen vermeidbare Absurditäten auch in den Reglements der katholischen Kirche erzeugt, und wer diese Haltung mit «Drückebergerei» und «Wehleidigkeit» verwechselt, übersieht, wieviel an humanem Anspruch in dieser Opferverweigerungshaltung steckt.

Was aber machen die trotz allem unter die Räder Gekommenen, die endgültig «Frustrierten», die auf den letzten Kompensationswegen ihres ungelebten Lebens *Gescheiterten?* Ein Hauptproblem für sie liegt darin, *daß es im Klerikerstatus so etwas wie ein erlaubtes Privatleben per Ideologie nicht gibt* und somit alle eigenen Hobbys oder persönlichen Anwandlungen als Un- und Abarten des «Eigentlichen» zu gelten haben.

Schon in «normalen» Zeiten ist *Heuchelei und Doppelbödigkeit selbst bei an sich harmlosen Freuden* enorm. – Darf beispielsweise ein Pfarrer einen Hund halten? Ein solches Tier könnte ihm manche Stunden seiner Einsamkeit auf das angenehmste versüßen. Aber kann er es sich leisten, mit einem solchen Tier eine Stunde lang täglich Gassi zu gehen? Die Leute werden sagen: «Sein Hund ist ihm wichtiger als die Kranken.» Und wenn schon ein Hund, darf es ein Dackel sein oder auch ein Schäferhund? Aber wenn schon ein Schäferhund, was ist zu tun, wenn sich herausstellt, daß dieser, ein Nachfahre der Wölfe, wenigstens einmal im Jahr an einer ordentlichen Jagd teilnehmen will? Da liest die Gemeinde jedes Jahr in den Pfarrnachrichten, daß an einem bestimmten Wochentag im Spätherbst, just wenn die Rebhühner und Hasen freigegeben sind, die Messe des Morgens ausfallen muß, weil Hochwürden, der Herr Pfarrer, wegen eines familiären Notfalles abberufen ist. Die Leute der Gemeinde, selbst die Tierschützer unter ihnen, würden vermutlich mit dem Hobby ihres Pfarrers ein Nachsehen haben, doch das klerikale Gewissen selbst ist unnachsichtig, und so zwingt es zur Lüge und gibt durch die Lüge die Person der Lächerlichkeit preis. Am Ende ist die Scham stets größer als das Vergnügen. – Ein anderer hat für viel Geld ein Billardspiel auf dem Speicher seines Hauses installiert – immer noch besser, denkt er ganz richtig, als nach dem Beispiel seines Amtsbruders heimlich nach Bad Oeynhausen in den Spielsalon zu fahren; auch hat er einen seiner Freunde in einen wichtigen Verwaltungsposten des kirchlich errichteten Altenheimes bugsiert, und so weiß dieser wiederum sich verpflichtet, Sonntag für Sonntag nach dem Hochamt mit dem Pfarrer, wie es heißt, die Kollektengelder zu zählen. – Wieder andere sozialisieren ihre Poriomanie (ihre Wandersucht), indem sie schon einmal zwischen Chichen Itza, Daressalam und Colombo all die Stellen der Erde erkunden, an welchen der Papst noch *nicht* gewesen ist. – Andere wiederum hält es zu Hause, und so sieht man sie nach Möglichkeit allabendlich, unterstützt von ein paar Flaschen Paderborner Pilsener, auf allen Kanälen ihres Fernsehapparates mit der kommissarischen Akribie eines *Nick Knatterton* Jagd auf leichtgeschürzte Mädchen machen. – Wie auch immer, an all diesem Spaßhaften *entscheidend* und gar nicht mehr spaßhaft ist *das chronisch schlechte Gewissen* bei allem, was nach Genuß, Erholung, unbeschwerter Freude und Vergnügen aussieht; es führt nicht nur dazu, daß vieles gar nicht erst zustandekommt, es verhindert vor allem eine einigermaßen kultivierte Form von Genuß und Freude.

Bereits die erzwungene Absperrung vom Gefühl erschwert es den meisten Klerikern, zur Welt der Malerei, Dichtung und Musik Zugang zu finden – allenfalls, daß der Weg über die *Kirchenmusik* bei manchem sich auch in den «profanen» Bereich der Musik ausweitet. Zudem erlaubt es der ausgefüllte Terminkalender kaum, am Abend noch eine Oper zu besuchen oder ins Theater zu gehen. Und schließlich darf man nicht vergessen, daß die Kleriker der katholischen Kirche so gut wie ausnahmslos Mittelstandsbürger sind und daß auf dem Gebiet der freien Künste wohl noch immer etliche soziale Hemmschwellen bestehen, die aus Museen und Konzertsälen elysische Gefilde der gehobenen Gesellschaftsschichten machen. Alles in allem wird das Leben der Kleriker von den Abenteuern und Aufregungen der Kunst kaum berührt, und so steht dieser zur Sublimation von Gefühlen äußerst wichtige Erlebnisraum einfach nicht zur Verfügung, wenn aus den blockierten Zonen des Arbeitsbereichs die frustrierten psychischen Energien zurückgedrängt werden und plötzlich nicht mehr wissen, wohin. Die wenigsten Kleriker werden sich in Krisenaugenblicken mit DOSTOJEWSKI und RILKE, CHOPIN, BRAHMS, VAN GOGH und EDVARD MUNCH über Wasser zu halten versuchen; es ist *die Vulgarisierung der verbotenen Freuden*, die im Notfall zu Antriebsdurchbrüchen und Primitivbefriedigungen aller Art anleitet, wobei von den chronischen Dekompensationsformen die Symptome von *Alkohol- und Medikamentenabusus* wohl die häufigsten, zumindest die auffälligsten sind.

Wer therapeutisch sich in diese Zonen zumeist mehr oder minder gut larvierter Abhängigkeiten und Suchtstrukturen einzuarbeiten sucht, der wird als erstes wohl immer wieder feststellen, daß die Frustrationen im Arbeits- und Leistungsbereich sich nicht pauschal durch das Quantum von zu viel Arbeit ergeben, sondern das Resultat *spezifischer Überforderungen* darstellen. Stets nach der Devise: Ein Kleriker ist laut Gelübde frei verfügbar seinem Oberen, bleibt es nicht aus, daß «absolut gerecht», d. h. ohne Ansehen der Person, Priester und Ordensangehörige immer wieder auf Stellen versetzt werden, für die sie beim besten Willen nicht geeignet sind. Besonders tragisch gestaltet sich dabei der nicht seltene *Konflikt zwischen charakterbedingter Motivation und charakterbedingter Frustration*, indem mitunter auch bei den Betreffenden selber förmlich eine Neigung besteht, sich zu gerade denjenigen Aufgaben zu drängen, die unter den gegebenen Voraussetzungen ihrer Psyche von ihnen gar nicht zu bewältigen sind.

Ein Priester z. B., der selber in einem Waisenhaus bei Ordensschwestern aufgewachsen war, bemühte sich in seiner Gemeinde besonders um die Kinder von Gastarbeitern, denen er mit großem Engagement Freizeitangebote aller Art zur Verfügung stellte – wenigstens diese Kinder sollten es besser haben, als er selbst es in seiner Kindheit gehabt hatte; als er dann in den Ferien ein Zeltlager mit den Jugendlichen durchzuführen suchte, wollte er ihnen für 14 Tage ein kleines Paradies einrichten, doch das Unternehmen geriet zum Fiasko, da die jungen Burschen seine Vorstellungen von Glück, Ruhe und Zufriedenheit durchaus nicht teilten. Der Priester daraufhin fühlte sich nicht zu Unrecht in seiner ganzen Person in Frage gestellt: «Wenn ich nicht einmal für diese Kinder dasein kann, warum bin ich dann überhaupt Priester geworden?» sagte er. – *Eine Ordenschwester,* die in einem Internat als Lehrerin arbeitete, mußte erfahren, daß die heranwachsenden Mädchen ihre sexuellen Gehemmtheiten deutlich herausspürten und ihr das Leben nach Strich und Faden zur Hölle machten. – Eine andere, die im Krankenhaus auf einer Kinderstation arbeitete, brach zusammen, als sie einmal ein Kind «aus Unbeherrschtheit», wie sie sagte, recht derb verhauen hatte – das Mädchen war so «frech» gewesen, daß die Schwester sich nicht mehr hatte wehren können. – Gerade *in den Pflegeorden* ergibt sich nicht selten das Dilemma, daß Schwestern Aufgaben übernehmen müssen, die pädagogische und psychologische Anforderungen an sie stellen, für die weit mehr an innerer Freiheit, Souveränität und Weite erfordert wäre, als in dem Idealismus von Klerikern vorgesehen ist.

Der spanische Regisseur L. BUÑUEL hat in seinem Film *Viridiana* einmal die Geschichte einer Nonne geschildert, die nach ihrem Austritt aus dem Orden eine Gruppe von Landstreichern bei sich aufnimmt, um sie in christlicher Liebe zu versorgen[99]; tatsächlich feiert sie mit ihnen eine Art Abendmahlsgemeinschaft, doch endet dieses Fest der Caritas in einem wüsten Saufgelage, bei dem *Viridiana* mißhandelt und vergewaltigt wird. Ins Psychische übersetzt, beschreibt dieser Film recht gut, was in dem Leben so manchen Klerikers sich ereignet, der mit seinem hochkompensierten Idealismus an der Wirklichkeit der Welt und der Menschen zerbricht.

Therapeutisch ist es in solchen Fällen außerordentlich schwer, gegenüber den Idealen selber (und damit zugleich gegenüber den Voraussetzungen des Klerikerseins) einen genügenden Spielraum zu gewinnen, um so etwas wie *ein eigenes Ich* mit eigenen Lebenszielen und -inhalten aufzubauen. Die Behandlung von Klerikern erfordert regelmäßig eine schwere konflikthafte Auseinandersetzung mit gerade den Instanzen, die ehemals als heilig galten – ein *Göttersturz,* das Schwierigste mithin, was psychisch überhaupt erlebbar ist[100], und all das zumeist verbunden mit den heftigsten Differenzen zu den Schwestern und Mitbrüdern unter den Klerikern selbst, die sich durch die neuen Veränderungen gewissermaßen persönlich bedroht und angegriffen fühlen. Doch es gibt keinen Weg daran vorbei. Wenn Staumauern brechen, ist es oft nötig, zunächst einmal den Fluß selbst umzuleiten. Ohne enorme Umschichtungen der psychischen Struktur vor allem in dem Identifikationsgefälle von Ich und Überich wird die Therapie von Klerikern niemals abgehen. Die Aufgabe stellt sich, Menschen ein eigenes Leben zu ermöglichen, die niemals selber haben leben dürfen und die sogar den höheren

Zweck ihres Daseins in einer heiligen Selbstverleugnung haben erblicken müssen; wie man solche Menschen davon überzeugen kann, daß Gott in der Sprache ihrer Gefühle, ihrer Empfindungen, ihres Körpers, ihres Blutes oft weiser und gütiger spricht als in den Stimmen der Theologen und sogar womöglich in den Schriften der Bibel, ist eine Frage, die bei einem analytischen Therapeuten nicht nur Geduld und Einfühlung, sondern auch Erfahrungen in der *Daseinsanalyse*[101] und Kenntnisse in den Fragen *existentieller Hermeneutik*[102] voraussetzt. Mit einem Wort: ein Therapeut von Klerikern sollte am besten selber Kleriker (gewesen) sein, um sich in diesem Gestrüpp aus Verdrängungen, Rationalisierungen, Gegenbesetzungen, Kompensationen, Frustrationen, Dekompensationen, neuen Heimlichkeiten und Verleugnungen einigermaßen zurechtzufinden.

γ) Beziehungen im Namenlosen oder: Die Rolle als Kontaktform

Wie können Menschen miteinander leben, die man bis zum Verleugnen ihres Namens, bis zur Zerstörung ihrer Herkunft, bis zur eidesstattlichen Uniformierung ihres Lebens ebenso wie ihres Sterbens, auf allen Ebenen des Daseins, konsequent daran hindert, ihr eigenes Ich zu entfalten und ihre eigene Persönlichkeit zu verwirklichen? Wir haben gesehen, daß die Akzeptanz eines solchen Systems der Selbstunterdrückung und der Selbstaufopferung sich von der fundamentalen Dynamik der ontologischen Unsicherheit herleitet – einer Angstflucht vor der Freiheit der eigenen Person und einer Angstberuhigung des Risikos des Individuellen durch einen prinzipiell endlos sich erweiternden Apparat des Institutionellen. Die Angst, die es kostet, ein Individuum zu sein, wird innerhalb dieses Systems, mit dem die heutige Form des Katholizismus sich nach wie vor als wesentlich identisch setzt, vom Einzelnen weggezogen, um sich in den Strukturen des Allgemeinen im HEGELschen Sinne «aufzuheben» – d. h. ebenso aufzulösen wie aufzubewahren und aufzusummieren. Die unvermeidbare Dialektik dieses Systems äußert sich darin, daß die scheinbaren Erleichterungen der individuellen Existenz augenblicklich in Gestalt einer entfremdeten Freiheit als Erschwernis des Lebens zu dem Einzelnen zurückkehren: die Seligkeit, von der Freiheit des eigenen Ichs «erlöst» zu werden, wandelt sich alsbald in die Hölle der Unfreiheit einer permanenten Außenlenkung, verbunden mit dem Zwang einer ständigen Selbstvermeidung, Selbstunterdrückung und Selbstzurücknahme. Auch unter diesen Umständen kommt es natürlich zu menschlichen Begegnungen, doch verformen diese sich immer wieder zu unmenschlichen Beziehungen, indem an die Stelle der eigenen Person die *persona*, an die Stelle des Ichs das Nicht-Ich entpersönlichter Rollenvorschriften, an die Stelle der eigenen Existenz die uneigentliche Konsistenz eines Lebens aus zweiter Hand tritt.

1) Das Prinzip der Verfügbarkeit

Auch hier sind wieder die Unterschiede signifikant. – Zu allem Leben in Gruppen, die ein gewisses Maß an Differenzierung erreicht haben, gehört es, daß sich Formen spezifischer Funktionszuweisungen herausbilden, die einzelnen Personen als Bündel fertiger Praktiken aufgetragen werden. Entsprechend den jeweiligen Aufgabenstellungen und den ihnen zugeordneten Lösungsverfahren bestimmt sich der *Rang*, den jemand innerhalb seiner Gruppe durch die Übernahme des Pflichtenbündels seiner spezifischen Tätigkeiten gewinnt, durch die *«Rolle»*, die er gegenüber den anderen im Rahmen des ihm zugeordneten Ranges «spielt». *Rang* und *Rolle* sind mithin die statische und die dynamische Seite ein und derselben Sache, die soziale Geltung nur die Kehrseite der persönlich verlangten Haltung. Von daher ist es in gewissem Sinne «normal» und bildet eine unerläßliche Überlebensvoraussetzung *jeder* Gruppe, daß in ihr eine Vielzahl von Individuen eine gewisse Anzahl von Rollen möglichst gut spielt.
Die Bereitschaft, sich mit bestimmten Rollen zu identifizieren, ist vermutlich schon am Beginn der Menschwerdung in den frühen Jägerhorden ausgeprägt worden[1]; jedenfalls stellt sie noch heute einen der wichtigsten Faktoren für die Konstituierung aller Sozialgebilde dar. Entscheidend ist dabei, daß ein jeder versucht, im Sinne der Rolle, die er zu spielen hat, zum Wohle der Gruppe, der er sich zugehörig fühlt, sein Bestes zu tun. Was er selber denkt und fühlt, ist, gemessen an der Bedeutung der Rolle, eine zweitrangige Frage; ja, man kann sagen, daß, je archaischer eine Gesellschaft ist, die Stärke des Rollenzwangs gradlinig anwachsen wird – man denke nur an die enorme Bedeutung z. B. der Rolle des Königs in den Religionen und Staatsgebilden des Alten Orients.[2] Auch heute noch wird etwa ein *Polizist* «im Dienst» bestrebt sein, das Verhalten gegenüber anderen Menschen auf die Interessen und Verhaltensformen einzuschränken, die ihm seine Berufsrolle auferlegt, ja, er wird sich als Verkehrspolizist anders benehmen denn als Grenzpolizist und wieder anders denn als Kriminalbeamter; ein *Richter* wird sich «im Dienst» während eines Strafprozesses anders verhalten als der Staatsanwalt und dieser wieder anders als der Verteidiger, obwohl sie alle die Rolle von

«Juristen» spielen; ein *Arzt* wird ein Verhältnis zu seinem Patienten suchen, das spezifisch anders ist, als es für den «Dienst» von Polizisten und Juristen vorgesehen ist, usw.
Von daher bedeutet es an sich nichts Besonderes, wenn auch die Kleriker der katholischen Kirche, z. B. als Priester oder als Ordensschwestern, die Beziehungen zu anderen Menschen nach den Vorgaben bestimmter Rollenverpflichtungen einzurichten suchen. Der Unterschied jedoch, der alles ändert, besteht in der vom Klerikerideal selbst geforderten Totalidentifikation von Sein und Rolle bzw. in der pflichtweisen Verschmelzung des Einzelnen mit dem Ort und der Aufgabe, an welche die Gemeinschaft ihn stellt; und da diese Aufgaben und Orte sich mit jeder neuen Berufung und Versetzung recht extrem verändern können, läuft die Anlage des gesamten Systems des Klerikerseins darauf hinaus, *daß der Einzelne buchstäblich nichts ist, um alles sein zu können.*
Wie ernst diese Persönlichkeitszerstörung zugunsten einer unbedingten *«Verfügbarkeit»* bis in die höchsten Kreise der klerikalen Ämterhierarchie der katholischen Kirche gemeint ist, demonstrierte in aller wünschenswerten Klarheit z. B. Kardinal JOACHIM MEISNER anläßlich seiner Berufung von Berlin nach Köln in einer Sendung von CHRISTIAN MODEHN (ARD vom 23. 12. 1988): Gefragt, wie er dazu stehe, daß Papst JOHANNES PAUL II. in 's Hertogen Bosch, Wien, Chur, Vorarlberg und nunmehr in Köln eigenmächtig, gegen den Rat und Wunsch der Ortskirchen, absolut autoritär seine eigenen Wunschkandidaten auf den jeweiligen Bischofsstuhl durchzudrücken suche, lautete sinngemäß seine Antwort: «Wenn der heutige Petrus mich beruft, stehe ich an seiner Seite»; und er begründete diese Einstellung bezeichnenderweise mit einem Vergleich der ontologischen Unsicherheit: «Es kann mir doch auch gleichgültig sein», sagte er, «was zwischen meinen Eltern vor sich ging, als ich dabei herauskam. Genauso gleichgültig kann mir sein, was zwischen Rom und Köln vor sich ging; wichtig ist, daß ich als Entscheidung dabei herauskam.» – Man sollte meinen, es sei für jeden Menschen von allergrößter Wichtigkeit, zu wissen, welche Gefühle die eigenen Eltern füreinander und gegenüber ihrem Kind haben und hatten – dies *nicht* zu wissen bedeutet nicht mehr und nicht weniger, als in ein menschliches Vakuum, in ein existentielles Nichts zu fallen; genau dieses Nichts an persönlicher Beziehung aber wird in den Worten des Kardinals geschlossen und aufgefüllt durch *die Neuschöpfung des kirchlichen Befehls,* durch den die persönliche Nichtexistenz des Einzelnen sich in das Spielzeug der gottgleichen päpstlichen Schöpfermacht verwandelt; der Einzelne in den Händen der Kirche ist, so verstanden, eine Art *materia prima,* ein formloser, ungestalteter

Urstoff, der seine Essenz, seine Wirklichkeit, allererst aus der kirchlichen Beauftragung und Bevollmächtigung empfängt. Deutlicher, als es in dieser Konzeption geschieht, läßt sich nicht ausdrücken, daß der theologischen Ideologie zufolge die Person des einzelnen Klerikers, gleich einem Wassereimer, ihres Inhaltes vollkommen entleert werden soll, um sich bis zum Rand mit den Wünschbarkeiten der kirchlichen Vorgesetzten vollpumpen lassen zu können. Es ist nicht nur, daß hier unter der Hand die Autorität Gottes, der innerlich, *zum Herzen* des Menschen redet, durch die äußere Autorität von Papst und Kirche ausgetauscht wird, es ist vor allem, daß hier *der gesamte Bereich menschlicher Gefühle zugunsten der bloßen Dezision der Macht neutralisiert* wird. Zugleich wird deutlich, wie vor dem Hintergrund dieser Wechselwirkung von ontologischer Unsicherheit und autoritärer Unterwürfigkeit *die Gefühlsfremdheit* des klerikalen Machterlebens sich fortsetzt in der gänzlichen *Vergleichgültigung des gesamten Bereichs menschlicher Meinungen*, Überlegungen und Entscheidungen: von dem weiten Spektrum menschlicher Beziehungen bleibt nur eine *einzige* Form der Beziehung übrig: *die Korrespondenz von Befehl und Unterwerfung, das Ritual von Herr und Knecht,* die Abstraktion und Reduktion des Lebens auf den Formalismus erfüllter Weisungen. All das besagen zwei Sätze aus dem Munde eines so wichtigen und päpstlich so erwünschten Mannes wie des Berliner-Kölner Kardinals JOACHIM MEISNER. Das fatale freilich ist die innerkirchliche Sprachlosigkeit und das komplette Unvermögen, einem Mann wie Kardinal MEISNER auch nur entfernt begreifbar zu machen, daß Sätze wie die von ihm geäußerten menschlich eine Ungeheuerlichkeit darstellen – er hat doch nur in Übereinstimmung mit dem kirchlichen Lehramt vorbildlich dargelegt, was die Gehorsams- und Dienstpflicht eines Klerikers bedeutet! Das hat er wirklich. Man muß es zugeben. Erst dann begreift man, wieviel sich in der Kirche Petri ändern müßte, daß sie die Kirche Christi werden könnte.

2) Zwischen Verwöhnung und Beaufsichtigung

Um die eigentümliche Doppelbödigkeit in den menschlichen Beziehungen und Umgangsformen von Klerikern zu verstehen, muß man vor allem *die Diskrepanz* beachten, die *zwischen der öffentlichen Geltung im Amt und dem Gefühl persönlicher Minderwertigkeit,* ja, Nichtigkeit besteht; beides wird in Erziehung und Gehabe der Kleriker auf extreme, oft bizarre Weise eingeübt und ausgeprägt, und es sind diese zwei Seiten ein und derselben Kirche, die als «Mutter Kirche» den Ihrigen zum Beweis der gnädigen

Erwählung Gottes Macht und Geltung aller Art zu vermitteln sucht und die zugleich mit äußerster Anstrengung dafür Sorge trägt, daß nur ja niemand die öffentliche Bedeutung, die er genießt, seiner eigenen Person statt seiner kirchlichen Position zugute schreibt.

Die verwöhnende, den Amtsnimbus der Kleriker fördernde *Seite* kann jeder erkennen, der sich z. B. *die Lebensweise der Priesteramtskandidaten* nach der «Admissio», der Aufnahmefeier ins Seminar, ansieht; es ist dies die Zeit des letzten Feinschliffs, die letzten 1½ Jahre vor der Priesterweihe. Die theologischen Examina sind bereits mit Erfolg bestanden, an der charakterlichen Tauglichkeit und Eignung der Alumni bestehen nach über 4½ Jahren der «Prüfung» und Ausbildung objektiv keine gravierenden Zweifel mehr, und auch die subjektiven Bedenken, die viele Studenten vor dem Eintritt ins Priesterseminar zu peinigen pflegen, sind nunmehr siegreich bestanden; fortan gilt es, vorzuleben, wie man im Sinne der Kirche sich das Leben der künftigen Priester vorstellt und wünscht. Gewiß darf hier der Stil der Kirche in der Bundesrepublik in seinem finanziellen Aufwand als einzigartig auf Erden gelten; doch was sich hier beobachten läßt, ist der Tendenz nach signifikant für den Habitus, der sich einstellt, sobald man den Klerikern der katholischen Kirche die äußere Möglichkeit schafft, sich ungehindert in der vollen Pracht ihrer Selbstdarstellung zu entfalten – es ist, kurz gesagt, ein Stil fürstlicher Hofhaltung in allen Lebensbereichen. Zur Verfügung stehen diesen von der Aufnahmefeier an bereits zu Klerikern Erwählten pro Kopf ca. fünf Bedienstete in Form von Küchenschwestern und «Spitteln» (Mädchen zwischen 14 bis 18 Jahren, die als Hilfskräfte tätig sind), Gärtnern, Bademeister, Hausmeister, Bürokräften, Verwaltungsangestellten, Dozenten für Homiletik (Predigtkunde) und Hodegetik («Wegelehre» – Ratschläge für die praktische Seelsorge) bis hinauf zum Subregens und Regens – alles in allem ein Stab von 30 bis 40 Leuten, um die etwa 5 bis 10 Theologen bis zur Priesterweihe nach allen Regeln der Hygiene, Ernährung, Körperpflege und geistlichen Bildung zu verwöhnen. Während «normale» Studenten in jedem anderen Lehrfach der Universität um die alltäglichen Fragen von Nahrung, Kleidung, Heizung usw. sich in aller Regel selber kümmern müssen und bei dieser Gelegenheit bereits ein Mindestmaß an Eigenständigkeit und Verantwortung entwickeln, sieht man die «Sämlinge» der katholischen Kirche, die «Seminaristen», wie kleine Kinder mit allen nur erdenklichen Wohltaten weiblicher Fürsorge eingehüllt – sie lernen wie selbstverständlich, daß sie es fortan sich und ihrem Stande gewissermaßen schuldig sind, von einer erweiterten Gruppe von Pagen, Concierges und Haushofmeistern ihr Leben *à la haute volée* pflegen und hegen zu lassen. Es gibt Regentes (Leiter der Priestersemi-

nare), die es sich beispielsweise angelegen sein lassen, den kunstvollen Aufbau ihres Weinkellers den Priesteramtskandidaten als vorbildliches Exempel weiterzuempfehlen – und warum auch nicht? Dankte Europa nicht den Benediktinern und Zisterziensern vor vielen Jahrhunderten bereits die Verbreitung des Weinanbaus bis weit nach Norden und Osten? Auch die Verfeinerung besonderer Brot-, Käse- und Fleischgerichte geht auf den Feingeschmack der Kleriker vergangener Zeiten zurück, und er ist, gottlob!, noch immer, scheint's, nicht ausgestorben! Besonders die kirchlichen Hochfeste (Weihnachten, Ostern, Pfingsten usw.) bieten eine willkommene Gelegenheit, zu demonstrieren, wie ungebrochen die katholische Kirche, zumindest kulinarisch, in ihrer eigenen Tradition gefestigt ist.
Da wohnt womöglich in der Diözese ein Graf oder Baron, der seit alters in Erfüllung eines Gelübdes für das schmackhafte Wildbret der Festtagstafel sorgt, ein wirklicher Wohltäter der Kirche – wie schon *Mephisto* in GOETHES *«Faust»* sagt:[3] «Die Kirche hat einen guten Magen ...» So mögen auch die Benefizgaben örtlicher Weinhändler der Kirche hochwillkommen sein, zumal sie auf diese Weise den angehenden Priestern ihre Leistungsfähigkeit schon für spätere Zeiten vor Augen führen können. Die zumeist von Ordensschwestern geführten Küchen der Priesterseminare werden an «Herrentagen» (d. h. an den Feiertagen der Kirche zu Ehren des Herrn Jesus) sich die größte Mühe geben, den «hochwürdigen Herrn» vier bis fünf Gänge erlesener Speisen zu servieren – kurz: man gelangt bei dieser Art kirchlicher Propädeutik auf das Amt des Priesters gewiß zu allen möglichen Genüssen des Leibes und der Seele, doch es müßte in solch illustrer Gesellschaft als ein Wirrkopf und Fanatiker gelten, wer etwa in der Weihnachtsansprache zum Festschmaus daran erinnern wollte, daß just zur Stunde, da man etwa der Geburt des Kindes von Bethlehem gedenkt, pro Minute auf der Welt mehr als 25 Kinder Hungers sterben, mehr als 15 Millionen Kinder also jedes Jahr; und wer gar darauf hinweisen wollte, daß es in Guatemala, Brasilien und Paraguay «Amtsbrüder in Christo» gibt, die sich fragen, wie sie es verantworten können, in der Meßfeier Wein aus Spanien oder Italien vor Menschen zu trinken, und Weißbrot, importiert aus Europa, zu essen, deren Bäuche aufgetrieben sind von Hunger und die in ihrem Leben niemals etwas anderes trinken werden als fauliges Wasser[4], der wäre zweifellos als Misanthrop und Aufrührer verdächtig. – Noch viel phantastischer müßte unter solchen Umständen freilich sich jemand ausnehmen, der sich weigern würde, die so überaus schmackhafte Theologie der Kirche zu akzeptieren, wonach Gott der Herr durch die Ordnung der Schöpfung das Leben der eßbaren Tiere den Menschen zur freien Verfügung und Genießung gegeben

habe.[5] Dabei ist dieses Problem buchstäblich mit den Händen zu greifen: Die Priesteramtskandidaten haben es zeit ihres Lebens gewiß niemals nötig, auch nur von ferne das Handwerk kennenzulernen, dem sie ihre Ausbildung zum nicht-vegetarischen Feinschmeckertum verdanken; sie selber sind durch die Bestimmungen des Reichskonkordats nicht nur von der Wehrpflicht ausgenommen, ihnen ist es laut Kirchenrecht rundum untersagt, Blut zu vergießen – nicht einmal Medizin zu studieren, um etwa Chirurgie auszuüben, vereinbart sich nach diesen Vorstellungen mit der Würde eines Standes, der am Altare auf unblutige Weise das Blut Christi vergießt[6]. Den Ordensschwestern in der Seminarküche hingegen bleibt es überlassen, alle Feste wieder Hühner und Puten zu Dutzenden auszunehmen, Schweine- und Rinderfleisch und alle möglichen Fleischspeisen zuzubereiten und zu verwursten, bis daß einzelne von ihnen, im Gehorsam genötigt, die Erfahrungen der Großküche noch Jahre später als reines Brechmittel erinnern. – Auch hier herrscht das System einer Zweiklassenmoral vor, das es den hochwürdigen Herren erspart, zu merken, welchen (stets von Frauen erbrachten) Opfern sie ihr Wohlergehen verdanken.
Das Ergebnis allerdings ist dementsprechend: Manches in dem widersprüchlichen Betragen mancher Kleriker versteht man nur, wenn man sie als verwöhnte große Kinder betrachtet. Da können Menschen, die in ihrem Berufsgehabe sich als die Güte und Geduld persönlich geben, zum Erschrecken ihrer Begleiter in einem Restaurant schier aus der Haut fahren, wenn ihnen der Kellner nicht schnell genug, billig genug und freundlich genug serviert, was sie sich auf dem Wunschzettel der ausgelegten Speisekarte vorgestellt haben. Leute mit zwei Doktorgraden zeigen sich außerstande, am Automaten der städtischen Verkehrsmittel sich eine Karte für die Metro oder Trambahn zu besorgen; daß sie mit jedem *technischen* Problem überfordert sind, das die Bedienung eines Tauchsieders übersteigt, gehört gewissermaßen zu ihrem Berufsethos. Es ist gewiß auch hier das Gewöhnliche, daß, je höher die Würde, desto infantiler das Verhalten in allen praktischen Lebenslagen ausfällt – ganz so, wie man die Fürsten vergangener Zeiten für unfähig hielt, sich auch nur alleine anzuziehen oder die Morgentoilette zu verrichten; doch eben diese *Infantilisierung des praktischen Sinnes,* gepaart mit einem eminenten Gefühl objektiver Abhängigkeit von dem bestehenden System der Macht und einer extremen subjektiven Hochrangigkeit innerhalb dieses Systems, kennzeichnet das Selbstbewußtsein und den Verhaltensstil dieser kirchlichen Würdenträger bis hinauf zu seiner Eminenz, dem Bischof selber: ihm zu Beginn des feierlichen Hochamtes im Dom vor den Augen der Gemeinde beim Anlegen der rund ein Dutzend ver-

schiedenen «geistlichen» Gewänder (ein Sammelsurium geheimer Ehrenzeichen vom Mittelalter bis zum Hochbarock) behilflich zu sein, stellt auch heute noch eine der erhabensten Pflichten eines Seminaristen dar, für welche er in speziellen Kursen von seinem Subregens stundenlang unterwiesen werden muß, um 20 Minuten später womöglich zu hören, wie, entsprechend der Perikopenordnung derselben Kirche, derselbe Bischof die Anweisung Jesu an seine Jünger aus Mk 6,8.9 vor der Gemeinde vorliest: «Nehmt nicht zwei Röcke mit», wenn ihr in die Dörfer Galiläas geht.[7] Wann je hätte ein Bischof in einem Pontifikalamt darüber «gepredigt» – er, der Nachfolger der Apostel in der direkten Linie der apostolischen Sukzession?

Wie sehr der katholischen Kirche in der Ausbildung ihrer Priester indessen gerade an dieser fürstlichen Mischung subjektiver Infantilisierung und objektiver Verfeierlichung liegt, zeigt unzweideutig die Umkehrung der klerikalen Hofhaltung in den Seminarien in Gestalt einer *kindergartenähnlichen Beaufsichtigung*.

Es dient wohl noch der Statusstabilisierung, daß mit Eintritt in das Priesterseminar die so Erwählten von dem Kontakt nicht nur mit den «Weltmenschen», sondern nunmehr sogar mit ihren eigenen Studienkollegen abgesondert werden. Erschien es eben noch als wünschenswert, wenn sich die Mitglieder älterer Semester um die Studenten der jüngeren Jahrgänge «kümmerten» und mit ihnen gemeinsam die Bibel lasen oder Vorlesungen nacharbeiteten, so sieht die Seminarordnung alter Zunft und Strenge ab sofort die hermetische Separation der Seminaristen von jeglichem profanem Erleben vor; ein heiliger Tabukreis hat fortan die durch die Weihe sakrosankt Gewordenen zu umgeben, sind sie doch durch die verschiedenen Grade der *Institutio* und *Admissio* (die verwandelten Formen der «niederen Weihen») würdig geworden, Bienenwachskerzen in die Nähe des Allerheiligsten zu tragen, mit Weihrauch den Altar zu umwölken und mit Schellen die Heiligkeit des Opfergeschehens Christi sinnenfällig zu machen sowie als Lektoren die heiligen Texte im Gottesdienst vorzulesen; ja, bald schon werden eben diese Hände, mit göttlichem Chrisam geweiht, den Menschen das Brot der Engel brechen und darreichen – wie wäre es da möglich, den ehrfürchtigen Abstand objektiver Heiligkeit durch Rücksichtnahmen auf menschliche Nähe und persönliche Freundschaften zu verringern! Ein Priester der katholischen Kirche hat sich als etwas Besonderes unter den Menschen zu empfinden. Die 1½ Jahre des Priesterseminars sind fast zu kurz, um diese kostbare Lehrzeit der Kirche zur Erziehung der Gefühle nachhaltig genug zu gestalten. Immerhin bewahrt die Kontaktabschnürung nach der Meinung der Lehrmeister die Priesteramtskandidaten davor, ihre Kräfte zu vergeuden und von dem Wesentlichen abzulenken: der

Verwandlung der «sitzenden Theologie» in die «kniende Theologie», des Studiums in Gebet, des Lernens in das Betrachten – des Handelns mit anderen Worten in das Repräsentieren.

Um diese Konzentration heiliger Kräfte nach Möglichkeit noch zu fördern, hat insbesondere der Regens eines Priesterseminars nach alter Vorschrift die Pflicht, die Lebensweise seiner Seminaristen *en detail* zu beaufsichtigen. An dieser Stelle haben sich in den letzten 20 Jahren gewiß in den Seminarien bestimmte lokale Sonderpraktiken herausgebildet; aber die katholische Kirche hat in der Auffassung von der rechten Art ihrer Klerikerausbildung sich in all den betreffenden Punkten nicht durch Überzeugung gewandelt, sondern allenfalls durch Schwäche sich geändert; sie hat unter dem Druck lokaler Revolten selbst ihrer Frömmsten diese oder jene Finesse ihrer Praktiken aufgegeben, aber es wäre verwegen, daraus auf eine Umkehr ihrer geistigen Einstellung schließen zu wollen. Wie man sich eigentlich einen Kleriker wünscht, läßt sich deshalb immer noch am besten an den Gebräuchen aus jenen Zeiten erkennen, da der Seminarbetrieb «lückenlos» funktionierte – «jene Zeiten» –, das *ist*, das *war* vor nurmehr 20 Jahren. Es sind dieselben Punkte der Regulierung von Raum und Zeit, von Tageseinteilung und Kleidung, die wir bereits als einen festen Teil klerikaler Lebensführung kennengelernt haben.

Die Zeit! Einem Theologiestudenten im Konvikt mag es noch freistehen, die Stunden des Tages außerhalb der Essens- und Gebetszeiten sich einzuteilen, wie es ihm gut erscheint. Nicht so in fortgeschrittenerem Stadium der klerikalen Ausbildung. Aus irgendeinem Grund, der noch vor der allgemeinen Einführung von elektrischem Licht und Zentralheizung liegen muß, ist es offenbar einmal als sinnvoll erschienen, gegen 21.30 Uhr im Winter und 22 Uhr im Sommer ins Bett zu gehen; einmal entstanden, von Heiligen Vätern praktiziert, handelt es sich heute natürlich um eine heilige Ordnung, die es vorzüglich erlaubt, die Seminaristen auf Schritt und Tritt zu beaufsichtigen: diese haben zur angegebenen Stunde das Licht gelöscht zu haben und im Bett zu liegen – kein Jugendherbergsvater wird die Sperrstunde für Jugendliche so sorgsam überwachen wie der Seminarregens Leute, die er der Doktrin nach für «gestandene Männer» halten sollte – tatsächlich sind sie inzwischen allesamt älter als 25 Jahre. Doch wahrlich, sie bedürfen der vorgeschriebenen Ruhe! Denn aus dem gleichen Grund, da man nicht sehr viel später als die Hühner ins Bett geht, ist man nach derselben heiligen Ordnung verpflichtet, des Morgens gegen 5.30 Uhr aufzustehen, um nach dem gemeinsamen Stundengebet und einer Zeit der Betrachtung gegen 7 Uhr die heilige Messe zu feiern. Man muß erlebt haben, wie in stunden- und jahre-

langen Diskussionen leitende Männer der Kirche die Weltordnung ins Chaos sinken sahen, wenn auch nur der Termin einer Morgenmesse von 7 Uhr auf – sagen wir: – 9 Uhr morgens hätte verschoben werden sollen, und man wird verstehen, wieviel Angst sich in dieser pflichtweisen Infantilisierung aller Lebensumstände verbirgt.
Und noch einmal *die Kleidung!* Ein Priesterseminar liegt normalerweise zwar in der Nähe des Domes, aber zumeist nicht gleich nebenan. Daraus ergibt sich das Problem, wie an den Sonn- und Feiertagen die Seminaristen sich des Morgens zum Pontifikalamt des Bischofs und des Nachmittags zur Vesper gemeinsam mit dem Domkapitel begeben. Es ist klar: man tut alles gemeinsam. Also haben die «Seminarii» sich nach festgesetzter Stunde am Portal ihres Seminars einzufinden, in vorgeschriebener Kleidung: Soutane und Birett (Kostenpreis der Spezialanfertigungen pro Kopf ca. 1300,– DM), das offiziöse Buch der gregorianischen Gesänge unter dem Arm, und sich in Zweierreihen, wie die Erstklässler der Grundschule auf dem Pausenhof, durch die Stadt zu bewegen. Das allgemeine Gelächter, das dieses Schauspiel bei der Bevölkerung hervorruft, ist erzieherisch keineswegs unwillkommen: gilt es nicht, für die Gemeinschaft mit Christus Leiden zu ertragen, und steht nicht geschrieben: «Freut euch und frohlockt an jenem Tage» (Mt 5,12)? Gerade so kann man lernen, das Kirchensystem mit Christus selbst zu identifizieren, d. h. zu *verwechseln,* indem man die Travestie von Ernst in Spaß schon wieder als den Ernstfall der Christusnachfolge umzuwerten lernt.
Am Ende einer solchen Ausbildung des letzten Schliffs, so gibt man sich zuversichtlich, wird man Persönlichkeiten erwarten dürfen, die sich buchstäblich keines eigenen Schrittes mehr getrauen, ohne sich bei der höchsten Instanz der Kirche zu versichern, daß sie ihn auch tun dürfen. Dieselben Menschen, die andern den Weg zu Gott zwischen Heil und Unheil zeigen sollen, die in Freiwilligkeit und Selbständigkeit selbstlos ihren Dienst an der Gemeinde gemäß dem Heilsauftrag Christi verrichten sollen, kann man nach einem solchen Ausmaß kirchlicher Betreuung in ihrer psychischen Physiognomie nur so malen, daß als Karikatur erscheint, was doch die blanke Wahrheit ist: Man müßte sie malen als Persönlichkeiten, deren Kopf ausgefüllt ist von dem Räderwerk eines alterümlichen Fernschreibers, der immerzu arbeitet, um an der einen Seite als Botschaft auszugeben, was ihm an der anderen Seite eingegeben wird, deren Körper winzig klein ist, so daß er in den umgehängten Gewändern völlig zu verschwinden droht, während all die Soutanen, Roben, Talare und Meßgewänder doch nicht verhindern können, zu sehen, daß die eigentliche Kleidung dieser klerikalen Würdenträger nach wie vor die kurze Hose ist: liebe, brave, gehorsame Jungen, die

ihrer Mutter, der Kirche, den Gefallen tun werden, alle Welt hilflos darum zu bitten, ähnlich brav und lieb und gehorsam zu werden und zu bleiben wie sie selber.

3) Der Funktionärszynismus

Das heißt, man muß genauer sprechen. Auch im *Umgang der Kleriker miteinander* herrscht jene Ambivalenz unterdrückter und verdrängter Aggression, die bereits in der Einstellung gegenüber den eigenen Familienangehörigen grundgelegt wurde. Es handelt sich um eine *Anpassung aus Bravheit*, deren Untergrund so resigniert verbittert ausfallen kann, daß man von einem ausgesprochenen *Funktionärszynismus* sprechen muß.

Erneut gilt es hier, das «Normale» vom Speziellen des Klerikerseins zu unterscheiden. – Als «normal» muß die demonstrative Nonchalance gelten, mit der z. B. ein Konsistorium von *Ärzten* untereinander über «die Lunge» oder «den Dickdarm» auf Zimmer 20 verhandelt; es gehört hier scheinbar zum Berufsethos und dient jedenfalls dem Nachweis sachlicher Objektivität und fachmännischer Kompetenz, sich bei allen Betrachtungen ganz und gar auf den Aspekt der *Krankheit,* nicht des Menschen zu konzentrieren; ja, man kann verstehen, daß der tägliche Umgang mit Leid, Schmerz und Tod es mit sich bringt, das Gemüt abzustumpfen, und wie zum Selbstschutz einen makaberen Humor provoziert. «Normal» sind wohl auch die absolut menschenverachtenden Redensarten, mit denen die *Landser* des 1. wie des 2. Weltkrieges den Tod eines ihrer Kameraden zu kommentieren pflegten – er «starb» nicht, «es hatte ihn erwischt» bzw. (man muß es schon wörtlich zitieren:) «er hatte das Arschloch zusammengekniffen»; noch Jahrzehnte später schämen Menschen sich für diese Versuche, die zynische Barbarei des Krieges in ihrer ungeschminkten Wirklichkeit mit ebenso zynischen Phrasen nachzubilden und sich damit gefühlsmäßig bis zur Unempfindlichkeit abzuhärten. Weit weniger «normal» hingegen erscheint schon der Zynismus, mit dem *die Funktionäre* in den Kadern *politischer Parteien* die Willkür der Programme ihrer jeweils wechselnden Vorgesetzten zu quittieren pflegen. «Es kam ein großer Mann, es kam ein kleiner Mann, heraus kam nichts dabei»[8], lautete bereits ein Beamtenbonmot im alten Ägypten.

Einen qualitativen Sprung aber erlebt man mit den lakonischen Zynismen, durch welche die Kleriker der katholischen Kirche sich von der Last ihrer stets gegenwärtigen kirchlichen wie göttlichen Autoritäten zu befreien suchen. Jedes autoritäre System produziert eine Beamtenschaft mit erheblichen Ambivalenzgefühlen von Verehrung und Verachtung, Liebe und Haß, Abhängigkeit und Aufsässigkeit, gehorsamer Fügsamkeit und filigraner Subversion; den allzeit sprechendsten Ausdruck jedoch findet diese Ambivalenz in den Witzen, die man sich im «Volk» von den «Führern» an der Spitze erzählt. Es wäre nicht ohne Verdienst, einmal aus Jahrzehnten zu sammeln, was bei den Jahres- und Jubiläumsfeiern die Priester der Kirche speziell im Rückblick auf ihre Konvikts- und Seminarszeit sich stundenlang unter schallendem Gelächter in die Erinnerung zu rufen pflegen – es ergäbe *eine Apokalypse des schwarzen Humors.* Denn die latente Boshaftigkeit der *klerikalen «Notwehrwitze»* macht vor nichts Heiligem halt, ja, sie entzündet sich notgedrungen gerade an den Zentralstellen der klerikalen Observanz: an dem Verhältnis zu den Vorgesetzten und an der Sakramentenspendung, besonders an den Themen von Beichte und Eucharistie. Auf was für Gedanken auch sollen 25jährige Männer kommen, denen man des langen und des breiten auseinandersetzt, wie man der Pflicht nachkommt, ein Kind noch vor seiner Geburt im Mutterschoß zu taufen, denen man auferlegt, mit einer «Bugia», einer Henkelleuchte, gerade wie auf den Reklamebildern eines bestimmten Abführmittels, am hellichten Tag nachtwandlerisch in langem Gewand den Altarraum des Domes zu durchschreiten, um als Beleuchtungshilfe beim Vortrag der Lesung gegenwärtig zu sein, oder denen es zur Pflicht wird, sich beim Festhochamt ins Chorgestühl zu begeben, um die dort residierenden Chorherren und Prälaten ein bestimmtes Bild küssen zu lassen, das jeweils artig, Kuß für Kuß, mit einem Tüchlein abzuwischen ist – das alles, wohlgemerkt, nach sorgfältiger Übung zuvor! –, ja, die sich allen Ernstes darüber Gedanken zu machen haben, wie weit bei der Art mancher Frauen, sich im Sommer zu kleiden, im Falle der Mundkommunion wohl ihre Pflicht gehen mag, die Hostienreste zu purifizieren, falls die hl. Kommunion in den Ausschnitt gefallen sein sollte, – es gibt am Ende keinen Witz, der borniert und geschmacklos genug wäre, um nicht in den höchsten Etagen selbst der Theologiedozenten und der Angestellten der Generalvikariate sein schallendes Echo zu finden – wenn er nicht überhaupt dort ausgebrütet wurde! Die Erziehung und das Ideal einer absoluten Gesinnungsloyalität schaffen sich selber unvermeidbar ihren Schattenriß in Gestalt des Bitterwerdens all der hohlen, pathetischen Formen und Formeln, mit denen der Katholizismus sich darzustellen sucht. Es ist am Ende das Leben selber, das in einer Art vitaler Gegenwehr für seine Unterdrückung Rache nimmt, indem es das Erlebnisvakuum der unechten Gefühle nach und nach auffüllt mit den Gärstoffen wirklicher Gefühle von Hohn, Sarkasmus und Spott. Andererseits müssen gerade diese Gefühle und Neigungen natürlich erneut mit Gewalt niedergehalten werden – ein Karneval der Ausschweifung, der immer wieder in die Reue und Zerknirschung des grauen Pflichtalltags einmündet –, der Aschermittwoch des Geistes als klerikale Dauerstimmung.

4) Die Ambivalenz gegenüber den Oberen

Nun würde man gewiß den Einfluß der Konvikts- und Seminarerziehung auf die Psychologie der Priester der katholischen Kirche bei weitem überbewerten, wenn man darin die Ursache statt eines bloßen Ausdrucks eben jener Ambivalenz der Gefühle erblicken wollte, die das Leben und Erleben der Kleriker generell in allen Formen menschlicher Begegnung kennzeichnet. Psychoanalytisch gesehen *erzeugt* das kirchliche Ausbildungssystem nicht die extreme Identifikationsbereitschaft der Kleriker mit ihrer kirchlichen Beauftragung – es *fordert* und *fördert* sie lediglich in einem gewissen berufsspezifischen, inhaltlich vorgegebenen Rahmen. Dies vorausgesetzt, läßt sich freilich nicht übersehen, wie stark sich *die Ambivalenz der Gefühle* im Leben der Kleriker zäh und fest *ihren Oberen gegenüber* geltend macht und zugleich den Umgang mit anderen Menschen eigentümlich doppelbödig gestaltet.

Den Oberen gegenüber äußert sich die Gefühlsambivalenz der Kleriker bevorzugt in einer charakteristischen Mischung aus Übererwartungen und Enttäuschungen, Hoffnungen und Ängsten, *Allmachtsphantasien und Ausgeliefertheitsbefürchtungen.*

Da wird z. B. einer Ordensschwester mitgeteilt, sie solle in der nächsten Woche, sagen wir: am Freitag um 16.30 Uhr, zur Mutter Oberin kommen. Es steht nicht zu erwarten, daß sie diese Einladung als freudige Überraschung empfindet, ganz im Gegenteil, in aller Regel trifft sie diese Nachricht wie ein Schlag: Was wird die Oberin, die doch sonst nie mit ihr redet, plötzlich von ihr wollen? Allein schon diese Ungewißheit ist ein Grund unablässigen Grübelns. Hat man in der letzten Zeit sich eines Fehlers schuldig gemacht? Bestimmt bieten etliche Szenen der zurückliegenden Tage Verdacht genug, *das* könne es sein. Oder geht es wieder um irgendeine Versetzung oder um eine neue Umschreibung der Arbeit? Die wenigsten Oberen rechnen damit, daß ihre nicht näher erklärten Einladungen auf Tage hin Ängste, Zorn, Widerwillen, Schuldgefühle, Gehorsamzwänge – wirkliche Verzweiflungszustände in Einzelfällen auslösen können.

Ein Gesetz des Zusammenlebens bereits in den Primatenhorden der Paviane und Schimpansen lautet, daß dem Alpha-Tier *das absolute Kontroll- und*

Inspektionsrecht über die niederrangigen Tiere zusteht[9] – noch bei uns Menschen besteht eine der angeborenen Reaktionen gegenüber dieser Kontrolldrohung darin, zum Zeichen, daß wir nichts Verbotenes gefressen haben, wie automatisch den Mund zu öffnen, die Handinnenflächen nach oben zu drehen und vorsichtigerweise den Kopf einzuziehen und die Schultern anzuheben.[10] Ein Sozialsystem, das, wie die katholische Kirche ihren Oberen auf allen Etagen der Ämterhierarchie vom Papst bis zum Bischof, ja, bis hinab zum Dechanten und Pfarrer am Ort bzw. von der Generaloberin bis hinunter zur Provinzialoberin und zur Stationsschwester gegenüber den jeweils Untergebenen ein absolutes, nur von der nächsthöheren Instanz kontrolliertes Verfügungsrecht zuspricht, darf sich nicht wundern, wenn es auf allen Stufen *archaische Ängste* mobilisiert. SIGMUND FREUDS Psychologie der Urhorde kommt in ihrer Darstellung der Wechselwirkung von despotischer Macht und einer ständigen Ambivalenz der Gefühle der kirchlichen Wirklichkeit noch heute erschreckend nahe.[11]

Man muß nur im Verlauf einer Psychotherapie immer wieder sehen, wie die bloße Ankündigung eines Gesprächs mit dem zuständigen Bischof, Personalchef oder der Oberin des betreffenden Konventes schon begonnene Aufbrüche zu mehr Eigenständigkeit und Lebensmut um Monate zurückwerfen kann, und man wird von dem innerkirchlichen Umgangsstil ein Bild gewinnen, das der Ideologie der «Brüderlichkeit in Christo» geradewegs Hohn spricht. Selbst Theologen, promoviert und in Ehren, sieht man wochenlang auf den erwarteten «Besuch» bei «ihrem» Bischof sich vorbereiten wie auf einen Schachwettkampf, indem sie alle 250 Eröffnungsvarianten des sogenannten «Gespräches» wieder und wieder im Geiste durchspielen. Es müßten wahre Meister der Gesprächsführung sein, denen es gelingen könnte, in einem einzelnen Gespräch so viel an Angst und Mißtrauen abzubauen. Natürlich herrscht unter diesen Umständen die alte höfische Weisheit: «Geh nicht zu deinem Fürst, eh du nicht gerufen wirst.»

Denn, um die Wahrheit zu sagen, sind die meisten kirchlichen Oberen entsprechend den vorhin entwickelten stark ideologisch geprägten Auswahlkriterien durchaus nicht von der Art, daß sie überhaupt irgendwelche Gefühle, geschweige denn blockierte, ambivalente oder womöglich offen aggressive Gefühle aus ihren Untertanen hervorlocken könnten; und so sind Gespräche, die dem Bekenntnis zu dem Christus als dem «göttlichen Wort» (Joh 1,1) Sinn und Wirklichkeit zu geben vermöchten[12], in der katholischen Kirche als so häufig zu erachten wie Störche im Winter. Während jeder mittlere Betrieb von mehr als 100 Arbeitern und Angestellten in die Personalabteilung nur Leute berufen wird, die durch entsprechende Ausbildung und

Erfahrung auf diese Aufgabe des Umgangs mit Menschen vorbereitet sind, gehört es in der katholischen Kirche nach wie vor zu den Beweisen ungetrübten Gottvertrauens, mit der Entscheidung über das Schicksal anderer Menschen jeden beliebigen zu betrauen, der sich durch Glaubens- und Charakterfestigkeit zu empfehlen scheint. Es gibt nur eine einzige Ausnahme, wo man auch in der katholischen Kirche mit Verantwortung jemanden nur nach speziellen Kursen und mindestens einer zweijährigen Sonderausbildung belehnen wird – das Amt eines Leiters der Finanzabteilung im Generalvikariat; hier, ohne Zweifel, ist Sachverstand erforderlich; ansonsten, «Paulus, genügt dir meine Gnade.» (2 Kor 12,9)

Doch auch die Gnade Gottes kompensiert nicht jede Art von Fehlern im Umgang der Oberen mit ihren Untergebenen. Zu deren häufigsten gehören: *Das Ungleichgewicht der Vorbereitung* – während der Untergebene seinen «Besuch» bei dem Vorgesetzten in der Regel sehr ernst nimmt, genügt diesem zumeist ein knapper Blick in die Akten zur Vorbereitung; während jener mit allen möglichen Themenstellungen rechnet, ohne eine einzige wirklich zu kennen, weiß dieser recht genau, was er will. *Der chronische Mangel an Zeit:* Die «Gespräche», die zwischen dem Oberen und seinen Untergebenen tatsächlich stattfinden, sind viel zu selten, um jemals wirklich persönlich zu sein, sie sind stets zweckorientiert, also in gewissem Sinne rücksichtslos gegenüber den menschlichen Belangen der Gesprächspartner selbst, und zudem noch selbst in der wenigen zur Verfügung stehenden Zeit durchweg viel zu kurz angesetzt. So ist es keine Seltenheit, daß ein Priester in ca. 20 Jahren seiner Dienstzeit alles in allem keine halbe Stunde lang mit seinem Bischof «gesprochen» hat; die Folge kann nur so ausfallen, wie sich die Wirklichkeit im Verhältnis der klerikalen Ämterhierarchie der katholischen Kirche darstellt: Alle Begegnungen reduzieren sich auf eine entpersönlichte, formalisierte, pflichtverordnete Gehorsamsloyalität; im übrigen ist man auf der jeweils unteren Ebene geradezu froh, sich aus dem Weg gehen zu können. Wie zur Farce geraten sich umgekehrt die sog. «Besuchspflicht» auf der Ebene der Vorgesetzten ausnimmt, zeigt die Verhaltensweise vieler Bischöfe auf ihren Firmreisen für gewöhnlich zur Genüge: sie haben, laut Kirchenrecht[13], den Auftrag, alle Priester der jeweiligen Pfarrei persönlich aufzusuchen, und wirklich, das tun sie: – zwischen dem Besuch beim Bürgermeister der politischen Gemeinde und dem Besuch im Kindergarten der kirchlichen Gemeinde sind sie am Ende fünf Minuten (oder waren es sogar sechs Minuten?) bei allen Priestern «dagewesen». – Hinzu kommt *das persönliche Ungeschick:* Es sollte eigentlich zur Höflichkeit zählen, daß ein Chef einem Angestellten beim Betreten seines Amtszimmers entgegengeht;

statt dessen klagen insbesondere Ordensschwestern immer wieder darüber, daß ihre Oberin hinter dem großen aktenbewehrten Schreibtisch sitzen bleibt wie hinter einer uneinnehmbaren Burg – «komm mir nicht zu nahe» ist das Signal, das sie schon durch ihr Verhalten ausstrahlt. Unerwartete Telefonanrufe demonstrieren im Gespräch zwar zusätzlich noch die Bedeutung der Oberin, zugleich aber auch die relative Unbedeutendheit der Untergebenen. Um besonders herzlich zu wirken, haben manche Bischöfe es sich angewöhnt, bei jedwedem Besuch 20 verschiedene Sorten alkoholischer und alkoholfreier Getränke aus ihrer Hausbar anzubieten, doch all das ändert natürlich nichts an dem *frostigen Klima,* das um ein bischöfliches Palais zu wehen pflegt. Ja, wie um die Dokumentation der *Unpersönlichkeit* absichtlich auf die Spitze zu treiben, gibt es Beispiele, in denen ein Bischof einen «Duz-Bruder» im Amt infolge einer «Insubordination» in einem Gespräch um 11 Uhr vormittags glaubte fristlos entlassen zu müssen, um dann zur Besiegelung seines Entschlusses noch um 12 Uhr mittags mit dem Betreffenden essen zu gehen – eine Henkersmahlzeit sozusagen nach erfolgtem Exitus, eine Geister- und Gespensterfreundlichkeit mit anderen Worten.

Den Kern von alldem freilich bildet *die konkrete Unklarheit des Machtgefälles:* Es wird dem Untergebenen niemals mitgeteilt, was seine zuständige Behörde wirklich mit ihm vorhat und von ihm hält; aus Gründen des Machterhaltes gilt in der Kirche leider immer noch uneingeschränkt die Regel, daß der jeweils Vorgesetzte sich um keinen Preis in die Karten schauen lassen darf; er hat seinen Standpunkt, seine Beweggründe, seine Absichten nicht als Information mitzuteilen und damit der Diskussion feilzubieten, sondern er hat letztlich, unter der Pflicht des Gehorsams für den Untergebenen, *anzuordnen* und anzuweisen, so daß schon aus taktischen Gründe nie so recht klarwerden *soll,* wie weit der Verhandlungsspielraum für den Untergebenen eigentlich geht – im Prinzip kann ihm halt doch *befohlen* werden; und diese objektive Unsicherheit behindert und verhindert jeden offenen Umgang miteinander. Tatsächlich verfügt die katholische Kirche seit Jahrhunderten in diesen Praktiken des Machterhalts durch die Entpersönlichung der Umgangsformen, durch *die systematische «Verdunkelung» des Vorgesetzten* sowie durch ein ausgeklügeltes *System der Geheimhaltung* und der Angstverbreitung über so viel Erfahrung wie keine andere politische Behörde der Welt.

Zu diesem Stil der Entpersönlichung gehört es, beispielsweise *in Verdachtsfällen,* etwa auf Denunziation hin, niemals mit dem Betroffenen selber über das vermeintlich Vorgefallene zu reden, sondern (nach der ausdrücklichen

Anweisung des heiligen IGNATIUS[14]) grundsätzlich nur indirekt, im Umfeld des Betroffenen, Erkundigungen einzuziehen. Die Anlage von «schwarzen Listen», von Negativdossiers ohne Wissen und Rücksprache mit dem auf solche Weise Inkriminierten scheint den kirchlichen Behörden geboten, da ja der Betroffene selber aufgrund der Parteilichkeit in eigener Sache für «befangen» gehalten werden muß. Man gibt sich bis heute in der Kirche keine Rechenschaft darüber, wie hoffnungslos mittelalterlich antiquiert ein Rechtssystem in der modernen Welt anmutet, das es nicht nötig hat, auch nur *die elementaren Grundrechte einer demokratischen Rechtssprechung* in sich aufzunehmen, als da sind: die Öffentlichkeit der Anklageerhebung, vollkommene Akteneinsicht durch den Angeklagten, die Möglichkeit einer angemessenen Verteidigung sowie die Pflicht der Anklage selber, die Schuld des Betroffenen zweifelsfrei zu beweisen.[15] Statt dessen ist es in der katholischen Kirche auch heute noch möglich, daß jemand, der im Jahr zwischen 50 bis 100 öffentliche Vorträge, über 50 Predigten und ca. 80 Vorlesungen hält, bei seinem Bischof in Ungnade fällt, weil irgendwann einmal eine pensionierte Lehrerin, eine gute alte Bekannte des Oberhirten, an irgendeiner Stelle eines Vortrages ein dialektisches Argument undialektisch verstanden oder einfach einen selbstgemachten Einwand als einen Teil der Meinungsäußerung des Referenten genommen hat und alsbald, in höchster Sorge um die Reinerhaltung der Lehre Christi, ihre theologischen Bedenken gegenüber jenem «Irrlehrer» schriftlich mitzuteilen sich gemüßigt fühlte. In der katholischen Kirche des Jahres 1989 kann man sicher sein, daß unter Tausenden von Hörern, die erschüttert, betroffen und begeistert einem Prediger oder Vortragenden zuhören, die Stimmen von zwei bis drei (oder auch 20 bis 30) Verängstigten die stärkste Resonanz bei den zuständigen Behörden haben werden. Von daher ist es immer noch möglich, daß einige wenige, wenn sie nur über die «richtigen» Kanäle verfügen, in Rom oder Fulda auf lange Zeit hin Neuansätze der Theologie ins Abseits drängen oder längst überfällige Veränderungen des Bewußtseins aufhalten können; der im Verdachtsfall einsetzende Prozeß läuft fast immer darauf hinaus, den Verdacht selber bereits als die Tatsache zu nehmen, stets nach dem Motto: wo Rauch ist, muß auch Feuer sein. Es war FRANZ KAFKA, der in dem Roman *«Der Prozeß»* dieses System totalitärer Herrschaft im 20. Jahrhundert am eindringlichsten geschildert hat[16]: ein System, innerhalb dessen der bloße Verdacht genügt, um der verdachtschöpfenden Behörde das Recht zu geben, von dem Verdächtigen erwarten zu können, daß er sich selber das Urteil spricht und seine Schuld durch freiwillige Exekution sühnt.

Unter solchen Umständen der Angst und des Mißtrauens, der Macht und der Willkür ist es so gut wie unmöglich, daß im Umgang der Kleriker miteinander auf den unterschiedlichen Stufen der Hierarchie so etwas wie Herzlichkeit, Wärme oder Freundschaft aufkommen könnte. Gleichwohl gehört es zu der Ambivalenz der Gefühle, daß die Untergebenen in der Ämterhierarchie der Kirche ihre Vorgesetzten nicht nur mit extremen Befürchtungen, sondern zugleich mit *außerordentlichen Erwartungen* zu überziehen pflegen. Selbst konsequente Kritiker der dogmatischen Theorie von der Unfehlbarkeit des Papstes in allen Glaubens- und Sittenfragen wie der Tübinger Theologe HANS KÜNG[17] können doch gleichzeitig immer neue Kataloge von praktischen Forderungen an die Leitungsspitze der katholischen Kirche richten, in denen auf einem Umweg doch wieder der alte Glaube, zwar nicht an die Allweisheit, wohl aber an die faktische und praktische Allmacht der Position des Papstes erneuert wird. Positiv wie negativ, in Erwartung wie in Enttäuschung erhält sich auf diese Weise eine *Autoritätsfixierung*, die zum guten wie zum schlechten stets auf das entsprechende Machtwort von oben starrt. Dieselbe Ordensschwester, die eben noch vor dem drohenden Gespräch mit ihrer Oberin zittern konnte, ist doch wenige Sätze später imstande, alle möglichen wünschenswerten Veränderungen in ihrem Konvent von der Entschlußkraft und der Sensibilität eben dieser Vorgesetzten zu erwarten; derselbe Vikar, der gerade zuvor mit zornigen Worten gegen die autoritären Strukturen der Kirche zu Felde ziehen mochte, spricht wenig danach schon die Meinung aus, sein Bischof solle doch endlich zu der Frage der Nuklearindustrie oder zum Robbensterben oder zu der umweltgefährdenden Tatsache von 37 Millionen zugelassenen Autos in der Bundesrepublik im Jahre 1988 eine klare Stellungnahme abgeben. Selbst in ihren demokratischen Hoffnungen bleiben die Kleriker der katholischen Kirche in ihrer Grundeinstellung, in ihrem Grundgefühl «monarchistisch» gesinnt, und zwar in einem Maße, das jenseits der psychologischen Ebene schon wieder eine gewissermaßen realpolitische Eigendynamik erzeugt.

5) Die Sackgasse des autoritären Zentralismus

Jedes autoritäre System, das Zeit genug hatte, um sich aus einer Form äußeren Zwangs zu einem verinnerlichten Kodex von Anschauungsweisen und Verhaltensnormen zu entwickeln, ist aufgrund seiner Polarisierung zwischen den Herrschenden und den Beherrschten, mithin aufgrund seiner Ausschaltung der Kräfte der Mitte, nur von einem dieser beiden Eckpfeiler seiner Selbsterhaltung: «von oben» oder «von unten» her zu reformieren.

Eine Veränderung von unten, ein revolutionärer Umsturz, indessen hängt von mindestens zwei Bedingungen ab: Es muß der Druck der Herrschenden auf die Untergebenen das Quantum des Erträglichen erheblich überschreiten, und es darf zugleich kein Spielraum zum Ausweichen gegeben sein, so daß die Welle der autoritären Gewalt an den Wänden des eigenen Systems gegen sich selbst zurückgebrochen wird. Für die katholische Kirche ist es charakteristisch, daß die zweite Bedingung nur ideologisch, nicht pragmatisch vorliegt: *Der Theologie nach* ist die römisch-katholische Kirche ein Heilssystem, außerhalb dessen nach dem berühmten Satz von VINZENZ VON LERIN[18] kein Heil zu erhoffen ist; *de facto* freilich verfügt die Kirche seit den Tagen der Säkularisation über keinerlei äußere Machtmittel mehr, um ihre Mitglieder an dem «Ausweichen» und «Entweichen» zu hindern. Allein im Jahre 1986 traten in der Bundesrepulbik 75 919 Katholiken aus ihrer Kirche aus, die Zahl der Taufen ging erheblich zurück, und der Kirchenbesuch sank in den letzten 25 Jahren im Durchschnitt um ca. 50%; mehr noch: auf die Frage, was sie an der Kirche störe, antworteten Ende 1988 48,2 % der befragten Katholiken: die unzeitgemäßen Ansichten der Kirche, und 39,2 % entgegneten: der überzogene Autoritätsanspruch der Kirche. Das Paradox existiert, daß in einer Zeit, in der die päpstliche Administration bei allen sich bietenden Gelegenheiten mit dem Anspruch höchster Weisungskompetenz den Eheleuten vorzuschreiben sucht, welche Formen der Empfängnisverhütung sie für «gottgewollt» und welche sie für «unsittlich», «sündhaft» und «unchristlich» zu halten haben, von den so Angeredeten eben diese päpstliche Autorität als zunehmend inkompetent empfunden wird; dabei ist klar, daß es nichts Zerstörerischeres für das Ansehen einer Autorität gibt als die Tatsache, daß sie immer wieder mit dem Anspruch höchster Zuständigkeit Lehren als verpflichtend ausgibt und aufgibt, die von der Mehrheit der Untergebenen als wirklichkeitsfremd und irrig empfunden werden.[19] Das Ergebnis ist entsprechend, wie die Zahlen zeigen. Allerdings gibt es in der katholischen Kirche, anders z. B. als im Frankreich vor 1789, so viele Wege der äußeren Emigration und der inneren Distanzierung, daß *die Reaktion von unten* auf das Übermaß der beanspruchten autoritären Macht nicht in einem «Aufstand», sondern «nur» in einer *schweigenden Abwanderung* bzw. in einer *inneren Vergleichgültigung* besteht. Beide Formen des leisen Protestes erschallen seit Jahrzehnten unüberhörbar laut, nur daß sie an der Spitze wohl erst dann etwas bewirken werden, wenn unterhalb des theologischen Überbaus die ökonomische Basis der Kirche zusammenbricht: Erst von dem Augenblick an, da der Rückgang an Kirchensteuermitteln den Unterhalt der prunkvollen Kirchenbauten und Bildungshäuser gefährdet und womöglich sogar die Gehalts- und Unterhaltszahlungen der Kleriker selbst in Gefahr bringt, wird man in den Zentralen klerikaler Macht das Menetekel an der Wand der vermeintlich uneinnehmbaren Bastion Kirche zu verstehen beginnen. Bis dahin scheint es tatsächlich nur jene Hoffnung zu geben, die in den Ambivalenzgefühlen der Kleriker selbst gegenüber ihren eigenen Vorgesetzten zum Ausdruck kommt: eine «Erneuerung» «von oben». Doch gerade diese Hoffnung dürfte trügerisch sein.

Jedes autoritäre System ist darin irrational und unkalkulierbar, daß es nach Jahrzehnten, ja, nach Jahrhunderten monolithischer Erstarrung sich plötzlich der Wirklichkeit zu öffnen vermag, indem die Forderungen der Menge, die demokratischen Optionen, mit einemmal in die autokratische Programmatik des oder der Herrschenden aufgenommen werden. Als Beispiele für diese Möglichkeit mag in der Geschichte des 20. Jahrhunderts die Öffnung der islamischen Türkei unter KEMAL ATATÜRK oder 50 Jahre später der vergleichbare Versuch in Persien durch die «grüne Revolution» von SCHAH REZA PAHLEVI gelten; im kommunistischen Machtbereich kann die Entstalinisierung unter NIKITA CHRUSCHTSCHOW Ende der 50er Jahre zum Vergleich herangezogen werden. All diese Beispiele zeigen jedoch vor allem *die Gefährdung und Kurzlebigkeit autokratischer Reformversuche «von oben»:* Sie sind in Einleitung und Durchführung ganz und gar das Werk *einer* Persönlichkeit, mit der sie stehen und fallen; gelingt es nicht, noch zu Lebzeiten des reformierenden Autokraten an der Spitze das Reformprogramm selbst an die formale Entscheidungsgewalt der «Untergebenen», an das Volk, zu binden, so läßt sich voraussehen, daß die nachrückenden Diadochen über kurz oder lang zu dem alten autoritären Leitungsstil zurückkehren werden. Speziell die katholische Kirche liefert dafür den Beweis. Nachdem vor allem protestantische Theologen nach der Erklärung der Unfehlbarkeit des Papstes im Jahre 1871[20] die Meinung vertreten hatten, daß in der katholischen Kirche eine Erneuerung, beispielsweise durch die Einberufung eines neuen Konzils, völlig undenkbar geworden sei, überraschte zu Beginn der 60er Jahre des 20. Jahrhunderts der als greiser Übergangspapst gewählte JOHANNES XXIII. die Welt mit dem Programm des Aggiornamento – der Öffnung der Kirche zur Welt, die auf dem 2. Vaticanum zu einem großartigen seelsorglichen und geistigen Aufbruch der Kirche zu führen schien. Inzwischen hat sich gezeigt, daß solche im Grunde autokratischen Neuansätze gerade innerhalb eines autoritär-monolithisch eingerichteten Systems zu Spannungen, Unruhen und Auseinandersetzungen führen müssen, die den Aussichten einer solchen Reform von oben äußerst hinderlich im Wege stehen. 25 Jahre nach dem 2. Vaticanum etwa konnte KARDINAL GROER in Wien bei

der Ordination von Weihbischof DR. KURT KRENN in aller wünschenswerten Klarheit formulieren, wo wir heute (wieder) stehen: «Wissen wir eigentlich nicht mehr», erklärte er im Stephansdom all denen, die bis zuletzt sich der Amtseinführung des vom Papst bestellten Weihbischofs buchstäblich in den Weg gelegt hatten, «daß der Geist des 2. Vaticanums der Geist des 2. Vaticanums überhaupt erst wird durch die Unterschrift des Papstes?» Der *Konziliarismus*[21], der vor einem Vierteljahrhundert stürmisch die Gesamtstruktur der katholischen Kirche zu verändern versprach, ist heute auf allen Ebenen so gut wie tot. Mit anderen Worten: Solange die Kleriker der katholischen Kirche es nicht für sich selber lernen, von ihren positiven Erwartungen in die Erneuerungskraft der ihnen vorgesetzten Autoritäten ebenso abzurücken wie von den negativen Befürchtungen, mit denen sie sich der Weisungsbefugnis ihrer Oberhirten ausgeliefert wähnen, wird die katholische Kirche psychologisch von ihrer Autoritätsfixiertheit nicht loskommen und selber dazu verurteilt bleiben, einen Umgangsstil zwischen «oben» und «unten» zu konservieren und zu repristinieren, der von ständigen Ambivalenzgefühlen überlagert und verformt wird.
Aber Achtung! Wichtiger als die Frustrationen und Engpässe, die sich die Kleriker im Umgang miteinander selber bereiten, sind die Zweideutigkeiten und Verkrampfungen, in welche die «Laien» wie mit System hineingezogen werden, wenn sie sich persönlich enger auf die Person eines Klerikers einlassen.

6) Vertrocknete Zisternen oder: Die Tragik der Doppelbindung

Die Irritationen beginnen damit, daß die klerikalen Kontaktformen wesentlich nicht von der Identität der Person, sondern von der Identifikation des Einzelnen mit seiner Rolle als Kleriker getragen werden, so daß es immer wieder fragwürdig wird, mit wem man es eigentlich zu tun hat, wenn man einem Kleriker begegnet.
Wie entlastend *die Flucht in das Rollenverhalten als Ersatz wirklich persönlicher Beziehungen* subjektiv sein kann, wird jeder auf seine Weise sattsam erlebt haben. Studenten in der Mensa, Arbeitskollegen in der Kantine, Reisende im Zug, wenn sie miteinander sprechen, werden schon aus Gründen der Gemütlichkeit mit Vorliebe das Interesse auf interessante Neuigkeiten lenken, die ihre eigene Person nicht tiefer berühren, und es damit tunlichst vermeiden, sich selber allzusehr ins Spiel zu bringen. Je größer die soziale Angst, desto stärker das Ausweichen auf Nebenthemen, desto ausgeprägter

die verhüllende Objektivierung des Gesprächs. Die eigentümlichen Berechnungen des klerikalen Verhaltensstils versteht man relativ leicht, wenn man voraussetzt, daß die ontologische Unsicherheit im Grunderleben der Existenz nicht nur von Mal zu Mal, sondern gewissermaßen ein für allemal stets und ständig einer solchen Entlastung von der persönlichen Form menschlicher Beziehungen bedarf und schon von daher in extremer Weise die Neigung begünstigt, in der Vermittlung der Rolle buchstäblich sein «Heil» zu suchen.

Subjektiv entlastend wirkt allein schon der Umstand, daß ein Kleriker, wo immer er auftaucht, durch Kleidung und Gehabe im Mittelpunkt seiner laikalen Zeitgenossen stehen wird; die persönlich empfundene Unbedeutendheit wandelt sich allein durch den Status der Klerikerrolle auf der Stelle in eine absolut vorrangige Bedeutung – allerorten wird deutlich, wie sehr man als Kleriker wirklich ist, was man sein sollte: der Kristallisationskern, der Ausgangspunkt, das wahre Zentrum des kirchlichen Lebens. Allerdings erweist sich zugleich auch erneut die *Doppelbödigkeit* des Klerikerseins, die nunmehr *als ein Beziehungsproblem widersprüchlicher Rollenvorschriften* in Erscheinung tritt.

Die klerikale Rolle verlangt *auf der einen Seite* die «Christusförmigkeit» einer leutseligen, *demütig-dienstbaren Menschlichkeit*, mit der Folge, daß manche Priester mit einer ständig lächelnden Fassade herumlaufen, schon von weitem sich zu freuen vorgeben, wenn sie quer über die Straße eines der «Schäfchen» ihrer Gemeinde begrüßen können, und im Gespräch hernach, damit es wirklich ganz «echt», «persönlich» und «konstruktiv» zugehe, sich an aufmunternden Phrasen und erheiternden Kalauern nicht genug tun können. Manche, die das Schicksal dazu bestellt hat, als Vikare den Posten eines Präses im Kolpingverein oder als Pfarrer das Amt eines Reisebegleiters bei der Marienwallfahrt der Frauengemeinschaft zu übernehmen, gehen in ihrer Selbstverleugnung so weit, daß sie ein ganzes Oktavheft von Witzen vollschreiben und auswendig lernen, nur um trotz aller Unsicherheit bei den Leuten gut anzukommen. Wie wenig freilich diese Leute bei ihrem Bad in der Menge sich selber wohlfühlen, zeigt die Strapaze, die aus der Befolgung des leutseligen Anteils der klerikalen Rolle hervorgeht: am Ende dient sie nicht dazu, den Menschen näherzukommen, sondern die Menschen letztlich von sich fernzuhalten – nach Hause zurückgekehrt, beginnt erneut die alte Einsamkeit und ein tiefes Atemholen, endlich alles hinter sich zu haben. Einen ganzen Tag lang Herzlichkeit zu spielen ist anstrengend.

Vor allem ist es schwer, je nach Bedarf eine sozusagen *massenweise Freundlichkeit* oder gefühlsintensive Begleitung in allen möglichen Lebenslagen aufbringen zu sollen. Manche Priester z. B. haben es sich (lobenswerterweise!) angewöhnt, am Ende der Sonntagsmesse aus der Sakristei zum Kirchenausgang zu eilen, um dort möglichst viele der Gottesdienstteilnehmer mit Handschlag zu begrüßen, aber mit wem sie auch reden – ständig schweift ihr Blick umher, um nur ja niemanden zu übersehen; der jeweilige Gesprächspartner indessen spürt natürlich, daß er selber überhaupt nicht als Person, sondern sozusagen nur als statistische Nummer bzw. als zufälliges Gegenüber des Seelsorgebetriebs gemeint ist. In dem Bestreben, *alle* zu erreichen und für alle dazusein, offenbart sich das klerikale Ideal menschlicher Beziehungen schließlich als *die berufsmäßige Vergleichgültigung aller wirklichen menschlichen Kontakte*.

Hinzu kommt die Pflicht, bei allen möglichen kirchlichen «Dienstleistungen» wie Trauungen, Kindtaufen oder Beerdigungen in melodramatischer Pose Gefühle der Freude, des Glücks oder der Trauer zu produzieren oder zu reproduzieren, die mit den eigenen Empfindungen kaum etwas zu tun haben. Der beamtete Umgang mit Menschen selbst verführt und verpflichtet scheinbar zu immer ausgedehnteren und routinierteren Formen der Unaufrichtigkeit und Doppelbödigkeit; und wenn die Kirche des Mittelalters den Beruf der Schauspieler unter Todesstrafe verbot[22], so wirkt es grotesk, zu sehen, wie sie die Schauspielerei für ihre «Amtsträger» zur Lebensbedingung erhebt.

Doch es ist nicht nur die Form, es ist vor allem *der Inhalt* der klerikalen Beauftragung, der das Engagement des einzelnen Priesters unter Umständen um jeden menschlichen Kredit zu bringen vermag. Durch Rollenvorschriften vermittelte Umgangsformen, die den persönlichen Kontakt durch beruflich definierte Aktivitäten ersetzen, wird man mehr oder minder in allen «Dienstleistungsgewerben» vom Kellner über die Krankenpflegerin bis zum Schalterbeamten und zur Chefsekretärin antreffen, und in all diesen Bereichen mag es vorkommen, daß sich jemand aus Angst vor sich selber in die objektiven Definitionen seines Berufsstatus flüchtet. Das Problem eines Priesters jedoch liegt darin, daß er sich eben nicht als einen bloßen Dienstleistungsbeamten verstehen darf, sondern, entsprechend dem klerikalen Selbstverständnis, die eigene Person im Bemühen um die «Seelsorge» an der Person des anderen mit ins Spiel bringen soll und muß; da es ihm aber aufgrund der Identifikation mit der Berufsrolle weder möglich noch erlaubt ist, sich selber als Person zu leben, bleibt ihm nichts anderes übrig, als persönliche Wärme, emotionale Nähe, seelsorgerisches Verständnis, einfühlende Geduld und dergleichen, statt sie als Wirklichkeit zu leben, als Gehabe zu spielen. Für die Menschen jedoch, die sich auf dieses Verwirrspiel der

Gefühle einlassen, insbesondere für viele Frauen, entstehen aus diesen *Oszillationen zwischen der Persönlichkeitsmaske der Berufsrolle und der faktischen Persönlichkeit im Hintergrund* nicht selten schwerwiegende Enttäuschungen und Krisen aller Art.

Ein nicht geringes Paradox der katholischen Seelsorge besteht darin, daß in keiner religiösen Institution der Welt sonst um die Amtsträger eine derartig *patriarchalische Aura* gebreitet wird wie um die Gestalt des Priesters. In krassem Gegensatz zu dem ausdrücklichen Verbot Jesu: «Laßt euch nicht Vater nennen» (Mt 23,9)[23], ist der Priester, der Pfarrer, der Pater der *«Vater»* schlechthin, der den Kirchenzugehörigen seines Verwaltungsbezirks als seinen Pfarr*kindern*, Beicht*kindern* etc. gegenübertritt. Von Berufs wegen hat er diejenigen Seiten eines «Vaters» zu verkörpern, die einem Kind gegenüber im allgemeinen als wünschenswert erachtet werden: er hat stets ansprechbar, nett, umgänglich, freundlich, mitleidig, beschützend, gerecht, in allem vorbildlich – kurz, eben so zu sein, wie viele Menschen sich ihren Vater von Herzen ersehnt, doch oft vielleicht niemals erlebt haben. Was Wunder deshalb, daß sie sich an den Priester wenden, weil er ihnen in seiner Vaterrolle zu verkörpern scheint, wonach sie sich ihr Leben lang gesehnt haben? Sie bringen ihm ein Vertrauen entgegen – wirklich wie Kinder, sie überziehen ihn mit Erwartungen, so als könne er ihnen wirklich all das ersetzen und zurückgeben, was sie vor Jahrzehnten entbehren mußten, und sie vergessen nur zu leicht, daß sie ein solches Maximum an Gefühlen und Hoffnungen im Grunde gar nicht auf die Person, sondern auf die *persona*, nicht auf das Ich, sondern auf die Überichrolle des Priesters richten. Psychoanalytisch gesprochen provoziert die Priestergestalt, diese Repräsentationsfigur des göttlichen Vaters im Himmel mitten unter den Menschen, zumindest bei den «Gläubigen» eine enorme Bereitschaft zu *Vaterübertragungen aller Art.* Jener Kredit an Vertrauen, den ein Arzt oder Psychotherapeut sich oft erst in Monaten und Jahren mühsam erarbeiten muß, wird einem Priester oft wie selbstverständlich geschenkt. Insbesondere *die religiöse Überhöhung der Vatergestalt* des Priesters, seine Nähe zu den Sphären von Heil und Vergebung, seiner ihm nach kirchlicher Lehre verliehene Macht, im Namen Gottes auf Erden zu binden und zu lösen (Mt 18,18)[24], umhüllt den Priester mit den Zügen einer *Mana-Persönlichkeit*[25], bzw. sie rückt ihn in die Nähe des Archetyps des «göttlichen Arztes»[26]; nicht zuletzt auf dieser Tatsache beruht die psychische Macht der Mutter Kirche über die Seelen ihrer «Kinder».

Alles käme infolgedessen darauf an, daß der Priester mit seiner Person das ungeheure Format seiner Rolle wirklich ausfüllen könnte, d. h. er müßte vor allem um die Gefühlsbedeutungen seines Amtes wissen und menschlich reif genug sein, damit heilsam umgehen zu können; doch gerade das ist nicht der Fall, im Gegenteil: Die vollkommene Identifikation mit der Berufsrolle, die von den Klerikern der katholischen Kirche verlangt wird, führt psychologisch nicht zur Entfaltung, sondern zur systematischen Unterdrückung und Verkümmerung des Persönlichen, und so stehen vornehmlich diejenigen unter den Priestern, die ihr Klerikersein wirklich ernst nehmen, in der extremen Gefahr, immer wieder durch eine optimale Darstellung ihres Amtes bei den Menschen persönliche Erwartungen zu wecken, die sie mit ihrer eigenen Person oft nur auf grausame Weise enttäuschen können – eine Tragik für alle Beteiligten.

Tragisch für den Priester selbst ist ein Scheitern seiner seelsorglichen Bemühungen vor allem deshalb, weil im Hintergrund der Identifikation des Ichs mit einer bestimmten Berufsrolle unausgesprochen natürlich die Erwartung steht, am Ende für all die Anstrengungen in der Erfüllung seiner Pflichten auch persönlich gemocht und geliebt zu werden. Die Vertauschung der Ebenen, die den Kleriker nötigt, das Allgemeine persönlich und das Persönliche allgemein zu leben, verschiebt die verdrängten Wünsche nach persönlicher Nähe und Liebe immer wieder in den Bereich des Beamteten und Offiziellen, so daß trotz, ja, gerade wegen der objektiven Unpersönlichkeit des Klerikerseins bei allen Predigten, Hausbesuchen und Gesprächen die verborgene Frage sich meldet, als wer man selbst dabei empfunden wird. Es ist die Kehrseite der ontologischen Unsicherheit, daß sie nicht nur zu einer verzweifelten Anklammerung an bestimmte vermeintlich absolut richtige Weisungen und Anweisungen treibt, sondern zugleich immer wieder dazu drängt, sich von anderen sagen zu lassen, wie man auf sie wirkt und welche Qualifikationen sie einem beilegen. Von daher kann es nicht ausbleiben, daß insbesondere Menschen, die selber auf der Suche nach Liebe und Anerkennung sind, instinktiv auf die verborgenen Signale der Sehnsucht antworten, die von einem Kleriker ausgesandt werden. Das eigene ungelebte Leben des Klerikers wird somit zu einer regelrechten Falle für all diejenigen, die mit ihrem eigenen liebeleeren Leben auf eine Art Seelenverwandtschaft und wechselseitige Ergänzung hoffen und die ihre ursprüngliche Zuneigung schließlich aus Enttäuschung in Erbitterung und Ärger umgewandelt sehen. Den betroffenen Kleriker stürzt ein solcher Ausgang seines subjektiv durchaus ehrlich gemeinten Engagements in erhebliche Frustrationen und neuerliche Einsamkeiten. Er selber kann dabei oft nicht einmal von ferne merken, wie sehr er in seiner eigenen Widersprüchlichkeit selber die Schuld an dem menschlichen Desaster trägt, indem er durch seine Berufseinstellung und durch seine unterdrückten persönlichen Wünsche auch bei anderen Erwartungen und Sehnsüchte erzeugt, die er so lange nicht erfüllen kann, als er selber es nicht lernt, zu sich als Mensch und Person offener und ehrlicher zu stehen; der Preis freilich wäre dafür hoch: Er müßte höchstwahrscheinlich innerlich wie äußerlich erhebliche Konflikte mit seinem Amt und mit seinen Vorgesetzten riskieren, wollte er zugunsten seiner Identität gewisse Identifikationen mit den Vorschriften seiner Rolle revidieren.

Schmerzlicher und tragischer noch als für den jeweiligen Priester selbst ist der Zusammenbruch solcher *«Freundschaften im Dienst»* insbesondere für all diejenigen, die sich von der persönlichen Beziehung zu einem Priester, womöglich zum erstenmal in ihrem Leben, so etwas wie eine Wiederherstellung ihres zerstörten Daseins erhoffen und anfangs sogar in ihm einen Mann vermuten, der ihnen ein Stück vom Himmel auf die Erde holt bzw. ihnen Gott nahebringt, nur um später zu erleben, daß sie sich «geirrt» haben bzw. schmählich an der Nase herumgeführt worden sind, und zwar nicht, weil der betreffende Kleriker sie bewußt hätte ausnutzen oder reinlegen wollen, sondern weil es ganz einfach nicht möglich ist, einen anderen Menschen über *den* Punkt hinaus zu begleiten, bis zu dem man selbst im eigenen Leben gelangt ist.

Es ist dies der Punkt, an dem sich auf nicht selten dramatische Weise manifestiert, daß die Vereinnahmung der individuellen Person in dem Berufsideal des katholischen Klerikers in seiner notwendigen Doppelbödigkeit zu einer Täuschung und Irreführung gerade für diejenigen wird, für die das Institut des Klerikerstandes eigentlich gedacht ist: für die «Gläubigen» zumindest doch der eigenen Kirche. Es zeigt sich zugleich auch, daß die Kirche an dieser Stelle geständig darüber werden muß, was sie eigentlich will: ob sie weiterhin in altem Stil die «Objektivität» des Heiles auf Kosten und zu Lasten unheiler und unheiliger Menschen betonen und durchsetzen will oder ob sie es sich erlaubt, auf eine integrale Form von Theologie und Seelsorge hinzuwirken, innerhalb deren das Sprechen von Gott nicht länger mehr die Entfaltung und Selbstwerdung des Individuellen ausschließt, sondern sie im Gegenteil zunehmend fordert und fördert. Je stärker in der Bewußtseinsgeschichte der Neuzeit, angefangen mit den vorreformatorischen und reformatorischen Bewegungen des 15. und 16. Jahrhunderts[27], das Individuum, das Subjekt, mit seiner eigenen Freiheit, mit seiner eigenen Wahrheit, mit dem Recht auf seine Eigenart und Würde sich entfaltet, desto mehr bleibt die klerikale Form der katholischen Seelsorge ihrer ganzen Struktur nach psychologisch hinter den Erfordernissen der Menschen zurück und gerät somit in die Gefahr, zu einem Apparat leerlaufender Selbstdarstellungsformen zu

verkommen. Sie wird wie eine Zisterne in der Wüste: immer noch lockt sie Menschen an, die sich von ihr Wasser und Kühlung versprechen, doch ist sie selbst längst ausgetrocknet und lenkt nur die Menschen aufs tödlichste mit dem Versprechen ihrer äußeren Gestalt in die Irre, ja, in den Tod.
Man kann es nicht deutlich genug sagen: auf solche Weise, wie vertrocknete Zisternen, müssen Priester auf Menschen wirken, die immerzu von der Liebe unter den Menschen reden, die aber zugleich gelernt haben, vor jedem Angebot der Liebe, zumindest wenn es von seiten einer Frau ausgesprochen wird, voller Angst und Schrecken zurückzuweichen. In Wahrheit verschieben sie nur die persönliche Angst, die im Status ihres Klerikerseins psychologisch gebunden ist, auf die sogenannten «Laien» und lassen diese die Hypothek für ihr eigenes angstversperrtes Leben tragen. Auf bittere Weise bestätigt sich, wenn es so steht, die Warnung Jesu vor den Schriftgelehrten seiner Zeit: Sie halten den Schlüssel zum Himmelreich in Händen, aber sie selber kommen «nicht hinein und die, welche hinein wollen, lassen sie nicht hinein» (Mt 23,13)[28]. Diese Art Mensch steht sich selbst und anderen, gerade wenn es um Gott geht, nur im Wege, und der schlimmste Irrtum der katholischen Kirche besteht offensichtlich darin, zu meinen, sie könne um so bessere Diener Christi und Beamtete Gottes heranbilden, wenn sie nach wie vor auf der Unterdrückung der Person des Einzelnen zugunsten einer totalen Identifikation mit der Berufsrolle besteht. Nicht bessere, sondern buchstäblich irreführende und gefährliche Seelsorger sind die Folge dieser Einstellung – Menschen, die sich selbst nicht kennenlernen dürfen und schon dadurch den menschlichen Reifungsprozeß anderer, soweit er in ihren Händen liegt, auf das äußerste belasten. Gerade wenn Papst Pius XII. richtig sah, wenn er von dem «erschreckenden Mysterium» sprach, daß ein Mensch für den andern auf dem Weg zu Gott eine geradezu schicksalhafte Bedeutung besitze[29], muß man von den Klerikern der Kirche erwarten können, daß sie als Menschen reif genug und weit genug sind, um besonders den Menschen, die am meisten der Liebe bedürfen, nicht mit eigenen Ängsten und Verkrampfungen noch mehr an Krampf und Seelenpein zu bereiten. – Es sei jedoch erneut ausdrücklich darauf hingewiesen, daß dieses Problem nur bei denjenigen Priestern überhaupt sichtbar werden kann, die immerhin Mut genug besitzen, sich wenigstens versuchsweise auf andere Menschen einzulassen und sie nicht von vornherein als seelisch Kranke an die Ärzte oder Psychiater abzuschieben.
Dann aber kann die Unklarheit und Unerklärtheit im Kontaktbereich, die mit der klerikalen Doppelbödigkeit einhergeht, nicht selten Wirkungen zeitigen, die bei sensiblen Menschen buchstäblich bis zum Wahnsinn reichen.

Wenn man in der Psychiatrie dazu neigt, die Psychodynamik der Schizophrenie auf das *double bind*[30], auf die Doppelbödigkeit der zentralen Bezugspersonen, zurückzuführen, so läßt sich vorhersehen, daß bei psychisch ohnedies gefährdeten Personen, die sich bedingungslos auf die Hilfe eines Klerikers einlassen, die Probleme einer «gewöhnlichen» *Übertragungsneurose*[31] aufgrund der mangelnden Eindeutigkeit im Verhalten eines Priesters sich bis zum Psychotischen zu steigern vermögen.

Konkret gesprochen. Da ist eine Frau, die nach Jahren einer unglücklichen Ehe an einen Priester gerät, der infolge seiner sensiblen, zurückhaltenden, niemals aggressiv wirkenden Art rasch ihr Vertrauen, dann ihre Zuneigung, schließlich ihre Liebe erwirkt. Nun aber entsteht das äußerst schwierige Problem, wieviel von ihren Gefühlen sie ihm mitteilen darf. Wird nicht bereits die bloße Andeutung wärmerer Empfindungen und stärkerer Sehnsüchte in dem anderen eine solche Angst erzeugen, daß er sich voller Schrekken pflichtgemäß hinter seinem Amt verschanzen und alle weiteren Kontakte abbrechen wird? Die Frau erfüllt eigentlich den unausgesprochenen Wunsch des Klerikers selbst, wenn sie ihn mit dem Wirrwarr ihrer Gefühle nicht behelligt und all ihre Empfindungen unausgesprochen läßt. Umgekehrt tut der Kleriker sich und der Frau nur allzugern den Gefallen, die indirekten Gefühlsäußerungen einfach zu ignorieren, mit denen er sich zunehmend umworben sieht. Daß jene Frau sich in den Pfarrgemeinderat wählen läßt, daß sie die Leitung der «Tischmütter» bei der Erstkommunionvorbereitung übernimmt, daß sie des Sonntags sich als Vorbeterin meldet – das alles hat nichts anderes zu bedeuten, als das, was es scheinbar ist: ein bloßes kirchliches Engagement. In Wahrheit aber macht gerade diese erzwungene Eindeutigkeit der Beziehung alles doppeldeutig; weil es nicht möglich ist, über starke Gefühle ehrlich zu sprechen, müssen – in latentem Einverständnis beider! – Handlungen und Verhaltensweisen die fehlenden Worte ersetzen, und dann wieder muß, je nach Bedarf, auch diese Ersatzsprache der Gefühle als Tatsache geleugnet werden.

Dabei gehört es zumeist zu dieser Art von Beziehung, daß es regelmäßig die Frau ist, die um die Gunst ihres klerikalen Übervaters anhält, während dieser sich unangreifbar in einen Himmel aus Weihrauchwolken hüllt. Die Frau ahnt nicht und kann nicht wissen, daß ihr «Gegenüber» in seiner Uneigentlichkeit nur für sie «da ist», indem er *nicht* da ist, daß er ihr mit scheinbarem Interesse zuhört, nur um sie in Wirklichkeit loszuwerden, ja, daß er sich verhält wie eine Mutter, die mit einer allzu großen Kinderschar längst überfordert ist und zu allem ja und amen sagt, nur um endlich ihre Ruhe zu haben.

Speziell bei gutmeinenden Priestern kommt übrigens erschwerend hinzu,

daß sie in ihrer Unsicherheit menschlichen Gefühlen gegenüber sich nicht selten an gewisse Verfahren und Techniken der Psychotherapie klammern, um die deutlich empfundene Beziehungslosigkeit ihres Berufsgehabes nach Möglichkeit zu vermenschlichen, und so hüllen sie sich mit Vorliebe in die «gleichmäßig schwebende Aufmerksamkeit» der psychoanalytischen Behandlungstechnik[32] FREUDS oder in die «Spiegelung» und «Verbalisierung» emotionaler Erlebnisinhalte der Gesprächspsychotherapie nach ROGERS[33], eigentlich nur, um dem anderen auf eine Weise nahezukommen, daß es die eigene Person, so gut es geht, aus dem Spiel hält. Wenn man schon den Behandlungsstil mancher Psychotherapeuten dahin karikiert, es handle sich bei ihnen um reine «HM-HM»-Doktoren, die zu allem freundlich brummten, nur um zu nichts wirklich etwas sagen zu müssen, so muß man von manchen «Seelsorgern» wohl sagen, daß sie mit ihrem sozialtherapeutischen oder psychotherapeutischen Gehabe alles mögliche unternehmen, um sich hinter jenem «*Fleurier*schen Nebel» unsichtbar zu machen.
Natürlich kann es nicht endlos lange währen, bis jene Frau trotz allen Suchens nach Halt und Geborgenheit die unsichtbare Mauer bemerkt, die sie von jeder Annäherung an ihren «väterlichen» Priesterfreund zurückhält; doch da es nicht erlaubt ist, über die eigentlichen Wünsche und Gefühle auch nur ansatzweise zu sprechen, beginnt fortan eine Zeit des Spurensuchens, der Bildung geheimer Hoffnungen und der verzweifelten Verleugnung und Weginterpretation von an sich noch so klaren Indizien der Ablehnung oder Gleichgültigkeit: Es *darf* einfach nicht wahr sein, daß auch und gerade der Mensch, von dem man sich alles erhofft hat, am Ende nur ein berufsbedingtes Spiel mit der Not und dem Leid so vieler Jahre getrieben hätte, und der Versuch, auf diese angstvollen, alles entscheidenden Fragen trotz des Verbots eines offenen Gespräches eine klare Antwort zu finden, erreicht nicht selten ein paranoisches Format.
SIGMUND FREUD hat schon vor etwa 100 Jahren beschrieben, wie Menschen an Beziehungsideen und Verfolgungswahn erkranken können, weil sie ihrem Arzt gegenüber Gefühle empfinden, die sie sich selber verbieten zu müssen glauben[34]; in bezug zu den Klerikern der katholischen Kirche wird man, vergleichbar, erleben können, wie Menschen zu den Opfern eines Systems der Gefühlsambivalenzen und Doppelbödigkeiten werden, das es nicht gestattet, auf persönliche Empfindungen persönlich zu antworten. Ein Priester wird in der gezeigten Situation sich außerordentlich schwertun, entweder seine Zuneigung oder seine Abneigung gegenüber jener Frau zu gestehen – so oder so wird er fürchten, seine Amtspflicht zu verletzen, indem er entweder private Gefühle dort zeigt, wo er sie von Amts wegen

nicht haben darf, oder indem er durch ein Wort offener Zurückweisung einen Menschen, der ihm vertraut, auf unverantwortliche Weise kränkt. Mit anderen Worten: Er sitzt in der Klemme und wird ein großes Interesse haben, den Status der Unklarheit beizubehalten. Gerade diese Unklarheit aber bedeutet für die Frau eine unerträgliche Zumutung, und so entsteht wie naturnotwendig die Neigung, «falsche Gewißheiten» (PAUL FEDERN)[35] zu bilden. Objektiv hat jener Priester noch niemals offen sich dazu bekannt, Liebe oder zumindest starke Sympathien zu jener Frau zu empfinden, und diese selbst wird sogar ein gewisses Verständnis dafür aufbringen, warum er so tut: Ist nicht auch er ein Gefangener seiner selbst? Ja, kommt einer liebenden Frau nicht vielleicht sogar die Pflicht zu, diesen an sich so wertvollen Menschen durch ihr Opfer und durch ihre Hingabe zu *erlösen*, und bedeutete dieser Versuch nicht recht eigentlich, was damit gemeint ist, Christus nachzufolgen? Wenn jener Kleriker nur etwas von sich mitteilen wollte! Aber das tut er ja – man hat bislang nur noch nicht recht zugehört! Die Lieder z. B., die er in der Adventszeit für die Gottesdienste auswählt, sind sie nicht allesamt eine Antwort auf die bangen Fragen der Liebe? «Macht hoch die Tür» – ist das etwa nicht eine Einladung, die besagt: «Komm»?, und «Tauet Himmel», heißt das denn nicht: «Bedecke mich mit deinen Tränen oder Küssen?» Und wie die Amsel auf der Birke am Fenster sitzt – ist sie nicht wie eine Abgesandte des Himmels, die endlich Klarheit in den Abgrund der Unerklärtheit tragen soll? Wenn all dies nicht mehr nur Fragen, sondern absolut evidente Einsichten sind, ist der Schritt zur Paranoia nicht mehr weit. Schon bricht die Angst aus, die anderen könnten von der geheimen, so seligen und so schrecklichen Liebesbeziehung Kenntnis erhalten haben; schon spürt man förmlich ihren Blick im Rücken, wenn man über die Straße, in die Kirche, zur Kommunionbank geht. Wie aber schaut jener Priester am Altar drein, wenn er den Segen spricht und sagt: «Der Friede sei mit euch»? Und was hat er in seiner Predigt gemeint, als er sagte: «Nur die Liebe kann uns erlösen»? – Es gibt keine klareren Beweise für die Unmenschlichkeit eines Systems, als daß Menschen daran wahnsinnig werden, weil sie die Vertreter dieses Systems in ihrer Doppelbödigkeit nicht in Frage stellen dürfen, indem sie sie nach ihren wirklichen Gefühlen fragen.

7) «Bindungsangst» und Einsamkeit

Der chronische Mangel an eigenen Gefühlen oder, richtiger: die fehlende Erlaubnis, unter der Verdrängungsdecke der Rollenvorschriften die wirklichen Gefühle zu äußern, führt jedoch nicht nur immer wieder zu wechselseitigen Frustrationen und pathogenen Kränkungen im Kontaktbereich, sondern hält die gesamte klerikale Existenz in einer charakteristischen Fluchtdistanz gegenüber der drohenden Gefahr «*zu* intensiver» emotionaler Erlebnisse gefangen. Schaut man genau hin, findet man freilich, daß nicht erst die Berufsrolle die persönlichen Gefühle erstickt, sondern daß umgekehrt die ontologische Unsicherheit gegenüber der eigenen Subjektivität allererst zu der Stabilisierung des eigenen Ichs in der Steifheit und Starrheit der Klerikerrolle nötigt.

Man kann, daß es sich so verhält, unschwer an der Art erkennen, wie Kleriker selber miteinander umgehen, wie sie sich also auch und gerade dann verhalten, wenn sie an sich die Möglichkeit besäßen, als Privatpersonen aufeinander zu antworten. Zu jeder menschlich starken Bindung gehören auf irgendeine Weise starke affektive Besetzungen – man muß in etwa wissen, was man für sich selber von der Person des anderen will und was man für ihn empfindet, und es muß Möglichkeiten geben, die entsprechenden Wünsche und Gefühle auszudrücken. Ein Paradox des Klerikerseins hingegen besteht darin, daß die vollkommene Funktionalisierung aller Lebensinteressen menschlich zu einem *ständigen Aneinandervorbeileben* führt, so als wären die Kleriker der Kirche wie Lokomotiven der Bundesbahn, die (im Idealfall!) alle unabhängig voneinander, wenngleich nach einem einheitlichen Fahrplan, auf verschiedenen, parallel geführten Strecken für das gleiche Unternehmen unter Dampf oder Strom stehen: Man vermeidet auf diese Weise Kollisionen und Konfrontationen, aber es kommt auch nur sehr selten zu wirklichen Begegnungen. Ja, es existiert nicht einmal jene Gefühlsverbindung der Kameradschaft, die unter vergleichbaren Bedingungen die Soldaten eines Zugs oder einer Kompanie untereinander zusammenhält – ein Gefühl, in einer Situation potentieller Bedrohung auf Gedeih und Verderb aufeinander angewiesen zu sein. Die pflichtgemäße Neutralisierung aller affektiven Beziehungen führt unausweichlich zu einem Leben LEIBNIZscher Monaden[36], innerhalb dessen jeder Kleriker für sich das Abbild der gesamten katholischen Weltinterpretation widerzuspiegeln hat, nur um in seiner Einsamkeit von seinen «Mitbrüdern» und «Mitschwestern» als Personen um Lichtjahre getrennt zu sein.

Es gibt, nebenbei gesagt, ein Indiz, das in sich selber sprechend genug ist, um erneut die Abhängigkeit der katholischen Theologie in vielen Fragen des Lebens speziell von der Psychologie der Kleriker im Amt zu beleuchten und die These zu erhärten, daß manche, vor allem moraltheologische Positionen sich im Grunde nur als Rationalisierungen von Konflikten verstehen lassen,

die im wesentlichen die Kleriker der katholischen Kirche mit sich selber haben.
Gerade wenn man *die manifeste Beziehungslosigkeit der Kleriker untereinander* vor Augen hat, begreift man die Kampagne, die schon seit Jahren unverändert in der offiziellen Verkündigungssprache gegen die Schwierigkeiten vor allem junger Menschen in Fragen von Ehe und Familie geführt wird. Natürlich ist es bedauerlich, mitansehen zu müssen, wie oft und wie rasch heute soeben geschlossene Ehen wieder aufgelöst werden müssen und wie mühsam es offenbar geworden ist, ein einigermaßen glückliches Leben zu zweit aufzubauen; die Ursachen dafür sind außerordentlich vielschichtig: *sozial* die Verstädterung, die Auflösung der Großfamilie, der Ausfall der Verhaltenskontrolle durch die Verwandten und Bekannten der Umgebung, die Berufstätigkeit und die dadurch gewachsene finanzielle Unabhängigkeit der Frau u. a. m.; *psychisch* die Problematik zumeist schon der Ehe der Eltern, die relative Unreife im Heiratsalter am Ende der Adoleszenz, die verstärkte Individualisierung und Personalisierung der Umgangsformen, die Unverzichtbarkeit emotionaler, auch sexueller Übereinstimmung u. a.; jedem Einsichtigen ist klar, daß insbesondere die heutigen Jugendlichen es in Fragen der Liebe unter diesen Umständen weit schwieriger haben als noch die Generation unserer Eltern. Folgt man indessen den Erklärungen katholischer Bischöfe zu dieser Frage, so sind es im wesentlichen zwei Faktoren, welche die Ehe gefährden: die sexuelle Freizügigkeit (verbunden mit dem Gebrauch empfängnisverhütender Mittel) sowie die «Untreue»[37], deren Ursache in der *«Bindungsangst»* der Menschen gesehen wird[38]. Es sei einmal dahingestellt, daß mit dieser Darstellung aus dem breiten Spektrum des heutigen Sexual- und Eheverhaltens nur ein einziges mögliches Moment in äußerst vereinfachender Weise isoliert zur Alleinursache erklärt wird; interessanter ist in unserem Zusammenhang, daß es den Klerikern der katholischen Kirche offenbar als absolut plausibel erscheint, die Krise der Ehe in unseren Tagen auf diesen einen Punkt zurückgeführt zu sehen. Sie scheinen dabei wie mit Absicht außer acht zu lassen, daß «Bindungsangst», wenn sie sich nicht selbst bereits aus anderen Ursachen herleitet, lediglich eine, zudem sehr spezifische Möglichkeit des Scheiterns ehelicher Gemeinschaft darstellt; sie empfinden auch wohl nicht die Ungerechtigkeit, die darin liegt, das ehrliche, oft sehr sensible und verständnisvolle Ringen heutiger Jugendlicher um echte Gefühle und wahrhaftige Beziehungen schlechtweg im Ton der Anklage moralisch zu diffamieren und pauschal unter Verbot zu stellen; für den objektiven Betrachter aber wird dadurch der subjektive, *projektive* Charakter dieser Betrachtungsweise nur um so deutlicher. Mit anderen

Worten: Das Thema «*Bindungsangst*» beschreibt nicht so sehr die Schwierigkeiten heutiger Ehen als vielmehr die Schwierigkeiten der Kleriker der katholischen Kirche im Kontakt vor allem zwischen Mann und Frau.

Dann aber fällt auf, daß von allen denkbaren Angstformen, die das Zusammenleben von Eheleuten zerrütten können, nur die spezifisch *schizoide* Variante der *Angst vor Nähe im Sinne von Festlegung und Freiheitseinengung* in den Mittelpunkt des klerikalen Denkens gerückt wird. Die Art dieser «Schizoidie» aber ist gewiß nicht ohne weiteres mit dem identisch, was in der Strukturpsychologie der Charaktere als «schizoid» sich beschreiben läßt[39]; es zeigt sich an dieser Stelle lediglich, wie die Rollenidentifikation der klerikalen Berufung im Kontaktbereich zu Zwiespältigkeiten im Fühlen und Verhalten Anlaß gibt, die dann auch subjektiv als eine schizoide Problematik erfahren und reflektiert werden, während die ursprüngliche Struktur dieser Zwiespältigkeit selbst eher als eine typisch *zwangsneurotische* Aufspaltung von Pflicht und Neigung, Wollen und Sollen, Mögen und Müssen zu verstehen ist. Nicht die Mehrheit der Bevölkerung, wohl aber die Mehrheit der Kleriker selbst leidet ganz erheblich unter solchen «Bindungsängsten», dergestalt, daß die meisten von ihnen niemals als Männer eine Frau, als Frauen einen Mann in ihren Armen gehalten haben, geschweige denn, daß sie es gewagt hätten, ihr Herz an einen anderen Menschen zu «verlieren», um sich in ihm wiederzufinden – und zwar nicht, weil ihre Gefühle (wie bei einem echten Schizoiden) von Anfang an durch eine nie erlebte, unbewußte Angst vor einer zu engen Bindung blockiert wären, sondern weil es von einer äußeren Autorität (zunächst der Eltern, dann der Kirche) verboten wurde und verboten ist, Beziehungen zu «Angehörigen des anderen Geschlechtes» einzugehen. Die Folge besteht in einer erzwungenen *Einsamkeit,* die selbst durch gelegentliche Ausbruchsversuche so mancher Kleriker nicht überwunden, sondern eher bestätigt wird, indem die ursprüngliche Doppelbödigkeit des Daseins jetzt allenfalls noch um die zusätzliche Doppelbödigkeit des Verhaltens gegenüber den Mitmenschen sowie gegenüber den Abgesandten der kirchlichen Behörde vermehrt wird.

Im Schatten dieser Einsamkeit freilich breitet sich eine schleichende *Lebensangst* aus, in welcher die ontologische Unsicherheit am Ursprung in nur leicht veränderter Gewandung zurückkehrt. Buchstäblich bis zur Erschöpfung und bis zum Herzinfarkt sieht man viele Priester in der Seelsorge arbeiten und arbeiten, während sie selbst ihren «Mitbrüdern» im Amt tapfer erklären, daß es ihnen «ganz gut» gehe, stets nach dem Motto: «Lächle, wenn du traurig bist» – würde doch jedes mitgeteilte Problem nur sogleich zu der zudringlichen Neugier eines hilflosen und letztlich unnützen Mitleids führen. Ein Mann (oder eine Frau) im Amt kann in der Tat seine (ihre) Schwierigkeit dadurch nur vermehren, daß er (sie) sie offenbar macht. Der Preis des Amtes ist die Unpersönlichkeit, und der Preis der Unpersönlichkeit heißt Einsamkeit, inklusive der Pflicht, mit sich allein zurechtzukommen.

Oft besteht daher für den einzelnen Kleriker wirklich nur *die Ersatzsprache der psychosomatischen Erkrankungen.* Es erscheint ihm dann geradezu rührend, wie ihm als nunmehr Magen-, Lungen-, Herz- oder Darmkranken die «Kollegen», die vormals bei ihm niemals sich haben blicken lassen, jetzt so manches Lob aussprechen und ihn mit sorgenvollen Ratschlägen und freundlichen Ermahnungen auf den Weg der Gesundheit zurückgeleiten möchten. Doch klingt nicht sogar darin noch mitunter so etwas wie Genugtuung und Schadenfreude an, wie sie unter Fachkollegen üblich ist, die sich in demselben Areal um Einfluß und Prestige bewerben? Und sind Lobreden dieser Art nicht doch bereits als vorweggenommene Totenansprachen zu verstehen? *De mortuis nihil nisi bene* – frei übersetzt: nur über Menschen, die im Feld der Konkurrenz nicht mehr gefährlich werden können, kann man auch mal etwas Gutes sagen. Spätestens wenn ab Mitte 50 im Leben eines Mannes die Schatten länger werden, beginnt der *Wettlauf mit dem Tod,* und es rächt sich jetzt für viele Priester im Amt, daß sie als ihren Kompensationsbereich jahraus, jahrein vorwiegend nur die Arbeit zugelassen haben. Es ist nicht nur, daß die physischen Kräfte allmählich spürbar schwächer werden – bei Menschen, die ihr ganzes Dasein wesentlich an die Verteidigung und Verbreitung bestimmter Ideen gebunden haben, droht im Alter als Hauptgefahr die bittere Erkenntnis, die eigene Zeit überlebt zu haben bzw. den Anschluß an die Zeit verpaßt zu haben. Gerade im Kontrast zu dem eigenen Anspruch auf die durch Christus und die Kirche verbürgte Wahrheit rührt es jetzt an die Fundamente des klerikalen Lebensentwurfes, mitansehen zu müssen, daß all die Inhalte, für die man sich womöglich auf Jahre hin mit aller Kraft eingesetzt hat, bei der Mehrheit der Bevölkerung wie in Vergessenheit geraten scheinen oder als ein Relikt der Vergangenheit fast schon belächelt werden; und so wächst im Alter so vieler Kleriker, die pflichtgemäß noch mit 75 Jahren ihre Pfarrstelle «versehen», entweder die *Verbitterung* oder die *Resignation* – in beiden Fällen aber die *Einsamkeit* und der schleichende Zweifel: Wofür das alles?

8) Zuckerbrot und Peitsche

Das klerikale Ideal des «seelsorglichen» Umgangs mit den Menschen besitzt indessen nicht allein darin seine innere Dialektik, daß es aufgrund der erzwungenen Unpersönlichkeit im Amt bei einer gleichzeitig demonstrativen «Menschlichkeit» und «Personalität» der «Heilszuwendung» immer wieder zu falschen Hoffnungen und nachhaltigen Enttäuschungen Anlaß gibt, es ist auch daran in sich selber widersprüchlich, daß es eine gewisse wünschenswerte Nettigkeit und Jovialität des Umgangs auf der einen Seite mit einer manifesten ideologischen Intoleranz auf der anderen Seite zu paaren sucht – das eine als Verpackung und das andere als Inhalt gewissermaßen.

Man geht wohl nicht fehl, wenn man zu einem Gutteil den Eindruck bestätigt sieht, dem der amerikanische Dramatiker TENNESSEE WILLIAMS in seinem Bühnenstück *«Die Katze auf dem heißen Blechdach»*[40] über die faktische Rolle der «geistlichen Herren» in der modernen Gesellschaft Ausdruck verliehen hat. Zwei Drittel des ganzen Stückes verwendet dieser brillante Schilderer menschlicher Gefühlsverstrickungen darauf, das Zusammenleben einer Familie darzustellen, deren Mitglieder allesamt an die Spielregeln der Doppelbödigkeit und der Lüge versklavt sind; je länger das Stück währt, desto deutlicher wird dem Zuschauer, wie schwer die Akteure an der Hypothek ihrer freundlichen Hinterhältigkeiten zu tragen haben; der einzige auf der Bühne, der es durchaus nicht merkt, sondern auf groteske Weise Phrasen drischt, um an gewisse Spenden für seine Friedhofskapelle heranzukommen, ist der Pastor Reverend *Tooker.* Sein Amt wird gebraucht als dekoratives Stilmittel für die Familienfeier, aber was er sagt, hat den bloßen Wert einer Geräuschkulisse. Währenddessen eskalieren die Spannungen zwischen dem jungen, stets alkoholisierten *Brick* und seinem Vater ins Unerträgliche, bis sie sich in einem befreienden Redegewitter unter Blitz und Donner entladen – es geht um die «Wahrheit, die frei macht» (Joh 8,32)[41], bzw. um den «Ekel vor der Lüge», der doch nur «Ekel vor dir selber ist»[42]. «Ich möchte», bemerkt TENNESSEE WILLIAMS selbst zu seinem Stück, «den Wahrheitsgehalt von Erlebnissen innerhalb einer Gruppe von Menschen darstellen, jenes flackernde, umwölkte, schwer zu fassende – aber fieberhaft mit Spannung geladene! – Zusammenspiel lebendiger Wesen in der Gewitterwolke einer gemeinsamen Krise.»[43]

Bezeichnend in unserem Zusammenhang ist die Tatsache, daß bei diesem alles entscheidenden Bemühen um die Rückgewinnung der eigenen Wahrheit, um die Wiederherstellung der Fähigkeit zu Liebe und Fruchtbarkeit, der beamtete Repräsentant der christlichen Kirche nicht etwa nur inkompetent und hilflos daneben steht, sondern sich in einer beschämenden Ahnungslosigkeit verabschiedet, noch ehe dieses Seelendrama der Suche nach einer wahren Form der Identität allererst wirklich beginnt. Man erwartet von ihm absolut nichts, was über die Besitzstandswahrung seiner abgestorbenen und abgestandenen Requisiten (der Friedhofskapelle) hinausgehen würde – für alles menschlich Wichtige ist er im wahrsten Sinne des Wortes «unzuständig». Es läßt sich gegen Ende des 20. Jahrhunderts keine schlimmere Quittung für das Versäumnis der kirchlichen Theologie gegenüber der seelischen Not der Menschen ausstellen als diese wie selbstverständlich formulierte Bankrotterklärung klerikaler Seelsorge. Wohlgemerkt geht es schon längst nicht mehr um bloße Hilflosigkeit, mit der z. B. FRIEDRICH HEBBEL im 2. Teil seiner *Nibelungen*-Trilogie die Gestalt des Priesters im Gegenüber zur «heidnischen», von Ruhm- und Rachegedanken besessenen Welt der *Brunhild* und der *Kriemhild* zeigt[44] – was dort, wenngleich in historischem Gewand, als Ohnmacht der kirchlichen Botschaft gegenüber den archaischen Kräften der menschlichen Psyche erscheint und zumindest noch Hoffnung auf eine bessere Welt offenläßt, erscheint bei T. WILLIAMS ein Jahrhundert später als die bloße Gleichgültigkeit des kirchlichen Beamtentums: Die bessere Welt eines ehrlicheren, wahreren Lebens *ist* möglich und *wird* verwirklicht, aber ohne den Beitrag der klerikalen Komplizenschaft mit jeder Art gesellschaftlicher wie privater Verlogenheit. In dem Bühnenstück des amerikanischen Dramatikers *kann* die Kirche nicht nur den Menschen nicht helfen, sie hat in ihrer klerikalen Form der Selbstdarstellung überhaupt kein tieferes Interesse an den wirklichen Problemen der Menschen; sie ist einzig interessiert an sich selber – die klerikale Egozentrik als der Abgesang des Religiösen. Dieser Herausforderung muß die katholische Kirche heute sich stellen, wenn sie je wieder so etwas wie Glaubwürdigkeit bei den Menschen zurückgewinnen will.

Was bei der Pastorengestalt in dem berühmten Bühnenstück von TENNESSEE WILLIAMS besonders auffällt, ist *die Unfähigkeit,* vorhandene *Aggressionen wahrzunehmen* und entsprechend aufzuarbeiten. Ein Mann wie *Reverend Tooker* lebt in einer Welt, in der es offenbar genügt und jedenfalls seine Pflicht ist, als ein lieber Junge alle Menschen mit der holdseligen Aufforderung zu beglücken, auch ihrerseits lieb zu sein. Zu dem Vertrauen dieser Menschenart gehört es nicht, darauf zu setzen, daß bestimmte Aggressionen zu Recht bestehen könnten und es daher unausweichlich ist, sie zu äußern und gemeinsam durchzuarbeiten. Ein Priester, wenn er seiner Berufsrolle in diesem Sinne entspricht, hat über so primitive Gefühle wie Zorn, Wut,

Rache oder Haß erhaben zu sein, d. h. er hat sie niemals wirklich kennengelernt, und so muß er auch bei anderen als «Sünde» verurteilen, was in Wahrheit nichts ist als ein Notschrei um Hilfe.

Immerhin richtet diese sozusagen «gutmütige» Art der Gefühlsverdrängung keinen größeren Schaden an, sie bewirkt einfach nichts, weder Gutes noch Böses, wenn man nicht das chronische Überhören menschlicher Probleme in sich selbst als ein Grundübel bezeichnen will. Schlimmer allemal wirkt der *Wechsel zwischen der professionellen Gemütlichkeit und Leutseligkeit* auf der einen Seite *und der missionarischen Verkündigungshaltung* auf der anderen Seite. Es wird hier im praktischen Umgang mit Menschen ein Problem sichtbar, das sich als eine fatale Konsequenz der heutigen Form von Theologie zu erkennen gibt.

Wir haben bereits gesehen, daß jeder, der in der katholischen Kirche sich entschließt, Priester werden zu wollen, wesentlich zum «richtigen», d. h. zu einem mit bestimmten tradierten Formeln übereinstimmenden Denken erzogen wird. Die Theologie, die er lernt, ist ausschließlich rational lehrhaft geprägt, und so bleibt es nicht aus, daß unter «Verkündigung» vor allem die Weitergabe bestimmter Lehrinhalte zu verstehen ist. In Fortbildungskursen mit Vikaren und Pfarrern z. B. über die Verfahren der *Gesprächspsychotherapie* wird man, sehr verstehbar unter diesen Voraussetzungen, immer wieder den Einwand geltend gemacht hören, das bloße Bemühen um Verständnis und Begleitung von Menschen sei «menschlich gesehen» vielleicht ganz schön und gut, es sei aber eben keine Seelsorge; *Seelsorge*, das sei die dezidierte, explizite Einprägung und Ausprägung klar formulierbarer Lehraussagen.[45] Die Unverbundenheit des theologischen Denkens mit den Gefühlen und den Erfahrungen der Menschen spaltet notwendig den klerikalen Umgangsstil in eine bemühte, anbiedernde Freundlichkeit und eine erzwungene Härte, die sich einer Wahrheit jenseits der Menschen und unabhängig von den Menschen verpflichtet glaubt; und diese (zwangsneurotische) Gebrochenheit durchzieht das priesterliche Verhalten bis in die Details. Es ist jenes doktrinäre Unvermögen, entsprechend dem Vorbild Jesu Gott im Menschen wiederzufinden, durch das alles auseinanderfällt. Im Grunde müßte Theologie eine Schule sein, das Leben so zu betrachten, wie es VINCENT VAN GOGH von der Malerei sagte: «Ich möchte etwas Tröstliches in meinen Bildern ausdrücken, in diesem ewigen Malen. Was früher der Heiligenschein, ist heute das Zittern und Leuchten der Farben. Ich male lieber Menschenaugen statt Kathedralen, denn in den Menschenaugen steckt etwas, das in Kathedralen nicht zu finden ist: das Schimmern einer menschlichen Seele.»[46] Solange es hingegen den Theologen nicht gelingt, ja, solange sie es für verboten erklären müssen, in den Augen der Menschen Gottes verborgenes Antlitz zu erkennen, wird die Kontaktform der Kleriker notgedrungen so zwiespältig ausfallen wie die Aufteilung ihres Denkens und Seins in die zwei Stockwerke eines Gebäudes, von dem sie selber nur die obere Etage bewohnen dürfen; und eben dieses erzwungene Leben nur im Obergeschoß erniedrigt sozialpsychologisch die «Laien» zu bloßen Dienstkräften *en parterre*.

Man kann dieses *Auseinanderbrechen der Ebenen* an allen möglichen Einzelheiten des klerikalen Umgangsstils beobachten.

Da ist ein Pfarrer, der auf der einen Seite in Pastoralpsychologie und «Hodegetik» (Wegekunde) gelernt hat, daß er z. B. in einem Dorf tunlichst sich anders verhalten sollte als in einer Großstadt. In der Großstadt, wo ohnedies die Menschen einander nicht kennen, wird nicht erwartet, daß ein Pastor jemanden grüßt, es sei denn einen Bekannten oder aus besonderem Anlaß; ja, man würde den Gruß eines Pfarrers als peinlich und komisch vermerken, wenn er nicht in irgendeiner Weise einer erkennbaren Absicht diente. Anders im Dorf, wo aufgrund der Bekanntschaft aller mit allen nicht nur erwartet wird, daß auch der Pfarrer einen jeden behandelt wie einen guten Bekannten, sondern wo es als krasse Unhöflichkeit gewertet würde, unterbliebe ein Gruß. So oder so bestimmt eine diplomatische Anpassungshöflichkeit bereits den Gang eines Pfarrers durch «seine» Gemeinde, wobei dieses «Entgegenkommen» in wörtlichem Sinne zugleich bereits das egozentrische Mittelpunktsgefühl des Klerikers verstärkt: «Aller Augen warten auf dich, o Herr», nach den Worten von Ps 145,15, – auf ihn kommt es an. Es kann daher nicht ausbleiben, daß dieselbe Freundlichkeit von Amts wegen augenblicklich in einen bestimmenden Dirigismus umschlägt, sobald es wirklich auf den einzelnen Pfarrer ankommt.

En detail: Der Pfarrer diskutiert mit den Mitgliedern des Pfarrgemeinderates über die Form der Fronleichnamsfeier im kommenden Sommer. Soll wieder in der bisher üblichen Weise eine Prozession durch die Straßen ziehen, oder soll eine zentrale Veranstaltung auf dem Sportplatz abgehalten werden, oder soll eine kurze Andacht im Anschluß an die Meßfeier genügen, oder... Der Pfarrer hat zu Beginn der Sitzung alle Anwesenden freundlich per Handschlag begrüßt, er hat durch Scherze die Stimmung aufgelockert, er hat sogar direkt zu Meinungsäußerungen aufgefordert – mit Erfolg: die Gesprächsbeteiligung läßt nichts zu wünschen übrig, eine Fülle von Anregungen und Möglichkeiten werden erörtert. Plötzlich aber stellt sich heraus, daß im Falle einer Abstimmung sich eine Mehrheit wahrscheinlich für eine ersatzlose Streichung der Fronleichnamsprozession aussprechen würde,

und mit einem Male kippt die Stimmung vollständig um: Plötzlich steht die Wahrung des katholischen Glaubensgutes auf dem Spiel, plötzlich gilt es, eine schleichende Protestantisierung der katholischen Kirche zu verhindern, plötzlich ist der eben noch so freundliche und umgängliche Pfarrer unzugänglich sogar den scheinbar vernünftigsten Argumenten gegenüber; denn jetzt muß er von Amts wegen einschreiten, jetzt muß er seine Pflicht tun – es ist ein Gegensatz im Verhalten ganz analog dem (lediglich auf höherer Ebene angesiedelten) Verwirrspiel der Würzburger Synode in der Frage der Wiederverheiratung Geschiedener.
Was die «Laien» an solchen Erfahrungen zu lernen haben und irgendwann wohl auch begreifen werden, ist das Dilemma bzw. die prinzipielle Unglaubwürdigkeit eines Umgangsstils, der wesentlich vom Amt geprägt ist. So wenig man einem Mann wie *Lucien Fleurier* die Demonstration seiner Menschlichkeit glauben kann, nur weil er nach dem Rat seines Vaters sich die Namen aller Arbeiter «seiner» Fabrik eingeprägt hat, so wenig wird man fortan einem Pfarrer glauben, daß er es mit seiner zur Schau getragenen Freundlichkeit ernst meint, wenn er sich einfach über die Meinung derer hinwegsetzt, die er als seine Mitarbeiter eben noch zu schätzen vorgab. Die Vorgabe von Toleranz, Meinungsfreiheit und Mitsprache erscheint jetzt einfach als ein scheindemokratischer Trick, und die Enttäuschung darüber ist entsprechend groß. «Wenn er doch nur macht, was er will, so soll er doch seine Sachen alleine machen.» Es ist eine Haltung, die in der Kirche des Jahres 1988/89 von der untersten Ebene hinauf reicht bis zu der Reaktion auf das Verhalten der höchsten Amtsträger – so, wenn etwa bei einem Papstbesuch in München die ausgewählten Delegierten «der» Jugend der Bundesrepublik PAPST JOHANNES PAUL II. wie die Statisten einer Sprechbühne öffentlich durch das Ablesen vorgefertigter Erklärungen begrüßen müssen, aber ganz gewiß kein eigenes Wort, nicht eine einzige wirkliche Frage an ihn richten dürfen, ohne das Protokoll zu stören, während die Akklamationen ihrer Begeisterung lediglich zur Verstärkung der hirtenamtlichen Ermahnungen gedacht sind, die ihr Leben diskussionslos in die kirchlichen Bahnen lenken sollen. Selbst wenn in der Attitude der Freundlichkeit auch echte Gefühle und Bedürfnisse mitschwingen sollten, so entwertet der beamtete Rollenzwang sie doch alle zu einer schauspielerischen Gebärde, zu einer vorgeschriebenen Pose, zu dem Gegenteil dessen, was menschlich ist.
Das Amt, das Mittelpunktsdenken objektiver Bedeutsamkeit *und die Aufspaltung* des Verhaltens in eine verordnete Menschlichkeit sowie eine ebenso vorgeschriebene Meinungskontrolle bilden eine unheilige Trias, die sich erst auflösen könnte, wenn an die Stelle der wesentlich durch das Amt vermittel-

ten Kontaktform wirklich persönliche Beziehungen treten dürften; das aber würde eine Theologie voraussetzen, in der die Begegnung unter Menschen mit dem Ziel von Individuation und Integration im Leben der Einzelnen nicht länger mehr als Gegensatz zu den Zielen von Gottfindung und Verkündigung verstanden würde, und davon sind wir heute weit entfernt.
Bis dahin wird man sich daran gewöhnen müssen, daß die beamtete Repräsentationspflicht der Kleriker in allen möglichen Situationen zu den merkwürdigsten *Alleingängen* Anlaß gibt. Da hält ein Pfarrer mit zehn Ministranten zum Festhochamt Einzug in die Kirche – alle Bewegungsabläufe am Altar sind besprochen und festgelegt, bis auf den Umstand, daß der Pfarrer selber ruckhaft und plötzlich seine Kniebeugen macht, wann er will, ohne Rücksicht darauf, ob seine Meßdiener sich ihm anschließen können oder nicht. Da reicht ihm ein achtjähriger Junge den Wein und das Wasser zur «Gabenbereitung» in der falschen Reihenfolge an und wird dafür schärfstens gerüffelt. Da singt im Hochamt die Gemeinde unter schleppender Orgelbegleitung ein Lied aus dem Gesangbuch lustlos und träge dahin, oder sie spricht die Kirchengebete auf eine Weise herunter, die unartikuliert, träge und irgendwie apathisch wirkt – Grund genug für den amtierenden Priester, lauthals den Gläubigen zu Gehör zu bringen, wie man ordentlich betet und singt. Nicht gemeinsam, wie eben in der Predigt noch betont wurde, sondern in dem sattsam bekannten Schema von Hirte und Herde hat der Priester am Altar selbst beim Singen und Beten buchstäblich «tonangebend» zu sein.
Ein wirklicher Kleriker indessen hat keinesfalls nur zu wissen, *was* zu glauben und zu tun ist, er, der selber sich kaum je eines eigenen Gefühls getraut, weiß auch, *welche Gefühle* andere Menschen haben müssen, wenn sie «vernünftig» oder «gläubig» sind.
Vor einiger Zeit erzählte eine Frau, ihre Tochter weigere sich, noch länger am Kommunionunterricht des Pfarrers teilzunehmen – sie habe solche Angst. Die Frau, die selber sich seit Jahren mit gutem Erfolg um die Aufarbeitung ihrer eigenen Kinderängste bemüht, hatte daraufhin den betreffenden Pfarrer angerufen, um sich mit ihm zu verständigen, wie das Problem gelöst werden könnte. Die Antwort des Pfarrers: Er könne da überhaupt kein Problem erkennen, die Tochter solle halt kommen wie alle andern auch; es könne gar nicht sein, daß das Kind Angst habe. «Ich habe alle Kinder lieb, und alle Kinder lieben mich.» – Wie schön für diesen Pfarrer! Er ahnt nicht einmal, welch einen Terror er mit seinem *Monopolanspruch auf die richtigen*, auf die maßgebenden *Gefühle* selbst in dem Telefongespräch noch auf die Frau ausübt, geschweige, daß er merken würde, wie sehr er mit seiner

schrecklichen Gleichgültigkeit gegenüber den wirklichen Gefühlen eines Kindes dessen Angst bestätigt.

Zur «Entlastung» dieses im «Dienst» zweifellos sehr tüchtigen Pfarrers muß man allerdings hinzufügen, daß er auf die Anfrage der Frau ähnlich reagiert wie alle, die es sich von Amts wegen nicht leisten zu können glauben, einen Fehler begangen zu haben oder gar einen solchen einzugestehen; er ist so sehr mit seinem Amt und seiner Aufgabe identifiziert, daß er es sogleich als Infragestellung seiner eigenen Person auffaßt, wenn er auf einen Konflikt hingewiesen werden soll, den er zumindest übersehen, womöglich selbst verursacht hat, und statt sich selbst in Frage stellen zu lassen, erklärt er lieber das Problem für nicht-existent, bzw. psychiatrisiert er denjenigen, der an einem Problem leidet, das Hochwürden, den Herrn Pfarrer, in Frage stellen könnte. Natürlich mag man denken, ein derart zwangsneurotischer Perfektionismus, eine solch diktatorische Absolutsetzung der eigenen Person mit ihren eigenen Wertungen stelle dem Pfarrer *pädagogisch* gesehen ein miserables Zeugnis aus; doch der Gesichtspunkt, der *uns* an dieser Stelle interessiert, richtet sich darauf, daß es sich hier keinesfalls um ein rein privates, sondern um ein strukturelles Problem handelt, das sich notwendig ergeben muß, wenn jemand nicht als Person auf Personen reagieren darf, sondern als Amtsperson seine Pflicht tun muß bzw. unter dem Anspruch seines Überichs diese seine Pflicht schon immer getan haben muß. – Einfacher gesagt: Je weniger jemand selber lebt, desto weniger kann er andere Menschen leben lassen; das Unglück der klerikalen Psyche aber liegt u. a. darin, daß ein Priester im Amt verpflichtet ist, immer wieder auf Menschen zuzugehen, um ihnen auftragsgemäß zum Leben zu verhelfen, während er aufgrund der eigenen psychischen Struktur ihnen oft genug nur hindernd und verwirrend den Weg versperrt.

Übrigens gilt auch hier die Regel, daß die strukturellen Probleme der Psyche der Kleriker der katholischen Kirche in gerader Linie mit dem Aufstieg in der Ämterhierarchie zunehmen, und so ist, was am grünen Holze geschieht, zumeist nur das Modell im Kleinen für den Umgangsstil der maßgebenden Persönlichkeiten der Kirche im Großen.

Um noch einmal (unter beliebig vielen möglichen anderen) auf das Beispiel Kardinal Meisners zurückzukommen, so galt er bereits während seiner Tätigkeit in der DDR als volksnaher Prediger. Tatsächlich konnte er sich damals schon einer großen Volksmenge mit den Worten vorstellen: «Wir kennen uns noch nicht, und doch sind wir einander schon bekannt. Denn: Ich kenne die Meinen, und die Meinen kennen mich»[47] (Joh 10,14). Eine solche Redewendung darf als gutes Beispiel gelten, wie man dem «Volk» nahekommt, indem man es vereinnahmt. Denn die «Unbekanntheit» von Kirchenvolk und Kardinal steht an sich natürlich auf beiden Seiten für eine Vielzahl von Gefühlen der Unsicherheit und der Angst, der erwartungsvollen Neugier und gespannten Bereitschaft, zu erfahren, woran man wechselseitig ist; auch existiert bestimmt ein gegenseitiges Bild aus vorangegangenen Informationen, das teils zutreffend, teils korrekturbedürftig sein wird; doch statt konkret auf die wirklichen Gestimmtheiten seiner Zuhörer einzugehen, *überspringt* die Volte des Bibelzitates einfach die emotionale Ebene, ignoriert sie wissentlich und willentlich, um an ihre Stelle das erzwungene Gefühl einer religiös vermittelten Einheit zu setzen, die gerade darin besteht, im Namen Christi die menschlichen Beziehungen zugunsten eines Verhältnisses beamteter Eindeutigkeit zu vergleichgültigen. Dabei, wiederum, wäre Herr KARDINAL MEISNER gewiß sehr erstaunt, würde man ihn darauf hinweisen, daß er mit einer solchen Art der Bibelauslegung Menschen in ihren Gefühlen unterdrückt und die Religion selbst damit in ein Unterdrückungsinstrument verwandelt; doch eben diese Ahnungslosigkeit macht die Sache nicht harmlos, sondern erschwert sie, beweist sie doch, daß es sich hier keinesfalls um eine versehentliche Ausnahme, sondern um das als absolut selbstverständlich Empfundene handelt – so geht es ständig zu, und so hat es zuzugehen –: *Christus oder die eigene Person* – diese schizophrene Alternative frommer Tyrannei durchzieht das gesamte Denken der katholischen Kleriker, bestimmt ihr Verhalten und setzt sich ungeniert selbst gegen Ende des 20. Jahrhunderts immer noch als Idealnorm des Christlichen.

Es ist freilich nicht möglich, die Unterdrückung eigener wie fremder Gefühle durch eine solche Art der «Verkündigung» zu erörtern, ohne abschließend auf das Moment *psychischer Bequemlichkeit* hinzuweisen, das mitten in dem so arbeitsreichen, überanstrengten Leben der meisten Kleriker eine überragende Rolle spielt. ANTOINE DE SAINT-EXUPÉRY hat in *«Der kleine Prinz»* einmal in der Gestalt des *«Laternenanzünders»* einen Mann geschildert, der nach der Devise «Die Weisung ist eben die Weisung»[48] einem Auftrag nachzukommen sucht, der im Grunde längst überaltert ist: Sein kleiner Planet dreht sich immer schneller, so daß ihm zwischen Sonnenuntergang und Sonnenaufgang, zwischen dem Entzünden und dem Löschen der Laternen, gerade nur noch eine Minute Zeit bleibt; aber die Weisung ist die gleiche geblieben. Dieser Laternenanzünder will eigentlich nur sich ausruhen, aber dahin kommt es niemals; er brauchte, wie der kleine Prinz ihm vorschlägt, eigentlich in seinem Leben nur langsam genug zu gehen, um immer in der Sonne zu bleiben; doch der Laternenanzünder *will* nicht «langsamer» gehen, sondern *schlafen*, er *will* diesen Taumel von Pflichttreue und

Abschalten, und eben deshalb gibt es für ihn keine Hoffnung. «... man kann treu und faul zugleich sein», bemerkt ganz richtig der kleine Prinz.[49] – Die Kleriker der katholischen Kirche leben, wenn sie ihrem Berufsideal «treu» sind, diesem Vorbild entsprechend fast nach der Art von Photonen: diese haben die Aufgabe, die ganze Welt zu erleuchten, sie sind elektrisch vollkommen neutral und sie müßten fürchten, sich in nichts aufzulösen, wenn sie zur Ruhe kämen – ihre Ruhemasse ist null, nur deshalb bewegen sie sich stets mit Lichtgeschwindigkeit. Die Kleriker der Kirche haben in ihrer Totalidentifikation mit der Berufsrolle eine solche Angst, ohne eigenes Tun und Bemühen buchstäblich nichts zu sein, daß sie sich zwar nicht mit «Lichtgeschwindigkeit» bewegen (obwohl manch ein Spötter bei ihnen gewisse relativistische Effekte durchaus erkennen mag, als da sind: unglaubliche Dehnung der Zeit und Verkürzung in der Länge sowie ein enormer Zuwachs an «Masse»), aber sie müssen sich vornehmen, die gesamte Welt zu erleuchten, immer wähnend, diese Absicht gelinge ihnen am besten, wenn sie auf kein Stück «Materie» wirklich reagieren müßten.
THEODOR FONTANE hat schon vor über 100 Jahren in einer kleinen Episode gezeigt, wie in der «Seelsorge» von Amts wegen selbst das Sprechen von Gnade und Vergebung den Zweck verfolgen kann, sich das wirkliche Leid anderer Menschen vom Leibe zu halten, indem man es, statt zu verstehen, moralisiert und durch den Verkündigungsanspruch erzwungener Gefühle wegdrückt. Das Beispiel zeigt zugleich auch, daß das Problem beamteter Seelsorge interkonfessionell ist und für protestantische Geistliche ebenso gilt wie für katholische.
In seiner Novelle *«Unterm Birnbaum»* schildert FONTANE, wie *Frau Hradscheck* ihren Mann zum Mord an einem durchreisenden Steuereintreiber überredet, dessen Forderungen die gesamte so mühsam aufgebaute Wirtschaft zu vernichten drohen und damit die uralte Angst vor der Armut in furchtbarer Stärke wieder entfachen. Doch nach geschehener Tat empfindet sie, anders als ihr Mann, statt Erleichterung ein würgendes Schuldgefühl. Auf jedes Wort des Pastors lauscht *Frau Hradscheck* begierig, aber das Wort, «auf das sie wartete», kam nicht. In ihrer Sehnsucht ging sie dann, nach der Predigt, «zu dem guten, ihr immer gleichmäßig geneigt bleibenden Eccelius (sc. dem Pastor des Ortes, d. V.) hinüber, um, soweit es ging, Herz und Seele vor ihm auszuschütten und etwas von Befreiung oder Erlösung zu hören; aber Seelsorge war nicht seine starke Seite, noch weniger seine Passion, und wenn sie sich der Sünde geziehen und in Selbstanklage erschöpft hatte, nahm er lächelnd ihre Hand und sagte: ‹Liebe Frau Hradscheck, wir sind allzumal Sünder und mangeln des Ruhmes, den wir vor Gott haben sol-

len. Sie haben eine Neigung, sich zu peinigen, was ich mißbillige. Sich ewig anklagen ist oft Dünkel und Eitelkeit. Wir haben Christum und seinen Wandel als Vorbild, dem wir im Gefühl unserer Schwäche demütig nachstreben sollen. Aber wahren wir uns vor Selbstgerechtigkeit, vor allem vor der, die sich in Zerknirschung äußert. Das ist die Hauptsache.› … Und wenn dann die Hradscheck, um ihm zu Willen zu sein, von allen möglichen Kleinigkeiten, am liebsten und eingehendsten aber von den Meinungsverschiedenheiten zwischen ihrem Mann und Zimmermeister Buggenhagen geplaudert hatte, rieb er sich, schmunzelnd und vor sich hinnickend, die Hand und sagte rasch und in augenscheinlicher Furcht, das Seelengespräch wieder aufgenommen zu sehen: ‹Und nun, liebe Frau Hradscheck, muß ich Ihnen meine Nelken zeigen.›»[50]

B. Bedingungen der Auserwählung oder: Antriebspsychologie der «evangelischen Räte»

1. Der psychogenetische Hintergrund oder: Die primäre Rollenzuweisung in der Familie

Nachdem wir auf diese Weise die psychischen Strukturen des Klerikerseins auf den drei Ebenen des Denkens, der Lebensform und des menschlichen Umgangs vor dem Hintergrund der ontologischen Unsicherheit zu analysieren versucht haben, ist die Frage natürlich überfällig, woher die ontologische Unsicherheit selber stammt und wie die spezifisch klerikalen Formen ihrer Bearbeitung sich begründen. Noch ehe wir dabei entlang den Themenstellungen der sogenannten «evangelischen Räte» von Gehorsam, Armut und Keuschheit auf die spezifischen Konflikte innerhalb der einzelnen Felder der Antriebspsychologie mit den charakteristischen Formen bestimmter Gehemmtheitsstrukturen und den entsprechenden rationalisierten Ideologiebildungen zu sprechen kommen, kommt es zunächst darauf an, die allgemeinen peristatischen Bedingungen der Familiensituation in der Biographie von Klerikern herauszuarbeiten. Welche Voraussetzungen in den Konstellationen des eigenen Elternhauses müssen gegeben sein, um jemanden zu der Übernahme eines Klerikeramtes in der «Großfamilie» Kirche zu prädisponieren? *Das* muß jetzt die Frage sein, zu deren Beantwortung uns immerhin bereits – neben dem Grundzug der ontologischen Unsicherheit selbst – *ein* sehr wichtiges Merkmal zur Verfügung steht, das sich bezeichnen läßt als *das charakteristische Übermaß an Verantwortung.*

Wenn wir bisher das Modell des «Chefseins» im Sinne der SARTREschen Beschreibung des *Lucien* mit einigem Gewinn als Verständnisschema zur Beschreibung des Klerikerseins heranziehen konnten, so unterscheidet sich der Typ des Klerikers der katholischen Kirche doch sehr deutlich von der Motivation der *«Fleuriers»* durch den subjektiv sehr ausgeprägten Willen, irgend etwas für andere Menschen zu tun, das bestimmt richtig und nützlich ist. Paradoxerweise hängt dieser *Wille zur Brauchbarkeit* jedoch nicht mit einem ungebrochenen Vertrauen in die Fähigkeiten der eigenen Person

zusammen, sondern gerade umgekehrt: Es ist der Mangel an ursprünglicher Daseinsberechtigung, der als Kompensationsleistung den Wunsch hervortreibt, sich durch eine gewisse Form von Nützlichkeit so etwas wie eine Berechtigung zum Sein trotz allem doch noch zu verdienen. Die Grundhaltung selbst, die sich in diesem Entwurf eines radikalen *«Seins für andere»* äußert, ist uns früher bereits unter dem Stichwort der *«Resignation»* begegnet: während wir die Psychologie eines *Lucien Fleurier* von der Grundhaltung eines basalen *Trotzes* her verstehen konnten, scheint die Psychologie eines Klerikers von einer extremen *Verzichthaltung* gegenüber allen Formen eines privaten Glücks geprägt zu sein, so sehr, daß alles persönliche Streben nach «bloß» individueller Erfüllung nicht nur erhebliche Schuldgefühle und Vorwürfe mobilisiert, sondern geradewegs eine bezeichnende Daseinsangst auf den Plan ruft: es beraubt das Klerikersein der Lebensgrundlage, «egoistisch» zu sein – was natürlich alle möglichen Spielarten chronischer *Egozentrik* nicht aus- sondern einschließt –; und so stellt sich die Frage, welche familiären Bedingungen ein solches Gefühl vermitteln können, nur im Altruismus, nur im Sein für andere, überhaupt sein zu dürfen. Wir stoßen mit dieser Frage in den Kern der psychischen Problematik des Klerikerseins insgesamt vor, indem wir von der Beschreibung der strukturellen Formation der Probleme weg uns von nun an den Strukturen der Ätiologie in der Motivationsgeschichte klerikaler Berufungen mit den Mitteln psychoanalytischer Betrachtung zuwenden.
An und für sich sind gewiß beliebig viele Familiensituationen denkbar, in denen ein Kind in der Berechtigung seiner eigenen Existenz fundamental verunsichert wird und sich dadurch zu einer extremen Form von Nützlichkeit und Brauchbarkeit gedrängt sieht; es geht deshalb – wie bei all den genannten Beispielen bisher – nicht darum, einzelne Merkmale zu generalisieren, sondern durch die Erwähnung einzelner konkreter Sachverhalte das Empfinden für *das Spezifische der Gesamtstruktur* zu schärfen.
Das Gefühl ontologischer Unsicherheit, das wir bisher als eine Grundtatsache in der Motivation des Klerikerseins herausgearbeitet haben, läßt sich psychoanalytisch *als eine direkte Folge des Gefühls der Nichtakzeptiertheit* seitens der primären Kontaktpersonen verstehen. «Ontologisch unsicher» ist das menschliche Dasein, *philosophisch* gesehen, seinem ganzen Wesen nach (S. 74); *psychologisch* aber entsteht aus dieser Grundverfaßtheit menschlicher Existenz ein Dauerproblem aller Formen konkreten Existierens, wenn *das Gefühl der Nichtnotwendigkeit,* der radikalen Kontingenz (der «Überflüssigkeit» des Seins), gar nicht mehr nur dem Sein an sich gegenüber besteht, sondern wenn es entsteht aus der Ablehnung derjenigen Perso-

nen, an deren Nähe und Wärme das Dasein vor allem in den ersten Lebensjahren wesentlich gebunden ist.
«Ablehnung» – das bedeutet in der Geschichte eines Kindes fast niemals, daß Eltern ein Neugeborenes einfach nicht haben wollen. Auch so etwas kommt vor, gewiß, aber die blanke willentliche Ablehnung gegenüber einem Menschen erschafft schlimmstenfalls eine schwarze Wand aus Kälte, sie erzeugt nicht eine so hochenergetische Widerspruchsbindung, wie sie erfordert ist, um eine Klerikerpsyche hervorbringen zu können. Charakteristisch für *deren* Entstehung ist die gewissermaßen unwillentliche Ablehnung, z. B. aufgrund der einfachen psychischen Überforderung eines Elternteils. Dabei ist der Begriff *«unwillentlich»* wörtlich zu nehmen. Die Grundsituation besteht nicht darin, daß die Mutter oder der Vater dem Gefühl nach ihr Kind eigentlich rundum zu bejahen oder zu mögen imstande gewesen und nur durch gewisse Umstände – leider – daran gehindert worden wären, ihren Gefühlen einen genügend starken Ausdruck zu verleihen; als charakteristisch muß eine *Durchkreuzung des Willens* gelten, derart, daß z. B. eine Mutter ihr Kind an sich wohl lieben möchte, gefühlsmäßig aber aus bestimmten Gründen dazu nicht in der Lage ist und sich nun willentlich *zwingt,* ein bejahendes Verhältnis zu ihrem Kinde aufzubauen, nur um desto spürbarer zu merken, daß sie mit diesem Bemühen das Kontingent ihrer wahren Gefühle bei weitem überzieht. Der gesamten Beziehung zwischen Mutter und Kind fehlt auf diese Weise eine echte Herzlichkeit; dafür aber wird das mangelnde spontane Wohlwollen ersetzt durch eine um so größere willentliche Bemühtheit, die ihrerseits wieder die Grundgefühle der ursprünglichen Abwehr verstärken wird, während die reaktiv dadurch hervorgerufenen Schuldgefühle wiederum das pflichtgemäße Korrektverhalten nur noch weiter forcieren müssen – *ein erster Teufelskreis* von unterdrückten Gefühlen und schuldbewußten Wiedergutmachungstendenzen moralischer Pflichterfüllung, der auf der Seite der Mutter (bzw. der primären Kontaktperson) bereits die spätere klerikale Einstellung zu einem Gutteil vorbildet: es gibt keine Beziehung außerhalb bestimmter moralisch erzwungener Willenshandlungen, alles hat – zumindest im Prinzip – vernünftig, ordentlich und verantwortlich zu geschehen, und alles ist durchzogen von einer chronischen Ambivalenz der Gefühle nebst einer seltsamen Doppelbödigkeit zwischen Wollen und Sein. Dem gleichen Phänomen werden wir im Sein und Verhalten der Kleriker selbst später wiederbegegnen, doch bis dahin ist psychogenetisch noch ein langer, verschlungener Weg, und es wäre ganz falsch, die Beziehungen zwischen elterlichem Vorbild und kindlicher Verarbeitung nach dem einfachen Schema von Stempel und Abdruck inter-

pretieren zu wollen, statt auf die ständige Dialektik gegensätzlicher Wechselwirkungen achtzuhaben, die Eltern und Kind miteinander verbinden.

a) Überforderung und Verantwortung

Um von der Verwickeltheit der Verhältnisse ein rechtes Bild zu gewinnen, mag man sich beispielsweise vorstellen, daß eine Mutter ein Kind zur Welt bringt, dessen bloße Existenz ihr im Grunde zuviel ist. Diese Frau wäre in anderen Verhältnissen, unter anderen Umständen, durchaus das, was man eine «gute Mutter» nennt, – es müssen, mit anderen Worten, zunächst nicht bereits bestimmte neurotische Unverträglichkeiten sein, die das Verhältnis zwischen Mutter und Kind belasten; ganz im Gegenteil erscheint es für die Herausbildung einer späteren Klerikerpsyche sogar als besonders günstig, wenn ein Kind im Schatten einer Mutter aufwächst, deren Wesen eigentlich «mütterlich» genug sein könnte, um das nötige Gefühl von Geborgenheit zu vermitteln, die aber *de facto* daran gehindert wird, so zu sein und sich zu geben, wie sie es in Wahrheit möchte.
Diese Voraussetzung zu machen, ist aus zwei Gründen unumgänglich: Nur eine Frau, die nicht von vornherein jeder Mütterlichkeit ermangelt, wird die Behinderungen in der Ausübung ihrer Mutterrolle mit Schuldgefühlen belegen und durch ein besonders pflichtbewußtes Verhalten auszugleichen suchen; und zum anderen würde eine nur abweisende, schlechterdings kalte Person als Mutter niemals ein Kind erziehen können, wie wir es in der Psychologie der späteren Kleriker antreffen: es gehört zum Wesen des Klerikers, zumindest *in Gott,* zumindest *in einer anderen Welt* als der «bloß» irdischen, auf eine geradewegs paradiesische Einheit und Geborgenheit wie auf etwas absolut Gewisses alle Hoffnung zu setzen – nach Wegfall aller irdischen Behinderungen wird/würde die Welt großartig, freundlich, geborgen, mit einem Wort *himmlisch* sein.
Es geht – um es immer wieder zu betonen, – auch hier nicht um eine theologische Diskussion der Berechtigung bestimmter Vorstellungen der christlichen *«Eschatologie»,* mit denen wir uns ausführlich an anderer Stelle auseinandergesetzt haben[1] –, es kommt an dieser Stelle allein darauf an, die Gefühlsbedeutung derartiger Vorstellungsinhalte auf Erfahrungen zurückzuführen, die in der frühen Kindheit so stark gewesen sein müssen, daß sie mit der Macht einer schicksalhaften Bestimmung die ganze weitere Lebensrichtung vorprägen und gestalten konnten. Dann aber braucht man die theologischen Doktrinen nur beim Wort zu nehmen und sie – statt als endzeitli-

che Verheißungen – als frühkindliche Erinnerungen des Unbewußten zu lesen, indem die Stelle «Gottes» von dem Mutterbild besetzt wird, das sich bereits in den ersten Lebensmonaten geformt hat. So wie in der christlichen Eschatologie ein Gott existiert, der an sich gut und wohlmeinend ist, aber mit seinen eigentlichen Absichten vorerst an den Bedingungen der real existierenden Welt scheitert (die er allerdings auch wieder nach unbegreiflichem Ratschluß so und nicht anders eingerichtet hat!), so muß man als Grundbedingung in der Psychogenese von Klerikern eine Situation voraussetzen, wo eine zentrale Kontaktperson (die Mutter zumeist) existiert, die bei ihrem Kind den nachhaltigen Eindruck hinterläßt, es eigentlich gut zu meinen, aber im Entscheidenden doch sich nicht so geben zu können, wie sie in Wahrheit ist. Mit anderen Worten: die Mutter muß *als nah genug* erlebt werden, um die intensivsten Hoffnungen zu wecken, und sie muß gleichzeitig *als fern genug* erfahren werden, um die geweckten Hoffnungen traumatisch zu enttäuschen. Erst aus dieser Widerspruchserfahrung entsteht die charakteristische Ambivalenz der klerikalen Psyche.

Die konkreten Gestaltungen, unter denen diese psychogenetische Formalbedingung des Klerikerseins erscheinen kann, sind naturgemäß vielfältig und auf keine Einzelsituation einzugrenzen, wie denn insgesamt nicht bestimmte äußerlich greifbare «Tatsachen», sondern äußerst sensible «unsichtbare» Gefühlsbeziehungen, die sich aus gewissen «Tatsachen» allererst ergeben, die Macht besitzen, ein Menschenleben zu formen.

Um indessen den «einfachsten» denkbaren Fall zu skizzieren, genügt es, sich in die Lage einer Mutter zu versetzen, die aufgrund ihrer eigenen Psychodynamik, ob sie will oder nicht, ein Klima der Unsicherheit und der Ungeborgenheit verbreiten *muß*. Eine Frau z. B., die selber unter Herzasthma[2] leidet, zeigt sich ihrem Kind gegenüber phasenweise als eine sogar über die Maßen treusorgende, ängstlich besorgte Mutter, die ihren Pflichten auf das treueste nachzukommen sucht, bis sie unter der Last ihrer Verantwortungsgefühle zusammenbricht und einfach nicht mehr weiter kann. Dann endlich teilt sie ihren Angehörigen auf dem Weg der Symptomsprache ihres Körpers mit, was sie ihnen schon längst hätte sagen müssen: daß sie vor lauter Angst sich wie erstickt fühlt, daß all die vermeintlichen oder wirklichen Verpflichtungen ihr die Brust abschnüren, daß sie einfach keine Luft mehr bekommt, und daß sie immer wieder das Gefühl hat, es müsse ihr das Herz zerspringen. In solchen Augenblicken sitzt sie kraftlos auf dem Sofa, droht zu sterben und röchelt hilflos die schwersten Vorwürfe, des Inhalts, daß die ganze Familie es sei, die sie umbringe. Wenig später allerdings steht sie bereits wieder am Herd und am Tisch, um demonstrativ ihre Sorgfalt und ihr Pflichtgefühl unter Beweis zu stellen. Für das Kind aber bedeutet diese «Wiederauferstehung» der Mutter keinesfalls die Rückkehr zu vormalig ruhigen Verhältnissen, sondern nur eine Atempause vor dem nächsten Anfall.

Um die Sicht des Kindes in einer solchen Situation zu verstehen, muß man vor allem daran denken, daß der Zustand der Mutter in seinem Leben nicht irgendeine Nebensache darstellt, sondern die Grundlage seiner ganzen Existenz bildet. Wie sich die Mutter fühlt, so fühlt sich indirekt über lange Zeit hin auch das Kind. Die Angst der Mutter vor dem Tod wird daher alsbald zu der Angst des Kindes um das Leben der Mutter, und so muß es darauf sinnen, seine Mutter nach Möglichkeit am Leben zu erhalten. Ehe es sich selber sicher auf Erden fühlen kann, muß es als erstes das Leben seiner Mutter sicherstellen, – es muß gewissermaßen der Vater seines Vaters und die Mutter seiner Mutter[3] werden, nur um das Recht zu erlangen, als Kind zu leben. Auf der einen Seite fühlt natürlich auch die Mutter (bzw. die primäre Kontaktperson), daß sie in einem entscheidenden Punkt ihrer Lebensaufgaben versagt, und um mit ihren Schuldgefühlen einigermaßen zurechtzukommen, wird sie deshalb um so intensiver sich bemühen, den Ausfall wirklicher Gefühle von Zuneigung und Wohlwollen durch alle möglichen Aktivitäten der Ob- und Fürsorge zu ersetzen. Die *Überverantwortung*, die das Kind bis zum Phantastischen hin spürt, findet somit ihr Gegenüber in einem kompensatorisch bis zum Unerträglichen überdehnten Schuld- und Verantwortungsgefühl der Mutter.

Nun könnte man vielleicht meinen, daß bei einem solchen Unmaß an gutem Willen doch irgendwie die Dinge zum besten bestellt sein müßten; doch genau das Gegenteil ist richtig. Wenn irgend die Unsinnigkeit des moraltheologisch weit verbreiteten Aberglaubens mit Händen sich greifen läßt, das Leben von Menschen müsse sich ordnen und im ganzen unfehlbar gelingen, wofern es sich nur mit allem guten Bemühen und Wollen auf die Weisungen der Kirche und der göttlichen Gebote ausrichte[4], so ist dies bei all den tragischen Beziehungen zwischen Mutter und Kind der Fall, wo gerade das *besondere* Ausmaß an guten Absichten zur Ursache eines unablässigen Scheiterns aneinander wird. Denn indem die Mutter ihr Kind mit den verschiedensten Maßnahmen scheinbarer Mutterliebe zu umsorgen trachtet, empfindet dieses doch sehr genau die Künstlichkeit und Hohlheit des gesamten Verhältnisses und antwortet mit Angst, Klage und Vorwurf darauf; kommt nun noch ein solches Wechselbad der Gefühle hinzu, wie wir es beispielsweise bei den asthmatischen Herzattacken der Mutter annehmen dürfen, so trifft in der Seele des Kindes sehr bald ein Höchstmaß an Angst und objektiv verstärktem Verlangen nach Halt und Geborgenheit auf ein

Maximum an Schuldgefühlen dafür, an dem unglückseligen Leid der Mutter womöglich selber mitschuldig zu sein – ein Konflikt, der nur durch erhebliche Verdrängungen, Gegenbesetzungen und Icheinschränkungen vorübergehend gelöst werden kann. Die Angst, die Mutter bereits durch die Tatsache des eigenen Daseins zu schädigen, konvertiert in die Haltung einer ständigen Sorge und beobachtenden Aufmerksamkeit gegenüber der Mutter, so daß zwischen beiden *ein System der vertauschten Verantwortungen*[5] entsteht: Der Mutter ist es nicht erlaubt, ein eigenes Leben als Frau zu führen, da sie ein Kind hat, das ohne sie nicht leben kann, während umgekehrt dem Kind die Erlaubnis zu einem eigenen Leben fehlt, da es eine Mutter hat, die ihrerseits nicht leben kann. Das Ergebnis dieser *Dualunion seitenverkehrter Abhängigkeiten* besteht – entgegen dem moralischen Wollen! – in einer unablässigen *Umkehrung der an sich guten Absichten,* dem anderen so wenig lästig und hinderlich wie nur möglich zu sein, in ein objektiv ganz unerträgliches Maß von Belastungen und Behinderungen aller Art.

Die an sich so treusorgende Mutter, die überhaupt nur im Moment ihrer Asthmaanfälle von ihrer notvollen Enge zu «sprechen» vermag, liegt unbewußt gleichwohl wie ein dunkler Schatten über dem ganzen Leben ihres Kindes. Wie die Bewohner *Hawaiis* das Erdbebengrollen aus den Tiefen des *Mauna Loa* vorweg erwarten und zu hören meinen, noch ehe die rachsüchtige Göttin *Pele* den furchtbaren Lavaregen über die fruchtbaren Hänge ergießt[6], so wird ein Kind, einmal verstört durch den Ausbruch an Leid und Todesangst seiner Mutter, fortan gewissermaßen die Ohren an der Erde halten, um so früh wie möglich die ersten Warnsignale einer neuerlichen Katastrophe wahrzunehmen, hoffend, sie durch ein entgegenkommendes Recht- und Wohlverhalten womöglich doch noch von sich und der ganzen Familie abzuwenden. Gerade so, wie jene Eingeborenen der Südsee die bloßen Naturvorgänge des Vulkanismus, an denen sie objektiv vollkommen «unschuldig» sind, dennoch als Strafe einer beleidigten Gottheit zu deuten pflegen, so neigt ein Kind dazu, alles Ungemach und jede Mißhandlung nicht mit der Eigenart seiner Mutter (bzw. seines Vaters) zu begründen, sondern auf ein eigenes Fehlverhalten als Schuld zurückzuführen. Eine uralte Gleichung des Erlebens besagt, daß der vom Schicksal Geschlagene erkennbar ein von den göttlichen Mächten Gestrafter sei[7], so daß, was immer einem Menschen an Unheil zugefügt wird, letztlich als durch eigenes Tun verdient erscheint. Das Pendant dieses Theorems im frühkindlichen Erleben (bzw. der psychogenetische Ursprung dieser archetypischen Vorstellung) besteht offenbar darin, daß ein Kind, das die Liebe seiner Mutter entbehrt, die Schuld dafür nicht dem Unvermögen der Mutter, sondern sich selbst geben

wird: Wenn die Mutter es nicht liebt, so kann das nur daran liegen, daß es selber nicht liebenswert ist, und so muß es auf jede nur erdenkliche Möglichkeit sinnen, was es nur falsch gemacht haben könnte, sich die Gunst seiner Mutter derart verscherzt zu haben. Insbesondere wäre alles darum zu geben, wenn man nur wüßte, was den letzten so schrecklichen Anfall der Mutter veranlaßt hat, und da sich beim besten Willen eine bestimmte Erklärung dafür nicht finden läßt, gilt es, buchstäblich alles nur Mögliche zur Erklärung in Erwägung zu ziehen.
In summa: Je untadeliger und sensibler ein Kind unter diesen Umständen sich zu verhalten sucht, desto mehr wird das Terrain möglicher Schuld sich vor seinen Augen *erweitern;* seine Schuldgefühle werden sich nicht vermindern, sondern vermehren, und ebenso wird das Maß seiner Wiedergutmachungstendenzen wachsen, so wie umgekehrt auf seiten der Mutter der Kreislauf von Schuldgefühlen und moralisch erzwungenem Rechtverhalten sich nur immer mehr ausdehnen kann: Alle «guten Werke» der Fürsorge vermögen niemals das Kind in dem Angstgefühl zu beruhigen, im Grunde ungeliebt zu sein, vielmehr wird es gerade in den Augenblicken der Asthmaanfälle seiner Mutter so etwas wie eine Offenbarung der unausgesprochenen Wahrheit erblicken, in seiner ganzen Existenz gefährdet zu sein, und voller Angst wird es deshalb mit all seiner Aufmerksamkeit auf den nächsten Anfall hinleben. Von daher wird es niemals ein Entrinnen aus diesem wechselseitig gestohlenen Leben geben können, es sei denn, daß irgendwann einmal zu geschehen vermöchte, was gerade von den moralisch wertvollsten Gefühlen am stärksten verboten wird: die Verantwortung für das Leben einander zurückzugeben und so «egoistisch» zu sein, daß jeder auf seine Weise es erst einmal lernt, für sich selber zu leben; die Mutter als Frau und das Kind als Junge oder Mädchen. Eine Mutter, die zu leben selber nicht gelernt hat, verhindert notwendig auch die Entfaltung ihres Kindes. Doch nur weniges im Leben so mancher (katholischer) Mutter dürfte so schrecklich sein wie die Entdeckung, dem eigenen Kind im Grunde alles schuldig geblieben und an ihm wirklich schuldig geworden zu sein, und zwar vor allem des ewigen Gefühls wegen, für alles eigene Leben schuldig zu werden. Im Hintergrund eines Kindes, das in der Dramaturgie der ontologischen Unsicherheit sich bereits schuldig dafür fühlt, auf der Welt zu sein, steht allemal eine Mutter oder ein Vater, *die* oder *der* sich in irgendeiner Weise dafür schuldig fühlt, Frau oder Mann, Mutter oder Vater zu sein. Keine Auskunft auf der Ebene der Moral vermag dieses existentielle Geflecht eines sich selbst alles schuldig bleibenden *und dadurch* gegenüber vielem *auch moralisch* schuldig werdenden Daseins aufzulösen.

b) Die Wiedergutmachung der Tatsache des Daseins oder: Der frühkindliche Ursprung der klerikalen Opferideologie

Statt dessen kommt es in aller Regel zu dem Ausbau einer verfestigten Konstellation von Beziehungen, auf welche sich das gesamte weitere Leben stützt und die deshalb im Bewußtsein als die geheime Grundlage der gesamten Geschichts- und Weltdeutung erscheinen kann.

Da es nur schwerlich eine Daseinsform gibt, die so stark ideologiegebunden ist wie das Leben eines Klerikers, ist es psychoanalytisch Stelle für Stelle unerläßlich, den vielfältigen Verflechtungen zwischen Unbewußtem und Bewußtsein, zwischen frühkindlichem Erleben und erwachsener Reflexion, zwischen Triebpsychologie und Weltanschauung so sorgfältig wie möglich nachzugehen. So haben wir bereits die theologische Konzeption von der göttlichen «Erwählung» zum Klerikersein von dem Grundgefühl der ontologischen Unsicherheit und der daraus resultierenden Überidentifikation des Ichs mit bestimmten «rechtfertigenden» Idealen und vorgegebenen Lebensinhalten zu verstehen gesucht; desgleichen gab sich die Überwertigkeit mancher moraltheologischer Ansichten, z. B. über die Unauflöslichkeit der Ehe, zu einem Gutteil als Rationalisierung der Erfahrungen und Konflikte mit der Ehe der eigenen Eltern zu verstehen; und selbst gewisse Details theologischer Rede, wie z. B. die monoman anmutende Theorie von der «Bindungsangst» als Ursache so vieler Ehetragödien, ließen sich unschwer als Selbstdarstellungen der Gefühlslage der Kleriker in ihren eigenen Problemstellungen deuten. Übrig geblieben ist indessen das wohl wichtigste theologische Theorem: der Gedanke von der Erlösung der Welt von Sünde und Schuld durch das Opfer des «Sohnes» gegenüber dem «Vater».

Es bildete bereits SIGMUND FREUDS Überzeugung, daß die christliche Lehre vom Erlösungsleiden Jesu eine exzessive Strafphantasie für die aggressiv-revolutionären Gefühle der «Söhne» gegenüber ihrem «Vater» darstelle; näherhin betrachtete er als den ursprünglichen «Sitz im Leben» derartiger Gedanken und Gefühle die Situation einer patriarchalisch geleiteten «Urhorde», die in einem Aufstand der Söhne gegen das sexuelle Monopolrecht des Alphatieres auf alle Weibchen der Horde durch eine Art Tyrannenmord beendigt worden sei.[8] Daß von einem Opfer demütiger Unterwerfung unter den Willen des Vaters speziell in der christlichen Opfervorstellung ursprünglich nicht die Rede gewesen sein könne, glaubte FREUD vor allem daran zu erkennen, daß die Stellung des Vaters im Bewußtsein der Gläubigen in der christlichen Frömmigkeitshaltung gerade durch das «Opfer» des «Sohnes» so gut wie ganz in den Hintergrund gedrängt worden sei – Freud erblickte in dieser Tatsache eine Dennochdurchsetzung der eigentlichen, nur mühsam verdrängten Wünsche, den «Vater» zu entmachten und ihn seiner (Omni-)Potenz zu berauben.[9] Es braucht an dieser Stelle nicht diskutiert zu werden, wieviel Spekulatives die Freudsche Konstruktion einer prähistorischen Urhorde am Anfang der Menschheitsgeschichte enthält und wie fragwürdig sich bereits die Auswahl der Literatur darstellt, die Freud zu seinem «wissenschaftlichen Mythos» bestimmte.[10] Noch weniger herrscht Bedarf, erneut und immer wieder zu betonen, daß die Freudsche Konzeption eine gewisse Berechtigung wohl in der Beschreibung der Sozialpsychologie patriarchaler Familienstrukturen besitzt, daß aber der Patriarchalismus – und mithin die daraus entwickelte ödipale Problematik – keineswegs, wie Freud meinte, eine Naturkonstante, sondern lediglich eine kulturelle Variable darstellt[11], deren Einfluß auf die Mentalität der europäischen Zivilisationsgeschichte allerdings nur schwer überschätzt werden kann.[12]

Für *unsere* Fragestellung ist es indessen von großer Bedeutung, zu betonen, daß sich das Hauptmotiv der Opferdoktrin christlicher Theologie nicht erst aus der entwicklungspsychologisch relativ späten ödipalen Konkurrenz des Sohnes mit dem Vater ergibt, sondern sich weit ursprünglicher und zwangloser aus der Beziehung zwischen Mutter und Kind erklären läßt; im Prinzip können wir daher zur Begründung der christlichen Opfertheologie auf die Vorstellung vom Ödipuskomplex zunächst sogar gänzlich verzichten. So, wie in der Entwicklung der psychoanalytischen Theoriebildung Freud selber sich schon recht bald durch die Studien seines Freundes und Mitarbeiters Karl Abraham dazu genötigt sah, den möglichen Entstehungsort neurotischer Konflikte immer weiter in die frühe Kindheit zurückzuverlegen[13], so werden auch wir zur Erklärung der ontologischen Unsicherheit nebst der korrespondierenden Opferideen in der Psychogenese von Klerikern dazu gedrängt, die ätiologischen Faktoren außerordentlich früh: in der Beziehung des Kindes zu seinen primären Kontaktpersonen, im wesentlichen also zu seiner Mutter, anzusiedeln. Wichtig ist außerdem, daß sich der Ursprung der klerikalen Opfervorstellungen nach dem Gesagten keinesfalls erst als Reaktionsbildung auf einen abgewehrten (Vater-) Haß zu erkennen gibt, sondern weit eher als eine Resonanzwirkung des mütterlichen Verhaltens erscheint: In dem gleichen Maße, wie sich die Mutter zum Wohle ihres Kindes opfert, obliegt auch diesem die Pflicht, sich seinerseits zum Wohle seiner Mutter zu opfern; erst in Erweiterung dieser ursprünglichen Wechselwirkung lassen sich die Gefühle von Angst und Zorn sowie von reaktivem Schuldgefühl und

Wiedergutmachungswillen auf seiten des Kindes in den Rahmen des bereits bestehenden Bildes der klerikalen Psychogenese eintragen.
Und daraus folgt nun etwas sehr Wichtiges, nämlich, daß wir die Opferideologie der klerikalen Psyche in Richtung ihrer psychischen Bedeutung noch weit wörtlicher nehmen müssen, als dies in der FREUDschen Psychoanalyse geschehen konnte. Um die Heranbildung eines Kindes zum späteren Kleriker zu verstehen, muß man in der Tat psychologisch genauso denken, wie es der Doktrin nach in der christlichen Theologie vorgedacht wird: Das gesamte Dasein gründet sich auf ein primäres Opfer, das seinerseits zu unendlichem Dank verpflichtet, indem es die unrettbare Schuld des Ursprungs, die «Erbsünde», sowohl offenbarmacht wie hinwegnimmt. Man versteht dieses höchst ambivalente, in sich äußerst widersprüchliche theologische Theorem ohne Mühe, wenn man es in jedem Detail *als biographische Erinnerung* ernstnimmt: das gesamte Dasein ist im Lebensgefühl eines Klerikers vor dem Hintergrund der ontologischen Unsicherheit ganz buchstäblich getragen und ermöglicht von einem ursprünglichen Opfer, das allerdings nicht zunächst von Christus, sondern von der eigenen Mutter gebracht wurde, um «*den* Menschen» bzw. «*die* Welt», d. h. *das Kind* von der Schuld zu erlösen, überhaupt *auf der Welt* zu sein. Die «Schuld», die ein solches unermeßliches Opfer fordert, ist auch nach theologischer Auskunft nicht eigentlich moralischer Natur, sondern auf «geheimnisvolle Weise» mit der Tatsache des Daseins selbst verflochten – wir werden nachher, bei der Erörterung des evangelischen Ratschlags von «Armut und Gehorsam» noch ausführlich sehen, daß sich die Erfahrung der «Urschuld» in psychoanalytischer Sicht sehr zu Recht in den Mythen der Völker mit der *oralen* Thematik eines verbotenen Essens verbindet; *hier* genügt es, die Information biographisch beim Wort zu nehmen, wonach in strengem Sinne wirklich bereits der Umstand, auf der Welt zu sein, die Tatsache der Existenz mit einem schweren, tödlichen Schuldgefühl belastet; denn es sind in der Situation, die wir als ursprünglich annehmen müssen, bereits die ganz normalen Wünsche und Bedürfnisse eines Kindes, die für die Mutter in ihrer spezifischen Situation eine Überforderung darstellen, so daß es – ganz entsprechend dem christlichen Dogma! – ihre «unendliche Liebe» (zu dem Kind) ist, die sie dahin drängt, sich für das Wohl des Kindes zu opfern.
Entscheidend an diesen Betrachtungen ist nicht allein der Gewinn an psychoanalytischer Einsicht, den wir erhalten, sobald wir die Dinge in dieser Art anordnen, sondern vor allem die Erklärung (und damit die Auflösung) einer Widersinnigkeit, die psychologisch die gesamte christliche Erlösungstheologie immer aufs neue von einer Botschaft der Freiheit in ein System

masochistischer Selbstunterdrückung und sadistischer Opfertheoreme zu pervertieren droht. Folgt man den Auslassungen der christlichen Dogmatik, so hat das Opfer Christi – sein Tod am Kreuze – unserem gesamten Dasein «Rechtfertigung» und «Vergebung», «Sühne» und «Erlösung» geschenkt[14]; auf der anderen Seite aber macht das grauenhafte Leid des göttlichen Sohnes, der als einzig Unschuldiger für «die Vielen» sich «hingibt», natürlich auch das ganze Ausmaß der menschlichen Schuld sichtbar, – die unmittelbare Wirkung derartiger Lehren besteht keinesfalls zunächst in Erleichterung und Befreiung, sondern im Gegenteil in neuerlichen und um so schwereren Schuldgefühlen: Wer will schon dadurch «erlöst» werden, daß er einen anderen, zumal in Gestalt einer so überaus gütigen, liebenswürdigen, ja göttlichen Person, wie sie in dem Messias Jesus vorgestellt wird, tötet und zum Mörder gerade an demjenigen wird, von dem er wesentlich seine Existenzgrundlage empfängt![15] Die psychische Wirkungsgeschichte dieser theologischen Denkungsart verrät denn auch nur allzu deutlich nicht die Spuren von Lebensglück und Freude, sondern von maßlosen Gefühlen der Unwürdigkeit, des Selbsthasses, eines ständig nagenden, sich «christlich» gebenden Schuldgefühls und einer unablässigen Pflicht zur Selbstopferung. «Wenn Gott uns in seinem Sohne so unendlich geliebt hat, daß er seinen Einzigen in den Tod gab zur Sühne für unsere Sünden, so sind auch wir gehalten, zum Zeichen unserer Liebe für ihn unser Blut und Leben zu opfern» – so der Tenor der Karfreitagspredigten quer durch die Jahrhunderte, oder, in der Sprache des Kirchenliedes, das akribisch die Leiden des Heilandes «in jenen äußersten Stunden, nachts in des Ölberges Grunden» aufzählte, als die ewige Mahnung und vorwurfsvolle Frage: «Weh, und wer weiß, ob wohl je du auch nur denkest an mich!»[16]

Wie immer man die Erlösungslehre des Christentums theologisch verstehen mag[17], es läßt sich nicht leugnen, daß ihre psychologischen Konsequenzen in der Auslegungstradition der Kleriker eine Form angenommen haben, die gerade *nicht* der Rückkehr in eine «vermittelte Unmittelbarkeit» des Seins, in eine neue Form der Ursprünglichkeit und der vertrauensvollen Selbstverständlichkeit des Daseins gedient hat, sondern die ein Gefühl totaler Abhängigkeit und permanenter Selbstgeißelungen nach sich zieht. Präziser gesagt: Die archetypischen Vorstellungsschemata von Opfer und Wiedergutmachung[18] nebst den zugehörigen Gefühlsambivalenzen sind in der christlichen Theologie derart bestimmend geworden, daß sie als ihre Repräsentanten und Ideologen in Gestalt der beamteten Kleriker bevorzugt Menschen zulassen, deren Psyche selbst zutiefst von der frühkindlichen Erfahrung traumatischer Ambivalenzgefühle im Umkreis grausamer Opfervorstellungen und Wiedergutmachungsverpflichtungen geprägt worden ist. Doch indem umgekehrt gerade Menschen dieser Gefühlslage im Umkreis kirchlich verwalteter Theologie zum Klerikersein prädestiniert, d.h. von Gott «erwählt», zu sein scheinen, drängen und gelangen seit Jahrhunderten bevorzugt Leute in die kirchlichen Schlüsselpositionen, deren Mentalität zu der klerikalen Opfertheologie paßt wie der Schlüssel zum Schloß – *ein Teufelskreis zwischen Theologie und Psychologie*, zwischen rationalisiertem Überbau und verdrängten frühkindlichen Erlebnissen, der nicht nur auf der Ebene des individuellen Klerikerseins alle möglichen Formen faktischer Unerlöstheit festschreibt und vorschreibt, sondern zugleich auch auf der kollektiven Ebene der Großgruppe Kirche eine Ideologie und Praxis ständiger Entfremdung und Unterdrückung zum Kriterium des Christseins erhebt. «Selbstfindung» und «Selbstverwirklichung», wie Psychoanalyse und Existenzphilosophie sie formulieren und verlangen, sind innerhalb eines solchen Denk- und Erlebnisraumes nur als «teuflische Versuchungen» und als antichristliche, widergöttliche «Feindschaft gegen das Kreuz Christi» (Phil 3,18) zu verstehen. Doch stellt eine solche Konzeption, für jedermann ersichtlich, die einfache Lehre und das einfache Anliegen des Jesus von Nazareth schlechterdings auf den Kopf, indem man aus seinen Worten eines unzweideutigen Vertrauens in die keinerlei Opfer als Vorleistung benötigende Liebe Gottes[19] ein System unablässiger Opferdarbringungen und verdienstvoller Werkleistungen abzuleiten sucht.

Wie eng die Psychologie der Kleriker der katholischen Kirche freilich mit den Gedanken und Gefühlen einer spezifischen Opfermentalität gepaart ist, vermag wiederum die Zeit der *Reformation* als historisches «Experiment» in hervorragender Weise zu verdeutlichen. Als zu Beginn des 16. Jahrhunderts der Mönch MARTIN LUTHER von den fundamentalen Infragestellungen seiner Daseinsangst durch keinerlei Buße oder Gebet sich auch nur annähernd zu befreien vermochte, bedeutete für ihn die Entdeckung des *Römer-* und *Galater*briefes eine wahre «Erlösung», daß Gott uns rechtfertigt nicht durch des Gesetzes Werke, sondern «allein aus Vertrauen» *(sola fide)* und allein aufgrund seiner Gnade *(sola gratia)* – *ohne* menschliche Vorleistungen also.[20] Es war die Sicherheit dieser Überzeugung, die dem späteren Reformator einen festen Stand gab, um die Travestie der biblischen Bußpredigt in Gestalt der Ablaßpredigt des Dominikanermönches TETZEL mit heftigen Worten zu geißeln: «Als unser Herr Jesus Christus sagte: tuet Buße (Mk 1,15), da meinte er nicht euere Ablaßwerke, sondern daß euer ganzes Leben eine Buße sei.»[21] Als die eigentliche «Umkehr» (Buße) der gesamten verkehrten Lebenseinstellung aber verstand LUTHER die Öffnung der Angst-

verkrampftheit des menschlichen Herzens in ein bedingungsloses Vertrauen gegenüber Gott; die rechte «Buße» bestand für ihn darin, auf alle Versuche der Angst zu verzichten, sich mit einer Fülle «guter Werke» am Ende doch noch die Berechtigung des Daseins «verdienen» zu wollen, und dieser Ansatz bedeutete prinzipiell natürlich auch das Ende der Opfervorstellung, ja, er bedeutete über kurz oder lang zugleich auch das Ende des Klerikerstandes als einer «verdienstlichen» Lebensform von besonderem Wert gegenüber dem «weltlichen» Leben der «Laien»[22]. Wenn Gott das Dasein des Menschen vorbehaltlos und bedingungslos will und bejaht, so muß sich seine Gnade gerade darin bewähren, daß der Einzelne von Grund auf das Recht zu seiner eigenen Entfaltung wahrnehmen darf; es ist dann nicht länger mehr möglich, im Namen irgendeiner Opfertheologie die Selbstfindung des Menschen in Gegensatz zu dem «Gehorsam» gegenüber Gott oder gegenüber Christus und seiner Kirche zu setzen.[23] Sobald sich die ontologische Unsicherheit nicht mehr durch bestimmte Leistungen beruhigen läßt, verliert mithin die gesamte Opfertheologie ihre Grundlage – und damit zugleich auch der Klerikerstand als eine beamtete, institutionalisierte, über den «Laien» stehende Lebensform in der Kirche. Ja, es wird im Sinne der Reformatoren zu einem entscheidenden Vorwurf gegenüber den Klerikern der Kirche, daß sie, statt sich vertrauensvoll Gott in die Hände zu geben, immer noch auf geheimem Wege einer selbstgerechten Werkheiligkeit nachstrebten. Der Vorwurf entbehrt nicht der Logik: Solange Gott nur durch ein bestimmtes Tun, durch ein dargebrachtes «Opfer» mit dem Menschen «versöhnt» werden kann, muß auch der Mensch selber durch ein entsprechendes Tun an dem «Erlösungsgeschehen» opferbereit «mitwirken»[24]. Mit der Opfertheologie steht und fällt der Klerikerstand, *theologisch,* wie die Reformatoren erkannten, und, was uns hier noch mehr interessiert, vor allem *psychologisch.* – Es ist für uns im Rahmen dieser Untersuchungen dabei erneut nicht die Frage, welch eine Art von Theologie biblisch oder dogmatisch «richtig» ist; wichtig aber ist uns die Feststellung, wie eng der Klerikerstand mit der Opfervorstellung verbunden ist. Es bestätigt sich uns durch diese Einsicht die psychoanalytische Meinung, daß die Psychologie des Klerikerseins selbst zentral aus der Erfahrung eines fundamentalen Opfers (der Mutter) am Anfang des Lebens (des Kindes) hervorgegangen sein muß.
Freilich ist bis dahin die christliche Theologie des Opfers nur unvollständig gekennzeichnet. Ihren psychologischen Erlebnishintergrund erfassen wir in Gänze erst, wenn wir den theologischen Erklärungen noch etwas weiter lauschen. Der «Sohn», so erfahren wir da, hätte sich für die Menschen gar nicht zu opfern brauchen, wenn er nicht durch das «Erlösungswerk» seines «Lei-

densgehorsams» den im Grunde nicht weiter verstehbaren «Willen» des «Vaters» hätte «erfüllen» müssen. Die Opfertheologie erweitert sich somit zu einer Frage der *«heilsökonomischen Trinität»*, ja, sie ist, recht verstanden, nunmehr bereits in der Art der *«innertrinitarischen Prozessionen»* vorgebildet.[25] Angesichts der Ehrwürdigkeit und Erhabenheit dieser Lehren aller Theologengenerationen vom 2. nachchristlichen Jahrhundert bis heute verschlägt der an sich berechtigte Vorwurf von OSKAR PFISTER nicht viel, daß man mit derlei Erklärungen und Redensarten den Gott der Verkündigung Jesu, diesen Bezugspunkt eines kindlichen Vertrauens, in ein ferngerücktes und widersprüchliches Begriffsgespenst[26] verwandelt habe. Die Tatsache besteht, daß gerade dieses «Begriffsgespenst» der Trinitätslehre, inklusive der Vorstellung von einem Vater, der seines Sohnes aus Liebe zu den Menschen nicht schont und ihn in den Tod, ja, in den Tod am Kreuz dahingibt (Phil 2,8), offenbar über starke Wurzeln im seelischen Erleben verfügt und in gewisser Weise also den Menschen sogar besonders naheliegen muß. Das «Gespenstische» oder, mit FREUD gesprochen, das *«Unheimliche»*[27] an diesen Anschauungen und Lehren rührt freilich davon her, daß die Spuren ihrer Abkunft aus dem Unbewußten durch einen ebenso frühzeitigen wie gründlichen Verdrängungsvorgang verwischt worden sind, so daß gerade die Mischung aus Angst und Faszination, aus Befremdlichkeit und Beseligung, aus Abneigung und Zuneigung für die Entfaltung der entsprechenden christlichen Glaubenslehren als charakteristisch gelten darf: Fanatische Begeisterung auf seiten der «Gläubigen» prallt in der Theologiegeschichte vor allem der frühen Konzilien immer wieder auf den kühlen Zweifel der «Ungläubigen», und es sind eben diese Brechungen uralten zunächst verdrängten, dann in die Sphäre des Göttlichen projizierten Materials, die psychoanalytisch das «Dogma» der christlichen Glaubenslehre als «Zwangsidee» (TH. REIK) erscheinen lassen.[28]
Speziell *die Trinitätslehre* des Christentums läßt sich über zahlreiche religionsgeschichtliche Parallelen unstreitig als eine abgewandelte (patriarchalisch umgeformte) Varietät der archetypischen familiären Trias von Vater, Mutter und Kind verstehen.[29] So kannte z. B. die thebanische Theologie der Alten Ägypter die Dreiheit von *Amun, Mut* und *Chons*[30], und die Verbindung von *Osiris, Isis* und *Horus* bildete den theologischen Hintergrund der gesamten dynastischen Thronfolge der Pharaonen.[31] Selbst ein katholischer Theologe, der sich jahrzehntelang mit dem rechten Verständnis des Heiligen Geistes befaßt hat, weist zur Verdeutlichung des praktischen Nutzens seiner hochspekulativen Ausführungen in der Einleitung eines seiner Werke darauf hin, daß von seiner Trinitätslehre Gewinn auch für die Theologie von Ehe

und Familie, mithin für das Verständnis der Beziehungen von Mann und Frau sowie der Eltern zu ihrem Kind zu erhoffen sei.[32] Als ob Anschauungen dieser Art nicht dem familiären Erfahrungsgrund *entsteigen* würden, statt daß man sie theologisch darauf anwenden müßte! Um insbesondere die Rolle des *«Vaters»* in der christlichen Opfertheologie zu würdigen, muß man auch sie psychoanalytisch aus ihrer projizierten (metaphysizierten) Form herauslösen und in die biographische Erfahrung der frühen Kindheit zurückübersetzen, wobei erneut jedes Detail so wörtlich wie möglich zu nehmen ist.

Dann fällt auf, daß in keiner der weitverzweigten theologischen Erläuterungen der christlichen Dogmatik der Gedanke geäußert wird, daß der «Vater» etwa selber Freude an den Leiden seines «Sohnes» empfinde. Im Unterschied zu zahlreichen Mythen der Völker, in denen Göttersöhne und Heroen zu Tode geschunden und gequält werden – wie z. B. der griechische Heros *Marsyas,* der von *Apoll* zur Strafe an einem Pfahl aufgehängt und gehäutet wird[33] –, fehlt in der christlichen Theologie jeder Zug sadistischer Wollust und Schadenfreude auf seiten des Vaters für die Qualen des Crucifixus. Es ist gewiß nicht verkehrt, auch in diesem Ausfall sadistischen Vergnügens angesichts der überaus betonten Hervorhebung von Blut und Marter in der christlichen Darstellung des Kreuzestodes Jesu das Resultat erheblicher Verdrängungen zu erblicken[34] – zumindest der Vater, nach dessen Willen und zu dessen Gunsten derart scheußliche Quälereien unerläßlich scheinen, sollte doch am Ende seine «Genugtuung» auch empfinden dürfen! Aber gerade dieses eigentlich entscheidende Moment wird niemals und nirgendwo auch nur andeutungsweise erwähnt. Im Gegenteil! Es gab eine theologische Anschauung, die sogar ausdrücklich den *«Patripassianismus»* lehrte:[35] «Auch der Vater hat gelitten», als er seinen Sohn leiden sah! Man wird in psychoanalytischer Betrachtung, sieht man genau hin, gerade in dieser Auffassung einen Reflex des widersprüchlichen Erlebens der frühen Kindheit vermuten dürfen.

Es ist uns bereits klar geworden, daß in dem Opfer des «Sohnes» für die «Menschheit» ursprünglich die Verurteilung *der Mutter* zu einem Leben der Entsagung und Entbehrung zu verstehen ist: es ist *ihr* Opfer, das dem Kind «Heil» und «Leben» und die «Vergebung» der «Schuld» seiner ganzen Existenz schenken soll. Im Kontext dieser Ursprungssituation stellt es psychologisch ein absolut plausibles, letztlich unverzichtbares Moment dar, wenn wir jetzt erfahren, daß im Hintergrund des Opferdramas von Mutter und Kind ein *Vater* existiert, der als der eigentliche Urheber, Adressat und Nutznießer der ganzen Veranstaltung erscheint, und zwar, wie glaubwürdig versichert wird, *wider sein eigentliches Wollen!* Gerade der Vater ist entgegen allem Augenschein kein grausamer Despot, sondern man muß es der theologischen Versicherung zufolge als einen Ausdruck seiner übergroßen Liebe betrachten, wenn er mitansieht, mitansehen *muß*, wie sein «gehorsamer Sohn» (seine eigene Frau also) zum Wohle der (häuslichen) «Welt» «geopfert» wird.

Gerade so muß es in der Tat sich zusammenfügen, um der Formung einer klerikalen «Berufung» günstig zu sein. – Denn wäre der Vater einfachhin nur ein Wüstling und Rohling, so würde es leicht zu einer kämpferischen Koalition zwischen Mutter und Kind kommen; allein schon, um ihr Kind zu schützen, müßte eine Frau in entsprechender Lage *aufhören*, sich zu opfern, sie müßte sich zugunsten ihres Kindes ebensowohl wie ihrer selbst gegen das Unerträgliche der Zumutungen ihres Mannes zur Wehr setzen – eine miserable Bedingung, um jene resignative Opfermentalität zu erzeugen, in welcher wir das klerikale Gehabe angesiedelt finden. Damit eine Frau einwilligt, sich und ihr Glück zum Wohl all ihrer Familienangehörigen zu «opfern», muß ihr als Prämie entweder eine wenn auch noch so schwache Hoffnung auf die Liebe ihres Gatten verblieben sein, oder sie muß sich stark genug fühlen, in gewisser Weise auch ohne ihren Gatten auskommen zu können. In keinem Fall darf der Vater, selbst wenn er durch die Umstände seines Lebens objektiv die Ursache schwerer Belastungen und Bedrückungen sein mag, als ein Erzschurke und Bösewicht gelten – es gehört unbedingt zu der Psychogenese klerikaler Mentalität, den «Vater» trotz allem als wohlmeinend glauben zu können – *und zu sollen!*

Wir haben weiter oben schon darauf hingewiesen, daß zu den privaten «Mythen» der Familienerinnerungen der meisten Kleriker der Eindruck zählt, das eheliche Zusammenleben von Vater und Mutter sei alles in allem zum besten bestellt gewesen, und wir haben dabei aufgezeigt, wieviel an verdrängten Aggressionen und verfälschten Wahrnehmungen sich in dieses Urteil mischen. Es ist jetzt an der Zeit zu bemerken, daß oft genug schon die Mutter selber das faktische Opfer ihres Lebens vor sich selbst und ihrem Kinde gehorsam verbergen mußte, indem sie entweder durch wirkliches Verstehen oder durch mitleidige Entschuldigungen die Härte ihres Lebens in ein milderes Licht zu rücken suchte. Wenn beispielsweise der Vater jähzornig tobt oder schimpft, so ist es nicht richtig zu glauben, der Vater sei einfach nur unbeherrscht, vielmehr zeigt sich dabei, wie sehr er sich für die Familie in seinem Beruf einsetzt und aufreibt – und so ist er, nach Hause zurückgekehrt, nur eben der absoluten Ruhe bedürftig; daß er so gut wie niemals mit den Kindern spielt, allenfalls mit wirschen Mahnungen ihr Spie-

len unterbricht, wäre natürlich völlig falsch verstanden, wollte man daraus schließen, er könne mit Kindern überhaupt nichts anfangen, nein, er ist sogar für besonders kinderlieb zu halten, und er würde gewiß seine Kinderliebe auch unter Beweis stellen, böte sich ihm dazu nur die Gelegenheit. Gleichgültig, wie sehr die Mutter selbst an derartige Erklärungen für das Betragen ihres Mannes glaubt oder nicht, *ihr Kind* hat daran zu glauben.
Es ist in der psychischen Entwicklung eines Klerikers nicht erst ein theologisches, es ist ursprünglich ein *psychologisches* Dogma, daß der Vater, selbst wenn er mit seiner Eigenart noch so viel an Leid verlangt oder verursacht, gleichwohl als liebevoll und gütig geglaubt werden muß; ja, es gibt für diesen Glauben am Ende sogar kein besseres Zeugnis und keinen verpflichtenderen Beweis als *das Opfer,* das *im Gehorsam* ihm dargebracht wird: Da die Mutter nicht aufhört, den Gatten ihrer Liebe und Treue zu versichern, wird man in der Tat wohl glauben müssen, daß der Vater auch wirklich liebenswert ist. Das Opfer des einen *beweist* die Liebe des anderen.
Erst in dieser Konstellation ist der frühkindliche Erfahrungshintergrund der klerikalen Opfertheologie vollständig beschrieben. Hinzuzufügen ist lediglich noch, daß, je nachdem, ob die Familiengeschichte aus der Sicht eines Mädchens oder eines Jungen betrachtet wird, und je nach Art, wie die Rollen von «Vater» und «Mutter» in der Familie jeweils verteilt waren, alles, was hier von der «Mutter» gesagt wurde, de facto in einer bestimmten Biographie auch vom Vater repräsentiert worden sein mag und umgekehrt – überflüssig, zu erläutern, daß es viele «mütterliche» Väter und viele «väterliche» Mütter gibt. Nur daß die Psychodynamik der familiären Biographie in der beschriebenen Weise zwischen Opfer und Gehorsam in einer Dreierbeziehung von «Vater», «Mutter» und Kind sich dargestellt haben wird, darf man voraussetzen, wenn irgend die kirchliche Opfertheologie als so faszinierend erlebt werden soll, daß sie die Macht gewinnt, ein ganzes Menschenleben in Gestalt eines späteren Klerikers zu prägen.

c) Variationen von Verantwortung oder: Das Rettersyndrom

Mit diesen Betrachtungen wäre der psychogenetische Weg der Entstehung speziell der christlichen Opfervorstellungen hinreichend ausgemessen, wenn da nicht der wichtigste Teil noch fehlen würde: die Art, wie das Kind, der spätere Kleriker, auf diesem Wege durch sein Leben *gehen* soll. Auch in dieser Frage lassen uns die theologischen Auskünfte nicht im Stich, wenn wir sie nur mit psychologischen Ohren zu hören verstehen; dann allerdings geben sie Aufschluß über jedes Detail des Gefühls- und Erlebnishintergrundes im Werdegang eines Klerikers.

Da ist als erstes *die Christusförmigkeit des Klerikerseins* zu nennen. Das Leben eines jeden Christen, eines Klerikers aber «in besonderer (?) Weise»[36], hat nach theologischer Auffassung von der «Nachahmung Christi» geprägt zu sein; es ist dabei vor allem das «Sühneleiden» des «Heilands», sein Weg in den Tod, der als Vorbild und Prüfstein echter Leidensnachfolge zu gelten hat.[37] Speziell der Priester der katholischen Kirche wird zu seinem erhabenen Amte geweiht, indem er (durch die Handauflegung des Bischofs) den *Geist Christi* empfängt, der ihn in dem sakramentalen Zeichen der Übernahme des Priesteramtes auf ewig, im Himmel und auf Erden, dazu bestimmt, seinem gnadenhaften Sein nach als «unauslöschliches Merkmal» das Siegel des Priesterseins an sich zu tragen.[38] Worin das sakramentale Zeichen eigentlich besteht, war und ist in der Kirchengeschichte niemals eindeutig zu beantworten gewesen; doch verdiente die Ansicht des heiligen THOMAS VON AQUIN auch in diesem Punkte höchste Beachtung und Wertschätzung, wonach die Überreichung des Kelches, zumindest aber die symbolische Bestellung zur Feier des Meßopfers, das spezifische sakramentale Symbol der Priesterweihe bilde.[39] In der Tat: ein Priester ist in seinem «neuen Sein» im Amte der lebende Protagonist und Repräsentant, der Verkünder und Zelebrant der kultischen Feier von Tod und Auferstehung Christi; er hat, entsprechend dem Wort des heiligen Paulus, die Leiden des Christus an seinem eigenen Leibe zu tragen (Gal 6,17)[40], um das göttliche «Heilshandeln» an den Menschen fortzusetzen und «vollständig» zu machen. Es ist wahr, daß in den letzten 20 Jahren die Opfertheologie der Messe durch den Gedanken des Mahles ergänzt, ja, vielfach ersetzt wurde; aber bezeichnenderweise rückt damit zugleich die Einzigartigkeit des Priesteramtes, die an dem Opfer hängt, in die Diskussion. – Auch hier geht es uns wohlgemerkt jedoch nicht um die *dogmatische* Herkunft und Berechtigung derartiger Vorstellungen; unsere Frage an dieser Stelle stellt sich *psychologisch:* welche Erlebnisinhalte müssen gegeben sein, um einen Menschen psychisch mit der Macht einer Schicksalsbestimmung dahin zu prädisponieren, eine solche Aufgabe bzw. eine solche Form seines Selbstverständnisses als subjektiv *evident,* als Schlüssel zum Verständnis seines ganzen Lebens, als wirkliche Erlösung von aller Qual des (seines!) Daseins zu begreifen; und da können wir der theologischen Erläuterung psychoanalytisch nur zustimmen, der zufolge es *der Geist* Christi ist, der im Moment des Todes Jesu sich den Menschen des Glaubens, den «Geretteten», mitteile.[41] In die Sprache der Psychoanalyse zurückübersetzt, müssen wir sagen: Es ist die (unbewußte) Identifi-

kation des Kindes mit der «Mutter», wirklich mit dem «Geist» ihrer Opfergesinnung, die es später dahin drängt, das Amt eines Klerikers der Kirche zu übernehmen. Die Aufgabe stellt sich, die Mutter, die sich für den Bestand der Familie geopfert hat, durch Nachbildung ihres Verhaltens und durch Übernahme ihrer Gesinnung und Geistesart buchstäblich am Leben zu erhalten und aus der Gefangenschaft des Todes zu retten. Wirklich erst in dem («freiwilligen»!) Selbstopfer des Kindes vollendet sich das «Werk» der Mutter, denn erst so verschwinden die Schuldgefühle dafür, an der Tötung der Mutter womöglich selber mitgewirkt zu haben; erst in der Übernahme der mütterlichen Geistesart von Selbstverzicht und Selbstunterdrückung wird die «Erlösung» von der Schuld des Daseins spürbare Realität.
Man kann theologischerseits gegen die psychoanalytische Ersetzung der Rolle des Christus in der klassischen Erlösungslehre durch die Erfahrung der eigenen Mutter vordergründig geltend machen, daß Christus eindeutig mit einer männlichen, niemals mit einer weiblichen Rolle identifiziert sei – im Unterschied etwa zu der Gestalt des Buddha, die in den chinesischen Darstellungen der *Kuanyin* (der Göttin der Barmherzigkeit, die aus dem Bodhisattva *Avalokiteshvara* entstanden ist[42]) durchaus weibliche Züge annimmt. Aber dagegen spricht die Entwicklung der katholischen Theologie in den letzten hundert Jahren selbst, näherhin die wachsende Einbeziehung *Mariens,* der Mutter Gottes, in das Erlösungsgeschehen[43]. Man spürt theologischerseits offenbar ganz richtig, daß die Opfervorstellungen des Christentums psychisch so lange nicht richtig zentriert sind, als sie mit rein männlichen Gestalten konfiguriert bleiben; von daher erscheint es nur konsequent, dem «Heils-Handeln» des männlichen Christus das Mitwirken und Mitleiden seiner Mutter zumindest gleichgewichtig an die Seite zu stellen. Zwar sind die dogmatischen Überlegungen über *die Miterlöserschaft Mariens* (noch) nicht zu der Stufe eines formulierten Glaubenssatzes der Kirche gediehen[44], aber der Protest der protestantischen Theologie trifft psychologisch etwas Richtiges, wenn der katholischen Kirche vorgeworfen wird, es habe in ihrem Bewußtsein und Frömmigkeitsleben die Gestalt Mariens praktisch die Bedeutung ihres Sohnes eingenommen, ja, übernommen und abgelöst. Psychoanalytisch gesehen, handelt es sich allerdings eher um eine fortschreitende *Offenbarung* der psychogenetischen Hintergründe der klerikalen Psychologie als um eine Verdunklung der dogmatischen Erlösungslehre: Es ist tatsächlich psychogenetisch die Mutter, die durch ihr Verhalten dem späteren Kleriker schon in der frühen Kindheit die Rolle des Christus (und damit seiner eigenen geistigen Lebensgrundlage!) erläutert; undenkbar daher, daß man auf diesen entscheidenden Kommentar, auf diese

wesentliche *Vervollständigung des Erlöserleidens Christi durch das Beispiel der (Großen) Mutter* verzichten könnte! Wirklich erst mit dem Blick auf die (eigene) Mutter versteht die katholische Theologie, solange sie maßgebend in den Händen von Klerikern verwaltet wird, was Jesus zum Heil der Menschheit mit seinem Opfertod bewirkt hat.[45] Umgekehrt scheint gerade die Relativierung des Klerikerstandes in den Kirchen der Reformation zugleich auch die Überwertigkeit des Marienbildes aufzulösen. Mit anderen Worten: Gerade die starke Betonung der Mariologie in der katholischen Theologie bestätigt in vorzüglicher Weise unsere psychoanalytische These, daß in der Psychogenese der Kleriker das Opfer- und Erlösungsschema der dogmatischen Theologie in dem Opfer der «Mutter» zugunsten des «Vaters» realisiert ist. Zugleich aber lernen wir mit diesem Ansatz auch *psychoanalytisch* noch etwas Entscheidendes dazu.
In der psychoanalytischen Literatur war es üblich, die Mariologie der katholischen Kirche als ein Derivat des *Ödipuskomplexes* zu interpretieren[46]; als stillschweigende Voraussetzung galt dabei, daß der «Sohn» für sein Vergehen «gekreuzigt» werden müsse, weil er gegen den Willen des Vaters seine sexuellen Ansprüche an die Mutter habe durchsetzen wollen. Das Kreuzesholz selbst sowie die Abbildung des nackten Körpers des Gekreuzigten galten dabei als eine nur schlecht verhüllte Darstellung der koitalen Vereinigung des Inzestes[47], so daß in der Kreuzessymbolik der Inzest*wunsch* wie seine *Strafe* gleichermaßen ihren Ausdruck fänden.[48] Inspiriert wurde diese Vorstellung vor allem durch SIGMUND FREUDS Analyse des *«Retterkomplexes»*[49], den er auf das Bestreben des männlichen Kindes zurückführte, die Mutter aus den Händen des «tierischen» Vaterunholdes zu befreien – ein Motiv, das unzähligen Märchen und Mythen zugrunde liegt[50], in denen ein Held auszieht, um am Ende der Welt eine verwunschene Jungfrau aus der Gefangenschaft schrecklicher Mächte zu erlösen. Speziell die starke Betonung der ewigen *Jungfräulichkeit Mariens*[51] in der katholischen Kirche, die auch heute noch vorgibt, dieses kostbare *Symbol* der Religionsgeschichte der Völker[52] ganz unsymbolisch, biologisch-äußerlich, verstehen zu müssen[53], unterstützt natürlich die FREUDsche Deutung des Rettungs- und Erlösungskomplexes in der christlichen Theologie. Gleichwohl enthält diese Interpretation den Mangel, der allen psychoanalytischen Betrachtungen anhaftet, die den «Ödipuskomplex» gewissermaßen als eine Urtatsache bzw. als ein Fixum ohne Vorgeschichte nehmen. Um es so auszudrücken: Litten die Kleriker der katholischen Kirche wirklich allein unter dem «Ödipuskomplex», so würde es überhaupt keine Kleriker in der katholischen Kirche geben; ja, es muß als unmöglich gelten, Kinder, die bis zum 4.,

5. Lebensjahre sich einigermaßen normal entwickeln durften, allein im Umkreis der sexuellen (ödipalen) Thematik derart frustrieren und traumatisieren zu können, daß sie daraufhin den gesamten Katalog der Entbehrungen in allen Triebbereichen entsprechend den sogenannten «evangelischen Räten» auf sich nähmen. Wir werden noch ausführlich zu zeigen haben, wie stark vor allem die leidige Zölibatsfrage in der Tat von der ödipalen Thematik beherrscht wird; aber es wäre ein grober Fehler und es bedeutete eine absolut unverantwortliche Simplifizierung der psychischen Problematik des Klerikerseins, wollte man die sexuellen Konflikte der «Keuschheitsforderung» zum Ausgangs- und Endpunkt der ganzen Betrachtung nehmen, nur weil dieser Problembereich gewiß am auffälligsten ist und schon deshalb von SIGMUND FREUD als erster entdeckt wurde. Die *gegenteilige* Schlußfolgerung ist die richtige: weil am auffälligsten, deshalb entwicklungspsychologisch am spätesten und also von anderen Faktoren am meisten *vorbelastet!* Primär wird der Entwicklungsweg zum Kleriker nicht von der sexuellen Themenstellung her bestimmt, sondern von Infragestellungen, die in der Tat so umfassend über Heil oder Unheil, Sein oder Nichtsein, Gelingen oder Mißlingen der menschlichen Existenz entscheiden, wie es auf der Ebene der Theologie reflektiert und definiert wird. Das erlösende Opfer, das die «Mutter» wie das «Kind» zu erbringen haben, um die Welt des «Vaters» zu retten, besteht als erstes nicht in der Unterdrückung bestimmter sexueller Strebungen, sondern in der Frage der Rechtfertigung des Daseins überhaupt. So wahr es ist, daß das Leben eines Menschen nur gelingen kann, wenn er es wagen darf zu lieben, so wahr ist umgekehrt die Feststellung, daß nur jemand, der durch die Liebe eines anderen Menschen seines Daseins froh geworden ist, zur Liebe fähig ist; die Psychologie des Opfers aber mit all ihren Ambivalenzen beginnt erst jenseits jener Daseinssicherheit, die in den Mythen der Völker im Symbol eines uranfänglichen Paradieses ausgemalt wird. Nicht, wie man mit dem Vater um die Liebe der Mutter konkurriert, sondern wie man die Mutter rettet, die mit dem Opfer ihres Lebens den Bestand der Familie zu retten sucht, ist die entscheidende Frage, aus welcher in aller Regel *das Übermaß an Verantwortungsgefühl und Selbstaufopferung* zur Rettung der «Welt» im späteren Leben der Kleriker der katholischen Kirche hervorgeht.

Es gehört zu den Paradoxien psychoanalytischer Untersuchungen, daß ihren Ergebnissen oft gerade dann am heftigsten widersprochen wird, wenn sie ersichtlich am empfindlichsten zutreffen – allein schon deshalb macht es keinen Sinn, die Hintergründe der Psychologie des Klerikerseins mit den üblichen Mitteln der Befragung und Statistik erforschen zu wollen.[54] Wir

haben schon gesehen, wie unzumutbar schwer es den meisten Klerikern fällt, auch nur von weitem sich einzugestehen, wie problematisch und konfliktreich das Eheleben der eigenen Eltern verlaufen sein muß; für gewöhnlich bedarf es in der Therapie vieler Monate und Jahre, um gegen einen ganzen Kordon von Widerständen diese Wahrheit der Motivationsgeschichte zum Klerikerberuf ans Licht zu ziehen. Immerhin, das ist zuzugeben, liegt gegenüber dem bisher Gesagten noch ein sehr berechtigter Einwand auf der Hand, der sich so formulieren läßt: Man kann verstehen, daß z. B. ein Kind, dessen Mutter immer wieder an *Herzasthmaanfällen* zu leiden hat, sich in Todesangst an seine Mutter klammern und alles Erdenkliche tun wird, um seine Mutter am Leben zu erhalten; aber die Problematik des Herzasthmas ist doch recht ausgefallen; wie soll daraus, aus einem speziellen Beispiel, eine allgemeine Einsicht hervorgehen?
Zur Beantwortung dieser Frage muß man sich klarmachen, daß die menschliche Psyche nur über eine recht begrenzte Anzahl von Erlebnis- und Reaktionsmöglichkeiten verfügt, mit welchen die gesamte Mannigfaltigkeit des Wirklichen beantwortet werden muß. Subjektiv wird Angst z. B. immer wieder als Angst erlebt, gleichgültig, ob das Angsterleben vom Zucken eines Blitzes, vom Beben der Erde, vom Krachen eines Schusses oder vom Anblick einer Maus erzeugt wird. Ganz analog kann dieselbe Psychologie von ontologischer Unsicherheit, von fundamentalem Schuld- und Verantwortungsgefühl sowie den zugehörigen Opfertendenzen, wie wir sie in der frühkindlichen Biographie eines Klerikers der katholischen Kirche voraussetzen, aus jeder beliebigen Konstellation entstehen, in der die Beziehung von Vater und Mutter aus der Perspektive des Kindes nur durch die Selbstpreisgabe eines Elternteils («der Mutter») stabilisiert werden kann. Um jedoch dem Leser bei der möglichen Selbstanalyse ein Stück weit behilflich zu sein, mögen einige Varianten frühkindlicher Angstquellen näher beschrieben werden.
Die erste Möglichkeit: *der Vater ist abwesend.* Natürlich kann eine solche Situation sich später bevorzugt in Richtung einer ausgesprochen ödipalen Beziehung zwischen Mutter und Kind fortentwickeln; doch zum Verständnis des Problems der ontologischen Unsicherheit müssen wir, wie gesagt, früher ansetzen, indem wir uns fragen, was der Ausfall des Vaters zunächst für die Mutter selbst an Gefühlen mit sich bringt.
Der Vater war beispielsweise im Krieg, gerade zu dem Zeitpunkt, als das Kind (der spätere Kleriker) zur Welt kam; was sich *in ihm* als «ontologische Unsicherheit» festsetzte, bestand zunächst objektiv als reale Ungesichertheit im Leben der Mutter: *Ihre* Gefühle von Einsamkeit und Hoffnungslo-

sigkeit, von Sorge und Verzweiflung, von Verlassenheitsangst und Erwartung muß man vor Augen haben, um den oft phantastischen Kontrast von Resignation und Zuversicht zu begreifen, der die Psychologie vieler Kleriker bestimmt. Es ist, so lautete ihre Erfahrung bereits in der Kindheit, für das persönliche Wohl durch eigene Aktivität ohnedies kaum etwas zu erhoffen; aber es ist immerhin möglich, daß eine günstige Veränderung des Schicksals noch alles zum Guten wendet: Der Vater kann, selbst nach Jahren der Gefangenschaft, noch zurückkehren; es ist möglich, selbst nach Jahren der Vertreibung und Heimatlosigkeit mit der Familie irgendwo unterzukommen.

Wichtig ist dieser Gegensatz von Resignation und Hoffnung vor allem seiner religiösen Implikationen wegen. Die Realangst der Mutter auf der einen Seite und ihr Festhalten an Möglichkeiten, die trotz allem bestehen bleiben, auf der anderen Seite können in sich selbst bereits im Bewußtsein des Kindes eine Spannung erzeugen, die sich nur durch die Ausbildung religiöser, weltjenseitiger Erwartungen lösen läßt. «Ich entsinne mich deutlich», erzählte eine Ordensschwester im Rückblick auf ihre Kindheit, «wie ich, etwa vierjährig, mit meiner Mutter im Bett lag und sie davon sprach, daß bald das ganze Dorf von den Amerikanern zerstört sein würde. Wir beteten zusammen, daß Vater aus dem Krieg zurückkehren werde.» Es ist gewiß von großer Bedeutung, daß in dieser Kindheitserinnerung die Mutter selbst bereits in ihrer Daseinsangst religiös sich zu trösten suchte; wichtiger aber noch als dies ist psychologisch im Erleben des Mädchens die Teilhabe an der Angst und an der inneren Haltlosigkeit der Mutter. Für ein Kind bricht die Grundlage seiner gesamten «Welt» zusammen, wenn die Person, an die es sich schutzsuchend klammert, aufgrund ihrer eigenen Angst keine Geborgenheit zu geben vermag; für dieses vierjährige Mädchen ergab sich daraus sogar die Aufgabe, die Mutter in ihrer Verzweiflung zu trösten und ihr Mut zu machen, am Leben bleiben zu wollen; deutlich spürte dieses Mädchen, daß es mit seiner eigenen Existenz eine große, fast unerträgliche Belastung für die Mutter darstellte; auf der anderen Seite aber war es mit der Tatsache seines Daseins auch zu so etwas wie dem einzigen Lebensinhalt und Sinn im Dasein seiner Mutter geworden, und beide Erfahrungen gemeinsam verdichten sich zu dem genannten Wechselspiel von Schuldgefühl und Retterphantasie, von dem Eindruck, besser eigentlich gar nicht zu leben, und dann wieder, unbedingt als geborener «Erlöser» auf der Welt sein zu müssen, und auch darin ist eine letztlich religiöse Komponente angelegt; denn da ein Kind objektiv natürlich so gut wie nichts für das Wohl seiner Mutter zu tun vermag, müßte es gewissermaßen von sich selbst her die religiöse Tröstung für sich und

seine Mutter *erfinden*, wenn es sie nicht bereits im Glauben seiner Mutter vorfände: Es ist die ontologische Unsicherheit selbst, die in ihrer dramatischen Zuspitzung die Religion im Gemüt eines Kindes wie selbstverständlich hervortreibt und sich all ihrer Elemente bedient, wie um über dem Auswurf glühender Lava am Hang des Vulkans sich und den Angehörigen ein Haus aus Basalt zu errichten.
Das kleine Beispiel zeigt zudem bereits, wie das Motiv von dem «Opfer der Mutter» zugunsten des «Vaters» zu verstehen ist: Der Vater braucht subjektiv, moralisch, mit dem gesamten Geschehen nicht das Geringste zu tun zu haben – es genügt, daß die objektive Konstellation keinen anderen Weg zuläßt, als daß die entscheidende Kontaktperson eines Kindes nur unter äußerster Hintanstellung ihres eigenen Lebens eine gewisse Chance des Überlebens offenhalten kann, um den beschriebenen Mechanismus von Angst, Schuldgefühl und Verantwortung in der Psychogenese eines späteren Klerikers in Gang zu setzen.
Übrigens ist sogleich hinzuzufügen, daß es selbstredend viele, auch *subjektiv* bedingte Formen geben kann, die den einen Elternteil (den «Vater») in der Sicht von Mutter und Kind als *«abwesend»* erscheinen lassen. Da ist z. B. der Chefarzt eines Krankenhauses, der als sichere Grundlage seiner Ehe, wie er meint, mit seiner Frau ein Kind nach dem anderen in die Welt setzt, um sich zwischendrein und hernach von den Aufgaben seiner Arbeit randvoll besetzen zu lassen, hat er doch nach so viel Vaterfleiß seine Gemahlin, wie er denkt, wohlversorgt zurückgelassen; zwar fährt er mit ihr und den Kindern in den Ferien regelmäßig für drei Wochen nach Mallorca oder Acapulco, doch überwindet selbst ein solches «Opfer» der Ferien die Einsamkeit seiner Gattin so wenig wie die Angewohnheit, alle vier Wochen reihum eine Party für die gleichrangigen Honoratioren der Stadt zu geben oder zu besuchen. – Das Beispiel mag nicht zuletzt auch als einfacher Hinweis auf die an sich äußerst vielfältigen Formen von Verlassenheitsangst und schleichender Verzweiflung gelten, die mitten in äußerem Wohlstand, mitten in den sogenannten «geordneten Verhältnissen» und mitten in einer Welt scheinbar beneidenswerten Erfolges grassieren können. Entscheidend in unserem Zusammenhang aber ist die Tatsache, daß *als Ersatz für den abwesenden Vater das Kind* im Leben seiner Mutter die zentrale, buchstäblich «rettende» Stelle von Sinnvermittlung und Lebensinhalt übernimmt.
Um die an sich einfache *Grundsituation des abwesenden Vaters* noch ein Stück weit zu variieren (und zu komplizieren), läßt sich an die zahlreichen Ehen denken, in die eine Frau von vornherein mit einer ausgeprägten Neigung zu Pflichterfüllung, Ehrgeiz und Opfer hineingeht. Stellen wir uns eine

Frau vor, die selbst in ihrer Kindheit einen ausgesprochenen Emporkömmling und Aufsteiger als Vater besaß; dieser Mann benötigte als Tochter nicht so sehr ein glückliches Mädchen, als vielmehr eine glücklich scheinende Vorzeigepuppe zum Beweis seines Erfolges, und so sehnte die Frau sich bereits als Kind wie verzweifelt nach einer Liebe, für die sie bereit gewesen wäre, jeden Preis zu zahlen, auf die sie aber gleichzeitig immer wieder verzichten mußte. Erwachsen geworden, steht zu erwarten, daß sie dieses Verhaltensmuster: um Liebe *zu werben und* gleichzeitig aus Angst vor Enttäuschung jede wirkliche Nähe förmlich *zu fürchten*, wie selbstverständlich fortsetzen wird. Mit anderen Worten: Ihr Mann, selbst wenn er es gut meint, darf gerade *nicht* tun, was seine Frau insgeheim am meisten sich ersehnt: ihr nahekommen. An die Stelle einer partnerschaftlichen Liebe mag eine solche Frau sich um so inniger der Pflege ihrer Kinder zuwenden, in denen sie zum Teil ihre eigene ungelebte Kindheit wiedererinnert und wiederholt – in jedem Falle ist für sie der Vater ihrer Kinder *emotional* wie abwesend, während diese selbst das Vakuum der so notvoll vermißten Vater- und Gattenliebe, so gut es geht, durch ihre eigenen dargebotenen Formen von Freude und Glück ausfüllen müssen. Augenblicklich beginnt somit in der zweiten Generation sich zu wiederholen[55], was bereits das Leben der Mutter zutiefst geprägt hat: Mußte diese, statt glücklich zu *sein*, stets glücklich *scheinen*, so müssen jetzt die Kinder, um ihre Mutter nicht unglücklich zu machen, sich als besonders «positiv», gesund und «lebensfroh» darbieten. «Ich kann noch heute mit meiner Mutter zusammen keinen Fernsehfilm anschauen, in dem Folterungen, Krankheiten oder Schlägereien gezeigt werden. Ich kann meine Mutter nicht leiden sehen – es wäre für mich unerträglich», gestand vor einer Weile ein Priester, der vor Jahren noch auch nur den bloßen Gedanken als absolut lächerlich beiseite geschoben hätte, es könnte die unglückliche Bindung an seine Mutter gewesen sein, die ihn vor Jahrzehnten zur «Erwählung» als Kleriker bestimmt hätte – wo seine Jugend doch nichts war als eitel Sonnenschein! Er hatte es selber vier Jahrzehnte lang glauben müssen.

Aber auch das Umgekehrte: *die erdrückende Nähe des Vaters* kann im Leben der Mutter Ängste hervorrufen, die das Lebensgefühl ihres Kindes mit einem Maximum an ontologischer Unsicherheit heimsuchen. – Natürlich kann man dabei zunächst wieder an äußere Faktoren denken: Der Mann hat z. B. seinen Arbeitsplatz verloren und verbringt ganze Tage damit, mürrisch und mißgelaunt herumzusitzen, indem er sich und den anderen so gründlich wie möglich auf die Nerven geht, oder er ist im Krieg, durch Krankheit oder durch einen Verkehrs- bzw. Arbeitsunfall zum Invaliden und Frührentner geworden. Doch selbst in solchen bereits rein äußerlich beeindruckenden Schicksalsfällen ist es nicht so sehr die Tatsache der faktischen Verhältnisse an sich, als vielmehr die Form der seelischen Verarbeitung, die das Gefühl der ontologischen Unsicherheit bei den Familienangehörigen erzeugt. EMILE ZOLA etwa hat in seinem Roman *«Der Totschläger»* in der Gestalt des Fabrikarbeiters *Coupeau* einen solchen Lebensweg des Unglücks beschrieben[56] – ein modernes *Atriden*-Drama, in dem die «Schuld» der Eltern, wie es verheißen ist, durch göttlichen Fluch bis ins dritte, vierte Geschlecht geahndet zu werden scheint (Ex 20,5). Die Handlung des Romans ist rasch erzählt. Die tüchtige und von einer tapferen Fröhlichkeit erfüllte *Gervaise Macquart* ist von ihrem Liebhaber *Lantier* mit zwei Kindern sitzengelassen worden, als sie nach ihrer Notheirat mit *Coupeau* eine bescheidene Zeit relativen Glücks erlebt. Doch als ihr Mann nach seinem Unfall arbeitsunfähig wird und sich in einen verzweifelten Säufer verwandelt, wendet *Gervaise* sich wieder ihrem ehemaligen Geliebten zu. Aber auch *Lantier* ist in Wahrheit ein trunksüchtiger Psychopath, der *Gervaise* so zusetzt, daß sie schließlich selber in Suff und Prostitution endet. – Selten ist in einem Roman die zermürbende Macht sozialen Elends in solcher Wucht und Eindringlichkeit geschildert worden, doch um so deutlicher ist auch die Tatsache, daß erst die seelisch verinnerlichte Form äußeren Unglücks den Menschen wirklich vernichtet. Das Ausmaß des Unglücks ist in der Familie der *Lantiers* bereits zu groß, um Kinder aufwachsen zu lassen, die noch in irgendeiner Weise an Heil und Rettung glauben könnten: Das Mädchen *Nana* wird zu der wohl berühmtesten Dirne der Weltliteratur[57], während ihr Bruder zu einem genialen Maler heranreift. Eine *Berufung zum Kleriker* ließe sich unter vergleichbaren Umständen nur denken, wenn ein Mann wie *Coupeau* mit seiner Invalidität zwar schwer auf seiner Familie lasten würde, das Vorbild der Mutter aber mit all ihrem Einsatz gerade noch ausreichend wäre, ein gewisses Maß an Ordnung und Solidität aufrechtzuerhalten. Ähnlich wie nach der Geschichtstheorie ARNOLD TOYNBEES eine höhere Form von Kultur nur entstehen kann, wenn ein Mittelmaß zwischen den Extremen äußerster Härte der Herausforderung (in der Arktis z. B.) und äußerster Verwöhnung der Lebensumstände (wie auf den tropischen Inseln der Südsee) vorliegt[58], so darf man auch die Bedingungen, unter denen eine «Berufung» zum Klerikersein sich formen kann, nur in einer gewissen gerade noch erträglichen Form der ontologischen Unsicherheit suchen. Dann aber ist nicht selten vor allem die seelische Nähe des «Vaters» als der entscheidende Faktor der *«produktiven Herausforderung»* zu betrachten, die das Kind (den Jungen, das Mädchen) durch *ein Übermaß an Verantwortung* in die Richtung des späteren Klerikerseins drängt.

Der Vater beispielsweise steht beruflich unter starkem Druck. Nehmen wir an, er hat soeben einen Kolonialwarenhandel alter Form (einen Tante-Emma-Laden) eröffnet und verbringt von morgens früh bis abends spät seine Zeit hinter dem Ladentisch; auch seine Frau nötigt er, als kostenlose Angestellte ihm zur Seite zu stehen; dabei duldet er keinen Widerspruch – schließlich hat sie ja dem Plan der Ladeneröffnung selber zugestimmt, und natürlich gibt er jede Art von Nervosität und Existenzangst ungehindert an sie weiter. *Oder:* Die Eltern haben in einem Wallfahrtsort ein Café aufgemacht, das in den Wintertagen recht gut zu bewirtschaften ist, in den «Stoßzeiten» der Sommermonate aber selbst bei Einstellung von zusätzlichem Personal eine einzigartige Überbeanspruchung darstellt. *Oder:* Der Vater führt auf seinem mittelgroßen Bauernhof eine Landwirtschaft, die ihn unter dem Konkurrenzdruck der EG-Preisrichtlinien immer mehr in die roten Zahlen treibt – der gesamte Besitz an Haus und Hof, einem Erbe von Generationen, droht zur Schuldentilgung veräußert werden zu müssen. *Oder:* ... – es gibt unzählige, Formen, in denen der Vater mit seinen Berufssorgen der Familie auf eine Weise «nahe» ist, die bis ans Unerträgliche reicht.

Noch einen Schritt weiter, und wir haben *die* Belastungen vor Augen, die «nur» psychischer Natur sind, indem der Vater bestimmte Charaktereigenschaften aufweist, die in spezifischer Weise der Mutter zur Qual sind und umgekehrt. Nehmen wir (in recht grober Schematik) z. B. an, daß die Mutter von *depressiver* Persönlichkeitsstruktur ist, der Vater aber eher *zwangsneurotische* Züge aufweist[59], so läßt sich vorhersehen, daß es zwischen den Eltern (und zwar unbeabsichtigt!) immer wieder zu schweren Mißverständnissen kommen wird. Die Frau etwa wartet sehnsüchtig auf ein gutes Wort der Anerkennung oder des Lobes, ihrem Mann aber, der seit Kindertagen gelernt hat, sang- und klanglos seine Pflicht zu tun, erscheint es völlig fremd, für irgend etwas, das doch eigentlich selbstverständlich ist, auch noch ein Lob aussprechen zu sollen. Die Frau fühlt sich, entsprechend ihrer depressiven Grundhaltung, außerordentlich gehemmt, irgendeinen Wunsch mitzuteilen; um so mehr aber verletzt es sie, ihren Mann in brutaler Weise, wie sie es empfindet, immer wieder nur Befehle, Forderungen und Vorwürfe ausstoßen zu hören. In Wahrheit ist auch der Mann außerstande, einen eigenen Wunsch als Bitte oder Möglichkeit zu äußern – entsprechend seiner zwanghaften Art sind die Kategorien *seines* Denkens das «Du sollst» und «Man muß», und so kennt seine Sprache keinen Konjunktiv noch Optativ, doch um so mehr den Indikativ und Imperativ.

Oder eine andere Situation: Es gesellt sich zu einem eher *depressiven* Vater eine zur *Hysterie* neigende Mutter.[60] Es mag sein, daß am Anfang der Ehe dem Mann gerade das «Temperament» seiner Frau wie etwas Begeisterndes erschienen ist, während sie in dem ruhigen Wesen ihres Gatten so etwas wie «Ferien vom Ich» erhoffen durfte. Dann aber zeigte sich, daß die Frau sich von der Lethargie und Schlaffheit ihres Mannes zunehmend behindert und wie gelähmt fühlte, während er sich immer mehr als Trottel und als «Schluffen» abgestempelt fühlte. Auf der anderen Seite mochte die Frau ihren Mann auch nicht verlassen, so daß sie zunehmend ihre Frustration in einer exzessiven Symptomatik auszudrücken begann. So kam es immer wieder vor, daß sie wie eine Furie tobte und schrie, sich die Haare raufte und mit Schaum vor dem Mund auf ihren Mann einschlug, während dieser nur wie ein geprügelter Hund seines Weges ging, um seinen Ärger und Zorn zunehmend im Alkohol zu ertränken.
Für die Heranbildung der Psyche eines Klerikers kommt es darauf an, daß in Szenen und Erlebnissen dieser Art ein starkes Motiv gelegen haben muß, sich *bereits als Kind* an der Seite des jeweils *schwächeren* Teils für das Ganze der Familie verantwortlich zu fühlen. Wenn wir vorhin noch analysiert haben, ein welch hohes Interesse die von Klerikern formulierte Moraltheologie daran hat, verheirateten Eheleuten jedes Recht auf Scheidung, selbst unter noch so notvollen Verhältnissen, kategorisch abzusprechen, so treffen wir jetzt auf ein Moment, das noch tiefer liegt als die bereits erwähnte Feindseligkeit der eigenen Familienbiographie gegenüber: Zur Aufgabe vieler Kleriker hat es von Kindsbeinen an gehört, die Ehe ihrer Eltern (und damit den schwächeren Elternteil in der Ehe) zu stabilisieren, aufrechtzuhalten – zu retten! Es ist oft erschütternd, sich erzählen zu lassen, wie eine Ordensschwester, ein Priester, als Mädchen, als Junge, in einer Art frühkindlicher *Pendeldiplomatie zwischen Vater und Mutter* immer von neuem vermitteln mußte, um die angefallenen Mißverständnisse, die drohenden Zerwürfnisse abzufangen, und wie sie mit acht oder mit zehn Jahren ihren Vater, ihre Mutter besser zu verstehen suchen mußten, als diese sich mitzuteilen wußten. Entscheidend ist dabei, daß, zumindest in der Vorstellung, die subjektive Kraft als ausreichend gelten konnte, um derartige Konflikte irgendwie wenigstens zu lösen, bzw. daß die Hoffnung bestand, es werde der Himmel ein Wunder wirken, wenn man als Kind sich selbst nur genügend um die rechte Lösung bemühte. Lautet nicht ein frommes Wort aus alten Tagen: «Kindergebet dringt durch die Wolken»? Wie viele der Kleriker haben schon als Kinder den Vater im Himmel auf den Knien bitten müssen, die Mutter vor dem eigenen Vater oder umgekehrt diesen vor der eigenen

Mutter zu beschützen – und damit doch auch die eigene Existenz vor beiden![61] Doch wer von den Ordensschwestern und Priestern wäre imstande, auch nur annähernd sich selbst und den anderen diese Geheimnisse ihrer «freien» Entscheidung und «Ganzhingabe» an Christus in ihrem, wie man glauben muß, «umfassend erfüllten» Leben im Orden, im Amt, einzugestehen und für sich selber durchzuarbeiten? Man braucht oft Jahre, um auf dem Königsweg der Träume, der Deckerinnerungen und der allmählich offener werdenden Aussprache sich an diese verschwiegenen, verdrängten, bestens gehüteten Wahrheiten der Biographie heranzuarbeiten. Dann endlich, in einem Katarakt der Mitteilungen, erfährt man, daß der Vater oder die Mutter über lange Zeit hin dem Alkohol verfallen war, daß zwischen Vater und Mutter tagelang oft kein Wort gewechselt wurde, daß der Vater oder die Mutter zu Jähzorn und blinder Wut neigen konnte, daß es zwischen den Eltern so etwas wie Zärtlichkeit oder Herzlichkeit niemals gegeben hat, daß die so gut erscheinende bürgerliche Ehe der Eltern ein ewiger Spätherbst war, aus dem die Mutter oder der Vater erst nach dem Tod eines der beiden wieder zum Leben erwachte – und daß man als Kind in irgendeiner Weise versuchen mußte, das Unverständliche zu verstehen, das Unerträgliche zu ertragen und das Unmögliche anzustreben: eine Harmonie, einen Gottesfrieden dort zu erhoffen, wo er nicht war. Ohne ein gerüttelt Maß an psychischer Hypothek dieser Art entsteht nicht die spezifische Kombination von ontologischer Unsicherheit und Verantwortungsgefühl, deren es bedarf, um ein Kleriker der katholischen Kirche zu werden. Das meiste aber ist bereits gewonnen, wenn endlich die Erlaubnis gegeben wird, den unvermeidlichen Schuldgefühlen zum Trotz die Wahrheit im Leben der eigenen Eltern in der Schwere ihrer Problematik sich wirklich bewußt zu machen und offen dazu zu stehen, anstatt die in frühen Kindertagen geborenen Ängste immer wieder in den Zwangsstrukturen der Großfamilie Kirche zu beruhigen und *zu verfestigen.*

d) Kain und Abel oder: Die Geschwisterrolle

Ein besonderes Paradox des Klerikerseins besteht darin, daß es wohl keinen Beruf unter Menschen gibt, der von Amts wegen so sehr darauf angelegt ist, die Menschen als «Geschwister», als «Schwestern und Brüder in Christo», als Teile der Großfamilie Kirche zu betrachten, wie der Stand der Kleriker, während die Sehnsucht nach einer solchen Familieneinheit nicht selten aus den heftigsten geschwisterlichen Spannungen in der eigenen Familie hervor-

geht. Die Tatsache selbst besitzt ihr gewiß berühmtestes Vorbild in Mk 3,21[62] und 6,1–6[63], wo deutlich wird, in welch einer inneren Spannung Jesus selbst zu seinen eigenen Geschwistern und Verwandten gestanden haben muß. Aber es geht hier bei der Untersuchung der primären Rollenzuweisungen in der Psychogenese des Klerikerseins nicht einfach um bestimmte Unverträglichkeiten oder Kratzbürstigkeiten unter Geschwistern, sondern um Auseinandersetzungen, die mit schicksalbestimmender Macht das Selbstverständnis von Menschen für das ganze weitere Leben festlegen. Konflikte dieser Art *müssen* sich ergeben, d. h. sie haben ihre Wurzel gewiß nicht einfach in den üblichen Reibereien innerhalb einer Horde von Kindern, sondern in der zentralen Frage jedes Kindes, wie es inmitten der anderen Kinder zu seinen Eltern, insbesondere zu seiner Mutter, steht. Die Regel gilt auch hier, daß die verschiedensten Situationen ein relativ gleichförmiges Ergebnis hervorbringen können; für die Heranbildung *der Psyche eines Klerikers* kommt es zunächst nur darauf an, daß aus den jeweiligen Gegebenheiten, wie immer sie im einzelnen beschaffen sein mögen, das spezifische Zusammenspiel von ontologischer Unsicherheit und Verantwortung resultiert, das sich im Hintergrund der Biographie jedes Klerikers, wenn man nur lange genug nachgräbt, mit großer Regelmäßigkeit findet.
Vier verschiedene Konflikte in der Geschwisterreihe lassen sich entlang der Skala möglicher Eigenschaften durchspielen: das Problem des guten und des bösen, des älteren und des jüngeren, des gesunden und des kranken, schließlich des schönen und des häßlichen bzw. des tüchtigen und des untüchtigen Kindes sowie, parallel dazu, die Gefühle des Verantwortlichseins, des Abgelehntseins, des Lästigwerdens und der Eifersucht. Es dürfte dabei klar sein, daß all diese Konflikte, selbst wenn wir sie der Übersichtlichkeit wegen getrennt beschreiben müssen, miteinander zusammenhängen und sich zu einem einzigen Knäuel verdrehen können, das wir als *das Kain-und-Abel-Problem* in der Geschwisterreihe bezeichnen können.
Die meisten, wenn nicht ausnahmslos *alle* lang anhaltenden heftigen Geschwisterrivalitäten erhalten ihre Nahrung weniger aus einer etwaigen Unverträglichkeit der Kinder untereinander als vielmehr aus der ungeklärten Frage, wie die eigenen Eltern, speziell die Mutter zu dem einzelnen Mädchen oder Jungen steht. Jedes Kind, das auf die Welt kommt, wird mit allen nur erdenklichen Mitteln versuchen, die Zuwendung und Zuneigung seiner Mutter so total wie nur möglich für sich zu gewinnen. Jede Einschränkung oder Verzichtleistung, die ihm in dieser Hinsicht abverlangt wird, erregt als erstes seinen geballten Widerwillen und Protest, derart, daß nur zwei Triebkräfte es vermögen, den kindlichen Anspruch auf den Alleinbesitz der Mut-

ter zu mildern oder eines Tages gar zu zügeln: zum einen die reifende Eigenständigkeit, die nach und nach bestimmte Formen der mütterlichen Fürsorge als Bevormundung und Einengung erleben läßt, zum anderen aber die Liebe und das Anlehnungsbedürfnis an die Mutter selbst – die sogenannte *«anaklitische Objektlibido»*[64]; sie nötigt das Kind dazu, immer wieder auf die Mutter Rücksicht zu nehmen und zwischen ihren Möglichkeiten und den eigenen Bedürfnissen Kompromisse zu schließen. Entscheidend ist nun, daß ein Kind selbst begrenzte Einschränkungen seiner Willkür nur dann mit einer gewissen inneren Anpassungsbereitschaft hinnehmen wird, wenn es seine Mutter als einigermaßen zuverlässig und vertrauenswürdig erlebt; umgekehrt gesagt: je größer die Angst eines Kindes ist, die Mutter zu verlieren, desto verzweifelter wird es sich an sie klammern, desto sicherer wird es mithin jede Andeutung von Entzug oder Verweigerung seiner Mutter als eine Bestätigung seiner Angst interpretieren, in Wahrheit nicht geliebt zu sein. Die scheinbar einfachsten Fragen von Zeit und Energie können auf dem Hintergrund der ontologischen Unsicherheit sich in dramatische Konflikte von Macht und Überlegenheit verwandeln[65], indem die Mutter, statt auf die «Mitarbeit» ihres Kindes zählen zu können, in immer neuen Machtkämpfen *ihren* Willen *gegen* den Willen des Kindes durchsetzen muß.
Sehr rasch entsteht so ein *zweiter vollendeter Teufelskreis* (s. o. S. 271): Das Kind fühlt sich immer aufs neue in seinen vermeintlich berechtigten Wünschen abgelehnt, mißverstanden und überfahren, und es hat nicht die geringste Chance zu begreifen, daß *erst infolge seiner Angst* all seine Bedürfnisse derart überwertig, bedingungslos, enttäuschbar und in gewissem Sinne maßlos werden, bis dahin, daß auch die liebste Mutter der Welt sie in dieser Form beim besten Willen nicht erfüllen kann; umgekehrt wird die Mutter, die ohnehin bereits belastet genug ist, um bei dem Kind das Gefühl der ontologischen Unsicherheit zu erzeugen, sich von ihrem Kind jetzt erst richtig überfordert fühlen und sich in irgendeiner Weise dagegen zur Wehr setzen. Zwischen Mutter und Kind entsteht somit *ein Kampfverhältnis*, das die bestehenden Konflikte eher verstärkt, als sie zu lösen. Natürlich läßt sich vorstellen, daß die Mutter irgendwann ihre objektive Überlegenheit gegenüber dem Kind in die Waagschale werfen und die kindlichen «Unarten» mit Brachialgewalt zu beseitigen versuchen wird. In der Psychogenese eines Klerikers hingegen muß man – entsprechend der Opfertheorie – eher *die depressive Unterwerfung des Kindes*[66] als die Regel annehmen: statt sich auf direktem Wege durchzusetzen, zwingt die Mutter ihr Kind per Symptom: *auf dem Wege ihrer Traurigkeit*, ihrer Leiden, ihres demonstrierten Unvermögens, am Ende doch zur Kapitulation. Um nicht noch lästiger, noch

schuldiger, noch unerwünschter zu erscheinen, sieht das Kind sich genötigt, die eigenen Bedürfnisse so weitgehend wie irgend möglich zurückzuschrauben, ja, es *muß* sich schuldig fühlen, überhaupt noch bestimmte Wünsche gegenüber der so vielbeschäftigten und überforderten Mutter zu unterhalten.

Fortan kehrt sich vor allem *das Wertsystem* um: Aus dem ursprünglichen Vorwurf, die Mutter tue dem Kind Unrecht, wird für das Kind in Zukunft förmlich die Pflicht, sich selbst mit all seinen Bedürfnissen für ein lebendes Unrecht, für bloßen Unrat, für eine moralische Zumutung zu halten. «Ich bin ein ewiges Schwein», «Ich bin nichts als geborener Mist», werden die Äußerungen sein, die man schließlich als die «eigentliche» Wahrheit über das Leben der so Aufgewachsenen in der Therapie kennenlernt. «Und warum sind Sie so etwas völlig Verworfenes?» «Das weiß ich nicht. Dafür gibt es keinen Grund. Es ist einfach so. Und Sie denken doch auch nicht anders, oder?» lautet die Antwort. Es gab offenbar wirklich eine Zeit, in welcher Grund bestand, ein solches Gefühl zu erlernen; doch diese Zeit liegt schon lange zurück, und geblieben ist wesentlich die Neigung, in jedem Konfliktfall sich selbst statt andere anzuklagen. Die Bereitschaft indessen, in einem Übermaß an Kränkbarkeit Konflikte allerorten wahrzunehmen, und zwar mit Vorliebe dort, wo objektiv gar keine sind, durchtränkt schließlich die ganze Welt mit einem unerträglichen Duftstoff, der zum Atmen nur Raum gibt, wenn die Hoffnung auf ein ganz anderes, weltjenseitiges Leben sich bildet, das manchmal, in sehnsüchtigen Träumereien, schon jetzt wie eine erfrischende Brise herüberweht. «Niemandes Kind zu sein», sagten wir früher von dem Grundgefühl der Kleriker; «niemals ein Kind zu sein», müssen wir jetzt sagen, wenn es darum geht, die Beziehung der Angstbindung an die eigene Mutter und der Gefühlsambivalenz zu anderen Kindern, zu den eigenen Geschwistern vor allem, als eine prägende, in gewissem Sinne konstitutive Größe im Leben künftiger Priester und Ordensleute zu beschreiben. Ausgeklammert lassen wir dabei das Problem der sog. *«Sandwich-Kinder»*, deren Schwierigkeiten sich gerade daraus ergeben, daß sie *zwischen* den anderen aufwachsen müssen; ihre Konflikte lassen sich in der Regel als Addition der Konflikte aus den Extremstellen der Geschwisterreihe verstehen, – sie bieten strukturell eine Fülle von Variationsmöglichkeiten, liefern aber thematisch keine wesentlich neuen Erkenntnisse über das Folgende hinaus.

α) Die ewige Geschichte von Kain und Abel oder: Die Konkurrenz des Guten und des Bösen

Es gibt keine bessere Darstellung des mörderischen Kampfes, der unter Geschwistern ausbrechen muß, die sich allesamt in eine Welt ontologischer Unsicherheit hineingeworfen sehen, als *die Geschichte von Kain und Abel* in Gen 4,1–16[67]. Erzählt wird dort die Situation von Menschen, die sich wesenhaft als Verstoßene fühlen, belastet mit dem Fluch Gottes, der schon ihre Stammeltern traf. Nichts ist mehr selbstverständlich, jenseits von Eden, dem Garten des Glücks am «Anfang» der Welt, wo die Menschen in naturgegebener Einheit mit ihrem Ursprung lebten. Wenn irgend sie jetzt das Gefühl zurückerlangen wollen, trotz der Schuld ihres Daseins akzeptiert zu sein, so müssen sie dem geheimen Streben der Religion aller Völker Tribut zollen und der Lebensmaxime der «Kleriker» zu allen Zeiten Folge leisten: Man wird nur akzeptiert, wenn, weil und solange man *opfert,* und zwar nicht etwas, sondern sich selbst. Nur wer sein ganzes Leben so tüchtig, so produktiv, so erfolgreich und so nützlich wie möglich gestaltet, erhält die Chance, ein «Ansehen» zu finden; das fundamentale Ambivalenzgefühl im Untergrund des Daseins läßt sich innerhalb der ontologischen Unsicherheit nur überwinden, indem man alle eigenen Wünsche und Interessen radikal zurückstellt. Geliebt wird, wer sich opfert. Dieses Skript aller verbannten Kinder Evas möchte einigermaßen aufgehen, sofern die Menschenkinder in der Einzahl blieben. Die Geschichte von *Kain* und *Abel* aber erzählt von dem Unglück, das sich notwendigerweise ereignet, sobald mindestens *zwei* Kinder bei ihrem verzweifelten Bemühen, eine verlorene, d. h. nie wirklich besessene Liebe zu erringen, als unerbittliche Konkurrenten einander gegenübertreten. Sobald das «Ansehen» des eigenen Daseins sich auf den Erfolg der dargebrachten Leistungen gründet, wird ein jeder zu einer tödlichen Gefahr für den anderen, der auf dem Hintergrund der gleichen Angst und mit demselben Konzept die Bühne des Lebens betritt: Gerade durch die Vorteile, welche eine gütige, aber nicht gänzlich gerechte Natur ihm unverdientermaßen mit auf den Weg gab, stellt er eine permanente Bedrohung der eigenen Bemühungen um Liebe, Beachtung und Anerkennung dar; gerade *die* Eigenschaften, die ihn an sich als liebenswert erscheinen lassen, muß man bekämpfen, verdunkeln, verleugnen, verformen, um seiner selbst sicher zu werden; aus eben den Fähigkeiten, die in einem Klima angstfreier Akzeptation dazu bestimmt sein könnten, die eigenen Grenzen und Mängel auf das vorteilhafteste im Austausch miteinander zu ergänzen, werden im Feld der Angst, im Terrain der ontologischen Unsicherheit, Feindmarkierungen und

Angriffspunkte. Das an sich Lobenswerte am anderen verwandelt sich vor diesem Hintergrund in das Hassenswerte für die eigene Person; die Angst der Ungeliebtheit verfügt über die grenzenlose Macht der Umwertung aller Werte; und doch ist auch dieser Weg der frontalen wie der lateralen Konkurrenz eine vollendete Sackgasse, denn er besteht nicht nur darin, das Dasein des anderen umzuqualifizieren, er verfälscht auch das eigene Streben nach opfervoller Hingabe und bedingungslosem Gutseinwollen in das gerade Gegenteil einer extrem egozentrischen und egoistischen Selbstbehauptung.
In der Geschichte von *Kain* und *Abel* ist es derselbe Mann, der eben noch das Beste seiner Herde am Altare Gottes zum Opfer darbrachte, welcher wenig später wider den Willen Gottes und wider das Streben seines eigenen Vorsatzes zum Mörder an seinem Bruder wird, nur weil dieser scheinbar besser dasteht als er selber. Je stärker die Angst der Ausgesetztheit, desto furchtbarer das aggressive Potential der Zerstörung, der Liquidierung des brüderlichen Konkurrenten, dieses anderen, der zum Feind einfach dadurch wird, daß er mein Bruder oder meine Schwester ist, daß er mithin inmitten derselben Familie geboren wurde. Dabei dient der ganze Kampf der Konkurrenz einzig dem Ziel, geliebt zu werden; der tragische Widerspruch aber erhebt sich, daß gerade die Strebungen der Feindseligkeit in den Augen besonders *des* Menschen, um dessen Zuneigung alle Anstrengungen sich drehen, wirklich als böse gelten müssen. Ist es nicht die Pflicht eines guten und braven Kindes, zu seinem Geschwisterchen nett und verträglich zu sein und es jedenfalls nicht absichtlich zu quälen und zu schikanieren? Je nach dem Ausmaß der Angst ist die Verzweiflung jetzt vollkommen: Der andere (die Schwester, der Bruder) macht durch sein bloßes Dasein bzw. durch sein ganz ähnliches Verhalten einem selber eben den Platz streitig, den man mit Hilfe aller gutgemeinten Absichten und Verzichtleistungen zu erobern und besetzt zu halten hoffte; alles also drängt danach, den lästigen Konkurrenten aus dem Feld zu schlagen, wähnend, die Welt sei wieder in Ordnung, wäre der andere nur endlich verschwunden. Aber mitnichten! Gerade das Bestreben, den Bruder, die Schwester von der allzu kärglich bemessenen Liebe der Mutter abzuschneiden, erregt deren Unwillen, erzeugt ihren Tadel, ja, beweist schließlich nur um so mehr, daß man im Grunde doch ist, was man immer schon zu sein fürchtete und am wenigsten sein wollte: ein böses, verdammenswürdiges Kind, das statt der Zuneigung einzig die Zurückweisung seitens seiner Mutter verdient.
Das Kind wie die Mutter stehen an dieser Stelle vor einem schier unlösbaren Dilemma ihrer Beziehungen. Die Mutter vermag mit all ihren Opfern und Pflichterfüllungen ihr Kind nicht wirklich davon zu überzeugen, daß es

uneingeschränkt und vorbehaltlos die Liebe seiner Mutter verdiene; also muß das Kind beschließen, sich die fehlende Sicherheit seiner Existenz durch eigene Opfer und Vorleistungen zu verdienen: Wenn es ganz gut ist und alles tut, was die Mutter will – spätestens dann wird die Mutter es liebhaben! Aber es ist gerade diese Opferhaltung, die in ihrer Angstgebundenheit jeden anderen zum Feind und Konkurrenten stempelt; der Wille, nur ja alles richtig zu machen, schlägt um in Bosheit und Feindseligkeit gegenüber allen anderen, die der Liebe der Mutter vermeintlich im Wege stehen. Welch eine Mutter aber vermöchte hinter dem plötzlich so massiv aufbrechenden Haß die Reaktion eines enttäuschten, verzweifelten Bemühens um Liebe zu erkennen? Der Gott der Bibel in der Geschichte von *Kain* und *Abel* vermag es nicht, und die meisten Menschenmütter vermögen es noch weniger, sind sie doch selber, anders als Gott, die unmittelbar Betroffenen des kindlichen Zerstörungstriebes – dessen geheime Ursache ebenso wie dessen unheimlicher Adressat! Mutter und Kind fühlen sich am Ende nur noch hilfloser, schuldiger und zwiespältiger als zuvor. War am Anfang die Liebe zwischen Mutter und Kind nur zweifelhaft, so ist sie jetzt ganz und gar zweideutig: eine ständige Mischung aus Sehnsucht und Enttäuschung, aus gutem Willen und Zorn, aus Vorwurf und Wiedergutmachung.

Wie aus diesem Zwiespalt ein Entkommen möglich ist? Eigentlich nur durch Aufspaltung und Verinnerlichung.

Gewiß, es gibt auf der einen Seite Menschen, die als Kinder bereits das Verhalten der *«Kainiten»* erlernt und mit gewissem Erfolg praktiziert haben, z. B. indem sie lernen mußten, die Schwäche und Wehrlosigkeit der Mutter entweder für sich selber auszunützen oder aber durch die Mobilisierung stellvertretender Aggressionen zu kompensieren. Der letztere Weg ist auch in der Laufbahn eines späteren Klerikers sehr wohl denkbar, weil mit der Neigung und Pose des Retters (primär der eigenen Mutter) an sich gut zu vereinen.

Man kennt z. B. den Typ eines Priesters, der in seiner Pfarrarbeit eigentlich die Zügel schleifen läßt, der aber hellwach wird, sobald er eine Chance sieht, seine Lieblingsrolle als ein Helfer der Witwen und Waisen zu spielen; dann sucht er förmlich den Streit, und man spürt deutlich, wie wohl es ihm selber tut, endlich seinen aufgestauten Aggressionen einen erlaubten Ausweg zu schaffen, indem er ersatzweise den Zorn äußert, an dem es z. B. jener von ihrem Mann im Stich gelassenen Hausfrau oder der wiederholt mißhandelten Gattin eines Alkoholikers so sehr gebricht. Natürlich kann dieselbe «kainitische» Energie auch dazu verwandt werden, die Widersacher der Glaubens- und Sittenlehre der Kirche an den Pranger zu stellen und z. B. im

Gewand eines Verteidigers der Wahrheit sich in erbarmungslose Machtkämpfe um Posten und Positionen im Lehr- und Verwaltungsbetrieb der Kirche zu stürzen.
Im ganzen aber stellt der offene «Kämpfer» und Streiter als Typ des Geistlichen in den Reihen der Kleriker der katholischen Kirche nach der Art des Don Camillo eher die Ausnahme dar[68], allenfalls daß eine solche Grundhaltung *latent* (mit einem erheblichen Zuschuß an Energien aus dem Ödipuskomplex) *in der Kirche selbst* ausgelebt wird: Der Kampf gegen den Vater um das Wohl und Wehe der Mutter findet dann seine ideologisch motivierte Fortsetzung z. B. in der Auflehnung gegen die Vaterautorität (des Papstes, des Bischofs, der staatlichen Behörde etc.) zugunsten der Unterdrückten, der nur unter Einsatz des eigenen Lebens (bzw. der bürgerlichen Existenz) zu rettenden «Gemeinde» bzw. bestimmter Randgruppen in der Gemeinde, wie etwa der Homosexuellen, der Asylanten usw. Die ursprüngliche Auflehnung gegen den Vater kann in jedem Falle sehr leicht zur Ursache oder zur Verstärkung all jener Konflikte geraten, die im Felde der ontologischen Unsicherheit in der Geschwisterhorde auszubrechen pflegen: wer ist es, der als der Retter seiner Mutter als am meisten tauglich und also als am höchsten liebenswert gelten darf – wer, in der Sprache der Erzählung von *Kain* und *Abel,* bringt sich als ein wirklich Gott wohlgefälliges Opfer dar?
Nehmen wir, um das Gemeinte zu verdeutlichen, z. B. an, daß ein Junge vier, fünf Jahre älter ist als seine zwei jüngeren Geschwister, die zur Welt kamen, als der Vater 1942 zur Wehrmacht eingezogen wurde; der Junge war damals gerade alt genug, um in der Zeit der ödipalen Phase die leer gewordene Stelle an der Seite seiner Mutter endgültig zu besetzen und sie nicht mehr gegen seinen Vater, sondern einzig gegen die nachrückenden Geschwister zu verteidigen, und zwar mit dem Mittel, das ihm am besten zur Verfügung stand: der körperlichen wie der geistigen Überlegenheit seines Alters; von jener Zeit an hatte er die Rolle des Ersatzpatriarchen, des Wissenden, des *Chefs* aus Verantwortung zu spielen – eine Aufgabe, die ebenso überfordernd wie schmeichelnd, ebenso anspruchsvoll wie anspornend ausfallen konnte und sich später natürlich auch in der Pose eines klerikalen Übervaters auf dem Lehrstuhl eines Theologiedozenten oder in den höheren Leitungsämtern der Hierarchie wiederfinden mag. – Es sei dabei übrigens noch einmal darauf hingewiesen, daß die Konstellation: der Vater ist im Krieg, durch jeden «ordinären» Ehekrieg genauso gut gegeben sein kann: es genügt, daß Vater und Mutter sich bereits nach der Geburt des ersten Kindes soweit auseinandergelebt haben, daß die Mutter deutlich das Auseinanderbrechen ihrer Ehe vor Augen sieht, wenn sie nicht durch zwei weitere Gebur-

ten auf dem Wege der Verantwortung noch zusätzliche Stabilisatoren für den Bestand der Ehe schafft; ihr erstes Kind aber fungiert fortan um so mehr als der Ersatzgeliebte der Mutter, mit ihm bespricht sie ihre Konflikte, in ihm sucht sie ihr Glück und ihre Bestätigung, und je mehr sie ihren Mann vor den Kindern demütigt, desto sehnsüchtiger pflanzt sie ihre Hoffnungen in die Person dieses ihres erstgeborenen Kindes.[69]

Worauf es bei solchen Beispielen ankommt, ist einmal, daß deutlich wird, wie die ungelösten Konflikte zwischen den Eltern über das Ausbreitungsmedium der ontologischen Unsicherheit sich in den Konflikten zwischen den Kindern widerspiegeln, und zum anderen, daß die psychische Ambivalenz des Opfermotivs zwischen Angst, Aggression, Hingabebereitschaft, Konkurrenzangst und aggressivem Machtwillen im Sinne der Kain-Haltung hinlänglich durchschaubar wird. Was die «Kainiten» mit ihrer Herrschsucht, ihrem Jähzorn, ihren Totschlagaffekten eigentlich erreichen möchten und was hinter ihren anfallartigen Attacken so schwer erkennbar ist, richtet sich zumeist auf das Bemühen, aus einer verzweifelten Angst heraus alles ganz richtig zu machen, um endlich geliebt zu werden. Freilich muß man zugeben, daß es bei ihrem Gehabe zumeist leichter fällt, sie respektvoll zu umgehen als sie zu mögen, so daß sie, ans Ende gelangt, nur noch mehr auf der Flucht vor sich selber im Lande der «Schweife», im Lande *Nod* (Gen 4,16), sich aufhalten als am Anfang.[70]

Genau umgekehrt, jedoch gerade deswegen nicht weniger widersprüchlich, verhalten sich die *Abel-Menschen*. Es war vor Jahren LEOPOLD SZONDI, der ganz richtig die Vertreter der «heiligen» Berufe, wie Richter und Pastoren, dem, wie er es nannte, «epileptiformen» Triebgegensatz zuordnete, den er als einen ständigen Abwehrkampf zwischen dem Anspruch des Kain und dem Anspruch des Abel beschrieb.[71] Abgesehen von der äußerst fragwürdigen erbbiologischen Grundlage, die SZONDI seinen Theorien zu geben suchte, trifft es den Kern der Sache, wenn er psychodynamisch die Haltung «Kains» mit den Worten beschrieb: «Kains Boshaftigkeit nährt sich aus zwei Strebungen. Erstens staut er die groben Affekte (Wut, Haß, Zorn, Rache, Neid und Eifersucht) in sich auf ... Zweitens will er diese groben Affekte bei der erstbesten Gelegenheit geltend machen ... Kain schämt sich somit nicht, der böse Bruder zu sein ... Unter rivalisierenden Geschwistern, von denen das eine von einem Elternteil bevorzugt wird, entwickelt dasjenige, welches in der Elternliebe zu kurz gekommen ist, des öfteren Kains-Ansprüche. Es hat den Drang, seinem Rivalen oder sogar dem ungerechten Elternteil den Tod zu wünschen. Das tragische Schicksal der Kainiten beginnt somit schon in der Frühkindheit. Sie sind in der Nacht des öfteren trotzige Bettnässer, am

Tag geraten sie leicht in Wut und stiften viel Unheil durch ihre Racheakte daheim und in der Schule ... (Ferner) neigen diese Kainiten stets zur Generalisierung, d. h. zur Ausweitung des kainitischen ‹Eifersuchtsraumes›, indem sie sich auch in ihren Berufserfolgen zu kurz gekommen fühlen; sie dehnen so allmählich den Kreis der Mitmenschen, gegen den sie Wut und Haß hegen, auf deren Erfolg sie neidisch und eifersüchtig sind, immer weiter aus. Im besonderen finden wir diese Kainiten unter den Fabrikanten, Kaufleuten, Wissenschaftlern, Literaten, Politikern, bei denen der erhoffte Erfolg oder die Anerkennung ausblieb. Nicht selten wird aus dem einstigen rachesüchtigen ‹Bettnässer-Kain› später ein wissenschaftlicher Kritiker oder Literaturkritiker, der dann ›das trotzige Pissen in eitles Wissen› umwandelt und in unbarmherzig intoleranter Weise einen jeden Autor ‹bespritzt›, dem es gelungen ist, literarisch oder wissenschaftlich mehr zu leisten als ihm, der als ein armseliger ‹Tintenfaß-Kain› in einer Redaktion nur seiner Rache frönt. Man kann auf diese Kainiten nicht böse sein. Ihr Schicksal erweckt eher Mitleid denn Verachtung. Der biblische Kain hat ja aus seiner unendlichen Liebe zu Gott-Vater den Bruder erwürgt, ein Umstand, den man bei seiner Verurteilung leicht vergißt ... Nur ein geringer Prozentsatz aller Kainiten schlägt den Weg zur Bekehrung ein ... Obzwar der reine Kain stets einen milderen Bruder Abel im Hintergrund hält, gelingt es sogar den Tiefenpsychologen äußerst selten, die Drehbühne des Affektlebens vom Bösen zum Guten umzudrehen, vermutlich, weil ja die Umwelt unfähig ist, auch ihre Feinde, diese Kainiten, zu lieben und sie gerade durch ausharrende Liebe und Zärtlichkeit davon zu überzeugen, daß im Leben mit Liebe alles leichter geht als mit Böswilligkeit.»[72]

Gleichwohl erzählt die Bibel selber in einer Reihe von Beispielen, wie durch die Umkehrung der Kain-Haltung der fromme *Abel* zum Vorschein kommt, und es ist für das Verständnis der Psychogenese eines Klerikers äußerst wichtig, seine Abel-Haltung ganz im Sinne SZONDIS als die bloße Kehrseite der genau entgegengesetzten Triebstrebungen zu erkennen. *Moses* z. b., der in einem Jährzornsanfall empörten Gerechtigkeitsgefühls den Ägypter erschlägt und fliehen muß (Ex 2,11–15), wird schließlich am Sinai das Gebot erlassen: «Du sollst nicht töten» (Ex 20,13)[73]. *Saulus,* der (Apg 8,1) mit Wohlgefallen der Steinigung des *Stephanus* zuschaut und selbst (Apg 9,1) Drohung und Mord wider die Jünger des Herrn schnaubt, wandelt sich (Apg 9,4.5) in einem epileptischen Anfall vor Damaskus in den Völkerapostel *Paulus*[74]. Die ganze innere Spannung eines Klerikers wird wirklich erst deutlich, wenn man in der demonstrierten Opferhaltung des *«Abel»* die Abwehr der genau entgegengesetzten «kainitischen» Triebstrebungen erkennt; mit anderen Worten: Man muß in der Abel-Seite des Klerikers, ganz entsprechend der biblischen Erzählung, diejenige Verhaltensweise erkennen, die sich ergibt, wenn das «Opfer» der eigenen Person von dem wesentlichen Gegenüber (von der Mutter z. B.) «angenommen» wird. Nach den Worten SZONDIS repräsentiert die Abel-Haltung einen Menschen, «der einerseits in seinem ethischen Leben nach Gewissenhaftigkeit, Gerechtigkeit und Toleranz gegenüber den Mitmenschen strebt, der gutmütig, hilfsbereit, oft auch religiös ist..., andererseits in seiner Moral auf die Schamschranken streng achtet; d.h. er stellt sich nie zur Schau, sondern unterdrückt seinen Geltungsdrang und verbirgt seine zarten Gemütsbewegungen... Die Gesellschaft hält ihn für einen anständigen, guten Menschen. Gut sein heißt aber, daß man den bösen, d. h. den ‹Bruder Kain› in den Hintergrund gestellt hat.»[75] Man muß vor allem sehen, daß die klerikale Opferhaltung des lammfrommen *Abel* durchaus kein «einfaches», undialektisches Verhalten mit sich bringt, sondern selbst eine äußerst komplizierte Reaktionsbildung auf gewisse zerstörerische Antriebe darstellt, die mit viel Angst abgewehrt werden. Hieß es bisher: Ich bin nur gut (= liebenswert und akzeptabel), wenn ich mich (nach dem Vorbild der Mutter zur Rettung der Mutter) opfere, so heißt es jetzt in Reaktion auf die Ambivalenzgefühle der Opferhaltung: Ich muß ein *Abel* sein, um nicht ein *Kain* zu werden, wobei dieser «Kain» biographisch zumeist mit einem real existierenden Geschwister identisch ist, psychologisch aber in jedem Fall zugleich die Gegenkräfte in den Tiefenschichten der eigenen Psyche vertritt.

Es gibt zum Beleg dieser These erneut ein theologisches Theorem, das in der subjektiven Überschätzung seiner Bedeutung im Kreise der Kleriker sich als eine Rationalisierung starker verdrängter Ängste und Triebregungen nach dem Aufspaltungsmodell der Abel-Haltung zu erkennen gibt: *die Debatte um das Problem der Schwangerschaftsunterbrechung*, in der Bundesrepublik geführt als Diskussion um eine mögliche Änderung des § 218.

Ein Außenstehender könnte denken, daß eine Kirche, die sich im Besitze göttlicher Geheimnisse wähnt, die ihr zur Rettung der ganzen Welt anvertraut wurden, sich nicht genug tun werde, ihre Botschaft so oft und intensiv wie nur möglich der Menschheit mitzuteilen. Der kirchlichen Glaubenslehre nach ist nichts auf Erden so wichtig als zu erfahren, daß in Christus alle Menschen ihr Heil in Zeit und Ewigkeit zu finden vermögen; von nichts anderem also, sollte man erwarten, müßte in der Kirche mit ähnlichem Nachdruck die Rede sein als von den Heilstaten Gottes in Jesus Christus. Doch so verhält es sich gerade nicht. Seit die katholische Kirche die Macht verloren hat, irgend jemanden mit äußerem Druck zu den Lehren des Christentums zurückzunötigen, legt sie in ihrer Öffentlichkeitsarbeit das größte Gewicht nicht so sehr auf die Fragen des Glaubens als der Moral, und unter diesen ist ihr kein Problem heute so wichtig wie die Frage der Abtreibung. Wann immer die katholische Kirche (sehr im Unterschied etwa zu den protestantischen Kirchen) in der Öffentlichkeit von sich Schlagzeilen macht, kann man mit guten Gewinnchancen darauf die Wette wagen, daß sie sich zum «Schutz des ungeborenen Lebens» geäußert hat. Hier sieht sie ihre derzeit zentrale Aufgabe, hier gibt sie sich am meisten engagiert. Es muß an dieser Stelle wiederum die Frage der objektiven ethischen Bedeutung und Berechtigung der kirchlichen Einstellung unerörtert bleiben; um so wichtiger aber ist in unserem Zusammenhang die offenbare *subjektive* Bedeutung, die diese Frage für das psychische Gleichgewicht der Kleriker selbst besitzt.

Ordensschwestern z. B., die in der Krankenpflege arbeiten, sehen sich kirchlicherseits mit der Frage konfrontiert, ob sie dem Arzt auf der gynäkologischen Abteilung bei der Amniozynthese assistieren dürfen – wozu auch sollte die Untersuchung des Fruchtwassers einer Schwangeren zur Früherkennung möglicher Schädigungen des Embryos dienen, wenn im Falle schwerer Mißbildungen die Mutter nicht wenigstens darüber nachdenken dürfte, ob unter Umständen eine Abtreibung nicht den einzig sinnvollen Ausweg aus einer sonst unerträglichen Situation für sie darstellt? In den kirchlichen Beratungsstellen drängt sich die Frage auf, wie sich das Vertrauen der Betroffenen gewinnen läßt, wenn die gesamte «Beratung» von vornherein nur ein einziges Ergebnis (das Kind auszutragen) haben darf und alle anderen Erwägungen prinzipiell als in sich unsittlich und schwer sündhaft gelten müssen. Es ist allem Anschein nach nicht allein die Folge des traditionellen moraltheologischen Denkens in objektivistischen Begriffen, die eine differenziertere Berücksichtigung der jeweiligen Situation handelnder Personen grundsätzlich ausschließt[76], es wirkt in dem Rigorismus der katholischen Moraltheologie in der Frage der Abtreibung – über die oben erwähnten Strukturen des klerikalen Denkens hinaus – wohl auch ein besonderer *emotionaler* Faktor sich recht intensiv aus, der mit dem eigenen Erleben der frühen Kindheit zusammenzuhängen scheint.

Als ich vor Jahren in einem Vortrag vor Theologen einmal andeutete, daß es nötig sein könnte, in der Frage der Abtreibung die Möglichkeit von unentrinnbar *tragischen* Situationen anzuerkennen[77], in denen kein Mensch des anderen moralischer, geschweige denn strafrechtlicher Richter sein könne, meldete sich anschließend ein junger Geistlicher, der mich hernach tagelang mit der Frage bestürmte, was denn noch sicher sei in einer Welt, in der die

Abtreibung «erlaubt» sei; es war ihm beim besten Willen nicht klarzumachen, daß «tragisch» keinesfalls identisch ist mit «erlaubt», sondern im Gegenteil soviel bedeutet wie «an sich unerlaubt, wenngleich unvermeidlich». Im Verlauf vieler Gespräche aber zeigte sich, daß hinter seinen bohrenden Fragen nicht nur die (zwangsneurotische) Angst vor dem Chaos stand, sondern eine extreme Form ontologischer Unsicherheit. Er war das uneheliche Kind einer Mutter, die mit 18 Jahren in dörflichen Verhältnissen den ganzen Zwiespalt einer Moral hatte durchleiden müssen, in welcher künstliche Empfängnisverhütung, außerehelicher Geschlechtsverkehr und Abtreibung alle zusammen als schwere Sünden ausgegeben wurden. Klar, daß unter solchen Voraussetzungen eine unverheiratete Frau ihr Kind nur wie ein Dokument öffentlicher Schande austragen kann; sie wird, wenn sie tapfer ist, allen Mut zusammennehmen, d. h. es wird ihr als einem gläubigen Mädchen die Angst vor der noch viel größeren Sünde einer Kindstötung gar keine andere Wahl lassen, als das Kind auszutragen, aber wie soll es ihr möglich sein, unter dem spöttischen Gerede der Leute, unter dem Druck der öffentlichen «Moral», verlassen und enttäuscht von ihrem Liebhaber und unter Verzicht auf ein mögliches berufliches Fortkommen ebenso wie auf die Aussicht einer neuen unbeschwerten Partnerschaft, allein auf sich gestellt, ihr Kind anders zu empfinden denn als das, was es für sie ist: als das schwerste Opfer ihres Lebens, und wie also soll sie Zugang finden zu seinem Leben außer über den schmalen Brückensteg der Pflichterfüllung? Dieser Theologe, dem der bloße Gedanke an die «Erlaubtheit» der Abtreibung einen solch panischen Schrecken einjagte, war spürbar als Kind für seine Mutter ein solches lebendiges Lebenshindernis gewesen, und er brauchte deshalb das absolute, keinerlei Ausnahmen duldende *Verbot* jeder Schwangerschaftsunterbrechung buchstäblich, um seines eigenen Lebens sicher zu sein. Das kirchliche Verbot der Abtreibung war in gewissem Sinne für ihn wirklich die einzige Garantie seines Daseins (gewesen), und mit entsprechend heftiger emotionaler Beteiligung verteidigte er diesbezüglich die Lehre der Kirche. Die strikte Zwangsversicherung gegen die «Tötung des Kindes im Mutterleib» bis hin zu den logisch schwer verstehbaren Vergleichen von Kardinal JOSEF HÖFFNER, der die Abtreibung mit der massenweisen Vernichtung «lebensunwerten Lebens» in den nationalsozialistischen Gaskammern auf eine Stufe stellte[78], scheint psychoanalytisch recht gut motiviert, wenn man bei den Verfechtern solcher Anschauungen ein frühkindliches Erleben voraussetzt, das bereits dem Heranwachsenden mit höchster Evidenz vor Augen gehalten haben muß, daß er sein Dasein einzig dem heroischen Opferwillen seiner Mutter verdanke; es wird folglich *von ihm* verlangt, sich in der Rolle des «Abel» zu opfern, und so wird er als Priester eines strengen Gottes von allen Menschen, den Frauen und Müttern insbesondere, auch späterhin fordern, daß sie gleichermaßen in ähnlicher Lage ein ähnliches tun und sich «freiwillig» zum Opfer bringen.

Weit wichtiger noch als die rationalisierte Form der inneren Dialektik der klerikalen Abel-Haltung ist indessen die Problematik der *Verdrängung* bzw. der *Verschiebung* des Kain-Anteils in den Tiefenschichten der klerikalen Psyche. Man macht sich selten wirklich klar, daß gerade die Opferhaltung der Abel-Charaktere keinesfalls aus einem ursprünglichen Reichtum und einer natürlichen Großherzigkeit entspringt, sondern im Gegenteil ein Verfahren darstellt, um mit Hilfe einer bestimmten Strategie innerhalb eines Feldes angstdurchsetzter Konkurrenz Ansehen, Zuwendung und Liebe zu erringen, und zwar: *vor* den anderen, notfalls auch *auf Kosten* der anderen.

Auf die außerordentlich narzißtische Seite der klerikalen Psychodynamik sind wir bereits gestoßen, als wir die Strukturen des Überichdenkens im Rahmen der zwangsweisen Totalidentifikation des Ichs mit den Weisungen des Überichs (bzw. der ihnen entsprechenden Behörde) zu beschreiben suchten. Wir sagten damals, daß es dieser Art des «Denkens», Wertens und Urteilens wesentlich nicht um Einsicht in die faktischen oder menschlichen Verhältnisse und Zusammenhänge zu tun sei, sondern um die Herstellung einer möglichst innigen, das Ich bestätigenden Übereinstimmung mit dem Überich: Alle möglichen Formen von Fanatismus, existentieller Doppelbödigkeit und dogmatischer Wirklichkeitsblindheit ergeben sich wie notwendig aus diesen Bedingungen. Jetzt jedoch lernen wir *den psychogenetischen Ursprung* dieser Einstellung kennen und erfahren dabei, daß er, entgegen der FREUDschen Herleitung des Überichs aus den Ablösungsvorgängen des Ödipuskomplexes[79], zeitlich weit früher angesetzt werden muß als am Ende etwa des 5., 6. Lebensjahres. Nicht die Heftigkeit *der Auflösung* der Bindung des Sohnes an die Mutter ist das entscheidende Problem der Entstehung des Überichs, sondern die frühkindliche Verarbeitung der Projektionen und Introjektionen auf der Stufe bereits der oralen Phase[80], und es geht dabei entscheidend um die Frage, mit welch einer Heftigkeit die ontologische Unsicherheit *die Anklammerung* des Kindes an die Mutter bzw. seine Suche nach einer möglichst vollständigen Einheit mit der Mutter verstärkt. «Ich darf (nur) leben, wenn ich tue, was die Mutter will; ich bin zum Tode verurteilt, wenn ich nicht tue, was die Mutter will» – diese Maximen, die der Weltsicht der *deuteronomistischen* Geschichtstheologie im Alten Testament mit Bezug zu dem «eifersüchtigen» Gott Jahwe entstammen könnten[81], erzwingen sehr früh schon ein abelförmiges Verhalten als das einzige Remedium des Überlebens. Tritt nun in dieses Schema der Faktor der Konkurrenz ein, indem die Angstbindung des Kindes an seine Mutter von anderen Kindern bedroht wird, die mit demselben Verfahren zum Erfolg kommen möchten, so entsteht notwendig das Problem, daß der eine dem anderen in seinem Gutsein zuvorkommen muß, und dieser *Wettkampf eines narzißtischen Gutseinwollens* oder *-müssens* kann zu seinem beruhigenden Abschluß eigentlich erst finden, wenn es gelingt, der eigenen Güte eine Form zu geben, die den anderen als weniger gut, als ungut, letztlich als Tunichtgut und Bösewicht entlarvt. Der Kampf darf als gewonnen gelten, sobald es gelingt, die Mutter davon zu überzeugen, daß sie ihre scheinbare Unparteilichkeit bzw. ihre gerecht sich dünkende Gleichmäßigkeit aufgeben und sich zum Verbündeten des wahrhaft Besseren, des einzig Guten erklären muß. Die Angst im Untergrund der Existenz beruhigt sich erst, wenn man mit dem Licht der eigenen Güte den anderen derart zu überschatten vermag, daß er darunter gänzlich unsichtbar wird, oder, noch geschickter, wenn man das eigene Gutsein zu einem unmerklichen Gift zu destillieren weiß, das, injiziert in die Blutbahn des feindseligen Organismus, die eigentümlichsten Wirkungen zeitigt, als da sind: notorische Quengeleien, hinterhältige Kratz- und Beißwütigkeit, gemeine Redensarten, obstinate Bockigkeiten, rasendes Umsichschlagen und derlei Unarten mehr. Und wenn man dann noch der Mutter sich als das unschuldige Opfer der fremden Schlechtigkeit zu präsentieren vermag, so daß sie strafen muß, was sie eben noch zu beschützen gesonnen war, besteht berechtigte Erwartung, die Rechnung möchte aufgehen. Mit einem Wort: ein «Abel» braucht seinen «Kain», um sich der Welt (seiner Mutter) als unschuldiges Opfer vorzuzeigen, und so wenig es einen «Kain» gibt, der nicht zu seiner Bosheit getrieben würde im Anblick des strahlenden Ansehens seines «Bruders», so wenig wird es einen «Abel» geben, der seine Güte nicht durch den Triumph vervollkommnen möchte, seinen «Bruder» als endgültig verurteilt, als abgestempelt und gebrandmarkt zu wissen (vgl. Gen 4,15!).

So kommt es, daß nicht selten an den Seitenrändern einer klerikalen Lebensbahn, angefangen oft mit einzelnen unter den eigenen Geschwistern, eine Reihe von Menschen sich aufhalten, die man als die unmittelbaren *Opfer klerikaler Verdrängungsheiligkeit* betrachten muß.[82] Wir sahen schon, wie unabdingbar *das Gehabe des narzißtischen Unterschiedes* zum Selbstverständnis des Klerikerseins gehört: Der Kleriker ist es, der von Amts wegen göttliches Heil verkörpert und darreicht; es ist seine Lebensweise, die objektiv jede andere, insbesondere die der «Laien», der Weltmenschen, überragt; und eben diese Differenz ist es, welche die herben Entbehrungen irdischen

Glücks einem Kleriker geradewegs als ein erstrebenswertes Bedürfnis erscheinen läßt: eben für seine Verzichtleistungen wird er von Gott auf besondere Weise geliebt. Man muß, wie wir *jetzt* sehen, den Inhalt dieser theologischen Vorstellungen nur Wort für Wort in den biographischen Kontext eines Klerikerlebens zurückübersetzen, und man erhält auf das genaueste jene Situation von Mutter und Kind, die sich bereits aus der klerikalen Opfertheologie entwickeln ließ: Da ist ein Kind, das eben dafür von seiner Mutter am meisten geliebt und gemocht wurde, daß es nichts sein eigen nennt, die eigenen Bedürfnisse soweit wie möglich hintanstellt und, wie wir jetzt unter dem Stichwort «Verantwortung» ergänzen müssen, seine «Opfer» an der Seite der Mutter einem anderen Geschwister zukommen läßt. Das wirklich tragische Paradox dieses wohlgemeinten Arrangements liegt freilich darin, daß der andere, sobald er das Opfer seines Bruders, seiner Schwester annimmt, sogleich als minderwertig, als zu anspruchsvoll, als zu egoistisch – als Gegenbild jenes besseren anderen erscheinen muß. Wenn wir früher NIETZSCHE sagen hörten, ein Priester lebe von den Sünden der anderen, er müsse ihr Leben mit Schuldgefühlen zersetzen, um sich selbst schließlich mit seinem Unleben als Heiland der Sünder zu empfehlen, so findet sich in der Geschwisterrivalität der frühen Kindheit unter den Bedingungen der ontologischen Unsicherheit und der real bedingten Opferforderungen mindestens *eines* Elternteils nunmehr die psychoanalytische Aufklärung dieser sonderbaren Einstellung.

β) Die Konkurrenz des Älteren und des Jüngeren

Auf der Ebene der *Konkurrenz zwischen dem älteren und dem jüngeren Bruder* (der Schwester) ist dieser Wettkampf in der Geschwisterreihe eigentlich noch einfacher zu erläutern. Bei einer Durchsicht der Kain- und Abel-Erzählungen der Völker fällt auf, daß es in der Regel *der ältere Bruder* ist, der schließlich zum Mörder seines angesehenen jüngeren Geschwisters wird.[83] Die psychologische Dramaturgie des zugrundeliegenden Konfliktes in der Geschwisterreihe ist unschwer zu begreifen: Gerade wenn wir voraussetzen, daß in der Sogkraft einer fundamentalen Angst ein Kind sich wie verzweifelt, unter Einsatz eines Maximums an Anpassungsbereitschaft und gutem Willen, an seine Mutter geklammert hält, so kommt es für dieses Kind einer tödlichen Bedrohung gleich, erleben zu müssen, wie nach ihm plötzlich ein anderes Kind zur Welt kommt, das mit seinem ganzen Dasein die Mutter für sich beansprucht und den eben noch sicher geglaubten, mühsam erworbenen Anspruch auf die Mutter auf das empfindlichste streitig macht. Schlimmer noch, das Kind muß erleben, daß die Mutter offenbar bei jenem jüngeren Geschwister all die Verhaltensweisen mit unverhohlener Freude quittiert, die es dem Älteren mit erheblichem Druck abzugewöhnen beginnt. Das Jüngere darf an der Mutter saugen und bei ihr auf dem Arm sein, während man selber sich an Spinat und Brot gewöhnen soll; es darf, allem Anschein nach zur förmlichen Begeisterung der Mutter, in die Windeln machen, während man selber zu bestimmten Zeiten auf das Töpfchen gezwungen wird; es darf quäken und schreien, während man selber sich neuerdings artikuliert äußern soll – kurz: Die Mutter ist erkennbar ungerecht; sie bevorzugt unverdientermaßen dieses jüngere Kind, das besser vielleicht gar nicht auf die Welt gekommen wäre. Ob man es nicht wieder loswerden könnte – es verkaufen z. B.? Doch unglücklicherweise genügt eine Andeutung solcher Gedanken, um die Mutter ersichtlich zu bekümmern. Sie möchte so sehr, daß man ausgerechnet dieses jüngere Geschwister freundlich und zärtlich behandelt und ganz besonders lieb zu ihm ist, wie zu einer Kostbarkeit, die man nur ganz vorsichtig, hauchzart berühren darf. Also muß man allen Groll und Ärger, allen Konkurrenzneid und Unwillen herunterschlucken und ganz im Gegenteil versuchen, besonders nett zu diesem ungebetenen Eindringling in das Paradies der Kindheit sich zu verhalten.

Gefühle und Konflikte dieser Art stellen zwischen einem älteren Kind und seinem jüngeren Geschwisterchen nichts Ungewöhnliches dar; problematisch wird das an sich «Normale» in psychoanalytischer Sicht stets erst dadurch, daß es durch den Faktor der Angst sich auf ein Quantum multipliziert, das dem kindlichen Ich keine wirkliche Lösung mehr erlaubt, sondern nur noch die Zuflucht in massive Verdrängungen offenläßt. So kann es sein, daß aus dem «älteren Bruder» ein «Abel» wird, indem er als Kind bereits die gesamten Anteile von Protest und Widerstand aus dem Bewußtsein entfernt und statt dessen darauf hofft, durch eine Haltung demonstrativen Mitleids und fürsorglicher Verantwortung ein Stück der verlorenen mütterlichen Anerkennung zurückzugewinnen. «Man (d. h. der liebe Gott, Jesus Christus, der Schutzengel) hat mich lieb, wenn ich selber brav, lieb und verantwortlich bin», so lautet das klerikale Skript aus jenen Tagen, vorausgesetzt, daß die Rechnung seinerzeit auch wirklich aufging, indem die Mutter die Bemühungen des älteren Kindes tatsächlich mit eigener Anerkennung honorierte, und unterstellt auch, daß der gesamte Negativhintergrund der frühen Kindheitseindrücke mit einigem Erfolg der Verdrängung anheimfallen konnte. Insbesondere dieser letzte Punkt erklärt den nicht seltenen Eindruck vor allem mancher beruflich erfolgreichen Kleriker, daß sie mit ihrem

Leben auf geradezu vorbildliche Weise zufrieden sein können; auch nach außen hin käme man schwerlich darauf, etwas anderes zu vermuten, wären da nicht immer wieder bestimmte Brüche und Risse in der Stuckmusterung der Außenwände, die auf schwere Erschütterungen und Erdbeben in der Vergangenheit hindeuten.

Wie sehr eine oberflächliche Betrachtung der Verhältnisse täuschen kann, demonstrierte mir vor einer Weile eine Ordensschwester in fast dramatischer Form, gerade weil alles scheinbar so unauffällig verlief. Sie hatte nach einem langen Studium, das ihr Orden finanziert hatte, objektiv eine Position errungen, die sie wirtschaftlich vollkommen auf eigene Beine gestellt hätte; sie sah äußerlich sehr gut aus, trug das Habit nur noch, wenn sie zum Wochenende zu ihrem Konvent zurückfuhr, und war jung genug, daß sie eine ganze Welt für sich hätte erobern können. Warum tat sie es nicht? Wenn man ihr zuhörte, erschien sie von «aufgeklärter», freier Denkungsart, sie wirkte munter und fröhlich; wenn irgend man nach einem Beispiel hätte suchen sollen, um all unsere bisherigen Analysen der Berufung zum Klerikersein als eines Resultats von ontologischer Unsicherheit, fundamentalem Schuldgefühl, reaktiven Wiedergutmachungstendenzen und überkompensierten Verantwortungsgefühlen durch die Tat zu widerlegen, so hätte diese Schwester dafür gelten dürfen. Sollte es also doch möglich sein, als ein «freier», innerlich erfüllter Mensch sich aus den Motiven einer «größeren» Liebe zu Gott und den Menschen für das Ordensleben entschieden zu haben, wie diese Schwester immer wieder versicherte? Ohne Zweifel stellte sie in ihrer Art eine auffallende und bemerkenswerte *Ausnahme* unter ihren eigenen Mitschwestern dar; doch selbst als Ausnahme, die unsere «Regel» bestätigt, müßte sie uns dazu nötigen, das bisherige theoretische Konzept so zu modifizieren, daß die Bedingungen zur Definition entsprechender Ausnahmen darin mitangegeben wären. Auf eine gewisse Zeit hin bestand deshalb wirklich der Eindruck, als ob alles bisher Gesagte irgendwie auf sie nicht zutreffen könnte, indem ihre Schwierigkeiten, mit denen sie zum Gespräch kam, einzig in der Umgebung gelegen zu sein schienen – vornehmlich im Unverständnis bestimmter Mitarbeiter sowie in der Starrheit der Arbeitsverhältnisse, die ihrer Tüchtigkeit und Kreativität ganz offensichtlich zur Behinderung und Plage werden mußten. Dann aber zeigte sich im Verlauf der Gespräche, daß ähnliche Konflikte auch in anderen Situationen schon aufgetaucht waren, und schließlich, als die Anfangswiderstände eines außerordentlichen Schamgefühls überwunden waren, konnten wir offen über die familiäre Vorgeschichte der Kindheit dieser Schwester reden. Jetzt erst, nach Monaten, ständig neutralisiert durch eine vollkommene Ausblendung aller Gefühle, erzählte sie, daß sie auf einem Bauernhof als das älteste von acht Kindern großgeworden war und bald schon nicht nur für die Beaufsichtigung ihrer jüngeren Geschwister hatte sorgen müssen, sondern zunehmend auch für die Wirtschaftsführung des Hofes verantwortlich gemacht worden war. Ihr Vater, statt in konventioneller Weise die Ländereien zu bewirtschaften, erhoffte sich das rasche Geld durch den Handel mit Pferden, reiste herum, trank viel und vertrank noch mehr und erregte durch sein Betragen den heftigsten Unwillen seiner Frau, die ihn einen Herumtreiber nannte – noch heute mochte die Schwester nicht glauben, die Mutter könnte mit diesem Ausdruck gemeint haben, daß ihr Vater mit seinem Interesse an Pferden ein noch größeres Interesse an fremden Frauen verbunden habe. In jedem Falle mußte sie, kaum 14 Jahre alt, *de facto* die Rolle ihres Vaters an der Seite ihrer kränkelnden, sorgenvergrämten Mutter übernehmen.

Es ist nicht einfach, sich klarzumachen, was diese Schwester in ihrer Lage damals alles zu lernen hatte: Sie lernte, daß sie niemals ein Recht besaß, zu klagen oder zu weinen oder zu irgendeinem Menschen von ihren Sorgen zu sprechen; mit all ihrer Not wandte sie sich an Gott, vor den Menschen aber erschien sie mit einem aufmunternden, positiven Wesen, so perfekt geübt, daß es noch heute täuschend echt wirkt und kaum jemanden je auf die Idee bringt, sich als Adressaten dieser «Fröhlichkeit» im Hintergrund eine Mutter vorzustellen, gegen deren Depressionen und Verzweiflungen anzukämpfen die Aufgabe eines jeden Tages im Leben dieser Schwester dargestellt haben muß. Unausgesprochen lernte sie darüber hinaus an der Seite ihrer so guten, hilfsbedürftigen Mutter, die ihren Mann vermutlich überhaupt erst mit ihrer Prüderie zum «Pferdestehlen» veranlaßt hatte, daß die Männer aufgrund ihrer Triebhaftigkeit und sexuellen Haltlosigkeit eher seltsamen und unberechenbaren Tieren als Menschen gleichen und man sich vor ihnen gar nicht genug hüten kann. Dazu definierte sich auch sozial ihre Rolle als Frau in extrem männlicher Weise: sie mußte stets versuchen, «das beste Pferd im Stall» zu sein bzw. der bessere Mann ihrer Mutter zu werden, wobei ihre latent homosexuellen Tendenzen soweit verdrängt blieben, daß sie sich allenfalls in einer sehnsüchtigen, weltumspannenden Menschheitsliebe hervortrauten. Zudem hatte diese Ordensschwester für alles, was sie tat, auch wieder die heftigsten Schuldgefühle in sich aufgenommen: War es nicht Zeitvergeudung und unverantwortlicher Luxus, bis zum Abitur die Schule zu besuchen und dann noch ein kostspieliges und langwieriges Studium zu beginnen, während die meisten ihrer Geschwister als Mädchen in eine frühe Heirat und als Jungen in einen handwerklichen Beruf abgedrängt wurden?

Um den Vorzug der Bildung zu rechtfertigen, mußte diese Ordensschwester als Mädchen auch in der Schule besonders tüchtig sein, und um die beginnende Eifersucht ihrer Klassenkameradinnen zu versöhnen, eroberte sie bald schon eine dominierende Position unter ihnen. Alle Ängste und Schuldgefühle im Leben dieser Schwester waren mithin durch immer neue Leistungsforderungen und stets ausgedehntere Felder von Verantwortung beruhigt worden, und das Ergebnis konnte sich nach außen wirklich sehen lassen. Auch ließen sich die Erfahrungen ihrer Kindheit und Jugendzeit vorzüglich mit den Ordensgelübden von Armut, Gehorsam und Keuschheit vereinbaren – diese Schwester hatte scheinbar wirklich Grund, Gott für die Weisheit seiner Fügung zu danken, etwas anderes, als in einen Orden einzutreten, wäre für sie durchaus nicht in Frage gekommen, und sie war ersichtlich eine sehr gute Ordensschwester.

Nur *ein* relativ geringfügiges Problem war noch übriggeblieben: jene unerklärlichen Reibungen mit gleichrangigen Arbeitskolleginnen und – seltener – mit Untergebenen. Es handelte sich gewissermaßen um den Kain-Anteil, der sich in ihrer Abel-Haltung verbarg – verbergen mußte! Ihr Leben lang hatte diese Schwester all ihre Neigungen zu einem ruhigen, schönen Leben, ihre Wünsche nach einem einfachen Glück, ihre Sehnsucht, einmal nur so sein zu dürfen, wie alle anderen auch, mit Füßen treten müssen; sie hatte schließlich gerade Tendenzen dieser Art als etwas Niedriges und Primitives in sich selbst bekämpfen müssen; ja, sie hatte nach und nach ihren gesamten Stolz, den Grund ihrer Selbstachtung in ihr Bemühen zu setzen begonnen, *anders* zu sein als die anderen: verantwortlicher als alle, besser als die Besten, tüchtiger als die Tüchtigsten – und folglich liebenswert, wie sie meinte. Die Tragik ihres Lebens lag darin, daß es einen nahezu antinomischen Gegensatz bildet, ob ein Mensch tüchtig *oder* liebenswürdig ist. Obwohl diese Ordensschwester subjektiv von jeder Überheblichkeit sich frei fühlen konnte, kam doch auf ihrer unbewußten Haltungsseite spürbar die Verachtung durch, die sie für alles empfand, was «schwach» war. Für *die Triebhaftigkeit ihres Vaters:* Was sollte sie z. B. von dem Herumgeschmuse ihrer Kameradinnen und der eitlen Wichtigtuerei mit Lidschatten und BH-Größen denken? Für *die Verzweiflung ihrer Mutter:* Wie sollte sie je etwas mit der Schluderei und Unachtsamkeit anderer Menschen anfangen können? Sie würgte ihre geheimen Vorwürfe tapfer herunter, aber sie merkte nicht, daß unausgesprochene Vorwürfe anderen schlimmer zusetzen können als klar geäußerter Widerspruch. Für *die Hilflosigkeit ihrer Geschwister:* Wenn irgend etwas in ihrem Leben als Wunsch bestehen geblieben war, so das dringende Verlangen, um keinen Preis von einem anderen Menschen abhängig zu werden. Sie konnte und wollte nicht sehen, daß die Umkehrung ihrer verdrängten Aggressionen in eine permanente Helferhaltung, daß die Reduktion aller Kontakte auf die Frage: «Und was kann ich für Sie tun?», verbunden mit einer extremen Haltung von bedürfnisloser Autarkie, nicht nur die gnadenlose Einsamkeit ihrer Kindheit fortsetzen mußte, sondern alle anderen zu der Rolle hilfsbedürftiger und also letztlich verachtenswerter Schwächlinge herunterdemütigte. Der Fall war gegeben, daß «Abel» seinen Bruder «Kain» zu töten begann. Diese Ordensschwester hatte in sich selber ihr ganzes Leben lang so viel totschlagen müssen, daß ihr das eigene Unleben nunmehr selber zu einer rätselhaften Gefahr zu werden drohte.

Die Ausführlichkeit dieses Beispiels möge im übrigen noch einmal daran erinnern, was wir mit unseren Betrachtungen beabsichtigen. Das Ziel psychoanalytischer Untersuchungen kann nicht darin bestehen, Menschen, die es in ihrem Leben trotz schwerer Konflikte zu einem erträglichen Auskommen mit sich selbst und anderen gebracht haben, mit hinterhältigen Zweifelsfragen und Verdächtigungen zu verunsichern und sie um die wohlverdienten Früchte ihrer Anstrengungen zu bringen; wohl aber geht es darum, durch Aufarbeiten der eigenen Motivationsgeschichte über konkret bestehende Schwierigkeiten hinwegzuhelfen und neue Wege zur Weiterentwicklung zu eröffnen. *Kritisch* muß die Psychoanalyse erst dann angesetzt werden, wenn ein System hoch ideologisierter Rationalisierungen das Leben in eine unentrinnbare Gefangenschaft zu verwandeln beginnt; und Kritik *muß* die Psychoanalyse an denjenigen Systemen selbst üben, die ihren Vorteil aus der Gefangenschaft von Menschen zu schlagen versuchen, indem sie ein Weiterreifen über die Kindheit hinaus zu verhindern und im Grunde damit die pubertäre Not von Heranwachsenden auf Lebzeiten festzuschreiben und auszubeuten trachten. Auch scheint mir das genannte Beispiel gut geeignet, all den vorherzusehenden Einwänden schon an dieser Stelle entgegenzutreten, die da lauten: «Es gibt aber doch auch glückliche Ordensschwestern und Priester», und: «Ich bin doch aber freiwillig in den Orden eingetreten.» Beides *hätte* diese Ordensschwester auch gesagt und beides *hat* sie oft genug gesagt. Es stimmte aber nicht.

Offenkundiger und gradliniger noch als aus der Perspektive des älteren Kindes, das, um den «Göttern» wohlgefällig zu bleiben, aus der Rolle des «Kains» in die Rolle eines siegreichen «Abels» schlüpfen muß, erscheint das Drama der Geschwisterrivalität aus dem Sichtwinkel des *jüngeren* Geschwisters. *Sein* Dilemma besteht darin, sowohl in bevorzugter als zugleich in benachteiligter Position sich vorzufinden – *bevorzugt* gegenüber der Mutter, die aus Notwendigkeit und Wunsch sich ihrem Jüngsten eine ganze

Weile lang weit mehr zuwendet als allen anderen der Kinder gemeinsam, *benachteiligt* in der Ausstattung der Natur: Was immer es unternimmt, es wird auf Jahre hin geistig wie physisch in einem unaufholbaren Abstand zu den älteren Geschwistern verbleiben. Wann immer es in seiner objektiven Wehrlosigkeit gegenüber den Geschwistern sich durchsetzen möchte, bedarf es dazu mittelbar oder unmittelbar des Beistands seiner Mutter. Andererseits kann es gerade aus diesem Umstand jene Weisheit lernen, die der heilige Paulus dahin ausdrückte: «Wenn ich schwach bin, bin ich stark» (2 Kor 12,10). Es kommt darauf an, *das Kleinheitssyndrom* in gewissem Sinne zu kultivieren und als Mittel zum Erfolg zu instrumentalisieren, wobei zwei verschiedene Motivationen auf seiten der Mutter begünstigend wirken können. Es ist möglich, daß die Mutter gerade das jüngste Kind wirklich am meisten liebt, weil es sie nach all den anderen Geburten am meisten gekostet hat, es zur Welt zu bringen; und zudem mag vornehmlich eine Frau, welche in Ermangelung wirklicher Gattenliebe sich wesentlich als Mutter definieren mußte, insbesondere die Existenz ihres Jüngsten zur Verlängerung ihrer Mutterrolle einsetzen. Parallel zu der Entwicklung des überforderten älteren Kindes entsteht dann leicht *der Konflikt des überverwöhnten jüngeren Kindes,* das sich sehr schwer tut, von seiner Mutter loszukommen – ein Problem, das in vielen Variationen bei zahlreichen Priestern zu beobachten ist, die mit ihrer Mutter – oder in deren Stellvertretung, mit ihrer (älteren) Schwester – das Pfarrhaus bewohnen.

Wie stark die mütterliche (bzw. die väterliche) Bevorzugung des jüngsten Kindes diesem die wundersamsten Träume seiner göttlichen Erwählung einzuflößen vermag, während sie die älteren Geschwister in eine mörderische Haltung von Zorn und Eifersucht hineintreibt, erzählt in unübertroffener Meisterschaft *die Geschichte von Joseph und seinen Brüdern* (Gen 37,2–36)[84]. Nach Jahren geduldigen Wartens hatte *Jakob* endlich seine geliebte *Rachel* heimführen können; Kinder aber gebaren ihnen nur die gemeinsame mitverheiratete Rachel-Schwester *Lea* und die zwei Sklavinnen. Als *Rachel* schließlich doch eines Sohnes genas, ward dieser alsbald der erklärte Liebling seines Vaters. *Jakob* umgab ihn mit einem schönen Rock und flößte ihm durch seine nicht unparteiische Zuwendung Visionen ein, die im Grunde nur widerspiegelten, wie seine Eltern wirklich zu ihm standen: *Joseph* sah im Traum, wie Sonne und Mond und das Heer der Sterne sich vor ihm verneigten: der Vater, die Mutter mitsamt allen Brüdern. Ein gefährlicher Traum! Denn die Brüder haßten *Joseph* seiner vermeintlichen Geltungssucht wegen. Beinahe hätten sie ihn getötet; doch *Joseph* ward verkauft nach Ägypten, wo die Frau des Hofbeamten *Potiphar* ihn zu verführen suchte – ein echt ödipales Motiv, das in der Psychodynamik der Legende rückwärtsblickend auch die Beziehung zwischen *Joseph* und seiner Mutter *Rachel* zu erläutern vermag (Gen 39,1–23)[85]. Trotz allen Mißgeschicks, das ihm aus Eifersucht und übler Nachrede erwachsen war, erwies *Joseph* gleichwohl, entsprechend seinen Träumen, sich als ein wahrer Segen Gottes für all seine Zeitgenossen. Der fromme «Abel» war Sieger geblieben; nach vielen Jahren der Einsamkeit und der Fremde erlangte er schließlich sogar die Anerkennung und Huldigung seiner eigenen Angehörigen, die ihm in ihrer Not, ohne ihn zu erkennen, nach Ägypten nachreisen mußten. – Es ist der ganzen Schilderung nach *die besondere Liebe der Eltern* im Kontrast zu dem besonderen Haß seiner Brüder, die *Joseph* zu der Rolle göttlicher Auserwähltheit bestimmt. THOMAS MANN war es, der den exquisit *narzißtischen* Grundzug der Josephs-Legende konsequent herausgearbeitet hat, indem er den Glauben an den Gott Israels als eine projizierte Form des Glaubens des Volkes (und seiner Repräsentanten) an sich selber deutete.[86]

Doch auch das Umgekehrte ist in der Rolle des jüngsten Kindes denkbar. Es kann sein, daß das Jüngste, weniger von sich selber eingenommen, sich *schuldig* dafür fühlt, daß seine Geschwister durch seine Existenz so «böse» geworden sind. In symbolischer Form liegt dieser Fall in dem Grimmschen Märchen *«Die sieben Raben»* (KHM 25)[87] vor. Erzählt wird dort die Geschichte eines Mädchens, dessen Brüder anläßlich seiner Taufe von den Eltern dazu verflucht werden, fortan als Raben umherzufliegen. Als das Kind davon erfährt, wird es sehr traurig und setzt sein Leben daran, die Brüder zu erlösen. Verzweifelt wandert es zwischen der Gluthitze der Sonne und dem menschenfressenden Bannkreis des Mondes (erneut den Bildern für Vater und Mutter) suchend einher, bis daß es von dem Morgenstern ein Hinkelbeinchen bekommt, mit dessen Hilfe es die verwunschenen Geschwister zu erlösen vermag. Es bleibe an dieser Stelle einmal der astralsymbolische Teil der Erzählung unberücksichtigt, hinter dem eine ältere Geschichte über die Entstehung der Plejaden stecken dürfte[88]; desgleichen mögen auch die starken sexualsymbolischen Züge des Märchens (die «Vögel», das Kastrationsmotiv u. a. m.) hier außer acht bleiben[89]; übrig halten wir dann ein Schicksalsportrait, das gerade bei sensibleren Kindern auf dem Weg zum Klerikersein sich erfüllen mag: Statt die Vorzugsstellung des Jüngsten gegenüber den anderen Geschwistern zu genießen, erscheinen diese als so «böse», grob und pflichtvergessen, daß es nötig wird, nach ihrer menschlichen Gestalt sich auf die Suche zu begeben und sich gegebenenfalls in den Fähigkeiten eines «eigenhändigen» Zugreifens selber zu verstümmeln, nur damit die «Brüder» wie von einem elterlichen Fluch befreit werden. Insbesondere bei manchen Ordensschwestern spielt dieses Motiv der Berufung ersichtlich eine große Rolle: man selber möchte nur gut sein, fühlt sich indessen schuldig an der «Bosheit» der anderen, die man nicht völlig zu Unrecht mit der Tatsache der eigenen Existenz in Verbindung bringt, und so muß man sich den Geschwistern opfern, damit sie als Menschen zu leben vermögen. Vorausgesetzt ist bei einem solchen Erleben, ganz wie das Märchen es schildert, ein erheblicher *Altersunterschied*, denn erst dann können die zum Teil ganz normalen Differenzen im Verhalten der Geschwister moralisch relevant werden: Die «Brüder» beispielsweise geben am Anfang der Pubertät der Mutter Widerworte, kommen am Abend erst viel später nach Hause, als sie befohlen hat, sie fangen an, heimlich Zigaretten zu rauchen und schlimme Zeitschriften zu lesen, sie verhöhnen ihre kleine Schwester mit obszönen Liedern nach dem Vorbild der alttestamentlichen Feinsinnigkeit aus dem Hld 8,8, usw. Einfach weil sie älter sind, müssen die älteren einem sehr viel jüngeren Geschwister in gewissem Sinne als *böse* erscheinen, und treten nun noch spezifische Ängste im Feld der ontologischen Unsicherheit zu einem solchen Erleben hinzu, so kann ein junges Mädchen sehr wohl auf den Gedanken kommen, es müsse allen «weltlichen» Interessen und Gelüsten entsagen, um niemals ein so «schlimmes» Kind zu werden wie seine Geschwister.

γ) Die Konkurrenz des Gesunden und des Kranken

Ein analoges Schema der Aufspaltung zwischen älter und jünger, gut und böse, «Kain» und «Abel» ergibt sich leicht auch aus dem Kontrast *«gesund»* und *«krank»*, und auch diese Polarität kann, je nach den Umständen, wirken wie eine göttliche Prädestination. Das kranke Kind kann, ähnlich dem jüngeren, allmählich des Vorteils innewerden, der darin liegt, auf dem Wege der (körperlichen) Krankheit weit mehr an Aufmerksamkeit und Zuwendung zu erhalten als der gesunde Bruder oder die gesunde Schwester. Für diese aber kann aus dem seelischen Krankheitsgewinn[90] des Geschwisters ein schwer zu lösendes psychisches Problem erwachsen.
Wir setzen wiederum voraus, daß die Familiensituation bereits beengt und angespannt genug ist, um ein Klima der Angst und der Unsicherheit zu erzeugen. Innerhalb eines solchen Feldes des Mangels muß ein Kind, das z. B. an Hüftgelenksverrenkung, Kinderlähmung, Herzklappenfehler, Hirnhautentzündung, Epilepsie o. ä. erkrankt ist, von allen Beteiligten als eine enorme zusätzliche Belastung empfunden werden, indem die Not des

einen als Forderung nach erhöhter Rücksichtnahme und Selbsteinschränkung auf die anderen zurückwirkt. Um dem Konflikt zwischen den Geschwistern die rechte Schärfe zu geben, sei ferner vorausgesetzt, daß – ähnlich wie soeben bei dem Herzasthma der Mutter – *die spezifische Rücksichtnahme* immer wieder infolge unvorhersehbarer dramatischer Attacken *in besonderem Umfang* erfordert wird: Wann kann der nächste epileptische Anfall sich ereignen? Besteht Aussicht, daß die Ausfälle nach einer Meningitis sich wieder zurückbilden? Wird die Schwester mit der spinalen Kinderlähmung je wieder richtig laufen können? Unter solchen Umständen ist *das ständige Schwanken zwischen Mitleid und Ärger,* zwischen Fürsorge und Eifersucht, zwischen gutem Willen und zorniger Abwehr gut nachfühlbar, in welches das gesunde Kind wie unausweichlich hineingezogen wird.
In gewissem Umfang mag das gesunde Kind seinen Verdruß gegenüber dem kranken oder behinderten Geschwister zunächst vielleicht damit rechtfertigen, daß es die Mutter vor dem Ungemach, mit dem der kranke Bruder oder die Schwester sie heimsucht, *schützen* müsse; geht die Mutter auf dieses Anerbieten ein, z. B. weil das Ausmaß ihrer Belastungen die Grenzen des Erträglichen wirklich bei weitem übersteigt, so kann daraus eine wirksame Allianz erwachsen, indem das gesunde Kind lernt, daß es vor allem geliebt wird, wenn es das Recht der schwachen Mutter verteidigt und ihr die Freude bereitet, selbst immer kerngesund und munter zu sein. Zwar enthält auch diese Variante des Konfliktes erkennbar ihre psychischen Probleme; doch müssen diese sich erst dann dramatisch steigern, wenn in der Sicht des gesunden Kindes die Mutter selbst sich auf die Seite des kranken Geschwisters stellt – gegen den Rest der Familie. Augenblicklich kann dann für das gesunde Kind eine Situation eintreten, in der es sich drehen und wenden mag, wie es will – es wird als Verlierer dastehen. Eigentlich fühlt es sich förmlich *dafür bestraft, gesund zu sein,* und es sehnt sich danach, krank sein zu dürfen wie sein scheinbar so bevorzugtes Geschwister. Dann aber gebietet gerade die Tatsache der Krankheit des Bruders, der Schwester, auf gar keinen Fall der ohnedies schon fast überforderten Mutter jetzt auch noch mit eigenen Wehleidigkeiten zu kommen. Insbesondere im Felde der ontologischen Unsicherheit ergibt sich unter diesen Umständen so etwas wie eine bedingungslose Pflicht zum Gesundsein, so stark, daß das gesunde Kind sich bereits für den bloßen Wunsch zu schämen und schuldig zu fühlen beginnt, es auch einmal so gut haben zu mögen, krank zu sein: einfach im Bett zu liegen, und die Mutter träte herzu, brächte Kaffee und Milch, schüttelte die Decken auf, streichelte die Haare aus der Stirn, stellte das Radio an oder rückte die Leselampe näher: ein Königreich für eine Krankheit! Aber man

wäre ein schlechter Mensch, würde man diesem Wunsche nachgeben. Man darf sich moralisch nur gut fühlen, wenn einem niemals etwas fehlt und man die Mutter folglich niemals mit Hilfsbedürftigkeit und Arbeitsausfall noch weiter unter Druck bringt.

Am schlimmsten aber gräbt sich das Gefühl ein, daß diese rücksichtsvolle Rücksichtslosigkeit gegenüber den eigenen Bedürfnissen, je besser sie gelingt, von der Umgebung wie etwas Selbstverständliches quittiert und in Anspruch genommen wird. «Die Irmgard ist eben von Natur aus gesund.» Die moralische Anstrengung, diese «naturhafte» Gesundheit vorzutäuschen, geht in dieser Betrachtung vollkommen unter. Was soll ein Mädchen z. B. tun, das sich eben aufgrund seiner Rücksichtnahme stets übergangen, mißverstanden, ja, mißachtet fühlt? Ein vorzügliches Mittel des Selbsttrostes ist wiederum die Hoffnung, die aus dem *positiven* Anteil der Mutter-Imago gespeist wird, es sei, wenn schon nicht auf Erden, so doch im Himmel eine gütige, wahrhaft mütterliche Instanz, die das unbemerkte Opfer eines solchen Kindes zu würdigen und zu belohnen wisse.[91] In der uns bereits vertrauten Mischung aus persönlicher Resignation, moralischer Verantwortung und weltjenseitiger Hoffnung projizieren sich alle Lebenserwartungen in die Ebene des Religiösen, während die Bedingung der Enttäuschung sowohl wie der Erwartung fixiert und unverändert im ganzen weiteren Leben festgehalten wird: Man wird, beispielsweise als Krankenschwester, späterhin aus der Not die Tugend machen und die ursprünglich undankbare Pflicht in eine heilige Berufung und göttliche Aufgabe verwandeln, indem man das gesamte gottgeweihte Leben damit zubringt, Kranke und Hilfsbedürftige zu pflegen und die himmlische Mutter Maria um Hilfe und Beistand für sich und die Notleidenden zu bitten.

Da wir bei Analysen dieser Art, sobald sie konkret werden, immer wieder auf das Abwehrargument gefaßt sein müssen, es gebe schließlich «aber auch» «freiwillige Berufungen», es lasse sich nicht «alles» auf Psychologie zurückführen, irgendwo müsse doch auch das Geheimnis des Göttlichen in seiner eigenen «Dignität» respektiert werden, läßt sich im Umkreis der gesamten Konflikte und der mit ihnen verknüpften Psychogenese klerikaler «Berufungen» ein äußerst taugliches Kriterium benennen, nach dem sich Fall für Fall beobachten läßt, inwieweit das Gesagte zutrifft oder nicht. Das Kriterium besteht in dem *Kontrast zwischen fachlicher Tüchtigkeit und persönlichem Unvermögen.*

Bisher haben wir wohl die Tatsache beschrieben, daß die Struktur aller Lebensformen des Klerikerseins pflichtgemäß in einer beamteten Unpersönlichkeit gelegen ist, und wir haben darüber hinaus die Ansicht geäußert,

daß nur vor dem Hintergrund einer extremen Form ontologischer Unsicherheit eine solche Flucht vor sich selbst, eine solche Delegation des Persönlichen an das Allgemeine sich subjektiv als wirkliche «Erlösung», als «Erwählung» bzw. als «besondere» «Gnadentat» Gottes erleben lasse. Wir sind jetzt in der Lage, diese allgemeine Bedingung wesentlich präziser zu fassen, indem wir in das Schema von existentiellem Schuldgefühl und reaktivem Wiedergutmachungswillen konkrete Situationen eintragen, die von klein auf alles eigene Wollen in das Licht von etwas an sich Unberechtigtem und Verwerflichem rücken. Das Resultat besteht in einem geradewegs bizarren Kontrast, der leider nur allzugern übersehen wird: auf der einen Seite eine Persönlichkeit, die sachlich, fachlich in ihrem Arbeitsbereich ohne Zweifel Hervorragendes leistet, in den Gremien ihr Wort zu machen weiß und durch ihr hohes Maß an Engagement für die «richtige» Sache einen begeisternden Schwung auch bei anderen zu entfachen vermag. Dieselbe Ordensschwester aber wäre völlig überfordert, wenn man sie mit 200,–DM in die Stadt schickte, um sich selber irgend etwas Schönes (eine Kette, ein Kleid, ein Bild, ein Buch, egal was) zu kaufen. Es handelt sich wohlgemerkt nicht darum, daß diese Ordensschwester für derlei «weltliche» Dinge kein Interesse entwickelt hätte und im Einkaufen keine hinreichende Übung besäße – sie könnte dieselben Dinge auf der Stelle sehr geschmackvoll und mit großer Freude einkaufen, wenn sie als Geschenke für andere bestimmt wären. Es ist *der Faktor des mangelnden Selbstseins,* an dem nicht nur das Einkaufen, sondern alles: das Wünschen, das Sprechen, das Sich-Mitteilen, bereits im Ansatz scheitert. Das Paradox besteht, daß innerhalb des Klerikerseins bevorzugt Menschen anzutreffen sind, die in allem, was sie *nicht* selbst betrifft, zuverlässig, fleißig und intelligent zu handeln vermögen, doch denen es schier unmöglich ist, im eigenen Leben auch nur annähernd ein Gleiches zu tun; die nähere Auskunft, warum dies so ist, findet sich stets in dem unausgesprochenen, generellen Verbot eines eigenen Lebens aufgrund von Bedingungen, die den genannten Szenarien entsprechen.
Um das Gemeinte ein Stück weit zu verdeutlichen: Mitte Januar 1989 wurde in einer der unseligen Talk-Shows des Deutschen Fernsehens einer Ordensschwester Gelegenheit gegeben, ihre Arbeit an behinderten Kindern vorzustellen. Sie hatte vor einer Weile, stellvertretend für alle Ordensschwestern in ihrem Aufgabenbereich, aus den Händen des Bundespräsidenten das Bundesverdienstkreuz in Empfang genommen, und so schien sie dem jugendlichen Conférencier gut geeignet, ihre Sache zu vertreten. Das Ergebnis dieses gutgemeinten Versuches war, je nach Betrachtungsweise, bemitleidenswert oder grotesk: Da saß unter lauter erwartungsvollen Zuschauern

eine Frau im Ordensgewand, die in ihrem Leben gewiß Hunderten von Notleidenden praktische Hilfe vermittelt hatte, die aber nun, wo sie selbst gefragt war, buchstäblich nur mit ja und nein, wie ein lebender Fragebogen, zu antworten vermochte. Nicht aus Böswilligkeit oder Geschmacklosigkeit, sondern fast schon aus schierer Verzweiflung sah sich der Talk-Master am Ende genötigt, dem grausamen Spiel ein Ende zu bereiten und die Ärmste auch noch mit der Frage zu verblüffen, ob sie wisse, was ein Macho sei – «Macho, Macho» war der Titel des nächsten anzusagenden Schlagers. – Die wenigsten scheinen zu wissen oder zu merken, wie wenig an eigenem Leben unter der erzwungenen Verkleidung des Für-andere-Seins im Gewande eines Klerikers sichtbar werden kann und darf. Wie sollte auch, wo doch die Kleriker selbst alle Register der Verdrängung und der Rationalisierung zu betätigen pflegen, um diese Tatsache, so gut es geht, vor sich und den anderen zu verbergen oder in Abrede zu stellen?

Immerhin gibt es speziell zu dem *Konflikt des kranken Geschwisters* in der Psychogenese eines Klerikers einige sichere Indizien, die auch der Selbstanalyse dienlich sein mögen. Derartige Indizien bilden sich, ähnlich den Turbulenzbewegungen der Luft an den Tragflächen eines Flugzeuges, stets *an den Rändern der Helfer-Haltung:* Nachdem die eigenen Konflikte, sozusagen stromlinienförmig, mit hohem Tempo in der Flucht nach vorn durchstoßen wurden, zeitigt sonderbarerweise der Umgang mit anderen Schwestern und Angestellten die eigenartigsten Schwierigkeiten. Da feiert jemand vom Pflegepersonal auf der Krankenstation einfach krank, d. .h., er bleibt einfach ein, zwei Tage weg – bei einer Ordensschwester, deren Hauptproblem in der Kindheit gerade darin bestand, daß sie selber niemals krank sein durfte, hinterläßt dieser so simpel erscheinende kurzzeitige Ausfall eines Mitarbeiters die widersprüchlichsten Gefühle von Neid und Eifersucht, von Empörung und Vorwurf und schließlich von Schuldgefühlen und Selbstvorwurf – es ist, als wenn in Minutenschnelle die ganze Kindheit noch einmal vor dem geistigen Auge vorüberzöge. Es geht dabei durchaus nicht um die sachlichen Fragen der Arbeitsorganisation und der Mehrbelastung, die durch den Krankheitsfall einer Kollegin bedingt sind, es stehen plötzlich die uralten Gefühle wieder auf, mit denen man damals mitansehen mußte, wie die eigene Schwester krankheitsselig im Bett lag; das kategorische Verbot jedweder eigenen Krankheit *damals* richtet sich *jetzt* natürlich in derselben Heftigkeit gegen die Mitarbeiterin, die sich das Recht herausnimmt, krank zu «feiern», wie man so schön sagt – der Vorwurf liegt in der Luft, den vor 200 Jahren der Philosoph J. G. FICHTE seiner Gattin machte, als sie mit grippalem Infekt sich außerstande zeigte, für die Familie zu sorgen: es sei ein Zeichen der

Pflichtvergessenheit ihres freien, intelligiblen Ichs, ließ dieser Deutsche Idealist sie wissen, das empirische Körperich an der Krankheit nicht gehindert zu haben. Es *gibt* keine Krankheit vor diesem Denk- und Erlebnishintergrund, die nicht letztlich als ein moralisches Versagen, ja, als eine Frechheit und Unverschämtheit gebrandmarkt werden müßte. Auf der anderen Seite «weiß» eine solche Schwester natürlich, wie «ungerecht» ihre Vorwürfe sind und wie sehr sie dem Geist des Christentums widerstreiten – gerade jetzt, wo sie Verständnis und Mitgefühl statt Empörung und Neid an den Tag legen sollte! Es melden sich also nicht nur die alten Rivalitätsgefühle gegenüber dem kranken Geschwister von damals wieder zu Wort, sondern es wiederholt sich desgleichen auch der alte Zwang zur Selbstunterdrükkung, zum Redeverbot, zur äußeren Anpassungsbereitschaft und zu der traurigen Einsamkeit im Inneren bei einem Maximum glänzender sozialer Kontakte und Erfolge im Äußeren. An diesen *Wiederholungszwängen* bestimmter Gefühlsreaktionen läßt sich psychoanalytisch der Entstehungshintergrund bestimmter Haltungen jeweils besonders gut erforschen, gelangt in ihnen doch uraltes Sedimentgestein der Kindheit in chemisch reiner Form ans Tageslicht.
Mit dem Gesagten sollte der Beitrag der Geschwisterrivalität (das Kain-und-Abel-Motiv) in der Psychogenese des Klerikerseins hinlänglich beschrieben sein, um den Leser in die Lage zu versetzen, sich die Rahmenbedingungen der familiären Herkunft in ihrer Variationsbreite und thematischen Zuordnung so konkret klarzumachen, wie er nur wünscht. Lediglich *ein* Konfliktgebiet bedarf noch einer besonderen Erwähnung, weil es vor allem im Erleben heranwachsender *Mädchen* einen oft entscheidenden Faktor darstellt: *die Rivalität zwischen schön und häßlich* bzw., allgemeiner gesagt, die Frage nach der Stellung zum eigenen Körper.

δ) Die Konkurrenz des Schönen und des Häßlichen

So sehr die allgemeine Regel gilt, über Geschmäcker lasse sich nicht streiten, so wenig läßt sich doch der auffällige Liebreiz eines schönen Kindes, eines Mädchens zumal, ideologisch verleugnen. Zugegeben, daß die körperlichen Merkmale, die als «schön» betrachtet werden, von Kultur zu Kultur oft bis zum Konträren schwanken mögen – bereits WIELAND ließ seinen *Demokrit* mit den Bewohnern der antiken Stadt *Abdera* die launischsten Diskussionen über dieses Thema veranstalten[92]; doch umgekehrt gilt auch, daß die Heranbildung des ästhetischen Urteils innerhalb einer bestimmten Kultur ebenso früh einsetzt wie alle andere Art von Erziehung, nur daß man durch sie einen Maßstab gewinnt, um *sich selber* in Bereichen zu werten und zu zensieren, die der willkürlichen Veränderung weitgehend entzogen sind. Die Form, in welcher eine Kultur ihre ästhetischen Maßstäbe im Umgang mit schön und häßlich vermittelt, ist ebenso banal wie wirksam: Ein als auffallend schön empfundenes Kind bekommt von Anfang an *mehr* an spontaner Zuwendung als ein anderes Geschwister; die Eltern, Verwandten, Nachbarn, Lehrer lächeln ihm öfter zu, mit Leichtigkeit erregt es Interesse und Sympathie, und wenn alles gut geht, wird es über kurz oder lang eine ähnlich positive Meinung von sich selber ausprägen, wie sie die Umgebung ihm von Anfang an entgegenträgt. Aber es geht nicht immer alles gut, und es kann nicht selten einer Frau gerade ihre Schönheit schließlich zur Quelle von Minderwertigkeitsgefühlen aller Art werden.

Das Schicksal eines *weniger schönen*, sich womöglich als häßlich empfindenden Kindes verläuft, gemessen daran, nicht selten auch nach außen hin dramatischer, ist aber zumeist irgendwie gradliniger und weniger gebrochen. – Gehen wir auch hier zunächst von dem einfachsten Fall aus, indem wir die psychisch schlimmste Form sozialer Kritik: *das Ausgelachtwerden*, zugrunde legen. Ohne Zweifel gibt es ein System äußerst feiner Abstimmungen für das, was als «lächerlich» empfunden wird. Ein Kind, das an einer erbmäßigen Entstellung im Gesichtsbereich, einer Hasenscharte etwa, leidet, wird man nicht auslachen – es kann ersichtlich nichts für sein Äußeres und, wichtiger noch, die Deformation besitzt an sich keinen Ausdruckswert, sie wird nicht als Signal empfunden. Anders bereits bei der Stellung von Augen und Ohren, wo schon geringfügige Abweichungen zu Spott aller Art Anlaß geben können – nicht umsonst waren beide Organe über viele Jahrmillionen hin äußerst wichtige Mittel der sozialen Kommunikation. Den meisten Spott aber lenken unfehlbar Anomalien der Körperproportionen auf sich, insbesondere dann, wenn sie teilweise durch ein an sich kontrollierbares Verhalten mitverursacht scheinen – die *Adipositas* ist dabei ein geradewegs klassischer Musterfall.

Der Teufelskreis selbst, welcher *der chronischen Übergewichtigkeit* zugrunde liegt, ist ebenso einfach zu schildern wie in der Praxis schwer durchzuarbeiten. Im Hintergrund steht zumeist eine orale Überverwöhnung bei gleichzeitig starken Entbehrungen an seelischer Wärme und körperlicher Zärtlichkeit. Auf ideale Weise repräsentiert sind diese Bedingungen in einer Mutter, die selber infolge ihrer eigenen depressiven Charakterart in allem, was mit Nahrung und Nahrungsaufnahme zu tun hat, das bevorzugte Mittel erblickt, um ihren Familienangehörigen mitzuteilen, was, verbal geäußert, als Liebe und Zuneigung wiederzugeben wäre. Ein heranwachsendes Kind lernt unter diesen Gegebenheiten, daß es all seine Wünsche nach Liebe, Geborgenheit, Trost, Schutz, Akzeptation und Zärtlichkeit hauptsächlich mit Essen zu assoziieren bzw. im Essen zu symbolisieren hat. Hinzu kommt gerade im depressiven Erleben eine Art Verhungerungsangst[93] – es dürfen auf gar keinen Fall Speisereste weggeworfen werden, was auf den Tisch kommt, hat gegessen zu werden, und man spürt, daß man der Mutter offenbar keinen größeren Gefallen tun kann, als in der Funktion eines Müllschluckers ratzeputz den Teller leerzumachen. Zudem können natürlich auch reale Hungererlebnisse auf ähnliche Verhaltensformen vorbereiten. Das Problem freilich, das sich aus der Übergewichtigkeit ergibt, ist zunächst weniger medizinischer als psychologischer Natur. Es ist für jeden, der es nicht selber miterlebt hat, schwer vorstellbar, was es bedeutet, tagaus tagein unter den höhnischen Augen der anderen Spießruten laufen zu müssen, sich ihre oft obszönen Bemerkungen anzuhören und auf all diese Widerwärtigkeiten nichts anderes tun zu können, als sich «ein dickes Fell» zuzulegen und durch Lächeln und Bravsein zumindest um so etwas wie Duldung zu betteln. Mit verhaltener Traurigkeit muß man mitansehen, wie die Klassenkameradinnen die schönsten und intelligentesten Jungen zum Schwimmen und Tanzen ausführen, und man hat gefälligst froh zu sein, wenn man wenigstens als fünftes Rad am Wagen mitgenommen wird. Extreme Verlassenheitsgefühle, horrende Minderwertigkeitskomplexe, ein latenter Selbsthaß, Kontaktängste aller Art, eine äußerste Anpassungsbereitschaft an die Forderungen der Umgebung, die resigniert-flehentliche Bitte um Duldung nebst dem Versprechen, dann auch bestimmt alles Gewünschte prompt und pflichtgetreu zu erledigen – welch ein Ausweg soll sich aus diesen Seelenversperrungen ergeben außer der Weg ins Kloster, wissend, daß dort als unproblematisch oder geradezu schätzenswert erachtet wird, was anderenorts nur verhöhnt wird? Eine «barmherzige Schwester» zu werden, wird dann zu der Bedingung, vielleicht irgendwo doch noch unter den Menschen Barmherzigkeit zu finden.

In gewissem Sinne noch schwieriger, weil gebrochener und unnatürlicher indessen kann der Lebensweg eines Mädchens sich gestalten, dem der Umstand zum Verhängnis wird, daß es mit Beginn der Pubertät *auffallend schön* zu seiner Weiblichkeit heranwächst. Das Mißverhältnis zwischen seiner körperlichen Reife und seiner seelischen Unreife schlägt sich bei den Eltern in einer erhöhten Angstbereitschaft nieder; außerstande, der Tochter zu glauben, sie könne und werde schon selbst einigermaßen auf sich aufpassen, neigen nicht wenige Eltern in solcher Lage zu vermehrter Aufsicht und

Kontrolle. Je nach dem Ausmaß der bereits vorhandenen Sexualangst und Prüderie kann die im Grunde normale elterliche Sorge unter solchen Umständen die Form einer äußerst lästigen Quarantäne annehmen. Da aber allein mit äußerer Überwachung einem heranwachsenden Menschenkind aufDauer nicht beizukommen ist, gilt es, das elterliche Wertsystem *als Weltanschauung* der Tochter verbindlich zu machen, und dabei kann ein unvermerkter «Trick» äußerst hilfreich werden: Man verwandelt ästhetisch positive Urteile in ethisch negative Qualifikationen; man sagt nicht zu der Tochter: «Du siehst wunderschön aus, aber du mußt dir darüber im klaren sein, daß das auch die Jungs in deiner Klasse merken»; man sagt: «Wie du wieder aussiehst! Zieh dich nicht so unanständig an!» Wie manche Frauen 1944, gerade wenn sie jung und schön waren, beim Anrücken der Roten Armee sich die häßlichsten Kleider anzogen und das Gesicht entstellten, um der drohenden Vergewaltigung zu entgehen, so lehren manche Mütter aus Entsetzen über die *außerordentliche* Schönheit ihrer Tochter, die weibliche Gestalt als etwas Minderwertiges, Schmutziges, ja, Ekelhaftes zu betrachten, so daß schließlich als erniedrigend und beschämend empfunden wird, was ursprünglich Stolz und Selbstbewußtsein hätte begründen können. Entscheidend ist dabei die Rückverwandlung des moralischen Verdikts in eine Zwangsvorgabe der ästhetischen Selbstwahrnehmung: Ein Mädchen betrachtet sich am Ende wirklich als häßlich, nur weil es ausgesprochen schön ist, und es glaubt, sich verhüllen und verdrücken zu müssen, nicht weil es in Wahrheit «gefährlich», «aufreizend» oder «unschamhaftig» aussähe, sondern weil es sich als zu unförmig betrachtet, um den kritischen Blicken (seiner Mutter) standhalten zu können. Selbst eine Frau wie BRIGITTE BARDOT konnte mit 20 Jahren wie verzweifelt vor dem Spiegel stehen und, aller Offensichtlichkeit zuwider, Klage führen wegen ihres «unmöglichen Aussehens»[94]. Man fragt sich in der Öffentlichkeit manchmal vergebens, wieso es zum Interesse besonders hübsch aussehender Frauen werden kann, ihre Weiblichkeit unter einem Ordensschleier vollkommen zu verbergen und zu verleugnen; aber wieviel an Not, Resignation, Gefühlszerstörung, Einengung und chronifizierter Angst bei sich und anderen in aller Regel dahintersteckt, begreift man erst, wenn man sorgfältig genug den Erinnerungen aus Kindheit und Jugend nachgeht.

Wie um den Konflikt zwischen Schönheit und Moral erst zu seinem eigentlichen tragischen Finale zu treiben, vermag speziell *das Konkurrenzmotiv innerhalb der Familie* die eigentümlichsten Verwirrungen heraufzuführen. Es liegt nahe, daß es in manchen Familien in umgekehrter Form so zugehen mag wie in zahlreichen Märchen, wo der schönen und fleißigen Tochter eine häßliche und faule Schwester an die Seite gestellt wird[95]: Die *«schöne Tochter»* wird in dem Erziehungsstil mancher Familien gern mit Hilfe des vermeintlich besseren Beispiels ihrer *«häßlichen»* Schwester diszipliniert, die *nicht* den jungen Leuten den Kopf verdreht, sich nicht herausfordernd zur Schau stellt und nicht verbotenerweise in Modezeitschriften herumblättert. Um dieser Gleichstellung von «schön» mit «böse» in der Wertung ihrer Mutter zu entrinnen, mag die «schöne» Tochter ihre Zuflucht zunächst beim Vater suchen, der nicht selten durch die späte Rolle eines Grandseigneurs und Kavaliers sich wie geschmeichelt fühlt. Es ist ihm eine ehrenvolle Vaterpflicht, seine Tochter am Arm durch die Stadt zu geleiten; er geht in seiner Vaterpflicht, ein wahrer Kenner von Natur, womöglich sogar so weit, auf das vorteilhafteste für die Dessous und Badewäsche seiner Tochter Sorge zu tragen. Auf der anderen Seite jedoch ist nur allzu deutlich, daß die Tochter zwar das Wohlgefallen ihres Vaters, und in seiner Begleitung sogar auch das anderer Männer, erringen darf, nie und nimmer aber darf sie sich der Treulosigkeit unterstehen, von ihrem Vater weg auf andere junge Leute ihres Alters zuzugehen. Es ist indessen aber auch nur begrenzt möglich, die eifersüchtige Paschaliebe des Vaters zu befriedigen; je älter die Tochter wird, desto schwieriger läßt sich vor allem *die sexuelle Komponente* in der Beziehung zwischen Vater und Tochter leugnen.

So kommt es, daß gerade ein besonders schönes, allseits umworbenes Mädchen schließlich in jeder Richtung als gescheitert dasteht: In der Geschwisterhorde an den Rand gedrückt, von der Mutter unterdrückt und vom Vater zerdrückt, weiß es am Ende nicht mehr ein noch aus. Und ganz wie man in vergangenen Zeiten Frauen, die infolge ihrer Schönheit den Männern allzu gefährlich wurden, mit Vorliebe in einem Kloster oder in einer Kartause versteckt hielt[96], kann bei genügend verinnerlichtem Zwang auch subjektiv ein solcher Schritt erneut wie eine Erlösung wirken. Fragt man sorgfältig genug nach, so wird man erstaunlich oft in der Anamnese weiblicher Ordensberufungen auf die jahrelange ödipale Angst gerade der an sich «schönen» Schwestern stoßen, von dem eigenen Vater verfolgt und belästigt zu werden. Es entbehrt unter diesem Aspekt nicht der Tragikomik, wenn zu den klassischen Gebetstexten eines Ordenseintritts auch heute noch ausgerechnet der altorientalische Harems-Psalm rezitiert wird: «Höre meine Tochter, und siehe und neige dein Ohr: Vergiß dein Volk und das Haus deines Vaters! Und verlangt dein König nach deiner Schönheit – er ist ja der Herr –, so neige dich ihm» (Ps 45,11.12)[97]. Auf solche Weise projiziert man die ödipale Angst vor dem irdischen Vater in die allmächtige Gottheit hinein und interpretiert als «Erwählung» die Verschiebung derjenigen Gefühle, die auf Erden zu leben unter dem Verbot des Inzests strikt untersagt war, auf den «himmlischen Bräutigam»: Christus.

e) Der religiöse Faktor

Aus dem psychodynamischen Gefüge von ontologischer Unsicherheit, Schuldgefühl, Überverantwortung, Resignation und Konkurrenz, so weit wir es bisher untersucht haben, dürfte nicht nur der Weg zum Priestertum bzw. zum Ordensstand als eine schicksalhafte «Erwählung» im Leben der Menschen, die unter den genannten Umständen aufwachsen mußten, verständlich geworden sein, es haben insbesondere bereits eine Reihe klerikaler Eigenarten, die wir zunächst rein strukturell geschildert haben, inzwischen ihre psychogenetische Aufklärung gefunden. Vor allem die menschlich bizarre Aufspaltung des Klerikerseins in die Repräsentation eines objektiven Erlösungsanspruchs, der subjektiv die eigene Existenz nur negativ, im Status von Opfer und Selbstverzicht, erreichen darf, wird vor dem Hintergrund der gezeigten Verflechtungen des Selbstopfers der entscheidenden frühkindlichen Kontaktperson und den korrespondierenden «Retterphantasien» des Kindes gut plausibel. Desgleichen ist deutlich geworden, wie früh die Gefühlsunterdrückungen und Selbsteinschränkungen, d.h. näherhin die Ausdehnungen der Zonen des Überichs auf dem Terrain des eigenen Ichs durch die entsprechenden Formen angstbesetzter Überidentifikationen mit den Gestalten von Vater und Mutter im Leben eines späteren Klerikers einsetzen. Was in der strukturellen Beschreibung als so überaus widersprüchlich und schmerzlich erscheinen mußte: ein Dasein, das ständig um die Vermittlung von Heil und Gnade, von Freiheit, Liebe und Vergebung in Richtung anderer Personen bemüht ist, das selbst aber die Ausdrucksformen der eigenen Persönlichkeit geradewegs phobisch flieht und allenfalls in der beamteten Ersatzsprache einer durch Institution und Tradition als «richtig» garantierten «Verkündigung» zuläßt, erweist sich jetzt bis in die Details zahlreicher weltanschaulicher und moraltheologischer Theorien und Ideologiebildungen als ein unmittelbares Spiegelbild der Kindertage.
Dennoch bleibt *eine* wichtige Frage bestehen, auf die wir noch im Rahmen der familiären Ausgangssituation eine Antwort finden müssen: Woher stammt die spezifisch religiöse Verarbeitungsform der aufgezeigten Konflikte? Könnte nicht – um nur ein Beispiel zu geben – jene Mischung aus ontologischer Unsicherheit und Überverantwortung genausogut einen Sozialarbeiter, einen Arzt, einen Richter oder einen Veterinärmediziner her-

vorbringen – warum gerade einen Priester? Oder: kann sich das genannte Schuldgefühl innerhalb der genannten Geschwisterreihe nebst den damit verbundenen Wiedergutmachungstendenzen nicht auch dahin auswirken, daß jemand Lehrerin, Krankenschwester, Kindergärtnerin oder wer weiß was wird – warum gerade Ordensschwester?
Die Antwort machte sich zu leicht, wer solche durchaus denkbaren Differenzierungen der Berufswahl einfach mit dem Faktor bestimmter individueller Anlagen und Neigungen erklären wollte. Solche gibt es gewiß, und sie machen sich allemal im späteren Leben entscheidend geltend; das Problem aber, vor dem wir jetzt stehen, lautet ja nicht, warum jemand Krankenschwester *oder* Ordensschwester, Sozialarbeiter *oder* Priester wird, sondern warum er die Wahl eines an sich «normalen» bürgerlichen Berufes fast vergleichgültigt und in jedem Falle an die Grundentscheidung zum Klerikersein selbst bindet, indem er Sozialarbeiter *als* Ordenspriester, Krankenschwester *als* Vinzenznonne usw. wird. Die Selbstinterpretation des Klerikerseins läßt hier keinen Spielraum: es geht darum, daß das gesamte Dasein in all seinen Vollzügen wesentlich von der religiösen Vorgabe des Klerikerseins getragen und gestaltet wird, und zwar gilt diese Bestimmung so sehr, daß es in aller Regel von seiten der Personalabteilung des Generalvikariats z. B. als ein ausgesprochenes Krisenzeichen empfunden würde, wenn ein Priester darum ersuchen wollte, etwa ein zweites Studium (als Studienrat für Deutsch oder Geschichte oder als Sozialpädagoge oder gar als Psychotherapeut) anstreben zu dürfen: Sobald es ihm möglich würde, mit Hilfe dieses Zweitstudiums eine eigenständige bürgerliche Existenz aufzubauen, drohte er der Unbedingtheit und Sicherheit, mit welcher er von Amts wegen an die Kirche gebunden ist, zu entgleiten. Im Extremfall sind sogar die persönlichen Neigungen geringzuachten und zu verleugnen, wenn es darauf ankommt, für die Aufgaben der Kirche oder des Ordens sich «verfügbar» zu halten.
Die Frage lautet also nicht, wie jemand entsprechend seinen Neigungen einen bestimmten Beruf erwählt, sondern wie er dahin gelangt, die Lösung seiner Lebenskonflikte nur durch eine religiöse Totalbestimmtheit seines Daseins, durch die Erwählung und Berufung durch Gott, sich vorstellen zu können. Das Problem verkompliziert sich zunächst durch die einfache Tatsache, daß die Eltern späterer Kleriker durchaus nicht in jedem Fall Muster an Frömmigkeit und Kirchengläubigkeit sein müssen – auch in diesem Falle sind mechanistische Modelle der Lernpsychologie[98] nach der Art von Vorbild und Abbild viel zu simpel, um dem Verständnis der Psychogenese von Klerikern dienlich zu sein.
Gehen wir die Reihe der Möglichkeiten durch, so läßt sich als erstes der Fall

denken, daß *weder der Vater noch die Mutter* in irgendeinem Sinne als *religiös*, geschweige denn als kirchlich eingestellt betrachtet werden können. Statistisch dürfte diese Ausgangssituation in der Psychogenese von Klerikern vermutlich nicht sehr häufig gegeben sein; daß sie aber vorkommt, zeigte mir vor Jahren die folgende Geschichte.
Ein Junge war sehr früh bereits zum freiwilligen Zeugen der ehelichen Streitigkeiten seiner Eltern geworden und hatte sich von klein auf zum zuverlässigen Bundesgenossen und tapferen Streiter für die Rechte seiner Mutter gemausert. Als dann der Vater gar des Ehelebens endgültig müde wurde und sich scheiden ließ, rückte der Junge in die ebenso belastende wie beglükkende Rolle des einzig und wahrhaft Geliebten seiner Mutter ein – auf Jahre hin bildeten die beiden eine unverbrüchliche Trauergemeinschaft gegen den Rest der Welt. Indessen erwiesen sich gerade die hohen Anforderungen, welche die Mutter an ihren Jungen richtete, schließlich als eine Art Sprengstoff für diese «Ersatzehe»: Vom Beginn der Pubertät an empfand der äußerlich frühreife und überaus selbständig wirkende Junge die Nähe seiner Mutter als etwas Peinliches und Beschämendes – um keinen Preis der Welt wollte er als ein Muttersöhnchen gelten, im Gegenteil, er suchte sich durch körperliches Training und asketische Schikanen aller Art abzuhärten und in seiner Männlichkeit zu ertüchtigen. Andererseits mochte er aber die Bindung an seine Mutter schon aus Verantwortungsgefühl und Mitleid nicht einfach aufkündigen, und so verfiel er auf den in solcher Lage einzig konsequenten Weg der *geistigen* Loslösung: Zum Erstaunen, ja zum Schmerz seiner Mutter, die über weltanschauliche Fragen niemals sich sonderlich den Kopf zerbrochen hatte, konvertierte er in einer ganz und gar protestantischen Gegend mit 15 Jahren zum Katholizismus und behielt fortan seinen Entschluß unbeirrt und erfolgreich bei, Priester werden zu wollen. Dabei richtete seine theologische Inbrunst mit glühender Leidenschaft sich auf die Verehrung der Mutter Gottes, die er selbst im römischen Katholizismus für vernachlässigt wähnte und einzig in den ostkirchlichen Hymnen auf die «Allheilige» würdig gepriesen meinte. Nebenbei gesagt, hätte gerade der auffallend starke und kämpferische Charakter dieses Mannes es als absolut lächerlich und als einen typischen Ausdruck der westlichen Dekadenz erklärt, wäre jemand willens gewesen, ihn darüber zu verständigen, daß seine Konversion ebenso wie seine Madonnenmystik eine psychoanalytisch leicht durchschaubare Folge seiner ödipalen Mutterbindung darstellte; natürlich hielt er sich nach Jahren eines ausgedehnten Willenstrainings für einen freien, unabhängigen, allein der Vernunft und der Überzeugung seines Gewissens folgenden Menschen, und dieser Betrachtung folgten uneinge-

schränkt auch seine Ausbilder, solange seine Marienfrömmigkeit nicht exzessive Züge annahm.
Für unsere Fragestellung lehrt dieses Beispiel, daß es allein die Kräfte von Identifikation, Protest und antithetischer Idealbildung zum Zweck einer «geistigen» Loslösung sein können, die unter den genannten Voraussetzungen der ontologischen Unsicherheit und einer überhöhten Verantwortungsbereitschaft die Berufung zum Klerikersein determinieren. Dabei steht die «Entscheidung» speziell für die katholische Kirche erkennbar auch in Verbindung mit der Suche nach einer Ersatzmutter, welche die Bindungen an die leibliche Mutter in der äußeren Realität auflöst, um sie auf der spirituellen Ebene desto sicherer fortzusetzen. Selbst im späteren Erwachsenenleben treten derartige Konversionen mitunter durchbruchartig auf und tragen zumeist, da ohne erkennbaren äußeren Anlaß, in nicht geringem Maße zur Verstörung der Umwelt bei.
SIGMUND FREUD beispielsweise analysierte 1927 den Bericht eines amerikanischen Arztes, der durch den Anblick der Leiche einer alten Frau auf dem Seziertisch tief ergriffen worden war: Sie hatte «ein so liebes, entzückendes Gesicht», daß in dem Arzt der Gedanke aufblitzte: «Nein es gibt keinen Gott; wenn es einen Gott gäbe, würde er nie gestattet haben, daß eine so liebe alte Frau ... in den Seziersaal kommt.» Doch als er mit dem Entschluß, nie wieder eine Kirche zu betreten, nach Hause kam, vernahm er eine innere Stimme, sich die Sache noch einmal zu überlegen, und am nächsten Tag machte Gott es seiner Seele klar, daß die Bibel Gottes Wort sei und alles, was Jesus Christus gelehrt habe, die einzige Wahrheit und Hoffnung darstelle. Zu Recht machte FREUD geltend, daß Gott bekanntlich noch ganz andere Greuel geschehen lasse, als die Leiche einer alten Frau mit sympathischen Gesichtszügen auf einen Seziertisch gelangen zu lassen; offenbar habe das Gesicht der Frauenleiche den Arzt an seine eigene Mutter gemahnt: «Der Anblick des nackten (oder zur Entblößung bestimmten) Leibes einer Frau, die den Jüngling an seine Mutter erinnert, weckt in ihm die aus dem Ödipuskomplex stammende Muttersehnsucht, die sich auch sofort durch die Empörung gegen den Vater vervollständigt. Vater und Gott sind bei ihm noch nicht weit auseinandergerückt, der Wille zur Vernichtung des Vaters kann als Zweifel an der Existenz Gottes bewußt werden und sich als Entrüstung über die Mißhandlung des Mutterobjekts vor der Vernunft legitimieren wollen ... Der Konflikt scheint sich in der Form einer halluzinatorischen Psychose abgespielt zu haben, innere Stimmen werden laut, um vom Widerstand gegen Gott abzumahnen. Der Ausgang des Kampfes zeigt sich wiederum auf religiösem Gebiet; er ist der durch das Schicksal des Ödipus-

komplexes vorherbestimmte: völlige Unterwerfung unter den Willen Gott-Vaters, der junge Mann ist gläubig geworden, er hat alles angenommen, was man ihn seit der Kindheit über Gott und Jesus Christus gelehrt hatte.»[99] In diesem Falle gewannen bestimmte religiöse Inhalte, die zur Gestaltung des Lebens an sich zu schwach ausgebildet geblieben wären, durch die Energien der ödipalen Strafangst gegenüber dem Vater eine Stärke, die zur vollständigen Identifikation mit den Inhalten der christlichen Erziehung in der frühen Kindheit führte. Auch in diesem Falle bewirkte also nicht das religiöse Vorbild der Eltern, sondern die Psychodynamik der Auseinandersetzung mit ihnen (hier im Gefälle des Ödipuskomplexes) die religiöse «Bekehrung».

Wichtiger als diese Feststellung ist für unseren Zusammenhang jedoch die Tatsache, daß eine Vielzahl von Gefühlskomponenten *längst vor dem Ödipuskomplex* in der Psyche eines Kindes eine selbständige Ausbildung bzw. eine besonders intensive Aufnahme bestimmter religiöser Anschauungen zu konditionieren vermag. Um noch einmal auf das vorhin erwähnte Beispiel der herzasthmakranken Mutter zurückzukommen: *Eine* mögliche Auflösung der ständigen Todesangst um die Mutter kann darin bestehen, sich von der Erde weg in den Himmel zu träumen: Wenn auch die Mutter stirbt, so stirbt sie doch nicht wirklich; sie geht vielmehr ihrer himmlischen Vollendung entgegen, und dort wird sie es weit glücklicher treffen als auf Erden; auch man selbst wird nicht als Waise zurückbleiben, man wird der Mutter in den Himmel nachfolgen und sie dort wiedersehen. Die Angst um den täglich drohenden Tod der Mutter kann sich auf diese Weise in eine leidenschaftliche Sehnsucht nach einem anderen, überirdischen Leben verwandeln, und zwar ohne daß von seiten der Eltern die Tröstungen der Religion über das ewige Schicksal des Menschen jemals besonders betont worden wären. So wie in psychotischen Erlebnisformen bestimmte apokalyptische Vorstellungen aufzutreten pflegen[100], die auf das äußerste an die entsprechenden Texte der Bibel gemahnen, selbst wenn die einzelnen Patienten seit ihrer Jugend von derlei Gedanken kaum je gehört haben dürften, so können die zentralen Inhalte besonders der christlichen Lehre sich aus dem psychischen Erleben wie von selbst nahelegen; auch wenn die Eltern selbst zur Weitergabe solcher Anschauungen bewußt nur wenig beigetragen haben, kann doch ihr psychischer Einfluß auf das Unbewußte des Kindes bereits sehr früh einzelne Lehrmeinungen der christlichen Dogmatik als subjektiv gewisse, niemals mehr hinterfragbare Lebensgrundlagen erscheinen lassen. Der entscheidende Faktor dabei ist indessen stets eine heftige Ambivalenz der Gefühle und die damit verbundene *Aufspaltung des*

Elternbildes, dessen einer positiver Teil in die Sphäre des Himmlischen projiziert und damit unangreifbar gemacht wird.
In einer Variation des gleichen Erlebens können die Inhalte der christlichen Glaubenslehre aus gewissen *antithetischen Sehnsüchten und Idealbildungen* gegenüber der Wirklichkeit psychisch vorgeformt sein. – Eine Ordensschwester z. B. zeichnet sich noch heute durch eine außerordentlich starke Unruhe aus. Bei allem, was sie tut, begleitet sie ein quälendes Gefühl des Mangels und der Unzufriedenheit: «Ich habe ständig das Gefühl, das Eigentliche zu verpassen.» Mehrfach hat sie deshalb bereits ihre Stelle gewechselt, zusätzliche Fortbildungskurse belegt, neue Tätigkeiten begonnen, doch stets mit dem gleichen Mißbehagen als Ergebnis. Gleichwohl steht sie dem beruflichen Teil ihres Lebens weit zuversichtlicher gegenüber als all den Fragen, die sich auf den Umgang und das Zusammenleben mit anderen Menschen beziehen; hier fühlt sie sich immer wieder betrogen, enttäuscht, ausgenutzt usw. Bei näherer Analyse ergibt sich, daß beide Erlebnisweisen ein und derselben Kindheitssituation entstammen. Als junges Mädchen hatte sie am heftigsten darunter gelitten, daß ihre Eltern aus unbegreiflichen Gründen immer wieder miteinander in Streit lagen. Eigentlich gehörte ihre gesamte Sympathie dem Vater, es tat ihr aber auch die Mutter immer wieder leid, und zudem mußte sie erleben, daß der Vater selbst sehr abrupt die Fahne wechseln und zu seiner Frau «überlaufen» konnte. Beide, Vater wie Mutter, konnten sich dann zu dem Vorwurf versteigen, daß alle Streitereien ihren Grund überhaupt nur im Betragen der Tochter hätten. Mit einem Wort: diese Ordensschwester hatte als Kind die klassische *Rolle des Sündenbocks*[101] zu spielen gehabt, mit der Folge, daß sie gelernt hatte, um alles in der Welt durch Bravheit und Anpassung den anderen zu Willen zu sein und eventuellen Streitereien vorzubeugen; von daher war sie zugleich bereit, in jede menschliche Beziehung viel zu viel an Vorleistungen zu investieren, um überhaupt geduldet zu werden, stets nach dem Motto: Nur wenn ich mich nützlich, ja, unentbehrlich mache, wird man mich gerade noch akzeptieren – das Programm der klassischen Opfermentalität. Auf der anderen Seite führten ihre unbewußten und unausgesprochenen *Riesenerwartungen*[102] nach Geborgenheit und Nähe natürlich immer wieder zu herben Enttäuschungen, die sie stets von neuem durch Verbesserungen im Leistungsbereich zu kompensieren trachtete – ein vollendeter Teufelskreis. In den Orden aber war sie eingetreten, um endlich jenes Zuhause zu finden, das sie zu Hause niemals erlebt hatte. – Wieviel in der Sprache der Priester und Ordensschwestern der katholischen Kirche im Reden von Gott, von Jesus Christus, von der Mutter Gottes und der Kirche ist nicht schon dem Tonfall nach die Spra-

che der Sehnsucht nach etwas, das in der Wirklichkeit niemals erlebt wurde?
Diese Sehnsucht kann nun freilich *auch von außen* mächtig angefacht werden. Gar nicht so selten in der Biographie von Klerikern läßt sich beobachten, daß der spätere Berufswunsch mit der *Bekanntschaft einer einzelnen Person* zusammenhängt, die als einzige in eine Welt der Kälte so etwas wie Wärme zu bringen vermochte. Das Phänomen existiert auch wohl sonst und wird in der Literatur, soweit mir zugänglich, bisher viel zu wenig gewürdigt: Der Faktor des spezifischen Zufalls. Ein junger Mann z. B. entschließt sich, Philatelist zu werden, weil er im Alter von sieben Jahren drei Wochen lang einem Mann zur Untermiete im Haus seiner Eltern begegnete, der *ein einziges Mal in seinem Leben* mit ihm spazierenging und mit ihm redete wie mit einem kleinen Erwachsenen – dieser Mann sammelte Briefmarken! Ein junges Mädchen entschließt sich, Buchhändlerin zu werden, weil ihr Jugendgeliebter aus der Nachbarwohnung ihr hin und wieder kleine Gedichte schrieb ... Je dunkler das Verlies erscheint, in dem ein Menschenkind aufzuwachsen sich gezwungen sieht, desto unbedingter, einem Nachtfalter gleich, wird es dem erstbesten Lichtstrahl nachstreben, der in seine Einsamkeit fällt. Die menschliche Psyche ähnelt in ihrer Fähigkeit zu überleben und in ihrer zähen Geduld dem Beharrungsvermögen mancher Wüstenblumen, die jahraus, jahrein wie abgestorben unter der Gluthitze der Sonne liegen können; dann aber, beim plötzlich einsetzenden Regen, sprießen sie auf, da entlädt sich ihre gesamte aufgesparte Lebensenergie in einem Ausbruch von Glück, da ergreifen sie diese alles entscheidende Chance und bleiben ihr verhaftet nach Art einer echten *Prägung*[103].
Im Rückblick des Lebensweges so manchen Klerikers wird man entdecken, wie stark irgendein Jugendlager, ein Meditiationswochenende, die Begegnung mit einem bestimmten Seelsorger die ganze weitere Entwicklung bestimmt hat. An dieser einen Stelle tauchte als Hoffnung, ja, als schon verwirklichte Bestätigung auf, was bis dahin nur als Sehnsucht gefangen lag; und so, als ob sich eine Schleuse öffnete und die Wasser eines allzulange aufgestauten Sees talwärts stürzten, flossen seither alle Neigungen und Interessen in dieses vorgebahnte Bett des fremden Beispiels. Dieses selbst aber wirkt, recht verstanden, nicht als Ursache, sondern lediglich als Katalysator, als auslösende Bedingung, die in sich zwar unentbehrlich ist, um die bereitliegenden Energien freizusetzen, die aber diese Energien selber nicht geschaffen hat. – Ohne die Psychologie der Sehnsucht und der Einsamkeit wären insbesondere die Berufungen außerhalb eines entsprechenden religiösen Vorbilds der Eltern schlechterdings nicht erklärbar.

Der zweifellos günstigste und deshalb auch wohl am häufigsten vertretene Fall in der Psychogenese von Klerikern indessen wird in einer Situation realisiert sein, in welcher ein Elternteil, zumeist die Mutter, und zwar in erheblichem Kontrast zu ihrem Ehegatten, sich einer religiösen Einstellung verpflichtet gibt. «Religiös» muß dabei unbedingt so viel bedeuten wie dezidiert *katholisch;* denn eine bloße «Religiosität» im Sinne des aufgeklärten Humanismus LESSINGS[104] oder eines romantischen «Geschmacks für das Unendliche», wie SCHLEIERMACHER[105] lehrte, würde sich nur sehr schwer mit dem ausgeprägten Dogmatismus der katholischen Kirche vereinbaren; im Gegenteil, man muß im Erleben des religiösen Elternteils (der «Mutter») sogar eine besonders intensive Bindung an die Kirche voraussetzen. Als das «Ideal» der psychogenetischen Ausgangssituation einer Klerikerberufung darf gelten, daß ein Elternteil, emotional enttäuscht von seinem Partner, sich an die Gemeinschaft der katholischen Kirche wie zum Ersatz bindet, indem bestimmte moraltheologische Ansichten, vor allem die Unauflöslichkeit der Ehe und das Sexualverhalten betreffend, als unabdingbare Lebensgrundlage verstanden werden; vorausgesetzt ist ferner dabei, daß dieser Elternteil innerhalb der Familie als der eigentlich Normgebende, Vorbildliche und menschlich Überlegene empfunden wird; sind diese Bedingungen gegeben, so wird man mit einem außerordentlich starken Erziehungsdruck in Richtung des späteren Klerikerseins zu rechnen haben.
Als Beispiel denke man sich eine Frau, die eigentlich selber gern als Mädchen in einen Orden eingetreten wäre, sich dann aber, mit Rücksicht auf das Geschäft ihrer Eltern, oder weil sie das Opfer einer unkontrollierten Verführung wurde, zu einer Heirat entschließen mußte. Mit ihrem Mann verbindet sie gefühlsmäßig wenig; beide führen ein korrektes, ordentliches, bürgerlich anständiges Leben, aber auch nicht mehr. Die Sexualität dient vor allem in der Sicht der Frau, entsprechend guter katholischer Auffassung, im wesentlichen der Kinderzeugung[106], und so muß die Frau den «Willen des Mannes» bzw. den «Willen des Fleisches» (Joh 1,13) geduldig über sich ergehen lassen, hoffend, daß vielleicht eines ihrer Kinder einmal *den* Schritt tun werde, der ihr selber wie zur Strafe vorenthalten blieb. Der Vater kümmert sich um die Erziehung der Kinder herzlich wenig, allenfalls daß er der Mutter in Wort und Tat als Vollstreckungsbeamter behilflich ist, wenn es gilt, ihre schwindende Autorität durch entsprechende Strafen wiederherzustellen. Die Abneigung gegen den Vater ebenso wie die Bindung an die Mutter machen ein Kind aus solcher Ehe gewiß gleich doppelt geneigt, sich mit der Haltung der Mutter zu identifizieren. Spürbar mag dem Kind zusätzlich sehr bald werden, wie wichtig gerade der religiös kirchliche Anteil im Leben

der Mutter für den Bestand der gesamten Familie ist: Wäre es nicht «Gottes Gebot», daß eine einmal geschlossene Ehe als unauflöslich zu gelten hat, so würde der Zusammenhalt der Familie alles andere als gesichert sein. Es ist in den Augen des Kindes daher wirklich Gott, woraus die Mutter und folglich es selber lebt. Kommt dann noch hinzu, daß das Kind als geheimes Substitut der unerfüllten religiösen Wünsche der Mutter aufgezogen wird[107], so dürfte (unter den genannten Bedingungen der ontologischen Unsicherheit und der entsprechenden Opfer- und Retterhaltung) der Weg zum Klerikersein unausweichlich scheinen. – Natürlich kann die Verteilung der Rollen zwischen Vater und Mutter auch umgekehrt erfolgen. SÖREN KIERKEGAARD z. B. empfing seine außerordentliche religiöse Genialität an der Seite eines Vaters, der sehr früh schon seinen Sohn zum Gesprächspartner und Vertrauten seiner Zweifel und Ängste erwählte, während die Mutter, eine ehebrecherische Stallmagd, wie KIERKEGAARD später erfuhr, im Erleben ihres Kindes zeitlebens zur Quelle einer enormen Sexualangst und Frauenfurcht wurde.[108]

Entscheidend ist (im Unterschied etwa zu dem Beispiel KIERKEGAARDS) für die Psychogenese eines späteren Klerikers, daß der normgebende Elternteil aus der Beziehung zur Kirche in irgendeiner Weise *wesentlich* lebt. Dabei ist der notvolle Kontrast zu dem anderen Elternteil als psychologisches Spannungspotential sogar für besonders günstig zu halten, erhöht er doch den Faktor der ontologischen Unsicherheit mitsamt seinen Folgewirkungen. Das Kind mag also erleben, wie gern die Mutter, die sonst zu Hause eher niedergeschlagen und verstört wirkt, voller Freude und Begeisterung von dem Pfarrfamilienfest oder von der nächsten Sitzung des Hedwigskreises spricht; es erlebt, wie die Mutter von den Hausbesuchen in der Pfarrei weit mehr an Bestätigung und Wertschätzung erfährt als von den Verrichtungen im Haushalt; ja, es ahnt womöglich, daß die Mutter auch zu dem Pfarrer am Ort insgeheim eine Achtung und Sympathie unterhält, die sie in dieser Weise ihrem Gatten gegenüber schwerlich empfindet. In aller Unruhe und Hilflosigkeit weist also die Mutter mit ihrem ganzen Dasein über sich hinaus auf einen Bereich hin, den das Kind, noch ehe es selber darin Eingang findet, für den wahren Ort des Heils halten muß und an dem zu sein erst eigentlich bedeutet, bei seiner Mutter (bzw. bei seinem Vater) zu sein. Und dieser Tatbestand ist als peristatische Bedingung auf dem Weg der «Erwählung» zum Kleriker gewiß in seiner Bedeutung weit höher einzuschätzen als eine noch so absichtsvolle religiöse Erziehung des Kindes zu Lehre und Frömmigkeit der katholischen Kirche selbst. Letztere mag die bereits ausgebaute, wohlasphaltierte Straße noch mit zusätzlichen Fahrverbotsschildern und Rich-

tungshinweisen abstecken, aber sie wirkt nur wie die zusätzliche Hilfestellung bei der Fahrt einer Route, deren Richtung längst festliegt.
Aus dem relativen Gegeneinander von Vater und Mutter als einer Hauptbedingung der Klerikerberufung leitet sich im übrigen erneut die Gefühlsbedeutung eines theologischen Theorems ab, dem in der katholischen Dogmatik eine zentrale Bedeutung zukommt. Folgt man dem faktischen Frömmigkeitsbewußtsein der meisten Kleriker, so leben sie eigentlich so, als wenn es zwei Götter gäbe, die einander vollkommen entgegengesetzt wären: auf der einen Seite Jesus Christus mit seiner Mutter als Inbegriff der Liebe, Güte und Vergebung, und auf der anderen Seite den Vater als den Inbegriff der Gerechtigkeit, Strenge und Strafe. Zwar hat die Kirche sehr früh schon die Lehre MARCIONS verworfen, wonach der Gott der Schöpfung radikal verschieden sei von dem Gott der Erlösung[109]; aber gefühlsmäßig ist diese Zerspaltenheit bis in das Gebetsleben der katholischen Kirche hinein doch recht wirksam, etwa wenn die Muttergottes in Litaneien und Liedern, in «Sturmandachten» und Gebeten angefleht wird, sie möge an der Seite ihres Sohnes am Throne Gottes Fürbitte um Schutz und Hilfe für die bedrohte, notleidende und sündige Menschheit einlegen. Emotional herrscht die Voraussetzung, daß der Vater (ganz entgegen der Botschaft Jesu selber[110]) ein an sich ungütiger Monarch sei, der erst durch derart machtvolle Mittler gnädig gestimmt werden müsse und könne. Wenn die christliche Dogmatik innerhalb der Trinitätslehre betont, daß der Vater und der Sohn in der dreifaltigen Gottheit einander unendlich verschieden seien[111], so daß sie in ihren Relationen den reinen Gegensatz abgeben, und wenn es dann wieder heißt, daß aus diesen absoluten Gegensätzen, aus dem Vater und dem Sohne, erst der Heilige Geist hervorgehe[112], der imstande sei, einen Menschen zum Kleriker zu erwählen, so wird man auch diese Ansicht in ihrer Gefühlsbedeutung erneut als biographische Information zu verstehen haben; denn wirklich: Erst der Kontrast zwischen den zwei «göttlichen» Personen von Vater und Mutter treibt jenen Geist aus sich hervor, dem das Klerikersein entspringt.

2. Phasenspezifische Einschränkungen oder: Not und Notwendigkeit eines «mönchischen Lebens»

Mit diesen Feststellungen haben unsere Erörterungen einen Punkt erreicht, an dem die These sich erhärtet, daß zu einem Leben als Kleriker nur «berufen» sein wird, wer bereits in der frühen Kindheit, im Umkreis der eigenen

Familie, gelernt hat, das Gefühl der ontologischen Unsicherheit und der prinzipiellen Unberechtigtheit im Dasein durch Wiedergutmachungstendenzen aller Art zu kompensieren. Wir gewinnen auf diese Weise den Schlüssel zum Verständnis nicht allein der ausgedehnten Opferhaltung und Opferideologie im Leben der Kleriker der katholischen Kirche, sondern es werden auch die eigentümlichen Vermischungen und Aufspaltungen zwischen Person und Amt begreifbar, die wir im Denkstil, in der Lebensweise sowie in den Umgangsformen der Kleriker beobachten konnten. Das Gefühl der *Überverantwortung* nebst den entsprechenden *Retterphantasien,* die bedingungslose Bereitschaft des Ichs zur *Totalidentifikation* mit den Inhalten des Überichs, *die narzißtisch gepflegte Position der Ausnahme* aufgrund einer besonderen Erwähltheit, die *Verdrängung* ganzer Teile der eigenen Psyche mitsamt den Erinnerungen an die ursprüngliche Familiensituation sowie deren Ersetzung und Überhöhung durch *ein göttliches Schicksal* von Berufung und Vorsehung, nicht zuletzt auch die Neigung, sich die eigene Güte und Werthaftigkeit an anderen zu beweisen, die notgedrungen in einem Feld latenter oder offener *Konkurrenz* in die Position von seelsorglichen «Aufgaben» heruntergedrückt werden – all diese Feststellungen geben sich als verfestigte Reflexe und Relikte einer Biographie zu erkennen, in welcher das kindliche Ich mit seinen Ängsten und Schuldgefühlen gar keinen anderen Ausweg sah, als die unsicher gewordene oder gar schon verloren geglaubte Liebe der entscheidenden Bezugsperson (der «Mutter») wie verzweifelt durch eine *extreme Anpassungs- und Hingabebereitschaft* zurückzugewinnen. Insbesondere *das Bedürfnis nach den erlösenden Verheißungen der Religion* sowie umgekehrt deren hohe Akzeptanz durch das kindliche Ich wird uns vor dem gezeigten Hintergrund zu einer fast selbstverständlichen Erscheinung. Tritt zu dieser psychologisch verständlichen Ausrichtung auf den Bereich des Religiösen soziokulturell, durch bestimmte prägende Faktoren in oder außerhalb der Familie, noch *die katholische Kirche* als die vermittelnde Institution der konkreten Anschauungsformen und Wertinhalte des Religiösen hinzu, so verstehen wir schon, wieso ein Mädchen oder ein Junge späterhin die Erfahrung des *Jeremias,* des *Deuterojesajas* und des heiligen *Paulus* zu teilen geneigt sein mag, bereits «vom Mutterschoße an» von Gott in Dienst genommen und zu seinem Diener bestellt worden zu sein (Jer 1,5; Jes 49,1; Gal 1,15)[1].

Allerdings verstehen wir damit im Grunde nur erst die Hälfte der Geschichte; d. h., wir verfügen in dem Bestreben, ein rechtes Bild von der Psychologie des Klerikerseins zu gewinnen, jetzt gewissermaßen über den *Rahmen,* in den das Bild gespannt ist, wir kennen den *Fluchtpunkt,* der den

perspektivischen Linien die Richtung vorgibt, und wir haben bereits die farbliche *Grundierung* des Gemäldes aufgetragen. Das Entscheidende indessen fehlt noch: die Darstellung des konkreten Bildinhaltes. Verantwortung, Idealismus, Religiosität und Bindung an die Kirche stellen zwar die wesentlichen Voraussetzungen für einen angehenden Kleriker dar, aber aus ihnen allein kann immer noch ein Vielerlei an möglichen Berufungsentscheidungen außerhalb der Bestimmung zum Klerikersein folgen wie: Religionslehrer, Lektor oder Schriftleiter in einem katholischen Verlag, Vorsitzender in allen möglichen «Laien»-Gremien und Ausschüssen kirchlicher Verbände – schaut man genau hin, findet man nicht selten in diesem Berufsspektrum bevorzugt Leute wieder, die tatsächlich einmal den Weg zum Priestertum oder Ordensberuf einschlagen wollten, dann aber aus bestimmten Gründen vor oder nach der Weihe bzw. der Profeß «gekippt» sind, wie man im klerikalen Jargon zu sagen pflegt. Das Haupthindernis liegt zumeist gerade in dem, was als das wesentliche Spezifikum des Klerikerseins gelten muß: das Leben nach den sogenannten «evangelischen Räten» der Armut, der Demut (des Gehorsams) und der Keuschheit (der Ehelosigkeit). Ehe nicht geklärt ist, wie jemand dazu kommt, ein Leben speziell nach diesen «Räten» nicht nur an sich für ideal und erstrebenswert, sondern geradewegs für die Grundlage seines eigenen Lebens zu erklären, ist der Kern der Psychogenese des Klerikerseins noch nicht wirklich analytisch durchdrungen. Wenn wir bisher ein bestimmtes Grundgefühl bzw. bestimmte Grundsituationen in der Psychogenese klerikaler Berufungen beschrieben haben, so kommt es jetzt darauf an, zu zeigen, wie sich die genannten Konstellationen von Konflikten und Gefühlen auf die einzelnen Phasen der psychischen Entwicklung mit ihren jeweils spezifischen Triebbedürfnissen auswirken.
Bevor wir damit beginnen, scheint es allerdings nicht verkehrt, noch einmal daran zu erinnern, welch einem Zweck diese Untersuchungen dienen. Wer immer als selbst Betroffener, als Priester oder als Mitglied einer Ordensgemeinschaft, psychoanalytisch den Motivationshintergrund der «evangelischen Räte» ausgeleuchtet findet, muß sich unausweichlich die Frage vorlegen, in welchem Umfang das Gesagte für ihn selber zutrifft. Solange von den emotionalen *Grundstrukturen* des Klerikerseins die Rede war, blieb dem einzelnen Leser, auch wenn er sich selber unmittelbar angesprochen fühlte, doch noch ein gewisser Spielraum zur Flucht bzw. zur persönlichen Distanzierung erhalten: Läßt sich nicht gegen jedes der genannten Beispiele bisher, indem man es als singulären Einzelfall statt als Konkretion einer strukturellen Typologie interpretiert, auch irgendwo ein Gegenbeispiel auftreiben? Kennt man nicht auch Ordensschwestern oder Pfarrer, die «ganz anders»,

als sie hier dargestellt werden, erscheinen? Und vor allem: Hat man nicht selber persönlich, als Kleriker, sich immer wieder auch Mühe gegeben, *nicht* so zu sein und zu werden, wie es bisher als «Leben von Amts wegen» geschildert wurde? Mochte oder mußte man auch zugeben, daß es die «Drewermannschen Kleriker» wohl gibt, so ließ sich doch auch immer noch ein kleiner Unterschied geltend machen, der das Gesagte in Richtung auf die eigene Person abschwächen konnte.

Eben diesen Unterschied aber wird es von jetzt an bei der Lektüre immer weniger geben. – Je tiefer die Psychoanalyse greift, desto schraubstockartiger engt sie das Terrain der Ausreden und Ausflüchte ein, desto intensiver nötigt sie zur Selbsterkenntnis. Wohl wird es auch jetzt noch möglich sein, daß die Akzente wechseln, indem entlang der Thematik der sogenannten «evangelischen Räte» den einen mehr die Frage der Armut, den anderen mehr die Forderung des Gehorsams, einen Dritten mehr die Problematik des sexuellen Triebverzichts bedrängt; in jedem Falle aber wird er sich Rechenschaft darüber geben müssen, welche Motive der frühen Kindheit seine «Berufung» bzw. «Entscheidung» zum Klerikersein bestimmt haben; er wird zum Zeugen der vielfältigen konkreten Lebenseinschränkungen, Verdrängungen, Gehemmtheiten und psychoneurotischen Symptome, die seine Biographie von der frühen Kindheit an durchziehen; er wird ehrlicher gegen sich selbst sein müssen, als zu sein er im Laufe der kirchlichen Erziehung zum Priestertum oder Ordensstand je angeleitet wurde; er wird mit Einsichten konfrontiert werden, die ihm die kirchlichen Ideologiebildungen in ihrer rationalisierten Form auf fast gnädige Weise erspart haben, indem sie von Gott her segneten und guthießen, was menschlich unter Umständen wie ein Fluch, wie ein Verhängnis, zumindest wie ein Unvermögen wirken konnte oder mußte. Gerade wenn wir unterstellen, daß die «Entscheidung» zum Klerikersein unter hohem innerem Druck, wirklich wie durch göttliche «Berufung», zustandekommt, und wenn wir ferner immer wieder das hohe Ausmaß an Identifikationsbereitschaft und -verpflichtung gegenüber der «Würde» des kirchlichen «Amtes» hervorgehoben haben, ist die Scheu und die Abwehr, die Angst und das Zögern verständlich, das die meisten Kleriker der Psychoanalyse insgesamt entgegenbringen.[2]

Erkenntnisse, die in die Psychodynamik von Menschen eingreifen, die so hochkompensiert sind wie die Kleriker der katholischen Kirche, sind alles andere als ungefährlich. Sie können, einfach weil sie wahr sind, den ganzen mühsam errichteten Aufbau eines Menschenlebens wie ein Kartenhaus zusammenbrechen lassen; am schlimmsten aber ist es, wenn ein solcher Zusammenbruch zu spät kommt, als daß er noch einen wirklichen Neuanfang zuließe. Was soll z. B. ein Pfarrer machen, der, gerade 60jährig, erkennen muß, daß er mit all seinem Sprechen und Verkündigen von Freiheit und Sendung im Grunde der kleine ödipal fixierte Junge seiner Mutter geblieben ist, der, um nur ja niemals schuldig zu werden, die vielleicht größte Schuld auf sich geladen hat, niemals wirklich selber gelebt zu haben?[3] War es z. B. richtig gehandelt oder war es nicht doch eher unverantwortlich, als er damals vor 20 Jahren die Liebe einer Frau zurückwies, mit der zusammen er nicht nur hätte glücklich sein können, sondern an deren Seite er womöglich zum erstenmal in seinem Leben hätte erfahren dürfen, was mit den so abgenutzten Worten von Vertrauen, Hingabe und Liebe eigentlich gemeint sein könnte? War es am Ende nicht sein schwerstes *Versagen*, aus «Treue» zu der Pflicht seines Amtes sich dem eigenen wie dem fremden Glück vor Gott und den Menschen versagt zu haben? Was, wenn Gedanken und Einsichten dieser Art buchstäblich zu spät kommen?

Es gibt nur wenige Dinge im Leben eines Menschen, die trauriger und bedrückender sind als unzeitgemäße Erkenntnisse. Die Lektüre psychoanalytischer Bücher jedoch bietet jederzeit das Risiko, auf Zusammenhänge hingewiesen zu werden, die für sich zuzulassen und auszuwerten man im Augenblick entweder zu jung oder zu alt ist. Die Entschuldigung verschlägt wenig, wenngleich sie wohl zutrifft, daß es immer noch besser sein mag, durch ein *Buch* als durch die harte Schule des *Lebens selber* zurechtgewiesen oder widerlegt zu werden; um so wichtiger deshalb noch einmal die Versicherung: Es geht nicht darum und kann nicht darum gehen, womöglich im Ton der Anklage oder des Vorwurfs auf Menschen zu zeigen, die sich subjektiv in aller Regel auf das äußerste bemüht haben, ihr Leben so vorteilhaft wie nur möglich für andere Menschen einzurichten. Wohl aber muß es erlaubt sein, die Engführungen aufzubrechen, die aus unbewußten Faktoren wichtiger Lebensentscheidungen zu resultieren pflegen, und, wenn möglich und nötig, günstigere Wege zu ihrer Bearbeitung zu überlegen und zu beschreiten. Es geht gerade darum, *die Schuldgefühle zu verringern*, die als persönliche Verfehlung und Fehlerhaftigkeit erscheinen lassen, was in Wahrheit womöglich der pflichtweisen Unpersönlichkeit einer bestimmten Lebensform entstammt; es geht darum, das Gefühl der Isolation, der Einsamkeit und des Alleinseins *zu überwinden*, innerhalb dessen immer wieder als ein rein privates Problem erscheinen muß, was in Wahrheit eine strukturelle Unverträglichkeit der objektiven Lebensform des Klerikerseins selbst darstellt; es geht darum, das Recht eines jeden auf die Freiheit seiner eigenen psychischen Reifung und Entwicklung zu reklamieren, und meldet dieses auch zu einem Zeitpunkt sich zu Wort, da diese Reifung, den Spielregeln der institutionalisierten Form des Klerikerseins entsprechend, eigentlich gar nicht mehr stattfinden dürfte. Mit anderen Worten: es geht darum, ein bestimmtes System religiöser Setzungen psychoanalytisch so weit bewußt zu machen, daß den Einzelnen, deren Leben innerhalb dieses Systems bis in die winzigsten Details hinein festgelegt erscheint, wieder die Atemluft zum eigenen Denken und Sprechen, Fühlen und Handeln zurückgegeben wird. Freilich kann es nicht ausbleiben, daß bei der relativ hohen (im Ideal sogar totalen) Identifiziertheit der Kleriker mit ihrem Amt (bzw. in der Sprache der psychoanalytischen Topik: ihres Ichs mit ihrem Überich) ein Angriff auf bestimmte Formen oder Inhalte der gegenwärtigen Definition des Klerikerstatus in der katholischen Kirche mancherorts zugleich auch als ein persönlicher Affront empfunden und erfunden wird. Doch es gilt, was SÖREN KIERKEGAARD einmal bemerkte: Dialektisch sind Angriff und Verteidigung ein und dasselbe[4], und so stehen wir vor der Aufgabe, die Ideale des Klerikerseins in ihren konkreten Ausformulierungen mit Hilfe der Psychoanalyse zu untersuchen, um sie in ihrer psychischen Funktion zu vermenschlichen, und umgekehrt, die Menschen, die nach diesen Idealen zu leben versuchen, in ihren psychischen Strukturen soweit zu analysieren, daß sie jene Ideale selber als Formen und Ausdrucksweisen menschlicher Integration und personaler Begegnung zu verstehen und zu leben lernen. Schließlich bleiben das Bemühen um Verstehen und die aufrichtige Suche nach menschlicher Wahrheit die einzigen Fähigkeiten, die uns vor der jederzeit möglichen Degeneration unserer Ziele zu bewahren oder, wenn bereits eingetreten, von ihr zu befreien vermögen, und es müßte als ein schlechtes Ideal gelten, was Grund hätte, das Licht psychoanalytischer Aufklärung zu scheuen. – Den sichersten Ausgangspunkt der Untersuchung gewinnen wir dabei erneut, wenn wir psychologisch möglichst ernstnehmen, was *theologisch* zur Begründung der «evangelischen Räte» vorgebracht wird.

a) Die Funktionalisierung eines Extrems oder: Das eigentliche Problem der «evangelischen Räte»

Jahrhundertelang, wenn es darum ging, die «evangelischen Räte» theologisch zu legitimieren und als die ideale Lebensform von «besonders» «Berufenen» zu institutionalisieren, berief man sich im Verlauf der Kirchengeschichte auf das Vorbild Christi: die Nachahmung seines Lebens bot Ursache und Ziel genug, um zu erklären, wie ein rechter Christ zu leben habe.

Die Versuche, bestimmte Worte und Handlungsvorlagen aus dem Leben Jesu zusammenzustellen, um in ihnen einen Leitfaden für das Leben eines Christen zu gewinnen, gehen bereits auf die frühe Tradition zurück, die dem 10. Kapitel des Markusevangeliums zugrundeliegt. Hellenistische Kreise haben dort einen Gemeindekatechismus erstellt, der u. a. die Themen: Ehe und Familie (das Verbot der Ehescheidung) in Mk 10,1–12, Achtung der «Kinder» in Mk 10,13–16 und Verzicht auf Reichtum zugunsten der Armen in Mk 10,17–27 umfaßt.[5] Wenn man so will, kann man in diesem frühesten Katalog christlicher Verhaltensregeln bereits eine Vorform der späteren «evangelischen Räte» der Keuschheit, der Demut und der Armut erkennen. Es bleibt gerade dann aber bemerkenswert, daß es sich hier keinesfalls um «Ratschläge» für eine «besondere» Lebensform, sondern im Gegenteil um verpflichtende Regeln für jedermann, ja, mit dem Blick auf die Geschichte vom «reichen Jüngling», um eindringlich warnende Beispiele vor jeder anderen Lebensausrichtung handelt. In dieser Konzeption lebt gewiß eine Erinnerung an die Tatsache fort, daß Jesus durchaus keinen mönchischen «Laienorden» nach Art der pharisäischen «Bruderschaften» (der «Chaberim»)[6] oder der Qumrangemeinde[7] innerhalb des Spätjudentums gründen wollte, sondern eine Bewegung von Leuten ins Leben gerufen hat, die im Vertrauen auf Gott die Abgrenzungen untereinander im Gefälle von Macht, Besitz und Begierde fallenlassen sollten und zum Teil auch wirklich fallenlassen konnten.

Offenbar zeigte sich indessen recht bald schon, daß die bittere Rechnung aufging, die um 180 n. Chr. der römische Philosoph CELSUS den Christen präsentierte[8], indem er ihnen weissagte, sie würden ihre hohe Moralität, mit der die frühchristlichen Apologeten sich den Heiden gegenüber brüsteten[9], allenfalls so lange aufrechterhalten können, als sie den Status einer religiösen Kleingruppe, einer Sekte, beibehielten; sollten sie je zu einer wirklichen Volksreligion werden, so würden sie nicht besser und nicht schlechter dastehen als die Menschen allerorten sonst. Das Christentum *wurde* nach den Jahren der Verfolgung vor allem unter *Decius* und *Diokletian* am Anfang des 4. Jahrhunderts in der Tat nicht nur zu einer «Volksreligion», sondern im Jahre 381 sogar zur Staatsreligion des römischen Reiches[10]. Es ist dies die Zeit, in welcher vornehmlich in Gruppen *koptischer* Christen in Ägypten[11] Einsiedlerbewegungen entstehen, die mit Berufung auf das Leiden und Sterben Christi ein Leben radikaler Entbehrungen und Entsagungen auf sich nehmen, um gegenüber der Verweltlichung der Kirche das Besondere des höheren christlichen Ethos uneingeschränkt zu verwirklichen. Die Wüstenrandgebiete Ägyptens und Syriens werden zu den Geburtsstätten

des christlichen Mönchtums.[12] Auch für die Wahl dieser Orte bietet sich ein biblisches Vorbild an: eine Legende in Mt 4,1–11 (vgl. Lk 4,1–13) erzählt davon, daß Jesus noch vor dem Beginn seines öffentlichen Wirkens vom Geist Gottes in die Wüste getrieben und nach vierzig Tagen des Betens und Fastens vom Teufel «versucht» worden sei:[13] er habe in seinem Hunger Steine in Brot verwandeln sollen; um den Preis, daß er den Teufel anbete, seien ihm alle Reiche der Welt zu Füßen gelegt worden; und sein Vertrauen auf Gott habe er unter Beweis stellen sollen, indem er sich von der Zinne des Tempels stürze; all diesen Versuchungen widerstand Jesus, indem er daran erinnerte, daß der Mensch «nicht allein vom Brot» lebe, daß es gelte, nur Gott allein anzubeten, und daß man Gott nicht durch Wundermagie auf die Probe stellen dürfe! Auf diese Weise überwand er den *Hunger*, den *Machttrieb* und, wenn man den *«Falltraum»* vom Sturz von der Tempelzinne psychoanalytisch liest[14], auch den *(sexuellen)* Wunsch nach «Beweisen» der Liebe und Geborgenheit. In tiefenpsychologischer Sicht läßt sich nicht bezweifeln, daß in den «Versuchungen» Jesu in Mt 4,1–11 zum erstenmal symbolisch die drei Triebbereiche der *Oralität*, der *Analität* und der *Sexualität* anklingen, als deren radikale Einschränkungen die drei evangelischen Räte der Armut, Demut und Keuschheit verstanden werden müssen.[15]
Allerdings ist auch hier der Weg von dem «Beispiel» Christi zu der kirchlichen Lehre der «evangelischen Räte» im Sinne der Mönchsbewegungen noch weit. Fragt man nach dem Ursprung der Denkweise, die sich im 4. Jahrhundert in der Kirche ausbreitet, so findet man Vergleichbares weit eher im indischen *Brahmanismus* und *Buddhismus* als im Neuen Testament.[16] Die «Überwindung der Welt» (Joh 16,33)[17] wird jetzt zu dem entscheidenden Programm, und das Ideal der christlichen Frömmigkeit gerät geistesgeschichtlich damit in einen Strom, dessen Quellen weit außerhalb des an sich sehr welt- und sinnenfrohen Judentums liegen.[18] Wohl bestand auch im Spätjudentum innerhalb des apokalyptischen Weltbildes eine starke Weltmüdigkeit und Weltuntergangsstimmung[19]; wohl fanden sich auch dort prophetische Verheißungen über die «Wüste», in die Gott sein Volk, wie vormals beim Auszug aus Ägypten, nun in den Tagen der Endzeit hineinführen werde.[20] Doch die *ägyptische* Wüste galt, weit radikaler als diese Bilder, seit Tausenden von Jahren im Denken bereits der Pharaonen als die Stätte des Todes[21] bzw., besser und richtiger gesagt, als der Ort des ewigen Lebens in dem «westlichen Land», welches der Göttin *Meret-Seger* gehört: der «Göttin, die das Schweigen liebt»[22]. Für den Ägypter waren die «Gräber» Stätten der «Auferstehung»[23], Daseinsräume der Unendlichkeit, Szenarien der Verschmelzung mit dem Gott *Osiris*, der durch die Liebe seiner

Gemahlin *Isis* Unsterblichkeit erlangte.[24] Es scheint kein Zufall, daß es gerade *die Christen in Ägypten* sind, die in diese Gefilde uralter Unsterblichkeitshoffnungen zurückkehren, um in einem mönchischen Leben der Welt abzusterben und eben dadurch ewiges Leben zu erlangen.[25] Was die Pharaonen kultisch in ihren Riten zur Überwindung des Todes begingen, verinnerlichte sich mit Berufung auf das Schicksal des Christus zwischen Karfreitag und Ostern zu einer existentiell erfüllten Lebensform, die den weiteren Gang des Christentums wesentlich bestimmen sollte.[26]

Obwohl geistesgeschichtliche Betrachtungen nicht den Gegenstand dieser Untersuchungen darstellen, ist es religionspsychologisch doch unerläßlich, zunächst den *geistigen* Hintergrund bewußtzumachen, dem die Größe und die Gefahr der Mönchsbewegungen gleichermaßen entsteigen. Man hat in der Kritik an der Praxis, in der die «evangelischen Räte» in der katholischen Kirche gelebt werden, sich die Arbeit nicht selten viel zu leicht gemacht, indem man mit Vorliebe recht willkürlich und einseitig verfuhr. Insbesondere ist es in Mode gekommen, die Sexualfeindlichkeit der katholischen Kirche, die es unbestritten gibt, bis hin zur Karikatur an den Pranger zu stellen[27], während man andererseits die Forderung nach «Armut» inmitten einer Welt von 50 Millionen Verhungernder pro Jahr in Erinnerung an das Vorbild des heiligen *Franziskus* hoch zu rühmen bereit ist[28], wohingegen man wiederum die Forderung nach «Demut» und «Gehorsam» gewissermaßen als das Privatproblem der Kleriker in der katholischen Kirche selbst betrachtet. Man vergißt über diese wohlfeilen Aufsplitterungen, daß die «evangelischen Räte» eine innere Einheit darstellen, die man nicht zur Hälfte oder zu einem Drittel bejahen oder bekämpfen kann, sondern mit denen man sich als mit einer in sich einheitlichen Grundhaltung gegenüber *allen* Antrieben des Menschen auseinandersetzen muß. Insbesondere geht es nicht an, die an sich schon isoliert geführte Debatte um den «Zwangszölibat» der katholischen Priester auf einfache monokausale Erklärungsschemata zurückzuführen, als da sind: Der *«Patriarchalismus»* trage die Schuld an der Frauenfeindlichkeit und Sexualangst der katholischen Kirche, und daraus ergebe sich wie von selbst die Forderung der Ehelosigkeit der Priester[29]; oder: *«der Kapitalismus»*, gewissermaßen als die soziologische und ökonomische Ursache und Konsequenz der Männerherrschaft, sei in seiner Ausrichtung auf Produktions- und Gewinnmaximierung in sich selber lust- und leibfeindlich und habe deshalb notwendig auch die von Männern geleitete Kirche in ihrem Streben nach Macht und Geld in ein Institut der Unterdrückung vor allem der geschlechtlichen Liebe verwandeln müssen.[30] Es mag gewiß gute Gründe dafür geben, die Prüderie der viktorianischen Ära im vergangenen

Jahrhundert mit dem Aufkommen der Industrialisierung in Verbindung zu bringen[31]; es gibt desgleichen völkerkundlich plausible Gründe, die maternistische Kultur für weniger sexualrepressiv, intolerant und machtbesessen zu halten als vergleichbare paternistische Kulturen.[32] Doch gerade die Mönchsbewegungen haben sich mit den Forderungen nach Armut und Demut stets gegen jede Form von Macht- und Gewinnstreben gewandt, zugleich aber waren insbesondere sie es, die ganz entscheidend auch die Ehelosigkeit als ein Ideal christlicher Lebensformen propagierten. Vor allem: Man darf und kann nicht übersehen, daß die Ideale des «mönchischen Lebens»[33] in der Form, in der sie in der Kirche Gültigkeit erlangt haben, aus der Bibel sich trotz der genannten Anklänge nur sehr schwer, wenn überhaupt, entwickeln lassen; und genauso wenig kann man sie allein aus den Bedingtheiten der europäischen Kulturgeschichte ableiten; sie stellen im Kern vielmehr überhaupt nicht das Sondergut einer bestimmten Kultur oder einer bestimmten Gesellschaft dar, auf welche sie sich linear zurückführen ließen, sondern sie bilden den Reflex einer bestimmten Epoche der menschlichen Bewußtseinsgeschichte oder, anders ausgedrückt: sie versuchen die Antwort auf ein Problem zu geben, das mit den Anfängen all dessen, was wir «Geschichte» und «Kultur» nennen, auf das engste verknüpft ist und das man als den «Sündenfall» der «neolithischen Revolution» bezeichnen kann.[34] Es gibt Hinweise, daß in dieser Zeit am Ende der letzten Vereisung vor etwa 10 000 Jahren auch die Beziehungen zwischen Mann und Frau zugunsten der heute noch herrschenden patriarchalen Dominanz der Männer neu definiert wurden; damals bildeten sich wohl auch die Anfänge der Macht- und Besitzverhältnisse aus, die uns später dann in den orientalischen Hochkulturen in voller Entfaltung entgegentreten[35]; aber es ist sehr wichtig zu betonen, daß die Wirtschafts- und Sozialgeschichte jener Zeit aus einer geistigen Veränderung größten Stils in der Einstellung des Menschen zu der ihn umgebenden Natur ebenso wie zu sich selbst hervorgegangen ist.[36] Die Errungenschaften dieser Epoche mit moralischen Kategorien als einen vermeidbaren Fehler bzw. als Schuld «der» Männer oder «der» Herrschenden hinzustellen, verrät nicht nur ein ungeschichtliches Denken, sondern ähnelt dem Versuch, von der Höhe eines Turmes herab die Treppen zu tadeln, die den Aufstieg ermöglicht haben: alles, was wir heute sind, verdanken wir den Bewußtseinsveränderungen jener Zeit.

In unserem Zusammenhang ist entscheidend, daß vor ca. 10 000 Jahren, als mit dem Rückgang der Gletscher und dem Aussterben des kälteangepaßten Großwildes das gesamte Gefüge der Jäger- und Sammlerstufe der menschlichen Kulturentwicklung zusammenbrach, um im Verlauf von Jahrtausenden einer allmählichen Bodenständigkeit an den Ufern von Flüssen und Seen im Verlaufe des Mesolithikums Raum zu geben, damals nicht nur die Grundlagen von Ackerbau und Viehzucht, von Textilherstellung und Töpferei, von Hausbau und Verwaltung geschaffen wurden, sondern sich auch die Stellung des Menschen in der Natur fundamental zu wandeln begann. *Der Mensch hörte auf, sich als Teil der Natur zu verstehen*[37], der Umfang seiner Eingriffe in die Landschaften, die er bewohnte, dehnte sich ständig aus, während zugleich mit dem Anstieg menschlicher Freiheiten auch die Einsicht wuchs, daß die sichtbaren Vorgänge von Sonnenaufgang und -untergang, des Kommens und Gehens von Sommer und Winter, von Trokkenzeit und Regenzeit, der Phasen des Mondes und des Wandels der Sterne von bestimmten Mächten verursacht wurden, denen auch das Leben des Menschen auf Gedeih und Verderb unterworfen ist. Während durch die verbesserte Kenntnis und Nutzung der Naturgesetze die materielle Basis der Kultur erheblich erweitert und differenziert wurde, nahm zugleich auch das Wissen um die prinzipielle Bedrohtheit und Ausgesetztheit des menschlichen Daseins inmitten einer ihm immer fremder werdenden Natur unablässig zu. Das «Paradies» der Geborgenheit im Schoß der Welt schien ein für allemal dahin; die gefühlsmäßige Einheit des Erlebens zerbrach, die Sphäre der Kultur entfaltete sich immer eigenständiger gegenüber der Sphäre der Natur, und auch im Menschen selber rückten die emotionale und die rationale Ebene immer deutlicher auseinander.[38] Immer ausgedehnter waren es jetzt in der Tat die Männer, deren Körperkraft zur Feldbestellung, zur Arbeit beim Eindeichen von Flüssen oder zur Kriegführung gebraucht wurde[39], und mit diesem Aufstieg der sozialen Wertschätzung des Mannes dürfte auch ein gewisser Abstieg der Achtung der Frau einhergegangen sein: Aus der eiszeitlichen Herrin der Tiere[40], aus der Großen Mutter allen Lebens[41] wurde mehr und mehr die Untergebene des Mannes und die Hüterin des Hauses. Wohl gelang es den *mythischen Religionen* dieser Zeit noch, die auftretende Entfremdung zwischen Mensch und Welt, zwischen Natur und Kultur, zwischen Bewußtsein und Unbewußtem, zwischen Denken und Fühlen, zwischen Mann und Frau in etwa zu überwinden[42]; doch die entscheidende Krise in der Bewußtseinsgeschichte des Menschen konnten sie nicht verhindern: *die Entdeckung des Einzelnen,* die *Bewußtwerdung des Individuums* und damit die völlig neue Bestimmung der Situation des Menschen in den beiden Brennpunkten seiner Existenz: in seiner *Freiheit* wie in seiner *Todverfallenheit*.

Historisch am frühesten ist diese Polarisierung wohl in der Literatur des alten *Indiens* zu beobachten, in welcher die Sehnsucht immer deutlicher hervortritt, den Kreislauf des Lebens zwischen Geburt und Tod als etwas Unheilvolles und Leidschaffendes durch eine geistige Loslösung von den Dingen zu überwinden.[43] KARL JASPERS war es, der insbesondere den Zeitraum zwischen dem 8. bis 5. Jahrhundert vor Christus seiner Bedeutung für das Bewußtsein aller späteren Zeit wegen als die *«Achsenzeit»* bezeichnete[44]: es ist die Epoche, in welcher zum erstenmal Persönlichkeiten wie LAOTSE, JESAJA, BUDDHA und SOKRATES auftreten – Menschen, die als erste der ungeheuren Herausforderung persönlicher Freiheit und Verantwortung standzuhalten versuchten und durch ihr Ethos das Gewissen des Einzelnen zum letzten Ort der Entscheidung vor Gott und den Menschen erhoben. Es ist dieser geistige Erfahrungsraum, dem auch das Mönchtum in den verschiedenen Religionsformen seinen Ursprung verdankt: Es gilt, inmitten einer endlichen, also wesenhaft leidvollen Welt die kreatürliche Gefangenschaft des Menschen mit geistigen Mitteln zu überwinden und ihm innerlich jene Unabhängigkeit zurückzugeben, die er äußerlich immer schmerzhafter vermißt; es kommt darauf an, die Angst vor den unausweichlichen Geißeln der irdischen Existenz: vor Alter, Krankheit und Tod, zu überwinden, indem man die Dinge der Jugend aufgibt, den Körper in asketische Zucht nimmt und sein Leben an jene Werte bindet, die auch der Tod nicht wegzunehmen oder zu entwerten vermag.[45] Eine solche Weltabgeschiedenheit sollte nicht als «Weltflucht» verstanden werden, weit eher ist sie ein innerer Sieg über all die Strebungen, die den Menschen an der Welt der vergänglichen Erscheinungen haften lassen. *«Despicere terrena et amare caelestia»* – das Irdische zu verachten und das Himmlische zu lieben, lautete jahrhundertelang ein oft zitiertes Gebet der katholischen Kirche, das wie ein *cantus firmus* (feststehender Gesang) die Gesinnung des mönchischen Lebens in *allen* Kulturen wiedergibt.

Speziell am *Beispiel des Buddhismus,* der als einzige Religionsform ganz und gar monastisch ausgerichtet ist, läßt sich der ursprüngliche Sinn auch der sogenannten «evangelischen Räte» Jahrhunderte vor dem Christentum erkennen. Der junge Prinz *Siddhartha Gautama* ließ Frau und Kind am Königshof zurück, als er bei seinen Ausfahrten in die Stadt Kapilavastu einem Bettler, einem Kranken sowie einem Verstorbenen begegnete, den man zum Verbrennungsplatz hinaustrug.[46] Zum erstenmal wurde der Königssohn mit der schonungslosen Wahrheit der irdischen Existenz konfrontiert. Er schloß sich fortan wandelnden Mönchsgemeinschaften an, mit dem Schwur, nach Hause nicht eher zurückzukehren, als bis daß er den Tod besiegt habe. In seiner Erleuchtung gelangte er zu der Lehre von dem «mittleren Pfad»[47] einer inneren Ausgewogenheit zwischen den Extremen asketischer Selbstzerstörung und sinnenverlorener Ausgegossenheit.[48] *«Das ist nicht mein Selbst»*, ist die zentrale Meditationsformel, mit welcher dem Menschen im Buddhismus der befreiende Unterschied seines Wesens zu allen endlichen Dingen eingeprägt wird.[49] Die reine *Negativität* dieser Erfahrung[50] bleibt niemandem erspart, der nach der Bewußtwerdung der «Achsenzeit» der Situation der menschlichen Existenz innewird. In immer neuen Bewegungen, die man vergeblich auf einzelne Namen und geschichtliche Ursprünge zurückzuführen sucht, hat sich denn auch in der *abendländischen* Kirchengeschichte ein solches Lebensgefühl der Nichtigkeit aller Dinge und der Fremdheit des Menschen inmitten der geschaffenen Welt geltend gemacht, gleich, ob man diese latente Unterströmung der Geistesgeschichte als *Gnosis*[51], *Manichäismus*[52], Platonismus, griechischen Dualismus, als Häresie der *Katharer*[53] oder als Folge der Theologie des heiligen *Augustinus*[54] hinzustellen sucht: Je mehr die Menschen an den Bedingtheiten der irdischen Existenz zu leiden beginnen, um so plausibler erscheint der Ausweg aus aller Daseinsnot in Gestalt der trostvollen Antwort des mönchischen Lebens.

Ein entscheidender Unterschied freilich wird augenblicklich sichtbar, sobald man gerade das *buddhistische* Mönchtum mit den Organisationsformen der Ordensgemeinschaften der katholischen Kirche vergleicht. Während im asiatischen Kulturraum die Gestalt des Mönches einen integralen Bestand des Zusammenlebens darstellt, ist für die Kirche des Abendlandes das Mönchtum stets eine ambivalente Erscheinung geblieben. Indem es entstand, als die Kirche Christi gerade damit begann, sich mit dem Ansehen äußerer Ämter in Macht, Besitz und Würde zu schmücken, stellte das Mönchtum von Anfang an so etwas dar wie eine innerkirchliche Protestbewegung gegenüber der Verweltlichung der Kirche selbst. Insbesondere *die Forderung nach Armut* durchzieht die Kirchengeschichte wie das Echo eines unablässig schlechten Gewissens. Im 11. Jahrhundert beispielsweise richtet die Bewegung *der Zisterzienser* sich gegen den Prunk des allmächtig scheinenden *Cluny*[55], im 12. Jahrhundert, als das Bürgertum der reichsunabhängigen Städte durch Handel und Handwerk den Grundstein moderner Geldwirtschaft legt[56], richten sich immer neue Laienbewegungen von «Armen» mit sozialrevolutionären Programmen gegen diese Entwicklung, in welche die Kirche der Bischöfe, Kardinäle und Päpste in hohem Maße hineingezogen wird.[57] *Innozenz der III.* und der heilige *Franziskus* bilden am Anfang des 13. Jahrhunderts die Eckpfeiler dieser außerordentlichen Spannung zwischen Weltverantwortung und Weltüberwindung[58], zwischen den Reichen dieser Welt und jenem Reich Christi, das «nicht von dieser Welt» ist (Joh

18,36)[59]. Den rechten Weg, um das Problem *rein administrativ* zu entschärfen, fand indessen bereits Papst *Bonifaz VIII.:* dieser am meisten autokratische aller Päpste des Mittelalters erlaubte es den Bettelorden, für sich selber arm zu sein, indem er ihre Besitztümer für Kirchengut erklärte und alle Bewegungen, die sich dem päpstlichen Diktat nicht unterwarfen, als antikirchliche Häresien von der heiligen Inquisition unter Führung des ursprünglichen Bettelordens der *Dominikaner*[60] verfolgen und vernichten ließ.[61]

Doch so probat das Mittel war und ist, von oben herab mit Gesetzen und Statuten den wahrhaft freien Geist der Ordensgründungen an die kirchliche Gemeinschaft zu binden und organisatorisch damit für Übersichtlichkeit und Ordnung zu sorgen, so sehr mußte die Äußerlichkeit dieser Regelung den bestehenden Konflikt innerlich verhärten statt ihn zu lösen. Wohl übernahm die katholische Kirche in wechselnden Anläufen die Forderungen eines mönchischen Lebens nach dem Vorbild der «evangelischen Räte» als verpflichtende Lebensform auch für ihre Priester[62], doch ging sie damit bewußt der eigentlichen Herausforderung aus dem Wege: Indem sie den Geist des Evangeliums zum Ideal erhob, bewahrte sie sich als ganzer das Recht, der vermeintlichen Realität der Menschen Rechnung zu tragen[63]; statt sich durch das mönchische Leben selber verändern zu lassen, exkulpierte sie sich im Status ihres Reichtums und ihrer Macht gerade durch die Anerkennung der Mönchsbewegungen als der eigentlichen Form der Nachfolge Christi in ihren eigenen Reihen; sie entwertete damit das mönchische Leben in der Praxis, indem sie es ideologisch zu einem symbolischen Sein aufwertete und in jenes *Dasein in effigie* umwandelte, von dem wir bereits gezeigt haben, wie zerstörerisch seine psychischen Aufspaltungen wirken können. Die *Doppelbödigkeit der klerikalen Existenz* wurde somit zur Voraussetzung für das Privileg der Kirche, als ganze in Reichtum und Macht verbleiben zu können, während sie gleichzeitig von ihren Mitgliedern Armut und Unterwerfung forderte.

Das deutlichste Kennzeichen dieses Sachverhaltes und das im Vergleich etwa mit der Mönchsreligion des *Buddhismus* wohl am meisten auffallende Merkmal ist ohne Zweifel *die institutionalisierte Undurchlässigkeit der Lebensformen,* in welcher der geistig ungelöste *Konflikt der Zwei-Reiche-Lehre* zur juristischen Grundlage des geistlichen Standes der katholischen Kirche geworden zu sein scheint. Das Mönchtum im *Buddhismus* (und nicht viel anders im *Hinduismus*) zeichnet sich wesentlich durch seine Flexibilität aus. In manchen buddhistischen Ländern bildet es einen Teil der kulturellen Erziehung, wie anderswo die pflichtweise Rekrutierung zum Militärdienst, daß ein 20jähriger für die Dauer von etwa einem Jahr ein klösterliches Leben führt und auf diese Weise seine Erfahrungen mit sich selbst und mit der tragenden Religion seines Kulturraumes machen kann, bis er hernach in sein bürgerliches Privatleben zurückkehrt, um, je nach Bedarf, von Zeit zu Zeit den Weg der Innerlichkeit und der Stille von neuem zu betreten.[64] Der Sinn dieser weisen Einrichtung liegt darin, die Aufspaltung der Religionsgemeinschaft in eine Klasse von Erwählten und in eine Klasse von «Laien» zu verhindern, auf welche die katholische Kirche gerade so großen Wert legt. Das Denken Asiens, dem auch das abendländische Mönchtum entscheidende Impulse verdankt, zeigt sich insgesamt fließender, einheitlicher, bedacht auf Stufen des Übergangs und der Verwandlung und erscheint nicht so abgegrenzt, wohldefiniert und starr wie die rationale Differenziertheit der römischen Geistesart. Insbesondere die *indische* Religiosität hat in den Ausgestaltungen des mönchischen Lebens niemals vergessen, daß alle Weltentsagung und Weltüberwindung als Teil einer inneren Entwicklung verstanden werden muß[65], und sie hat daher mit Sorgfalt vermieden, Forderungen analog den «evangelischen Räten» zu erheben, die in der Person des Einzelnen nicht durch entsprechende Erfahrungen vorbereitet und reif geworden wären. *Buddha* selber konnte in die Hauslosigkeit erst aufbrechen, nachdem seine Frau ihm den Sohn *Rahula* geboren hatte[66]; und im *Hinduismus* muß verheiratet sein, wer in das Amt eines Brahmanen hineinwachsen will.[67] Man kann und soll auf nichts wirklich Verzicht tun, was man nicht durch eigene Erfahrung allererst kennengelernt hat; man kann und soll in das reinigende Wasser der Ganga, in den Totenstrom *Shivas*[68], nicht steigen, ohne die Stufen der *Gaths* am Ufer der heiligen Stadt Benares schrittweise durchmessen zu haben; man kann und soll das «muschelblanke Reinheitsleben»[69] nur aufnehmen als Läuterung, nicht als Verneinung des Daseins.

Ein menschheitliches Wissen spiegelt sich darin. Wenn, zum Vergleich, die *mittelamerikanischen Indios* Jünglinge bestellten, um auf den Tempelpyramiden geopfert zu werden, so gewährten sie ihnen vier Jahre des Glücks und der Freude, unterwiesen sie in Tanz und Musik, schenkten ihnen kostbare Kleider und gaben ihnen die schönsten Mädchen zur Seite; dann aber, beim Besteigen der Todesstufen, streiften sie die Gewänder ab, zerbrachen die Flöten und ließen die Mädchen zurück.[70] Es gibt keinen Aufstieg zum Opfer, ohne im Vollgefühl des Glücks zu der Freiheit gereift zu sein, *lassen* zu können und *schenken* zu mögen. Selbst ein uns Heutige barbarisch anmutendes *indianisches* Ritual atmet diese Weisheit: nur die Freiwilligkeit ist den Göttern angenehm; doch Freiheit besitzt nur, wer *wählen* darf und *aus Erfahrung* wissend wurde.

Anders, ganz anders seit jeher, verhält die katholische Kirche sich im Umgang mit den Idealen des Mönchtums – sie sind nicht aus ihr selber erwachsen, wie in den Kulturen Asiens, sondern sie sind ihr eher zugewachsen wie etwas Fremdes, das sie nur übernehmen konnte, indem sie es der Gefährlichkeit seiner Freiheit beraubte und mit allen Mitteln juristischer Kunst zu disziplinieren trachtete. Zwar rühmt man, daß Papst *Innozenz III.* Anfang des 13. Jahrhunderts die franziskanische Bewegung in die Kirche aufgenommen hat[71]; aber man vergißt dabei zu erwähnen, welch ein Preis dafür gezahlt werden mußte: Die Provokation der Armut, deren Haltung dem Verhalten der römischen Päpste und Kardinäle geradewegs Hohn sprach, ließ sich nur entschärfen, indem man sie von der Person des Einzelnen löste und als *die Lebensform von Gemeinschaften* definierte, die mit den Mitteln des Kirchenrechts kontrolliert werden konnten.
Die Frage lautete schon damals, wie sich die geistliche Herausforderung des heiligen FRANZISKUS in eine verwaltete Ordnung überführen ließ. Bereits in den Tagen des Heiligen selbst hatten sich zwei Richtungen unter seinen «Brüdern» gebildet, die darum stritten, wie streng die Forderung der Armut gelebt werden müsse.[72] Schon daß ein solcher Streit entstehen konnte, zeigt, daß es in diesem Denkraum nicht als wesentlich galt, die Lebensform der Armut *von der Person der Menschen her* zu begründen, die sie leben wollten oder sollten, sondern daß man von einem bestimmten «christlichen» Ideal her etwas *objektiv* «Richtiges» festzulegen bestrebt war, und in Konsequenz dieser von Anfang an personenfernen, entschieden unpsychologischen Betrachtungsweise bemühte man sich in immer neuen Auseinandersetzungen, Unterscheidungen und Entscheidungen, auf der einen Seite das objektiv gültige Vorbild des Christus zu definieren und auf der anderen Seite die kirchlichen Rahmenbedingungen festzusetzen, unter denen ein solches vorbildliches Leben für die Schar der Erwählten zu verwirklichen war; ja, es wurde die Unpersönlichkeit in der Befolgung des Ideals bereits vor 700 Jahren die Basis für den rechtlich erzwungenen Konsens: Um die Streitereien zu beenden, hatte bereits Papst *Nikolaus III.* im Jahre 1279 in der Bulle *Exiit qui seminat*, die den Rang kanonischen Rechtes erlangte, die Festlegung getroffen, «Armut sei nicht so sehr eine Angelegenheit der Individuen als vielmehr der Gemeinschaft. Als solche sei sie verdienstvoll und heilig»[73].
Aber auch in der Gemeinschaft der Armen inmitten der Gemeinde der Kirche blieb die Herausforderung speziell der Armut für die kirchliche Hierarchie brisant. Es war relativ einfach, die Haltung der *«Demut»* als «Gehorsam» zu definieren und damit der kirchlichen Administration zu unterwerfen; und die Forderung der *«Keuschheit»*, wenn man sie für alle Priester in Form der

«Ehelosigkeit» zur Pflicht erhob, erwies sich sogar als ein äußerst wirksames Instrument, die Kleriker auf das engste an die päpstliche Verfügungsmacht zu binden: Papst *Gregor VII.*, der 1073 zum erstenmal durchsetzte, daß nur der Bischof von Rom den Titel «Papst» tragen dürfe, erkannte diesbezüglich ein Jahr danach konsequenterweise: «Die Kirche kann nicht aus der Knechtschaft der Laien befreit werden, wenn nicht die Kleriker zuvor aus der Knechtschaft ihrer Frauen befreit werden.»[74] Die Durchsetzung des Zölibats in der lateinischen Kirche diente nach diesen Worten von Anfang an der Ausdehnung der päpstlichen Macht über eine hierarchische Elite, von der die «Laien» zur Erlangung ihres Seelenheils auf Dauer abhängig bleiben sollten. Die Forderung *der Armut* indessen war nach wie vor der Punkt, an welchem sich die Doppelbödigkeit in der Institutionalisierung der «evangelischen Räte» überdeutlich zeigen mußte. Die Frage stellt sich wie von selbst: Wenn die Armut den Ausdruck eines gottwohlgefälligen, christusförmigen Lebens darstellt, wie verträgt sich dann mit dieser Forderung die Hofhaltung der Päpste, Kardinäle und Bischöfe? Was selbst Papst *Bonifaz VIII.* nicht zu sagen gewagt hätte, verkündete schließlich in seiner Verzweiflung *Johannes XXII.:* In seiner Bulle vom 12. Nov. 1323 *Cum inter nonnullos* erklärte er, es bedeute eine Verfälschung der Heiligen Schrift, zu sagen, Christus und die Apostel hätten kein Eigentum besessen.[75] Mit anderen Worten: Wer arm leben wollte, mochte dies tun, indem er all seine Habe und den Erlös seiner Arbeitskraft der Kirche überantwortete, die Kirche als ganze hingegen brauchte an die Gesinnung der Armut sich nicht gebunden zu fühlen, zum wenigsten in ihren höchsten Vertretern und Amtsträgern.

Man kann es nicht anders sagen: Die katholische Kirche hat seit eh und je *Angst* vor den Idealen, die sie selber im Namen Christi zu schützen vorgibt, und je bürgerlicher sie selber wurde, desto begründeter mußte diese Angst erscheinen; die wirksamste Beruhigung dieser Angst indessen bestand und besteht darin, die Ideale der «evangelischen Räte», die religiös überhaupt nur Sinn machen, wenn sie *innerlich*, von der Kraft der Persönlichkeit des Einzelnen her gelebt werden, in einen objektiven Status zu verwandeln, der in sich selbst als «heilig» zu betrachten ist und von dessen psychologischen Voraussetzungen sich mehr oder minder abstrahieren läßt. Es ist *die veräußerlichende Funktionalisierung* der «evangelischen Räte», die aus dem geistesgeschichtlichen Sprengstoff der «Achsenzeit» mit der Entdeckung der Fremdheit und Freiheit des Menschen gegenüber der Welt einen Baustoff der römischen Kirche gemacht hat: Alles Bedrohliche der Ideale des mönchischen Lebens verschwindet, sobald es gelingt, die Frage im Prinzip zu eliminieren, *wer* etwas tut, und alle Aufmerksamkeit darauf zu richten, *was* jemand tut; wenn es dann noch gelingt, die geistliche Macht mit der Kompetenz auszustatten, sagen zu dürfen, was jemand zu tun *hat*, so gibt es nichts mehr, was die Institution selbst bedrohen könnte.

Man muß, um die Bedeutung dieser Manipulation zu erfassen, sich nur recht klarmachen, daß die funktionale Betrachtung der «evangelischen Räte» heutigentags sogar im Munde derer, die fortschrittliche Theologen zu sein sich große Mühe geben, wie selbstverständlich die Grundlage aller Überlegungen zur Neubegründung und Rechtfertigung des Ordensstandes am Ende des 20. Jahrhunderts darstellt.[76] *Gehorsam* – er ist unverzichtbar in jeder Gemeinschaft, einfach um des reibungslosen Funktionierens willen.[77] *Ehelosigkeit* – sie ergibt sich einfach daraus, daß Jesus von der Sendung seiner Reichgottespredigt so erfüllt und ausgefüllt war, daß er gewissermaßen keine Zeit hatte zu heiraten und eine Familie zu gründen, wie dieser Tage ein berühmter Exeget in einer Diskussion (allerdings unter den Buhrufen seiner Zuhörer) versicherte.[78] *Armut* indessen – wie sollte sie nicht inmitten einer Welt der Not als christliche Selbstverständlichkeit erscheinen, als eine Form universeller Solidarität mit den Schwestern und Brüdern im Elend, als ein Versuch, das Zeichen der Eucharistie beim Wort zu nehmen?[79] Der franziskanische Protest vor allem gegen die beginnende Geldwirtschaft der mittelalterlichen Städte und Stände[80] formt sich heute, weit radikaler noch als damals, zu einem leidenschaftlichen Manifest gegen das gesamte kapitalistische Wirtschaftssystem, das aus jenen Anfängen in der westlichen Welt sich etabliert hat.[81] Die Ordensgemeinschaften der katholischen Kirche könnten in der Tat so etwas sein wie das basiskommunistische Modell einer humanen Gesellschaft von morgen bzw. wie die soziale Speerspitze zur Durchsetzung der konkreten Utopie der Bergpredigt. Besonders den Franziskanerpatres selbst, die in Brasilien oder in Mexiko tätig sind, muß unter dem Druck der bestehenden Verhältnisse die alte Forderung mönchischer Armut aus dem Munde ihres Stifters in einer völlig neuen, fast dramatischen Evidenz erscheinen.[82] – Und dennoch wird gerade in dieser sozial hoch engagierten und motivierten Neubegründung eines Teils der «evangelischen Räte» in gewissem Sinne der alte Fehler der Veräußerlichung bzw. der Funktionalisierung eines religiösen Ideals zur letzten Konsequenz getrieben: *die Abtrennung von der Psychologie der Menschen*, die diese Ideale leben sollen, und damit *die theologische Ideologisierung von Fragestellungen*, die man sinnvollerweise rein pragmatisch und nicht unter den Vorzeichen absoluter moralischer Wertungen erörtern sollte.

Will man die Haltung der «Armut», um bei diesem Beispiel zu bleiben, im Rahmen der Theologie der Befreiung als einen Weg zur Überwindung sozialer Ungleichheit durch solidarische Gemeinsamkeit mit den Menschen im Elend begründen[83], so gerät man leicht in die Gefahr eines doppelten Denkfehlers. Zum einen erscheint es als sehr problematisch, daß sich die Lage der Länder der Dritten Welt, rein ökonomisch betrachtet, durch eine Art internationalen Konsumverzichts der Industrieländer verbessern lassen könnte, so sehr dieses Rezept auch immer wieder in den Ansprachen von Papst *Johannes Paul II.* empfohlen werden mag.[84] Der Wohlstand der westlichen «kapitalistischen» Länder verdankt sich im wesentlichen den Umwälzungen der Industrialisierung[85], die ihrerseits nicht denkbar gewesen wären ohne den jahrhundertelangen Gewerbefleiß des theologisch oft so verachteten «Bürgertums»[86]; wer diesen Geschäftssinn, ja Profitegoismus als Motiv des menschlichen Handelns mit Worten der Bergpredigt diskriminiert, riskiert, den Motor zu zerstören, durch den jedweder Anstieg von Einkommen und Wohlstand bislang auf dieser Erde zustandegekommen ist.[87] Die Wirtschaftsethik des ADAM SMITH z. B. hat gezeigt, daß es unter ökonomischen Gesichtspunkten sehr wohl möglich ist, den Egoismus des Geschäftssinnes mit dem Altruismus des Gemeinwohls in Übereinstimmung zu bringen.[88] Umgekehrt scheint es nur schwer möglich, das Anliegen irdischen Wohlergehens auf Motive zu stützen, die etwas ganz anderes im Sinne haben als Einkommen, Rente, Alterssicherung, Krankenhausbeihilfesätze u. ä. LUDWIG FEUERBACH war wohl der erste, der klar und eindeutig herausstellte, in welch einem grotesken Mißverhältnis die Grundlagen des modernen Lebens zu den vorgeblichen Idealen des Christentums stehen.[89] Mit anderen Worten: Es ist nicht sehr wahrscheinlich, daß sich die Haltung des «evangelischen Rates» der Armut zugunsten einer Ökonomie der Steigerung von Wohlstand im Sinne einer Erhöhung der Erzeugungs- und Verbrauchsrate von Energie pro Kopf der Weltbevölkerung[90] nach westlichem Vorbild einigermaßen plausibel machen läßt. Radikal gelebte Armut nach dem Beispiel des BUDDHA, der ägyptischen Wüstenmönche oder des heiligen FRANZISKUS vereinbart sich im Grunde nicht einmal mit einer geordneten Arbeitstätigkeit[91], sie ist wirklich nur als gelebtes Bettlertum sinnvoll und setzt somit an ihren Rändern eben jenes Bürgertum logisch wie wirtschaftlich voraus, das sie der Haltung nach in Frage stellt.

Zudem verfügt das Christentum, wenn es nicht zur Ideologie verkommen will, angesichts der Vielfalt und Vielschichtigkeit ökonomischer, ökologischer und politischer Fragen im Umgang mit dem Elend der Dritten Welt über keinerlei Patentrezepte, die sich als göttliche Wahrheit dokumentieren ließen, und es läßt sich fehlende Sachkompetenz nun einmal durch keine, wenn auch noch so große Gesinnungsintensität kompensieren.[92] Im Normalfall läuft deshalb das Engagement der Kirchen zu Fragen der Armut der Dritten Welt (wie auch zu allen anderen politischen Problemen, gleich, ob es sich dabei um Krieg und Frieden, Auf- und Abrüstung, Arbeitslosigkeit oder staatliche Neuverschuldung, Abbau der Zollschranken oder Schutz einheimischer Industriezweige usw. handelt) nach einem stereotypen Ritual ab: Es wird versucht, durch Aufrufe zur Solidarität mit bestimmten Kreisen speziell Betroffener die Aktualität der christlichen Verkündigung unter Beweis zu stellen; es wird auf entsprechenden Kundgebungen informiert und motiviert, etwas zu tun; es bleibt aber im großen und ganzen auch bewußt, daß seit der Säkularisation die Eigengesetzlichkeit der verschiedenen Lebensbereiche anerkannt und mitberücksichtigt werden muß – es gibt kein fundamentalistisches, bibelgestütztes Universalreglement und -regiment nach theokratischem Muster mehr; da also die Dinge kompliziert und unüberschaubar sind, gilt es, eventuell vor den «schrecklichen Vereinfachern» zu warnen, oder aber desto deutlicher bestimmte christliche Optionen in den anstehenden Sachdebatten zu artikulieren und offenzuhalten; und schließlich gilt es, zu beten:[93] «für die Regierenden», daß Gott ihnen Einsicht und Tatkraft, Weisheit und Gedanken des Friedens, den Mut, auch das Schwierige zu wollen, sowie Erleuchtung im Geist christlicher Liebe und Verständigung schenken möge. Natürlich müssen die Sensibleren, Priester wie z. B. *Camilo Torres*[94], irgendwann den Eindruck gewinnen, daß es sich bei all diesen «Aktionen» eher um eine narzißtische Selbstberuhigung des verstörten christlichen Gewissens (und damit objektiv um eine Form der Stabilisierung des *Status quo*) handle als um einen effektiven Kampf gegen das System der Unterdrückung selbst; andererseits ist aber auch nicht zu übersehen, wie wichtig es in der Tat sein kann, entgegen der Lethargie der Verzweiflung zumindest eine gewisse Hoffnung *im Bewußtsein* der Massen durch den Beistand der Kirche aufrechtzuerhalten oder wiederzuerwecken. Wenn auch die Solidarität der Armut an und für sich keine Fragen der Wirtschaftsordnung positiv lösen kann, so vermag sie doch ein erhebliches Potential der Kritik wachzuhalten und den Armen selbst unter Umständen das Wichtigste zu geben, was unter Menschen möglich ist: ein Gefühl für den Wert, den sie unveräußerlich als Menschen besitzen.[95] Nur: wie viel Geduld *kann* ein Mensch aufbringen, und wieviel Geduld *darf* er aufbringen?

Doch den begrenzten psychologischen Nutzen einer «franziskanisch» interpretierten Solidarität mit den Notleidenden zugegeben, bleibt es dabei: die Motivation der Armut aus dem Kontext des sozialen Elends heraus ist gerade durch ihre Zielsetzung, die Armut solidarisch zu *überwinden*, in sich widersprüchlich: sie ist, so verstanden nichts weiter als ein (in sich fragwürdiges!) Mittel des Übergangs; *am Ende* des solidarischen Protestes, sollte er von Erfolg gekrönt sein, wäre die Armut, Gott sei Dank, genau so verschwunden wie der Analphabetismus, die Malaria oder bestimmte Vitaminmangelkrankheiten. Gerade das aber ist mit dem «evangelischen Rat» der Armut nicht beabsichtigt; in dem Ideal der Armutsforderung des Evangeliums geht es keinesfalls um eine temporäre, passagere, zweckbedingte Einstellung, die unter gewissen extremen Bedingungen sich aus dem menschlichen Denken und Fühlen wie von selbst nahegelegt, sondern es handelt sich hier von alters her um den Ausdruck einer Grundeinstellung dem Leben gegenüber, die, einmal «gewählt», die katholische Kirche als bleibende Erkenntnis und Erfahrung in den Rang einer lebenslänglich gültigen Institution zu erheben sich getraut. Und an dieser Stelle stoßen wir auf das entscheidende *psychologische* Problem: Solange die Armutsforderung mit bestimmten sozialen Verhältnissen begründet wird, bleibt sie dem Sein des Einzelnen zufällig und äußerlich, sie ergibt sich nicht aus seinem Selbsterleben, sie ist nicht aus dem abgeleitet, was er für sich selber ist, sondern sie stellt ein reines Postulat des Seins-für-Andere dar, sie bildet, mit anderen Worten, bei hoher Motivation und Identifikation des Ich mit bestimmten Idealvorstellungen, psychoanalytisch betrachtet, einen extremen Status von Entfremdung ab, indem sich in der Haltung des Für-andere-Seins wesentlich ein uraltes, seit Kindertagen begründetes Verbot, *selber* zu sein, fortsetzt.

Daß es sich im Umgang mit der Forderung der Armut und, aufgrund ihrer inneren Zusammengehörigkeit, zugleich auch im Umgang mit den «evangelischen Räten» insgesamt, in der theologischen Theorie wie in der innerkirchlichen Praxis so und nicht anders verhält, läßt sich am klarsten an dem erkennen, was wir *die institutionalisierte Undurchlässigkeit der Lebensformen* genannt haben. Aus Angst vor der Sprengkraft der eigenen geistlichen Inhalte liegt der katholischen Kirche aufs äußerste daran, jenen *Swing* zwischen mönchischer und weltlicher Existenzweise zu unterbinden, den wir als die Weisheit Asiens zu betrachten gelernt haben. Kein Geringerer als der Pfarrerssohn HERMANN HESSE hat in seiner «buddhistischen» Nachdichtung *«Siddhartha»* ein ergreifendes Plädoyer für die Freiheit und das Recht jedes einzelnen zu seiner *eigenen* Entwicklung abgelegt, indem er die Unmöglichkeit betonte, fremde Erfahrungen wie einen fertigen Besitz in das eigene Leben zu übernehmen.[96] Gerade weil HERMANN HESSES *Siddhartha* sehr wohl begreift, wie recht der *Buddha* in seiner Darlegung eines enthaltsamen Lebens dem Ideal nach hat, durchwandert er zunächst die Städte, um wie vom gegenteiligen Ende her selbst zwischen Versuch und Irrtum einen Weg zu finden, der für ihn selber stimmt[97]; schließlich, alt geworden, muß er erleben, daß sein eigener Sohn eines Nachts das Lager der Einsiedelei verläßt, um jenseits des Stroms in einem eigenen Leben, getrennt von dem Vater, die Wahrheit zu erforschen.[98] Die katholische Kirche hat diesen *Spielraum eigenen Lernens* niemals wirklich zugelassen, und sie hat durch die *Zwangsversicherung des Eides* vor allem dafür Sorge getragen, daß Entscheidungen, die zu einem bestimmten Lebensabschnitt auch subjektiv einleuchten mochten, für alle Zeiten auf Dauer gestellt werden müssen. Nicht die psychische Integration der Personen, die auf solche Weise dem Diktat und der Norm der «evangelischen Räte» unterworfen werden sollen, bildet das Ziel der entsprechenden rechtlichen Fixierungen, sondern die objektiv gültige Form der *Wahrheit an sich*, deren Nutzen und Notwendigkeit sich vermeintlich durch das Wohl der Menschen, d. h. wesentlich der Kirche selber, beglaubigt. Die Frage lautet innerhalb eines solchen Denkens allein, wie man eine bestimmte Lebensform in möglichst vollkommener Außenanpassung des Ichs an den Erwartungsdruck der institutionellen Festlegungen dauerhaft und zuverlässig garantieren kann; die Frage stellt sich nicht – ja, es muß bereits als eine «sündhafte» Form ichbezogenen und ichverhafteten Denkens gelten[99], sich zu fragen –, wie denn der Einzelne dahin gelangen kann, von innen heraus einen entsprechenden Existenzentwurf als seinen eigenen zu bejahen. Und diese prinzipielle Umformung von etwas, das buchstäblich nur als geistige, persönliche Haltung sinnvoll gelebt werden kann, zu einer institutionalisierten Funktion des sozialen Seins-für-Andere macht aus den «evangelischen Räten» ein Zwangssystem der Außenlenkung und der Entpersönlichung.

Auch hier zeigt ein Vergleich den entscheidenden Unterschied. – In vielen Märchen und Mythen der Völker wird erzählt, wie der «Held» auszieht, um eine verwunschene Jungfrau am Ende der Welt zu suchen und damit im anderen sich selbst, die eigene Seele, zu erlösen.[100] Der Auszug des Helden geht nicht selten mit erheblichen Entbehrungen einher: Das höfische Leben in Verschwendung und Pracht muß der Königssohn wortwörtlich *verlassen*, um auf einem langen Weg von Not und Verzicht der traumbildhaften Geliebten entgegenzureifen und ihrer würdig zu werden. Es ist diese Phase des Lebens, die man in der Tat als *Anachorese*, als «Hinaufzug», bezeichnen kann – ein griechisches Wort, das in der frühen Kirchengeschichte all denjenigen den Namen verlieh, die in die Wüste «hinauszogen», um dort ein heiligmäßiges, mönchisches Leben nach der Weise der «evangelischen Räte» zu führen.[101] Doch in den Märchen und Mythen stellt das mönchische Leben, so betrachtet, nur die *eine* Richtung der psychischen Entfaltung dar; genauso wichtig, ja, unter Umständen noch wichtiger und schwieriger erscheint der *Rückweg*, auf dem der eigentliche Ertrag der Bewußtwerdung in jenem Niemandsland der «Wüste» des Unbewußten allererst in seinem ganzen *Reichtum*, den großen von Wächterdrachen gehüteten «Schätzen» der Märchen, «nach Hause» zurückgebracht und für das wirkliche Leben fruchtbar gemacht werden kann. Psychoanalytisch gesehen *entspricht* die mönchische Lebensweise in etwa dem Symbol der Hinreise, der *Anachorese;* der Weg psychischer *Integration aber* kann nur gelingen, wenn er in die Welt der Realität zurückführt: Der Anachorese müßte also eine *Katachorese,* eine Rückkehr in die Welt der alltäglichen Pflichten, folgen, und der beste Beweis dafür, daß der lange Weg der Bewußtseinsabenteuer und Gefahren wirklich bei sich selber angekommen ist, besteht unzweifelhaft in der neu geschenkten Fähigkeit der *Liebe*.

In symbolischer Darstellung schildert eine kleine Szene aus dem Markusevangelium gerade diesen *«Doppelweg»* psychischer Integration – es ist just die Stelle in Mk 1,12.13, die in der Tradition der «Redequelle» (Q) zum Ausgangspunkt der «Versuchungsgeschichte» von Mt 4,1–12 und Lk 4,1–13 genommen wird, deren Themen man psychoanalytisch, wie wir sahen, als eine symbolische Vorform des «mönchischen Lebens» betrachten darf.[102] Als um so bemerkenswerter erscheint es, daß die Erzählung in Mk 1,12.13 damit schließt, wie Jesus (in Anlehnung an Jes 65,25)[103] «mit den Tieren» war und «Engel ihm dienten». Nimmt man dieses Bild einer alten Paradiesesverheißung beim Wort, so besteht der *«Tierfriede»*, entsymbolisiert, in einer Einheit des Ichs mit den Triebkräften des Unbewußten, während die Dienstbarkeit der «Engel» als Einheit zwischen dem Ich und den Inhalten des Überichs zu verstehen sein dürfte.[104] Gestützt auf die biblischen Vorlagen sollte es mithin *zur obersten Pflicht* der Kirche zählen, das Leben nach den «evangelischen Räten», sehr in Angleichung an die *«indische»* Praxis, in jede denkbare Entwicklungsrichtung hin *offen* zu halten und ein System fließender Übergänge zu ermöglichen, die es dem Einzelnen erlauben, ohne Verleugnung der Ideale des Christentums seine Lebensform möglichst flexibel an seine jeweilige psychische Situation anzupassen. *So müßte es sein*, wenn es der Kirche zuerst und wesentlich um das Wohl der Menschen zu tun wäre, die in ihren Reihen einen Weg zu Gott suchen. Daß die katholische Kirche im Gegenteil alles Erdenkliche unternimmt, um das System der Übergänge auseinanderzureißen und in ein gegenläufiges Entweder-Oder von Erwerbstätigkeit *oder* Armut, von bürgerlicher Existenz *oder* Mönchtum, von Ehe *oder* Zölibat festzuschreiben, zeigt nicht nur, wie sehr es ihr um die Ruhe ihrer Institutionen statt um die konkret existierenden Menschen geht, es zeigt zugleich, welch eine unglaubliche Angst die Kirche vor der Freiheit der Menschen hat, solange sie nicht in das enge Gefüge ihrer Gesetze und Bestimmungen eingepaßt sind.

Nun könnte man vielleicht denken, daß es so wichtig doch auch nicht sei, wie die Kirche mit einem prozentual relativ geringen Anteil ihrer Mitglieder verfährt, und daß diese Methode des Umgangs mit den «evangelischen Räten» doch auch gewisse Vorteile der Übersichtlichkeit und der besseren Kalkulierbarkeit mit sich bringe; doch dagegen ist zu sagen, daß die rein pragmatische und juridische Funktionalisierung hoher Ideale zum Zweck einer administrativen Verfügbarkeit nicht nur die «Laien» in der Kirche von den «Klerikern» trennt, sondern auch in den Klerikern selber aufspaltet, was zusammengehört, indem aus einem Weg des Suchens und des Risikos eine Pflicht vorgeschriebener Richtigkeiten wird. Genauso zwiegespalten wie die katholische Kirche zwischen ihren Klerikern und den «Laien» erscheint, genauso aufgespalten ist *in der Psyche der Kleriker selber* das Geistige und das Weltliche, genauso widersprüchlich – nur auf der Brücke von Schuldgefühl, Opfer und Wiedergutmachung miteinander verbunden – stehen «theologisch» Gott und Mensch einander gegenüber. Die veräußerlichende Funktionalisierung des Innerlichsten im Menschen: der Sphäre des Religiösen, zum Zweck einer «besseren» Verwaltung und Machtausübung wandelt in Gestalt der «evangelischen Räte» die entscheidenden Artikulationsformen von Erlösung innerhalb des Christentums in starre Reglements der Entfremdung, der Außenlenkung und der Selbstunterdrückung um, und von dieser Perversion der zentralen Ideale einer Religion gilt das lateinische Wort: *corruptio optimi pessumum* – die Verkehrung des Besten in das größte Übel[105].

Es ist nicht allein, daß die Kirche selbst, solange sie an den Formen der Veräußerlichung ihrer eigenen Inhalte festhält, in Gefahr und Verdacht, ja, seit 150 Jahren bereits *unter Anklage* steht, statt Erlösung und Freiheit nichts als kollektive Formen von *Neurose und Unfreiheit*, von Krankheit und Herrschaft zu verbreiten, es ist psychoanalytisch zugleich unerläßlich, darauf achtzuhaben, wie stark unter den gegebenen, seit Jahrhunderten *vor*gegebenen Institutionen der Entpersonalisierung und der Fremdbestimmung die «Wahl» der «evangelischen Räte» – gleich, ob als innere Entscheidung des Einzelnen oder als «Erwählung» durch «Gott» verstanden – an ein Feld und Klima vorbereitenden inneren Zwangs gebunden bleibt. Wir werden zum Abschluß unserer Untersuchungen ausführlich zeigen, in welcher Weise die Inhalte der «evangelischen Räte» ihren Sinn, ihren Wert und ihre Überzeugungskraft besitzen und zurückgewinnen könnten; doch die Frage, mit der

wir es *hier* zu tun haben, dreht sich durchaus nicht darum, welch eine Bedeutung den Idealen eines «mönchischen Lebens» *an und für sich* zukommt, sondern sie richtet sich viel präziser darauf, unter welchen Bedingungen psychogenetisch eine Frau oder ein Mann dahin gelangt, *gerade die außenbestimmte Zerrform,* in welcher die «evangelischen Räte» in der katholischen Kirche zu einer *objektiv gültigen,* «gnadenhaften», «gottgewollten» Institution erhoben scheinen, als die eigentliche Wahrheit und Berufung des Lebens zu erkennen. Wir analysieren hier nicht die Psychologie buddhistischer Mönche, sondern die Frage, mit der wir es zu tun haben, lautet: Wie viel an Außenlenkung, Einschüchterung und Entfremdung muß ein Mensch bereits als Kind erlebt haben, um sein Leben nur noch als eine göttliche Bestimmung zu der Lebensform totaler Selbstausschaltung in einem idealen Sein-für-Andere betrachten zu können, und umgekehrt: wie neurotisch aufgespalten müssen die Strukturen der katholischen Kirche selbst gerade im Umgang mit ihren der Lehre nach kostbarsten Inhalten sein, wenn sie die objektiven Formen eines erlösten Daseins ungeniert glaubt von den Personen ablösen zu können, mit denen sie die «Erlösung» Christi unter die Menschen zu bringen trachtet? Der ewige Widerspruch bleibt, daß speziell die Kleriker der katholischen Kirche ihrem ganzen Gehabe nach andere Menschen zum Heil führen sollen, während sie selber in allen Triebgebieten förmlich daran gehindert sind, sich zu einer menschlich überzeugenden Reife hin zu entwickeln. Sie, die ständig *für andere* dazusein haben, haben niemals zu sich selbst zu finden, und die Heiligkeit ihres Status verhindert geradewegs die Heilwerdung ihres Selbst. Aus der psychologischen Frage nach den «evangelischen Räten» wird unter diesen Umständen eine Frage der Psychopathologie. Erst wenn wir das Feld der Verzerrungen und Fehldeutungen der «evangelischen Räte» in ihren Motivationen und Auswirkungen durchmessen haben, werden wir imstande sein, auf den rechten Impfstoff gegen die epidemische Krankheit geistiger und geistlicher Seelenzerstörung im Felde gegenwärtiger Theoriebildung und Praktik zu sinnen.
Vor der Hand käme es einem bloßen Palliativ gleich, wollten wir sogleich den abgeklärten, an sich weisen Standpunkt einnehmen, von dem her Harald Schultz-Hencke die «evangelischen Räte» bereits vor 50 Jahren betrachtete. «Das Leben ist nicht in ein System einzufangen», schrieb er. «Und doch ist es Gegenstand der Wissenschaft, muß also, so gut es geht, zerteilt, abgegrenzt und ordnend überblickt werden. Wenn man sich ein Jahrzehnt oder mehr um diesen Ausschnitt des Lebens, den der gehemmte Mensch darstellt, bemüht, heben sich langsam, Anschauung an Anschauung gereiht, jene drei Gebiete des Besitzstrebens, des Geltungsstrebens und des

Sexualstrebens hervor. Immer wieder sind sie es, die hinter der Gehemmtheit hervorleuchten. Aber es dauerte ja lange genug, bis man überhaupt die Gehemmtheit als das Gemeinsame einer Fülle von Erscheinungen erkannte. Diese imponieren zunächst als völlig verschiedenartig und nicht aufeinander bezogen.»[106] «Hemmungen formen das Expansive zum Gehemmten um. So geschieht es im Leben all der einzelnen, die sich den Ordnungen ihrer Mitwelt anpassen oder gar unterwerfen müssen... Die Geschichte und die Gegenwart liefern uns diese Bestätigung: Armut, Keuschheit und Gehorsam sind nicht ohne Sinn, nicht als große Forderung und Aufgabe zufällig aneinander gereiht worden. Sie wurden in dieser Gestalt zum Gebot erhoben, weil eben jene drei Gebiete menschlichen Strebens innerhalb der Vielfalt des Strebens überhaupt sich durch besondere, gemeinsame Züge auszeichnen. Es handelt sich um diejenigen drängenden Bedürfnisse, an die der Mensch leicht sein Herz verliert, an die er sich triebhaft hinzugeben neigt, zum Schaden seiner Mitmenschen, aber mehr noch zum Schaden seiner selbst... Nicht daß er strebt, begehrt, liebt, ist dann das Wesentliche, sondern daß er sich selbst verliert, daß zum Laster wird, was ruhig sich entfaltendes Leben sein könnte. Nur weil dieser innere Schaden mit demjenigen parallel läuft, den expansives Erleben und Tun der Mitwelt zufügen kann, hat jenes dreifache Gebot aufgerichtet und seine strikte Befolgung mit dem Zeichen der Heiligkeit versehen werden können. Hier handelt es sich darum, daß die Ordnungen der Umwelt den einzelnen vor sich selber schützen. Und wenn sie so erfaßt, bejaht werden und nunmehr schützen sollen, entsteht das repräsentative Gesetz für die wenigen, die sich gedrungen fühlen, ihm ein ganzes Leben zu unterwerfen. So werden diese dann Zeugen dessen, was grundsätzlich sein soll. Ein Grenzwert bestimmt dann die Richtung, die das Leben zu nehmen hat, wenn es nicht in sich selbst zerfallen soll. Die Psychologie neurotischer Menschen, also derer, die an den Folgen einer mißlungenen Formung jener drei Lebensgebiete leiden, zeigt mit zunehmender Klarheit, daß jene drei Gebote als Grenzwert tief begründet sind.»[107] Das psychoanalytische Problem liegt ja nicht darin, daß *sozialpsychologisch* mit den «evangelischen Räten» ein gewisser, wenn auch extremer Orientierungsmaßstab verbunden sein kann, das Problem liegt in der *individuellen Psychologie* derer begründet, die in ihrem ganzen Lebenslauf, ein für allemal, nach dem Willen Gottes, wie die katholische Kirche ihn versteht, zu einem solchen Extrem sich gedrängt sehen.

Von vornherein gilt es an dieser Stelle der (zwangsneurotischen) Anschauung zu wehren, als ob die Ausgegossenheit an die Triebwelt ein sozusagen natürliches Bedürfnis der menschlichen Psyche darstellen würde, dem nur

durch moralische Strenge und asketische Selbstzucht Paroli zu bieten sei.[108] Das einfache Beispiel der *Tiere*, die nur allzugern als das klassische Muster der Triebverlorenheit und Unfreiheit eines nur sinnlich bestimmten Lebens vorgestellt werden, belehrt auf das heilsamste vom Gegenteil: Wenn irgendein Säugetier beispielsweise die «Pflichten» der Brutpflege vernachlässigen sollte, so darf man sicher sein, daß es schwer gestört ist.[109] Nicht anders beim Menschen. Wem es erstrebenswert dünkt, sein Leben nach dem reinen «Lustprinzip» einzurichten[110], der darf unzweifelhaft als eine zutiefst neurotische Persönlichkeit gelten, die entweder niemals engere Bindungen zu anderen Menschen aufzubauen gelernt hat oder die eine Überanstrengung der Dressate des Überichs durch Flucht in die Asozialität dekompensiert. Mit anderen Worten: die Triebe des Menschen, das «Tierische» in seiner Seele, ist durchaus nicht ursprünglich das Fürchterliche, Gefährliche, es *wird* erst dazu durch die Verstörungen und Verheerungen einer Angst, die jederzeit das an sich begrenzte, unschädliche Quantum der Triebbedürfnisse ins Maßlose, Unerfüllbare, Zerstörerische peitschen kann, während sie umgekehrt gerade dadurch zu reaktiven Unterdrückungen und Selbsteinschränkungen Anlaß gibt, die ihrerseits wieder keinen vernünftigen Kompromiß zwischen Wunsch und Wirklichkeit mehr zulassen. Das «Extreme» der «evangelischen Räte», wenn es pflichtgemäß, ja, beamtetermaßen, wie in der katholischen Kirche, *zur Lebensgrundlage* genommen wird, ist mithin nicht als eine autochthone Weisheit der Kultur im Umgang mit der menschlichen Triebwelt zu verstehen, sondern muß psychoanalytisch im Erleben des Einzelnen als eine *Angstflucht* vor aus Angst überwertig und uferlos gewordenen Triebansprüchen gewertet werden.[111]
Wer den Lebensweg eines Klerikers der katholischen Kirche verstehen will, muß deshalb als erstes den Bedingungen nachgehen, durch welche die an sich natürlichen, *normalen* Triebbedürfnisse eines Kindes *aus Angst* bis zum Uferlosen aufgestaut und dann aus Angst vor dem drohenden Deichbruch bis zum wüstenhaften Austrocknen gemieden werden; er muß zu verstehen suchen, warum ein Mensch in die radikale Bedürfnislosigkeit der «geistigen Armut» flieht, um nicht als «zu anspruchsvoll» und «lästig» zu erscheinen, warum es ihm erstrebenswert erscheint, sich in einem Akt totaler Unterwerfung unter die Befehlsgewalt eines fremden Willens zu beugen, nur um die drohende eigene Willkür «demütig» zu zerbrechen und sich durch die Haltung eines vollständigen «Gehorsams» bei Gott und den Menschen angenehm zu machen, ja, warum er schließlich sogar die Liebe zwischen Mann und Frau verleugnet, um auf diese Weise in einem «reineren» Leben Gott und der Menschheit im ganzen sich zu weihen. Was ist passiert, daß jemand

all seinen Bedürfnissen, seinem ganzen «irdischen» Glück (als ob wir von einem anderen «himmlischen» Glück etwas wüßten, ohne dieses «irdische» Glück zu kennen), all seinen nur «menschlichen» Lebensinhalten (als ob es für Menschen «göttliche» Bestimmungen gäbe außerhalb oder jenseits des Menschen) *entsagen* will, und zwar nicht nur in einem relativen, situativ bedingten Sinne, sondern rigoros, absolut, unwiderrufbar? Und wie muß es um die katholische Kirche selber bestellt sein, wenn sie aus lauter Angst vor eben der Freiheit des Menschen, welche sie der theologischen Doktrin nach gerade in den «evangelischen Räten» ausgedrückt findet, im Umgang mit ihren Klerikern jeden Rückweg aus der extremen Daseinsform des «mönchischen Lebens», selbst bei offensichtlich Gescheiterten, unter Androhung schwerster Einschüchterungen und Strafen bis hin zur Zerstörung der bürgerlichen Existenz und bis hin zur möglichst großen Erschwernis eines Neuanfangs auf allen Ebenen, zu verhindern sucht? Es gibt beispielsweise keine Laisierung von Priestern unter dem jetzt regierenden Papst *Johannes Paul II.* – sehr zum Unterschied zu der eher großzügigen Behandlung dieser Frage unter *Paul VI.*[112]; erst wer mit schreckerregenden Enthüllungen – einer Triebanomalie, einer sexuellen Perversion oder dergleichen – aufzuwarten vermag, wird die katholische Kirche heutigentags dahin beruhigen, daß ja nicht sie, sondern der Einzelne selbst die Schuld an seinem Scheitern im Klerikeramt trägt, und erst als solchermaßen beruhigte wird sie ihn freigeben – als einen *Aussätzigen*, der den Raum des Heiligtums fortan wirklich nicht länger mehr beschmutzen möge.[113] Es hilft nichts: wir werden die «evangelischen Räte» als erstes als Kristallisationsformen individueller und kollektiver Ängste lesen und verstehen müssen; wir werden vor allem der *objektiven Schuld* der katholischen Kirche – ihrer schamlosen Ausnutzung seelischen Leids zugunsten ihrer eigenen vermeintlich heiligen, göttlichen, von Christus in Auftrag gegebenen *Zwecke* – den Spiegel vorhalten müssen, ehe wir, unter (eines Tages vielleicht!) veränderten Bedingungen, der hohen Menschlichkeit und der befreienden Wirkung dessen, was der *Buddha* wollte und was sich in dem *Christus* ausdrückte, nachsinnen können. Man kann es auch so ausdrücken: In der gegenwärtigen Form, in welcher die katholische Kirche das «Institut» der «evangelischen Räte» verwaltet, vergewaltigt sie die Menschen, die sich ihren Idealen unterwerfen, bzw. ist sie darauf ausgerichtet, von Menschen «erwählt» zu werden, die selber bis zum Extrem in einem Feld der Unterdrückung und Entfremdung aufgewachsen sind.

Für diese Tatsache spricht alles, was wir bisher zur Begründung und zur Stabilisierung der «evangelischen Räte» im allgemeinen kennengelernt haben:

Es wird in den ideologischen Rechtfertigungsversuchen der christlichen Ideale nicht an dem persönlichen Schicksal und Erleben der Menschen angeknüpft, sondern es wird rein funktional das Innere nach außen gezogen, indem der reibungslose Ablauf des äußeren Systems «Kirche» als oberster Wert gesetzt wird; es werden die Vorstufen menschlicher Reifung und Entwicklung in Richtung des möglichen Sinns der «evangelischen Räte» blokkiert und zerstört, indem man lediglich die Endstufen des Ideals selbst objektiv fixiert und als fertige Gegebenheit, als pflichtgemäße Lebensgrundlage institutionalisiert; es wird auf diese Weise eine nahezu militärisch disziplinierte «Eingreifreserve» in Sachen «Erlösung» herangezüchtet, die aus Menschen besteht, die von der «Erlösung», die sie vermitteln sollen, am eigenen Leibe nicht nur niemals etwas erfahren haben, sondern auch niemals etwas erfahren sollen – eine Söldnerarmee von Heimatlosen, eine «Fremdenlegion» des lieben Gottes, die als an sich staatenlose auf den intensivsten Patriotismus vereidigt wird; es wird auf diese Weise aus dem Klerikersein und dem Leben der «evangelischen Räte» eine Art Durchflußrohr von Energien, die dem persönlichen Leben fremd bleiben; und schließlich handelt man sich im Umkreis dieses erzwungenen Seins-für-Andere, um mit Sören Kierkegaard zu reden, die skandalöse Heuchelei eines *«Christentums für Andere»* ein[114] – verfeierlicht und mystifiziert obendrein noch durch die vorgebliche Heiligkeit unaufgebbarer Ämter, Berufungen und Sendungen; ja, man macht im ganzen auf diese Weise aus Freiheit Zwang und aus der Sache Gottes oder Christi einen Possen; denn Gott, wie Jesus ihn verstand, wollte gerade das, was die katholische Kirche heute offenbar am meisten fürchtet: ein freies, glückliches, in sich gereiftes Menschenleben, erwachsen aus gehorsamem Vertrauen statt aus Angst, befreit von den Zwängen der tradierten Tyrannei einer Theologie, welche die Wahrheit Gottes lieber in heiligen Schriften als in der Heiligkeit menschlichen Lebens sucht, sensibel und keusch allen Formen seelischen und sozialen Leids gegenüber und wagemutig bis in den Tod, wenn es darum geht, das bißchen bereits erkannter Wahrheit unter dem Einsatz der eigenen Person im Umgang mit anderen Menschen persönlich zu leben.
Soviel zu den Präliminarien. Nun *en détail.*

b) Armut oder: Konflikte der Oralität

α) Kirchliche Verfügungen und kirchliche Verformungen oder: Das Ideal der Verfügbarkeit

Wie wenig in der katholischen Kirche eine wirkliche Spiritualität der Armut existiert, zeigt sich daran, daß um den «evangelischen Rat» der Ehelosigkeit um des Himmelreiches willen, um den Zölibat, in der Öffentlichkeit endlose Diskussionen geführt und in den Etagen der kirchlichen Behörden die möglichen Ergebnisse solcher Debatten mit Macht unterdrückt werden, während von der Armut außerhalb des Ordensstandes so gut wie nicht die Rede ist. Als *die römische Bischofssynode 1971* sich mit dem «priesterlichen Dienst» beschäftigte, war ihr die «evangelische Armut», im Unterschied zu fünf Seiten über den Zölibat, nicht eine Zeile wert, es sei denn, man wollte die folgenden Ausführungen dafür nehmen: «Als Glied der Gemeinschaft der Heiligen halte der Priester seinen Sinn auf das Himmlische gerichtet; oft schaue er auf Maria, die Mutter Gottes, die das Gotteswerk in vollendetem Glauben empfing. Täglich erbitte er von ihr die Gnade der Gleichgestaltung mit ihrem Sohne.»[1] «Die Seelsorgsarbeit bietet ebenfalls eine unersetzliche Nahrung für das geistliche Leben der Priester... Empfängt doch der Priester bei der Ausübung seines Amtes vom Tun der Gesamtkirche und vom Beispiel ihrer Gläubigen Licht und Kraft. Und auch die Verzichte, die ihm die Seelsorgsarbeit auferlegt, führen ihn zu einer immer tieferen Teilnahme am Kreuze Christi und damit zu einer selbstloseren Liebe für die ihm Anvertrauten.»[2] «Die gleiche priesterliche Liebe wird ihn auch veranlassen, sein geistliches Leben den Formen und Arten der Heiligung anzupassen, die für die Menschen seiner Zeit und Kultur angemessen sind und sie mehr ansprechen. Vom Wunsche beseelt, allen alles zu werden, um auf jeden Fall einige zu retten (1 Kor 9,22), wird er aufmerksam sein für das Wehen des Heiligen Geistes in unseren Tagen. So wird er nicht nur in rein menschlichem Bemühen Gottes Wort verkünden, sondern als ein brauchbares Werkzeug vom Wort selbst ergriffen werden, dessen Rede ‹wirksam und schärfer ist als jedes zweischneidige Schwert› (Hebr 4,12).»[3] Das Lesen solcher Zeilen bietet nicht allein Gelegenheit, sich an jenem balsamischen Stil oberhirtlicher Weisungen zu erfreuen, der, ganz im Ton eines weltüberlegenen Wissens, jedweder Erdenpein enthoben scheint, es gewährt zugleich auch eine gewisse Einsicht in die außerordentlich typisierende und schematisierende Denkweise, die den kirchlichen Vorstellungen über die «evangelischen Räte» zugrunde liegt. Nicht die konkrete Psychologie, sondern ein bestimmtes vorgegebenes Muster objektiver Heiligkeit kennzeichnet die Form der entsprechenden Idealbildungen. Im übrigen wagt man gar nicht mehr, den Weltpriestern im Umgang mit der «Armut» die Normen des «mönchischen Lebens» ernsthaft anzuempfehlen, endet das Lehrschreiben doch mit der fürsorglichen Mahnung: «Die Besoldung der Priester, bei der gewiß der Geist evangelischer Armut ausschlaggebend, die aber nach Möglichkeit angemessen und ausreichend sein soll, ist eine Forderung der Gerechtigkeit und muß auch die sozialen Versicherungen einschließen.»[4] Statt um eine Spiritualität wirklicher Armut geht es jetzt um den «Geist» der Armut, und entsprechend wenig ist denn auch von «Armut» speziell im deutschen Klerus zu merken.

Andererseits ermangelt es in deutscher Sprache natürlich nicht an spirituellen Traktaten *über* die Armut, etwa des Tenors: «Jesus, Sohn Gottes, eines Wesens mit dem Vater, er empfängt dauernd alles vom Vater. Nichts ist ihm zu eigen, alles ist vom Vater. Er ist unendlich arm, denn er besitzt nichts. Alles gehört dem Vater, und zugleich ist er unendlich reich, weil er alles aus der Hand des Vaters empfängt. – Hier offenbart sich die ganze Liebe des Sohnes zu uns, der zu uns kommt, um uns seine Freude zu schenken: nichts zu besitzen und alles zu empfangen. Von dieser Armut spricht Jesus immer wieder in seinen Predigten: ... zu dieser Armut führt er auch seine Jünger. Er beruft sie, und sie folgen ihm nach, und damit verlassen sie alles, ihr Gewerbe, ihre Verwandtschaft ... Die Armut in ihrem vollen Sinn ist das kostbarste Vermächtnis Christi an seine Kirche. An der äußeren Armut entzündet sich immer wieder wie an einem hellen Licht die innere Bereitschaft, alles vom Vater im Himmel zu erbitten und zu erwarten, der alle Haare unseres Hauptes gezählt hat.»[5] Allen derartigen Anmutungen ist gemeinsam, daß sie in der Gestalt Christi ein idealisiertes, buchstäblich *ins Unendliche* erhobenes Vorbild malen, dem der Mensch nachstreben soll, ohne es natürlich jemals wirklich zu können; weder wird über die psychische Wirkung solcher Traktate nachgedacht, noch macht man sich Gedanken über die psychischen Voraussetzungen, unter denen jene hehren Ideale als erfüllbar erscheinen könnten. Im Grunde versteht man solche Darlegungen im rhetorischen Stil der Sonntagsrede überhaupt erst recht, wenn man begreift, daß es eigentlich gar nicht um das wirkliche Leben, sondern vielmehr um die Verbreitung eines chronisch schlechten Gewissens geht, wie wir es als Kennzeichen klerikalen Lebens bereits beschrieben haben (s. o. S. 222). Das «unendliche» Vorbild zielt ja rein logisch schon auf die prinzipielle Unmöglichkeit seiner Nachahmung; doch eben diese Unmöglichkeit soll gerade in Zerknirschung, Büßergesinnung und permanentem Schuldgefühl spürbar festgeschrieben werden.[6]

Die Folgerung daraus ist von erheblicher Bedeutung, denn sie gilt strukturell: Da man in der christlichen Theologie der Armut nicht gewohnt ist, diesen «evangelischen Rat» von innen her, *psychologisch*, zu begründen, dient die kirchliche Armutsforderung an ihre Kleriker nicht dazu, ein wirkliches Lebensgefühl, eine existentielle Wahrheit des menschlichen Lebens auszudrücken, sondern sie verfolgt geradewegs den Zweck, ein bestimmtes neurotisches Lebensgefühl der «Armut» im Sinne der Unfähigkeit, Abhängigkeit und Wertlosigkeit der eigenen Person zu erzeugen und zu fixieren; umgekehrt läßt sich erneut die Feststellung treffen, daß diese Art «christlicher» Predigt mit Sicherheit diejenigen am intensivsten ansprechen wird, deren Selbstwertgefühl bereits genügend neurotisiert ist, um sich durch die entsprechenden Attituden auf paradoxe Weise bestätigt zu finden: Erst wenn es der «christlichen» Armutspredigt gelingt, das neurotische Lebensgefühl der *Nichtigkeit des Ichs* gar nicht mehr als etwas Krankhaftes, sondern vielmehr als die verborgene Wahrheit der Welt, als göttliche Offenbarung des Seins als solchen erscheinen zu lassen, formt sich der Weg *klerikaler Erwählung* zur christlichen Armut. Wie sehr es dabei eigentlich gar nicht um die «Armut», sondern um die Unterwerfung des Willens, um den *Gehorsam in allen Dingen*, mithin um das außengelenkte Funktionieren geht, werden wir sogleich sehen, wenn wir uns der ernstgenommenen Form der «christlichen Armut» in den Regeln und Statuten der Ordensgemeinschaften zuwenden.

Man könnte an dieser Stelle vielleicht einwenden, daß ein so offener, nahezu zynischer Ausbeutungswille gegenüber seelischer Not doch gewiß nicht als allgemeine Grundhaltung der katholischen Kirche unterstellt werden könne, und in der Tat gilt es hier, differenziert zu denken und zu sprechen. Wenn auch, wie eben gezeigt, ganze Epochen der Kirchengeschichte vom Geist der Habgier und der skrupellosen Geschäftemacherei nicht freizusprechen sind, so wäre es unbillig, den einzelnen Amtsinhabern der Kirche heute derlei Motive pauschal zum Vorwurf zu machen; im Gegenteil müssen wir im Umkreis der Kleriker der katholischen Kirche ständig die Brechungen zwischen Person und Amt vor Augen haben, die dafür sorgen, daß subjektiv womöglich eher bescheiden und anspruchslos wirkende Persönlichkeiten gerade aufgrund der Schwäche und Hilflosigkeit ihres Ichs in einen Apparat hineinfliehen oder hineingezogen werden, dessen Mechanik objektiv allerdings von allen möglichen Formen der Entfremdung in Gang gehalten wird und im Ergebnis ganz massiv die Ausbeutung der klerikalen Mitarbeiter selbst betreibt.

Um den (wie stets!) recht widersprüchlichen Sachverhalt an einem bekannten Beispiel zu verdeutlichen, mag der Zusammenbruch der Banco Ambrosiano tauglich sein. Im Jahre 1982, am 18. Juni, fand man in London nahe der Themse einen Mann tot auf, der als *Roberto Calvi* identifiziert wurde. Signor *Calvi* war Präsident der *Banco Ambrosiano* gewesen, der größten italienischen Bankengruppe mit Geschäftsinteressen in 15 Ländern, gegründet im Jahre 1895, in die bis in die 70er Jahre dieses Jahrhunderts Aktionäre nur nach Vorlage ihres Taufscheins einsteigen konnten. 1967 war *Calvi* mit dem sizilianischen Bankier *Michele Sindona* zusammengekommen, der durch die Gründung eines weltumspannenden Imperiums von Banken und Holdinggesellschaften zu einem der reichsten Männer Italiens aufgestiegen und insgeheim der geschäftliche Vertreter des Vatikans in Italien und in den USA geworden war. Anfang der 70er Jahre, als *Calvi* bereits Präsident der *Ambrosiano* geworden war, lernte er über *Sindona* auch Erzbischof *Paul Marcinkus* kennen, der aufgrund seiner Statur 1964 zum Leibwächter von *Paul VI.*, dann zum «Bürgermeister» der Vatikanstadt und schließlich zum Geschäftsführer des *«Instituts für religiöse Werke»*, wie die vatikanische Bank euphemistisch benannt wird, avanciert war. Das Zusammenspiel dieses Finanztriumvirates: *Sindona, Calvi* und *Marcinkus,* hätte Großes erwarten lassen, wäre nicht 1964 nach dem Zusammenbruch der *Franklinbank,* an der *Sindona* hohe Anteile hielt, das Bankimperium dieses rührigen Mannes unrettbar zusammengebrochen – der Vatikan erlebte damals eine Einbuße von vermutlich mehreren hundert Millionen Dollar –, das Finanzgebaren des Vatikans zählt zu den bestgehüteten Geheimnissen und entzieht sich jeglicher demokratischen Kontrolle, so daß exakte Angaben bis heute darüber nicht zu machen sind. *Sindona* selbst, der 1980 in den USA wegen Betrugs, Meineids und Veruntreuung von vierzig Millionen Dollar zu 25 Jahren Haft und zweihundertsiebentausend Dollar Geldstrafe verurteilt wurde, machte sich in seinem Prozeß die größten Hoffnungen auf Entlastung durch den Vatikan, doch wurde *Sindonas* Hauptverteidiger, der ehemalige Bundesrichter *Marvin E. Frankel,* in Rom von Kardinalssekretär *Agostino Casaroli* persönlich daran gehindert, Videobänder abzuholen, die Freunde *Sindonas,* darunter auch Erzbischof *Marcinkus,* hatten anfertigen lassen. «Mehrere Kleriker im Vatikan, die fest davon überzeugt waren, daß Sindona kein Geld von der *Franklin National* gestohlen, sondern vielmehr Millionen eigenen Geldes für die Rettung der Bank aufgewandt hatte, meinten, was der Vatikan hier seinem ehemaligen Geschäftsverteter angetan hatte, sei ‹eine feige Tat, die an Verrat gemahne›.»[7] Nach der Pleite mit seinem Genossen *Sindona* setzte *Marcinkus* von 1980 an indessen um so mehr auf die Künste der *Banco*

Ambrosiano unter *Calvis* Leitung, der 1981 Aktiva von mehr als achtzehn Milliarden Dollar ausweisen konnte. Das Aus für *Calvi* kam 1982, als die italienische Nationalbank bei Buchprüfungen irreguläre Geschäftspraktiken der *Banco Ambrosiano* aufdeckte und zugleich feststellte, daß zwischen den Aktiva-Vermögen der *Banco Ambrosiano* und den Aktiva der *vatikanischen Bank* infolge zahlloser komplizierter Gemeinschaftsinvestitionen und Querverbindungen nicht zu unterscheiden war. *Calvi* geriet unter Zugzwang; er mußte Kredite in Dollar zurückzahlen, die er bei der wachsenden Schwäche des italienischen Lire und der wachsenden Stärke des Dollars nicht aufbringen konnte. In seiner Not hatte *Calvi* bereits 1981 seine Geschäfte mit südamerikanischen und mittelamerikanischen Banken mit Hilfe von «Empfehlungsschreiben» des Erzbischofs *Marcinkus* abgewickelt, die den Eindruck erwecken mußten, als ob die *Vatikanbank* seine Transaktionen decke. Es ist bis heute nicht klar, was speziell Erzbischof *Marcinkus* von diesen Machenschaften wußte; jedenfalls behauptete der Vatikan später, daß alle Kredite der *Ambrosiano*-Gruppe *vor* den «Empfehlungsschreiben» getätigt worden seien, und der italienische Staat, der diese Aussagen nicht nachprüfen konnte, mußte mithin auf alle Regreßansprüche verzichten, ja, er konnte den Vatikan nicht einmal zur Aufklärung der Hintergründe des Zusammenbruchs der *Banco Ambrosiano* zwingen oder veranlassen. Selbst als *Calvi* im Juli 1981 von einem italienischen Gericht wegen der illegalen Ausfuhr von 26,4 Millionen Dollar von 1975 bis 1976 zu vier Jahren Gefängnis verurteilt, dann aber auf Kaution freigelassen wurde, hielt *Marcinkus* unerbittlich an ihm fest. Gleichwohl drängte der italienische Staat weiter auf eine Aufklärung der zumindest moralischen Verantwortung der *Vatikanbank* an den «Empfehlungsschreiben». *Marcinkus* indessen schloß sich seither in seinem Apartement im Vatikanstaat gegen jeden Kontakt mit der Außenwelt ab, und Kardinalstaatssekretär *A. Casaroli* trat auf Wunsch von Papst *Johannes Paul II.* für den bedrängten Erzbischof ein.[8] Weniger erfolgreich hingegen fiel der Schutz für den *Marcinkus*-Komplizen *Calvi* selber aus. In seiner Verzweiflung wandte er sich an gute Freunde der rechtsgerichteten *Propaganda Due* (P 2) – eine Loge, über deren Existenz 1981 die Koalitionsregierung von Premierminister *Arnaldo Forlani* gestürzt war; aber auch die P 2 ließ ihn im Stich; noch versuchte *Calvi* in London am 15. Juni Teile der *Banco Ambrosiano* an die arabisch beherrschte *Artoc Bank and Trust* zu verkaufen, um das Loch von 1,2 Milliarden Dollar zu stopfen, als er erfuhr, daß die Aktien seiner Bank suspendiert und die Direktoren zurückgetreten waren. Am 17. Juni 1982 stürzte sich Calvis Sekretärin *Graziella Teresa Corrocher* in Mailand aus dem Fenster ihres Büros in den Tod.

Als dann einen Tag später *Calvi* selbst erhängt aufgefunden wurde, häuften sich die Zweifel an den ursprünglichen Selbstmordvermutungen. War *Calvi* von Mitgliedern der P2-Loge ermordet worden? Seine Tochter *Anna* erklärte, daß ihr Vater mit Bezug auf die Vatikanbank geäußert habe: *«I preti saranno la nostra fine»* – Die Priester werden unser Ende sein. *Calvi* war in der letzten Zeit nie mehr ohne geladene Pistole ausgegangen. Gewiß gab es Kreise, die ein Interesse an seinem Tod hatten, z. B. damit er nicht die Wahrheit über die Wege mitteilen konnte, auf denen die Gelder der *Ambrosiano* nach Lateinamerika geflossen waren.[9] Wie Erzbischof *Marcinkus* selbst einmal erklärt hatte: «Man kann die Kirche nicht mit Ave Marias in Gang halten.»[10]

Jemand, der von Vorgängen dieser Art monatelang in seiner Morgenzeitung lesen muß, kann selbst als gutwilliger Beobachter leicht zu der Ansicht gelangen, er habe es bei den Männern der vatikanischen Finanzpolitik nicht mit den geistlichen Nachfolgern der Apostel Christi, als vielmehr mit einer Horde ausgefuchster Mafiosi zu tun, und zu diesem Eindruck trägt gewiß die unselige Geheimniskrämerei des Vatikans noch zusätzlich bei, die (nach anal-zwangsneurotischem Vorbild) mit Geld so peinlich und kostbar umgeht wie ein Zweijähriger mit seinen Fäkalien.[11] In Wahrheit aber liegt das Problem des vatikanischen Finanzgebarens wohl nicht in der kriminellen Energie seiner Vertreter begründet, als vielmehr in ihrem offenbaren Dilettantismus. Insbesondere Erzbischof *Marcinkus* mußte sich auf einem Posten bewähren, für den er in keiner Weise qualifiziert war – er hat eine Ausbildung für das Bankwesen nie bekommen und versteht von Volkswirtschaft nach eigenen Aussagen so gut wie nichts. Auch die Kardinäle, die Papst *Johannes Paul II.* bestellte, um die Aktivitäten seines ersten Geschäftsmannes zu überprüfen, waren den Tricks und Winkelzügen des *Marcinkus-Calvi*-Arrangements in keiner Weise gewachsen. «Ihre Aufgabe bestand eigentlich nur darin, einen Blick auf das Kontoblatt zu werfen, das Marcinkus zweimal jährlich dem Papst vorzulegen hatte, und angesichts der schwarzen Zahlen unter dem Strich zustimmend zu nicken.»[12] Auch einen Mann wie *Sindona* hielt Papst *Paul VI.* «mit unglaublicher Naivität» für ein Finanzgenie, weil er ihm 1962 als Erzbischof von Mailand für das Altersheim *Casa della Madonnina* 2,5 Millionen Dollar aufgetrieben hatte.[13] Rein finanziell gesehen, lag der beste Tag des päpstlichen Bankwesens im Jahre 1929, als *Mussolini* und Papst *Pius XI.* im Lateranvertrag aushandelten, daß der Vatikan für die Herausgabe von 41 440 km^2 italienischen Bodens etwa 90 Millionen Dollar zur Entschädigung erhalten solle. Damals engagierte der Papst den Bankier *Bernardino Nogara*, einen zum Katholizismus übergetretenen Juden, der sogleich ⅓ der Summe in Gold anlegen und in *Fort Knox* deponieren ließ, während er mit dem Rest nach der Devise investierte, daß die Finanzprogramme des Vatikans nicht durch theologische Überlegungen eingeschränkt werden dürften.[14] Als *Nogara* im Jahre 1958 starb, hinterließ er eine Reihe von verschachtelten, prosperierenden Holdinggesellschaften, eine ausgefeilte Investitionspolitik und die Überzeugung, daß er, wie es ein Nachfolger formulierte, «das Beste gewesen sei, das der Kirche seit unserem Herrn Jesus Christus widerfahren ist»[15]. In der Tat: «Der Vatikan ist heute der größte religiöse Wirtschaftskonzern der Welt und fest engagiert in zahllosen Unternehmen in den Bereichen Immobilien, Plastik, Elektronik, Stahl, Zement, Textilien, Chemie, Nahrungsmittel und Bauwirtschaft. Der Vatikan ist einer der größten Bankiers Italiens, besitzt mehrere große italienische Versicherungsgesellschaften und investiert in großem Maßstab an der New Yorker Aktienbörse – im Umfang von mehr als 2 Millionen Dollar. Er stellt eine gewaltige internationale Finanzmacht dar, die über Aktiva von mehr als 20 Milliarden Dollar verfügt.»[16] – Daß trotz aller möglichen Winkelzüge, oft genug am Rande der Legalität, die Vatikanbank heute praktisch vor dem Konkurs steht, ist die andere Seite der Medaille.

Theologisch indessen bleibt natürlich die Frage, was die Kirche mit dieser ungewollten «Eigengesetzlichkeit» des Geldes in ihren eigenen Händen anfängt. Man darf sagen, daß sie in ihrer Ideologie nicht nur vorgibt, das Geld zu verachten, sondern es in vielen ihrer Vertreter der Gesinnung nach auch wirklich tut – es herrscht in Klerikerkreisen normalerweise nicht die Mühe, sich für so etwas Niedriges und Unevangelisches wie den schnöden Mammon wirklich zu interessieren; auf der anderen Seite gehört es zu der Ambivalenz der gesamten Grundhaltung, daß gerade diese Verachtung mit einer eigentümlichen, fast magischen Hochschätzung des Geldes einhergeht, wie denn eine primitiv gebliebene Mentalität stets am meisten diejenigen Mächte des Lebens vergöttlichen wird, von denen sie sich zwar abhängig weiß, die aber wirklich kennenzulernen eine abergläubige Furcht sie hindert. Aus moralischer Überforderung gegenüber der äußeren Seite einer äußerlich verstandenen Armut schwankt die Kirche zwischen einem heilseschatologisch verbrämten Irrationalismus heiliger Zeichen und Wunder im Umkreis franziskanischer Armutsforderungen und einem fast zynisch zu nennenden, weil innerlich nicht durchdrungenen Pragmatismus im Umgang mit wirtschaftlichen Tatsachen hin und her.

So oder so wird deutlich, daß die Priester und Päpste in äußerlich-finanziellem Sinne weder «arm» sein wollen noch dürfen, und wie stets, wenn ein hohes Ideal mit der Wirklichkeit kollidiert, versucht man den Konflikt zu

leugnen, indem man ihn *moralisiert:* Aus der Armut wird das *Ziel* eines *unendlichen* Sehnens und Strebens, indem die prinzipielle Unerreichbarkeit des Ersehnten bereits in die Voraussetzungen der Grundkonstruktion dieser Seite des Klerikerseins aufgenommen wird. Auch auf diese Weise entsteht eine Innerlichkeit der Gesinnung, doch nicht mehr als Ausdruck, sondern als Aufdruck der persönlichen Existenz, ein Status verinnerlichten Zwangs, in dem das Ich angehalten bleibt zu tun, was es nicht kann, und zu sein, was es nicht ist; auch auf diese Weise entsteht eine Form von «Armut», doch nicht mehr als ein befreiendes Erleben von Weite und Glück, sondern im Gegenteil: als die chronifizierte moralische Niederlage eines «bußfertig» sich gebenden Unvermögens. Die Umwertung läßt sich mit Händen greifen: Statt daß die Gesinnung der Armut das Ideal der Lebensform begründen sollte, vergewaltigt hier ein von außen aufgenötigtes, *weil äußerlich verstandenes* Ideal das Ich, bis daß es wirklich «arm im Geiste» wird.
Ein Blick vor allem in *die Rundschreiben der Päpste dieses Jahrhunderts* an ihre Priester, die Frage der Armut betreffend, zeigt das Dilemma der Doppelbödigkeit, das sich aus der funktionalisierenden Veräußerlichung bzw. umgekehrt aus der moralisierenden Abstraktheit der Armutsforderung ergibt: Die fehlende Spiritualität entwertet die «evangelische Armut» von einer religiösen Grundhaltung im besten Falle zu einem caritativen Dienstapostolat, das mit den Gloriolen echter Christusnachfolge umkränzt wird, bis zu dem Punkt, daß am Ende, wie in der römischen Bischofssynode von 1971, die Armut zu einer bloßen Besoldungsfrage bürgerlich angepaßter Existenzen verkommt.
Diese Tatsache hat eine lange Vorgeschichte. – Für Papst PIUS XI. in seinem Rundschreiben *Ad catholici sacerdotii* bedeutete «Armut» noch so viel wie «Uneigennützigkeit» und Protest gegenüber dem Materialismus. Er schrieb: «Mitten in der Verderbnis der Welt, in der alles käuflich und verkäuflich ist, muß er (sc. der Priester, d. V.) frei von jeglicher Selbstsucht wandeln, in heiliger Verachtung für jede niedrige Gier nach irdischem Gewinn, auf der Suche nach Seelen und nicht nach Geld, nach Gottes Ehre und nicht nach seiner eigenen. Er ist nicht der Tagelöhner der unzeitlichen Lohnarbeit, auch nicht der Beamte, der bei aller gewissenhaften Erfüllung seiner Amtspflichten doch auch an seine Laufbahn und seine Beförderung denkt... Er ist der Diener Gottes und der Vater der Seelen. Er weiß, daß sich seine Mühen und Sorgen nicht mit irdischen Schätzen und Ehren vollwertig entgelten lassen. Die Annahme eines angemessenen Unterhaltes ist ihm nicht verboten ... Jedoch ‹zum Anteil des Herrn berufen›, wie sein Name ‹Kleriker› andeutet, erwartet er keinen anderen Lohn als den, welchen Christus seinen Aposteln

versprach ... Wehe, wenn der Priester, uneingedenk dieser göttlichen Verheißungen, begänne, sich ‹gierig nach garstigem Gewinn› zu zeigen, und sich der Masse der Kinder dieser Welt zugesellte ... Wenn man bedenkt, daß Judas, ein Apostel Christi, ... gerade durch den Geist der Habsucht nach irdischen Gütern in den Abgrund seiner Bosheit gestürzt wurde, dann begreift man, wie derselbe Geist im Laufe der Jahrhunderte soviel Unglück über die Kirche hat bringen können.»[17] Das letztere steht außer Frage; aber das Hauptproblem wird in diesen Worten rein polemisch übergangen: «selbstlos» und persönlich «uneigennützig» im Umgang mit Geld sich zu verhalten, ist exakt die Definition, die KARL MARX bereits dem *Kapitalisten* gegeben hat[18], und MAX WEBER schon wies den Einfluß nach, den eine bestimmte persönliche Askese der Sparsamkeit im Rahmen der protestantischen Ethik auf die Gestaltung und Hervorbringung des modernen Wirtschaftslebens genommen hat.[19]

Auch Papst PIUS XII., der in seiner apostolischen Ermahnung *Menti Nostrae* den Mut aufbrachte, den Priestern bis in die konkrete Lebensgestaltung hinein ins Gewissen zu reden, verliert sich in supranaturalistischen Beschreibungen, die am Ende doch wieder ebenso feierlich wie unverbindlich sind. «Inständig ermahnen wir euch, geliebte Söhne», sagt der Papst, «die flüchtigen und vergänglichen Dinge dieser Welt nicht übermäßig zu lieben. Nehmt euch die heiligen Männer alter und neuer Zeit zum Vorbild, welche die gebührende Losschälung von äußeren Gütern und das tiefste Vertrauen auf die göttliche Vorsehung mit glühendem priesterlichem Eifer paarten. Sie haben Wunderbares vollbracht, im ausschließlichen Vertrauen auf Gott, der nie die nötige Hilfe versagt. Auch jene Priester, die nicht durch ein besonderes Gelübde zur Armut verpflichtet sind, sollen dennoch diese Armut lieben. Diese Liebe soll sich in einem einfachen und mäßigen Leben, einer bescheidenen Wohnung und in großer Freigiebigkeit gegenüber den Bedürftigen kundtun. Vor allem aber sollen sie sich von allen geschäftlichen Unternehmungen fernhalten, die sie von ihrem heiligen Beruf ablenken würden und die Achtung der Gläubigen ihnen gegenüber vermindern könnten.»[20] Außer Frage auch hier, daß ein persönlich bescheidenes Leben und eine rigorose Relativierung der «irdischen» «Güter» zu den unerläßlichen Attributen eines wirklichen «geistlichen» Lebens zählen; doch den Glauben an einen Gott, der ständig durch seine Vorsehung die Fehler und Mängel ausbügelt, welche die Menschen bei der wirtschaftlichen Sicherung ihrer Zukunft begehen, kann man kaum als hilfreichen Beitrag zur Lösung der Zeitfragen betrachten – ein solcher Glaube ist denn auch vom Vatikan selber niemals wirklich aufgebracht worden.[21]

Es bleibt dabei, daß man sich entscheiden muß, von welcher Art der «Armut» eigentlich die Rede sein soll: wirtschaftlicher Not ist nicht mit einem noch so gut gemeinten Pauperismus zu begegnen, und der freiwillige Verzicht auf eigenen Besitz mag zwar ein Maximum an Solidarität mit fremder Not bekunden, stellt in sich selbst jedoch allenfalls eine symbolische, keine effektive Antwort dar; schließlich ist auch die Haltung der «Selbstlosigkeit» oder «Uneigennützigkeit» hoch zu rühmen, aber sie ist mit wirtschaftlicher Armut der persönlichen Lebensführung nicht identisch und insgesamt viel weiter gesteckt als die Frage nach dem rechten Umgang mit dem Geld. Ermahnungen dieser Art führen in der Praxis, wie sich zeigt, im besten Fall dazu, daß ein Pfarrer, statt einen Mercedes, wie ihn der Bischof fährt, sich einen VW-Golf als Auto kauft – Rangunterschiede, wie sie nicht anders zwischen dem Chef einer Computerfirma und einem seiner Angestellten eingehalten werden, auch ohne die dramatischen Warnungen Jesu vor dem Geld in Mt 6,24 und Lk 16,13 zu bemühen. Mit anderen Worten: Solange nicht die Psychologie des Geldes[22] und des Eigentums *verstanden wird, wird es auch keine Spiritualität der Armut geben,* die zeigen könnte, wie sich die Lebensweise und die Gesinnung Jesu unter heutigen Bedingungen glaubwürdig leben läßt; und ehe nicht die Psychologie der Angst theologisch reflektiert wird, die immer wieder dahin führt, Geld und Besitz in einen Fetisch absoluter Daseinssicherung zu verwandeln, wird vor allem nicht verständlich, mit Bezug worauf eigentlich die «Armut» etwas wirklich Erlösendes an sich tragen kann.
Diese Feststellung gilt sogar den ergreifenden Worten gegenüber, mit denen Papst JOHANNES XXIII., in Anknüpfung an die Worte PIUS' XI., in seinem Rundschreiben *Sacerdotii Nostri primordia* den Priestern das Vorbild des heiligen *Johannes M. Vianney,* des Pfarrers von Ars, vor Augen stellte. Auf der einen Seite mahnte der Papst das Beispiel dieses Vorbildes an: «Wir wissen sehr wohl, daß heute viele Priester in großer Armut leben. Wenn sie aber bedenken, daß einer aus ihren Reihen heiliggesprochen wurde, weil er freiwillig auf alles verzichtete und nichts sehnlicher wünschte, als der ärmste Mann seiner Pfarrei zu sein, dann wird ihnen dieses Vorbild gewiß ein heilsamer Antrieb zum Streben nach vollkommener Entsagung durch ernsthafte Pflege der evangelischen Armut. Und wenn Unsere väterliche Teilnahme ihnen Trost bringen kann, so mögen sie wissen, wie sehr Wir Uns darüber freuen, daß sie ohne jeden Eigennutz Christus und der Kirche hochherzig dienen.»[23] Auf der anderen Seite aber zitiert der Papst auch den heiligen BEDA VENERABILIS, der da sagte: «Es ist nicht der Sinn dieses Gebotes (sc. der Armut, d. V.), daß die Diener Gottes keine Ersparnisse anlegen dürfen,

um sie für sich oder für die Armen zu verwenden. Lesen wir doch, daß der Herr selber... zur Gründung seiner Kirche eine Kasse hatte... Es geht vielmehr darum, daß wir Gott nicht um des Geldes willen dienen oder aus Furcht vor Not die Gerechtigkeit verletzen.» Und er fuhr fort: «Deshalb machen Wir Uns die Sorge Unseres unmittelbaren Vorgängers zu eigen und richten an die Gläubigen die dringende Bitte, dem Aufruf ihrer Bischöfe bereitwillig nachzukommen, die sich löblicherweise bemühen, ihren geweihten Mitarbeitern den notwendigen Lebensunterhalt zu sichern.»[24]
Wie wenig die Priester selber und an ihrer Seite die «Gläubigen» mit derlei widersprüchlichen Aussagen zurechtkommen und wie ambivalent insbesondere die Forderung persönlicher Armut inmitten einer kollektiv reichen Kirche wirken muß, zeigt offener, weil ungeschützter als in dem staatlich garantierten Kirchensteuerwesen der Bundesrepublik, *das Beispiel der Kirche Frankreichs*. Recht hat H. MISCHLER, wenn er schreibt: «Weil die Kirche sich schwertut, ihre eigene Vergangenheit zu bewältigen, ist die finanzielle Lage der französischen Priester zum Teil bis heute in kirchlichen Kreisen tabu. Vor der französischen Revolution und noch im 19. Jahrhundert stand sie dezidiert und bewußt auf der Seite der konservativen Kräfte, des Adels und der Bourgeoisie. Heute möchte man mit allen Mitteln wenigstens den Eindruck erwecken, auf der Seite der Armen und Ausgebeuteten zu stehen.»[25] «Der Hauptgrund für die Armut besteht darin, daß die Kirche mit der Trennung von Staat und Kirche im Jahre 1905 alle Privilegien verlor. Die Kirche ist seither arm; sie erhält von seiten des Staates keinen Pfennig mehr. Das Jahr 1905 war für sie ein Trauma, von dem sie tief erschüttert wurde.»[26] «Weiter muß man betonen, daß es die Amtskirche Frankreichs mit ihren Gliedern nicht leicht hat. In einem großen Teil der französischen Bevölkerung steckt das alte, überkommene Vorurteil, daß die Kirche reich sei. Dieses wird besonders seit einem Jahrhundert vom laizistischen Flügel der ‹education nationale› Kindern und Jugendlichen eingetrichtert. Von diesem Teil der Bevölkerung ist auch keine finanzielle Unterstützung der Kirche zu erwarten. Hier prallt jede Bitte um den ‹Denier du culte› (sc. die Spendenzahlungen für den geistlichen Dienst der Priester, d. V.) ab. Bei einer Umfrage, die in den Jahren 1978–79... durchgeführt wurde, meinten 51 % der Katholiken Frankreichs, daß ihre Priester die notwendigen finanziellen Mittel hätten, um ein bequemes Leben führen zu können... Ein weiterer Teil der katholischen Bevölkerung denkt gerade in die entgegengesetzte Richtung. Ihm schwebt noch das romantische Image eines Pfarrers von Ars vor Augen, das ihm von kirchlicher Seite eingepflanzt wurde: Der arme Pfarrer in einer ländlichen und vorindustrialisierten Gesellschaft! Hier

kommt es zum psychologischen Mechanismus des ‹Tugendbockes›, der bei dem Durchschnittschristen nicht selten anzutreffen ist.»[27]
Um in die Frage der wirtschaftlichen Stellung der Priester eine gewisse Eindeutigkeit und Ehrlichkeit hineinzubekommen, sind manche Überlegungen der französischen Kirche heute wohl als zukunftweisend anzusehen, die im Grunde das Ende der klerikalen Sonderstellung der Priester fordern und auf den Vorschlag hinauslaufen, «einfach in das Lohnverhältnis eines Arbeiters einzutreten. Dann würde auch die anachronistische Besoldung durch Meß-Stipendien wegfallen, die den Priester in den Augen der Christen in eine Kultrolle einsperren ... Daß die Priester in der Bundesrepublik zum Beamtenstand gehören und nach der Gehaltsklasse A 14 besoldet werden, erscheint vielen französischen Priestern überholt. Die finanzielle Situation der französischen Priester wird aber auch als eine sehr unangenehme erfahren und übt eher negative Wirkungen auf den priesterlichen Nachwuchs aus. Daß der Priester allein vom Kult leben soll, leuchtet jungen Menschen heute nicht mehr ein. Die Armut ist zwar eine Tugend, die Misere und Verkümmerung waren es aber noch nie! Ein Minimum an Existenzsicherheit braucht jeder Mensch, auch der Priester. – Vielleicht kann die Kirche in der Bundesrepublik eine Lehre aus den Erfahrungen ihrer französischen Nachbarkirche ziehen. Niemand kann behaupten, daß die Kirchen in Deutschland, in Österreich und in der Schweiz auf immer ihr Geld über die staatlichen Kanäle erhalten werden. – Die Emigration der Jugend aus der Kirche sowie das zunehmende Phänomen der Entchristlichung sind soziologische Fakten. Durch sie wird die Kirche in der Gesellschaft von morgen eine Minorität darstellen. Warum sollte sie in diesem Fall besondere Privilegien genießen? Viele Nachbarländer Frankreichs wissen theoretisch um die prekäre finanzielle Lage der französischen Priester. Manche deutsche Priester ... haben sich schon vor Jahren verpflichtet, jedes Jahr einige Tage bei ihren französischen Amtsbrüdern zu verbringen. Sie meinen, dies täte ihnen besser, als jährlich acht Tage Exerzitien.»[28] In jedem Falle geht es darum, das Einkommen der Weltpriester von der Ideologie «evangelischer Armut» und der Apologie der doch vorhandenen Wohlhabenheit zu entlasten und auf die pragmatischen Erfordernisse der Seelsorge am Ort mit Bezug zu der jeweiligen Gemeinde zurückzuführen. Was die Armutsforderung des Evangeliums geistlich dann bedeutet, ist vor dem Hintergrund der gewandelten Verhältnisse und eines veränderten Bewußtseins vor allem von seiten der Psychoanalyse noch einmal ganz neu zu durchdenken. An *dieser* Stelle genügt es zu sehen, daß von den wenigsten Weltpriestern in der Bundesrepublik die «evangelische Armut» als Motiv oder als Hinderungsgrund auf dem Weg

zum Klerikersein empfunden wird. Wenn wir die Problematik der «Armut» als eines Ideals des Klerikerseins kennenlernen wollen, dürfen wir uns daher nicht bevorzugt an den verwirrenden, weil in sich selbst verwirrten Lebensformen der Weltpriester orientieren, sondern wir müssen auf die Menschen schauen, denen es zumindest den Konstitutionen nach mit der «evangelischen Armut» ernst ist: auf *die Ordensleute*. Gemessen an ihnen muten die Lebensformen der Weltpriester in Sachen «Armut» an wie spielerische Miniaturausgaben des eigentlich Gemeinten.

Wie das eigentlich Gemeinte zu verstehen ist, wie es psychologisch wirkt und welche psychischen Voraussetzungen nötig sind, um eine derartige Lebensform für sich selbst als etwas Heiliges und absolut Erstrebenswertes zu halten, kann man wohl am besten an den Worten erkennen, die der heilige BENEDIKT im Kapitel 33 seiner *«Regel»* gefunden hat: «Besonders dieses Laster muß aus dem Kloster mitsamt der Wurzel ausgerottet werden; keiner nehme sich also heraus, ohne Erlaubnis des Abts etwas zu verschenken oder anzunehmen oder etwas als Eigenes zu haben, durchaus nichts: weder ein Buch noch eine Schreibtafel noch einen Griffel, sondern gar nichts. Sie haben ja nicht einmal das Recht, über ihren Leib und die Regungen des Willens eigenwillig zu verfügen. Alles Notwendige dürfen sie aber vom Vater des Klosters erwarten; nur soll es nicht erlaubt sein, etwas zu besitzen, was der Abt nicht gegeben oder zugestanden hat. Alles sei allen gemeinsam, wie geschrieben steht, und keiner nenne etwas sein Eigen oder beanspruche es für sich. Stellt sich heraus, daß einer an diesem sehr schlimmen Laster Gefallen findet, so werde er einmal und noch ein zweites Mal verwarnt. Bessert er sich nicht, so verfalle er der Strafe.»[29] Die *Deklarationen* des Benediktinerordens zu diesem Text lauten: «Das benediktinische Verständnis der Armut orientiert sich am Leben der Urgemeinde in Jerusalem, in der ‹alles allen gemeinsam› war (Apg 4,32). Sie möchte den Mönch frei machen für Gott und sein Reich, für die Hoffnung auf das Kommende und für die Danksagung gegenüber Gott, von dem alles Gute kommt. Der Mönch sucht die Selbstentäußerung Christi durch Anspruchslosigkeit und Verzicht auf persönliches Eigentum nachzuahmen, was aber nicht zum Vorwand für Nachlässigkeit und sachfremden, verschwenderischen Umgang mit Hab und Gut der Gemeinschaft werden darf.»[30] «Durch die feierliche Profeß wird der Mönch rechtsunfähig, Eigentum zu erwerben, zu besitzen oder zu veräußern. Alles was er erwirbt und erhält, erwirbt er für das Kloster.»[31] «Ohne Erlaubnis darf kein Mönch Geschenke erbitten, annehmen oder weitergeben. Einzelheiten regeln die Hausbräuche.»[32] «Unbeschadet des Rechtes auf Eigentum soll sich jedes Kloster um einen einfachen Lebensstil bemü-

hen und um soziales Verhalten, Güteranhäufung, ungeordnetes Gewinnstreben und Luxus meiden. Vielmehr soll es nach Möglichkeit zur Linderung der Not in der Welt beitragen und immer bereit sein, seine materiellen und spirituellen Güter zu teilen.»[33]
Wie ernst diese Gesinnung in den Ordensgemeinschaften nachwirkt, denen es mit der «evangelischen Armut» wirklich ernst ist, mag man an den folgenden Bestimmungen aus dem *«Direktorium»* von 1934 einer *Gemeinschaft von Missionsschwestern* beispielhaft erkennen; es heißt dort: «Die heilige Armut wird mit Recht die Mauer des Ordensstandes genannt; denn sie ist ein Schutzwall sowohl für die ganze Genossenschaft als auch für jedes einzelne Mitglied. Als Mittel zur Vollkommenheit empfiehlt der Heiland dem reichen Jüngling die Armut mit den Worten: ‹Willst du vollkommen sein, so gehe hin, verkaufe alles, was du hast, dann komme und folge mir nach.› (Mk 10,21) Zur vollkommenen Übung der Armut kann uns nichts mehr anspornen als das Beispiel des Sohnes Gottes selbst, der die Armut zu seiner unzertrennlichen Gefährtin erwählte bis in den Tod.»[34] «Das Gelübde der freiwilligen Armut verbietet den Schwestern, über irgend eine zeitliche Sache eigenmächtig zu verfügen. Darum dürfen sie: nichts wegnehmen; ohne Erlaubnis nichts annehmen oder verschenken; ohne Erlaubnis nichts kaufen, verkaufen oder austauschen; ohne Erlaubnis nichts ausleihen oder entleihen, mit Ausnahme dessen, was die Regel gestattet; nichts als ihnen anvertraut so annehmen, daß sie dafür die Verantwortlichkeit übernehmen; nichts zu einer anderen als der vorgeschriebenen Bestimmung verwenden; nichts durch eigene Schuld zugrunderichten oder verlorengehen lassen; nichts für sich zurückbehalten oder verbergen; bei Versetzungen nichts ohne Erlaubnis in ein anderes Haus mitnehmen; ohne Erlaubnis über nichts verfügen, was ihnen als Eigentum verblieben oder später zugefallen ist.»[35]
Jede dieser Bestimmungen hat ihre eigenen Erläuterungen zur Ausführung. *Geschenke nicht anzunehmen* z. B. – das bedeutet: «Alle Geschenke von Angehörigen und Wohltätern, gleichviel zu welchem Zwecke sie gespendet werden, müssen möglichst bald den Oberen abgegeben werden; dazu gehören auch Geld oder Markeneinlagen aus Briefen. Ohne Erlaubnis dürfen die Schwestern über dergleichen Gaben nicht verfügen, noch etwas in Gebrauch nehmen, selbst dann nicht, wenn es von den Gebern ausdrücklich für sie bestimmt wäre. Die Schwestern müßten sogar auf die Annahme des Geschenkes verzichten, wenn die Wohltäter von der Bedingung der persönlichen Verwendung nicht ablassen wollten. Die Schwestern werden es den Vorgesetzten überlassen, in welcher Weise sie die Gaben, welche nicht zu einem ganz bestimmten Zwecke gegeben wurden, verwenden wollen.»[36] Ja,

sogar die Spontaneität bestimmter Gesten von Mitleid und Hilfsbereitschaft sind den Ordensschwestern untersagt, sobald es das Eigentum des Ordens betrifft: «Ohne Erlaubnis dürfen die Schwestern weder Geld verleihen noch von anderen in Verwahr nehmen, so daß sie dafür die Verantwortung übernehmen. Dasselbe gilt von Wertsachen. Weltlichen Personen, sei es auch Kindern oder Pflichtbefohlenen, leihen die Schwestern ohne dringende Not keine Tücher, Kleidungsstücke etc. Wo es in einzelnen Fällen geschehen mußte, sollen sie es nachher den Oberen mitteilen.»[37] Was bei all diesen Verfügungen besonders auffällt, ist die außerordentlich strenge Verknüpfung der «Armut» im Sinne der vollkommenen Entbehrung von allem eigenen Besitz mit der Haltung eines absoluten «Gehorsams». Ganz deutlich geht es nicht allein um die Regelung materiellen Vermögens, sondern auf dem Wege über die wirtschaftlich totale Abhängigkeit geht es um die uneingeschränkte Kontrolle jeder einzelnen Schwester, die durchaus nichts tun und lassen darf, was nicht zuvor von den Vorgesetzten genehmigt worden wäre, und das bis in die winzigsten Kleinigkeiten hinein. Ausführlich heißt es: «Eine gewissenhafte Schwester wird bei allem die ausdrückliche Erlaubnis jener Oberen einholen, die wirklich das Recht haben, im gegebenen Falle die erforderliche Erlaubnis zu erteilen.»[38] «In größeren Häusern oder Stationen, wo die Oberin die Ausgabe kleinerer Gegenstände wie Seife, Zahnbürsten, Kreuzbändchen, Schuhbänder, Putzmaterial etc. der Haus-Ökonomin oder einer anderen Schwester überläßt, bedürfen die Schwestern keiner besonderen Erlaubnis der Oberin, um diese Sachen zu erbitten. Sie wenden sich direkt an die betreffende Schwester, zeigen ihr aber möglichst die abgenützten Gegenstände vor. Betreffs Kleidern und Schuhen, die der Ausbesserung bedürfen, richten sich die Schwestern nach den Anordnungen der Oberin. Kleinigkeiten wie Annähen von Knöpfen, Bändern etc. dürfen die Schwestern selbst besorgen und das nötige Material aus dem allgemeinen Nähkasten nehmen oder sich dasselbe an der von der Oberin bestimmten Stelle erbitten.»[39]

Der Sinn all dieser Anordnungen ist bündig zusammengefaßt in dem Satz: «Die klösterliche Armut besteht nicht darin, daß die Schwestern das Notwendige und Nützliche entbehren, sondern daß sie dieses in Abhängigkeit von ihren Obern gebrauchen.»[40] Deutlicher läßt sich nicht aussprechen, daß die geschwisterliche Gütergemeinschaft des Ordenslebens wesentlich den Zweck einer vollständigen seelischen *Entleerung von allem Eigenen* verfolgt. Als das «wesentliche Kennzeichen» der religiösen Armut ist der «Geist der Losschälung und Entäußerung» zu betrachten. «Diese Losschälung muß sich erstrecken auf alles: auf Zelle, Kleidung, Nahrung, Bücher,

Bilder, ja, auf die kleinsten Dinge, die den Schwestern zum Gebrauch überlassen sind. Sie sollen an nichts hängen und immer bereit sein, sich alles nehmen zu lassen. Sie werden sich als Arme ansehen, die alles als Almosen empfangen und für alles, was man ihnen gibt, dankbar sind, weit entfernt zu glauben, daß ihnen Unrecht geschehe, wenn ihnen etwas verweigert würde. Erhalten sie ein neues Kleidungstück, Wäsche, Schuhe etc., dann danken sie den Obern und lassen sich ein Gebet für die Wohltäter aufgeben. Dem Geiste der heiligen Armut entsprechend, reden die Schwestern in bezug auf Gegenstände nicht von ‹mein› und ‹dein›, sondern gebrauchen das Wort ‹unser›.»[41] «Die Tugend der heiligen Armut verpflichtet alle Schwestern, auch die Vorgesetzten, ganz besonders zur Pflege des gemeinschaftlichen Lebens, welches darin besteht, daß sich alle mit der gemeinschaftlichen Nahrung, Wohnung etc. begnügen, ohne Ausnahmen und Dispensen zu beanspruchen, die nicht wirklich notwendig sind. Vielmehr sollen die Schwestern Gott danken und sich freuen, wenn sie derselben nicht bedürfen und am gemeinschaftlichen Tisch teilnehmen können; birgt doch das gemeinschaftliche Leben einen besonderen Segen in sich. Verborgen unter seiner Unscheinbarkeit mögen die Schwestern nach dem Vorbilde Jesu und Maria still und unauffällig den Weg des Gebetes, der Arbeit und des Opfers gehen. Sie werden sich im Geiste der gelobten Armut der Arbeit mit Fleiß hingeben, um sich so der Genossenschaft ... nützlich zu machen.»[42]
An diesen Texten läßt sich gerade aufgrund der Sorgfalt und Detailliertheit der einzelnen Bestimmungen am besten ersehen, wie die «evangelische Armut» in den Ordensgemeinschaften verstanden und gelebt wird: als vollständige Unterwerfung des Einzelnen unter das Leben der Gemeinschaft und als Beseitigung jedes persönlichen Rechtsanpruchs gegenüber der Gemeinschaft. Es verschlägt demgegenüber wenig, wenn in den Konstitutionen derselben Schwesternkongregation in der Neufassung von 1981 die Einzelheiten des Reglements weggelassen werden und es nur noch schlicht und einfach heißt: «In unserer Kongregation legen wir das einfache Gelübde der Armut ab. Dadurch verzichten wir auf die freie Verfügung über materielle Güter und den freien Gebrauch unseres Eigentums, ebenso auf dessen Verwaltung und Nutznießung. Das Eigentumsrecht behalten wir jedoch. – Wir gebrauchen die materiellen Dinge in Abhängigkeit von den Obern.»[43] «Unsere Armut beschränkt sich nicht auf die Abhängigkeit von den Obern im Gebrauch der Dinge. Wir müssen tatsächlich und in der Gesinnung arm sein.»[44] Einzig die Erlaubnis, «Kleinigkeiten» (d.h. Beträge zwischen 2,50–5,–DM) als Geschenke anzunehmen oder zu verschenken, stellt eine gewisse Änderung gegenüber der vorherigen Regelung dar. Im übrigen zeigt

sich auch hier, daß die Formen des Klerikerseins in ihrem Ideal sich durchaus nicht gewandelt haben; als ideal und vorbildlich muß es vielmehr nach wie vor scheinen, das Leben nach eben den Bestimmungen einzurichten, die bereits vor 50 Jahren in Geltung waren. Lediglich die Strenge ihrer Beobachtung und die Pfennigfuchserei in allen nur erdenklichen Bagatellen hat in der Zwischenzeit eine gewisse Einschränkung hinnehmen müssen, jedoch nicht aufgrund eines gewandelten Bewußtseins im Sinne einer überzeugenden Neudefinition dessen, was mit dem geistlichen Rat der Armut gemeint sein könnte, sondern eher in dem Unterton des Bedauerns, mit dem in FRANZ KAFKAS *«Strafkolonie»* der Offizier gegenüber dem Reisenden feststellt, daß sein neuer Kommandant leider nicht mehr über den Schneid verfüge, die bestehende Apparatur in der vollen Großartigkeit ihres Getriebes in Gang zu halten.[45] Zudem muß man bedenken, daß die meisten Ordensgemeinschaften aufgrund ihrer Altersverteilung überwiegend aus Schwestern bestehen, die vor dem 2. Vaticanum eingetreten sind. Woher soll da eine Änderung kommen?

Die Frage, die sich uns psychoanalytisch jetzt stellt, gilt natürlich den *Hintergründen,* denen die Bereitschaft, ja, das Verlangen geradezu nach eben dieser Form heiliger Armut entsteigt – *nach eben dieser Form,* d. h.: *dem Willen nach restloser Auslieferung* der eigenen Person an eine Gemeinschaft, die den totalen Selbstverzicht belohnt durch eine totale Fürsorge in allen Lebensbereichen, um den Preis freilich einer uneingeschränkten Verfügbarkeit durch die Fremdbestimmung anderer. Wie ist es vorstellbar und was muß passiert sein, daß ein Mensch förmlich begehrt, sich jedes eigenen Wünschens und Wollens zu begeben und alles Eigene «freiwillig» herzugeben, eher, als selber zu leben und sich dadurch an dem Vorbild Jesu Christi vermeintlich schuldig zu machen? Wir brauchen nur für das Vorbild «Jesu Christi» im frühkindlichen Erleben in der beschriebenen Weise das Vorbild der eigenen Mutter einzusetzen, und wir werden psychoanalytisch nach allem Gesagten den rechten Weg betreten, um die Frage zu beantworten.

β) Vom Ideal der Armut zu der Armseligkeit des Menschlichen

Um mit der Oberfläche zu beginnen: Zu jeder psychoanalytischen Anamnese gehört irgendwann die Frage, wie es in der Jugend mit einem eigenen *Taschengeld* bestellt war. Obwohl ich diesbezüglich über statistische Erhebungen nicht verfüge, darf ich doch sagen, daß ich persönlich in vielen Gesprächen mit Priestern und Ordensleuten im Verlauf von 20 Jahren nicht einem einzigen begegnet bin, der im Alter von 8 bis 15 Jahren einen eigenständigen Umgang mit Geld und Besitz hätte erlernen können. Als ausnahmslos vorherrschend erscheint ein ausgesprochen knausriger Erziehungsstil in der Biographie der Kleriker: so etwas wie Taschengeld hat es entweder niemals gegeben, oder es wurde im Rahmen eines ausgeklügelten Prämiensystems für bestimmte Dienstleistungen (Autowaschen, Rasenmähen, Gartenarbeit, Einkaufen etc.) und gute Schulnoten bei Klassenarbeiten vergeben, und selbst die solcher Art zu erwerbenden «Gehälter» durften keineswegs frei ausgegeben werden, sondern hatten unter elterlicher Aufsicht in einer Spardose gesammelt zu werden, um irgendwann einer wirklich «lohnenden» Anschaffung zu dienen: ein Paar neue Schuhe, eine neue Hose oder dergleichen. Natürlich stehen solche Verhaltensregeln einer freien Entfaltung im Umgang mit Geld und Eigentum nicht gerade günstig gegenüber; die Einhelligkeit des gesamten Arrangements wirkt jedoch um so eigentümlicher, als es in den seltensten Fällen aus einer echten Notlage erwachsen sein dürfte, sondern weit eher in besonderer Weise den *Geist* der Sparsamkeit (und des Gehorsams!) als einer vorbildlichen Tugend mittelständischen Bürgertums widerspiegelt. Der Leitsatz gilt: «Wer den Pfennig nicht ehrt, ist des Talers nicht wert.» Dieselben Eltern indessen, die ihrem Sohn, ihrer Tochter so unnachsichtig auf die Finger schauten, standen andererseits wohl recht einsichtig bereit, das «Notwendige» ihren Kindern zukommen zu lassen: Bei einem Schulausflug z. B. sollten diese nicht schlechter gestellt sein als die Kinder anderer Leute; Ausgaben für Hefte, Kugelschreiber und Bücher, die «erforderlich» wurden, mochten umstandslos gewährt werden. Mit anderen Worten: Während das Kind persönlich nichts besaß, konnten die Eltern jederzeit zu Recht darauf verweisen, daß es in Wirklichkeit alles besaß und einen Grund zur Beschwerde gewiß nicht geltend machen konnte.

Auf das genaueste kann allein dieses System bereits als Vorläufer eines Umgangs mit Geld und Eigentum verstanden werden, wie wir ihm später in Gestalt der erwähnten klösterlichen Armutsregeln wiederbegegnen werden: Geld, so wird hier gelernt, ist zum ersten das, was man nicht hat und was auch nur zu wünschen schon verboten ist, und zum anderen das, wofür die Vorsehung Gottes bzw. die Voraussicht der Mutter unfehlbar Sorge tragen werden, wenn man nur brav genug ist, um allen eigenen Besitz in die Hände aller anderen (Familien- oder Ordensmitglieder) zu legen. Das Geld (und mit ihm jede andere Art von Besitz) erscheint in dieser Perspektive an sich als etwas Niederes, Primitives und Verächtliches; zugleich aber herrscht dem Geld gegenüber ein fast magisch zu nennendes Wunschdenken vor – das

Märchen von den *«Sterntalern»* (KHM 153) in äußerlichem Sinne mißverstanden: Wer gibt, was er hat, bekommt, was er braucht, lautet die Lehre der GRIMMschen Erzählung; aber was dort seelisch, als Symbol gelesen, zutrifft, stimmt materiell gesehen gerade nicht: Geld vermehrt sich bekanntlich nicht durchs Ausgeben.

Bei alledem ist es wichtig zu bedenken, daß die Konstellation dieser Einstellung nicht einem philosophischen Konstrukt entstammt – z. B. den gesellschaftlichen Modellen eines kommunistischen Gemeinwesens, wie sie etwa in den mönchischen Sozialutopien des THOMAS MORUS[1] und TOMMASO CAMPANELLA[2] vorgeschlagen wurden –, sondern sich psychologisch aus einem Grundgefühl ergibt, wie es entwicklungsgeschichtlich bereits in der Pubertät voll ausgebildet gewesen sein muß und alle weiteren Veränderungen seither unbeschadet überdauert hat. Mit anderen Worten: das mönchische Leben der Armut beginnt keinesfalls erst im Alter von 20 Jahren, sondern es bildet sich sehr viel früher, spätestens in der Pubertät, als ein Ensemble fertiger Gefühlseinstellungen heraus, die im späteren Ordensleben lediglich ihren objektiven Ausdruck und ihre zum christlichen Ideal überhöhte Rationalisierung finden.

Doch diese Einstellungen entstehen auch nicht erst in der Zeit der Pubertät! Eine der wichtigsten Entdeckungen S. FREUDS bestand in der Einsicht, daß die Konflikte der Pubertät, entgegen dem subjektiven Erleben, nicht etwas an sich Unbekanntes und schlechterdings Neues darstellen, sondern in Wahrheit Erfahrungen wiederholen und fortsetzen, die bereits im Kindesalter gemacht wurden, ehe sie in einem großen Verdrängungsschub mit dem Beginn der «Latenzzeit» dem Vergessen anheimfielen.[3] Angewandt auf unsere Frage, dürfen wir daher nicht erwarten, daß die Umstände zur Zeit der Pubertät den Aufbau eines mönchischen Armutsbedürfnisses im Werdegang eines Klerikers der katholischen Kirche wirklich zu erklären vermöchten; es erscheint ganz im Gegenteil als äußerst erklärungsbedürftig, wieso ein Junge oder ein Mädchen im Alter von 15 Jahren sich im Umgang mit Geld und Eigentum der elterlichen Kontrolle mehr oder minder bereitwillig unterwerfen sollte. Der Schlüssel zur Lösung dieser Frage muß, wie stets in psychoanalytischer Sicht, in der frühen Kindheit gesucht werden.

1) «Hänsel und Gretel» oder: Der Faktor äußerer Armut

Um zunächst wieder mit der psychologisch einfachsten Möglichkeit zu beginnen, läßt sich eine Situation denken, in welcher *der Druck äußerer*

Armut im Leben einer Familie bis in die Seele der Kinder vordringt und ihr gesamtes Erleben prägt. Um das Typische einer solchen Konstellation in wenigen Strichen zu malen, ist die *Darstellung eines Märchens* vielleicht am besten geeignet, und hier vor allem die Erzählung der BRÜDER GRIMM von *«Hänsel und Gretel»* (KHM 15).

Es ist die Geschichte zweier Kinder, die in der Familie eines armen Holzhakkers aufwachsen. Als eine Teuerung ins Land zieht, wissen die Eltern sich selbst und die Kinder gemeinsam nicht mehr zu ernähren, und so macht die (Stief-)Mutter eines Abends den Vorschlag, die Kinder in den Wald zu führen und dort allein ihrem Schicksal auszusetzen. Der Vater weigert sich zunächst, muß sich dann aber bedauernd dem Diktat der Not beugen. Hänsel und Gretel indessen, die vor Hunger wachgelegen sind, hören dem Gespräch der Eltern zu, und so macht Hänsel in der Nacht noch sich auf den Weg und sammelt eine Reihe Kiesel, mit denen er am anderen Morgen den Weg nach Hause zurück markiert. Die Mutter, als sie die Kinder wiedersieht, schimpft mit ihnen, daß sie so lange im Wald zurückgeblieben seien, ganz so, als wenn sie gar nicht hätten wiederkommen wollen; in Wahrheit aber, als das Brot erneut zur Neige geht, sinnt sie auf den gleichen Plan, die Kinder zu verstoßen, und jetzt, beim zweitenmal, findet Hänsel die Wohnungstür verschlossen, so daß er keine Kiesel aufsammeln kann; als er statt dessen anderentags den Weg mit den letzten Brotresten zu kennzeichnen sucht, fressen die Tiere die Bröckchen auf. Die Kinder, allein gelassen, wissen nicht ein noch aus. Sie suchen drei Tage lang im Wald umher, bis sie an das Häuschen einer Hexe gelangen, das ganz und gar aus Brot, Kuchen und Zuckerwerk errichtet ist. Die Kinder wähnen, im Himmel zu sein, doch in Wahrheit trachtet die böse Hexe ihnen nach dem Leben. Sie sperrt Hänsel in einen Stall und mästet ihn dort, um ihn, sobald er fett genug ist, zu schlachten; Gretel hingegen muß unter ihren grausamen Befehlen im Hause Dienst tun und bekommt nichts als Krebsschalen zu essen. Bald ist das Schicksal beider Kinder so erbärmlich, daß Gretel den Himmel anfleht und meint, es sei besser gewesen, sie wären gemeinsam im Walde von wilden Tieren zerrissen worden. Dennoch gelingt es Hänsel, die kurzsichtige Hexe zu täuschen, indem er ihr, wenn sie kommt, seine Finger abzutasten, ob sie schon dick genug seien, einen Knochen hinhält, bis die Alte des Wartens überdrüssig wird. Hinterlistig verlangt sie von Gretel, den Backofen anzuheizen, um das Kind in den Flammen zu braten und dann zu verspeisen. Doch das Mädchen durchschaut ihren Plan und stößt mit dem Mut der Verzweiflung die Hexe selbst in das Feuer; dann befreit Gretel ihren Bruder, und jetzt, beladen mit den Schätzen der bösen Alten und getragen von einer Ente, die sie über ein großer Wasser setzt, gelangen die beiden Kinder nach Hause, wo sie nur noch den Vater lebend antreffen, der fortan mit ihnen voll Freude und ohne Sorgen zusammenleben wird.

Diese Märchenerzählung eignet sich besonders, um begreiflich zu machen, wie eine Situation *äußerer* Armut sich psychisch als ein Lebensgefühl der Armseligkeit zu verinnerlichen vermag; zugleich macht sie auf einen Lösungsweg aufmerksam, der auf charakteristische Weise von der Verarbeitung der bestehenden Konflikte in der Psychogenese eines späten Klerikers *unterschieden* ist und der uns daher im Kontrast helfen kann, den mönchischen Wunsch nach Armut im Hintergrund des entsprechenden «evangelischen Rates» besser zu verstehen.

Wer die Kinderwelt von *Hänsel* und *Gretel* betritt[4], wird als erstes auf einen extremen Gegensatz stoßen, der zwischen dem Willen und Pflichtgefühl der Eltern und der brutalen Enge der faktischen Verhältnisse besteht. Insbesondere der Mutter, die in der Sicht der Kinder als rechte «Stiefmutter» erscheint, täte man gewiß Unrecht, wollte man in ihr von vornherein eine Rabenmutter erkennen. Ganz im Gegenteil. Gerade eine Frau, die ihre Kinder eigentlich sehr liebt, kann schließlich in Verzweiflung über ihre eigene Liebe geraten, wenn im Getto äußerster Entbehrungen die Augen ihrer Kinder sie nur noch wie ein ständiger Vorwurf verfolgen. Der russische Schriftsteller F. M. Dostojewski z. B., der die Psychologie der Armut wie kein anderer am eigenen Leibe erfahren und dichterisch gestaltet hat, war immer wieder bemüht zu zeigen, wie sich die besten menschlischen Gefühle in Haß und Zerstörungslust verformen können, wenn es schlechterdings keine Aussicht mehr gibt, diese Gefühle in der Wirklichkeit leben zu können.[5] Gerade eine Mutter, die es an sich besonders gut mit ihren Kindern meint, fühlt sich *verantwortlich* dafür, ihnen zumindest das Nötige zum Leben schenken zu können, und sie fühlt sich *schuldig*, wenn es ihr nicht gelingt. Die eigenen Kinder leiden zu sehen und ihnen nicht helfen zu können, stellt u. U. eine so unerträgliche Qual dar, daß es wie eine Erleichterung wirkt, sie sich einfach aus den Augen zu schaffen. Umgekehrt entsteht für die Kinder auf diese Weise das furchtbare Gefühl, inmitten einer Welt des Mangels von ihrer Mutter abgelehnt, ja, verstoßen zu werden. Es darf nicht für Zufall gehalten werden, daß in dem Märchen *Hänsel* und *Gretel* des Nachts wachbleiben und den Gesprächen ihrer Eltern zuhören – es ist vielmehr buchstäblich die «nächtliche», am Tage verleugnete Wahrheit, daß die Kinder durch die einfache Tatsache, essen zu müssen, ihre Mutter überfordern, und es ist ihre ständige Angst, die sie bis in die Nächte verfolgt, herausfinden zu müssen, wann der Zeitpunkt gekommen ist, da die endgültige Vertreibung droht.

Alles, was die Kinder und die Mutter in dieser Situation fühlen, denken und tun können, ist widersprüchlich und doppelbödig: *Hänsel* und *Gretel* müssen in gewissem Sinne «ungehorsam» sein, um bei der Mutter bleiben zu können, sie dürfen nicht auf das hören, was die Eltern ihnen sagen, sondern sie müssen früh genug erahnen, wie man sie heimlich loswerden will, und dann müssen sie Wege finden, um rechtzeitig die List ihrer Eltern zu überlisten. Es handelt sich um eine *unausweichliche* Doppelbödigkeit. Denn welch eine Mutter könnte schon offen eingestehen, daß die Existenz ihrer Kinder für sie einfach zu viel ist? Sie muß ihre Kinder belügen, aus Liebe zu ihnen, aber sie kann sie wirklich nicht lieben, infolge der unbarmherzigen Wahrheit der Not. Wie paradox die Reaktionen der Mutter in dem GRIMMschen Märchen unter diesen Umständen ausfallen, zeigt sich am deutlichsten, als *Hänsel* und *Gretel* am Abend wider Erwarten zu ihr zurückkehren: In Wirklichkeit ist sie erzürnt, daß sie die Kinder *nicht* hat abschütteln können, doch sie muß ihren Zorn vor den Kindern kaschieren, indem sie vorgibt, über *die späte Rückkehr* erbost zu sein; andererseits aber liegt auch in ihrer Lüge noch etwas Wahres, denn tatsächlich ist es ursprünglich *das Übermaß der Sorge,* das die Mutter zum Äußersten trieb. Und um die Beziehungen vollends zu komplizieren: Die Kinder müssen bei der Doppelbödigkeit ihrer Mutter mitspielen, sie dürfen die Wahrheit, die sie kennen, auf keinen Fall offenbaren, da einzig die Ambivalenz aller Beziehungen ihnen einen gewissen Rest an Lebensraum an der Seite ihrer Mutter offenhält. Auf diese Weise aber wird der Konflikt, der äußerlich nicht lösbar ist, ganz und gar nach innen gezogen. Es ist der Anfang eines Problems, das im wirklichen Leben vieler Kinder die ganze Jugend überschatten kann, wenn wir hören, daß *Hänsel* schließlich das letzte Brot, das den Kindern als Wegzehr mitgegeben wird, auf den Weg streuen muß, um zu den liebevoll-abweisenden Eltern zurückzufinden. Die Anweisung, das «Script», das in diesem Verhalten zum Ausdruck kommt, lautet: Nur wenn du alles abgibst, wovon du selber leben kannst und mußt, darfst du nach Hause zurückkehren. Es ist die Formel, an die sich unmittelbar die Verwandlung des Elternhauses in ein Hexenhaus anschließt.

Jeder, der physisch über längere Zeit hin Hunger gelitten hat, weiß, wie von einem bestimmten Moment an alles Denken sich auf die Vorstellung von Nahrungsmitteln zu konzentrieren beginnt. Gerade so wird man verstehen müssen, daß *Hänsel* und *Gretel,* von ihren Eltern aus Armut verstoßen, sich auf einmal in der Nähe eines Hauses fühlen, in dem es nicht nur genug zu essen gibt, sondern das selber aus den schmackhaftesten Nahrungsmitteln besteht; es handelt sich offensichtlich um eine kompensatorische Wunschphantasie gegenüber den realen Hungererlebnissen. Doch mehr noch: Wir hören, daß dieses Haus von einer Hexe bewohnt ist, welche die Kinder, insbesondere *Hänsel*, mästen und auffressen bzw. zunächst in ihrer Arbeitskraft ausnützen und ausbeuten will, wie die arme *Gretel*. «Wer immer es wagen sollte, im Hause der Not sich satt zu essen», so lautet *die Todesangst dieser verinnerlichten Armut*, «der muß damit rechnen, geschlachtet und verzehrt zu werden.» Nehmen wir die «Hexe» als die Negativimago der Mutter, so müssen wir sagen, daß sich in ihre Gestalt auf das heftigste die eigenen oralen Hungergefühle in maßloser Gier hineinprojizieren: Die verweigernde Mutter ist es zunächst, die man beginnt, als «Hexe» zu hassen und die man am liebsten «fressen» möchte; unter dem Druck des Schuldgefühls fallen in einem nächsten Schritt diese Neigungen der Verdrängung anheim; – nicht die Kinder wollen jetzt ihre Mutter fressen, sondern fortan erscheint ihnen die Mutter selbst wie ein fressendes Ungeheuer, das ihnen Nahrung und Essen nur bereitstellt, um sich sobald als möglich über sie herzumachen. In den Phantasien und Ängsten vieler *Magersüchtiger*[6] wird man diesem Teufelskreis begegnen: so wie *Hänsel*, wenn er überleben will, der Hexe im Märchen nur den Knochen hinstrecken kann, so muß der Magersüchtige in der Gefangenschaft seiner Mutter bis auf die Knochen abmagern, aus Angst, daß alles, was er an Energie speichert, unendliche und unerfüllbare Erwartungen an ihn begründen wird und daß insbesondere eine Zunahme an Gewicht ihm mörderische Schuldgefühle eintragen wird. «Der Junge, das Mädchen frißt der Mutter alles weg», oder: «Da sieht man, wo es bleibt», werden die Leute sagen. Auf dem Hintergrund realer Not kann man sich Vorwürfe dieser Art in ihrer Wirkung gar nicht verheerend genug vorstellen. Aus Angst, schuldig zu werden, und aus Angst, gefressen zu werden, stellt *«Hänsel»* daher das Essen vollkommen ein, während umgekehrt seine Hungersehnsucht ein ganzes Haus aus Lebkuchen halluziniert und die Mutter mit kannibalischen Zügen umspielt.

Tiefenpsychologisch besitzt das Märchen von *«Hänsel und Gretel»* für den Gang unserer Untersuchungen den unschätzbaren Vorteil, daß es das Problem der *«Armut»* wesentlich *als ein orales Thema* verdichtet und dabei in einer äußersten Steigerung von Angst, Aggression und Schuldgefühl thematisiert. *Essen* bedeutet im Umkreis dieses Erlebens: töten müssen und getötet werden[7], und es ist jetzt buchstäblich eine Frage auf Leben und Tod, wie die Entscheidung inmitten der oralen Lebensverunmöglichung ausfällt. Gewinnt *das Schuldgefühl* die Oberhand, so ist der Weg in eine Haltung depressiv geformter Opfertendenzen und Hingabevorstellungen unvermeidbar: Es kann zum Überlebensprogramm werden, daß z. B. *«Gretel»* sich im Hause der «Hexe» freiwillig so nützlich macht, daß sie der Alten unentbehrlich wird. Entscheidend für die Ausprägung dieser Entwicklungsrichtung, die wir in der Armutsgebärde der klerikalen Psyche bevorzugt wiederfinden, ist freilich der Umstand, daß der Konflikt der äußeren Not zeitlich und psychisch ein gewisses Maß nicht übersteigt, denn nur innerhalb bestimmter Grenzen kann die Hoffnung aufkeimen, durch Bravsein, Triebverzicht und Opfer in dem «Hexenhaus» doch noch geduldet zu werden. Demgegenüber erzählt das Märchen, daß für «Gretel» sich die Lage eines Tages endgültig so zuspitzt, daß sie in einem äußersten Akt angstgetriebener Aggression die «Hexe» in den Ofen stößt: sie oder ich – erst vor diese Alternative gestellt, wagen die Kinder in der GRIMMschen Erzählung den Ausbruch in die Freiheit. Es ist gerade der Schritt, der verhindert, daß aus *«Hänsel»* und *«Gretel»* jemals so etwas werden könnte wie eine Ordensschwester oder ein Priester. Auf dem Weg zum Klerikersein geht die Weichenstellung in genau die entgegengesetzte Richtung: statt Auflehnung und Kampf Unterwerfung und Konfliktvermeidung, statt offenen Hasses die Verewigung des Schuldgefühls nebst den entsprechenden Wiedergutmachungsversuchen, statt Selbstbehauptung und Freiheit die Mentalität von Selbstopfer und Abhängigkeit – alles, was FREUD unter dem Stichwort *«Kastrationskomplex»* im Rahmen des ödipalen Konfliktes beschrieben hat[8], stellt sich alternativ zu dem Märchen von *«Hänsel und Gretel»* bereits als eine Entwicklungsrichtung aus den Widersprüchen des oralen, keinesfalls erst des «sexuellen» Erlebens dar.

Nicht unwichtig ist dabei, daß wir auch über *die unterschiedliche Position* eines späteren Klerikers *in der Geschwisterreihe* aus dem Märchen von *«Hänsel und Gretel»* noch einmal eine Bestätigung unsrer bisherigen Beobachtungen erhalten: *«Hänsel»* wäre in seinem «Ställchen» zur ewigen Magersucht verurteilt (und in dieser Einstellung wohl geeignet, sich zum Kleriker der katholischen Kirche zu entfalten), wäre nicht *(objektal gelesen)* seine Schwester *«Gretel»* für sich bereit, den entscheidenden Schritt zu tun und die Hexen-Mutter in den Ofen zu stoßen. Schon bei der Beschreibung des klerikalen Denkens wurde uns deutlich, daß wir es hier mit einer Form von Intelligenz zu tun haben, deren Hauptanliegen aus Angst darin besteht, einen bestimmten Status von Bindung und Auslieferung *festzuschreiben*, und ähnlich sehen wir *«Hänsel»* in dem GRIMMschen Märchen bestrebt, die ambivalente Bindung an die Eltern mit allen Mitteln, notfalls durch das Opfer aller Lebensmittel, festzuhalten; doch gerade diese «regressive» Haltung macht jeden Aufbruch in ein eigenes Leben unmöglich und verwandelt *«Hänsels»* Dasein in eine nicht endende Gefangenschaft. Betrachtet man das

Leben so vieler Kleriker, wird man in erschreckender Deutlichkeit diese Wahrheit ihres persönlichen Lebens vor Augen gestellt sehen: Der Gehorsam und die Angst gegenüber der notleidenden Mutter hat sich für sie zu einem unentrinnbaren Kerker verformt, dessen Wände das Pfarrhaus, die Klostermauern, das Bischofspalais oder ganz einfach die unsichtbaren Gitterstäbe des beamteten Lebens bilden können; und es ist ihre ganze Lebenskunst, von sich selber, von ihrem wirklichen Ich, nie etwas anderes vorzuzeigen als einen toten Knochen, stets in Furcht, sonst «gefressen» zu werden. Daß es für Menschen von der Art eines solchen *«Hänsels»* am Ende doch ein Entkommen gibt, liegt einzig an der Angst, die *Gretel* überkommt, auf Sein oder Nichtsein von der Mutter bedroht zu werden.

«Subjektal» betrachtet, wird man in *«Gretel»* gewiß jenen Teil in der Psyche eines *«Hänsel»* erblicken können, der die Angst vor dem Verstoßenwerden nicht länger mehr «regressiv»: durch Anklammerung, Opfer und Kerkerhaft, sondern nach vorn hin: durch aktives Tun, zu lösen versucht; das Entscheidende aber ist, daß dieser *«Gretel»*-Anteil es wagt, das Ungeheuerliche an Schuld auf sich zu nehmen und die verstoßende Mutter selber zu verstoßen. Es ist die Umkehrung des antiken Tragödienstoffes der *Orestie*[9], wo der Bruder die Schuld des Muttermordes auf sich nimmt, während *Elektra* von den Göttinnen der Rache, von der Macht ihres Schuldgefühls, bis in den Wahnsinn getrieben wird. Daß es aber überhaupt eine solche Zweiheit des Erlebens gibt, ist für die «aktive», «sthenische» Lösung des oralen Konfliktes der «Armut» in dem Märchen von *«Hänsel und Gretel»* auch *objektal* außerordentlich wichtig.

In der Psychogenese eines Klerikers haben wir gerade *die relative Einsamkeit inmitten der Geschwisterreihe* als spezifisch kennengelernt, indem der Druck der Verantwortung für den Bestand der Familie ihn immer wieder *auf besondere Weise* einfordert und ihm die älteren oder jüngeren Geschwister an seiner Seite wesentlich als zusätzliche Aufgaben erscheinen läßt: Sie sind primär nicht seine Helfer oder Verbündeten, sondern sie stellen für ihn eine zusätzliche Belastung dar. Insofern kommt es von vornherein nicht zu dem solidarischen Protest, den SIGMUND FREUD in *«Totem und Tabu»* als den Aufstand der Brüderhorde gegen die Zwangsherrschaft des «Urvaters» beschrieben hat.[10] Zu dem psychischen Werdegang eines Klerikers gehört gerade nicht die Erfahrung, sich gemeinsam gegen eine bestimmte Person (den Vater oder die Mutter) zusammenrotten und sie gewaltsam beseitigen zu können; es gehört dazu vielmehr das Gefühl eines ständigen Drucks, den bestehenden Konflikt entweder durch Einschränkung der eigenen Lebensansprüche ausgleichen zu müssen oder ihn am besten zu verleugnen bzw.

ihn so lange umzuinterpretieren, bis er eine «ungefährliche» Bedeutung erlangt.

Und schließlich *der Vater* selbst! In der Darstellung des Märchens von *«Hänsel und Gretel»* möchte er eigentlich gar nicht, daß die Kinder von der Mutter verstoßen werden; jedoch fällt es nicht schwer, darin eine gewisse Wunschprojektion der Kinder selbst zu erkennen: Scheinbar unterhält der Vater, wie das Märchen ihn schildert, überhaupt keine aktive Beziehung zu seinen Kindern, und so kann er auf sie in der Tat viel gelassener reagieren als die völlig überforderte Mutter; allein, diese distanzierte Ruhe kann bereits genügen, um ein Kind dahin zu bestimmen, daß es in seiner Enttäuschung an der Mutter Zuflucht bei seinem Vater sucht und sich das lebenrettende Theorem zurechtlegt, daß wenigstens der Vater es gut mit ihm meine und es nicht verstoßen wolle. Zwar weiß auch der Vater kein Mittel vorzuschlagen, wie das bestehende Problem der Armut gelöst werden könnte, doch es ist für alle *«Hänsel»* und *«Gretel»* ganz entscheidend, fest daran glauben zu können, daß, was auch immer geschehen mag, ihr Vater nicht will, daß sie dem Bestand der Familie «geopfert» werden. Erst dieses Vertrauen schenkt den Kindern offenbar den Mut, mit den oralen Angst- und Schuldgefühlen fertigzuwerden, die sie in dem «Hexenhaus» heimsuchen. In deutlichem Gegensatz zu der Opfergesinnung, die wir in der Psychogenese der Kleriker herausgearbeitet haben, ist vor allem die Mutter selbst in dem GRIMMschen Märchen nicht bereit, sich zugunsten der Kinder aufzuopfern; erst ihre Verwandlung zur «Hexe» erlaubt und ermöglicht *«Hänsel»* und *«Gretel»* den aggressiven Ausbruch aus dem Hause der Knechtschaft. Anders gesagt: Wäre die Mutter in dem GRIMMschen Märchen genauso hilflos, wie sie geschildert wird, jedoch in vergleichbarer Lage buchstäblich opferwilliger und selbstloser, so hätten die Kinder kaum eine Chance, ihrer Welt zu entkommen.

Für das Verständnis der Armutsgesinnung der Kleriker ergibt sich daraus, wie wesentlich *das Opfervorbild der Mutter* bereits im Stadium der oralen Entwicklung für die Formung der kindlichen Psyche ist. Nicht eine «Hexen»-Mutter bildet die größte Gefahr auf dem Weg zur eigenen Entfaltung und Selbständigkeit, sondern eben jene Mischung aus Not und Opfer, aus Armut und Pflicht, aus Nicht-Können und Doch-Wollen, deren Ambivalenzen ein solches Netz aus Schuldgefühlen bei der Regung jedes Widerstandes über ein Kind werfen, daß der Weg in die religiös überformte Resignation gegenüber den eigenen Daseinsmöglichkeiten wie unausweichlich vorgezeichnet scheint.

Aber auch für die Bewertung der christlichen Opfertheologie in ihrer klerikalen Ausprägung läßt sich von dem GRIMMschen Märchen religionspsychologisch etwas lernen: Zweifellos besitzt der «Rückweg» der Kinder zu ihrem «Vater» in dem Märchen auch ein religiöses Assoziationsfeld; insbesondere *das Motiv der Ente,* welche die Kinder über das große Wasser trägt, ist ein beliebtes Todessymbol und klingt sehr nach einer «Seelenreise» an das andere «Ufer» des Lebens – in den Himmel. In jedem Falle finden die Kinder nach der Tötung der Hexe seelisch geläutert zu ihrem «Vater» zurück, der in sich eindeutig und nicht-ambivalent ist: die «Hexe» an seiner Seite existiert endgültig nicht mehr. Auf paradoxe Weise ähnelt und kontrastiert das Erlösungsmärchen von *«Hänsel und Gretel»* in diesem außerordentlich wichtigen Punkte mit dem Erlösungsmythos des Christentums. Auch nach christlicher Überzeugung wird die Welt der Menschen von der Schuld ihres Daseins nur durch einen «Mord» befreit; doch bei aller Übereinstimmung in den symbolischen Bildvorlagen ist der Unterschied in den Gefühlen geradezu extrem: Jedes Kind, das die Geschichte von *«Hänsel und Gretel»* hört, wird am Ende erfreut und erleichtert miterleben, wie es den beiden gelingt, sich gegen die Bosheit der Alten zu wehren und in ihr zu töten, was sie selbst getötet hätte – die Psychologie des Märchens fördert und aktiviert ganz eindeutig die seelischen Energien des Widerstandes und des Durchsetzungsvermögens des eigenen Ichs; es handelt sich insofern um den genauen Gegensatz zu jeder Art von Opferdenken. Ganz anders die christliche Erzählung vom Tod des Gottessohnes: Er wurde «geopfert», so daß die Erzählung von seinem Tod in der Seele eines jeden Kindes bereits als erstes Trauer und neuerliches Schuldgefühl für die eigene Bosheit hervorrufen muß, oder – um es aus dem Blickwinkel des «Vaters» zu erzählen –: In dem GRIMMschen Märchen können die Kinder zu ihrem «Vater» allererst zurückkehren, wenn sie es geschafft haben, sich zu wehren und durchzubeißen; aus der *christlichen* Variante des Motivs geht psychologisch hervor, daß nur derjenige zu Gott als dem «Vater» zurückfindet, der selber dem Beispiel des Geopferten folgt und sich mit ihm in den «Tod» gibt. Die Güte des Gottes der christlichen Opfertheologie basiert, so betrachtet, immer wieder auf der Vorleistung und Nachahmung des einen erlösenden «Opfers», und sie gelangt unter diesen Umständen niemals dahin, den Menschen mit seinen berechtigten Aggressionen bereits im Feld des oralen Erlebens *freizusprechen.* Vor lauter Schuldgefühlen wird auf diese Weise aus der Kirche selber eine Art Spukschloß und Hexenhaus, in dem die oralen Ambivalenzen nicht aufgelöst, sondern rationalisiert und festgeschrieben werden. Heiligung und Heilung, Seelsorge und Psychotherapie müssen dann von Anfang an gegensätzlich bleiben, indem es den «Kindern dieser Welt» vergönnt sein mag, nach dem

Vorbild des GRIMMschen Märchens reich und mit Schätzen erfüllt in das Haus ihres Vaters zurückzukehren, wohingegen es als christlich gelten muß, arm zu bleiben, um es dem «Vater» zu ermöglichen, in einem anderen Leben mit seinem Reichtum zu vergelten, was bereitwillig an eigenen Lebenseinschränkungen im Diesseits erduldet wurde (Mk 10,28–31). Aus der Armut der äußeren Lebensbedingungen ergibt sich auf dem Wege der Opfertheologie die Armseligkeit des eigenen Ichs, und nur derjenige, dem in früher Kindheit bereits ein solches Verarbeitungsmuster als einziger Ausweg aus aller Not beigebracht wurde, wird es späterhin als etwas Heiliges und Vorbildliches empfinden können, von seiten der christlichen Theologie zu erfahren, daß die ganze Aufgabe des weiteren Lebens eigentlich darin bestehe, diese Umwertung des gesamten kindlichen Glücksstrebens endgültig zu fixieren und damit aus gewissen notvollen Bedingungen der frühen Kindheit das Lebenskonzept einer göttlichen Vorsehung und Berufung abzuleiten.

Natürlich ist die äußere Armut nur der erste, psychoanalytisch an sich einfachste Ausgangspunkt, um zu verstehen, wie einem erwachsenen Menschen von den Erfahrungen der Kindertage her der Verzicht auf jeglichen eigenen Besitzanspruch zur Grundlage und Grundhaltung des gesamten Lebens werden kann. Dabei muß nach dem Gesagten vor allem *der Faktor eines erdrückenden Schuldgefühls* gegenüber den eigenen Wünschen für ausschlaggebend gehalten werden: Es brächte die Mutter um, würde man auf den eigenen Bedürfnissen und Forderungen bestehen, man müßte fürchten, die Mutter zu töten, wollte man durch lautes Weinen und Klagen ihre Hilfe, ihre Nähe, ihre Zeit einfordern; man darf am besten nur mit einem kleinen, verpreßten Mund und mit weit geöffneten, sehnsuchtsvoll glänzenden Augen dasitzen und passiv darauf warten, daß die Mutter selber merkt, was man braucht, und Wege findet, die ungesagten, ja, schließlich unbewußten, verdrängten Wünsche doch noch zu erfüllen. Die orale Gehemmtheit der Angst, etwas für sich selber in Anspruch zu nehmen bzw. sich «herauszunehmen», geht stets einher mit der depressiv getönten Bereitschaft, auch seinerseits zum *Gedankenleser fremder Wünsche* zu werden. Nur wenn es eine Welt gäbe, in der man wie von selbst, ohne davon sprechen zu müssen, durch eine Art telepathischer Kommunikation einfachhin voneinander wüßte und einander mitteilen könnte, was ein jeder braucht, so daß eine Form prästabilierter Harmonie die Einzelnen miteinander verbände und all die Konflikte der Not, der Konkurrenz und des mörderischen «Du oder Ich» schon im Kampf um die Nahrung verschwinden ließe, so stünde auch in dieser Welt der oralen Gehemmtheit so etwas wie Glück zu erhoffen.

Für einen außenstehenden Beobachter mag es als ein flüchtiges Detail, als eine bloße Manier des mönchischen Lebens erscheinen, es ist in Wahrheit aber ein breit angelegter Ausdruck eben dieses Erlebens oraler Gehemmtheit, wenn wir der *Idealform klerikaler Nahrungsaufnahme* zuschauen. Aus «aszetischen Gründen» hat sich jahrhundertelang der folgende Ritus bewährt: Man betritt zur festgesetzten Stunde, vorbereitet durch das gemeinsame Stundengebet, den Speisesaal, in welchem der Ort fest markiert ist, wo der Einzelne seinen Platz an einem der gedeckten Tische einzunehmen hat. Alles geschieht schweigend. Auf das Wort des Vorsitzenden (des Regens, des Direktors, der Mutter Oberin oder eines damit Beauftragten) wird stehend das Dankgebet gesprochen. Die für den Tag und die Stunde bestellten Tischdiener begeben sich zum Ausschank der Küche und verteilen die zugedachten Speisen auf die verschiedenen Tische. Unterdessen ist bereits der Lektor an das Verkündigungspult getreten, und sobald der Lärm des Schlürfens und Schabens der hölzernen Stühle auf dem Steinfliesenboden in den hohen Gewölben des Saales verhallt ist, beginnt die geistliche Lesung: eine Betrachtung des Ordensgründers zu einem Thema aus dem Festkalender der Kirche, ein Kapitel aus den Schriften eines Kirchenvaters, ein Abschnitt aus der Heiligenlegende – gleichviel, es gilt, die Aufmerksamkeit von den allzu sinnlichen Genüssen der Speisen abzulenken und auf die höhere Welt himmlischer Freuden auszurichten; zudem gelingt es auf diese Weise, die Tischgemeinschaft zu entpersönlichen, es unterbindet die Lust privater Kontakte, es erschafft eine Welt der gemeinsamen Ausrichtung aller auf ein gemeinsames Ideal heiligen Denkens und heiligen Tuns, es spiegelt jene Sphäre unangreifbarer und undiskutierbarer Werte wider, an welcher teilzuhaben gerade die göttliche Erwähltheit des Klerikerdaseins ausmacht; und vor allem: indem unter dem Reden des einen dazu Bestellten das Sprechen aller versiegt, entfällt die Möglichkeit, selber um Nahrung zu bitten. Es gehört von alters her zu der verfeinerten Eßkultur klerikaler Erziehung, daß niemand fragt, ob ihm ein anderer das Brot oder das Gemüse herüberreiche; hat er seinen Teller leergegessen, so hat er zu warten, bis sein Nachbar von selber aufmerksam wird und ihm das Gewünschte anbietet. Ja, es ist als ein Fortschritt tugendhaften Lebens zu erachten, wenn wir hören, daß eine Ordensschwester wie die Clemensnonne *Euthymia,* als ihr ärztlicherseits strenge Diät verordnet wurde, tagelang einen Irrtum der Küche nicht aufklärte, sondern in heiliger Bescheidenheit lieber eine Nahrung zu sich nahm, die ihre Gesundheit gefährdete, als die Haltung des Schweigens allen oralen Wünschen gegenüber zu brechen[11].

Keinen eigenen Wunsch über die Lippen zu bringen – das ist die erste Form,

Armut psychisch zu verinnerlichen, und es gibt dafür kaum einen sichtbareren Ausdruck als die Idealform der Verhaltensweisen einer Klerikermahlzeit. Man muß an die Stelle des Vorlesers in der Biographie eines Klerikers ganz einfach die eigene Mutter setzen, und man hat auf der Stelle die Szenen vor Augen, die in der Kindheit Mittagsmahl um Mittagsmahl seinem Bewußtsein sich eingeprägt haben: Die Mutter (oder der Vater bzw. das Radio) redete monologisch während der ganzen Mahlzeit, und die Kinder hatten den Mund zu halten, wenn die Erwachsenen sich unterhielten; sie hatten zu essen, was ihnen vorgesetzt wurde – den Teller leer! –, und sie hatten nicht *gierig* zu sein: statt selber nach der Wurst oder dem Pudding zu schielen, hatten sie sich darin zu üben, «brav» zu sein und mit den anderen zu teilen.

Gewiß kann man nicht sagen, daß Erfahrungen dieser Art für sich allein genommen die spezifischen Tischsitten in der Ausbildung und Lebensführung späterer Kleriker begründen würden, wohl aber wird man umgekehrt feststellen müssen, daß sich in derartigen Praktiken, zum Ideal hochstilisiert, ein Gehabe oraler Einschränkungen und Gehemmtheiten fortsetzt, das in Kindertagen als die erste Schicht konkret erfahrener «Armut» grundgelegt wurde. Anders als in dem Märchen von *«Hänsel und Gretel»*, geht indessen im klerikalen Leben scheinbar eine Hoffnung auf, die mit Regelmäßigkeit die Kehrseite der oralen Verbote darstellt: die Erwartung, daß bei einem entsprechenden Maß an Bescheidenheit und Rücksichtnahme am Ende nicht nur alle ihr Auskommen finden würden, sondern daß auch so etwas wie *eine besondere Prämie* in Form von Belohnung und Belobigung in Aussicht stünde. Das objektiv bestehende System oraler Verwöhnung, das wir bereits als einen Teil der Strukturen klerikaler Abhängigkeit beschrieben haben (s. o. 229), gewinnt von daher eine besondere Anziehungskraft gerade auf Menschen, die man von klein an gelehrt hat, auf alles eigene Wünschen Verzicht zu tun.

2) «Das Mädchen ohne Hände» oder: Seelische Armut aus Angst vor dem »Teufel«

Während es kaum einen Kleriker geben wird, der sich mit der gewalttätigen Aktion von «Hänsel» und «Gretel» als den symbolischen Handlungsvorlagen seiner Kindheit identifizieren mag, habe ich in Gesprächen, nach Vorträgen oder in Briefzuschriften oft erlebt, daß vor allem Ordensschwestern sich von meiner Interpretation eines anderen GRIMMschen Märchens außerordentlich angezogen fühlen, das den Titel trägt *«Das Mädchen ohne Hände»* (KHM 31)[12]. In dieser Erzählung geht es weniger um die Angst vor der Mutter als vor dem notleidenden *Vater*. In seiner Armut hat dieser, ein heruntergekommener Müller, unwissentlich seine Tochter dem *Teufel* versprochen und ist dadurch zu ungeahntem Reichtum gelangt; doch als der Teufel vertragsgemäß nach drei Jahren kommt, die Müllerstochter zu holen, hat sie in ihre Hände so heftig geweint, daß der Teufel keine Gewalt über sie besitzt. Daraufhin befiehlt der Teufel dem Müller, dem Mädchen die Hände abzuschlagen, und so sehr es den Vater gereut – um nicht selber vom Satan entführt zu werden, muß er das schreckliche Opfer an seiner Tochter vollziehen, die selber, um das Schlimmste zu verhüten, auch von sich her «freiwillig» in das Werk der Zerstörung einwilligt. Jedoch weint sie dabei so sehr auf die Stümpfe ihrer abgeschlagenen Hände, daß der Satan schließlich unverrichteter Dinge abziehen muß. Der Vater möchte seine Tochter für das Opfer reich belohnen. Das Mädchen aber läßt sich die Arme auf den Rücken binden und geht mit Sonnenaufgang, anderentags, in die Welt hinein, hoffend, es würden «mitleidige Menschen» ihm «so viel geben», als es brauche. In einer umgekehrten «Sündenfallsgeschichte» gelangt das Mädchen am Abend unter dem Schutz eines Engels in den verbotenen Garten eines Königs, von dessen Birnbaum es mit dem Munde eine Frucht ißt. In der folgenden Nacht entdeckt der König die junge Frau, nimmt sie zu sich an den Hof und macht ihr, zum Ersatz für die abgeschlagenen Hände, Prothesen aus Silber. – Die Geschichte wächst sich im folgenden dann zu einem dramatischen Ehekonflikt voller Vaterübertragungen aus, die erst gelöst werden, als die Müllerstochter, respektive die Königin, auf der Flucht vor ihrem Gatten in der «Wildnis» zu einem Haus gelangt, an dem geschrieben steht: «Hier wohnt ein jeder frei.» In diesem Haus der Gnade, unter der Obhut erneut eines Engels, wachsen der Frau die Hände wieder, und so findet nach sieben Jahren des Suchens der König seine Gemahlin wieder.

In diesem Märchen wird nicht nur auf fast barbarische Weise demonstriert, wie eine Kindheitssituation äußerer Armut zu den schwersten Gehemmtheiten im oral-kaptativen Bereich führen kann, hier wird vor allem der Kontrast zwischen der vollkommenen Selbstauslieferung masochistischer Opfergesinnung und den passiven Erwartungen auf das «Mitleid» anderer Menschen offen ausgesprochen. Auf der einen Seite herrscht die tödliche Angst, es könnte der eigene Vater vom «Teufel» entführt werden, wenn man wirklich auf dem Recht bestehen sollte, die eigenen Hände zu behalten und sich mithin die Fähigkeit eines eigenhändigen Zugreifens zu erhalten; auf der anderen Seite wird es zur Gewißheit, der «Verteufelung» nur durch ein

Maximum an Tränen zuvorkommen zu können; das «Skript», das sich unter solchen Umständen aufbaut, lautet: «Nur wenn ich traurig bin, bin ich nicht böse; nur meine Tränen waschen mich rein; einzig meine Niedergeschlagenheit und Depression erspart mir, daß andere über meine Wünsche ‹fuchsteufelswild› werden.»

Nun wäre es wiederum weit gefehlt, auf dem Hintergrund einer solchen schon in Kindertagen grundgelegten Depression und Resignation auch späterhin das Erscheinungsbild eines chronisch sauertöpfischen Wesens erwarten zu wollen. Freilich mag es vorkommen, daß die Traurigkeit der frühen Kindheit sich bis in das Äußere hinein verfestigt; viel wahrscheinlicher aber ist gerade in der Entwicklung eines Klerikers etwas ganz anderes: Man darf den anderen nicht zur Last fallen! Diese oberste Lebensmaxime aller wirklich Depressiven, wirkungsvoll unterstützt zumeist durch die elterlichen Ermahnungen: «Was du schon wieder hast!», «Wie du schon wieder aussiehst!», und: «Guck nicht immer so!», führt für gewöhnlich als erstes zu dem oft verzweifelten Bemühen, die anderen nur ja nicht merken zu lassen, von welcher Art die eigentlichen Gefühle sind. In der GRIMMschen Erzählung von dem *«Mädchen ohne Hände»* sagt die Müllerstochter wortwörtlich zu ihrem Vater, der ihr die Hände abschlagen will: «Macht mit mir, was ihr wollt!» Diese absolute Verfügungsbereitschaft ist selbstredend mit einer abgrundtiefen Traurigkeit identisch; sie bedeutet in sich selbst den Totalverzicht auf jede Form eines eigenen Lebens; doch darin ist zugleich auch der Verzicht auf jede Äußerung eigener Gefühle, insbesondere der eigenen Traurigkeit, enthalten. Wirkliche Verfügungsbereitschaft – das bedeutet, grundsätzlich nur diejenigen Gefühle an den Tag zu legen, die von den anderen gewünscht werden und die ihnen jedenfalls nicht zusätzliche Mühen auferlegen. Man muß das Lächeln so vieler Ordensschwestern in der Psychotherapie gesehen haben, denen die Tränen bereits in den Augen standen oder die lächelnd noch sich zu entschuldigen suchten, daß sie ihr Weinen nicht länger mehr unterdrücken konnten, und man wird das ganze Ausmaß der Maskenheiterkeit begreifen, das gerade die «Mädchen ohne Hände» in aller Regel schon als Kinder erlernen mußten, um sich in die Nähe anderer Menschen zu getrauen. Am Ende mag die Kunst der Verleugnung eigener Gefühle den Grad der Virtuosität erreichen: Die ehemaligen Trauerklöße der Kinderzimmer mausern sich zu witzigen Entertainern, zu hervorragenden Schauspielern und zu immer schlagfertigen Stimmungskanonen; nur was in ihnen wirklich vor sich geht, geht niemanden etwas an.

Es ist wohlgemerkt nicht so, als wenn eine solche Trauerverarbeitung in Richtung einer äußeren Scheinmunterkeit für sich allein genommen bereits für die Psychogenese eines Klerikers spezifisch wäre; unzweifelhaft kennt man ähnliche Entwicklungsverläufe auch bei Frauen und Männern, die niemals in irgendein Kloster gehen oder zu Priestern der katholischen Kirche werden wollten – es muß ein ganzes Bündel der bisher schon genannten und noch zu nennenden Faktoren zusammenkommen, um ein so kompliziertes Bild wie die Psychologie des Klerikerseins zu gestalten; auch das Märchen von dem *«Mädchen ohne Hände»* erzählt an sich nicht von dem Werdegang einer Ordensschwester, sondern einer angehenden Ehefrau; dafür aber schildert es sehr anschaulich, wie man mitten am «Königshof», umgeben von Pracht und Herrlichkeit, in Wahrheit noch immer die arme verstümmelte Müllerstochter sein kann, mit einer silbern glänzenden *Prothesenfröhlichkeit,* ohne jedes eigene Gefühl und Empfinden. Ein solches Schicksal ist durchaus auf keinen besonderen «geistlichen Stand» beschränkt; und doch ist die Spannung innerhalb der depressiven Heiterkeit nirgendwo so groß wie bei jenen «Mädchen ohne Hände», die in ein Kloster fliehen, als wenn sie dort das «Haus», an dem geschrieben steht: «Hier wohnt ein jeder frei», tatsächlich finden könnten.

Eine Ehefrau von vergleichbarer Charakterart mag *von außen:* durch die Erwartungen ihres Mannes, durch bestimmte gesellschaftliche Zwänge, durch Rollenvorschriften und Repräsentationspflichten aller Art, sich zu einer konstanten Anpassungsclownerie gedrängt sehen; eine Ordensschwester der katholischen Kirche hat nicht rein äußerlich Fröhlichkeit zu demonstrieren, sie hat von innen her das Erlöstsein in Christus, die wahre Freude der Kinder Gottes, zu leben und zu verkörpern – G. BERNANOS hat in einem eigenen Roman zu zeigen versucht, wie eine solche wirklich christliche *«Freude»* zustandekommt[13], und auch P. CLAUDELS *«Seidener Schuh»* bietet ein großartiges Beispiel heroischer Selbstverleugnung nebst der Schilderung des daraus erwachsenden wahren christlichen Glücks[14]; beide Meisterwerke der Literatur indessen demonstrieren zugleich vorbildlich, weil unfreiwillig, wie ideologisch überfrachtet man rein als symbolistisches Ideendrama die Psychologie der Gefühle zugunsten von gläubig konstruierten *Gedankengefühlen* beiseitestellen kann. Man muß es immer wieder sagen: Keine Art von Heiligkeit ist heute, hundert Jahre nach der Entdekkung der Psychoanalyse, mehr glaubhaft, die menschlich nicht stimmt; im Leben vieler Ordensschwestern (und Priester) aber kann man auf erschrekkende Weise erkennen, wie unfrei und verkrampft eine «Freude in Christo» geraten kann, die sich ohne und gegen das eigene Gefühl als bloße Pflichthaltung einübt.

Das Dilemma ist in der Tat perfekt: Da wird auf der einen Seite das Opfer des eigenen Lebens ganz im Stil des «Mädchens ohne Hände» mit Berufung auf die Selbsthingabe Christi am Kreuz zum Vorbild und zur Aufgabe hochstilisiert – man entrinnt ganz buchstäblich den Nachstellungen des Satans, man gewinnt den gütigen «Vater» nur dann zurück, wenn man sich «hingibt» bis zur Zerstörung. Auf der anderen Seite aber ist das Opfer Christi eben deshalb *kein* quälendes, sondern, *recht verstanden*, ein wirklich befreiendes Opfer, ein das wahre Glück schenkendes Opfer, weil es alles selbstsüchtige Streben und ungeordnete Begehren, woraus ja das Unglück der Sünde entsteht, aus dem Herzen des Menschen nimmt; und daraus folgt, daß wir Grund haben, *mehr als alle anderen* Menschen aus der Freude zu leben, die Christus durch seinen Leidensgehorsam am Kreuz uns erwirkt hat, wie der Apostel sagt: «Freuet euch, noch einmal sage ich: Freuet euch» (Phil 4,4). «Sie sind kein Johannes vom Kreuz», erklärte vor einer Weile der Spiritual eines Theologenkonvikts einem Studenten, der mit dem Wirrwarr seiner Gefühle nicht mehr zurechtkam. Es ist nicht nur, daß es auch heute noch kaum einen Seelsorger unter den geistlichen Ausbildern und Betreuern der Kleriker gibt, der wenigstens die Grundkenntnisse der Psychoanalyse einigermaßen im Kopf hätte, um den Hintergrund der mitgeteilten Konflikte zu sehen oder anzugehen, es ist vor allem der Terror der objektiv richtigen, der wahrhaft christlichen Gefühle, der unter der scheinbaren Heiterkeit wirklich erlöster Kinder Gottes alle möglichen Verzweiflungszustände der frühen Kindheit festschreibt.

Denn es kommt noch besser! – Mag auch eine einzelne Ordensschwester, ein einzelner Priester in seinem Leben kaum je etwas erlebt haben, das ihn, entsprechend der Erwartung FRIEDRICH NIETZSCHES, «erlöster aussehen»[15] ließe, so ist doch die objektive Heiligkeit der katholischen Kirche selbst ein unaussprechlicher Grund der Freude. Welch ein unendliches Glück bereits, in einem katholischen Elternhaus zur Welt gekommen zu sein, wo vielleicht nur 20 km nördlich bereits, jenseits des Grenzflusses eines ehemals protestantischen Landesfürsten, alle Aussicht bestanden hätte, protestantisch zur Welt gekommen zu sein, was doch in sich schon eine Minderung der vollgültigen Teilhabe an der einen umfassenden Wahrheit Christi bedeutet haben würde, und wo schon 200 km östlich zu der überwiegend protestantischen Geisteshaltung auch noch der Erziehungseinfluß des Staatskommunismus mit seiner atheistischen Propaganda sich geltend machen würde, ganz davon zu schweigen, daß 2000 km südlich die Wahrscheinlichkeit groß wäre, in der Religion des Islam aufgewachsen zu sein und die Lehren Christi nie wirklich kennengelernt zu haben! Glück über Glück! Glück, das man feiern muß! Paderborn zum Beispiel! Eine Bischofsstadt wie viele, doch ausgezeichnet dadurch, daß im Jahre 799 Karl der Große sich dort mit Papst *Leo III.* traf, als dieser sich auf der Flucht vor den Anhängern seines Vorgängers, des Papstes *Hadrian I.*, befand, die ihn wegen seines Lebenswandels blenden und ermorden wollten; in Paderborn war es, daß die Kaiserkrönung in Rom beschlossen und damit der Grundstein zum Abendland gelegt ward[16] – die kleine Stadt an der Pader, fast so bedeutsam wie die Stadt der Pallas Athene, ja, bedeutsamer noch durch die Erleuchtung des Christentums! Wenn also alljährlich in den Tagen der Feier des heiligen *Liborius*, des Patrons der Stadt und der Diözese, die Kirmeskarussells sich drehen und die Leierkästen spielen, wie sollte da nicht *in besonderer Weise* die Freude an der Kirche angesagt und angezeigt sein? Warum also sollte das Motto eines solchen Liborifestes z. B. nicht lauten: «Freude an der Kirche»? *Freude an der Kirche!* – Das endlich bläst zur Offensive gegen die ewige Miesmacherei und Kritisiererei an der Kirche, da meldet nun endlich sich mal das Positive zu Wort, und, so ausgesprochen, ist sie auch schon da: die Freude an der Kirche. Es muß (erneut) als böswillig und undankbar gelten, wer sich, bei so vielen Gründen zur Freude, nicht mitfreuen würde. Wie in dem *«Kinderlied»* von G. Grass: «Wer weint hier, hat geweint? Wer hier weint, der wohl meint, daß er aus Gründen weint.»[17] Man müßte schon wirklich im Kabarett sitzen, um diese ernstgemeinte Freude auf Verordnung lustig zu finden. Doch in der Kunst einer solchen Freude nach Programm zeigt sich die klerikale Psyche in ihrer wahren Vollendung und Meisterschaft. Man nennt einen Menschen arm, wenn er nichts in seinen Händen hält, wovon er leben könnte; wie aber nennt man jemanden, dessen Seele, wie nach der Zwangsräumung bei einem völlig Überschuldeten, schlechterdings leer steht an eigenen Gefühlen, Gedanken und Empfindungen? Arm*selig*, gewiß. Wie aber, wenn nach der Zwangsräumung die leerstehenden Räume alsbald mit fremdem Mobiliar neu eingerichtet wurden, so daß dem flüchtigen Beobachter alles so scheint wie bestens geordnet? Wie nennt man Menschen, die bei sich selber nur in Untermiete wohnen dürfen? Es gibt im Deutschen nicht einmal ein Wort, um diesen Zustand von Entfremdung annähernd genau zu kennzeichnen, und «orale Gehemmtheit» ist allenfalls die Überschrift für ein Thema, das eine Form von Armut bezeichnet, die nicht nur darin besteht, nichts Eigenes zu besitzen, sondern die dadurch bestimmt ist, niemals etwas Eigenes besitzen zu dürfen, ja, nicht einmal die Regung eines Wunsches nach etwas Eigenem als legitim bei sich gelten lassen zu dürfen. Es ist aber diese Art der Armut, die in der klerikalen Idealbildung zur Grundlage eines christusförmigen Lebens erhoben wird.

Fragen wir noch einmal zurück, wie es psychogenetisch dahin kommen

kann, eine solche Haltung der Armut auszuprägen, so sind wir über den Faktor äußerer Not nach dem Modell der Geschichte von *«Hänsel und Gretel»* inzwischen weit hinaus. Wohl: Wenn es gelingt, eine Ordensschwester, einen Priester darüber berichten zu lassen, unter welchen Umständen sie bzw. er aufwachsen mußte, so wird man oft genug auch von äußerer Not in vielerlei Form hören: die Vertreibung aus den Ostgebieten, die Bombardierung des Ruhrgebietes, der frühe Tod eines Elternteils, uneheliche Geburt usw. Doch mehr als all solche äußeren Faktoren zählt die innere Verarbeitung, die geistige Einstellung, das, was das Märchen vom *«Mädchen ohne Hände»* als das Kommen des «Teufels» wiedergibt: Die äußere Bedrängnis muß *bereits in der Psyche der Eltern* eine Haltung erzeugt haben, die von dem Kind in ihrer Situationsbedingtheit nicht durchschaut werden kann und sich deshalb in seinem Erleben totalisiert. Zwei kurze Beispiele mögen zur Illustration dieser «Armut des Teufels» genügen.
Eine Ordensschwester, 48jährig, kann sich an ihre Kindheit eigentlich nur im Zusammenhang mit der Flucht aus dem damals sogenannten Warthegau (dem Teil des früheren Westpolens mit der Hauptstadt Posen) erinnern. Verlockt von dem Siedlungsprogramm der Nazis, die nach dem Hitler-Stalin-Pakt 1939 bis 1940 volksdeutsche Minoritäten zur «germanischen Besiedlung» in dieses Gebiet schickten, hatten ihre Eltern sich dort niedergelassen und eine bescheidene Landwirtschaft eröffnet. Dann war der Vater zum Kriegsdienst eingezogen worden, und die Mutter hatte versuchen müssen, ihre zwei Kinder allein durchzubringen; bereits diese Zeit muß an Angst und Sorgen überreich gewesen sein. Die Mutter scheint an die Versprechungen des «Führers» wohl nie so recht geglaubt zu haben und rechnete ständig mit der Katastrophe. Entscheidend in der Erinnerung der Ordensschwester aber war die Zeit des Zusammenbruchs. Die Mutter sah sich plötzlich dem Vorwurf ausgesetzt, eine Diebin und Verbrecherin zu sein, die sich widerrechtlich an dem polnischen Volk bereichert hätte; persönlich hatte sie gewiß niemals irgendein Unrecht begehen wollen, doch um so schwerer wog jetzt, daß sie einfach gutgläubig ihrem Mann gefolgt war, um an seiner Seite eine eigene Existenz zu begründen. Jetzt, wo es zu spät war, mußte sie begreifen, wie blind der politischen Wirklichkeit gegenüber sie gewesen war; jetzt tat es ihr leid, jemals «gen Osten» gezogen zu sein. Aber was tun? Schon hörte sie von gewalttätigen Übergriffen der ehemals so verachteten Polen, die sich für die Jahre ihrer Erniedrigung rächten und in ihrer Rechtlosigkeit sich nunmehr jedes Recht nahmen, um es dem verhaßten Herrenvolk der Deutschen heimzuzahlen. In jenen Tagen wurde es lebensgefährlich, wenn ein Deutscher irgend etwas von seiner Habe als sein Eigentum zu ver-

teidigen gewagt hätte: «Ich besitze nichts» und «Nehmt alles, was ich habe, es soll euch gehören», das waren die Sätze, die zu sprechen allein das Überleben retten konnte. Damals muß die Mutter auch ihren beiden Mädchen eingeschärft haben, im Umgang mit anderen polnischen Kindern nur ja nichts festzuhalten: nicht die Murmeln, nicht den Ball – nichts. Objektiv können jene Ereignisse einen Zeitraum von höchstens fünf Monaten ausgemacht haben, doch für die Ordensschwester überschattete diese Phase ihrer Kindheit das ganze weitere Leben. Deutlich erinnerte sie sich noch, wie sie mit einem Bündel auf dem Rücken, gefüllt mit etwas Wäsche und Verpflegung, von ihrem Zuhause aufgebrochen war, wie sie selbst ein letztes Mal die Kuh gestreichelt und der Katze auf Wiedersehen gesagt hatte, wissend, daß es niemals mehr ein Wiedersehen geben würde, unterwegs zu einem Ziel, das niemand kannte, und in eine Zukunft hinein, für die man Gott schon danken mochte, wenn man sie erlebte. Noch heute empfindet diese Ordensschwester die heftigsten Schuldgefühle, wenn sie irgend etwas als ihr Eigentum betrachten sollte, ja, sie registriert eine heftige Angst, auch nur zu denken, es könnte irgend etwas ihr zugerechnet werden, sei es auch nur eine bestimmte Eigenschaft – eine Fertigkeit oder Fähigkeit; nicht einmal ein Wort des Lobes oder der Anerkennung darf sie wirklich erreichen. Im Bewußtsein freilich dachte sie bis zu den ersten therapeutischen Sitzungen nicht entfernt daran, daß ihre innere Heimatlosigkeit, über die sie besondere Klage führte, damit zusammenhängen könnte, daß sie vor über 40 Jahren durch eine demonstrierte Besitzlosigkeit ihre Mutter, ihre Schwester und sich selbst vor dem drohenden Verderben hatte retten müssen; es war eine Angst, die ihr in Fleisch und Blut übergegangen war, eine Selbstverständlichkeit des Gefühls, die sie seither nie mehr zu hinterfragen gewagt hatte. Die Angst der Mutter vor den Polen – *das* war im Erleben dieser Ordensschwester der «Teufel», der verlangte, sich die Hände abschlagen zu lassen.

Ein zweites Beispiel: Vor einiger Zeit erklärte mir ein junger Priester, der an mancherlei psychischen Unregelmäßigkeiten litt, mit Begeisterung in den Augen, was für ein Wort Jesu er als sicheren Halt in seinem Leben empfand: «Hütet euch vor dem Mammon! Da hat er recht, der Herr», zitierte er sehr frei Mt 6,24. Es stellte für ihn eine der ganz wenigen Wahrheiten dar, an die er bedingungslos glaubte. Um so erschütterter allerdings fühlte er sich, als wir bald schon dahinterkamen, woher diese Evidenz rührte. Auch *seine* Eltern bewirtschafteten einen kleinen Bauernhof, der wohl ausreichenden Ertrag hätte abwerfen können, wenn nicht der Vater im Verlaufe der Jahre zu einem haltlosen Trinker abgesunken wäre. Der junge Theologe hatte als der Älteste von drei Geschwistern schon im Alter von zehn Jahren immer wieder die Mutter trösten müssen, wenn sie überarbeitet, müde und verzweifelt ihrem Mann Vorwürfe machte, daß er Stunde um Stunde nicht nach Hause kam; er hatte oft genug den Vater in seiner Stammkneipe aufsuchen und den mehr oder minder Betrunkenen unter dem Gespött der Zechkumpanen zum Heimweg anhalten müssen; er hatte auf die jüngeren Geschwister acht haben müssen, wenn die Mutter auf dem Felde war. Dieser Priester hatte niemals eine wirkliche Kindheit erlebt, er träumte des Nachts von kleinen Kindern, die nur mühsam sich von der Brust ihrer Mutter lösten, aber desto schneller hatte er zum Schutz und zur Unterstützung seiner Mutter sich zum «Erwachsenen» entwickeln müssen. Er hatte niemals einen Entfaltungsraum für die Ausbildung und Äußerung eigener Gefühle besessen, und er tat sich noch heute ausgesprochen schwer, von seiner eigenen Person mehr als nur in einem knappen Stenogramm zu berichten; und vor allem hatte er ein unerhörtes Maß an Verantwortung übernehmen müssen, das ihn eigentlich mit einem gewissen Stolz und Selbstvertrauen hätte erfüllen können, wenn es so etwas wie ein eigenes Selbst bei ihm nur je gegeben hätte. Er hatte späterhin seine Examina allesamt tadellos bestanden, aber er nannte sich selbst einen bloßen Gedankenkopierer ohne eigene Kreativität und Originalität, und er hatte mit dieser Einschätzung nicht völlig unrecht. Am schlimmsten war es gewesen, als seine Mutter, 12jährig er, an Leukämie gestorben war, sie selbst erst 32jährig. Dieser Junge, der verzweifelt ein Äußerstes getan hatte, seine Mutter zu unterstützen, litt damals unter den heftigsten Vorwürfen, daß er sie hätte retten müssen; er schalt sich einen kläglichen Versager, und er ahnte auch heute, 14 Jahre danach, nicht, wie heftig er in all seinen Selbstbezichtigungen eigentlich seinen Vater dafür haßte, die Mutter zugrunde gerichtet zu haben.

Verschiedene Aspekte von Geschichten dieser Art, insbesondere die Dialektik von ontologischer Unsicherheit, Opfer und Verantwortung, haben wir bereits deutlich genug herausgearbeitet, daß sie dem Leser inzwischen auf den ersten Blick sichtbar werden; das Moment der Armut aber differenziert sich jetzt. In beiden Biographien geschieht die Entleerung des Ichs immer noch sehr stark unter dem Druck äußerer Faktoren, wie Vertreibung, Alkohol, Trennung etc.; gleichwohl zeigt sich auch, wieviel an der Art und Weise gelegen ist, in welcher vor allem die Mutter die bestandenen Konflikte verarbeitet. Dabei gesellt sich zu den Themen der Angst und der Einsamkeit jetzt noch *das Moment des Plötzlichen* bzw. des Unvorhersehbaren. Es war bereits das psychologische Genie SÖREN KIERKEGAARDS, das «Dämonische» (also das Neurotische, vom Ich Abgespaltene) als das Plötzliche gekennzeichnet zu haben.[18] Schrecklich für ein Kind in jener Situation im

«Warthegau» z. B. war nicht so sehr die tatsächliche Vertreibung, sondern weit mehr die wochenlange Angst der Mutter vor all dem, was passieren konnte: *die Angst vor der Möglichkeit*, auch das war KIERKEGAARDS scharfsinnige Intuition[19], ist der eigentliche Inhalt der Angst; *hier* entzündet sich das Spiel der Phantasie und der Imagination, hier tut sich der Abgrund des Nichts und der Freiheit auf, und er vergrößert sich bei jedem Versuch mehr, ihn durch eigenes Planen und Überlegen zu schließen. Die Angst vor dem Unvorhersehbaren, das doch jederzeit plötzlich hereinbrechen kann, höhlt mit der Kraft eines stetig geführten Hobels nach und nach alles Eigene in der Seele eines Kindes aus. Es handelt sich um eine paradoxe Beziehung, in der das Nichts an Wissen um die Zukunft über die Brücke der Angst sich als Nichtigkeit des Ichs setzt, indem es wie in einer Hypnose alle eigenen Gefühle und Gedanken durch die Fixierung auf den fremden Einfluß all dessen, was sein könnte, dem Ich fortnimmt. Dabei wird man im Konkreten immer wieder über die Banalität der Anlässe empört oder entsetzt sein, die in ihrer Folgewirkung ein ganzes Menschenleben leerplündern können. Das «Unvorhersehbare» und «Plötzliche» – das war in dem zweiten Beispiel ganz einfach die Trunksucht des Vaters: wann kommt er nach Hause, in welchem Zustand, und was wird er anrichten? Man weiß von Frauen, die mit einem Alkoholiker zusammenleben mußten, in welch einer Angst sie jeden Tag und jede Nacht gefangen waren, ohne aus einer Mischung von Furcht und Abhängigkeit sich von ihm lösen zu können; dabei waren sie erwachsene Personen mit einem eigenen Willen. Ein Kind, das einem solchen Wechselbad der Gefühle ausgesetzt ist, verliert vor allem die Kontinuität seines Ichs; seine innere Konsistenz wird immer wieder durchlöchert von der Plötzlichkeit der Angsteinbrüche, so daß es schließlich bei jeder Wunschregung oder Wunscherfüllung zusammenzuckt aus Furcht vor der nächsten wie schicksalhaft verhängten Störung.

Auch auf solche Weise kann ein Kind lernen, daß es «arm» ist, ja, daß es einen Vorteil bieten kann, arm *zu werden:* man kann niemals mehr enttäuscht werden, wenn man nichts sein eigen nennt. Besser, man bindet sich an nichts, als mitansehen zu müssen, wie die «Polen» oder der betrunkene Vater oder wer immer wie mutwillig alles zerschlagen, was eben noch als Hoffnung auf Glück aufkeimen mochte. Aus der «Armut des Teufels» entsteht so eine prophylaktische *«Schutzarmut»* des: «Ich will und werde niemals etwas haben.» Man kann die Angstanfälle solcher «Mädchen ohne Hände» später immer dann beobachten, wenn sie eigentlich Grund hätten, sich auf etwas zu freuen, oder wenn irgendein Wunsch in ihnen hätte wach werden können.

Vor einiger Zeit erzählte mir eine Ordensschwester, daß sie «plötzlich» ganz traurig geworden sei – sie wußte schon gar nicht mehr, wann, nur daß es seither so geblieben sei. Bei längerem Nachfragen stellte sich heraus, daß sie beim Fernsehen vor den Abendnachrichten den Werbespot für eine bestimmte Schokoladenmarke gesehen hatte; es war eine so schöne Welt mit so glücklichen Kindern zu sehen gewesen. «Ich habe nie Schokolade bekommen», klagte sie und fing wieder an zu weinen. «Ich bin so dumm. Ich werde nie erwachsen», fuhr sie fort und wiederholte damit in Minutenschnelle, was sie in den Tagen der Kindheit immer wieder im Verlauf von Stunden erlebt hatte: den Beginn von Freude, die Angst vor der Zerstörung, die einsetzende Traurigkeit, die Vorwürfe der Mutter, sich zusammenzunehmen und ein großes Mädchen zu sein, die Selbstbeschimpfung, immer noch Gefühle von Niedergeschlagenheit und Traurigkeit zu spüren, die der Mutter nur lästig fallen konnten, und schließlich den Einsturz der pflichtgemäßen Fassade von Tapferkeit und Freude, die sie sich mit wachsender Bravour angezwungen hatte.
Es verdient an dieser Stelle übrigens, darauf hingewiesen zu werden, wie labil und störungsanfällig das Kompensationsgleichgewicht ist, das sich in der Anpassungsheiterkeit so vieler Depressiver ausdrückt. Immer wieder rätseln insbesondere Ordensobere an der Frage herum, was wohl passiert sein mag, daß eine bestimmte Schwester «plötzlich», aus unerfindlichen Gründen, «eingebrochen» ist; sie ist seither, man weiß nicht warum, so ganz anders, gar nicht wiederzuerkennen, und natürlich setzt man mit viel Druck alles daran, die «alte» Schwester wieder herzustellen. Man wirft ihr die Veränderung als ein moralisches Versagen vor, man appelliert an ihren Willen, erinnert an ihre Ordensgelübde oder besteht einfach rein disziplinarisch auf einem «Minimum» an Gemeinsinn – schließlich kann «bei uns» nicht jeder machen, was er will. Auch die betroffenen Schwestern selbst führen Klage darüber, daß sie sich so verändert hätten, sie verstehen sich selbst nicht, wo sie doch früher immer so fröhlich waren, und sie fühlen sich selber schuldig dafür, nicht mehr so zu sein wie früher. «In mir ist der Wurm drin», oder, schlimmer noch: «In mir steckt der Deibel», sind dann beliebte Selbstdiagnosen. In Wahrheit jedoch ist der «Einbruch» bei genauerem Hinsehen nur allzu verständlich: er besteht zumeist darin, daß der jeweiligen Schwester das einzige noch verbliebene Kompensationsterritorium, das sie sich erobert hatte, ihr einziger Besitz (!), willkürlich fortgenommen wurde.
Eine Ordensschwester z. B. hatte sich, in Erinnerung an ihre Missionstätigkeit in Afrika, in der Volkshochschule des Ortes in Englisch weitergebildet – so erfolgreich, daß sie von der Kursleiterin darauf angesprochen wurde, ob

sie nicht selber einmal eine Gruppe leiten könnte. Bis dahin hatte die Schwester, unter Umgehung ihrer Gehorsamspflicht, der Oberin von ihren Aktivitäten keinerlei Mitteilung gemacht; jetzt aber erreichte die Angelegenheit eine Größenordnung, die ihr Gewissen belastete: Sie sah sich genötigt, den Statuten entsprechend die Erlaubnis für ihren Plan einzuholen. Der Oberin schien jedoch, daß jene Schwester sich «zu sehr» dem Leben der Gemeinschaft entfremde, wenn sie jede Woche mindestens einen Abend außer Hauses sei; zudem argwöhnte sie einen unguten Stolz im Herzen ihrer Mitschwester aufkeimen; und zudem beharrte sie darauf, daß eine Ordensschwester dafür da sei, die Botschaft vom Reich Gottes auszurichten, nicht aber, Englisch zu unterrichten. In jedem Falle verbot sie kategorisch die «Spinnerei». Für die Ordensschwester aber war das Englisch der einzige verbliebene Ort ihrer Selbstbestätigung, es war das einzige, wofür sie selbst sich anerkennen und als eigenständige Person empfinden konnte, für sie ging es nicht um Englisch, sondern buchstäblich um Sein oder Nichtsein. Nur, daß sie sich nicht verständlich machen konnte! «Du willst dich also selbstbestätigen ...!» Das muß man in einer Ordensgemeinschaft nur sagen, und es ist klar, daß der Geist der Armut eine solche Gesinnung als ungehörig abweisen muß. Und Eigenständigkeit! Ist das nicht das genaue Gegenteil der gewünschten Abhängigkeit? Für diese Schwester brach mit dem Verbot ihrer Englischkurse die gesamte Welt zusammen, ohne daß irgendein Außenstehender auch nur entfernt hätte begreifen können, warum. Sie galt in den Augen ihrer Mitschwestern fortan als verschroben, sie selber empfand sich als sündhaft und schuldig gegenüber ihren eigenen Ordensgelübden, andererseits aber konnte sie auf ihren ursprünglichen Wunsch auch nicht verzichten. Sie saß vollkommen in der Klemme.

Wie schlimm ein solcher Konflikt werden muß, wird sofort klar, wenn man die völlige Wehrlosigkeit bedenkt, die zentral zu dem Erscheinungsbild oraler Gehemmtheiten zählt: Für einen Menschen wie diese Ordensschwester, der stets mit dem Gefühl hat leben müssen, lästig und unberechtigt auf der Welt zu sein, und der sich stets schon schuldig für jede Regung eigener Wünsche fühlt, ist es natürlich ganz und gar undenkbar, auch noch den Mut aufbringen zu sollen, seine Wünsche gegen Widerstände zu verteidigen und durchzusetzen. Diese Schwester hatte bereits alle Energie zusammennehmen müssen, um ihrer Oberin die Bitte überhaupt mitzuteilen, an dem Englischkurs teilzunehmen; was sie dringend benötigt hätte, wäre ein gutes Zureden und Ermutigen gewesen, zu ihren Wünschen ruhig zu stehen und zu erläutern, warum sie ihr so viel bedeuten. Vermutlich hätte dann auch die Oberin anders entschieden! Doch die Regel der Armut verbietet geradewegs eine besondere Berücksichtigung Einzelner. Die Einzelnen sollen nichts Eigenes haben; also kann es auch keine Gründe geben, die etwas Eigenes zulassen würden. Es ist die Art dieses «beamteten Denkens» selbst, das immer schon weiß, was richtig ist, und deshalb von vornherein dem Einzelnen Unrecht zufügen muß im Interesse und zugunsten des Allgemeinen. Für die einzelne Schwester indessen folgt aus einer solchen Begebenheit entweder der verbitterte Rückzug in die endgültige Resignation und Einsamkeit, oder aber, bei den «Keckeren» und «Frecheren», die Einsicht, daß man das Ideal der Armut im Orden nur leben kann um den Preis der Unaufrichtigkeit und Doppelbödigkeit: Wer nicht viel fragt, erhält auch keine dummen Antworten! Oder – nach dem Standpunkt aller kleinen Kinder –: nicht das Naschen ist verboten, man darf sich nur nicht erwischen lassen. Eine Idealbildung der Entmündigung hat immer eine «Moral» von Unmündigen zur Folge; ein Verständnis der «christlichen Armut» aber, das sich derart veräußerlicht, daß es am Ende nichts weiter produziert als Unterwerfung und Abhängigkeit, macht nicht nur ursprünglich reich begabte Menschen wirklich arm, es setzt bereits eine Armseligkeit des Selbstwertgefühls im Umkreis von Angst und Schuldgefühlen voraus, die dringend der psychoanalytischen Durcharbeitung bedürfte, statt mit dem Aushängeschild christlicher Vollkommenheit zur Pflicht erhoben zu werden.

3) Vom Zwang zur Selbstentleerung und zum Unglück

Indem auf diese Weise der *psychische* Anteil der Armut immer deutlicher zutage tritt, wird es um so notwendiger, auf diejenigen Formen der «Selbstentleerung» zu sprechen zu kommen, die mit irgendeiner «Armut» finanzieller oder wirtschaftlicher Not gar nichts mehr zu tun haben. Auch hier mögen zwei knappe Beispiele zur Anschauung dienen.

Eine Ordensschwester kommt zur Therapie und beginnt in der ersten Sitzung den ersten Satz mit der Frage: «Was soll ich jetzt sagen?» Hilfesuchend schaut sie dem Therapeuten in die Augen, als ob es dort geschrieben stünde. Ganz deutlich ist spürbar, wie schwer diese Schwester sich tut, irgend etwas von sich mitzuteilen, ohne die ausdrückliche Genehmigung und Einwilligung, ja, ohne den direkten Wunsch und die erklärte Bitte des anderen. Und das ist denn auch bereits ihr Hauptproblem: «Ich weiß niemals, was ich will.» Im Hintergrund ihres Unvermögens, sich selber wahrzunehmen, steht eine eher unauffällige Entwicklung im Umkreis äußerlich durchaus begütert zu nennender Verhältnisse. Die Mutter, so war zu erfahren, ent-

stammte der Welt eines verarmten Landadels; als Kind war sie oft geschlagen und mit aller Strenge zu Zucht, Würde und Ordnung angehalten worden; insbesondere hatte sie nach preußischem Vorbild gelernt, daß ein Mensch nur so viel gilt, als er durch Tüchtigkeit und Tugend an Geltung sich erwirbt. Zu ihrem Gemahl erwählte sie, entsprechend dieser Haltung, einen Mann, der soeben Anstalten traf, sich in den Rang einer akademischen Laufbahn emporzuarbeiten. Doch statt eines Lebens im Kreise ansehnlicher Verehrer und ebenbürtiger Gesinnungsfreunde ward ihr das Dasein einer wohlgestellten, doch im ganzen bürgerlichen Hausfrau beschieden. Ihr Mann reüssierte nicht in der erhofften Weise, und schließlich gab er sich mit einer praktischen Tätigkeit, die ihn den größten Teil des Tages in Anspruch nahm, zufrieden. *Sie* entwickelte unter diesen Umständen, nach der Geburt dreier Kinder, deren zweites unsere Ordensschwester war, die hervorstechenden Züge eines wahren Hausdrachens, *er* derweilen vergrub sich in die Pflichten und Zwänge seines Berufes, beide von den Fügungen des Schicksals ebenso wie voneinander eher enttäuscht als erfreut.
Für die spätere Ordensschwester bedeutete diese Konstellation eine Zeit der vollständigen Einsamkeit und Fremdbestimmung. Ihre Mutter lebte in ihren Augen nicht für die Kinder, sondern für die Sauberkeit und den Anstand des Hauses, *trotz* der Kinder; zur Disziplinierung derselben schlug und schnalzte sie manchmal mit der Peitsche, wie man Pferde dressiert, und wenn das noch nicht ausreichte, so hatte, spät heimgekehrt, ihr Mann den Rest ihres noch unerledigten Strafwillens in aller Form zu exekutieren. Von ihrem Vater glaubte die Schwester schon als Kind zu wissen, daß er es eigentlich gut mit seinen Kindern meinte und nur von der Mutter gegen sie aufgestachelt wurde – es muß sehr früh schon in ihrem Erleben zu jener «religiösen Spaltung» des Vaterbildes gekommen sein, die wir bereits als Kontrast von Erfahrung und Sehnsucht geschildert haben. In Wahrheit war der Vater selbst ein Perfektionist, der mit seinen Kindern, solange sie noch klein waren, kaum etwas anzufangen wußte, und auch hernach, als sie die höhere Schule besuchten, interessierte er sich mehr für den Lernstoff und die Noten in Physik, Mathematik und Chemie als für die Person seiner Kinder. Die Strafen, die er zuweilen verhängte, galten tatsächlich mehr der Pflege einer demonstrierten Solidarität mit seiner Frau als der Befriedigung verletzter Gerechtigkeit; doch für die Kinder, die in diesem Elternhaus aufwuchsen, bildete sich aus alldem ein Klima der Gefühlskälte, der erzwungenen Rationalität und der Devise: «Gehorsam ist alles.»
An die Stelle des Lebens trat bereits in den Mädchenjahren dieser Ordensschwester der Wille, zu *verstehen* – rational zu verstehen: Psychologie, Phi-

losophie und Theologie wurden ihre ausgeprägte Leidenschaft. Von ihrem Körper wußte sie nur, daß er schmutzig und lästig war, eine Zumutung besonders in seiner Weiblichkeit, und im Gegenzug zu den Neigungen, die ein Mädchen mit Beginn der Pubertät heimzusuchen pflegen, hatte sie sich den Standpunkt HEGELS zu eigen gemacht, daß alles Vereinzelte, Besondere, Partikulare als das Unwahre, dem Allgemeinen Widerstreitende betrachtet werden müsse, so daß ihr Körper, ihre Gefühle, ihr Wille, ihr Ich als das zu Verleugnende gelten mußten.[20] Sie genoß es, von ihren Mitschülerinnen als heilige Johanna verspottet zu werden, da ihr eine kämpferisch strenge, männlich geprägte Lebensführung im Interesse höherer Zwecke geradewegs als das Ziel aller Sittlichkeit und als der Ausweis wahrer Menschlichkeit galt, und noch heute gedachte sie mit hochachtungsvoller Heiterkeit des Augenblicks, da sie in ihrem Schulaufsatz zu SCHILLERS *«Jungfrau von Orleans»* mit Eifer die Meinung verfochten hatte, daß Johanna zu Recht als Hexe angeklagt worden sei, da sie, ihres göttlichen Auftrags, keinen Gegner zu schonen, vergessend, in einem Augenblick der Schwäche, bezwungen von einem Gefühl der Weiblicheit, ihrem Gegner, dem englischen Feldherrn Lionel, *nicht* den Kopf abgeschlagen hatte.[21] Das Ethos einer Walküre und die religiöse Begeisterung einer missionarischen Sendung bildeten gerade die richtige Mischung, um diese Vereinsamte und Liebeleere in die Arme eines Klosters zu treiben, in der Hoffnung, für so viel Hochherzigkeit und Edelmut mit der Treue und Kameradschaft idealistischer Gleichgesinnter nach dem Vorbild der heiligen *Theresia von Avila* belohnt zu werden.[22] Ihr Hauptproblem, als sie in die Therapie kam, war subjektiv denn auch ihre Enttäuschung an der unleidlichen Faulheit und Herzensträgheit ihrer Mitschwestern, die in ihren Augen jedes Opfermaß und die Inbrunst seraphischer Christusliebe schmählich vermissen ließen. Es schwante ihr nicht von weitem, daß ihr glühender Wille zur Armut, ihre hohe Geistigkeit und scharfsinnige Intellektualität im Grunde nichts weiter waren als die Fäden einer Marionette bzw. als die Schnürbänder eines wohlverpackten Paketes ohne jeden eigenen Inhalt. Nach ihrer Schätzung verdiente sie allenfalls des Hochmuts und der Überheblichkeit bezichtigt zu werden – des Stolzes und einer vermessentlichen Härte des Urteils gegenüber ihren Mitschwestern klagte sie sich Beichte um Beichte selber an; doch für ihre *wirkliche* Armut, für die vollkommene Ausplünderung ihres Herzens, war sie völlig blind; und es stellte den ersten «Erfolg» der Therapie dar, das Ende jedenfalls langer ideologischer Behandlungswiderstände, als es einmal gelang, sie zu einem gewissen Gefühl des Mitleids für sich selber zu verführen. Der Helm der heiligen Johanna entrollte ihrem Haupte; doch der

Schleier der Schwester, ehedem so stolz getragen, wurde fortan zum Problem.

In diesem Beispiel geht die Entleerung des Ichs ganz deutlich nicht mehr von dem physischen, sondern allein von dem psychischen Mangel aus, der sich als eine Form von Gewalt im Erleben der Ordensschwester bis dahin verinnerlichte, daß es ihr Ideal wurde, auch im *äußeren* Sinne auf alles Verzicht zu tun und so «arm» zu leben, wie sie sich *innerlich* fühlte. Im Gelübde der «Armut» rückentäußerte sich somit die verinnerlichte Gestalt des erlittenen Zwangs der Kindertage. Indessen muß es nicht einmal die äußere Härte und Strenge sein, die das Ich jedes eigenen Inhalts beraubt, es genügt zur Herausbildung eines entsprechenden Armutideals bereits die zentral empfundene *Pflicht zur Minderwertigkeit aufgrund der verzweifelten Leere und Armut eines Elternteils.*

So fiel eine andere Ordensschwester in der Therapie besonders dadurch auf, daß sie bei jedem Lob, das ihr in der Arbeit, aus Anlaß ihres Geburtstages oder bei einer einfachen Begegnung mit Unbekannten zuteil wurde, förmlich in Panik geriet. Es war für sie selber unerklärlich, warum sie jede freundliche Bemerkung förmlich floh. Die naheliegende Annahme, es könne sich um sexuell bedingte Ängste vor der Annäherung eines Mannes handeln, ward rasch widerlegt durch die Tatsache, daß es keinerlei Unterschied machte, ob ihr ein Kompliment von seiten eines Mannes oder einer Frau angetragen wurde: jedesmal erfaßte sie der gleiche Schrecken. Im Hintergrund dieses Problems lauerte die Gestalt einer Mutter, die selber offenbar von schweren Minderwertigkeitsgefühlen geschlagen war und vor ihren Kindern immer wieder in die heftigsten Vorwürfe und Anklagen wegen ihrer Unfähigkeit und ihres offensichtlichen Versagens ausbrechen konnte. Manch einem Außenstehenden hätte es vielleicht scheinen mögen, daß diese Frau in den Augenblicken ihrer depressiven Selbstbeschuldigungen der Wahrheit über sich selbst wohl recht nahe komme, indem sie wirklich unterwegs sei, sich in der Erziehung ihrer Kinder so dumm zu verhalten, wie sie sich selber erschien; den Kindern selbst jedoch, die ihre Mutter auch als eine tapfere und gute Frau zu ehren und zu lieben gelernt hatten, tat sie in solchen Stunden herzlich leid, und vornehmlich diese Ordensschwester litt außerordentlich unter dem Gefühl, ihre Mutter trösten zu müssen. Sie konnte kaum acht Jahre alt gewesen sein, als sich ihr ein merkwürdiger Zusammenhang auftat: stets, wenn sie selbst oder ein anderer Mensch in Gegenwart der Mutter gelobt wurde, brach diese in ihre verzweiflungsvollen Wehklagen aus, daß sie selber nicht gleichermaßen bevorzugt und befähigt sei wie ihr Kind oder wie jene achtenswerten anderen. Der späteren Ordensschwester ging daraus hervor, daß sie ihrer Mutter unter allen Umständen den Tort ersparen mußte, in den Augen eines Dritten als gut zu erscheinen; aus Rücksicht auf ihre Mutter hatte sie es sich zur Aufgabe zu setzen, als schlecht zu erscheinen oder doch möglichst unauffällig zu bleiben; – eine *Aschenputtel*-Rolle *par excellence*.

Freilich ging es dem *«Aschenputtel»* des GRIMMschen Märchens vergleichsweise besser, durfte dieses doch, wenn auch bescheiden, sich einer gewissen Liebe seines Vaters erfreuen. Unsere Ordensschwester hingegen hatte selbst ihren Vater zu fürchten gelernt, indem ihre Mutter unnachsichtig darauf bestand, bzw. durch ihre depressiven Attacken dafür sorgte, daß die Kinder in dem längst entbrannten Ehekrieg der Eltern die Partei des Schwächeren, also ihrer Mutter, ergriffen. Natürlich hätte die Ordensschwester als Kind herzlich gern von ihrem Vater, den sie von ferne verehrte, etwas Anerkennendes gehört, doch sie mußte um alles in der Welt verhindern, von ihrem Vater zur Untreue gegenüber der notleidenden Mutter verführt zu werden. Auf diese Weise entstand eine förmliche *Pflicht zur Selbstunterdrückung*, ja, zur Selbstdiskriminierung: Um den an sich normalen Zorn auf die Depression ihrer Mutter wirkungsvoll zu unterdrücken, war es ihr zur selbstverständlichen Gewohnheit geworden, kritische Wahrnehmungen zunächst gegenüber ihrer Mutter, dann gegenüber allen Menschen in ihr Gegenteil zu verkehren. Als das oberste Dogma hatte ihr zu gelten, daß die Mutter (und deren Nachfolger) alles gut und richtig machte(n), daß aber sie selber böse und unfähig sei, wenn es ihr nicht gelänge, durch eine demonstrierte Selbstverkleinerung das ramponierte Selbstwertgefühl ihrer Mutter von Fall zu Fall wiederherzustellen. Es trat mithin eine Situation ein, die viele Menschen erleben, die bei hohen eigenen Gaben doch niemals dazu kommen, ihre Möglichkeiten für sich selber zu entdecken und zu nutzen.

R. D. LAING hat in den *«Knoten»* das Beziehungsgeflecht dieser Form der Selbstentleerung einmal mit den Worten beschrieben: «Wie klug muß man sein, um dumm zu sein? Die anderen sagten ihr, sie sei dumm. Also machte sie sich selbst dumm, um nicht sehen zu müssen, wie dumm die anderen waren zu glauben, sie sei dumm, weil es schlecht wäre zu glauben, die anderen seien dumm. Sie zog es vor, dumm und gut anstatt schlecht und klug zu sein. Es ist schlecht, dumm zu sein: sie muß klug sein, um so gut und dumm zu sein. Es ist schlecht, klug zu sein, weil es zeigt, wie dumm die anderen waren, ihr zu sagen, wie dumm sie sei.»[23] Was LAING hier meisterlich formuliert, ist diese Pflicht, mit Rücksicht auf die anderen jede positive Bewertung der eigenen Person zu verleugnen und am Ende selbst noch die Spuren des narzißtischen Stolzes auf die hohe Leistung der Selbstunterdrückung nach

Möglichkeit zu verwischen. Wer auf der Suche ist nach Formen einer wirklich gelebten Armut im Geiste, der kann sie hier finden.

Unsere Ordensschwester indessen ging mit ihren Neigungen zur Selbstsabotage noch weiter. Eigentlich nur, um ihrer Mutter die Freude einer Tochter zu bereiten, deren beruflicher Erfolg ihr Selbstwertgefühl nicht verletzen mußte, sorgte sie unbewußt selber dafür, daß sie ein begonnenes Studium zur Vorbereitung auf einen sozialen Beruf mit miserablen Examina krönte. Statt an die *eigenen* Prüfungen zu denken, widmete sie sich mit sonderbarem Ehrgeiz und bemerkenswertem Erfolg der Abfassung *fremder* Diplomarbeiten und schusterte damit anderen jenes Lob zu, das ihr selber so schmerzlich versagt blieb. Ihre ausgesprochene Hilfsbereitschaft galt ihr selbst allerdings nicht als das Problem, im Gegenteil, bei Eintritt in den Orden hatte sie gerade auf diese Haltung wesentlich ihre Anwartschaft und Tauglichkeit für den heiligen Stand eines mönchischen Lebens gegründet. Es verlangte sie förmlich danach, weiter ausgebeutet zu werden, und vor allem das jederzeit dienende Beispiel der Mutter Gottes, deren Namen sie als Ordensschwester ehrfürchtig trug, bestärkte sie in dieser Auffassung. Wäre sie nicht eines Tages an einer heftigen Colitis ulcerosa erkrankt, so wäre ihre ganz extreme «retentive Gehemmtheit», ihre komplette Unfähigkeit, etwas für sich zurückzubehalten, wohl niemals entdeckt worden; es wäre vor allem jener fast zwangsläufige Zusammenschluß einer hochneurotischen Bereitschaft zur Selbstentleerung mit den entsprechenden Tugendvorbildern einer christlichen Armutsgesinnung nach dem Vorbild des göttlichen Heilands und seiner verehrungswürdigen Mutter niemals abgearbeitet worden. Der Vorwurf bleibt, und er erweitert sich, daß die funktionale Definition und rein pragmatische Verwaltung der «evangelischen Räte» nicht nur vollkommen blind dem wirklichen Motivationsgeschehen der einzelnen Kleriker gegenübersteht, sondern deren seelische Komplexe mit mystischen Vokabeln rationalisiert und im Rahmen der institutionalisierten Vorgaben schamlos ausnutzt. Erst Krankheit und Zusammenbruch erlauben dann zum erstenmal so etwas wie eine Verweigerung und den Anfang eines kritischen Denkens.

Zusätzlich zu den oralen Einschränkungen lernen wir bei diesem Beispiel darüber hinaus einen weiteren ergänzenden Faktor dieser depressiv bedingten Form der Armutshaltung kennen: das oft dramatische *Schuldgefühl bei jedem Gebrauch der Nein-Vokabel.* Mit der Fähigkeit, «Nein» zu sagen, erwacht zum erstenmal im Leben eines Kindes so etwas wie ein Empfinden für die Abgegrenztheit und Abgrenzung des eigenen Ichs[24]; zum erstenmal artikuliert sich mit dem «Nein» ein eigener Wille und Widerstand; die Zeit der Dualunion mit der Mutter ist endgültig vorüber, und es beginnen eigentlich die Konflikte der Durchsetzung des eigenen Willens bzw. der Unterwerfung des eigenen Wollens unter das Diktat einer anderen Person, wie sie für die *«anale»* Phase charakteristisch sind. Kinder indessen, die durch starke Ängste und Schuldgefühle bereits auf der *oralen* Stufe ihrer Entwicklung so sehr belastet wurden, daß sie zu dem Aufbau eines eigenen Ichs nur begrenzt imstande sind, werden, parallel zu dem Gefühl einer pflichtweisen Abhängigkeit von der Mutter, zugleich auch ein Nein nicht aussprechen können, ohne innerlich die schwersten Skrupel zu empfinden. Statt dessen breitet sich eine große Sehnsucht nach einer paradiesähnlichen Geborgenheit aus, in der es gar nicht mehr nötig ist, zwischen Ich und Du, zwischen Mein und Dein zu unterscheiden, sondern in der nach Art einer Mutterschoßeinheit allen alles gemeinsam ist. Orale Verschmelzungsideen, die das natürliche Verhalten von Konkurrenz und Auseinandersetzung auch um Besitz und Eigentum aus Angst und Schuldgefühl verleugnen möchten, übersetzen sich hier in Ideen und Sehnsüchte eines Urkommunismus, wie er, als christliche Gemeindeideologie verkündet und als mönchisches Armutsideal gefordert, auf solchermaßen Gesinnte eine nur allzu verständliche Verführungskraft ausüben kann. Wie dramatisch freilich die Unfähigkeit bzw. die fehlende Erlaubnis zum eigenen Willen, zur Abgrenzung durch ein klares «Nein», sich gestalten kann, zeigte mir vor Jahren eine Frau, die zwar keine Ordensschwester war, aber nur wegen eines unheilbaren körperlichen Gebrechens an ihrem beabsichtigten Eintritt in einen Orden gehindert wurde, während ihre seelische Einstellung ganz und gar der einer Ordensschwester entsprach.

Wir haben soeben erörtert, wie einem jungen Menschen *die Armut des Ichs* durch die Schläge der Mutter oder des Vaters förmlich eingeprügelt werden kann. Doch läßt ein solches Erleben sich noch steigern. SIGMUND FREUD hat in einem kleinen Aufsatz beschrieben, was in einem Kind vor sich geht, das geschlagen wird[25], und einer seiner Schüler, HANS ZULLIGER, war allen Ernstes der Meinung, daß es so lange Kriege auf dieser Erde geben werde und geben müsse, als noch Kinder heranwüchsen, die von den Erwachsenen geschlagen würden[26]: Es entsteht in der Seele eines Kindes beim Geschlagenwerden ein solcher Stau von Angst und Wut, von Demütigung und Haß, von Selbstablehnung und Zerstörungslust, daß dieses Geflecht aus sadistischen und masochistischen Gefühlsreaktionen kaum je wieder aufgeknüpft werden kann. In gewissem Sinne noch schlimmer, als geschlagen zu werden, muß es für ein Kind freilich wirken, zum Zeugen der Tortur eines seiner Geschwister zu werden, jedenfalls dann, wenn dieses Geschwister ihm sel-

ber nahesteht. Ein solches Kind muß versuchen, das Schreckliche, so gut es geht, zu *verhindern:* Es muß herausfinden, wann und wofür die Schläge verabreicht werden, es muß das andere Geschwister zu warnen und zu trösten suchen; am schlimmsten aber ist die Vorstellung, beim nächstenmal selber dranzukommen. Es ist ja nicht die eigene moralische Vorzüglichkeit, es ist womöglich einfach ein Quentchen Glück, das zur Rettung verholfen hat. Selbst Kinder, die unter dem Schrecken der Angst so «brav» geworden sind, daß man sie niemals strafen oder auch nur ausschimpfen mußte, berichten doch immer wieder, daß sie jedesmal am ganzen Körper zitterten, wenn eines ihrer Geschwister geschlagen wurde, und noch heute, erwachsen geworden, legen sie alles darauf an, nur ja niemals in die Situation zu gelangen, daß jemand ihnen einen Vorwurf machen könnte. – Von dieser Art war die ganze Kindheit jener jungen Frau.
Ihr Vater stellte sozusagen die Summe aus all den Komponenten dar, auf die wir bisher gestoßen sind, um die Genese psychischer Armseligkeit zu untersuchen: Er kam aus bescheidenen Verhältnissen, aber er hatte sich durch einen eisernen Willen hochgearbeitet; er war nicht arm, aber er verlangte zur Erreichung seiner Ziele äußerste Sparsamkeit von seinen Familienangehörigen, so daß diese wirklich Armut litten – es hatte niemals so etwas wie Taschengeld im Leben dieser Frau gegeben, und die Weise, über jeden Groschen Rechenschaft ablegen zu müssen, erinnerte auf fatale Art an das Reglement, das wir als benediktinische Tradition in den Ordensgemeinschaften kennengelernt haben. Selber unter ständigem Streß, neigte er ausgesprochen zu Jähzorn und Ungeduld, und er konnte dann Flüche und Verwünschungen ausstoßen, die ein so phantasiebegabtes Kind, wie es jene Frau unzweifelhaft gewesen sein muß, mit den lebhaftesten Straf- und Höllenvisionen erfüllen mußten. Sie hatte keinerlei Rechte, sie mußte dankbar sein für alles, sie hatte, «verdammt noch mal», sich zu fügen – sie fügte sich so wehrlos wie ein Blatt im Wind, mit großen, traurigen Augen, die sie überall auf Erden nichts anderes sehen ließen als gequälte, verhungernde, leidende, kranke und sterbende Kinder, Menschen und Tiere. Da ihr Vater darauf bestand, daß «alle» zum möglichst kostengünstigen Aufbau einer Eigentumswohnung mithelfen sollten, geriet diese Frau schon bald, als sie etwa 14 Jahre alt war, an die Grenze ihres Leistungsvermögens. Sie litt an der Scheuermannschen Krankheit, und ihre Kniegelenke, ihre Rückenwirbel schmerzten sie entsetzlich; dennoch bemühte sie sich mit aller Kraft, beim Mörtelschleppen und Steineanreichen so behilflich wie möglich zu sein. Sie konnte und durfte nicht nein sagen! An die Stelle des Neins trat endlich die Krankheit: Sie war wochenlang bettlägerig, und jetzt erst erlebte sie so etwas wie Mitgefühl und

Verständnis bei ihren Eltern. Was diese Frau damals lernte, blieb für ihr ganzes Leben entscheidend: Einzig die Krankheit war ein Grund, sich zu entziehen; allein die Krankheit erlaubte es, sich abzugrenzen; und diese Erfahrung wiederum begründete in ihr ein sonderbares Vertrauen, ganz analog der Hoffnung des *«Mädchens ohne Hände»:* «Mitleidige Menschen werden mir schon geben, was ich brauche.» Sie setzte darauf, daß ihre Eltern, andere Menschen später, schon merken würden, wann sie dabei sei, sich zu überarbeiten.

In eine schwere Krise, von der sie sich nicht mehr erholen sollte, geriet sie, als sie, in einem kirchlichen Beruf tätig, infolge eines Ortswechsels eine neue Wohnung einrichten sollte. Es entstand für die jetzt 26jährige eine Lage, die in etwa dem entsprach, was sie als Kind seinerzeit durchgemacht hatte: Sie mußte renovieren, tapezieren, alles in Eigenleistung, um Geld zu sparen, nur gab es jetzt niemanden mehr, der auf sie aufpaßte. Ohnedies durch ihre Arbeit bereits am Ende ihrer Kräfte, saß sie schließlich vollkommen erschöpft und verzweifelt in einem leeren Zimmer zwischen Farbtöpfen und Brettern. Es fanden sich zum Glück, wie es schien, Menschen, die ihr halfen: zwei entfernte Bekannte sprangen für sie ein, und da sie ganz richtig erkannten, in welch einem desolaten Zustand diese Frau sich befand, schlugen sie ihr vor, nach dem Anstrich der Wohnung alles stehen und liegen zu lassen und mit ihnen zwei Wochen im Süden Europas Ferien zu machen.

Der Vorschlag wurde angenommen, doch er geriet zur Katastrophe. – Die junge Frau hatte noch niemals gewagt, Geld für einen Urlaub, schon gar im Ausland, auszugeben; ihr Gewissen (ihr Überich) machte ihr die schlimmsten Vorhaltungen über eine solche Verschwendungssucht: Hatte sie nicht überhaupt all die Anstrengungen nur deshalb auf sich genommen, um Geld zu *sparen,* und jetzt dieses! Andererseits konnte sie das Angebot ihrer Freunde auch nicht abschlagen, wo diese sich so sehr für sie ins Zeug gelegt hatten, und von ihren finanziellen Skrupeln und Schuldgefühlen zu reden, war vollends unmöglich: Es hätte die Freunde womöglich noch veranlaßt, ihr das nötige Geld einfach vorzustrecken oder großzügig zu schenken! Niemals hätte die Frau gewagt, fremdes Geld anzunehmen. Doch genau das wurde jetzt zum Problem. Am Ferienort angelangt, bewiesen ihre Freunde in puncto Geldausgeben die rechte Lebensart; diese Frau aber stand völlig hilflos da, drehte jede Deutsche Mark zwischen den Fingern und schämte sich zu Tode. Es war die Freundlichkeit ihrer Freunde, die sie in den Tod trieb.

Aus dem Urlaub zurückgekehrt, fühlte sie sich als totalen Versager, als einen lästigen Klotz, als eine Zumutung, als Hindernis für jedermann. Vor ihr lag immer noch der Umzug und die Angst vor einem Neuanfang in der Arbeit. Sie verstand sich selber nicht, und sie verstand die anderen Menschen nicht. Sie spürte nur, daß alle anderen leben konnten, sie aber nicht. Eine wohlmeinende Ärztin schickte sie in diesem Zustand für vier Wochen in Kur, was sie gerne annahm. Aber auch dort wuchs der Druck, baldmöglichst wieder funktionieren zu müssen, wo doch so viele Menschen inzwischen schon versucht hatten, ihr zu helfen. In Wahrheit hätte sie Jahre gebraucht, um zu lernen, was seelisch gesunde Kinder mit 18 Monaten lernen: Nein zu sagen. Ihre einzige Form, ein Nein zu äußern, war die Krankheit gewesen; jetzt aber durfte sie nicht mehr krank sein; jetzt wurde (aufgrund der Hilfsbereitschaft aller!) von ihr erwartet, endlich wieder gesund zu werden. Sie hatte keine Zeit mehr, um zu reifen. Es blieb ihr als einzige Form des Nein jetzt nur noch der Tod, hoffend womöglich, daß wenigstens Gott Verständnis haben könnte für etwas, das sie selber nicht mehr willens war, bei sich zu verstehen. Sie verfügte über ein wunderbares Gespür für seelisches Leid; sie gab sich über die Wiederholungsängste und -zwänge der Erlebnisse mit ihrem Vater intellektuell ohne die geringste Mühe Rechenschaft; aber unter der Einschüchterung der Schläge, die ihr Vater *anderen* gegeben hatte, wagte sie nicht, irgendeiner Forderung zu widersprechen. Im ewigen Eis zu leben, hatte sie gelernt; doch durch die plötzliche Nettigkeit ihrer Mitmenschen erging es ihr wie manchen Eskimostämmen, die aus der Polarregion sich nach Süden auf den Weg machten und von Krankheitskeimen infiziert wurden, auf deren Abwehr ihr Immunsystem nicht vorbereitet war. «Die am Glück scheitern», hat SIGMUND FREUD einmal einen bestimmten Typ neurotischer Konflikte überschrieben.[27]. «Die am Glück *sterben*», muß es manchmal heißen. Es ist ein «Fall», der zugleich deutlich macht, wie wenig Güte, Verstehen und Geduld mitunter gegen die als Armut verinnerlichte Gewalt der Vatergestalt (oder der Mutter) aus frühen Kindertagen anzukommen vermögen.

Mit solchen Betrachtungen sind wir darauf vorbereitet, den letzten Schritt im Verständnis seelischer Armut zu tun, indem wir uns in eine psychische Struktur des Erlebens hineinversetzen, in der die «Nein-Vokabel» nicht mehr nur durch die Krankeit, sondern *geradewegs* durch den Todeswunsch bzw. durch die Todesdrohung ersetzt wird. Zugleich lernen wir dabei auch die Kehrseite aller Gehemmtheiten: *die unbewußten Riesenerwartungen der Haltungsseite,* kennen, die, freilich, ohne es subjektiv zu merken oder zu wollen, das Spiel mit dem Tod als Erpressungsmittel gegenüber der Umwelt einsetzen. Sie, die aus lauter Schuldgefühlen selber nicht zu leben wissen, erzeugen am Ende gerade bei denjenigen, die sich auf sie einlassen, quälende

Schuldgefühle, aus Fahrlässigkeit, Unachtsamkeit oder mangelndem Pflichtgefühl am Tod des anderen ursächlich mitbeteiligt zu sein.
Die unbewußten Überforderungen seitens der selber Überforderten beginnen im Umfeld oraler Gehemmtheiten nicht selten damit, daß die Tabuisierung eigener Wünsche und Pläne sich in einer kompletten *Sprachlosigkeit* niederschlägt: Eine geschlagene Stunde lang kann man einer Ordensschwester, einem Priester mitunter gegenübersitzen, ohne mehr als den Hauch von ein, zwei Sätzen hervorzulocken. Natürlich handelt es sich hier nicht um Formen von «Gedankenentzug», Abgehörtwerden oder dem Einfluß fremder Stimmen, wie es beim *psychotischen Schweigen* charakteristisch sein kann, es geht «nur» einfach darum, daß alle Gedanken, die vor Beginn des Gesprächs noch in Überfülle präsent waren, jetzt wie ausradiert scheinen, oder aber daß bei jedem Wort eine Stimme sich innerlich meldet, die als unwichtig, lächerlich, blödsinnig, unberechtigt etc. entwertet, was gerade auf der Zunge lag. Vor allem gehört es zum Stil vieler Depressiver, das Wichtigste sich grundsätzlich bis fünf Minuten vor Zwölf aufzuheben und, wenn überhaupt, bis dahin tatsächlich relativ nichtige Dinge vorzutragen. Erst unter dem Druck der Zeit, wenn die Stunde fast schon vorbei ist, wagen sie es, die Katze aus dem Sack zu lassen, und regelmäßig beginnt dann *ein tragisches Ritual des Abschieds:* Auf der einen Seite herrscht natürlich der zwingende Wunsch, endlich alles loszuwerden, auf der anderen Seite aber herrscht der strikte Zwang zur Rücksichtnahme. Besteht nun der Therapeut auf der Einhaltung der Zeit, so enttäuscht er seine Patientin bzw. seinen Patienten schwer; er erregt Angst, Zorn und Widerwillen – Gefühle, die augenblicklich wieder verdrängt werden müssen und daher erneut Sprachlosigkeit erzeugen, just zu dem Zeitpunkt, da es darauf ankäme, nun endlich das entscheidende Wort zu sagen; die Last, lästig zu werden, wächst, während umgekehrt der Therapeut sich zwischen Tür und Angel noch nachträglich Mühe geben mag, den entstandenen Krampf einigermaßen zu lockern, immer gewärtig, den schon bestehenden Druck womöglich durch sein zusätzliches Engagement nur noch zu erhöhen. Geht er indessen auf das «Gesprächsangebot nach Ladenschluß» ein, so riskiert er zumindest, daß im nachhinein schwere Selbstvorwürfe und Selbstzweifel die Patientin oder den Patienten heimsuchen können: Hat man sich nicht doch ganz unmöglich benommen, hatte nicht der Therapeut im Grunde längst schon Ablehnung signalisiert, war er nicht wirklich schon ganz ungeduldig, als er auf die Uhr schaute? Ängste dieser Art sind die beste Voraussetzung, das nächste Gespräch mit denselben Blockaden zu beginnen, die das Finale des letzten Gesprächs bildeten, ein Teufelskreis, der selbst einen Heiligen zum Zorn

verleiten könnte. Ein Therapeut oder Seelsorger, der nicht psychoanalytisch zu denken gelernt hat, wird vermutlich zu spät bemerken, daß er – erneut – zum Akteur eines uralten Wiederholungszwangs im Leben seines Klienten geworden ist, wenn er in solchen Fällen sozusagen «normal» reagiert und mit einem Gewaltstreich ein solches *Zwangsschweigen* zu durchbrechen versucht.

Dasselbe Hin und Her kann übrigens auch im *Umgang mit Geschenken* entstehen. Um die «Schuld» zu sühnen, einen anderen Menschen mit den eigenen Schwierigkeiten zu behelligen, bringt manch eine Ordensschwester, in Ermangelung eigenen Besitzes, Blumen mit, die sie im Klostergarten «organisiert» hat – eine Aktion bereits, die den einen «Diebstahl» gewissermaßen mit einem anderen zudecken möchte; unsicher aus Schuldgefühlen, erwartet sie natürlich eine gewisse Bestätigung oder Dankbarkeit von seiten ihres Gesprächspartners, in der geheimen Hoffnung, daß dieser sich in irgendeiner Weise ihr gegenüber besonders erkenntlich zeigen möge. Auch hier kann es leicht zu einer an sich unlösbaren Situation kommen: Geht der Therapeut (oder Seelsorger) «zu wenig» (was immer das heißen mag!) auf das Geschenk ein, mißachtet und verachtet er scheinbar seine Klientin, der das Geschenk inmitten einer Welt voller Entbehrungen außerordentlich bedeutsam erscheint; geht er «zu sehr» darauf ein, gerät er unversehens in Gefahr, den Eindruck zu erwecken, man sei gewiß unerwünscht, bringe man beim nächstenmal ein solches «Wiedergutmachungsgeschenk» *nicht* mit. Deutlich spürbar ist in jedem Falle, daß es, therapeutisch oder rein menschlich betrachtet, unter allen Umständen darauf ankäme, überhaupt erst einmal *einen freieren Umgang mit Dein und Mein* zu üben; gerade dem aber steht jene Ordensregel entgegen, welche da lautet: «Ein Dein und Mein gibt es für uns nicht! Wir alle sind Christi und Christus ist unser!» Es ist mit Händen zu greifen, wie extreme Formen oral-kaptativer Gehemmtheiten auf allen Ebenen im Leben solcher *«Mädchen ohne Hände»* hochrationalisiert und ideologisch zum Ideal verfestigt werden. Doch wer von den «Leitern» und Oberen, wer auch nur von den selber Betroffenen gesteht sich zu, daß die Wahrheit so und nicht anders aussieht! Der Weg zur Menschlichkeit aber führt nur über die Wahrheit.

Besonders schmerzhaft ist es, immer wieder zu erleben, wie in jedes noch so winzige Detail buchstäblich Todesängste sich einmischen können. Wer von oralen Gehemmtheiten im Umkreis der «evangelischen Armut» spricht, muß bedenken, daß er es hier mit Ängsten und Schuldgefühlen zu tun hat, die bis zum Anfang des Lebens zurückreichen und die jede Beziehung, die ein wenig dichter zu werden verspricht, mit Gefühlen überziehen können, wie sie in den frühen Kindertagen in der Nähe der Mutter ausgeprägt wurden. Ein Hauptproblem im Umgang mit Klerikern liegt in psychoanalytischer Sicht bereits darin, daß es bei so vielen *amtlich verordneten Kontaktabschnürungen* zumeist erst gar nicht zu Verbindungen kommt, die dicht genug wären, um jene Wiederholungsmechanismen und Gefühlsübertragungen in Gang zu setzen, durch deren Bearbeitung die Bewußtmachung der eigenen Psychogenese erst ermöglicht wird. Natürlich liegt deshalb der «Einwand» bei den Verfechtern der bestehenden Ordnung rasch bei der Hand, die Psychoanalyse mache überhaupt erst jene Ordensschwester, jenen Priester seelisch krank und neurotisch, sie verkompliziere alles und verwirre selbst die einfachsten Dinge – früher sei diese Ordensschwester oder dieser Priester doch ganz «vernünftig» gewesen ... Am Ende scheint es den «ordentlichen Leuten» allemal besser, man hätte alles beim alten gelassen, lieber jedenfalls, als zu wünschen, daß Menschen Fesseln lösen, in denen sie meist seit Kindertagen gefangen lagen und in denen sie innerhalb der klerikalen Lebensformen weiter als Gefangene gehalten werden. Wer auch nur *einen* Menschen seelisch heilen will, kommt nicht umhin, auch das System in Frage zu stellen, das ihn krank gemacht hat. Doch sind erst einmal die «objektiven» Widerstände (die Ordensregeln, der Geist der Gemeinschaft, das Kirchenrecht, der Gehorsam gegenüber dem Bischof etc.) ein Stück weit neutralisiert, so wird man oft genug einem Zyklus von Vernichtungsängsten und förmlichen *Todeswünschen* begegnen, aus denen mit eigener Kraft kein Entrinnen möglich ist; für den aber, der sich darauf einläßt, beginnt fortan so etwas wie ein *Schach mit dem Tode,* ein Kampf um alles oder nichts. Denn eben, daß grundsätzlich *alles,* niemals nur *etwas* auf dem Spiel steht, macht die Auseinandersetzung mit oralen Gehemmtheiten so dramatisch und führt zu dem, was man *«die Maßlosigkeit der Rücksichtsvollen»* oder «den Totalanspruch der total Verängstigten» nennen könnte.

Der Reihe nach läßt sich eine Stufenfolge von *neun Stationen* im Umgang mit den eigenen gehemmten Wünschen beschreiben, deren letzte wieder in einer Wiederholungsschleife an den Anfang dieser *Programmierung zum chronischen Unglück* zurückführt, stets in Koppelung mit dem Erlebnishintergrund einer ständigen *Dramaturgie von Sein oder Nichtsein*. Zählen wir auf:

1. Ich habe einen Wunsch, und ich finde einen Menschen, der ihn erfüllen könnte und wohl auch möchte.
2. Ich bekomme Angst, bestraft zu werden, daß ich einen solchen Wunsch habe und sogar wirklich möchte, daß er erfüllt wird.
3. Ich fliehe vor der drohenden Erfüllung meines Wunsches aus Angst vor

Strafe und suche nach allen möglichen Vorwänden, um dem Kontakt mit der Person auszuweichen, die meinen Wunsch erfüllen könnte, bzw. ich lege alles darauf an, die Art des Kontaktes möglichst unbefriedigend zu halten.
4. Ich fühle mich leer und allein und werfe dem anderen vor, daß er mich zu meinen Wünschen verführt und dann leer und allein zurückgelassen hat.
5. Ich dränge den anderen dahin, sich zu verteidigen und zu erklären, daß er mich weder verführt noch zurückgestoßen hat, ich dränge ihn so lange, bis er ärgerlich wird.
6. Ich weiß, daß der andere nur ärgerlich ist, weil er mich für meine Wünsche bestrafen will, aber das sage ich ihm nicht; ich sage ihm, daß er arrogant und bösartig ist und immer nur Recht behalten will: aus einer Beziehungsfrage wird jetzt eine Machtfrage.
7. Ich wünsche mir den Tod, denn ich erwarte auf Erden doch nichts mehr. Ich habe überhaupt keine Wünsche und will in den Himmel gehen; es soll aber der andere wenigstens noch erkennen, wie sehr er an mir schuldig geworden ist.
8. Ich habe Angst vor dem Tod und möchte, daß der andere mich retten kommt; aber ich will ihn mit meinem Todeswunsch auch nicht erpressen, er soll, wenn ich sterbe, nur sehen, was er alles falsch gemacht hat.
9. = 1.
In all dem äußert sich der ständige Anspruch: *Rette mich,* und zugleich die angstvolle Verleugnung dieses Anspruchs mit der Attitude: *Ich will überhaupt nichts von dir,* versetzt wiederum mit dem Vorwurf: *Du bist ein Unmensch,* wenn du nicht von allein merkst, was mir fehlt. – Statt zu sagen, es handle sich in solchen Auseinandersetzungen um eine Art Schach mit dem Tode, kann man wohl auch sagen: Es handelt sich um einen *Kampf mit der Lernäischen Hydra,* deren Häupter, so oft man einen von ihnen abschlagen mochte, immer von neuem wuchsen.
In der *Genese einer solch totalen Angstflucht vor Nähe und Sehnsucht nach Nähe* findet man mit Regelmäßigkeit auf der oralen Stufe ein entsprechendes *Konterfei im Verhalten der Mutter:* Sie «stillt» das Kind, d. h., sie tut alles, es zufriedenzustellen, aber sie kann es nur tun mit dem Gefühl, daß das Kind ihr eigentlich zu viel wird, und sie tut es mit dem Nachdruck, jetzt endlich auch zufrieden zu sein – mit anderen Worten, es entsteht eine Art *Fürsorgevergewaltigung,* in welcher dem Kind kein Spielraum, ja, moralisch gewendet, kein Recht mehr bleibt, sich unglücklich oder unzufrieden zu fühlen, ganz nach dem Vorbild von *«Hänsel und Gretel»;* das Kind aber bekommt Angst vor so viel Druck, und es «knatscht» herum, ohne daß zu erkennen wäre, was ihm fehlt, wo man doch alles für es getan hat. Die Mutter wie-

derum hört das Klagen ihres Kindes als das, was es eigentlich auch ist: als Vorwurf, nicht genügend geliebt zu werden. Und jetzt beginnt jener Kampf auf Leben und Tod zwischen Mutter und Kind, der sich später immer neu reproduzieren wird. Das Kind lernt, daß es alles «kaputt» macht, indem es die gute Mutter unwillig und unwirsch macht (indem es ihre «Brust» zerbeißt, in der Sprache von K. ABRAHAM[28] und M. KLEIN[29]), und eben dieses *Schuldgefühl, alles zu zerstören*, wird später förmlich zur *Pflicht:* Man muß die Beziehungen wie mutwillig ruinieren, von denen man eigentlich leben möchte. Andererseits setzt dieses Schuldgefühl die Mutter selbstredend in ein uneingeschränktes Herrschaftsrecht ein: Sie *muß* es wissen und sie weiß auch, was dem bösen und unzufriedenen Kind guttut – eine Abhängigkeit, die auch als Geborgenheit und Schutz vor sich selbst und vor der feindlichen Welt empfunden werden mag; erneut beginnt das Hin und Her zwischen der Angst, in der Nähe der Mutter sich aufzulösen und jedes Recht auf ein eigenes Ich verwirkt zu haben, und der grauenhaften Angst vor Verlassenheit und Einsamkeit. Die naheliegende Folge besteht darin, es weder beim anderen noch bei sich selber aushalten zu können. Am schlimmsten aber ist, daß dieser Zwang, ja, diese Lust, zu zerstören, was glücklich machen könnte, und dieses verzweifelte Wiedersuchen dessen, was man eben «zerbissen» hat, nach immer neuen «Opfern» sucht. Wer unterwegs ist, um ausfindig zu machen, was wirkliche «Armut» ist, der hat sie hier vor sich. Denn ärmer ist niemand als jemand, der immer wieder von neuem sein Unglück herbeiführen muß. Es gibt *außerhalb einer psychoanalytischen Durcharbeitung* derartiger Schicksalsgefüge im Unbewußten wohl nur die Alternative, nach biblischem Vorbild entweder Gott oder den Teufel für einen solchen Zerstörungszwang alles eigenen Glücks verantwortlich zu machen. Solange man noch *kämpft*, wird man etwas «Dämonisches», einen «bösen Geist» in der Verinnerlichung derartiger Ängste und Schuldgefühle vermuten; von einem bestimmten Punkt an aber wird sich *eine resignative Dankbarkeit* des Ichs bemächtigen: Es ist von Gott *auserwählt*, durch die Nötigung völliger Selbstentleerung andere reich zu machen. Von diesem Punkt an beginnt der Lebensweg der Kleriker.

Wir gelangen an dieser Stelle zu einem letzten ebenso leicht verständlichen wie fatalen *Ausweichmanöver dieser seelisch Verarmten vor sich selbst:* zu eben jener *Flucht in die Solidarität* mit den materiell Verarmten, deren rationalisierte Idealform wir bereits kennengelernt haben. Es ist so wohltuend, die Armut des eigenen Ichs vergessen zu können, indem man sich wie magisch angezogen fühlt von denjenigen, die vermeintlich noch ärmer sind! Noch einmal sei betont: Nichts gegen den Versuch, mit allen Kräften Elend

und Not in der Welt zu bekämpfen; aber eben: ein Einsatz *aller* Kräfte ist psychisch nicht möglich, wo man der Not anderer förmlich bedarf, um von ihnen eine Erlaubnis bzw. eine Rechtfertigung zu erhalten, die eigenen Konflikte unbearbeitet zu lassen und mit ihnen so weiterzuleben wie bisher. Wer aus der eigenen Not eine Tugend macht, der wird nicht besonders tauglich sein, fremde Not sachlich abzuarbeiten. Im übrigen sollte man die Begriffe eindeutig gebrauchen: Wo es darum geht, den bestehenden *Wohlstand* gerecht zu verteilen, geht es nicht um Armut, sondern eben um Gerechtigkeit, um die Durchsetzung der *Bill of Rights,* aber nicht um den Rat «evangelischer Armut». Psychologisch hingegen muß man die Frage sich so deutlich stellen wie möglich: Mit welchen seelischen Strukturen hat man es zu tun, betrachtet man die Menschen, die sich nach der veräußerlichten Form des christlichen Armutideals zu richten haben, ja, die sich nach ihr geradezu sehnen, um endlich richtig zu sein?
Alles kommt hier darauf an, die Unaufrichtigkeiten, Verfälschungen und neurotischen Vorbildklischees abzubauen, in denen immer noch so getan wird, als wenn es möglich wäre, objektive Wahrheiten Gottes zu leben ohne menschliche Wahrhaftigkeit und persönliche Stimmigkeit. Insbesondere gilt es, die *theologische Überhöhung des Mutterbildes durch das Ideal des Christus* und des Willens Gottes einer gründlichen Revision zu unterziehen.
Um es so zu sagen: Wirklich «arm» im Sinne der traditionellen Definition des christlichen Armutideals war ohne Zweifel die heilige THERESIA VOM KINDE JESU. In ihren *Briefen* schreibt sie in endlosen Betrachtungen, wie klein und wie arm sie sich wünscht, um sich wie einen willenlosen Spielball dem kleinen Jesuskind in die Hand zu geben: «Ich kenne nur noch einen Wunsch: Seinen Willen zu erfüllen. Du entsinnst dich vielleicht, daß ich mich früher gerne ‹das kleine Spielzeug Jesu› nannte. Auch jetzt noch bin ich glücklich, es zu sein, aber ich habe gedacht, das göttliche Kind hätte noch andere ganz tugendhafte Seelen, die sich ‹Seine Spielzeuge› nennen. Ich habe also gedacht, daß Sie Seine schönen Spielzeuge seien und meine arme Seele nur ein kleines wertloses Spielzeug darstelle. Um mich zu trösten, sage ich mir, daß die Kinder oft viel mehr Freude an den kleinen Spielzeugen haben, die sie entweder beiseite legen oder zur Hand nehmen, sie zerschlagen oder liebkosen, wie es ihnen gerade einfällt, als (an, d. V.) andere(n) von höherem Werte, die sie kaum zu berühren wagen. Dann habe ich mich gefreut, armselig zu sein, und gewünscht, es täglich mehr zu werden, damit Jesus von Tag zu Tag mehr Freude daran findet, Sein Spiel mit mir zu treiben.»[30] Und an anderer Stelle: «Lämmlein Jesu, bete für das arme Sandkörnchen. Möge das Sandkorn stets an seinem Platze sein, das heißt unter den Füßen aller. Möge

niemand daran denken, damit sein Vorhandensein sozusagen völlig übersehen wird ... Das Sandkorn will nichts anderes, als verdemütigt sein; selbst das ist noch zu viel, weil man sich dann ja mit ihm beschäftigen muß, es will nur Eines: vergessen sein und als nichts angesehen werden! (Nachfolge Christi I 2,3) Aber von Jesus will es gesehen sein. Die Blicke der Geschöpfe können nicht bis zu ihm hinunterreichen. Möge wenigstens das blutüberströmte Antlitz Jesu sich zu ihm herabneigen ...
Es verlangt nichts anderes als einen Blick, einen einzigen Blick!»[31]
Die Frage stellt sich prinzipiell: Wer durch solche Texte mystischer Selbstentleerung als Mensch, als Seelsorger und als Therapeut nicht in höchstem Grade alarmiert wird, sondern wer in ihnen uneingeschränkt gültige Beschreibungen eines vorbildlichen Lebens christlicher Armut erblickt, der muß sich vorwerfen lassen, zwischen Neurose und Heiligkeit nicht unterscheiden zu können, ja, die Neurose selbst unter gegebenen, von der kirchlichen Institution als positiv bewerteten Voraussetzungen zur heiligen Pflicht zu erklären. Es wird alles nicht helfen: Wir stehen in der Kirche vor der Aufgabe, selbst die eigenen Zentralbegriffe, z. B. den Begriff der Armut, neu zu interpretieren, damit er seine menschliche Glaubwürdigkeit und seinen befreienden Sinn zurückerlangt. Daß es sich mit den anderen Begriffen: mit dem Gehorsam und mit der Keuschheit, nicht anders verhält, werden wir sogleich sehen.

c) Gehorsam und Demut oder: Konflikte der Analität

«Gott schenke mir die Kraft,
selbst Gott nicht blind zu vertrauen.»
Otto Hahn

α) Kirchliche Verordnungen und Verfügungen oder: Das Ideal der Verfügbarkeit

Die Haltung des Gehorsams vor allem ist nicht eine neue, unvermittelt hinzugefügte Forderung des mönchischen Lebens, sondern sie stellt im Grunde die Außenseite der «Armut» in bezug auf das Zusammenleben der Kleriker untereinander dar. Nur solange man die «evangelische Armut» als eine rein äußere, materielle Lebensform betrachtet, die man eingeht z. B. aus Solidarität mit den Armen der Welt, gerät der Zusammenhang der «evangelischen Räte» aus dem Blick. Schon bei der Forderung der *«Armut»* ging und geht es in Wahrheit um den Ausdruck eines Lebensgefühls innerer Leere und Nichtigkeit, um die Entleerung des Ichs von seinen Wünschen, um die Zerstörung des Selbstseins; beim *«Gehorsam»* geht es dem Ideal nach um die Eskamotierung des eigenen Tuns, um die Auslöschung des eigenen Ichs in seinen Handlungen, um die Verlagerung des Willens vom Ich weg in die Fremdbestimmung durch den Willen anderer.

Gewiß, diese Sätze braucht man nur zu schreiben, und es wird sich sogleich ein Chor von Entrüsteten erheben, die lauthals verkünden, daß der wahre Gehorsam Christusgehorsam und deshalb Gottesgehorsam sei und also das wahre Sein und Handeln des Menschen allererst ermögliche. Doch eben das ist jetzt die Frage, mit der wir es zu tun haben: Was eigentlich *meinen* die kirchlichen Ordnungen, wenn sie Gehorsam von den Klerikern einfordern, und von welcher Art sind die psychischen Gründe und Wirkungen einer solchen Forderung?

Wer die letzten Sätze der THERESIA MARTIN über die Armut gelesen hat, mag vielleicht meinen, hier bekunde jemand eine besondere Haltung persönlicher Demut und Gottesliebe. Doch das ist nicht der Fall. Genau besehen, beschreibt die «kleine Therese» lediglich den Zustand auf der 6. Stufe der Demut, die der heilige BENEDIKT im 6. Jahrhundert als Etappe fortschreitender Verdemütigung auf einem Weg von 12 Stufen für das mönchische Leben im Abendland in seiner «Regel» verpflichtend gemacht hat. Geht man die dort aufgeführten Bestimmungen durch, so versteht man rückblikkend nicht nur die Einheit von «Armut» und «Gehorsam» bzw. «Demut» besser, man begreift auch das unglaubliche Ausmaß an seelischer Selbstzerstörung und neurotischer Verkrampfung, das sich insbesondere im Umgang mit der Gehorsamsforderung der Kleriker der katholischen Kirche beobachten läßt. Zitieren wir die 12 Stufen des heiligen BENEDIKT ruhig der Reihe nach.[1]

«Auf der ersten Stufe der Demut hält sich der Mensch immer die Gottesfurcht vor Augen und hütet sich sehr, sie zu vergessen. Stets denkt er an alle Gebote Gottes und erwägt immer in seinem Herzen, daß die Gottesverächter wegen ihrer Sünden das Feuer der Hölle brennen wird, daß aber die Gottesfürchtigen das ewige Leben erwartet. Jederzeit soll sich der Mensch freihalten von Sünden und Fehlern – von Gedankensünden, von Sünden der Zunge, der Hände, der Füße und des Eigenwillens, aber auch von den Begierden des Fleisches, und es soll ihm bewußt sein: Gott schaut immer vom Himmel her auf ihn herab, Gottes Auge sieht überall sein Tun und Lassen, und die Engel erstatten allezeit über ihn Meldung.» «Den eigenen Willen zu tun, verwehrt uns die Schrift, wenn sie sagt: *Wende dich ab von den*

Regungen deines eigenen Willens! Auch flehen wir zu Gott im Gebet, daß sein Wille an uns geschehe. Mit gutem Grund werden wir also belehrt, nicht unseren eigenen Willen zu tun.»

«Auf der zweiten Stufe der Demut liebt der Mönch seinen eigenen Willen nicht und findet keinen Gefallen daran, seine Wünsche zu erfüllen, sondern richtet sich in seinem Tun nach dem Wort des Herrn, der sagt: *Ich bin nicht gekommen, um meinen Willen zu tun*... Ebenso heißt es in einer Schrift: Eigenwille bringt Strafe, Gebundenheit (an fremden Willen) erwirbt die Krone.

Auf der dritten Stufe der Demut unterwirft sich der Mönch seinem Oberen aus Liebe zu Gott in vollkommenem Gehorsam. So ahmt er den Herrn nach, von dem der Apostel sagt: Er war gehorsam bis zum Tod.

Auf der vierten Stufe der Demut übt der Mönch den Gehorsam in der Weise, daß er auch bei harten Aufträgen und bei solchen, die ihm zuwider sind, ja sogar bei Kränkungen aller Art stillschweigt und bewußt die Geduld bewahrt. Er erträgt das alles, ohne sich entmutigen zu lassen oder wegzulaufen...

Auf der fünften Stufe der Demut bekennt der Mönch seinem Abt demütig, und ohne etwas zu verbergen, alle bösen Gedanken, die in seinem Herzen aufsteigen, und alles Böse, das er heimlich getan hat.

Auf der sechsten Stufe der Demut ist der Mönch mit dem Allergeringsten und Schlechtesten zufrieden, und bei jedem Auftrag, den er erhält, betrachtet er sich als schlechten und untauglichen Arbeiter...

Auf der siebten Stufe der Demut bekennt sich der Mönch nicht nur mit Worten als den Niedrigsten und Geringsten von allen, sondern ist davon auch im innersten Herzensgrund überzeugt...

Auf der achten Stufe der Demut tut der Mönch nur das, wozu die gemeinsame Regel des Klosters und das Beispiel der Älteren mahnen.

Auf der neunten Stufe der Demut hält der Mönch seine Zunge vom Reden zurück, bleibt still und redet nicht, bis er gefragt wird...

Auf der zehnten Stufe der Demut ist der Mönch nicht leicht zum Lachen bereit...

Auf der elften Stufe der Demut spricht der Mönch, wenn er redet, freundlich und ohne zu lachen, bescheiden und gesetzt; er sagt wenige und überlegte Worte und macht kein Geschrei...

Auf der zwölften Stufe der Demut ist der Mönch nicht nur im Herzen demütig; auch an seinem ganzen äußeren Verhalten kann man seine Demut jederzeit erkennen... Wegen seiner Sünden hält er sich jederzeit für schuldig und denkt, er sei bereits vor das schreckliche Gericht Gottes gestellt. Ständig wiederholt er in seinem Herzen die Worte des Zöllners im Evangelium, der den Blick auf den Boden richtete und sagte: *Herr, ich Sünder bin es nicht wert, meine Augen zum Himmel zu erheben ...*

Hat nun der Mönch alle diese Stufen der Demut erstiegen, dann gelangt er bald zu jener Gottesliebe, die vollkommen ist und die Furcht vertreibt. In der Kraft dieser (Liebe) beginnt er, alle Vorschriften, die er bisher nur aus Angst beobachtete, jetzt ohne jede Mühe, infolge der Gewöhnung wie von selbst zu erfüllen, nicht mehr aus Furcht vor der Hölle, sondern aus Liebe zu Christus, und weil das Gute ihm zur Gewohnheit, die Tugend zur Freude geworden ist. Diesen Zustand der Vollendung wird der Herr durch den Heiligen Geist huldvoll an seinem Arbeiter offenbar machen, der frei geworden ist von Fehlern und Sünden.»

Der Weg der Selbstverdemütigung, den BENEDIKT aus den verschiedensten Bibelstellen nach der Auslegungsmethode seiner Zeit herausliest[2] bzw. sich zurechtlegt, ist, psychologisch betrachtet, ein Weg, der ausdrücklich mit dem Motiv der Armut beginnt, um dann über ein Spalier wachsenden Sündenbewußtseins und zunehmender Auslieferung an andere im ständigen Verzicht auf jede Regung eigenen Willens schließlich zu der wie selbstverständlichen «Tugend» der Demut, begleitet von Freude, zu führen.[3] Wie auch immer man die Reifung in der Haltung der Demut aus dem Einfluß der ARISTOTELISCHEN Tugendlehre[4] und aus den Bedingtheiten der Zeit (z. B. aus den Schriften des heiligen BASILIUS[5] und des heiligen AUGUSTINUS[6]) zu erklären suchen mag, *eine* Tatsache scheint in psychoanalytischer Betrachtung außer Zweifel: Es geht stufenweise um ein System verinnerlichter Außenlenkung, innerhalb dessen niemals das eigene unwürdige, sündige, unzuverlässige und aufsässige Ich, statt dessen aber die Weisung anderer: das Vorbild Christi und die Leitung des Oberen bzw. des geistlichen Meisters als maßgebend gilt.[7] Ob Christus oder der Orden – der Ort der Wahrheit liegt grundsätzlich *außerhalb* der eigenen Person; und eben diese *Gleichsetzung alles Eigenen mit dem Unwahren*, dem Unchristlichen, ja, dem Gottwidrigen muß ein ständiges Mißtrauen gegenüber der eigenen Psyche erzeugen sowie eine verzweifelte Tendenz, sein Heil in der Fremdbestimmung durch andere zu suchen. Nimmt man die Anweisung zur «Demut» in dieser Form beim Wort, so entsteht im Erleben eine Werteskala, nach der alles Eigene grundsätzlich falsch ist, ganz einfach weil es etwas Eigenes ist, und alles Fremde als wahr erscheinen muß, ganz einfach weil es von außen kommt und deshalb als selbstlos gilt.

Auf diese Weise wird das Göttliche, die Wahrheit, in die rein abstrakte Negation des eigenen Willens gesetzt, der damit von allem konkreten Inhalt entleert wird, um sich rein formal auf das Wollen des Nicht-selber-Wollens zu reduzieren. Es geht also keinesfalls nur darum, die «egoistische» Motivation eines Willens zu überwinden, der seinen Inhalt wesentlich darin sieht, einzig sich selber zu wollen, es geht darum, die Grundlage des Selber-Wollens überhaupt zu zerstören: Nicht, daß das Ich zum alleinigen Objekt des Wollens erhoben würde, gilt als das Mangelhafte, sondern, daß es überhaupt *das Subjekt* seines Wollens sein möchte, wird als das Unvollständige, Verkehrte, zu Überwindende betrachtet; Subjekt des Wollens sein zu wollen wird identisch gesetzt mit der Subjektivität des Wollens selber und daher für die Quelle allen Übels gehalten. – Die Frage ist bereits rein logisch natürlich unter diesen Umständen nicht beantwortbar, wieso denn das *fremde* Ich, die Person des Vorgesetzten z. B., von dieser vermeintlichen Fehlerhaftigkeit und Sündhaftigkeit des Ichs ausgenommen sein sollte oder könnte; indessen wird das Problem gemeinhin mit der Auskunft kaschiert, daß in dem anderen der Geist Gottes selber bzw. «die Kirche Christi» das Wort ergreife und schon deshalb die göttliche Wahrheit an und für sich zum Ausdruck komme.[8] Es entsteht so *die Illusion eines subjektlosen Kollektivs*, in dem, was immer geschieht oder verordnet wird, als von Gott gewirkt ausgegeben wird. Mit anderen Worten: die Ausschaltung des individuellen Ichs geht notwendig einher mit der Ideologisierung der Gruppe zu einer absoluten Größe, die, als Kollektiv, nicht hinterfragbar, die Wahrheit selber zu sein und zu verkörpern beansprucht.[9]

Im Gefälle dieses Ansatzes wird zugleich *die Bedeutung des Amtlichen* begreifbar, auf die wir früher in den Formen des Denkens, des Lebens und des Umgangs miteinander ausführlich zu sprechen gekommen sind: Auch der Obere ist nicht als Einzelperson, als Individuum, mit göttlichem Wissen ausgerüstet, weil er diese besondere Persönlichkeit wäre, sondern als Amtsperson; er *hat* recht und besitzt jedes Recht, weil er der Vorgesetzte ist. Anders ausgedrückt: die Abstrahierung des einzelnen Willens geht einher mit der Totalisierung des Kollektivs, und das prinzipielle Selbstmißtrauen, mit dem man den Einzelnen infiziert, schlägt um in das prinzipielle, bedingungslose Vertrauen in die Wahrheit der Gruppe als solcher. Perfekter läßt sich das Ziel der Integration bzw. der Identität des Einzelnen mit sich selbst nicht gegen das Ziel der Identifikation des Einzelnen mit der Gruppe vertauschen: Der Einzelne gelangt nicht zur Gemeinschaft der «Erlösten», indem er zu sich selbst zurückgeführt wird, umgekehrt: er hat überhaupt nur die Chance, «erlöst» zu werden, indem er sich selber vollkommen negiert, um sich ganz und gar der Gemeinschaft der Erlösten (der Kirche) zu überlassen.[10] Die gesamte Spannung der Wahrheitssuche zwischen dem Einzelnen und dem Allgemeinen, die Dialektik und Dynamik des Dialogs und Ringens um die Verwirklichung des göttlichen Auftrags wird auf diese Weise an die Substantialität der Kirche deligiert, die in sich die Wahrheit ist und besitzt, während der Einzelne grundsätzlich, weil er der Einzelne ist, die Unwahrheit verkörpert und darstellt. Zwischen dem Objektiven und dem Subjektiven gibt es von daher keine andere Vermittlung als die der vollständigen Unterwerfung – *des Gehorsams,* der Beugung, ja, der Ausrottung des eigenen Willens zugunsten des absoluten Wahrheitsmonopols der Gruppe im Verband.

Es fehlt heute, vornehmlich im Benediktinerorden selber, gewiß nicht an beachtenswerten und wichtigen Versuchen einer Neuinterpretation dieser Vorstellungen, und nicht zufällig dient in zahlreichen Gemeinschaften insbesondere das Vorbild des BUDDHA heute als Beispiel.[11] Läßt sich die Bestimmung, mit Christus eins zu werden, nicht gerade von seiten der Tiefenpsychologie als Aufforderung verstehen, mit dem wahren Selbst, mit der Gestalt des «Menschensohnes», mit dem Göttlichen im eigenen Herzen zu verschmelzen?[12] Ist es nicht zur Herausbildung des Selbst unerläßlich, die Bedingtheiten des eigenen Ichs, ja, die Ichhaftigkeit des Wollens selbst als Prinzip allen Übels aufzugeben?[13] Und ist auf dem Wege dahin nicht eine stufenweise Übung im Gehorsam gerade als das rechte und unerläßliche Verfahren zur Erlangung dieses Ziels zu betrachten?

Tatsächlich besteht eine der wichtigsten Übungen des *Buddhismus* in der Entleerung vom Ich, ja, die Psychologie und Metaphysik dieser Religion geht sogar dahin, die Ichhaftigkeit des menschlichen Bewußtseins mit Argumenten, die an die Erkenntniskritik IMMANUEL KANTS bzgl. der Frage nach der Substantialität der menschlichen Seele gemahnen[14], überhaupt zu leugnen.[15] Gleichwohl ist der Unterschied eklatant und durch keine noch so gut gemeinte und an sich sehr begrüßenswerte Interpretationskunst aus der Welt zu schaffen: Als der BUDDHA in Kusinara starb, verlangte er von seinen Mönchen gerade, daß sie ihn, den Erleuchteten, als individuelle Person vergäßen und ihm nicht als Vorbild von außen nacheiferten. «Ihr selber seid eure Leuchte. Strebt ohne Unterlaß», das waren seine letzten Worte.[16] Unbestreitbar, daß es Ansätze des Suchens nach dem *inneren* Christus vor allem in der Mystik des Mittelalters auch in der katholischen Kirche gegeben hat[17]; doch nicht minder offenkundig ist das Mißtrauen, das die katholische Kirche seit jeher der Mystik entgegengebracht hat: Sie erscheint als vermeintlich zu subjektiv, sie bedarf im wesentlichen nicht der Vermittlung anderer, um zu Gott zu gelangen, sie ist auf geradem Weg eine der Quellen des Protestantismus gewesen – selbst zum geistigen Rüstzeug des politischen Theologen bzw. des eschatologischen Revolutionärs THOMAS MÜNTZER[18] gehörten die Predigten des Mystikers TAULER[19]. Vor allem läßt sich von dem eigentlichen Sinn der «evangelischen Demut» bzw. des «evangelischen Gehorsams» in gewissem Sinne schwarz auf weiß die Probe machen, indem wir einfach noch ein Stückchen weiter zuhören, was BENEDIKT in seiner Regel über den *Gehorsam* sagt.

«Die höchste Stufe der Demut ist der Gehorsam ohne Zögern. Er zeichnet die aus, denen die Liebe zu Christus über alles geht. Wegen des heiligen Dienstes, den sie gelobt haben, oder aus Furcht vor der Hölle oder wegen der Herrlichkeit des ewigen Lebens gibt es für sie kein Zögern, sobald der Obere etwas befohlen hat; sie führen es aus, als hätte Gott selbst es befohlen... Solche Mönche verzichten sofort auf ihre persönlichen Interessen, geben den Eigenwillen auf, legen gleich alles aus der Hand, lassen ihre Arbeit unvollendet liegen, und mit dem raschen Schritt des Gehorsams kommen sie durch die Tat dem Wort des Befehlenden nach. Wie in einem einzigen Augenblick folgt in der Schnelligkeit der Furcht Gottes beides sofort aufeinander: der ergangene Befehl des Meisters und die ausgeführte Tat des Jüngers.

So ist es bei denen, die vom Verlangen gedrängt sind, zum ewigen Leben voranzuschreiten... Sie leben nicht nach eigenem Gutdünken, folgen nicht ihrer Lust und Laune, sondern leben nach dem Entscheid und Befehl eines anderen; sie bleiben im Kloster und verlangen danach, einen Abt als Oberen zu haben. Offenbar sind sie es, die den Herrn nachahmen und sich nach seinem Wort richten: *Ich bin nicht gekommen, um meinen Willen zu tun, sondern den Willen dessen, der mich gesandt hat.*

Dieser Gehorsam ist aber nur dann Gott wohlgefällig und den Menschen angenehm, wenn der Befehl nicht zaghaft, nicht säumig, nicht lustlos oder sogar mit Murren oder offener Widerrede ausgeführt wird; denn der Gehorsam, den man dem Oberen leistet, wird Gott erwiesen; er hat ja gesagt: *Wer euch hört, der hört mich.* Der Gehorsam muß von den Jüngern auch gern geleistet werden; denn *Gott liebt einen freudigen Geber.* Wenn aber der Jünger mißmutig gehorcht und wenn er murrt, nicht nur mit dem Mund, sondern auch nur im Herzen, dann findet er keinen Gefallen vor Gott, selbst wenn er den Befehl ausführt; denn Gott sieht das murrende Herz. Für eine solche Tat bekommt er keinen Lohn; er verfällt im Gegenteil der Strafe der Murrer, wenn er nicht Genugtuung leistet und sich bessert.»[20]

Wie im Konkreten die Ausführung dieser Bestimmungen zu verstehen ist, sagt BENEDIKT des weiteren: «Wird deinem Bruder etwas Schweres oder Unmögliches aufgetragen, so nehme er den Befehl des Vorgesetzten gelassen

und gehorsam an. Wenn er aber sieht, daß die auferlegte Last das Maß seiner Kräfte durchaus übersteigt, dann soll er dem Oberen geduldig und bescheiden darlegen, warum er den Auftrag nicht ausführen kann, ohne Stolz oder Widerstand oder Widerrede. Bleibt es nach der Darlegung beim Entscheid und Befehl seines Vorgesetzten, so wisse der Untergebene, daß es so für ihn gut ist, und er gehorche aus Liebe, im Vertrauen auf die Hilfe Gottes.»[21]
Bei der Lektüre dieser Texte kann kein Zweifel entstehen, daß hier keinesfalls von einem *mystischen* Gehorsam gegenüber dem *inneren* Christus die Rede ist, sondern umgekehrt: der andere (der Obere, der Vorgesetzte, der Abt) wird hier *rein äußerlich* mit Christus identisch gesetzt. Der Gehorsam gegenüber dem kirchlichen Vorgesetzten ist nach diesem Verständnis *ipso facto* Christusgehorsam und, wenn «freudig» getan, eine vor Gott verdienstvolle Tat. Wohlgemerkt geht es dabei niemals um gewisse Inhalte, die im speziellen Falle zum Gehorsam nötigen würden, es geht um *das Formalprinzip des Gehorsams,* das aufgrund der Aufhebung des «Eigenwillens» in sich selbst als das Ideal des Christlichen gesetzt wird. Man kann nicht umhin, darin einen extremen Ausdruck von Fremdbestimmung, von Heteronomie im KANTischen Sinne zu erblicken.[22]
Wer die Offensichtlichkeit dieses Urteils, etwa mit Rücksicht auf die Zeit des 6. nachchristlichen Jahrhunderts, relativieren oder wegdiskutieren möchte, der wird durch *die Wirkungsgeschichte* dieses Denkens innerhalb der kirchlichen Bestimmungen über das mönchische Leben quer durch die Zeit eindeutig eines anderen, Schlimmeren, belehrt werden. Als wirkliche «Experten» in Fragen des Gehorsams haben, wie die Franziskaner in Fragen der Armut, die Mitglieder *des Jesuiten-Ordens* zu gelten. In seinem *Exzerzitienbüchlein,* im 2. Teil, unter Punkt 3, nachdem der Exerzitant sich bereits tagelang die Trugwerke des Satans und seine Verführungen vor Augen gestellt hat, empfiehlt der Gründer dieses Ordens, der heilige IGNATIUS, beispielhaft die Tugenden geistlicher Armut und Demut, wobei er beide zu Recht als innere Einheit betrachtet. «Es gibt», sagt er, «drei Stufen, 1. Die Armut gegen den Reichtum, 2. Die Schmach und die Verachtung gegen die weltliche Ehre, 3. Die Demut gegen den Hochmut; und von diesen drei Stufen aus sollen die Gesandten Christi die Menschen zu allen übrigen Tugenden anleiten.»[23]
Näherhin ging es IGNATIUS bei seiner Vorstellung vom Gehorsam um eine völlige *Indifferenz des Willens.* Die Haltung des Gehorsams bedeutete ihm soviel wie ein nahezu stoischer Gleichmut gegenüber allen denkbaren Aufgaben und Zielsetzungen.[24] Der vollkommene Gehorsam des heiligen IGNATIUS besteht darin, nichts von sich aus besonders zu wünschen oder zu wol-

len und sich daher für jeden möglichen Auftrag innerlich bereitzuhalten.[25] Es ist die *Verfügbarkeit schlechthin,* die IGNATIUS unter dem Stichwort Gehorsam vorschwebt. Der Begriff des Gehorsams selbst wird dabei, etwa in bezug zu der Regel des heiligen BENEDIKT, inhaltlich nicht verändert, er wird gewissermaßen nur pragmatischer, instrumenteller, *soldatischer* gefaßt.

Man hat zu Recht darauf hingewiesen, wie stark das Denken des heiligen IGNATIUS in den *«Exerzitien»* den Zielsetzungen des ostkirchlichen *«Hesychasmus»* ähnele, etwa, wenn GREGOR PALAMAS schreibt: «Wenn sie (die Mönche) sich in gesammelter Aufmerksamkeit und reinem Gebet nur um sich selbst kümmern, zu Gott gekommen und mit ihm in mystischer Einheit, die alles Erkennen übersteigt, verbunden sind, dann sind sie eingeweiht in das Geheimnis, das jenseits jeder Erkenntnis liegt.»[26] Indessen geben die *Ordensregeln,* die IGNATIUS 1551 erstellte, in aller wünschenswerten Deutlichkeit zu erkennen, daß hier durchaus kein Gehorsam gegenüber den Regungen des eigenen Herzens, sondern wesentlich und ausschließlich der Gehorsam gegenüber den kirchlichen Instanzen beschrieben und verordnet wird, und zwar in einer Rigorosität, die in ihrer Intransigenz und Härte selbst innerhalb der katholischen Kirche ihresgleichen sucht. Hören wir *«Satzungen»,* 1. Kap., Teil 6: «Was den Gehorsam betrifft»: «Alle sollen sich mit großer Sorgfalt um die Übung des Gehorsams bemühen und sich darin auszuzeichnen suchen, nicht nur in den Dingen, zu denen sie verpflichtet sind, sondern auch in den anderen, auch wenn der Obere seinen Willen ohne ausdrücklichen Befehl zu erkennen gibt. Sie sollen sich Gott, unseren Schöpfer und Herrn, vor Augen stellen, um dessentwillen wir einem Menschen gehorchen. Dabei sollen uns weder Furcht noch ein anderes ungeordnetes Gefühl leiten, sondern allein der Geist der Liebe. Wir müssen uns ausdauernd bemühen, in nichts hinter der Vollkommenheit zurückzubleiben, die wir mit Gottes Gnade erreichen können, bei der genauen Beobachtung der Satzungen und in Erfüllung dessen, was die Eigenart unseres Ordens verlangt. Alle Kräfte sollen auf den Gehorsam ausgerichtet sein, vor allem gegenüber dem Papst, dann aber auch gegenüber den Oberen der Gesellschaft, so daß wir uns in allen Dingen, auf die sich der Gehorsam in Liebe erstrecken kann, auf ein Wort des Oberen hin, als komme es aus dem Munde Christi des Herrn, bereithalten und jede andere Beschäftigung verlassen, ja, selbst den schon angefangenen Buchstaben nicht mehr vollenden. Alle Gedanken und Anstrengungen im Herrn sollen darauf hinzielen, daß unser Gehorsam sowohl in der Ausführung als auch in unserem Willen und Verstande immer möglichst vollkommen sei, und wir sollen uns mit Ausdauer und innerer Freude den Aufgaben zuwenden, die uns aufgetragen werden. Jeder Befehl muß uns recht sein. Für unseren Teil sollen wir in einer Art blinden Gehorsams in allem, was nicht Sünde ist, unsere eigenen Ansicht und jede andere Meinung vor dem Befehl des Oberen zurückstellen. Jeder soll davon überzeugt sein, daß alle, die unter dem Gehorsam leben, sich von der göttlichen Vorsehung durch die Vermittlung des Oberen leiten und führen lassen müssen, als wären sie ein Leichnam, der sich überall hintragen und in jeder beliebigen Weise behandeln läßt, oder der Stab eines Greises, der sich überall und zu allem benutzen läßt. Denn so muß derjenige, der gehorsam ist, freudigen Herzens alles ausführen, was der Obere ihm zum allgemeinen Besten aufträgt. Dabei soll er die Überzeugung haben, daß er auf diese Weise mehr als durch irgend etwas anderes den eigenen Willen und das eigene Urteil dem göttlichen Willen gleichförmig macht. Daher soll allen die Ehrfurcht gegenüber dem Oberen, vor allem die innere, empfohlen werden. Sie sollen Jesus Christus in ihm sehen und ihn als ihren Vater in Christus lieben. Dann wird ihr inneres und äußeres Leben vor dem Oberen aufgeschlagen sein wie ein Buch, damit er sie um so besser im Geist der Liebe auf dem Weg des Heiles und der Heiligung führen kann.»[27]

Es ist deutlich, wie sehr in diesen Verordnungen der gemeinsame Geist des abendländischen Mönchtums bis in die Formulierungen hinein sich ausspricht – keinesfalls handelt es sich hier etwa um die rein persönliche Gedankenwelt des heiligen IGNATIUS; insbesondere die klassische Formulierung des «Kadavergehorsams» findet sich in ähnlichen Bildern z. B. auch in der Regel des heiligen FRANZISKUS[28], auf den wir nachher noch ausführlicher zu sprechen kommen; die einzige persönliche Leistung, die IGNATIUS diesbezüglich zugesprochen werden muß, liegt in der Radikalisierung und Intensivierung des Überkommenen. Das Wesentliche verdankt er der Tradition selbst: den Gehorsam ohne Rückhalt und Zögern, die Freudigkeit des Gehorsams und vor allem: die Identifikation des Willens des Vorgesetzten mit dem Willen der göttlichen Vorsehung.

Dabei muß man sich klarmachen, daß im 16. Jahrhundert, als IGNATIUS den Jesuiten-Orden gründete, sich die Zeiten sehr gewandelt hatten. Der Regel des heiligen BENEDIKT im 6. Jahrhundert mag man zugute halten, daß sie aus einer Zeit stammt, in welcher die Unterwerfung unter von Gott gesetzte Autoritäten noch als etwas Selbstverständliches gelten konnte; das 16. Jahrhundert des heiligen IGNATIUS aber erlebt mit der Renaissance und der Reformation die stürmische Entdeckung der Freiheit des Einzelnen. Der Schritt war durch *die ökonomische Entwicklung* längst vorbereitet. Man muß sich vorstellen, daß zu Beginn des Mittelalters das Berufshandwerk noch fast ausschließlich in Klöstern und Fronhöfen konzentriert war, ein unabhängiges Bewußtsein durch eigene Arbeit und Leistung mithin gar nicht zustande kommen konnte. Es war das Aufblühen der Städte und, damit einhergehend, die wirtschaftliche und rechtliche Befreiung der Bürger, die sich vom 12. Jahrhundert an zu einem machtvollen Faktor der Verselbständigung und Unabhängigkeit gegenüber der Kirche wie gegenüber den Landesherren auswuchs: Handel, Handwerk und Gewerbe entstanden.[29] Zwar wurde auch jetzt noch ein Großteil der Gebrauchsgüter, besonders auf dem Lande, in Eigenproduktion hergestellt, doch entwickelten sich bis zum 15. Jahrhundert in den großen Städten etwa 70 bis 80 eigenständige Handwerksberufe, die allerorten in Zünften zusammengeschlossen waren.[30] Mit anderen Worten: Das Leben gestaltete sich zunehmend komplizierter und differenzierter; es wurde immer weniger möglich, die soziale Wirklichkeit einem einheitlichen Plan und Befehl zu unterwerfen, und um so stärker meldete sich der Sachverstand und die Eigengesetzlichkeit der verschiedenen Berufszweige zu Wort.

Gemessen daran stellt die Formulierung des Gehorsams bereits in der Regel des heiligen FRANZISKUS und erst recht 300 Jahre später bei IGNATIUS VON LOYOLA geistesgeschichtlich wie sozialgeschichtlich buchstäblich einen Rückfall in die Zeit *vor* dem Mittelalter dar; ja, es handelt sich in gewissem Sinne um einen Protest, der sich gegen gerade diejenigen Kräfte richtet, denen wir den Aufstieg des Mittelalters zur Neuzeit verdanken. Anders ausgedrückt: eine angemessene Antwort der Kirche auf den wachsenden Pluralismus einer immer unüberschaubarer werdenden Welt hätte bereits vor 600 Jahren in einer Öffnung zu mehr Freiheit und Eigenverantwortung im Sinne eines dialogischen und kooperativen Leitungsstils bestehen müssen; – statt dessen hat die katholische Kirche bis aufs äußerste versucht, die auseinanderstrebende Welt auf der Grundlage des überkommenen Weltbildes zusammenzufassen, und so hat sie sich selbst dazu verurteilt, eine unübersehbare Schar von Menschen, die sich ihrer monolithischen Autokratie nicht beugen wollten, zu «Ketzern» erklären zu müssen.[31] Der Voluntarismus einer befohlenen Wahrheit setzte sich an die Stelle geistvoller, aus Versuch und Irrtum gewachsener Einsicht und gemeinsamer Überzeugung, und es ist kein Zweifel, daß die Forderung des Gehorsams, wie IGNATIUS sie verstand, wesentlich den Zweck verfolgte, die alte mönchische Haltung der Demut in ein Schwert der «Gegenreformation» der katholischen Kirche zu verwandeln.[32] Es ist ein Wille zur Wahrheit, wie er in seiner monumentalen Leere und Substanzlosigkeit sich nirgends deutlicher offenbart als in dem am meisten «katholischen» Bauwerk jener Gesinnung: in dem *«Escorial»*

PHILIPP II.: in dieser Zwingburg der Macht, in welcher die Seele zu Stein wird und der Körper gefriert.[33] Die befohlene Wahrheit, die in der Unterwerfung des Willens sich beglaubigende Wahrheit, dieser gefühlskalte Voluntarismus der Gleichgültigkeit alles Individuellen – man kann diese Haltung nicht auslegen und verstehen, ohne sich all das vor Augen zu stellen, was durch diese Einstellung unmittelbar gefordert und gerechtfertigt wurde: die Religionskriege und die Inquisition, die Judenverfolgungen und die Hexenverbrennungen, die beginnenden kolonialen Eroberungen nebst der Vernichtung der «heidnischen» Kulturen durch das Schwert aus dem Munde des Herrn Jesus Christus (Apk 19,15)[34]. Es handelt sich um einen Gehorsam psychologischer Selbstvergewaltigung und eben deshalb um das rechte Mittel zur gewaltsamen Unterwerfung Andersdenkender. Um es so zu sagen: Gehorsam ist nur sinnvoll, wo *befohlen* wird, befehlen aber kann nur, wer *die Macht* dazu besitzt. Der stets verschwiegene, unter der Idealisierung des Gehorsams verborgene Inhalt besteht in der *Ideologie kirchlicher Macht* selbst. Nie herrschen Menschen absoluter und totaler, als wo erklärt wird, daß sie an der Stelle Gottes selbst befehlen und also unbedingten Gehorsam beanspruchen können.

Man könnte zur «Rechtfertigung» der Gehorsamsforderung des heiligen IGNATIUS trotz ihres bereits zur Entstehungszeit im Grunde anachronistischen Charakters immerhin noch gewisse Zeitumstände geltend machen. Im Zeitalter des *Absolutismus* werden selbst 200 Jahre nach IGNATIUS sich die Landesherren das Recht nehmen, wie selbstverständlich ihren Untertanen zu befehlen, welcher Religion sie angehören sollen[35], und die Formeln, mit denen das Gottesgnadentum z. B. des «Sonnenkönigs» *Ludwigs XIV.* sich schmückt, könnten unverändert aus dem Alten Ägypten zur Verehrung des Pharaos als des «Sohnes der Sonne» stammen[36]; sollte da nicht der römische Papst, der *pater patrum,* der Vater der Väter, das Recht haben, seinen Untergebenen die Wahrheit zu befehlen?[37] Er *hätte* es vielleicht gehabt, besäße nicht auch und gerade für ihn das Jesuswort allzeit Gültigkeit: «Ihr aber laßt euch nicht Vater nennen» (Mt 23,9)[38]. Zudem darf man nicht übersehen, daß die Landesherren sich die Autorität in Fragen der Religion überhaupt erst aneignen konnten, nachdem die Wirren des 30jährigen Krieges gezeigt hatten, daß ein Friede der Toleranz und der Verständigung, wie er 1648 in Münster beschlossen wurde, sich nur erreichen ließ, wenn der Fanatismus religiöser Rechthaberei durch humane Vernunft und politischen Pragmatismus in Grenzen gehalten wurde.[39] Tatsächlich entledigte sich denn auch der aufgeklärte Absolutismus bereits in der Mitte des 18. Jahrhunderts seiner religiösen Kompetenz und erklärte die Religion zur Privatangelegenheit des

Einzelnen, und, ohne es zu wollen, endete damit notwendig der Absolutismus menschlicher Herrschaft selbst.[40]. Spätestens seit dieser Zeit darf das Prinzip des Gehorsams als der Unterwerfung des individuellen Willens unter das System äußerer Observanz geistesgeschichtlich als endgültig überholt und erledigt gelten; doch um so erschreckender mutet es an, daß sich unter allen geistig und kulturell aktiven Gruppen des Abendlandes einzig die katholische Kirche bis heute beharrlich weigert, ihr Verständnis von der Heiligkeit eines «evangelischen Gehorsams» im Sinne einer bedingungslosen Unterwerfung des Individuums unter den Willen kirchlicher Vorgesetzter aufzugeben und den Stil ihres Zusammenlebens mit der Grundvoraussetzung des Geistes der Neuzeit in Einklang zu bringen: mit der Freiheit des Menschen, mit der «Freiheit eines Christenmenschen» insbesondere.[41]

Um zu zeigen, wie unverändert bis in die Details und wie unbekümmert um die gewaltigen geistigen Umwälzungen der Zeit die katholische Kirche in ihren Klerikern (wenigstens in diesen!) sich darzustellen sucht, sei am einfachsten erneut ein Stück aus dem *Direktorium* jener Kongregation von *Missionsschwestern* zitiert, deren Regeln wir bereits auf der Suche nach dem rechten Verständnis der «evangelischen Armut» befragt haben. Es heißt dort: «Durch das Gelübde des Gehorsams bringt eine Ordensperson Gott dem Herrn ihren freien Willen, ihr Urteil und ihren Verstand, diese innersten und kostbarsten Güter, zum Opfer dar nach dem Vorbilde Jesu Christi, der sich selbst entäußerte und dem himmlischen Vater gehorsam war bis zum Tode am Kreuze. Auf dem Gehorsam beruht alle Ordnung und Harmonie, wie im Reiche der Natur, so im Reiche der Gnade. Er ist die mächtige Triebfeder, welche allen Mitgliedern der klösterlichen Genossenschaft Bewegung und Leben mitteilt; er gibt dem Ordensleben den wahren Wert und reichliches Verdienst bei Gott.»[42] «Das Gelübde des Gehorsams legt den Schwestern die Verpflichtung auf, dem Heiligen Vater und den Kongregationen der Regularen und der Propaganda zu gehorchen.»[43] «Durch das Gelübde des Gehorsams versprechen die Schwestern Gott, dem Herrn, ihren rechtmäßigen Oberen in allem zu gehorchen, was diese ihnen gemäß den Konstitutionen befehlen werden. Wird ein Befehl ‹Kraft des Gehorsams› und zwar schriftlich gegeben, so verpflichtet ein solcher Befehl unter schwerer Sünde.»[44] «Die Schwestern, welche den Befehlen und Anordnungen der Obern leicht und oft ungehorsam sind oder die gewohnheitsmäßig ihren eigenen Sinn dem Gehorsam vorziehen, werden bald den Geist des Gehorsams verlieren und so ihr Gelübde, ja selbst ihren Beruf in Gefahr bringen. Zugleich werden sie sich durch das Ärgernis, das sie geben, schuldig machen.»[45] «Wenn eine Schwester besondere Schwierigkeiten findet, einen

Befehl auszuführen, so ist es nicht gegen den Gehorsam, wenn sie demütig und bescheiden Gegenvorstellungen macht... Wenn ihre Vorstellungen unberücksichtigt bleiben, werden die Schwestern im Vertrauen auf die Kraft des Gehorsams bereitwillig folgen, eingedenk der Hilfe des Herrn, die dem Gehorchenden niemals fehlen wird.»[46] «Die Schwestern sollen sich bemühen, einen möglichst vollkommenen Gehorsam zu leisten, um sich selbst dadurch zu heiligen und zugleich beizutragen zur Heiligung anderer sowie zu einer gesegneten Wachsamkeit der ganzen Genossenschaft.»[47]
Was sich in diesen Bestimmungen und Vorstellungen beispielhaft ausspricht, ist immer wieder zweierlei: zum einen die vollkommene Unterwerfung des Einzelnen unter die Interessen und Zielsetzungen der «Gemeinschaft», und zum zweiten die theologische bzw. ideologische Identifikation der Gemeinschaft mit Christus bzw. Gott. An beidem hat sich bis heute nichts geändert. Der stereotype Einwand, es sei durch das Zweite Vaticanum «alles anders» geworden, trifft in keiner Weise zu. Denn schlägt man (pars pro toto) die *Konstitutionen* desselben Ordens aus dem Jahre 1981 auf, so ist zu lesen: «Von der Menschwerdung bis zum Kreuzestod war Christi Leben durch die Einheit mit dem Willen des Vaters geprägt. In diese Hingabe an den Vater will Christus uns durch unser freies Ja im Gelübde des Gehorsams hineinnehmen. Durch die Ganzhingabe unseres Willens werden wir dem göttlichen Heilswillen geeint, um dadurch sicherer den Heilsplan Christi fortzuführen.»[48] «Gottes Wille wird für uns im Befehl unserer Obern sichtbar. Ihr Amt ist den Obern als Dienst aufgetragen. Gemeinsam mit den Schwestern horchen sie auf den Willen Gottes, um das Ziel unserer Kongregation zu verwirklichen.»[49] «Christus, der sich ständig dem Vater hingibt, fordert bisweilen von uns das Hineingehen in die Torheit des Kreuzes. Denn auch er hat durch Leiden den Gehorsam gelernt, obwohl er Sohn war. Nachdem er zur Vollendung gelangte, ist er für alle, die ihm gehorchen, der Urheber des ewigen Heils geworden.»[50]
Der Gehorsam, so verstanden, ist trotz aller Hinweise auf den «gemeinsamen» Weg eine Art Teilhabe am Martyrium Christi: Opfer, ständige Selbsthingabe und Selbstverleugnung zugunsten der Gemeinschaft, in welcher der Wille Gottes konkrete Gestalt gewinnt, sind und bleiben die idealen Attribute dieser Haltung; und als das letzte und eigentliche Gegenüber der Unterwerfung des Einzelnen unter den Willen der Kirche fungiert der «Vater der Väter», der Heilige Vater, der Papst. Die Vergöttlichung seiner Befehlsgewalt erscheint als das logische Pendant dieser Verabsolutierung des Willens zum Nicht-selbst-wollen-Dürfen. So sehr die demütige Haltung des heiligen FRANZISKUS dem Machtwillen eines Papstes wie *Innozenz III.*

logisch zu widersprechen scheint, so bedingen sich doch sozialpsychologisch beide Einstellungen wechselseitig wie die zwei Brennpunkte einer Ellipse: Die Absolutsetzung einer menschlichen Gruppe als des exklusiven Sprachrohrs göttlichen Willens treibt notwendig *die Polarisierung von Allmacht und Ohnmacht* aus sich hervor, wobei es wichtig ist zu begreifen, daß diese Spannung keinesfalls dialektisch im Sinne der HEGELschen Wechselbeziehung von Herr und Knecht verstanden werden darf: was dort als Dynamik unablässiger Umkehrungen erscheint, verfestigt sich hier als ein hierarchisches Herrschaftsgefüge, das nur eine einlinige, nicht-rückgekoppelte Befehlsstruktur von oben nach unten zuläßt.

Die Korrespondenz von mönchischem Gehorsam und päpstlicher Befehlsgewalt wird am besten dokumentiert durch *den* Papst, der in den Forderungen aller drei «evangelischen Räte» als erster das rechte Mittel erkannte, um den römischen Zentralismus nach außen wie nach innen, im Kampf gegen Könige, Gegenpäpste und Ketzer, zur Theokratie reinsten Stils auszubauen und damit allererst die Grundlagen dessen zu schaffen, was der Idee nach als «römisch-katholische Kirche» gelten muß: Papst GREGOR VII. (1073–1085), der in seinem bekannten *Dictatus Papae* die uneingeschränkte Suprematie des Papstes forderte: «Niemand auf Erden kann über den Papst urteilen. Die Römische Kirche hat nie geirrt und kann bis zum Ende der Zeiten nie irren. Allein der Papst kann Bischöfe absetzen ... Er kann Kaiser und Könige absetzen und ihre Untertanen von der Gefolgschaft dispensieren. Alle Fürsten müssen ihm die Füße küssen ... Ein rechtmäßig gewählter Papst ist ohne Frage ein Heiliger durch die Verdienste Petri.»[51] Es ist das erste Mal, daß in der Geschichte des Papsttums so unverhüllt nicht nur der absolute Machtanspruch Roms geltend gemacht wird, es ist vor allem die Kombination von Macht und Wahrheit oder, besser, die Definition der Macht als Wahrheit, die sich in diesem Denken ausspricht, und man täusche sich nicht: Es handelt sich nicht um Episoden oder Relikte des Mittelalters, es handelt sich um das geistige Fundament, auf dem überhaupt erst die Forderung nach absolutem Gehorsam gegenüber der geistlichen Behörde erhoben werden kann. Nur wenn das Amt des Papstes selber die Wahrheit Gottes ist, verdient es und beansprucht es die restlose «Selbstentleerung» seiner Untertanen. Man weiß kirchengeschichtlich, wie geschickt GREGOR VII. durch die serienweise Fälschung von Urkunden seine Macht «theologisch» zu untermauern vermochte: Gestützt auf die vermeintlich echten Urkunden GREGORS wird 100 Jahre später der Benediktinermönch GRATIAN sein *«Decretum»* zusammenstellen, das aus einem Haufen unechter Zitate aus dem Munde von römischen Bischöfen aus den ersten vier Jahrhunderten zu beweisen sucht, daß der Papst «ohne Einschränkung über dem Recht» steht und «dessen Quelle» ist. «Er muß deshalb die gleiche Stellung einnehmen wie der Sohn Gottes.»[52] Von jetzt an erlangt die römische Kirche ihr eigentliches Gepräge: «Jede Kirche mußte mit dem römischen Muster konform gehen, wie fremd dies Muster ihren Ursprüngen und ihren Erfahrungen auch sein mochte. Latein, Zölibat, scholastische Theologie – all das wurde so weit durchgesetzt, daß Einmütigkeit durch Einheitlichkeit, gegründet auf Rom, ersetzt wurde. – Die Veränderungen, die Gregor bewirkte, spiegelten sich in der Sprache wider. Vor ihm war der traditionelle Titel des Papstes Stellvertreter Petri. Nach ihm war er Stellvertreter Christi. Nur das ‹Stellvertreter Christi› konnte seine absolutistischen Ansprüche rechtfertigen, und seine Nachfolger erbten diese in Wirklichkeit nicht von Petrus oder Jesus, sondern von ihm.»[53]

Es ist der Schatten oder, je nachdem, die Sonne dieses Denkens, durch welche in seiner Nachfolge *Innozenz III.* (1198–1216) die Macht des Papstes in die Form kleidete, die es erlaubte, die Ausdehnung päpstlicher Herrschaftsansprüche schlechterdings mit der Ausbreitung der Wahrheit Christi auf Erden identisch zu setzen.[54] In den Augen von *Innozenz III.* war die Kirche die Seele der Welt, deren Willensentscheidungen jedes Glied des Leibes unterworfen werden mußte. Wir haben die Geisteswelt dieses Mannes bereits bei der Schilderung der Katharerkreuzzüge berührt, als wir die Strukturen eines «Denkens von Amts wegen» zu beschreiben suchten (s. o. S. 96 f.); doch es gibt keinen religiösen Fanatismus, der sich nicht objektiv als Wille zur Macht äußerte, um subjektiv als Gehorsam des Einzelnen verinnerlicht zu werden. Es war *Innozenz III.*, der die Aporie der kirchlichen Gehorsamsforderungen auf den Punkt brachte: «Jeder Kleriker», so verlangte er, «muß dem Papst gehorchen, selbst wenn er Böses befiehlt; denn niemand kann über den Papst urteilen.»[55] Keine Frage: Im 20. Jahrhundert gibt es *nur ein* Wort, um diese Einstellung auf deutsch zu bezeichnen: Ein solches Denken ist *faschistoid*. Der «Führer» als Herr über Wahrheit und Recht[56], und die Gehorsamsforderung als Mittel zur Durchsetzung der jeweils verordneten Wahrheiten – welch eine Perversion der «Wahrheit» des Christentums! Und was für eine Form von Theologie, die mit ihren Lehren für die Vereinheitlichung des Glaubensbekenntnisses aller Rechtgläubigen in der so verfaßten Kirche ideologisch Sorge tragen muß! Wie weit entfernt ist all das besonders von den sarkastischen Worten Jesu in Mk 10,42 über das «Herunterwillküren» der Herrscher der Völker auf ihre Untertanen[57] und von seinem eindringlichen Befehl: «Bei euch soll es nicht so sein»! Man muß THOMAS HOBBES zustimmen, wenn er im *«Leviathan»* schreibt: «Das

Papsttum ist nichts anderes als der Geist des toten Römischen Reiches, auf dessen Grab es gekrönt sitzt.»[58] Man muß MARSILIUS VON PADUA und seine Schrift *«Verteidiger des Friedens»* lesen, um mit Erschrecken zu merken, was auch damals bereits, im 13. Jahrhundert schon, *in politischer Absicht* gegenüber dem theokratischen Prinzip des Papsttums gesagt werden konnte[59]: Es sind die Machthaber der «Völker» in jenen Tagen, die in ihren Vorwürfen gegenüber den Päpsten im sogenannten Investiturstreit der Wahrheit Christi näher sind als die obersten Diener Christi selber!

Den Apologeten der päpstlichen Gehorsamsforderung mag es sich nahelegen, auf den zeitlichen Abstand hinzuweisen, der uns Heutige von den Päpsten des Mittelalters trennt; doch wird dieser Hinweis durch sich selbst zunichte, indem die weitere Geschichte des Papsttums demonstriert, daß der Anspruch von Päpsten wie GREGOR VII. und INNOZENZ III. auf uneingeschränkte Macht und auf den unfehlbaren Besitz der Wahrheit sich trotz aller geistigen Wandlungen der Neuzeit unverändert durchhält und sogar noch an Stärke gewinnt. Gewiß, äußerlich büßt der Kirchenstaat der Nachfolger Petri und der Stellvertreter Christi auf Erden immer mehr an Macht, Besitz und Geltung ein, doch um so mehr verfestigt sich *der geistige Anspruch* auf unbedingten Gehorsam der Gläubigen gegenüber ihrem Vorgesetzten.

Den Höhepunkt dieser Entwicklung stellt unzweifelhaft das Pontifikat von Papst PIUS IX. (1846–1878) dar, in dessen Tagen der Kirchenstaat politisch verfällt, dafür aber der geistige Anspruch auf den Alleinbesitz göttlicher Wahrheit sich bis zu dem Dogma von der Unfehlbarkeit des Papstes am 18. Juli 1870 steigert.[60] Bereits 1864 hatte der berühmt-berüchtigte *Syllabus*, eine päpstliche Sammlung von Irrlehren, so ziemlich alles verurteilt[61], was an naturwissenschaftlichen, philosophischen und theologischen Erkenntnissen dem mittelalterlichen Weltbild des katholischen Traditionalismus widersprach. Und es ist dieser Stil im Denken und Handeln, der, trotz der kurzzeitigen Hoffnung des 2. Vaticanums ein Jahrhundert später, in unseren Tagen immer noch nachwirkt, d. h. bei Licht betrachtet schon wieder zu neuer Blüte zu gelangen scheint.

Wo wir heute in der katholischen Kirche *in puncto* Gehorsam stehen, mag man an *zwei Begebenheiten* ablesen.

Zum einen: *die Maßregelung des Jesuitenordens 1981.* Wenn irgend in der katholischen Kirche es eine Ordensgemeinschaft von gewissermaßen soldatischer Gehorsamsbereitschaft gegenüber den geistigen Ansprüchen und Bedürfnissen des Heiligen Stuhles gibt, ist es dieser Orden, dem sein Gründer in den «Exerzitien» befahl: «Um zu der Wahrheit in allen Dingen zu

gelangen, sollten wir immer bereit sein zu glauben, das, was uns weiß scheint, sei schwarz, wenn die hierarchische Kirche es so definiert.» Für Papst JOHANNES PAUL II. war der Gehorsam der Gehorsamsten aller Diener Christi vor dem Throne Petri von Anfang an nicht gehorsam genug. Gerade die Jesuiten, Männer wie KARL RAHNER an der Spitze, hatten im 2. Vaticanum Chance und Auftrag gesehen, die Kirche geistig zu erneuern und für eine lebendige Auseinandersetzung mit den Fragen und Problemen der Welt von heute vorzubereiten. Jahrelang kursierten deshalb in Klerikerkreisen Witze der Art, die Jesuiten hätten in ihr Ordensgelübde eine neue Formel aufgenommen: *Voveo dialogum perpetuum* – ich gelobe, ins Unendliche zu diskutieren. Eben diese neu erwachte Gesprächsbereitschaft und Dialogfähigkeit erschien dem derzeitigen Papst von Anfang an suspekt. PETER DE ROSA, der das entsprechende Material übersichtlich zusammengestellt hat, urteilt über JOHANNES PAUL II., er wirke oft wie der «strengste Papst, an den sich die jetzt Lebenden erinnern. Man mußte zu Pius X. an der Jahrhundertwende zurückgehen, um einen Papst zu finden, der weniger zuhört und mehr sofortigen Gehorsam verlangt. Der Grund hierfür ist klar. Der Papst ist von Natur und Ausbildung her ein Platoniker. Er glaubt, daß Wahrheit ewig und unwandelbar ist. Er als Stellvertreter Christi hat eine privilegierte, vom Heiligen Geist inspirierte Sicht dieser Wahrheiten, die er der Kirche vorhalten muß und von der keinem Katholiken die Abweichung um auch nur ein Jota erlaubt werden darf.»[62]
Das scheint aufs Wort zuzutreffen, nur daß es PLATON Unrecht tut; denn so sehr dieser auch an die Unwandelbarkeit der Wahrheit glaubte, so wenig glaubte er doch an die Unfehlbarkeit von Menschen; im Gegenteil hielt er dafür, daß man die Wahrheit nur in gemeinsamem Gespräch, im Suchen miteinander und im Hören aufeinander finden könne; doch gerade diese philosophische Überzeugung vereinbart sich offenbar nicht mit dem von Amts wegen garantierten Wahrheitsbesitz des römischen Papsttums. Nicht durch Nachdenken und Reden, sondern durch Gehorchen und Ausführen wird hiernach ein Mensch der Wahrheit Gottes teilhaftig. Schon deshalb mußte die drohende Transformation des Jesuitenordens als einer geistigen Pioniertruppe der päpstlichen Administration in ein Kolleg philosophierender Wahrheitssucher gestoppt werden.
Insbesondere der Ordensgeneral PEDRO ARUPPE hatte versucht, die Beschlüsse des Konzils durch eine Liberalisierung seines Ordens in die Praxis umzusetzen. «Als er krank wurde, wurde P. Vincent O'Keefe zum geschäftsführenden Generalvikar ernannt. O'Keefe, ein Amerikaner, war Rektor von Fordham gewesen, der Jesuitenuniversität im Staat New York.

Johannes Paul fand ihn unannehmbar. 1981 setzte er dem Orden den 79jährigen und fast blinden Paolo Dezza als seinen persönlichen Delegaten vor die Nase. Kein Papst hatte je so etwas getan.» Erst als der Papst sicher sein konnte, daß die Jesuiten «ihr Verhalten ändern und einen General wählen würden, der für ihn akzeptabel war, ließ er sie gewähren.»[63] Und selbst dann eröffnete er persönlich die 33. Vollversammlung im Jesuitenhaus im Borgo Santo Spirito in der Nähe des heiligen Offiziums und setzte durch seine Anwesenheit die Wahl des als gemäßigt geltenden Holländers *P. Piet Hans Kolvenbach* durch.[64]
Ein anderes Beispiel spricht (neben dem Entzug der Lehrerlaubnis von Hans Küng 1979 und von Charles E. Curran 1986) in seiner Kleinkariertheit eine noch deutlichere Sprache. 1987 hatte *der amerikanische Jesuit Terence Sweeney* aus Los Angeles «die 312 amerikanisch-katholischen Bischöfe zu vier Themen im Zusammenhang mit dem Zölibat der Priester und der Priesterweihe für Frauen» befragt. «Von den 145, die antworteten, waren 35 dafür, daß Priester heirateten, weil es zu wenig Berufungen gibt. 11 sagten, sie würden gern weibliche Priester sehen.»[65] Kaum jedoch erfuhr Kardinal Ratzinger von dem Ergebnis der Untersuchungen, als er Pater Sweeney wiederholt aufforderte, entweder sein gesammeltes Material zu vernichten oder den Orden zu verlassen. Sweeney fand, daß sich ein Gehorsam, der sich nicht auf Vernunft und Wahrheit stütze, mit der menschlichen Würde nicht vertrage. Tatsächlich, meint P. de Rosa, «ist schwer einzusehen, warum ein angesehener Jesuit zum Austritt gezwungen wird – nicht wegen Verfehlungen in Lehre oder Moral, sondern weil er die Einstellung von Bischöfen veröffentlichte, die auf seine Fragen frei geantwortet hatten. Der Papst scheint entsetzt bei der Vorstellung, jemand könnte wissen, was die Bischöfe, seine Bischöfe wirklich denken. Das Bild drängt sich auf: Der Papst sieht Bischöfe als Spitzenbeamte. Sie machen keine Politik; sie führen sie aus. Gleichgültig, welche persönliche Meinung sie haben, sie sollten sie für sich behalten. Er allein spricht für die Kirche. – Der Eindruck entstand, daß ein Bischof, der anderer Meinung ist als der Papst, schon schlimm genug ist, 35 in einem Land aber unerträglich. Eine solche Enthüllung zerschmettert die Fassade totaler Einigkeit, die der Stolz des Katholizismus ist... Es ist schwer, sich dem Schluß zu entziehen: Die Bischöfe haben zu viel Angst vor dem Papst, um zu sagen, was nach ihrer wirklichen Überzeugung das Beste für die Kirche und ihre Diözesen ist. Es gibt ohnehin kein Mittel, um abweichende Meinungen zu äußern. Auf Gemeindeebene ist die Situation nicht anders. Die Pfarrer beraten ihre Schäflein auf liberale Weise, aber nur in der Beichte. Für die Rolle als öffentliche Märtyrer haben sie nichts übrig. Sie

glauben, es ist besser, zu schweigen, als nicht zu überleben. Doch wo ist das Zeugnis für die Wahrheit des Evangeliums? Und was wird aus dieser großen Institution, die auf so vielen Verantwortungsebenen eine Lüge lebt?»[66]
Man ersieht an diesem Beispiel auch, wie bis ins Detail der autokratische bzw. theokratische Zentralismus der römischen Behörde geht. Während sie in Geldangelegenheiten, wie wir sahen, mehr oder minder als Dilettanten gelten müssen, verfügen die Amtsträger der römischen Kurie im Umgang mit Macht und in der Erzwingung geistlichen Gehorsams zweifellos über mehr Erfahrung als jedes andere Staatsgebilde der Welt. Auf der anderen Seite darf man freilich den *strukturellen Irrationalismus autoritärer Herrschaftsformen* nicht außer acht lassen. Die Bündelung aller Macht in einem einzelnen führt notwendig dazu, daß, entgegen allen Versicherungen über die Selbstlosigkeit klerikaler Machtausübung, die Person des jeweiligen Machthabers *de facto* eine ganz überragende Bedeutung erlangt: Es sind im Grunde *seine* Wertungen, *seine* Vorlieben, *seine* Vorurteile, die sich vom Augenblick seines Amtsantritts an zum Maßstab aller setzen, indem sie über die gesenkten Häupter der gehorsamen Untertanen hinwegwehen wie der Wind über die Ähren eines Kornfeldes, und da seine Meinungen und Entscheidungen «im Gehorsam» stets göttliche Gesetzeskraft besitzen, wird es zunehmend die Aufgabe der Untergebenen darstellen, die an sich zufälligen bzw. willkürlichen Vorgaben ihres Vorgesetzten als Manifestationen höchster Weisheit und göttlicher Fügung zu erweisen und zu lobpreisen. Ist sein Wille göttlicher Wille, so ist er gewiß stets auch als weise, visionär und «zutiefst menschlich» zu begreifen. Dieses System der Außenlenkung hat seine Vorstellungen von Gehorsam erst verwirklicht, wenn es niemanden mehr gibt, der sich unterstehen würde, etwas zu sagen, das nicht zuvor die Duldung und die Billigung seines Herrn gefunden hätte oder abgezielt und abgeschielt wäre auf die Herstellung eines größtmöglichen Konsens der anderen. *Der Mangel an Persönlichkeit ist der entscheidende Schwachpunkt jeder autoritären Herrschaft.*
Aus dem Machtbereich der kommunistischen Partei Sowjetrußlands erzählt man sich eine Anekdote, die in dieser Weise auch den derzeitigen Zustand der katholischen Kirche kennzeichnen könnte. Als *Nikita S. Chruschtschow* am 12. Okt. 1961 auf dem 22. Parteitag der KPdSU seine große Rede über die Weiterführung der Entstalinisierung hielt, soll im Saale jemand laut gerufen haben: «Und wo waren Sie damals denn selbst, Genosse Vorsitzender?» *Chruschtschow* soll seine Rede unterbrochen und gefragt haben, wer den Zwischenruf gemacht habe. Keiner meldete sich. «Seht ihr, Genossen, da war ich damals», soll er gesagt haben. Innerhalb eines Systems autoritär

gebundener Angst gilt niemals die Wahrheit zur rechten Stunde etwas, sondern stets die kollektive Rechthaberei im Rückblick sowie der artige Fleiß in der Durchführung der neuen Befehle, wenn alles vorüber ist.
Es war der französische Dichter JEAN ANOUILH, der in seinem Drama *Jeanne oder Die Lerche* die Inquisition der katholischen Kirche als ein ewig gültiges Bild für den Kampf aller absolut Herrschenden gegen die Freiheit des Menschen betrachtete; nirgends in der modernen Literatur ist das römische Prinzip des Gehorsams in seiner Travestie derart bloßgestellt worden wie in den Worten, die dort der Inquisitor an dieses Mädchen, an diese Hexe oder Heilige, richtet, die es gewagt hat, ihren inneren Bildern und Visionen, statt den Befehlen anderer Menschen zu folgen. «Seht ihr den Menschen, wie er frech sein Haupt erhebt? Begreift ihr jetzt, über wen ihr zu Gericht sitzt? Die himmlischen Stimmen haben auch euch verblendet! Hartnäckig und verbohrt sucht ihr nach irgendeinem Teufel, der in ihr verborgen sein soll! ... Der Mensch, der stolze und sichere Mensch macht mir tausendmal mehr Angst. Seht ihn euch an, wie er vor uns steht, gefesselt, wehrlos, von allen verlassen und gar nicht mehr so sicher – nicht wahr, Jeanne? ... Aber bricht er zusammen und fleht Gott an, er möge ihn wieder zu sich nehmen? ... Nein! Unter der Folter, unter Demütigungen, unter Schlägen, in diesem tierischen Elend, auf dem feuchten Stroh seiner Zelle hebt er trotzig den Blick zu jenem unbesiegten Bild seines eigenen Ichs, ... denn das ist sein alleiniger und wahrer Gott! Nur das fürchte ich!»[67] «Denn die Jagd auf den Menschen geht niemals zu Ende. Selbst wenn wir eines Tages noch so mächtig werden und unser Glaube wie ein schwerer Panzer über der Welt liegt, so grausam und schlau unsere Polizei auch sein mag – immer gibt es irgendwo einen Menschen, auf den Jagd gemacht werden muß. Ergreift man ihn endlich und tötet ihn, dann verhöhnt auch er diese große Idee am Gipfel ihrer Macht, weil er einfach ‹nein› sagt und nicht einmal die Augen senkt ... Diese unverschämte Rasse! Müßt ihr sie da noch lange verhören! Sie noch lange fragen, warum sie sich aus ihrem Gefängnisturm stürzte, um zu fliehen oder um sich zu töten, gegen die Gebote Gottes? ... Wir müssen lernen, meine Herren, so oder so, und mag es der Welt noch so teuer kommen, wie wir den Menschen dazu bringen, ‹ja› zu sagen! Solange es einen einzigen Menschen gibt, dessen Stolz noch nicht gebrochen ist, solange schwebt die Idee in Gefahr. Deshalb fordere ich für Jeanne die Exkommunizierung, die Ausstoßung aus der Kirche und ihre Auslieferung an die Strafen der irdischen Gerechtigkeit ... Es wird ein kümmerlicher Sieg gegen dich sein, Jeanne, aber jedenfalls wirst du schweigen. Und bis jetzt haben wir noch nichts Besseres gefunden.»[68]
Insbesondere weiß ANOUILH in seinem Bühnenstück, daß sich der Gehor-

sam der Inquisition erst wirklich durchsetzen wird, wenn es gelingt, sich der Gefühle des Menschen zu bemächtigen, vor allem der ethisch wertvollen Gefühle: des Mitleids und der Barmherzigkeit. So läßt er den Inquisitor zu *Bruder Ladvenu* sagen: «Vergeßt nicht, daß ich hier die heilige Inquisition vertrete, die allein imstande ist, zu unterscheiden zwischen der Barmherzigkeit als christlicher Tugend und dem schändlichen, widerlichen und berauschenden Gebräu menschlichen Mitgefühls... Oh, meine Herren! Wie schnell seid Ihr bereit, in Rührung zu verfallen! Wenn der Angeklagte ein kleines Mädchen ist, das Euch mit großen, hellen Augen anschaut, ein gutes Herz und den Mund am rechten Fleck hat, da seid Ihr gerührt und verzeiht ihr alles. Ihr seid mir die rechten Verteidiger des Glaubens! Ich sehe, daß der heiligen Inquisition noch sehr viel Arbeit bleibt. Sie muß fällen, fällen und niederschlagen ohne Mitleid, bis sich die Reihen lichten, damit der Wald gesund bleibt.»[69] Erst wenn der Terror der Außenlenkung bis in den Gefühlsbereich vorgedrungen ist, wenn es keinen Gedanken, keine Empfindung, keine Gefühlsregung mehr gibt, die nicht in sich selber als unsicher, als möglicherweise falsch, als bedürftig jedenfalls der Zensur eines anderen erlebt würde, erst wenn dem Herzen des Menschen jede innere Evidenz, jede eigene Vision *geraubt* worden ist, wird man erreichen, was das Ideal der katholischen Kirche von den Klerikern fordert: einen Gehorsam wie von willenlos Toten.

Man muß in der Erziehung dahin *früh* anfangen: Das eigene Denken ist zu verbieten, denn schon der Zweifel an der Lehre der Kirche ist eine schwere Sünde – die Angst ist zu schüren, haltlos zu werden, entfernte man sich auch nur um ein weniges von der rettenden Säule der Autorität; *die Kleinkinder-Moral* ist zu züchten, wonach richtig und falsch sich danach bemessen, was die maßgebende Instanz dazu sagt - *die soziale Angst* muß das persönliche Gewissen ersetzen; und es muß *die totale Abhängigkeit* von dem herrschenden System dadurch gesichert werden, daß selbst die geheimsten Fehler gebunden werden an die Vergebungsbereitschaft der Gruppe selbst – *das Institut der Beichte* wird zu einem hervorragenden Herrschaftsinstrument, das gar nicht früh genug in die Seele der Kinder eingepflanzt werden kann. Es bedarf dabei keines Kommentars, wie bis zur Lächerlichkeit veräußerlicht die Verwaltung des «Sakramentes der Buße» in der katholischen Kirche heute geworden ist.[70] Ein Akt, der über Himmel und Hölle entscheiden soll, wird daran gebunden, daß man dem Priester der Kirche formal aufzählt, welche «Sünden» (im Sinne der Übertretung bestimmter Gebote) man in Gedanken, Worten und Werken begangen hat, und dann erfolgt die «Lossprechung» unter Auflage eines bestimmten Gebetes oder «Bußwerkes».

Wenn es gelingen könnte, selbst die Erwachsenen auf dem Status achtjähriger Kommunionkinder zu halten, indem sie ihr Leben lang sich zu eben diesem Gehorsam gegenüber der Kirche verpflichtet fühlen, abhängig bis in jede Nebensächlichkeit, bis in jede Intimität von den Weisungen und Mahnungen ihrer kirchlichen Oberhirten, wäre der Triumph des katholischen Prinzips vollständig. Die Frage ist bei dieser Vorstellung von Beichte nicht, wie jemand dahin gebracht werden kann, *sich selbst zu vergeben* im Vertrauen auf Gott – das wäre ja gerade das Selbstische, das Stolze, das wäre ja die Anmaßung des Individualismus; es geht darum, spürbar zu machen, daß der Mensch *nichts* ist ohne den Segen der Kirche. Dabei entspricht dem Grad der Angst und der Verunsicherung die Stärke der «befreienden» Zwangsabhängigkeit von der Kirche: Sie macht die Außenlenkung leicht durch die monströse Reduktion des Lebens auf ein paar praktische Formeln, die es ganz einfach zu tun gilt – eine Auflösung alles geistigen Inhalts bis zur Mechanisierung eines fertigen rituellen Pensums – das alles wohlgemerkt kaschiert als «personale Entscheidung für Gott», als innere Wahrhaftigkeit und als «Treue» gegenüber dem einmal gegebenen «Taufversprechen».
Wie wenig die katholische Kirche an die von ihr immer wieder beteuerte Freiheit des Menschen wirklich glaubt, zeigte sich dieser Tage in einem kleinen praktischen Beispiel. Am Weißen Sonntag 1989 durfte ein neunjähriges Mädchen in einer Pfarrei der Erzdiözese Paderborn nicht mit seinen Klassenkameradinnen zur ersten heiligen Kommunion gehen, weil es der Gemeindeschwester aufrichtig gestanden hatte, daß es des Sonntags nicht in der Messe gewesen sei. Der zuständige Pfarrer hatte dem Kind daraufhin den Empfang des Sakramentes verweigert. «Geistliche der näheren und weiteren Umgebung schalteten sich ein. Sie klagten darüber, daß viele Kinder unvorbereitet zur Erstkommunion kämen, ihre christliche Erziehung lasse zu wünschen übrig. Ja, einigen Kindern falle sogar das Beten schwer. Das Erzbischöfliche Generalvikariat in Paderborn teilte schließlich Details mit: Die Mutter habe ihr Kind nur im Anfang an der Vorbereitung zur Erstkommunion teilnehmen lassen. Daher sei es nach dem Beschluß der gemeinsamen Synode der deutschen Bistümer die Pflicht des Pfarrers gewesen, die Teilnahme Sabrinas an der Erstkommunion aufzuschieben. Aber selbst dazu sei die Mutter nicht bereit gewesen. Sie hätte sich selbst als ‹überzeugte Nichtkirchgängerin› bezeichnet und habe ihr Kind in einer anderen Gemeinde zur Erstkommunion gehen lassen wollen. Aber auch das gelang nicht. Fazit des Erzbischöflichen Generalvikariats: ‹Von einem Ausschluß Sabrinas von der Erstkommunion kann in keiner Weise die Rede sein.›» (Neue Westfälische vom 7. April 1989.)[71] Wie man sieht, ist es diesem Stil von Seelsorge nicht

darum zu tun, was in der Seele eines Kindes vor sich geht, sondern wie man es durchsetzt, daß unter dem Begriff der schweren Sünde bestimmte Gebote als Pflichten angemahnt und eingehalten werden. Am Ende wird die Maßregelung der Eltern auf Kosten der Kinder ausgetragen, und das nicht zu Unrecht, gilt doch das Vorbild der Eltern als schlechthin entscheidend in der Christwerdung der Kinder.[72] So sehr glaubt die katholische Kirche bis heute nicht an die Freiheit des Einzelnen, sondern an den Primat des Allgemeinen vor dem Individuellen, und so sehr hängt sie an der Äußerlichkeit ihrer Richtlinien und Gesetze, mehr als daß sie Wert legen würde auf das, was sie den Worten nach zu fördern vorgibt: die persönliche Entscheidung und die Freiheit des Gewissens.

Insgesamt entsteht auf diese Weise psychologisch eine Struktur des verinnerlichten Zwangs, indem das Ich nicht durch eigene Reifung, durch Einsicht, Urteilsfähigkeit und gefühlsmäßige Resonanz dahin gelenkt wird, sich die katholische Form von Religion zu eigen zu machen, sondern allein durch Befehl, Weisung und Training sowie durch den Reflex heftigen Schuldgefühls in jedem Falle der Abweichung von den Regeln und Reglements der Kirche; das gewünschte Resultat besteht in dem Aufbau eines permanent schlechten Gewissens dafür, immer noch einen eigenen Willen zu haben, und äußere er sich auch nur in dem demütig-gehorsamen Verlangen, den eigenen Willen auszuschalten. J. P. SARTRE, der in seinem Theaterstück *«Der Teufel und der liebe Gott»* diesen Konflikt in der Gestalt des *Götz* beispielhaft vorgeführt hat[73], sah an dieser Stelle im Sinne des Existentialismus offenbar schärfer als die meisten kirchlichen Aszeten: Auch der *dem* Ich verweigerte, dann *vom* Ich verweigerte eigene Wille bleibt unwiderruflich der eigene Wille; kein Mensch kann seiner eigenen Freiheit entgehen, auch nicht durch den «freiwilligen» Gehorsam.

Da es immer wieder verlockend ist, die Strukturen der katholischen Kirche mit den Forderungen und Verfahren *des Militärs* zu vergleichen, sei speziell zur Frage des «freien Gehorsams» ein Mann zitiert, der wie kaum ein anderer die Motive seiner Einstellung und seines Handelns diesbezüglich zu klären versucht hat. T. E. LAWRENCE, als er in seinem berühmten Buch über den arabischen Aufstand von 1917 sich über den Gehorsam seiner Soldaten ebenso wie seiner selbst Gedanken machte, unterschied sehr richtig den Drill der englischen Armee von der Begeisterungswilligkeit bei den Arabern. Er schreibt: «Es schien mir, daß die Disziplin, zumindesten die formale Disziplin, eine Tugend des Friedens war, ein Merkmal oder ein Stempel, der den Soldaten vom ganzen, intakten Menschen unterschied und das Menschentum im einzelnen auslöschte. Am leichtesten ließ sie sich auf das

Einschränkende zurückführen, auf Verbote, dies oder jenes zu tun, und konnte demnach durch Vorschriften anerzogen werden, die streng genug waren, die Leute an der Möglichkeit des Ungehorsams verzweifeln zu lassen. Das war ein Vorgang in der Menge, ein Element der unpersönlichen Masse, das sich nicht auf den einzelnen Mann anwenden ließ, da es den Gehorsam, eine Dualität des Willens, einschloß. Es ging nicht darum, den Leuten einzuprägen, daß ihr Wille tätigerweise den des Offiziers unterstützen müsse; denn dann hätte es so sein müssen wie in der arabischen Armee und unter den Freiwilligen, daß man eine Pause für Gedankenübertragung und -verarbeitung ließ, eine Pause, in der die Nerven den beiseite gestellten persönlichen Willen zur tätigen Wirkung zurückbrachten. Dagegen schaltete jede reguläre Armee durch ihren Drill unbekümmert diese bedeutungsvolle Pause aus. Die Instrukteure des Drills versuchten den Gehorsam zum Instinkt zu machen, zu einem geistigen Reflex, der so spontan auf das Kommando folgte, als ob die treibende Kraft der persönlichen Willenseinheiten zusammen in dieses System eingebaut worden wäre.»[74] Exakter als mit diesen Worten läßt sich das Ziel einer rechten katholischen Erziehung zum Klerikersein nicht beschreiben. Es geht in der Tat um die «reflexhafte» Auflösung des Einzelnen im Kollektiv, um seine vollkommene Indienststellung für die Zwecke der Gruppe, und es erscheint zwar als wünschenswert, ist aber nicht unbedingt erforderlich, daß er die verbleibende «Dualität des Willens» durch entsprechende Verfahren der «Meditation» überwindet. Auch diese hat, so verstanden, nicht länger mehr den «buddhistischen» Zweck der Versenkung in sich selbst, sondern der Verinnerlichung vorgegebener, dem Ich ursprünglich fremder Inhalte.

Und doch gibt es ein Motiv, gerade diese «Entleerung» des eigenen Ichs oder vielmehr diese Umformung des Ichs in ein Nicht-Ich so intensiv wie möglich zu betreiben. LAWRENCE nennt es beim Wort: «Mir schien», schreibt er, «in der Erniedrigung eine Gewißheit, eine endgültige Sicherheit zu liegen. Der Mensch kann zu jeder Höhe emporsteigen, aber es gibt ein tierisches Niveau, unter das er nicht zu sinken vermag. Das ist eine Zuversicht, bei der man Ruhe finden kann.»[75] Es ist die Angst vor sich selbst und ein gewissermaßen verzweifelter Wille, das Richtige zu tun, der den Gehorsam wie eine Droge, wie ein Narkotikum verwenden läßt. Der Gehorsam, so angewandt, schenkt die Gnade einer doppelten Illusion: Er ist so anstrengend, daß er weit über alles «Tierische», ja, auch weit über alles Menschliche zu erheben scheint, und gleichzeitig verschafft er die einlullende Befriedigung, jeder Verantwortung ledig zu sein – die Rückkehr zur Ruhe der Lemuren und der Steine. Ausdrücklich erläutert LAWRENCE, dieser bewunderswert ehrliche

Mensch, daß man den Fanatismus des Gehorsams *wählen* kann, ohne deswegen geistig zu verdummen, im Gegenteil: Es ist möglich, gerade ein geistig außerordentlich unabhängiger Kopf zu sein und doch eben deswegen von der Haltlosigkeit des Geistes so in Schrecken gesetzt zu werden, daß die Flucht in die Abhängigkeit und in die Unterwerfung unter den Befehl anderer wie ein Medikament gegen eine Hypertrophie an Bewußtheit erscheint. «Über das Intellektuelle», schreibt LAWRENCE, «wuchs ich bald hinaus. Daher mißtraute ich den Sachkundigen; sie waren oft Intelligenzen, die gleichsam zwischen hohen Mauern eingeschlossen waren und jeden Pflasterstein ihres Gefängnishofes kannten; während ich dagegen immer wissen wollte, von welcher Art die Steine waren und welchen Lohn die Maurer bezogen. Ich widersprach ihnen nachlässig, denn ich hatte gefunden, daß Materielles immer geeignet ist, einem Zweck zu dienen, und daß der Wille ein zuverlässigerer Führer auf einem der vielen Wege war, die vom Zweck zur Durchführung leiten. Da war kein Leben.»[76]
Zugleich aber weiß LAWRENCE auch, daß man im Gehorsam, auf der Flucht vor sich selbst, den Nullabstand verbleibender Reflexion gegenüber der dumpfen Identität der Steine niemals endgültig überwinden kann. Dieser Mann, der im Gehorsam gegenüber der englischen Armee unter den Augen der Weltöffentlichkeit kreativer, nützlicher und «freier» wirkte als jeder General und Politiker seiner Zeit, sagt von sich selbst: «Ich beherrschte immer die Dinge, in die ich hineingeweht wurde, aber in keins davon ließ ich mich freiwillig ein. Tatsächlich war es so, daß ich in mir eine Gefahr für normale Menschen sah, wenn mein steuerloses Schiff mit seinem so großen Rauminhalt ihnen zur Verfügung lag. – Ich folgte, aber war selbst nicht schöpferisch, ja hatte nicht einmal den Wunsch zu folgen. Nur meine Schwäche hielt mich vom geistigen Selbstmord zurück, die Erfüllung einer langwierigen Aufgabe, die auf die Dauer die Glut in meinem Hirn zum Ersticken brachte. Ich hatte die Ideen anderer Menschen weiterentwickelt und ihnen geholfen, hatte aber niemals etwas Eigenes geschaffen, da ich Schöpfung nicht billigen konnte. Wenn andere etwas schufen, so diente ich dabei und flickte daran herum, damit es möglichst gut ausfiel; denn wenn es sündig war, zu schaffen, so mußte es Sünde und noch Schande obendrein sein, als Einäugiger oder Lahmer geschaffen zu haben. – Bei meiner Arbeit hatte ich immer zu dienen versucht, denn beim Führen stand das Wägen und Prüfen allzu sehr im Vordergrund. Die Unterordnung unter Befehl sparte Gedanken, konservierte Charakter und Willen und leitete schmerzlos über zum Vergessen des Tuns. Es war ein Teil meiner Unzulänglichkeit, daß ich nie einen Vorgesetzten gefunden hatte, der mich zu gebrauchen verstanden

hätte. Alle ließen sie mir freie Hand, aus Unfähigkeit, aus Schüchternheit oder weil sie mich gern hatten; es schien, als könnten sie nicht einsehen, daß freiwillige Sklaverei der tiefere Stolz eines angekränkelten Geistes war und stellvertretender Schmerz seine am freudigsten getragene Auszeichnung.»[77]

Wenn man so will, mag man diese Haltung den *Masochismus geistiger Verzweiflung* nennen, eine Reaktion auf die Erfahrung jedenfalls, daß es keine «Steine» gibt, die den Geist in die wohltuenden Gefängnismauern fertiger Gedanken einschließen könnten, Gehorsam also als ein Versuch, die gefährliche Offenheit des Geistes zu *verengen*, indem man aus Unfähigkeit, eine Wahrheit aus sich selbst heraus zu leben, die eigene Existenz nur noch als Funktion fremder Ziele definiert. Das Paradox existiert, daß ein Mann wie T. E. LAWRENCE für die Freiheit der Araber kämpfte aus Angst, selber frei zu sein. Dieser große Mann war jedoch selbstkritisch genug, in seiner Analyse auch die Bedingung anzugeben, unter welcher diese Logik der Selbstentleerung ihre Gültigkeit erlangt: *«wenn es sündig war zu schaffen ...»*

Das muß jetzt unsere Frage sein: Woher stammt das Verbot, selber kreativ zu sein, der eigenen Phantasie zu folgen, dem Spiel der eigenen Gedanken nachzugehen, der Poesie des eigenen Herzens nachzuträumen und die eigenen Träume als Handlungen nach außen zu setzen? *Das* müssen wir im folgenden untersuchen. – Im Unterschied zum Militär beginnt der Einfluß einer religiösen Institution wie der katholischen Kirche nicht bei erwachsenen Menschen wirksam zu werden, sondern er prägt bereits die Entwicklung der frühen Kindheit entscheidend mit. Es sind aber auch hier zunächst Komponenten ausschlaggebend, die mit «Religion» wenig zu tun haben, die aber doch in ihren Konsequenzen den Weg zum Klerikersein mitgestalten.

β) Die willenlose Unterwerfung des Willens oder: Vom Vorteil, abhängig zu bleiben

Das Problem des Klerikerseins in der Frage des «evangelischen» Gehorsams liegt gewiß nicht einfach darin, daß «die» Kirche machtbesessen sei und speziell die Kleriker, als ihre besten Handlanger, zugleich auch ihre ärmsten Opfer seien. Verstehen wir richtig, so stellt die radikale Gehorsamsforderung der Kirche nicht eine bloße Variante des Willens zur Macht dar, sondern es wird das Motiv der Macht zumindest überlagert von dem Thema der Kontingenz und der Freiheit der menschlichen Existenz: In gewissem Sinne ist es *gefährlich*, Geist zu sein[1] und zu merken, daß es jederzeit möglich ist, etwas Falsches zu denken, zu wollen oder zu tun; eine Religion, die auf dieses Problem zu antworten versucht, kann leicht in die Gefahr geraten, entsprechend der Größe der Angst auf eine «endgültige» Lösung zu drängen: Zerstört man das Ich des Einzelnen, so gibt es auch keine Freiheit mehr, vor der man sich ängstigen müßte. *Die Angst vor der Freiheit* ist ein subjektiver Reflex der menschlichen Existenz selbst[2]; wie aber kommt es dahin, diese Angst so zu steigern, daß sie dem Einzelnen unerträglich wird und er es schließlich wie eine *Erlösung von der Last der eigenen Subjektivität* empfindet, gehorsam zu sein, indem er alles eigene Tun rein funktional und formal nicht nur an einen einzelnen Befehl, ja, nicht einmal an einen einzelnen Befehlsgeber, sondern an die menschliche Abstraktion einer als objektiv heilig erklärten Befehlsinstanz, *an ein Amt*, zu binden trachtet?

Bisher haben wir den «evangelischen Rat» der *Armut* vor dem Hintergrund *oraler* Konflikte erörtert; mit der Frage des *Gehorsams* wenden wir uns einer Problemstellung zu, die für die sogenannte *anale* Entwicklungsphase charakteristisch ist; ging es bisher um die Frage nach der Berechtigung des eigenen Seins mit seinen Bedürfnissen und Wünschen, so stellt sich jetzt die Frage nach der Berechtigung des eigenen Denkens, Wollens und Handelns; hielten wir uns bislang im Umfeld *depressiver* Lebenseinschränkungen auf, so wenden wir uns nun den *zwangsneurotischen* Problemstellungen von Macht, Autorität und Unterwerfung, von Fremdanspruch und Eigenwille, von Leistungsdruck und Selbstbestimmung zu.[3] Dabei ist klar, daß etwaige Belastungen, die bereits in der oralen Phase der psychischen Entwicklung entstanden sind, das Erleben und die Verarbeitung auch der folgenden Entwicklungsstufen entscheidend mitprägen. Jemand, dem es bereits zweifelhaft erscheint, mit welchem Recht er überhaupt auf Erden weilt, wird sich natürlich um so schwerer tun, einen eigenen Willen gegenüber Widerständen geltend zu machen oder gar Konflikte und Meinungsverschiedenheiten in seinem eigenen Interesse offen auszutragen. So wie man theologisch die «evangelischen Räte» nur als Einheit betrachten und darstellen kann, so läßt sich auch psychoanalytisch die Motivationsübernahme eines «mönchischen Lebens» in seinen verschiedenen Inhalten und Forderungen nur verstehen, wenn man den Zusammenhang aller drei Phasen der kindlichen Psychogenese vor Augen hat. Lediglich aus didaktischen Gründen scheint es gerechtfertigt, die Psychologie des «Gehorsams» *isoliert* als einen Konflikt der analen Phase darzustellen; dabei bleibt natürlich offen, daß es unter entsprechenden Voraussetzungen im Einzelfall auch ohne besondere orale Vorbelastungen (oder durch den Rückstau ödipaler Konflikte) zur Ausbildung einer zwangsneurotischen Charakterstruktur kommen mag. So oder so lautet die

Frage, der wir uns jetzt zuwenden, folgendermaßen: Wie erzieht man zu «Gehorsam» in angegebenem Sinne, bzw. was muß ein Mensch als Kind erlebt haben, um sein erwachsenes Ich an den Willen der Inhaber heiliger Ämter *bedingungslos* auszuliefern und in dieser Auslieferung geradewegs *das höchste Ideal* christlicher Lebensführung zu erblicken?
Insgesamt lassen sich *drei Formen* vorstellen, in denen die Haltung eines unbedingten Gehorsams von Kindsbeinen an zunächst zur Pflicht, dann zum Bedürfnis werden kann:
1. die autoritäre Einschüchterung,
2. die Identifikation mit dem entsprechenden Vorbild und
3. die Erschütterung des eigenen Urteilsvermögens.
Auch diese drei Formen können sich wechselseitig durchdringen und gegenseitig bedingen, besitzen aber natürlich auch für sich selbst, wenn sie nur stark genug auftreten, die Macht, ein Menschenleben in Richtung auf den klerikalen Gehorsam festzulegen.

1) Die autoritäre Einschüchterung oder: Der Ruin des Selbstwertgefühls

Es läßt sich nicht leugnen, daß manchmal auch die einfachen, undialektischen Vorstellungen über das Zustandekommen bestimmter psychischer Erscheinungen zutreffen: Die Haltung unbedingten Gehorsams *kann* entstehen unter dem direkten Einfluß einer Erziehung, deren Maxime in dem Sprichwort sich ausdrückt: «Ein braves Kind gehorcht geschwind.» Je strenger Eltern ein Kind an die Kandare von Befehl und Strafe nehmen, desto entschiedener mag sein Wille «gebrochen» und sein Selbstwertgefühl erniedrigt werden.
Wir erwähnten bereits, wie ein Kind, das bestraft wird, schon aufgrund seiner Wehrlosigkeit dazu neigen wird, sich selber als schuldig zu fühlen, *weil* es bestraft wird, und je weniger ihm eine einzelne Handlung als strafenswerte Schuld erkennbar ist, desto nachdrücklicher wird es paradoxerweise schließlich sein eigenes Ich als *in jedem Falle* strafwürdig erachten: Gerade die moralisch gesehen unmotivierte Strafe kann psychologisch die Erfahrung eigener Rechtlosigkeit, ja, der völligen Unrechtmäßigkeit der eigenen Existenz, nur um so krasser einschärfen – FRANZ KAFKA hat in seinem Brief an seinen Vater dieses Erleben auf das deutlichste ausgesprochen[4]: Man ist unter allen Umständen gegenüber der väterlichen Autorität nicht nur unterlegen und minderwertig, sondern niemals imstande, den gesetzten Maßstäben, welche die väterliche Autorität in eigener Person verkörpert, zu ent-

sprechen; man ist nicht schuldig aus moralisch mangelhaftem Willen (das wäre noch das günstigste Urteil, denn es ließe noch Spielraum für Wandlung und Hoffnung!), man ist schuldig aus einem gewissermaßen physischen Unvermögen heraus – man ist ein geborener Versager, *das* ist die Bilanz; man wird niemals etwas anderes werden, als in den väterlichen Strafreden bereits hörbar wird: als ein jämmerlicher Hosenscheißer, der froh sein muß, einen solchen Vater zu haben, stark genug, dem am Boden Liegenden immer wieder aufzuhelfen und ihn gewissermaßen huckepack ans Ziel zu tragen.[5]
Erst wenn das eigene Selbstwertgefühl unter den massiven Einschüchterungen der väterlichen Autorität so weit zusammengebrochen ist, daß es der Autorität, die es vernichtet, *bedarf,* um sich an ihr, wie eine haltlos gewordene Weinranke an einem Spalier, wieder aufzurichten, bildet sich *auf direktem Wege* die Haltung eines Gehorsams aus, der bedingungslos sein muß, weil die Infragestellung des eigenen Ichs durch die (väterliche) Autorität selbst als bedingungslos erlebt wurde. Man kann nicht mehr leben, ohne zu dem ja zu sagen, was zu einem selber nein sagt. Erst wenn es so steht, wird Gehorsam zur Erlösung, ja, zur «göttlichen Gnade».
Wohlgemerkt befinden wir uns mit diesen Erörterungen auf einer Stufe der psychischen Entwicklung, wo es nicht mehr, wie in der oral-depressiven Problematik, um Sein oder Nichtsein, sondern vielmehr um das Richtig- oder Falschsein der eigenen Person geht; auf der analen Stufe der Auseinandersetzung existiert bereits ein Ich, das von sich aus über die Voraussetzungen verfügt, einen eigenen Willen geltend zu machen, doch eben deshalb stehen die «Erzieher» jetzt vor der Frage, wie sie den kindlichen Willen in ihrem Sinne formen und lenken können.
In Konsequenz der Kulturrevolte von 1968 ist eine Zeitlang eine Pädagogik favorisiert worden, die, in berechtigtem Entsetzen über die Wirkungen eines «autoritären» Erziehungsstils, sich bewußt *antiautoritär* gab und in ROUSSEAUschem *«Laissez faire»* durch möglichst große Offenheit und Toleranz den Kindern möglichst wenig an Angst und Schuldgefühlen einzupflanzen suchte.[6] Inzwischen hat sich gezeigt, daß auch das bloße Gewährenlassen Angst und Schuldgefühle erzeugen kann, zumindest dann, wenn die pädagogische Nicht-Einmischung der Eltern als Gleichgültigkeit, Desinteressiertheit oder als Haltlosigkeit erlebt wird. Einem Kind erscheint die natürliche und soziale Umwelt bereits infolge ihrer Unbekanntheit und Unüberschaubarkeit als ängstigend[7], wenn es nicht auf vorgebahnten Gleisen in dieses Leben eingeführt wird; und Schuldgefühle werden sich unfehlbar einstellen, wenn in völlig opaker Weise, nach nichtdefinierten Spielregeln, alles mögliche falsch oder richtig, böse oder gut, unzweckmäßig oder zweckmäßig,

häßlich oder schön, frech oder brav, unerwünscht oder erwünscht etc. sein kann. Mit anderen Worten: Ein Kind braucht eine Autorität, die ihm sagt, was es tun soll, und es braucht ein gewisses Quantum an Gehorsam, um in der Anerkennung dieser Autorität eine gewisse Geborgenheit und so etwas wie Schutz und Zuflucht zu finden. Unsere Frage aber gilt nicht diesem pädagogisch sinnvollen Maß an Autorität und Gehorsam; um zu verstehen, wie jemand als Kleriker dazu kommt, den *bedingungslosen* Gehorsam gegenüber einer als heilig geglaubten Autorität zur Grundlage seiner Existenz zu erheben, müssen wir eine Situation in der frühen Kindheit voraussetzen, in welcher die Haltung des Gehorsams die einzige Form bildete, um mit gewissen Erlebnissen fertig zu werden. Um jemanden zu der Meinung zu nötigen, daß in der beschriebenen Weise alle Wahrheit prinzipiell außerhalb seiner selbst liege, muß bereits in der frühen Kindheit ein Erziehungsstil geherrscht haben, der dem eigenen Willen, eben als *«Eigenwillen»*, jegliches Recht absprach, indem die (väterliche) Autorität selber sich als Garant und Grundlage aller Wahrheit setzte; so jedenfalls, solange wir den Gehorsam des Kindes als einfache Folgewirkung der elterlichen Autorität betrachten.
Freilich ist zu bemerken, daß der Begriff der *Autorität* in diesem Verständnis seinen Inhalt von dem Adjektiv *autoritär* gewinnt. Denkbar und vorstellbar ist natürlich eine Autorität, die ihre Achtung und Wertschätzung darauf gründet, sich dem kindlichen Ich durch ersichtliches Wohlmeinen und freundliches Zutrauen plausibel zu machen – (väterliche) Autorität läßt sich unstreitig auch «partnerschaftlich» vermitteln, wenn nur das Kind spürt, daß es ernst genommen wird, und man es tun läßt, was es selber bereits zu tun vermag. In einem solchen Falle steht der «Gehorsam» in Funktion des eigenen Lernens und Reifens; er schaltet das Ich des Kindes nicht aus, sondern ein; er gibt ihm bereits erprobte Lebenswege vor, aber er schreibt sie ihm nicht vor, jedenfalls nicht blind, nicht ohne Einsicht und nicht gegen sein wohlverstandenes Eigeninteresse. Ganz anders *die autoritäre Autorität*, von der wir sprechen müssen, um die Psychogenese der klerikalen Gehorsamshaltung zu verstehen. *Hier* dient die Forderung nach Gehorsam nicht der Entfaltung des eigenen Ichs, sondern der Machtvergrößerung des «väterlichen» Ichs. Es ist, als ob in diesem Erziehungsstil die psychische Position des Kindes im Alter von etwa 1½ Jahren festgeschrieben würde, als es in der Tat eine Weile lang nötig scheinen mochte, den erwachenden «Trotz» des Kindes durch eine entsprechend nachdrückliche Artikulation des elterlichen Willens zu zügeln.[8] In einer autoritären Erziehung herrscht auf seiten der Eltern (des «Vaters») die Ansicht vor, daß das Kind prinzipiell nicht weiß, nicht wissen kann, ja, schlimmstenfalls nicht wissen will, was für

es gut ist und worin sein Vorteil liegt. Es ist *die Übernahme aller Verantwortung* durch die maßgebende(n) Erziehungsperson(en), die das Kind in eine lebenslängliche Gehorsamsabhängigkeit gegenüber der väterlichen Macht herabdrückt.

Wenn wir hier von «Autorität» und «Macht» sprechen, so wird mit diesen Worten unmittelbar jenes Assoziationsfeld von patriarchalem Gehabe und primitivem Machtegoismus wachgerufen werden, das S. FREUD im Rahmen des *Ödipuskomplexes* so zutreffend beschrieben hat.[9] Indessen kommt es darauf an, ebenso wie vorhin in der Frage der Armut, so auch hier in der Frage des Gehorsams die Problemstellung entwicklungspsychologisch zeitlich und inhaltlich gegenüber der ödipalen Phase *vorzuverlegen.* Lange bevor noch die Fragen der eigenen Liebenswürdigkeit und Liebesfähigkeit in sexuellem Sinne sich zu Wort melden, fragt das Kind auf der oralen Stufe nach der Berechtigung seines Daseins im ganzen und jetzt, auf der analen Stufe, nach dem Recht seines eigenen Willens; und diesen Willen des kindlichen Ichs kann man «kastrieren» nicht nur durch die «harten» Verfahren massiver *Befehlstyrannei* und despotischer Rechthaberei, sondern zumindest ebenso nachhaltig durch eine chronische *überfürsorgliche Angst,* die dem Kind gar nicht zutraut, für sich selber in irgendeiner Weise geradestehen zu können. Beide Einstellungen vermögen wiederum getrennt oder gemeinsam aufzutreten und dabei alle möglichen Schattierungen und Variationen zu erzeugen.

Die *«klassische» Entstehungssituation klerikalen Gehorsams* läßt sich am besten als das Zusammenspiel einer eher ängstlichen Mutter und eines eher robust wirkenden Vaters beschreiben. Am Anfang der Geschichte steht unter dieser Perspektive in der Regel eine Frau, die im Umgang mit sich selbst und anderen Menschen als unsicher und ausgeprägt ichschwach erscheint[10]; um so mehr mag eine solche Frau sich von der Ehe mit einem Mann versprechen, der in seinem Erscheinungsbild den Eindruck einer Persönlichkeit macht, die weiß, wie man leben muß; an ihn schließt diese Frau sich an, um von seiner vermeintlichen Charakterstärke Führung und Halt zu empfangen. Psychoanalytisch betrachtet, erweist sich die Charakterstärke des Mannes indessen nicht selten als ein Panzer, den das Überich seiner Persönlichkeit übergestülpt hat, so daß die scheinbare Festigkeit auch bei ihm nicht aus der Kraft seines Ichs, sondern aus der Strenge seiner Überichdressate stammt. Umgekehrt zeigt sich, daß auch jene Gefügigkeit und Unterwerfungsbereitschaft der Frau nicht einer einfachen Kraftlosigkeit ihres Ichs entstammt, sondern eine Art Pflichtanpassung an ihr eigenes Überich darstellt: Als Frau *hat* sie nicht selbstbewußt und aktiv, sinnenfroh und expansiv zu leben - es entspricht nicht dem Bild einer Frau, das sie selber als Mädchen verinnerlicht hat. Beide also, der Mann wie die Frau, treffen sich bei ihrer Heirat im Grunde nicht auf dem Boden ihres eigenen Ichs, sondern ihre «Liebe» bzw. der Vorteil, den ihre Heirat verspricht, gründet sich auf eine gewisse Gemeinsamkeit in den Inhalten ihres Überichs, in denen auch die Rollenvorschriften verankert sind, nach welchen die spätere Ehe gelebt werden muß, indem der Mann als der Befehlgebende, die Frau als die Befehlsempfängerin aufzutreten hat. Ein Kind nun, das in eine solche Ehe hineingeboren wird, lernt als erstes bereits von dem unbewußten Charaktergefüge seiner Eltern: aus der depressiv-zwangsneurotisch strukturierten Mentalität ihrer Persönlichkeiten und der Art ihres Zusammenlebens, *mehr* über das Thema «Gehorsam», als in den einzelnen Erziehungsmaßnahmen später ausdrücklich vorgesehen sein mag. Es ist die innere Verhaltenheit und Gefühlsabsperrung selbst, die dem Kind bei jeder Begegnung mit seinen Eltern wie an einem unsichtbaren elektrischen Zaun signalisiert, an welch engen Grenzen die Bewegungsfreiheit seines Ichs ein Ende findet – es ist nicht möglich, daß Eltern, die selber innerlich unfrei sind, freiheitlich aufwachsende Kinder erziehen. Darüber hinaus aber bringt die angenommene Konstellation auch eine *innere* Spannung und Dialektik mit sich, die im einzelnen näher zu beschreiben nicht ohne Gewinn ist.

Auf der einen Seite steht die Beziehung des Kindes zu seinem Vater (bei deren Betrachtung wir die geschlechtsspezifischen Komponenten: ob Junge oder Mädchen, an dieser Stelle vernachlässigen können). Je mehr wir uns den Vater als streng, aggressiv, jähzornig, polternd und gewaltsam agierend vorstellen, desto klarer wird, daß ein Kind durch das Bild dieses Vaters in Angst und Schrecken versetzt werden wird – *die erste Phase der Einschüchterung* beginnt: Das Kind lernt, daß offenbar derjenige stets im Recht ist, der am lautesten das Sagen hat – bereits aus dieser einfachen Erfahrung kann in der späteren Behandlung eines Klerikers ein fast unüberwindliches Hindernis entstehen, indem die üblichen Mittel einer analytischen Psychotherapie: Verständnis, Geduld, Begleitung, Aufklärung der Übertragungen etc. alles in allem nicht gegen die primäre Angst des Kindes gegenüber seinem Schreihals von Vater ankommen.[11] Doch die Entwicklung bleibt dabei nicht stehen. Wer angebrüllt wird, dem wächst die Lust, selber zu brüllen; zu dieser Neigung nötigt die eigene durch Angst aufgereizte Aggressivität ebenso wie das Beispiel des Vaters, welches beweist, daß erfolgreich einzig ist, wer den Ton angibt – die *«Identifikation mit dem Angreifer»*[12] macht dem verängstigten Kind den gefürchteten Vater geradewegs zum Teil seines eigenen Ichs – auch auf dieses Problem stößt die Therapie von extrem «gehorsamen»

Persönlichkeiten immer wieder: wie sehr sie selber Verlangen tragen, den großen Vater zu kopieren und seine Art einmal auszuleben. Gleichwohl versteht es sich, daß diese nacheifernde Verehrung des Kindes gegenüber den väterlichen Aggressionen nicht lange währen kann: Es gilt, den neu erwachten Trotz des Kindes mit um so größerer Anstrengung zu *brechen* – Vater und Kind treten als Konkurrenten um die Herrschaft in der Familie in den Ring, und das Kind wird aus seiner Niederlage lernen, daß es ein schlechtes, ein böses und ein dummes Kind ist, den Vater derart herausgefordert zu haben.[13] Hat es den Vater bisher ebenso gehaßt wie bewundert, so wird es die Bewunderung fortan nur noch für den Vater, den Haß aber tunlichst für sich selber aufbewahren. Die Lektion lautet, daß es nichts Besseres *verdient* hat, als zu gehorchen, da es in eigener Regie offensichtlich nichts als Streit, Konflikt, Unruhe und Destruktion in die Familie (d. h. in die Welt!) tragen wird.

Erst wenn es so steht, merkt ein Kind, daß es *schlecht* ist, einen eigenen Willen zu haben, und daß es aus dieser Schlechtigkeit nur einen einzigen Ausweg gibt: es muß seinen eigenen Willen restlos abgeben[14]; es ist und wird nur dann ein guter, ein akzeptabler Mensch, wenn es *im Verzicht auf den eigenen Willen* gehorsam wird und auf sich selber *im ganzen* Verzicht leistet; erst vor dem Hintergrund einer solchen unbedingten Alternative zwischen Elternwille und Kindeswille vermag sich das Ideal der klerikalen Gehorsamsforderung auszubilden. Mit anderen Worten: man versteht die Radikalität der kirchlichen Gehorsamsforderung in ihrer formalisierten und funktionalisierten Zuspitzung nur, wenn man sie als Konsequenz einer *«Kastration» auf der analen Stufe* betrachtet, oder, was auf dasselbe hinausläuft: wenn man jenen Gehorsam, welcher Gott gilt, indem er einem Menschen gegenüber geübt wird, auf eine Situation in der frühen Kindheit zurückführt, in welcher der eigene Vater als ein absoluter Monarch erschien, dessen Befehl selber die göttliche Macht besaß, über Gut und Böse zu entscheiden. Nicht das eigene Urteilsvermögen, erst was der Vater gesagt hat, bestimmt seither, was zu tun und zu lassen ist.

Nur in diesem Erfahrungskontext scheint der Widerspruch verständlich, daß die christliche Theologie einerseits betont erklärt, daß Gott die Freiheit des Menschen wolle und respektiere, und gleichzeitig im Namen Christi Ideale definiert, die an die Stelle des mutigen Wortes des *Petrus* vor dem Hohen Rat: «Man muß Gott mehr gehorchen als den Menschen» (Apg 5,29), die Weisung rücken, man müsse Menschen gehorchen, um Gott gehorsam zu sein. Es ist *die kindliche Ambivalenz der Gefühle dem eigenen Vater gegenüber*, die in diesem Denken ihre rationalisierte Ausdrucksform findet: Der Vater wird vom Kind zwar als «Mensch» erlebt, aber er hat als eine absolute, weil im Besitz aller Weisheit und Macht befindliche Person respektiert zu werden, und es ist seine Autorität, die das Gottesbild prägt und selbst wieder durch das autoritäre Gottesbild als sakrosankt erklärt wird: Es ist *eine Sünde,* den Eltern ungehorsam zu sein![15] – Man kann nur sagen: Eine Religion, deren Grundlagen wesentlich in einer solch veräußerlichten Form von Gehorsam bestehen, setzt sich nicht allein dem *Verdacht* aus, sie muß als des *Tatbestandes* überführt gelten, daß sie nicht die Freiheit und Eigenständigkeit des Menschen im Sinne trägt, sondern in Wahrheit *die infantile Abhängigkeit verschüchterter Kinder unter dem Decknamen Gottes* fördert und fordert.

Wie man allein unter dem Druck der Vaterautorität zu einer nahezu vollkommenen Untertanenfrömmigkeit gelangen kann, erläuterte mir vor Jahr und Tag ein Mann durch die Offenlegung seiner Biographie. Besonders aufgefallen war im Gespräch bis dahin nicht so sehr, *was* er sagte, sondern die Art, *wie* er formulierte: Er redete von sich selber ständig im Potentialis, so als referierte er über ein an sich unbekanntes, nur in vorsichtigen Hypothesen vorzustellendes Phänomen: «Wenn ich zurückdenke, so will mir scheinen, als hätte oder als wäre ...»; «Ja, wenn Sie meinen, es könnte schon sein ...»; «Ich würde, wenn Sie mich fragen, vielleicht sagen ...» – es war, «als wenn» dieser Mann von sich überhaupt nur hätte sprechen dürfen, wenn ihm dazu ausdrücklich Aufforderung und Erlaubnis zuteil geworden wären, und diese Unsicherheit gegenüber der Berechtigung jedes eigenen Wortes, ja, jedes eigenen Gedankens durchzog alle Nuancen seiner Mitteilungen. Manchmal schaute er einfach stumm geradeaus, so als wollte er durch sein Schweigen eine neuerliche Ermahnung provozieren, doch nur endlich frei und flüssig zu sprechen, wie ihm der Schnabel gewachsen sei. Es war mit Händen zu greifen: Eine solche Erlaubnis hatte es für diesen Mann seit Kindertagen nicht gegeben, und obwohl er äußerlich auftreten konnte wie ein Mann von Welt, offenbarte sein Verhalten doch ganz deutlich die Züge eines braven, gehorsamen Kindes. Angesprochen auf den Hintergrund dieses sonderbaren Widerpruchs, schilderte er, wie vor allem sein Vater ihm niemals irgendeine Entscheidung zugetraut habe; selber von zwangsneurotischem Perfektions- und Pflichtdrang besessen, hatte er sich bei jeder Möglichkeit von Irrtum und Fehler vor seinem Sohn als der fertige Könner und Macher aufgebaut, der stets wußte und erklärte, wie es einzig richtig ist. Nicht erfinden – nachmachen, nicht denken – gehorchen, nicht probieren – parieren bildete die Bedingung, um an der Seite dieses Vaters zu leben. Dabei begriff der Junge sehr bald die Pflicht, seinen Zorn und Ärger über die ständige Frustration durch seinen allmächtig-wissenden Vater herunterzuschlucken: kein Gedanke, daß der Vater, selbst eher ein unsicherer, von Selbstwertzweifeln verzehrter Mensch, nur allzugern die Gelegenheit nutzte, sich an seinem Kind für die Selbstverachtung zu rächen, die ihm bereits als Kind beigebracht worden war; nein, man hatte dem Vater *dankbar* zu sein, daß er mit dem zerstörerischen System fertiger Lösungen und steter Drohungen sich bei all seinen Aufgaben überhaupt noch die Zeit nahm, sich so ausgedehnt der Erziehung seines Sohnes zu widmen. Insbesondere hatte der Vater es verstanden, jeden Anflug von Aufsässigkeit, jede Lust zur Abweichung von seinen erhabenen, kritikenthobenen Darlegungen mit der Aussicht auf die klar vorhersehbaren, obzwar unabsehbaren Folgen im Keim zu ersticken. Und als ob all das noch nicht ausreichend gewesen wäre, ein Kind zu entmutigen, hatte jener Mann in jungen Tagen sich zusätzlich noch dem Ritual aller katholisch aufwachsenden Kinder unterwerfen müssen: *der Beichte.* «Bin ich ungehorsam zu meinen Eltern, Lehrern und Vorgesetzten gewesen? Habe ich Widerworte gegeben? Habe ich Böses über Vater oder Mutter gedacht, gesagt oder ihnen gewünscht?» Fragen dieser Art hat ein jedes katholische Kind vom Erstkommunionunterricht an, wenn es nach dem Willen der Kirche geht, sich mindestens alle vier Wochen einmal zur Prüfung seines Gewissens vorzulegen. Selbstredend wird man mit allen Mitteln zu leugnen suchen, daß auf diese Weise die elterliche Autorität im Erleben des Kindes letztlich zur göttlichen Unfehlbarkeit erhoben wird *und werden soll,* doch genau das geschieht; und man kann, wie sehr die katholische Kirche wesentlich mit Hilfe der Beichte auch heute noch auf das Prinzip autoritärer Außenlenkung setzt, wohl am besten an ihrem Widerstand erkennen, auch nur darüber zu diskutieren, ob und wie man das «Beichten» am besten Menschen lehren könne, die überhaupt erst dazu imstande sind, über sich verantwortlich nachzudenken: *erwachsene Menschen.* Die katholische Kirche, man kann es nicht anders sagen, *will* den kindlichen Gehorsam, und eines ihrer wichtigsten Mittel zur Erreichung dieses Zieles besteht in der *Gleichsetzung des Ungehorsams gegen die Eltern mit dem Ungehorsam gegenüber Gott,* beispielhaft verfestigt durch den zusätzlichen Gehorsam gegenüber der *Gestalt des väterlichen Priesters,* der diese Gleichung mit seinem eigenen Leben begründet und erläutert.

Das Ergebnis solcher Erziehungsmethoden im Leben jenes Mannes erschien denn auch in Kirche wie Gesellschaft eine Zeitlang als außerordentlich wünschenswert: Vor uns steht ein intelligenter, wendiger, freundlicher, pflichtbewußter Mann, der mit allen gut auskam und zuverlässig tat, was ihm gesagt wurde. Lediglich seine Frau warf ihm gelegentlich vor, daß er in

Wahrheit ein zwiespältiger Mensch sei, *zugleich autoritär und haltlos;* doch solche Vorwürfe verstand er nicht. *Die Krise* seines Daseinsentwurfs *gehorsamer Dienstbarkeit* und verinnerlichter Außenlenkung kam für ihn erst mit dem Erfolg: Aufgrund seiner Verdienste zu einer leitenden Position gelangt, sah er sich plötzlich vor die Aufgabe gestellt, in eigener Regie Verantwortung tragen und Entscheidungen treffen zu müssen. Seiner Berufung hatte er eigentlich nur zugestimmt, um seiner Frau zu gefallen, aus Gehorsam auch dieser Schritt, und so hatte er nicht entfernt kommen sehen, was unvermeidlich kommen mußte: die Angst, die Überforderung, schließlich das Scheitern in und an eben der Stellung, zu der er sich so verdienstvoll emporgedient hatte. Vergeblich, daß er sich mit seinen Mitarbeitern und Angestellten vertraulich zu solidarisieren suchte – im Entscheidenden war er allein, es gab keinen Auftraggeber mehr über ihm, nur noch eine kirchliche Behörde, die einzig an positiven Jahresbilanzen interessiert war, nicht daran, wie sie zustande kamen –, eine neue Variante des FREUDschen Themas von *«Die am Erfolge scheitern»*[16].

«Aber dieser Mann war doch kein Kleriker», wird vielleicht ein Einwand lauten. – Nein, aber er hatte einmal Kleriker werden wollen; er war, im Gehorsam gegenüber den kirchlichen Lehren, lediglich an den unausweichlichen Konflikten mit seiner Sexualität gescheitert und schließlich in die Ehe geflohen, um dort die Rettung vor der Hölle seines sündigen Fleisches zu finden – ein neues Kapitel, auf das wir im nächsten Abschnitt zu sprechen kommen werden. *Hier* genügt es zu sagen, daß allein das erdrückende Beispiel patriarchalischer Autorität einen Menschen so weit demütigen und «gehorsam» machen kann, daß es ihn der kirchlichen Gehorsamsforderung geneigt macht, und die Frage stellt sich allein, mit welch einer Kirche wir es zu tun haben, die es wagt, auf den Ruinen eines solchen kindlichen Selbstwertgefühls ihre Dome und Kathedralen zu errichten.

Immerhin, das sei zugegeben, genügt in der Regel der Einfluß des Vaters allein *nicht,* um ein Kind auf die Haltung des Gehorsams festzulegen. Eine entscheidende Frage in der Erziehung eines Kindes bleibt, wie *die Mutter* auf die Eigenart ihres Mannes antwortet und wie sie selbst sich in die Erziehung einbringt. Es ist dies die andere Seite, um in dem angenommenen Beispiel einer nach depressiv-zwangsneurotischem Muster geschlossenen Ehe die Psychogenese einer Gehorsamshaltung zu verstehen, die wesentlich durch die autoritäre Einschüchterung des Kindes von seiten seiner Eltern zustande kommt.

Die autoritäre Charakterart eines Mannes wird sich in der Seele seines Kindes besonders nachdrücklich einprägen, wenn ihm zur Seite eine Frau steht,

deren Wesen, genau entgegengesetzt, von einer ängstlich-unterwürfigen Haltung bestimmt ist. Nehmen wir an, daß jene Mutter eines Tages merkt, wie wenig Halt sie persönlich bei ihrem Mann erhoffen kann, indem die allgemeinen, oft im Kommandoton ergehenden Weisungen ihres Gatten auf ihre konkreten Fragen nur selten wirklich Bezug nehmen; nach einiger Zeit also fühlt diese Frau, belastet durch eine nicht sonderlich harmonische Ehe, sich womöglich noch mehr verängstigt als vor ihrer Heirat, und so wird sie leicht geneigt sein, ihre eigene Angst auf dem Wege einer *behütenden Überfürsorge* in vollen Zügen an ihr Kind weiterzugeben.[17] Es regnet draußen – «zieh dir die Gummischuhe an»; es friert draußen – «zieh dir die Handschuhe an»; es scheint die Sonne – «setz dir die Mütze auf»; es fahren Autos – «paß auf, daß dir nichts passiert» – es wird keine Verrichtung außerhalb des mütterlichen Aufsichtsbereiches geben, den diese Frau nicht mit ihren Mahnungen und Warnungen auszufüllen sucht. Auf diese Weise ist mithin auch *ihr* Erziehungsstil keineswegs von Zutrauen und Vertrauen, sondern von Angst bestimmt, nur daß sie, statt mit Befehl und Weisung wie ihr Gemahl, die Angst eher durch behütende Betulichkeit auszugleichen sucht.
Allerdings wirkt diese Attitude im Kontrast zu dem Verhalten ihres Mannes auf das Kind doppelt stark: Je verängstigter es lernt, sich der Strenge seines Vaters zu unterwerfen, desto tröstlicher wird es die Nestwärme seiner Mutter empfinden, doch weder hier noch dort wird es aufbauen können, was in seinem Leben das wichtigste wäre: Selbstvertrauen und Selbständigkeit. Im Gegenteil; es wird gerade durch die behütende Haltung seiner Mutter die Welt als feindlich und gefahrvoll erleben – ausgeschlossen, durch eigene Erfahrungen und eigenes Handeln sich dort zu behaupten! Und so wird es versuchen, durch Gehorsam auch gegenüber der Mutter sich Rückhalt und Obhut zu verschaffen und zu erhalten. Mit einem Wort: Vor Augen steht uns das Porträt eines vollendeten Muttersöhnchens, eine «ödipale Situation» aufgrund von Komponenten, die längst vor dem Ödipuskomplex wirksam sind, eine «Kastration» des Selbstwertgefühls, die viel früher wirkt, als es der FREUDschen Begrifflichkeit entspricht. Es mag sein, daß ein Kind, das im Schatten einer solchen Konstellation heranwächst, später versuchen wird, insbesondere die äußeren Voraussetzungen der mütterlichen Überbehütung und Überfürsorge als lästig und lächerlich unter Protest abzustreifen, und doch wird es die Lektion niemals mehr vergessen, die einem Kleriker wesentlich ist: Nur der Gehorsam rettet, reinigt und heiligt; nur er macht ein Kind akzeptabel und angenehm: dem göttlichen Vater wie dem väterlichen Gott. Der Teufelskreis hat sich geschlossen.

2) Die Identifikation mit dem entsprechenden Vorbild oder: Die Franziskus-Haltung

In der bisher beschriebenen Familiensituation ist die Psychogenese einer klerikalen Gehorsamshaltung stillschweigend an die Voraussetzung gebunden, daß Vater und Mutter bei all ihren Gegensätzen in gewisser Weise *zusammenarbeiten*, so daß der kontrastreiche Stempelabdruck ihres Wesens ein gemeinsames, sich wechselseitig ergänzendes Bild ergibt: Die Unterwürfigkeit, gleich, ob als Resultat von elterlicher Strenge oder Schwäche, ist das gemeinsame Ziel beider. Indessen brauchen wir uns die aufgezeigte Spannung zwischen den Eltern nur um ein weniges noch gesteigert zu denken, und es entsteht aus dem kontrastreichen Miteinander ein unversöhnbares Gegeneinander, das eine neue Form von Gehorsamshaltung mit sich bringt, die wir als den *«Franziskus-Typ»* bezeichnen wollen.

Auch FRANZISKUS, als er seinen Gefährten schildern sollte, worin der vollkommene Gehorsam bestehe, gebrauchte das Bild vom Kadavergehorsam: «Nimm einen entseelten Körper und lege ihn, wohin du willst; du wirst sehen, er leistet keinen Widerstand gegen die Bewegung, er murrt nicht wider seine Lage, er widerspricht nicht, wenn man ihn liegenläßt. Setzt man ihn auf einen Thron, so richtet er den Blick nicht nach oben, sondern nach unten. Kleidet man ihn in Purpur, so erscheint er doppelt bleich. Das ist der wahrhaft Gehorsame. Er forscht nicht, warum er geschickt wird; er kümmert sich nicht darum, an welchen Platz er gestellt wird; er besteht nicht darauf, daß er versetzt werde. Wird er zu einem Amt befördert, bewahrt er seine gewohnte Demut. Je mehr er geehrt wird, um so unwürdiger erachtet er sich.»[18] Das ist derselbe Geist, den wir bereits aus dem Munde des heiligen IGNATIUS zu uns reden hörten. Doch worum es uns hier geht, ist nicht die Diskussion des Ideals selbst, sondern die Herausarbeitung des psychischen Hintergrundes einer solchen Einstellung, deren Entstehung wir in der Biographie des heiligen FRANZISKUS besonders gut verfolgen können.

Als Franziskus in der Stadt Foligno all seine Habe verkauft und bei einem Priester in Assisi Zuflucht gefunden hatte, begann sein Vater ihn zu suchen, und durch den öffentlichen Spott, den FRANZISKUS durch seinen Anblick bei der Menge auf sich zog, erfuhr er bald von dem Versteck seines Sohnes. THOMAS VON CELANO schreibt über sein Verhalten: «Ohne jede Mäßigung, wie der Wolf auf das Lamm, so eilt er hin, schaut ihn grimmig und wild an, packt ihn und schleppt ihn unter Schmach und Schande in sein eigenes Haus. Dort sperrt er ihn erbarmungslos mehrere Tage in einen finsteren Raum. Und da er glaubt, seines Sohnes Sinn nach seinem Willen beugen zu können, bearbeitet er ihn zuerst mit Worten, dann auch mit Schlägen und Fesseln.»[19] Wieviel auch immer an dieser Darstellung der Legende statt der Historie sich verdanken mag, so ist doch die Person von Vater *Pietro di Bernardone* in Motivation und Auftreten deutlich genug gekennzeichnet. Zweifellos *liebt* dieser Mann seinen Sohn und setzt alles daran, ihn glücklich zu machen, aber er betreibt seine Erziehung so gewalttätig und «den Willen beugend», daß er damit bei FRANZISKUS offenbar das gerade Gegenteil seiner Absichten erzeugt: Abwehr statt Folgsamkeit, Abneigung statt Anerkennung, Verweigerung statt Gehorsam.

Wie aber kann, das muß man sich fragen, ein Sohn, der ersichtlich seinem eigenen Vater so obstinat ungehorsam ist, gleichzeitig mit äußerstem Nachdruck zu unbedingtem Gehorsam auffordern?

Die Antwort auf diese Frage finden wir allem Anschein nach in dem Betragen *der Mutter.* Auch sie scheint der Sache nach derselben Meinung wie ihr Mann gewesen zu sein, aber in scharfem Kontrast zu der wüsten Derbheit und Direktheit ihres Gatten heißt es von ihr, daß sie seine Vorgehensweise nicht gebilligt und statt dessen «mit zärtlichen Worten ihrem Sohne» zugeredet habe. «Da sie aber sah, daß sie ihn von seinem Vorhaben nicht abbringen könne, ließ sich ihr Mutterherz über ihn erweichen; sie löste die Bande (in die der Vater ihn gelegt hatte, d. V.) und ließ ihn frei davongehen. Er aber dankte dem allmächtigen Gott und kehrte eiligst an den Ort zurück, wo er sich früher aufgehalten hatte.»[20] «Inzwischen kehrte der Vater zurück, und da er ihn (den Sohn, d. V.) nicht fand, wandte er sich mit Vorwürfen an seine Frau und häufte so Sünde auf Sünde. Dann lief er tobend und schreiend an den genannten Ort, um seinen Sohn, falls er ihn nicht zur Besinnung bringen könne, wenigstens aus der Gegend zu verjagen.»[21] Schließlich kommt es zu jener berühmten Szene auf dem Marktplatz von Assisi, als FRANZISKUS seinem Vater alles Geld zurückgibt, das er zur Wiederherstellung der Kirche San Damiano aufgewandt hatte, und vor den Augen des Bischofs und der Menge erklärt: «Von nun an will ich sagen: Vater unser, der du bist im Himmel, nicht mehr: Vater Pietro Bernardone, dem ich nicht nur – schaut her! – sein Geld zurückerstatte, sondern auch alle meine Kleider zurückgebe.»[22]

Es ist deutlich, wie unmittelbar FRANZISKUS in diesem Moment das Bild des himmlischen Vaters *in Gegensatz* zu dem Bild seines irdischen Vaters setzt; beide widersprechen sich vollständig, so daß man dem einen *ungehorsam* sein muß, um dem anderen *gehorsam* zu werden: Ist der irdische Vater gewalttätig und roh, so wird sein Sohn sanftmütig und friedfertig im Gehorsam gegenüber Gott durch die Welt ziehen; dringt Vater *Pietro Bernardone*

auf Besitz und bürgerliche Anerkennung, so wird sein Sohn im Vertrauen auf seinen himmlischen Vater die Armut zu seiner «Geliebten» erwählen und den Beifall der Menge mit Füßen treten. Alles, was Gottvater von FRANZISKUS will, ist offensichtlich das Gegenteil von dem, was Vater *Pietro* will. Psychoanalytisch fällt vor allem auf, daß FRANZISKUS nicht in eigener Person seinem Vater gegenübertritt – es ist nicht er selbst, es ist nicht sein Ich, das dem Vater zu widersprechen wagt, vielmehr projiziert sich sein Protest in das Gottesbild hinein, das den Aufstand gegen den Vater nicht nur legitimiert, sondern geradewegs fordert. Aus einem subjektiven Konflikt zwischen Vater und Sohn wird damit ein Konflikt zwischen Vater *Pietro Bernardone* und Gottvater; der Ungehorsam gegenüber dem irdischen Vater erscheint mithin als unbedingter Gottesgehorsam, der persönliche Widerruf als göttliche Berufung.
Es scheint aber, daß die Inhalte, die FRANZISKUS in seinem Gottesbild als objektiv glaubt, auch seinem eigenen Erleben objektiv vorgegeben waren, so daß jener Konflikt zwischen irdischem und himmlischem Vater nur in überhöhter Form widerspiegelte, was in dem Gegensatz zwischen Vater und Mutter bereits angelegt war. Es ist allem Anschein nach die weiche, fügsame Art der Mutter, die in der Seele des Heiligen sich als ein göttliches Gewissen und als eine unerschöpfliche Quelle der Sehnsucht nach Liebe, Harmonie und weltumspannender Versöhnung ausprägte.
Entscheidend ist nun, daß FRANZISKUS mit keinem Wort wagt, sich bei seinem Protest gegen den Vater auf die Mutter zu berufen, und das zu Recht: Sie selber hätte gewiß in ihrer verständnisvollen Sanftmut alles Erdenkliche unternommen, um den ausbrechenden Streit zwischen Gatten und Sohn *zu schlichten,* d. h., sie hätte mit ihrer Unterwürfigkeit auch FRANZISKUS selbst zur Unterwerfung unter den Befehl des Vaters angehalten; ganz in diesem Sinne jedenfalls werden wir ihre Intervention in der Abwesenheit des Gatten verstehen müssen. Statt dessen aber braucht FRANZISKUS scheinbar gar nicht kraft seines eigenen Ichs zu kämpfen, *es ist der Inhalt seines Überichs selbst,* der für ihn die Verantwortung in dieser Auseinandersetzung übernimmt. Natürlich verbergen sich in dieser Verlagerung des Konfliktes auf eine höhere Ebene erhebliche Aggressionen, doch bietet das Verfahren gerade den Vorteil, alle Regungen von Zorn, Empörung und Widerwillen vom Ich abzuziehen – subjektiv herrscht fortan nichts als guter Wille, Frömmigkeit und heiliger Gottesgehorsam. *De facto* freilich läuft die Ersetzung des irdischen Vaters durch den himmlischen Vater auf eine massive Verurteilung des *Pietro Bernardone* hinaus, nur daß diese Verurteilung jetzt Gott und den Hagiographen überlassen bleibt, während FRANZISKUS selbst in den Genuß

kommt, sich jedes Urteils über seinen Vater enthalten zu können, wie es geschrieben steht beim Evangelisten Matthäus, Kap. 7, Vers 1: «Richtet nicht, damit ihr nicht (von Gott) gerichtet werdet.»

Die Annahme, daß es eigentlich *das Bild der Mutter* ist, das sich im Erleben des heiligen FRANZISKUS in die Gloriole des Absoluten, Göttlichen hüllt, findet übrigens in der Geschichte von der *Berufung* des heiligen FRANZISKUS eine direkte Bestätigung. Von THOMAS VON CELANO erfahren wir, daß die Mutter nach ihrem vergeblichen Versuch, FRANZISKUS umzustimmen, schließlich Partei für ihren Sohn gegen ihren Mann ergriffen und sich dadurch dessen offenen Zorn zugezogen habe.[23] Es geht nicht nur darum, daß der Vater sich am Ende also wirklich als so verworfen und unmenschlich erweist, wie es immer schon zu befürchten stand, man wird psychoanalytisch vor allem aus diesen Nachrichten den Schluß ziehen müssen, daß, wenn so das Ergebnis aussieht, auch wohl dementsprechend die Ursachen gewesen sein dürften; mit anderen Worten: Der Konflikt, der sich in der Seele des heiligen FRANZISKUS zwischen Gott und seinem Vater zuträgt, enthüllt sich im Fortgang des Familiendramas als gerade das, was wir vermutet haben: als ein äußerst heftiger Konflikt zwischen der Mutter und dem Vater des Heiligen.

Wir müßten, wenn das zutrifft, lediglich *eine* Angabe aus der Lebensgeschichte des THOMAS VON CELANO korrigieren – jene Stelle nämlich, an welcher er bereits in der Einleitung erklärt, FRANZISKUS sei «von früher Jugend an von seinen Eltern nach den eitlen Grundsätzen der Welt hoffärtig erzogen» worden, so daß er «ihr erbärmliches Leben und Gebaren lange Zeit nachahmte und dadurch selbst nur noch eitler und hoffärtiger wurde»[24]. Im Gegenteil werden wir schließen, daß FRANZISKUS seine Mutter mindestens ebenso geliebt haben wird wie sie ihn; ergreift sie für ihn, als es um alles geht, *endgültig* Partei, so werden wir denken dürfen, daß auch FRANZISKUS seinerseits immer wieder insgeheim für seine Mutter eingetreten ist – *gegen* seinen Vater, und wie sich ihm in der Berufungsvision das Bild seines Gottes in seinen wahren Absichten zu erkennen gibt, so bleibt nun auch der Mutter nichts anderes übrig, als sich in ihrer wirklichen Wesensart zugunsten ihres Sohnes zu bekennen. Steht es aber so, dann muß man annehmen, daß die Mutter des heiligen FRANZISKUS allenfalls aus Gründen des Gehorsams gegenüber ihrem Manne, keinesfalls jedoch aus eigener Überzeugung jene Erziehung zur «Eitelkeit» mitgetragen hat und daß insbesondere ihr überaus sensibler Sohn deutlich empfunden hat, was sie dieser Schritt der Selbstverleugnung kostete – bis dahin, daß er dem wahren Bild seiner Mutter als einer absoluten, göttlichen Größe erst wirklich folgen zu können meinte, wenn er es wagte, den Konflikt mit seinem Vater durchzustehen und seine eigene Mutter sogar noch in diesen Konflikt hineinzutreiben.

Bezogen auf die Thematik des Gehorsams ergibt sich aus dieser Analyse gleich dreierlei.

Zum einen: Wir beginnen zu verstehen, warum für einen Mann wie FRANZISKUS der Gehorsam zu einer absoluten Forderung erhoben werden kann: Die Art seines Gehorsams entsteht gerade nicht aus der unmittelbaren Übernahme der väterlichen Gehorsamsforderung, sondern ergibt sich aus der Identifikation mit dem Menschen, den er *im Gegensatz zu seinem Vater* als Kind am meisten geliebt haben muß – seiner eigenen Mutter. *Ihr* jahrelanger Gehorsam gegenüber der wesensfremden Art ihres Mannes muß dem späteren Heiligen als ein unbedingtes Vorbild erschienen sein; sie muß in seinen Augen, gerade des Kontrastes zu ihrem Manne wegen, als Hort und Hüterin einer wahren, idealen Welt erschienen sein, die es wiederaufzuerbauen und vor dem Zugriff des Vaters zu retten galt: Erst durch die totale Verneinung des Vaters ließ sich die Gestalt der Mutter rein bewahren. Nach dem Vorbild der Mutter gehorsam zu sein und der zum Gottesbild erhobenen Mutter-Imago gehorsam zu werden verfestigt sich somit zu dem unabdingbaren Bestand eines heiligmäßigen Lebens.

Zum zweiten: Wir verstehen, warum FRANZISKUS nach seinem Schritt alles darauf anzulegen scheint, seine Mitmenschen gegen sich aufzubringen, und warum er in überaus «demütiger» Gesinnung trotz aller Bußfertigkeit das Gefühl, schuldig zu sein, niemals mehr verliert: Psychoanalytisch gesehen, steht geradewegs zu erwarten, daß die Verschiebung der erheblichen Aggressionen gegen den Vater vom Ich weg ins Überich als ausgeprägte Strafphantasien auf das Ich zurückkommen und ein förmliches Bedürfnis nach Schande und Erniedrigung wachrufen wird. Auch den Wunsch des Heiligen, an der Seite Christi zu leiden bis hin zu der Abbildung der Wundmale Jesu am eigenen Leibe, begreifen wir recht gut, wenn wir in der inzwischen schon gewohnten Weise an die Stelle Christi das Bild bzw. die Person der Mutter setzen: Mit ihr zu verschmelzen *gegen* den Vater wird der eigentliche Lebensinhalt; und wenn es dem Heiligen von dem Erlebnis seiner Berufung an darum zu tun war, die *Kirche* Christi zu erneuern, so dürfen wir psychoanalytisch darin durchaus eine Verschiebung bzw. Ausdehnung der ursprünglichen Sehnsucht erblicken, die armselige, geschändete und gedemütigte *Mutter* aus den Klauen des geldgierigen und machtbesessenen Händlers *Pietro Bernardone* zu befreien.

Und zum dritten: Wir verstehen auf diese Weise das sonst unerklärbare Paradox, wie jemand aufs äußerste gehorsam werden kann, indem er allen

Gehorsam über Bord wirft. Es ist psychoanalytisch *der Gehorsam nach dem Vorbild der Mutter* bzw. der Gehorsam gegenüber der Mutter, der irgendwann danach drängt, in letzter Konsequenz einem Mann wie Vater *Bernardone* ungehorsam zu werden, ein wirkliches Entweder-Oder. Zugleich wird erst aus dieser Konstellation heraus die Doppelrolle verständlich, die FRANZISKUS später gegenüber der Kirche spielen wird: Es wird niemanden in der Kirchengeschichte geben, der durch sein Wesen den Machtapparat Roms schärfer kritisieren und provozieren wird, aber es ist eben nicht das Ich des Heiligen, es ist der in seinem Überich projizierte bzw. vergöttlichte, *objektiv* gewordene Inhalt, der, ohne ein persönliches Wort gegen Rom zu äußern, in demütigem Gehorsam gegenüber Gott zur Herausforderung wird. Nur so läßt sich auch verstehen, daß FRANZISKUS schließlich bereit ist, vor Papst INNOZENZ III. hinzutreten und diesen Riesen-Bernardone um die Anerkennung seines Lebens in mönchischer Armut zu bitten[25]: Wäre es nicht gerade die Identifikation mit dem Gehorsam der Mutter gewesen, die FRANZISKUS zu dem Ungehorsam gegenüber seinem Vater trieb, und wäre der gesamte aggressive Anteil seiner Haltung nicht dem eigenen Ich vollkommen entzogen worden, so wäre FRANZISKUS, ausgestattet mit stärkerem Durchsetzungswillen und mit einem geringeren Maß an Unterwerfungsbereitschaft, gewiß eher zum Rebell oder Reformator als zum Heiligen und Ordensmann berufen gewesen.[26]

Was wir aus alldem lernen, ist nun gewiß nicht die Berechtigung, das Leben eines Genies wie des heiligen FRANZISKUS auf ganzen fünf Seiten psychoanalytisch für erklärt zu halten; wohl aber lernen wir daraus, daß auch das Leben eines großen Heiligen nicht ohne Rücksicht auf die psychischen Motive, die sich in ihm ausprägen, zum Vorbild für jedermann erhoben werden darf. Vor allem lernen wir einen bestimmten Typos der idealisierten Gehorsamsforderung kennen, der sich darauf gründet, in der Kindheit einen Elternteil besonders liebgewonnen zu haben, der sich selber dem anderen, im Grunde wesensfremden und verhaßten Elternteil total unterwerfen mußte, um nicht durch seinen Widerstand den gesamten Bestand des ehelichen Zusammenlebens zu gefährden. Die Identifikation mit dem geliebten Vorbild sowie das Wissen um das extreme Risiko, das etwaige Regungen von Ungehorsam mit sich bringen müßten, *plus* einer erheblichen Ambivalenz gegenüber der (väterlichen) Autorität bilden die Strukturmerkmale dieses Gehorsams nach dem «Franziskus-Typ»: Man erlebt die eigene Mutter als so viel liebenswürdiger, idealer, nachahmenswerter und menschlicher gerade in ihrer Unterwürfigkeit, die man als ihre geheime Stärke und sittliche Größe zu sehen beginnt, daß man von Herzen nur wünschen kann, so

zu werden wie sie: so geduldig, sanftmütig und hingebungsvoll – und auf gar keinen Fall so, wie man den eigenen Vater erlebt: materialistisch, jähzornig, unbeherrscht, despotisch, gewinnsüchtig, mitleidlos, usw. – Auf die ausgesprochen *weibliche* Komponente der Persönlichkeitsstruktur, die in diesem «franziskanischen» Gehorsamstyp durch die Identifikation mit der Mutter und die Ablehnung des Vaters bedingt ist, kommen wir später noch ausführlicher zurück; an *dieser* Stelle genügt es zu betonen, daß sich all die genannten Konflikte bereits schon auf der *analen* Stufe der psychischen Entwicklung abspielen und sich durchaus noch ohne die Komplikationen des Ödipuskomplexes verstehen lassen.
Lediglich *eine* Frage scheint innerhalb dieses Deutungsrasters noch ungenügend beantwortet: Woher stammt die Energie, die dazu führt, das Bild der Mutter ins Göttliche zu erheben? Die klassische psychoanalytische Antwort lautet: eben aus dem Verdrängungsvorgang bei der Auflösung des Ödipuskomplexes; doch diese Antwort ist uns verwehrt, indem wir gerade betonen, daß die Problematik des «Gehorsams» sich durchaus «präödipal» stellt. Was den heiligen FRANZISKUS angeht, so bleiben wir in historischem Betracht natürlich bei der Analyse von überwiegend legendären Berichten auf bloße Hypothesen angewiesen; für die Psychogenese der klerikalen Gehorsamshaltung entsprechend dem Franziskus-Typ indessen können wir eine Bedingung angeben, die recht häufig verwirklicht scheint: Das Bild der Mutter läßt sich am leichtesten *dann* in die Sphäre des Göttlichen erheben, wenn in der Haltung der Mutter selbst bereits so etwas spürbar ist wie ein transzendenter Bezug; der Gehorsam der Mutter erscheint einem Kind um so eher als eine göttliche Forderung, als die Mutter selbst in ihrem Verhalten zu erkennen gibt, daß sie zu ihrem eigenen Gehorsam womöglich weder willens noch imstande wäre, wenn nicht eine absolute Person *hinter ihr* eben diese Einstellung von ihr verlangen und ihr die Kraft dazu schenken würde.
Schon bei der Besprechung des «religiösen Faktors» haben wir darauf hingewiesen, wie begünstigend es auf die Psychogenese einer Berufung zum Klerikersein wirken muß, wenn ein Elternteil, vornehmlich die Mutter, in deutlichem Kontrast gegenüber dem Gatten (oder der Gattin) seinen seelischen Halt aus der Beziehung zur Kirche empfängt. Jetzt können wir genauer sagen: Die Selbsttranszendenz des normgebenden, des als vorbildlich erlebten Elternteils führt in der psychischen Entwicklung des Kindes leicht zu der Neigung, die eigene Bezugsperson (die «Mutter») in eben dem Licht wahrzunehmen, aus welchem sie selber zu leben vorgibt; der transzendente Anteil im Leben der Mutter begünstigt die «Transzendierung» bzw. die Idealisierung des Mutterbildes bei dem heranwachsenden Kind und pflanzt

ihm so etwas wie ein «Geheimnis» ein, an welches es sein Leben lang sich absolut gebunden fühlen mag.

Wie schwer es sein kann, diesem Sog einer religiös begründeten Weltentsagung und untergründigen Resignation demonstrativer Gehorsamshaltung sich zu entziehen, hat in sehr ehrlicher Weise TILMANN MOSER in seiner *«Gottesvergiftung»* geschildert, indem er in Form eines negativen Gebetes an einen grausamen, zerstörerischen Gott die Worte richtet: «Für mich warst du (sc. Gott, d. V.) die personifizierte Lebensfeindlichkeit, und nur mein Trotz gegen dich, für den du dich, so gut du konntest, zusätzlich gerächt hast, hat mich gerettet. Aber ein Leben im Trotz, vor allem im unbewußten Trotz, ist wenig erfreulich. Man wird noch immer ferngesteuert, tut Dinge, nicht weil sie Freude machen, sondern weil man sich in Fesseln fühlt, die einen zu ersticken drohen und die man zu sprengen sucht. – Nur ganz allmählich wird mir in vollem Umfang deutlich, wie sehr du rachsüchtiger Lückenbüßer bist: Du gedeihst in den Hohlräumen sozialer Ohnmacht und Unwissenheit. Du blühst aus der Lebensangst meiner Vorfahren, aus allem Unverstandenen, das sie heimgesucht hat, vor allem aber: aus ihrer Ungeborgenheit, aus ihren seelischen Entbehrungen, gegen die sie dich wie eine riesige Plombe in einen faulenden Zahn gesetzt haben. Weißt du, daß du für viele meiner Familie für ganze Bereiche ihres seelischen Lebens der einzige Gesprächspartner warst? Daß deine erdrückende Wirklichkeit ihrer Isolierung, ihren Kontaktstörungen, ihrer Sprachlosigkeit anderen Menschen gegenüber entstammt? Daß sie zu dir gebetet haben, dir abends ihren Tag erzählten, weil ihnen sonst niemand zugehört hätte? Verständnisvoll zugehört hätte, wollte ich schreiben, als ob du dazu imstande seist! Sie haben in ihrer Verzweiflung deine Antwortlosigkeit umgemünzt in unendliche Geduld und Wohlwollen. Sie hätten ihr Elend auch in ein Eselsohr flüstern können. – Soll ich dir sagen, warum du in mir so groß werden konntest, so real, daß schließlich das Wort ‹Gottesferne› zum schrecklichsten wurde, was ich mir denken konnte? Du bist in mir groß geworden, weil die Stimme meiner Mutter in den wenigen Sekunden des Tages, in denen sie mit mir gebetet hat, einen Klang annahm, der, um den Jargon deiner Diener zu verwenden, nicht von dieser Welt war, innig, warm schwingend, als ob etwas ganz Kostbares, was ohne deine Gegenwart unzugänglich blieb, plötzlich im Raum wäre, und das mit dem leise gesprochenen Amen wieder aus meinem Leben verschwand. Du hast eine Beziehung zu meiner Mutter gehabt, die ihre sonst so gefaßte Stimme in leichtes Beben brachte. Das hat mich ergriffen wie nichts sonst mehr im Leben; und dies war wohl der erste und einzige Gottesbeweis, dem ich, ohne zu wissen, wohin er mich führte, vertraut habe. Die-

ser Klang ihrer Stimme hat mir einen imaginären Raum geöffnet, in dem ich zwar nicht Geborgenheit fand, sie aber erahnte. Und auf dieser Ahnung, was du geben oder sagen könntest, bin ich mein Leben lang sitzen geblieben, hoffend und flehend, schluckend und würgend, auf dem Bauche kriechend, mich selbst verstümmelnd. Die Erbsünde liegt bei dir, in diesem Anfangsbetrug eines vermeintlichen Reichtums, einer vermeintlichen Geborgenheit.»[27]
Wieviel an *rettendem Trotz* ist nötig, um in einem solchen Erlebnisraum, selbst unter protestantischen Voraussetzungen, *nicht* zum Kleriker, sondern schließlich auf dem Wege einer mühevollen Selbstfindung zum Psychotherapeuten heranzureifen? Umgekehrt aber können wir jetzt resümieren: Die Konstellation zur Begründung einer Gehorsamshaltung nach dem «Franziskus-Typ» erscheint nach diesen Worten fast unwiderstehlich, wenn sie sich wie folgt darbietet: Da ist eine Mutter, die ihrem ungeliebten Mann gehorsam sein muß, um Gott gehorsam zu sein, und die ihre Kraft dazu aus der Idealisierung all der Eigenschaften eines männlichen Geliebten bezieht, die sie an ihrem Gemahl so schmerzhaft vermißt; das Bild dieser Frau sowie das Bild dieses Gottes, dem sie dient, verstärken sich in der Seele des Kindes zu einem einzigen Gemälde der Sehnsucht, dem man auf Erden nachstreben würde, geriete man nicht eben dadurch in einen äußersten Konflikt mit dem eigenen Vater, dessen Aggressionen man ebenso fürchtet wie den Ausbruch der eigenen Zornmütigkeit. Aus dieser Situation gibt es von innen heraus nur einen einzigen befreienden Ausweg: indem das (mütterliche) Idealbild sich gegen das Vaterbild durchsetzt und jenen paradoxen *Gehorsam zum Ungehorsam* erzwingt, den wir beim heiligen FRANZISKUS beobachten können. Ein Höchstmaß von Unabhängigkeit nach außen verbindet sich in diesem Falle mit einem Maximum an innerer Bindung an das eigene Überich, um den Preis, daß für ein irdisches Glück nicht der geringste Spielraum mehr verbleibt. «In Christus zu sein» ersetzt jetzt die Möglichkeit, *selber* zu sein, und die Sehnsucht nach dem Himmel verzehrt fortan rasch und gewaltsam wie ein Steppenbrand die kleinen Reste an spärlichem Grün in den Niederungen und Tälern des irdischen Lebens.

3) Die Erschütterung des eigenen Urteilsvermögens

Bisher haben wir diejenigen Formen einer ausgeprägten Gehorsamshaltung kennengelernt, die aus dem direkten Druck der elterlichen Erziehung oder aus der Identifikation mit einem Elternteil sich ergeben können. Im letzteren

Falle ist dabei vor allem *die Spannung* nicht unwichtig, die zwischen Vater und Mutter zumindest aus der Sicht der Kinder zu herrschen scheint. Denken wir uns indessen diese Spannung noch ein Stück dramatischer und «gefährlicher», als wir sie in der «franziskanischen» Variante des Gehorsams angenommen haben, so geraten wir bald an einen Punkt, an dem die Haltung des Gehorsams sich aus einer fundamentalen *Irritation des eigenen Urteilsvermögens* ergibt. Um das Gemeinte in einem Satz vorweg zu sagen: Ein Mann wie FRANZISKUS durfte immerhin noch wahrnehmen, wie wenig seine Eltern miteinander auskamen; noch einen Schritt weiter, und es droht Gefahr, überhaupt auch nur wahrzunehmen, was zwischen Vater und Mutter in Wahrheit vor sich geht, und diese Notwendigkeit, stets die eigenen Beobachtungen und Schlußfolgerungen verleugnen und verfälschen zu müssen – nach der Devise, daß nicht sein kann, was nicht sein darf –, kann eine solche Unsicherheit gegenüber dem eigenen Urteil erzeugen, daß ein nahezu verzweifeltes Suchen und Betteln um die «richtige» Sicht und Bewertung der Dinge einsetzt – ein Gehorsam nicht nur des Willens, sondern mehr noch des Denkens, oder, besser, ein Wille, für wahr zu halten, was andere sagen, um nicht wahrnehmen zu müssen, was man wahrnehmen könnte. Wer irgend verstehen will, wie es überhaupt möglich ist, einen Gehorsam zu fordern wie der heilige IGNATIUS, wonach man buchstäblich «blind» das eigene Urteil zurückstellen soll hinter dem Urteil des Oberen, und wie es angehen kann, daß eine solche Forderung auch noch begeisterte Anhänger findet, der wird in den Erlebnissen derer nachsuchen müssen, die sich als Kinder bereits die Augen zu blenden hatten, um nicht mitansehen zu müssen, was in seiner Offensichtlichkeit chaotische Konsequenzen hätte nach sich ziehen können.
Auch in diesem Falle ist das einfach Stempel-Abdruck-Modell zur Erklärung der Psychogenese klerikaler Einstellungen so gut wie gänzlich unbrauchbar. Gewiß, es kann sein, daß z. B. ein Junge heranwächst, der von seinem Vater immer wieder, im Falle jedes eigenen Urteils, mit wüsten Worten korrigiert oder mit höhnischen Redensarten frustriert wird – es kann vorkommen, daß ein Kind in seinem Urteilsvermögen schon deshalb gehemmt wird, weil es im Schatten eines Vaters (oder einer Mutter) aufwachsen muß, der (oder die) bereits aufgrund der eigenen Minderwertigkeitsgefühle sich förmlich bedroht fühlt, ein begabtes, intelligentes, kritikfähiges Kind zu haben, das mit seiner Eigenart die enge Welt der Eltern in Frage zu stellen vermöchte. Es *kann* wirklich Eltern geben, die infolge der eigenen Unsicherheit *alles* wissen müssen, auch das, was sie nicht wissen, und schon deswegen ein kluges, urteilsfähiges Kind nicht gebrauchen kön-

nen, das ihren anmaßenden Überkompensationen auf die Schliche kommen könnte: In der tiefenpsychologischen Interpretation des GRIMMschen Märchens von *«Die kluge Else»* (KHM 34) findet sich dieser Fall ausführlich beschrieben.[28] Gefährlicher jedoch als die Wahrheiten, die das Selbstwertgefühl eines Elternteils bedrohen könnten, und gefährlicher deshalb auch für die Entdeckungslust und den Forschergeist kindlicher Neugier sind die Wahrheiten, die nicht offenbar werden dürfen, weil sie dem gesamten Bestand der Familie den Halt rauben könnten. Wir sind bereits gelegentlich auf die Doppelbödigkeit von Ehen zu sprechen gekommen, die weniger aufgrund der Übereinstimmung des Gefühls als aufgrund der Übereinstimmung gewisser Inhalte des Überichs geschlossen werden, und können uns daher an dieser Stelle auf ein einziges kurzes Beispiel beschränken, das uns lehrt, wie inmitten ständiger Lebenslügen «Gehorsam» zur Pflicht werden kann, weil die Wahrheit unerträglich wäre.

Ein Priester, der selber schon seit Jahren sich mit dem Gedanken trug, den «Dienst» zu quittieren, schilderte rückblickend die Ehe seiner Eltern als die eigentliche Vorbereitungszeit für seinen Entschluß, Kleriker der katholischen Kirche zu werden. Der Vater selbst hatte sich ursprünglich mit dem Gedanken getragen, in einen Orden einzutreten, war aber bereits im Noviziat an dem strengen Reglement gescheitert. Von Hause aus eher kontaktscheu und introvertiert, hatte er in der Zeit seines Pädagogikstudiums seine spätere Frau kennengelernt – beide hatten niemals zuvor ernste Freundschaften unterhalten, und sie hätten einander wohl auch niemals kennengelernt, hätten sie sich nicht beide gleichermaßen aufgrund ihrer Gehemmtheiten relativ an den Rand gedrängt gefühlt. Insbesondere fanden beide in ihrem gemeinsamen katholischen Bekenntnis einen wichtigen Stützpfeiler ihres Zusammenlebens. Ihre Treffpunkte bildeten zunächst Kirchen, Pfarrsäle und vor allem die Tagungsräume der Katholischen Hochschulgemeinde, und einzig die Bestätigung, *den gleichen Glauben zu teilen,* flößte ihnen schließlich den Mut ein, auch ihr Leben miteinander zu teilen. Ohne es weiter zu reflektieren, wurden ihnen auf diese Weise Begriffe wie *Pflicht* und *Treue,* die man als Konsequenzen der Liebe verstehen könnte, zunächst zu Grundlagen, dann zum Ersatz der Liebe. Beiden war unvorstellbar, daß eine solche in der Gnade Gottes und mit dem Segen der Kirche als Sakrament geschlossene Ehe nicht in jeder Weise Glück, Dauer und Zufriedenheit garantieren sollte – anders konnte es nicht sein, und folglich war es auch nicht anders. Man kann in diesem Fall wohl kaum von Lüge sprechen, wo es gar kein Ich gibt, das die Wahrheit hätte fälschen mögen oder können, aber von *Unaufrichtigkeit* muß man schon sprechen, um diese Art des Zusammenlebens zu kennzeichnen. «Meine Eltern *bestanden* darauf, glücklich zu sein, und sie dankten Gott immer wieder dafür», erklärte jener Vikar. «Aber sie *sagten* es nur, man spürte es nicht. Am Mittagstisch redete nur meine Mutter. Mein Vater saß dabei und stopfte sich Watte in die Ohren, und er nahm sie erst wieder heraus, wenn er Nachrichten hören wollte. Beide lebten völlig monologisch, glaube ich. Diskutiert wurde niemals. Bei allem, was ihm ernst war, bestimmte mein Vater, kurz und ungeduldig, und meine Mutter fügte sich. Aber das meiste war ihm egal. Er kümmerte sich nicht um Einkäufe, Haushaltsangelegenheiten, Essen, Kleidung – einzig beim Fernsehen wachte er auf, aber dann schlief meine Mutter ein. Im Grunde lebten meine Eltern wie Sonne und Mond miteinander. Zärtlichkeit zwischen ihnen habe ich niemals beobachtet. Das Hauptgefühl war eine seltsame Fremdheit – wie ich am Tisch saß und aus dem Fenster hinausschaute und wußte: Ich gehöre zu niemandem von allen, denn wir sind überhaupt keine Familie. Das schlimmste aber war, daß ich mich nicht nur unter meinen Angehörigen fremd fühlte, sondern auch mir selber fremd war. Ich saß buchstäblich neben mir, schon als Kind; wenn ich in Gesellschaft etwas sagen wollte, stieß Mutter unter dem Tisch mich mit ihrem Fuß an, ich solle schweigen. Was ich wirklich dachte, interessierte niemanden. ‹Du mußt deinen Weg gehen›, sagte mir mein Vater, aber ich möchte ihm noch heute nach 20 Jahren sagen: ‹Ich *hatte* überhaupt keinen Weg; mein Weg – das war immer nur dein Weg.› Ich habe schon gesehen, was wirklich bei uns lief, aber das galt nicht; ich wäre ein schlimmes Kind gewesen, wenn ich davon ein Sterbenswort gesagt hätte. Z. B. hatten wir ein Hausmädchen, eine Frau von etwa 25 Jahren, eine dunkelhaarige, vollbusige Schönheit; erklärt wurde, daß wir sie nur aufgenommen hätten, weil ihre Mutter gestorben sei; in Wahrheit aber war sie eine fröhliche, liebe Person – ich kam mit ihr bald besser aus als mit meiner eigenen Mutter. Doch auch mein Vater schaute sie oft sonderbar an. Nicht, daß er etwas mit ihr gehabt hätte, das glaube ich auch heute noch nicht. Aber aus irgendeinem Grund wollte meine Mutter sie eines Tages entlassen, und mein Vater war so aufgebracht wie noch nie. Wissen Sie, ich weiß bis heute niemals, was stimmt. Ich sehe etwas, und plötzlich verwirren sich mir die Gedanken, es ist, wie wenn mir plötzlich die Gedanken gestohlen würden.»

Bei dieser Darstellung handelt es sich offensichtlich um die Schilderung eines *Diebstahls an eigenem Leben,* der bis heute noch nicht aufgeklärt ist. Nur eines ist deutlich: Hier wurde kein Einbruch begangen, sondern eher *eine Kontenfälschung,* die über Jahre hin bestanden haben muß, indem ständig die Beträge falsch eingesetzt und Soll unter Haben und Haben unter Soll

gebucht wurden. Vor allem die Unterdrückung des eigenen Urteils, des eigenen Redens, des Wunsches, selber etwas zu sagen, setzt an die Stelle der freien Mitteilung das Prinzip des Hörenmüssens, des Gehorchens, doch nicht einfach nur zur Durchsetzung der Elternautorität, sondern wesentlich zum Schutz bestimmter durch gewisse Ideale geforderter Illusionen, deren Trugbild dem ungetrübten Auge eines Kindes verborgen bleiben sollte.
Um diesen Befund zu verbreitern, wird man darauf hinweisen müssen, wie stark sich in dieser Konstellation auf der Ebene der einzelnen Familie reproduziert, was wir früher als die Doppelbödigkeit eines Lebens von Amts wegen gekennzeichnet haben: Wird dort die Erlaubnis, zu existieren, sozusagen nur unter der Maske eines klerikalen Titels erteilt, so entsteht die Erlaubnis zum Sein bei denen, die das System der katholischen Kirche weit genug verinnerlicht haben, erst unter der Voraussetzung, daß die Normen der Kirche eingehalten werden. Der bloße Gedanke z. B., es könnte mit der eigenen Ehe etwas nicht stimmen, ruft unter solchen Voraussetzungen buchstäblich Todesängste hervor, die am einfachsten durch den Mechanismus der *Verleugnung der Realität* abgewehrt werden[29]; doch eben die Verleugnung bestehender Konflikte auf der Ebene der Eltern, umgeben von den entsprechenden Tabus und Strafängsten der Wahrnehmung, erzeugt auf der Ebene des Kindes eine *Irritation des Denkens*[30] und eine Gehorsamsbereitschaft, die ihrerseits wieder die eigene Existenz an ein bedingungsloses Wohlverhalten gegenüber bestimmten Autoritäten bindet und mithin gerade diejenige Psychologie aus sich hervortreibt, welcher das klerikale Leben von Amts wegen sich verdankt. Der Teufelskreis der Ausschaltung des Persönlichen hat sich zugunsten eines vollendeten Reproduktionsmechanismus des Systems im Einzelnen geschlossen.
«Es wußten doch immer alle schon im voraus, was für mich gut und richtig war», sagte dieser Tage eine Ordensschwester zu mir. «Ich war nur stets zu dumm, um zu begreifen, warum die anderen recht hatten. Ewig die Wege und Maßstäbe, die mir fremd waren und die ich doch zu akzeptieren hatte! Ich hatte einfach zufrieden zu sein, obwohl ich es inwendig nie war. Wenn ich jemandem begegne, denke ich noch heute: Was will er von mir, und dann vergesse ich, was ich selber wollte, und schließlich bin ich böse auf den anderen, daß er mich daran gehindert hat, zu tun, was ich beabsichtigte, und dann muß ich wiedergutmachen, daß ich so böse war, ihm böse gewesen zu sein. All das aber geht nur in mir selbst vor sich; wenn ich es Ihnen jetzt sage, habe ich schon wieder Angst, rausgeschmissen zu werden. Am liebsten sage ich: Ich weiß nicht, und schiebe dem anderen die Verantwortung zu; aber ich hasse den anderen, daß er so tut, wie wenn er wüßte, was ich will und brau-

che. Aber ich darf ja niemanden hassen. Deshalb hasse ich mich selber, daß ich so konfus bin und auch hier bei Ihnen nur herumheule. Ich bin genauso schlimm wie meine Mutter, die verdrehte auch immer alles und wußte nie, was sie wollte, statt dessen wußte sie dauernd, was andere zu wollen hatten. Intellektuell weiß ich, daß alles daher kommt, daß ich mich ständig zensiere: Kaum, daß ich einen Gedanken oder ein Gefühl erwische, bewerte ich es schon und lasse es nur gelten, wenn ich glaube, dem anderen damit unter die Augen treten zu können. Aber dadurch ist jetzt alles noch mehr falsch: Meine Gefühle und Gedanken darf ich nicht haben, weil sie böse sind, und mich so zensieren, daß ich nicht sein darf, darf ich auch nicht. Ich weiß überhaupt nichts mehr. Ich möchte überhaupt nichts sein – nur einfach dasein und leben. Aber das habe ich nie gedurft. Man mußte immer die Heiligen nachahmen und dem Beispiel anderer folgen.» Natürlich handelt es sich bei derartigen Selbstvorwürfen aus Dauerzensur, Gedankenzerstörung, Aggressionsverschiebung auf die eigene Person, Übertragung der Ambivalenzgefühle gegenüber der eigenen Mutter auf den Therapeuten, dem Gefühl ständiger Fremdbestimmtheit u. a. m. strukturell gesehen um eine exquisit *zwangsneurotische* Problematik, wie sie für die anale Phase charakteristisch ist. An dieser Stelle aber gilt es zu betonen, daß «Gehorsam» nicht nur aus autoritärem Zwang sowie aus dem Konflikt der Unterwerfung des eigenen Willens unter eine fremde Verfügungsgewalt nach dem Vorbild eines Elternteils entstehen kann, sondern in dem genannten Beispiel sich in gewissem Sinne «sublimer», geistiger einstellt: als das Resultat von *Lebenslügen* auf seiten bereits der Eltern, die sich als notwendige Wahrheiten setzen, deren Anerkennung wider alle eigene Einsicht zur Grundlage des Erlebens und des Überlebens schon in der Sicht des Kindes geworden ist.

Nur wenn man von Erschütterungen des Denk- und Urteilsvermögens in solchem Umfang ausgeht, daß dem Einzelnen nicht mehr ersichtlich ist oder werden *darf*, wie er zu seinen eigenen Wahrnehmungen sich stellen soll, wird verständlich, wie jemand dahin gelangen kann, überhaupt jedes eigene Denken als Eigensinnigkeit und jedes eigene Wollen als Eigenwilligkeit zu brandmarken, bis dahin, daß er es als Siegel und Garantiezeichen der Wahrheit erachtet, wenn nicht er selbst, sondern ein anderer an seiner Statt urteilt und anweist. Wir sprechen hier nicht von denjenigen unter den Klerikern, denen die Forderung des Gehorsams eher wie eine Zumutung erscheint, die sie nur wie nebenbei und rein formal «erledigen»; die Rede ist von Menschen, denen es mit dem «Gehorsam» so ernst ist, wie BENEDIKT, FRANZISKUS und IGNATIUS ihn verstanden wissen wollten, denen *Gehorsam ein Bedürfnis* ist. Dann muß man allerdings sehen, daß die Rückkoppelung

zwischen der individuellen Verunsicherung und Unterwerfungshaltung einerseits und der institutionellen Fixierung des Wahrheitsanspruchs auf die Form eines hierarchisch gegliederten Amtsapparates andererseits sich keinesfalls auf den Bereich persönlicher Befehlsausgabe und Befehlsübernahme beschränkt, sondern die Grundlage der gesamten Denkstruktur der katholischen Kirche bildet. Um es so zu sagen: es wäre vollkommen unmöglich gewesen, das dogmatische Lehrgebäude der Kirche im Verlauf von Jahrhunderten zu errichten[31], und es wäre ebenso unmöglich, dieses Gebäude auch heute noch, 200 Jahre nach der Aufklärung, in vollem Umfang aufrechtzuerhalten, ohne die «Gläubigen» zunächst in den Fragen der Religion so weit einzuschüchtern und zu verunsichern, daß sie als «Laien» sich keinerlei Kompetenz in derlei Belangen mehr zutrauen. Der *Glaubensgehorsam,* buchstäblich, ist nicht ein Etwas an der katholischen Kirche, sondern ihr Zentrum, ihr Herzstück. Wo immer man in der Öffentlichkeit einen Vortrag hält, der die Spaliere der gewohnten Sonntagspredigt verläßt, wird in der anschließenden Diskussion die Frage unausweichlich sein, nicht was gesagt wurde, sondern was «die» Kirche davon sagen wird – ob man so denken darf, wie es gesagt wurde, *das* ist der Parameter eines guten Katholiken. Keine Institution des Abendlandes hat es vermocht, Menschen derart vorzuschreiben, was sie als fremde Gedanken, verstanden oder unverstanden, aufsagen müssen, um in Zeit und Ewigkeit «gerettet» zu werden, wie die katholische Kirche.[32] Nicht Gedankenfreiheit, sondern die feste Struktur eines erzwungenen Denkens und eines erzwungenen Wollens stellt das oberste Ziel des theologischen Lehrbetriebs der Kirche auch heute noch dar.
Und das Ergebnis ist danach. – Inzwischen sind wir so weit, daß die Theologen ihre eigenen Erkenntnisse, z. B. über die Historizität biblischer Texte, vor der Menge der Christgläubigen förmlich geheimhalten müßten, um nicht von den Kirchgängern selber und dann auch von der zuständigen Glaubenskommission der jeweiligen Bischofskonferenz als Irrlehrer angeprangert zu werden. Diese Schicht *gehorsamer* Lehramtsinhaber schwimmt wie eine Fettschicht auf den Gewässern der unwissenden Gläubigen, die bis zum massivsten Aberglauben fehlinformiert werden und bleiben, um an ihrem Kinderglauben nicht Schaden zu leiden. Wie sonst wäre es zu erklären, daß nach einer Zeitungsmeldung der FAZ vom März 1989 *mehr als die Hälfte* der Bevölkerung in der BRD immer noch der Meinung ist, daß beispielsweise die biblische Schöpfungsgeschichte *in wörtlichem Sinne* zu verstehen sei? Wertet man solche Zahlen richtig aus, so gelangt man zu dem Schluß, daß heute fast nur noch Menschen zur Kirche gehen, die in ihrem «Glaubensgehorsam» geistig, bezogen auf den Bewußtseinsstand ihrer Zeit-

genossen, um Jahrhunderte und, bezogen auf ihre eigene Biographie, in der Zeit vor der Pubertät stehengeblieben sind, während die weniger Eingeschüchterten spätestens mit 14 Jahren aufhören, in diesem Sinne «gehorsam» sein zu wollen. Aus der Hoffnung des heiligen IGNATIUS, mit Hilfe eines militärisch geprägten Ordensgehorsams die Kirche nach außen hin wirkamer, weil innerlich geschlossener vertreten zu können, ist längst das Faktum geworden, daß gerade die Formalisierung der Gehorsamsforderung die geistigen Kräfte *aufgezehrt* hat, an die ein wirklich religiöses Leben gebunden ist. So viel scheint sicher: An einer neuen glaubwürdigen Definition des «evangelischen Rates» des Gehorsams, in einer Weise, die der psychoanalytischen und philosophischen Kritik des 19. und des 20. Jahrhunderts standhält, hängt heute zentral die Zukunft der katholischen Kirche.

Erheblich erschwert wird das nötige, längst überfällige Umdenken freilich nicht nur durch die erzwungene Passivisierung der «Gehorsamen», sondern vor allem durch die paradoxe Fixiertheit aller Untertanengeister auf die Manipulationen ihrer «Chefs»: Alle Beamten aus Berufung sind letztlich Miniaturausgaben ihrer Vorgesetzten mit dem geheimen Wunsch, es den Großen irgendwann einmal gleichzutun. Schon auf der oralen Stufe der Armutshaltung sprachen wir von der Rücksichtslosigkeit der Rücksichtsvollen bzw. von der Überforderung durch die Selbstüberforderten. Ganz entsprechend müssen wir jetzt auf *die latente Machtgier der Ohnmächtigen* hinweisen[33]: Sie haben bei ihrem Gehorsam so viel in sich selber unterdrükken müssen, sie sind so stark identifiziert mit ihren übergeordneten Vorbildern im Amt, denen gegenüber sie sich «loyal» zu verhalten haben, daß sie von einem bestimmten Punkt an wirklich reif sind, auch ihrerseits die Leiter der Hierarchie emporzusteigen. Die günstigste Voraussetzung dafür bildet ein Charakter, der *zwangsneurotisch* genug ist, um die verinnerlichten Dressate noch in einer gewissen Spannung zu sich selber zu empfinden – eine depressive Charakterstruktur, bei der das Ich mit den Inhalten des Überichs voll identisch ist, verfügt nicht mehr über den genügenden Abstand zu sich selbst und ist auch nach außen hin nicht durchsetzungsfähig genug, um zur Verwaltung kirchlicher Macht «berufen» zu sein. Die *zwangsneurotische* Attitüde hingegen liefert just den Typ, dem wir in den Vertretern der Kirche im Amt bevorzugt begegnen: Menschen, bei denen Gefühle, weder die eigenen noch die anderer Menschen, keinerlei Rolle spielen, die stets wissen, was wahr, gut, nützlich und notwendig ist, die stets «im Dienst» sind und niemals merken, wie sie ihre eigenen Bedürfnisse zu metaphysischen Erfordernissen hochstilisieren, und die grundsätzlich nur anzuerkennen vermögen, was ihnen als klar, unzweideutig, bewährt, durch fremde Autoritäten verbürgt und vor allem: seit Kindertagen vertraut vorkommt. Es ist nicht ihr böser Wille, daß sie auf alle Fragen, statt mit ihrer eigenen Person, mit Maßnahmen und administrativen Weisungen reagieren, es ist vielmehr der Ausfall jedes eigenen Willens und Denkens, der sie veranlaßt, auch mit anderen Menschen geradeso umzugehen wie mit sich selbst: «gemaßregelt» sozusagen. Ihr eigenes Ich haben sie an «Christus» abgegeben, und sie sind strukturell außerstande zu merken, daß die Verweigerung eines eigenen Lebens im Namen Christi aus der Botschaft Jesu von der Freiheit des Menschen das tyrannische Programm einer ständigen Gedanken- und Gewissenszensur machen muß. Auf diese Weise reproduzieren sich und rekrutieren sich aus den Gehorsamen von heute die Oberhirten von morgen. Doch die Frage bleibt, was denn Gehorsam im Sinne des Evangeliums eigentlich ist. Die Antwort darauf bestimmt, ob das Christentum sich wesentlich als eine Überichreligion versteht oder ob es den Mut aufbringt, die Beziehung des Menschen zu Gott als Ichfunktion zu sehen und zum Leben zuzulassen. Was von einem Gehorsam *à la Ignatius* zu halten ist, erklärte vor Jahrzehnten bereits Albert Einstein: «Wenn jemand gern in Reihe und Glied marschiert, so verachte ich ihn schon, da er sein Großhirn nur aus Versehen erhalten hat – das Rückenmark würde ihm völlig genügen.»[34]

d) «Keuschheit» und «Ehelosigkeit» oder: Konflikte der ödipalen Sexualität

α) Vom Sinn und Unsinn kirchlicher Beschlüsse, Einstellungen und Haltungen

Das gleiche gilt uneingeschränkt auch von dem dritten der sogenannten «evangelischen Räte»: der Forderung der «Keuschheit» und der «Ehelosigkeit». Wir betreten damit entwicklungspsychologisch den Bereich der ödipalen Phase, und es gibt, wie wir noch sehen werden, eine Menge von Gründen, insbesondere die Diskussion um den Zölibat von dieser Seite her aufzurollen. Doch ehe wir dazu kommen, ist es unerläßlich, religionspsychologisch zu klären, womit wir es bei dieser Frage eigentlich zu tun haben, stellt sich doch kein Problem der katholischen Kirche zur Zeit derart hoch ideologisiert und emotionsbeladen dar wie die Debatte um die Ehelosigkeit der Kleriker, und gibt es doch kaum einen Bereich des kirchlichen Lebens, in dem so viel verbogen und verlogen, gelitten und gestritten wird, wie diesen.

1) Die Überwindung der Endlichkeit und der Kampf gegen die Fruchtbarkeitsreligionen

Um eine wichtige These an den Anfang zu stellen: Der «Zölibat» ist nicht die Folge und Ausgeburt einer speziellen Sexualfeindlichkeit der katholischen Kirche; eher umgekehrt: Das Ideal lebenslänglicher sexueller Enthaltsamkeit (das «Keuschheit» und «Ehelosigkeit» zugleich bedingt) ist weitaus älter als die katholische Kirche; und es ergibt sich nicht aus einer bestimmten gesellschaftlich oder individuell bedingten Prüderie, sondern aus einer Grundhaltung des Menschen seiner irdischen Existenz gegenüber; aus dieser freilich kann sich jede Art neurotischer Verkrampfung auch im Sexualbereich ergeben, und, wie die Geschichte insbesondere des Christentums zeigt: sie *hat* sich daraus ergeben. Doch worum geht es eigentlich?

Soweit mir bekannt, leiden ausnahmslos alle Untersuchungen zur Frage der kirchlichen Sexualmoral an den Folgen einer verengten Perspektive, indem sie sich einzig und allein mit der Geschichte *des Christentums* beschäftigen.[1] Wie auch sonst in theologischen Traktaten üblich, herrscht die Vorstellung, das Christentum gewissermaßen rein aus sich selbst begreifen zu können, allenfalls, daß man den Einfluß des Alten Testamentes sowie der griechisch-römischen Antike noch einleitend mitberücksichtigt. Die *Befürworter* des Zölibats lehnen es zumeist überhaupt ab, sich mit religionspsychologischen und religionsgeschichtlichen Fragen zu beschäftigen; ihnen gilt das Vorbild Christi als schlechterdings unvergleichbar und unableitbar; und so kommt es nur noch darauf an, die Erhabenheit dieses Vorbildes gebührend zu preisen und als den Willen Gottes anzumahnen.[2]

Beispielgebend und beispielhaft für *diese* Einstellung ist die Rede, die Papst Johannes Paul II. 1987 in Augsburg vor Ordensschwestern und Jugendlichen hielt: «Liebe Schwestern! Die Möglichkeit, die ihr erkannt und lieben gelernt habt, ist die innige Lebensgemeinschaft mit Jesus Christus, in der ihr so leben wollt, wie er selbst gelebt hat: Sein Leben ist euer Vorbild, sein Handeln euer Maßstab, sein Geist eure Kraft. Durch eure Verbundenheit mit ihm nehmt ihr teil an seinem Auftrag und gebt Kunde von den Heilstaten Gottes. Für diese hohe Sendung gewinnt ihr Kraft und Freiheit in einem Leben der ehelosen Keuschheit um des Himmelreiches willen, in Armut vor Gott und den Menschen, im Gehorsam gegen Gott innerhalb einer konkreten Gemeinschaft. Ihr habt eure bräutliche Liebe dem Herrn geschenkt und darin den Sinn eures Lebens gefunden. Sein Leben aus der Fülle des Vaters kann auch das persönliche Leben einer jeden von euch erfüllen. Die erbittete und meditierte Begegnung mit ihm, die Glaubensgewißheit seiner Treue, sie geben euch Freiheit. So könnt ihr euch selbst verschenken im Dienst an den Menschen und im schwesterlichen Miteinander in euren Gemeinschaften. Habt keine Angst, euch dabei zu verlieren oder zu kurz zu kommen: Gottes Liebe umfängt euch und gibt euch Halt. Dadurch werdet ihr fähig, um des Gottesreiches willen auf das hohe Gut ehelicher Gemeinschaft und leiblicher Mutterschaft zu verzichten. Diese jungfräuliche Haltung ist in Maria vollkommen verwirklicht. Sie war um die Sache des Herrn besorgt wie keine andere, von der Verkündigung des Engels bis unter das Kreuz ihres Sohnes. Deshalb wurde sie auch die Mutter der ganzen Kirche. Viele von euch tragen ihren Namen. Tragt auch ihr Vorbild in euren Herzen, und ahmt ihre Treue nach. Ihr zündet ein Licht an für die Menschen unserer Zeit, wenn ihr zeigt, daß enthaltsames Leben um des Gottesreiches willen zur Freude und Erfüllung führt, je mehr es in Freiheit und Hingabe gelebt wird. Im Finstern bleibt nur, wer mit geteiltem Herzen lebt; im Finstern bleibt nur, wer mit halbem Herzen liebt. Ihr jungen Mädchen, schaut aufmerksam auf dieses Zeichen christlicher Jungfräulichkeit.»[3]

Viererlei fällt an dieser Rede sogleich auf.

Zum ersten: Es wird die gesamte Frage des psychischen Erlebens einfachhin wegideologisiert; für die Ordensschwestern, folgt man diesen Worten, kann ein ernsthaftes menschliches Problem im Stand ihres mönchischen Lebens nicht existieren, da dieser Stand Gott wohlgefällig ist und folglich von Gottes Liebe umfangen und gehalten wird; die als objektiv behauptete Heiligkeit des mönchischen Lebens wird ohne weiteres als subjektive Tatsache unterstellt: – einzig hier wohnt die «wirkliche Freiheit», und wer andere Erfahrungen in seinem Leben gemacht hat, muß sich, entsprechend dieser Gedankenführung, vorwerfen lassen, nur halbherzig zu leben und zu lieben. Der *Supranaturalismus* bzw. der Monophysitismus dieses Denkens macht nicht nur jede psychoanalytische Betrachtung der «wirklichen» Motivationsgeschichte des Klerikerseins überflüssig, er führt, psychoanalytisch gesehen, vor allem zu einer strukturellen *Verweigerung*, dem Ich der einzelnen Ordensschwester einen legitimen Spielraum der Entfaltung zu konzedieren: den vorgetragenen Worten zufolge hat die einzelne Ordensschwester *zu sein*, was sie dem Status nach *ist*, und das gewaltsame Nichtsein des Ichs wird hier definiert als Freiheit in Gott. Man kann es nicht anders sagen: so liefert man die Ideologie für jede Art von depressiv-zwangsneurotischem Terror des Überichs; so bekommt die Institution in jedem Falle recht vor den Interessen der einzelnen Personen; so wird aus der Liebe, die ein Gefühl ist, eine Willenshaltung der Selbstunterdrückung, deren Gefühle zu beschreiben im folgenden unsere Aufgabe sein wird.

Zum zweiten: Es wird *das mythische Symbol der jungfräulichen Geburt des Gottkönigs,* das eine lange Vorgeschichte besitzt[4] und in seiner psychisch weisen und poetisch hochsensiblen Sprache niemals biologisch oder moralisch verstanden wurde, in mariologischer Umformung vollkommen ungeschichtlich und wie selbstverständlich *als ein weibliches Keuschheitsideal* hingestellt.[5] Aus einem archetypischen Symbol der Religionsgeschichte wird so ein asketisches Symptom, und man nimmt die Paradoxie allem Anschein nach ungerührt in Kauf, daß man – infolge des biologistischen bzw. objektivistischen Mißverstehens der symbolischen Rede – ein absolutes, unwiederholbares «Wunder», nämlich die jungfräuliche Zeugung und Geburt eines Kindes, zu einem Vorbild der Lebensführung für jedermann erklärt. Wie im ersteren Falle zwischen Übernatürlichem und Natürlichem, zwischen Theologie und Psychologie kein Unterschied gemacht wird, so wird jetzt zwischen Biologie und Moral, zwischen dem Wunder Gottes und dem Willen des Menschen nicht mehr unterschieden.[6]
Zum dritten: Es fällt psychoanalytisch auf, wie stark die Keuschheitsforderung mit dem *Vorbild der Mutter,* der Mutter Maria, aber auch der irdischen Mutter des einzelnen Klerikers, motiviert wird. Die Mütter, erklärte der Papst am gleichen Tage in Augsburg bei der Einweihung eines neuen Priesterseminars, sollen nach dem Vorbild der heiligen *Monika,* die ihr sorgenvolles Gebet für ihren Sohn *Augustinus* noch vermehrte, als er «seinen Weg fernab von Christus ging und so seine Freiheit zu finden glaubte», durch ihre Gebete und Opfer auch ihre Söhne auf dem Weg zum Klerikersein Gott anempfehlen. «Wenn die erstrebte Erneuerung der Kirche», erklärte der Papst, «vor allem vom Dienste der Priester abhängt (sic!), dann sicher auch in hohem Maße von den Familien und besonders von den Frauen und Müttern.» Ja, er fügte noch hinzu: «Wenn so Pfarrgemeinde und Familie eine vom Glauben geprägte Atmosphäre schaffen, ist die Kirche überzeugt, daß Gott trotz vermehrter Schwierigkeiten und Hindernisse, trotz der Aufrechterhaltung des priesterlichen Zölibates auch in unserer Zeit genügend junge Menschen zum Priestertum berufen und ihnen die Weite des Herzens schenken wird, seinem Ruf zu folgen.»[7] In dieser Formulierung wird zumindest der grammatikalischen Logik nach eingestanden, daß die Zölibatsforderung heute eher ein Hindernis als ein Ziel auf dem Wege zum Priestertum darstellt; doch herrscht die Hoffnung, das Beispiel der Mütter werde auch diese Hürde überwinden helfen. *Wie* das, werden wir psychoanalytisch noch zu untersuchen haben.
Und zum vierten: Bemerkenswert ist die Stelle für Stelle durchgehaltene *Logik der rettenden Alternative.* «Laßt euch nicht beirren von denen, die

euch lediglich an eure Triebe binden wollen. Wirklich frei wird nur, wer durch die Bindung an Christus Raum gefunden hat, sich selbst in Liebe zu verschenken an Gott und seine Barmherzigkeit für die Welt und ihre Menschen», so mahnte der Papst in Augsburg die Jugendlichen an der Seite der Ordensschwestern.[8] *Ihr jungfräulicher Stand*, so soll man denken, ist die christlich entscheidende Antwort an die Triebverhaftetheit des modernen Menschen; ihre *«Armut»* ist nach den Worten des Papstes als ein heiliges Zeichen gegen den hemmungslosen Konsumismus der Überflußgesellschaft zu verstehen, und ihr «freiwilliger» Gehorsam in der Freiheit der «Liebe» bietet seiner Meinung nach einen Ausweg «aus der Gefangenschaft des Egoismus und des Hasses». Ausdrücklich begegnen wir in solchen Formulierungen jener *«Funktionalisierung eines Extrems»*, die wir bereits als ein Hauptproblem im Verständnis der «evangelischen Räte» kennengelernt haben. Im Hintergrund eines solchen Denkens steht erklärtermaßen die ständige *Angst vor dem inneren Chaos*, und die «evangelischen Räte», so verstanden, sind ein äußerstes Disziplinierungsmittel gegenüber der drohenden seelischen Verwahrlosung; oder, in psychoanalytischen Vokabeln ausgedrückt: man hat es mit einer Mentalität zu tun, in welcher das Ich auf der Flucht vor seinen verdrängten und deformierten Es-Strebungen sich ins Überich flüchtet, um der Gefahr asozialer Triebdurchbrüche zu entgehen. Auf diese Weise rationalisiert man die Verdrängung selbst, man stabilisiert damit die verdrängende Instanz (das Überich), und man konditioniert auf diesem Wege das Ich zur Angstflucht in die institutionell vorgegebenen Zielrichtungen des «mönchischen Rätelebens». Die Spannung zwischen Ich und Überich, zwischen Person und Institution, zwischen Individuum und Gesellschaft wird mit Hilfe eines solchen Argumentationsmusters zum Verschwinden gebracht, und wir begreifen, daß die entsprechende theologische Sprache «monophysitisch» bzw. «supranaturalistisch» ausfallen *muß*, um den Aneignungsprozeß des Einzelnen durch das kirchliche Kollektiv maximal zu legitimieren und zu praktizieren.

Dabei geht es wohlgemerkt nicht darum, daß Papst Johannes Paul II. hier und da vielleicht sich in einem Wort vertan oder in einem Satz verredet hätte. Sehr zu Recht kann der derzeitige Papst für sich und seine Verkündigung reklamieren, daß er die kirchliche Tradition wahrt und wiedergibt. Und was *die Vorschriften der Ordensgemeinschaften* anlangt, so muß man sogar sagen, daß er ihnen in seiner Rede bis in den Sprachgebrauch hinein folgt. So heißt es z. B. in den Weisungen der *Münsteraner Clemensschwestern* aus dem Jahre 1970 mit Berufung auf das Bibelwort von der «Ehelosigkeit um des Himmelreiches willen» (Mt 19,12): «Im Vertrauen auf das Wort des

Herrn leben wir ehelos, um in der vorbehaltlosen Bindung an Christus allen in Liebe zu dienen. Christi Liebe gehörte ungeteilt dem Vater und den Vielen. ‹Er hat seine Kirche geliebt und sich für sie dahingegeben› (Eph 5,25). Wen Christus zur Ehelosigkeit beruft, den macht er fähig, hohe irdische Werke wie eheliche Gemeinschaft, Mutterschaft und Familie ‹hinter die Sache des Herrn› (1 Kor 7,32) zurückzustellen. – In der Lebensgemeinschaft mit ihm werden wir frei für die Hilfe am bedrängten Menschen. – Eheloses Leben bleibt ein Wagnis und steht immer in der Angefochtenheit und Ungeborgenheit. Es will übernommen werden in einer reiflich überlegten freien Entscheidung und ist nur möglich im Vertrauen auf Gottes Kraft. Letztlich bleibt ein solches Leben ein Geheimnis zwischen Gott und dem Menschen. – Wer die erste Entscheidung sein Leben lang durchhalten und darin reifen will, braucht täglich neu die Begegnung mit dem Herrn und seinem Wort. – ... Bei aller Offenheit füreinander gehört auch die Einsamkeit in unser Leben, da jeder ein einmaliges unvertauschbares Verhältnis zu Gott hat. Die Erfahrung der Einsamkeit verhilft uns, zu uns selber und zur menschlichen Gemeinschaft zu finden. – Die reife Liebe wächst langsam. Ihre Frucht steht nicht am Anfang, sondern am Ende eines langen Wachsens und Bemühens. Gottes Treue ist unabdingbar. ‹So bin ich voll Zuversicht, daß er, der das gute Werk an euch begonnen hat, es auch vollenden wird bis zum Tage Christi Jesu› (Phil 1,6). – Jungfräulichkeit im Sinne des Evangeliums ist vollkommen verwirklicht in Maria, der Mutter des Herrn. Vom Augenblick der Verkündigung an bis zum Kreuzestod bestimmt die Sorge um die Sache Gottes ihr Leben. Das Leben, Sterben und Auferstehen ihres Sohnes ist der Hinweis auf sein ständiges Kommen in der Geschichte und sein letztes Kommen am Ende der Zeiten. Jungfräulichkeit ist das Zeugnis der Wachsamkeit für das Kommen des Herrn und Ausdruck christlicher Hoffnung.»[9]

Ganz entsprechend den Worten des Papstes stehen auch hier der Begriff der Treue, die heroische Zeichenhaftigkeit des jungfräulichen Standes sowie das Vorbild Christi und seiner Mutter im Mittelpunkt der Ausführungen. Immerhin wird in diesen «Weisungen» erwähnt, wie viel an Einsamkeit und Mühen ein solches Leben mit sich bringt; doch andererseits wird auch wieder versichert, daß es sich hier um eine ganz und gar «freie» Entscheidung handele, die dann aber wiederum im letzten als göttliches Geheimnis hingestellt wird. Wir werden noch sehen, wie viele Ängste, Verdrängungen, Fixierungen, Verschiebungen, Gegenbesetzungen, Nachverdrängungen usw. hinter diesem «Geheimnis» der «Freiheit» stehen und welche Blockaden es gibt, die ein wirkliches Wachsen in der Liebe verhindern.

Soweit *die Fürsprecher* der kirchlichen Keuschheitsforderung.

Die Kritiker der kirchlichen Zölibatsforderung (so benennen wir im folgenden, in Abweichung vom *kirchenrechtlichen* Sprachgebrauch, die Forderung der Ehelosigkeit insgesamt, gleich, ob für Priester oder für Ordensleute) argumentieren in aller Regel nicht psychologisch, sondern ebenfalls theologisch, wobei sie ihre Bleistifte natürlich mit Vorliebe an den Ecken und Kanten der kirchlichen Argumentation zu spitzen pflegen. Ihr Interesse geht zumeist dahin, *die faktische Sexualfeindlichkeit der katholischen Kirche* als in Wahrheit unchristlich zu erweisen; ihr Hauptargument: Jesus sei ganz anders gewesen; er habe im Umgang mit Frauen, mit Dirnen sogar, sehr im Unterschied zu den Verhaltensweisen seiner rabbinischen Zeitgenossen, keinerlei Angst noch Verkrampfung gezeigt.[10] – Woher aber kommt dann das ohne Zweifel äußerst eheskeptische Denken in weiten Teilen schon des Neuen Testamentes? Dieser Frage verdient in aller Kürze nachgegangen zu werden.

Da ist als erstes *die klassische Stelle* der Zölibatsforderung zu nennen: Mt 19,12ff: «Denn es gibt Verschnittene, die vom Mutterleib so geboren sind, und es gibt Verschnittene, die von den Menschen verschnitten worden sind, und es gibt Verschnittene, die sich selbst verschnitten haben, um des Reiches der Himmel willen. Wer es fassen kann, fasse es.» Eine absolut zölibatsfeindliche Autorin wie U. RANKE-HEINEMANN, die diesen Abschnitt für ein echtes Jesuswort hält, steht als erstes natürlich vor dem Problem, wie Jesus so etwas gesagt haben kann, und findet als Erklärung, daß hier gar nicht von «Verschnittenen», von «Eheunfähigen» also, die Rede sei, sondern es gehe «um den freiwilligen Verzicht auf die zweite Ehe, auf den Ehebruch». Zu dieser Meinung kann sie freilich nur gelangen, weil sie die exegetische Literatur zur Stelle nicht zur Kenntnis nimmt.[11] Kaum ein Exeget wird heute noch glauben, daß der «Eunuchenspruch» in dieser Form auf Jesus zurückgeht; statt dessen aber ist vor allem durch den Aufbau der Stelle klar, daß insbesondere MATTHÄUS selbst hier mit Nachdruck für die Ehelosigkeit eintritt – das Problem der Wiederverheiratung ist ein ganz anderes als die Frage nach Ehebruch und Ehescheidung. Deutlich zeigt sich in Mt 19,3–12, daß Matthäus das ganze Gespräch über die Ehescheidung wesentlich auf den «Eunuchenspruch» *als Ziel* hin geformt hat. Was er intendiert, ist im Grunde ein Abriß der Heilsgeschichte, beginnend in 19,4–6 mit der Schöpfungsordnung, dann, infolge der Herzenshärte der Menschen, in 19,7–8 sich fortsetzend im Mosaischen Gesetz, dann in 19,9 auf die Wiederherstellung der ursprünglichen Ordnung zulaufend, um in 19,11.12 mit der Empfehlung der Ehelosigkeit zu enden.[12] Hinter Ansichten diese Art mag man den Einfluß von Kreisen vermuten, die der Gemeinde von *Qumran* nahestehen[13], aber

dann kommt man wohl nicht umhin, sich zu fragen, inwieweit nicht auch Jesus selber, schon durch seine Nähe zu *Johannes dem Täufer*, trotz allen Widerspruchs gegenüber der essenischen Gemeinde und ihrem Gesetzesverständnis gewisse Ansichten, wie z. B. die Erwartung des bald hereinbrechenden Endes der Welt, mit diesen Gruppen geteilt hat. Keinesfalls kann man den Gedankenkreis der Qumransekte, wie U. RANKE-HEINEMANN dies versucht, als eine «gnostische» Verfremdung des ursprünglich unasketischen Judentums interpretieren[14]; im Gegenteil handelt es sich hier um eine extreme Radikalisierung *pharisäischen* Gedankengutes, geschürt von extremen Endzeiterwartungen, und diese, allerdings, lassen den Gedanken an Ehe und Familie nicht gerade als sinnvoll erscheinen.[15]
Das gleiche gilt für die Beurteilung des heiligen PAULUS in dieser Frage. Zu Recht nimmt G. DENZLER den Apostel gegenüber dem pauschalen Vorwurf der Leibfeindlichkeit in Schutz und betont, daß PAULUS, im Gegensatz zu der griechischen Ethik, eigentlich habe betonen wollen, daß der Bereich des Körperlichen nicht als etwas moralisch Gleichgültiges und Wertloses betrachtet werden dürfe. «In Wirklichkeit achtete gerade Paulus den Leib hoch und wollte ihn deshalb bei allen sexuellen Aktivitäten vom Geist beherrscht sehen.»[16] Freilich ist deutlich, daß PAULUS *die ehelose Enthaltsamkeit* höher bewertet als die Ehe (vgl. 1 Kor 7,8–9), und es bleibt ein fataler Rat, wenn er die Ehe an dieser Stelle gewissermaßen nur als ein Heilmittel empfiehlt, um der Begierde zu entkommen – man macht sich außerhalb der Psychoanalyse nur schwer eine Vorstellung davon, wie Ehen aussehen, die, z. B. von «gekippten» Theologen, aus Gründen der Ehrlichkeit mit diesem Motiv geschlossen wurden: wieviel an Ressentiment, Erniedrigung und Haß aus dem Gefühl, «es» (die Enthaltsamkeit) nicht «geschafft» zu haben, hervorgehen muß! Andererseits ist es immerhin derselbe PAULUS, der in 1 Kor 7,3–6 dazu auffordert, auch die sexuellen Bedürfnisse der Frau in der Ehe zu respektieren, sehr im Unterschied zu der Moralauffassung der Antike, die «in diesem Punkte keine Gleichberechtigung zwischen Mann und Frau kannte»[17].
Gleichwohl hat sich die «endzeitlich» motivierte Einstellung des heiligen PAULUS in ihrer Wirkungsgeschichte ausgesprochen eheskeptisch geltend gemacht. «Nach dem Tode des Apostels entsteht im paulinischen Missionsgebiet das Lukasevangelium, vielleicht von einem Paulusschüler verfaßt. Und hier tauchen mit einem Male ehefeindliche Logien in Massen auf, die bis dahin in keinem anderen Evangelium zu lesen waren. In Mt 22,2 ff bringt der Evangelist aus der Logienquelle das Gleichnis vom Hochzeitsmahl. In der Lukasparallele ist nur von einem großen Festmahl die Rede (Lk 14,16). Statt

dessen erscheint dann das Hochzeitsmotiv einige Zeilen später mit einem negativen Vorzeichen. Denn einer der erstgeladenen Gäste entschuldigt sich mit dem Hinweis: ‹Ich habe ein Weib genommen und kann nicht kommen›. Das heißt mit anderen Worten: Die Ehe ist ein Hindernis auf dem Wege zum Gottesreich. Zum Abschluß des Gleichnisses sagt der lukanische Christus in Lk 14,26: ‹Wenn jemand nicht Vater und Mutter haßt und Weib (!) und Kinder und Brüder und Schwestern und dazu auch sein eigenes Leben, so kann er nicht mein Jünger sein›. Das heißt mit anderen Worten: Die Nachfolge Christi kann das Verlassen oder Verstoßen der Ehefrau von euch verlangen. Man sieht, die seelsorglichen Erwägungen des Apostels Paulus (1 Kor 7) haben hier die Form autoritativer Herrenworte angenommen.»[18]
Und in ähnlicher Weise geht es weiter.[19] In Lk 16,18 übernimmt der Evangelist aus der Logienquelle ein Wort, das in Mt 5,32 lautet: «Jeder, der seine Frau entläßt (außer wegen Unzucht), gibt Anlaß, daß ihr gegenüber Ehebruch begangen wird.» Aus diesem Satz wird in Mt 19,9 und ebenso in Lk 16,18: «Jeder, der seine Frau entläßt und heiratet eine andere, bricht die Ehe.» Das heißt: Wer die Frau entläßt – aus Glaubensgründen z. B.! – und dadurch in den gottseligen Stand der Ehelosigkeit zurückgekehrt ist, soll nicht durch eine neue Heirat aufs neue in den unseligen Stand der Ehe treten. – In Lk 17,34 greift der Evangelist ein apokalyptisches Wort der Logienquelle auf, das bei Mt 24,40 lautet: «Dann werden zwei auf dem Felde sein: einer wird angenommen, und einer wird zurückgelassen.» Daraus wird bei LUKAS: «Ich sage euch: In dieser Nacht (sc. des göttlichen Gerichtes, d. V.) werden zwei auf einem Bette sein; der eine wird angenommen und der andere zurückgelassen werden.» Gedacht ist dabei wohl kaum an ein homosexuelles Beilager, sondern eher an die Gemeinschaft von Mann und Frau, die beim Erscheinen des Menschensohnes zerrissen wird. Mit anderen Worten: *Entweder* die Ehe *oder* das Reich Gottes! Wo das eine, kann das andere noch nicht oder nicht mehr sein! – In Lk 18,29.30 bearbeitet der Evangelist ein Wort, das in Mk 10,29 lautet: «Niemand ist, der verläßt: Haus oder Brüder oder Schwestern oder Mutter oder Vater oder Kinder oder Äcker, um meinetwillen und um des Evangeliums willen, ohne daß er... (alles) hundertfältig zurückerhielte...» In dieser Aufzählung all dessen, was man verlassen (bzw. «hassen», Lk 14,26) muß um Christi willen, fügt LUKAS bewußt auch die eigene Frau ein (im Unterschied auch zu Mt 19,29). Freilich handelt er sich dabei das Problem ein, wie es denn möglich sei, auch die Frau «vielfältig» zurückzuerlangen. Es blieb dem sonst die Ehelosigkeit und die Jungfräulichkeit über die Maßen preisenden HIERONYMUS vorbehalten, im Kommentar zur Stelle das Problem sozusagen in einer kompensatorischen

Ersatzphantasie zu lösen, indem er, ganz wörtlich, *hundert Frauen* zur Belohnung im Himmel denen in Aussicht stellt, die *eine* Frau, ihre eigene, auf Erden um des Himmelreiches willen verstoßen haben.[20]
Solche Hoffnungen indessen trug gewiß nicht LUKAS mit sich. Ganz im Gegenteil. Seine Auffassung über die Ehe spricht sich am klarsten in Lk 20, 24–36 aus. MARKUS überliefert das entsprechende Wort in dem Gespräch Jesu mit den Sadduzäern über die Auferstehung: «Wenn sie von den Toten auferstehen, heiraten sie nicht und werden nicht verheiratet, sondern sie sind wie die Engel im Himmel» (Mk 12,25). Das bedeutet innerhalb des Kontextes eigentlich nur, daß man den Himmel sich nicht mit irdischen Augen vorstellen kann. Für LUKAS jedoch wird daraus eine klare Absage bzw. eine dramatische Kampfansage an die Ehe, denn so formuliert er: «Die Söhne dieser Welt heiraten und werden verheiratet. Die aber, welche gewürdigt worden sind, jener Welt und der Auferstehung von den Toten teilhaft zu werden, heiraten nicht und werden nicht verheiratet. Sie können ja auch nicht mehr sterben; denn sie sind Engeln gleich und sind Söhne Gottes, indem sie Söhne der Auferstehung sind.» Dieser Satz enthält nicht nur die antike, aus dem Alten Ägypten stammende Vorstellung[21], daß jemand im Tode, durch die Auferstehung, zum «Sohne Gottes» wird, hier wird vor allem unversöhnlich die irdische Lebensordnung inklusive der Liebe zwischen Mann und Frau als etwas in sich Überholtes abgewertet: Nur die Kinder dieser Welt, d. h. im Grunde die Verlorenen (!), heiraten noch; diejenigen aber, die Gott zur ewigen Seligkeit berufen hat, können und dürfen nicht mehr heiraten. Das ist nun wirklich die Begründung der Ehelosigkeit um des Himmelreiches willen in reinster Form; nur gilt sie ersichtlich *nicht* für einen geistlichen Stand von Klerikern, sondern sie stellt nach LUKAS die eigentliche Lebensform aller von Gott «Erwählten» dar. Nimmt man hinzu, daß LUKAS neben der Ehelosigkeit genauso rigoros auch für die *Armut* eintritt, schärfer und kompromißloser als alle anderen Evangelisten[22], und daß er von der irdischen Macht und den Reichen der Welt uneingeschränkt der Meinung ist, sie seien (von Gott!) dem Satan in die Hände gegeben worden, der sie seinerseits nach Belieben an seine Anhänger verteile (Lk 4,6)[23], so darf man diesen Evangelisten gewiß für den eigentlichen Kronzeugen der «evangelischen Räte» im Neuen Testament erklären und in ihm insbesondere den Theologen der «Ehelosigkeit» erkennen. Kein Wunder deshalb, daß immer wieder elitäre Gruppierungen «neutestamentlich verfaßter Gemeinden»[24] in LUKAS ihr maßgebendes Vorbild zu sehen vermochten; es ist aber auch deutlich, welche Probleme die lukanische Theologie aufwirft.
Will man die geistige Einstellung des LUKAS anderen uns bekannten Grup-

pen zuordnen, so fällt am meisten die Bewegung der *Enkratiten* auf, die im 2. Jahrhundert das jungfräuliche Leben sowie eine strenge körperliche Abtötung unter Verzicht auf Fleisch- und Weingenuß für alle Christen verpflichtend machen wollten.[25] Die Enkratiten waren nicht eigentlich eine Sekte, sondern Menschen, die ihren Glauben besonders ernst nahmen; doch gerade dadurch zeigt sich um so deutlicher, wie weit ihre Askese sich bereits von dem Bild Jesu im Neuen Testament entfernt. Man führt die deutliche Reserviertheit gegenüber der Welt zumeist auf gewisse «gnostische» Einflüsse zurück, doch handelt es sich schon bei LUKAS selber wohl eher um ein Problem, das mit dem Ausbleiben der «Naherwartung» des wiederkommenden Jesus zusammenhängt[26]: Was in der Haltung Jesu unter dem Eindruck des nahenden Endes der Welt wie selbstverständlich erscheinen mochte: die Distanz zu allem, was «diese Welt» ausmacht und prägt, der Verzicht mithin auf Besitz, Macht und Familie, verwandelt sich durch die schwindende Evidenz der Ausgangsmotivation mehr und mehr in eine moralische Forderung; aus einer ursprünglich existentiellen Haltung wird auf diese Weise zunehmend ein ethisches Postulat, aus der Botschaft der Befreiung in der Nähe Gottes eine Form neuer Gesetzlichkeit, um Gott näher zu kommen; und es scheint, daß erst dieses «Loch» zwischen dem Auftreten Jesu und der uneingelösten Verheißung eines äußerlich verstandenen «Endes» der «Welt» die enthusiastische Ekstase des Anfangs in die entschlossene Askese der Epigonen der zweiten, dritten Generation verwandelt hat – ein Problem *jeder* «Nachfolge», die sich wesentlich als Nach*ahmung*, als Imitation des äußerlich gegebenen Vorbildes, versteht und zu wenig darauf achtet, welche Motive und Erfahrungen das jeweilige Verhalten *innerlich* bestimmen; jedenfalls hat es den Anschein, als wenn das apokalyptische Gefühl vom nahenden «Ende» der «Welt» unter den Bedingungen des israelitischen Denkens mit Hilfe geschichtlicher Kategorien in etwa dieselbe Erfahrung wiedergäbe, die auch der sogenannten *«Gnosis»* im Kern zugrunde liegt: ein fundamentales Empfinden der Fremdheit, der Einsamkeit und der Heimatlosigkeit des Menschen inmitten seiner irdischen Existenz[27]; dieses Empfinden lag auch der Botschaft Jesu wesentlich zugrunde, es konnte aber durch die euphorische Stimmung der «Naherwartung» *kompensiert* werden. Die wachsende Enttäuschung über das *Ausbleiben des Endes* hingegen scheint die frühe Kirche für den Einfluß «gnostischer» Weltentwürfe und Lebenseinstellungen in der Tat empfänglich gemacht zu haben, wobei *aus der «Freude»* über das baldige Ende jetzt eher ein willentlich angespanntes *Programm zum Durchhalten bis zum Ende* wird; es ist offenbar diese Stimmung, die eine Art mönchischen Lebens, insbesondere die Abkehr von Gattenliebe und Familie, begründet oder zumindest begünstigt.

Insofern ist es nur begrenzt richtig, wenn nicht ganz falsch, die Forderung der Ehelosigkeit als «unjesuanische» Irrlehre bzw. als bibelfremde «Gnosis» zu betrachten. Eher sollte man sagen, daß in der Person und in der Botschaft Jesu für einen Moment lang eine Spannung verdichtet und aufgehoben schien, die in der Folgezeit nur um so schmerzlicher spürbar wurde und, im Auseinanderbrechen der spezifischen Synthese Jesu, das «gnostische» Gefühl der Ausgesetztheit des Menschen und seines Leidens an den engen Grenzen der Endlichkeit wieder freisetzen mußte. Ganz entscheidend ist es, unter allen Umständen zu begreifen, daß die «Ehelosigkeit» des «mönchischen» Lebens weit eher dem *Gefühl der Erlösungsbedürftigkeit des irdischen Daseins* entstammt als einer vermeintlichen Sexual- oder Frauenfeindlichkeit, die allerdings im Christentum unbestreitbar sich daraus entwickelt hat.

In der *«zölibatskritischen»* Literatur wird die Forderung der «Ehelosigkeit», neben dem «Gnosis»-Vorwurf, zumeist auf gewisse «mythische», in jedem Falle, wie man denkt, «außerchristliche» Einflüsse zurückgeführt. Insbesondere U. RANKE-HEINEMANN verweist in einer recht brauchbaren Aufzählung auf verschiedene derartige Quellen christlicher Eheskepsis und Sexualfeindlichkeit, unter denen sie vor allem *die archaische Angst vor der weiblichen Menstruation* nennt sowie die moralistische und zugleich biologistische *Mißdeutung der Erzählung von der jungfräulichen Geburt des Messias* bei MATTHÄUS und LUKAS.[28] Beide Faktoren existieren. Gleichwohl geht es nicht an, Problemstellungen, die das Fühlen und Denken in der Geschichte der Menschheit auf Jahrtausende bestimmt haben, einfachhin als lächerlichen Unsinn darzustellen, bzw. die verschiedenen Symptomteile einer im Grunde einheitlichen Einstellung zusammenhanglos als bloße Degeneration eines an sich lustvollen Lebens abzuhandeln. Eine solche Betrachtungsweise wird nicht nur der Ernsthaftigkeit der Mönche und Kleriker der katholischen Kirche in Vergangenheit und Gegenwart nicht gerecht, sie diffamiert zugleich auch das weise und gütige Streben der *Pythagoreer, Stoiker, Neuplatoniker, Manichäer*[29] und *Gnostiker* damals sowie, nicht zuletzt, der *Buddhisten* und *Hinduisten* mit ihren Bhikkhus[30], Sadhus und Fakiren nebst den moslemischen Derwischen und Sufis[31] noch heute; und vor allem: sie übersieht den entscheidenden Ausgangspunkt des Erlebens, der allein die religiöse Haltung des mönchischen Lebens in seinen asketischen Idealbildungen verständlich macht: *das fundamentale Erleben des prinzipiellen Ungenügens am irdischen Dasein.* Es geht nicht um die

mutwillige Zerstörung eines an sich genußvollen Daseins, sondern gerade umgekehrt: um die Befreiung der menschlichen Existenz von den Bedingungen eines Lebens, das (in buddhistischer Terminologie) wesenhaft als «leidvoll» *(duhkha)* und «leer» erfahren wird.[32] Gerade die «Ursprungslegende» des Buddhismus widersetzt sich dabei grundsätzlich den Relativierungen aller Versuche, ein solches menschheitliches Erleben aus den Gegebenheiten bestimmter sozialgeschichtlicher oder politischer Verhältnisse abzuleiten: Es ist der, äußerlich betrachtet, *glückliche* Königssohn *Siddhartha,* der den Besitz von Reichtum, Macht und Sinnenfreuden aller Art als oberflächliche Tünche, als leidenschaffende Illusion, als Täuschung unter dem Schleier der *Maya* erkennt.[33]
Um zu verstehen, wie eine solche Erfahrung der metayphysischen Bodenlosigkeit und Haltlosigkeit der menschlichen Existenz auch das Erleben der Sexualität mitbestimmt und umprägt, muß man erheblich weiter in *die Religionsgeschichte der Völker* zurückgehen, als es in den sehr knapp angesetzten Untersuchungen über das Problem des «Zwangszölibats» für gewöhnlich geschieht. Folgt man der Auskunft der mythischen Überlieferungen der Völker, so scheint über lange Zeit hin die Frau in der Gestalt der *Großen Mutter* als unumschränkte, geheimnisvolle Herrin allen Lebens gegolten zu haben.[34] Noch kannte man offenbar nicht die Bedeutung des Mannes beim Zeugungsakt, und man hätte nicht verstanden, wieso ein gewohntes, alltägliches Geschehen zwischen Mann und Frau ein so ungewöhnliches Ereignis wie Schwangerschaft und Geburt auslösen sollte.[35] Es war *die selbstverständliche Normalität des Sexuellen,* welcher das mythische Bild der jungfräulichen Geburt allem Anschein nach seinen Ursprung verdankt.[36] Der Zyklus der Frau glich auf sonderbare Weise dem Zyklus des Mondes, der in strahlender Schönheit im Umlauf der Tage immer von neuem sich aus dem Dunkel der Vergänglichkeit zum Leben hervorbringt und den Lichtglanz seiner ursprünglichen Unversehrtheit wie mit magischer Zauberkraft durch sein Bad im Himmelsozean zurückgewinnt. Diese bewundernswerte, überirdisch scheinende, mondhafte Seite im Wesen des Weiblichen warf allerdings einen langen Schatten. Von der Frau stammt das Leben und das Glück der Liebe; aber die Kehrseite läßt sich nicht leugnen: Sexualität und Fortpflanzung machen nur Sinn um den Kaufpreis des Todes willen.[37] Nur was stirbt, muß sich fortzeugen, um zu sein, doch jede Zeugung bringt mit neuem Leben auch neuerlich Altern, Leiden und Sterben zur Welt. Der Kreislauf zwischen Geburt und Tod scheint unentrinnbar, und es war das Geheimnis der Frau, das, in sich ambivalent genug, diesen Gegensatz hervorrief und hervorlockte. Erst von daher wird verständlich, daß zahlreiche

Mythen der Völker die «Entdeckung» der Sexualität in den Zusammenhang urzeitlicher Strafe und Schuld gestellt sehen: Es zieht den Tod nach sich, die Werke der Frauen zu verrichten; doch auch die Männer sind in diesen rätselvollen Zyklus verwoben: während die Frauen als Mütter Leben gebären, wird es zur Aufgabe der Männer, in Jagd und Krieg Leben zu zerstören.[38] Die Initiationsriten vieler Völker bringen in entsprechenden Tänzen und Liedern zur Geltung, was es bedeutet, «erwachsen» zu werden und die widersprüchliche Pflicht zu übernehmen, als Mann und als Frau den polaren Konflikt zwischen Zeugen und Sterben, Gebären und Töten, Säen und Ernten, Reifen und Welken, Blühen und Vergehen miteinander und gegeneinander gemeinschaftlich auszutragen und gemeinsam auszuhalten. Vor allem die Fruchtbarkeitsriten werden zu dem bevorzugten Mittel, die Kräfte des Lebens durch imitatorische Magie zu stärken und damit den Lebenswillen im Menschen selber zu festigen[39]: Der Rausch, die Ekstase zeugender Lust sollte die Melancholie der Trauer, wenn nicht *über*winden, so doch *ver*winden; man wollte den Daseinsverwundeten, den *wissend gewordenen* Menschen *trösten* mit allem erdenklichen irdischen Glück: – wie kurz ist das Leben! Und doch lebten in diesen Bildern einer unablässigen Regeneration aus Entstehen und Vergehen andeutungsweise auch schon die symbolischen Ahnungen geistiger Teilhabe und seelischer Erneuerung an einer ganz anderen weltjenseitigen Wirklichkeit.

Man muß sich in aller Eindringlichkeit klarmachen, daß *die Religion des Alten Testamentes* auf all diese Fragen nur sehr unzureichend antwortet und daher im ausklingenden biblischen Zeitalter wie notwendig reif werden mußte für eine Wiederkehr all der verdrängten Probleme des Anfangs, die jetzt als *«Gnosis»* oder *«Platonismus»* sich unüberhörbar zu Wort meldeten. In einer leidenschaftlichen Abkehr von der Religion des *Alten Ägyptens* und in einem rigorosen Kampf gegen die Welt des «heidnischen» Mythos hatte *das Judentum* auf der einen Seite den Gott Israels gegen die Götter der Völker zu setzen versucht, es hatte die Einzigkeit Jahwes auf das engste verbunden mit der Einzigartigkeit Israels, es hatte den naturhaften Kreislauf der Zeit in den Fruchtbarkeitsriten mit Hilfe seiner linearen Geschichtstheologie göttlicher Vorsehung und menschlicher Verantwortung aufsprengen wollen, und es war damit auf der ganzen Linie in einen diametralen Widerspruch zu der Welt der Großen Göttin getreten. Alle Versuche feministischer Theologie, in dem Gottesbild des Alten Testamentes nach weiblich-mütterlichen Zügen zu forschen, können an diesem Kontrast nichts mildern: der Jahwe Israels ist der erklärte Widerspruch zu jeder Vergöttlichung der Natur, er ist in sich selbst die radikale monotheistische Verneinung der in den Mythen vergöttlichten Polarität der Geschlechter[40], und er trägt in seinem Grimm, in seinem Durchsetzungswillen, in seiner Eifersucht gemeinsam mit seinem engelgleichen Heerbann absolut kriegerische, ganz extrem männliche und, je nach den Umständen, rabiat fanatische Züge.[41] – All dies war anscheinend der unvermeidbare Preis dafür, *die Erfahrung einer absoluten Personalität und Freiheit* zum erstenmal in der menschlichen Geschichte als das entscheidende Zentrum des menschlichen Daseins erkannt zu haben.

Doch auf der anderen Seite führte die Religion des Alten Testamentes trotz aller Anstrengungen aus den Widersprüchen der irdischen Existenz nicht wirklich heraus, die mit der neolithischen Revolution immer klarer erkennbar waren. Im Gegenteil. Indem die Religion Israels die Vergöttlichung der Natur ebenso verwarf wie den Gedanken und den Kult eines unsterblichen Lebens, blieb sie noch weit aussichtsloser dem Diesseits verhaftet als jede andere Religionsform. War es wirklich ein Trost und ein Zeichen von Hoffnung, – Gerechtigkeit und Wohlergehen unter der Herrschaft eines kommenden, gottgesandten Königs und Heilbringers für das Ende der Zeiten in Aussicht zu stellen?[42] Im Grunde führte Israel lediglich den Gedanken der Fruchtbarkeitsreligionen weiter, indem es seine Verheißungen an das Kommen und Gehen der Geschlechter und damit an die generative Kraft der menschlichen Liebe band. Andererseits entkleidete es die menschliche Sexualität aller göttlich-symbolischen Beimischungen, mit der Folge, daß bei dem Versuch, die Widersprüchlichkeit der Fruchtbarkeitsreligionen zu überwinden, die religiöse Einstellung zur menschlichen Fruchtbarkeit selber höchst widersprüchlich werden mußte. Die Ekstase, der Rausch, die Hingegossenheit sexuellen Verlangens erfüllte die Propheten und Priester Israels mit Schauder und Ekel, und indem man die Fruchtbarkeitsreligion schlechterdings zur Sünde an sich erklärte[43], fiel der Schatten der Sündhaftigkeit auch auf die menschliche Fruchtbarkeit selbst.

Man rühmt neuerdings hoch die Unbefangenheit des *Hohen Liedes* im Alten Testament[44]; doch nicht sehr zu Recht. Wohl ist wahr, daß eine solche Sammlung von Hymnen auf die geschlechtliche Liebe im Neuen Testament bereits gar nicht vorstellbar wäre; doch auch in das Alte Testament kam dieses Buch nur hinein, weil man sich dahin verständigte, es wesentlich *allegorisch*, als die bräutliche Liebe der Seele mit ihrem Gott, und jedenfalls nicht primär als Verherrlichung der Liebe zwischen Mann und Frau zu interpretieren.[45] Ja, schaut man genau hin, so wird man entdecken, daß so gut wie nichts im *Hohen Lied* auf israelitischem Boden gewachsen ist, sondern daß zumindest seine schönsten Blüten an den Ufern des Nils, an den Lotosteichen Ägyptens, gezüchtet wurden[46] – allenfalls, daß die jahrhundertelange Kolonisierung Palästinas durch die Ägypter längst vor der «Landnahme» Israels den Samen zu solcher Lyrik ausgestreut haben mag. Mit anderen Worten: das *Hohe Lied* beweist für die angebliche Sexualfreundlichkeit des Alten Testamentes nicht viel, es ist dort selbst ein reiner Fremdkörper, eine bloße Ausnahme, nicht anders als der wunderbare naturverliebte *Psalm 104*, diese erstaunliche und einzigartige Nachdichtung des Sonnengesanges ECHNATONS[47] im hebräischen Psalter. Man betrachte die Sinnenfreude ägyptischer Fresken z. B. im *Grabe des Nakht* im Tal der Könige[48] – es ist undenkbar, in Wort oder Bild in der Religion der Bibel auch nur entfernt etwas Analoges zu finden. Nein, wer dem Christentum (zu Recht!) Leibfeindlichkeit und Sexualfeindlichkeit vorwirft, dem wird es ergehen wie jemandem, der Franzosenkraut im Garten ausreißen will: Die Wurzeln des «Unkrauts» reichen sehr viel tiefer, als sich an der Oberfläche zeigt, und wer nur die sichtbaren Triebe abreißen will, beläßt das Übel im Boden, ja, er vermehrt es womöglich: die reif gewordenen Blüten streuen den Samen bei jeder Berührung.

Vor allem hat das Alte Testament die archaische (keinesfalls nur «patriarchalische») *Furcht vor dem Tabu der Virginität*[49] *sowie vor der Menstruation der Frau* niemals überwunden, sondern im Gegenteil durch einen ganzen Katalog komplizierter Reinheitsgebote eher noch erweitert. Was in den schriftlosen Kulturen Schwarzafrikas seit eh und je auch heute noch an Bestimmungen diesbezüglich praktiziert wird[50], findet sich durch die biblische Tradition von MOSES bis MOHAMMED im gesamten semitischen Kulturraum als bleibendes Gesetz wieder. Dem Christentum kommt in diesem Punkte unstreitig sogar das Verdienst zu, durch eine Art aufgeklärter Freiheit, womöglich nach dem Vorbild Jesu selber (vgl. Mk 5,25–34: die Heilung der blutflüssigen Frau), eine ganz erhebliche Hypothek von den Schultern der Frauen genommen zu haben[51]; allenfalls mag man speziell dem Katholizismus vorwerfen, daß er in bestimmten Sakramentalien, wie dem *«Muttersegen»*, entsprechende Vorstellungen doch noch weiter tradiert und praktiziert hat.[52]

Der entscheidende Punkt aber bleibt dieser: *Die Religion des Alten Testamentes* kommt nicht an gegen die basale Angst, die mit dem Einbruch der Bewußtwerdung seit dem Beginn der neolithischen Revolution die menschliche Geschichte prägt und in der *«Achsenzeit»* kulminiert (s. o. S. 351). Der Einwand ist leicht formuliert: Wenn Alter, Krankheit und Tod als Schicksalsgestalten bereits an der Wiege eines jeden neugeborenen Kindes Pate stehen, wie soll es dann Hoffnung und Zuversicht schaffen, auf eine ferne

Zukunft zu blicken, in welcher ein ferner Messiaskönig die Geschichte und die Geschicke der Menschen günstiger und gnädiger lenken wird? In der Zwischenzeit leiden und sterben die Menschen, und keine noch so friedvolle, gerechte und wohlhabende Gesellschaft von morgen wird an dem Wesentlichen auch nur das geringste ändern: «die Menschen sterben, und sie sind nicht glücklich»[53], solange sie auf Erden sind – in wenigen Jahrzehnten beginnt das Ende der Welt für jeden von uns. Es war das Christentum, das im Erbe des Alten Ägyptens den Gedanken an ein weltjenseitiges, ewiges Leben mit aller Macht aufgriff und mit der Religion des Alten Testamentes zu verbinden suchte; es schuf damit aber erneut eine Spannung zwischen Diesseits und Jenseits, zwischen «Fruchtbarkeitsreligion» und individuellem Auferstehungsglauben, die auch das Thema der Sexualität in jenes Zwielicht rücken mußte, in dem es heute noch steht. Die Frage lautet seither: Wem gilt die wesentliche Liebe des Menschen: dem Irdischen oder dem Überirdischen, dem Vergänglichen oder dem Unvergänglichen, dem Menschlichen oder Göttlichen? Erst jetzt treten die Liebe zu einem Mann oder zu einer Frau in scheinbar notwendige Konkurrenz zueinander; erst jetzt tritt unter den Bedingungen der biblischen Geschichtstheologie das alte *«indische»* Motiv wieder hervor: *Wie erlöst man den Menschen* von den Fesseln seiner irdischen Gefangenschaft, wie überwindet man Leid, Sünde und Tod? An dieser Frage hängt das Christentum.
Hier liegt denn auch *das Genie* – die Größe, die Grenze und die Gefahr des heiligen AUGUSTINUS. «Was liebe ich», fragt er, «wenn ich Gott liebe?» Und er antwortet in Form eines Gebetes: «Nicht körperliche Wohlgestalt noch zeitliche Anmut, nicht den Glanz des Lichtes, das unseren Augen so angenehm ist, nicht die lieblichen Melodien des ganzen Reiches der Töne, nicht den Duft von Blumen, Salben und Gewürzen, nicht Manna und Honig, nicht Glieder, die zu freundlicher Umarmung einladen: nicht das liebe ich, wenn ich meinen Gott liebe. Und dennoch liebe ich eine Art von Licht und Klang und Duft und Speise und Umarmung, wenn ich meinen Gott liebe; das Licht, den Klang, den Duft, die Speise, die Umarmung meines inneren Menschen. Dort leuchtet meiner Seele, was kein Raum faßt, dort tönt, was keine Zeit hinwegrafft, dort duftet, was kein Wind verweht, dort schmeckt, was kein Genuß verringert, dort bleibt vereint, was kein Überdruß trennt. Dies ist, was ich liebe, wenn ich meinen Gott liebe.» «Denn die Wahrheit sagt mir: ‹nicht der Himmel ist dein Gott noch die Erde, noch irgendein Körper›. Das sagt schon ihre Natur einem jeden, der Augen hat zu sehen: sie sind Masse, und deshalb ist ihr Teil kleiner als das Ganze. Schon du bist besser, meine Seele, ich sage es dir, denn du belebst die Masse deines Körpers

und verleihst ihm das Leben, was sonst kein Körper einem anderen gewähren kann. Dein Gott aber hinwiederum ist für dich das Leben deines Lebens.»[54]
Für AUGUSTINUS ist in dieser ergreifenden Meditation unstillbarer Sehnsucht die gesamte Welt des sinnlich Erfahrbaren nur ein *Hinweis* auf das Unsichtbare – *und*, aufgrund seiner Schönheit, eine mögliche *Versuchung*, über die Faszination der Schöpfung den Schöpfer zu vergessen. Die irdische Existenz dient wesentlich dem Zweck, die Anwartschaft der unsterblichen Seele auf die Ewigkeit einzuüben und abzuarbeiten, und wer einmal den *Gedanken der Unendlichkeit,* diesen PASCALschen Schrecken[55], tief genug in sich erlebt hat, dem wird es schwerfallen, der Vision des AUGUSTIN zu widersprechen. Ja, man müßte an dieser Stelle eigentlich eine lange Pause des Schweigens einschieben; denn jeder, der die Zölibatsforderung der Kirche ablehnt, muß als erstes auch die Größe und den Sinn dieses evangelischen Rates sich vor Augen halten und sich fragen, wie er das Gemeinte in veränderter Form bewahrt. Dennoch ist unübersehbar, daß in dieser Konzeption die Energie der Sehnsucht ins Unendliche verströmt, ohne auf die kleine endliche Welt je wieder zurückzukommen; es gibt keine ruhige, angstfreie, spielerisch-glückliche Art mehr, die Dinge des Lebens zärtlich zu berühren und glücklich in sich aufzunehmen – *die Erbsünde,* so lehrt maßgebend AUGUSTINUS[56], hat die natürliche Anhänglichkeit des Menschen an die Welt der Sinne zur Sünde verformt, und so gilt es, im Namen und nach dem Vorbild Christi den «natürlichen Menschen» zu kreuzigen, um das reine, himmlische Leben der Welt Gottes zu erlangen. Alle Bedürfnisse des Leibes: das Verlangen nach Nahrung, Stärke und sexueller Erfüllung, alle Wünsche des «Fleisches», müssen als Fesseln und Fallen gemieden werden. «Sicherlich befiehlst du», betet AUGUSTIN zu Gott, «daß ich mich enthalte ‹von der Fleischeslust, Augenlust und Hoffart des Lebens›. (1 Joh 2,16, d. V.) Du hast Enthaltung von außerehelicher Verbindung befohlen, und was die Ehe anbetrifft, hast du auf etwas hingewiesen, was noch besser ist als das, was du zugestanden hast. Und da du es verliehen, so geschah es, noch bevor ich Verwalter deines Sakramentes wurde. Allein noch leben in meinem Gedächtnisse, von dem ich so viel gesprochen habe, die Bilder von derlei Dingen, welche die Gewohnheit darin befestigt hat; wenn ich wach bin, dann wagen sie sich zwar auch an mich heran, sind aber kraftlos, im Schlafe jedoch verleiten sie mich nicht nur zur Wollust, sondern sogar bis zur Einwilligung und fast zur Sünde selbst. Und so gewaltig ist das Trugbild in meiner Seele und in meinem Fleische, daß mich im Schlafe trügerische Bilder zu etwas verführen kön-

nen, wozu mich im wachen Zustande wahre nicht verführen können. Bin ich dann nicht mehr ich selbst, mein Herr und Gott?»[57]
Bis in die Träume hinein also geht dieser *Kampf um die Reinheit,* dieser geistige Wille sittlicher Vervollkommnung, und man begreift an dieser Stelle mit Erschrecken, wie früh und bedingungslos die christliche Theologie eine Richtung eingeschlagen hat, die, je länger, je mehr, den Menschen meinte erlösen zu müssen, indem sie ihn bis in den Schlaf hinein in den erklärten Widerspruch zu sich selbst und zu der ihn umgebenden Natur hineintrieb. Bei aller Ähnlichkeit an psychologischem Scharfsinn und offener Bereitschaft zu rückhaltloser Selbstprüfung mutet das Programm des AUGUSTINUS über tausendfünfhundert Jahre hinweg als die exakte Gegenposition zu dem an, was NIETZSCHE und FREUD in ihrer Kritik am Christentum als Wiedergewinnung des «Griechentums» bzw. als Wiedergewinnung seelischer Gesundheit postulierten. In der Tat: Die griechisch-römische Antike mit ihren Mythen und Mysterien gilt bereits den frühchristlichen Apologeten (in Übernahme der alttestamentlichen Abwehr der Fruchtbarkeitsreligionen) als unabsehbare Quelle von Unzucht und Wollust aller Art.[58] Nicht die Natur, die den Menschen umgibt und seine Psyche bestimmt, in ihren Rätseln und Geheimnissen tiefer zu verstehen, bildet das Ziel AUGUSTINIscher Theologie, es erscheint vielmehr als die Pflicht eines wahren Christen, sich fortan ausschließlich darauf zu konzentrieren, «Gott und die Seele» zu erkennen. Aus der Haltung eines kindlichen Vertrauens, wie Jesus es verkörperte, wird jetzt moralisch und spirituell der Versuch, das Naturhafte im Menschen und die Natur rings um den Menschen zu besiegen. Von nun an durchzieht eine ständige Angst die christliche Seele, eine Angst, die dazu zwingt, unter Androhung schwerer Sünden und ewiger Höllenstrafen bis in die Nächte hinein vor sich selbst auf der Hut zu sein, das «Fleisch» abzutöten und sich selbst zu «beherrschen». Der «freie Wille» der christlichen Moral setzt sich nunmehr *gegen* die erniedrigende «Versklavung» unter die «tierische» Natur zur Wehr. Die Harmonie des klassischen Griechenlands, wenn sie je Wirklichkeit war, ist künftig nicht nur undenkbar und unvorstellbar, sie ist, weit schlimmer, Verführung zur Sünde. Nur als Instrument, um den Menschen als «Seele», als reflexe Person in seiner Selbstbestimmung und Freiheit, so weit als möglich von der Natur als dem Seelenlosen, Materiellen, Niedrigen und Entwürdigenden zu befreien, wird man den verzweifelten Kampf der katholischen Kirche gegen die Sexualität in all seinen Widersprüchen, Ungereimtheiten und Unsinnigkeiten verstehen können. Die Sexualität erscheint diesem Denken seit jeher bis heute wie ein heidnisches Relikt, wie eine Macht, in welche die «fremden Götter», *die Teufel,*

sich mit Vorliebe kleiden, indem sie bewirken, daß jemand, der sexuell glücklich ist, schon durch die Tatsache seines irdischen Glücks unfehlbar Gott aus den Augen zu verlieren droht. Ja, es ist unter diesen Umständen Gott auf den Knien zu danken, daß er durch den Fluch, mit dem er schon Adam und Eva für ihre Sünde gestraft hat, Sorge auch dafür trug, daß es niemals dem Menschen vergönnt sein werde, auf «rein animalische Weise», «nur» «der sexuellen Triebhaftigkeit» «verfallend», das wahre Glück zu erlangen – so daß der Kreis sich schließt und es wirklich am besten scheint, die Sexualität als die eigentliche Quelle aller ungeordneten Begierlichkeit mit allen Kräften und solange es geht *zu meiden*.
Es kommt uns hier nicht darauf an, die christliche Erbsündenlehre zu diskutieren oder die biblische Sündenfallerzählung auszulegen – beides ist an anderer Stelle ausführlich geschehen[59]; es kommt uns auch nicht darauf an, in theologischer Absicht den Begriff der «bösen Begierlichkeit» (der «Konkupiszenz») zu erörtern und zu zeigen, daß die christliche Auffassung sich gerade mit Hilfe der Psychoanalyse sehr plausibel machen ließe, wenn man die Verformung des gesamten menschlichen Antriebserlebens unter dem Druck der Angst im Felde der Gottesferne en detail herausarbeiten würde; worum es uns hier geht, ist etwas sehr Begrenztes: Wir müssen als erstes die geistigen Strukturen verstehen, in denen die zwangsneurotisch anmutenden Polarisierungen sich nahelegen, die das gesamte klerikale Denken in Fragen der Sexualität bestimmen und die dann auch den Bereich des Gefühls in ständigen Doppelbödigkeiten, Verkrampfungen, Schuldgefühlen und Unfreiheiten gefangenhalten. Das Paradox existiert, daß die katholische Kirche 2000 Jahre n. Chr. immer noch voller Angst und Mißtrauen allem «Natürlichen» gegenübersteht, indem sie statt der Integration des Antriebserlebens dessen Aufopferung, Unterdrückung und Kreuzigung zumindest als Ideal, wenn schon nicht (mehr?!) für Christen*pflicht* erklärt.

2) Die Dennochdurchsetzung der Großen Mutter sowie gewisse Eigenarten der Marienfrömmigkeit

Wie das Leben eines Menschen sich gestaltet, der als Kleriker den Lehren der Kirche in vollkommener Weise entsprechen möchte, hat bereits vor 100 Jahren EMILE ZOLA in seinem Roman *«Die Sünde des Abbé Mouret»* darzustellen versucht, indem er, stark beeinflußt von der Romantik und vom Naturalismus, die naturfeindliche Askese der katholischen Kirche sehr zu Recht als eine zentrale Herausforderung an sein Denken und an sein dichterisches

Schaffen betrachtete, der er mit gerade diesem Buch sich stellen wollte. In dem Roman schildert der französische Dichter einen Priester, der *wie ein Heiliger* in die Gemeinde von Les Artaud kommt. Während seine als schwachsinnig geltende Schwester *Désirée* (eine echte Anima-Gestalt) vollkommen ausgefüllt ist mit ihrer fürsorglichen Liebe zu einer Unzahl von Tieren, die sie im Pfarrhof großzieht, steht ihm in Bruder *Archangias* der rechte geistliche Gegenpol zur Seite – eine groteske Mischung aus Sankt Michael und Zerberus, ein Mann, der von den Frauen nur so viel weiß, daß sie den Teufel im Leib haben und nach Teufel stinken – «an den Beinen, an den Armen, am Bauch, überall...» «Sie haben», denkt er, «die Verdammnis in ihren Röcken. Geschöpfe, gut genug, auf den Mist geworfen zu werden mit ihren Schweinereien, die alles vergiften!»[1] In seiner Derbheit erscheint indessen *Abbé Mouret* gerade dieser Bruder als ein wahrhafter Gottesmann, «ohne irdische Bindung, ganz dem Willen des Himmels ergeben, demütig, rauh, gegen die Sünde Zoten im Munde führend. Und er war verzweifelt, daß er sich nicht mehr seines Leibes entäußern konnte.»[2]
In der Frömmigkeit seiner Weltentsagung verbringt der Priester «seine Tage in dem inneren Dasein, das er sich geschaffen, nachdem er alles verlassen hatte, um sich ganz hinzugeben. Er verschloß das Tor seiner Sinne, suchte sich von den Erfordernissen des Leibes frei zu machen, war nur noch eine durch die Betrachtung des Göttlichen entzückte Seele. Die Natur bot ihm nur Fallen, nur Unrat dar; er setzte seinen Ruhm darein, ihr Gewalt anzutun, sie zu verachten, sich von seinem menschlichen Schmutz loszumachen... Daher betrachtete er sich auch als einen auf die Erde Verbannten; er hatte nur die himmlischen Güter im Auge und verstand nicht, daß man eine Ewigkeit an Glückseligkeit wegen ein paar Stunden vergänglicher Freude aufs Spiel setzen konnte. Seine Vernunft betrog ihn, sein Verlangen log. Und wenn er an Tugend zunahm, so vor allem durch seine Demut und seinen Gehorsam. Er wollte der Geringste sein von allen, wollte allen unterworfen sein, damit der göttliche Tau auf sein Herz fiele wie auf staubtrockenen Sand. Er bekannte sich bedeckt mit Schmach und Wirrnis, auf ewig unwürdig, von der Sünde errettet zu werden. Demütig sein heißt glauben, heißt lieben. Er gehörte nicht einmal mehr sich selbst, war blind, taub, totes Fleisch. Er war ein Ding Gottes.»[3] «... Er glaubte, daß Gott alles war, daß seine Demut, sein Gehorsam, seine Keuschheit alles war... Er schritt in seinem Glauben dahin wie in einem Harnisch, der ihn gegen den geringsten üblen Hauch schützte. Er entsann sich, daß er mit acht Jahren manchmal in den Winkeln vor Liebe geweint hatte; er wußte nicht, wen er liebte; er weinte, weil er irgend jemand liebte, der ganz weit fort war. Immer war er

ergriffen gewesen. Später hatte er Priester werden wollen, um dieses Bedürfnis übermenschlicher Liebe zu befriedigen, das seine einzige Qual ausmachte. Er sah nicht, wo er hätte mehr lieben können. Er tat so seinem Wesen, seiner natürlichen Veranlagung, seinen Jünglingsträumen, seinen ersten Mannesbegierden Genüge... Man hatte den Mann in ihm getötet, er fühlte es, er war glücklich, sich ausgesondert zu wissen, ein entmanntes, vom Natürlichen abweichendes Geschöpf, das durch die Tonsur gezeichnet war als ein Lamm Gottes.»[4]

Was der Darstellung EMILE ZOLAS in unserem Zusammenhang besondere Bedeutung verleiht, ist nicht allein der Hinweis auf die uns inzwischen schon geläufigen Faktoren in der Psychogenese des Klerikerseins: das psychische Fehlen eines Elternhauses, die kindliche Einsamkeit, die sich mit aller Sehnsucht ersatzweise auf «Gott» wirft, die übergroße Anpassungsbereitschaft mit den entsprechenden Zügen einer möglichst totalen Selbstaufopferung, das narzißtische Gefühl der Ausnahme, die relativ frühe Festlegung des Gefühls einer besonderen Beauftragung, das innere Verbot, die «Welt» wirklich kennenzulernen usw.; es ist vor allem der von ZOLA bewußt herausgearbeitete Kontrast zwischen der christlichen Askese und der bis zum Mythischen überhöhten Allgewalt der Natur, der uns an dieser Stelle besonders interessiert. Die Einwohner von Les Artaud selbst erscheinen bereits wie heidnische Nachfahren der Anbeter der Großen Göttin: All ihr Denken wird von ihren Weinbergen bestimmt, deren Erde sie am liebsten wollüstig begatten möchten – ein grobes, sinnliches, gewalttätiges Volk, das sich paart, wie es will, zotig und obszön, und das dem sensiblen *Abbé Mouret* wie vertiert anmutet. Aber es ist die französische Landschaft selber, die sich in den Nächten wie die Große Göttin in aufdringlicher Pose den Blicken des Geistlichen darbietet. «Vor ihm dehnte sich die weite Ebene, unheimlich unter dem schrägen Schein des bleichen Mondes. Die Oliven, die Mandelbäume, andere dürftige Bäume bildeten graue Flecken in dem Chaos der großen Felsen bis hin zur düsteren Linie der Hügel am Horizont. Da waren breite Schattenbahnen, bucklige Felsengrade, blutige Erdlachen, in denen sich die roten Sterne zu betrachten schienen, kreidig weiße Stellen gleich Frauenkleidern, die abgeworfen wurden und den vom Dunkel ertränkten, in den Bodensenkungen schlummernden Schoß enthüllten. In der Nacht sielte sich diese glühende Erde seltsam in Leidenschaft. Sie schlief, schamlos entblößt, verrenkt, gekrümmt, mit gespreizten Gliedern, während tiefe, warme Seufzer, starke Wohlgerüche einer in Schweiß gebadeten Schläferin von ihr ausströmten. Man hätte meinen können, sie sei eine kräftige Kybele, die auf dem Rücken lag, die Brust vorreckte, den Bauch dem Mond entgegenhielt, trunken von Sonnengluten war und noch von Befruchtung träumte. Mit den Augen folgte Abbé Mouret in der Ferne längs dieses großen Leibes dem Weg nach Les Olivettes, einem schmalen, blassen Band, das sich wie das flatternde Schnürband eines Mieders dahinzog... Er spürte nur ein Rauschen hinter seinem Rücken, jenes verworrene Raunen des Lebens, ... Niemals hatte ihn die Erde so wie zu dieser Nachtstunde beunruhigt, mit ihrer riesigen Brust, ihren weichen Schatten, ihrem Glanz bernsteinfarbener Haut, dieser kaum unter dem silberglänzenden Musselin des Mondes verborgenen Nacktheit einer Göttin.»[5]

Vollends in der jungen, schönen *Albine* lernt der Abbé ein wahres Naturkind kennen, das ihn inmitten des urwüchsigen «Paradou» unterhalb des Baums des Lebens zur «Sünde» «verführt». Es ist eine Szene von solcher Unschuld wie zwischen den spät begreifenden, von der Natur selber Einsicht gewinnenden *Kindern* der Natur in der Dichtung der römischen Antike, wie zwischen *Daphnis* und *Chloe*[6], nur bemächtigt bei ZOLA, weit reflektierter, auf fast dämonische Weise die Natur sich dieser beiden Menschen, so als wollte sie die ihr zu schnell Entwachsenen wieder in den Schoß ihres allgewaltigen bewußtlosen Rauschens und Raunens zurückziehen. Alles in ihr redet die Sprache der Liebe, der Paarung und der Zeugung, und es geschieht wie in der Hypnose eines tieferen Gehorsams gegenüber der drängenden, klopfenden, wärmenden Sprache des Blutes, in welcher Göttliches *auch* ist, wenn *Albine* und *Serge* sich einander hingeben, d. h. sich aneinander *verlieren*. In der Sprache ZOLAS: «Vom Obstgarten her trug ihnen der Wind Duftwolken reifer Früchte zu, einen üppigen Fruchtbarkeitsgeruch, den Vanilleduft der Aprikosen, den Moschusduft der Orangen. Die Wiesen ließen eine eindringlichere Stimme laut werden aus den Seufzern von Millionen Gräsern, die die Sonne küßte. Mächtige Klage einer unzählbaren brünstigen Menge, die gemildert wurde durch die kühlen Liebkosungen der Bäche, durch die Nacktheit der fließenden Wasser, an deren Ufern die Weiden ganz laut vor Verlangen träumten. Der Wald wehte die gewaltige Leidenschaft der Eichen herüber, den Orgelgesang des Hochwaldes, eine feierliche Musik, die tief in Heiligtümern aus Laub die Hochzeit der Eschen, der Birken, der Weißbuchen, der Platanen anführte, während die Büsche, das junge Unterholz voll köstlicher Schelmerei waren, voller Lärmen von Liebespaaren, die einander haschten, sich am Rand der Gräben hinwarfen und sich mitten in mächtigem Zweigerascheln heimlich ihrem Vergnügen hingaben. Und in diesem Paaren des ganzen Parks waren die rauhesten Umarmungen in der Ferne zu vernehmen, auf den Felsen, dort wo die Hitze die von Leidenschaft geschwellten Steine bersten ließ, wo die stacheligen Pflanzen auf tragische Weise liebten, ohne daß die benachbarten Quellen ihnen Linderung bringen konnten, da sie selber von dem Gestirn entzündet wurden, das in ihr Bett herniederstieg.»[7] «Auch die Tiere des Gartens riefen ihnen zu, sich zu lieben. Die Zikaden sangen von Liebe, als müßten sie daran sterben. Die Schmetterlinge streuten beim Umherflattern Küsse umher. Die Sperlinge hatten nur kurze Liebschaften, teilten gleich Sultanen mitten in einem Harem geschwind Liebkosungen aus. In den klaren Wassern vergingen die Fische vor Wonne, während sie in der Sonne ihren Laich ablegten, riefen die Frösche sich ihre glutvolle und schwermütige Liebe zu, herrschte eine geheimnisvolle Leidenschaft, die in der graugrünen Fadheit des Schilfrohres auf gräßliche Weise befriedigt wurde. In der Tiefe der Wälder ließen Nachtigallen wollüstig paarendes Lachen ertönen, röhrten die Hirschbullen, trunken von wilder Begierde, daß sie neben den Hirschkühen, denen fast der Bauch aufgerissen war, vor Ermattung ihr Leben aushauchten. Und auf den Steinplatten der Felsen, am Rande der mageren Büsche, zischten sanft paarweise ineinander verschlungene Nattern, während große Eidechsen ihre Eier ausbrüteten, wobei ihr Rücken von einem leisen, verzückten Schnarren bebte. Aus den entlegenen Winkeln, von den besonnten Flächen, aus den Schattenlöchern stieg ein tierischer Geruch auf, heiß von der weltweiten Brunst. Durch dieses ganze wimmelnde Leben lief ein Schauer des Gebärens. Unter jedem Blatt empfing ein Insekt, in jedem Grasbüschel wuchs eine Familie. Im Flug aneinandergepreßt, warteten Fliegen nicht einmal ab, bis sie sich niedergelassen hatten, um sich zu befruchten. Die unsichtbaren Lebensteilchen, die die Materie bevölkern, die Atome der Materie selber liebten, paarten sich, versetzten den Erdboden in ein wollüstiges Schwanken, verwandelten den Park in einen einzigen Zeugungsakt. – Da begriffen Albine und Serge. Er sagte nichts, umschlang sie immer fester mit seinen Armen. Die Schicksalhaftigkeit der Zeugung umgab sie. Sie kamen den Forderungen des Gartens nach. Es war der Baum, der Albines Ohr das anvertraute, was am Hochzeitsabend die Mütter den Bräuten zuflüstern. – Albine gab sich hin. Serge nahm sie. – Und der ganze Garten versank mit dem Paar in einem letzten leidenschaftlichen Aufschrei. Die Stämme neigten sich wie unter einem stürmischen Wind; den Gräsern entrang sich ein trunkenes Schluchzen; die Blumen, die verschmachteten, hauchten mit geöffneten Lippen ihre Seele aus; am Himmel selber, der vom Untergang des Gestirns über und über umglutet war, standen regungslose Wolken, vor Wonne vergehende Wolken, aus denen übermenschliches Entzücken herabströmte. Und es war ein Sieg für die Tiere, die Pflanzen, die Dinge, die es gewollt hatten, daß diese beiden Kinder in die Ewigkeit des Lebens eingingen. Der Park rauschte gewaltig Beifall.»[8]

Es ist gerade dieses naturhafte Entzücken der Zeugung, dieses wollüstige Zucken der Glieder im Umfangen der Liebe, dieser bedingungslose Choral brünstiger Sehnsucht in jedem Teil der Natur, vor welcher die christliche Frömmigkeit wie vor dem Orkus der Hölle schaudernd und schamhaft seit jeher geflohen ist. Die Hölle – das war und ist der Schoß der Erde selbst, der Schoß der Frauen, das naturhafte Leben, die Quelle des Daseins, ein niemals zu schließender Widerspruch scheinbar; denn ebenso hoch halluziniert sich in den Köpfen der Kleriker die Wonne verbotener Lust wie die Strafe begangener Sünde bei allem, was ihnen das Odium von Zeugungsschweiß und heißem Liebesstöhnen in ihren Atem und in ihre Ohren weht. Man weigert sich zu sehen, daß der Wogenschwall der Leidenschaft den Nachen des menschlichen Ichs *trägt* und nicht verschlingt, wenn man den Kurs nur richtig in den Wind und in die Strömung lenkt, statt *partout* mit allen Kräften gegen die Elemente anzurudern. Der Mensch ist kein brünstiges Tier, gewiß, aber drohte denn diese Gefahr, wenn man den Menschen nicht lehrte, sich für das zu schämen, was er sicherlich *auch* ist: ein spätes Ergebnis der Evolution, ein Seitenzweig der Mammalia, ein langsam seiner Lage sich bewußt werdender Teil der Natur? *Abbé Mouret* jedenfalls erfährt zu spät und auf tragische Weise, daß die vermeintliche Unbesiegbarkeit der Sexualität, die schicksalhafte Verführungskraft der allmächtigen Natur, die unwiderstehliche Lokkung der Frau als der ewigen «Eva» ganz sicher erst droht, wenn man sein ganzes Leben lang gezwungen war und sich gezwungen hat, alle Regungen des «Fleisches» nach dem Ideal einer unmenschlichen Keuschheitsforderung wegzudrücken und wegzudrängen. Eben dies aber hat *Abbé Mouret,* bis zum Wahnsinn gesteigert, immer wieder versucht, indem er der «ewigen Mutter», der *Gegen-Kybele,* der reinen Gottesmutter und Jungfrau Maria, diesem Anti-Typ der lockenden Eva, sein Leben zu weihen unternahm.

Es gibt keine Ordensregel, keine Priesterunterweisung und keine Papstansprache, die im Zusammenhang mit der Forderung mönchischer Keuschheit und Ehelosigkeit nicht wie mit innerer Notwendigkeit auf *die Verehrung der Gottesmutter* zu sprechen käme. Beides hängt offenbar religionsgeschichtlich wie tiefenpsychologisch zusammen. Aber es ist ein Zusammenhang, der auf fast unheimliche Weise – gegen den erklärten Willen der katholischen Kirche – die ganze Tragik der Marienfrömmigkeit offenbarmacht.

Man kannte im Altertum die *Galli,* die Priester der *Kybele,* die in heiliger Ekstase sich selber entmannten und die Teile ihrer abgeschnittenen Männlichkeit der Großen Göttin in den Schoß warfen[9] – Riten einer fiktiven ödipalen Vereinigung zwischen Mutter und Sohn, die in der Realität durch das Tabu des Inzestes in das extreme Gegenteil dessen gedrückt wurden, was sie symbolisch besagten: Das Erfüllungsbild sexuellen Verlangens stellte sich dar um den Preis der freiwilligen Selbstzerstörung, des Opfers, und wiederum schuf die in eigenem Tun übernommene Selbstverstümmelung die lebenslange Voraussetzung, die niemals vollzogene Heilige Hochzeit ewig zu träumen.[10] Es wird in der katholischen Kirche niemand Bedenken tragen, eine solche tiefenpsychologische Deutung des *Kybele-Attis-Kultes* vorzunehmen. Sonderbarerweise hingegen – oder nur allzu verständlicherweise – wird sich eine massive Abwehr bereits gegenüber dem bloßen Versuch geltend machen, eine ähnliche Interpretation von Madonnenverehrung, Keuschheitsforderung, Selbstkastration und Mutterfixierung gerade und insbesondere für die katholische Marienfrömmigkeit vorzuschlagen. Und doch hat EMILE ZOLA in der Gestalt seines *Abbé Mouret* bereits vor über 100 Jahren unabhängig von den Erkenntnissen der Psychoanalyse in einer außerordentlich genauen dichterischen Intuition Zusammenhänge dieser Art nicht nur plausibel, sondern unwiderleglich evident gemacht, indem er, statt bestimmte Theorien und Hypothesen vorzutragen, ganz einfach das Leben und Erleben eines Mannes vor Augen stellte, dem die Verehrung der Mutter Gottes nicht eine bloße Zugabe seines Daseins bedeutete, sondern der darin, wie er allen Unterweisungen nach sollte, den Mittelpunkt all seiner Empfindungen setzte.

EMILE ZOLA schildert seinen Priester zu Beginn des Maimonats in nächtlicher Anbetung vor dem frisch geschmückten Marienaltar seiner Kirche zu einem Zeitpunkt, da er sich von der Verstörung zu beruhigen sucht, die der erstmalige Anblick der schönen *Albine* im «Paradou» in seinem aufgewühlten Gemüt hinterlassen hat. «‹Du reinste Mutter, du keuscheste Mutter, du unversehrte Mutter, bitte für mich!› stammelte er angstvoll und drängte sich an die Füße der Mutter Gottes, als hätte er hinter seinem Rücken Albines hallenden Galopp vernommen. ‹Du bist meine Zuflucht, Quell meiner Freude, du Tempel meiner Weisheit, elfenbeinerner Turm, in den ich meine Reinheit eingeschlossen habe. Ich gebe mich in deine makellosen Hände, ich flehe dich an, mich anzunehmen, mich mit einem Zipfel deines Schleiers zu bedecken, mich unter deiner Unschuld, hinter der heiligen Schutzwehr deines Gewandes zu verbergen, damit kein fleischlicher Hauch mich dort erreiche. Ich brauche dich, ich sterbe ohne dich, ich fühle mich auf ewig von dir getrennt, wenn du mich nicht auf deinen hilfreichen Armen davonträgst, weit fort von hier, mitten in die blendende Helligkeit, in der du wohnst. Maria, ohne Makel der Erbsünde empfangen, vernichte mich in dem unbefleckten Schnee, der von deinen Gliedern fällt. Du bist das Wunder ewiger Keuschheit. Dein Geschlecht ist einem Strahl entsprossen, gleich einem Wunderbaum, der aus keinem Keim hervorgegangen. Dein Sohn Jesus ist aus dem Hauche Gottes geboren, du selber bist geboren, ohne daß der Leib deiner Mutter befleckt ward, und ich möchte glauben, daß diese Jungfräulichkeit so von Geschlecht zu Geschlecht zurückreicht in einer nicht endenden Unwissenheit des Fleisches. Oh, leben, aufwachsen, ohne die Schmach der Sinne! Oh, sich vermehren, gebären, ohne die abscheuliche Notwendigkeit der Geschlechtlichkeit, allein bei der Berührung eines himmlischen Kusses!› »[11]

Es sei einmal davon abgesehen, daß selbst ein so genau recherchierender Dichter wie ZOLA das Dogma von der «unbefleckten Empfängnis Mariens» in der üblichen Weise falsch versteht – als jungfräuliche Geburt Mariens statt der Befreiung der Madonna vom Makel der Erbsünde –, es ist vor allem bemerkenswert, wie in diesen jedem Kleriker aus der *«Lauretanischen Litanei»* vertrauten Bildern der Drang *Abbé Mourets* immer stärker spürbar wird, sich in die Arme der angebeteten Jungfrau zu drängen, sich mit dem ganzen Sein in sie zu ergießen und von dem elfenbeinernen Turm ihrer Gestalt umschlossen zu werden. Es müßte von Psychoanalyse noch nie etwas gehört haben, wem die massive Sexualsymbolik der entsprechenden Bilder nicht auf nahezu peinliche Weise als kompensatorische Ersatzphantasie bewußt werden sollte. Vor allem aber verhält es sich so, daß infolge der Steigerung des inbrünstigen Verlangens nach Einheit und Verschmelzung mit der himmlischen Mutter zugleich durch die drohende Entbindung der sexuellen Inhalte der nur mühsam sublimierten Gebetsworte auch *die Abwehr* des verdrängten psychischen Materials wächst und eine immer stärkere Infantilisierung des Betenden erzwingt, der sich selber als unschuldiges, asexuelles, vorpubertäres Wesen gegenüber (s)einer Mutter definieren muß, um nicht zu merken, wieviel an männlichem Begehren einer erwachsenen Frau gegenüber in seinen Anmutungen lebendig wird. Auch diese psychische Dialektik schildert ZOLA bravourös, indem er seinen Geistlichen des weiteren beten läßt: « ‹Ich möchte noch Kind sein. Ich möchte immer nur ein Kind sein, das im Schatten deines Kleides wandelt. Ich war ganz klein, ich faltete die Hände, um den Namen Maria zu sagen. Meine Wiege war weiß, mein Leib war weiß, alle meine Gedanken waren weiß. Ich sah dich deutlich, ich hörte, wie du mich riefst, lächelnd ging ich über Rosenblätter auf dich zu. Und nichts anderes gab es, ich fühlte nicht, ich dachte nicht, ich lebte gerade genug, um eine Blume zu deinen Füßen zu sein. Man müßte nicht größer werden. Du hättest um dich her nur Blondköpfe, ein Volk von Kindern, die dich liebten mit reinen Händen, frischen Lippen, zarten Gliedern, makellos, wie einem Milchbad entstiegen. Auf der Wange eines Kindes küßt man seine Seele. Nur ein Kind kann deinen Namen aussprechen, ohne ihn zu beschmutzen. Später wird der Mund verderbt, vergiftet die Liebe. Ich selber, der dich so sehr liebt, der sich dir ergeben hat, ich wage nicht, dich zu jeder Stunde anzurufen, denn ich will nicht, daß du mit meiner männlichen Unreinheit in Berührung kommst. Ich habe gebetet, ich habe mein Fleisch gezüchtigt, ich habe unter deiner Hut geschlafen, ich habe keusch gelebt; und ich weine, da ich heute sehe, daß ich für diese Welt noch nicht genügend abgestorben bin, um dein Bräutigam zu sein. O Maria, du ehrwürdige Jungfrau, warum bin ich nicht fünf Jahre alt, warum bin ich nicht das Kind geblieben, das seine Lippen auf dein Bildnis preßte! Ich würde dich an mein Herz nehmen, an meine Seite betten, ich würde dich wie eine Freundin küssen, wie ein Mädchen meines Alters. Ich hätte wie du ein enges Kleid, einen kindlichen Schleier, eine blaue Schärpe, all das Kindhafte, das aus dir eine große Schwester macht. Ich suchte nicht dein Haar zu küssen, denn das Haar ist etwas Nacktes, das man nicht sehen darf; aber ich würde deine nackten Füße küssen, erst den einen und dann den anderen, ganze Nächte lang, bis ich unter meinen Lippen die goldenen Rosen entblättert hätte, die geheimnisvollen Rosen aus deinem Blut.›»[12]

Abbé Mouret ahnt nicht, daß er gerade in den Verneinungen, wie so viele Liebende, die gegen ihre Gefühle sich wehren, in seiner Vorstellung nur um so mehr herbeiruft, was er zu fliehen vorgibt: Gerade noch gelobt er, nicht einmal die Haare der Madonna zu küssen, die er doch immerhin wagt, seine «Freundin» zu nennen, da verlangt ihn schon demütig nach dem Kuß ihrer Füße, als wären nicht diese bereits in der Sprache der Bibel eine beliebte Umschreibung für das weibliche oder männliche Genitale[13], und kaum sinnt er, seine Lippen anbetungsvoll auf diese «Füße» der Allheiligen zu drücken, da ist er auch schon «ganze Nächte lang» dabei, «die goldenen Rosen» der Jungfrau zu «entblättern» – Bilder doch wohl für die rosanen Spitzen des keuschen Busens der also Geliebten, und selbst von «Blut» geht bereits die Rede – wie eine ferne Verheißung der unvermeidbaren Entjungferung des eigentlich erstrebten Ziels all dieser hitzigen, nur schlecht verhüllten Bemühungen.

Immerhin scheint denn auch der Priester selbst von der geheimen Lust seiner Gebete eine erste Witterung wahrzunehmen, bittet er doch sogleich die Madonna selber darum, den Dienst der *Kybele* an ihm zu vollziehen. «‹Ach›, fuhr er in steigendem Wahn fort, ‹mach, daß ich wieder Kind werde, du gütige Jungfrau, du mächtige Jungfrau. Mach, daß ich fünf Jahr alt bin. Nimm meine Sinne, nimm meine Männlichkeit von mir. Möge ein Wunder alles Männliche, das in mir groß geworden, hinwegraffen. Du herrschest im Himmel, nichts ist leichter für dich, als mich zu zerschmettern, meine Organe verdorren, mich geschlechtslos werden zu lassen, unfähig, Böses zu tun, so aller Kraft bar, daß ich nicht einmal mehr den kleinen Finger ohne deine Zustimmung heben kann. Ich will unschuldvoll sein, von jener Unschuld, die die deine ist, die keine menschliche Regung zu verwirren vermöchte. Ich will weder meine Nerven noch meine Muskeln, noch das Schlagen meines Herzens, noch das Arbeiten meiner Begierden mehr fühlen. Ich will ein Ding sein, ein weißer Stein zu deinen Füßen, dem du nichts als einen Dufthauch läßt, ein Stein, der nicht von der Stelle weichen wird, wo du ihn hingeworfen, ohne Ohren, ohne Augen, zufrieden unter deiner Ferse zu liegen, und der nicht wie die anderen Steine des Weges an Schmutz denken kann... Mühelos würde ich mit einem Schlage die Vollkommenheit erreichen, von der ich träume. Dann endlich könnte ich mich deinen wahren Priester nennen... Ja, ich verneine das Leben, ich sage, daß der Tod des Menschengeschlechtes dem fortwährenden Greuel, durch das es sich ausbreitet, vorzuziehen sei. Die Sünde besudelt alles. Es ist ein allumfassender Gestank, der die Liebe verdirbt, das eheliche Schlafgemach, die Wiege der Neugeborenen vergiftet, ja selbst die Blumen, die unter der Sonne dahinwelken, selbst die Bäume, die ihre Knospen aufspringen lassen. Die Erde badet in dieser Unreinheit, deren geringste Tropfen zu schändlichem Wuchern hervorspritzen. Aber damit ich vollkommen werde, du Königin der Engel, du Königin der Jungfrauen, höre meinen Schrei, erhöre ihn! Gib, daß ich einer jener Engel werde, die nichts als zwei große Flügel hinter ihren Wangen haben; dann werde ich keinen Rumpf, keine Glieder mehr haben; ich werde zu dir fliegen, wenn du mich rufst; ich werde nur noch ein Mund sein, der dein Lob singt... Dann werde ich wie eine zarte Flamme zu deinen Lippen emporsteigen; durch deinen halb geöffneten Mund werde ich in dich eingehen und die Vermählung mit dir vollziehen, während die Erzengel von unserem Jubel erbeben. Jungfräulich sein, sich jungfräulich lieben, unter den süßesten Küssen seine jungfräuliche Reinheit bewahren! Die ganze Liebe besitzen, auf Schwanenfittichen gebettet, in eine Wolke von Reinheit, in den Armen einer lichtvollen Geliebten, deren Liebkosungen Seelenfreuden sind! ... O Maria, auserwähltes Gefäß, entmanne das Menschliche in mir, mach mich zum Entmannten unter den Männern, damit du mir ohne Furcht den Schatz deiner Jungfräulichkeit preisgeben kannst!›»[14]

Psychoanalytisch gesehen wird in diesem Gebet erschütternd deutlich, wie der ehrlich ringende Abbé in seinem Gebet, das dem Bitten unzähliger Kleriker abgelauscht, ja, im Grunde lediglich aus den Andachtsbüchern der katholischen Kirche zusammengestellt ist, unvermeidbar in immer höheren Kreisen seinem unbewußten Ziel entgegengetragen wird: Mag er den Ort der Vereinigung mit der Geliebten auch noch so keusch von unten nach oben, vom Schoß zum Mund hin verlegen[15], mag er sich selber nach seiner Entmannung als bloßen «Mund», d. h. als weiblich verwandelt vorstellen, so bleibt doch immer noch diese Sehnsucht nach «keuscher Verschmelzung» in ihm bestehen – und ebenso folglich der Schimmer *Albines*. Er ist nicht länger mehr hinwegzubeten. Einmal in die Blutbahn ausgeschüttet, durchpulst das Fieber der Liebe den Körper des Geistlichen und wird ihn bis zur Katastrophe nicht mehr verlassen.

Bei all dem handelt es sich um eine *«Dennochdurchsetzung des Verdrängten»* nicht nur auf der Ebene der individuellen Psyche, sondern zugleich auch in religionsgeschichtlicher Sicht: es ist im Grunde die Mutter *Kybele*, die sich in dem Keuschheitsideal der katholischen Kirche, wie ZOLA es darstellt, zu Wort meldet. Nicht zuletzt spricht für diese Ansicht des französischen Dichters *die christliche Ikonographie*.

Ganz allgemein kann man sagen, daß verdrängte Sexualität sich im Kunstschaffen mit Vorliebe in den Ersatzphantasien des *Kitsches* ausdrückt. Was aber soll man dann von den gipsernen Madonnen halten, die mit gefalteten Händen, in weißen fußlangen Gewändern, die Augen sehnsuchtsvoll zum Himmel gewendet, barfüßig stets, mit kleinem kirschrotem Mund, das Haar aufgelöst bis tief auf den Rücken herabfallend, den Beter zu ebenso sinnigen wie entsinnlichten Anmutungen verlocken sollen? Die Wirkung derartiger Darstellungen auf das fromme Gemüt läßt sich indes ohne Zweifel noch steigern in dem Motiv der *«schmerzhaften Mutter»*, die, parallel zu den Herz-Jesu-Figuren, dem Menschen aus Liebe ihr verwundetes Herz entgegenhält. So berichtet ZOLA von seinem *Abbé Mouret*, wie er, in heiliger Inbrunst, all seine Anmutungen von einem farbigen Stich des Heiligen Herzens Mariens empfing. «Auf diesem Bild wies die Mutter Gottes mit einem erhabenen Lächeln auf ein rotes Loch in ihrer Brust, darin ihr Herz brannte, das von einem Schwert durchbohrt, von weißen Rosen umkränzt war. Dieses Schwert brachte ihn zur Verzweiflung; es rief in ihm jenes unerträgliche Grauen vor dem Leiden einer Frau hervor, bei dessen bloßer Vorstellung er aus aller frommen Unterwerfung gerissen wurde. Er löschte es aus, er ließ nur das bekränzte, flammende Herz bestehen, das halb aus diesem auserlesenen Fleisch herausgerissen war, um sich ihm darzubieten. Dann fühlte er sich geliebt. Maria schenkte ihm ihr Herz, ihr lebendiges Herz, so wie es in ihrer Brust schlug, mit ihrem rosig tropfenden Blut. Das war nicht mehr ein Abbild frommer Leidenschaft, sondern etwas Körperliches, ein Liebeswunder, das ihn bei seinen Gebeten vor dem Bild die Hände ausbreiten ließ, um fromm das Herz zu empfangen, das aus dem fleckenlosen Busen sprang. Er sah es, er hörte es schlagen. Und er wurde geliebt, das Herz schlug für ihn! Das war gleichsam eine Verwirrung seines ganzen Wesens, ein Bedürfnis, das Herz zu küssen, in ihm aufzugehen, sich mit ihm auf dem Grunde dieser geöffneten Brust zu betten. Sie liebte ihn mit tätiger Liebe, so daß sie ihn sogar in der Ewigkeit bei sich haben wollte, immer ihr gehörend. Sie liebte ihn mit wirkender Liebe, unaufhörlich nahm sie sich seiner an, folgte ihm überall hin und half ihm, die geringste Untreue zu vermeiden. Sie liebte ihn mit zärtlicher Liebe, mehr als alle Frauen zusammen, mit einer blauen, tiefen, wie der Himmel unendlichen Liebe. Wo hätte er jemals eine so begehrenswerte Geliebte gefunden: welche irdische Liebkosung war diesem Hauch Mariens zu vergleichen, darin er wandelte? Welch elende Vereinigung, welch ekler Sinnengenuß konnte diese ewige Blume des Begehrens aufwiegen, die immer höher schwebte, ohne jemals aufzublühen? Wie eine Weihrauchwolke entströmte dann das Magnifikat seinem Munde. Er sang den Freudengesang Mariens, ihr freudiges Erbeben beim Nahen des göttlichen Bräutigams. Er pries den Herrn, der die Mächtigen von ihren Thronen stieß und ihm Maria sandte, ihm, einem armen nackten Kind, das auf den eisernen Fliesen seiner Zelle vor Liebe erstarb.»[16]

Es ist nicht allein die unbefriedigte Liebessehnsucht, die EMILE ZOLA in dieser Darstellung in peinlicher Präzision beschreibt, es ist vor allem die außerordentlich genau beobachtete Symbolsprache, die er hier – unabhängig von den Entdeckungen SIGMUND FREUDS, kongenial! – in exakten Andeutungen ausdeutet. Ausgesprochen ist die unstillbare, weil nie gestillte Sehnsucht der klerikalen Psyche, geliebt zu werden – *mütterlich,* wie ein Kind, auf immer und ewig; und wenn manche Psychoanalytiker meinten, daß *der Busen* der Mutter den idealen Traumhintergrund aller menschlichen Liebessehnsucht und Wunscherfüllungsphantasien bilde[17], so findet sich diese Auffassung in den Gebeten des armen Abbé vollauf bestätigt. Nur ist *Abbé Mouret* kein kleines Kind mehr, und so ängstigt ihn bis zur Verzweiflung und bis zu unerträglichem «Grauen vor dem Leiden jeder Frau» *das Schwert,* welches das «rote Loch» in der Brust Mariens durchbohrt. Natürlich handelt es sich bei diesem grauenvollen «Schwert» um ein phallisches Symbol, und die ganze Szene stellt eine koitale Phantasie dar, die lediglich von dem so gefährlichen Schoß der Frau weg «nach oben» verlegt worden ist, indem das durchbohrte Herz zwischen den Brüsten die Vagina zwischen den Schenkeln ersetzt; das «Blut» selbst aber, welches den schrecklichen Anblick noch steigert, ist unter den gegebenen Umständen als die unvermeidbare Begleiter-

scheinung der Defloration zu verstehen. Nur in dieser Deutung ist das «erhabene Lächeln» der Madonna mitten in ihrem Schmerz ebenso begreifbar wie die Bemerkung von dem «Leiden einer Frau», *jeder* Frau mit anderen Worten. Was *Abbé Mouret* so tief erschauern läßt bei seinem Flehen um Liebe und Erhörung, ist der eigene unerhörte Wunsch, die Jungfrau als Mann zu besitzen, und die ständige Betonung der *immerwährenden* Jungfrauenschaft der Madonna gilt offensichtlich dem Bestreben, sich ebensooft des *Tabus der Virginität* zu versichern, wie der männliche Wunsch sich regt, es mannhaft zu brechen. Dabei ist die Verehrung der ewig jungfräulichen Mutter beides in einem: Fixierung sowohl der ödipalen Bindung an die Mutter der Kindertage wie die regressive Wiederbelebung dieser Bindung aus Flucht vor dem erwachenden sexuellen Begehren; zugleich aber findet eine extreme Verschiebung des ursprünglichen Wunsches ins Sadistische statt: aus Freude wird Leid, aus Wonne Schmerz, aus dem Vorgang der Zeugung ein Akt, der eigentlich tödlich ist.
Liest man die Schilderungen EMILE ZOLAS mit psychoanalytischen Augen, ist man erschrocken und erstaunt zu sehen, wie vor über 100 Jahren bereits die mystischen Texte vor allem spanischer Jesuiten, die ZOLA für das Studium dieser Art von Marienfrömmigkeit benutzte, in ihrer psychischen Begründung und Wirkung auf so genaue Weise beschrieben und durchschaut werden konnten, ohne daß in der katholischen Kirche bis heute irgendeine Konsequenz daraus gezogen worden wäre. Für ZOLA ist ein Mann wie *Abbé Mouret* kein Heiliger, sondern ein bis an die Grenzen des Wahnsinns kranker Mensch, der nach seinem bald bevorstehenden Zusammenbruch im «Paradou» in den wärmenden Händen *Albines* wirklich wie ein kleines Kind das Leben noch einmal ganz von vorn lernen muß, um gesund zu werden. Wir werden später noch einmal Gelegenheit haben, auf diesen gepeinigten Diener Gottes zurückzukommen, wenn wir uns fragen, welchen Schwierigkeiten die Kleriker der katholischen Kirche in aller Regel ausgesetzt sind, falls sie denn je den Schritt wagen sollten, das Tabu der verbotenen Inzestbindung an die Mutter zu übertreten und zu einer erwachsenen Liebe zwischen Mann und Frau heranzureifen. An *dieser* Stelle genügt die Feststellung, daß in der Kirche die Dinge immer noch so und nicht anders stehen als im Jahre 1875, als EMILE ZOLA seinen «Abbé Mouret» veröffentlichte und an einem einzigen Bildmotiv der Kirche ihren psychischen Gesamtzustand verdeutlichte.
Auch hier ist indessen noch einmal, wie stets, zu betonen, daß es uns nicht darum zu tun ist, die Mariologie der katholischen Glaubenslehre *dogmatisch* zu diskutieren, es geht lediglich darum zu zeigen, welch einen Beitrag die

Verehrung der allzeit jungfräulichen Mutter Maria nebst der Betrachtung ihrer göttlichen Freuden, Schmerzen und Herrlichkeiten für die Verdrängung sexueller Sehnsüchte leisten kann und welch eine Rolle ihr im Rahmen derartiger Verdrängungen zufällt. Gerade vor dem religionshistorischen Hintergrund des menschheitlich verbreiteten Kultes der *Großen Mutter* mit seinen ekstatischen Ausdrucksformen mutet die Madonnenmystik der katholischen Kirche als eine asketische Gegenbesetzung und neurotische Dennochdurchsetzung der ursprünglich verdrängten sexuellen Strebungen an, mit dem Ergebnis einer starken Infantilisierung der Gefühle, einer enormen Konservierung pubertärer Ängste und einer exzessiven Phantasietätigkeit, die ständig zwischen dem Ideal der reinen Mutter und der Angst vor bestimmten sadistischen Obsessionen oszelliert.

Nicht unwichtig ist auch hier das historische «Experiment» der Kirchen der Reformation. Immer noch wird in der «ökumenischen» Diskussion zwischen katholischen und protestantischen Theologen auf eine Weise verhandelt, als käme es wirklich darauf an, die Wurzeln der Mariologie bzw. die Gemäßheit der Marienverehrung aus bestimmten Stellen der Heiligen Schrift herzuleiten oder umgekehrt bestimmte Tatsachen der «heidnischen» Religionsgeschichte gegen derartige Frömmigkeitshaltungen ins Feld zu führen[18]. In Wirklichkeit scheint es weit nützlicher, die unterschiedlichen Strukturen der jeweiligen religiösen Mentalität miteinander zu vergleichen. Ohne Mühe läßt sich dann feststellen, wie eng die gegebene Form der Marienverehrung im Katholizismus mit der klerikal geprägten Unterdrükkung der Sexualität zusammenhängt, während die Freigabe der Ehe auch für die «Geistlichen» in den Kirchen der Reformation über kurz oder lang, sogar gegen den erklärten Willen des Reformators, gefühlsmäßig der Marienfrömmigkeit nach und nach die Grundlage entziehen mußte. Wie stark umgekehrt auch heute noch die klerikale Mentalität im Umkreis der Zölibatsforderung durch eine ausgesprochene *«Mouretsche»* Mischung aus ödipalen Fixierungen, d.h.: aus Muttersehnsucht, kastrativem Sexualverbot, Vergewaltigungs- und Entjungferungsphantasien, Strafängsten und sadistischen Gegenbesetzungen gegenüber der Gestalt der «immerwährenden Jungfrau und Gottesmutter Maria» geprägt ist, mögen *zwei Beispiele* zeigen.

Da ist *zum einen* die Verknüpfung einer bestimmten Art von Marienfrömmigkeit mit bestimmten *sexualsadistischen Assoziationen*. Es dürfte niemanden geben, der als Katholik in den 50er Jahren aufgewachsen wäre und dem nicht noch sehr deutlich die Verehrung der *Maria Goretti* vor Augen stünde. Dieses Mädchen war von einem jungen Mann vergewaltigt und ermordet worden – für Papst PIUS XII. Grund genug, in feierlicher Form diese Märtyrerin jungfräulicher Keuschheit zur Ehre der Altäre zu erheben. «Lieber der Tod als die Sünde», lautete der *Maria Goretti* zugeschriebene Wahlspruch; ein entsprechender Film mit dem Titel *«Himmel über den Sümpfen»*, der die Geschichte dieses Mädchens zeigte, wurde nahezu pflichtgemäß in allen katholischen Jugendgruppen jahrelang als mahnendes und warnendes Beispiel herumgezeigt, während zur gleichen Zeit gegen WILLI FORSTS Film *«Die Sünderin»*[19] von allen Kanzeln herabgewettert wurde, weil dort *Hildegard Knef* 15 Sekunden lang als das Aktmodell eines Malers zu sehen war, der sich als glühenden Verehrer einer heiteren Religion des Lichtes zu erkennen gab, innerhalb deren muffige Prüderie und abergläubiger Obskurantismus keinen Platz haben sollten. Eben diese Zeit war eine Epoche inbrünstiger Madonnenminne – die Maiandachten waren dicht gefüllt, die Rosenkranzandachten gut besucht, die Marienmessen am Samstagmorgen ein Treffpunkt frommer Frauen. All das zerschmolz wie Schnee unter der Sonne mit dem *Vormarsch sexueller Freizügigkeit* in unserer Gesellschaft – eine Entwicklung, für die Ende der 50er, Anfang der 60er Jahre vielleicht der schon verschollene Mythos der *Brigitte Bardot* stehen kann. «In ihrer Darstellung», urteilt ein Buch über die Ästhetik des erotischen Kinos, «erhielt die weibliche Sexualität einen Grad von Aufrichtigkeit und Selbstverständlichkeit, der vielleicht zum ersten Mal in der Geschichte des erotischen Films eine wirkliche Korrektur zum ‹christlich-abendländischen› Frauenbild darstellt. Schon in der Darstellung ihrer Körperlichkeit ist eine Ganzheit, eine Einheit von Körper und Geist, von Sexualität und Charakter angelegt, den kein Sexstar vor ihr und wenige nach ihr erreichten. Weil sich nichts von ihrer Erotik abspalten läßt, deshalb bleibt sie Subjekt, und es mag zwar übertrieben sein, wenn man sie als eine Symbolfigur der weiblichen Emanzipation betrachtet, aber diese ungeteilte Weiblichkeit, die sich nicht willkürlich vereinfachen, aber auch nicht so leicht dämonisieren oder karikieren läßt, war sicher ein Signal.»[20] «Die Botschaft von Brigitte Bardot konstituierte sich ... durch die kleinen, selbstvergessenen Szenen ..., in denen die Schauspielerin ganz bei sich war und in denen sich die Gleichsetzung von Erotik und Lebensfreude in einfachste Bilder übersetzte. Ein Kuß, ein ‹kleiner› Tanz, ganz ohne Hyperdramatik der Hollywood-Stars, Momente des Glücks, nicht nur in der Selbstbestätigung der Liebe, sondern auch über die ‹Zärtlichkeiten› der Sonne und des Meeres, straften zumeist die ‹moralischen› Wendungen der Stories Lügen. Neu an dieser Erscheinung war nicht nur die bis anhin ‹männliche› Möglichkeit zur emotionalen Unabhängigkeit vom Objekt des Begehrens und der sexuelle Genuß ohne Bindung an die ‹ewige›, unverbrüchliche Liebe (‹jede Liebe hat die Dauer, die sie verdient›, ist eine ihrer häufig kolportierten Äußerungen zu diesem Thema), sondern auch die Betonung eines jugendlichen Anspruchs auf erotische Erfahrung.»[21]

Seither ist im Empfinden der Bevölkerung durch eine bis dahin unvorstellbare Freizügigkeit im Umgang mit der Sexualität unter anderem auch ein gewisser Typ von Frömmigkeit einfachhin obsolet geworden, und es war nur noch eine Frage der Zeit, bis die 68er Revolte diesen Tatbestand offen zum Ausdruck bringen sollte. Es läßt sich nicht leugnen, daß *drei Faktoren* in der Frömmigkeitshaltung der katholischen Kirche offenbar zusammengehören: der autoritäre Zentralismus väterlicher Macht, die restriktive Strenge in den Bestimmungen der Sexualmoral und die ausgedehnte Verehrung der «jungfräulichen Mutter». In der Sprache der Psychoanalyse handelt es sich unübersehbar um eine ins Kollektive projizierte, sozial erweiterte Form des *Ödipuskomplexes,* zusammengesetzt aus der religiösen Überhöhung der Vaterautorität, der davon ausgehenden Kastrationsdrohung sowie der neurotischen Fixierung der an der Mutter haftenden libidinösen Strebungen von Menschen, die im Denken wie im Fühlen, buchstäblich um Himmels willen, daran gehindert werden, etwas anderes zu sein als brave, gehorsame, weisungsabhängige, selbstunsichere *Kinder,* die gerade das nicht werden dürfen, was sie dem christlichen Anspruch nach zu sein hätten: freie, vertrauensvolle, liebesfähige, erwachsene Persönlichkeiten.

Speziell der *sadistische* Beitrag der *«Mouretschen»* Marienfrömmigkeit wird in unseren Tagen durch das Vorgehen von Papst JOHANNES PAUL II. auf unfreiwillige, aber sehr beredte Weise bestätigt. Nächst PIUS XII. darf dieser Papst wohl als der glühendste Marienverehrer auf dem Throne Petri in unserem Jahrhundert gelten, und so liest es sich wie ein Kommentar zu dem Gefühlsensemble marianischer Frömmigkeit, wenn wir hören, daß unter der Regentschaft des derzeitigen Papstes, in Anknüpfung an die Seligsprechung der *Maria Goretti,* bereits sechs Frauen mit einem ähnlichen Schicksal seliggesprochen wurden, darunter 1985 die Ordensschwester *Anuarite,* die als eines von 2000 Opfern mit 23 Jahren in Zaire ermordet wurde, *Karoline Kozka,* die 1914 im Alter von 16 Jahren ermordet wurde, sowie am 4. Oktober 1987 *Antonia Mesina,* die 1935 als 16jährige ermordet wurde, und *Pierina Morosini,* die mit 27 Jahren starb.[22] Die Wahrung des Ideals der Jungfräulichkeit erlaubt es unter den gegebenen Umständen offenbar nur schwer, sich die Beziehung zwischen Mann und Frau anders denn als gewalttätigen Triebdurchbruch vorzustellen, und sie nötigt folglich dazu, ganz nach dem Beispiel des *Abbé Mouret,* aus Angst vor der eigenen unter-

drückten Sexualität in die Arme der «reinen» «Mutter» zurückzufliehen – ein ewiger Teufelskreis von Angst, Verdrängung, Rückstau, Durchbruchsphantasien, neuen Ängsten und erneuten Nachverdrängungen.
Das zweite Beispiel erscheint eher als beiläufig, ist aber in seiner Art von entlarvender Eindringlichkeit: das Verdikt der Bischofskonferenz 1988 über MARTIN SCORSESES Film «Die letzte Versuchung»[23]. Man erklärte den Film für eine Entstellung des christlichen Glaubens, noch ehe man ihn gesehen hatte, man ließ ihn vorweg für ästhetisch mangelhaft erklären, aber wann je hätte die Kirche frommen Kitsch verabscheut? Und es war kein Kitsch, was Scorsese zeigte, es war sehr ehrlich gemeint. Das Problem dieses Films war überhaupt nicht der Film, sondern das gleichnamige Buch von NIKOS KAZANTZAKIS, das ihm zugrunde lag. Der griechische Autor, der sein Leben lang «sich die Verantwortung für das Schicksal der Menschen aufgeladen» hatte, um «sich mit dem Erzfeind der Menschheit, dem Tod»[24], zu messen, war magisch angezogen von den «unsterblichen Toten», von *Christus, Buddha, Lenin,* und er hatte seinen Roman von der «letzten Versuchung» dem sterbenden Christus gewidmet unter anderem auch, um sich von «diesen Sirenen zu befreien» und «ihre drei nicht zueinander passenden Stimmen in eine Harmonie» zu verwandeln[25]. So kontrastierte er die Gestalt *Jesu* mit den ständigen Einflüsterungen seines Jüngers *Judas,* der den Meister zu einer gewalttätigen messiaspolitischen Aktion gegen die römische Besatzungsmacht zu überreden sucht. In der Tat: wenn die Botschaft Jesu in irgendeiner Weise sich «politisch» verstehen ließe, so müßten uns unbedingt Worte über oder gegen Rom überliefert worden sein. Doch nicht die Verführbarkeit zur Gewalt, die KAZANTZAKIS seinem Jesus zutraut, bildete den Stein des Anstoßes für die kirchliche Zurückweisung der Verfilmung dieses Romans, sondern daß der griechische Dichter, stets gespalten zwischen *Apoll* und *Dionysos,* mit der Möglichkeit spielt, es habe der Christus am Kreuz, unter den Worten seines mitleidigen Schutzengels, sich vorstellen können, mit *Maria von Magdala* oder anderen Frauen verheiratet zu sein und mit ihnen Kinder zu zeugen. Der Jesus des KAZANTZAKIS leidet darunter, daß die Weigerung einer Heirat seine Jugendfreundin *Magdalena* zur Hurerei getrieben hat. Erst jetzt, da sein Leben unter Qualen dem Ende zuneigt, wird er von seinem Schutzengel der Geliebten zugeführt, die ihn zärtlich als Mann in ihre Arme schließt. Zwischen den beiden entspinnt sich ein Dialog, der die Theologie der Erlösung durch das Leid unter den achtkralligen Fängen einer raubvogelähnlichen Gottheit mit der Verheißung und durch die Erfahrung des Glücks der Liebe zu widerlegen sucht. «Ich wußte nicht», sagt der Jesus des KAZANTZAKIS, «Liebste, daß die Welt so schön und das Fleisch so heilig

ist, es ist auch eine Tochter Gottes, eine liebreizende Schwester der Seele. Ich wußte nicht, daß die Freude des Leibes keine Sünde ist.» «Warum greifst du nach dem Himmel», fragt ihn *Magdalena,* «und seufzt und suchst das unsterbliche Wasser? Ich bin das unsterbliche Wasser. Du hast dich herabgebeugt, getrunken und Frieden gefunden. Mein Freund, seufzt du noch? Woran denkst du?» «Wie die Rose von Jericho ist mein Herz», antwortet ihr Jesus. «Sie war verwelkt, nun blüht sie aufs neue und entfaltet sich im Wasser. Eine Quelle mit unsterblichem Wasser ist die Frau. Jetzt verstehe ich.» «Was verstehst du, mein Freund?» ... «Daß der Sterbliche unsterblich wird, daß Gott in Gestalt eines Menschen auf die Erde herniedersteigt. Ich bin irre gegangen, ich habe den Weg außerhalb des Fleisches in den Wolken, in den großen Gedanken, im Tode gesucht; du, Weib, Gottes kostbare Helferin, vergib! Ich beuge mich hinab und bete dich an, Mutter Gottes. Den Sohn, den wir bekommen werden, wie wollen wir ihn nennen?» «Wir wollen ihn ‹Fürsprecher› nennen.»[26] Und als Jesus später, nach dem Tod seiner Freundin, *Maria,* die Schwester des Lazarus, heiratet, erklärt ihm sein Engel: «Einsam vermag niemand Gott zu finden. Zwei müssen es sein, Mann und Weib. Du wußtest es nicht, ich habe es dich gelehrt. Jetzt hast du mit Maria Gott gefunden, den du so viele Jahre suchtest, und nun sitzt du im Dunkel, hörst ihn lachen und weinen und freust dich an ihm ...» «Das heißt Gott, das heißt Mensch sein, das ist der Weg! murmelte Jesus und schloß wieder die Augen.» «Dies ist das Himmelreich: die Erde! Dies ist Gott: dein Sohn! Dies ist die Ewigkeit: jeder Augenblick, Jesus von Nazareth, jeder Augenblick, der vergeht! Ist dir der Augenblick nicht genug? Dann wird auch die Ewigkeit nicht genug für dich sein!»[27]

Diese Gedanken, in denen der griechische Dichter von einer christlichen Versöhnung der Gegensätze von Himmel und Erde, Zeit und Ewigkeit, Mann und Frau, Geist und Gefühl träumt, bildeten den eigentlichen Grund für die klerikale Aufregung des Jahres 1988. Jesus in den Armen einer Frau! Die Liebe zwischen den Geschlechtern als ein Erlösungsweg der Seele! Das irdische Glück der Geschlechtlichkeit als eine Art, Gott zu erfahren – *das* war es, was auch nur als Möglichkeit zu denken, zu fühlen, sich vorzustellen, bekämpft werden mußte. Doch was dann, wenn es nicht wahr sein darf, was der Schutzengel bei KAZANTZAKIS Jesus anvertraut: «Der Einklang zwischen Erde und Herz, Jesus von Nazareth, das ist das Himmelreich»[28]?

Auch *dafür* gibt es ein berühmtes, wenngleich älteres dichterisches Beispiel: LEO TOLSTOIS Erzählung *«Vater Sergius»,* wo ein seit sechs Jahren als Klausner lebender Mönch bei Tag und bei Nacht unter Gebet und Fasten einen nicht endenden zwangsneurotischen Kampf gegen zwei nicht zu bezwingende Gegner führt: gegen den Zweifel und gegen die fleischliche Begierde. Eines Abends hat *Vater Sergius* sich eben auf seiner Matte zur Ruhe gebettet, als es an seine Tür klopft und er eine weibliche Stimme vernimmt. Er fährt auf: «‹Mein Gott! Ist es denn wirklich wahr, was ich in den Vitae der Heiligen gelesen habe, daß der Teufel Weibesgestalt annimmt? Ja, das war eine Frauenstimme. Eine zarte, schüchterne, holde Stimme. Pfui!› er spuckte aus. ‹Nein, es scheint mir nur so›, sagte er, trat in die Ecke vor das kleine Betpult und fiel in der gewohnten Weise auf die Knie nieder. In dieser genau abgemessenen Bewegung selbst fand er schon Trost und Freude.»[29] Doch kaum hat der Mönch sich beruhigt, als eine zarte bange Stimme, «wie sie nur einem reizvollen Weibe gehören konnte», erneut um Einlaß bittet. «‹Ich bin ja nicht der Teufel!›», sagt die Stimme, und *Vater Sergius* fühlte, «daß der Mund, der diese Worte sprach, lächelte. ‹Ich bin nicht der Teufel, ich bin einfach eine sündige Frau, eine Verirrte im buchstäblichen, nicht im übertragenen Sinne des Wortes.›» «Ja, es war eine Frau in einem Pelz mit weißem, langhaarigem Fellkragen, in einer Mütze und mit einem lieben, lieben, guten, erschreckten Gesicht. Da stand sie, zwei Zoll von seinem Gesicht entfernt, sich zu ihm vorbeugend. Ihre Blicke trafen sich, und sie erkannten einander. Nicht daß sie sich schon irgendeinmal gesehen hätten: sie hatten sich nie gesehen, aber in dem Blick, den sie austauschten, fühlten sie beide, besonders er, daß sie einander kannten, einander verstanden. Nach diesem Blick noch zweifeln, daß es der Teufel war und nicht eine schlichte, gute, liebe, ängstliche Frau, war unmöglich.»[30] Doch in Wahrheit ist die Frau schlimmer als der Teufel. Unter dem Vorwand, krank zu sein, lockt sie listig den Bußfertigen auf ihr Lager, knüpft ihr Kleid auf, entblößt die Brust und wirft die bis zum Ellenbogen nackten Arme zurück. «Die Frau ist ein Bär», versicherte mir vor Jahren ein Vikar, der sich von dieser Szene besonders beeindruckt zeigte. Doch in *Vater Sergius* hat die Frau, diese Maskierung des Teufels, sich verrechnet. «Gleich», spricht er, nimmt ein Beil in die rechte Hand, legt den Zeigefinger der linken auf den Klotz und schlägt sich das Glied ab – wie es geschrieben steht bei dem Evangelisten *Matthäus:* 5,28–30: «Ich aber sage euch: jeder, der eine Ehefrau ansieht, um sie zu begehren, hat ihr gegenüber in seinem Herzen schon Ehebruch begangen ... Und wenn dich deine rechte Hand zur Sünde verführt, so haue sie ab und wirf sie von dir; denn es ist besser für dich, daß eins deiner Glieder verlorengeht und nicht dein ganzer Leib in die Hölle kommt.»[31]

Aber selbst jetzt gibt der Versucher nicht Ruhe. Die symbolische Selbstentmannung hat *Vater Sergius* zunächst berühmt, dann ehrgeizig, dann leichtsinnig, dann wollüstig gemacht, und so geschieht es, daß einige Zeit danach erneut eine Frau, ein «blondes, außerordentlich bleiches, volles, sehr sanftes Mädchen mit einem erschrockenen Kindergesicht und sehr entwickelten weiblichen Körperformen» seine Hand nimmt und fest an ihre Brust drückt, ihren Arm um seinen Leib legt und ihn zu sich hinabzieht. «Du bist der Teufel», spricht erneut *Vater Sergius*. «Nun, was ist denn dabei?» antwortet das Mädchen. Und ihn umfassend setzt sie sich mit ihm auf das Bett.[32] Jetzt freilich, nach diesem «Sündenfall», beginnt die eigentliche Bekehrung des Heiligen, dessen Einstellung TOLSTOI bereits Jahre zuvor in der *«Kreuzersonate»* auf folgende Weise formuliert hatte: «Alle Kirchen lehren, daß diese Welt untergehen muß, und alle wissenschaftlichen Theorien besagen das gleiche. Warum soll es denn sonderbar sein, wenn die Sittenlehre zu demselben Ergebnis kommt?»[33] «Der Geschlechtstrieb, wo und wie er sich auch äußern mag, ist ein Übel, ein furchtbares Übel, das man bekämpfen muß und nicht fördern, wie das bei uns geschieht. Die Worte im Evangelium, daß jeder, der ein Weib ansieht, um ihrer zu begehren, mit ihr schon die Ehe gebrochen hat in seinem Herzen, beziehen sich nicht nur auf fremde Frauen, sondern hauptsächlich auf die eigene Frau.»[34]

Mit diesen Lehren sprach TOLSTOI eigentlich nur offen aus, was an Sexualfeindlichkeit sich in die schon erwähnten theologischen Verbrämungen kleidet, daß die «endzeitliche Stimmung» der «jesuanischen Reichsgottespredigt» für die Heirat auf Erden weder Zeit noch Energie übriggelassen habe[35],und es seien eben diese Bedingungslosigkeit und diese «totale Verfügbarkeit» um des Himmelreiches willen, welche die Ehelosigkeit des Klerikerseins erfordere. Selbst ein Mann wie KARL RAHNER konnte in einem offenen Brief über den Zölibat des Weltpriesters schreiben: «Ganz einfach: Ich lasse eine große, wunderbare Gabe dieses Lebens los, weil ‹ich› an das ewige Leben glaube... Es ist gerade nicht so, als ob der wahre Zölibat von einer untergründigen Sexualangst, von einem heimlichen Dualismus, von einer indirekten Herabwürdigung des Geschlechtlichen lebe... Die wunderbare, unergründlich sanfte und milde Gabe des Lebens, die die Ehe ist, um die man weiß, die ein ganzes Leben immer neu als solche erfahren wird, wird gelassen in der glaubenden Hoffnung des ewigen Lebens, und gerade so, daß man weiß, daß dieses ewige Leben geschenkt bleibt, das Gott – nicht nur diesem ‹Ich›, sondern allen zu geben bereit ist.»[36] «Wenn solche Worte nur als ‹frommes› Gerede empfunden würden, dann wäre auch das Mysterium der Ehe selbst in Gefahr, verkannt zu werden. Auch sie würde absinken zur Garantie von bloßer animalischer Trieberfüllung... und von ein wenig spießiger Nestwärme aus Egoismus zu zweit.» Und weiter: «Jedes wahrhaft christliche Leben hat von sich her schon das Entsagen und die

Selbstverleugnung (dieses für manche Ohren so entsetzliche Wort hat die Schrift erfunden!) bei sich und ist nicht nur der unschuldig reine ‹Genuß› der Herrlichkeit dieses Lebens. Dieser Verzicht wird dem Christen nicht nur in unvermeidlichen und unerbittlichen Zwangssituationen abverlangt, sondern er muß allem zuvor solchem Entsagen frei entgegengehen, damit nicht bloß die beste Vorbereitung für die Stunden einfach notwendiger Selbstverleugnung geschehe, sondern die Freiheit des eigenen notwendigen Todes glaubend und hoffend eingeübt werde.»[37] Es ist nicht nur, daß in diesem Traktat das Wort «ich» bewußt in Anführungsstriche gesetzt wird, um die Pflicht zur Totalunterdrückung möglichst sichtbar zu machen; es ist auch nicht allein die Dreistigkeit, mit der hier über die wirklichen Gefühle und Motive von Menschen unter dem Vorbild des Kreuzesopfers Christi hinwegtheologisiert wird; es ist vor allem der in schönen Worten verpackte Hochmut, der als erstes die eigenen Gefühle der Angst und der Unsicherheit gegenüber einer Frau, gegenüber einem Mann kaschiert und sich dann einredet, sogar «in besonderer Weise» die Liebenden belehren zu können – mit dem klerikalen Spezialwissen um Opfer und Kreuz. Keine Sorge: Es gibt in jeder Gemeinsamkeit zwischen zwei Menschen genügend Leid, aber eben deshalb muß man dieses Leid nicht asketisch herbeireden, sondern man sollte es durch ein Höchstmaß an Glück erträglich zu gestalten suchen. Man muß nur in seelsorglichen oder therapeutischen Gesprächen mit Eheleuten über Jahre hin erlebt haben, wie schwer es gerade unter der ideologischen Gedankenglocke der katholischen Moraltheologie Menschen fallen kann, das bißchen «Egoismus» überhaupt erst zu lernen, damit eine Ehe einigermaßen zu gelingen vermag, und man wird den Abstand bemerken, der die klerikale Selbststilisierung im Sprechen von Ehe und Ehelosigkeit von der Erfahrungswirklichkeit selbst in den Worten ihrer besten Theologen trennt. Und nicht zuletzt: die Ehelosigkeit als Vorwegnahme des *Todes* – was für ein *Leben* soll daraus folgen! Das irdische Leben ist keine Hürde auf dem Weg zum Himmel, die man überspringen müßte, es ist der Spiegel der Ewigkeit, den es möglichst intensiv zu betrachten gilt, weil in ihm alles aufscheint, was wir von Gott auf Erden je erkennen können. Leicht stirbt nur, wer gut gelebt hat.

Immerhin sind Ausführungen dieser Art ernster zu nehmen als die reine Funktionalisierung, mit der auch der evangelische Rat der Ehelosigkeit, nicht anders als die evangelische Armut und Demut, heute für gewöhnlich begründet wird: Der Priester soll ehelos bleiben, um besser der Kirche «verfügbar» zu sein.[38] Es ist nach den Arbeiten von Wilhelm Reich[39] über den Zusammenhang von Sexualunterdrückung und Diktatur schlechterdings nicht mehr möglich, die Kleinschreibung des Ichs, die «Abtötung» des

Geschlechtstriebes und die Unterwerfung des Einzelnen unter die Gruppe als etwas anderes denn als Ausdruck einer neurotischen Psyche und einer neurotisierenden Massenpsychologie zu erkennen. Wahr bleiben in jedem Falle die Worte, die FRIEDRICH NIETZSCHE im *«Zarathustra»* sprach: «Rate ich euch zur Keuschheit? Die Keuschheit ist bei einigen eine Tugend, aber bei vielen beinahe ein Laster. Diese enthalten sich wohl: aber die Sinnlichkeit blickt mit Neid aus allem, was sie tun. Noch in die Höhen ihrer Tugend und bis in den kalten Geist hinein folgt ihnen dies Getier und sein Unfrieden. Und wie artig weiß die Hündin Sinnlichkeit um ein Stück Geist zu betteln, wenn ihr ein Stück Fleisch versagt wird. Ihr liebt Trauerspiele und alles, was das Herz zerbricht? Aber ich bin mißtrauisch gegen eure Hündin. Ihr habt mir zu grausame Augen und blickt lüstern nach Leidenden. Hat sich nicht nur eure Wollust verkleidet und heißt sich Mitleiden? Und auch dies Gleichnis gebe ich euch: nicht wenige, die ihren Teufel austreiben wollten, fuhren dabei selber in die Säue.»[40]
Es ist nicht länger mehr möglich, die Nachfolge Christi auf Tabus und Verdrängungen aller Art zu gründen und diese dann noch als Ganzhingabe, als freien Selbstverzicht und als christusförmiges Tugendleben zu etikettieren. Es ist der Fortschritt psychologischer Wahrhaftigkeit und Sensibilität, mit dem eine Fortsetzung verordneter Lügen am Ende dieses Jahrhunderts nicht mehr einhergeht.
Wie wenig die heutige Form des katholischen Keuschheitsideals der psychoanalytischen Kritik standhält und wie wenig von der vermeintlichen «Freiheit» in Wirklichkeit die Rede sein kann, zeigt sich natürlich am deutlichsten wiederum in den *Ordensgemeinschaften*, in denen das Ideal des «mönchischen Lebens» in aller Form ernst genommen wird. Es wird in der zölibatskritischen Literatur zumeist und zu Recht hervorgehoben, wie sehr die katholische Sexualfeindlichkeit zu einer Abwertung, ja, zu einer regelrechten Verteufelung der Frau geführt hat und führen mußte – der arme *«Vater Sergius»* mag dafür als Beispiel stehen. Doch man vergißt zu leicht, daß alle Dinge zwei Seiten haben und daß der Verteufelung der Frau bei den männlichen Klerikern eine nicht minder starke Verteufelung des Mannes bei den weiblichen Klerikern entspricht, wenngleich das kirchliche Machtgefälle gewiß die Position der Männer als die vorteilhaftere in der Kirche erscheinen läßt. Doch hier wie dort herrscht die gleiche komplementäre Angst vor dem anderen Geschlecht, und diese schlägt sich nieder in den ausgeklügeltsten und ausgesuchtesten Vorsichtsmaßregeln, um nur ja einen zu unbekümmerten Kontakt zwischen Mann und Frau zu untersagen. Einige Beispiele aus den Ordensregeln können das Gemeinte hinreichend erläutern.

Der heilige AUGUSTINUS, dem nach den Worten von ADOLAR ZUMKELLER bei der Abfassung seiner Regel unter dem Ideal gottgeweihter Jungfräulichkeit «ein übermenschliches, engelgleiches Leben» vorschwebte, «das schon hier im vergänglichen Fleische ganz auf die Betrachtung des Ewigen und Unvergänglichen ausgerichtet ist»[41], ermahnte zur Erlangung der unermeßlichen Freude, deren die so Auserwählten dereinst teilhaftig werden, zu einer besonderen Vorsicht und Bewachung der Sinne. Vor allem *die Augen* hatten es dem Heiligen angetan, denn ausdrücklich schrieb er im 6. Kapitel seiner Regel: «Eure Blicke mögen wohl auf eine Frau fallen; aber sie sollen auf keine geheftet werden. Denn es ist euch nicht verboten, wenn ihr ausgeht, Frauen zu sehen, aber sie sinnlich zu begehren oder von ihnen begehrt werden zu wollen, das ist sündhaft. Denn nicht bloß durch Berührung und Tat äußert sich das sinnliche Verlangen und wird es herausgefordert, sondern auch durch Gemütsbewegung und Anblick. Sagt nicht, euer Herz sei rein, wenn eure Augen unrein sind; denn der unkeusche Blick verrät das unkeusche Herz. Und wenn die Herzen, obwohl die Zunge schweigt, durch Austausch von Blicken einander Unkeusches zu verstehen geben und entsprechend der Begierlichkeit des Fleisches in wechselseitigem Verlangen sich ergötzen, so ist die wahre Keuschheit aus dem Verhalten schon verschwunden, auch wenn die Beteiligten von körperlicher Verletzung der Keuschheit unberührt bleiben. Wer sein Auge auf eine Frau heftet und deren Auge gern auf sich geheftet sieht, soll auch nicht glauben, daß er dabei von anderen nicht gesehen werde; er wird freilich gesehen, und zwar von solchen, von denen er nicht vermeint, gesehen zu werden.» Natürlich ist es vor allem *das Auge Gottes*, das in jedem Augenblick die Blicke der menschlichen Augen überwacht. «Wenn ihr also in der Kirche beisammen seid und überall, wo Frauen sind, wachet gegenseitig über eure Reinheit; denn Gott, der in euch wohnt, will euch auch auf solche Weise durch euch selbst behüten.»[42]

Dementsprechend geht AUGUSTINUS sogar so weit, daß er in Einzelheiten vorschreibt, in welcher Weise die Ordensmitglieder untereinander auch über die Art ihrer Blicke Ermahnung und Kontrolle üben sollen. «Haltet», schreibt er, «eine solche Anzeige nicht für lieblos; denn anderenfalls seid ihr ja nicht frei von Schuld, wenn ihr euren Mitbruder, den ihr durch Anzeige bessern könnt, durch Stillschweigen zugrunde gehen laßt.»[43] Bis hin zur Denunziation beim Oberen soll die Anzeigepflicht unkeuscher Blicke gehen. Bäder, so schlägt der Heilige im 9. Kap. seiner Regel vor, sollen nicht allein, sondern zumindest zu zweit oder zu dritt besucht werden, wobei die Begleiter vom Ordensoberen bestimmt werden.[44] Gleichwohl endet der

Heilige seine Regel, indem er die Mönche «nicht wie Sklaven unter dem Gesetze, sondern wie Freie unter der Gnade» sieht.[45]
In der Nachfolge solcher Betrachtungen hält beispielsweise der heilige IGNATIUS, der so viele Worte über die rechte Weise des Gehorsams für notwendig findet, zum Gelübde der Keuschheit keine weitere Auslegung für notwendig, «weil feststeht, wie vollkommen sie beobachtet werden muß, nämlich mit dem Bestreben, in ihr die Reinheit der Engel durch strahlende Lauterkeit von Leib und Geist nachzuahmen»[46]. Wie indessen *in praxi* ein solches *engelgleiches* Leben in der Freiheit der Gnade der Kinder Gottes beschaffen ist, davon kann man eine Vorstellung gewinnen, wenn man sich, repräsentativ für alle, noch einmal das Direktorium der Missionsschwestern anschaut, das uns schon bei der Erläuterung der evangelischen Räte der Armut und des Gehorsams gute Dienste getan hat. Es heißt dort: «Die heilige Reinheit ist das Ehrenkleid, das kostbarste Geschmeide, die Krone einer Braut Christi. Das Gelübde der heiligen Keuschheit ist das schönste unter den Gelübden, aber auch dasjenige, das sehr leicht verletzt werden kann.»[47] «Bei der heiligen Reinheit besteht kein Unterschied zwischen Gelübde und Tugend. Jede Verletzung der Tugend ist zugleich eine Verletzung des Gelübdes. Wenn eine Schwester sich mit klarer Erkenntnis und voller Einwilligung gegen diese Tugend eine schwere Sünde zuschulden kommen ließe, so beginge sie eine doppelte Todsünde, eine gegen das 6. Gebot und eine gegen das Gelübde. Dies wäre ein Sakrilegium, weil eine gottgeweihte Person entweiht wird. Ist die Erkenntnis des Verstandes keine klare oder die Zustimmung des Willens keine volle, so ist die Sünde eine läßliche ... Außer den Sünden, welche die heilige Keuschheit direkt verletzen, müssen die Schwestern auch alle äußeren und inneren Akte vermeiden, welche sie infolge menschlicher Gebrechlichkeit in Gefahr bringen, solche Sünden zu begehen.»[48] In solchen Worten bereits wird deutlich, wie ernst derartige Bestimmungen eigentlich nur die moraltheologisch als unfehlbar verkündeten Lehren der kirchlichen Sexualmoral zu nehmen versuchen, wonach alles, was freiwillig und bei klarem Verstand außerhalb der Ehe zu einer lustvollen sexuellen Empfindung führt, für eine schwere Sünde, für eine *Todsünde* gehalten werden muß, gleich, ob in Gedanken, Worten oder Werken, und daß es unter allen Umständen gilt, die nächste Gelegenheit zu solchen Sünden zu meiden.
Wie dies geschehen kann und muß, davon handeln die folgenden Anordnungen: «Jede Schwester achte darauf, daß ihre ganze äußere Haltung, ihr Gang und ihre Mine, ihr Blick und ihre Rede einer gottgeweihten Seele würdig seien. Sie bleibe sich stets bewußt, daß sie überall unter den Augen Gottes

wandelt. Im notwendigen Verkehr mit Fremden, besonders mit Personen des anderen Geschlechts, sollen die Schwestern einen religiösen Ernst und eine bescheidene Zurückhaltung beobachten. Sie werden den Verkehr möglichst beschränken und jeder nicht notwendigen Gelegenheit mit Klugheit ausweichen. Wo die Schwestern pflichtmäßig mit männlichen Personen verkehren müssen, sollen sie folgende Vorschriften gewissenhaft beobachten: Es ist den Schwestern ohne spezielle Erlaubnis der Obern nicht gestattet, sich mit männlichen Personen, wer es auch immer sein mag, allein in irgendeinem geschlossenen Raum aufzuhalten... In der Regel soll eine zweite Schwester oder eine andere Begleiterin anwesend sein. Wo dies nicht möglich ist, muß die Türe offenbleiben. Ist dieselbe mit Glasscheiben versehen, so kann sie zugemacht werden. Die Vorhänge müssen, wenn sie so dicht sind, daß sie den Einblick in den Raum hindern, zurückgeschoben werden. Die Ausnahme, im geschlossenen Zimmer mit männlichen Personen zu sprechen, ist nur bei ganz kurzen amtlichen Besuchen oder auf Reisen bei Anstandsbesuchen geistlicher Herren gestattet, wenn die Schwestern keine Begleitung haben können. Ohne besondere Erlaubnis dürfen sie mit männlichen Personen nur das besprechen, was die Amtstätigkeit und die Gesetze der Höflichkeit erfordern, und zwar unter Beobachtung der obigen Vorschriften. Während des Gespräches vermeide man zu große Annäherung und halte jene Entfernung ein, welche der klösterlichen Bescheidenheit und Eingezogenheit entspricht. Man hefte den Blick nicht unverwandt und forschend auf den Sprechenden und dehne die notwendigen Unterhaltungen nicht zu weitläufig aus, um so alles zu vermeiden, was Anstoß erregen könnte. Um die Keuschheit mit größerer Sicherheit zu bewahren, sollen die Schwestern außerdem stets gewissenhaft auf die Beobachtung der Klausurvorschriften bedacht sein.»[49] «Das Verhalten der Schwestern gegenüber den Pflegebefohlenen, Kranken, Kindern etc. sei bei aller Freundlichkeit und Dienstfertigkeit doch stets von einer taktvollen Zurückhaltung begleitet. Sie dürfen sich in keine Vertraulichkeiten einlassen. Mit Entschiedenheit sollen sie alle Schmeicheleien, Zärtlichkeiten und Beweise sinnlicher Zuneigung zurückweisen und sich auch hüten, selbst zweideutige und allzu zärtliche Worte zu gebrauchen, sei es mündlich oder schriftlich.»[50] «Untereinander müssen sich die Schwestern vor besonderen Freundschaften ernstlich hüten. Ihr Herz und ihre Liebe muß ganz und ungeteilt dem göttlichen Bräutigam gehören. Darum darf keine zu natürliche, noch weniger eine sinnliche Zuneigung zu irgendeinem Geschöpf ihr Herz und ihr Gemüt von Gott entfernen. Wo eine solche im Herzen wohnt, da ist der Verkehr mit Gott gestört, der Geist des Gebetes geht verloren, der Friede des Herzens schwindet dahin, die Seele wird unruhig, furchtsam, unaufrichtig und mißtrauisch. Eine ungeordnete Zuneigung erkennt man daran, daß man in Gedanken an die betreffende Person im Gebete gestört wird, daß man dieselbe unnötig aufsucht, ihr unberechtigterweise Geheimnisse anvertraut und beim Gedanken an eine Trennung in Unruhe und Verwirrung gerät. Wird über unerlaubte Dinge gesprochen, und gestattet man sich im Umgang zu große Vertraulichkeiten, Berührungen etc., so ist die Gefahr schon sehr groß. Nicht selten erwachsen aus solchen Partikularfreundschaften sogar schwere Sünden sowohl gegen die Herzensreinheit als auch gegen den Gehorsam und die gelobte Armut; sie werden zum Ärgernis und Anstoß für die ganze Klostergemeinde.»[51] «Zum Schutze der heiligen Reinheit sollen die Schwestern alles fernhalten, was ihnen Versuchung bereiten könnte, sich nicht unnötigerweise gegenseitig anfassen, noch weniger geschehe dieses im Umgang mit entfernteren Verwandten, Bekannten oder Fremden. Mit großer Sorgfalt werden die Schwestern über ihre Sinne wachen. Sie werden ihre Augen und Ohren behüten, indem sie nicht neugierig zu sehen und zu hören verlangen, was ihnen nicht von Nutzen ist und außerhalb ihrer Pflicht liegt. Auch spiele man nicht mit Tieren.»[52]

In diesem Zusammenhang wird auch *die Zensur von Büchern,* Zeitungen und Informationen, die wir früher bereits als geistiges Zuchtmittel kennengelernt haben (s. o. S. 130), in seiner «sexualhygienischen» Kontrollwirkung erläutert: «Ohne Erlaubnis dürfen die Schwestern keine Bücher, Schriften, Zeitungen etc. lesen, die nicht für den allgemeinen Gebrauch gegeben sind; ... Pflicht der Oberinnen ist es, alle Bücher, Zeitschriften, Bilder etc., die ins Haus kommen, zu prüfen oder dies einer zuverlässigen Schwester zu übertragen. Was die Schwestern lesen dürfen, muß deutlich angezeichnet werden. Das Lesen alles andern ist streng untersagt. Bücher, die medizinischen Zwecken dienen, sollen nur jene Schwestern gebrauchen, die es für ihre Berufstätigkeit direkt benötigen, andere nur mit ausdrücklicher Erlaubnis der Oberin. Wenn einzelne Schwestern die Erlaubnis erhalten, eine Zeitung zu lesen, so erstreckt sich eine solche Erlaubnis nur auf den nützlichen und belehrenden Teil. Keine Schwester darf die den Zeitungen gewöhnlich beigedruckten Novellen oder Romane lesen. Ohne besondere Erlaubnis der Oberin dürfen die Schwestern in fremden Häusern auch keine Vorträge am Radio hören.»[53]

Wie schließlich das System vollkommener Selbstunterdrückung, Selbstentleerung und Selbstaufopferung bei dieser Interpretation der evangelischen Räte in sich geartet ist, erläutert zum Abschluß die folgende Weisung: «Wirksame Schutzmittel zur Bewahrung der englischen Tugend finden die

Schwestern in der Pflege des inneren Lebens und besonders in der Übung der Demut; denn dem Demütigen gibt Gott seine Gnade. Je größer die Reinheit, um so tiefer muß die Demut sein, um sie zu bewahren. Auch der pünktliche Gehorsam, die opferfreudige Arbeit, die Heiterkeit des Gemütes, die Übung der inneren und äußeren Abtötung und die resolute Abwehr sind kräftige Mittel gegen die Anfechtungen der Sinnlichkeit. Ebenso mögen sich die Schwestern in der Furcht Gottes zu erhalten suchen; denn geringe Gottesfurcht oder Eitelkeit und Gefallsucht können die Tugend in Gefahr bringen selbst bei Seelen, die schon lange darin geübt und gefestigt sind.» «Weil die heilige Reinheit ein besonderes Geschenk der Güte Gottes ist, müssen die Schwestern, eingedenk ihrer menschlichen Schwäche und Gebrechlichkeit, um so eifriger und unablässiger um die Bewahrung dieser Gnadengabe beten. Mit dem Gebete müssen sie eine große Wachsamkeit über alle Gedanken, Wünsche und Neigungen des Herzens verbinden. Ihre einzige, täglich wachsende Liebe muß Jesus, ihr göttlicher Bräutigam sein, ihr Verlangen, ihm allein zu gefallen. Zur Pflege und Kräftigung der heiligen Tugend trage jede Schwester in ihrem Herzen eine besondere Liebe und Verehrung gegen das allerheiligste Altarssakrament; denn hier findet sie ‹das Brot der Starken und den Wein, aus dem Jungfrauen sprossen›. Ebenso werden die Schwestern eine zarte Andacht und kindliche Liebe zur unbefleckt empfangenen Jungfrau und Gottesmutter Maria hegen. Ihrem Schutze werden sie den kostbaren Schatz der heiligen Reinheit anvertrauen und besonders in Versuchungen und Gefahren ihre mächtige Hilfe anflehen. In dieser Meinung beten die Schwestern des Abends vor dem Schlafengehen drei Ave Maria mit dem Zusatz: ‹Durch deine unbefleckte Empfängnis und deine unversehrte Jungfräulichkeit, reinste Jungfrau Maria, bewahre mein Herz, meinen Leib und meine Seele!› oder ein ähnliches Gebetchen.»[54] Es sind dies Gebete, die, so formuliert, in der Tat selbst einen Mann wie EMILE ZOLA dazu verleiten konnten, die «unbefleckte Empfängnis», in welcher Maria zur Welt kam, als sexuelle Unempfindlichkeit der Mutter Mariens beim Zeugungsvorgang zu deuten. Alles in allem ist die so verstandene heilige Reinheit bereits hienieden als ein «Vorgeschmack der ewigen Vereinigung mit Gott im Himmel» zu verstehen, «wo die reinen Seelen mit dem glücklichen Chore der Jungfrauen das neue Lied singen und dem Lamme folgen, wohin es geht (Joh. Off. K. 14,V.3–4)»[55]. – Wie kommt, das ist die Frage jetzt, ein junges Mädchen, ein junger Mann auf die Idee, in einem solchen Leben ein gottgewolltes Ideal zu erblicken?

β) «Weil sie niemanden lieben, glauben sie schon, sie liebten Gott.»
(Léon Bloy)

Sigmund Freud hat recht: Das Verlangen nach Liebe und die Sehnsucht nach Tod, beides vermischt mit kreatürlicher Angst und kultureller Zensur, bilden die gestaltenden Grundkräfte des menschlichen Daseins, so daß, wer einen Menschen aus seinem Zentrum heraus verstehen will, ihm in seiner Art, zu lieben und den Tod in sein Leben zu integrieren, die größte Aufmerksamkeit entgegenbringen muß. Die Fähigkeit, zu lieben und zu arbeiten, ist der eigentliche Gradmesser seelischer Gesundheit[1]; wer nur zu einem oder zu keinem von beiden in eigener Verantwortung imstande ist, der muß für psychisch krank gehalten werden, so vorbildlich und empfehlenswert sein Leben ansonsten auch erscheinen mag. Insbesondere die Beschäftigung mit dem Sexualverhalten eines Menschen bietet den Vorteil, den Charakter einer Persönlichkeit buchstäblich «leibhaftig» kennenlernen zu können: Alle Gedanken, Gefühle und verborgenen Regungen des Herzens sonst mögen vieldeutig und schillernd sein – auf dem Terrain der Sexualität gewinnt unzweideutig Gestalt, was von einem Menschen zu halten ist. Wie er in diesem alle partiellen Triebstrebungen zusammenfassenden Erleben sich verhält, zeigt ihn in der Wahrheit seines Ichs. Hier tritt zutage, was Lüge, was Wahrheit ist. Man muß nur richtig hinsehen und zuhören.
Auch *das* stimmt: Wer die Sexualität eines Menschen beschneidet, vergiftet nicht nur die Quelle seiner Triebe, er verstört zugleich auch die Klarheit seines Denkens, die Reinheit seines Fühlens und die Sensibilität seiner Sehnsucht. Das Ich, im Bestreben, sich den Einschränkungen seiner Gehemmtheiten anzupassen, muß sehr bald schon das Denken aufbieten, um zu rechtfertigen, was ursprünglich als Unrecht erschien, und von dieser Umkehrlogik vor allem sehen wir das Denken und Leben der Kleriker bestimmt. So eigentümlich es sich angesichts der kirchlicherseits fest verfügten Zölibatsforderung anhört: Man kann den Grad der seelischen Reife eines Klerikers am sichtbarsten und eindeutigsten daran erkennen, wie er als Priester mit Frauen bzw. wie sie als Ordensschwester mit Männern umgeht; die Angst, Verkrampftheit, Scheinsouveränität, Vermeidehaltung, Professionalisierung der Beziehung oder umgekehrt die Herzlichkeit, Offenheit, Empfänglichkeit, das Gespür für den anderen sind die sichersten Visitenkarten des Herzens. Wie sagte doch der heilige Paulus *auch:* «Und wenn ich all meine Habe zur Speisung (der Armen) austeile, und wenn ich meinen Leib hingebe, damit ich verbrannt werde, habe aber die Liebe nicht, so nützt es mir nichts.» (1 Kor 13,3) Ihren Leib zum Verbrennen geben viele unter den Kle-

rikern hin, weil sie die Liebe *nicht* haben; die Frage ist nur, wie erlaubt man ihnen und sie sich selber, daß ihr Leib verbrenne *aus* Liebe, oder, besser, *in* Liebe?

1) Die erzwungene Unreife und ihre Spielarten im Leben der Eltern wie im Leben der «Erwählten»

Man täte den Klerikern heute am Ende des 20. Jahrhunderts bitter Unrecht, wollte man ihnen nach dem Vorbild mancher Kritiker einen «Pfaffenspiegel» vorhalten[2], der ihre Physiognomie als die Visagen von Monstren aus Geilheit, Lüge und Machtgier wiedergäbe. Es hat, zugegeben, in der Geschichte der Kleriker der katholischen Kirche an großartigen Epochen der Heuchelei und des feuchtfröhlichen Zynismus keinen Mangel gehabt[3]; doch wir sprechen hier nicht von der munteren Keckheit der Nonnen und Priester aus BOCCACCIOS *«Dekameron»;* wir analysieren hier beispielsweise nicht das Possenstück einer Äbtissin, die sich in der Dunkelheit hastig aufmacht, um eine ihrer Nonnen, deren Liebschaft ihr angezeigt wurde, auf frischer Tat zu ertappen, die aber, selbst einen Priester liebend, in der Meinung, es sei ihr Kopftuch, aus Versehen dessen Hose sich übergestülpt hat: die Angeklagte, sie auf diese seltsame Abwandlung ihres Habits hinweisend, darf nach dem milden Urteil BOCCACCIOS, gesprochen durch den Mund der Äbtissin, fortan ungestraft weiter auf den Abwegen der Liebe wandeln, da es niemanden gibt, der kraft eines besseren Lebens sie verklagen dürfte[4]; – und was wäre, wird man sich fragen dürfen, das wohl auch für ein besseres Leben, das der Liebe entbehren müßte? In den Klerikern heute, wenn sie schon doppelbödig und unwahrhaftig zu leben sich gezwungen sehen, wird man nicht die Piratenkühnheit STENDHALscher Renaissance-Helden wiedererkennen[5], nicht einmal im Verborgenen, es handelt sich allenfalls mit den Worten FRIEDRICH NIETZSCHES um «bleiche Verbrecher»[6], um Menschen, die aus Schwäche, nicht aus Stärke sündigen und die, zerfressen von ihren Gewissensskrupeln, ihre ganze Leidenschaft darin setzen, selber zu leiden und Leiden zu schaffen, wo sie Freude und Glück wirken könnten.

Nach einer vereinfachten Vorstellung entstehen sexuelle Gehemmtheiten geradewegs aus sexuellen Verboten, bilden sie das Ergebnis einer repressiven Moral, und sind sie die Folgen einer ständigen Verkehrung jeder Fleischeslust in schwere Sünde. Daran ist ohne Zweifel etwas Richtiges. Man kann sich als Nichtbetroffener nur schwer vorstellen, wie die katholische Moraltheologie sich in die Seelen der Frommgläubigen eingefressen hat, wenn sie im Einklang mit einer jahrhundertelangen, in sich einhelligen und unveränderten Tradition päpstlicher Weisungen und theologischer Erklärungen ebenso lehrte, wie es der Redemptoristenpater BERNHARD HÄRING in seinem dreibändigen Standardwerk *«Das Gesetz Christi»* glaubte vertreten zu müssen: «Nach der heute allgemeinen Lehre der Autoren ist nicht nur die volle Befriedigung, sondern jede völlig frei gewollte direkte Erregung der Geschlechtslust außerhalb der geordneten ehelichen Liebe der ganzen Art nach schwer sündhaft. Wo es sich um ein direktes Suchen der geschlechtlichen Lust handelt, entschuldigt also keine Geringfügigkeit des Grades (keine parvitas materiae) von schwerer Sündhaftigkeit.»[7] Diese Anschauung bedeutete nicht mehr und nicht weniger, als daß jedes Mädchen von acht Jahren, das mit seinem Brüderchen Doktorspiele veranstaltete, sich im Erstbeichtunterricht fragen mußte, ob es nicht durch seine Neugier dem Teufel verfallen sei; es bedeutete, daß jedes Mädchen und jeder Junge von zwölf Jahren, die ihr eigenes Geschlecht spielerisch kennenlernen mochten, sich für der Hölle würdige Verbrecher zu halten hatten, wenn sie nicht kniefällig vor dem Priester der Kirche Geständnis und Reue ablegten; es bedeutete, daß jedes vierzehnjährige Mädchen, das mit seiner Freundin die Entwicklung seiner weiblicher werdenden Gestalt vor dem Spiegel zu vergleichen suchte, und daß jeder Junge, der die Leistungsfähigkeit seiner erwachenden Männlichkeit mit seinem Freund zu erproben suchte, sich für in alle Ewigkeit verdammt halten mußte, sollten sie in unbußfertiger Gesinnung vom Tode überrascht werden; es bedeutete, daß ein Mädchen, das mit 16 Jahren auf der Parkbank oder im Auto sich von seinem Freund streicheln ließ, sich als Verführerin und Anstifterin zur schweren Sünden zu betrachten hatte; es bedeutete, daß selbst die Verlobten, wenn sie im Liebesspiel einander zärtlich begegneten, sich für Zerstörer der heiligen Keuschheit erachten mußten; es bedeutete mit einem Wort, daß die gesamte sexuelle Entwicklung von der Kindheit bis zum Erwachsenenalter, eben weil außerhalb der Ehe geschehend, in jedem spürbaren Teil von Erfahrung und Entwicklung als ein einziger Weg zu Sünde und Hölle betrachtet werden mußte. Es mag, worauf G. DENZLER zu Recht hinweist, PATER HÄRING inzwischen zur Ehre gereichen, daß er, zehn Jahre später, diese seine Meinung durch Einbeziehung von «personalen und sozialen» Aspekten stark modifizierte[8]; was der katholischen Moraltheologie indessen bis heute entscheidend mangelt, ist eine ehrliche Auseinandersetzung mit der Psychoanalyse, mit der Dynamik des Unbewußten; solange die katholische Moraltheologie immer noch unter «Person» wesentlich den Träger von Vernunft und Wille versteht, wird die neurotisierende Einseitigkeit ihrer Betrachtungsweise niemals wirklich überwunden werden; – so lange wird sie, selbst bei bestem Bemühen, fortfahren müssen, Generation um Generation von Jungen und Mädchen, die in ihrem Schatten heranwachsen, zu Angst und zu Mißtrauen sich selbst gegenüber zu erziehen, und es wird geradewegs als der Maßstab des Erfolgs ihrer Bemühungen gelten dürfen, inwieweit sie Menschen bis dahin bringen kann, auf das wichtigste Recht eines Menschen: auf seinen Leib und die Kraft seiner Liebe, aus lauter Schuld- und Strafangst «freiwillig» Verzicht zu tun.

Ein nicht geringes Problem in der Diskussion dieser Fragen liegt heute darin, daß die katholische Kirche sich von den rigorosen Positionen ihrer eigenen Lehrentwicklung zwar niemals wirklich getrennt hat, aber, mehr aus Schwäche denn aus Überzeugung, es nicht mehr wirklich wagt, ihre Ansichten mit der Schärfe klarer Gebote im Stil der 50er Jahre durchzusetzen. Wie in der katholischen Kirche freilich immer noch gedacht werden soll, erklärte am 29. Dez. 1975 in aller Eindeutigkeit die vatikanische Glaubenskongregation; um dem schleichend fortschreitenden Sittenverfall der pluralistischen Gesellschaft entgegenzuwirken, glaubte die Kongregation, gegen die ausufernde Geschlechtslust folgende Ratschläge empfehlen zu müssen: «Die Gläubigen müssen auch in unserer Zeit, ja heute noch mehr als früher, zu den Mitteln greifen, welche die Kirche schon immer empfohlen hat, um ein keusches Leben zu führen: Zucht der Sinne und des Geistes, Wachsamkeit und Klugheit, um die Gelegenheit zur Sünde zu meiden, Wahrung des Schamgefühls, Maß im Genuß, gesunde Ablenkungen, eifriges Gebet und häufiger Empfang der Sakramente der Buße und der Eucharistie. Besonders die Jugend soll die Verehrung der unbefleckt empfangenen Gottesmutter eifrig pflegen und sich ein Beispiel nehmen am Leben der Heiligen und anderer, besonders junger Glaubensbrüder, die sich durch keusche Reinheit ausgezeichnet haben. Vor allem sollen alle die Tugend der Keuschheit und ihren strahlenden Glanz hoch schätzen.»[9]

Man muß diese erhabene Sprache sich nur einmal in einer Berufsschulklasse angehender Friseusinnen oder künftiger Handwerksmeister verlesen vorstellen, und man kann mit Händen greifen, wie fanatisch weltfremd, ja sektiererhaft die katholische Kirche heute geworden ist. Man kann eine Menge Kritisches sagen zu den Sexwettbewerben auf den Titelseiten der Illustrierten und Magazine; man kann eine Menge einwenden gegen die Vermarktung der Sexualität als Ware der Bordelle und Peep-Shows; aber was man ein für allemal nicht kann, ist, eine Rezeptur von Vorschlägen noch länger ernst zu nehmen, die darauf hinauslaufen, man dürfe die Liebe nur lernen, indem man lernt sie zu *meiden*, man müsse in diesem wichtigsten Erlebnisraum des menschlichen Lebens *fertig* sein, noch ehe man überhaupt begonnen hat, aus Versuch und Irrtum einen eigenen Weg zu finden, und man habe gefälligst den Körper, das Fleisch, die Welt, das Weib zu *«heiligen»*, indem man sie zur Quelle der Sünde erklärt. Jede Andeutung einer solchen Einstellung, an welcher unzählige Menschen im Verlauf von Jahrhunderten bis zur Krankheit, bis zum Wahnsinn gelitten haben, wird heute entweder zornige Wut oder, milder geworden, kabarettreifen Spott erregen. Diese Einstellung hat sich endgültig überlebt, so scheint es. Doch auch bereits Tote können noch spuken, ja, überhaupt erst das Tote gewinnt seine Macht als Gespenst. Und hier liegt offenbar das eigentliche Problem der kirchlichen Moraltheologie heute.

Die meisten Kleriker, befragt man sie nach ihrer sexuellen Entwicklung, werden heute verneinen, daß sie «repressiv» erzogen worden seien; sie werden, wie im April 1989 Bischof LEHMANN im Gespräch mit MICHAEL ALBUS, erklären, daß sie in einem glaubensgefestigten, aber nicht unterdrükkenden Elternhaus aufgewachsen seien, und sie werden, wie der Bischof von Mainz, dabei einen Augenblick lang spöttisch lächeln, wie um zu sagen: «Ich verrate mich nicht. Und: ich lasse mich nicht psychologisch in Zweifel setzen. Ich bin, wer ich bin.» Doch schaut man genauer hin, so erkennt man die alte Angst wieder, nur in unausgesprochener, verdrängter Form. Die Täuschung geht so weit, daß nicht wenige Kleriker von ihrer Sexualentwicklung in Kinder- und Jugendjahren behaupten werden, «damit» nie irgendein Problem gehabt zu haben; sie ahnen nicht, daß eben diese scheinbare Problemlosigkeit das eigentliche Problem darstellt und jedenfalls erklärt, warum sie später in gerade diesem Bereich ihres Lebens vor unlösbare Schwierigkeiten sich gestellt sehen.

Die gut katholische Ehe

Wie die Angstvermeidehaltung, die latenten Schuldgefühle, die Tabuisierung und Sprachlosigkeit in Fragen der Sexualität von den Eltern an ihre Kinder weitergegeben werden können, wird man recht gut verstehen, wenn man sich speziell eine gut katholische Ehe, wie sie dem Ideal nach sein sollte, vor Augen stellt. Um die höchstmögliche Realisierung des katholischen Ideals in Fragen der Sexualmoral zur Voraussetzung zu nehmen, unterstellen wir einmal, daß eine Frau als Mädchen ganz in den Händen von Ordensschwestern aufgezogen und erzogen worden ist – BARBARA FRISCHMUTH hat in ihrem autobiographischen «Roman» *«Die Klosterschule»* anschaulich beschrieben, wie eine solche Erziehung (z. B. bei den Ursulinen oder bei den Christlichen Schulschwestern), insbesondere den Umgang eines jungen

Mädchens mit einem jungen Mann betreffend, ausgesehen hat und auszusehen hatte. Wir sehen an dieser Stelle einmal davon ab, was alles in einer Familie sich zugetragen haben muß, ehe Eltern die Erziehung ihrer Tochter in die Obhut eines Internates geben – es wird kaum ein Kind existieren, das seine Überführung ins Internat nicht als Strafe erlebt hätte und das nicht von vornherein schon mit erheblichen Schuldgefühlen dafür behaftet gewesen wäre, seinen Eltern aus irgendeinem Grunde eine unerträgliche Last gewesen zu sein; es genügt, sich als geistiges Gedankengut all die soeben erwähnten Mahnungen zur rechten Keuschheit einer Ordensschwester als pädagogische Regeln für heranwachsende Mädchen vorzustellen, und man wird begreifen, wie die folgenden erbaulichen Traktate schwesterlicher Andachtsstunden auf junge Mädchen wirken müssen: «Versucht ein Mann sich euch zu nähern, in welcher Absicht es auch sein möge – in geschlossenem Raum oder im Freien –, senkt vorerst den Blick, ihr gewinnt dadurch Zeit, nachzudenken. Schon aus dem Gehabe, mit welchem er auf sich aufmerksam macht, geht hervor, welche Art von Vergnügen er von eurer Bekanntschaft erwartet.»[10] «Ist es ein wertvoller Mensch, wird euch an einer zeitlichen Ausdehnung der Freundschaft gelegen sein. Dabei ist es am besten, wenn ihr es vermeidet, allzu oft an menschenleeren Orten mit ihm zusammenzutreffen, andererseits sollt ihr euch aber auch nicht zu abweisend verhalten. Wer weiß, wozu ihr den Mann noch brauchen werdet. Ihr müßt klug sein wie die Schlangen und einfältig wie die Tauben oder andere Beispiele aus der Heilsgeschichte. Versucht er, wie zufällig eure Hand zu ergreifen und sie an den Mund zu führen, so nehmt sie ihm wie zufällig wieder weg, indem ihr vorgebt, euer Taschentuch nötig zu haben. Sollte er sich gesprächsweise eurem Ohr nähern – als hätte er, der Heimlichkeit des Erzählten wegen, leise zu sprechen – und es mit dem Hauch seiner Worte kitzeln, um euch dem längst Fälligen geneigt zu machen und durch die Berührung aufzuregen, so macht nicht viel Aufhebens davon. Am besten kehrt ihr ihm das Gesicht zu – in aller Unschuld –, und er wird es kaum wagen, euren Mund auf ähnliche Weise berühren zu wollen; das entspräche nicht dem Typ, den er vorstellt. Die ersten Schwierigkeiten könnt ihr als überwunden betrachten, wenn er anhebt, euch aus seinem Privatleben zu erzählen.» «Allerdings dürft auch ihr euch nie einer Achtlosigkeit hinsichtlich eurer Kleidung oder eures Benehmens schuldig machen, denn er sieht in euch das für ihn nicht Erreichbare, aus dem er nur so lange Genuß schöpft, solange er euch ergeben ist, ohne sich deshalb schämen zu brauchen.»[11]

«Sollte sich euch aber ein Mann nähern, dessen Gehabe keinen Zweifel daran läßt, daß er euren Leib begehrt, wie er schon viele Leiber begehrt hat, ohne gewillt zu sein, sich euch gegenüber in irgendeiner Weise zu verpflichten, so ist es am besten, ihr verschwendet weder Wort noch Blick an ihn und geht – seiner ungeachtet – eurer Wege. Wenn ihr aber diesen Augenblick versäumt habt und wenn es die Konvention gebietet, mit ihm – seiner Stellung oder seines Amtes wegen – umzugehen, so versichert euch in seiner Gegenwart des Schutzes von Dritten, so daß nichts euch geschehen kann. Sollte auch dies nicht möglich sein, so schützt eine jener widerlichen Krankheiten vor oder vermindert den Reiz eures Äußeren, so daß er von selbst Abstand von seinem Begehren nimmt. (Dies ist bereits eine Notlösung!)»[12]

Und im Falle einer ernsthaften Beziehung: «Es ist zwar keine Sünde, wenn ihr es zulaßt, daß er bereits vor der Verlobung euren Mund mit dem seinen berührt, doch empfiehlt es sich nicht, denn so wie ein Wort das andere, so gibt auch eine Berührung die andere, und ihr müßt es euch immer vergegenwärtigen, daß nur der Mann euch wirklich schätzt, dem ihr unberührt ins Brautbett gefolgt seid. Ein Mißachten dieses Gebotes würde einen langen Schatten über euren fürs Leben geschlossenen Bund werfen. Man würde einer jeden unter euch als Charakterschwäche ankreiden, was sie als der Not gehorchend vermeint hat. Und im übrigen ist nicht zu vergessen, daß jede fleischliche Beziehung Folgen haben kann. Welches Mittel der Verhütung man euch auch vorschlagen wird, ihr sollt eure Angst nie verlieren, denn die Gabe Gottes wird gegeben, wann und wem Er will. – Doch seid ihr nun einmal in den geheiligten Stand der Ehe getreten, seid ihr zwar dem Gebot unterworfen, eurem Gatten zu dienen und ihm untertänig zu sein, doch soll dies im Bewußtsein des Wertes geschehen, den er an euch besitzt.»[13] «Da wir nun schon einmal dabei sind, muß erwähnt werden, daß es einige unter euch geben wird, die auch ab der Zeit, wo euch vieles erlaubt ist, ihre Zurückhaltung nicht ablegen wollen noch können. Es wird zunächst viel von der Herzensbildung des Mannes abhängen, euch die tief verwurzelte Scheu zu nehmen, aber es hängt auch in nicht geringem Maß von eurer persönlichen Anstrengung ab, ob das Erkennen der Seelen sich auf harmonische Weise im Fleisch fortsetzt. Läßt das Zartgefühl des Mannes zu wünschen übrig und nennt er die Dinge zu deutlich beim Namen, gelingt es euch nicht, eure Hemmnis aus eigener Kraft aus dem Wege zu räumen, ist es am besten, ihr sucht eure Mutter auf und trachtet, euch von dieser Ratschläge zu holen. Sollte sich dies aus irgendeinem Grund nicht bewerkstelligen lassen, so setzt euch mit einem – für seine Verschwiegenheit bekannten – Arzt in Verbindung. In aussichtslos scheinenden Fällen wendet ihr euch aber am besten gleich an einen Priester und versucht selbst

durch gesteigertes Beiwohnen der heiligen Messe, durch verstärktes stilles Gebet und durch wiederholtes Aufsuchen von Wallfahrtsorten dem Übel abzuhelfen.
Bevor ihr aber all dieses auf euch nehmt, bevor ihr also ins Leben geht, um dort den euch zugewiesenen Platz einzunehmen und die euch bestimmten Aufgaben zu erfüllen, sollt ihr noch mehrmals und gut erwägen, daß euch auch ein anderer Weg offensteht. Es ist dies der Weg, den der Apostel Paulus den besseren geheißen hat und der auch der Gott wohlgefälligere sein muß. Wählt ihr ihn, so wählt ihr einen Stand, der nicht nur den Vorteil hat, euch schon zu Lebzeiten in Seine unmittelbare Nähe zu bringen, sondern von euch auch die oben genannten Sorgen und Nöte fernzuhalten. Es wird euch durch ihn die Möglichkeit gegeben, euer Leben in Arbeit und Andacht, als unmittelbare Vorbereitung auf ein höheres und besseres Leben, in dem ihr ewigen Lohn für zeitliche Unbillen erhalten werdet, hinzubringen.»[14]
Diese längere Passage zu zitieren ist lohnend, da sie vor allem deutlich macht, was kein Kommentar zu ersetzen vermag: die unglaubliche Künstlichkeit und Geziertheit der klerikalen Sprache, ihr schablonisiertes Denken, das jede Eventualität des Lebens vorweg erklügeln und vorweg fixieren muß, die Anmaßung, sich als kompetent und maßgebend auch und mit Vorliebe in Situationen hinzustellen, die man selber – aus lauter Angst! – niemals erlebt hat, sowie nicht zuletzt die Neigung zu einem Übersichtsdenken, das in seiner kasuistischen Abstraktheit immer wieder auf unfreiwillige Weise zur Karikatur seiner selbst gerät. Besonders fällt das extreme Mißtrauen auf, das generell der Urteilsfähigkeit, Ehrlichkeit und Sensibilität der betroffenen Mädchen entgegengebracht wird: ihre Erfahrung gilt nichts, sobald die ehrwürdige Schwester das Wort ergreift. Am schlimmsten indessen erscheint die tragische Dialektik zwischen dem subjektiv guten Bemühen der jeweiligen Schwestern und der objektiven Gegenfinalität ihrer Reden: Trotz der scheinbaren Freizügigkeit und Toleranz, mit der das Thema «Mädchen lernt Jungen kennen» hier «abgehandelt» wird, vermitteln Betrachtungen dieser Art natürlich in größtem Stil eben die Angst und Befangenheit, die sie zu überwinden vorgeben. Die Welt der Männer wird als prinzipiell gefährlich gezeichnet – schon die Jungen gelten als wilde Tiere, die man allenfalls durch geschicktes Verhalten dressieren und domestizieren kann; um *Gefühle* braucht man sich nicht zu kümmern, wenn nur das äußere Gebaren als anständig, kultiviert, vorsichtig und beherrscht gelten kann. Besonders infam wirkt der Trick, die Mädchen mit Anweisungen auszustatten, die ihnen in der Werbung um die Gunst eines

jungen Mannes Erfolg zu versprechen scheinen, während sie in Wirklichkeit schon aufgrund ihrer Lebensfremdheit im besten Falle einen Jungen der Liebe geneigt machen können, der durch eine ähnliche Erziehung hindurchgegangen ist wie die Klosterschülerinnen selbst; – was als liebenswert im Sinne der katholischen Idealbildung erscheint, wird hier ohne weiteres auch als liebenswert im allgemein menschlichen Sinne ausgegeben. Bezeichnend ist auch die Rollenverteilung, die hier den Mädchen und den Jungen zugedacht wird: Es ist die Sache der *Mädchen*, durch kontrolliertes Locken zu reizen und zu fesseln, dann aber wiederum sich als ein Mädchen von Charakter und Wert zu erweisen und alle Annäherungsversuche bis zum Eheabschluß zurückzuweisen, während es auf der anderen Seite zur Aufgabe der *Männer* erklärt wird, vom Traualtar an ihre Gemahlin in die Geheimnisse der Sexualität so sensibel wie möglich einzuführen; wo inzwischen die jungen Männer eine solch hohe Kunst der Liebe gelernt haben sollten, ist natürlich nicht das Problem dieser sittsamen Ordensschwestern. Und schließlich: Wenn die mit so viel katholischer Mühe und Sorgfalt Erzogenen endlich unrettbar unter Kohabitationsstörungen und Frigiditätsproblemen aller Art leiden, bleibt immer noch die Mutter Gottes und das Gebet – *wirklich*, da ist es besser, gleich in das Kloster der Schwestern einzutreten und das Leben zu «wählen», das von Anfang an als das Gott wohlgefälligere gelten muß. Alle Ausführungen über die Taktik und Praktik, wie ein Mädchen einen jungen Mann für sich gewinnen kann, sind ein klassisches Beispiel für *double bind*[15]: Man soll gar nicht tun, was den Worten nach gesagt wird, und man versteht all die widersprüchlichen Darlegungen überhaupt erst richtig, wenn man sie auf *die Angst* hin auslegt, von der sie ausgehen und die sie vermitteln.

Denn was anders als Angst gegenüber der Sexualität soll ein Mädchen empfinden, das in einer Welt derartiger Widersprüche aufwachsen muß? Es hat auf der einen Seite als ein schönes, wohlanständiges, moralisch wertvolles, aber auch fraulich attraktives Mädchen zu gelten, während ihm gerade dann, wenn es mit seinen Bestrebungen erfolgreich ist, die Verantwortung dafür auferlegt wird, sich jungfräulich und unberührt in die Ehe zu retten. Zehn bis fünfzehn Jahre seiner Jugend soll es stets gleichzeitig anziehen und abweisen, reizen und geizen, präsentieren und frustrieren, um den Preis, daß es immer wieder lernt, das Glück zu fliehen, das ihm zu winken droht. Alle Unmittelbarkeit des Gefühls wird auf diese Weise nachhaltig ruiniert, und am Ende dieser Entwicklung wartet eben jene Aufspaltung, die das klerikale Sexualleben insgesamt kennzeichnet: eine äußerste Form von Angst, Unterdrückung und mühevoller Beherrschung und dann wieder von Sehnsucht,

Verklärung und ersatzweiser Ausmalung des verbotenen Glücks in jeder Form. Weil und solange es der katholischen Moraltheologie nach wie vor darum zu tun ist, das äußere Verhalten von Menschen nach fixen objektiven Maßstäben zu bewerten und zu zensieren, ist diese Trennung von Gefühl und Leben, von Seele und Körper, von Ziel und Weg niemals wirklich zu überwinden, und es ist wohl am schlimmsten, daß die katholische Kirche sich immer noch weigert, auch nur zu sehen, wie ihre fürsorglichen Mahnungen und Anweisungen für eine christliche Ehe gerade bei denjenigen wirken müssen, die sie (immer noch) ernst nehmen.
Um in einem knappen Beispiel zu schildern, was in katholischen Ehen mehr oder minder ausgeprägt an Problemen aufzutreten pflegt, braucht man als Ehefrau sich nur eine Person zu denken, die in dem genannten Sinne erzogen worden ist. Sie hat jahrelang sich darin geübt, die Annäherung eines jungen Mannes buchstäblich sich vom Leibe zu halten, und sie hat vor allem gelernt, ihre Gefühle und Triebregungen als Gefahrensignal zu betrachten. Dabei bildet vor allem die Widersprüchlichkeit der Erziehungsziele eine Quelle ständiger Umkehrungen und Verwirrungen. Eine Frau z. B. erzählte, wie sie als Mädchen den Eintritt in die Pubertät erlebt hatte. «Aufklärung gab es gar nicht. Eines Morgens entdeckte ich, daß alles voller Blut war. Ich bekam einen furchtbaren Schrecken, weil ich dachte, krank zu sein. Aber meine Mutter sagte nur: ‹Jetzt fängt die Schweinerei bei dir auch schon an.› Dann gab sie mir Mull und erklärte, ich sollte es davor binden. Ich schämte mich furchtbar. Wir sprachen später nie mehr darüber.» Diese Frau hatte in ihrer katholischen Erziehung vor allem gelernt, daß sie niemals mit einem Kind ankommen dürfe. «Ich wußte überhaupt nicht, wie man ein Kind bekommt; ich hatte die größte Angst, mich küssen oder anfassen zu lassen. Irgendwie glaubte ich wohl noch mit 17, daß man vom Küssen schwanger werden könnte. Wenn ich sah, wie es die Rinder oder die Pferde machten, schaute ich immer weg, aber ich dachte nicht, daß es beim Menschen genauso sein könnte, obwohl ich in Biologie immer ‹sehr gut› hatte. Der erste, der mich angefaßt hat, ist mein jetziger Mann. Wir haben uns kennengelernt, als er 26 Jahre alt war, ich war damals gerade 20 und hatte das Studium begonnen. Er war mir im Seminar aufgefallen, und ich dachte: Den könnte ich wohl mögen. Als ich zum ersten Mal allein mit ihm aufs Zimmer ging, hatte ich eine wahnsinnige Angst. Ich dachte, er schlägt mich gleich tot, und ich tat alles, was er wollte. An dem Abend dachte ich: Jetzt muß ich ihn heiraten. Jetzt bin ich seine Frau. Aber ich ekelte mich furchtbar.» In der katholischen Kirche gibt man sich bis heute nicht ehrlich Rechenschaft darüber, wie neurotisierend eine Idealbildung der Keuschheit wirken muß, die der Volks-

mund im Westfälischen auf die Formel aller gut katholischen Ehen bringt: «Wat du früher mußtest bichten, dat sin jetzt de Pflichten.»
Der wohl schlimmste Schaden dieser Erziehung liegt in der *Sprachlosigkeit* dem gesamten Thema Sexualität gegenüber. Es gibt keine Worte der Zärtlichkeit, es gibt keine körperlich-sinnliche Poesie, die zwischen Tabuisierung und Pornographie einen menschlichen Zwischenweg weisen könnte. Eine einigermaßen sensible Frau kann sich nur angewidert und entsetzt fühlen, wenn sie ihren Leib, diesen Gegenstand der Poesie aller Völker, von den Haaren bis zu den Füßen in jedem erotisch bedeutsamen Detail verbal durch die Gosse gezogen fühlt, noch ehe sie 14 Jahre alt ist, es ist aber die gut katholische Erziehung selber, die nachhaltig alle Erotik zerstört hat.[16] Es geht nicht nur darum, daß ein «braves» Mädchen unter der Obhut solcher Erzieher alle Jungen mit Angst und Abscheu zu betrachten lernt, die «solche» Wörter im Mund führen, ein «braves» Mädchen muß unter solchen Umständen vor allem sich selber immer wieder als Gefahr und Versuchung empfinden, wenn es stets von neuem derartige Redensarten auslöst.
Wir haben bereits von dem Nachteil gesprochen, den es manchmal für ein heranwachsendes Mädchen bedeuten kann, ausnehmend schön zu sein; es ist jetzt an der Zeit nachzutragen, was es bedeutet, jede wärmere Empfindung in der Selbstwahrnehmung des eigenen Körpers als etwas Sündhaftes betrachten und jede Zärtlichkeit als Versuchung meiden zu müssen. Es führt zu einem Paradox, das viele katholische Ehefrauen auf quälende Weise erfahren müssen: Da sie niemals gelernt haben, über sexuelle *Vorgänge*, geschweige denn über sexuelle *Wünsche* auch nur zu reden, sind sie es gewohnt, den Mann zunächst in die Rolle eines erlösenden Königssohnes hinaufzuwünschen; – ähnlich wie auf der Ebene der «Armut» in dem Märchen vom «Mädchen ohne Hände» erhoffen sie sich einen Prinzen, der von selber herausfühlen und -finden muß, was sie wünschen und mögen können. Natürlich ist ein solcher «Prinzgemahl» nicht ganz leicht aufzutreiben, und wenn, so wird er die Doppelbödigkeit dieses sehnsuchtsvollen Verlangens nach Erfüllung, gepaart mit einer ebenso starken Abwehr der entsprechenden Triebregungen, in aller Regel kaum überwinden können, indem zumindest drei verschiedene Probleme sich hier wechselseitig bedingen und durchdringen.
Da ist *zum ersten die Schwierigkeit der erzwungenen Direktheit.* Eine Frau, die als Mädchen und Jugendliche zehn bis fünfzehn Jahre lang gelernt hat, jede männliche Annäherung tapfer abzuwehren, wird speziell vor den *Augen* und den *Händen* eines Mannes eine spezifische Angst entwickeln. Es mag auf ein weniger gehemmtes Mädchen wie ein Kompliment wirken,

wenn die Jungen es «begehrlich» anschauen, die Köpfe nach ihm umdrehen und sich mit entsprechenden Bemerkungen die Mäuler zerreißen; wo wir heute in diesem Punkte stehen, kann man vielleicht am besten an manchen Songs der Pop-Branche ersehen, etwa wenn die Gesangs- und Plattenkönigin *Diana Ross* Texte vorträgt wie: *«Dirty looks on me»:* glaubhaft versichert die schwarze Schöne, daß die «schmutzigen Blicke» der Männer sie erst richtig in Fahrt brächten. Ganz anders natürlich bei einem Mädchen, dem von klein auf beigebracht wurde, daß «unkeusche» Blicke eine «schwere Sünde» darstellten und daß ein Mädchen jeweils selbst dafür verantwortlich sei, ob es die Männer zur Sünde verführe oder ob es schamhaft und schicklich sich zurückziehe. Nicht wenige Frauen wissen sich zu erinnern, wie sie im Internat von der Schulschwester aus der Klasse geschickt wurden, nur weil sie in den Sommermonaten (oder, freilich, auch das kam vor, weil sie die Schwester provozieren wollten) eine «unanständige» Kleidung trugen. Gerade bei Mädchen, die an sich keinerlei Grund hatten, sich vor den Blicken der Jungen zu verstecken, entstand unter dem Einfluß einer solchen «richtig» katholischen Erziehung eine vollständige Verunsicherung gegenüber der als so problematisch empfundenen Sichtbarkeit des eigenen Körpers.
Und gegenüber den *Händen* der Jungen nicht minder! Wie weit darf man es zulassen, von einem Jungen berührt zu werden? Der absurde Objektivismus und der scheinbare Rationalismus der katholischen Moraltheologie haben in staunenswerter Konsequenz ihres eigenen Ansatzes jahrhundertelang versucht, Fragen der Sexualerziehung buchstäblich mit dem Bandmaß zu lösen: Wenn ein Junge die Hand eines Mädchens berührt, ist es noch keine Sünde; auch wenn er die Haare streichelt, kann das noch richtig verstanden werden; was aber, wenn er die Augenlider und die Lippen streichelt oder den Hals oder vom Hals an abwärts – nein, jetzt ist es klar: jetzt ist es Sünde an und für sich und in jedem Falle, der ganzen Natur der Sache nach, eine *schwere* Sünde. Man muß die Praktiken der katholischen *Filmselbstkontrolle* in den 50er Jahren miterlebt haben, die in bester Absicht die katholischen Prinzipien auf das Leinwandgeschehen zu übertragen suchte und bis zur Groteske einen schieren Verzweiflungskampf gegen den unaufhaltsamen Vormarsch des unkeuschen Zelluloids in Richtung der erogenen Zonen des weiblichen Körpers zu führen hatte – dann wird man in etwa ermessen können, was es in jedem Einzelfall für ein katholisches Mädchen in dieser Zeit bedeuten mußte, mit dem gleichen Argwohn einer permanenten Selbstkontrolle die zögernden Tastversuche seines jugendlichen Liebhabers an seinem Körper verfolgen zu müssen. Jede mögliche Freude und Unbefangenheit verdarb auf diese Weise in Atemnot, Steifheit, Gefühlsabsperrung, Schuldgefühlen

und Rachephantasien aller Art, in entsprechenden Verleugnungen der Wirklichkeit und in jedem Falle in einer penetranten Angst vor dem nächsten Mal plus der suchtähnlichen Überwertigkeit des ganzen Themas, das unter einigermaßen natürlichen Voraussetzungen nicht entfernt die Wichtigkeit erlangen würde, die es im Umkreis einer katholischen Mentalität zu erlangen pflegt. Die erste und wichtigste Erkenntnis der Psychoanalyse, die menschliche *Sexualität als Ausdrucksgeschehen* und nicht als ein objektiv gegebenes *brutum factum* zu betrachten, tut sich immer noch schwer in den Köpfen katholischer Moraltheologen und in den Herzen derer, die im «recht verstandenen Glaubensgehorsam» dem Lehramt der katholischen Kirche unterworfen sind.

Tragisch ist vor allem die *Umkehr von Ziel und Ergebnis* in der katholischen Sexualmoral. Mit enormem Aufwand bemüht die katholische Kirche sich um die Fragen von Ehe und Familie; in keinem Thema auf Erden zeigt sie sich derart engagiert; in keinem Themengebiet aber auch hat die Bevölkerung sich so weit und so eindeutig von den kirchlichen Weisungen und Mahnungen entfernt wie hier. Denn die Erfahrung lehrt, was die unverheirateten Kleriker, denen sich die katholische Moraltheologie wesentlich verdankt, nicht wahrhaben wollen oder können: daß es Ehen nicht stabilisiert, sondern in hohem Maße gefährdet, im Schatten einer derartigen Sexualmoral aufgewachsen zu sein. Die Tatsache liegt offen zutage: Wer über den gesamten Zeitraum seiner Jugend hin die Augen und die Hände seiner Mitmenschen zu fürchten gelernt hat, als wären es nach den Worten eines asketisch vorbildlichen Heiligen Falken und Frettchen, blutgierige Raubtiere allenfalls, der wird, jungfräulich in die Ehe gegeben, von der Stunde der Brautnacht an *eines* sicherlich nicht können: so etwas wie ein Vorspiel der Liebe genießen.[17] Die Zeiten mögen vorbei sein, in denen man den Frauen empfahl, in solch delikaten Momenten den Rosenkranz zur allzeit jungfräulichen Mutter Maria zu beten und die Gnadenreiche um ihren huldvollen Beistand anzuflehen[18]; es genügt zum Boykott der Zärtlichkeit ganz einfach die tief verwurzelte Furcht vor der Augenlust, vor der Sinnenlust sowie vor der Hoffart des Fleisches, und man wird eine jungverheiratete Ehefrau antreffen, die weinend darauf besteht, das Licht zu verdunkeln, um Himmels willen bekleidet bleiben zu dürfen und nicht die Qualen ausgedehnter unsittlicher Berührungen über sich ergehen lassen zu müssen. Statt dessen wird sie womöglich, je nach Geschick, ihren Mann förmlich dazu verleiten, ohne Umschweife gerade das zu tun, was mit all den Tabus eigentlich verhindert werden sollte. Das Überich «denkt» nicht logisch, sondern mechanisch, und so empfindet eine Frau, eben weil «so etwas» in ihrer Jugend gar nicht in Frage kam und ohnedies zum Bereich des Unaussprechlichen zählte, unter Umständen vor der direkten Vereinigung mit einem Mann weniger Scheu und Scham als vor den Freuden des sogenannten Vorspiels. Eben dieser Ausfall an Zärtlichkeit in Worten, Gesten und Blicken aber ist es, der eine einigermaßen sensible Frau auf die Dauer aufs tiefste verletzen muß. Alle Dinge kehren sich jetzt um: Sie, die als Mädchen niemals tun durfte, was sie hätte mögen können, muß jetzt etwas verlangen, das sie gar nicht wollen kann. «Wenn mein Mann sich mir nähert», erklärte eine gut katholische Frau die Tragödie ihrer Ehe, «so tut er alles sofort; und damit vertreibt er meine Seele aus dem Körper. Ich liege dann da und fühle überhaupt nichts. Und dann empfinde ich so etwas wie Haß auf meinen Mann, der so stark und zufrieden tut. Ich fühle mich hinterher noch leerer als zuvor. Ich bin nur wütend und verzweifelt, aber ich darf es ihm nicht sagen.» Der Frau wurde freilich im Verlauf des Gespräches relativ bald klar, daß sie sich zwar außerordentlich nach Zärtlichkeit sehnte, jedoch auch heute noch, nach mehr als 20 Jahren Ehe, alles Erdenkliche tat, um ihren Mann von sich abzulenken. Ihr Mann, selbst wenn er als erstes mit seiner Frau jeweils BEETHOVENS 6. Symphonie oder NICOLO PAGANINIS «Capricci», gespielt von Salvatore Accardo, anhören mußte, hatte einfach *gelernt,* sich so direkt zu verhalten, wie es die mädchenhafte Prüderie seiner Frau verlangte; er konnte nicht wissen, welch ein Fiasko er mit der treusorgenden Wahrnehmung der «ehelichen Pflichten» seiner Frau bereitete.

Denn dies ist *das zweite Problem,* das mit der erzwungenen Direktheit einhergeht: *die Sprachlosigkeit der eigenen Wünsche.* Um ihre Ehe nicht zu gefährden und aus Rücksicht auf ihren Gatten werden die wenigsten katholischen Frauen ihren Männern erklären können, was sie wirklich wünschen und empfinden. Je nach dem Grad der Gehemmtheit bereits auf der oralen Stufe wird es für eine Frau, die sich ohnehin schwertut, eigene Wünsche zu äußern, zusätzlich durch *das Tabu der Sexualität* natürlich noch schwieriger werden, ihre Bedürfnisse nach Liebe und Zärtlichkeit ihrem Gatten mitzuteilen. Und nun kommt im Rahmen der katholischen Kirche erschwerend die fabelhafte Vorstellung noch hinzu, daß nach dem *Ideal der allzeit jungfräulichen Mutter Maria* eine Frau, die etwas auf sich hält, «so etwas» für sich selber eigentlich gar nicht wünschen könne – Sexualität, das ist nach dieser Vorstellung anscheinend etwas, das ausschließlich die Männer brauchen und wollen; wenn eine Frau «etwas Derartiges» wollen sollte, dann höchstens ganz selbstlos – um ihrem Mann zu Gefallen zu sein und um durch das Glück, das sie ihm in der Haltung christlicher Ganzhingabe schenkt, auch selber ihr Glück zu finden. «In unserer Ehe war es immer so», berichtete mir eine Frau, die in ihrer Pfarrgemeinde ein relativ wichtiges Amt bekleidete, «daß ich voll darauf konzentriert war, wie ich meinen Mann zufriedenstellen konnte. Erst wenn er fertig war, dachte ich: jetzt bist du dran, aber dann war er zu müde, und alles war zu Ende. Mitunter machte ich es mir später heimlich selber, aber ich schämte mich dafür, und ehrlich gesagt, ich verstehe auch meinen Mann nicht, daß er so egoistisch ist.» Diese Frau hatte die größte Mühe zu begreifen, daß vermutlich überhaupt erst ihre vermeintliche «Selbstlosigkeit», wonach sie solange nichts empfinden durfte, als sie nicht ihre «Pflicht» getan hatte, ihren Mann als «egoistisch» erscheinen ließ; denn aus der Sicht des Mannes stellte sich die Sache gerade umgekehrt dar: Natürlich *erlebte* er das Bedürfnis nach Zärtlichkeit bei seiner Frau; natürlich hätte er auch gern seine Frau richtig zufriedengestellt, ja, eine solche Erfahrung hätte seinem ramponierten Selbstbewußtsein als Mann ersichtlich gut getan. Statt dessen mußte er erleben, daß ihm ein eigentliches Vorspiel im großen und ganzen untersagt blieb, so daß er immer wieder das Unmögliche versuchen mußte: eine äußerst empfindungsscheue Frau rein genital, ohne jede orale oder manuelle Zärtlichkeit, die den Bereich von Kopf und Schultern verlassen hätte, über einen für ihn quälend langen Zeitraum stimulieren zu sollen. Verständlicherweise schaukelten an solchen Beziehungen sich eine Menge von Gefühlen hoch: Die Frau, in einer Mischung aus Scham und Ärger über ihre mangelnde Befriedigung, kompensierte ihre Enttäuschung, indem sie, als treusorgende Gattin, ihren Verdruß über das vermeintlich unzureichende Feingefühl ihres Mannes nach Möglichkeit unterdrückte, um sich desto gewissenhafter der ehelichen Pflicht statt der möglichen Freude hinzugeben; der Mann seinerseits mußte gerade die dienstfertige Kühle seiner Gemahlin als eine versteckte Ablehnung seiner Person, als einen Mangel an Liebe interpretieren; *er* fühlte sich frustriert dadurch, daß er mit all seinen Bemühungen, schweißgebadet, am Ende nicht die geringste Reaktion bei seiner Frau erzeugt haben sollte. «Sie liegt einfach da wie ein Mehlsack und lächelt mich an, als wenn sie sagen wollte: Du schaffst mich doch nicht», klagte der Mann über die Schwierigkeiten mit seiner Frau. «Ich komme mir regelmäßig schlecht vor, daß ich zu meinem Recht gekommen bin und sie nicht.»

Damit berührte er nun freilich *einen weiteren wichtigen Gesichtspunkt:* Eine Frau, die aus Schuldgefühlen sich jeder Lustempfindung versperrt, um nicht als egoistisch zu erscheinen, erzeugt notgedrungen bei ihrem Mann ersatzweise die nämlichen Schuldgefühle, so egoistisch zu sein, sich zu nehmen, was sie nicht bekommt, weil er es ihr im Grunde gar nicht geben *darf.* Sehr rasch schließt sich auf diese Weise ein neuer Teufelskreis: Um nicht in gewissem Sinne als Schuldiger und als Versager dazustehen, versucht der Mann seine Frau natürlich zu eigenen Gefühlen zu *drängen,* die es ihr erlauben würden, ein Maximum an Empfindungsintensität zu genießen und ihren Gatten, als den Urheber solchen Glücks, eben dadurch gebührend zu bestätigen; die Frau aber fühlt sich gerade dadurch unter Druck gesetzt und sieht sich von außen her zu etwas gezwungen, das nur als inneres Erleben mitvollziehbar ist. Die Folge: sie ist innerlich noch scheuer, zurückgezogener und frostiger als zuvor. Beide Partner merken in der Regel nicht, daß sie in ihrem sexuellen Verhalten aufs Haar genau eben diejenige Äußerlichkeit bis ins Physische hinein kopieren und dokumentieren, die den Grundzug der traditionellen katholischen Moraltheologie selbst darstellt. Bei einem entsprechenden Maß an gutem Willen wird die Frau jetzt womöglich geneigt sein, ihre Anstrengungen äußerlich zu vermehren, und, ganz analog zu dem System erzwungener Gefühle, das wir als ein Wesensmerkmal des Klerikerseins kennengelernt haben, wird sie, statt Empfindungen und Gefühle zu *haben,* Empfindungs- und Gefühlszustände *spielen,* die sie subjektiv um so sicherer niemals miterleben wird, als sie den Ausfall wirklicher Gefühle durch das Schauspiel demonstrierter Sensationen ersetzen muß. Fortan konstituiert sich entweder das Scheinglück einer guten, harmonischen, durch das Sakrament der Kirche gefestigten katholischen Ehe, oder der bestehende Konflikt wird heruntergespielt durch die Abwehrmechanismen der Bagatellisierung oder Verleugnung. In jedem Falle entsteht ein Gefüge der Doppelbödigkeit, wie es als Nährboden für die Kultivierung von Klerikerpersönlichkeiten als Ideal gelten muß.[19]

Denn wir sind noch nicht am Ende. *Als drittes* tritt *das Problem der abgespaltenen Gefühle und der rationalisierten Ausreden* hinzu. Gefühle verschwinden bekanntlich nicht einfach dadurch, daß man sie nicht haben will. Im Gegenteil, je heftiger sie in der einen Richtung in ihrer Entfaltung blokkiert werden, desto energischer suchen sie nach Aus- und Umwegen in anderer Richtung. Fast unausweichlich wird ein Mann unter solchen Umständen in Seitenwege der sexuellen Betätigung abgedrängt, und auch hier wird sehr bald ein neuer Teufelskreis sich schließen: Er wird sich jetzt womöglich real als *Versager* empfinden und sich für seine Gedanken und Ersatzhandlungen schämen, während er vor seiner Frau ein schonendes Stillschweigen darüber bewahrt, darauf vertrauend, daß sie es anders eigentlich auch gar nicht haben will. Die Frau aber wird sich, entsprechend ihrer katholischen Erziehung, «erlaubte» Ziele außerhalb ihrer Ehe suchen, indem sie z. B. alle möglichen Posten und Pöstchen in der Pfarrgemeinde übernimmt, was den Eindruck einer vorbildlichen katholischen Ehe natürlich noch verbessern muß. Um sich ihren Mann fortan noch wirkungsvoller vom Pelz zu halten, ist indes erneut die katholische Sexualmoral ausgesprochen behilflich.

Mehr als zwei oder drei Kinder sind auch in katholischen Familien heute die Seltenheit, trotz aller warmherzigen Empfehlungen der Bischöfe und des Papstes, gegen den opferscheuen Konsumismus und gegen den resignativen Pessimismus des Zeitgeistes zur Verbesserung der katholischen Religionsstatistik ein mutiges Ja zum Kinde zu sprechen. Spätestens nach der Geburt des zweiten Kindes kommt vielen katholischen Frauen nunmehr die Lehre des obersten katholischen Lehramtes hervorragend zustatten, daß beim «ehelichen Akt» (so der höchst angemessene kirchliche Sprachgebrauch) die «natürliche Fruchtbarkeit», die Gott als der Herr und Schöpfer aller Dinge mit der Gabe der menschlichen Sexualität unauflöslich als Ursache und Ziel verbunden hat, nicht willkürlich geschmälert oder auf unnatürliche Weise verhindert werden dürfe. Millionen katholischer Frauen haben inzwischen gelernt, daß die Päpste und Bischöfe in diesem Punkte sagen können, was sie wollen, sie werden trotzdem zu Pille und Spirale greifen. Andere aber, eben die Treueren, *Besseren* im Sinne der katholischen Moral, werden in der kirchlichen Lehre mit dem Verbot jeder Form von künstlicher Geburtenregelung ein augezeichnetes Alibi erkennen, um sich ihren Männern zu entziehen: Die Regel ist unregelmäßig, Dysmenorrhoe und Menorrhagie verhindern die kirchliche Form einer natürlichen Empfängnisverhütung – «natürlich», weil hier mit Kalender, Temperaturmessung und anderem mehr der Körper der Frau zum biologischen Forschungsobjekt erster Klasse erklärt wird.

Um psychologisch die Ambivalenz derartiger Verhaltensnormen recht zu würdigen, muß man noch hinzunehmen, daß zum Ensemble der katholischen Erziehung heranwachsender Mädchen, je klarer das katholische Ideal hervortritt, desto nachdrücklicher auch *die Warnung vor einem unehelichen Kind* gehört. Die Furcht, im Falle sexueller Unkontrolliertheit mit einem Kind bestraft zu werden, hat sich im Erleben solcher Frauen seit Mädchentagen fest verankert, und man muß zugeben, daß dieser Mentalität die päpstlich verordnete Überkontrolle aller sexuell relevanten Körpervorgänge zum Zwecke der Verhinderung unerwünschten Kinder-«Segens» auf das genaueste entspricht – auch hier schließt sich der Kreis zwischen der von Klerikern gemachten Sexualmoral der katholischen Kirche und den Erziehungseinflüssen, denen sie selbst von seiten ihrer Eltern, der Mutter insbesondere, schon als Kinder unterliegen, damit sie, bewußt oder unbewußt, auf den späteren Stand des Klerikerseins geziemend vorbereitet werden.

Nur wenn man die (nie ausgesprochene!) Bedeutung einer Enzyklika wie *«Humanae vitae»* für die klerikale Selbstreproduktion vor Augen hat, begreift man, warum das kirchliche Lehramt ein so vitales Interesse daran findet, immer wieder Theorien und Lehrmeinungen zu forcieren und zu favorisieren, die der Vitalität gewöhnlicher Menschen nur abträglich sein können. Doch gerade darin liegt für manche katholische Frau ein unschätzbarer Vorteil. Mit Hilfe des Verwirrspiels fruchtbarer und unfruchtbarer Tage gelingt es ihr im Handumdrehen, jenen Fluch aus Gen 3,16, wonach der Mann dazu bestimmt ist, infolge des Sündenfalles seiner Frau zu «obwalten», in das genaue Gegenteil zu verkehren und dem Mann in allen Fragen der Sexualität unter dem Anspruch einer höheren Moral aufzuspielen, wie es ihr gefällt. Wenn eine Frau solcherweise dem *Ideal der Madonna* sich verschreibt, was bleibt da dem Mann anderes übrig, als *die Rolle des heiligen Josef* zu übernehmen? Und so erfüllt sich *das Vorbild der heiligen Familie* selbst, einer ehelichen Gemeinschaft geschlechtsloser Frömmigkeit, wie es sie im Interesse der katholischen Kirche möglichst zahlreich geben sollte, um möglichst viele Kleriker hervorzubringen.
Der übliche Einwand wird lauten, daß auch katholische «Laien» heute im Durchschnitt ihrer Kirche doch emanzipierter und selbstbewußter gegenüberstünden, als es hier vorausgesetzt werde. Das ist richtig, trifft aber nicht den Punkt, um den es uns hier geht. Wir arbeiten mit einem psychodynamischen Modell, das, zugegeben, eine Reihe von vereinfachenden Annahmen enthält und der Übersichtlichkeit wegen enthalten *muß;* in dem entscheidenden Aspekt unserer Fragestellung aber ist dieses Modell für ein getreues Abbild der Wirklichkeit zu halten: Wir gehen ja nicht von irrealen Annahmen aus, wir unterstellen lediglich biographische und familiäre Zusammenhänge, die wesentlich dadurch geprägt sind, daß in ihnen die Vorstellungen der traditionellen katholischen Sexualmoral *ernst genommen* werden und so weitgehend wie möglich realisiert sind. Natürlich gibt es katholische Familien, in denen die kirchlichen Lehren über das rechte Sexualverhalten keine große Rolle mehr spielen; aber solche Familien erscheinen unter den Augen und nach den Maßstäben des katholischen Lehramtes eben nicht als «katholisch» in eigentlichem Sinne, wenngleich die Eheleute subjektiv sich durchaus noch als zur Kirche gehörig empfinden mögen; vor allem aber werden aus solchen Ehen nicht gerade Menschen hervorgehen, die den Sinn ihres gesamten weiteren Lebens einzig darin erblicken, von Amts wegen die Anschauungen der katholischen Kirche optimal zu verbreiten und sich ihren Interessen mit allen Kräften zu unterwerfen. Die hier getroffenen Annahmen, die wir modellartig unseren Betrachtungen unterlegen, bestehen daher

in nichts anderem als in der Analyse der Folgen, die sich aus den Lehren und Idealen der katholischen Kirche für das Leben der Menschen psychologisch ergeben. Wir haben früher bereits die These aufgestellt, daß Familien, aus denen Kinder mit der Berufung zum Klerikersein hervorgehen, auf spezifische Weise den Eindruck vermitteln müssen, daß es «nicht gut ist, zu heiraten» (Mt 19,10). Wir beginnen jetzt zu begreifen, wie dieser Eindruck auf dem Gebiet der Sexualität sich nahelegen kann.

Die Weitergabe der Angst

Die Übertragung sexueller Gehemmtheiten vornehmlich von der Mutter auf das Kind beginnt im Grunde bereits mit der Mutterschaft selber. Von SIGMUND FREUD ist zu lernen, wie schwer es einem Kind im Alter von fünf bis sechs Jahren wird, von der engen Bindung an seine Mutter Abschied zu nehmen und die «sexuellen» Wünsche, die sich ihr gegenüber zum erstenmal melden, der Verdrängung anheimfallen zu lassen.[20] Wichtig für unsere Betrachtung indessen sind die Komplikationen in der Entwicklung der Sexualität, die den Konstellationen des Ödipuskomplexes noch weit vorausliegen; denn nur so läßt sich der Einfluß des «katholischen Klimas» auf die Psychogenese einer späteren Klerikerpersönlichkeit verständlich machen. Der Mechanismus der Weitergabe sexueller Gehemmtheiten ist dabei relativ leicht aufzuklären.

Eine Frau, die als Mädchen in der beschriebenen Art aufwachsen mußte, empfindet die Sexualität gewiß nicht nur als Gattin ihres Mannes, sondern ebenso auch als Mutter ihres Kindes auf eigentümliche Weise als problematisch. Es gibt im Leben einer Frau kein Ereignis außerhalb von Krankheit und Tod, in dem die bloße Biologie derart autonom über sie verfügen würde wie die Zeit einer Schwangerschaft. Gerade der «Teil» am Menschen, der bislang am meisten vermieden oder gefürchtet wurde, verlangt jetzt die größte Aufmerksamkeit: der Leib, der Unterleib, der *Bauch*. Die katholische Sprachregelung hat bezeichnenderweise für diesen Zustand die Formel gefunden, das Kind wachse «unter dem Herzen der Mutter», doch diese Redewendung unterstellt nicht nur mit dem Symbol des «Herzens» ohne weiteres eine «herzliche» Mutterliebe, sondern drückt auch erneut mit der Verlegung der biologischen Vorgänge «nach oben» bis in die Sprache hinein die alte angstbesetzte Tabuisierung des weiblichen Körpers vom Gürtel an abwärts aus; Frauen, die in einer solchen Welt der Verdrängung groß geworden sind, empfinden sich auch dementsprechend. Gewiß legt die katholische Kirche auf die Geburt eines Kindes den größten Wert – sie sah und sieht darin noch heute den Hauptzweck der menschlichen Sexualität; doch trotz dieser moralischen Belohnung für den Zustand einer Schwangerschaft als solchen entfernt das Erleben vieler katholischen Mütter sich ganz erheblich von den Vorstellungen der kirchlichen Moraltheologen über das «natürliche» Glück einer werdenden Mutter.

Manch eine Frau, die als Mädchen im Umkreis einer unnatürlichen Sexualmoral aufwachsen mußte, mag sich bereits dafür schämen, überhaupt schwanger zu sein – ihr Zustand bezeugt unzweideutig die Tatsache des Zeugungsvorgangs, und so schwer es den meisten Eltern aus Schamgefühl auch heute noch fällt, mit ihren Kindern über die Umstände von Zeugung und Geburt einigermaßen unbefangen zu reden, ebenso befangen wird manch eine werdende Mutter sich bereits in dem Zustand ihrer Schwangerschaft selbst erleben. Für eine Frau, die in gewissem Sinne niemals eine Frau sein durfte, sondern in einem Sprung ohne Übergang vom Mädchen zur Mutter werden mußte – gedrängt nicht selten vom Pfarrer am Ort, der in Zeiten, da die katholische Kirche noch über genügend Einfluß und Macht verfügte, es für seine vornehmste Pflicht ansah, spätestens nach einem Jahr das jungvermählte Brautpaar seiner Gemeinde zu besuchen und sich geflissentlich nach dem Kindersegen zu erkundigen –, für eine solche Frau fällt es unsäglich schwer zu akzeptieren, was fortan ihr ganzes Leben verändern soll. Da sie ihren Körper in seiner Weiblichkeit stets als etwas Feindseliges kennengelernt hat, wird sie die Veränderungen, die unaufhaltsam mit ihr vor sich gehen, wie eine Zumutung, wie eine biblische Strafe (Gen 3,16) zu erleben geneigt sein. Der regelmäßige Besuch beim Frauenarzt mit seinen unverblümten Direktheiten gestaltet sich, je nach dem Grad der Sittenstrenge und Schamhaftigkeit, im subjektiven Erleben nicht selten als Demütigung; andererseits muß man aber auch seine Pflicht tun und darf nicht fahrlässig handeln - man darf den Besuch beim Arzt auch nicht vermeiden!

Das alles möchte noch hingehen, würden nicht die Schwierigkeiten *nach der Geburt* noch erheblich zunehmen. Die Natur hat es sinnvollerweise so eingerichtet, daß unmittelbar, nachdem ein Kind zur Welt gekommen ist, eine Reihe von angeborenen Verhaltenskoordinationen in Kraft treten, die eine Mutter mit ihrem Neugeborenen auf das innigste verbinden: unmittelbar nach dem Geburtsvorgang drückt eine Mutter ihr Kind instinktiv an die Brust und hält es auf dem linken Arm in der Nähe des Herzens bei sich; insbesondere der Vorgang des Stillens erfüllt normalerweise nicht nur das Kind mit Glück und Zufriedenheit, sondern die Mutter nicht minder – sie erlebt das Saugen ihres Kindes als ausgesprochen erleichternd und lustvoll. Doch eben damit melden Gefühle und Erlebnisse sich zu Wort, die ansatzweise auch im Liebesspiel zwischen Mann und Frau «gebahnt» und geübt werden

– es läßt sich psychoanalytisch und verhaltenspsychologisch nicht leugnen, ein wie hoher Anteil auch an sexueller Lust die Beziehung zwischen Mutter und Kind prägt. Eben darin aber liegt nun neuerlich ein schier unlösbares Problem für eine Frau, die man als Kind bereits gelehrt hat, «keusch» zu sein. Wahrhaft eine «reine» Magd war nach katholischem Vorbild vor allem die Mutter Gottes; sie war *immerwährend* jungfräulich, auch *in* und *nach* der Geburt, wie das Dogma ausdrücklich erklärt.[21] Gewiß, so lautete jahrhundertelang die Erklärung der Theologen zu dieser Glaubensaussage, empfand die Mutter Maria keinerlei sinnliches Gefühl, nicht einmal beim Stillen ihres Kindes, wie es denn auch in zahlreichen Mariendarstellungen zum Ausdruck kommt, in denen die Madonna und das Jesuskind wie zwei voneinander getrennte Personen den Betrachter als mahnendes Vorbild anschauen.[22] Gilt ein solches Verständnis von Reinheit als das von göttlicher Gnade gewirkte Vorbild für eine wirklich christliche Mutter, so ergibt sich aus dem Wunder des Übernatürlichen augenblicklich das moralische Exempel des Unnatürlichen.

Manche Märchen der BRÜDER GRIMM wie die Geschichte vom *«Brüderchen und Schwesterchen»* (KHM 11) oder vom *«Marienkind»* (KHM 3) erzählen von Frauen, die im Moment ihrer Niederkunft erleben müssen, wie ihnen das neugeborene Kind durch ihre «Stiefmutter» entwendet wird[23]; im Märchen vom *«Marienkind»* ist es sogar die Madonna selbst, die, Geburt um Geburt, der jungen Königin die Kinder stiehlt, die sie eben zur Welt gebracht hat; ja, sie setzt die mit Stummheit Gestrafte in aller Öffentlichkeit sogar dem Vorwurf aus, eine Menschenfresserin zu sein. Was dieses in der Sammlung der BRÜDER GRIMM an sich am meisten katholische Märchen mit derartigen Bildern sagen will, kommt in der Tat einer verbrecherischen Ungeheuerlichkeit gleich: Es ist möglich, daß eine Frau, die unter der pflichtweisen Verdrängung ihrer eigenen Gefühle dazu bestimmt wurde, Mutter zu sein, ihrem Kind gegenüber nicht als sie selbst, in der Kraft ihres Ichs, in Erscheinung tritt, sondern auf die Existenz ihres Kindes nur mit dem gesamten Ensemble der Inhalte ihres Überichs zu antworten vermag. An die Stelle ihrer eigenen Persönlichkeit tritt in dem Augenblick, da sie die Rolle einer Mutter zu übernehmen beginnt, ihre eigene Mutter bzw. «Stiefmutter» und nötigt sie, mit ihrem Kind genau so und nicht anders umzugehen, wie man mit ihr selber als Kind verfahren ist. Die Spontaneität warmherziger Mütterlichkeit wird auf diese Weise ständig von der Fremdsteuerung «richtiger» Erziehungsmaßnahmen und erzwungener moralischer Gefühle unterbrochen, so daß die Frage nicht lautet: Wie fühle ich mich?, oder: Was möchte mein Mädchen oder mein Junge?, sondern: Wie handle ich so, daß

meine Mutter, wenn sie mir zusähe, mit meinem Verhalten zufrieden wäre? Insbesondere *der Kinderraub durch die «Madonna»* steht ungeschminkt für die Gefahr, daß eine Mutter zu ihrem Kind beim besten Willen, ja, genauer gesagt, sogar infolge ihres Übermaßes an gutem Willen, in kein wirklich persönliches Verhältnis treten kann, weil und solange ihr Verhältnis zu ihrem eigenen Körper-Ich durch eine Reihe sexueller Gehemmtheiten empfindlich gestört ist. Eine solche Mutter darf, buchstäblich nach dem Vorbild der Madonna, z. B. beim Stillen ihres Kindes, nicht empfinden, was sie empfindet; ihre eigene sexuell bedingte Angst prägt unvermeidlich auch das Körper-Ich ihres Kindes, und man kann dem Märchen nur recht geben, wenn es schildert, wie die neugeborenen Kinder der «Königin» gleich nach ihrer Geburt durch das Dazwischentreten der «Madonna», d. h. durch den gesamten Apparat der kirchlichen Reinheitsvorstellungen, ihrer Mutter wortwörtlich «abhanden» kommen.
Man lernt aus diesem einfachen Beispiel eines GRIMMschen Märchens in dramatischer Deutlichkeit, wie ein bestimmtes katholisches Ideal, das vorgibt, es im Zeichen der Verehrung der Mutter Gottes besonders gut mit der Würde der Frau zu meinen, in Wirklichkeit bereits die Psyche eines kleinen Mädchens bzw. eines kleinen Jungen verwüsten muß. Die Geschichte erhält ihre besondere Pointe noch dadurch, daß die Erzählung vom *«Marienkind»* offenbar in der Zeit der Gegenreformation von der katholischen Kirche selbst ins Volk lanciert wurde, um es der Marienverehrung geneigter zu machen: Die Aufspaltung und der Kontrast zwischen dem, was dem Bewußtsein als religiöse Botschaft vermittelt werden sollte, und dem, was unbewußt an sexueller Verdrängung in Wahrheit erzeugt wurde, läßt sich selten so deutlich und konzis beobachten wie in diesem kleinen Märchen der BRÜDER GRIMM; es ist die gesamte Lehre der katholischen Moraltheologie mit ihrer Reduktion des Menschen auf Verstand und freien Willen, die sich durch eine einzige solche Geschichte widerlegt sehen muß.
Will man den Verästelungen sexueller Gehemmtheiten in der Entwicklung eines Kindes noch weiter nachgehen, so muß man auf die Vielzahl von Signalen und Botschaften achten, die eine sexuell gehemmte Mutter unvermeidbar an ihr Kind weitergibt. Ein Kind merkt sehr bald an der Art, wie es angeblickt, wie es gestreichelt, wie es gewickelt, wie es gesäubert wird, welche Zonen seines Körpers von der Mutter als positiv, welche als negativ empfunden werden, und es lernt auf diesem Weg, längst bevor es zu sprechen vermag, die Wertungen seiner Mutter als einen Komplex fester Regeln zu übernehmen. In einem nächsten Schritt ist es *die Sprache der Mutter,* die dem Kind zeigt, welche Wörter und damit welche Bereiche der Wirklichkeit als

anständig und als unanständig zu gelten haben, welche Worte man in den Mund nehmen darf und welche nicht, was das Aussprechliche ist und was buchstäblich das Unaussprechliche, und so lernt es zugleich mit seiner Muttersprache auch die Welt und die Weltanschauung seiner Mutter kennen, die sich in ihrer Sprache mitteilt. Mit dem Unsagbaren zugleich lernt es, was man vermeiden, was man am besten gar nicht erst denken, was man tunlichst überhaupt aus dem Bewußtsein verdrängen sollte. Es sind diese «selbstverständlichen» Erziehungseinflüsse, die atmosphärisch die sexuellen Verdrängungen der Mutter im Schatten der Idealbildungen der katholischen Sexualmoral auf ein heranwachsendes Kind übertragen.
Allein schon auf diese Weise kann subjektiv später ohne weiteres der gar nicht so unberechtigte Eindruck entstehen, den manche Kleriker in therapeutischen Gesprächen eine Zeitlang vehement zu verteidigen pflegen: daß es in der Kindheit und Jugendzeit so etwas wie ein sexuelles Problem niemals gegeben habe und daß es sich bei der gegenteiligen Annahme ganz offensichtlich um eine der typischen schmutzigen Unterstellungen der Psychoanalyse handeln müsse, die eben gewohnt sei, überall nur Verzerrtes und Entstelltes wahrzunehmen; so viel jedenfalls stehe fest, daß es so etwas wie sexuelle Verbote in der eigenen Kindheit niemals gegeben habe. In der Tat nicht! So wenig wie es in unserem Kulturkreis notwendig ist, einem Kind zu erklären, daß der bei den «Wilden» geübte Kannibalismus etwas «Böses» ist, so wenig bedarf es in manchen katholischen Familien noch eines Hinweises, daß die Sexualität etwas zu Meidendes sei. Im Rahmen gerade der mustergültigen katholischen Familien kommt die Sexualität, zumindest auf der Ebene der Pädagogik, tatsächlich nur in einer weit entlegenen «wilden» und «primitiven» Welt vor, von der allenfalls ein völkerkundliches Kompendium bzw. das berühmte «Lexikon» all der Kinder, die sich aufgrund der Sprachlosigkeit ihrer Eltern – neben Gosse und Straße – ihre eigene Aufklärung aus Büchern verschaffen mußten, eine gewisse Vorstellung zu geben vermag. Im subjektiven Erleben solcher Kinder mag der Faktor der frühkindlichen Tabubildung wirklich eine Verdrängungsdecke von solcher Stabilität aufgebaut haben, daß sogar die starken Triebregungen der Pubertät sie nicht zu durchstoßen imstande waren.
Entscheidend auf dem Weg zum späteren Klerikersein aber ist nun der Umstand, daß in der katholischen Kirche ein Wertsystem auftritt, das diese Formen von Gehemmtheit bereits sehr früh als eine im Grunde ideale Art der Reinheit, ja, genau betrachtet, sogar bereits schon als einen ersten Hinweis auf das Geheimnis einer möglichen «Berufung» zum Priester oder zur Ordensschwester interpretiert. Es ist *die neurotische Idealbildung der*

katholischen Kirche selbst, die den jugendlichen Neurosen ihr Alibi, ihre Legitimation, ja, ihre göttliche Verklärung verschafft, und statt im Sinne der Menschlichkeit Jesu den Heranwachsenden Mut zu machen, ihre pubertären Ängste und Verklemmtheiten, so gut es geht, zu überwinden[24], unternimmt die katholische Kirche *de facto* alles, um diese Ängste nach Möglichkeit zu schüren. Man kann es nicht anders sagen: Sie lockt mit ihren Vorstellungen bereits auf dem Umweg der elterlichen Erziehung Jungen und Mädchen, die ihrem Einfluß stark genug ausgesetzt sind, unmerklich in eine Sackgasse, an deren Ende sie, die katholische Kirche selber, dann steht, um ein in menschlichem Sinne oft genug bereits verlorenes Leben als von Gott erwählt hinzustellen und in den Hofmauern der bischöflichen Priesterbildungsanstalten und ordenseigenen Konvente, möglichst fern von allen störenden Einflüssen der «Welt», ungehindert weiterführen zu können. Es entsteht bei dieser Verfälschung von Neurose in Heiligkeit, von Krankheit in Erwählung, von Lebensangst in heiliges Gottvertrauen gerade das Bild, das FRIEDRICH NIETZSCHE im *«Zarathustra»* von den «Predigern des Todes» malte: «Da sind die Schwindsüchtigen der Seele: kaum sind sie geboren, so fangen sie schon an zu sterben und sehnen sich nach Lehren der Müdigkeit und Entsagung. Sie wollen gerne tot sein, und wir sollten ihren Willen gutheißen! Hüten wir uns, diese Toten zu erwecken und diese lebendigen Särge zu versehren! Ihnen begegnet ein Kranker oder ein Greis oder ein Leichnam; und gleich sagen sie: ‹Das Leben ist widerlegt!› ... Eingehüllt in dicke Schwermut und begierig auf die kleinen Zufälle, welche den Tod bringen: so warten sie und beißen die Zähne aufeinander... Und also lautet die Lehre eurer Tugend: ‹du sollst dich selber töten! Du sollst dich selber davonstehlen!› – ‹Wollust ist Sünde, – so sagen die einen, welche den Tod predigen –, laßt uns beiseite gehen und keine Kinder zeugen!› ‹Gebären ist mühsam, – sagen die anderen – wozu noch gebären? Man gebiert nur Unglückliche!› Und auch sie sind Prediger des Todes... Aber sie wollen loskommen vom Leben: was schert es sie, daß sie andere mit ihren Ketten und Geschenken noch fester binden!»[25] Der Kampf gegen die Natur, die Spannung des Geistes gegenüber dem einfachen kreatürlichen Dasein hat in der katholischen Idealbildung eines «reinen», «engelgleichen» Lebens eine Form angenommen, die das Kranke, Doppelbödige, Verlogene und Verlorene förmlich braucht, um sich aus der Hefe dieses abgestandenen und abgetanen Lebens zu erneuern. Es ist eine erstickende Dunstglocke, die jene derart «Berufenen» seit Kindertagen überwölbt, und es ist eine der schlimmsten Vorwürfe, die man gegenüber der jetzigen Form des katholischen Klerikerideals erheben muß, daß diese Absonderung vom Leben, diese Imprägnatur aller natürlichen Antriebe mit dem Odium des Sündhaften in der Tat immer wieder so vollkommen gelingt, daß die Betreffenden nicht einmal die Chance haben zu merken, wie alternativlos ihr Leben in eine bestimmte Richtung hinein vorgeprägt und vorgeformt ist.

«Als ich 17 Jahre alt war», erinnert sich ein Theologiedozent an seine Jugend, «wußte ich im Grunde überhaupt nicht, was mit Sexualität gemeint war. Ob Sie es glauben oder nicht: Ich konnte anderen eher buchreife Vorträge über Sexualkunde, über die Chromosomenteilung und -verknüpfung der Geschlechtszellen, über die Vorgänge beim weiblichen Zyklus, über den Bau und die Funktion der äußeren und inneren Sexualorgane bei Mann und Frau sowie über die Stadien der Embryonalentwicklung halten – mich interessierte das Thema ungemein –, aber ich hatte keine Ahnung, was das alles mit mir selbst zu tun haben könnte.» Dieser Mann merkte eigentlich erst bei diesen Worten, wie stark sein ganzes Leben zwischen Denken und Fühlen, zwischen Lehren und Erleben auseinandergerissen war – er buchstabierte sich gerade den Zustand, den wir früher als eine Grundstruktur des klerikalen Denkens beschrieben haben und dessen wesentliche Ursache wir jetzt kennenlernen: Es herrschte im Leben dieses Mannes ein ständiger Zwang, die Wirklichkeit seines Körpers nur von außen, die Realität seiner Empfindungen nur in Gedanken und die Erfahrung seiner Träume nur in abgeleiteten Begriffen anzuerkennen; er hatte mit 17 Jahren bereits die Pflicht übernommen, alle Dinge rein intellektuell nur für andere zu erläutern und an andere weiterzugeben, stets unter der Bedingungen, sie im Reden darüber sich selbst buchstäblich vom Leibe zu halten. «Dafür», so fuhr er fort, «kann ich mich noch genau daran erinnern, wie unser Pfarrer bei einem Hausbesuch zu meiner Mutter sagte: « ‹Der Jochen hat solche Probleme gar nicht. Er ist in Gottes Hand.› Ich weiß noch, daß mir ganz heiß wurde, als ich das hörte, ich glaube, ich wurde rot bis über beide Ohren, und doch verstand ich nicht, was wirklich gemeint war.» Natürlich verstand er «das Gemeinte» nur allzu gut, aber er durfte es nicht verstehen, es hatte von seinem Bewußtsein abgespalten zu bleiben.

Allerdings, wie zum Ersatz dafür, hatte der Pfarrer schon Grund, den Jochen «in Gottes Hand» zu wähnen: Dieses fleißige, stets fröhliche, gewissenhafte Kind, das niemals Widerworte gab, umgänglich und sympathisch wirkte und inzwischen zum «Frohscharführer» der Meßdiener aufgerückt war, schien sich aus Mädchen nichts zu machen. Er schaute sich nicht, wie die anderen Jungen, «begehrlich» nach ihnen um, er machte keine bösen Witze, redete und las keinen «Schweinkram» und fiel durch ein ausgesprochenes Interesse für religiöse Fragen auf. Was der Pfarrer (natürlich) nicht

wahrnahm, war – neben der unsichtbaren Glaskugel der sexuellen Tabus – der spezifische Beitrag *ödipaler Konfliktstellungen*.
Wenn wir beschrieben haben, wie die sexuellen Gehemmtheiten inmitten einer gut katholischen Ehe (d. h. dort, wo die moraltheologischen Lehren der katholischen Kirche wirklich ernst genommen werden) bereits zwischen den Eltern einen Prozeß fortschreitender Abspaltungen, Sprachlosigkeiten und Verdrängungen in Gang setzen müssen, in die dann der heranwachsende Junge bzw. das Mädchen wie in die Hülle einer zweiten Natur unausweichlich hineingeschoben wird, so läßt dieses Bild aus dem Erleben des Kindes sich jetzt noch weit genauer darstellen. Diesem Theologiedozenten war seine Mutter in ihrer Sittenstrenge nicht gerade als eine Heilige, wohl aber als die wichtigste Bezugsperson seines Lebens erschienen: Wie es der Mutter erging, ob sie froh war oder sich leidend fühlte, ob sie auf ihren Jungen stolz sein konnte oder vorgab, sich für ihn zu schämen, das waren die Sorgen und Ängste, die sein Verhalten als Junge am nachhaltigsten bestimmten. Zwar hatte er durch Studium und beruflichen Erfolg sich subjektiv von seinem Elternhaus vollkommen unabhängig gemacht, doch es war ihm noch heute äußerst peinlich, bemerken zu müssen, wie stark seine Mutter, die äußerlich längst eine alte, verwitwete Frau geworden war, seinen Lebensaufbau festgelegt hatte und nach wie vor diktierte. Vor allem *eine* Szene gelangte ihm jetzt in die Erinnerung, der er damals vermeintlich kaum eine Bedeutung beigemessen hatte. Eines Abends hatte der Vater ganz begeistert von einem Filmplakat gesprochen, das unweit des Elternhauses angebracht war und das die italienische Filmschaupielerin *Silvana Magnano* in jener unvergeßlichen Pose zeigte, mit der sie, umgeben von einer Gruppe von Männern, für GIUSEPPE DE SANTIS' Film *«Bitterer Reis»* Reklame machte[26]: die Hände stolz in die Seiten gestemmt, den Kopf hochgereckt, den mächtigen Busen in den Mittelpunkt des Bildes hineindrückend, stand die Magnano da – es war ein Bild, das sich diesem Theologiedozenten offenbar wider Willen für sein ganzes Leben eingeprägt hatte; der Vater aber hatte an jenem Abend mit genüßlichem Grinsen die Äußerung getan: «Die hat man aber hingekriegt», und dabei hatte er noch triumphierend auf den Tisch geschlagen. Dieser Theologiedozent hatte sich damals zu Tode geschämt, seiner Mutter wegen, wie er heute, 40 Jahre danach, sich noch deutlich erinnerte. Einmal auf die Spur gesetzt, fiel ihm dann aber ein, daß der Vater mit Vorliebe die «Revue» abonniert hatte, eine Illustrierte, die für damalige Verhältnisse fast schon den Tatbestand der Pornographie erfüllte. Eigentümlicherweise hatte er sich seinerzeit niemals darüber Rechenschaft gegeben, daß die Moral des Vaters offenbar recht weit von den Vorstellungen katholischer Sittenreinheit abge-

wichen sein muß; psychoanalytisch aber wurde der Verdrängungshintergrund des bestehenden Konfliktes durch diese Wahrnehmungslücken nur um so deutlicher sichtbar.

Das anscheinend nur mühsam kultivierte sexuelle Begehren des Vaters muß dem Jungen sehr früh schon als eine *Beleidigung seiner Mutter,* ja, als eine Beleidigung des ganzen weiblichen Geschlechts erschienen sein, und aus Erlebnissen dieser Art formte sich zugleich auch seine Einstellung zu der eigenen Rolle als Mann. Daß er als Junge werden könnte wie sein Vater, galt ihm als ein schrecklicher Gedanke – auf gar keinen Fall wollte er jemals an Bildern wie diesem Gefallen finden, und mit dem Bestreben, die vermeintlich zügellose Wollust des Vaters zu verleugnen, verband er ein äußerst sensibles Gespür für die wirkliche Haltung seiner Mutter, die in ihrer katholischen Gesinnung in der Sexualität kaum etwas anderes gesehen haben kann als ein Verfahren, das man unbegreiflicherweise als Frau über sich ergehen lassen muß, um von Gott ein Kind geschenkt zu bekommen. Dieser Mann muß schon als Junge sehr wohl begriffen haben, daß er «in besonderer Weise» (dieses Lieblingswort aller Kleriker) die Zuneigung und Liebe seiner Mutter (dieser ersten Gottesgestalt jedes Kindes auf Erden) erwerben und behalten konnte, wenn er Anstalten machte, niemals so zu werden wie sein Vater: wenn er ein «reiner» Junge blieb, unberührt von den Beschmutzungen des Geschlechts, würde er seiner Mutter den Gefallen tun, eine Liebe zu pflegen, die zärtlich, sublim und feinsinnig genug schien, um die Niederungen der Roheit primitiver sexueller Gier, für welche die Frau «nur ein Lustobjekt» ist, niemals im Leben auch nur von ferne zu streifen.

Es kommt an dieser Stelle unserer Betrachtungen sehr darauf an zu verstehen, wie früh in der psychischen Entwicklung eines Kindes die moraltheologische Lehre der katholischen Kirche zu greifen beginnt und wie stark sie dem Bestreben gilt, sexuelle Erfahrungen nicht zu ermöglichen, sondern zu verhindern; die Funktion dieser Doktrinen dient nicht dem Zweck, wirkliche Erlebnisse so zu deuten, daß sie Leben ermöglichen, sondern sie wirkt im Erleben späterer Kleriker als eine einzigartige Ideologie der Erfahrungsvermeidung und der Lebenseinschnürung. Was für das Leben dieses Theologiedozenten galt, darf man uneingeschränkt von dem Werdegang *jedes* Klerikers behaupten: Keiner von ihnen hat jemals gewagt, sich einem Vertreter des «anderen» Geschlechtes auch nur von weitem zu nahen. Im Volksmund wird gern die Geschichte jener Nonne kolportiert, die aus enttäuschter Liebe ins Kloster geht, und in den Massenmedien wird mit Vorliebe immer mal wieder über die Beziehung spekuliert, die z. B. zwischen Papst JOHANNES PAUL II. und einer polnischen Schauspielerin am Ende ihrer

Pubertätszeit bestand: War es «etwas», war es nichts? Die Antwort im Leben fast ausnahmslos aller Kleriker, die sich nicht selber etwas vorlügen, ist weit trauriger, als es der wohlmeinende Volksmund ahnt: Es hat niemals in der Entwicklung dieser Leute die Erlaubnis gegeben, und es hat niemals den Mut gegeben, sich auch nur entfernt vorstellen zu können, sie dürften als Junge auf ein Mädchen, als Mädchen auf einen Jungen zugehen, miteinander reden und miteinander vertraut, ja, untereinander vertraulich und zärtlich werden. Ein verwunschenes Schloß aus Sehnsucht und Angst hüllt den Prinzen, die Prinzessin der Liebe im Erleben so Heranwachsender ein, und ihre Gestalt verklärt sich in gleichem Maße bis zur Höhe himmlischer Holdseligkeit, je mehr die Erfüllung derartiger Träume auf Erden endgültig versagt scheint. Es ist aber, wie wir jetzt lernen, ursprünglich *die eigene Mutter*, an welcher diese Träume und Sehnsüchte sich festranken.

Von SIGMUND FREUD haben wir gelernt, daß es der Ödipuskomplex sei, aus dessen Konstellation die Ängste, Verdrängungen und Triebschicksale in der Entwicklung eines Menschen sich verstehen ließen. Man hat gegenüber diesem Zentralpunkt der Psychoanalyse immer wieder alle möglichen berechtigten und unberechtigten Zweifel angemeldet. Eines aber ist unbezweifelbar: daß es in einem Klima der Sexualunterdrückung unweigerlich zu eben jenen Situationen und Sensationen kommen muß, die FREUD in solcher Klarheit beschrieben hat. Was jener Theologiedozent als Junge in der Zeit der Pubertät bereits relativ bewußt erlebt hat, muß er, wie im Märchen vom *«Marienkind»*, buchstäblich mit der Muttermilch in sich aufgenommen haben: das Ideal der Madonna, welche als die eigentliche, himmlische Mutter der nach außen hin sichtbaren, irdischen Mutter die Kinder entführt, kaum daß sie auf der Welt sind. Auf dem Schoß einer Mutter, die selber sich schämt für die Umstände, unter denen sie ein Kind empfangen und geboren hat, wird das Kind selber sehr bald schon lernen, den eigenen Vater, *den Mann*, dafür zu hassen, daß er der geliebten Mutter solche Schmach antun konnte, und es wird jetzt zur Überlebensbedingung und zur Lebensstrategie des Kindes, des Jungen vor allem, diesen Mann in seiner Männlichkeit zu bekämpfen und zu überwinden. Wer irgend der katholischen Kirche vorwirft, sie sei patriarchalisch und frauenfeindlich, der muß sich als allererstes gerade im Umkreis klerikaler Sexualunterdrückung über den ausgesprochenen *Männlichkeitshaß*, ja, über das latente Schamgefühl, ein Mann zu sein, unter den männlichen Klerikern Rechenschaft abgeben. Das uralte Mythen- und Märchenmotiv der *Georgslegende*[27] spielt in der klerikalen Phantasie eine übergroße Rolle: *Wenn* schon ein Mann, so gelte es, die von einem satanischen Drachen bedrohte Jungfrau (die eigene Mutter!) zu erlösen, indem man, hoch zu Roß, in ritterlicher Zucht und Tapferkeit, reitend gegen den schwefligen Feueratem des Untiers, jede Neigung, jede Triebhaftigkeit in sich und den anderen bekämpft und besiegt. Die ganze Energie des «Männlichen» formiert sich somit im Kampf *gegen* die Männlichkeit, und so wird der Lebensauftrag eines späteren Klerikers lauten, diesen Kreuzzug gegen den männlichen «Drachen» – den eigenen Vater der Kindheit und die männlichen Strebungen des eigenen Herzens – mit allen Mitteln ideologisch und asketisch zu Ende zu führen.[28] Immer geht es dabei um die unbefleckte Reinheit «der» Frau, der einzig Geliebten, der eigenen Mutter, die vor den Nachstellungen jenes «Unholdes» (des eigenen Vaters) bewahrt und erlöst werden muß. Natürlich ist dieser Kampf prinzipiell unvollendbar, und er fällt im subjektiven Erleben auch wohl mitnichten so großartig aus wie in den Darstellungen der Helden- und Heiligenlegenden. Einzig das Bild der eigenen Mutter, die, obzwar eine Frau, so doch hoch erhaben über den Verdächtigungen der nur natürlichen Triebregungen der Sinnlichkeit steht, gilt es im Bewußtsein klerikaler Unberührtheit zu erhalten, und was wir als die Mystik einer bestimmten Form der Madonnenminne aus dem Leben des unglückseligen *Abbé Mouret* kennengelernt haben, entstammt offensichtlich einer solchen kommunionkindhaften Verweigerung, jemals sich von dem Ideal der Mutter zu lösen und nach dem Vorbild des verhaßten Vaters ein Mann zu werden.

Doch ein Mann ist nicht nur der eigene Vater. Besonders schwierig im Leben jedes späteren Klerikers gestaltet sich in der Jugendzeit *der Kontakt zu den gleichaltrigen Kameraden und Kameradinnen. Die* nämlich tun ersichtlich all das, was ihm selbst untersagt ist, und sie *tun* es nicht nur, sie reden auch davon, sie geben damit an, ja, sie rechnen sich als Bestätigung und Erfolg an, was in den Augen der kirchlichen Moral als Sünde, als *schwere* Sünde zu betrachten ist – schon der heilige AUGUSTINUS warf sich später, als Heiliger, vor, daß er als Junge, sogar in fälschlicher Übertreibung, seinen Kameraden unter dem Vorzeichen einer Heldentat erzählt habe, was doch im Grunde nur Schmach und Schande war.[29] In der Jugendzeit *jedes* Klerikers und jedes, der es jemals werden will und wollte, gibt es diese moralische Distanz, diese angstgeprägte Reserve des Zwangs, *besser sein zu müssen* als die anderen, und diese geheime *Selbstbelohnung* mit der Hoffnung auf göttliche Anerkennung für so viel angestrengten guten Willen, zu verzichten und zu opfern. Je strenger die katholische Erziehung in Fragen der Sexualmoral ausfällt, desto stärker polarisiert sich die Entwicklung eines Jungen, eines Mädchens entlang der Frage, ob er, ob sie es wagt, die Regeln des Katechismus zu *brechen*, oder ob es dabeibleiben soll, sie zu befolgen. Ein späterer Kleriker

wird dabeibleiben, sie zu befolgen. Er wird es nicht wagen, das «Böse» zu tun. Aber sind dann nicht alle anderen, die Mitschülerinnen und Mitschüler, die Spielkameradinnen und Freunde *Sünder* vor Gott? Die meisten unter denen, die später das Zeug haben, Kleriker zu werden, müssen es recht bald schon gelernt haben, vor dieser Frage die Augen zu schließen – steht nicht geschrieben: Du sollst nicht richten (Mt 7,1)? Und doch bleibt dieses bittere Gefühl übrig, daß die anderen – und das sind mehr oder minder ausnahmslos alle – christlich betrachtet «Schweine» sind; zumindest wäre es eine Schweinerei, wenn man selbst so tun würde, wie sie es vormachen. Allerdings darf man diese Einschätzung nicht laut kundtun, man muß sich *freuen*, wenn im Dorf jemand heiratet, und es ist auch nicht wahr, daß die Kirche den heiligen Stand der Ehe herabwürdige, den sie doch durch ein Sakrament segnet.
Wenn aber ausnahmslos alles Sünde ist, was auf diesen heiligen Stand vorbereiten könnte? – All die ungelösten und unausgesprochenen Probleme aus dem Leben der Mutter kehren jetzt wieder und bleiben im Leben des Heranwachsenden genauso ungelöst und unausgesprochen liegen. Ob Küssen Sünde ist? Ob Nacktbaden Sünde ist? Ob sich gegenseitig Streicheln Sünde ist? Die «richtige» Antwort wird immer lauten: wenn man es nicht «egoistisch» tut. Aber welch ein Trieb wäre nicht «egoistisch»? Man darf «nicht nur» auf die «reine» Triebbefriedigung aus sein – sonst wäre es unrein; und man muß sich für die Ehe «rein» bewahren. Aber nur an sich denken – das tun auch die Jungen und Mädchen der eigenen Schulklasse oder Jugendgruppen nicht, die trotzdem ganz munter miteinander umgehen. Eine Moral, die mit ihren fertigen, abstrakten Idealbegriffen eine Pädagogik des Lernens und des Reifens in Übergängen nicht zuläßt, richtet als erstes eine vollständige Konfusion des Denkens und des Fühlens in den Köpfen und den Herzen derer an, die sich nach ihr richten, und sie nötigt schließlich die Mutigeren, die Nicht-Kleriker, die einigermaßen Normalen dazu, sich ihre eigene Ordnung schaffen zu müssen, *jenseits* der Kirche.
In den Köpfen der späteren Kleriker aber spielt sich jetzt etwas ab, das man als *die missionarische Abstraktion* oder als die Verkündigung im Unpersönlichen bezeichnen kann. War bisher schon das eigene Denken in eine Abstraktion gegenüber den *eigenen* Gefühlen und Empfindungen versetzt worden, so wird es jetzt auch abstrakt gegenüber den menschlichen Beziehungen, und es beginnt das, was wir früher als *die Unpersönlichkeit des beamteten Denkens* und *des beamteten Umgangsstils* beschrieben haben: Es bestehen «an sich» eine Menge fester Urteile bzw. Vorurteile darüber, wie man das Verhalten der anderen zu verstehen und zu bewerten hat, aber eben: das Verhalten! Man darf den anderen nicht persönlich vorwerfen, daß sie

«so» sind, man muß immer den Unterschied beachten zwischen dem Sünder und der Sünde, zwischen dem Menschen und seinem Tun – die klerikale Aufspaltung der Betrachtungsweise übt sich in diesem Zusammenhang als ein unentbehrlicher *Schutz vor den eigenen Aggressionen* ein. Doch immerhin sind die anderen Sünder – obwohl, das muß man zugeben, sie «an sich» ganz gute Kerle sind. Der Vorsatz entsteht, für sie zu beten, zu dulden, zu leiden, zu opfern – eines Tages dann wird vielleicht die Möglichkeit sich ergeben, *von Amts wegen* auf ihre Besserung hinzuwirken. Der Haß auf den eigenen Vater als Mann, der Haß auf die eigene Männlichkeit, der Haß auf alles, was Mann heißt, übersetzt sich jetzt in eine Fülle reiner Gedanken zur Rettung der Welt, ganz im Sinne der mütterlichen Ideale der Reinheit, der «Liebe», der Hingabe in Werken wahrer Güte. – Man wird lange nach einem Kleriker suchen können, der vor sich selbst und vor anderen zugeben kann und wird, wie viel an späterer *Rache* für mehr als ein Jahrzehnt jugendlicher Demütigungen hinter manchen verkündigten Ideen der katholischen Sexualmoral stecken kann.
Allerdings befestigt sich unter diesen Umständen *das Gespür für den unendlichen Unterschied:* Es ist den anderen, ob verboten oder nicht, offenbar doch gestattet, zu tun, was man selber nicht tut; «Gott», d. h. die Moral der «Mutter», erklärt zwar, daß man ein guter Mensch ist, wenn man niemals tut, was die bösen Kinder, die Straßenkinder tun und sagen; und aus all dem steigt sehr früh bereits *ein Bewußtsein für das Besondere* auf, das allem Anschein nach schicksalhaft, wie durch göttlichen Ratschluß gefügt, über dem eigenen Leben liegt. Und doch ist auch dieser *narzißtische Stolz des entscheidenden Unterschieds* nicht ungetrübt: Irgendwo gibt es so etwas wie ein instinktives Gewissen, das ein Leben der Angst und der Schwäche nicht leichtweg vergibt, und diese Stimme der Natur nennt unbeirrt Feigheit, was die religiösen Beschwörungen Treue und Ordnung heißen mögen. «Ich wage mein schwarzes Zeug kaum noch zu tragen», erklärte mir vor einiger Zeit ein Pfarrer; «ich war früher stolz auf die Soutane und auf das Kollar; heute weiß ich, daß ich damit nur meine Angst kaschiert habe; ich schäme mich vor allen, die es geschafft haben und richtige Männer geworden sind; ich will diese Weiberkleidung nicht mehr. Ich höre ständig, wie man hinter mir lacht.»
Selbstredend hat man es bei all dem nicht allein mit den Problemen *männlicher* Kleriker zu tun, sondern, seitlich versetzt, in gleicher Weise auch mit den Problemen heranwachsender Mädchen, die einem Leben im Orden entgegengehen. Um vor allem die Psychologie der sexuell wirklich «Unschuldigen» zu verstehen, muß man unterstellen, wie stark eine Mutter, die selber

unter dem Druck einer katholischen Erziehung an sich selber als Frau leidet, *auch an ihrer Tochter* alles das verneinen und ablehnen wird, was sie in sich selbst unterdrücken mußte. Der Zwang, sich dem verängstigten Leben der Mutter mit seinen Abwehrreaktionen und Tabubildungen anzugleichen, wird bei einem Mädchen sogar noch weit wirksamer ausfallen können als innerhalb der eher liebevollen Banden, mit denen der Junge in der Rolle eines Ersatzgeliebten seiner Mutter in den Konflikten des Ödipuskomplexes gefangen bleibt; ja, es scheint wesentlich dieser Druck zu sein, der unter anderem erklärt, warum Mädchen erheblich öfter die Zeit ihrer Pubertät wirklich ohne irgendwelche sexuellen Anfechtungen zu überstehen vermögen als Jungen. Geht man die Biographie von Ordensschwestern sorgfältig durch, so wird man indessen der *Angst des Mädchens vor dem eigenen Vater* noch weit ausgeprägter begegnen als der *Ablehnung* des eigenen Vaters in der Pubertätszeit männlicher Kleriker. Nicht wenige Ordensschwestern, die sich in der Psychoanalyse zunächst überhaupt nicht an bestimmte sexuelle Erlebnisse erinnern können und auch bei sich selber, wie sie glaubhaft versichern, niemals irgendeine sexuelle Gefühlsregung beobachtet haben, ja, die, genauer gesagt, es sich sogar als einen der wenigen Punkte ihrer Selbstachtung anrechnen, daß sie mit «solchen Dingen» nie etwas zu tun hatten, kommen doch nach und nach darauf, wie das sexuell verängstigte Weltbild der Mutter die Gestalt ihres Vaters von Anfang an als etwas Bedrohliches hat erscheinen lassen. «Männer wollen nur das eine» – diese Warnung ihrer Mutter machte sich als erstes und vor allem als eine ausgedehnte Furcht vor dem Vater geltend. Wenn zu den Lieblingsphantasien der *männlichen* Kleriker die Vorstellungen von der Erlösung einer «reinen» Jungfrau aus den Klauen eines siebenköpfigen Drachens nach dem Vorbild der GRIMMschen Erzählung *«Die zwei Brüder»* (KHM 60) bzw. der *Georgslegende* zählen, so kann man umgekehrt die Sexualphantasien vieler *Ordensschwestern* in dem Märchenmotiv von der *«Schönen und dem Tier»* wiedererkennen, wie es die BRÜDER GRIMM in der Erzählung *«Das singende springende Löweneckerchen»* (KHM 88) wiedergegeben haben. So wie es vielen männlichen Klerikern seit Kindertagen als ein fester Glaubenssatz vermittelt wurde, daß Frauen (jedenfalls wenn sie so sind wie die eigene Mutter) sexuelle Wünsche von sich her gar nicht haben können, sondern «es» nur den Männern zuliebe tun, so haben viele Ordensschwestern schon als Mädchen gelernt, daß man sich vor den Männern in acht nehmen und ihnen gegenüber ständig kontrollieren muß, ganz so, wie es der Mutter selber im Umkreis einer katholischen Erziehung als ein heiliges Vermächtnis auf den Weg gegeben wurde.

Es sind aber keinesfalls nur die sexuellen Ängste der Mutter, die der natürlichen Zuneigung eines Mädchens gegenüber seinem Vater schwere Hindernisse auferlegen, es ist überraschend häufig der Fall, daß sich bei genauerem Hinhören Ordensschwestern daran erinnern, wie sie sich als Mädchen *auch real* von ihrem Vater belästigt, ja, regelrecht verfolgt fühlten. «Immer, wenn ich samstags baden wollte, machte Vater sich in der Nähe des Kellers zu schaffen. Ich war bestimmt schon 13 Jahre alt, als er noch darauf bestand, mich abzutrocknen», teilte unter schwerem Zögern eine Ordensschwester mit. «Wenn ich vor dem Spiegel stand und mich kämmen wollte, trat er von hinten heran, um mir nach der Brust zu greifen», gestand eine andere. «Wie mein Vater wirklich war, habe ich gemerkt, als er mich bei einer Geburtstagsfeier einmal so an sich drückte, daß ich alles an ihm spüren konnte. Ich hätte vor Schrecken laut schreien mögen, aber ich durfte ja nichts sagen.» In der Tat gehören Mitteilungen dieser Art, die keinesfalls nur im Sinne der «Urszene» FREUDS als subjektive Phantasien[30], sondern durchaus als reale Erinnerungen verstanden sein wollen, zu den am besten gehüteten Geheimnissen im Leben vieler Ordensschwestern und insbesondere derer, die das gesamte Thema der Sexualität mit Erfolg so gut wie ganz aus ihrem Bewußtsein verdrängt haben.
Was sich hinter derlei Erlebnissen versteckt, läßt sich gleichwohl ohne große Mühe erahnen, es darf aber wiederum in seiner Ungeheuerlichkeit kaum zur Sprache gebracht werden: Eine Frau, die selber die Annäherungsversuche ihres Mannes als etwas Peinliches und Peinigendes empfindet, erreicht über kurz oder lang, daß ihr Gemahl sich wirklich mehr und mehr von ihr entfernt; gerade ein Mann, der sich bemüht, eine gut katholische Ehe zu führen, wird unter Umständen nicht mehr recht wissen, wohin. Um so willkommener mag es da scheinen, die unbefriedigte Sexualität, entsprechend der Mutterliebe der Frau, zum Aufbau einer desto größeren *Vaterliebe* zu verwenden; der Mutter hingegen kann es in der Zwischenzeit nur recht sein, wenn ihr Mann sich so rührend mit seiner Tochter beschäftigt. Allerdings wird die Tochter eines Tages größer; sie spürt jetzt sehr wohl, daß sie womöglich in ihrer Jugend und Frische dem Vater auch als Mann weit mehr gefällt als ihre Mutter, doch das ist eine Feststellung, die sie ebenso mit Stolz wie mit Schrecken erfüllt und am besten in ihrer ganzen Tragweite sich nicht eingesteht – sie muß die sexuelle Bedrohung durch ihren Vater genauso verdrängen wie ihre eigenen Reaktion darauf. Auch die Mutter muß sich ihrerseits an diesem Verdrängungsspiel beteiligen: Wohl nimmt sie wahr, was sich zwischen Vater und Tochter ereignet, verfolgt es wohl auch mit Mißtrauen und Eifersucht, gibt es sich aber auch wieder nicht zu; denn würde sie, was

sie sieht, beim Namen nennen, so müßte sie etwas aussprechen, das in seiner Monströsität die gesamte Ordnung des ehelichen Friedens gefährden würde. Mit anderen Worten: Die Mutter handelt gerade so, wie es das GRIMMsche Märchen (nach dem Vorbild der *Minotauros-Mythe*[31]) *«Die zwei Brüder»* berichtet, wenn es von einem Königreich erzählt, in welchem Jahr um Jahr einem fürchterlichen Drachen *eine Jungfrau geopfert* werden mußte. Eine Frau, die im Umkreis der katholischen Sexualmoral sich infolge der eigenen Prüderie immer wieder ihrem Mann *«opfern»* muß, wird am Ende nicht anders können, als ihre eigene Tochter dem Untier von Mann in Gestalt des eigenen Vaters zu opfern, und so wiederholt sich in der zweiten Generation, was in ihrem eigenen Leben bereits an Ängsten grundgelegt wurde.
Wie wenig im ganzen der klerikale Wunschtraum zutrifft, von der Sexualität niemals etwas erfahren zu haben und «immer schon» von Gott zu der rechten Form der Christusnachfolge durch ein behütetes Reinheitsleben berufen gewesen zu sein, zeigt sich erneut, wenn man manchen Ordensschwestern, die ihre Kindheit so schildern, des längeren zuhört. Man wird dann erfahren, daß sie noch heute, wenn ihre Eltern sie besuchen, sich außerstande sehen, ihren Vater zu küssen, oder daß sie seit dem 14. Lebensjahr einen bestimmten Einschlafritus befolgen, der darin besteht, sich sorgfältig auf den Bauch zu legen und die Hände schützend unter die Beckenknochen zu schieben, daß nur ja niemand, wenn er plötzlich, wie mutmaßlich der eigene Vater damals, ins Schlafzimmer träte, die wehrlos Daliegende unsittlich berühren könnte. Natürlich kommen im Leben von solchermaßen Verschreckten leichthin noch weitere ängstigende Situationen hinzu: ein Junge, der sie nach der Tanzstunde auf dem Heimweg begleitete, hat plötzlich einen schlimmen Antrag gestellt; die Russen 1945 hätten beinahe oder haben wirklich das damals 16jährige Mädchen vergewaltigt; es ist tatsächlich an einem Abend im Park zu einer bedrohlichen Situation gekommen. Man macht sich im übrigen selten genug klar, daß ein Übermaß an Ängsten all die Gefahren unfehlbar heraufbeschwören muß, vor denen ursprünglich die Warnung erging: Ein Mädchen, das ständig auf seiner Haltungsseite die Sexualität zu fliehen sucht, weckt natürlich unter seinen männlichen Kameraden die Jagdlust und reizt zum Versuch an, «es» trotzdem zu schaffen – ein Teufelskreis, der am Ende nur all die Vorurteile über die Triebhaftigkeit der Männer bestätigt, die der mädchenhaften Angst schon zugrunde lagen. In einer derart gefährlichen verderbten Welt, sehr erinnernd an die Geschichten aus dem sagenhaften *Sodom* (Gen 19,1–14), ist es allemal besser, den sicheren Hafen des Klosters anzusteuern und sich buchstäblich mit Leib und Seele in die Hände des himmlischen Vaters zu geben.

Das eigentlich Perfide aber beginnt erst jetzt. Stets unter dem Vorzeichen einer «ganzmenschlichen», «personal vollzogenen», «freien Entscheidung für Christus» nimmt man die Achtzehn- bis Zwanzigjährigen und beginnt im Noviziat bzw. im Theologenkonvikt in aller Sorgfalt damit, fortan jeden freien Kontakt zwischen Mann und Frau im Namen heiliger Regeln zu unterbinden, um nur ja keinen Sinneswandel im Getto so vieler Pubertätsängste aufkommen zu lassen. Nicht ein therapeutisches Durcharbeiten, sondern die Stabilisierung und Rationalisierung massiver Verdrängungen ist das Ziel der kirchlichen Klerikerausbildung; und wer es unternehmen sollte, diesem Urteil zu widersprechen, dem muß gesagt werden, daß er die Wirklichkeit entweder nicht kennt oder, aus welchen Gründen auch immer, sie nicht kennen will. Strengste Trennung von Mann und Frau – das bezieht sich keinesfalls nur auf die bereits zitierten Verhaltensregeln der Keuschheit im Direktorium von Ordensschwestern, das gilt vor allem dem Aufbau eines verinnerlichten Zwangs ständiger Gefühlsausblendungen.
Eine Krankenschwester, die in der Gynäkologie, der Chirurgie oder in der Badeabteilung eines Krankenhauses eingesetzt ist, kommt natürlich mit Frauen und Männern aller Altersgruppen auf eine Weise zusammen, die im Grunde jedes Tabu ausschließt, und es sind die Zeiten wohl vorüber, in denen zum Schutz der Keuschheit einer Ordensschwester jeweils bestimmte Maßnahmen getroffen werden mußten, um ihren Blicken die Versuchung zur schweren Sünde zu ersparen. Dafür aber muß das Weggucken *innerlich* um so konsequenter erfolgen, indem der gesamte Gefühlsbereich entprivatisiert, funktionalisiert, «verdienstlicht» wird. Gerade der ständige Anblick bzw. der konsequent beibehaltene Blickwinkel des Kranken, Gebresthaften des menschlichen Körpers kann schließlich sogar als ein wirksames Mittel zur Verstärkung der heiligen Keuschheit wirken: die Natur in ihrem Verfall – das ist, wie wir sahen, der Erfahrungsursprung aller evangelischen Räte. Und zudem bestätigt sich unter den gegebenen klösterlichen Voraussetzungen eigentlich immer wieder die pubertäre Schutzdistanz. «Wenn Sie wüßten, was die Frauen in der Gynäkologie alles reden – mein Gott, man müßte sich schämen, wenn man keine Ordensschwester wäre», faßte vor Jahren eine Nonne dieses Problem einmal bündig zusammen. In der Tat: «die Frauen» redeten ungeniert, wie selbstverständlich, von all dem «Bösen», vor dem diese Schwester schon mit 15 Jahren schaudernd geflohen war, und diese ihre Einstellung hatte in der Ausbildung ihre glänzende Rechtfertigung und aszetische Vertiefung erfahren.
Wer die Peinlichkeit zugunsten der Reinlichkeit in der kindergartenähnlichen *Behütungspädagogik der Konvikte und Priesterseminare* nicht wahr-

haben will, der muß sich vor Augen stellen, welche Diskussionen auch heute noch in den sogenannten Hausvorständen möglich sind und nötig scheinen. Das Problem sind nicht die seelsorglichen Kontakte zwischen Frau und Priester in den Zeiten des «Praktikums» oder der Diakonatszeit – da ist bereits der beamtete Schutz des Klerikerseins wirksam genug. Aber der Alltag! Ein Konvikt kommt nicht aus ohne dienstbare Geister, 15jährige Mädchen, die von den Eltern der Ordensgemeinschaft zum Erlernen der Hauswirtschaft oder aus pädagogischen Gründen in Obhut gegeben werden. Kontakte mit diesen «Spitteln» sind nicht vermeidbar, doch eben deswegen zu kontrollieren. Wenn eine «Spittel» einem Theologiestudenten am Küchenschalter das Essen reicht, so sollte sie es unter der herabgelassenen Trennscheibe aus undurchsichtigem Glas tun, damit allenfalls ihre Hände, nicht aber ihr Gesicht, nicht ihr Körper sichtbar werden; wenn es aber doch der Fall sein sollte, daß die Mädchen die «ehrwürdigen Herren» «bedienen» müssen, so sollten von den Schwestern diejenigen ausgewählt werden, die nicht durch aufreizende Schönheit imponieren; nicht einmal die Frage, ob ein solches Mädchen die Herren des Hausvorstandes, z. B. bei der Einnahme des privat gedeckten Frühstücks, umsorgen sollte, ist für unbedenklich zu halten – man weiß von folgenreichen Verbindungen, die auf solche Weise zustande kamen. Dürfen, ein neues Problem, am Hausfest im Sommer die Spitteln «dabei» sein, und wenn, von welcher Art darf ihre Beteiligung sein? Dürfen sie beim Fußballspiel der Alumni als Zuschauer gegenwärtig sein, in einer eigenen Gruppe zusammengestellt oder mitten unter den anderen? Darf Gelegenheit zu Tanz und Musik gegeben werden, wie es doch war, als der verlorene Sohn nach Hause zurückkehrte (Lk 15,11–32), aber wie es Gefahr macht, die Söhne des Hauses verlorengehen zu lassen, wenn man nicht aufpaßt – die Schicklichkeit der Kleidung z. B. auch bei ausgelassenen Freuden! Es gibt unter unnatürlichen Bedingungen nichts, was nicht die Unnatur steigern hülfe, denn selbst, was am Ende «genehmigt» wird, ist doch als erstes eingehüllt in den Kordon von Reflexionen, die das bestehende Tabu mehr festigen als lockern; sie verschieben es lediglich noch mehr von außen nach innen und liefern dem seelischen Krampf noch das Alibi einer freiheitlichen Erziehung.
Nicht sehr viel besser steht es um die schier verzweifelten Bemühungen mancher an sich Wohlmeinender, in ihrem Orden oder an ihrer Wirkungsstätte doch noch zu demonstrieren, wie ganzmenschlich, natürlich, weltoffen und unverkrampft in der Liebe Gottes diejenigen sind und sein dürfen, die von Ihm in besonderer Weise berufen werden: *für* die Welt und *in* der Welt, doch nicht *von* der Welt (Joh 17,16). Man glaubt in der katho-

lischen Kirche offensichtlich immer noch, es genüge, Gefühle einfach zu befehlen, ein Fehler, der heute lediglich in neuem Gewande erscheint. Nach der Devise, die fälschlich, wie es scheint, mit dem 2. Vaticanum verbunden wurde: «Siehe, ich mache alles neu», ist der katholischen Kirche der ewige Vorwurf der Leibfeindlichkeit, der Sexualunterdrückung und der Frauenfurcht natürlich äußerst ärgerlich geworden. Sie leugnet und verdrängt einfach, was sie in der Vergangenheit gemacht hat; sie nennt ihre eigenen Opfer verquere Geister, die scheinbar nur alles falsch verstanden haben, was man ihnen beigebracht hat; und sie schmeichelt sich inzwischen des Anscheins der Toleranz und Liberalität, indem sie die alten Werte lediglich zu etwas herabgesetzten Preisen auf dem Markt der Meinungen zu verhökern trachtet. Doch man muß sich die Tragödien im kleinen ansehen, um zu begreifen, was solche Kehrt-Schwenk-Marsch-Befehle für die Angehörigen der «Truppe» selbst bedeuten. «Wissen Sie», erläuterte eine Novizenmeisterin in hohem kirchlichem Rang ihre neue aufgeklärte Pädagogik, «wir haben da eine Postulantin, die immer mit nach vorn hängenden Schultern über den Flur ging. Ich habe mich ja mit Psychologie beschäftigt; ich hab' ihr gesagt: Du hast wohl Angst, deinen Busen rauszustrecken, das hat sie bejaht.» Sprach's und lachte laut dabei. Für sie war der Konflikt gelöst; es hatte sich gezeigt: Wir sind ja gar nicht so! – Wir sind in Wahrheit aber noch viel schlimmer. Diese Postulantin, ein stämmiges, zur Dicklichkeit neigendes Mädchen vom Lande, hatte die übliche Wirkung der katholischen Sexualmoral seit Kindertagen an sich erfahren; die Pubertät war für sie ein Greuel gewesen, und so glaubte sie sich am besten als Ordensschwester geeignet. Sie hatte gelernt, sich dafür zu schämen, eine voll entwickelte Frau zu sein; jetzt, bei dem so «unverkrampften» Vorschlag ihrer Schwester Meisterin, lernte sie keinesfalls, sich als Frau wohl zu fühlen, sondern sich auch noch für ihre Scham zu schämen, sie kam sich jetzt noch gedemütigter, unfähiger und verkehrter vor als zuvor. Eine Kirche, die sich stets nur für das Verhalten, nicht für die Verhältnisse der Menschen interessiert, denen sie, je nach Belieben, ihre «göttlichen Wahrheiten» vorlegt, erzeugt statt Freiheit und Glück ganz im Gegenteil nur immer wieder Gefühle der Angst und der Abhängigkeit: Der einzig beständige Eindruck unter solchen Umständen wird sein, daß die Kirche selber stets im Recht ist und der Einzelne, wenn er mit ihr nicht zurechtkommt, automatisch im Unrecht. So einfach!

Freilich gibt es unterhalb der Schwelle der äußeren Reglements natürlich auch vielfältige Bestrebungen zur Emanzipation auf eigene Faust, doch auch sie bestätigen eher das infauste Gesamtbild, als es zu widerlegen. Für so manche Ordensschwester, für so manchen Priester gilt es, inzwischen 35 oder 40 Jahre alt, als ein wirkliches Zeichen seiner «Ganzmenschlichkeit», wenn er trotz aller Ängste doch nunmehr dazu gefunden hat, auch schon mal einen Vertreter des «anderen» Geschlechtes umarmt zu haben – vielleicht ist «alles» doch gar nicht so schlimm, wie es immer dargestellt wurde? Doch auch jetzt sind die Absicherungen dringlich: Nichts darf bedeuten, was es unter Menschen sonst bedeutet; man umarmt einander nur, um sich «ganz unbefangen», «aus reiner Freude», «in geschwisterlicher Gemeinsamkeit» Schutz, Geborgenheit und Anteilnahme zu schenken. Über sexuelle Gefühle ist man desto mehr erhaben, und wenn es gelingt, sich diese Unabhängigkeit zu beweisen, so ist die Freude ganz christlich, wirklich vollkommen. Im übrigen hat SIGMUND FREUD natürlich ganz unrecht, wenn er lehrt, daß Zärtlichkeit nichts weiter sei als gehemmte Sexualität.[32] Versteht man das Wort «Sexualität» sehr eng, trifft diese psychoanalytische Anschauung auch wirklich nicht zu – ein großer Teil menschlicher Zärtlichkeit entstammt, evolutiv betrachtet, gewiß dem Brutpflegeverhalten, *nicht* der genitalen Sexualität[33], aber es läßt sich nicht leugnen, daß schon bei den Tieren die Gebärden des Brutpflegeverhaltens in ritualisierter Form auch zum Zwecke der Partnerwerbung und beim Vorspiel der Liebe eingesetzt werden, und so hat SIGMUND FREUD *unter den Gegebenheiten sexueller Gehemmtheiten* selbst dort noch recht, wo er sachlich irrte: Die ständige Betonung des «nur» Zärtlichen in so vielen liebevoll gemeinten Ansprachen und Predigten heutiger Vikare und in den entsprechenden Schilderungen einzelner Kleriker sind ganz gewiß das, als was FREUD sie betrachtete: die ersten Anzeichen eines erwachenden sexuellen Interesses, das nur seiner selbst noch nicht bewußt zu werden sich getraut. Nichts ist gebessert, solange man nicht, parallel zur Freiheit der Gedanken, den *Gefühlen* Freiheit gibt und erlaubt, was einem Kleriker unter Androhung des Verlustes seines Standes auf Lebzeiten verboten ist: die Liebe zu lernen, wenn er dafür reif ist.

2) Onaniephantasien eines «reinen» Lebens

Bisher sind wir davon ausgegangen, daß die klerikale «Berufung» unter der Voraussetzung vollständiger sexueller Unerfahrenheit zustande komme – eine, zugegeben, recht selten realisierte Bedingung, die indessen dem Ideal der katholischen Moral am meisten entspricht und deshalb als Ausgangsmodell zum Verständnis auch aller anderen Formen klerikaler Sexualprobleme dienen kann.

Die Preisgabe der «Unschuld», diese eigentliche Urschuld im Leben der meisten Kleriker, stellt wohl die Frage der Onanie dar. Sie bildet für die meisten lebenslänglich die einzige Form sexueller Erfahrung überhaupt, und wer die z. T. recht eigenartig anmutenden Gedanken der katholischen Moraltheologie zu den verschiedenen Themen der menschlichen Sexualität wirklich verstehen will, der wird schon deshalb nicht umhin können, gerade dem Problem der Onanie eine besondere Aufmerksamkeit zu schenken.
Welch eine Beachtung dem Onanieproblem von altersher innerhalb des klerikalen Ideals selber zukommt, mag man daran erkennen, daß noch bis vor kurzem die Zulassung zum Priestertum oder Ordensstand überhaupt an die Bedingung geknüpft wurde, inwieweit es gelungen sei, das geheime «Laster» der Onanie zu meiden. «Probata castitas» – erprobte Keuschheit, so hatte jeder der Diakone noch in den letzten Tagen vor der Priesterweihe sich zu fragen: – war sie ihm durch Gottes Gnade geschenkt worden, oder hatte er die einzigartige Auszeichnung einer Berufung zu ewigem Priestertum durch eigene Schuld für immer verwirkt? «Erprobte Keuschheit», das hieß, zumindest in den zurückliegenden ein bis zwei Jahren niemals mehr unsittlich sich berührt zu haben. Fairerweise kann man nicht sagen, daß in diesem Punkt der Priesterausbildung mit falschen Karten gespielt worden wäre: Schon zu Beginn des Studiums wurden die Priesteramtskandidaten ausdrücklich darauf hingewiesen, daß es jetzt, in der Unvollkommenheit der Jugend, wohl noch ab und an zu jener Sünde der Selbstbefleckung kommen könne, doch sei dies an sich noch kein Zeichen, endgültig unwürdig der Berufung zu sein, allerdings müsse es gelingen, spätestens bis zum 3., 4. Semester von diesem Fehler loszukommen. Die Einführung ließ kein Detail aus. Darf man ein Lustgefühl empfinden, wenn man sich duscht? – Man darf, aber nur als eine unvermeidbare Begleiterscheinung der nun einmal unerläßlichen Hygiene. Darf man in ein öffentliches Freibad gehen? Der Kampf der katholischen Kirche gegen das «Familienbad» der öffentlichen Badeanstalten und gegen die Art der Badebekleidung dortselbst fand schließlich erst in den 60er Jahren sein wirkliches Ende; – Antwort: Man sollte besser nicht; warum auch würde die katholische Kirche sonst für Millionen Mark eigene Hallenbäder für ihre Kleriker errichten?
Gewiß, in dieser Form, die noch vor 20 Jahren allgemein üblich war und die den gesamten «Mittelstand» des Klerus, altersmäßig also seinen erfahrensten und aktivsten Teil, geprägt hat, wird man heute nicht mehr lehren, jedoch wiederum nicht, weil sich das Denken selber in der Substanz geändert hätte, sondern weil die Kirche spürt, daß sie ihre Ideale selbst bei denen, die ihr bedingungslos ergeben sind, *leider* nicht mehr in der vollen Reinheit und

Strenge durchzusetzen vermag. In Zeiten, da die Konvikte und Seminarien mit Priesteramtskandidaten noch überfüllt waren, konnte die Kirche es sich leisten, auf ihren Forderungen uneingeschränkt zu bestehen – man muß sich nur vor Augen halten, daß fast ausnahmslos alle, die bis vor ca. 20 Jahren den Weg zum Priestertum abbrachen, im Grunde an der Frage der Onanie scheiterten: Sie hatten «es» nicht geschafft, und Gott hatte ihnen dadurch gezeigt, daß sie doch eher zur Ehe berufen seien, um dort ihre Sexualität «geordnet» auszuleben. Wollte man auch heute noch derartig vorgehen, so darf man zuversichtlich behaupten, daß die Priester, die in der Bundesrepublik jährlich geweiht werden könnten, vermutlich an den Fingern einer Hand zu zählen wären. Aber wohlgemerkt: Es handelt sich nicht um eine Toleranz aus sittlicher Überzeugung, sondern um eine Toleranz der Lüge zum Zwecke des Selbsterhalts der Kirche. Niemals hat das Lehramt der katholischen Kirche die Ansicht zugelassen, daß es auch außerhalb der Ehe erlaubte Formen sexueller Triebbefriedigung, z. B. durch Onanie, geben könne; niemals hat die katholische Kirche sich dafür schuldig gesprochen, über viele Jahrhunderte hin junge Menschen mit sexuellen Schuldgefühlen und Strafängsten bis zu Krankheit und Wahnsinn getrieben zu haben; was es allenfalls gibt, sind die psychoanalytisch natürlich begrüßenswerten Versuche mancher Moraltheologen, in vorsichtigen Erklärungen darauf hinzuweisen, daß man das Tun eines Menschen nicht isoliert, sondern nur jeweils im Kontext der Umstände gültig bewerten könne; es sei eben nicht dasselbe, ob ein alleinstehender, 60jähriger Witwer sich selbst befriedige oder ein 30jähriger Junggeselle, der nur zu faul zum Heiraten sei. Die «Umstände» – das sind heute vor allem für die Kirche selber die alarmierenden Zahlen fehlender Ordenseintritte und Priesterbewerbungen; einfach unter dem Druck der Zahlen geht es der katholischen Kirche heute in der Zentrierung auf das Klerikersein um ihren Bestand, und so wird man die Alumni in den Konvikten eher dahin beraten, daß sie an der Frage der Onanie ihre Berufung zum Priestertum nicht mehr entscheidend festmachen sollten. «Gott braucht Menschen», das ist wichtiger als die Frage einer letzten Vollkommenheit der sittlichen Voraussetzungen.

Es ist klar, daß mit solchen Direktiven das Problem psychologisch nicht gelöst, sondern eher verschärft wird: Die Doktrin, die jeden, der dem Laster der Selbstbefriedigung frönt, als Sünder anklagt, hat sich im Grunde nicht geändert; nur daß es jetzt zum Selbstverständnis des Klerikerseins gehört, dem erbarmenden und verzeihenden Gott als letztes auch noch das Opfer des Verzichtes auf die eigene Würdigkeit darzubringen. Statt das Problem der Onanie ehrlich durchzuarbeiten und in irgendeiner Form Denken,

Gefühl und Erfahrung endlich in Übereinstimmung zu bringen, findet die klerikale Doppelbödigkeit jetzt sogar noch die Legitimation einer neuen Variante der alten Opfertheologie: Wem es nicht gelingt, seine sexuellen Triebregungen zumindest außerhalb der Träume zu zügeln, der soll sich weiter um die Reinheit *bemühen*, die nunmehr freilich nicht als Bedingung, wohl aber als ein konstitutives Ziel des Klerikerseins interpretiert wird; doch vor allem soll er damit einverstanden sein, den wichtigsten Teil seines persönlichen Lebens, die Energien der Liebe, von sich wie etwas Neutrales, noch nicht weiter Beherrschbares abzuspalten und es der Gnade und Vergebung Gottes anheimzustellen, was daraus wird. Es handelt sich um ein Verfahren, fast so verzweifelt wie die Ansiedlung einer Stadt an den Rändern undurchdringlicher Sümpfe, deren giftige Miasmen auf die Dauer Krankheit und Pestilenz über die Bewohner hinwegtragen müssen: wer darauf verzichtet, sie zu kultivieren, handelt fahrlässig und gefährlich gegenüber dem Leben. Die eigentliche Erkenntnis der katholischen Moraltheologie aber läßt noch immer auf sich warten: daß jene «Sümpfe» sich nur ergeben durch den Rückstau der Wasser an den künstlichen Staumauern, die man für nötig hielt, um die Bevölkerung vor drohenden Überschwemmungen zu schützen.

Wie das Leben eines Jugendlichen aussieht, der gelernt hat, die Sünde der Onanie als eine gräßliche Befleckung seiner selbst zu meiden, hat kurz nach dem Ende des Ersten Weltkriegs HERMANN HESSE in seinem Roman *«Demian»* beschrieben. HESSE schildert dort die Geschichte des jungen *Emil Sinclair*, der unter der Anleitung seines erfahrenen Freundes *Demian* darum ringt, sich von den Fesseln einer erstickenden Moral zu befreien, und dabei in dem Gott *Abraxas* die Einheit aller Gegensätze von Mann und Frau, Gut und Böse, Mensch und Tier, Geist und Trieb kennenlernt. Als sein negatives Pendant trifft *Sinclair* auf seinen Kameraden *Knauer*, der es in seinem verzweifelten und demütigenden Kampf um die Reinheit nicht wagt, die steinernen Tafeln des alten Gottes zu zerbrechen und sich ein Recht auf die Unschuld seiner unbefangenen Jugend zuzusprechen. Die Gestalt dieses *Knauer* kann in der Ehrlichkeit ihres Ringens und in der Trostlosigkeit ihrer seelischen Verkrampfung exakt für das Porträt eines angehenden Klerikers genommen werden; – wären seine Konflikte nicht so offen ausgesprochen, müßte er gar als ein Vorbild katholischer Tugend gelten. Jedenfalls vertritt er just die Meinung, die auch heute noch, 70 Jahre danach, die Lehrmeinung der katholischen Kirche in Fragen der Sexualmoral darstellt. «Ich bin jetzt», erklärt er seinem Freund *Sinclair*, «seit zwei Jahren enthaltsam... Vorher habe ich ein Laster betrieben, du weißt schon. – Du bist also nie bei einem

Weib gewesen?» fragt er, und als sein Freund ihm sagt, er habe die Richtige nur noch nicht gefunden, würde aber mit ihr schlafen, sobald er sie fände, entgegnet er ihm beschwörend: «Oh, da bist du aber auf dem falschen Weg! Die inneren Kräfte kann man nur ausbilden, wenn man völlig enthaltsam bleibt. Ich habe es getan, zwei Jahre lang. Zwei Jahre und etwas mehr als einen Monat! Es ist so schwer! Manchmal kann ich es kaum mehr aushalten.»[34] Wohl wendet *Sinclair* ein, er glaube nicht, daß die Enthaltsamkeit so furchtbar wichtig sei, ja, er begreife nicht, warum jemand «reiner» sein solle, der sein Geschlecht unterdrückt, als irgendein anderer. «Oder», fragt er, «kannst du das Geschlechtliche auch aus allen Gedanken und Träumen ausschalten?» Ehrlicherweise gesteht ihm sein Freund, daß er eben das nicht könne. «Ich habe getan, was man tun kann, mit kaltem Wasser, mit Schnee, mit Turnen und Laufen, aber es hilft alles nichts. Jede Nacht wache ich aus Träumen auf, an die ich gar nicht denken darf. Und das Entsetzliche ist: darüber geht mir allmählich alles wieder verloren, was ich geistig gelernt hatte. Ich bringe es beinahe nie mehr fertig, mich zu konzentrieren oder mich einzuschläfern, oft liege ich die ganze Nacht wach. Ich halte das nicht mehr lange aus. Wenn ich schließlich doch den Kampf nicht durchführen kann, wenn ich nachgebe und mich wieder unrein mache, dann bin ich schlechter als alle anderen, die überhaupt nie gekämpft haben.» Hilflos und mutlos antwortet ihm *Sinclair:* «Du mußt dich auf dich selber besinnen, und dann mußt du das tun, was wirklich aus deinem Wesen kommt. Es gibt nichts anderes. Wenn du dich selber nicht finden kannst, dann wirst du auch keine Geister finden, glaube ich.» Doch mit einem Blick plötzlicher Gehässigkeit schreit ihn wütend sein Kamerad an: «Ah, du bist mir ein schöner Heiliger! Du hast auch dein Laster, ich weiß es! Du tust wie ein Weiser, und heimlich hängst du am gleichen Dreck wie ich und alle! Du bist ein Schwein, ein Schwein, wie ich selber. Alle sind wir Schweine!»[35]

Für HERMANN HESSE fungiert die Gestalt des unglücklichen *Knauer* lediglich als ein mahnendes Kontrastbeispiel, um sich die Folgen eben jener Moral der Selbstunterdrückung zu verdeutlichen, die er mit der Einstellung seines jugendlichen Helden *Sinclair* zu überwinden trachtet. An die Stelle der Einseitigkeiten und Gewaltsamkeiten jener Moral einer voluntaristischen Askese des objektiven Rechtverhaltens setzt er den Weg des Gottes *Abraxas,* eben den Weg, den die katholische Kirche noch heute als das äußerste Prinzip des Antichristlichen zu bekämpfen sucht: «Selbstfindung»! In *Sinclair* steigt plötzlich «wie eine scharfe Flamme die Erkenntnis» auf, die jedes Leben und Denken von Amts wegen beenden muß: «Es gab für jeden ein ‹Amt›, aber für keinen eines, das er selber wählen, umschreiben und

beliebig verwalten durfte. Es war falsch, neue Götter zu wollen, es war völlig falsch, der Welt irgend etwas geben zu wollen! Es gab keine, keine, keine Pflicht für erwachte Menschen als die eine: sich selber zu suchen, in sich fest zu werden, den eigenen Weg vorwärts zu tasten, einerlei, wohin er führte.»[36]
«Oft hatte ich mit Bildern der Zukunft gespielt, ich hatte von Rollen geträumt, die mir zugedacht sein könnten, als Dichter vielleicht oder als Prophet, oder als Maler, oder irgendwie. All das war nichts. Ich war nicht da, um zu dichten, um zu predigen, um zu malen, weder ich noch sonst ein Mensch war dazu da. Das alles ergab sich nur nebenher. Wahrer Beruf für jeden war nur das eine: zu sich selbst zu kommen. Er mochte als Dichter oder als Wahnsinniger, als Prophet oder als Verbrecher enden – dies war nicht seine Sache, ja dies war letzten Endes belanglos. Seine Sache war, das eigene Schicksal zu finden, nicht ein beliebiges, und es in sich auszuleben, ganz und ungebrochen. Alles andere war halb, war Versuch zu entrinnen, war Rückflucht ins Ideal der Masse, war Anpassung und Angst vor dem eigenen Innern.»[37]
Ein eigentümliches Paradox besteht darin, daß einzig eine solche Moral der Selbstverwirklichung und Selbstfindung die onanistischen Fixierungen der armseligen Selbsttötungsmoral von *Sinclairs* Freund *Knauer* auflösen könnte, während eine Moral der Selbstentleerung immer wieder mit der Saugkraft eines Vakuums in das Loch des eigenen Ichs zurückzieht. Je weniger man einem Menschen erlaubt, selber zu leben, desto selbstischer wird er nach sich selber auf die Suche gehen, und wen man daran hindert, sich selber zu finden, der wird nur ewig ruhelos um sich selbst kreisen, ohne je bei sich anzukommen. Um es möglichst deutlich zu sagen: Die katholische Sexualmoral muß(te) schon deshalb in der Onanie eine Hauptsünde erkennen, weil sie diese «Sünde» selbst fördert, indem sie gleich drei Fehler auf einmal begeht: Sie ruiniert durch unhaltbare Gesetze das nötige Selbstvertrauen des Ichs; sie etabliert auf dem Boden des Ichs das narzißtische Konstrukt einer reinen Überichmoral der Selbstbewahrung unter dem Ideal der Selbsthingabe und Selbstaufopferung; und sie läßt speziell in der Ausbildung der Kleriker durch die überkommenen Mystifikationen seelischer Not nur Auswege in das Niemandsland seelischer Verödung zu. – Der Reihe nach!
Die meisten im Umkreis einer katholisch strengen Erziehung, speziell fast ausnahmslos die *männlichen* Kleriker, werden sich an den Beginn ihrer onanistischen Praktiken wie an etwas absolut Beschämendes erinnern, ja, viele von ihnen haben unter den schwersten Schuldgefühlen gelitten, längst ehe sie überhaupt wußten, was mit dem Wort Onanie oder Masturbation oder Selbstbefriedigung überhaupt gemeint war. «Ich weiß noch ganz

genau», erzählte mir ein Pfarrer, der über seine erste wirkliche Liebe zu seiner derzeitigen Gemeindeassistentin nachdachte, «wie ich mit etwa 12 Jahren, als meine Eltern einmal ausgegangen waren, auf dem Sofa lag und zufällig im *Großen Brockhaus* herumblätterte. Ich hatte auch vorher schon die größten Skrupel, weil ich nicht wußte, ob es eine Todsünde war, wenn ich z. B. die Negerinnen in dem Sammelalbum einer Margarine-Firma anschaute oder den Zehn-DM-Schein betrachtete, auf dem *Zeus* als Stier die nackte *Europa* entführte. Aber an diesem Nachmittag ging der Teufel mit mir durch. Ich geriet auf die Spur der einschlägigen Stichwörter und las und las; ich durchwühlte immer aufgeregter alle Abbildungen: GIORGIONES *«Ruhende Venus»*[38] war da zu sehen, wie sie unbekleidet daliegt und schläft, den rechten Arm unter den Kopf gelegt, die linke Hand ruhend in ihrem Schoß – mich traf dieses Bild wie aus heiterem Himmel. Das schwere Lexikon lag auf meinen Knien, und ich spürte zum erstenmal bewußt, wie mein Geschlecht sich regte. Mit diesem Erlebnis war meine Kindheit beendet, meine Unschuld zerstört, von diesem Tage an war ich ein Sünder. Allerdings wagte ich damals noch nicht, mir meinen Zustand einzugestehen. Wohl versuchte ich in der Folgezeit immer wieder, durch bestimmte Manipulationen einen ähnlichen Erregungszustand herzustellen wie damals, aber ich verbarg es vor den anderen ebenso wie vor mir selbst. Eine entscheidende Wende trat ein, als ich mit ca. 14 Jahren ein paar Tage mit einer Mandelentzündung im Bett lag; ich sehe noch das Muster der Tapete vor mir, das ich anstarrte, als ich anfing nachzurechnen, daß genaugenommen jede Berührung, jeder Gedanke, jede Empfindung meines Geschlechtes eine schwere Sünde gewesen sein mußte, die ich hätte beichten sollen. Ich hatte über zwei Jahre lang unwürdig gebeichtet und kommuniziert, ich hatte sogar gewagt, das Sakrament der Firmung unwürdig zu empfangen – Sie können sich nicht vorstellen, wie ich mich fühlte: als wenn das Bett anfinge, sich zu drehen, und fiele unaufhaltsam in den Schlund eines Vulkans hinab. Ich wußte, es gab nur eine Rettung: Ich mußte sobald als möglich alle meine Sünden beichten. Einen Moment lang überlegte ich, ob es nicht besser sei, in einem Nachbardorf zur Beichte zu gehen statt bei unserem Pfarrer, der mich von klein auf kannte; doch dann sagte ich mir, ich müsse die falsche Scham überwinden, wenn ich schon so schamlos gewesen sei, derartige Sünden zu begehen. Ich war damals 14 Jahre alt, und ich beichtete also, daß ich wer weiß wie viele hundert Male Unkeusches getan, gedacht, angesehen, gewünscht hätte, ich hatte die Zahlen ausgerechnet, wie oft ich gegen Gottes Gnade durch unwürdigen Kommunionempfang gefrevelt hatte; und mein Beichtvater seufzte zum Himmel und dankte Gott, der mir den Mut gegeben hatte, alle meine Sünden offen zu gestehen. Ich war so erleichtert, als ich von der Kirche nach Hause kam. Ich wollte nie mehr, nie mehr sündigen. Ich wollte fortan ganz rein bleiben und nie mehr Gottes Augen beleidigen. Sie können sich denken, wie es weiterging. Fortan verging kaum ein Tag, an dem ich nicht von Zweifeln gepeinigt wurde, ob ich irgendwann etwas ‹freiwillig› getan, gedacht oder gewollt hatte. Ich muß wohl 17 Jahre alt gewesen sein, als ich das erste Mal wirklich einen Orgasmus erlebte. Einen Augenblick lang war ich von einem seligen Gefühl durchdrungen, eine Art kreatürlichen Stolzes auf mich selbst, aber dann wußte ich, daß ich endgültig verworfen war, wenn mir so etwas noch einmal passieren würde. Seither kämpfte ich immer wieder dagegen an; ich betete den Rosenkranz, und es passierte trotzdem. Ich beichtete es jedesmal, und ich kam davon nicht los. Dann zählte ich die Tage und die Wochen wie ein Süchtiger. Ich begann mich gut zu fühlen, wenn es einmal vier Wochen lang nicht passiert war, aber dann konnte irgendeine Stimmungsveränderung eintreten, und alles begann um so heftiger von vorn. Ich hatte damals ernsthafte Selbstmordphantasien, und ich glaube, ich bin Priester geworden, um meine Schuld vor Gott wiedergutzumachen.»

Geht man den Schilderungen nach, die viele Kleriker von ihrer Jugendzeit geben, so hat diese in Einzelfällen vielleicht weniger dramatische, in der Regel aber strukturell ganz gleiche Formen angenommen. Der Moment sexuellen Erwachens in der Pubertät wurde in aller Regel als eine moralische Katastrophe erlebt, die man niemals hätte zulassen dürfen und die es, einmal geschehen, in alle Zukunft zu verhindern gälte. Dabei hat bereits vor 160 Jahren Sören Kierkegaard gerade am Beispiel des sexuellen Erlebens gezeigt, wie die Angst vor dem Bösen, das in die Freiheit des Menschen eingedrungen ist, sich nach begangener Tat augenblicklich potenzieren wird, indem es als Angst vor der jederzeit möglichen neuen Tat in das Bewußtsein des Menschen zurückkehrt, so daß es schon fast wieder eine Erleichterung wird, endlich das Verbotene aufs neue zu tun, um den *Druck der Möglichkeit* für einen Augenblick loszuwerden.[39] Je ernster jemand die katholische Moraltheologie, wie sie bis zum 2. Vaticanum in aller Schärfe ausnahmslos gelehrt werden mußte, in sein Leben aufnahm, desto haltloser und verzweifelter mußte er sich vorkommen, wenn er erst einmal aus dem Paradies der Unschuld vertrieben worden war. Wer zudem gelernt hat, daß die katholische Kirche eine göttliche Einrichtung ist, die in ihren Sittenlehren nicht irren kann, der wird auch nicht so leicht auf die Idee kommen, daß womöglich ein jahrhundertealtes Lehrsystem im Unrecht sein könnte, er selber aber womöglich mit seinen gebrochenen Jugenderfahrungen im Recht, und selbst wenn er einen solchen Gedanken an sich auch für möglich

halten würde, so müßte doch *das Schuldgefühl* ihm jedes Recht nehmen, seine eigene Lebenserfahrung gegen die Lehre der Kirche zu stellen.
Noch einmal lernen wir an dieser Stelle einen ganz wichtigen Faktor für die Ausprägung des «beamteten Denkens» im Status der späteren Kleriker kennen: Es ist nicht möglich, die eigene Vernunft gegen ein dogmatisches System zu stellen, solange dieses System psychisch die Macht besitzt, das eigene Ich radikal schuldig zu sprechen. Es ist nicht möglich, zu erklären, die katholische Sexualmoral sei ein unmenschlicher Irrsinn, eine Perversion des Denkens und des Fühlens, und zum Beweis für solche Ansichten darauf zu verweisen, daß sie gerade die Menschen, die ihr zu folgen versuchen, seelisch krank mache; umgekehrt: Man hat die Pflicht, sich selber als krank und pervers zu betrachten, wenn es nicht gelingt, durch Zügelung der unzüchtigen Triebe die sittliche Freiheit und Selbstbestimmung wiederherzustellen; für einen freien Menschen gibt es keine unmöglichen moralischen Forderungen, denn die Moral gründet selber in der Freiheit, die Gott uns geschenkt hat, und wer je von Unvermögen und Unfähigkeit reden wollte, das Gute, das als wahr Erkannte auch wirklich zu tun, der würde das Maß seiner Sünden nur noch vermehren, indem er, statt sie zu bereuen, nach Beschönigungen, Ausreden und Entschuldigungen sucht; ein solcher wäre unbußfertig und verstockt, und es könnte ihm niemals die Vergebung der göttlichen Gnade zuteil werden. Es ist nicht nur, daß eine derartige Moralauffassung Menschen zu Sündern erklärt, die an sich nichts weiter sind als Jugendliche mit der biologischen Ausstattung, sich normal zu entwickeln, es ist vor allem, daß ein für göttliche Weisheit ausgegebenes verkehrtes Denken als erstes in den Köpfen der Gläubigen selber jeden geraden Gedanken verbiegen muß. – Aber auch damit nicht genug.
Das eigentliche Übel der Onanieproblematik im Umkreis der klerikalen Reinheitsvorstellungen besteht, neben der Zerstörung der Denkfunktion, in einer unvermeidlichen und nachhaltigen *Zerrüttung des Selbstvertrauens* und des Selbstbewußtseins. Kein Mensch kann von sich selber eine gute Meinung gewinnen, wenn er über einen langen Zeitraum hin immer von neuem zu etwas angehalten wird, das er nicht leisten kann. Das katholische Reinheitsideal mit dem Verbot jeder freiwilligen sexuellen Lustempfindung außerhalb der Ehe nötigt die «Gläubigen» vom Beginn der Pubertät an mit aller Entschiedenheit dazu, die ganze moralische Persönlichkeit aufzubieten, um bestimmte Gedanken und Handlungen zu unterdrücken. Selbst die heute beliebte Verteidigungsausrede, man habe die Einstellung der katholischen Moraltheologie in diesen Fragen nur noch nicht richtig verstanden, wenn man sie lediglich als Kampf gegen sich selber verstehe, wo es ihr doch

in Wahrheit um die Erlernung selbstloser Liebe und hingebungsvoller Treue zu tun sei, ändert am Kern der Dinge nichts: Die sexuelle Lust besitzt für das Denken der katholischen Kirche keinen Eigenwert, und so impft sie auch heute noch, wo immer sie kann, schon den Heranwachsenden ihre eigene jahrhundertealte Angst vor dem eigenen Körper, vor den eigenen Trieben, vor den eigenen Gefühlen ein. Ihr pädagogisches Rezept ist decouvrierend genug, es lautet zur Vermeidung der stets lauernden Sünde der Selbstbefriedigung: Ablenkung! Ablenkung von sich selbst! Die Flucht zu den anderen – die Kontrolle der Gruppe als Schutz! «Andere» Freuden! Sowie: kalte Duschen, salzarmes Essen, gedünsteten Kohl. Keine Kinobesuche und nicht zuviel Fernsehen. Abwehr der Reizüberflutung, die zu einer überhöhten Hormonausschüttung führen kann. Die absurden Broschüren des ebenso orthodoxen wie wohlmeinenden Paters Alfonso Pereira lagen in den 50er Jahren an dem Schriftenstand fast aller katholischen Kirchen aus; dort stand, was *die* katholische Kirche, nicht irgendein privater Fanatiker in ihren Reihen, sich unter Keuschheit und Reinheit in der Praxis vorstellte. – Was macht ein Junge, ein Mädchen, wenn es nach drei Wochen, nach drei Monaten eines *Knauer*schen Abwehrkampfes wieder zusammenbricht? Antwort: Betrachte, wie auch Jesus auf seinem Kreuzweg dreimal unter der Last zusammenbrach – er stand immer wieder auf und ging weiter... bis in den Tod, aus Liebe zu dir.

So übt sich alles ein, was spätere Kleriker brauchen: der Masochismus verdrängter Sexualität, der Selbsthaß auf den eigenen Körper und auf die eigenen Gefühle, die rechte Buß- und Leidensgesinnung, und, nicht zuletzt: das Festhalten an Idealen, die nicht dem Leben dienen, sondern der Festschreibung nicht endender Schuldgefühle. Immer, wenn «es» wieder «passiert» ist, kommt es nach so vielen Abwehrbemühungen zu einem *Zusammenbruch der gesamten moralischen Persönlichkeit,* einer wirklichen Katastrophe dramatischer Ohnmachtsgefühle und hilfloser Selbstanklagen; wenn man Dinge, die absolut natürlich sind, unter moraltheologischem Zwang als *Laster* kennenlernt, bleibt dem Ich keine andere Wahl, als sich über kurz oder lang wie ein Süchtiger zu fühlen und von einem gewissen Punkt der Neurotisierung an auch wirklich süchtig zu werden. Ein Teufelskreis entsteht, indem die Spirale von Angst, Schuldgefühl, Ohnmacht und Versagen immer von neuem weitergedreht wird durch alle möglichen Bemühungen von asketischer Selbstkontrolle, verzweifelten Fluchtreaktionen und den guten Vorsätzen des «niemals mehr wieder». Die Summe von all dem stellt sich dar in einem immer stärker werdenden Minderwertigkeitsgefühl, in einem immer schwächer werdenden Ich und damit in einer fortschreitenden Auszehrung gerade derjenigen Kräfte, durch welche so etwas wie eine moralische Selbststeuerung überhaupt nur möglich ist.

Speziell in der Onanieproblematik ist der Teufelskreis von moralischer Überanstrengung, Frustration, Minderwertigkeitsgefühl und reaktiv überhöhtem neuerlichem Moralanspruch besondes fatal. Ein GRIMMsches Märchen wie die Geschichte von *«Schneeweißchen und Rosenrot»* bringt die Menschlichkeit auf, zu schildern, wie Mädchen harmonisch aufzuwachsen vermögen, indem sie es lernen, mit den «bärenhaft» erscheinenden Kräften der erwachenden Sexualität *spielerisch* umzugehen.[40] Genau das ist in der katholischen Moraltheologie bis heute nicht vorgesehen, und so liefert sie bereits die Jugendlichen, auf die sie ihren Einfluß geltend machen kann, einem Wechselbad unerfüllbarer Reinheitsvorstellungen und erniedrigender Schamgefühle aus – ein *zwangsneurotischer* Verschleißprozeß, durch den das Ich wie zwischen zwei Mühlsteinen zermahlen wird. Dabei ist gerade die Sexualität auf das engste mit der Frage nach der eigenen *Liebenswürdigkeit* und *Werthaftigkeit* verknüpft. Ein Kind, dem man beibringt, daß es mit seiner Geschlechtlichkeit irgendwie etwas Gefährliches, jedenfalls nicht ohne weiteres etwas Akzeptables und Erwünschtes darstellt, wird von vornherein in seinem Selbstwertgefühl schwer geschädigt sein; es wird in den Jahren der Jugend sich um so schwerer tun, auf andere Menschen zuzugehen und einen freien Austausch von Gefühlen, die auch die Sexualität miteinschließen, für möglich zu halten. Infolgedessen wird es von Anfang an, was den Kontakt zwischen den Geschlechtern angeht, zur *Einsamkeit* verurteilt bleiben; es bildet sich gerade der Zustand heraus, den wir im Bereich der Sexualität als eine Grundbedingung im Leben der katholischen Kleriker erkennen müssen: Sie haben es ausnahmslos lernen müssen, spätestens *dann* vor sich selbst und den anderen Reißaus zu nehmen, wenn ihre zögernden Annäherungsversuche von einigem Erfolg gekrönt zu werden drohten, wenn mit anderen Worten die wachsende Nähe gewisse sexuelle Ausdrucksformen als selbstverständlich erscheinen ließ. Die einmal geweckten Energien können unter diesen Umständen nicht auf den anderen hin abfließen, sie bleiben auf das eigene Ich fixiert, und so steht von vornherein zu erwarten, daß die Onanieproblematik einen enormen Raum im seelischen Haushalt der Kleriker der Kirche beanspruchen wird. Der Sinn des Onanierens liegt denn auch nicht einfach in einer quasi biologischen Abfuhr sexueller Energien, sondern im Grunde in dem verzweifelten Versuch, inmitten einer moralisch erzwungenen Einsamkeit aus Selbstmißtrauen, Minderwertigkeitsgefühlen, Ängsten und Schuldgefühlen sich trotz allem doch noch zu beweisen, liebenswert genug zu sein. Während die Phasen asketischer Selbstunterdrückung eben

noch das Ideal einer heroischen Reinheit nahelegten, bringen die Phasen der mehr oder minder unfreiwilligen Triebdurchbrüche Ideen einer überdimensionalen männlichen Kraft bzw. ausgedehnte Phantasien weiblicher Unwiderstehlichkeit zum Vorschein, nicht selten gepaart mit hermaphroditischen Träumereien einer mannweiblichen Verschmelzung, die im letzten eines anderen Partners gar nicht mehr bedarf, da das eigene Ich in vollendeter Autarkie beides ist: Liebender wie Geliebter, Werbender wie Umworbener, Ausgangs- und Endpunkt aller Triebstrebungen. Wenig danach freilich kehrt die Welt sich wieder um, und es erscheint die Realität als um so beschämender, als in der Wunschwelt das eigene Ich eben noch als unvergleichlich erschien. Und wieder wird das eigene Ich auch als hassenswert erlebt. Recht häufig berichten Kleriker, welche sadistischen Phantasien und Praktiken ihre Onaniegewohnheiten begleitet haben. «Immer, wenn ich es tat», sagte ein Priester, «hätte ich es mir endgültig ausreißen mögen.» Schon um «es» zu verhindern, hatte er sein Geschlecht endlos malträtiert, immer dabei die Abwehr und die Aufreizung des sexuellen Lustgefühls gleichzeitig betreibend. Ordensschwestern träumen nicht selten von Vergewaltigungen, wobei Qual und Wunsch eins sind und die vorgestellte Unfreiheit der Tat das Schuldgefühl, «so etwas» selbst zu wünschen und zu tun, ein wenig mildert.
Einbezogen in solche Widersprüchlichkeiten von Realität und Traum ist insbesondere der *Leistungsbereich.* Je schwächer das Ich sich fühlt, desto leichter wird es geneigt sein, die gestellten Arbeitsanforderungen des Alltags als *Überforderungen* zu empfinden. Die Sehnsucht nach einer mütterlichen Welt der Geborgenheit, die man in der Literatur nicht selten als Ursache statt als Folge der onanistischen Problematik beschrieben findet, nimmt immer ausgedehntere Züge an und kontrastiert zu der Härte der «väterlichen» Arbeitsanforderung. Angstbesetzte Arbeitsscheu, kompensiert durch die regressiven Phantasien mütterlich großer Brüste, und kurzschlüssige Größen- und Geniephantasien begünstigen ihrerseits wieder die Neigung zu der Ersatzbestätigung durch Onanie, so als könnte die Größe des eigenen Gliedes die Größe der eigenen «Potenz» unter Beweis stellen. Dabei muß man in Erinnerung behalten, was wir früher bereits über das chronische *Schuldgefühl der klerikalen Lebensform* gegenüber allen möglichen Empfindungen von Lust und Genuß sowie über den Ausfall eines erlaubten Privatlebens gesagt haben (s. o. S. 221 ff.). Inmitten einer zwangsweise freudlosen, grauen, pflichtgetönten Welt erscheint die Onanie schließlich paradoxerweise schon wieder als der einzig verbleibende Erholungsraum. Nicht wenige Kleriker, wenn sie überhaupt den Mut aufbringen, über dieses für sie so heikle Thema ehrlich zu sprechen, gestehen, daß sie im Kampf mit erheblichen Arbeitsstörungen, z. B.

bei einer Seminararbeit oder bei einer Predigtvorbereitung, als erstes immer wieder onanieren mußten, um die Angst und die Unsicherheit vor der geforderten Leistung zu überwinden und auch um ihre Neigung, vor der Arbeit wegzulaufen, zu unterdrücken. «Ich war», erzählte mir ein Priester, «dann (d.h. nach der Onanie, d.V.) immer wie betäubt, und in diesem Zustand, vermutlich auch aus Strafbedürfnis, konnte ich dann gut arbeiten. Man sagt von WILLIAM FAULKNER, daß er viele seiner Romane nur in alkoholisiertem Zustand habe schreiben können; auf mich wirkte regelmäßig die Onanie wie eine solche Bewußtseinsdroge, wie ein Gleitmittel zur Arbeit.» Nach vollbrachter Leistung blieb ihm freilich wieder nur das traurige Reservoir der Onanie zur Belohnung übrig. Anspannung wie Erschöpfung wurden in seinem Leben zunehmend von dem, was er sein *geheimes Laster* nannte, bestimmt. Er hatte sich längst abgewöhnt, noch, wie früher, nach Möglichkeit vor jeder heiligen Messe, die er lesen mußte, einen Konfrater geschwind zwischen Sakristeitür und Altarraum um die Lossprechung zu bitten, aber er litt ersichtlich an dem Grundgefühl, letztlich ein moralisch minderwertiger Mensch zu sein. Geht man den Dingen sorgfältig nach, so wird man entdekken, daß insbesondere der Vergleich mit dem Alkoholismus des genialen FAULKNERS u.a. auch eine Erklärung für den recht häufigen *Alkoholabusus* bietet, unter dem bemerkenswert viele Kleriker leiden: Nicht wenige haben das Trinken begonnen, weil es immer noch besser ist, sich das Gehirn zu betäuben als in schwere Sünde zu fallen, und sie haben wieder angefangen zu trinken, weil eine Zeitlang das dumpfe Gefühl nach einem Alkoholrausch ihnen die Last des moralischen Katers erträglich machte. «Was habe ich nur für Priester», soll Kardinal BENGSCH von Berlin einmal gesagt haben: «Ein Drittel säuft, ein Drittel hurt und ein Drittel ist faul.» Von den Konflikten jedenfalls, die zum Saufen, Huren und Faulenzen führen, tragen die Kleriker der Kirche allesamt ein gerüttelt Maß in sich.

Wirklich unglaublich aber ist es nun, daß die katholische Kirche sich beharrlich weigert, ihre flagrante Mitschuld an ihren eigenen Opfern anzuerkennen und abzuarbeiten. Im Gegenteil: Sie bringt es fertig, *die moralischen Depressionen* nach einem onanistischen Triebdurchbruch in vollem Umfang als die Bestätigung für die göttliche Wahrheit ihrer Lehren zu interpretieren und propagandistisch zu nutzen, indem sie bereits den Jugendlichen erläutert, nicht: daß es die eigenen kirchlichen Schuldgefühle seien, die zu allen möglichen Teufelskreisen führen müßten, sondern daß die Sünde als ein Verstoß gegen die Schöpfungsordnung *naturnotwendig* traurig, nervös und apathisch mache. Eben diese Ausbeutung der selbstgeschaffenen Niedergeschlagenheiten macht indessen wiederum deutlich, was diese Art Moraltheologie eigentlich bezweckt. Es geht ihr nicht um das Glück und Gelingen des Lebens heranwachsender Jugendlicher, sondern um *die vollkommene Einschüchterung des Ichs angesichts der erhabenen göttlichen Ordnung,* die in der katholischen Kirche zu ihrer unüberbietbaren irdischen Erscheinung gelangt. Ein Jugendlicher, der so heranwächst, lernt nicht nur (und zwar *jetzt,* nach den Opferleistungen bereits der *Armut* und des *Gehorsams* zum *dritten* und letzten Mal), daß er mit seinem Ich *unberechtigt,* sündhaft und verderbt ist, er lernt vor allem, daß es nur einen einzigen Ort der Rettung gibt: in dem Institut der *Sündenvergebung durch die Priester der katholischen Kirche.* Erst wenn man Menschen dahin bringt, daß sie ohne den Priester gar nicht mehr leben können, wird es zuverlässig auch Menschen geben, die sich ihr eigenes Leben gar nicht anders mehr vorstellen können, als selber Priester zu werden.

Psychoanalytisch gesehen, bildet sich auf diese Weise eine *Diktatur des Überichs* heraus, die eine wirkliche Entfaltung des Ichs durchaus nicht zuläßt, und es ist der katholischen Kirche der Vorwurf nicht zu ersparen, daß sie gerade diesen Zustand auf jedem nur erdenklichen Wege herbeizuführen sucht. Dabei entsteht zugleich das Paradox, daß gerade unter der Decke einer Idealbildung radikaler Selbstlosigkeit und Selbsthingabe eine äußerst «onanistische» Psyche herangezüchtet wird, als deren Hauptziel die Anpassung des Ichs an die Forderungen nicht der realen Bedürfnisse anderer Menschen, sondern allein des eigenen Überichs zu betrachten ist. Innerhalb einer solchen psychischen Struktur lautet die bestimmende Frage des Verhaltens nicht, wem dies oder das von Nutzen sein könnte, sondern im Endeffekt geht es bei allem, was geschieht, um die narzißtische Befriedigung im Überich – um das Lob der Selbstzufriedenheit, das «Richtige» getan zu haben. Man kann offensichtlich das Ideal christlicher Selbstlosigkeit auf eine Weise leben, die vollkommen selbstisch ist; und wenn man in der Onanie vorwiegend einen Akt von kompensatorischem Narzißmus erblicken kann, so mag man mit Fug und Recht die hoch kompensierte Idealbildung eines solchen Narzißmus umgekehrt als durch und durch «onanistisch» bezeichnen. Auch so entsteht eine Art von Teufelskreis, indem die Vergewaltigung durch das Überich in der klerikalen Psyche einen strukturellen Narzißmus erzeugt, der statt Öffnung und Offenheit weit eher Selbstbewahrung und Selbstabschirmung zum Ziel hat. Am Ende kommt es der Kirche nicht einmal auf die Reinheit und Keuschheit an, die sie zu schützen vorgibt, sondern auf die formale Übereinstimmung mit den Statuten einer unverheirateten Lebensform. «Ich», erklärte voller Stolz über ihre Entdeckung vor einiger Zeit eine Ordensschwester, «habe ja nicht die Keuschheit, sondern die Ehelosigkeit gelobt.» Das hatte sie freilich, aber wie kann man so leben, ohne in einen bodenlosen Zynismus abzugleiten?

Das schlimmste an der Onanieproblematik der Kleriker ist zweifellos *das Verbot psychischer Weiterentwicklung.* Nicht selten erlebt man im Verlauf der Psychotherapie einer wirklich «Unberührten», einer Ordensschwester z. B., die niemals mit Bewußtsein eine sexuelle Erregung erlebt hat, was geschieht, wenn die Verdrängungsdecke plötzlich durchbrochen wird. Durch die Behandlung etwas mutiger geworden, hatte z. B. eine Schwester ihre erwachende Sehnsucht nach Liebe und Zärtlichkeit den anderen gegenüber wohl etwas zu freimütig geäußert, jedenfalls hatte ein Stationsarzt gespürt, daß sie nur allzugern einmal in den Arm genommen werden wollte, und so tat er ihr (und wohl auch sich selber) den Gefallen. Er konnte nicht wissen, welch dramatische Folgen diese eine Berührung hatte! Es war, als ob über einen allzulang gefrorenen Gletscher der Föhnwind hereingefallen wäre und die Strahlen der Sonne den Gesteinsuntergrund zu erwärmen begonnen hätten: Eine Lawine von nie gekannten Begierden begrub das schwache, überangepaßte Ich dieser Schwester auf Monate und Jahre hin unter sich. Als erstes traten des Nachts alptraumartige Erlebnisse auf: Sie lag auf ihrem Bett, und es legte sich drückend schwer etwas auf ihre Brust. Von unerklärlicher Unruhe erfaßt, flüchtete sie in den Freistunden in die Stadt, ohne zu wissen, wovor sie eigentlich weglief. Dann, beim Baden, entdeckte sie, daß der Strahl der Massagedüsen im Becken ganz eigentümliche Wirkungen an bestimmten Stellen ihres Körpers hervorrief, und endlich gestand sie unter Tränen, daß sie, fast 40jährig, «das Böse» zum erstenmal selber getan habe. Fortan mußte sie es immer wieder tun. Sie litt unter furchtbaren Strafängsten, glaubte, sie würde beim nächstenmal sicher tot umfallen, maß bei sich immer wieder den Blutdruck, ob ihr Herz nicht stehenzubleiben drohe, attestierte sich bereits gewisse Herzrhythmusstörungen infolge ihres exzessiven Frevels – mit einem Wort, es kostete die größte Mühe, sie nach und nach davon zu überzeugen, daß unter ihren Lebensumständen ein gewisses Maß der Onanie vermutlich ganz normal und auf keinen Fall eine «tödliche» Sünde darstelle.

Wie aber sollte es nun weitergehen? – Bei jedem, der das, was diese Schwester im Alter von 40 Jahren erlebte, unter weniger dramatischen Umständen mit 14 Jahren erlebt hat, geht die Entwicklung für gewöhnlich wie von selber über sich hinaus und mündet ein in die Liebe zu anderen Menschen. Im Leben eines Klerikers aber ist gerade dieser normale Ausweg absolut versperrt, so daß es ein schweres, letztlich unbeantwortbares Problem aller Psychotherapie bei Klerikern der katholischen Kirche darstellt, inwieweit man es verantworten kann, Lebensenergien zu wecken, die eine legitime Entfaltung niemals haben dürfen. Das Leben vieler Kleriker bietet den traurigen Beleg für die Folgen eines Daseins, das man, noch ehe es überhaupt eine Chance besaß, sich selbst zu entdecken, mit selbstzerstörerischen Idealen einer selbstlosen Reinheit überformt hat: Die anfangs gehegte Hoffnung, das Rad der Entwicklung wieder auf den Status kindlicher Unschuld zurückdrehen zu können, erweist sich fast immer als illusionär; mit anderen über die bestehenden Konflikte wirklich sprechen zu können ist ebenfalls so gut wie unmöglich. In ihrer Hilflosigkeit und Verzweiflung wenden sich viele ratsuchend den Schriften «moderner» Moraltheologen zu, aber was sie dort finden, ist zwar nicht mehr so klar und eindeutig wie vor ca. 20 Jahren, jedoch nicht weniger verwirrend. Bei FRANZ FURGER z. B. werden sie da in einem Buch aus dem Jahre 1985 erfahren, daß die Selbstbefriedigung nicht als sittlich gleichgültig betrachtet werden könne, sondern daß sie «bei allem Verständnis» für konkrete Belastungen ethisch als dem Ideal menschlicher Sexualität nicht entsprechend abzulehnen sei.[41] Schlagen sie im *«Lexikon der christlichen Moral»* aus dem Jahre 1976 den Artikel «Selbstbefriedigung» auf, so erfahren sie dort von K. HÖRMANN, die Selbstbefriedigung sei als Fehlform sexuellen Verhaltens zurückzuweisen, da sie geeignet sei, «den Menschen bei sich festzuhalten ... und ihn nicht in die Liebe zum andersgeschlechtlichen Du und schon gar nicht zur Krönung der zweigeschlechtlichen Liebe im Kind gelangen zu lassen.»[42] Oh, bereits diese Sprache! Und von der *Glaubenskongregation* schließlich erfahren sie als den neuesten Stand der katholischen Theologie, die Selbstbefriedigung sei eine «schwere ordnungswidrige Handlung», insofern, «daß der frei gewollte Gebrauch der Geschlechtskraft, aus welchem Motiv er auch immer geschieht, außerhalb der normalen ehelichen Beziehungen seiner Zielsetzung wesentlich widerspricht; denn es fehlt ihm die von der sittlichen Ordnung geforderte geschlechtliche Beziehung.»[43] Im übrigen anerkennt die Glaubenskongregation zwar gewisse Faktoren, die die Freiheitlichkeit der an sich unsittlichen Handlung einschränken könnten, warnt dann aber ausdrücklich davor, generell anzunehmen, daß «von vornherein das Fehlen einer schweren Verantwortung» im Akt der Selbstbefriedigung vorliege. Erneut beginnt also wieder das alte Verwirrspiel zwischen Himmel und Hölle: War es eine freie Tat – eine *schwere* Sünde, wie unfrei war die Tat, also eine *läßliche* Sünde ...? Inzwischen aber geht die Entwicklung weiter. *Subjektiv* erscheint es jetzt vielen, entsprechend den Moralvorstellungen der meisten Mittelstandsbürger, immer noch besser, der Onanie nachzugeben, als z. B., wie manche ihrer Konfratres, sich auf illegale Beziehungen mit einer Frau einzulassen. In der

wüsten Sprache des Bruders *Archangias* drückte E. ZOLA diese Einstellung vieler Kleriker vor 100 Jahren so aus: «Es ist besser, auf dem Rücken zu rutschen, als sich ein Weibsbild zur Matratze zu nehmen. Sie verstehen mich doch! Für einen Augenblick ist man ein Tier, man reibt sich und wird sein Zeug los. Das erfrischt. Ich, wenn ich mich reibe, stelle mir vor, der Hund Gottes zu sein, und deshalb sage ich auch, das ganze Paradies lehnt sich aus dem Fenster und lacht.»[44] Die wohl größte Gefahr einer solchen Haltung ist ihr Zynismus und ihre grenzenlose Selbstverachtung. Hinzu tritt nicht selten das Problem der Maßlosigkeit.
Ist die Onanie an sich bereits ein extrem phantasieüberladener Akt, so kommt nunmehr eine ganze Industrie von Pornowaren aller Art der menschlichen Vorstellungskraft zu Hilfe, ja, die boshafte Unterstellung nähert sich jetzt bereits schon der Wirklichkeit, daß die wohl größte Unreinheit des Herzens sich schließlich bei denen findet, die im Gewande der Reinheit vorgeben, eine höhere Moralität zu verkörpern. «Getünchte Gräber», hätte Jesus von einem solchen Zustand der Seele gesagt (Mt 23,27); dieser Zustand geht aber, wohlgemerkt, nicht zurück auf die Schuld der Einzelnen, er ist die Schuld eines buchstäblich unbußfertigen Systems der klerikalen Kirche. «Ich schäme mich, es zu sagen», gestand ein Priester vor einer Weile, «aber ich spüre immer mehr, daß bei mir die Unzucht schon lange nicht mehr einer Schwäche des Fleisches entspringt, sondern einer geistigen Einstellung. Es ist mein Kopf, der mich wie aus Gewohnheit zwingt, nach günstigen Gelegenheiten zu haschen, um mich sexuell zu erregen. Ja, ich gehorche gewissermaßen gegen mein eigentliches Bedürfnis gleichsam einem höheren Befehl, wenn ich es wieder mache.» So oder ähnlich hören sich die Klagen von Menschen an, denen man als erstes verboten hat, die Liebe zu lernen, und die schließlich entdecken mußten, daß man ihnen mit System die Brunnen vergiftet hat, aus denen sich das Wasser des Lebens schöpfen ließe. Sie haben die Kraft verloren, noch irgend etwas leidenschaftlich zu wollen, zu mögen, zu lieben, zu begehren. Sie sind nichts mehr als glimmende Asche, die Opfer eines Systems, das den Tod verwaltet unter dem Namen des Lebens.
Und die Kirche möchte, daß es so bleibt. Vor einer Weile berichtete mir ein Priester, der sich auch ohne das z. Zt. aussichtslose Laisierungsverfahren der Kirche dazu durchgerungen hatte, eine Frau zu heiraten, von dem Abschiedsgespräch mit seinem Bischof. «Sie leben jetzt im Zustand der schweren Sünde», bedeutete ihm Seine Eminenz nach fast 20 Priesterjahren. «Aber ich wollte in Wahrheit der Sünde entfliehen», entgegnete er, im Wahn immer noch, zum erstenmal in seinem Leben, jetzt, wo alles zu Ende ging, eine Art Seelsorgegespräch mit seinem «Oberhirten» führen zu können.

«Ich denke, es ist besser, eine Frau zu lieben, als sich selber zu befriedigen», fügte er, mutig für seine Verhältnisse, hinzu. «Aber das ist doch etwas ganz anderes», erwiderte ihm der Bischof. «Ich habe ihm in die Augen geschaut», sagte mir dieser ehemalige Priester, «ich hätte am liebsten gesagt: Du machst es doch also auch.» Leider bleibt in der katholischen Kirche immer wieder das Richtigste und Wichtigste ungesagt. Besser ein Leben in Selbstbefriedigung, als eine Frau zu verführen oder, schlimmer noch, als sich durch eine Frau verführen zu lassen. Wie sagte doch FRIEDRICH NIETZSCHE: «Wohl gibt es solche, denen Tugend der Krampf unter einer Peitsche heißt... Und andre gibt es, die heißen Tugend das Faulwerden ihrer Laster; und wenn ihr Haß und ihre Eifersucht einmal die Glieder strecken, wird ihre ‹Gerechtigkeit› munter und reibt sich die verschlafenen Augen. Und andre gibt es, die werden abwärtsgezogen: ihre Teufel ziehn sie. Aber je mehr sie sinken, um so glühender leuchtet ihr Auge und die Begierde nach ihrem Gotte. Ach, auch deren Geschrei drang zu euren Ohren, ihr Tugendhaften: ‹Was ich *nicht* bin, Das, Das ist mir Gott und Tugend!› Und andre gibt es, die kommen schwer und knarrend daher, gleich Wägen, die Steine abwärtsfahren: die reden viel von Würde und Tugend, – ihren Hemmschuh heißen sie Tugend! Und andre gibt es, die sind gleich Alltags-Uhren, die aufgezogen wurden; sie machen ihr Tiktak und wollen, daß man Tiktak Tugend heiße. Wahrlich, an diesen habe ich meine Lust: wo ich solche Uhren finde, werde ich sie mit meinem Spotte aufziehn; und sie sollen mir dabei noch schnurren!»[45]

3) Homosexuelle Auswege oder: Ein berufsspezifisches Tabu

Wenn es schon gilt, daß die klerikale Moral der Selbstbewahrung unter dem Anschein der Selbsthingabe eine onanistische Grundhaltung durch den ausgesprochenen Narzißmus ihrer Überichbestimmtheit geradewegs fördert, so kommt die entsprechende Dialektik noch stärker in jenem Erlebnisbereich zum Vorschein, den die katholische Kirche seit jeher zu den schrecklichsten Formen der Sünde zählt, weil sie sich weigert, zu verstehen, was sie selber begünstigt: *die Homosexualität.*

Folgt man der Erklärung der *Glaubenskongregation* aus dem Jahre 1975, so ist zu unterscheiden zwischen «unheilbaren» und «nicht-unheilbaren» Formen der Homosexualität, wobei es gelte, bei der Beurteilung insbesondere der unheilbaren Homosexualität Klugheit walten zu lassen[46]. Es ist bereits bei dieser Ouvertüre des Themas anzumerken, wie wirklichkeitsfern der römische Standpunkt Unterscheidungen vornimmt, die rein äußerlich von vornherein klassifizieren sollen, was in der Psychotherapie allenfalls als das Ergebnis eines oft jahrelangen Bemühens in Erscheinung treten kann: am Ende, nicht am Anfang einer Behandlung wird sich zeigen, was im konkreten Einzelfall unter ganz bestimmten Umständen und Voraussetzungen im Gegenüber eines ganz bestimmten Therapeuten und in der Auseinandersetzung mit einer Vielzahl «zufälliger» Menschen und Begegnungen «heilbar» oder «unheilbar» ist, und in jedem Falle wird eine «Heilung» nur zustandekommen, wenn die ganze Frage der Homosexualität *nicht moralisch* belastet wird – die meisten, vor allem die kirchlich vorbelasteten Homosexuellen leiden ohnedies unter ganz erheblichen Schuldgefühlen für ihre Triebeinstellung, ja, wir werden noch sehen, in welchem Sinne sie zu ihrer homosexuellen Haltung überhaupt nur als die Opfer einer ganz bestimmten kirchlichen Erziehung gelangt sind; doch statt die Frage der Homosexualität moralisch zu *entkrampfen,* fährt die Erklärung der *Glaubenskongregation* unmittelbar nach ihrem Vorschlag einer «differenzierten» Beurteilung fort: «Nach der objektiven sittlichen Ordnung sind homosexuelle Beziehungen Handlungen, die ihrer wesentlichen und unerläßlichen Zuordnung (sc. der Kinderzeugung, d. V.) beraubt sind. Sie werden in der Heiligen Schrift als schwere Verirrungen verurteilt und im letzten als die traurige Folge einer Verleugnung Gottes dargestellt. Dieses Urteil der Heiligen Schrift erlaubt zwar nicht den Schluß, daß alle, die an dieser Anomalie leiden, persönlich dafür verantwortlich sind, bezeugt aber, daß die homosexuellen Handlungen in sich nicht in Ordnung sind und keinesfalls in irgendeiner Weise gutgeheißen werden können.»[47] Insbesondere verwahrt sich die *Glaubenskongregation* dagegen, daß «im Gegensatz zur beständigen Lehre des kirchlichen Lehramtes und des sittlichen Empfindens des christlichen Volkes ... heute einige unter Berufung auf Beobachtungen psychologischer Natur damit begonnen» haben, «homosexuelle Beziehungen mit Nachsicht zu beurteilen, ja sie sogar völlig zu entschuldigen»[48]. Man kann nicht anders sagen, als daß mit solchen Erklärungen nachdrücklich all die Türen zugeschlagen und zugeschlossen werden, die man öffnen müßte, um das Problem der Homosexualität therapeutisch zu lösen.

Nicht minder fragwürdig sind die Einlassungen prominenter Moraltheologen. B. HÄRING z. B. konnte noch 1955, immerhin 40 Jahre nach den Arbeiten SIGMUND FREUDS zu diesem Thema[49], ungeniert als die Meinung der katholischen Kirche unterstellen, Homosexualität sei «vielfach die Folge der Verführung und völliger sexueller Verwilderung; sie kann aber auch eine schlimme krankhafte Veranlagung sein ... Die pervers Veranlagten sind vielfach durch ein verfehltes, ungezügeltes Leben und durch psychische Defekte in ihrer sittlichen Freiheit und Verantwortung gehemmt. Aber ihre Veranlagung als solche entschuldigt sie nicht, ebensowenig wie die natürliche Leidenschaft den Unzuchtssünder freispricht. Sie sind nach dem Maß der noch vorhandenen Freiheit verantwortlich. Darum ist den Bestrebungen aus den Kreisen der Homosexuellen auf generelle Straffreiheit energisch entgegenzutreten... Bei vielen sexuellen Vergehen liegt überhaupt keine wesentliche Herabminderung der Verantwortlichkeit durch verkehrte Veranlagung vor.»[50] Gerade B. HÄRING spiegelt in seinen Schriften den Wandel und die Unwandelbarkeit der katholischen Moraltheologie in diesen Fragen wie kein anderer wider. Unverändert geht es ihm bis heute um die «objektive Betrachtungsweise» und um die Freiheitlichkeit der einzelnen Handlungen; geändert hat sich bei ihm freilich die Bereitschaft, gewisse Einschränkungen der Freiheit zuzugeben, das generelle Verdammungsurteil also zu mildern. So wenn er im Jahre 1980 schreibt: «Die moraltheologische Wertung muß sorgfältig unterscheiden zwischen Personen, die in einer exklusiven und irreversiblen homosexuellen Orientierung fixiert sind – ganz gleich, wo diese Fixierung herkommt oder wie sie zu erklären ist –, und den wohl zahlreichen Fällen, in denen bei entsprechendem Verhalten und eventueller Zuhilfenahme von Therapie eine heterosexuelle Ausrichtung gewonnen werden könnte. Sich selber freiwillig auf den Weg der Homosexualität zu begeben ist eine äußerst ernste Sünde gegen sich selbst und gegen die anderen. Man beraubt sich der Möglichkeit der ehelichen Berufung. Etwas anderes ist es jedoch, ehrlich vor sich selbst die Feststellung treffen zu müssen, homosexuell veranlagt zu sein. Die ganze christliche Tradition bis auf die letzten Jahrzehnte hält daran fest, daß Menschen, die eine so ausgesprochen homosexuelle Anlage haben, daß sie eheunfähig sind, sich genauso jeder sexuellen (genitalen) Aktivität zu enthalten haben wie Ehelose mit heterosexueller Anlage.»[51]

Es ist dieser Art von Moraltheologie ganz offensichtlich nicht beizubringen, wie sie an Menschen vorbeiredet. Sie weigert sich strikt, auch nur von ferne mitzuempfinden, was sie Menschen auferlegt, wenn sie ihnen jahrelang zumutet, gegen ihre «perversen» Neigungen anzukämpfen, nur um ihnen schließlich die Auskunft zu erteilen, daß sie sich am besten als «irreversibel» unfrei betrachten sollten; sie hat offenbar auch keine Ahnung, was für Probleme in der Psychotherapie von Homosexuellen wirklich gelöst werden müssen – wie buchstäblich egal es zu sein hat, ob jemand am Ende sich hetero-, homo-, bi- oder sonstwie sexuell fühlt, wenn er sich nur überhaupt wirklich selber fühlt. Was jedoch uns in diesem Zusammenhang interessieren muß, das ist die enorme Mitschuld, die diese ganze Betrachtungsweise in ihrer Äußerlichkeit am Zustandekommen zahlreicher Formen von Homosexualität selber trägt, und zwar insbesondere in den Reihen derer, denen später die Gruppe der Moraltheologen selbst wieder entsteigt: in den Reihen der *Kleriker.* Vor allem die Weigerung der gegenwärtigen Moraltheologie, ihre Regeln und Normen aus dem Erleben der Menschen selber zu entwikkeln, statt sie von außen an die vermeintlich objektiv zu bewertende Handlung und Verhaltensweise heranzutragen, stellt die Quelle permanenten Unrechts gegenüber den jeweils Betroffenen dar.[52] Dieselbe Morallehre, die mit ihren Aufspaltungen und Äußerlichkeiten eine ständige Entfremdung des Bewußtseins gegenüber den eigenen Gefühlen begründet und voraussetzt, ist wesentlich daran mitbeteiligt, daß Menschen aus lauter Angst, zunächst vor sich selbst, dann vor dem «anderen» Geschlecht, dann wieder vor den eigenen Empfindungen, schließlich wirklich nicht mehr ein noch aus wissen. Am Ende ist es dieselbe Kirche, die in ihrer «seelsorglichen Pflicht» mit Erklärungen dasteht, wie sie Kardinal JOSEF RATZINGER 1986 an alle Bischöfe richtete, um, wie er glaubte, nach Jahren einer zu großen Liberalität gegenüber den Homosexuellen zu einer größeren Strenge in der Beurteilung und im Umgang aufzurufen: Es sei, meinte der Kardinal, noch keine Sünde, homosexuell zu sein, jedoch sei es in jedem Falle Sünde, homosexuelle Handlungen zu begehen, da diese der Natur und dem Ziel der menschlichen Sexualität widersprächen.[53] Schon im Oktober 1979 hatte Papst JOHANNES PAUL II. auf seiner Amerikareise die Homosexualität einfachhin verboten.[54] Ihm scheinen bis heute die Dinge *klar,* so wie sie der heilige PAULUS in Röm 1,26–27 beurteilt: Homosexualität, meint der Apostel, sei «widernatürliche Unzucht» (vgl. 1 Kor 6,9).[55] Aber sollte man nicht imstande sein zu sehen, daß auch bestimmte moralische Vorstellungen der Bibel über die «Natur» des Menschen ebenso zeitbedingt sein können wie ihre Anschauungen über die Natur der Sterne, der Pflanzen und der Tiere in den beiden Schöpfungsberichten? Und daß die Sittengeschichte des antiken Griechenlands und Roms[56] nicht identisch zu setzen ist mit den Verhaltensweisen der Menschen in Detroit, Boston oder West-Berlin? Und daß es 80 Jahre nach den ersten Einsichten der Psychoanalyse in die Entstehungsbedingungen der Homosexualität nicht länger möglich ist, dieselbe Moral wie vormals einfachhin so weiterzulehren, nur eben ein bißchen weniger streng ausgedrückt?

Was für eine Zumutung die Kirche den Homosexuellen auferlegt, wenn sie als das einzige Mittel des «richtigen Umgangs» mit dieser Triebeinstellung nichts anderes anzumahnen weiß als Selbstbeherrschung, Zucht und Ordnung, davon macht sich nur schwer ein Bild, wer nicht entweder als Selbstbetroffener oder doch zumindest als seelischer Begleiter (als Mutter, Vater, Bruder, Arzt oder Therapeut) mitangesehen hat, welche Kämpfe und Auseinandersetzungen zwischen Ich und Es, zwischen Individuum und Gesellschaft, zwischen eigenem Wollen und moralischem Sollen tagaus, tagein hier zu bestehen sind. Ein so sensibler Dichter wie STEFAN ZWEIG hat in seiner Novelle *«Verwirrung der Gefühle»* die Geschichte eines Homosexuellen in dem Lebensweg eines Dozenten geschildert, der trotz aller pädagogischen Virtuosität, trotz der Flucht in eine Scheinheirat, trotz übergroßer Anstrengungen, ein eigenes, großes Werk zu schaffen, aus den Brechungen und Gebrochenheiten seines Erlebens und, weit schlimmer, der Wertungen seiner Mitmenschen keinen Ausweg findet. Den Werdegang dieses Mannes schildert St. Zweig so: «Einen Knaben sah ich zuerst, einen scheuen, in sich geduckten Knaben, der kein Wort zu den Kameraden wagt, den aber ein wirres, körperlich-forderndes Verlangen gerade den Schönsten der Schule leidenschaftlich zudrängt. Doch mit erbittertem Rückstoß hat der eine ihn bei allzu zärtlicher Annäherung von sich weggejagt, ein zweiter ihn mit gräßlich deutlichem Wort verspottet, und ärger noch: beide haben sie das abwegige Gelüst des anderen verprangert. Und sofort schließt eine einhellige Feme von Hohn und Erniedrigung den Verwirrten wie einen Aussätzigen von ihrer heitern Gemeinschaft aus. Täglicher Kreuzgang wird der Weg zur Schule, und die Nächte von Selbstekel dem früh Gezeichneten verstört: als Wahnwitz und entehrendes Laster empfindet der Ausgestoßene sein abwegiges und doch vorerst nur in Träumen verdeutlichtes Gelüst.»[57] «Der Knabe ist Student in Berlin geworden, zum erstenmal gewährt ihm die untergründige Stadt Erfüllung der langbeherrschten Neigung, aber wie beschmutzt sind sie von Ekel, wie vergiftet von Angst, diese zwinkernden Begegnungen an dunklen Straßenecken, im Schatten von Bahnhöfen und Brücken, wie arm in ihrer zuckenden Lust und wie grauenhaft durch Gefahr, meist erbärmlich in Erpressungen endend und jede noch wochenlang eine schleimige Schneckenspur kalter Furcht hinter sich ziehend! Höllenwege zwischen Schatten und Licht: Indem am hellen arbeitsamen Tag das kristallene Element des Geistigen den Forschenden durchläutert, stößt der Abend immer wieder den Leidenschaftlichen in den Abhub der Vorstädte hinab, in die Gemeinschaft fragwürdiger, vor der Pickelhaube jedes Schutzmannes wegflüchtender Gesellen, in dünstige Bierkeller, deren mißtrauische Tür nur einem gewissen Lächeln sich auftut. Und eisern muß der Wille sich straffen, diese Doppelschichtigkeit des täglichen Lebens vorsichtig zu verbergen, das medusische Geheimnis fremdem Blick zu verhüllen, tagsüber die ernst-würdehafte Haltung eines Dozenten untadelig

bewahrend, um dann nachts die Unterwelt jener verschämten, im Schatten flackernder Laternen geschlossenen Abenteuer ungekannt zu durchwandern. Immer wieder spannt sich der Gequälte auf, mit der Peitsche der Selbstbeherrschung die von gewohnter Bahn ausbrechende Leidenschaft in die Hürde zurückzutreiben, immer wieder reißt ihn der Trieb zum Dunkel-Gefährlichen hin. Zehn, zwölf, fünfzehn Jahre nervenzerreißenden Ringens wider die unsichtbar magnetische Kraft unheilbarer Neigung spannen sich wie ein einziger Krampf, Genießen ohne Genuß, würgende Scham und allmählich der verdunkelte, in sich scheu verborgene Blick der Furcht vor der eigenen Leidenschaft.»[58] Wieviel seelisches Leid eigentlich ist nötig, um die Vertreter einer bestimmten moralischen Wertung davon zu überzeugen, daß ihre eigenen Anschauungen unmenschlich und grausam sind?
Ein Mann, der zeit seines Lebens der katholischen Kirche sehr nahe gestanden hat, war JULIEN GREEN. In seiner Autobiographie aus den Jahren 1919 bis 1930 schildert er den Augenblick, da ihm zum erstenmal seine homosexuelle Neigung in einem Schwimmbad in Weimar unübersehbar deutlich wurde. «Kaum hatte ich mich in meiner Kabine ausgezogen, da fing ich schon zu leiden an. Ich litt schwer. Meine natürliche Ironie kam mir überhaupt nicht zur Hilfe, sobald ich jemanden sah, den ich begehrte. Die Eingeweide wie eingeschnürt und mit Verzweiflung in den Augen, betrachtete ich die schönen Männer, die mir die schönsten der Welt zu sein schienen. Um die Wahrheit zu sagen gab es so viele, daß ich nicht wußte, wohin ich den Blick richten sollte. Endlich beschloß ich, mich auf eine Terrasse zu legen, die nur Männern vorbehalten war. – Brauche ich noch zu sagen, daß ich dort nicht allein war? Etwa zwanzig Schwimmer schliefen in der Sonne, manche auf dem Rücken, andere auf dem Bauch. Mit geheuchelter Gleichgültigkeit setzte ich mich lautlos zu einigen jungen Männern, die im Schlaf Haltungen angenommen hatten, deren Anmut ihnen nicht bewußt war, und wie hätten sie auch wissen können von der unendlichen Macht, die sie über den Unbekannten ausübten, der sich an ihre Seite geschlichen hatte? Manche ließen Erinnerungen an die Verdammten von Gustave Doré aufkommen, die mich in meiner verworrenen und mystischen Kindheit heimgesucht hatten... Noch heute kann ich mühelos diese Art von innerem Delirium, das sich damals meines ganzen Wesens bemächtigte, heraufbeschwören. Hingestreckt unterm Feuer, das vom Himmel fiel, hörte ich die Kinder auf dem Rasen schreien, und diese Schreie trafen mich mitten ins Herz. – Was sollte ich gegen den ungeheuerlichen Hunger unternehmen, der mich verzehrte? Was ich begehrte, berührte ich fast. Ein anderer als ich hätte gehandelt, hätte gesprochen, hätte irgendetwas zu diesen jungen Männern gesagt, die meine

Besessenheit in Halbgötter verwandelte. War es denn so schwer zu fragen, wann das Bad zumachte, und mit dieser Frage ein Gespräch anzuknüpfen? Ich konnte es nicht. Die Schönheit zog einen magischen Kreis, den ein Mann von meiner Veranlagung nie überschreiten konnte. Wenn man sich mir nicht anbot, rührte ich mich nicht und stürzte in einen Abgrund zurück, der schlimmer war als jede Strafe. Die furchtbarsten Erinnerungen meiner Jugend würde ich nie anderswo suchen als an jenem Ort, an dem das Licht und die heidnische Feier der Nacktheit triumphierten.»[59] Am schlimmsten ist für JULIEN GREEN die «wahrhaft grausame Einfachheit» der Einsicht: «Es gab im Reich Gottes keinen Platz für den Sünder.»[60] «Daß man mir nicht von jansenistischem Einfluß spreche! Unwissend wie ich war, schloß ich mich ungewollt Kardinal Newman an, der in seiner entmutigendsten Predigt nichts anderes kundtut *(The State of Salvation)*. Mit so kategorischen und, wie ich hoffte, auch falschen Ansichten wie den meinen konnte ich in meinen Augen meine Anwesenheit bei der Messe nicht mehr rechtfertigen, und ich hörte denn auch auf, ihr beizuwohnen ... Ein Mann, Jacques Maritain, hätte mir helfen können, klarer zu sehen, wenn ich mich ihm hätte anvertrauen können, aber es schien mir unmöglich, mit einem so sehr der Welt entrückten Menschen sexuelle Dinge zu diskutieren. Ein Priester? Ich kannte keinen. Von 1919 bis 1938 gab es keinen einzigen Kirchenmann, mit dem ich mich hätte unterhalten können. Vater Lamy, den ich 1928 bei Maritain kennenlernte, äußerte mir gegenüber als Erwiderung einer Frage, die ich ihm gestellt hatte, einen furchtbaren Satz, und das war alles. Vater Lamy war ein Mystiker und zweifellos ein Heiliger. Er verstand von Literatur nicht viel ... Er hatte aber den Teufel gesehen, und ich hatte den Leichtsinn, ihn zu fragen, wie er denn ausgesehen habe. Ohne mir auch nur den Kopf zuzuwenden, sagte Vater Lamy unverzüglich: ‹Er ist ein schöner junger Mann.›»[61]
Gerade das Leben des französischen Dichters JULIEN GREEN bietet in diesen erschütternden Worten ein ergreifendes Beispiel für die wirkliche Tragik vieler Homosexueller in der katholischen Kirche. Ein Mann wie er stand mit seinem religiösen Engagement und nicht zuletzt mit dem strengen Keuschheitsideal vieler seiner Romangestalten der kirchlichen Lehre außerordentlich nahe; aber gerade ihn hat sie wegen seiner Homosexualität zeitlebens mit den schwersten Schuldgefühlen erfüllt.

Gleichwohl gibt es, schaut man näher hin, im Grunde so etwas wie eine geheime Komplizenschaft zwischen der katholischen Kirche und gewissen Formen der Homosexualität. Es ist dabei nicht nur der häufige pädagogische und künstlerische Eros, der viele Homosexuelle in hervorragender Weise auszeichnet, es besteht vor allem ein gewisses homosexuelles Gehabe, das die Kleriker der katholischen Kirche beamtetermaßen umgibt. Um noch einmal auf die Frage der klerikalen *Kleidung* zurückzukommen, so läßt sich das Gemeinte leicht durch einen Vergleich mit der repräsentativen Amtstracht anderer Berufe verdeutlichen. Die katholische Kirche legt außerordentlichen Wert darauf, die Gestalt eines Priesters insbesondere in der Meßfeier in größtem Stil durch eine spezielle Kleidung in den Vordergrund zu rücken; es handelt sich aber um eine Kleidung, die durchaus keine männlichen, sondern in allen Teilen eher weibliche Attribute verwendet. Im Kontrast: einen Tambourmajor der kaiserlich-königlichen Armee wußte man in den Tagen der Habsburgischen Monarchie bis zum Geckenhaften in seiner Männlichkeit herauszustreichen: der Kopfputz mit wippendem Federbusch erwies ihn schon von weitem als den rechten Hahn im Korbe, seine Schultern wurden durch Epauletten kraftvoll verbreitert, seine Brust hob sich in männlicher Breite durch querlaufende Schärpen und Bänder hervor, der Bauch blieb eingezogen, um die stolze Werbebereitschaft sexueller Aufforderung zu unterstreichen, die kräftigen Schenkel und Waden schwangen sich in aufreizender Sinnlichkeit, in seiner Hand tanzte schneidig das phallische Symbol des Taktierstabes auf und ab[62] – kein Zweifel: das war ein rechter Kerl, so sehr, daß GEORG BÜCHNER in dem Dramenfragment *«Woyzeck»* seine *Marie* beim bloßen Anblick eines solchen Teufelskerls sich verlieben läßt[63], und daß BALZAC in der Novelle *«Die Frau von dreißig Jahren»* eine Heirat einfach mit der Faszination begründet, die der Anblick eines schmucken Offiziers auf eine junge Frau ausüben konnte[64]. Anders die Kleidung eines Bischofs der katholischen Kirche im Gottesdienst. Auch er trägt eine hochragende Kopfbedeckung, aber in ihrer steifen Feierlichkeit vermutet kein Mensch mehr in diesem katholischen Zweispitz einen Hauch von männlicher Kraft und Dynamik – ein solches Gebilde läßt sich überhaupt nur auf dem Kopf balancieren, wenn man die Bewegungen möglichst gleichmäßig einrichtet, alles Ruckhafte und Plötzliche vermeidet und in getragener Feierlichkeit gravitätisch dahinschreitet: alle physische Kraft hat sich hier vergeistigt, soll damit glauben gemacht werden. Die Schultern werden auch in der Klerikerkleidung mit einem eigenen Tuch umhüllt, doch dieses Schultertuch dient gerade nicht der Betonung, sondern einzig der Verhüllung der männlichen Stattlichkeit – eine rundliche Form bildet sich ab, wie um nach Möglichkeit die eckige Statur eines Mannes, so gut es geht, durch rundere Formen zu mildern. Die Albe (bzw. die Soutane) verbirgt vollends alles, was sonst noch am männlichen Körper beeindrucken könnte; dafür hebt ein Gürtel (das Zingulum oder die Binde der Soutane) die Taille wirkungsvoll ganz nach Art einer Frau hervor; und schließlich hüllt das Meßgewand in seiner Buntheit und in seinen Stickereien den Körper des Priesters in ein Erscheinungsbild, das auf offener Straße allenfalls eine Frau an den Tag legen dürfte; Söckchen, Lackschühchen, Ringe, Kreuze und Spangen vervollständigen zusätzlich noch den effeminierten Gesamteindruck. Es verbleibt ein einziges männliches Zeichen: der bedachtsam zu führende *Hirtenstab,* dieses Machtsymbol absoluter theokratischer Herrschaft. ELIAS CANETTI hat sehr treffend beschrieben, wie das Dahinschreiten von solcherweise Gewandeten, in einer Prozession z. B., auf den Betrachter wirken muß:[65] Es ist eine Feier des vergeistigten Todes, die sich hier zelebriert, eine Kulthandlung, der jeder vitale Charakter, jede Spontaneität, jede unkontrollierte Dynamik genommen ist. Jede sexuelle Erregung wird hier zu Grabe getragen, und was irgend als männlich erscheinen könnte, hüllt sich wie auf der Flucht vor sich selbst in ganz und gar weibliche Züge.

Und wie das Äußere, so auch das Innere. EMILE ZOLA hat in seinem *«Abbé Mouret»* beschrieben, wie bizarr der feingliedrige, madonnenmystisch gesonnene, in seiner Männlichkeit dahinsiechende Jungpriester *Serge* sich unter den vierschrötigen Bauernlümmeln von Les Artaud ausnehmen muß: Man nimmt ihn, gelinde gesagt, ganz einfach nicht für voll; er gehört ersichtlich einer Welt an, die mit der Wirklichkeit von Weinbergen, Kaufverträgen und vorteilhaften Eheabschlüssen, von männlichem Begehren, aggressiver Roheit und unflätigen Zoten nichts zu tun hat.[66] Es ist die nicht-integrierte, die unterdrückte Männlichkeit, die wie von selber weibliche, homosexuelle Züge annimmt und auf solche heidnischen Haudegen wie die Bauern von Les Artaud wie eine Provokation des Lächerlichen wirken muß. – Nicht anders hat der Schüler und Freund EMILE ZOLAS, hat GUY DE MAUPASSANT in einer kleinen Novelle die Gestalt eines Priesters gezeichnet, der bei der Feier einer Kindtaufe zum Gegenstand traurigen Spottes wird, als man den Einsamen unter den Lachenden schließlich in der Kammer mit dem Kind findet, das er auf den Armen wiegt wie eine Mutter.[67] Die *Sehnsucht nach der verlorenen Mutter,* der Wunsch nach einer milderen, gütigeren, weiblicheren Welt, das Verlangen nach Harmonie und Friede jenseits der Aggressionen und Konflikte der von Männer diktierten Realität – all diese Verkündigungsinhalte der christlichen Vorstellungen von dem kommenden Reich Gottes formen sich in der klerikalen Psyche zu einem durch und durch weiblichen, homosexuell geprägten Gestaltbild, in dem die aggressiven Gehemmtheiten ebenso wie die sexuellen Ängste und Schuldgefühle ihren einheitlichen Ausdruck finden. «Ich bin als Kind am liebsten immer mit Mädchen spielen gegangen», gestand ein Priester vor Jahren. «Es war so schön bei ihnen. Sie waren soviel sanfter und netter.»

An diesem Faktum muß es liegen, daß die Priester der katholischen Kirche speziell den Männern schon seit langem eigentlich nichts Rechtes mehr zu sagen haben. Sie vertreten in ihrem ganzen Gehabe eine Mentalität und Moral, die mit der Alltagswirklichkeit nur schwer zurechtkommt – wirklich ist die Welt der Bücher und der Bibliotheken die einzige Form der Realität, in der dieser Stand von Schriftgelehrten zu Hause ist. Sieht man genau hin, so durchweht die Psyche der meisten Kleriker ein Hauch nie abgelegten Muttersöhnchentums, in dem die früher erwähnte Überbeanspruchung ebenso wie die Überverwöhnung durch die Mutter seltsame Mischungen eingeht, die von der katholischen Kirche in der beschriebenen Weise mit einem zeremoniellen Aufwand ohnegleichen übernommen und weitergeführt werden. Nur so erklärt sich vermutlich auch die merkwürdige Attraktivität, die immer noch die katholische Kirche gerade bei *Frauen* besitzt: Sie sind diejenigen, die in der katholischen Kirche am meisten unterdrückt werden, zugleich aber sind sie es, die es überhaupt noch ermöglichen, daß jeden Morgen in der katholischen Kirche sinnvollerweise die Messe gefeiert und an den Sonntagen vor einigermaßen gefüllten Bänken die Predigt gehalten werden kann. Mitten in den patriarchalischen Strukturen der katholischen Kirche muß man *den latenten Haß auf die Männlichkeit* als den eigentlichen Kern auch der Unterdrückung der Frauen betrachten: Die Männer, die hier herrschen, wollen keine Männer sein, doch es ist gerade ihr latent homosexuelles Fluidum, das sie vielen Frauen gewissermaßen als die besseren, kultivierteren, sensibleren und rücksichtsvolleren «Männer» erscheinen läßt. Es sind die Mütter, die selber kaum Frauen sein durften, die in den Priestern der Kirchen mit ihrer muttersöhnchenhaften und mustersöhnchenhaften Bravheit ihre eigentlichen Wunschkinder wiedererkennen bzw. in ihnen etwas von der Art wiederentdecken, wie sie sich selber gern ihren Vater gewünscht hätten.

Es bietet sich an dieser Stelle übrigens die Gelegenheit an, noch einmal auf den eingangs erwähnten Vergleich zurückzukommen, den wir (s. o. S. 48–60) zwischen der Berufung eines Klerikers der katholischen Kirche und der Traumberufung der *Schamanen* in den sogenannten «Primitivkulturen» durchgeführt haben. Auch bei den Schamanen wird in der ethnologischen Literatur recht oft das Faktum der Triebzielinversion hervorgehoben[68]: Sie gehen in Frauenkleidung, reden mit Fistelstimme und legen deutliche Züge von Homosexualität an den Tag; doch allem Anschein nach bietet in diesen Kulturen der Schamanismus einen Weg, die Homosexualität zu integrieren, indem die «mittlere» Stellung der so Berufenen zwischen den Geschlechtern als Mittlertum auch zwischen Göttlichem und Menschlichem, zwischen

Himmel und Erde, zwischen Traum und Tag betrachtet wird. Eben deswegen ist auch hier der Unterschied zwischen Freiheit und Zwang, zwischen Akzeptation und Dissoziation in der Stellung der katholischen Kirche und den sog. «Primitivkulturen» bemerkenswert: In den Stammeskulturen, welche die Institution des Schamanismus kennen, wird die Homosexualität dieser Gottesträumer nicht als ein moralisches Problem betrachtet, sondern als eine Frage der religiösen Begabung; die Homosexualität der Schamanen wird als eine Teilbedingung hingenommen, um einen Weg jenseits der Normalität finden zu können. Gerade entgegengesetzt die Haltung der katholischen Kirche. Dabei dürfte kaum zu bezweifeln sein, daß das europäische Abendland kulturell entschieden ärmer wäre *ohne* die Vielzahl genialer Homosexueller, von PLATON angefangen über LEONARDO DA VINCI, PETER TSCHAIKOWSKY, ANDRÉ GIDE, THOMAS MANN, LUDWIG WITTGENSTEIN u. a. Die katholische Kirche mag im Moment noch stolz darauf sein, daß sie zumindest in der Verurteilung der Homosexuellen noch niemals geirrt, sondern unbeirrt und unverändert ihre Lehrmeinung durch die Jahrhunderte getragen hat; doch wenn nicht alles täuscht, so ist die Zeit gekommen, da man endgültig damit aufhören wird, den Sinn der Sexualität nach katholischem Vorbild wesentlich in der Fortpflanzung zu sehen und schon deshalb die Homosexualität als «gegen die Natur gerichtet» zu verurteilen, sondern da man sich ganz einfach fragen wird, was jemand aus seinen Möglichkeiten, ob hetero- oder homosexuell, zur Bereicherung der Kultur des menschlichen Zusammenlebens zu machen verstanden hat.

Obwohl hier nicht der Ort ist, die Gründe für das Zustandekommen einer Homosexualität, soweit sie psychischer Natur sind, ausführlich zu erörtern, bedarf es doch einer kurzen Vorstellung der «klassischen» psychoanalytischen Auffassung der Psychogenese und Psychodynamik der Homosexualität, um zu verstehen, wie Homosexuelle auf den Weg zu Priestertum und Ordensstand gelangen können und welche Schwierigkeiten speziell in der katholischen Kirche dabei auf sie warten. LEOPOLD SZONDI referierte: «Die psychischen Schritte bei der Entstehung der Homosexualität wären nach FREUD die folgenden: 1. Mutterbindung, 2. *Identifizierung mit der Mutter,* 3. Suchen nach gleichgeschlechtlichen Objekten, *die so sind wie er* und die er so lieben könnte, wie die Mutter in diesem Alter *ihn* geliebt hat. Daher muß das homosexuelle Liebesobjekt *das gleiche Alter* haben, in dem bei ihm die Umwandlung erfolgt ist. – Weitere Motive, die nach FREUD die Homosexualität bedingen können: 1. *die narzißtische Objektwahl* fällt dem Jungen leichter; 2. *Hochschätzung des männlichen Organs* und die Unfähigkeit, auf dessen Vorhandensein beim Liebesobjekt zu verzichten; 3. *die Geringschät-*

zung des Weibes, die Abneigung gegen dasselbe; diese Abscheu kommt nach FREUD aus der *Kastrationsangst*. Ferner Verzicht, mit dem Vater zu konkurrieren. – Also: 1. *Mutterbindung*, 2. *Narzißmus*, 3. *Kastrationsangst* wären nach FREUD die wichtigsten seelischen Motive der Homosexualität. Dazu gesellen sich 4. *Fixierungen durch frühzeitige Verführung*; 5. *organische Faktoren*, die die *passive* Rolle begünstigen. – Ein anderer Weg, der nach FREUD zur Homosexualität führen könnte, wäre der *über die Eifersucht* auf die Brüder. Bei dieser Form sind die Schritte: 1. *Mutterbindung*, 2. *Eifersucht auf den Rivalen* (Bruder, evtl. Vater), 3. *Haß und Todeswunsch gegen den Rivalen*, 4. *Umwandlung, Verkehrung des Hasses in Liebe*. Also das genaue Gegenstück dessen, was bei der *Paranoia persecutoria* zu finden ist. – Die zärtlichen und die sozialen Identifizierungen entstehen nach FREUD als Reaktionsbildungen gegen die verdrängten Aggressionsimpulse. Das will sagen: Die Homosexualität ist eine *Ersatzbildung* des verdrängten Urbedürfnisses, den Rivalen zu töten. *Die Psychoanalyse betrachtet die sozialen Gefühle als Sublimierungen homosexueller Objekteinstellungen*. – Bei den Homosexuellen ist diese Sublimierung und die Abtrennung vom Liebesobjekt nicht voll geglückt.»[69] In den Triebprofilen, die SZONDI mit Homosexuellen durch seinen Test erstellt hat, zeigte sich im Vordergrund wesentlich das Bild einer *Frau*, «die gut, gerecht und lammfromm ist, die im Ich das weibliche Ichideal trägt: die Person will so sein wie eine Frau»[70]; der hintergründige Mann-Kain mit dem männlichen Ich wird von diesem Frauenbild projiziert. «Durch die Bildung des Frauenideals, d.h. durch den Wunsch, eine Frau zu sein, ist dem Mann möglich geworden, auf die Suche nach dem Mann zu gehen und sich an den Mann anzuklammern, den er, als Wunschobjekt, in die Außenwelt hineinverlegt hat.»[71] «Wir betonen hier noch die Tatsache, daß der homosexuelle Mann nicht nur im Sexus, sondern in seiner ganzen Triebstruktur nur die weibliche Persönlichkeitshälfte beibehält. Die Homosexualität des Mannes ist demnach eine die ganze Persönlichkeit bestimmende Lösung der Triebgegensätzlichkeiten: 1. Im Sexus will er nur eine Frau sein; 2. im Affektleben nur mild sein; 3. im Ich nur eine Frau sein; 4. im Kontakt steht er noch sehr nahe zur inzestuösen Bindung an die Mutter.»[72]

Macht man sich dieses Erklärungsmodell der Homosexualität zu eigen, so läßt sich nach allem, was wir bisher über die Psychogenese von Klerikern gesagt haben, der *Faktor der fortschreitenden Neurotisierung*, den die katholische Kirche selber durch ihre Sexualmoral darstellt, sehr gut herausarbeiten und vom Erleben der Betroffenen her schildern; dabei wird es freilich nötig sein, das zugrundegelegte Schema der ausschließlich *weiblichen* Haltung

männlicher Homosexualität durch eine komplementäre *männliche* Variante im Gehabe zu ergänzen.
Wir wissen bereits um den teils überfordernden, teils verwöhnenden Einfluß, den die Mutter auf die Biographie eines Klerikers auszuüben pflegt; an ihrem Vorbild hängt die ganze Opfermentalität des Klerikers nebst dem entsprechenden System von Wiedergutmachung, Überverantwortung usw. Von daher darf man eine gewisse Angst *vor* der Mutter und *um* die Mutter und damit auch einen gewissen homosexuellen Faktor in der Entwicklung eines Klerikers generell voraussetzen. Insbesondere erkennen wir manche *Formen christlicher Gemeindetheologie* auf dem Hintergrund solcher Kindheitserlebnisse jetzt *als rationalisierte Formen von im Grunde homosexuellen Sehnsüchten* wieder: Es ist der Traum einer idealen Weltbrüderschaft von Gleichgesinnten, die ohne Konflikte, ohne Konkurrenz, aber in höchstmöglichem Einsatz all ihrer Mitglieder das Ideal einer mütterlich geleiteten Familie wiedergibt. Eine Institution wie die *Integrierte Gemeinde* in München und Hagen z. B. erfüllt in ihrer ganzen Struktur die Bedingungen eines solchen *Matriarchats*[73], und so wird ihre «lukanische» Gemeindeideologie bevorzugt auf Theologen Eindruck machen, die selber, wie zum Ersatz für den so schmerzlich vermißten Schoß ihrer Mutter, geradewegs in den Schoß der heiligen Mutter Kirche fliehen möchten. Verwöhnung und Überforderung ergänzen sich dabei in Theorie und Praxis derartiger «Gemeinden», ganz wie wir es beschrieben haben: ein System totaler Selbstaufopferung, gepaart mit den Vorteilen materieller Versorgung auf der Basis idealkommunistischer Güterteilung, wobei der «Wert» des Einzelnen nicht darin liegt, daß er *er selber* ist, sondern daß er *dieser Gemeinde* von eschatologisch Erwählten zugehört.[74] Erst jetzt auch beginnen wir das an sich empörende *Verbot jeglicher «Partikularfreundschaften»* in den Ordensgemeinschaften wirklich zu verstehen: Sagten wir damals, es gehe in dieser Verfügung um die Ausschaltung jeglichen *individuellen* Gefühls, so müssen wir jetzt präziser sagen: es geht wesentlich um die Ausblendung gewisser *homosexueller* Gefühle. Eine Gemeinschaft, die sich nicht wie nebenbei, sondern ganz *zentral* auf latent homosexuelle Komponenten beim Zusammenschluß einer Gruppe von «Brüdern» und «Schwestern» gründet, hat es wohl nötig, durch besondere Kautelen zu verhindern, daß das verdrängte psychische Material aus der Latenz ins Bewußtsein vordringt und sich in entsprechenden manifesten Verhaltensweisen niederschlägt. – Dabei ist auch hier wieder ein *Vergleich mit der Völkerpsychologie* lehrreich.
In vielen Stammeskulturen ist es üblich, die homosexuelle Übergangsphase am Beginn der Pubertät rituell auszugestalten, indem man die Jungen und

Mädchen in eigens dafür bestimmten *Männer- und Frauenhäusern* eine Zeitlang streng voneinander trennt.[75] Der Zweck dieser Maßnahme besteht offenbar darin, zunächst die Identifikation mit der kulturell vermittelten Rollendefinition als Mann und als Frau zu ermöglichen, ehe die jugendlichen Angehörigen der beiden Geschlechter einander zugeführt werden. In der Entwicklung jedes Jugendlichen gibt es eine solche homosexuelle Phase, in der sich Jungengruppen bilden, die sich von den Mädchen isoliert halten, und umgekehrt.[76] Manches spricht nun dafür, daß *in den reinen Männergruppen und Frauengruppen der Ordensgemeinschaften* im Grunde *die Psychologie von Heranwachsenden am Ende der Pubertät verewigt* wird: Man weigert sich, die Unschuld der Kindheit zu verlieren, indem man den seligen Zustand verläßt, da man die Sünde des «Geschlechts» noch nicht kannte; man nimmt seine Zuflucht zu der Haltung eines kindlichen Gehorsams, und man schwört, der Gemeinschaft der «Männer- bzw. Frauenhorde» sich auf immer, mit allem Besitz und Vermögen, restlos zu überantworten. Die Erwählung durch Gott zum Klerikersein erscheint unter diesem Aspekt als ein groß angelegter Versuch, uralte Pubertätsängste zu stabilisieren und damit den latent homosexuellen Faktor der Triebentwicklung auf Dauer zu stellen. Was menschlich gesehen ein Übergang wachsender Reife sein sollte, erscheint unter den Augen Gottes, nimmt man die Brille der kirchlichen Theologie hinzu, als das Endstadium einer besonderen Berufung, indem die Angst vor der Loslösung von der Mutter überwunden wird durch die Eingliederung in eine muttererersatzähnliche Bezugsgruppe. Sagten wir früher, die katholische Kirche neige dazu, auf die individuelle Angst stets mit sozialen Stützhilfen von außen zu antworten, statt dem Einzelnen Möglichkeiten an die Hand zu geben, wie er seine Angst von innen heraus überwinden kann, so können wir diesen Sachverhalt jetzt mit Händen greifen: eine Struktur der Angstverarbeitung durch Angstverbreitung bzw. *ein System der Angstauflösung durch Entpersönlichung.*

Speziell *die Rolle der Mutter* müssen wir in der Psychogenese homosexueller Entwicklungswege noch etwas näher betrachten. Es ist richtig: Die homosexuelle Entwicklung eines Jungen basiert wesentlich auf der Angst vor der Mutter; *bedingt* ist diese Angst zumeist durch die seelische Überbeanspruchung von seiten einer Mutter, die selber an ihr Kind Fragen richtet, die ein Erwachsener kaum beantworten könnte, und die ihr Kind in jedem Falle mit einer schier unerträglich schweren Verantwortung überhäuft. Was wir als ein Charakteristikum in der Entwicklung zum Klerikersein überhaupt erarbeitet haben, trifft mithin noch gesteigert auf eine spezifisch homosexuelle Entwicklung zu, und so können wir bereits die subjektive Affinität mancher

Homosexueller speziell zu kirchlichen Aufgaben ein Stück besser verstehen. Freilich tritt zu diesem Ensemble nun noch ein weiteres Moment hinzu: *die mütterliche Sexualangst.*

Folgt man der FREUDschen Orthodoxie, so stammt die Angst des Jungen vor der Mutter nicht von der Mutter selber, es ist vielmehr der Vater, der durch seine Kastrationsdrohung den Jungen derart einschüchtert, daß er seine Mutter zu fürchten beginnt, weil er in ihr als Frau die angedrohte Fortnahme des Penis bereits realisiert sieht.[77] Tatsächlich aber kommt in den Schilderungen männlicher Homosexueller deutlich zum Ausdruck, daß die «Kastrationsangst» nicht selten unmittelbar von den Sexualeinschränkungen der Mutter selbst herrührt und daß sogar die Angst des Jungen vor dem Vater oftmals nur die Angst der Mutter vor ihrem Ehegatten widerspiegelt – die «Kastration» des Jungen, mit anderen Worten: sein homosexueller Entwicklungsweg, beginnt damit, daß die Mutter ihn selber *infolge eigener Sexualängste* als ein geschlechtsloses Wesen an die Stelle ihres Mannes zu setzen versucht hat. Diese Sicht der Dinge widerspricht FREUDS Konzeption eigentlich nicht, nur daß sie die Psychogenese der Homosexualität stärker aus dem Blickwinkel des elterlichen Verhaltens selbst zu verstehen sucht.

«Meine erste Erinnerung», erzählte ein homosexueller Priester, «habe ich noch sehr genau vor mir. Ich muß etwa vier Jahre alt gewesen sein. Ich lag an einem warmen Sommerabend in meinem Bett, und ich weiß nicht mehr, was ich getan habe. Jedenfalls kam meine Mutter ins Zimmer; sie beugte sich über mich und fragte, ob ich mich berührt hätte. Ich wußte gar nicht, was sie meinte, aber sie schaute mich ganz strafend an, drohte mit dem Finger und sagte: Jungen, die so etwas machen, werden schwer krank und werden vom Teufel geholt. Ich versuchte, mich zu rechtfertigen, aber sie ging überhaupt nicht darauf ein.» Es sei einmal dahingestellt, daß dieser Priester auch heute noch vorgibt, gar nicht zu wissen, was damals geschehen ist; wichtiger ist für uns, daß er eine Erinnerung, die objektiv bestimmt nicht das früheste Erlebnis darstellt, auf das er sich besinnen könnte, gleichwohl zeitlich als das früheste in seinem Leben überhaupt auffaßt. Stets erzählen solche «Ersterinnerungen» nach Art privater «Urzeitmythen» etwas von dem *Wesen* der eigenen Person, indem sie verdichtet wiedergeben, was an prägenden Eindrükken die Jahre der Kindheit bestimmt hat. *Für diesen Priester* war es, ganz wie in dem bereits zitierten Roman von EMILE ZOLA, buchstäblich die Große Mutter, die Göttermutter *Kybele*, die das Geschlecht des Klerikers für sich forderte. Diese *Verweiblichung des Mannes durch die Mutter* darf schlechterdings als Grundzug in der Sexualentwicklung männlicher Kleriker der katholischen Kirche angesehen werden. – Ähnlich erzählte z. B. ein anderer

Priester, wie er zu Beginn der Pubertät einmal in einem eng anliegenden Trainingsanzug vor seiner Mutter stand und sie auf sein erigiertes Glied mit der Bemerkung hinwies: «Was hast du denn da!» Der Priester hatte sich damals furchtbar geschämt, und jene Erinnerung fiel ihm überhaupt erst nach vielen Stunden Gesprächs wieder ein.

Aus solchen und ähnlichen Situationen ergibt sich nun jedoch eine doppelte Entwicklungsmöglichkeit. Es gibt einen Typ der Homosexualität, in welcher die sexuelle Gehemmtheit nicht wirklich überwunden, aber doch, *abweichend* von dem FREUDschen Schema, durch bestimmte Formen eines *männlichen Protestes* überlagert wird.[78] So geartete Charaktere tragen nach außen hin am liebsten die *Attribute ihrer Männlichkeit* zur Schau, indem sie durch Barttracht, Lederkleidung und ein entsprechendes Gehabe ihre Zugehörigkeit zum männlichen Geschlecht demonstrativ außer jeden Zweifel zu stellen suchen; um so unsicherer aber sind sie innerlich ihrer wahren Identität gegenüber, und so fürchten sie im Kontakt mit einer Frau gleich dreierlei auf einmal: Es erscheint ihnen *zum ersten* äußerst zweifelhaft, ob sie überhaupt das «Zeug» dazu hätten, von einer Frau geliebt zu werden; *zum anderen* fürchten sie dementsprechend, von einer Frau reingelegt und überfordert zu werden – Frauen erscheinen ihnen gewissermaßen in der Gestalt des berühmten Teufels, der mit dem kleinen «Finger» gleich die ganze Hand nehmen will; und *zum dritten* fürchten sie sich davor, überhaupt diese ihnen so fremde weibliche Welt an sich heranzulassen, indem sie sich durch nichtige Anlässe immer wieder die alten pubertären Vorurteile bestätigen. In psychoanalytischer Diktion muß man sagen: Was die Homosexualität *unter den Voraussetzungen des männlichen Protestes* begründet, ist die Angst vor der eigenen «Kastriertheit» und «Impotenz» sowie die Angst vor der «Kastriertheit» der Frau, die als ein riesiger, verschlingender Rachen erlebt wird; um so mehr freilich wächst im Umkreis dieses Erlebens der Glaube, einer Frau überhaupt nicht zu bedürfen, und alles spricht unter solchen Umständen folglich für einen *Rückzug auf die Welt der Männer.* Auf diese Weise kommt es dazu, daß *der Besitz des Penis* geradewegs als eine Liebesbedingung auf seiten des aktiv suchenden «männlichen» Homosexuellen erlebt werden kann.

Ihm gegenüber steht als das *«Objekt»* seiner Begierde zumeist ein *«weiblicher» Homosexueller.* Wir haben bisher in der Psychogenese der Homosexualität den *Einfluß des Vaters* auf die Entwicklung seines Jungen gewiß über Gebühr vernachlässigt. Wohl dürfte die Einschüchterung des Jungen von seiten des Vaters in der Regel für nicht so entscheidend gehalten werden, wie FREUD es voraussetzte: zumeist bestimmt der Vater mit seinen Aggres-

sionen nicht die primäre Ausrichtung der Homosexualität; allenfalls kann er deren Ausformung nachhaltig prägen. Doch gerade wenn wir unterstellen, daß die Mutter trotz aller Ambivalenz als der normgebende Teil im Erleben eines Homosexuellen erfahren wird, so dürfte ein schwacher, selber feminin wirkender Vater seinen Jungen wohl recht bald innerhalb der homosexuellen Mutterbindung zu einem verstärkt männlichen Gehabe in betontem Gegensatz zu dem Verhalten des Vaters provozieren, während ein grober, strenger oder sadistischer Vater den Jungen vermutlich dahin bestimmen wird, der Art seiner Mutter und auf keinen Fall dem Wesen seines Vaters ähnlich werden zu wollen – bei der Gehorsamshaltung vom Franziskus-Typ z. B. sind wir bereits auf eine solche Konstellation aufmerksam geworden. D. h.: Von einem bestimmten Zeitpunkt an erscheint es in letzterem Falle durchaus nicht mehr als ein Nachteil, sondern gewissermaßen bereits als *ein moralischer Vorteil*, als Junge ganz sicher *kein Mann zu sein. Die Kastration* wird jetzt mit Freuden verinnerlicht und zur *Quelle einer höheren Stufe des Menschseins* erhoben. Kleriker dieses Typs sind in ihrer ostentativ weiblichen Art zumeist hoch begabt darin, die Gefühle und Konflikte von Frauen mit empathischer Hellsicht zu verstehen – ANDRÉ GIDES *«Schule der Frauen»* kann als Beispiel einer solchen «weiblichen» Sensibilität bei männlichen Homosexuellen gelten.[79]
Wie das Leben dann freilich weitergeht, ist schwer vorherzusagen. – Alles ist denkbar: Es kann ein Homosexueller des *femininen* Typs durch seine Einfühlsamkeit und seine sexuelle Unbedrohlichkeit geradewegs zu einem Liebling der Frauen avancieren, die sich bei ihm verstanden und geborgen fühlen, ohne um ihre moralische Integrität fürchten zu müssen; und mit etwas spitzer Zunge darf man wohl sagen, daß es gerade dieser Typ von Homosexualität ist, den die Kirche, entsprechend ihrer christusförmigen Idealbildung, sich für ihre Seelsorger förmlich herbeisehnt, wenn und wofern solch ein Kleriker «von Gottes Gnaden» nur einigermaßen «symptomfrei», will sagen: ohne manifeste homosexuelle Handlungen zu bleiben imstande wäre. Solche aber sind nicht ausgeschlossen, indem das Gefühl männlicher Minderwertigkeit ätherische Charaktere vom Schlage des *Abbé Mouret* ihrerseits mit einer gewissen Sehnsucht nach «richtigen» Männern ausstattet, die sie am ehesten in der überkompensierten Männlichkeit ihrer «männlich»-homosexuellen Amtsbrüder vermuten. Diese wiederum, weniger eingeschüchtert durch ihren Vater, sind es gewohnt, an der Seite ihrer Mutter auf die rechte Weise Verantwortung zu übernehmen. Und so kommt es leicht zu einem *homosexuellen Ergänzungsarrangement* auf mann-weiblicher Basis: Einer der beiden Partner spielt dabei zumeist den aktiven, hel-

fenden Teil, während der andere den eher hilfsbedürftigen, passiven Part übernimmt; dem einen tut es gut, derart geliebt und gemocht zu werden, der andere ist es zufrieden, Rückhalt und Beistand zu finden; der eine ist der «umfangende», der andere der «umfangene» Teil, in der Sprache C. G. JUNGS[80]. In gewissem Sinne kommt es somit zu einer *Einsamkeitsflucht* zueinander, zu einer Komplizenschaft von Ausgesetzten, die miteinander das gleiche Schicksal teilen. *Auseinandergehen* solche Beziehungen meist, weil der «umschließende» Teil sich irgendwann eingeengt und «geleimt» fühlt – er wird der Dauerfürsorge müde und sehnt sich nach «einfacheren» Beziehungen; umgekehrt kann freilich auch der scheinbar abhängige Teil sich verselbständigen und nach neuen Beziehungen Ausschau halten. Beiden ist es theoretisch natürlich auch möglich, sich auf die Beziehung zu einer Frau hin zu entwickeln, und das ist nun freilich der Punkt, an dem spätestens die praktische und faktische Wirklichkeit der katholischen Kirche im Umgang mit ihren homosexuellen Klerikern sich als ein heuchlerisches Zwangskorsett entlarvt.

Alles bisher Gesagte basierte letztlich auf der Voraussetzung, daß die klerikale Homosexualität im Grunde die Situation der Pubertät auf paradoxe Weise festschreibt, *paradox* insofern, als all die kirchlich vermittelten Ge- und Verbote lediglich den Kontakt des heranwachsenden Jungen zu den Mädchen erschweren bzw. unterdrücken sollten; keinesfalls war beabsichtigt, den Jungen in die weit schlimmere «Sünde» der Homosexualität hineinzutreiben; doch genau dieser Fall ist jetzt eingetreten. Nach dem Verbot aller heterosexuellen Kontakte drängt die gesamte psychische Energie natürlich in genau die Richtung, die den Eltern wie der Kirche von vornherein als so monströs erscheinen mußte, daß man einfach vergessen hatte, sie zu verbieten. Recht häufig wird deshalb auch im späteren Erleben von Homosexuellen die Jugendliebe, die *Pädophilie,* fixiert. Man muß sich vor Augen halten, daß diese letztlich extrem Vereinsamten die erste Freundschaft mit einem Jungen, d.h. zugleich auch den ersten wirklichen Bruch mit ihrer Mutter, für gewöhnlich in einer enormen Verdichtung erleben: Es ist nicht nur, daß hier die allzulang aufgestauten Sehnsüchte nach Liebe und Zärtlichkeit wie aus dem Kamin eines Vulkans in großer Heftigkeit an die Oberfläche gepreßt werden, es ist vor allem, daß nach dem Auswurf das glühende Magma alsbald erkaltet und in seiner einmal geronnenen Form erstarrt – die Jugendfreundschaften wagen sich in den pubertären Beziehungen späterer Kleriker so gut wie niemals in die Tabuzone genitaler Sexualität vor, vielmehr muß gerade der sexuelle Anteil der Jugendfreundschaften, kaum daß er dem Einzelnen bewußt werden könnte, sogleich wieder unterdrückt werden; er war lediglich stark genug, auf Jahre hin einen furchtbaren Schrekken auszulösen: könnte es denn sein, daß man noch weit verworfener ist als all die Jungen und Mädchen, die es schon mit 16 Jahren munter miteinander treiben? Zwischen Andrang und Rückstau der homosexuellen Triebneigungen verfestigt die Angst diese ersten Liebeserfahrungen zu einem *Gebilde verklärender Sehnsucht.* Auch sehr viel später noch ergeben sich im Leben homosexueller Priester daher bevorzugt Liebesbeziehungen zu Jungen oder Jugendlichen, die gerade dem Alter entsprechen, in denen seinerzeit die ersten «Erfahrungen» der Liebe gemacht wurden, nur um auf der Stelle der pflichtgemäßen Selbstunterdrückung anheimzufallen. Ja, es ist oft genug dieser Zwischenzustand, der ein starkes zusätzliches Motiv darstellt, den Priesterberuf anzustreben: da die Heirat mit einer Frau ohnedies als ausgeschlossen erscheint, die Angst vor dem Durchbruch homosexueller Handlungen und Beziehungen aber nach wie vor andauert, so verheißt jetzt gerade die sexuell repressive Einstellung der katholischen Kirche so etwas wie eine Erlösung aus dem ganzen Dilemma. Natürlich sieht die Wirklichkeit indessen anders aus. Gerade in den Theologenkonvikten findet sich selbstredend eine Reihe von Leuten, denen es ganz ähnlich ergeht und die sich auf Anhieb wechselseitig anziehen, nach Regeln, die nicht minder geheimnisvoll sind wie die verborgenen Signale heterosexuell Verliebter; mit anderen Worten: Wer da eben noch glaubte, endlich sein Schäfchen ins Trockene gebracht zu haben, der muß im Gegenteil jetzt erkennen, daß er in Wahrheit vom Regen in die Traufe gekommen ist.

In einem deutschen Theologenkonvikt ereignete sich Anfang 1989 z.B. dieser Vorfall. Weil einer der Priesteramtskandidaten von jemandem beim Rektor als homosexuell angezeigt worden war, verteidigte er sich mit der Erklärung, daß er noch 15 andere kenne, die mehr oder minder homosexuell seien. Vom Rektor gebeten, doch um Himmels willen ihre Namen zu nennen, verweigerte er die Auskunft und wurde vom Theologiestudium gesperrt. Selbst Menschen, die man in die Enge treibt, sprechen nicht immer die Wahrheit; daß aber etwa ⅕ bis ¼ der Priesteramtskandidaten in irgendeiner Weise homosexuelle Kontakte unterhält, dürfte nicht völlig aus dem Hut gegriffen sein.

Doch nun beachte man den diplomatischen Feinsinn der katholischen Kirche. Sie wird alles Erdenkliche unternehmen, um die latente, charakterbedingte Homosexualität vor allem des «weiblichen» Typs nach allen Regeln der Kunst zu hofieren und zu protegieren; alles ist in Ordnung, solange nichts «passiert» – alles geht so zu, daß es Kardinal RATZINGERS Erkenntnis entspricht, daß nicht das Homosexuellsein bereits Sünde ist, sondern nur das homosexuelle Verhalten. Denjenigen unter den Alumni, die sich über ihre Träume ängstigen, in denen sie sich mit Semesterkollegen intim zusammen sehen, wird man in seelsorglicher Weisheit bedeuten, daß solche Träume wenig bedeuten und unter Männern ganz normal sind. Umgekehrt wird man hart vorgehen gegen alle manifesten Fälle – *vor* der Priesterweihe. Ist die Weihe erteilt, sind die Männer der Kirche fortan jedes Schutzes bedürftig. Wo irgend ein Fall von Homosexualität bekannt wird, befleißigt man sich eines möglichst diskreten Vorgehens, damit die Bevölkerung nicht Anstoß nimmt; man wird den Betreffenden, wenn er ansonsten treu zur Kirche steht, mit ärztlichem wie brüderlichem Mitleid umgeben; umgekehrt aber, wenn der Betreffende sich *nicht* loyal verhält, wenn er die Kirche kritisiert oder sogar den inkriminierten Tatbestand, der zumeist von anderen angezeigt wurde, unbußfertig verleugnet, wird man unverzüglich zu entschiedenen Maßnahmen greifen: Versetzung zumindest, Amtsenthebung im Notfall. *Eines* aber wird man ganz sicher nicht tun: dem Einzelnen eine ehrliche Chance geben, sich als Priester menschlich weiterzuentwickeln. Dieselbe Kirche, die in ihren Lehr- und Mahnschreiben im Umgang mit den «reversiblen» Homosexuellen die Psychotherapie so fleißig anempfiehlt, wird um Himmels willen versuchen, die Erfordernisse einer normalen Psychotherapie an homosexuellen Priestern entweder *abzuleugnen* oder zu *erschweren*.

Denn wie soll es jetzt weitergehen? Kein Therapeut der Welt kann *apriori* wissen, ob ein Priester, der zu ihm in die Behandlung kommt, «reversibel» oder «irreversibel» homosexuell ist. Er wird versuchen, als erstes herauszufinden, wie die gegenwärtige Lage beschaffen ist, wie stark der Leidensdruck empfunden wird, welche Therapievorstellungen vorliegen, wie die Übertragung beschaffen ist usw. Dann wird die Anamnese drankommen: Welche Familiensituation, welche prägenden Einflüsse, welcher Werdegang. Aber jetzt: Einmal unterstellt, der betreffende Priester zeigte nicht den geringsten Ansatz einer Umkehrung seiner Triebeinstellung, welch ein Psychotherapeut, wenn er den Namen verdient, wird einem solchen Klienten nahelegen, was die katholische Kirche kategorisch verlangt: lebenslängliche Abstinenz gegenüber den für «widernatürlich» und pervers gehaltenen Neigungen?

Und wenn sich zeigt, daß die Triebeinstellung *doch* «reversibel» ist? – Dann nun endgültig überführt die katholische Kirche sich einer sonderbaren Doppelbödigkeit. Sie, die eben noch auf die «Psychotherapie» so großen Wert zu legen schien, wird nie im Leben akzeptieren, was schrittweise, nach und nach, sich als ein langsamer Prozeß verspäteten Lernens gestalten möchte und müßte. Die «normale» Entwicklung eines homosexuellen Priesters in der Psychotherapie, wenn denn irgend die Umkehrung der Triebausrichtung gelingen könnte (was weder die Bedingung noch das erklärte Ziel der Therapie sein kann!), wird in der Regel von einer Reihe besonderer *Begegnungen mit Frauen* begleitet sein, die selber in irgendeiner Weise auf der Suche nach Liebe und Verständnis sind und schon deshalb die beginnenden Anzeichen der Veränderung bei ihrem Vikar oder Pfarrer feinnervig genug herausspüren. Man kann als Psychotherapeut nur immer wieder froh sein, daß und wenn es Frauen gibt, die als Verheiratete das rechte Maß an Sehnsucht und Erfahrung mitbringen, um einen solchen Priester bei der Hand zu nehmen und ihm Schritt für Schritt die Angst vor der Liebe, die Angst vor der Frau und die Angst vor sich selber zu nehmen. Gewiß, im Sinne der kirchlichen Moraltheologie geschieht hier Ehebruch und Zölibatsverletzung, und doch sind solche Begegnungen im Niemandsland der Liebe von einer oft poetischen Sensibilität und Zärtlichkeit, schwebend und leicht wie der Duft erblühender Rosen in einem Frühlingsgarten. Die Alternative könnte nur lauten: verhaltenstherapeutisches Umlernen unter Anleitung bezahlter Profis.[81] Die meisten Homosexuellen haben sich ebenso oft wie erfolglos durch alle möglichen Bordelle gequält, um nicht von solchen Therapiemaßnahmen die Nase voll zu haben, und schließlich hat noch niemand die Angst vor einem Menschen verloren, indem man seinen Partner dazu erniedrigte, ihn mechanisch zu bedienen. Mithin gibt es kein anderes Heilmittel als all die Formen der Liebe, denen die Gebote der katholischen Kirche kategorisch entgegenstehen. Diese Gebote im Kopf der homosexuellen Geistlichen in der Psychotherapie *aufzulösen,* ist fast schon der halbe Behandlungserfolg.

Dasselbe gilt spiegelbildlich auch für die *Ordensschwestern,* die mit homosexuellen Schwierigkeiten in die Behandlung kommen. Ihnen allen ist von Hause aus eine ausgeprägte *Angst vor den Männern* zueigen, wobei die Icheinstellung, parallel zu dem eben Gesagten, auf «Dur» oder «Moll» gestimmt sein kann. Manch eine homosexuelle Ordensschwester hat schon als Mädchen gelernt, den Vater als Mann zu verachten und selber an der Seite der Mutter die Rolle des «richtigen» Mannes zu übernehmen (vgl. das Beispiel auf S. 315 f.). Die schwache *Mutter* (bzw. die durch ihre Schwäche dominante Mutter), der durch Anwesenheit oder Abwesenheit die ganze Familie belastende *Vater* und eine *Tochter,* die als Verantwortliche in die Bresche springen muß, bilden zusammen eine ideale Dreier-Konstellation für die Psychogenese der *«männlichen»* Homosexuellen unter den Ordensschwestern. Liebe haben sie bei aller Tüchtigkeit niemals erfahren, es ist aber auf die Dauer, meist mit 30, 35 Jahren, fast unvermeidlich, daß die asketische Überanstrengung ihres Gehabes sich zu lockern beginnt; sie müssen nicht mehr darum kämpfen, ihren Posten auszufüllen oder berufliche Anerkennung zu finden, und die Bereitschaft wächst, auch privat ein Stückchen Leben zuzulassen. Naturgemäß wirken Schwestern dieses Typs wie ein Magnet auf andere Schwestern, deren homosexuelle Neigung starke Elemente von Anlehnung und Unterwerfung in sich schließt. Solche «weiblich»-homosexuellen Schwestern haben nicht selten eine Kindheit der Mißerfolge durchlitten, indem sie in der eigenen Familie z. B. als Sandwich-Kinder zwischen zwei Jungen oder im Schatten einer älteren, stärkeren Schwester aufwachsen mußten – die Ausgangssituation bestand womöglich in derselben Überforderung wie gerade geschildert, nur daß ein solches Mädchen, statt sich eines eigenen Beitrags zur Lösung der anstehenden Familienprobleme zu getrauen, als erstes lernen mußte, die bestehenden Schwierigkeiten nicht durch seine eigene Existenz noch weiter zu vermehren: es hatte sich geduckt und unauffällig zu halten, mit großen Augen und geschlossenem Mund, und nach Möglichkeit sprungbereit für jedermanns Wünsche zu sein; den Jungen gegenüber waren solche *moll-gestimmten* Homosexuellen in Mädchentagen zumeist voller Minderwertigkeitsgefühle, und daß es so etwas wie *sexuelle* Gefühlsregungen gab, wußten sie für gewöhnlich nur vom Hörensagen. Erlebt nun eine solche «weiblich»-homosexuelle Schwester, wie sehr sie von jener anderen, «starken» Schwester geschätzt, gemocht und umworben wird, so kann es leicht zu lesbischen Handlungen kommen, ohne daß eigentlich schon so etwas wie eine ausgesprochen homosexuelle Neigung auf beiden Seiten zu beobachten wäre. Es tut zunächst nur einfach gut, sich in den Arm zu nehmen und zu streicheln; es ist schön, beieinander zu kuscheln; es sind einfache Spiele, so unschuldig wie zwischen 12jährigen Mädchen; es macht scheinbar einfach nur Freude, sich voreinander zu entblößen und all die peinlichen Fragen der Jugend noch einmal durchzugehen, ob man sich nicht schämen müsse, eine Frau zu sein, mit einem solchen Körper, mit einem solchen Aussehen, und doch drängen all diese Selbstzweifel hin zu der alles bejahenden Antwort: «Ich liebe dich.» Eine Schwester, die solche Worte zum erstenmal hört, wird sich diese Erfahrung eine Menge kosten lassen, und entsprechend ihrer ohnedies schon ausgeprägten Unterwürfigkeit wird sie manches für diese andere Schwester zu tun bereit sein, was sie von sich selbst her oft niemals tun würde; oder umgekehrt: es wird diese «schwächere» Schwester jene andere mit ihren Zweifeln und Klagen zu Beweisen der

Liebe verleiten, die deren eigenes Bedürfnis nach homosexuellen Kontakten an sich weit übersteigen.

So oder so aber bleibt die Frage, welche Entwicklungsmöglichkeiten sich jetzt ergeben. – Es kann das Gefühl der Scham und der Angst nachträglich so groß werden, daß recht bald mit Ekel verworfen wird, was eben noch Hilfe und Freude versprach; es können aber auch solche Beziehungen der *Ergänzungshomosexualität* sich stabilisieren, und sie besitzen dann zumeist eine ungleich größere Haltbarkeit als entsprechende Kontakte unter Männern. Andererseits ist *die soziale Kontrolle in weiblichen Ordensgemeinschaften* erheblich intensiver als beispielsweise im Falle von «Weltpriestern», die im Grunde bei einiger Vorsicht machen können, was sie wollen, ohne unliebsame Entdeckungen befürchten zu müssen. Insbesondere Formen *homosexuell motivierter Eifersüchteleien* und Zänkereien sind in Schwestergemeinschaften keine Seltenheit, allein schon deshalb vermutlich, weil man in den Schwesternkonventen versucht, die Auflagen eines wahrhaft christlichen Gemeinschaftslebens so ernstzunehmen wie nirgends sonst. Kommt es unter dem Druck einer solchen *Dauerbeaufsichtigung* und Intrigenbereitschaft dennoch zu einigermaßen festen Verbindungen zwischen lesbischen Ordensschwestern, so spricht das gewiß nicht nur für die Stärke der vorhandenen Bindungsenergie, es steht auch zu erwarten, daß aus der vorhandenen Beziehung fortan so etwas wird wie eine *Notgemeinschaft zu zweit gegen den Rest der Welt*. Es ist möglich, daß solche Schwestern es gerade durch die Liebe, die sie einander schenken, schließlich lernen, selbständiger zu werden als alle anderen sonst, und es am Ende sogar wagen, die Verachtung der katholisch gebundenen Öffentlichkeit auf sich zu nehmen, wie jene amerikanischen Nonnen, die von ihren homosexuellen Erfahrungen im Kloster berichteten.[82] Natürlich gibt die katholische Kirche sich entsetzt, wenn Leute aus ihren eigenen Reihen offen ihre lesbischen Neigungen eingestehen und sogar die Kirche ersuchen, ihnen zumindest Toleranz, wo nicht Anerkennung und Unterstützung entgegenzubringen. Aber es gibt vor Gott und den Menschen keinen vernünftigen Grund, sie ihnen zu versagen.

Immerhin liegt unter den Voraussetzungen der katholischen Moraltheologie noch eine gewisse Konsequenz in der kirchlichen Verurteilung der Homosexuellen unter ihren männlichen wie weiblichen Klerikern. Weder mit Logik noch mit Moral, sondern einzig und allein mit Machterhalt jedoch hat es zu tun, wenn die Kirche selber alles tut, um zu verhindern, daß ihre Kleriker *aufhören*, homosexuell zu bleiben, und den Schritt wagen, der psychotherapeutisch als höchst wünschenswert erscheint: sich bis über beide Ohren als Priester in eine Frau bzw. als Nonne in einen Mann zu verlieben.

4) Beziehungen im Verbotenen

Wir haben (s. o. S. 245 ff) bereits ein Stück weit die «Tragik der vertrockneten Zisternen» kennengelernt, indem wir sahen, wie gebrochen ein Kleriker, schon aufgrund der Identifikation seines nur schwach strukturierten Ichs mit den Vorgaben seiner Berufsrolle, in eine wirklich persönliche Beziehung, gleich, ob zu einem Mann oder zu einer Frau, eintreten wird. Der Kontakt zwischen einem Priester und einer Frau (bzw. zwischen einer Ordensschwester und einem Mann) aber gestaltet sich vor allem durch den *Faktor uralter pubertärer Gehemmtheiten* in aller Regel überaus kompliziert, und es scheint sehr lohnend, diesen typischen Schwierigkeiten einmal ausführlich nachzugehen.

ALFRED DÖBLIN hat in seinem Roman *«Die drei Sprünge des Wang-lun»* in der Gestalt des buddhistischen Mönches *Ma-noh* einen Mann geschildert, der die verwaiste Gruppe der «Wahrhaft Schwachen» zu der Gruppe der «Gebrochenen Melone» umformt, nachdem durch ein rauschhaftes Erleben auf dem Frauenhügel das Tabu der Nichtberührbarkeit zwischen den Geschlechtern innerhalb der Mönchsbewegung endgültig überwunden wird. Ma-noh weiß in diesem Moment selbst nicht, ob er «ein Fürst der Unterwelt» ist[83] inmitten dieses rasenden Umsichschlagens und -schlingens von Hunderten hitziger Leiber und fiebriger Seelen oder ob er der Prophet einer neuen Botschaft ist, ein Verkünder der jubilierenden, lichtgetränkten Wolke, als welche die Brüder und Schwestern der «Gebrochenen Melone», in bunte Tücher gehüllt, Hüfte an Hüfte den Hügel herabkommen. Schließlich aber bekennt Ma-noh sich zu dem eingetretenen Wandel: «Es muß Friede zwischen uns sein, liebe Brüder und Schwestern. Es soll uns nichts belasten, die wir nach den goldenen Inseln segeln. Wir wollen den alten Frieden zwischen Yin und Yang schließen... Wahrhaft Schwache werden wir bleiben. Wir werden dem Tao nachgehen, seine Richtung erlauschen. Bleibt unermüdlich im Gebet, so werdet ihr die große Wunderkraft erlangen, die euch nicht entgehen kann... Bleibt arm, seid fröhlich, enthaltet euch keiner Lust, damit ihr sie nicht vermißt und so unrein und schwer werdet. Euch, meine Schwestern, sehe ich, euch, ihr Königinnen des sanften Vergnügens, ihr habt viel dazu getan, daß unsere Dinge diesen Lauf genommen haben. Habt verhindert, daß die Öffnungen unserer Herzen ins leere All münden. Ich war ein schlechter Sohn der achtzehn Provinzen, daß ich der Weisheit des fremden Cakyamuni vertraute und seine Freudenhimmel mit eurem, mit unserem blumigen eintauschte. Wir stehen auf den Stufen zum Westlichen Paradies. Was ihr Gebrochenen Melonen uns geschenkt habt, nehmen wir an. Wir danken euch, wir danken euch. Ich nenne mich mit euch Gebrochene Melone. Und so wollen wir alle im Sumpf von Ta-lou heißen.»[84]

Seinem Freund *Wang-lun* gegenüber begründet *Ma-noh* seinen mutigen Schritt mit einer Veränderung seines ganzen Wesens: «Wir haben als Wahrhaft Schwache gelebt. Die Frauen sind gekommen. Was den anderen Brüdern begegnete, weiß ich nicht. Ich wußte von einem Tag an, daß ich – nicht mehr – ohne Begierde – war. Ich wollte es wieder sein. Das Leben ist ja kurz. Man darf nicht zu lange falsch gehen, man kann nicht die Tage wie Kupferkäsch zählen und für Reis und Hirse eintauschen. Nun bin ich wieder ohne Begierde, ich habe mich gesättigt, muß mich immer wieder sättigen; ich weiß, du brauchst es nicht zu sagen, es ist endlos: aber ich kann frei und rein beten und hoffe, daß mein Einsatz schwer genug wiegt, auch mit den Gelüsten. Schimpfe nicht, Wang. Ich weiß, daß mich niemand verachtet.»[85] «Was Begierden sind, habe ich vor langer Zeit gewußt. Aber was Frauen sind, war mir unbekannt. Frauen, Frauen. Du bist nicht, Wang, wie ich, von Kindesbeinen in der Schule des Klosters gewesen. Man seufzt, und weiß nicht warum. Man wirft sich im Mondschein in vieler Unruhe, und schließlich seufzt man nach der – Kuan-yin (sc. dem weiblichen Buddha, der chinesischen Madonna, d. V.), ängstigt sich um die – zwanzig heiligen Bestimmungen. So vergißt man sich. Jetzt sind die Frauen gekommen. Ich glaube, sie haben mich manchmal vom Morgen bis Abend umschlungen, geweint, mich um wunderbare Formeln gebeten. Bis ich sie beruhigt hatte und sie unseren Weg wußten, vergingen Wochen, und dann kamen neue. Sie gingen meinen guten Weg, schließlich. Mir ließen sie einen Druck zurück auf der Schulter, ein dünn gequetschtes japsendes Herz, ein Schwitzen an den Händen. Ich ging ihren Weg. Es sind Stärkere zu dieser Arbeit nötig ...»[86] «Es ist sinnlos, mich zu bestrafen, nein, mich auszustoßen für die Ewigkeit, weil ich so schlecht aufgezogen bin. Es muß ein Ende nehmen damit. Die heiligen Bücher können nicht gelten. Es muß eine Lösung geben. Ich wußte die Lösung. Die Keuschheitslehre ist ein Wahnsinn, keine kostbare Regel, eine Barbarei. Die Brüder und Schwestern haben mir zugestimmt.»[87]

Es dürfte keinen Kleriker geben, der nicht, solange er überhaupt noch zu Gefühlen fähig ist, eine ähnliche Sehnsucht in sich trüge: einmal könnten all die sinnlosen, leeren Begierden, das dumpfe Drängen und das stumpfe Zwängen, ein Ende finden. Bis in die Sprache der Mystik hinauf steigt der Rauch erstickter Liebesglut und Leidenschaft – ein Wundbrand nicht endender Schmerzen, der all das Reden von der in Christus geschenkten

Erlösung und Freiheit als psychologisch unglaubwürdig erscheinen läßt. «Wenn er zu mir spricht», sagte dieser Tage eine Frau von einem Priester, der in den Tagen der Jugend ihr wahrer Geliebter war, «so kann er so schöne und feine Gedanken äußern. Aber er selber lebt nicht danach. Er ist voller Sehnsucht, aber er wagt nicht, sich selber treu zu sein. Immer schiebt er zwischen sich und die Menschen eine unsichtbare Wand aus Pflichten, und die nennt er Gott.» Der Ton, in dem diese Frau sprach, war gemischt aus Hochachtung und Bitterkeit, und was sie sagte, gab auf sehr persönliche Weise die Erfahrung eines ganzen Zeitalters wieder: Man kann einem Sprechen von Liebe nicht länger mehr glauben, das den Menschen, die so sprechen, das Risiko, selber zu leben und selber das eigene Leben in den Strom der stärksten Gefühle zu werfen, erspart.

Es war vor hundert Jahren EMILE ZOLA, der in seinem *«Abbé Mouret»* einer Religion den Todesstoß versetzte, die selber unter den Phantasmagorien eines reineren Lebens den Tod zelebriert. So jedenfalls erlebt es *Albine,* als sie nach Tagen des Wartens ihren Geliebten *Serge* in der Kirche, in der er sich nach den hellen Tagen im «Paradou» in qualvoller Buße verkrochen hat, zu sich zurückholen möchte; ZOLAS *Albine* spricht aus, was so viele Frauen, die an der Liebe zu einem Priester zerbrochen sind, auf ihre Weise gefühlt und gesagt haben: «Behalte deine Gebete. *Dich* will ich haben ... Ich kann dich nicht hierlassen. Weil du hier bist (in der Kirche, d. V.), bist du wie tot, ist deine Haut so kalt, daß ich nicht wage, dich zu berühren ...» Schon die Architektur und Ausstattung der Kirche wirkt wie ein Grab auf Albine. «Jammervolle Todesstimmung erfüllte das Kirchenschiff, das bespritzt war mit dem von den Gliedern des großen Christus herabrinnenden Blut, während an den Wänden die vierzehn Bilder der Leidensgeschichte ihr grausames, gelb und rot beschmiertes, Grauen schwitzendes Drama zur Schau stellten. Es war das Leben, das dort in Todesqualen lag, in diesem tödlichen Schauer, auf diesen Gräbern gleichenden Altären, mitten in dieser Nacktheit einer Gruft. Alles sprach von Gemetzel, von Nacht, von Grauen, vom Zermalmen, vom Nichts. Ein letzter Weihrauchatem hing in der Luft gleich dem letzten schwachen Atemzug einer Dahingeschiedenen, die unter den Steinfliesen aus Eifersucht erstickt worden war.»[88] Vergeblich unter diesen Umständen, daß *Albine* an die warmen, glutvollen Tage ihrer gemeinsamen Freude erinnert: «Wie schön war es in der Sonne, erinnerst du dich? – Eines Morgens gingen wir links vom Blumengarten an einer Hecke aus großen Rosensträuchern entlang. Ich erinnere mich an die Farbe des Grases; es war fast blau und schillerte grün. Als wir am Ende der Hecke ankamen, kehrten wir wieder um, so süß duftete die Sonne dort. Und das war unser ganzer

Spaziergang an jenem Vormittag, zwanzig Schritte vor, zwanzig Schritte zurück, ein Glückswinkel, aus dem du nicht mehr heraus wolltest... Du flüstertest: ‹Wie gut ist das Leben!› Das Leben, das waren die Gräser, die Bäume, die Wasser, der Himmel, die Sonne, in der wir über und über blond waren, mit goldenem Haar... Das Leben, das war das Paradou. Wie groß erschien es uns! Niemals konnten wir sein Ende finden. Das Laub wogte dort ungehindert bis zum Horizont mit Wellenrauschen. Und wieviel Blau über unseren Köpfen! Wir konnten wachsen, davonfliegen, wie die Wolken dahinziehen, ohne auf andere Hindernisse zu stoßen als auf Wolken. Die Luft gehörte uns.» Dieser Botschaft des Lebens muß *Serge* entgegnen: «Die Kirche ist groß wie die Welt. Gott in all seiner Größe hat darin Platz.» *Albine* aber, mit einer Handbewegung auf die Kreuze, die sterbenden Christusse, die Martern der Leidensgeschichte zeigend, entgegnet: «Und du lebst inmitten des Todes. Die Gräser, die Bäume, die Wasser, die Sonne, der Himmel, alles liegt in Todesqualen um dich her.»[89]
Es ist seit den Tagen der französischen Aufklärung, seit FRIEDRICH NIETZSCHE, seit den Werken des Naturalismus, *längst vor der Psychoanalyse*, daß man kein Christentum mehr glauben kann noch will, das in dieser Weise einen leidenden Gott predigt, der in der Zerstörung von Leben und Lieben verehrt und gepriesen sein will; es läßt sich kein Christentum mehr verkünden durch die feige Feierlichkeit einer Keuschheit, die angesichts einer liebenden Frau nichts weiter zu sagen hat als: «Ich darf nicht.» Es ist der Punkt auch, an dem NIKOS KAZANTZAKIS mit seinem Zweifel ganz recht hat: Sollte ein Mensch wirklich unschuldig sein, der seine Jugendgeliebte verläßt, um einem eifersüchtigen Gott hinter den Wänden eines Klosters zu dienen, während sie, die göttlich Verstoßene, in der Ehe mit einem anderen Mann ihre Zuflucht suchen muß, den sie nicht einmal zum Ersatz je wirklich geliebt hat? Es sind ohne Zweifel die «besten», d. h. die am meisten menschlichen unter den Priestern und Ordensschwestern, die überhaupt in die Lage kommen werden, einen Menschen «verlassen» oder (wie die Bibel sehr zu Recht *auch* sagt, weil es so erlebt wird) «hassen» zu müssen um des Himmelreiches willen. Doch was ist das für ein Himmelreich, das aus den Tränen so vieler Verstoßener schon auf dem Weg der Berufung seiner Erwählten sich auferbaut? Und wie holt man die von der Erde verflogenen Seelen der himmlisch Erwählten je wieder auf die Erde zurück?
Was es *aus der Sicht des Opfers* bedeutet, wenn jemand den Weg der göttlichen Berufung geht, hat in den Spuren ZOLAS der französische Dichter ANDRÉ GIDE in seiner Erzählung *«Die enge Pforte»* geschildert. Es ist die erschütternde Geschichte des Ringens der jungen *Alissa* um die Liebe zu

ihrem Freund *Jerôme,* den sie glaubt abweisen zu müssen, um den von Christus empfohlenen Weg der «engen Pforte» zu gehen: «denn die Pforte ist weit und der Weg ist breit, der zum Verderben führt, und viele sind es, die auf ihm hineingehen» (Mt 7,13). Nach *Alissas* Tod findet man ihre Tagebucheintragungen, die zeigen, welch ein Seelendrama hinter der vermeintlich unnahbaren Kühle ihres Wesens und dem quälenden Zerfall ihres blühenden Lebens sich in Wahrheit verbarg. Eine Eintragung vom 20. September lautet: «Mein Gott, gib ihn (Jerôme, d. V.) mir, damit ich Dir mein Herz gebe. Mein Gott, laß mich ihn nur wiedersehen. Mein Gott, ich gelobe, Dir mein Herz zu geben; gewähre mir, was meine Liebe von Dir erfleht. Was mir vom Leben bleibt, werde ich nur noch Dir weihen... Mein Gott, verzeih mir dieses klägliche Gebet, aber ich vermag seinen Namen meinen Lippen nicht fernzuhalten, noch auch die Qual meines Herzens zu vergessen. Mein Gott, ich schreie zu Dir, verlaß mich nicht in meiner Not.»[90] Am 3. Oktober schreibt *Alissa:* «Alles ist erloschen. Ach, wie ein Schatten ist er durch meine Arme geglitten. Er war da! Er war da! Ich fühle ihn noch. Ich rufe nach ihm. Meine Hände, mein Mund suchen ihn vergeblich in der Nacht... Ich kann weder beten noch schlafen. Ich bin wieder hinausgegangen in den dunklen Garten. In meinem Zimmer, im ganzen Haus fürchtete ich mich, meine Herzensangst führte mich zu der Pforte, hinter der ich ihn zurückgelassen hatte. Mit einer törichten Hoffnung habe ich diese Pforte wieder aufgemacht – wenn er zurückgekommen wäre! Ich habe gerufen. Ich habe mich durch die Finsternis getastet. Ich bin wieder umgekehrt, um ihm zu schreiben. Ich kann mein Leiden nicht hinnehmen.»[91] Dann aber, am 5. Oktober: «Eifersüchtiger Gott, der Du mich enterbt hast, bemächtige Dich denn meines Herzens. Von nun an entflieht ihm alle Wärme, und nichts wird es mehr anrühren. Hilf mir also, diesen traurigen Überrest meiner selbst zu besiegen! Dieses Haus, dieser Garten ermutigen meine Liebe in unerträglicher Weise. Ich will an einen Ort fliehen, wo ich nichts anderes mehr sehe als Dich.»[92] Und schließlich am 12. Oktober: «Dein Reich komme! Es komme in mich herein, derart, daß Du allein über mich herrschest und herrschest über alles in mir. Ich will nicht mehr feilschen mit Dir um mein Herz. – Müde, als wäre ich sehr alt, bewahrt meine Seele doch eine seltsame Kindlichkeit. Ich bin noch das kleine Mädchen, das ich war, das nicht einschlafen konnte, wenn nicht alles im Zimmer in Ordnung war und die ausgezogenen Kleider nicht sauber zusammengelegt neben dem Kopfende des Bettes lagen... So möchte ich mich rüsten zum Sterben.»[93]

André Gides Frage, die er gegen die Mystik des Verzichtes im Werke Paul Claudels[94] richtete, lautet natürlich, was für ein bösartiges und grausames

Gespenst unter dem Namen Gottes eigentlich im Christentum verehrt und angebetet wird, wenn es junge Menschen, statt sie die Liebe zu lehren und ihnen den Gehorsam des Herzens anzuempfehlen, mit System dazu treibt, wie mutwillig am konsequentesten gerade das zu zerschlagen, was sie am meisten erfüllen und beglücken könnte. *«Uns nährt die Erde»*[95] – überschrieb ANDRÉ GIDE später sein Manifest der Weltfrömmigkeit, das in allen Punkten auf eine Widerlegung der naturfeindlichen und liebefernen Antithese des Christentums hinauslief.

Indessen: wir haben von den Bedingungen der Familiensituation, der Kindheit und der Pubertät in der Psychogenese der Kleriker bereits genug erfahren, um zu verstehen, aus welchen Quellen das Gottesbild einer *Alissa* stammt und welch ein Interesse die bestehende Form der kirchlichen Frömmigkeit daran findet, die Infantilismen, die gottselige Kindlichkeit einer asexuellen Unschuld nach Möglichkeit zur Ausdehnung ihres eigenen patriarchalen Machtapparates zu fördern und zu unterstützen. Die größte Aufmerksamkeit gilt unter diesen Voraussetzungen der Frage, welche Wege trotz allem: trotz einer solchen Kindheit und Jugend, trotz des Glaubens an göttliche Erwählungen und kirchliche Segnungen, trotz heiliger Eide und moralischer Zensuren, trotz finanzieller Abhängigkeit und der Macht der Gewohnheit, immer wieder Menschen nach Jahren ihres klerikalen Lebens zu den verborgenen und verbotenen Quellen der Liebe zurückführen. Welche Motive und Gefühle leiten sie, welche Gefahren haben sie zu bestehen, und welche Chancen bieten sich ihnen für ein gemeinsames Glück? – Es versteht sich, daß wir uns die vorurteilsbeladenen Wertungen der kirchlichen Moral in einer psychoanalytischen Untersuchung nicht zueigen machen können, und so werden wir hier nicht von «Versuchung», sondern von Suchen, nicht von dem Verrat an einer ergangenen Berufung, sondern von dem Geraten eines neuen Anrufs sprechen und uns das Recht nehmen, Menschen auf eben den abenteuerlichen Wegen des Herzens zu begleiten, auf die wir sie in der Psychotherapie oft genug und immer wieder mit dem Mut der Verzweiflung geleiten *müssen.* Wie schwierig sich die Dinge in diesen Minenfeldern der Liebe aus Tabus und Verboten freilich gestalten, mag man daran ersehen, daß ein namhafter Daseinsanalytiker erst kürzlich gestand, prinzipiell keine Kleriker mehr zu behandeln – es sei eine unverantwortbare Zeitvergeudung. Doch wendet man die Zeit auf für die Suche nach dem hundertsten Schaf, lernt man viel über den Menschen und über sich selbst und viel von der Notwendigkeit eines Erbarmens jenseits aller Schuld.

Von manchen Künstlern meinte SIGMUND FREUD, sie seien ursprünglich durch ihre Gehemmtheit am Leben gehindert, doch vermöchten sie durch

ihre Träume und durch ihre Ausdruckskraft auf einem Umweg am Ende all das zu erringen, was die Gesunden auf dem geraden Weg fänden: die Achtung der Menge und die Liebe der Frauen.[96] Übertragen auf die Kleriker, wird man nicht selten ein Ähnliches finden. Es ist ursprünglich ihre Gehemmtheit in allen Antriebsbereichen, die sie in jungen Jahren daran gehindert hat, die Zuneigung einer Frau für sich zu erobern. Nun aber, ein Jahrzehnt nach den Niederlagen der Jugend, macht sich unter Umständen ein eigenartiges Phänomen geltend: Da ist ein Priester, der in seinen Ansprachen von der Güte und Liebe so eindrucksvoll predigt; er darf äußerlich als gut gebaut und wohlgeraten gelten; sein Amt verleiht ihm gesellschaftliche Reputation und unter den Gläubigen eine Art heiligen Respekts – niemand würde ihn für einen persönlich Gescheiterten halten; sein Leben scheint zu gelingen; seine Intelligenz verrät Weisheit, sein frommer Ernst flößt Vertrauen ein, seine dem Zorn abholde Sanftmut erweckt den Wunsch, seine Nähe zu suchen; und vor allem: Er ist ein Mann, der nach Haltung und Stand verspricht, die Tugend der Frauen zu schützen, die bei ihm um Rat und Hilfe anhalten. Doch nun, im Schatten solcher Vorzüge, begibt sich etwas Seltsames: Gerade die Windstille der verdrängten Sexualität erschafft ein Treibhausklima unausgesprochener Sehnsüchte und Gefühle und treibt Blüten hervor, die sich bei rauherem Wetter niemals hervorwagen würden.
Auf seiten einer Frau, die bei einem Priester um Hilfe nachsucht, herrscht zu Beginn wohl nur erst ein anheimelndes Gefühl, endlich einem wirklichen «Menschen», einem *Mann* begegnet zu sein, der ganz und gar anders ist als all die anderen. Was früher eher als Last empfunden werden mußte, verwandelt sich jetzt für sie unter der Hand in einen Vorteil: Womöglich hat sie schon viele Jahre in einer «gut katholischen Ehe», wie wir sie eben schon beschrieben haben, zubringen müssen, ohne auch nur ein Sterbenswörtchen von ihren Gefühlen verlauten lassen zu können; jetzt endlich bei einem Mann der Kirche auf offene Ohren für ihre Nöte zu treffen, mag ihr nicht ganz zu Unrecht als ein Segen des Himmels erscheinen. Zudem leben in ihr eine Reihe von uralten «heiligen» Gefühlen gegenüber der Welt des «Väterlichen», «Priesterlichen», ja, «göttlich Erhabenen». Was Wunder also, daß sich wie von selbst ihre stärksten Gefühle auf die Persönlichkeit dieses Priesters zu richten beginnen. Sexuelle Gefühlsregungen empfindet sie gar nicht, weder bei sich selber noch bei ihrem priesterlichen Freund, und eben diese sublime und sensible Art des Kontaktes erscheint ihr nunmehr als etwas überirdisch Schönes und ganz und gar Himmlisches. Viele Worte der Bibel von der Reinheit des Herzens (Mt 5,8) und der Liebe, die keine Furcht kennt (1 Joh 4,18), meint sie jetzt zum erstenmal wirklich zu verstehen. Mit ande-

ren Worten: Es beginnt für diese Frau eine Phase ungeahnten Glücks, einer intensiven Frömmigkeit und einer nie gekannten Freiheit.

Auf der anderen Seite begibt sich auch in dem Priester eine merkwürdige Wandlung. Er, der Ängstliche, Gemiedene, Kontaktscheue, erlebt mit einem Mal auf sonderbare Weise, wie es sich anfühlt, gemocht und umschwärmt zu werden, und zwar nicht von einer Person, die ihm gleichgültig sein könnte, sondern von einer Frau, die ihm durch ihre Reife und Erfahrung eigentlich als überlegen erscheint und die doch bei ihm Rat und Hilfe erbittet. Sein Ich fühlt sich durch eine solche Beziehung erheblich aufgewertet, und da der Grund seiner Anerkennung in der Priesterrolle liegt, gewinnt er subjektiv womöglich den Eindruck, noch niemals so gern wie gerade jetzt Priester gewesen zu sein. Tatsächlich wird in seinen Predigten, in seiner Stimme, in seinen Ausdrucksformen ein weicheres Timbre spürbar, seine ganze Existenz wird «dialogischer», menschlicher, und sie entspricht damit in gewissem Sinne sogar dem Ideal des Klerikerseins selbst, bei dem jede Trennung zwischen Ich und Überich aufgehoben sein sollte. Unvermerkt jedoch senkt sich durch Erfahrungen dieser Art der psychische Schwerpunkt ab: Er wandert aus dem Zentrum des Überichs heraus und beginnt, das eigene Ich zu verstärken; je intensiver das Gefühl der Zuneigung währt, desto akzeptierter und berechtigter fühlt sich das eigene Ich, und so taut wie unter dem Wehen eines warmen Windes die vereiste Grundfläche des Klerikerseins zunehmend ab: Die ontologische Unsicherheit löst sich nach und nach auf. Dauert eine solche Entwicklung lange genug, so kann an ihrem Ende eine Persönlichkeit stehen, die nicht erst dadurch ihre Daseinsberechtigung erfährt, daß sie Priester (oder Ordensschwester) ist, sondern die ihr Klerikersein aus dem eigenen Ich heraus lebt – *persönlich* statt beamtetermaßen. Doch je näher ein Priester (oder eine Ordensfrau) diesem Zustand kommt, desto mehr nehmen innerlich wie äußerlich die Reibungen mit der objektiven, institutionalisierten Form des Klerikerseins zu.

Eine Hauptschwierigkeit ergibt sich von Anfang an aus der *pflichtgemäßen Doppelbödigkeit* der Beziehung selbst: Es darf über die wirklichen Gefühle nicht gesprochen werden. Wohl spürt der Pfarrer, was in der Frau vor sich geht, und er wärmt sich an ihren Gefühlen gewissermaßen seine eigenen klammen Finger, doch man müßte jederzeit befürchten, das Feuer könnte verlöschen, wollte man so unvorsichtig sein, diese Tatsache offen einzugestehen. Unter der Decke ständiger Verschleierungen kommt es so zu einem Schwelbrand der Gefühle, der auf beiden Seiten durch eine Art Kompromiß mit der Wirklichkeit unterhalten wird. Man muß sich zum Verständnis einer solchen Situation vor Augen stellen, daß keiner, weder die Frau noch der

Priester, darauf vorbereitet ist, miteinander zu klären, was sich in ihnen und zwischen ihnen abspielt. *Die Frau* verehrt ihren priesterlichen Freund sehr, sie sieht in ihm womöglich so etwas wie ein höheres Wesen, sie kommt einfach nicht darauf, hinter der Maske der Rolle eines weltgewandten Geistlichen einen liebeunerfahrenen, gefühlsverklemmten, unfreien und eingeschüchterten Menschen zu sehen, der froh ist, zum erstenmal so etwas wie eine menschliche Nähe, die ihm selber gilt, zu spüren. *Der Priester* wiederum sieht in jener Frau eine wirkliche Dame, im Leben erfahren, mit der Erlebnisweise der Männer vertraut und im Status der Ehe für ihn selber «ungefährlich»– er ahnt nicht entfernt, wieviel an Gehemmtheit und Verklemmtheit selbst nach 10 bis 15 Jahren Ehe eine gut katholische Frau empfinden mag – und wieviel Lust und Angst, die alten Fesseln abzuwerfen. Beide also können miteinander über das Wichtigste in ihrer Beziehung nicht reden, ja, sie wissen oft nicht einmal, warum sie es nicht tun können, sie *dürfen* es nicht wissen noch sagen, selbst wenn sie wollten: Es würde eine verheiratete Frau, die sich in einen Priester verliebt hat, aufs tödlichste kränken, wollte man ihr die Wahrheit ihrer Empfindungen auf den Kopf zusagen; und auch der Priester befindet sich demgegenüber nur scheinbar in einer «besseren» Position. Äußerlich freilich hat er alle Trümpfe in der Hand: Von ihm ist die ganze Affäre nicht ausgegangen, er hat es von daher auch nicht nötig, seine Gefühle zu offenbaren, und jederzeit kann er sich hinter die Erfordernisse seiner priesterlichen Aufgaben zurückziehen; er kann «im Dienst» sein oder sich persönlich geben, ganz wie es ihm beliebt, nur daß es eben mit seiner «Persönlichkeit» hapert. Wann hätte ein Priester es gelernt, mit seinen eigenen Gefühlen frei umzugehen? Er hat, wie wir sahen, allenfalls gelernt, seine Gefühle ersatzweise *im Amte* zu leben; doch eben deshalb wird er für gewöhnlich einfach überfordert sein, wenn er mit einem Mal auf die persönliche Not eines anderen Menschen mit seiner eigenen Person antworten soll; und so führt die bloße Unreife der Seele so vieler «Seelsorger» jetzt zu oft tragischen Verwicklungen.

Zwei Wege stehen theoretisch offen, wie sich eine solche Beziehung weiterentwickeln kann: *die Stagnation* bzw. *die Resignation* und *die Provokation.*

Die *Stagnation* ist die gewiß häufigste, psychisch aber die uninteressanteste und unergiebigste Form der Klerikerliebe, indem sie lediglich den *status quo* der Doppelbödigkeit festschreibt – ein Arrangement unterdrückter Gefühle und ehrenwerter Charaktere, die sich nichts zuschulden kommen lassen. Über Jahre hin kann eine Frau in einer solchen Beziehung jeden Geburts- und Namenstag «ihres» priesterlichen Freundes wie einen Jahrestag des

Glücks begehen, sie kann ihm kleine Geschenke – Blumen, Handarbeiten, Altarschmuck, Fotos, Bilder, literarische Erzeugnisse – zukommen lassen, die auf verstohlene Weise wohl ausdrücken, was in ihr wirklich vor sich geht, die aber den Bereich des Schicklichen nie überschreiten. Im Gegenteil, es wächst der dankbare Respekt vor der wechselseitigen moralischen Integrität, die jede Intimität ausschließt. In Klerikerkreisen gibt man sich mit diesem *Modus der doppelbödigen Nähe* wohl in der Regel recht zufrieden: so wahrt man die Würde, so behält man unangefochten Haltung und Stellung und gewinnt doch die Gelegenheit, sich zu einem charmanten Galan zu entwickeln. Allerdings, schon dieses wenige verlangt einen hohen Preis: Man wird unter den gesetzten Grenzen niemals die Liebe erlernen, man wird von ihr in feierlichen Worten, in göttlichem Auftrag, in kirchlicher Bevollmächtigung reden, und doch wird eine Stimme nie verstummen, die all dieses Reden einen frommen Selbstbetrug nennt. Die Natur läßt sich nicht belügen, sie wehrt sich dagegen, aus den Empfindungen des Herzens nichts weiter zu machen als ein gesellschaftliches Spiel.
Und vor allem: die ständigen Unklarheiten! – Nur schwerlich vergibt das Leben lange Zeiten des Unlebens; wenn aber der größte Teil der psychischen Energie in Beziehungen gebunden ist, die niemals Eindeutigkeit und Erfüllung erlangen dürfen, um nicht sofort unter ein Bombardement von Schuldgefühlen zu geraten, so ist die Gefahr unvermeidlich, daß sich das Leben verträumt, aus Angst, sich zu verwirklichen, und daß es sich immer mehr zwischen Phantasie und Wirklichkeit aufspaltet. Gefahren seelischer Fehlentwicklung von solcher Größenordnung einfach zu übersehen, ja, sie bewußt in Kauf zu nehmen, solange nur ja nichts «passiert», macht natürlich einen Stil von «Seelsorge» nötig, auf den das Wort Jesu an die Pharisäer seiner Zeit voll zutrifft: «Ihr seiht die Mücken und schluckt die Kamele» (Mt 23,24). Es ist am Ende – erneut – der reine Narzißmus des (klerikalen) Überichs, der sich in dieser Aufspaltung von Traum und Realität, von Seele und Körper, von Wollen und Sollen ausdrückt und erhält, und zwar nicht selten um den Preis schwerer psychosomatischer Symptombildungen.
Psychoanalytisch erfahren wir freilich von der Beliebtheit dieses «Lösungsweges» einer Klerikerliebe durch eine doppelbödige *Stagnation* auch über den psychischen Zustand der katholischen Kirche noch etwas Neues. Es ist insbesondere die *hysterische* Erlebnisform[97], für die ein solches Ausweichen in ein Feld des Unklaren, des Zwei- und Mehrdeutigen, des Schillerns aller Bedeutungen bzw. des «*fleurier*schen Nebels», wie wir früher sagten, charakteristisch ist; wir aber werden jetzt auf einen Zusammenhang aufmerksam, der zwischen einer patriarchalisch-autoritären Zwangsmoral und

gewissen hysterischen Reaktionsweisen besteht. Schaut man genauer hin, sind von den Frauen, die in der Nähe eines Priesters nach Halt und Geborgenheit suchen, die meisten im Grunde auf der Flucht vor ihrem Vater bzw. auf der Suche nach ihrem Vater, zumeist beides gleichzeitig, indem sie in dem Priester so etwas wie ein positives Gegenbild zu den Erfahrungen mit ihrem Vater vermuten und erhoffen, während sie gleichzeitig bei ihm auch das negative Bild ihres Vaters fürchten und fliehen. Konkret gesprochen: Die meisten Frauen in einer stagnierenden Klerikerliebe fürchten, sogleich in die Flucht gejagt zu werden, sobald sie von ihren wirklichen Gefühlen sprechen würden, und schon aus lauter Angst vor Enttäuschung wagen sie daher nur selten ein wahres Wort, eine wahre Beziehung. Eben deswegen käme alles darauf an, die bestehende Unklarheit durchzuarbeiten und den Betreffenden unter Umständen deutlich zu machen, wie sehr sie seit Kindertagen in dieser Ambivalenz aus Sehnsucht und Furcht gegenüber ihrem Vater gefangen sind, wie sehr sie infolge dieser Ambivalenz dazu neigen, grundsätzlich das Unerreichbare (in diesem Falle den asexuell wirkenden Priester) zu begehren, nur um im Hintergrund das Erreichbare (den eigenen Ehemann z. B.) aus uralter Angst vor Strafe und Zurückweisung zu vermeiden. Ein solches Durcharbeiten setzte jedoch in der Gestalt des Priesters einen Mann voraus, der es als das Problem eines anderen Menschen erkennen könnte, *nur* auf solch ambivalente Weise lieben zu dürfen, statt sich von den der Priesterrolle geltenden Gefühlen persönlich geschmeichelt zu fühlen und daraus noch zusätzlich alle möglichen scheinreligiösen Gedanken und Gefühle abzuleiten. Eine Kirche, die im konkreten immer wieder den Boykott der Liebe lieber wünscht, als sich den Gefahren der Liebe auszusetzen, führt die Menschen im Sprechen von Gott in ein zwangsneurotisch-hysterisches Dilemma hinein, das sich eben so verteilt, wie wir es innerkirchlich beobachten: Die Männer, die Kleriker, übernehmen den Part des ruhenden Pols und überlassen den Frauen, die dazu neigen, die Aufgabe, sie zu umschwärmen wie honigsuchende Bienen faulendes, süßduftendes Holz. Im Neuen Testament gibt es eine Geschichte, die erzählt, wie einmal eine Frau, die zwölf Jahre lang an ihrem Frausein bis zum Blutfluß körperlich litt, geheilt wurde, indem sie es wagte, über die Schranken der jüdischen Reinheitsgesetze hinweg den Mann aus Nazareth zu berühren (Mk 5,25–34)[98]. Der real existierende Katholizismus tut heutigentags alles, um zu verhindern, daß solche Wunder zwischen einem Kleriker und einer Frau sich jemals wiederholen könnten, ja, er tut alles, an sich gesunde Frauen durch die Frustration ihrer Gefühle blutflüssig zu machen.

Wie aber, wenn die Beziehung zwischen einer Frau und einem Priester «weitergeht»? Psychoanalytisch wichtig ist bereits die Frage, welche Kräfte es sind, die so mächtige Hemmnisse, wie sie in der persönlichen Haltung und in der institutionellen «Halterung» eines Klerikers grundgelegt sind, beiseite zu räumen vermögen.

Da jeder Schritt über die gebotenen Grenzen hinaus mit den heftigsten Schuldgefühlen verbunden ist, darf man bei den meisten Klerikern unterstellen, daß ihnen die Liebe nicht «passiert», sondern sich ganz im Gegenteil langsam, unter allen möglichen Einwänden und Vorwänden, in immer neuen Kompromißbildungen zentimeterweise vorantastet. Zwar geben mittelalterliche Mönchsgeschichten und, in deren Nachfolge, Legenden nach dem Muster des *«Vater Sergius»* von Tolstoi immer wieder zum besten, wie eine Frau, hinterhältig, das Böse an sich, einen armen unbescholtenen Mönch und Gottesmann zur Sünde verführt; doch so verhält es sich in Wirklichkeit sehr selten. Allenfalls soviel scheint psychoanalytisch an einer solchen Vorstellung berechtigt, daß man einen Kleriker der katholischen Kirche zwar von Kindestagen an vor einem leichtfertigen Umgang mit dem anderen Geschlecht gewarnt hat; doch seine wesentliche Angst gilt im Umkreis einer solchen Mentalität durchaus nicht wirklich der Frau, sondern allein dem eigenen Es. Alle Kleriker haben von früh an lernen müssen, sich selbst gegenüber Mißtrauen und Angst zu entwickeln, und ihre Gehemmtheit besteht eben darin, daß sie niemals von sich aus, in «begehrlicher Gesinnung», auf eine Frau zugehen würden. Und nun kann es natürlich geschehen, daß gerade diese demonstrierte Säulenheiligkeit eine Frau dazu ermuntert, die Festigkeit einer derartigen Keuschheit auf die Probe zu stellen und einfach mal zu sehen, was dahintersteckt; selber hat sie vielleicht als Mädchen unter der Last eines Reinheitsideals leben müssen, das sie mit Schmerz und Bitterkeit zerbrechen mußte, um zur Frau zu reifen, und so erfüllt es sie jetzt mit einer nahezu beruhigenden Genugtuung und Schadenfreude, zu erleben, daß auch Priester «nur Menschen» sind; unter den gegebenen Bedingungen kann es durchaus sein, daß ein solcher Versuch, wie er in den Heiligenlegenden freilich auf ganz phantastische Weise zur Versuchung *an sich* erhoben wird, weit leichter zum Ziel führt, als man vermuten sollte: wohlgerüstet, auf sich selber acht zu haben, steht manch ein Priester völlig hilflos und naiv einer solchen Herausforderung gegenüber; er hat aus Scheu vor den eigenen Triebdurchbrüchen niemals sich in die Nähe eines Mädchens oder einer Frau gewagt; und jetzt, wo ihm das Geschenk der Zärtlichkeit sozusagen in den Schoß gelegt wird, verfügt er einfach nicht über Erfahrung und Routine, mit einer solchen Situation umzugehen.

«Ich weiß nur noch», erklärte mir vor Jahren weinend ein Priester, «daß ich am Morgen im Bett einer Frau aufgewacht bin. Ich hatte sie noch nie vorher gesehen. Ich weiß überhaupt nicht, wie ich dort hineingeraten bin. Ich schäme mich so. Ich bin so unwürdig ...» usw. Tatsächlich ließ sich ganz gut rekonstruieren, wie er «dort hineingeraten» war: Von der üblichen Alkoholausrede einmal abgesehen, war ihm tatsächlich, begehrt von einer attraktiven jungen Frau, in jener Nacht jegliche Kontenance entglitten – er, der sein Leben lang das Leben hatte meiden müssen, traf hier urplötzlich und ohne jede Vorbereitung auf eine vermeintlich überaus günstige, unwiederholbare Gelegenheit, die es mit der Kraft eines Ertrinkenden zu ergreifen galt. Hinzu kam ein höchst bemerkenswertes Motiv: Dieser äußerst feinnervige und rücksichtsvolle Mann Gottes hatte es wirklich nicht vermocht, eine Frau, die sich vor ihm auszog und in aller Sehnsucht sich ihm hinzugeben suchte, zurückzuweisen. «Es hätte sie so erniedrigt»; diese Erklärung war absolut ehrlich gemeint und objektiv glaubwürdig. Es gibt eine Wehrlosigkeit, die dem Narzißmus des klerikalen Gewissens wesenseigen zu sein scheint: Das erlernte System der Selbstbewahrung bricht rückhaltlos zusammen aus Rücksicht, einfach deswegen, weil es andere Menschen, ihre Wünsche, Erwartungen, Neigungen usw., niemals mit einbezogen hat. – Alles in allem läßt sich unter solchen Bedingungen gewiß manch unvermutete Abschweifung vom Pfade der Tugend im Leben der Kleriker verstehen, aber es handelt sich doch bis dahin um nicht mehr und nicht weniger als eben um bloße *Abschweifungen*.

Es kann nun freilich des weiteren sein, daß, einmal gelernt, aus solchen Begegnungen und Begebenheiten *Dauereinstellungen* werden: die «günstige Gelegenheit» kennengelernt, verlangt es so manchen denn doch nach baldiger Wiederholung. «Ich bin», gestand ein anderer Priester, «seither (d. h. nach einem ähnlichen Erlebnis, d. V.) immer mal wieder in ein Bordell gegangen. Ich habe dann mit der Frau, die mir am besten gefiel, versucht, ins Gespräch zu kommen; ich bin nie einfach so über sie hergefallen, aber ich habe mit ihr doch nur geredet, um vor mir selber nicht ganz das Gesicht zu verlieren. Es war dann aber doch unbefriedigend. Was ich wirklich erleben wollte, war das Verlangen einer Frau nach mir, so wie ich es erlebt hatte – ich wollte begehrenswert sein und spüren, begehrt zu werden, aber das bekommt man nicht für Geld.» Für diesen Priester hatte die einmalige «Verführung» offenbar ganz erhebliche Folgen gehabt, aber doch nicht in Richtung einer dauerhaften Beziehung, sondern allenfalls in Richtung einer beginnenden *Dekompensation* unhaltbar gewordener Reinheitsideale. Für unsere Betrachtung ist dieser Fall nur insoweit von Belang, als ein solcher Ausweg der verbotenen Liebe in die Erniedrigungen eines buchstäblich lieblosen Sex von diesem Priester durchaus nicht zu Unrecht im Sinne der kirchlichen Einstellung für immer noch besser gehalten wurde, als sich wirklich in eine Frau zu verlieben. Die «Verführerin» von damals hatte er pflichtschuldigst, entsprechend seinem Beichtvorsatz, seither gemieden. «Aber wenn ich nicht weiß, wohin, gehe ich eben dahin.»

Es handelt sich, wie wir sehen, lediglich um eine Variante jener Scheinliberalität, die wir bereits in der Einstellung der katholischen Kirche gegenüber der Onanie ihrer Kleriker beobachten konnten, eine Toleranz gegenüber der «menschlichen Schwäche», die einzig den Zweck verfolgt, das System zu stärken, indem es die Liebe verbietet. «Ja, wollen Sie denn wirklich Ihr Amt aufgeben für eine Frau von 45 Jahren?» fragte kürzlich der Personalchef einer Nachbardiözese einen seiner zölibatsunlustigen Priester, «noch ein paar Jahre, und sie (die derzeit Geliebte des Pfarrers, d. V.) ist alt und schlaff» (d. h., er sagte es auf eine Weise, die sich in ihrem beispiellosen Zynismus in Schriftdeutsch nicht wiederholen läßt). Man muß schon zu den Schilderungen THEODOR FONTANES über die Geistesart des preußischen Offizierscorps der Jahrhundertwende im Umgang mit Frauen greifen[99], um einer derart patriarchalen Frauenfeindlichkeit zu begegnen, wie sie in der Elitekaste der männlichen Kleriker der katholischen Kirche auch heute noch uneingeschränkt sichtbar wird, sobald man den Schleier der schönen Redensarten und der kosmetischen Verbesserungen des politischen Außenprofils beiseitezieht und sich für das wirkliche Denken und Fühlen der betreffenden Menschen zu interessieren beginnt.

Im übrigen zählt natürlich auch der Ausweg der «Rotlichtliebe» immer noch zu den Formen einer ausgesprochenen Frustration und Stagnation der Persönlichkeitsentfaltung; allenfalls muß man noch bemerken, daß Menschen, denen man von Kindesbeinen an die Liebe verboten hat, am Ende wirklich nur noch die verbotene Liebe zu lieben vermögen, schenkt doch einzig noch sie jene Nervenerregung, jene Durchbruchsintensität eines wollüstigen Gefühls der Schande und jenen irrwitzigen Trotz eines männlichen Stolzes mitten in der Erniedrigung, wie man sie vom Beginn der Pubertät an in endlosen Abwehrkämpfen, unter der Zuchtrute einer entsprechenden katholischen Moral, immer wieder durchleben mußte. Am Ende ist das Schuldgefühl, das sich seither mit dem Erleben der Sexualität verband, schon so etwas wie ein bedingter Reflex, um das sexuelle Empfinden zu stimulieren, und das Verbotene wird jetzt zu der Pfeife, mit denen PAWLOW seine Hunde zum Fressen herbeizulocken pflegte.

Wie aber geht es, wenn es weitergeht? Das ist unsere Frage. – Es gibt offenbar nur zwei Formen der Liebe, die über die Macht verfügen, in der Seele

sogar von Klerikern Wunder zu wirken; wir wollen sie bezeichnen als *die Liebe zu der erlösenden Fee* und als *die Liebe zu der zu erlösenden Prinzessin.* Beide Formen der Liebe sind behaftet mit dem Zauber einer anderen Welt – daher der romantische Titel; und beide haben es zu tun mit dem klerikalen Dauerthema: mit Erlösung und Rettung, mit Opfer und Einsatz – das «einfache Leben» kommt später, wenn es je kommt –, und beiden gemeinsam ist *die Provokation* zunächst der eigenen Schuldgefühle, dann der Instanzen *hinter* den Schuldgefühlen; beide verschränken sich zumeist.
Die meisten großen Liebschaften im Leben der Priester nehmen ihren Anfang im «Dienst» – wo sonst? Aber das Ausmaß, in dem die Entfaltung der Liebe zumindest zunächst noch vom «Dienst» geprägt wird, ist oft den Verliebten selber über lange Zeit hin nicht deutlich. Tatsächlich geht es auf seiten des Priesters in einer solchen Beziehung immer, wenn sie überhaupt eine nachhaltige Veränderung bewirken soll, um nicht mehr und nicht weniger als um den Umbau der gesamten Persönlichkeit, um *eine Art spontaner Psychoanalyse* mit all den Risiken und Abenteuern, die das Unbewußte unterhalb der Decke massiver Verdrängungen bereithält. Der entscheidende Punkt, um den alles sich dreht, ist dieser: Wenn ein Priester aus den Bedingungen seines Amtes herausgeführt wird in die Freiheit einer offenen Beziehung zwischen Ich und Du, so vollzieht sich in ihm selber ein Reifungsprozeß, der das Ich aus den Fesseln des Überichs löst, in die es bisher wie selbstverständlich verbannt war; das Ich des Priesters fällt aus all den Schutz- und Stützvorrichtungen heraus, die ihm bisher Halt und Sicherheit versprachen, und es gewinnt, falls es durch die ausbrechenden Ängste und Schuldgefühle nicht zurückgerufen wird, erstmals den Zugang zu sich selber zurück. Und dementsprechend: Als ein Kampf um alles oder nichts, um Sein oder Nichtsein, so oder so, wird der Einbruch der Liebe, diese sanfte Verführung zur Freiheit, von den meisten Priestern erlebt, wenn, ja, wenn sie ihnen zum wirklichen Ereignis und nicht nur zu einer bloßen Episode oder zum Gleitweg in den Sumpf wird.
Wie lernt «man» «im Dienst» eine Frau kennen? Der Anfang ist zumeist einfach: Hier steht der Priester, der «Seelsorger», der «Berater», der als Person so gut wie gar nicht in Erscheinung tritt noch treten darf, dort eine Frau, die mit ihren Fragen und Problemen sich Stunde um Stunde ihm mehr offenbart – offenbaren *muß.* Ihr Vertrauen, wenn es gut geht, wächst von Mal zu Mal, und damit auch ihre Sympathie und ihr Interesse an dem Priester, an dem Mann, der ihr so segensreich zur Seite steht. Sie weiß: Es gehört zu den Spielregeln solcher Gespräche, alles Private draußen zu halten; doch schon diese Regel, so einfach sie klingt, besitzt bereits ihre Tücken: Soll das heißen, nur

kommen zu dürfen, solange Not und Bedürftigkeit den Grund des Zusammenseins bilden?

«Ich erinnere mich noch sehr gut», erzählte mir ein inzwischen verheirateter Priester, «wie alles anfing. Sie kam, und sie gefiel mir vom ersten Augenblick an. Doch nie hätte ich von mir her gesagt, daß ich sie in ihrem Weinen wie in ihrem Lachen, in ihrer Scham wie in ihrer Schönheit, in ihrer Schwäche wie in ihrer Stärke außerordentlich bewunderte. Sie hat meine Gefühle trotzdem gespürt, aber sie sagte nichts davon – sie war klug genug, mich nicht zu früh durcheinanderzubringen. Statt dessen sprachen wir immer wieder über die Bedeutung der Liebe im allgemeinen, wobei sie stets unterstrich, wie wichtig ihr meine persönliche Nähe und Wärme sei. Sie begann zu weinen bei der bloßen Vorstellung, daß eines Tages alles vorbei sei und sie dann nicht mehr wiederkommen dürfe. Ich versicherte ihr, daß sie immer, wenn sie es wolle, zu mir kommen dürfe, und ich war selber fast erleichtert, so sprechen zu können; bei jeder anderen Frau hätte ich mich unter Druck gesetzt gefühlt und mich vermutlich dagegen gewehrt, aber bei ihr war ich, ehrlich gesagt, beinahe froh, daß sie mich darin unterstützte, ihr meine Hilfe sozusagen für immer in Aussicht stellen zu dürfen. Ja, so war es: Sie gab mir durch ihre Bitten die Erlaubnis, zum erstenmal in meinem Leben einer Frau wenigstens schon einmal *indirekt* zu sagen, daß ich sie liebte. Doch von Liebe war noch lange nicht die Rede, nicht von *meiner* Liebe jedenfalls. Dabei sprach *sie* immer häufiger davon, wie glücklich sie sei, daß es mich gebe, und daß sie sich ein Leben ohne mich kaum vorstellen könne. Vielleicht hätte ich als ein guter Priester damals sagen müssen, so gehe es nicht weiter, sie müsse sich selbständig entwickeln, ich könne für sie nicht das Ziel ihres Lebens sein usw. Aber ich brachte solche Worte nicht über die Lippen, und zwar, wie ich damals noch glaubte, ihretwegen. Ich hatte damals die Vorstellung, mir sei etwas sehr Kostbares, sagen wir: die Keramikstatue einer etruskischen Göttin, in die Hände gelegt worden, und ich müßte die Statue festhalten, um sie vor Fall und Zerstörung zu bewahren. Irgendwie dachte ich, es sei Gott selber, der wolle, daß ich dieses Götterbild festhielte, und dieser Gedanke war mir sehr wichtig, rückblickend muß ich sogar sagen: er war ganz entscheidend. Er nahm mir die Schuldgefühle und die Angst, mein Priestersein zu verlieren; mit diesem Gedanken fühlte ich mich nicht länger als einen schlechteren Priester, ich glaubte vielmehr, überhaupt zum erstenmal wirklich das zu tun, wofür ich als Priester hatte leben mögen. Ich fühlte zum erstenmal, was mit solchen Worten wie Hingabe und Liebe gemeint sein könnte. Aber ich hielt mich immer noch in Reserve; ich hätte niemals gewagt, aus mir herauszugehen. Den Anstoß dazu gab *sie*, und zwar ohne

Absicht. Nachdem sie von ihrer Liebe zu mir immer freimütiger zu sprechen begann, ergriff sie zunehmend die Furcht, mir *lästig* werden zu können; ich versicherte sie wieder und wieder, daß das durchaus nicht der Fall sei. Sie fragte, ob ich es auch ein bißchen selber mögen könnte, wenn sie zu mir käme; ich bejahte das, erklärte, daß ich mich sehr über sie freue, betonte, daß ich sehr froh sei, wenn sie bei mir sei, kurz, ich sagte plötzlich lauter Dinge, die ich niemals zu sagen gewagt hätte ohne die massive Inanspruchnahme ihrer Not. Wenn ich ganz ehrlich bin: Ich brauchte, um die Liebe zu lernen, damals noch das *Alibi*, einen anderen Menschen retten zu müssen. Ich konnte nicht einfach sagen: Du machst mich glücklich, laß uns zusammenbleiben; ich brauchte einen *Auftrag*, eine heilige Aufgabe; ich selber war schrecklich kompliziert, und ihre Kompliziertheit war gerade das Richtige für mich.

Bis dahin ging freilich alles noch scheinbar seinen gewohnten Gang. Wir sahen uns, wir redeten miteinander, wir freuten uns aufeinander, aber wir ‹taten› nichts miteinander. Und das ist ein Punkt, für den ich mich heute noch schäme: Ich war feige genug, im Grunde *ihr* die gesamte Verantwortung für alles, was wir taten, aufzuerlegen; nach außen hin und vor mir selber, ja, auch vor ihr, tat ich wer weiß wie groß und stark, aber in Wahrheit brachte ich den Mut nicht auf, auch nur von Ferne den Wunsch zu äußern, sie etwa in den Arm zu nehmen. Wohl gingen wir jetzt häufiger abends zusammen aus; wir verabredeten uns zu Spaziergängen. Es war ein unerhörtes Erlebnis, als sich einmal wie zufällig unsere Hände berührten und sie meine Finger einzeln, ganz andächtig, streichelte und an ihre Lippen hielt, und es wurde unser Lieblingsspiel, beim Springen über einen Bach oder an einem Abhang uns wechselseitig aufzufangen. In all dieser Zeit war von Sexualität noch keine Rede. Ich glaube, es war ganz entscheidend, daß ich im Gegenteil mich in dieser Zeit des Händchenhaltens von den sexuellen Impulsen ganz erleichtert fühlte. Gegen alles Bemühen hatte ich jahrelang ganze Zeiten über unter der Onanie gelitten; es war mir ab und an gelungen, für ein halbes Jahr oder länger mein Laster zu meiden, aber dann kam es doch wieder, und wenn es auch nur *einmal* passiert war, fing die alte Angst wieder an, und alles begann von vorn. Jetzt fühlte ich zum erstenmal, daß ich überhaupt nicht mehr auf mich aufpassen mußte – ich war viel zu glücklich, um so etwas noch zu tun; und vor allem sah ich in meiner Geliebten so etwas wie ein engelgleiches Wesen, das für derartige Wünsche gar nicht in Frage kam. Und dennoch bereitete sich in dieser Windstille ein schwerer Wirbelsturm vor, der uns beinahe noch auseinandergerissen hätte.

Auch hier übernahm *sie* die Führung, und zwar, gewiß unbewußt, in der einzigen Art und Weise, die durch das Verhau meiner moralischen Abwehr gelangen konnte. Hätte sie einfach gesagt: Darf ich dich streicheln? oder: Ich möchte, daß du mich überall berührst, so hätte ich ganz bestimmt, so wie ich damals war, auf den Hacken mich umgedreht, um dem Teufel zu entfliehen. Sie aber begann jetzt immer mehr, sich an ihre Jugend zu erinnern. Ich vergaß zu erwähnen, daß meine Frau früher in kirchlichen Diensten tätig war. Sie war auf ganz ähnliche Weise aufgewachsen wie ich auch. Alles, was sie von sich als Frau zu erzählen wußte, war ein höllisches Szenarium von Qualen und Quälereien, und das schilderte sie mir jetzt. Sie erzählte mir, bebend am ganzen Körper, wie sie sich dafür haßte, schulterlange, braune, glatte Haare zu haben – ihre Mutter hatte ihr erklärt, nur Huren trügen die Haare so wild, und ich mußte ihre Haare streicheln und küssen, um sie zu lehren, sich in ihren Haaren zu lieben. Sie gestand mir ihre Verzweiflung, die sie als Zwölfjährige überkam, als sie das knospende Wachstum ihrer Brüste bemerkte, die gar nicht mehr aufhörten, größer zu werden, so voll und schwer wuchsen sie ihr, und ich mußte ihre Brüste streicheln, um ihr zu zeigen, daß ich sie liebte trotz und wegen ihres wundervollen Busens. Und so ging es weiter. Alles, was wir taten, geschah zu ihrer Erlösung. Ich war ein solcher Angsthase, daß ich noch ‹Sie› zu ihr sagte, als wir längst miteinander geschlafen hatten. Ich brauchte immer noch das Alibi des Retters und Helfers sowie den Freibrief, mich notfalls nach getaner Arbeit verabschieden zu können. Auf der anderen Seite fühlte ich keinen Bruch mehr zwischen meiner Liebe und meinem Priestersein. Im Gegenteil. Ich wußte, daß ich ohne diese Erfahrungen nichts weiter geblieben wäre als ein armseliger Lügner; endlich wußte ich von der erlösenden Kraft der Wahrheit (Joh 8,32), endlich spürte ich Gott als die Liebe (1 Joh 4,16), endlich hörte ich auf, Dinge äußerlich daherzureden, die ich nur vom Hörensagen kannte. Ich begann mir einzugestehen, daß bei dem Versuch, einen anderen Menschen zu erlösen, in Wahrheit *ich* es gewesen war, der zu sich selber geführt ward. Allerdings dauerte es noch eine ganze Weile, bis ich lernte, zu dieser Tatsache nicht nur in einer abstrakten Dankbarkeit, sondern wirklich zu stehen. Nach wie vor war ich geneigt, besonders in den Fragen der Sexualität alle Verantwortung auf meine spätere Frau zu legen. *Sie* mußte sagen, was sie von mir wollte, während ich mir zu gut war, meine eigenen Wünsche zu bejahen. Ich lernte meine eigene Sexualität nur mit der (zum Teil allerdings richtigen) Begründung einer Sexualtherapie für meine Frau kennen; aber der Zeitpunkt kam, wo sie sich gedemütigt fühlte, immer nur selber bitten zu müssen. Von da an, aber wieder erst ihretwegen, wagte ich es, zu mir als Mann zu stehen. Und dann überschlugen sich die Ereignisse.

Eines Nachmittags gestand sie mir, daß sie jetzt schon seit drei Tagen auf ihre Regel wartete. Wir warteten noch zwei Tage lang wie Noah in der Arche auf die Rückkehr der Taube. Sie können sich nicht vorstellen, was ich in diesen 48 Stunden durchmachte. All meine Bücher, meine gesammelten Predigten, mein Ansehen bei den Leuten, mein ganzer Lebensweg – all das sollte plötzlich nichtig und vergeblich sein! Ich litt eine furchtbare Not, die ich ihr nicht einzugestehen wagte. Schließlich reifte in mir der Entschluß, mich unter keinem Umstand mehr als das Opfer eines biologischen Zufalls oder einer bedauerlichen Unaufmerksamkeit zu betrachten; ich sagte ihr, daß ich sie heiraten wolle, egal, was jetzt werden würde. Sie war, Gott sei Dank, nicht schwanger, aber wir waren uns jetzt endgültig so nahe gekommen, daß kein Bischof und kein Teufel uns mehr auseinanderreißen konnte.»
Dieses Gesprächsprotokoll eines «Priesterromans» ist *idealtypisch* gestaltet – es faßt Einsichten zusammen, die im Verlauf etwa eines Jahres erarbeitet wurden, um die letzten Reste verbliebener klerikaler *Hingabeängste aus Hingebungszwängen* zu beseitigen; doch ist dieses Protokoll *realtypisch* überaus lehrreich, um mindestens *drei grundlegende Erkenntnisse* über den Weg zu gewinnen, der einen Priester (bzw. eine Ordensschwester) trotz aller Tabus und Verbote dennoch zu den Gefilden der Liebenden hinübertragen kann. Alle drei Punkte müssen als *strukturell wesentlich* betrachtet werden, wenngleich sie im konkreten Fall recht verschiedene Formen annehmen können. Da ist als erstes:
1. das Rettermotiv. Deutlich ist, daß jener Priester den Schritt in das schlechterdings Verbotene niemals gewagt hätte ohne eine Motivation, die seinem Selbstverständnis als Kleriker auf das äußerste entsprach: Seelen zu retten. Wir haben schon gesehen, daß dieses Motiv in der Psyche eines Klerikers mehrere Wurzeln besitzen kann, die freilich alle zu einer einzigen Quelle zurückführen: zu der ödipal besetzten Gestalt der eigenen Mutter[100]. Auf allen Ebenen der psychischen Entwicklung ist *sie* es, die in Armut, Gehorsam und Keuschheit vor der materiellen und psychischen Überforderung, vor der Zerstörung ihrer selbst bzw. der Organisation ihrer Familie, sowie schließlich vor den Erniedrigungen durch die männliche Sexualität bewahrt und *gerettet* werden muß. Insbesondere das kindliche Motiv, sich selber für die sich opfernde Mutter zu opfern, um einen auf tragische Weise grausamen männlichen Vater(gott) im Hintergrund der Beziehung zwischen Mutter und Kind mit sich zu versöhnen, beginnt sich jetzt, in der Psyche eines erwachsenen Klerikers, als eine Art Mut zur Verzweiflung auszuwirken: Beziehungen, die «normalere» Menschen mit dem sicheren Instinkt der Selbsterhaltung geradewegs meiden würden, sind für die Klerikerliebe

gerade das wirksamste Lockmittel: einzig das Motiv der Rettung der Geliebten, in so vielen Märchen besungen, knüpft energisch genug an gerade den Stellen des klerikalen Erlebens an, wo vormals das Recht auf ein eigenes Sein und Haben, Wollen und Handeln, Lieben und Leben so nachhaltig zerstört worden ist. Erst eine Frau, die in ihrer Not das gleiche Maß an Opfer- und Hingabebereitschaft zu motivieren versteht, wie es damals die eigene Mutter beanspruchte, und die zugleich in dem Schutz dieser Geborgenheitshülle aus Pflichtgefühl, Mitleid und Fürsorge sich zu einer wirklichen Frau und Partnerin der Liebe zu entfalten beginnt, vermag einen Priester aus der Gefangenschaft seiner Mutterbindung zu lösen und ihm die Erlaubnis zu schenken, ja, ihm in Konsequenz der einmal eingegangenen Verantwortung sogar in gewissem Sinne die erlösende Pflicht aufzuerlegen, sich selber zum Mann zu entwickeln. Es handelt sich, wie man sieht, um ein äußerst kompliziertes Geflecht von *Übertragungen,* das hier erlösend (oder zerstörend!) wirksam wird; doch wer könnte auch eine einfache Lösung bei Menschen erwarten, denen man die Energien des Lebens wie Flüssen, die zum Meer hin fließen, von der Quelle an durch unüberwindlich scheinende Gebirgsketten versperrt und verworfen hat? Unter solchen Umständen läßt sich nur auf Durchbrüche von gefährlicher Vehemenz hoffen. Riskant ist eine solche Klerikerliebe gewiß unter allen Umständen; doch eben deshalb kommt es darauf an, diese Risiken, so gut es geht, *bewußtzumachen.* Nichts jedenfalls ist infamer und widerwärtiger als die Häme und Schadenfreude, mit der nicht selten die «Mitbrüder» im Amt, schon zum Zweck ihrer Selbstberuhigung, das Scheitern eines der Ihrigen auf den Suchwanderungen der Liebe zu quittieren pflegen; und nur wenige Witze sind gemeiner als die beleidigenden Zoten, mit denen bereits der Entschluß eines Klerikers, zu heiraten, für gewöhnlich begleitet wird. Ein Theologiedozent z. B. teilte der Fakultät seinen Entschluß zu heiraten in einem Schreiben vom 28. Dezember mit, als man schallend in der Konferenz dieser Gottesgelehrten das Datum zum Anlaß nahm, über das «Fest der unschuldigen Kinder» zu spotten – unfähig zu merken, daß selbst ein solcher «Witz» den Spöttern selbst noch zum Gericht werden mußte, indem er ihnen selber die Rolle des Kindesmörders Herodes in diesem Spiel der Unverschämtheit zuspielte. Ein anderer setzte auf seine Heiratsanzeige den Satz aus *Prediger 9,9:* «Genieße des Lebens mit dem geliebten Weibe all die Tage des flüchtigen Daseins», als man natürlich begann, sich über das Wort «genießen» genußvoll herzumachen. Vom übelsten aber ist das theologische Geschwätz von dem *Gottesurteil,* das darin bestehen soll, einen «gefallenen» Priester durch eine unglückliche Ehe zu strafen – und damit wohlmeinend die getreulich Zurückgebliebenen vor solcherlei Fehltritten abzuschrecken. Das Leben der Kleriker ist schon schwer genug, um nicht noch durch Possen und Grillen erschwert zu werden.

Die Risiken allerdings einer Klerikerheirat beginnen bereits bei der Partner-«Wahl» nach dem «ödipal» diktierten Rettungsmotiv. Nicht selten fällt *der Abstand* auf, der psychisch wie sozial zwischen dem Kleriker und seiner Geliebten besteht. Ein Priester von 45 Jahren verliebt sich in seine 25jährige Gemeindeassistentin, ein 50 Jahre alter Theologiedozent erwählt eine 20jährige Studentin zu seiner Freundin usw. Natürlich dokumentiert eine solche Beziehung als erstes die innere Unreife des Klerikers selber, der seine Gefühle zum erstenmal in eben dem Zustand auftauen muß, in dem sie damals, mitten in der Pubertät, unter dem moralischen Druck der eigenen Mutter, unterstützt und überhöht durch das moraltheologische Zwangssystem der Mutter Kirche, tiefgefroren und eingelagert wurden: Er liebt in der rettungsbedürftigen Frau u. a. auch seine eigene zerstörte, verformte Seele. Eben deswegen aber ist in einer solchen Partner-«Wahl» auch das Problem der *anima*-Liebe[101] angelegt: Es ist u. a. auch die eigene unentfaltete Seele, die in der Geliebten gesucht, gefunden und erlöst werden soll, und diese innige Verschmelzung von Drinnen und Draußen, von Ich und Du kann jederzeit Zustände höchster Beseligung wie schlimmster Beunruhigung und Verwirrung heraufbeschwören.

Darüber hinaus ist es schwierig, die unter solchen Bedingungen begonnene Entwicklung in Fluß zu halten. Nicht selten stellt *ein Hauch moralischer Minderwertigkeit* auf seiten der Geliebten förmlich die Liebesbedingung auf seiten des Klerikers dar: Die Geliebte droht als Dirne zu verwahrlosen, rauschgiftsüchtig zu werden, sich das Leben zu nehmen, sie ist durch ein ungerechtes Schicksal geschlagen – manch ein Kleriker *braucht* ein solches Motiv stark engagierten Mitleids, um einer Frau seine Zuneigung zu schenken. ANDRÉ GIDE z. B. hat in der Novelle *«Die Pastoralsymphonie»*[102], beispielhaft dafür, die Liebe eines protestantischen Pfarrers zu einem blinden Mädchen beschrieben, das er in «unsagbar schmutzigem Zustand» gefunden hat und das sich dann unter seiner Fürsorge zu einer reizenden Frau entwikkelt. Das Verhängnis nimmt seinen Lauf, als *Gertrud*, buchstäblich sehend geworden, zu merken beginnt, daß die Welt nicht so ist, wie sie es in BEETHOVENS 6. Symphonie zu vernehmen meinte, sondern daß sie selbst fast dabei ist, des Pfarrers Gattin *Amalie* durch ihre Liebe ins Unglück zu stürzen; lieber stürzt *Gertrud* sich selbst in den Tod, als auf solche Weise schuldig zu werden. Doch wer trägt die Schuld an einer Liebe, die in der Erniedrigung eines anderen Menschen dem Schmutz und der Unreife der eigenen

Seele begegnet und *stellvertretend im anderen* sich selbst zu erlösen trachtet?

Und wenn schließlich das Werk getan und die zu erlösende Prinzessin heimgeführt ward? Die Märchen erzählen stets nur bis zu der Stelle, da die Helden nach der Tötung der Drachen und der Entzauberung verborgener Schlösser zu ihrem Königspalast zurückkehren; doch sie berichten nicht mehr von der Langeweile, die ausbricht, wenn jene fahrenden Ritter aus ihrem Eisengewand steigen und in Filzpantoffeln durch ihre eigene Wohnung gehen sollen. Manch eine Priesterehe ist wirklich *gefährdet durch den Mangel an Heldentum,* der einem «einfachen Leben» des Alltags vermeintlich anhaftet.

2. *Ein anderes Problem,* das sich in dem Gefüge der Klerikerliebe strukturell verbirgt, ist *die Dialektik der delegierten Verantwortung.* Wir haben schon gesehen, wie sehr das klerikale Leben von Amts wegen dazu nötigt, sich selbst stets nur ersatzweise im anderen zu leben, und die «Beichte» jenes Priesters vorhin hat uns deutlich gemacht, daß nicht ein einziger Schritt zu seinem Glück jemals hätte zustandekommen können, wäre er nicht durch die Bedürfnisse und Notwendigkeiten des anderen gefordert und gerechtfertigt worden. Nun verdient es gewiß menschlich die höchste Anerkennung, wenn jemand sein Leben bis zu den Grenzen des Waghalsigen oder scheinbar schon Wahnsinnigen einsetzt für einen Menschen, den er liebt, doch liegen in dem Arrangement der Klerikerliebe unter diesen Voraussetzungen *zwei Risikofaktoren* von erheblicher Brisanz verborgen. Der eine ist *die latente Bindungsphobie* und der andere die nicht ganz überwundene *Rolle des heiligen Martin zu Pferde.*

a) Ein äußerst spannungsreiches Moment einer beginnenden Klerikerliebe liegt allemal darin, daß ein Priester zwar beamtetermaßen ein Maximum an Verantwortung für andere zu übernehmen bereit und gewohnt ist, daß er aber Verantwortung für sich selbst einzugehen kaum je gelernt hat. Jede wirkliche Liebesbeziehung tendiert nun aber dahin, den anderen seiner beamteten Hülle zu entkleiden und ihn buchstäblich «unverhüllt», nur als das, was er wirklich ist, zu meinen und gelten zu lassen. Für jedes beamtete Leben (und für die Institution im Hintergrund des jeweiligen Amtes) stellt deswegen die Liebe mit ihrer radikalen Tendenz zur Personalisierung und Individualisierung eine Bedrohung ersten Ranges dar. *Sie macht Angst,* denn sie verlangt und ermöglicht, daß der andere aus seinen schützenden Rollen heraustritt und sich selber wagt und miteinbringt. Das Paradox entsteht also, daß ein Kleriker, je mehr er sich in eine Liebesbeziehung hineinbegibt, die er scheinbar nur in Ausübung seines Amtes eingegangen ist, nach und nach den amtlichen Grund unter seinen Füßen verliert oder, besser gesagt, da einzig die Liebe «Grund» zu sein und zu geben vermag, daß er die Strickleiter aus den Händen gleiten spürt, an der er sich aus dem Abgrund der ontologischen Unsicherheit glaubte retten zu können.

Ohne großen psychoanalytischen Aufwand, aber sehr zutreffend und hilfreich haben STEVEN CARTER und JULIA SOKOL[103] beschrieben, wie *hoch* Männer in einer Liebe einzusteigen pflegen, die eigentlich große Angst davor haben, sich auf die Geliebte *wirklich*, sozusagen en parterre, einzulassen. Alles, was dort als *das Gehabe beziehungsflüchtiger Männer* geschildert wird, gilt in außerordentlichem Maße von der Beziehung, die Kleriker Frauen gegenüber eingehen: Sie sind anfangs die Einsatzbereitschaft, Feinfühligkeit und Rücksichtnahme in Person und unterscheiden sich schon allein dadurch zumeist sehr vorteilhaft von der routinierten Freundlichkeit oder auch der bequemen Dickfelligkeit so vieler Ehemänner; doch es kommt irgendwann der Zeitpunkt, an dem mit der Privatisierung der Beziehung eigentlich die uralte Angst wieder aufbrechen muß, die durch die Flucht in das Amt gebunden werden sollte: die Angst, nicht geliebt zu sein; an die Stelle der beamteten Angstberuhigung tritt dann nicht selten der Versuch, die eigene Unsicherheit durch ständige überhöhte Geschenke und Vorleistungen zu kompensieren. Die Angst, lästig zu fallen, bzw. das Schuldgefühl für die eigenen sexuellen Triebregungen soll nunmehr durch demonstrierte Großzügigkeit aufgefangen werden. Für eine Frau, die bis dahin so etwas wie Lob, Anerkennung und Aufmerksamkeit nur äußerst selten bekommen hat, bedeutet ein solches Entgegenkommen natürlich zunächst den Himmel auf Erden, und doch kann ihr der Boden des Paradieses beizeiten ziemlich brutal unter den Füßen wieder weggezogen werden, wenn sie nicht in all dieser männlichen Generösität und Grandezza ihres Klerikerfreundes zugleich auch die Angst eines kleinen Jungen wiedererkennt, der zu seiner Mutti nur mit guten Schulnoten und gemachten Hausaufgaben kommen durfte. Gerade die Privatisierung des Klerikerseins in der zunächst professionell getönten, dann persönlich gelebten *Helferhaltung* läßt ja das Gesamtgefüge der klerikalen Psyche nach wie vor unverändert bestehen, das da lautet: *Überlegenheit aus Schwäche*, Helfen aus eigener Hilfsbedürftigkeit, Schenken aus Armseligkeit, Großzügigkeit aus persönlichem Kleinmut.

Der Ernst der Liebe beginnt für einen Kleriker stets erst dort, wo er es wagt, *ohne alles* – ohne Amt, ohne Leistung, ohne Geschenke, ohne Wiedergutmachung – *einfach als er selbst* mit seinen Fehlern und Schwächen sich dem anderen zuzumuten. Solange er glaubt, sich die Liebe des anderen noch verdienen zu müssen, solange wahrt er sich einen Nimbus von Freiheit, der bei einem Überbemühen um die Nähe des anderen doch zugleich auch verhindert, daß diese Nähe wirklich zustandekommt. Es bleibt in allem eine gewisse *Einseitigkeit* erhalten, die zugleich identisch ist mit einer heimlichen Fluchtdistanz vor wirklicher Verbindlichkeit. Für eine Frau, die von dem überfreundlichen Gehabe eines in sie verliebten Klerikers verlockt wird, kann es daher zu einer bösen Überraschung kommen, wenn sie zu früh in ihrem so hilfreichen Partner eine wirkliche Person dort vermutet, wo nur erst die Wehen des klerikalen Überichs eingesetzt haben, um die Geburt seines Ichs einzuleiten. Vor allem nach den ersten unleugbar sexuellen Kontakten sind viele Priester von einer nahezu *phobischen Reaktionsbereitschaft* gegenüber eben der Frau, welcher sie gerade vorhin noch den Mond vom Himmel zu holen versprachen. Die wenigsten Frauen, vor allem solche, die selbst an sich leiden und die bei einem Priester um Hilfe nachsuchen, sind darauf vorbereitet, ein derartiges Ausmaß an Persönlichkeitsspaltung zwischen Freundlichkeit und Schroffheit, zwischen Güte und Strenge, zwischen Freigebigkeit und Verweigerung – zwischen einem männlich rigiden Überich und einem fast weiblich strukturierten Ich zu verstehen und mitzuvollziehen, und am wenigsten können sie ahnen, wieviel *Angst* sie einem Partner, der jahrelang um sie geworben hat, damit bereiten können, daß sie es endlich wagen, sich ihm ganz zu schenken.

b) Das Umgekehrte freilich ist nicht weniger schwierig zu ertragen: die erhabene *Rolle des großmütigen Heiligen,* der, ein zweiter Sankt Martin, vom hohen Roß herab seinen Mantel mit dem Bettler (seiner eigenen Frau) teilt. – Eine Priesterehe z. B. kam dadurch zustande, daß ein Ordensgeistlicher die Frau seines Freundes heiratete, als er erfuhr, daß dieser sie schmählich mit zwei Kindern verlassen hatte. Subjektiv tat diese Frau ihm so leid – in ihrer Hilfsbedürftigkeit, allein mit den zwei Kindern, sie dauerte ihn so sehr, daß er sich vor Gott förmlich *verpflichtet* fühlte, all seine Gelübde von Tag an fahren zu lassen, um frei zu sein für diese Frau; alles, was er bisher insbesondere über den Wert der Familie gesagt und gelehrt hatte, rief ihn jetzt dazu auf, seinen Worten Ernst und Wirklichkeit zu verleihen, und da er die Psychoanalyse leidenschaftlich haßte, entgingen ihm bei seinem so noblen, respektgebietenden Ganzopfer eine Reihe von Motiven, die auf die Länge der Zeit hin seine Ehe recht eigentümlich gestalteten. Er wußte nicht und wollte nicht wissen, daß er eigentlich schon vor seinem Ordensantritt mit seinem Freund in einer gewissen Konkurrenz um gerade diese Frau gelebt hatte, ja, daß sein Ordenseintritt eigentlich aus einer starken Resignation heraus erfolgt war, weil er sich in der Liebeswerbung gegenüber seinem Freund nicht hatte durchsetzen können; noch weniger besaß er Augen dafür, wie sehr die Frustrationen seines Liebeslebens im Grunde den verlorenen Machtkampf mit seinem Vater um die Gunst seiner Mutter wiederholten und nur deshalb ein so endgültiges, vermeintlich von Gott gewolltes Gepräge hatten annehmen können; er versagte sich nicht zuletzt auch die Erkenntnis, daß er mit seiner Helferhaltung sozusagen vom Fünf-Meter-Brett Hals über Kopf auf die Erde, d. h. seiner Jugendgeliebten in die Arme sprang, ohne in Fragen der Liebe auch nur recht bescheiden das Laufen gelernt zu haben. Mit einem Wort: Während am Beginn dieser neuen Ehe eigentlich beide Partner glaubten, dem Himmel danken zu müssen, einander endlich gefunden zu haben – sie mit zwei Kindern vor einer ungewissen Zukunft bewahrt, er als ein Mann von Charakter mutig genug, selbst seine Seele zu verpfänden im Dienste einer wahren, beispielhaft verantwortlichen Liebe –, stellte sich doch recht bald heraus, daß die Frau in ihrer Beziehung nach Jahren einer recht turbulent geführten Ehe seelisch ungleich entwickelter, bewußter und menschlich reifer war als ihr neuer Gemahl, der psychisch gesehen nichts weiter war als ein pubertierender Idealist. Es machte ihm die größte Mühe, sich den *klerikalen Altruismus der persönlichen Unnahbarkeit aus Angst* abzugewöhnen. In gewissem Sinne war er allen Ernstes der Meinung, durch den heroischen Schritt seiner Eheschließung sich die Anwartschaft auf die Liebe seiner Frau ein für allemal bis zum Jüngsten Tag verdient zu haben, und so fiel er wirklich aus allen Wolken, als er erkennen mußte, daß seine Frau und seine Kinder ihm seine Großherzigkeit offenbar übel lohnten. Er hatte in echt klerikaler Gesinnung, hingebungsvoll, *seine Pflicht* getan und tat sie noch, aber er wollte durchaus nicht verstehen, was seine Frau immer noch zusätzlich von ihm verlangte. In Wahrheit fühlte sie sich verständlicherweise gedemütigt, von früh bis spät an der Seite eines Mannes leben zu sollen, der als der stets Gebende, Reiche, Wissende, Mächtige, Entscheidungstüchtige, als der liebe Gott persönlich dastand, aus lauter Angst, wie sie richtig erkannte, er könne ohne Vorleistungen gewiß nicht geliebt werden. Das Paradox jeder *anima*-Liebe besteht darin, daß der so Liebende, statt zu seiner eigenen Armut zu stehen und sie zu bearbeiten, sich selbst mit seiner Schwäche und Hilfsbedürftigkeit im anderen wiederzufinden sucht; er muß ständig größer und größer werden, nur um nicht erleben zu müssen, wie armselig er selber sich fühlt, und so muß er immer weiter von sich weggehen, um sich auf wahnhaften Wegen der projizierten Gestalt seiner selbst anzunähern. Anders ausgedrückt: Es wurde für diesen ehemaligen Priester zu dem größten Problem, wie er von seinem *Martinspferd* herabsteigen und auf das Gehabe der eigenen Großartigkeit in Kompensation schwerer Minderwertigkeitsgefühle Verzicht leisten könnte.

Doch nebenbei gesagt: Wo im Himmel und auf Erden hätte die katholische Kirche mit ihrem unsinnigen Feldzug gegen die vermeintlich so egoistische «Selbstverwirklichung», wie die Psychotherapie jeglicher Schule sie intendiert, ihre Kleriker jemals gelehrt, den Egoismus und die Egozentrik ihrer angstbesetzten, durch und durch einer neurotischen Selbstbewahrung dienenden Hingabe- und Selbstaufopferungsideologie zu bemerken? Und wo hätten die Kleriker im gottgeweihten Stand des Zölibats wohl die Gelegenheit, im Gegenüber eines anderen Menschen, der möchte, daß sie selber existieren, zu merken, was mit ihnen los ist?

In unserem Falle freilich kam die Sache noch weit interessanter. Die beiden Kinder gingen recht bald aus dem Hause, und jener ehemalige Priester spürte wohl mit einer gewissen Bitterkeit, daß sie im Grunde *seinetwegen* so früh auf die eigenen Beine zu kommen versuchten. Als ein wirklicher Schock aber traf es ihn, als seine Frau, sozusagen in Karikatur seiner eigenen Opferhaltung, beschloß, eine Tagesstelle als Krankenpflegerin anzunehmen. Eine Zeitlang suchte er sich die neu entstandene Situation noch auf das für ihn schmeichelhafteste auszulegen: War es nicht wirklich ein deutliches Zeichen für eine christlich gelebte Ehe, in solcher Weise auf jeden Egoismus Verzicht tun zu müssen? Selbst als sie eines Tages damit herausrückte, sich auf ein paar Jahre für die Entwicklungshilfe in Afrika zu melden, interpretierte er diesen Entschluß immer noch in diesem Sinne. Doch die Wahrheit war mit Händen zu greifen: er mußte mit seinem verblasenen Gerede seine Frau derart geärgert haben, daß sie den Ballon seiner Wohltaten schließlich mutwillig zum Platzen brachte, und so erklärte sie ihm rundum, sie halte es an seiner Seite einfach nicht länger mehr aus. In diesem Moment brach er zusammen, nannte sich einen doppelten Versager, der es weder geschafft habe, Gott wirklich zu lieben noch einen Menschen glücklich zu machen, und lag zerstört wie ein Häufchen Elend zu den Füßen seiner Frau. Glücklicherweise bewirkte sein Zusammenbruch jetzt eine wirkliche «Umkehr» bei beiden, und, seiner ohnehin bestehenden Neigung, alle Dinge im Lichte der Vorsehung Gottes und der Botschaft der Bibel zu deuten, einmal unerachtet, konnte man von diesem Zeitpunkt an wohl sagen, daß er zum erstenmal anfing, so etwas zu lernen wie «Wiedergeburt» und «neues Leben».

3. *Ein drittes Moment,* das in jenem «Priesterroman» strukturell anklingt, mag man als *die Wahrheit von dem gnostischen Mythos des erlösten Erlösers* bezeichnen[104]. Stets wird gegenüber einer tiefenpsychologischen Interpretation der christlichen Erlösungslehre der Vorwurf erhoben, es handele sich hier um den Rückfall in eine rein menschliche Selbsterlösungslehre[105]. In Wahrheit aber kann gerade die psychoanalytische Erfahrung zeigen, daß es

so etwas wie eine «Selbsterlösung» ganz sicher nicht gibt – nicht jedenfalls, solange die Diagnose aller menschlichen Erlösungsbedürftigkeit «Angst» lautet[106]. Die Angst läßt sich nicht wegreden oder wegdrücken, indem man mit fertigen Dogmen und überzogenen Verpflichtungsgefühlen die ontologische Unsicherheit der menschlichen Existenz zu überspielen versucht; die Angst, die dazu gehört, ein eigenes Ich zu haben und ein eigenes Leben zu führen, vermag sich nur zu beruhigen durch eine andere Person, die mit ihrer wohlwollenden Nähe ein Gefühl der Daseinsberechtigung und Geborgenheit vermittelt; es ist aber nur möglich, die eigene Angst im Gegenüber des anderen zu verlieren, wenn man wagt, sich bedingungslos auf ihn einzulassen. Das Leben der meisten Kleriker, die niemals die Liebe eines anderen Menschen bindend und verbindlich an sich herangelassen haben noch jemals an sich heranlassen durften, zeigt indessen auf unfreiwillige Weise, wie man unter der Decke eines fertigen Glaubens an die Erlöstheit der Welt durch das Kreuzesopfer Jesu Christi sehr wohl, ohne psychisch im eigenen Leben auch nur irgend etwas von einer solchen Erlösung erfahren zu haben, alles mögliche von Amts wegen unternehmen kann und muß, um eine solche Erlösung *anderen* zuteilwerden zu lassen. Die tiefe Erfahrung jenes Priesters z. B. bestand darin, daß er vor allem *von seinem Retterkomplex erlöst* werden mußte, um selber buchstäblich «gerettet» zu werden; er, der ausgezogen war, die Seele seiner Frau sich selbst zurückzugeben, wurde durch ihre Liebe sich selber zurückgegeben; und eben durch dieses *wechselseitige* Wachsen und Reifen an der Liebe des anderen glaubten beide am Ende sehr zu Recht, gemeinsam in dem, was sie Gott nannten, sich wiedergefunden zu haben. Der gnostische Mythos vom erlösten Erlöser mag *dogmatisch,* übertragen auf Gott, eine alte Irrlehre sein[107]; bezogen aber auf *die menschliche Erfahrung* ist er ein uraltes weises Symbol der verschlungenen Wege der Selbstfindung.

Doch eben dadurch wird jetzt der Weg einer solchen gelingenden Klerikerliebe zur *Provokation* für die Kirche, die selber im Namen Gottes gerade diesen Weg mit allen Kräften zu verhindern sucht. Wenn es nötig ist, um bei sich selbst anzukommen, das Amt eines Priesters, das Gelübde einer Ordensschwester zu *relativieren,* um das eigene Ich aus der Höhle des Überichs sich herausentwickeln zu lassen, sind dann nicht alle Vorstellungen von Treue und Erwählung, von Berufung und Amtsgnade, von Freiheit und Heil aus den Fugen geraten? In der Tat, das sind sie.

5) *Von Treue und Untreue oder: Vom Kult des Todes und von der Güte des Seins*

Da bisher nur von *männlichen* Klerikern die Rede war, die sich in eine Frau verlieben und dadurch die Kraft gewinnen, sich aus der bisherigen Identifiziertheit ihrer Person mit dem Amt zu lösen, sei betont, daß es sich umgekehrt, aus der Sicht einer Ordensschwester, die sich in einen Mann verliebt, nicht um wesentlich andere Probleme handelt wie bei ihrem männlichen Gegenpart. Entsprechend der patriarchalen Rollenverteilung in der katholischen Kirche ist bei den meisten Ordensschwestern der männliche Anspruch auf die heroischen Taten der *Georgs*- und *Martins*legende nicht gar so ausgeprägt, doch ist auch bei ihnen die *Helferhaltung als eine Grundform aller zwischenmenschlichen Kontakte* anzusehen. Es herrscht auf dem Hintergrund der ontologischen Unsicherheit uneingeschränkt als Grundgefühl die Vorstellung, einem anderen Menschen sich nur mit Hilfe bestimmter Dienstleistungen nähern zu können, und so wird auch bei ihnen zumeist der *Arbeitsbereich* die Grundlage aller anderen intensiveren Beziehungen bilden: Eine Krankenschwester verliebt sich in einen zuckerkranken Patienten und beschließt, sich ihm mit all ihren Kenntnissen lebenslänglich zu widmen; eine als Physiotherapeutin eingesetzte Schwester lernt in der Badeabteilung einen älteren, äußerst liebenswürdigen Herrn kennen, den sie schon wegen seiner charmanten Freundlichkeit in ihr Herz schließt; eine Schwester im Operationssaal hat erlebt, wie gut es dem jungen Chirurgen tut, sich mit ihr, erschöpft von der Arbeit, am Abend des längeren auszusprechen. Immer ist es dieses Gefühl, endlich für etwas nützlich zu sein, ja, für eine bestimmte Dienstleistung sogar geschätzt und gemocht zu werden, die im Leben einer Ordensschwester den ersten Nährboden der Liebe abgibt. Dann aber gleichen die psychischen Schwierigkeiten, die sie auf dem Weg zur Liebe bestehen muß, aufs Haar den Problemen, die wir im Kampf der männlichen Kleriker soeben beschrieben haben: der Kampf gegen das Schuldgefühl, die Angst vor der Sexualität, die Strafängste bei einer enger werdenden Beziehung, der Verzicht auf den Nützlichkeitsanspruch usw. Allerdings hat es eine Ordensschwester aufgrund der weit stärkeren Bindung an ihre Gemeinschaft von außen her erheblich schwerer, für sich selbst einen neuen Weg zu finden, als etwa ein Weltpriester, der es nur mit der möglichen Kritik seiner Gemeindemitglieder und seiner relativ entfernten Kirchenoberen zu tun hat. Im Prinzip freilich sind die Reaktionen der katholischen Kirche, gleich, ob in der Gemeinschaft eines Ordens oder einer Diözese, gegenüber denjenigen, die des Zölibats wegen ihr Klerikersein aufgeben möchten, hier wie dort von einem *menschenverachtenden Zynismus*, der für sich allein genommen bereits, und zwar endgültig, alles ideologische Gerede von der Freiheitlichkeit und Gnadenhaftigkeit der «evangelischen Räte» auf bittere Weise Lügen straft und die Einstellung der katholischen Kirche in einer Form manifest macht, die einen jeden, der sie wirklich liebt, nur zutiefst erschrecken kann.

Das Drama beginnt bereits in dem Augenblick, da eine Klerikerliebe öffentlich ruchbar wird, d.h. den kirchlichen Oberen zu Ohren kommt. Es spielt keine Rolle, aus welchen Gründen die Zuneigung eines Pfarrers zu einer Frau, einer Ordensschwester zu einem Mann angezeigt wurde – z.B. aus Eifersucht, weil eine andere Frau selber gerne die Rolle der Favoritin eines umschwärmten Pastors gespielt hätte, oder aus Mißgunst, weil eine fromme Mitschwester seit Mädchentagen schon ihrer leiblichen Mitschwester gram war, weil diese sich damals einem 18jährigen Jungen an den Hals geworfen hatte, oder aus der neurotischen Gekränktheit einer seelisch kranken, unglücklichen Ehe heraus –: Was gelten *die Motive* einer Denunziation, wenn es gilt, *die Ehre* der Kirche zu schützen und einen Skandal zu verhindern? Jetzt gilt es für jeden, dem das Amt die Verantwortung auferlegt, weise und zielstrebig zu handeln, in Anwendung der Regeln und Praktiken, die sich seit Jahrhunderten in der Kirche bewährt haben. Das erste Ziel muß es sein, die Liebenden voneinander zu trennen. In früheren Tagen ging das recht einfach: Eine scharfe Erinnerung an die abgelegten Gelübde genügte, um dem betreffenden Kleriker die Unhaltbarkeit seiner Lage vor Augen zu führen, und «gern» übernahm der Bußfertige aus der Hand seines Bischofs die fällige Strafversetzung an das andere Ende der Diözese. Heute stellt die behütende Seelsorge gegenüber den Seelsorgern der Kirche freilich höhere Anforderungen, doch auch dem läßt sich mühelos nachkommen – das System läßt sich verfeinern, und selbst Leute, die seit Jahren Pastoralpsychologie lehren und betreiben, scheinen sich immer noch bereit zu finden, dabei mitzuwirken: Ehe sie offen das Reglement der Kirche in Frage stellen, stellen sie lieber den ohnehin verunsicherten, suchenden einzelnen Priester in Frage.

So wandte sich vor einiger Zeit ein zum Studium freigegebener Promovent der Theologie, befangen in den Nöten unerlaubter Liebe, an einen hochgestellten Seelsorgerausbilder, um von ihm Rat und Weisheit zu erlangen. Sein Vierschrot von Heimatpfarrer bereits hatte ihn klar zur Rede gestellt: ob er nicht wisse, was dabei herauskomme, wenn er, wie weiland der gelehrte Mönch *Abaelard*, seine Hände häufiger in den Busen seiner *Heloise* als in seine Bücher stecke[108]? Freilich wußte er es: Man hatte des Nachts den schlafenden *Abaelard* zu viert überwältigt und ihm mit einem Messer jede

Lust an der Unkeuschheit weggeschnitten. Das war vor 900 Jahren. Das Messer der Keuschheit heutigentags schneidet nicht mehr ins Fleisch, wohl aber in die Seele. Jener Seelsorgerausbilder schlug ihm in einem kurzen Brief vor, er solle sich am besten, um seiner selbst klar zu werden, für mehrere Monate, tunlichst ein Jahr, in ein Kloster begeben und dort ein Exerzitium auf sich nehmen. Es ist klar, was ein solcher Ratschlag bedeutet: wen unter den Klerikern die Flammen der Liebe noch nicht genügend versengt haben, der wird in der Höhenluft eines solchen Klosterexerzitiums beizeiten wohl lindernde Kühlung von seinen allzu hitzigen Gelüsten erfahren. Über ein Jahr hin getrennt zu sein, zu einem Zeitpunkt, da die beginnende Liebe am zärtlichsten und am verletzlichsten ist – wer jemals gefühlt hat, wie Liebe sich spürt, der weiß, wie grausam ein solcher «Rat» ausfällt. Und wie diabolisch! Ein jungverliebter Priester, eine jungverliebte Ordensschwester leben doch nicht wie Seemannsbräute des 19. Jahrhunderts auf den Ostfriesischen Inseln, daß sie jede Entfernung voneinander in Raum und Zeit für normal und alltäglich nehmen könnten; ihnen zerbricht die Liebe über der Trennung – und soll sie zerbrechen! Manche Ordensgemeinschaften gehen noch heute in Wahrung ihrer Sorgfaltspflicht so weit, einen gefährdeten Mitbruder in völliger Kontaktsperre, inklusive Post und Telefon, von der Außenwelt abzuriegeln. Immerhin, möchte man meinen, herrschen auf diese Weise klare Verhältnisse, und jeder weiß, woran er ist. Doch ein Seelsorgerausbilder der modernen, fortgeschrittenen Kirche im Jahre 1989 ist natürlich über solche Zwangsmethoden hinaus. Als sich jener Promovent, schon unter dem verzweifelten Tränenstrom seiner Freundin, mit einem solchen monastischen Exerzitium nicht einverstanden zeigte, wissend, welche Wirkung es auf ihn entfalten müßte, legte sein Berater mit dringlichen Worten noch zu, in etwa des Inhalts, daß er gerade dabei sei, eine Entscheidung von größter Bedeutung für sein Leben zu fällen; nach allen Regeln der Psychotherapie aber sei es geradezu verboten, irgend etwas von Belang in einer solchen Phase des Umbruchs und der Unreife zu entscheiden. Gott sei Dank, muß man sagen, erkannte dieser junge Mann früh genug, was da mit ihm gespielt wurde, und so schrieb er ebenso erregt wie energisch, er habe sein ganzes Leben hin nicht die Erlaubnis erlangt, sich frei entfalten zu dürfen, und so sei es schon richtig, ihn einen *unreifen* Menschen zu nennen; doch wenn er je eine Chance gehabt habe, *nach*zureifen und sich zu sich selbst zu entwikkeln, so sei es jetzt, an der Seite seiner Freundin. Und einmal die Sporen gesetzt, übersprang er gleich auch die letzte Hürde und teilte mit gleicher Post seinem Bischof den Entschluß seiner Heirat mit.

Doch was geschieht nun, wenn die Messer der Keuschheit stumpf bleiben?

Sie verwandeln sich in die Schermesser systematischer Zerstörung der Liebe sowohl wie der Liebenden. Da ist als erstes *das Laisierungsverfahren.* Da in diesen für sie delikaten Fragen die katholische Kirche auf strengste Geheimhaltung Wert legt, weiß kein Mensch außerhalb der römischen Kurie auch nur annähernd genau, wie viele Priester Jahr für Jahr ihr Amt niederlegen. Einen gewissen Anhaltspunkt mag die Schätzung bieten, wonach weltweit von den 450 000 römisch-katholischen Geistlichen in den letzten 25 Jahren 80 000 Priester geheiratet und ihren Dienst quittiert haben, davon in der Bundesrepublik mit ihren ca. 18 000 Priestern etwa 4000 – das sind alles in allem rund 20 %[109]; selbst wer unter den römischen Prälaten sich damit trösten sollte, daß sogar ein solcher Menschenkenner wie Jesus von Nazareth in der Wahl seiner Apostel auf 12 Lose eine Niete gezogen habe, muß eine solche Zahl für zu hoch halten. Also ist man mit allen Mitteln bestrebt, die Laisierung der Priester zu erschweren.

Streng *dogmatisch* ist die Laisierung eines Klerikers überhaupt nicht möglich, hat doch *das Konzil von Trient* ausdrücklich, im Gegensatz zu dem Amtsverständnis der Reformatoren, erklärt, daß der Empfang der Priesterweihe dem Geweihten ein unauslöschliches Merkmal der Gnade aufpräge, das ihm in Ewigkeit nicht genommen werden könne[110]. Doch wie das Leben so spielt, haben dieselben Kleriker, die eine Ehe, obzwar *sie* kein ewiges und unauslöschliches Merkmal der Gnade aufprägt, für schlechterdings unauflösbar erklären, im Umgang mit ihresgleichen in filigraner Differenzierungsarbeit inzwischen natürlich Verfahren ersonnen, wie man zwar nicht sakramental, wohl aber kirchenrechtlich aus dem Stand eines Klerikers, wenn er gar zu unbehaglich wird, wieder in den Stand der «Laien» zurückversetzt werden kann. Über das Pontifikat von Papst *Paul VI.* mag man sagen, was man will – er war unzweifelhaft in Fragen der Sexualmoral ein Mann der strengsten Skrupel, ganz nach dem Beispiel seines verehrten Vorbildes *Pius XII.;* doch man muß ihm zu seiner Ehre Ehrlichkeit im Umgang mit seinen Klerikern bescheinigen. Wer bis in die 70er Jahre hinein ohne Schaden für seine Seele nicht mehr länger glaubte, den Zölibat leben zu können, der wurde zwar nicht umstands-, aber anstandslos, Dogmatik hin, Dogmatik her, laisiert. Die Flut der Anträge schwoll so mächtig an, daß Papst *Johannes Paul II.* vom Tag seiner Papstwahl an prompt und kompromißlos alle Laisierungsverfahren stornieren ließ. Vor den Tagen dieses Papstes war es üblich geworden, entlassene Priester als Religionslehrer einzustellen oder in die Personalführung der Betriebe einzuschleusen; unter der Präsidentschaft *Josef Stingels* wurden sie als Berufsberater in die Arbeitsämter übernommen; und Kardinal *Döpfner* unterhielt im Münchener Ordina-

riat eine Kontaktstelle, die den «gefallenen» Priestern seelsorgliche Hilfe zuteil werden ließ. Das war ersichtlich etwas vom Geist des 2. Vaticanums. Doch mit dem Amtsantritt Kardinal *Ratzingers* als Bischof von München wurde jene Kontaktstelle augenblicklich wieder aufgelöst[111], und so wie der Wind jetzt steht, treibt er in der Frage der Laisierung kräftig die Winterwolken der 50er Jahre zurück übers Land.
Man muß sich klarmachen, daß die Laisierungspraxis der katholischen Kirche, selbst bei freundlicher Auslegung, eine Reihe unhaltbarer und unmenschlicher Denkvoraussetzungen enthält, die man bestenfalls damit erklären kann, daß die katholische Kirche in ihrem Bemühen um objektivistische Eindeutigkeiten nicht danach fragt, wie es den Menschen in ihren Ämtern ergeht, sondern wie man sie dahin bringen kann, in ihren Ämtern korrekt zu funktionieren; woran sie in Gestalt ihrer Priester interessiert ist, sind nicht so sehr die lebenden Menschen, als vielmehr Heiligenbildchen, ehrwürdige Ikonen, deren Holz so wurmstichig sein mag, als es will, wenn nur das fein ziselierte Blattgold den Makel vor den Augen des kritischen Betrachters genügend verbirgt. Speziell in der Laisierungsfrage steht die katholische Kirche vor einem Problem, das noch einmal die Sonderbarkeit der Sexualmoral der katholischen Kirche im ganzen verdeutlichen kann.
Die Frage, die über die Möglichkeit oder die Unmöglichkeit der Laisierung eines Priesters entscheidet, lautet: Wie *frei* erfolgte die Ablegung der Gelübde? Wenn sie frei erfolgte, so ist sie in den Augen der Kirche vor Gott bindend und kann durch keine Macht der Welt widerrufen werden; nur wenn sie *unfrei* erfolgte, kann die Kirche den Tatbestand rechtlich würdigen, daß eine Priesterweihe seinerzeit eigentlich gar nicht zustandegekommen ist, da die notwendige Freiheit zum Empfang des Sakramentes nicht vorhanden war – es ist eine Position, die strukturell aufs Haar dem Problem der Scheidung bzw. der Annullierung katholisch geschlossener Ehen gleichkommt: Auch hier darf nicht «aufgelöst» werden, was Gott geschlossen hat, es kann höchstens festgestellt werden, daß Gott gar nichts geschlossen haben kann, weil die menschlichen Voraussetzungen dafür nicht vorhanden waren. Die katholische Kirche will nicht erkennen, daß sie mit dieser Einstellung das Leben gewaltsam auseinanderreißt, indem sie die nicht überwundene Spaltung zwischen Bewußtsein und Unbewußtem bzw. die Abstraktion ihres Freiheitsbegriffs ungeschützt in die Biographie von Menschen projiziert. Statt unterschiedliche Stadien der Reifung anzuerkennen, trennt sie (wie in der Frage der Onanie oder der Homosexualität) einfachhin zwischen frei und unfrei und hängt an diesem fiktiven Unterschied allen Ernstes das Schicksal von Himmel und Hölle auf. Bezüglich des Scheiterns einer Ehe

kann sie nicht sagen: Zwei Eheleute haben vor 20 Jahren versucht, aus ihrer ehrlich gemeinten Liebe das beste zu machen, sie konnten nicht wissen, welche Schwierigkeiten sich vor ihnen auftürmen würden, und es ist womöglich nicht die Frage ihrer Schuld, es ist die Tatsache ihres oft tragischen Scheiterns, daß es jetzt eine Aussicht auf ein gemeinsames Glück nicht länger mehr gibt; und ebensowenig kann sie im Falle der Laisierung eines Klerikers sagen: Dieser Priester hat mit 27 Jahren, so gut es ihm möglich war, sein Leben Gott zur Verfügung stellen wollen, er konnte nicht ahnen, daß die Form, in der er es versuchte, sich nach und nach als zu eng für ihn erweisen würde. Die katholische Kirche *muß* sagen: Jeder, der das Amt des Priesters (oder den Stand der Ehe) verläßt, begeht objektiv eine schwere Sünde, die lediglich dann nicht vorliegt, *wenn es keinen freien Willen gibt,* der sie vollziehen könnte.

Und damit stehen wir vor dem eigentlichen Problem der Laisierungsfrage: vor der Unfähigkeit der katholischen Kirche anzuerkennen, daß die Formen menschlichen Wachstums und menschlicher Reifung vielfältiger und reicher sind als die engen Schablonen ihrer objektivistischen Festlegungen. Im Sinne der katholischen Kirche soll es nicht möglich sein, zu denken, was die unbezweifelbare Erfahrung so vieler ist, die ihr Meßgewand an den Nagel gehängt haben: daß sie durch die Schule der Liebe und durch die Hände der Frauen nicht weniger priesterlich sind als zuvor, sondern im Gegenteil: daß sie priesterlicher sind, als sie es je waren, ganz einfach schon deshalb, weil sie freier, offener, gütiger, verständnisvoller, kurzum menschlicher geworden sind, als sie es ihr Leben lang bisher sein durften. Wenn irgend der Lehrsatz der katholischen Gnadenlehre Geltung besitzt, daß die Gnade Gottes die Natur des Menschen voraussetzt (s. o. S. 86), so müßte er hier seine praktischen Konsequenzen zeitigen: Die Kirche müßte sich freuen über all diejenigen, die unter den Bedingungen ihres Priesterseins eine Form natürlicher Menschlichkeit gewonnen haben, die das Sprechen von Gott persönlich glaubhafter, seelsorglich heilsamer und religiös kundiger macht; sie müßte lernen von all denen, die durch die Liebe gelernt haben, daß es keine zwei Reiche gibt: eines der Erde und eines des Himmels, sondern nur ein einziges Reich der Seele, erfüllt von Träumen einer himmlischen Poesie der Barmherzigkeit und der Güte, und daß es nur einen einzigen Gradmesser unseres Lebens gibt: inwieweit wir es vermocht haben, Hungernde zu speisen, Gefangene zu befreien und Nackte zu kleiden (Mt 25,35 f) – *seelisch* womöglich noch mehr als materiell. Gerade die verheirateten Priester hätten der Kirche eine Form des Lebens zu schenken, in welcher die unseligen Trennungen zwischen Mann und Frau, Leib und Seele, Sinnlichkeit und Sensibi-

lität, Wirklichkeit und Verheißung, Natur und Gnade, Frömmigkeit und Erfahrung endlich überwunden werden könnten. Und vor allem: gerade die verheirateten Priester könnten durch ihr Beispiel einen Weg weisen, der aus Menschenangst hinüberführt zum Glauben, indem er den Einzelnen für wichtiger nimmt als das Allgemeine und es sogar wagt, gewisse heilige Gesetze zu brechen – lieber, als das Herz eines Menschen.
Doch gerade das nicht! – Der Kirche *liegt* an ihren Gesetzen, und sie scheint nie und nimmer zugestehen zu können, daß die Form des zölibatären Priestertums, wenn schon nicht der Idee nach, so doch zumindest in der Wirklichkeit eines einzelnen Menschenlebens nur etwas Begrenztes, Momentanes, psychisch und geistig Partikulares darstellen kann, das durch den weiteren Gang der Entwicklung verwandelt, ausgeweitet, ja, in gewissem Sinne überholt werden muß, und zwar nicht, weil jener Priester damals ein schlechter, kranker, unfreier oder psychopathischer Priester gewesen wäre, sondern ganz im Gegenteil: weil er auch damals schon in allem, was er tat, von einer Menschlichkeit und Güte getragen war, die ihn wie von selbst in die Arme einer Frau hinübertrug. Genau das will und darf die katholische Kirche in ihrer gegenwärtigen Verfassung nicht zugeben. Das Klerikersein hat in ihren Reihen als etwas Absolutes, Höchstes, schlechthin Letztes und schon deshalb «Ewiges» zu gelten, und zwar ausnahmslos und grundsätzlich, in Idee und Wirklichkeit, im allgemeinen und besonderen; sie *leugnet*, daß sie mit diesen Setzungen die Wirklichkeit zugunsten einer leeren und abstrakten Idealität vergewaltigt, ja, daß sie mit dieser Höchststellung des Klerikalen von allen Kräften der menschlichen Seele einzig das Streben nach Macht übrig läßt, und selbst dies nur in einer krankmachenden Form. Es *hat* keine psychische Entwicklung über das Klerikersein hinaus zu geben, so wenig wie es eine Entwicklung über eine bestimmte Form der Ehe hinaus zu geben hat. Das «Endgültige» ist das Ende von allem, zumindest das Ende fruchtbarer Entwicklung. Es ist neben dem Willen zur Macht zugleich der Wille zur fixierten Fertigkeit und unveränderlichen Richtigkeit, der sich in solchen Vorstellungen absolut setzt.
Dafür aber begibt sich nun das folgende Schauspiel. Indem die katholische Kirche in ihrer gegenwärtigen Einstellung den Stand des Klerikerseins für etwas schlechterdings Gültiges, *Endgültiges* setzt, bleibt ihr kein anderer Weg, als das Suchen und Ringen von Menschen in ihrer Unvollendetheit und Nicht-Endgültigkeit zu psychiatrisieren. Sie, die sich für die Psychodynamik des Unbewußten so gut wie gar nicht interessiert, ja, sich geradezu sträubt, davon auch nur irgend Kenntnis zu nehmen, legt mit einem Mal in den Laisierungsverfahren ihrer Kleriker den größten Wert auf psychiatri-

sche Gutachten, doch eigentlich nur, um sich die wirklichen Fragen und Einsichten der Psychiatrie und Psychotherapie vom Leibe zu halten, d.h. genauer gesagt, um gegen die Menschen Recht zu behalten; und lieber erhebt sie weiter ihre fertigen Statuten zum Richtmaß, als die Offenheit möglicher Erfahrungen und Entfaltungsräume zuzulassen. – Im einzelnen!
Da ist der Laisierungsantrag eines Pfarrers zu bearbeiten, der seit zwei Jahren wegen gewisser zwangsneurotischer Symptome in Psychotherapie ist; konsequenterweise lautet die Frage der kirchlichen Behörde jetzt: wie war dieser Mann seelisch beim Empfang seiner Priesterweihe vor ca. 18 Jahren strukturiert? Das Gottvertrauen, das die Kirche in diesem Fall leitet, ist schon dadurch staunenswert, daß sie sich ohne Zögern vermißt, über solche Zeiträume hin gerichtsverwertbare Daten aus einem so komplizierten Gebiet wie der Psychiatrie und der Psychoanalyse aus dem Munde *zufälliger Zeugen* von damals erheben zu können. Indem die Kirche die Aufkündigung des Zölibatsgelübdes als an sich schwer sündhaft, als einen, zivilrechtlich gesprochen, gewissermaßen *kriminellen Akt* betrachtet, kann sie wirklich nur unter Anwendung des Paragraphen 51 (der im deutschen Strafrecht strafmildernd wirkt aufgrund einer chronisch oder momentan eingeschränkten Urteilsfähigkeit im Augenblick der Tat) Gnade vor Recht ergehen lassen. Wie aber sollen Menschen über derartig lange Zeiträume auch nur die äußeren Tatbestände einigermaßen korrekt erinnern, geschweige, daß sie diese psychoanalytisch zuverlässig auswerten und interpretieren könnten? Doch genau eine solche gottgleiche Allwissenheit muß jetzt zu diesem Possenstück der Scheinpsychologie herhalten. Konkret: Zu der Zeit, da jener Priester geweiht wurde, der jetzt nach 18 Jahren laisiert werden möchte, galt er als ein äußerst zuverlässiger, frommer Mensch von großem Ernst und beispielhaftem Lebenswandel; damals war er Semestersprecher oder Haussenior, damals berechtigte er zu großen Hoffnungen und ward versehen mit allem Wohlwollen seiner Vorgesetzten, Professoren und Ausbilder. Kein Mensch interessierte sich damals dafür, wie die Kindheit dieses Mannes zwischen Flucht und Vertreibung an der Seite seiner Mutter ausgesehen hatte, es war nichts weiter als ein bißchen spaßig, daß er manchmal lispelte und auf eine Weise über den Flur ging, als wenn er stets die Hosen voll hätte. Doch jetzt, wo er beschließt, den Kirchendienst aufzugeben, da muß aus all dem ein psychiatrisches Gutachten zusammengeklaubt werden, das auf eine verminderte Zurechnungsfähigkeit zum Zeitpunkt der Priesterweihe schließen läßt. Leute, die nie gelernt haben, psychodynamisch zu denken oder eine psychoanalytische Anamnese zu erstellen, trauen sich jetzt in völliger Überschätzung ihrer Möglichkeiten, doch in gewissenhafter Erfül-

lung des göttlichen Willens, wie sie ihn verstehen, ein Urteil darüber zu, ob jenes Lispeln z. B. nicht doch auf verborgene Sexualstörungen hinweisen könnte – eine Angst vor Mädchen etwa (welcher männliche Kleriker hätte die nicht?), eine gewisse homosexuelle Attitude (als ob die nicht von der Kirche geradezu gefordert würde!), eine Fixierung auf die Mutter (als wäre das nicht der Hauptgrund für die Psychogenese praktisch *jedes* Klerikers!), kurz: es gibt kein Detail, das unsinnig genug wäre, um jetzt nicht zum Argument der «Sklaventheorie» von der Unfreiheit des Willens beim Empfang der Priesterweihe damals herangezogen zu werden. Einer Kirche, die das Recht einer freien Entwicklung unter einem Wust von heiligen Eiden nicht anerkennt, bleibt am Ende wirklich nur *die Gnade der Unfreiheit,* um sich gegenüber ihren Untertanen als milde zu zeigen. Doch diese «Milde» basiert auf einer totalen moralischen Selbstverbrennung, durchaus in Analogie zu den Verfahren der «Heiligen Inquisition»: Wie war die Vergangenheit dieses Heiratswilligen? Wie oft hat er onaniert? Hat er Bordelle besucht? War er homosexuell? War er nicht doch schon immer ein Kauz und Eigenbrötler? Erst wenn er kein Mensch mehr ist, darf die Kirche menschlich sein. Das Unglaublichste bei all dem aber ist, daß an sich ganz vernünftige Leute (Pastoralpsychologen, Ärzte, Therapeuten) bei dieser Farce immer wieder eifrig mitspielen, Sinnes, wenigstens dem Betroffenen, der um den Frieden mit der Kirche nachsucht, einen Gefallen zu erweisen. Doch man erweist letztlich einen Gefallen nur dem System selbst, wenn man versucht, innerhalb der Spielregeln seiner Unmenschlichkeit menschlich zu sein; und es wäre in jedem Falle ehrlicher und klarer, dem Einzelnen zu dem Mut zu verhelfen, daß er den Widerspruch zu dieser Form von Kirche offen zu leben wagt und selber, statt bereitwillig mit dem Unhaltbaren zu kooperieren, die Mitarbeit entschieden zu verweigern. In jedem totalitären System sind die «netten Kerle» objektiv die Schädlichsten, indem sie immer wieder vorspiegeln, was nicht ist. Aber was ist das für eine Kirche, in der man seine besten Freunde für zeitweise verrückt erklären muß, um ihnen den Frieden mit dem System zu verschaffen, sobald sie anfangen, sich zu verlieben?

Doch auch ohne die Forderung nach einer psychiatrischen Kapitulation des einzelnen Klerikers vor dem Tribunal des kirchlichen Laisierungsverfahrens ist und bleibt *die Länge der Dauer bei der Bearbeitung des Antrags* ein Skandal. Man könnte als Außenstehender meinen, daß es der Amtsschimmel nun einmal an sich habe, *langsam* durchs Dorf zu traben, doch geschieht in einer jahrhundertealten Theokratie nichts ohne Absicht und Hintersinn. Wie *grausam berechnend* die katholische Kirche mit dem *Faktor der Zeit* umzugehen versteht, hat sie noch vor ein paar Jahren in Italien demonstriert.

Damals sollte in dem säkularen Staat über eine längst fällige Modifizierung des geltenden Ehescheidungsrechts abgestimmt werden. Wer heute in Italien sich scheiden lassen will, der muß fünf Jahre lang (zum Vergleich: ein Jahr lang in der BRD) von seinem Ehegatten getrennt leben, er darf aber in dieser Zeit unter keinem Umstand mit einem anderen Partner gesehen werden, wenn er im Prozeß später nicht die schwersten Nachteile, z. B. die Aberkennung der Erziehungsberechtigung bzgl. seiner Kinder, in Kauf nehmen will. *Fünf Jahre lang* vollkommen abstinent zu leben ist natürlich eine Zumutung, schließlich gehen viele Ehen vor allem aus Liebe zu einem neuen Partner auseinander. Doch gerade das sollte die italienische Form des Scheidungsrechtes unter dem Einfluß des Vatikans verhindern: Sie sollte ein Hauptmotiv der Ehescheidung überhaupt unterbinden und die Übergangszeit für die erhoffte Veränderung unerträglich lang gestalten. Und dabei blieb es: Eine Änderung des Scheidungsrechtes in Italien scheiterte an dem massiven Widerstand der Kirche. Für unseren Zusammenhang wird daraus eines klar: Wenn die römische Kurie sich anmaßt, mit den *«Laien»* so zu verfahren, ja, sogar mit Bürgerinnen und Bürgern, die überhaupt nicht zur katholischen Kirche gehören, so wäre es doch sonderbar, wenn sie eine derart bewährte Strategie nicht gleichermaßen auch bei «ihren» Klerikern einsetzen sollte. Es ist sicherlich nicht ein bürokratischer Engpaß, es ist die Engstirnigkeit der kirchlichen Bürokratie, die nach wie vor erbittert gesonnen ist, die Angelegenheiten des Herzens mit Mitteln der Macht zu «regulieren» und zu strangulieren, wenn ein Priester heute bis zu 10 Jahren darauf warten kann, ob sein Laisierungsantrag in Rom genehmigt wird oder nicht – wenn überhaupt, sind doch unter Papst *Johannes Paul II.*, wie gesagt, bisher nur noch sehr wenige Anträge durchgekommen. Keine Frage: Man *will* diese Quälerei der Seelen aus Gründen der Abschreckung. Wirklich: ein heiliger Stand von «freiheitlich in der Gnade Gottes» Berufenen, der zu seinem Selbsterhalt derartige Foltern und Torturen nötig hat!

Denn genau gesehen: Die vatikanische Praxis, willkürlich schaltend und waltend, je nach administrativer Vorgabe, stellt die Betroffenen absichtlich und erklärtermaßen vor ein Dilemma, das rein logisch, unter katholischen Denkvoraussetzungen, prinzipiell keine Lösung zuläßt und zudem eine Alternative aufnötigt, die den Forderungen einfacher Menschlichkeit ins Gesicht schlägt. Da ist ein Priester, 32jährig, der eine Kindergärtnerin, 28jährig, liebt; die beiden sind willens, ihrer Liebe treu zu sein, komme, was da wolle – schon dieser Entschluß setzt zumeist einen ganzen Entwicklungsroman an inneren Krisen und Übergängen im Sinne des soeben skizzierten Priesterprotokolls voraus, doch so, daß jetzt endlich alles für ein beginnendes Glück wohlbereitet scheint. Erst in einem solchen Stadium gemeinsam erkämpfter Gewißheit werden die Partner einer Priesterliebe tun, was man zugunsten einer freiheitlichen, ehrlichen Lösung als unverbildeter Menschenfreund den beiden von Anfang an nur wünschen sollte: daß sie, statt das Opfer unzeitiger und unangemessener Denunziation zu werden, *selber* den Schritt an die Öffentlichkeit wagen und ihrem Bischof den Tatbestand von etwas mitteilen, das nach der Lehre der katholischen Kirche von Menschen nicht getrennt werden darf, da es von Gott geschlossen ist: die unverbrüchliche Bindung und Verbindlichkeit der Liebe. Anders jedoch die Kirche im Amt im Umgang mit ihren Priestern im Amt: Da, wenn die Dinge so stehen, das System der Bespitzelung und wechselseitigen Denunziation offensichtlich versagt hat, um das für die kirchliche Behörde anscheinend Schlimmste noch zu verhüten, muß sie jetzt alles daransetzen, das Glück der Liebe zu zerquälen. Die beiden möchten heiraten, sobald als möglich, verständlicherweise. Doch eben: Das menschlich Verständliche und «nur Natürliche» muß von der katholischen Kirche im Namen des *Übernatürlichen* in das Ungeheuerliche und Strafwürdige verwandelt werden. Ein Priester, der ohne Laisierung heiratet, verstößt gegen den *Canon* 277 des Römischen Kirchenrechts, in dem es in § 1 und § 2 heißt: «Die Kleriker sind gehalten, vollkommene und immerwährende Enthaltsamkeit um des Himmelreiches willen zu wahren; deshalb sind sie zum Zölibat verpflichtet, der eine besondere Gabe Gottes ist, durch welche die geistlichen Amtsträger leichter mit ungeteiltem Herzen Christus anhangen und sich freier dem Dienst an Gott und den Menschen widmen können. Die Kleriker haben sich mit der gebotenen Klugheit gegenüber Personen zu verhalten, mit denen umzugehen die Pflicht zur Bewahrung der Enthaltsamkeit in Gefahr bringen oder bei den Gläubigen Anstoß erregen könnte.»[112] Ein Priester, der sich nach diesen Bestimmungen *nicht* richtet, ist ab sofort nach *Canon* 915 von der sakramentalen Gemeinschaft der Gläubigen ausgeschlossen[113]; er lebt nach den Maßstäben der katholischen Kirche in einer «wilden Ehe», auf welcher, wenn schon nicht der Segen Gottes, dann doch der Fluch der Kirche ruht; ein solcher Priester müßte, um sich mit der Kirche in diesem Zustand auszusöhnen, in einer Beichte all seine «schweren Sünden» bereuen und die Gelegenheit zur «schweren Sünde» in Gestalt seiner Ehefrau, pardon: seiner Freundin, ab sofort und auf unabsehbar lange Zeit meiden; er müßte sich als Person mit all seinen Gefühlen vernichten, um als Priester weiterzuleben; d. h., psychoanalytisch genauer gesagt: er müßte dokumentieren, daß er unter der Diktatur seines Überichs niemals wirklich so selbständig gelebt hat, daß er zu einer eigenen persönlichen Entscheidung imstande wäre; und eben diese Unselbständigkeit des Ichs empfindet die katholische Kirche mit ihrer Einschüchterungspolitik ganz offensichtlich als einen ausreichenden und tragenden Grund zum Priestersein – wohlgemerkt werden ja diese Gewissenstorturen nicht irgendwelchen Randständigen in der Kirche zugemutet, sondern Menschen, die das kirchliche System in Gänze verinnerlicht haben und denen die katholische Kirche seit Kindertagen geistige Heimat ist: Sie haben *geglaubt,* was die kirchliche Lehre ihnen sagte: daß die Kirche von Rom die unfehlbare Hüterin der Wahrheit Gottes sei, die geheime Achse der Weltgeschichte, das Richtmaß über Zeit und Ewigkeit; sie hatten in ihrer religiösen Einstellung an diesen Doktrinen, so absurd und intolerant sie Außenstehenden auch erscheinen mögen, subjektiv nicht den geringsten Zweifel; doch es ist die katholische Kirche selbst, die sie jetzt zwingt, alles zu verbrennen, woran sie einmal geglaubt haben; und eben durch diese brutale Alternative zwischen Glaube und Menschlichkeit macht die katholische Kirche selbst die ganze Zerrissenheit und geistige Unversöhntheit ihres hierarchisch-dogmatischen Systems deutlich.

Bestimmt wird es Leser dieses Buches geben, die vor allem bei den Darlegungen des 1. Teils über das beamtete Denken und über das Leben von Amts wegen sich gefragt haben, ob dieses rigorose Entweder-Oder zwischen Person und Institution, zwischen Ich und Überich, zwischen Mensch und Gott denn wirklich in dieser Härte als typisch für die katholische Kirche gelten könne, ja, ob denn ein solcher Kontrast für wirklich religiöse Menschen überhaupt vorstellbar, geschweige denn akzeptabel sei. Nun denn, hier ist der Beweis. Ein System, das (über Jahrhunderte hinaus!) immer wieder Menschen dazu zwingt, zwischen Gott und der Liebe zu einem Menschen zu wählen – was ist das für ein System, wenn nicht ein formal unmenschliches und ungöttliches, weil buchstäblich *liebloses* und rein äußerlich in den Strukturen von Macht und Verwaltung verhaftetes System! Nicht die Priester, die treulos und mutig genug waren, sich gegen alles Dreinreden ihres Überichs an eine Frau zu «verlieren», haben hier vor dem System der katholischen Kirche Beichte und Reue abzulegen, hier steht die katholische Kirche selbst unter Anklage, und sie hat vor den Menschen (und dann auch vor Gott) ein öffentliches Geständnis der gewollten Inhumanität und der seelischen Grausamkeit abzulegen.

Zu harte Worte? Zu hartes Urteil? – Wir sind ja «nur» erst bei den Verfahren, mit denen die katholische Kirche die Gefahr der Liebe aus den Herzen ihrer Priester durch die Verbreitung und Festlegung von Schuldgefühlen seelisch herauszufoltern sucht. Eine weitere ihrer Waffen im Kampf gegen die Liebe ist *die soziale Ächtung.* Die katholischen «Laien» haben heute im allgemei-

nen in ihrem Bewußtsein eine eher neutrale Haltung gegenüber der Problematik des Zölibats; sie sehen darin eine Frage, die die Kleriker schon mit sich selbst abmachen müssen, und sie sehen in dem angeblich zeichenhaft so bedeutsamen Stand der Ehelosigkeit eher etwas Gleichgültiges als Heilswichtiges. Ich entsinne mich einer Gemeinde, in die vor vielen Jahren schon ein Priester gewisser Gerüchte wegen strafversetzt werden sollte; die Leute wußten nahezu offiziell, daß dieser Priester mit seiner Haushälterin «ehelich» zusammenlebte, aber es war ihnen egal. Sie sahen, daß die Haushälterin, die fleißig in der Seelsorge mithalf, fast täglich zur Kommunion ging, und sie hielten dafür, daß «das» die beiden selbst vor ihrem Herrgott verantworten müßten. Lediglich, wenn dieser Vikar eine ganze Predigt lang auf den Zölibat der Kirche schimpfte und ihn, gemessen an den Worten Jesu, für unchristlich hinstellte, murrten die Leute und sagten: Er soll uns doch mit seinen Problemen in Ruhe lassen. Allerdings besitzt diese pragmatische Gleichgültigkeit der meisten «Laien» in der Zölibatsfrage eine eigentümliche Ambivalenz. Sie signalisiert nicht nur die wachsende Distanz der «Laien» zu der Kirche der Prälaten und Bischöfe, sie verrät auch eine nach wie vor vorhandene latente Obrigkeitsabhängigkeit und Gehorsamsgefügigkeit, ganz abgesehen davon, daß man geflissentlich übersieht, wie selbstverständlich hier die undialektische Zweiteilung zwischen «Laien» und Klerikern in der Kirche akzeptiert wird. Vor allem aber: Dieselbe katholische Öffentlichkeit, die aus Gleichgültigkeit oder Gleichmut dem geheimen oder halboffenen Liebesleben ihrer Kleriker «beiwohnt», kann dann doch mit dem Killerinstinkt einer Mobbingmeute auf einen einzelnen herabstürzen, wenn ihn die Kirche aus politischen Gründen zur Jagd freigibt.
Dabei ist es gerade die lange Zeit der Unentschiedenheit, die hier qualvoll wirkt. Würde z. B. jener 32jährige Priester einfachhin an einem Sonntagvormittag der Gemeinde seinen Heiratsentschluß mitteilen und am Nachmittag seine Koffer packen, so wäre das ganze Drama vermutlich in 24 Stunden zu Ende gespielt. Solange aber der Eindruck entsteht, den die katholische Kirche sich wünscht, daß die Heterosexualität ihres Priesters doch noch «reversibel» sei, erscheint es natürlich als die Christenpflicht treuer Katholiken, jenen Priester zur Räson zu rufen; insbesondere wird man auf dem vermeintlich schwächeren Teil: auf seiner Geliebten, herumhacken. Man wird ihr vorwerfen, sie habe jenen Priester in widerwärtiger, gerissener, schamloser oder unverschämter Weise *verführt;* man wird nicht zur Kenntnis nehmen, daß sie schon aus Gründen der Diskretion gegenüber ihrem Geliebten gegen solche Vorwürfe sich gar nicht verteidigen kann, etwa, indem sie schilderte, wie sie einander wirklich kennengelernt haben. Man wird sie, bei fort-

gesetzter «Unbußfertigkeit», als «Priesterhure» und «Zölibatesse» beschimpfen; sie wird in den Augen der Gläubigen als entehrt gelten: *sie* hat die Kirche zu meiden, in der jener Priester die Messe liest, *er* hätte sogar die Pflicht, ihr an der Kommunionbank das Sakrament zu verweigern. Und wenn auch all das immer noch nicht hilft, wenn die beiden trotzdem zu ihrer Liebe stehen, so daß er schließlich demonstrativ das Amt niederlegt, wird die Hatz auch dann noch weitergehen. Die meisten verheirateten Priester klagen darüber, wie sehr sie sich plötzlich alleingelassen fühlten, verlassen von ihren scheinbar besten Freunden; manche glauben sogar, eine nicht geringe Schadenfreude in den Reaktionen ihrer sogenannten Mitbrüder bemerkt zu haben – immerhin gibt es nichts, was der eigenen Charakterstärke so sehr schmeicheln würde wie die «Schwäche» anderer. Am schlimmsten freilich wirkt *das Zusammenspiel* der ohnedies schon bestehenden *Überich-Ängste mit dem objektiv etablierten System der sozialen Strafe* in der katholischen Kirche. Da genügt der schweigende Kontaktabbruch liebgewonnener Freunde oder das enttäuschte Getue ehemaliger Kollegen oder die offene Häme derer, die es schon immer wußten, um subjektiv die heftigsten Erschütterungen auszulösen, die ihrerseits natürlich auch die neu geschlossene Liebesbeziehung selbst wieder nachhaltig durcheinanderbringen können. Selbst nach Jahren wagen es längst verheiratete Priester womöglich immer noch nicht, ihren Fuß auf den Boden ihrer alten Pfarrei oder gar der Stadt ihres Bischofssitzes zu setzen. Latent fühlen sie sich entgegen aller humanen Vernunft doch, in Übereinstimmung mit den Regeln der Kirche, als Ausgesetzte, Geächtete; sie sind und bleiben sogar für sich selbst die outlaws der katholischen Gemeinde.

Aber auch das genügt noch nicht, um dem wütenden Strafwillen der katholischen Kirche Genugtuung zu schaffen. Es ist dies die Stelle, an der sie endgültig die letzten Hüllen ihres menschenverachtenden Institutionsfanatismus fallen läßt. Wir unterstellen einmal, daß jener 32jährige Priester trotz aller Gewissensskrupel und trotz aller sozialen Strafandrohungen Manns genug war, sich nicht verprellen und verbellen zu lassen; dann gibt es immer noch eine Karte, die der Machtapparat der katholischen Kirche jetzt schamlos auszuspielen sucht: *die wirtschaftliche Abhängigkeit*. Ein vom Dienst suspendierter *Priester* bekommt, je nach Diözese, heute zwischen 5000 bis 20 000 DM Überbrückungsgeld – in keinem Falle mehr, als daß er zu zweit davon länger als ein Jahr lang leben könnte, und das in einer Situation, da er allenfalls nach einem langen Zeitstudium (Pädagogik, Medizin etc.) die Chance bekommt, einen Beruf vergleichbarer sozialer Wertschätzung ausüben zu können; eine *Ordensschwester* wird man mit ihrer Rente auf die Straße setzen, nebst dem Päckchen der Habseligkeiten, die sie beim Ordenseintritt mitbrachte. Und auch das genügt noch nicht zur Abschrekkung? Wohlan! Da ist doch jene Kindergärtnerin selbst, gerade 28jährig. Wie wäre es, wir würden auch ihre berufliche Existenz auf Lebzeiten zerstören? Für das Reich Gottes muß man tun, was man kann. Also: In welchem Kindergarten ist sie eigentlich beschäftigt? Bei der Caritas? Das trifft sich gut! Laut Anstellungsvertrag hat sie in einer katholischen Dienststelle sich entsprechend den Vorstellungen der katholischen Moral *vorbildlich* zu führen, schließlich erzieht eine Erzieherin am meisten durch das Beispiel ihrer Person; man kann kleine hilflose Kinder nicht einer Frauensperson anvertrauen, die, schlimm genug, mit einem geschiedenen Mann oder, noch schlimmer, die unverheiratet mit einem Unverheirateten, oder, am schlimmsten, die als Frau mit einem Priester zusammenlebt. Die Kirche hat in Wahrung ihrer pädagogischen Verantwortung vor Gott *die Pflicht*, einer solchen fristlos zu kündigen. «Und warum wurde Ihnen fristlos gekündigt?» wird man bei der Bewerbung in der nächsten Dienststelle die Kindergärtnerin fragen; man wird es den Leuten schon zu erzählen wissen, um was für eine zweifelhafte Person es sich da handelt, mit der sogar die katholische Kirche, diese Beschützerin der Armen und Entrechteten, trotz aller Geduld und allen Bemühens nicht auszukommen wußte. Mit anderen Worten: Pflichtbewußt, wie die katholische Kirche ist, wird sie alles in ihrer Macht Stehende tun, um dafür zu sorgen, daß nicht nur ihr ungetreuer Priester, sondern auch seine Freundin wirtschaftlich nachhaltig ruiniert werden.

Dieselbe Kirche – man muß es so ausdrücken –, die ihren Klerikern die Armut als «evangelischen Rat» anempfiehlt und auferlegt, droht jetzt, wo es darauf ankommt, mit eben dieser Armut, um ihre Leute bei der Stange zu halten. Wenn wir in der Beschreibung des klerikalen Lebens von Amts wegen immer wieder betont haben, wie sehr im psychischen Erleben der Priester und Ordensleute der katholischen Kirche die Existenzangst durch die Bindung an die Mutter Kirche aufgelöst werde, so schließt sich jetzt der Kreis, wenn wir sehen, wie sehr die katholische Kirche selber materiell wie psychisch Ängste aller Art zu erzeugen sucht, um sich der «Treue» ihrer bediensteten Untertanen zu versichern. Es ist ihre mit moraltheologischen Rücksichten kaschierte *Absicht*, die Betreffenden, zusätzlich zu all den anderen Beugemaßnahmen, durch den Anblick des bürgerlichen Nichts in ihre gnädigen Arme zurückzutreiben. Und sollte selbst diese Drohung nicht helfen, so wird entsprechend verfahren – zur *Abschreckung* anderer, zur Vermeidung unguter Präzedenzfälle –, in Treue fest.

Wie weit diese *Treue* der katholischen Kirche zu sich selber geht, kann sich krasser wohl nicht erweisen als daran, wie sie mit den «unehelichen» Kindern einer Klerikerliebe umgeht. Wir sagten schon: Es gibt kein Thema, das der katholischen Kirche heute scheinbar so heilig und kostbar ist wie der Schutz des ungeborenen Lebens (s. o. S. 308). Der folgende Fall zeigt, wie es darum bestellt ist, wenn es die Kirche selbst betrifft. Ein Ordensgeistlicher war als Kind bereits im Internat bei den Patres aufgewachsen, deren Gemeinschaft er später beitrat. «Ich hatte», sagte er, «überhaupt keine andere Möglichkeit. Wir wurden als Kinder schon wie fertige Mönche gehalten, und es genügte, angepaßt und brav zu sein, um nichts verkehrt zu machen. Ich bin überhaupt erst aufgewacht, als ich nach der Priesterweihe in meine erste Pfarrei kam.» Freilich wachte er so gründlich auf, daß seine Gemeindeassistentin von ihm schwanger ward, er aber liebte sie mit aller Kraft und Poesie, die der ersten wahren Liebe eigen ist. Naiv und gutgläubig, wie er war, berichtete er seinem Ordensoberen über die Situation, in der er sich befand. «Sie müssen diese Frau verlassen», erklärte man ihm als erstes; «für den Unterhalt Ihrer Geliebten werden wir sorgen. Aber Sie dürfen sie nie wiedersehen. Wir machen das immer so.» Für diesen jungen Ordensgeistlichen brach in diesem Moment eine ganze Welt zusammen, in der er aufgewachsen war und an die er geglaubt hatte. *«Wir machen das immer so»* – hieß das: So etwas kommt *oft* vor? Und bedeutete das, es sei ganz normal für diese Vertreter und Hüter eines heiligmäßigen Lebens nach dem Vorbild eines großen Heiligen der Kirche, eine geliebte Frau mit ihrem Kind von dem Mann zu trennen, der entschlossen ist, sie zu heiraten? Sollte das heißen, die Kirche betrachte es geradewegs als ihre Pflicht, lieber ein Kind ohne Vater aufwachsen zu lassen als einen Priester in ihren Reihen zu verlieren? Und glaubte dieser Orden der heiligen Armut wirklich, er könne mit Geld «regulieren», was er an seelischem Schaden einer werdenden Mutter und ihrem Kind bereit war zuzufügen? Er habe gar keine andere Wahl, wurde ihm bedeutet, und zwar mit Nachdruck. In jedem Beruf der Bundesrepublik Deutschland gibt es einen tariflich abgesicherten Mutterschaftsschutz: sofortiger Kündigungsstop, bezahlter Schwangerschaftsurlaub, Anrechnung der Pflegezeit auf die Rente usw. Einzig die katholische Kirche ist über solche «nur menschlichen» Gesetze eines Sozialstaates in höherer Weisheit erhaben (s. o. S. 207): Ganz in der Art, wie man es «immer» zu machen pflegt, wurde als erstes die Gemeindeassistentin fristlos entlassen – sie ist, wenn sie mit einem Priester schläft, in besagter Weise kein Vorbild für eine Gemeinde. Jedoch: eine Frau auf die Straße zu werfen, ohne Rücksicht darauf, was aus ihr und ihrem Kind wird, wenn man nur korrekt die Alimente für einen bußfertigen Priester zahlt, was ist das? Ein Vorbild für die Liebe

Christi oder der Beweis für den zynischen Egoismus der Großgruppe Kirche? Es ist in jedem Fall ein Beweis für das Grundprinzip, das dem Klerikersein der katholischen Kirche zugrunde liegt: Der Einzelne ist nichts.
Nichts? – Diesem Priester wurden, Gott Lob, die Kräfte der Liebe vermehrt durch den heiligen Zorn. Am Tag seiner standesamtlichen Trauung wollte er mit seiner Geliebten gemeinsam aus der Kirche austreten. «Eine Kirche, die zwischen Gott und Menschen zu wählen zwingt, stellt sich selbst über Gott, der den Menschen gemacht hat. Ich mußte mich gegen die Kirche für Gott und für unsere Liebe entscheiden, oder ich hätte mir niemals mehr ins Gesicht sehen können», erläuterte er sein Vorhaben, das er dann freilich doch nicht verwirklichte, damit sein Kind getauft werden konnte.
Was hilft es zu sagen, so wolle die Kirche selber nicht sein, wenn sie so ist? Sie will in solcher Weise nicht *erscheinen*, das ist richtig. Doch selbst ihre Formen, den Anschein zu wahren, sind ungeheuerlich. Abgeschreckt durch derlei Praktiken, in Sorge um ihre bürgerliche Existenz, im Wissen wohl auch, wieviel sie anderen Menschen gerade in der Kirche bedeuten, bleiben zahlreiche Priester mit ihrer Liebe im Verborgenen. *An sich* gilt nach *Canon* 1395, § 1: «Ein Kleriker, der ... in einem eheähnlichen Verhältnis lebt, sowie ein Kleriker, der in einer anderen äußeren Sünde gegen das 6. Gebot des Dekalogs verharrt und dadurch Ärgernis erregt, sollen mit der Suspension bestraft werden, der stufenweise andere Strafen bis zur Entlassung aus dem Klerikerstand hinzugefügt werden können, wenn er trotz Verwarnung die Straftat fortsetzt.»[114] Doch die Strafbestimmung eines Gesetzes ist eng nach dem Wortlaut auszulegen, und den Wortlaut dieses Gesetzes muß man mit römischen Ohren zu hören verstehen: «wenn er ... verharrt *und dadurch Ärgernis erregt ...!*» Also: Wo kein «Ärgernis», da auch keine Strafe. Ursula Goldmann-Posch gibt den Sachverhalt richtig wieder, wenn sie schreibt: «Leben ein Priester und eine Frau in ‹wilder Ehe› zusammen, mag dies moralisch vielleicht verwerflich sein, kirchenrechtlich interessant aber wird es erst dann, ‹wenn das Vergehen erwiesen ist›. Will das Paar den beklagenswerten Zustand des ‹Konkubinats› beenden und – in Ermangelung einer kirchlichen – eine zivile Eheschließung versuchen, gilt dies als ‹öffentlicher Akt› mit den beschriebenen Konsequenzen. Ein deutscher Theologieprofessor, seit 15 Jahren mit einer Frau liiert, kann denn auch aus Erfahrung berichten: ‹Es gibt Bischöfe, die geben dem betroffenen Priester sogar noch den Rat, er sollte doch einfach so mit seiner Frau zusammenleben. Er, als Bischof, würde das tolerieren. Nur im Falle einer Ehe sähe er sich gezwungen, Maßnahmen zu ergreifen.› Vielfach gehe es nur darum, die Ordnung aufrechtzuerhalten, meint dieser Theologe. ‹Wenn das System als solches

gewahrt bleibt, kann man im Einzelfall sehr viele Ausnahmen zulassen. Das finde ich schlimm. Ich habe manchmal den Eindruck, daß die Kirche nur noch eine Institution zur Aufrechterhaltung des Zölibats und der Ordnung ist.›»[115] Die Kirche, in der Tat, muß heute viele Ausnahmen zulassen. Man schätzt, daß von den 18 000 Priestern in der BRD etwa 6000, rund ⅓, mit einer Frau zusammenleben, *ohne* «Ärgernis» zu erregen[116]. Zumeist können sie gar nicht anders, selbst wenn sie wollten; denn würden sie ihre Verbindungen lösen, so müßten sie dem einzigen Menschen, der sich ihnen wirklich anvertraut hat, ein Unrecht zufügen, das sie nie wiedergutmachen könnten. Zudem ist ihr Priestertum oft genug in der geschilderten Weise ein Hauptgrund dafür gewesen, daß die Beziehung überhaupt zustandekam, und sie selbst haben überhaupt erst in dieser Liebe zu sich selber gefunden. Ohne Zweifel: Sie sind durch ihre Beziehung zu einer Frau nicht schlechtere, sondern bessere, menschlich reifere Priester geworden. Gleichwohl stellt die Kirche sich blind gegenüber den Bedingungen, von denen sie selber heute lebt, und diese ihre Blindheit erzeugt wiederum eine eigenartige Dialektik.

Mit Händen zu greifen sind die Belastungen, die aus einer solchen Beziehung im Verbotenen sich wie von selbst ergeben. Wir unterstellen einmal, was durchaus nicht allgemein vorauszusetzen ist, daß der jeweilige Priester die Unmöglichkeit einer öffentlichen Trauung nicht als eine Ausrede benutzt, um je nach Belieben sein «Verhältnis» wieder lösen zu können; wir nehmen ferner an, es sei das Vertrauen der so Verliebten stark genug, um eine solche «Ehe ohne Trauschein» glaubwürdig vor sich selbst und vor Gott führen zu können; dann bleibt doch immer noch das Gebot der Heimlichkeit: Es ist nicht möglich, wie andere Menschen Hand in Hand durch die Stadt zu gehen, sich auf offener Straße zu küssen, und selbst die Zärtlichkeiten der Worte und der Blicke müssen möglichst in der Öffentlichkeit vermieden werden. Definitiv verzichtet die Frau auf ein Kind, d.h., sie muß entweder in ständiger Angst vor der jederzeit drohenden Katastrophe einer möglichen Schwangerschaft leben, oder sie muß all das tun, was die katholische Kirche an Formen der künstlichen Empfängnisverhütung strengstens verbietet. Am schlimmsten kommt es natürlich, wenn doch «etwas» passiert. Die wenigsten Priester, die sich über Jahre hin in einer heimlichen Priesterehe eingerichtet haben, werden jetzt noch, als Bewohner eines schönen Pfarrhauses und als Leiter einer blühenden Pfarrei, den Mut aufbringen, alles Erreichte aufzugeben und den Weg in die Wüste anzutreten. Natürlich gibt es keine Statistiken über die Häufigkeit von Abtreibungen in Priesterehen; doch setzt man die relative Unerfahrenheit gerade der Priester bei ihren ersten Kontakten mit Frauen in Rechnung, nimmt man die Abhängigkeit der Frauen hinzu, die ihren Geliebten nicht ruinieren wollen, bedenkt man des weiteren, wie enorm der Druck der kirchlichen Strafen sich auswirkt, und unterstellt man zudem, daß Priester vielleicht ein strengeres Überich haben, aber gewiß nicht an und für sich schon bessere Menschen sind als die Mehrzahl der anderen, so darf man wohl annehmen, daß die Zahl der Abtreibungen, die von Klerikern der katholischen Kirche veranlaßt werden, nicht geringer ist als auch sonst in vergleichbaren Fällen.

Doch schlimmer als all das ist *der schleichende Zynismus* der Unwahrhaftigkeit und Doppelbödigkeit. «Wer eine Abtreibung vornimmt, zieht sich mit erfolgter Ausführung die Tatstrafe der Exkommunikation zu», heißt es in *Canon* 1398 des Kirchenrechts[117]. Wie viele exkommunizierte Priester wird es also geben? Sie müssen, hoffend auf das Erbarmen Gottes, das größer ist als ihr Herz und ganz gewiß größer als das ihrer Kirche, Tag um Tag die Messe lesen und die Sakramente spenden, ja, sie müssen womöglich Jahr um Jahr zu Beginn der Fastenzeit den Hirtenbrief ihres Bischofs gegen die «wilden Ehen» der Jugendlichen, gegen außerehelichen Geschlechtsverkehr, gegen künstliche Empfängnisverhütung und *gegen die Abtreibung* verlesen und dürfen nicht sagen, wie lächerlich und unsinnig all diese Weisungen und Mahnungen sind, bezieht man sie auf das Leben wirklicher Menschen. Sie müssen ständig nach außen hin eine Kirche vertreten, an die sie selber nicht mehr glauben, und selbst ihr Trost, es sei immer noch besser, in der Kirche zu bleiben und den Menschen zu helfen, als auszutreten und allein dazustehen, ist menschlich zwar überaus begreifbar, doch bleibt die bohrende Frage bestehen, was eine Hilfe wohl wert ist, die sich um den Preis so vieler Lügen erkauft und verkauft.

Und doch scheint selbst die Lüge, scheint selbst die Doppelbödigkeit immer noch besser als die Verleugnung der Liebe! Besser, man belügt eine Kirche, die offensichtlich belogen sein will, als daß man einen Menschen verrät, der mit seinem ganzen Herzen durch sein Vertrauen sich restlose Treue und Wahrhaftigkeit verdient hat! Die wirkliche Wahl, so sollte man denken, findet nicht zwischen Gott und den Menschen statt, sondern stets zwischen der Liebe und der Angst vor der Machtgier anderer.

Die australische Schriftstellerin COLLEEN MCCULLOUGH hat vor 10 Jahren mit ihrem Roman *«Dornenvögel»* die Geschichte einer solchen aus Karrieresucht verleugneten Liebe erzählt und damit ein Millionenpublikum zutiefst bewegt. Was sie schreibt, wirkt vor allem deshalb so intensiv, weil hier die Denkvorstellungen der katholischen Kirche widerspruchslos übernommen und trotz aller Tragik niemals wirklich in Frage gestellt scheinen. Erzählt

wird das Leben des Kardinals *Ralph de Bricassart*, der trotz seiner Schönheit, Jugend und Intelligenz sein Leben als Priester Gott hingeben möchte. «Von der Wiege an bin ich auf ein Ziel hin erzogen worden – Priester zu sein. Doch es ist weit mehr als nur das. Wie kann ich das einer Frau erklären? Ich bin ein Gefäß ... und mitunter bin ich von Gott erfüllt. Und dieses Erfülltsein, dieses Einssein mit Gott ist etwas, das völlig unabhängig von irgendeinem Ort geschieht ... Dieses Geschehen genauer zu beschreiben, ist überaus schwierig, weil es auch für Priester ein großes Geheimnis bleibt. Eine göttliche Besessenheit, die andere Menschen nie an sich erfahren können. Ja, das ist es vielleicht. Mein Gelübde brechen? Das könnte ich nicht.»[118]
«Bedenken Sie, bevor es zur Ordination kommt, hat sich jeder von uns viele Jahre seines Lebens hindurch eben darauf vorbereitet. Mit aller Sorgfalt wird die Seele gleichsam dazu entwickelt, ein Gefäß zu sein, das sich zu Gott hin öffnet. Es ist verdient, fast möchte ich sagen: *er*dient. Jeder einzelne Tag. Und das ist Sinn und Zweck der Gelübde, verstehen Sie? Daß sich nichts Irdisches zwischen den Priester und den Zustand seiner Seele schieben kann – nicht die Liebe einer Frau, nicht die Liebe zum Geld, nicht der Widerwille, den Befehlen anderer Menschen zu gehorchen. Armut ist für mich nichts Neues, ich stamme aus keiner reichen Familie. Das Gebot der Keuschheit akzeptiere ich, ohne daß es für mich schwer ist, danach zu leben. Und Gehorsam? Das ist für mich von den drei Forderungen die härteste. Doch ich gehorche. Denn wenn ich mich selbst für wichtiger halte als meine Funktion als Gottesgefäß, so bin ich verloren. Ich gehorche.»[119]
All diese Worte, die Pater *Ralph* der zweifelnden *Mary Carson* entgegensetzt, sind subjektiv vollkommen glaubwürdig gemeint, sie decken sich ganz und gar mit den Stereotypen des kirchlichen Denkens selber, wie wir es kennengelernt haben, und doch liegt eben darin das Moment, das schon am Anfang des Romans den Leser mißtrauisch stimmt: Hier redet ein jugendlicher Idealist, der sich selber überhaupt nicht kennt, ein Mann, den die Kirche mit Phrasen vollgepumpt hat, die er für das Leben, für *sein* Leben hält, und der den Abstand zur Wirklichkeit aller anderen Menschen, anmaßend genug, als seinen göttlichen Verkündigungsauftrag betrachtet. *Mary Carson* bemerkt denn auch recht bald, daß Pater *Ralph,* inzwischen zum Kardinal avanciert, die heranwachsende *Meggie,* sein Mündel, allem Anschein nach mehr als nur fürsorglich anschaut und streichelt. Doch tapfer in seiner Selbstverleugnung, erklärt Pater *Ralph* an dieser Stelle noch: «Ich bin kein Mann ... Ich bin ein Priester», nur um sich wenig später bereits den heftigsten Zweifeln ausgesetzt zu sehen: «Sie hat recht, dachte er abrupt. Natürlich hat sie recht. Talmi bin ich, Lug und Betrug. Kein Priester, kein Mann.

Nur jemand, der gern wüßte, wie er beides sein könnte. Nein! Nicht beides! Priester und Mann, sie können nicht miteinander existieren – Mann sein heißt: nicht Priester sein. Wie konnte ich mich nur in ihrem Netz verfangen? Welch ein Leichtsinn von mir! Ihr Gift ist stark, vielleicht stärker, als ich glaube... Wie sehr sieht es Mary doch ähnlich, mir einen solchen Köder (wie die kleine, schöne Meggie, d. V.) vorzuwerfen! Wieviel weiß sie, wieviel vermutet sie nur? Was gibt es zu wissen oder zu vermuten? Nichts als Einsamkeit; fruchtloses Sich-Mühen; und Zweifel und Schmerz. Immer und immer wieder Schmerz. Doch du irrst dich, Mary. Ich kann mich als Mann beweisen. Aber ich will es nicht. Über viele Jahre hinweg habe ich mir bewiesen, daß es kontrolliert, beherrscht, unterdrückt werden kann.»[120]
Es ist das psychologische Geschick der australischen Schriftstellerin, daß sie die Hauptpersonen ihres Romans vollkommen glaubhaft wie Puppen am Seil den zentralen Konflikten des Ödipuskomplexes entlang führt: Die vaterlos aufgewachsene *Meggie* sieht in dem Priester den einzigen wahren Freund, Behüter und Geliebten ihres Lebens, den sie begehrt und den sie doch fliehen muß, um «Gott» nicht zu beleidigen; *er* wagt seine Gefühle einzig in der scheinbaren Unschuld der Vaterrolle sich entfalten zu lassen, um viel zu spät zu erkennen, daß er längst schon die Frau, nicht mehr das Kind in seinem «Mündel» liebt. Und so passiert ihm die Liebe wie so vielen Priestern: erwünscht und verwünscht, erbeten und verbeten, weil ewig verboten. «Sie hatte ihren Kopf vorgebeugt, ... ihre Hände schoben sich höher, über seine Brust zu seinen Schultern, eine Berührung so voller Zärtlichkeit und Sinnlichkeit, daß der Priester für Augenblicke völlig zu erstarren schien, im gleichen Maße entsetzt und gebannt. Dann jedoch, im verzweifelten Versuch, sich von ihr zu befreien, schob und zog er heftig ihren Kopf von sich fort, wollte es tun, tat es wohl auch, wenn auch längst nicht so heftig, so hart, wie er meinte. Und irgendwie kam es, daß er sie wieder in den Armen hielt, nur daß sie jetzt enger und fester an ihn geschmiegt war, eine Schlange, die alle Willenskraft von ihm zu nehmen schien. – Vergessen waren seine Schmerzen, vergessen war die Kirche, vergessen war Gott. Er fand ihren Mund, zwang ihn hungrig auf, wollte mehr von ihr, immer mehr, schien ihn einfach nicht beschwichtigen, nicht absättigen zu können, jenen so grauenvollen Trieb in sich. Sie bot ihm ihren Hals, entblößte ihre Schultern. Kühl und glatt war ihre Haut und samtweich. Er hatte das Gefühl, tiefer und tiefer zu sinken, einem Ertrinkenden gleich. Der dunkle, bittere Wein seiner Sinne berauschte und beengte ihn, lieferte ihn hilflos aus. Und vielleicht war es dies, das Gefühl völligen Verlorenseins, das ihn im letzten Augenblick zu sich kommen und sich selbst wiederfinden ließ. – Mit einem Ruck löste er

sich von ihr, verharrte dann in seiner knienden Stellung, den Kopf gebeugt, wie tief in sich versunken, und seine Augen starrten auf seine Hände, die zitternd auf seinen Schenkeln lagen. Meggie. Meggie, was hast du mit mir gemacht? Was wäre noch geschehen, wenn... Meggie, ich liebe dich, und ich werde dich immer lieben. Aber ich bin ein Priester. Ich kann nicht... Ich kann einfach nicht!»[121]

Und bei diesem dramatischen Kampf zwischen Mannsein und Priestersein, zwischen Es und Überich wird es unaufgelöst ständig bleiben. Gerade weil COLLEEN MCCULLOUGH formal die Lehren der Kirche nirgendwo angreift und weil ihre Romangestalten als gläubige Menschen trotz aller Schuldgefühle die Grenzen ihrer Weltanschauung niemals überschreiten, wird um so klarer, wie sehr hier «Gott» und «Religion» als Instanzen des Überichs, als Formen verinnerlichter Gewalt, als Gegenkräfte der Liebe, als zerstörerische, menschenfeindliche Komplexe einer kirchlich geprägten Psyche auftreten. Um den geliebten Priester vor sich selbst zu schützen, flüchtet sich *Meggie* in die Arme des derben, primitiv wirkenden Viehzüchters *Luke,* ein «Hirte» auch er, der, wie sein geistliches Pendant, nur den beruflichen Aufstieg im Sinn hat; doch gerade in seiner männlichen Direktheit wird er *Meggie* niemals in Gefahr bringen, ihren wahren Geliebten, diesen Gottesgesandten, diesen Gottesentrückten, auch nur eine Sekunde lang zu vergessen. Freilich wird der Herr Erzbischof beten für die «Rose» des tief verwundeten Pater *Ralph,* sie aber wird bald schon von ihm ein Kind empfangen. Sie wird ihn zum Mann machen, so daß er einen Moment lang dieses «Suchen nach Göttlichkeit, nach eigener Göttlichkeit» ohne die Liebe einer Frau, zur «Illusion» erklären wird: «Sind wir uns alle gleich, wir Priester? Sehnen wir uns alle danach, Gott zu sein? Und ist das der Grund dafür, daß wir jenem Akt abschwören, der uns unwiderruflich zu Männern stempelt?»[122] *Meggie* wird ihren Sohn *Dane* anstelle ihres Priesterfreundes lieben, und *Dane* wiederum wird in *Ralph* sein geistliches Vorbild erkennen, das ihn selber dazu bestimmt, Priester werden zu wollen. Alles mithin wird sich in zweiter Generation wiederholen: *Dane* wird bei dem Versuch sterben, bei einem Badeunfall zwei Mädchen zu retten, die vom Wasser aus seinen schönen Körper hatten betrachten wollen – das Gesetz eines grausamen Gottes wird sich wiederholen, daß sterben muß, wer der Liebe zu folgen versucht. Im Grunde aber stirbt in *Dane* der Junge, der Pater *Ralph* selbst einmal war, ehe er Priester wurde; es ist und war buchstäblich der Retterkomplex seiner ödipalen Ängste, die den Mann in ihm töteten, noch ehe er leben durfte; und erst zu spät, buchstäblich am Grabe, wird er erkennen, daß *Dane* sein Sohn war. Es wird eine Erkenntnis sein, die ihm das Herz bricht, sterbend in *Meggies*

Armen, die bis zuletzt seine «Schlange», seine «Todesgöttin» bleiben *muß*, da ein grausamer Gott ihn lebenslang nötigte, sie als den Engel seines Lebens von sich zu stoßen[123].

Der Roman der McCullough ist ein faszinierendes Portrait der resignierenden Liebe, indem sie vor allem das Opfer schildert, das *Frauen* bringen müssen, die selbst ihr Kind vor ihrem priesterlichen Freund verbergen, um den Geliebten nicht mit den Folgen seiner Liebe zu belasten, und die lieber in eine unglückliche, liebeleere Ehe einwilligen, als daß sie das wahre Bild ihrer Sehnsucht vergessen könnten. Es ist dieser Kontrast zwischen der Treue des Herzens liebender Menschen und der unmenschlichen Härte des römischen Gesetzes, der förmlich danach ruft, die Statue dieses molochgleichen Dämons von Gott zu zerschlagen, der eifersüchtig das Opfer des Kindes, das Opfer der Kind*heit* verlangt, um aus den Leibern der längst schon Gestorbenen die blutlosen Schemen seiner Priester zu erwecken.

Es war das Genie Emile Zolas, daß er den Todeskampf der katholischen Kirche gegen die zärtliche Psychohygiene der Liebe in seinem *Abbé Mouret* wesentlich *innerlich* schilderte: – wir kommen auf die genannte Szene noch einmal zurück: Als *Albine* nach dem vergeblichen Versuch, ihren priesterlichen Freund buchstäblich aus der Kirche «herauszuführen», zurück in die herbstliche Schönheit des «Paradou», das sakrale Grab und Gefängnis ihres Geliebten verlassen hat, ringt der Priester, mit sich allein, erneut bis zu den Grenzen des Wahnsinns (in unverkennbarer Anlehnung an das große Vorbild des Flaubertschen *«Antonius»*[124]) mit den obszönen Visionen aufdringlich nackter Frauenleiber und greulichen Getiers; in dem verzweifelten Priester siegt schließlich die Tugend – die lüsterne Last der Liebe vergeht. Aber jetzt, bar jeden Gefühls, allein gedrängt vom Willen zur Buße, begibt *Abbé Mouret* sich selber ins Pardou, um *Albine* zu sagen, was er fühlend ihr nicht anvertrauen durfte: «Ich liebe dich.»[125] Es ist die wohl furchtbarste Szene, die über die Zerstörung der Liebe in der Seele der Kleriker jemals in der Literaturgeschichte gestaltet wurde, als beide, *Albine* wie *Serge*, feststellen müssen, daß alles in ihnen und ringsum tot ist. Vergebens, daß *Albine* den Priester zu den Stätten vergangener Liebe zurückführt, umsonst, daß sie ihn ihrer ewigen, unterwürfigen Treue versichert – zu spürbar ist die Kälte, die jetzt aus jedem Stein, aus jeder Blume, aus jedem Kuß ihr entgegenweht. Ihr *Serge*, selbst wenn er will, ist zur Liebe unfähig, und er gibt völlig korrekt den schrecklichen Grund dafür an: «Wenn ich mein Herz suche, so finde ich es nicht mehr, ich habe es Gott dargebracht, und er hat es genommen.»[126] Das wohl Schrecklichste an diesem Geständnis ist die Tatsache, daß *Serge* es ablegt mit dem Stolz eines siegreichen Heiligen, wie ohne zu wissen, was er da spricht. Er verspricht gerade eben noch der Frau, die seine Heilung und seine Sünde ward, er werde das Kind, das sie im Schoß trägt, bei sich aufziehen, er werde an ihrer Seite Lehrer sein – «Du wirst glücklich sein, nicht wahr?»[127]; da ist doch schon klar, daß eine solche *Versorgungsliebe aus Pflichtgefühl* ihnen beiden nichts weiter als Unglück bringen wird, und wie von selber malen sich denn auch die Gedanken des Priesters zu dem furchtbaren Konterfei seines Selbstportraits: «‹Ich habe oft an die steinernen Heiligen gedacht, die man seit Jahrhunderten in ihren Nischen beweihräuchert›, sagte er mit sehr leiser Stimme. ‹Mit der Zeit müssen sie bis ins Innerste von Weihrauch durchdrungen sein... Und ich bin wie einer dieser Heiligen. Weihrauch durchdringt mich bis in den letzten Winkel meiner Sinne. Dieses Einbalsamieren. Das bewirkt meine Abgeklärtheit, den ruhigen Tod meines Fleisches, den Frieden, den ich genieße, indem ich nicht wirklich lebe... Ach, daß mich nichts in meiner Reglosigkeit störe! Ich werde kalt bleiben, starr, mit dem ewigen Lächeln meiner granitenen Lippen, unfähig, unter die Menschen hinabzusteigen. Das ist mein einziges Verlagen.»[128] «Und unser gemeinsames Leben, und unser Glück, und unsere Kinder?»[129], fragt *Albine.* «Nein, nein, ich habe Angst.»[130] «Dann schrie er in äußerster Not: ‹Ich kann nicht! Ich kann nicht.›»[131] «Sie sagte nichts mehr. Sie nahm ihn in einer wilden Umarmung. Ihre Lippen preßten sich auf diesen Leichnam, um ihn wieder zum Leben zu erwekken... Nach einem langen Schweigen sprach Albine. Sie stand hoch aufgerichtet, verachtungsvoll und entschlossen da. ‹Geh!› sagte sie mit leiser Stimme. – Serge erhob sich mühsam. Er nahm sein Brevier, das ins Gras gerollt war. Er ging.»[132]

Albine wird sterben, mit ihrem Kind, und *Serge* wird weiter seine Pflicht tun; er wird sie beerdigen. Doch welch eine Kirche und welch ein Amt, das sich nur erhält durch derartige Opfer, durch das Opfer von Frauen und Kindern regelmäßig!

Es sind heute 200 Frauen, die sich, als selber Betroffene, organisiert haben gegen den Pflichtzölibat[133]. Nach Vorbildern in Italien und in den Niederlanden hat sich 1984 auch in der Bundesrepublik eine «Vereinigung katholischer Priester und ihrer Frauen e. V.» zusammengeschlossen[134]. Sie fordern die Abschaffung des Pflichtzölibats, weil er nach den Worten des Vorsitzenden KLAUS THOMA mit dem Neuen Testament nicht vereinbar sei. Es sind die üblichen Argumente: «Die Apostel waren und blieben zeitlebens verheiratet, und über 1000 Jahre lang war in der Kirche der Zölibat als Voraussetzung für das Priesteramt unbekannt!»[135] Das stimmt, doch darum geht es nur sehr begrenzt. Es geht in Wahrheit um die Ablösung einer Form von

Frömmigkeit und Heiligkeit, die psychisch wesentlich im Überich verankert ist und die das Ich des einzelnen Klerikers bedenkenlos opfert zugunsten der Institution Kirche. Was wir brauchen in der katholischen Kirche, ist nicht eine Modifikation dieses oder jenes Paragraphen im Gesetzbuch, sondern einen Wandel in der gesamten Frömmigkeitshaltung, eine neue Bestimmung dessen, was religiös als «Ideal» zu verstehen ist; was wir brauchen, ist eine integralere Form zu leben, zu lieben, zu beten, zu tanzen, zu träumen, zu leiden und glücklich zu sein – ein Ende des Risses, der heute noch wesentlich trennt, was eine Einheit sein müßte, um Gottes würdig und wert zu sein: Schöpfung und Gnade, Kirche und Gesellschaft, Kleriker und «Laie», Priester und Mensch, Heiligkeit und Weltverantwortung, Seele und Leib, Gefühl und Denken, Frau und Mann, Trieb und Geist, Natur und Kultur... Gott ist nur, wo der Mensch mit sich eins ist. Oder anders gesagt: Es gibt keine «Erlösung» im religionspsychologischen Status einer ebenso neurotischen wie neurotisierenden Sekte.

III. Therapievorschläge oder: Von der Aporetik zur Apologetik der «evangelischen Räte»

A) Was eigentlich ist das Erlösende am Christentum?

Es steht zu erwarten, daß an dieser Stelle der Lektüre sich die Geister scheiden werden. Die durch eigene Erfahrung Betroffenen werden befreit aufatmen in der Hoffnung, daß nunmehr offen und freimütig über eine Lösung der bestehenden Problematik nachgedacht werden könne; andere aber werden sich vielleicht persönlich beleidigt fühlen und ihren ganzen Stand in den Schmutz gezogen wähnen; sie werden geneigt sein, entweder alles bisher Gesagte als nicht oder nur begrenzt zutreffend herunterzuspielen oder sich an einzelnen Aussagen festzuhaken, die sie für besonders anfechtbar halten. Doch weder der Abwehrmechanismus der *Bagatellisierung* noch der *Isolierung* hilft uns als Klerikern weiter. Das Problem, das wir lösen müssen, ergibt sich *strukturell* aus der Psychodynamik der heutigen Form des Klerikerseins selbst, insofern diese von den herkömmlichen Idealbildungen geprägt ist. Was wir beschrieben haben, ist *ein Modell*, das gewiß nicht beansprucht, das Leben jedes einzelnen Klerikers wiederzugeben, das aber mit der Wirklichkeit insoweit identisch zu sein beansprucht, als die Annahmen zutreffen, die dem Modell selbst in Gestalt des klerikalen Ideals zugrunde liegen. Im Unterschied zu Modellen, die sonst (z. B. in der Volkswirtschaftslehre, in der Chemie oder in der Physik) durch die Isolierung weniger Gesichtspunkte und durch die Mechanisierung weniger Voraussetzungen aus einer Vielzahl von Einzelbeobachtungen gewonnen werden, mußte das Verfahren in unserem Falle den umgekehrten Weg einschlagen, indem wir *das Ideal des Klerikerseins selbst als Modell* genommen haben, um danach die psychischen Voraussetzungen zu ermitteln, die seiner Begründung und Verwirklichung psychoanalytisch zugrunde liegen; und so dürfen wir sagen, daß die getroffenen Beschreibungen in gerade dem Maße zutreffen werden, als das Leben des einzelnen Klerikers der Idealform seines Standes sich annähert; es wird um so weniger zutreffen, je weniger die Setzungen des Ideals selber realisiert sind. Damit erledigt sich wie von selbst ein Einwand, der gerade in der Auseinandersetzung mit den «evangelischen Räten» Stelle für Stelle erhoben werden mag: es gebe aber doch auch Ordensgemeinschaften und klerikale Lebensformen, in denen es «nicht so streng» zugehe, wie wir es hier unterstellt haben. Natürlich gibt es das «weniger schlimm». Aber das ist nicht der Punkt, auf den es ankommt. Das Ideal der «evangelischen Räte» kann nur so lange als menschlich glaubhaft und heilsam gelten, als es *in seiner möglichst korrekten und perfekten Ausprägung* eine heilsame und vermenschlichende Wirkung entfaltet. Doch eben davon kann in der jetzigen Form, in welcher das klerikale Ideal definiert wird, keine Rede sein.

Der erste, der in der Literatur zum Rundumschlag gegen die mönchische Lebensform in ihrer traditionellen Gestalt ausholte, war vor mehr als 200 Jahren Denis Diderot. Was er in seiner Satire *«Die Nonne»* an den Pranger stellte, war keinesfalls nur das System staatlicher und kirchlicher Mißstände seiner Zeit, was er beseitigen wollte, war die religiöse Idealbildung selbst, die des Zwangs, der Unterdrückung, der Entpersönlichung und der Gefühlszerstörung bedarf, um sich in ihrer Äußerlichkeit etablieren und stabilisieren zu können. Seine rhetorischen Anfragen beziehen sich auf alle Gebiete: der Politik, der Historie, der Psychologie, der Medizin und der Moral, und sie sind von einer außerordentlichen analytischen Hellsicht. Als erstes greift er die rechtlichen Schwierigkeiten an, die jemandem gemacht werden, der den klerikalen Stand *verlassen* möchte. Er schreibt: «es sollte schwer sein, in das Kloster, und leicht sein, hinauszugehen... Warum hält man es in diesem Falle nicht wie in so vielen anderen, wo der geringste Fehler in der Form sogar einen im übrigen rechtmäßigen Prozeß ungültig macht? Sind denn die Klöster so wesentliche Elemente für die Verfassung eines Staats? Hat Jesus Christus Mönche und Nonnen eingesetzt? Kann die Kirche sie wirklich nicht entbehren? Wozu bedarf der Bräutigam (sc. Jesus Christus, d. V., nach Mt 25,1–14) so vieler törichter Jungfrauen und das Menschengeschlecht so vieler Opfer? Wird man nie die Notwendigkeit spüren, die Öffnung dieser Abgründe enger zu machen, in denen ganze künftige Geschlechter verlorengehen? Wiegen all die mechanischen Gebete, die dort gesprochen werden, so viel wie ein einziges aus Mitleid gegebenes Almosen an einen Armen?

Will Gott, der den Menschen als geselliges Wesen schuf, daß er sich einschließt? Kann Gott, der ihn so wankelmütig, so gebrechlich schuf, die Vermessenheit seiner Gelübde gutheißen? Können diese Gelübde, die gegen die von der Natur verliehene Neigung verstoßen, je vollkommen befolgt werden, es sei denn von wenigen fehlgebildeten Geschöpfen, in denen die Keime der Leidenschaft verwelkt sind und die man mit vollem Recht unter die Mißgeburten zählen würde, wenn das Maß unserer Erkenntnis es uns gestatten würde, den inneren Bau des Menschen ebenso leicht und ebenso gut zu erkennen wie seine äußere Gestalt? Können denn die traurigen Zeremonien, die man bei der Einkleidung und beim Ablegen der Gelübde feiert, wenn man also einen Mann oder ein Mädchen dem Klosterleben und dem Unglück weiht, die animalischen Funktionen aufheben? Werden diese Funktionen nicht im Gegenteil durch Einsamkeit, Zwang und Müßiggang zu einer Heftigkeit gesteigert, von der die Weltkinder bei der Menge ihrer Zerstreuung gar nichts wissen? Wo sind denn die Köpfe voll mit unreinen Geistern, die den Menschen verfolgen und umtreiben? Wo sieht man den tief eingewurzelten Unmut, die Blässe, die Magerkeit, all die Symptome der schmachtenden, sich verzehrenden Natur? Wo stören Seufzer die Ruhe der Nacht, und wo vergießt man am hellen Tag Tränen, ohne zu wissen warum; Tränen, denen eine Melancholie voranging, die man sich nicht zu erklären weiß? Wo empört sich die Natur gegen einen Zwang, für den sie nicht geschaffen ist, zerreißt die Fesseln, die man ihr anlegt, gerät in wilde Wut und stürzt den animalischen Körperhaushalt in eine Zerrüttung, gegen die es kein Hilfsmittel mehr gibt? Wo haben Verdruß und Übellaune alle geselligen Tugenden vernichtet? Wo findet man weder Vater noch Bruder, noch Schwester, noch Verwandte, noch Freunde? Wo betrachtet sich der Mensch nur als ein Wesen für einen vorübergehenden Augenblick und behandelt die süßesten Verbindungen dieser Welt so gleichgültig wie ein Reisender die Gegenstände, die ihm auffallen? Wo ist der Sitz des Hasses, des Mißvergnügens, der Hysterie? Wo haben Sklaverei und Despotismus ihre Heimstatt? Wo halten sich unauslöschliche Feindschaften? Wo glimmen die Leidenschaften im Verborgenen? Wo herrschen Grausamkeit und Neugier?» «Das Gelübde der Armut abzulegen bedeutet, sich durch einen Eid zum Faulsein oder zum Stehlen zu verpflichten. Das Gelübde der Keuschheit abzulegen bedeutet, Gott den ständigen Verstoß gegen das weiseste und wichtigste seiner Gesetze zu versprechen. Das Gelübde des Gehorsams abzulegen bedeutet, auf das unveräußerliche Gut jedes Menschen, die Freiheit, zu verzichten. Hält man sie nicht, ist man ein Meineidiger. Das Klosterleben ist ein Leben für Fanatiker oder Heuchler.»[1]

Auch wer sich dieses vernichtende Urteil nicht ohne weiteres zu eigen machen will, wird doch erkennen müssen, daß DIDEROTS «Anklagepunkte» sich exakt mit den Stellen decken, die in psychoanalytischer Sicht in unserer Untersuchung als die entscheidenden Schwach- und Schadstellen des Klerikerseins in Erscheinung getreten sind: die Verkehrung der offenen Menschlichkeit Jesu in ein erstickendes Zwangssystem von ebenso neurotischen wie neurotisierenden Lebensregeln; die Veräußerlichung der Innerlichkeit des

Religiösen durch das Reglement einer mechanisierten Totalverwaltung und -gestaltung des Lebens; die Entfremdung des persönlichen Gefühls durch die Kollektivierung des Einzelnen in Form der immer wiederkehrenden Ausdrucksformen des Religiösen; die Umfunktionierung von menschlich hilfreichen und sinnvollen Verhaltensweisen in die Abstraktion eines «gleichsamen» Lebens von vermeintlich übernatürlicher Heiligkeit; die moralische Fixierung der Persönlichkeit (bzw. die faktische Perpetuierung seelischer Unpersönlichkeit) durch ein eidlich gestütztes System erzwungener Treueversprechungen; die Zerstörung bzw. Verformung der natürlichen Antriebe zugunsten der restlosen Ausbeutbarkeit aller psychischen und physischen Kräfte des Einzelnen; die Rationalisierung schon vorhandener Gehemmtheitsstrukturen als Momente göttlicher Erwählung und Berufung; die fortschreitende Verfestigung und Ausdehnung der Psychopathologie des Einzelnen durch alle möglichen Ersatzbildungen, Somatisierungen und Charakterverformungen sowie deren Reaktionsbildungen; die Gegenfinalität von Ziel und Ergebnis aufgrund der Aufspaltung von Bewußtsein und Unbewußtem, von Wille und Motiv, von Gehabe und Haltung; *mit einem Wort:* die komplette *Unglaubwürdigkeit* des Sprechens von Gott im Rahmen eines inhumanen Systems der Außenlenkung und der Fremdbestimmung. Es mutet, je nach Einstellung, erstaunlich, empörend, entsetzlich, ja skandalös an, daß die katholische Kirche die Kritik DIDEROTS 200 Jahre lang nicht nur überhört, verleugnet und verdrängt hat, sondern daß sie seine Infragestellungen *de facto* in einer Weise übertroffen und bestätigt hat, daß aus der Satire des französischen Enzyklopädisten gewissermaßen eine Satire der katholischen Kirche auf sich selbst geworden ist. Wem irgend an der katholischen Kirche liegt, der kann ihr nicht länger mehr den vermeintlichen Gefallen der Duldung, der Nachsicht und der großzügig sich dünkenden Toleranz ableisten, sondern der muß versuchen, ihr die Verkehrung und Umkehrung der eigenen Idealbildungen so deutlich wie möglich, ohne Schlupfloch und Ausrede, *um ihrer selbst willen* zu Bewußtsein zu bringen. Es gibt Fehler, die schon dadurch unentschuldbar werden, daß sie über allzu lange Zeit bestehen; es gibt Fehleinstellungen, die nicht dadurch erklärlich werden, daß sie in vergangenen Verhältnissen einmal eine bestimmte Funktion besessen haben mögen; wer Rost am Eisen reduzieren will, kann nicht auf aggressive Reagenzien verzichten – den Rost *lackiert* haben wir lange genug.

Trotzdem: Ich kann mir gut vorstellen, daß es nicht wenige geben wird, die sich die Not und die Bitterkeit der bestehenden Problematik nach wie vor am liebsten vom Halse halten möchten: «So ist das alles ja gar nicht.» «Ich kenne wunderbare Ordensschwestern und Priester, die nach ihren Gelübden vorbildlich leben und kein bißchen unglücklich, krank oder neurotisch sind.» Und: «Wenn jemand (wie der Autor) mit den Bestimmungen der katholischen Kirche nicht zurecht kommt, soll er doch verschwinden.» So oder ähnlich (s. o. S. 32) werden die wohl beliebtesten «Einwände» lauten. Tatsächlich aber hat G. W. F. HEGEL recht[2]: geistige Stärke zeigt sich nicht im Verleugnen der Widersprüche, sondern in der Kraft, sie auszuhalten, mitzuvollziehen, durchzuarbeiten und auf einer höheren Ebene auszugleichen – um den Preis neuer Widersprüche und weiterer Entwicklungen. Für kein Problem des Geistes existiert eine endgültige Lösung; wir aber haben in der katholischen Kirche spätestens seit den Tagen der Gegenreformation so getan, als ob wir im Umgang mit Gott und den Menschen endgültige Antworten gefunden hätten, die wir fortan nur noch treu, fleißig und fromm zu leben und weiterzuempfehlen brauchten. Die Herausforderungen des Geistes der Neuzeit, wie sie sich religiös im Protestantismus gültig und verbindlich aussprechen: die Wende zum Subjekt, der Einbruch des Personalen, die Angst der Individualität, das Postulat der Freiheit, die Vermittlung des Glaubens durch Begegnung statt durch doktrinäre Belehrung – auf all das haben wir im Katholizismus seit Jahrhunderten mit einer Verhärtung des Institutionellen, vermeintlich Objektiven, Beamteten und Rituellen geantwortet, und so müssen wir zur Kenntnis nehmen, wie verheerend diese erzwungene Einseitigkeit sich psychisch auf die am meisten Betroffenen: auf die beamteten Träger dieses Systems selber auswirkt. Insofern kann man die Aporie der derzeitigen Form des Katholizismus sich gar nicht eindringlich genug klarmachen; denn wenn es irgend einen Ausweg aus der Sackgasse geben soll, so kann er nicht mehr in Fortsetzung der einmal eingeschlagenen Richtung auf derselben Ebene gesucht werden, sondern nur, indem man die bestehende Kritik selber konstruktiv in das bestehende Gefüge integriert und das in der Gegenwart als ein Teil toter Vergangenheit Daliegende geistig auf einer höheren Stufe neu begründet und wiederherstellt. An einem solchen Umbau des Gesamtsystems kommen wir nicht vorbei, und je früher und entschiedener wir damit beginnen, desto besser. Es ist daher richtig, daß alles, was wir bisher über die psychischen Auswirkungen des derzeitigen Ideals des Klerikerseins in der katholischen Kirche gesagt haben und sagen mußten, einem Zusammenbruch vieler altehrwürdiger, liebgewordener und vertrauter Denkgewohnheiten und Lebensformen gleichkommt. Aber nur wenn wir die *Aporetik* des Klerikerseins heute eingestehen, werden wir zu einer glaubwürdigen *Apologetik* des geistigen Gehaltes einer priesterlichen bzw. mönchischen Lebensform im Rahmen der sogenannten evangelischen Räte imstande sein.

Aber kann es denn, mag die zögernde Frage lauten, eine solche Rettung des geistigen Inhalts wirklich noch geben, wenn die psychoanalytische Kritik derart zentral und radikal ausfällt? Deutlich geworden ist ohne Zweifel, daß die Neubesinnung selbst ebenso zentral und radikal erfolgen muß wie die Infragestellung. Wir stehen, psychologisch gesehen, endgültig am Ende all der bibeltheologischen, kirchengeschichtlichen und dogmatischen Debatten des sogenannten *ökumenischen Dialogs*, bei dem es scheinbar darum ging, ob und wie sich die bestehenden Kirchenordnungen bei Protestanten oder Katholiken mit dem Beispiel und Vorbild Jesu bzw. mit dem Zeugnis bestimmter Schichten der neutestamentlichen Tradition vereinbaren oder begründen lassen. Abgesehen von der offenbaren Schwierigkeit, den ideologisch bedingten Zirkel des Verstehens hier wie dort aufeinander hin zu öffnen, muß in psychoanalytischer Sicht *der Positivismus eines rein äußerlichen Denkens* selbst bereits für ein Hauptschaden eines religiösen Systems gehalten werden. *Äußerlich* – das sind alle Lehren und Mahnungen, die zur Begründung der Lebensform eines Priesters oder einer Ordensschwester nichts weiter zu sagen wissen als: Jesus Christus hat dies und das gesagt und getan, oder: der Heilige Geist hat gewirkt, oder: das Konzil, die Synode bzw. der Papst hat beschlossen; es kommt vielmehr entscheidend darauf an, sich zu fragen, *warum* Jesus, der Geist Christi oder seine Kirche eine bestimmte Lebensform zu einem religiösen Ideal erheben konnte, welch eine Wahrheit sich darin ausspricht bzw. welch eine menschliche oder göttliche Evidenz darinnen wohnt. Ehe nicht der Wert einer bestimmten Haltung *in sich selbst* lebbar und erlebbar geworden ist, führt eine äußere Nachahmung gewisser religiöser Vorbilder lediglich zu einer verinnerlichten Form der Außenlenkung, wie wir sie ausführlich beschrieben haben. Es nutzt nicht zu sagen: Jesus als der Menschensohn hat gesagt; es kommt darauf an, aus der Menschlichkeit der Worte Jesu zu erahnen und zu erfahren, daß er der Menschensohn *ist.*

Insbesondere kommt es darauf an, aus den offensichtlichen Fehlern und Schäden zu lernen, die mit der gegenwärtigen Form des Klerikerseins verbunden sind. Die Frage lautet: in welcher Weise ist es heute möglich, als Priester, als Ordensschwester so zu leben, daß es nicht immer wieder eines Geflechts von Ängsten, Resignationen, Schuldgefühlen und neurotischen Lebenseinschränkungen bedarf, um überhaupt den Wunsch nach einem solchen Leben hegen zu können? Wie ist es möglich, den *evangelischen Räten* einen Sinn zu geben, der sie als Formen gelebter Menschlichkeit erscheinen läßt, statt aus ihnen die masochistischen Sonderpraktiken von «in besonderer Weise» zum Kreuze Christi Berufenen zu machen? Wie ist es möglich, die selbstverständliche und unverstellte Güte wiederzuerlernen, mit der Jesus Krankheiten heilte, «Dämonen» austrieb und so das «Reich Gottes» verkündete (Mk 6, 7.8)[3]? Wer das lange Zitat DIDEROTS liest, mag vielleicht glauben, es seien in der katholischen Kirche Geist und Form so untrennbar miteinander verflochten, daß, wer eines vom anderen trennen wolle, ebensogut die Seele vom Körper abspalten möge, im Wahne, nach solcher Prozedur noch etwas Lebendes übrig zu behalten. Zugegeben, ein solcher Eindruck ist mehr als verständlich. Und doch scheint es zumindest lohnend, probeweise einmal in die umgekehrte Richtung zu schauen und zu überlegen, wie denn das Tote sich verlebendigen läßt: Wie, wenn die wichtigsten Inhalte des Christentums im gegenwärtigen Zustand der katholischen Kirche förmlich darauf warteten, endlich aus den Fesseln und Käfigstäben einer ungeheuerlichen Form von traditioneller Veräußerlichung, dogmatischer Rechthaberei, despotischer Verwaltungsschikane, hierarchischer Machtanmaßung, einer für Gott sich dünkenden Behördenwillkür und aus dem ebenso geist- wie seelenlosen Fetischismus eines bürokratischen Objektivismus und Formalismus herausgeführt und in die Freiheit entlassen zu werden? Und wie, wenn ein solcher Um- und Aufbruch nicht nur keinen Schaden, sondern einen, wenn auch schmerzhaft erkauften, Segen für die Kirche selbst bedeuten würde? Und wie, wenn nur immer wieder wir selber, die Kleriker, verschüchtert und scheu, wie man uns wünscht, lediglich seit Jahrhunderten uns nicht getrauen würden, wenigstens in den Fragen des eigenen Lebens die eigene Erfahrung zu reklamieren, aus Furcht vor den Deklamationen und Lamentationen der auf so ungeistige Weise geistlichen Instanzen und Institutionen? Statt die sterbende Kirche zu bedauern und zu betrauern wie einen großen Friedhof unter dem Mond[4], für den es lediglich gelte, die Sonntagsbesuchszeitenregelung und die angemessene Verordnung zum Schutz und zur Wahrung der Heiligkeit des Ortes zu erstellen, sollten wir selber uns endlich getrauen, zu sagen, was los ist, und zu dem zu stehen, was wir erleben. Nichts ist einem verknöcherten Apparat so zuwider, nichts aber auch ihm derart zum Nutzen wie die Freiheit des Denkens, des Fühlens und des Lebens.

Außer der ewigen Angst sehe ich nichts, was uns hindern könnte. – Man wird es nicht wünschen? Natürlich nicht! Doch welch ein Arzt kümmerte sich schon um den Schmerzwiderstand seines Patienten? – Die Macht erwartet Respekt, und sie *straft* jede Form von Illoyalität? Gewiß! Doch die erste Pflicht eines Menschen besteht nicht darin, sich loyal zu verhalten, sondern selber zu sein, und ein Respekt, entstehend aus Furcht vor Strafe, ist selber nichts weiter als respektlose Schande. – Und was werden die Leute sagen, die in der Kirche ihre Ruhe und Geborgenheit finden möchten, wenn man sie verstört und verschreckt durch Infragestellungen, die bis an die Wurzeln gehen? Nun denn, wer im Gefängnis seinen Unterschlupf und wer im Getto seine Heimat hat, dem ist die Freiheit stets eine unwillkommene Last; doch das war gerade unsere Einsicht: wer die Angst beruhigt, indem er die Freiheit zerstört, der verwandelt das ganze Leben in nichts als gefrorene Angst; der muß den *Quell* aller Angst: die freie Person eines einzelnen, mit Hilfe der Institution zu überwinden suchen, der muß das Subjekt ersetzen durch das Objektive, den Wandel des Lebens durch die monolithische Starre der Macht, das Suchen und Ringen menschlichen Reifens durch ein unfehlbares System fertiger Richtigkeiten, das menschliche Fühlen, Empfinden und Leiden durch ein Sammelsurium bestehender Redensarten, den Erfahrungsreichtum der Gegenwart durch den gelehrten Schlagwortkatalog einer ermüdenden Dressur von Auswendigzulernendem aus der Vergangenheit, bis daß es am Ende das beste im Menschen: die Phantasie, die Kreativität, die Poesie, die Liebe, der Mut zum Widerstand, die Stärke des Ichs, die Selbständigkeit des Gemüts, mit einem Wort: *die Kraft einer freien Persönlichkeit* ist, die sich weigert, die Wahrheit des Christus in dem Kettenhemd und Panzer einer erzwungenen Unverwundbarkeit und Unanfechtbarkeit wiederzuerkennen und ihr dann noch in diesem Aufzug Schildwache und Knappendienst zu leisten.

Es ist heute offenbar wesentlich *die Psychoanalyse*, die das klerikale System der katholischen Kirche innerlich auszehrt und zum Einsturz bringt, und zwar nicht, weil die Vertreter der Psychoanalyse (im wesentlichen eine Handvoll Ärzte) besonders aggressiv zur Kirchenkritik blasen würden, sondern weil in der psychoanalytischen Therapie sich Tag für Tag im Bemühen um eine gesündere Form des Lebens als Erfahrung bestätigt, was philosophisch bereits im 19. Jahrhundert von FEUERBACH[5], MARX und NIETZSCHE ausgesprochen worden war: daß die Religion des Christentums als eine Form der Entfremdung des Bewußtseins, als ein Krankheitszustand, der Gesellschaft ebenso wie des Einzelnen, betrachtet werden müsse. In der gegenwärtigen Form besonders des Klerikerseins erscheinen alle Ideale und Inhalte als von außen aufgepfropft, sie wachsen nicht von innen, und gerade die am meisten Aufrechten unter den Klerikern bieten ganz das Bild jener Leute, von denen HEINRICH HEINE meinte, sie seien einzig deshalb so geschniegelt, weil sie den Stock verschluckt, mit dem man sie geprügelt. So viel jedenfalls scheint klar: Es muß endlich ein Ende damit haben, daß man «die Angst vor der Selbstverwirklichung» zur Grundlage der Ämterhierarchie der katholischen Kirche erklärt, daß man die «Erlösung» der Menschen in Christus mit Menschen zu «bewerkstelligen» versucht, die selber bis in den Aufbau ihres Charakters hinein von Ängsten und Zwängen verformt und verfestigt sind, und daß man den Wert und den Sinn einer Lebensform stets von außen, im Dasein für andere, im Dienst an der Kirche bzw. im Engagement zugunsten bestimmter Menschengruppen in und außerhalb der Kirche zu begründen sucht, statt als erstes sich zu fragen, was eine bestimmte Einstellung und Zielsetzung im Leben desjenigen ausdrückt, der sie zu leben unternimmt, wie sie zu ihm paßt, was sie von seinen Motiven widerspiegelt etc. Wenn es heute die Psychoanalyse ist, die das Klerikersein am nachhaltigsten in Frage stellt, so müssen wir insbesondere die Inhalte des «mönchischen Lebens» auf eine Weise zu verstehen versuchen, die der psychoanalytischen Kritik nicht nur standhält, sondern sich von ihr her geradewegs begründet.

Unmöglich? Nur so lange, als man sich an das wesentlich *funktionale Schema* klammert, das gerade in unseren Tagen bei der Begründung des Ordenslebens zu seiner letzten verzweifelten Blüte getrieben wird. Wie man die Dinge bei allem guten Bemühen mißverstehen und auf den Kopf stellen kann, indem man unter neu klingenden Worten der Leidensnachfolge Christi lediglich die alte Theologenangst vor der Psychologie mit ihrer Forderung nach Ichfindung und Selbstwerdung rationalisiert, hat insbesondere J. B. Metz in seinem neuen Buch über die *«Zukunftsfähigkeit»* der Kirche unzweideutig unter Beweis gestellt. Nach Metz enthält die «ungeteilte Nachfolge Jesu» «immer ein mystisches und ein (zumindest im weiteren Sinn) politisches Element, ein Element des leidensbereiten Widerstands gegen die Götzen und Dämonen einer ungerechten und menschenverachtenden Welt».[6] Recht so, möchte man denken, wenn es nur erlaubt wäre, den gemeinsamen Einheitsort von «Mystik und Politik», von «Nachfolge und Welt» *in der Seele des Menschen selbst* zu suchen, in der die «Götzen und Dämonen» der Ungerechtigkeit und der Menschenverachtung ihren Ursprung haben. Die Antriebe der Aggression und der Sexualität, Herrschsucht, Besitzgier und Leidenschaft wurden in die Seele des Menschen nicht durch die Gesellschaft gelegt, sie sind in gewissem Sinne älter als die Menschen selber, und wer immer auszieht, um die Welt von Lindwürmern und Drachen zu befreien, der tut am besten daran, sie als erstes in seinem eigenen Herzen zu suchen. Es ist nicht zu leugnen, daß wir beim gegenwärtigen Zustand der menschlichen Geschichte in der Verwirklichung eines humanen Umgangs miteinander kulturell, sozial, ökologisch und ökonomisch noch

ganz am Anfang stehen, aber wer hier von «Dämonen» redet, läuft immer Gefahr, relative Gegebenheiten der Geschichte mit absoluten, letztlich mythischen Begriffen zu beschreiben, die zwar sehr geeignet zum moralisierenden Verteufeln, aber völlig untauglich zum wirklichen Verstehen und Durcharbeiten sind. Zudem existiert kein System von Gewalt, das sich nicht in der Seele der Menschen verinnerlichen und von dort her wieder in die Gesellschaft rückentäußern würde; und wenn es auch begrenzt sinnvoll sein mag, die Malaria zu bekämpfen, indem man die Brutstätte der Anophelesmücke einengt, so ist doch damit noch niemandem geholfen, dessen Körper die Fieberschauern der Malaria schubartig heimsuchen. Vor allem aber ist *die Pflicht zur psychologischen Blindheit* ungeheuerlich, mit der JOHANN BAPTIST METZ sein (an sich sehr berechtigtes!) Engagement für die Menschen im politischen und sozialen Elend selbst 100 Jahre nach FRIEDRICH NIETZSCHE kategorisch zu dekretieren trachtet. «Den Christen», bekommt er fertig zu schreiben, «ist deshalb (sc. wegen der Geschichte vom barmherzigen Samariter, d. V.) der Rückzug aus der Leidensgeschichte der Menschen in die Psychologie nicht vergönnt: sie können und dürfen den ‹gefährlichen Jesus› der Nachfolgegeschichten nicht umdeuten in jenen ‹sanften› Jesus der menschlichen Selbstverwirklichung, der sich schließlich geräuschlos verabschiedet, wenn der Mensch ‹sich selbst›, wenn er seine ‹Identität› gefunden hat.»[7]
An diesen Sätzen ist so ziemlich alles falsch, ganz einfach deshalb, weil Theologen wie J. B. METZ sich damit schlechtweg weigern, das ungeheure Ausmaß an seelischem Leid und Elend an ihrer Seite, in unserer Welt, ja, womöglich bei sich selber auch nur entfernt zur Kenntnis zu nehmen, geschweige denn, den Finger daran zu rühren. Menschen, die sich nach Jahren einer immer wieder mit Christus, dem lieben Gott oder dem Heiligen Geist motivierten Fremdherrschaft endlich die Erlaubnis nehmen, sich selber zu «verwirklichen», ziehen sich nicht zurück, sondern setzten sich, vermutlich zum erstenmal in ihrem Leben, wirklich aus und bearbeiten den Teil der «Leidensgeschichte» der Menschheit, der sich in ihnen personalisiert und konkretisiert; sie «verabschieden» sich nicht «geräuschlos», nur weil sie, dem Verstehen mehr als dem Verurteilen verpflichtet, fortan gewiß leiser und «sanfter» reden werden, werden sie doch inzwischen gelernt haben, daß alle Dinge komplizierter sind, als man sie von außen her anzusehen pflegt, und werden sie doch wissen, daß jedes wirkliche Problem des menschlichen Lebens sich nicht durch die Mahn- und Gerichtsreden *Johannes des Täufers* löst, sondern wirklich nur durch das «sanfte Joch» des Jesus von Nazareth (Mt 11,30)[8]. Wieviel an Zeit und persönlichem Einsatz braucht es, um einen Menschen gegen die Widerstände seiner Angst und gegen die kirchliche

Ideologie von «Opfer» und «Ganzhingabe» auch nur ein Stückchen näher zu sich selbst zu führen! Ausführungen aber wie die von J. B. METZ vermehren nur die uralten ohnehin bestehenden Schuldgefühle, indem sie das eigentliche Problem der Seelsorge hierzulande geflissentlich übersehen. Dabei können und müssen in Wahrheit die Psychoanalyse und die politische Emanzipation einander wesentlich ergänzen.

Die Theologie der Befreiung, sagt man, besitze zwei Evidenzen und eine Option; *die Evidenzen:* Theologie ist primär nicht die Sache einer richtigen Lehre, sondern eines richtigen Lebens, und «richtig» zu leben bedeutet im Sinne Jesu, an der Seite derer zu leben, die am tiefsten leiden; und *die Option:* es könne und müsse gelingen, gemeinsam das bestehende Leid zu überwinden. Angewandt auf *unsere* Verhältnisse, müßten diese Grundsätze zu einer geradewegs dramatischen Veränderung der theologischen Landschaft in Richtung einer grundlegenden Einbeziehung von Psychoanalyse und Psychotherapie in den Diskurs der theologischen Hauptdisziplinen führen: es dürften Exegese, Moraltheologie und Dogmatik nicht länger mehr an dem psychischen Leid der Menschen vorbeigeführt werden, sondern es müßte gezeigt werden, was die Botschaft Jesu, was das Christentum und die Kirche hilfreich dazu in Tat und Wort zu erwidern vermögen. Doch statt als erstes sich selber zu vermenschlichen, gibt man sich dem erstaunlichen Glauben hin, die Menschheit als ganze verbessern zu können; statt als erstes *die Kirche* in ihren unmenschlich erscheinenden Strukturen zu verändern, schafft man mit solchen Lehren als Theologe sich Ansehen und Würden in den eigenen Reihen, indem man *die Gesellschaft* zu verändern vorgibt; und statt zunächst den langen Weg therapeutischer Durcharbeitung vom Einzelnen zum Allgemeinen zu durchmessen, leistet man sich den Luxus, mit erhabenen Richtigkeiten immer von neuem zu dekretieren, was man im Grunde immer schon gewußt hat.

Es sei an dieser Stelle einmal dahingestellt, daß der wohltuende Pragmatismus politischer Zielsetzung zumeist nur gestört wird, wenn er mit allzu großem moralischem Idealismus überfrachtet wird; es sei auch einmal beiseite gestellt, daß eine wesentliche Ausrichtung der Theologie auf das politische Handeln sich bei einiger Logik gerade den Vorwurf zuziehen muß, der sonst sehr gern, aber völlig zu Unrecht, einer psychotherapeutisch akzentuierten Theologie gemacht wird: hier werde eine bloße *Selbsterlösungslehre* vertreten[9]; – in der Tat: wer das Heil der Menschheit entscheidend vom menschlichen Handeln erwartet, und wer ferner glaubt, daß die Menschen von sich aus zu dem entscheidenden richtigen Handeln imstande seien, überschreitet die Grenzen jener Irrlehre nicht, die bereits vor 1500 Jahren als *«Pelagianismus»* verurteilt wurde[10]. Doch es geht hier nicht um dogmatische Auseinandersetzungen. *Psychologisch* fällt als fatal auf, daß eine Konzeption, wie J. B. METZ sie zur «Erneuerung» der Orden und eines Lebens nach den evangelischen Räten vorschlägt, das entscheidende Moment des Christlichen: die Erlösung, im Grunde immer schon voraussetzt. *Erlösung:* das ist ein soziales und politisches Ziel bei den jeweils anderen, wir selbst aber, die Mitglieder der Kirche, so wird unterstellt, sind bereits als Erlöste zu betrachten und verfügen über ein «Heil», das wir nur noch als eine fertige Rezeptur an den Rest der Menschheit weiterzugeben brauchen. Es wird unter diesen Voraussetzungen niemals gefragt, wie wir selber als Kleriker, als Ordensleute, psychisch bestimmt sind; es wird so getan, als seien wir durch die Mitgliedschaft in der katholischen Kirche seit dem Empfang der Taufe psychisch ohne weiteres imstande, unsere Zeitgenossen, wenn wir nur wollten, auf die menschlich angenehmste und gottwohlgefälligste Weise mit allen Segnungen des Himmels zu beglücken, so daß es Fall für Fall unsere Schuld ist, wenn wir das Heil der Welt nicht genug oder nicht richtig gewollt haben. Gott hat dieser Vorstellung zufolge in Jesus Christus alles wesentliche bereits getan, und indem sein «Heilswerk» in der Taufe an uns vollzogen wurde, können wir jederzeit wollen, was und wie wir sollen. Eine solche Theologie fragt niemals danach, mit was für Menschen sie die «Erlösung» der Welt eigentlich betreiben will, sie ignoriert bewußt das Unerlöste, das in den Strukturen der katholischen Kirche selber verfestigt und in den Seelen ihrer Gläubigen verinnerlicht ist, sie gibt sich nicht wirklich Rechenschaft darüber, daß nichts in einem Menschen sich psychisch dadurch verändert, daß man ihn im Alter von sechs Wochen in die nächstgelegene Kirche getragen und für ein paar Minuten durch das Übergießen mit kaltem Wasser aus dem Schlaf gerissen hat; und vor allem: sie gibt sich nicht die geringste Rechenschaft darüber, wie dialektisch alles Reden von Gott im Umkreis von Angst und Außenlenkung psychisch ausfallen muß.

An sich könnte man glauben, daß das *psychologische* Moment der Erlösung in dem Kontrastbegriff zum Politischen untergebracht sei, mit dem J. B. METZ die Lebensformen der Kleriker zu erneuern sucht: in dem Begriff des *Mystischen.* Hier in der Tat liegt der Raum der individuellen Erfahrung von Heil im Angesicht Gottes; die Mystik hält denn auch METZ für den entscheidenden Quell der Inspiration und Motivation des politischen Engagements. Doch schaut man genau hin, so herrscht hier ein Reden von Gott vor, das «mystisch» gerade darin ist, daß es in Ausblendung und Verdrängung der psychischen Erfahrungsebene ebensowohl das Unbewußte metaphysiziert wie das Göttliche externalisiert. Theologen wie J. B. METZ nehmen nicht

zur Kenntnis, daß ein Mensch, wenn er zu seinem Gott betet, psychodynamisch als erstes sein eigenes *Überich* verstärkt[11]; anstatt sich sogleich über die «richtigen» oder «falschen» Inhalte des Überichs zu verständigen (wie man Gott und sein Wort im Sinne der jeweiligen Theologie «angemessen» verstehen kann und muß), käme es daher zunächst darauf an, von Fall zu Fall, von Mensch zu Mensch, zu sehen, wie das Ich des Einzelnen zu seinem Überich steht – ob seine Form der Religiösität wesentlich als eine Überichfunktion oder als eine Ichfunktion in Erscheinung tritt; die Persönlichkeit des Einzelnen ist der entscheidende Ort einer glaubwürdigen Form von Frömmigkeit, und da gilt es wesentlich zu sehen, daß alles Reden von Freiheit, Menschlichkeit, Liebe und Gleichberechtigung unter Umständen nicht davor bewahrt, ein höchst unfreier, zwanghafter Mensch zu sein, der andere mit seinen (vielleicht durchaus brauchbaren!) Ideen drangsaliert und unterdrückt, schon weil er sein zur bloßen Intellektualität geronnenes Rumpfich immer wieder durch ein demonstriertes Herrschaftswissen aus dem Sumpf seiner latenten Minderwertigkeitsgefühle reißen muß. Mit anderen Worten: Auch und gerade das *«Mystische»* am Christlichen bedarf nach Jahrhunderten der Neurotisierung der klerikalen Psyche einer gründlichen Durcharbeitung, indem insbesondere *die Inhalte der evangelischen Räte* zunächst und wesentlich *existential* statt funktional, *psychisch* statt politisch, *therapeutisch* statt «eschatologisch» interpretiert werden.
Wohlgemerkt wird dadurch das Moment des politischen Engagements nicht überflüssig, aber es erscheint nicht länger mehr als das Eigentliche und Wesentliche, sondern als das Abgeleitete und Relative. Um es so zu sagen: wer beispielsweise *die Armut* bekämpfen will, der begegnet ihr gewiß zunächst in ihrer äußeren Erscheinungsform, und zwar womöglich in einem so erdrückenden Ausmaß, daß alle psychischen Fragen, praktisch gesehen, daneben als zweitrangig erscheinen. Doch je erfolgreicher der Kampf gegen die Armut sich gestaltet, desto sicherer wird die Entdeckung nicht auf sich warten lassen, daß es Armut keinesfalls nur sozial, sondern mindestens ebenso stark *psychisch* gibt: Elend, Abhängigkeit, Ausbeutung und Entfremdung kehren auf dem Boden der Psychologie unfehlbar zurück, d. h. sie sprengen lediglich die soziale Hülle, unter der sie bislang verborgen lagen; und so verlangen sie jetzt nach einer eigenen *personalen* Antwort. Auch hier, auf der psychischen Ebene, handelt es sich freilich immer noch um Formen der Armut, die an sich *nicht* zum Menschen gehören und prinzipiell überwindbar sind – eben deswegen erscheinen sie als so skandalös und inhuman. Dann aber, je erfolgreicher wiederum die *therapeutische* Arbeit an den im Grunde nicht-notwendigen Formen der Armut verlaufen sollte, wird sich

zeigen, daß Armut letztlich etwas ist, das *metaphysisch* zur Existenz des Menschen gehört, und diese Ebene erst ist die eigentlich *religiöse:* wie der Mensch mit der Armut lebt, die ihn *notwendig* als irdisches, endliches Wesen kennzeichnet, kann ihm nur die Religion sagen; hier ist der Ort, an dem die Religion selbst dem Menschen notwendig ist. Von daher ist die Religion eigentlich zuständig und kompetent nur gegenüber denjenigen Infragestellungen, die mit irdischen Mitteln prinzipiell *nicht* zu überwinden sind, während sie, bezogen auf Fragen der Psychologie und der Soziologie, bestenfalls eine abgeleitete, uneigentliche Form der Zuständigkeit beanspruchen kann. Insofern ist die Religion auch nicht von sich selbst her schon therapeutisch oder politisch; wohl aber wird deutlich, daß es sich nur günstig auswirken kann, wenn ein Mensch mit den Sorgen und Ängsten zu leben vermag, die *wesentlich* zu ihm gehören – um so leichter wird es ihm fallen, die Sorgen und Ängste zu überwinden, die mit *psychischen* Mitteln überwindbar sind, und wiederum wird ein Mensch, der mit sich selber psychisch einigermaßen im klaren ist, um so entschlossener und in sich geschlossener die Unterdrückung und Inhumanität in den Strukturen und Praktiken seiner Kultur und Gesellschaft zu bekämpfen vermögen. Die Psychoanalyse ist keine Schule der Faulheit, sondern ganz im Gegenteil: eine Form der Auseinandersetzung mit Entfremdung und Gewalt auf allen Ebenen.

Allerdings läßt sich beobachten, daß der Religion die Ebene des Psychologischen *näher* liegt als die Sphäre des Soziologischen und daß insofern «Mystik» und «Politik» nicht nebeneinander liegen, sondern in gewissem Sinne *übereinander* gelagert sind; und diese Feststellung verändert nun auch die Vorgehensweise. Wer irgend mit Psycholanalyse sich beschäftigt, wird sehr bald zu der Meinung gelangen, daß sich die wirklichen Fragen des Lebens nicht durch *moralische* Anweisungen lösen lassen, ja, daß es die seelische Entwicklung eines Patienten nur blockieren und erschweren kann, wenn man ihn mit einem Katalog fixer Postulate, Optionen und Imperative überzieht, und zwar nicht, weil die moralischen Zielsetzungen an sich selbst verkehrt wären, sondern weil sie das Ich nur immer weiter ins Unrecht setzen, solange sie sich nicht von innen heraus innerhalb des seelischen Entfaltungsprozesses von selber nahelegen. Daß das Gesetz *tötet,* nicht weil es falsch, sondern einfach deshalb, weil es *nur* das Gesetz ist – diese Erfahrung des heiligen PAULUS (Röm 7,10) ist für jede Art von analytischer Psychotherapie konstitutiv, und sie macht es unerläßlich, auch über die Lebensformen der Kleriker der katholischen Kirche noch einmal neu nachzudenken. Es ist z. B. inhaltlich durchaus nachzuvollziehen, wenn PAUL M. ZULEHNER schreibt: «Mystik meint... Einwurzeln, Eintauchen in Gott... Geschwi-

sterlichkeit... ist eine Weiterentwicklung des... Begriffs der Brüderlichkeit. Diese Sprachentwicklung hat zu tun... mit dem wachsenden Selbstbewußtsein von Frauen in der Gesellschaft und zunehmend auch in der Kirche... Politik meint... jeglichen Einsatz für mehr Gerechtigkeit», um aus all dem zu folgern: «Als Volk Gottes ist die Kirche mystisch.» «Je mystischer unsere Kirche ist, desto geschwisterlicher wird sie sein.» «Je mystischer unsere Kirche ist, desto politischer wird sie sein.»[12] Das alles mag an sich schon stimmen, aber es enthält nicht den geringsten Hinweis darauf, wie beispielsweise die heftigen *Geschwisterkonflikte* gerade in der Psyche vieler Kleriker sich zu einer psychisch glaubhaften «Geschwisterlichkeit» verarbeiten ließen, oder wie die erheblichen klerikalen Barrieren zwischen *Mann und Frau* abgearbeitet werden können, oder wie sich die Liebe zu Gott und die Liebe zur «Welt» (d.h. konkret gesagt: zu einer Frau) bei so vielen Sexualängsten im Umkreis der Zölibatsproblematik der Kleriker miteinander verbinden ließen usw. Mit anderen Worten: die ganze Auseinandersetzung muß viel früher ansetzen als auf der Ebene der Deklarationen, Definitionen und postulatorischen Richtungshinweise, und ehe nicht die Idealbildungen des Klerikerseins selber so formuliert werden, daß sich zeigt, welch einen Beitrag sie auf dem Wege der *Selbstfindung* psychologisch leisten könnten, bleibt das Haus der Kirche nach wie vor auf Sand gebaut.
Es geht mithin im Grunde darum, mit psychoanalytischen Mitteln die empirischen Äquivalente jenes Prozesses zu bestimmen, der in der Sprache der Theologie als «Erlösung» bestimmt wird, den wir aber als erstes am Leben des Einzelnen festmachen müssen, um festen Boden unter die Füße zu bekommen. Gerade die Psychoanalyse vermag zu zeigen, was an anderer Stelle mit Hilfe von Exegese, Tiefenpsychologie und Existenzphilosophie ausführlich begründet und beschrieben wurde[13]: daß es wesentlich *die Angst* ist, von der die Menschen kraft eines Vertrauens, wie Jesus es mit seiner Person ermöglichte, erlöst werden müssen, um aus dem Feld der Gnadenlosigkeit und der Entfremdung «jenseits von Eden» zu sich selbst und zu Gott zurückgeführt zu werden. *Wesentlich* müssen die Menschen nicht von politischer Ungerechtigkeit, von sozialer Armut, von ökonomischer Ausbeutung und dergleichen mehr erlöst werden, sondern von der *Angst*, die auf allen Ebenen des menschlichen Daseins in Existenz und Geschichte jene Symptome des Unheils hervortreiben muß, solange sie dauert; sie *wird* aber so lange dauern, als zu ihrer «Heilung» nichts weiter angeboten wird als ein moralisierendes Statuieren und Postulieren statt eines konkreten Durcharbeitens der bestehenden Probleme im Leben jedes Einzelnen.
Die Dimension des Einzelnen ist dabei von besonderer Bedeutung. Solange

die Lebensformen des Klerikerseins, insbesondere die evangelischen Räte, rein funktional bestimmt werden, bleibt der entscheidende Fehler unverändert bestehen, daß die Person der Institution, das Ich dem Überich, das Sein der Rolle, das Individuelle dem Beamteten, das Subjekt einer isoliert gedachten Objektivität geopfert wird. Es ist aber nicht möglich, irgend etwas an menschlicher Befreiung und «Erlösung» zu bewirken, solange man selber ein bloßer «Beamter», ein innerlich unfreier und unerlöster Mensch ist. Menschen können nicht die Liebe lehren, die selber Angst vor der Liebe haben; sie können nicht den Mut zur Selbstentfaltung schenken, solange sie selber nicht wagen, persönlich zu existieren – man kann einen anderen Menschen stets nur bis zu dem Punkt begleiten, bis wohin man selbst gekommen ist. Daher kommt es wesentlich darauf an, die evangelischen Räte im Leben der Kleriker nicht vom «Dienst an der Kirche», vom «eschatologischen Zeugnis», vom «Opfer Christi» oder von der Solidarität mit bestimmten Gruppen her zu interpretieren, sondern in ihnen Haltungen zu erblicken, die ihren *Wert in sich selber* tragen. So wie Max Scheler von den «Tugenden» meinte, man könne sie ohne Pharisäismus und Heuchelei nicht auf geradem Wege anstreben, um ein tugendhafter Mensch zu werden, sondern umgekehrt: es gelte, bestimmte Wertevidenzen einfach zu leben, dann erschienen die «Tugenden» schon wie von selbst auf dem «Rücken der Akte»[14], so ist es auch nicht möglich, die evangelischen Räte zu leben, um damit für sich oder andere etwas zu erreichen. Die evangelischen Räte gründen im Dasein des Menschen selbst, oder sie sind buchstäblich grundlos; sie vertragen es nicht, rein final als Arbeitsinstrumente zur Erreichung von Zielen zu fungieren, die über sie hinaus liegen; entweder man lebt sie wie selbstverständlich aus der Kraft der eigenen befreiten Menschlichkeit, oder sie sind innerlich tot und machen tot. Nicht integralistisch, sondern integral, nicht funktional, sondern personal, nicht als Pflichten, sondern als Ausdrucksformen müssen daher die evangelischen Räte interpretiert werden, wenn sie als Zeichen eines erlösten Daseins glaubhaft werden und sein sollen. Die Frage ist nicht, wie der einzelne Priester, die einzelne Ordensschwester mit Hilfe der evangelischen Räte noch intensiver, nützlicher, produktiver, solidarischer und loyaler dem Gesamtsystem Kirche unterstellt werden kann, sondern umgekehrt: wie der Einzelne dahin zu finden vermag, den Wert und die Größe seiner eigenen Persönlichkeit wiederzuentdecken und aus diesem Erleben heraus die evangelischen Räte wie selbstverständlich zu befolgen.

Es ist klar, daß diese Akzentuierung eine ganz entscheidende Differenz auch gegenüber dem *«politischen Prinzip»* (Martin Buber)[15] enthält, läuft sie doch darauf hinaus, die bestehende Form des Politischen selbst als das Erlösungsbedürftige zu begreifen. Es erscheint gerade unter den Voraussetzungen der christlichen Erbsündenlehre als ein tragischer Irrtum, zu glauben, man könne die Welt des Politischen mit politischen Mitteln erlösen – wenn Jesus *das* gewollt hätte, so hätte er das Königreich Gottes wohl am besten nach dem Vorbild der Friedenspolitik des römischen Kaisers Augustus unter Einbeziehung der Reformvorschläge der Gracchen eingerichtet. Doch gerade das hat Jesus nicht getan, und zwar aus gutem Grund. Wer heute «Politik» sagt, meint damit immer auch das Spiel *mit* Menschen und *um* Menschen, er meint damit immer auch den ständigen Verstoß gegen das oberste Prinzip der Humanität, wonach ein Mensch niemals als Mittel zum Zweck, sondern stets als Zweck an sich selbst gelten müsse[16], er meint immer auch die konkreten Tragödien im Kampf um die Macht und um den Erhalt von Macht. Demgegenüber sollte gerade die katholische Kirche insofern «politisch» sein, als sie das herrschende Prinzip des Politischen umkehrt und in ein Modell menschlicher Gemeinschaft verwandelt, das dem Einzelnen einen Raum zu seiner Selbstentfaltung öffnet und verschafft. Gerade die Kirche müßte darauf verzichten, die Person des Einzelnen zu entpersönlichen und unter dem Titel einer heiligmäßigen Lebensform entlang den evangelischen Räten in ein Bündel beamteter Rollen und Pflichten aufzulösen. Erst wenn sich zeigen ließe, daß die evangelischen Räte selber als Teil der Selbstfindung und gerade nicht als Formen der Selbstunterdrückung bzw. der Selbstaufopferung zu verstehen sind, dürfte die psychoanalytische Kritik an der derzeitigen Form des Klerikerseins als in HEGELschem Sinne «aufgehoben» betrachtet werden.

Gegen einen solchen Versuch spricht vor der Hand natürlich immer wieder *die Lehre von der Notwendigkeit des Leidens,* mit der man bislang wesentlich die Notwendigkeit auch der evangelischen Räte zu begründen versucht hat – immer wieder sollte mit ihrer Hilfe das Ich des Einzelnen als etwas hingestellt werden, das sich dem Gesamt von Kirche und Gesellschaft entsprechend dem Beispiel Christi «aufopfern» müsse. Aber die Erlösung der «Welt» besteht nicht darin, das Ich des Einzelnen zu *opfern,* sondern ganz im Gegenteil: es in seine Rechte und Freiheiten einzusetzen und gegen den Terror des Kollektivs mit Eigenständigkeit, Erschlossenheit und Entschlossenheit auszustatten. Gerade der Tiefenpsychologie verdanken wir die Erkenntnis, welch eine tiefe Bedeutung *die Symbole der christlichen Erlösungslehre* für den Prozeß der Selbstfindung und Selbstverwirklichung besitzen und wie sie sich dort spontan als die unerläßlichen Stadien eines allmählichen Wachsens und Reifens auf sich selber hin mit Regelmäßigkeit in der Geschichte des Einzelnen wie in den Religionen der Völker einzustellen pflegen. Die Psychoanalyse *verleugnet* nicht das Kreuz Christi, sie macht überhaupt erst deutlich, worin sein erlösender Wert liegt. Alles, was in der Religion nicht aus dem Inneren der menschlichen Seele heraus gedeutet und verstanden wird, befreit nicht, sondern zerstört, und es ist auf Schritt und Tritt heute die Psychoanalyse, die uns auf die neurotisierende Wirkung jeder Veräußerlichung des Religiösen hinweisen kann und muß.

1. Von einer Armut, die freimacht

Jede der Idealbildungen des Klerikerseins trägt eine jahrhundertealte Hypothek psychischer Unterdrückung und Entfremdung mit sich; schon deshalb ist es unerläßlich, die entsprechenden Zielsetzungen auf eine Weise zu beschreiben, die psychoanalytisch nicht nur als «unverdächtig» gelten darf, sondern die ausdrücklich das entscheidende Thema des Christentums: die Erlösung des Menschen, konkretisiert und lebbar macht. An entsprechenden Versuchen einer Neuformulierung der evangelischen Räte fehlt es in der Gegenwart nicht, doch unterliegen diese Versuche weitgehend dem, was wir soeben als den *Fehler des funktionalen Denkens* bezeichnet haben.
Um entsprechend der Reihenfolge der psychogenetischen Phasen mit der *Armut* zu beginnen, verdient in diesem Zusammenhang besonders die Darstellung von JOHANN BAPTIST METZ eine besondere Würdigung. In seinem Büchlein *«Die Zeit der Orden?»* verwahrt er sich mit Nachdruck gegen eine strikte Verinnerlichung der christlichen Armutsforderung, in der er «die einzige mitteilbare, in gesellschaftlicher Greifbarkeit wirksame Form des Widerstands gegen den Bann einer totalen Bedürfnis- und Tauschgesellschaft» sieht, «in der die wägende Vernunft dominiert, in der es praktisch nichts ohne Äquivalente gibt, in der alles zu sehr auf die Fahne der Zwecke und des Tauschwerts vereidigt ist und die deshalb auch öffentlich kaum ein anderes Ideal der Gerechtigkeit als das der Tauschgerechtigkeit zuläßt und keine andere Humanität als die einer sogenannten Zweckhumanität.»[17] Insbesondere sieht METZ in dem Nord-Süd-Gegensatz die entscheidende Anfrage an die praktische Solidarität mit den Armen und Bedrängten: «Wie wird die eine Kirche mit diesem Klassengegensatz zwischen der Nord- und Südregion fertig, wo sie doch beide Regionen in sich selbst umschließt?»[18] «Offensichtlich ist die Botschaft Jesu schon allein dadurch politisch, daß sie die Würde der Person, das Subjektsein aller Menschen vor Gott proklamiert. Darum müssen die Zeugen dieses Evangeliums auch einstehen für dieses

Subjektsein, wann immer es gefährdet ist: Sie müssen nicht nur dafür kämpfen, daß Menschen Subjekte bleiben angesichts wachsender kollektiver Zwänge, sondern auch dafür, daß Menschen – aus Elend und Unterdrükkung – überhaupt Subjekte werden können. Dies gehört m. E. zu den dringlichsten Aufgaben der Armut als evangelischer Tugend.»[19] Sehr zu Recht mahnt METZ unter dem Stichwort der Armut zudem einen entschiedenen Standortwechsel der Kirche zugunsten der Armen und Entrechteten, mithin des «Volkes», an. Es ist sehr wahr, wenn er schreibt: «Ein lautloser Abfall an der ‹Basis› breitet sich aus, die Identifikation des Volkes mit der Kirche nimmt nicht zu, sondern ab – trotz aller Rede von der Kirche als dem ‹Volk Gottes›, trotz der Betonung des Priestertums aller Gläubigen, trotz der Beschwörung der Bedeutung des Laien in der Kirche usw.»[20]

Es ist deutlich, daß die Probleme, die METZ formuliert, in höchster Dringlichkeit bestehen, und doch scheint es, als wenn sich seine Vorschläge notwendig um ihre Fruchtbarkeit bringen müßten, weil sie den entscheidenden *psychologischen* Faktor der «Armut» gänzlich außer acht lassen bzw. ihn lediglich als Reflex der gesellschaftlichen Bedingungen in den Blick bekommen können. Gerade wenn es um das «verhinderte Subjektsein» geht, ist es bei einer Diskussion der Armut unerläßlich, als erstes psychoanalytisch das Problem der oralen Gehemmtheit im Vorfeld der veräußerlichten kirchlichen Idealbildung zu erörtern, oder man läuft auf der Stelle Gefahr, äußere Lebensformen so zu beschreiben, daß darin keinerlei Kriterien für die psychische Stimmigkeit derer enthalten sind, die das Ideal der Armut in ihrem Leben verwirklichen wollen oder sollen.

Gewiß stellt es z. B. ein äußerst wichtiges Problem dar, daß die Menschen der westlichen Industrienationen zunehmend in einer Welt aufwachsen müssen, die wesentlich von einem Denken in Begriffen der «Tauschgesellschaft» bestimmt ist. Aber es genügt einfach nicht, auf diese Tatsache hinzuweisen und dann «die» «Gesellschaft» anzuklagen, deren Wirtschaftsordnung von der freien Marktwirtschaft geprägt ist.[21] Es kommt vielmehr darauf an, das Thema *psychologisch* durchzuarbeiten. – Eine Ordensschwester z. B. erzählte vor einer Weile, wie sie als das erste von drei Kindern eines Kolonialwarenhändlers großgeworden ist. «Ich habe nie erlebt», berichtete sie, «daß meine Eltern Ruhe und Zeit für mich gehabt hätten. Auf dem Spielplatz durfte ich niemals Streit bekommen, denn es war die schlimmste Drohung, wenn ein Kind sagte: Wir gehen nicht mehr bei euch einkaufen.» Diese Schwester hatte mitten in einem Denken des vermeintlichen «Reichtums» schon als 5jährige gelernt, was, seelisch betrachtet, bitterste Armut ist: sie hatte kein Recht auf ihre Wünsche, sie hatte die Pflicht, all ihre

Gefühle kundengerecht zu frisieren, sie war niemals dahin erzogen worden, ihre eigene Freiheit zu spüren, und sie war in den Orden schließlich eingetreten wie in ein Unternehmen, das die Formen der elterlichen Entfremdung lediglich in systematischerer, straffer organisierter Form weiterführte. Man kann über den Sinn der evangelischen Armut im Rahmen unserer Gesellschaft erst wirklich diskutieren, wenn man *die psychische Seite* der faktischen Belastungen ernstnimmt und vor allem: wenn man nicht mit erhabenen Worten gerade die am meisten Geschädigten zu Missionaren einer beispielhaft christlichen Alternative umideologisiert.

Darüber hinaus ist gerade die bewußte Reduktion der christlichen Armutsforderung auf die *materielle* Bedeutung bei J. B. METZ nicht ohne eine bedenkliche Dialektik: es geht bei dieser Sicht der Dinge unter, daß die Betonung der materiellen Erscheinungsform der Armut bestenfalls unter bestimmten, hoffentlich bald vorübergehenden Bedingungen einen gewissen pragmatisch begrenzten Sinn ergeben kann und daß diese Reduktion schlechterdings einseitig und falsch wird, wenn sie dazu verführt, jede Interpretation der Armutsforderung des Evangeliums im Sinn einer psychischen oder metaphysischen Armut des Menschen für einen von vornherein seelisch wie politisch regressiven bzw. reaktionären Luxus zu halten. Bereits rein logisch mutet es aberwitzig an, das überaus brennende Problem wirtschaftlicher Armut, ökonomisch betrachtet, mit Mitteln eines theologischen Pauperismus statt durch eine solide Kenntnis der herrschenden Gesetze des Marktes und des Geldes lösen zu wollen (s. o. S. 357f.). Nicht zuletzt wird von J. B. METZ bei seinem (an sich mehr als berechtigten) Engagement für die Probleme der Dritten Welt bei der Funktionalisierung der Armutsforderung zugunsten einer verbesserten Hilfe für die Menschen im Elend ein Problem übersehen, das man als den offenbaren *Reichtum der Geber* oder als *die Schwierigkeit* bezeichnen könnte, *zu geben, ohne zu demütigen.* Dieses Problem wird besonders sichtbar, wenn man die wesentlich *professorale* Form vor Augen hat, in welcher das Thema Armut heute «theologisch» abgehandelt wird.

Es gibt z. Zt. wohl kein eindrucksvolleres Beispiel für die christliche Armut im materiellen Sinne als das Leben der wundervollen *Schwester Emmanuelle* bei den Lumpensammlern in der Altstadt von Kairo.[22] *Sœur Emmanuelle* war im Auftrag ihres Ordens jahrelang als Höhere-Töchter-Lehrerin zwischen Frankreich und dem Nahen Osten tätig, als sie einmal beim Anblick verlumpter Kinder, die von den Straßen der ägyptischen Hauptstadt Abfälle auflasen, ihre Zöglinge dazu anhielt, den bettelnden Jungen und Mädchen Geld zu geben, so viel sie erübrigen konnten; sie war entsetzt, mitansehen zu müssen, wie diese Kinder wohlhabender Eltern mühsam Pfennigbeträge zusammenkramten, um wenig später für erhebliche Beträge Eis und Kuchen zu schlecken; vom Tag an beschloß sie, ihr Leben nicht länger dem Französischunterricht verzogener Frätzchen zu widmen, sondern sich fortan ausschließlich für die Lumpensammler rund um die *Moallaka,* die «Hängende Kirche», einzusetzen. Heute ist *Sœur Emmanuelle* eine lebende Legende, sie ist einer der ganz wenigen Menschen, von denen man sich spontan angerufen fühlt, alle eigene Habe ihnen zu Füßen zu legen, wie in den Tagen der Urkirche zu den Füßen der Apostel. Mehr und besseres ist im Sinne der christlichen Armut nicht zu tun, als diese hervorragende Frau tut und getan hat – gerade vor kurzem ist es ihr gelungen, eine Müllverbrennungsanlage, kombiniert mit seinem Kraftwerk, für ihre koptischen Schwestern und Brüder im Elend in Betrieb zu nehmen. Dennoch ist klar, daß *Sœur Emmanuelles* Armut materiell einzig hilfreich wird durch den relativen Reichtum anderer; politisch betrachtet aber stellt gerade dieser Reichtum der anderen ein Problem dar, das wir über bloß caritative Maßnahmen hinaus an der Basis lösen müßten und das wir bis heute nicht wirklich zu lösen vermögen. Trotzdem ist *Schwester Emmanuelle* als Person glaubwürdig und groß in ihrem Einsatz. – Ganz anders indessen steht es mit der Lebensführung derer, die, beispielsweise als Exegeten oder Dogmatikdozenten, die Forderung der Armut auf ihre Fahne geschrieben haben, während sie selber in Ruhm und Reichtum weiterleben: bei ihnen gerät die Diskrepanz zwischen Leben und Lehre notwendig zu einer Posse, die nur ihnen selber sich anscheinend auf wohltuende Weise verbirgt. Sie finden nichts dabei, ihren nächsten Bildungsurlaub schon aus Gründen der Kollegialität mit den anderen Kollegen der Fakultät getrost im Schatten der Pyramiden zu verbringen und den Ursprüngen des Alten Israels nachzusinnen, in der Absicht, ein Semester später ihren Studenten mit glühendem Pathos etwa die sozialpolitische Bedeutungsschicht der Exodustradition vor Augen zu stellen. Das eine ist für sie von dem anderen, das Persönliche von dem Allgemeinen so wohlgetrennt, daß man sogleich begreift, welch einen Vorteil eine solche Theologie der Armut, die auf psychologische Aspekte keine Rücksicht nimmt, vor der Hand bieten kann: sie erlaubt es, sich für die Armen zu «engagieren», ohne auch nur entfernt so etwas wie Armut am eigenen Leibe zu spüren. Es handelt sich in dieser Deformation um *eine Theologie des bourgeoisen Selbsthasses,* um eine Sondervariante der bereits erwähnten narzißtischen Befriedigung im Über-ich, die gar nicht darauf aus ist, zum Leben vorzudringen, wenn nur die Ideologie selbst dazu taugt, *das Lieblingsbild der bewußtseinskritischen Ausnahme* vor sich selbst und den anderen zu verschönern.

Um den Spaßcharakter dieser Form der «Armut» zu karikieren, müßte man sich Jesus im Sinne dieser *Dozentenarmut* wohl am besten einmal als einen Mann vorstellen, der unverheiratet eine wohldotierte Anstellung in Tiberias gefunden hat, aber aus praktischen Gründen, zur Erholung von seiner aufreibenden Forschungsarbeit über das rechte Verständnis der Gottesknechtslieder des Jesaja, ein Landhaus zwischen Kapharnaum und Magdala käuflich erworben hat (eine äußerst günstige Erwerbung, die ihm über allen Komfort hinaus auch den Kontakt zu den einfachen Leuten: den Fischern und Olivenhändlern, ermöglicht, denn man muß wissen: er liebt es wirklich: das Volk vom Lande). Um indes die an sich nicht unbeträchtlichen Entfernungen zwischen Magdala und Tiberias am Ufer des Sees von Gennesareth auf vernünftige Weise zurückzulegen, hat er sich eine zweispännige Kutsche zugelegt, die aber, dieser Unterschied ist gravierend, nicht, wie gewöhnlich, von zwei Hengsten, sondern aus Gründen der Bescheidenheit abwechselnd von einem Rappen und einem Esel gezogen wird; sein leidenschaftliches Engagement für die Armen aber kommt über all dies hinaus vor allem dadurch zum Ausdruck, daß er, in Nutzung seiner guten Verbindung zu den leitenden Beamten rund um den Prokurator, mindestens einmal im Jahr eine Eingabe zur Beseitigung der Arbeitslosigkeit auf den Feldern der Großgrundbesitzer im Gebiet der Ebene Jezreel ausarbeitet, die er demnächst sogar unter dem Titel «Der Gott der Armen» in gesammelter Form zu publizieren gedenkt. – Nicht wahr, die Frage stellt sich denn doch: warum eigentlich hat Jesus die Armut nicht auf eine solch sympathische Weise gelebt, daß er berühmt, weise, angesehen und hochbetagt sein Dasein zu verbringen gewußt hätte, als ein Verfechter der *Theologie* des Kreuzes, statt es nur zu der armseligen Rolle eines Passionisten des wirklichen Kreuzes zu bringen? Ein führender Theologe der Armut beruhigte denn auch vor ein paar Jahren in einer Diskussion seine Zuhörer, die seine Ausführungen persönlich auf sich und ihre Lebensführung bezogen, mit den Worten, nein, er wolle ihnen doch gar nicht ihre Autos und Bungalows nehmen, es handle sich doch um strukturelle, nicht-persönliche Wirtschaftsverflechtungen. Nicht wahr: das ist wohl der Unterschied zwischen Jesus, der die Armut lebte, und einem Dozenten, der sie lehrt. Doch wenn es hier um Wirtschaftsverflechtungen geht, so hat es wenig Sinn, sich mit einer moralisierenden Auslegung der Bergpredigt wichtig zu tun.

Um auf den Ernst der Sache zurückzukommen: selbst bei denen, die wirklich den Mut aufbringen, aus dem korrupten System der «beamteten Armut» in den Reihen der Kleriker der katholischen Kirche auszusteigen, bleibt immer noch das Problem erhalten, das selbst für einen Mann wie LEO TOL-

STOI schier unüberwindlich war[23]: selbst wenn er von seinem reichen Besitz bestimmte entbehrliche Teile veräußerte, blieb er doch immer noch reich, und er mußte «reich» bleiben, um den «Armen» zu helfen – es wäre unverantwortlich gewesen, einem abstrakten Ideal zuliebe Hof und Ländereien, die vielen Menschen Arbeit und Brot brachten, in Konkurs gehen zu lassen. Also *sehnte* sich TOLSTOI inbrünstig nach der evangelischen Armut, aber er brach zu ihr erst auf kurz vor seinem Tode. Anders sein großer Antipode F. M. DOSTOJEWSKI, der über lange Zeiträume hin sein Leben in *wirklicher* Armut verbrachte und in seinen Romanen immer von neuem das Thema der Armut in ihren psychischen Auswirkungen thematisierte: er suchte die Armut nicht, er suchte sie zu überwinden, und er zeigte vor allem in seinen Gestalten, in Menschen wie *Sonja,* der Tochter des haltlosen Trinkers *Marmeladow,* daß es möglich ist, die verheerende Folge materieller Armut: *die Armseligkeit des Selbstwertgefühls,* durch ein tieferes Vertrauen in Gott zu überwinden.[24]

Wenn es stimmt, was DOSTOJEWSKI in seinen Romanen zum Thema Armut schildern wollte, so wird vor allem deutlich, daß es nicht länger möglich ist, «Armut» in christlichem Sinne wesentlich als materielle Armut zu definieren. Die materielle Armut ist weder Ziel noch Ideal, noch ist sie auch nur ein pragmatisch vernünftiger Übergangswert; sie ist ein zu überwindender Gegenstand caritativen Mitleids und sozial verantwortlichen Handelns, nichts weiter. Umgekehrt aber ist es die Frage: warum warnt dann das Neue Testament so eindringlich vor dem Reichtum als vor einem wahren Gegengott, einem Götzen? Worin, anders gefragt, liegt *der Fetischcharakter von Geld und Reichtum*[25] – was ist ihr psychischer Auftrag und Ausdruck, ihre kompensatorische Notwendigkeit?

Es ist schon viel gewonnen, wenn wir bemerken, daß das zentrale Problem des Neuen Testamentes im Grunde *nicht* die Armut, sondern *der Reichtum* ist; dann aber ist es sehr wichtig zu verstehen, daß die Warnung Jesu vor dem Reichtum zunächst durchaus nicht sozial motiviert ist, sondern sich unmittelbar aus seinem Verhältnis zu Gott ergibt: der Reichtum soll nicht zwischen Gott und Mensch stehen, er soll dem Menschen nicht werden, was letztlich nur Gott für ihn sein kann: eine letzte Daseinssicherung gegen die Angst. Diesen Hintergrund der Daseinsangst darf man nicht übersehen, wenn irgend man begreifen will, daß *«Armut»* im Sinne Jesu *ein Ausdruck von Erlösung* sein will und sein kann, und zwar *nicht* zunächst *für andere,* sondern für einen selber. Ich *darf* arm sein, nicht: ich muß alles abgeben für andere, lautet das entscheidende Erlebnis im Sinne Jesu. Ordnet man die Perspektive so, fällt es nicht schwer, die evangelische Armut in einer Weise zu verstehen, die von jeder neurotischen Verzerrung frei ist. Allerdings bedeutet diese Sichtweise das Ende jeder wesentlich materiellen bzw. funktionalen Interpretation der «Armut»; sie bedeutet den Beginn einer Zentrierung aller drei evangelischen Räte um das Kernproblem des menschlichen Daseins auf allen Entwicklungsstufen und Daseinsebenen: um die zentrale Erfahrung der Angst. Wie das zu verstehen ist, läßt sich gerade an dem Erleben der Armut besonders gut zeigen.

Ein Grundproblem des *oral-depressiven Welterlebens* liegt, wie wir sahen, in dem Gefühl der *Endlichkeit des Daseins:* in jedem Augenblick lauert der Tod, die eigenen Kräfte reichen nicht aus, die Mängel des Ichs verstellen mit langem Schatten die Möglichkeit, in den Augen anderer Menschen als liebenswert zu erscheinen – Daseinsmängel existentiell und Minderwertigkeitsgefühle analytisch sind die hauptsächlichen Quellen der Armseligkeit des Selbstgefühls, und sie erst drängen danach, «reich» zu werden. Um es so zu sagen: «Reich» im Sinne Jesu ist nicht derjenige, der viel besitzt, sondern derjenige, der viel besitzen *muß*, um die Angst zu beruhigen, nicht gut, nicht tüchtig, nicht angesehen, nicht nützlich, nicht perfekt, nicht stark genug zu sein, um gesichert und beruhigt im Dasein existieren zu können. Erst wenn Geld und Besitz auf Fragen antworten sollen, die sie prinzipiell nicht beantworten *können,* wird der Besitzende zum Gefangenen, wird das Geld zum Fetisch, wird das Haben zum Verlust an Sein. Der Gegensatz ist deutlich: Von *materieller* Armut kann man nur in Richtung von mehr materiellem Besitz erlösen; das eigentliche Problem aber lautet: Wie erlöst man einen Menschen davon, sich an seine Habseligkeiten zu klammern, als wenn sie seine Seligkeit wären? Wie ist es möglich, ihm zu zeigen, daß *weniger mehr* ist? – Es ist rein intellektuell nicht sonderlich schwer zu begreifen, daß ein Denken eher Schaden als Nutzen stiftet, das jede Art von Wachstum für einen Wert an sich erklärt: es ist z. B. gesundheitsgefährdend, wenn der Körper irgendein Hormon oder Ferment in überhöhter Dosis produzieren sollte. Nicht immer *mehr,* sondern allein die *richtige* Menge macht das Wohlbefinden aus.[26] Diese «richtige Menge» zu besitzen ist, psychologisch betrachtet, die ganze Lebenskunst im Umgang mit Eigentum, und eine Ideologie der Armut, die rein äußerlich bereits diese «richtige Menge» mit Schuldgefühlen überziehen würde, wäre nicht erlösend, sondern fanatisch. In psychoanalytischer Sicht aber zeigt sich, daß das rechte Maß des Besitzens nicht leicht einzuhalten ist, solange *die Angst der Endlichkeit* bzw. *das Gefühl der Minderwertigkeit* währt, und viel ist gewonnen, wenn es gelingen sollte, das Selbstbewußtsein eines Menschen so weit zu stärken, daß er diejenigen Formen des «Reichtums» als lästige Last ablegen kann, die nur der Kompensation vermeintlicher innerer oder äußerer Mängel durch den Besitz bestimmter Gegenstände dienen. *Eine Frau* z. B. kann lernen, daß sie nicht erst mit einem enormen Aufwand an Kosmetika, Schmuck und Kleidung ihre Schönheit unter Beweis stellen muß, *ein Mann* etwa kann lernen, daß er nicht erst mit zwei akademischen Titeln oder durch die Versetzung in eine höhere Gehaltsklasse Beachtung und Ansehen verdient; und jeder Mensch muß auf seine Weise für sich lernen, daß es gegen Alter, Krankheit und Tod keinen anderen «Schutz» gibt als ein erfülltes, sinnvolles Leben. In jedem Falle aber zeigt sich, daß nicht die materiell verstandene «Armut» das Problem darstellt, sondern eine Form von «Reichtum», die eine innere Armut kaschieren soll.

Sehr richtig hat vor Jahren bereits WALTER DIRKS in seinem Buch *«Die Antwort der Mönche»* diese Bedeutung der evangelischen Armut erfaßt, als er den heiligen *Franziskus* als einen Mann charakterisierte, der «nicht ein Armer» war, «der nicht reich sein wollte, sondern der arm wurde».[27] «Man muß», schrieb DIRKS, «den besonderen Charakter dieser seiner Predigt erkennen. Er predigt nicht Gerechtigkeit, er predigt nicht den Ausgleich. Gewiß hielt er die Reichen zum Almosengeben an; gewiß verlangte er von dem Bruder, der sich seiner Schar anschließen wollte, daß er sein Eigentum den Armen gab, aber es kommt ihm dabei viel weniger auf den Armen an, der da empfängt, als auf den, der gibt: seine Bedrohung durch den Reichtum macht ihm noch größere Sorge als der Hunger der Armen. Daß man dem Armen gibt, was er braucht, ist selbstverständlich – aber es ergibt sich aus der Brüderlichkeit und Bruderschaft: es hat mit Frau Armut nichts zu tun. Wenn kein Armer da wäre, um zu empfangen, würde Franz den Besitz in die nächste Bergschlucht werfen, um ihn los zu werden, um frei von ihm zu sein. Soweit geht die Absage vor allem an das Geld, daß' die Brüder es auch um der Armen willen nicht annehmen dürfen. Sie dürfen Geld nicht einmal aufheben, um es zu verschenken, wenn sie es auf dem Wege finden; sie sollen es mit Füßen treten. Es wäre nützlich für die Armen, wollten sich die Minderen Brüder zu Vermittlern machen, Almosen und Geld von den Reichen annehmen und es an die Armen verteilen, aber nichts davon: Franz will ganz einfach nichts damit zu tun haben. Der Franziskanerorden ist kein caritativer Orden. Er lebt in evangelischer Armut, und er predigt den Frieden Christi, sonst nichts.»[28]

Es wird vielleicht erstaunen, daß W. DIRKS das Mitleid für die Armen zu dem Selbstverständlichen zählt und es deutlich von dem Sinn der evangelischen Armut unterscheidet, aber gerade so verhält es sich. Derart große Leute unseres Jahrhunderts wie *Elsa Brandström* oder *Florence Nightingale*, die freiwillig «Armut» auf sich nahmen, indem sie sich der Kriegsopfer: der

Verwundeten und Gefangenen, annahmen, lebten ohne Zweifel das Evangelium, aber sie bedurften dafür keiner besonderen religiösen Begründung. Der Sinn der evangelischen Armut liegt weit unterhalb einer praktisch gelebten Solidarität mit den «Armen», ja, er steht dieser, pragmatisch gesehen, oft sogar hinderlich im Wege. Jedoch auf *die Armut des Seins*[29], auf die Hohlheit der Angst im Erleben seiner selbst kann nur die Religion antworten, und hier ist der Ort, an dem die Armutsforderung der biblischen Botschaft wesentlich ansetzt. Freilich ist dabei mit «Forderungen» und «Zeichen» nicht sehr viel auszurichten, und es ist in unseren Tagen wiederum gerade die Psychoanalyse, die uns zeigen kann, wie kompliziert und verschlungen die Wege verlaufen, um sich den scheinbar so einfachen Zielen des Evangeliums zu nähern.

Nehmen wir noch einmal jene Tochter des Kolonialwarenhändlers, die schon als Kind in spezifischem Sinne «arm» war mitten im Reichtum. Der Kern jeder psychotherapeutischen Behandlung einer solchen Ordensschwester wird darin liegen, ihre oral-kaptativen Gehemmtheiten zu überwinden und sie als erstes zu lehren, wie sie ohne größere Schuldgefühle etwas für sich selber zu wünschen, zu beanspruchen und festzuhalten vermag; als äußerst schwierig wird sich dabei gerade die christliche Armutsforderung in herkömmlichem Sinne erweisen: diese Schwester hat im Übermaß gelernt, auf alles Eigene zu verzichten, ja, sie hat aus ihren Verzichtleistungen sogar schon wieder so etwas wie einen Berechtigungsnachweis ihrer Existenz vor Gott und den Menschen gemacht – es geht, wohlgemerkt, an dieser Stelle im Grunde um eben die Frage, die religionspsychologisch hinter dem *reformatorischen Vorwurf der Werkegerechtigkeit der katholischen Theologie* steht: es wird diese Schwester mit den schwersten Ängsten überziehen, wenn sie denken soll, daß sie jetzt womöglich auch noch auf ihre Armut Verzicht leisten muß; sie wird sich als eklig, primitiv, treulos, bequem, als satt und als «so bürgerlich wie alle anderen auch» empfinden, wenn sie plötzlich die Geldgeschenke ihrer Verwandten für sich selbst ausgeben soll – es entschwindet ihr die einzige Sicherung, die sie als Mädchen bereits gegenüber den Vorwürfen ihrer Eltern aufgebaut hatte. Mit anderen Worten: es ist oft genug nötig, einen Menschen zuallererst von dem narzißtischen Reichtum seiner Armut zu erlösen, indem man ihm Mut macht, zu Besitz und Eigentum ein «normales» Verhältnis einzunehmen, ehe er befähigt wird, im Sinne des Evangeliums «arm» zu werden.

Oder noch paradoxer: es stellt sich in der Psychotherapie nicht selten die Aufgabe, z. B. eine Frau, die äußerlich alles besitzt, dahin zu bringen, daß sie sich womöglich zum erstenmal in ihrem Leben beim nächsten Geburtstag wirklich etwas wünscht – und sei es das Statussymbol eines Nerzmantels oder eines Platinschmucks. Es gibt psychoanalytisch keine glaubhafte Form evangelischer Armut, die nicht den Weg über eine entsprechende Stärkung des Ichs gefunden hat, und die ganze Schwierigkeit liegt immer wieder darin, einem Menschen gegen alle Selbstzweifel und Minderwertigkeitsgefühle soweit den Rücken zu stärken, daß er es wagt, selbst zu sein, was er ist, statt durch ein fremdes Besitzen sich selbst immer mehr zu veräußerlichen. Doch um dahin zu gelangen, müssen als erstes die Icheinschränkungen des Überichs revidiert werden, die einen gesunden Umgang mit Dein und Mein seit Kindertagen blockiert haben; und so muß man oft genug zunächst einmal *Formen eines rechten Besitzens* einüben, ehe die christliche Armut sinnvollerweise überhaupt zum Thema werden kann. Die Wirklichkeit des Glaubens läßt sich nicht mit pathetischen Formeln, moralischen Mahnungen und demonstrativen Gesten herbeizaubern, sie läßt sich glaubhaft und menschenwürdig in ihrer erlösenden Kraft nur vermitteln, wenn das Ich eines Menschen so weit heranwächst und stark wird, daß es die Hüllen der Angstsicherung erzwungenen Besitzenmüssens ebenso wie eines fremden Nicht-Besitzendürfens sprengt, ganz wie die Kastanien im Herbst das Stachelkleid ihrer Fruchtschalen sprengen. Besitzen zu lehren, um besitzlos zu werden – anders ist gerade im Umgang mit katholischen Klerikern der Weg einer Psychotherapie oft nicht begehbar. Es ist aber die «Besitzlosigkeit» niemals das Ziel oder die Prämie, zu der man wie auf einem Umweg, gewissermaßen von der Neurose zur Heiligkeit, gelangen könnte – sie ist allenfalls das Ergebnis einer gelungenen Ichwerdung und Selbstfindung, nicht mehr und nicht weniger; sie ist das «Werk» buchstäblich eines Vertrauens in Gott, das die Angst des Menschen beruhigt, mit all seinen Grenzen und Mängeln unberechtigt auf Erden zu sein.

Nur unter dieser Voraussetzung läßt sich *die psychische Ambivalenz der evangelischen Armutsforderung* sowie die ständige Gefahr eines moralischen Überichterrors vermeiden; nur so erscheint umgekehrt die «Armut» als etwas, das dem Ich nicht als Einschnürung und Einschränkung, als das «Opfer» seiner selbst zugemutet werden muß, sondern als eine erlösende Befreiung zu sich selbst, als ein Ankommen im eigenen Zentrum, als eine Rückgewinnung all dessen, was bisher an Jugend, Vitalität, Eigenständigkeit und Selbstvertrauen dem Ich buchstäblich gestohlen und mit all den Kompensationsversuchen äußeren Besitzes nur mühsam ersetzt worden war. Schaut man genau hin, wird man bemerken, daß eine der entscheidenden Stellen christlicher Armut in der Bibel (Mk 10,17–31: Die Geschichte vom reichen Jüngling)[30] gerade *so* zu verstehen ist: als eine Einsicht in das prinzipielle Unvermögen des Menschen, sein Gutsein vor Gott aus eigener Kraft «bewerkstelligen» zu können (Mk 10,27!); anders gesagt: ein Hauptpunkt der «Armut» im Sinne Jesu besteht darin, das moralische Selbstvertrauen des Menschen vor Gott *ad absurdum* zu führen und zu merken, daß die einzige «Sicherheit» des Lebens im Vertrauen auf Gott besteht; aus dieser Haltung stammt alles weitere. Selbst der «Lohngedanke», den Mk 10,21 mit dem «Schatz im Himmel» ins Spiel bringt, verträgt sich schlecht mit der Haltung Jesu und dürfte aus der Gemeindepredigt stammen.[31] Angeredet mit «Guter Meister», weist Jesus sogar diese Begrüßung zurück: «Nur Gott allein ist gut!» (Mk 10,18) Die menschliche Nichtigkeit, die sich dennoch aufrichten darf im Vertrauen auf Gott – *das* ist die eigentliche Thematik einer *Armut, die freimacht.*

Wie schwer es freilich fallen kann, eine solche Armut zu lernen, zeigt heutigentags wohl erneut am besten die analytische Psychotherapie, ganz einfach deshalb, weil sie der menschlichen Armut in ihren wesentlichen Formen am nächsten steht.

Da geht es als erstes um *die Abgewöhnung des moralisierenden Besitzstandes* auf seiten des Therapeuten. Eine äußerst wichtige Erfahrung der Psychotherapie besteht darin, daß man einem Patienten nur helfen kann, wenn man strikt darauf verzichtet, sein Leben nach den eigenen Kategorien und Wertmaßstäben zu bemessen und zu beurteilen. Jene Frau mit ihrem Nerzmantel z. B. mag in einem Therapeuten, der ansonsten leidenschaftlich gegen die Ausbeutung der Tiere eintritt, zunächst erheblichen Widerspruch erregen, aber er wird, wenn er ein guter Therapeut ist, in diesem Falle nicht mit ALBERT SCHWEITZERS Lehre von der «Ehrfurcht vor dem Leben»[32] die Pläne der Patientin zu durchkreuzen suchen; er wird sich sagen, daß diese Frau zu diesem Zeitpunkt, wie in dem Märchen von dem «Mädchen ohne Hände» (s. o. S. 398f.), erst einmal lernen muß, überhaupt etwas zu wünschen; was im einzelnen sich dann zu wünschen *lohnt*, wird sich im weiteren schon wie von selbst als Thema ergeben. Entscheidend ist: der Therapeut muß von sich verlangen, daß er die Wertungen seines eigenen Weltbildes zurückstellt und versucht, die Welt mit den Augen seiner Patientin zu sehen; er wird an den Stellen, wo der Patient Gefahr läuft, zu seinem eigenen Schaden wichtige Teile der Wirklichkeit nicht oder nur verzerrt wahrzunehmen, sich darum bemühen, das «Realitätsprinzip» zu vertreten, und dazu mögen im Einzelfall auch gewisse moralische Grundsätze zählen, die in unserer Gesellschaft allgemein akzeptiert sind. Doch darüber hinaus wird der Therapeut bestrebt sein, sich jeden Urteils zu enthalten; er wird darauf setzen, daß sich Gefühle und Wünsche um so leichter zu vernünftigen Plänen und Handlungen gestalten werden, wenn sie in sich mit Wohlwollen aufgenommen und in einem Klima des Vertrauens in ihrer Herkunft und Bedeutung bewußt gemacht werden, während sie durch Zensur und Widerspruch zumeist nur von neuem unterdrückt werden ohne die Chance, vom Ich integriert werden zu können. Am wichtigsten daher: der Therapeut *kann* nicht wissen, was für seinen Patienten richtig ist; er kann nichts anderes tun, als ihn nach Möglichkeit mit seinem Verstehen zu begleiten; er muß sich von seinen liebgewordenen Standard- und Rezeptlösungen freimachen, um für den anderen offen zu werden. Er muß buchstäblich *arm* werden, wenn er befreiend und heilend wirken will. Solange er in der Rolle des geschulten Machers, des trainierten Könners, des sachverständigen Experten verharrt, wird er selbst das Opfer der Autoritätskonflikte werden, die er mit seinem Gebaren provoziert; nur wenn er der Grundhaltung nach partnerschaftlich, bemüht um ein *gemeinsames* Suchen, sich mit dem anderen auf den Weg macht, kann er den Rest an Übertragungen aus dem Erleben von Vater und Mutter in seinem Patienten durcharbeiten. Alles, was der Therapeut zu «haben» meint außerhalb seiner Person, wird hinderlich zwischen ihm und seinem Patienten stehen – es muß verschwinden, wenn er dem anderen näherkommen will. Denn *nur ungeschützt* wird er aufhören, Angst zu verbreiten, und nur als Leergewordener wird er bereit sein zur Aufnahme fremden Leids und fremder Not. Und auch seiner eigenen Person wird diese heilsame Armut zugute kommen. Sie verleiht ihm die innere Gelassenheit, nicht *mehr* sein zu müssen, als er wirklich ist, nicht *mehr* wissen zu müssen, als er wirklich weiß, nicht *mehr* tun zu müssen, als er wirklich kann. Am Ende vermag er mit seinen Begrenzungen zu leben in dem Vertrauen, daß das Leben des anderen etwas in sich Stehendes (christlich gesprochen: von Gott Getragenes) ist; und dieses Vertrauen ermöglicht es ihm, mit den eigenen Schwächen und Mängeln so zu leben, daß auch andere Menschen lernen, an ihren Schwächen und Mängeln nicht zu zerbrechen. Eine wirklich *befreiende Armut;* eine Art wunderbarer Brotvermehrung (Mk 6,30–44; 8,1–10).[33]

Ein solcher Vergleich ist besonders lehrreich, weil er nicht nur zeigt, was mit «Armut» psychoanalytisch gemeint sein kann, sondern weil er als zweites den Klerikern der katholischen Kirche deutlich macht, wo in christlichem Sinne *der Ernstfall* ihrer Lebensform liegt. Daß die Kleriker der Kirche, jedenfalls in unserem Kulturraum, so lange doppelbödig und mithin stets auch ein Stück unverbindlich und unglaubwürdig ihre «Armut» leben müssen, als man diesen evangelischen Rat in materiellem Sinne (miß)versteht, ist deutlich genug sichtbar geworden. Jetzt aber wird erst wirklich klar, daß die Kleriker der

Kirche mit all ihrem Sprechen von Armut sich strukturell *weigern* müssen, wirklich arm zu *werden,* und daß ihre Unfähigkeit zur Armut auf das engste mit ihrer *Überichgebundenheit* zusammenhängt, von der sie selber im Namen der Armut erlöst werden müßten. Die Kleriker der Kirche besitzen sehr vieles, das sie davor schützt, sich selber in ihrer Armut zu akzeptieren, und selbst die erzwungene Armseligkeit ihres Ichs ist noch wie ein Schutz vor der wahren Armut ihres Seins: Statt selber zu leben, haben sie ihr Amt, und *im* Amt verfügen sie nicht nur über alle Annehmlichkeiten einer ganz normalen bürgerlichen Existenzform, sie empfangen als Amtsträger vor allem auf der Rückseite, durch den Lieferanteneingang, all die Vorzüge, die ihnen als Menschen in geradem Zugriff versagt blieben: – es umgibt sie auf der Stelle eine heilige Aura von göttlicher Führung und Erwählung, von Respekt und Geheimnis, wirklich von «Mystik und Politik» – von Aberglauben und Macht nämlich, von geborgtem Sein und geliehenem Schein, von einem Wert an sich zur Kaschierung des Unwertes, in dem ihr Für-sich-Sein sich malt; und vor allem: es ersetzt ihnen die Garantie der Kirche auf dem Wege des Amtes, was sie im Grunde aus dem Verhältnis eines persönlichen Vertrauens zu Gott finden müßten: «Wie stehe ich als Mensch, als Person vor den Augen meines Schöpfers?» – diese Frage hebt sich buchstäblich auf in die «erlösende» Gewißheit, in einem gottwohlgefälligen Stande zu leben, der durch sich selbst seligmacht, wofern der Einzelne durch den fortschreitenden Verzicht auf sich selbst die eigene Person nur um so geschmeidiger dem «Objektiven» anzugleichen sucht.

Und dieses Objektive, das Subjekt Entlastende, wird nun zum Ort einer Fülle von klerikalen *Habansprüchen:* als *Dozenten* der Theologie sind die Kleriker jederzeit imstande, ihre Studenten und Zeitgenossen mit ihrem absolut heilsnotwendigen Wissen um die Mysterien Gottes und seiner heilsökonomischen Manifestationen in Furcht und Abhängigkeit zu versetzen, sie verfügen als *Priester* über das Wissen um die rechte Lehre der Kirche, die sie nur weiterzugeben brauchen, sie besitzen geheime *sakramentale Vollmachten,* die nur ihnen zu eigen sind, sie «haben» Christus und die Sendung des Christus, der sie als von ihrem Bischof Gesandte Folge leisten müssen, sie können *beurteilen,* was Laster und Tugend, was Sünde und Verdienst, was Frömmigkeit und Gottlosigkeit ist, und sie haben *die Macht,* zu vergeben und nicht zu vergeben (Joh 20,23).[34] *Menschen, die wesentlich vom Amte her leben, können niemals wirklich arm sein.* Sie sind niemals wirklich Ausgesetzte, Ratlose, Suchende, Heimatlose, Zweifelnde, Nicht-Wissende, sie sind – man verzeihe das Wort! – niemals wirklich *Glaubende.* Nur das eigene Ich kann seine Armut wirklich bejahen. Solange es sich in den Schutz seines Überichs flüchtet, bildet dessen Panzer die Rüstung und den Mantel eines fahrenden Ritters, bedeckt mit Purpur und Gold – es ist die *Rolle*, die wirkliche Armut verhindert.

Und diese Einsicht ist jetzt entscheidend. Solange man unter Armut versteht, das eigene Ich zu «opfern» und preiszugeben, stellt sich auf der Rückseite einer masochistischen Selbstzerknirschung der Anspruch auf Besitz und Geltung nur um so brutaler wieder her. *Armut* bedeutet, im Vertrauen auf Gott die Schwachheit des eigenen Ichs ohne Ausweichen und ohne Ausreden wirklich zu leben: mehr haben wir nicht, als wir selber sind, weil Gott es uns schenkte, als er uns schuf. Mehr *haben* wir nicht zu haben, als wir selbst sind. Alles darüber hinaus verfälscht unser Sein und verstellt den Zugang zum Menschen.

In einer an sich sehr ansprechenden Betrachtung hat PAUL M. ZULEHNER, der ansonsten den Armutsbegriff durchaus mit der «Sehnsucht nach Gerechtigkeit» als seinem «politischen» Inhalt zu verbinden sucht, anhand der Geschichte von *Kain und Abel* (Gen 4,1–16) zu zeigen versucht, daß es eine Art des Opferns gebe, die in der Gestalt *Abels* bei den Dingen nicht hängen bleibe, doch werde diese Grundbewegung des Lebens verdrängt durch den «erdgebundenen» Kain-Anspruch; es gelte indessen, beide «Anteile» im Menschen, Weltflucht und Weltzugewandtheit, miteinander zu versöhnen.[35] Das Problem einer solcher Versöhnung der Antriebsrichtungen besteht gewiß, aber gerade die Erzählung von *Kain und Abel* zeigt doch, wie zerrissen ein Mensch leben muß, dessen Gottesverhältnis wesentlich vom Opfergedanken geprägt ist.[36] Es *gibt* keine Versöhnung des Menschen mit sich selbst, solange ein Mensch sich darauf angewiesen fühlt, als erstes Gott mit sich versöhnen zu müssen. Die wahre Form der Armut beginnt nicht mit den verdienstlich guten Werken des Abgebens, sondern mit dem Vertrauen eines vorbehaltlosen Seindürfens; die wahre Form der Armut liegt nicht darin, daß wir die Geschichte von *Kain und Abel* perfektionieren, sondern daß wir aus dieser Geschichte heraustreten und uns an die Hand nehmen und zurückgeleiten lassen, hinüber in ein verlorenes Paradies, vorbei an den Engeln mit dem Flammenschwert (Gen 3,24), bis wir zu jener Welt zurückgelangen, in der es erlaubt ist, unter den Augen Gottes und vor den Augen der Menschen «nackt» zu sein und sich nicht länger mehr für das zu schämen, was wir sind (Gen 2,25).[37]

Kein Geringerer als ERNST BLOCH bemerkte einmal: «Ein alter Weiser sagte und klagte, der Mensch sei leichter zu erlösen als zu ernähren. Der kommende Sozialismus, gerade wenn alle Gäste sich an den Tisch gesetzt haben, sich setzen können, wird die herkömmliche Umkehrung ... als besonders paradox und schwierig vor sich haben: der Mensch sei leichter zu ernähren als zu erlösen.»[38]

2. Von einem Gehorsam, der aufschließt, und einer Demut, die aufrichtet

Speziell bei dem evangelischen Rat des «Gehorsams» und der «Demut» scheint es fast unmöglich, den Schutt der Jahrhunderte abzuräumen, der sich über die *Werte* dieser Begriffe gelagert hat – die *Worte* selber sind an sich schon nicht mehr brauchbar: *«gehorsam»* – damit assoziiert sich die Haltung eines kleinen Kindes oder die chronifizierte Notfallsituation des Militärs – eine extreme Form befehlsbedingter Sprungbereitschaft ohne jede Rücksicht auf den Wert des einzelnen Menschen; und *«demütig»:* da sieht man ein Mädchen vor sich, das bescheiden den Blick zu Boden senkt, um ob solch anmutiger Pose von seinem Herrn noch mehr an Huld und Aufmerksamkeit geschenkt zu bekommen. Außerhalb des kirchlichen Sprachgebrauchs sind diese Worte obsolet und lächerlich geworden – und natürlich auch die Sinngebung, die ursprünglich in ihnen lebte. Ehe die psychischen Verzerrungen dieser Worte nicht gründlich durchgearbeitet sind, kann ihre Wiederverwendung auf der Ebene von Kirche und Gesellschaft nicht glaubwürdig werden.

Auch hier kann der Entwurf von J. B. METZ das beste Beispiel liefern. Natürlich weiß er, wo der Hase im Pfeffer liegt: Gehorsam, erklärt er, «bezeichnet ... nicht in erster Linie die radikale Disponibilität gegenüber Amtsträgern in der Kirche und innerhalb der Orden».[39] Und in *zweiter* Linie? Genau dies *hat* es all die Jahrhunderte lang bedeutet und bedeutet es noch. Jeder, der heutigentags zum Bischof sich weihen läßt, hat unter anderem in seinem Treueeid zu versprechen: «Ich werde mich bemühen, die Rechte und die Autorität der Päpste zu fördern und zu verteidigen, ebenso die Vorrechte ihrer Gesandten und Vertreter. Was aber von jemandem dagegen unternommen wird, will ich dem obersten Hirten aufrichtig melden.»[40] Professor J. KREMER, bestimmt nicht bekannt als Progressist, hat völlig recht, wenn er dazu meint, durch einen solchen Treueeid mache sich der Weihekandidat zu einem bloßen Helfer der Kurie, unter Verzicht auf seine Eigenständigkeit als Bischof. Wie penetrant der Gehorsam *in rein äußerem Sinne,* als Loyalität mit dem Lehramt verstanden, derzeit *sogar verschärft* den Klerikern wieder eingeprägt werden soll, zeigt der am 1. März

1989 in Kraft gesetzte Treueeid für Theologieprofessoren, Generalvikare, Ordensobere, Pfarrer und andere Träger kirchlicher Ämter. Sie müssen fortan bei Übernahme ihres Amtes einen Eid auf die kirchliche Disziplin und auf die kodifizierten Kirchengesetze ablegen und dabei u. a. schwören, «an allem und jedem» festzuhalten, «was um die Lehre des Glaubens und der Sitten dargelegt ist, sei es durch ein feierliches höchstes Urteil, sei es durch das ordentliche Lehramt».[41] Zur Begründung dieses Schwurs haben Stellen der Kurie vor allem auf die Fragen der künstlichen Empfängnisregelung, der wiederverheirateten Geschiedenen und auf die Weihe von Frauen zu Priestern hingewiesen. Es handelt sich keineswegs um Lehren, die bisher mit der höchsten lehramtlichen Autorität vorgelegt worden wären; dennoch wird «im Gehorsam» gefordert, sie «gleichsam» in letztgültiger Weise zu verstehen.

Erstaunlich in den Darlegungen von J. B. METZ und anderen ist vor allem die Leichtigkeit, mit der hier die *psychische Seite* der klerikalen Gehorsamsforderung einfach übergangen wird. Wer Woche für Woche in der Psychotherapie Gelegenheit hat, zu sehen, wie schwer es einem Priester, einer Ordensschwester fällt, eine eigene Entscheidung zu treffen oder auch nur einmal probeweise ein eigenes Gefühl, einen eigenen Wunsch vor sich selber zu rechtfertigen und gegen gefürchtete oder wirkliche Einwände anderer zu verteidigen, der wird als erstes darauf bestehen müssen, die analen und ödipalen Hemmnisse der Selbstentfaltung im Persönlichkeitsaufbau der Kleriker selbst abzuarbeiten, ehe er die Muße findet, sich anzuhören, daß der evangelische Rat des Gehorsams «an sich» ganz anders zu verstehen sei, als er allenthalben verstanden wird und wurde. Es grenzt schon an den kindlichen Aberglauben von der *Allmacht der Gedanken,* wenn wir Theologen das Erbe von Jahrhunderten mit ein paar neuen Formeln wegreden hören, als wenn sie lediglich die Kreidestriche einer falschen Rechnung an der Tafel abzuwischen hätten. Dabei läßt sich leicht zeigen, wie die alten Fehler in neuem Gewande sich fortsetzen.

Ganz recht hat beispielsweise J. B. METZ, wenn er meint, das Leben der Christen müsse sich nach dem Vorbild des Christus orientieren und messen lassen; wie aber soll man von Jesus von Nazareth – *Gehorsam* lernen? KURT TUCHOLSKY hat in den *Briefen an eine Katholikin* immer wieder darauf hingewiesen, wie der Begriff des Gehorsams speziell im deutschen Katholizismus des Kaiserreichs ebenso wie der Weimarer Republik zur bedingungslosen Unterwerfung unter die Staatsmacht herhalten mußte und wie aus der «Nachfolge Christi ... die Nachfolge der Hohenzollern»[42] geworden ist – die Geschichte hat wenige Jahre später diese Kritik in einem Ausmaß bestätigt, die selbst ein Satiriker wie TUCHOLSKY nicht vorhersehen konnte. Ein solcher Untertanengeist vereinbart sich gewiß in keinem Falle mit der Person des Jesus von Nazareth, der sich mit den Theologen seiner Zeit ebenso wie mit den politischen Behörden auf eine Weise angelegt hat, daß man exegetisch noch heute raten darf, ob sein Auftritt 1½ oder 2½ Jahre gedauert hat – mehr als drei Jahre hat noch niemand zu schätzen gewagt. Wenn von Jesus in diesem Punkte also etwas zu lernen ist, so ist es der Mut zum privaten *Ungehorsam,* nicht zuletzt auch in und *gegenüber den kirchlichen Behörden.* Doch davon ist bei JOHANN BAPTIST METZ nicht ein Sterbenswort zu lesen. Statt von der realen Passion des *Ungehorsams,* die er in Wirklichkeit begründen möchte, geht bei ihm die Rede von der «Mystik» der Passion, die ihre Wurzel im «Gehorsam» gegenüber Gott habe, so wie es Hebr 5,8 ausdrückt: der «Gehorsam», den Jesus lernen mußte, bestand wesentlich darin, dem Willen des Vaters entsprechend das Leiden des Kreuzes auf sich zu nehmen.[43] Es sei an dieser Stelle nicht mehr wiederholt, daß die biblische Auffassung von dem Willen des Vaters, der seinen Sohn am Kreuz für unsere Sünde opfert, bestimmten archaischen, vom Alten Testament übernommenen Vorstellungen «gehorcht», die schon deshalb zur Begründung einer «Moral» des «Gehorsams» nicht taugen, weil sie die menschliche Geschichte ebenso wie das Leben Jesu wesentlich aus der vermeintlichen Perspektive Gottes zu betrachten versuchen.[44] J. B. METZ muß denn auch die Optik umdrehen, indem er den «Gehorsam» Jesu als ein Leiden «an Gott selbst» versteht: «Jesu Leiden war ein Leiden an Gott und seiner ‹Ohnmacht in der Welt›, und die Radikalität seines Gehorsams, seines Ja ermißt sich am Maße eben dieses Leidens. Sein Schrei am Kreuz ist der Schrei jenes Gottverlassenen, der seinerseits Gott nie verlassen hatte. An solches Leid rührt sein Gehorsam ... In der Situation radikaler Hoffnungslosigkeit und Widersprüchlichkeit steht sein Ja, seine Zustimmung, sein Gehorsam.»[45] Die Kraft dazu, Gott in seiner Ohnmacht auszuhalten in solidarischem Mitleiden «mit dem Unglück in der Welt»[46], schenkt der theologischen Erklärung nach das «Gebet»; aber es ist bezeichnend, daß als die wesentliche, ja, eigentlich als die einzige Form des Gebetes für J. B. METZ nur der Aufschrei bzw. der *An*schrei vorstellbar ist: «Betende als Gehorsame im Sinne der Nachfolge: das sind keine wohlfeilen Jasager, weder Erfolgreiche noch Apathische, sie sind auch keine feigen Kuscher, keine Unterwerfungsmasochisten, keine frommen Untertanen. Ihr Gehorsam ist nicht Ausdruck schwacher Ergebenheit oder infantiler Regression; ihr Gehorsam ist ein leidenschaftlicher Gehorsam. Und Beten als Sprache dieses Gehorsams: das ist keine Sprache der Überaffirmation, keine künstliche Jubelsprache, die isoliert wäre von aller Leidens- und Krisensprache und die nur allzu schnell in den Verdacht verzweifelt gespielter Naivität gerät. In dieser Sprache geschieht auch nicht Verdrängung, sondern eher – Zulassung von Angst ...; sie bleibt selbst eingesenkt in die Gestalt der Nacht, in die Erfahrung des Untergangs der Seele, der Nachbarschaft zur Verzweiflung. Sie ist weniger ein Gesang der Seele, eher ein klagender Aufschrei aus der Tiefe, aber kein vage schweifendes Jammern, sondern ein – Anschrei. Die Sprache dieses Gehorsams hat ihre Richtung, sie hat und sucht immer neu ihre Instanz, die Instanz des verborgenen Antlitzes Gottes.»[47]

Um es so unmißverständlich wie möglich zu sagen: Es besteht nicht der mindeste Differenzpunkt bzgl. des Mitleidens an der Seite der Menschen in Not; in diesem Punkt einer humanen Evidenz existiert nicht der geringste Unterschied. Aber: was alles muß erst einmal verneint, d. h. im Sinne der theologisch «richtigen» Gebetsdefinition verleugnet werden, um zu sagen, wie «Gehorsam» und «Gebet» auf mystische Weise zusammenhängen! Und dann: zu Gott aufzuschreien oder ihn aus der Tiefe anzuschreien, damit Er erhöre, heißt doch nicht: horchen oder gehorchen lernen. Und schließlich: wann, außer in dem Jesus zugeschriebenen Zitat aus Ps 22,2 (Mein Gott ..., warum hast du mich verlassen?)[48] und in der ebenfalls legendär ausgestalteten Szene von Gethsemane[49], hören wir Jesus jemals Gott als seinen Vater «anschreien»? Als Jesus seine Jünger beten lehrte, mahnte er ausdrücklich, sie sollten nicht beten wie Menschen, die von der Nähe Gottes nie etwas erfahren hätten (die «Heiden») und die deshalb mit vielen Worten Gottes Hilfe herbeibeten zu müssen glaubten; «seid ihnen nicht gleich», fügte Jesus hinzu, «denn euer Vater weiß, was ihr braucht, ehe ihr ihn bittet» (Mt 6,7.8). Und dann lehrte er sie das Vater-Unser, ein ganz und gar vertrauensvolles Sprechen, dessen Gegenüber niemals ein «antlitzlos schweigender Gott» ist, sondern ganz im Gegenteil: gerade in der Nähe Gottes mochte Jesus, daß wir Menschen zueinander finden, und es gibt aus seinem Munde nicht ein einziges Gebet, in dem er bei Gott über die Not der Welt Klage und Beschwerde führen würde; zur Linderung der Not haben wir Menschen selbst beizutragen, nach einem chassidischen Wort: so energisch, als wenn es einen Gott nicht gäbe[50]; jedoch: wir sind dazu imstande allein in dem Vertrauen, daß Gott uns Menschen, jeden einzelnen, meint und trägt. Die entscheidende Frage besteht demnach darin, wie wir auf Gott so zu hören lernen, daß wir dadurch den *Mut zu einem eigenen Sein* gewinnen, das uns befähigt, «die Nähe von Gedrückten und Gedemütigten» nicht als erdrükkend und demütigend zu erleben, sondern konstruktiv zu verändern.

Wie indessen bis zum Absurden ein Autor wie J. B. Metz die Psychologie

fürchtet und karikiert, erklärt er überdeutlich, wenn er sein Verständnis eines christusförmigen Gehorsams betont und kategorisch mit den ergänzenden Worten auslegt: «Der Gott dieses Gehorsams treibt nicht in nervöse Identitätssuche, er saugt die Phantasie für fremdes Leid in uns nicht auf, er weckt und nährt sie vielmehr.»[51] Jedes dieser Worte spricht hier für sich selbst: In die «Identitätssuche» müßte ein Mensch solcher Denkungsart offenbar schon wirklich *«getrieben»* werden; daß sie das Ziel, die Sehnsucht, der Lebensauftrag, das einzige mithin sein könnte, wozu ein Mensch überhaupt auf Erden ist, kommt einem solchen Typ von «Gehorsamsnachfolge» nicht in den Sinn; und das hat auch seinen Grund, den J. B. METZ so freundlich ist, gleich mitzunennen: man würde ganz *«nervös»*, wenn man sich auf die Suche nach sich selbst begeben würde, man fürchtet die unliebsamen Entdeckungen, die gewiß nicht auf sich warten ließen, würde man sich die Frage vorlegen, was für ein Mensch man selber ist, und da sei buchstäblich Gott vor! Wirklich: man kann beruhigt sein: der «Gott dieses Gehorsams» wird so grausam schon nicht sein, daß er uns zumuten würde, *selber* zu sein. Doch selbst diese Versicherung langt noch nicht aus. *«Identitätssuche»*, pfui Teufel, das «saugt die Phantasie für fremdes Leid in uns ... auf» – Identitätssuche, das ist, muß man wissen, etwas Vampirisches, etwas durch und durch Egoistisches, etwas schlechterdings Rücksichtsloses, Engstirniges, Unmenschliches. Und so steht es denn wieder in alter Herrlichkeit fest: das Christentum der Selbstverleugnung, der Gefühlsversperrung, des gepflegten Pflichtmasochismus. Theologisch hat man inzwischen zwar begriffen, daß der Vater Jesu Christi mit Tyrannei und Selbstverstümmelung nicht gut zusammengeht, doch weiß man offenbar aus dieser Einsicht nichts Besseres zu machen, als ideologisch den Tatbestand des bestehenden Masochismus zu *verleugnen*, indem man ihn unter anderen Vorzeichen *rechtfertigt:* Es ist und bleibt in der Gehorsamstheologie von J. B. METZ die oberste Pflicht eines Christenmenschen, die *nervös*machende Suche nach sich selbst *aufzugeben*, angeblich, weil sie die Kräfte raubt und verschleißt, die *den anderen*, den Schwestern und Brüdern im Elend, zukommen müßten. So will es Gott, versichert uns diese Art von Theologie. Wir aber müssen hier dreierlei Fragen stellen:
Zum ersten: Was für ein Gott ist das, der stets das Glück der anderen will und es als sozial schädlich verurteilt, selber glücklich sein zu wollen? Was für eine sonderliche Schöpfungsordnung dieses Gottes soll das sein, in welcher es als möglich erscheint, dem anderen eine Freiheit zu schenken, die man selbst nicht besitzt, ihm ein Glück zu vermitteln, an dem man selber nicht teilhat, ihm eine Erlösung zu bringen, die das eigene Leben buchstäblich umbringt? Niemals wird in diesen Vorstellungen das zwangsneurotische

Getto von Opfer, Gehorsam und verinnerlichter Fremdbestimmung verlassen; in jedem Falle ist und bleibt der andere Maßstab und Richtschnur göttlicher Wahrheit, nur daß dieses Verhältnis jetzt, statt im Rahmen äußerer Befehlsvergabe wie bislang, als caritativ-politische Forderung umformuliert wird; und stets herrscht das alte grausame Entweder–Oder: nur in der restlosen «Hingabe» und «Aufopferung» für den anderen gelangt dieser Vorstellung nach ein Mensch zu Gott – und in Gott, wie wir hoffen dürfen, auch zu sich selbst. Es ist psychoanalytisch mit Händen zu greifen, *was* hier ideologisiert wird: unzweideutig handelt es sich um die Gedankenwelt eines Überichs, das sich in Tagen geformt hat, wie wir sie als Hintergrund einer klerikalen Psychogenese generell herausgearbeitet haben: ein erdrückendes Leid (der Mutter zumeist), das die ganze «Welt» (des Kindes) überschattet und später deshalb die ganze Weltsicht entscheidend prägen wird; das strikte Verbot, innerhalb einer solchen «Welt» auf irgend etwas Eigenes Anspruch zu machen; und die Absolutsetzung solcher Erfahrungen in der Ersetzung der Mutter durch die Rolle des Christus. Um es ganz klar zu sagen: ein Gott, der die «Identitätssuche» als eine egoistische, nervöse, ja, parasitäre Schikane der Psychoanalyse lächerlich macht und moralisch verbietet, ist weder der Schöpfer der Welt noch der Vater Jesu Christi, er ist ein Überichdämon, der nur vornehm und geschickt genug ist, als Motiv seiner Opfer niemals sich selbst, sondern andere Menschen, seine «Kinder», ins Feld zu führen. Und auch diese Verschiebungen kennen wir ja: ein an sich «ohnmächtiger» «Vater», der zur «Rettung» seiner «Welt» des Opfers des «Christus» (der Mutter) und der liebenden «Kinder» bedarf... Was ist das anderes als der Masochismus, der uns auf Schritt und Tritt in der Biographie der Kleriker begegnet? Im Namen aber all derer, die von dieser Art der Theologie inmitten ihrer Depressionen und Zwangsneurosen immer wieder nichts anderes als Glückszerstörungen, Schuldgefühle und falsche Bestätigungen erfahren, sei gesagt: man trägt zum Glück anderer Menschen gerade so viel bei, als man selber an Glück sich erworben hat; man darf nicht die Hilfsbedürftigkeit des anderen brauchen, um selber sich Berechtigung und Notwendigkeit zu verschaffen; und es gibt eine Pflicht, selber zu sein, oder man wird eines Tages bemerken müssen, wie man durch die eigenen Lebenseinschränkungen auch andere Menschen einengt und hindert, sie selbst zu werden.

In der Tat dürfte für die klerikale Psyche dieser Schock bei der Begegnung mit der Psychoanalyse am schlimmsten und nachhaltigsten wirken: spüren zu müssen, daß man nicht glücklich sein kann «für andere», und daß es kein Leben «für andere» gibt, ehe man nicht gelernt hat, selber zu leben. Freilich wächst diese Einsicht um so rascher und unvermeidbarer, als man sich per-

sönlich anderen Menschen aussetzt, und hier bietet die unverheiratete, wesentlich beamtete Existenzform der Kleriker ein weiteres Terrain, um sich selbst zu entgehen. – Vor Jahren sagte mir eine Gemeindereferentin, im Verlauf ihres Theologiestudiums sei ihr kein Erlebnis wichtiger und keine Einsicht kostbarer gewesen als eine Weihnachtsfeier ihres Ausbildungsinstitutes, in der Texte lateinamerikanischer *Campesinos* verlesen wurden. Mit diesen *Campesinos* unterhielt sie niemals ein anderes denn ein romantisch-phantastisches Verhältnis, doch niemals in ihrem Theologiestudium hatte man sie gelehrt, wieviel an Gefühlen eigener Ausbeutung, Einsamkeit, Armut, Hilflosigkeit, ohnmächtigen Aufbegehrens und vager Hoffnung auf Befreiung sie in diese Texte brasilianischer Landarbeiter hineinprojizierte. Wohlgemerkt: die Probleme der lateinamerikanischen *Campesinos* bestehen in bitterer Realität, und sie lassen sich nicht psychoanalytisch lösen; aber die Psychoanalyse kann in etwa den Sog auflösen, stets in der «sozialen» Unfreiheit der anderen die eigene (psychische) Unfreiheit erlösen zu wollen; sie kann die Vertauschung der Ebenen revidieren, in der man glaubt, mit sozialen Mitteln psychische Probleme lösen zu können bzw. umgekehrt: in der sozialen Not ein willkommenes Alibi sehen zu dürfen, um sich an der Auseinandersetzung mit dem eigenen psychischen Leid vorbeimogeln zu können. Anders gesagt: Die Not der *Campesinos* existiert viel zu real, als daß sie zum bloßen Symbol individueller Erlösungsbedürftigkeit verkommen dürfte, und sie bedarf möglichst rationaler, möglichst entideologisierter *politischer* Lösungsverfahren; diese aber gelingen um so besser, als sie in ihrer Realität unverzerrt von den Neurotizismen der eigenen Subjektivität betrachtet und erarbeitet werden können.
Mithin kommt es als erstes darauf an, nicht länger unter dem Namen christlichen Gehorsams die Verehrung eines Gottesbildes zu fördern und zu fordern, das nicht der Selbstannahme des Ichs, sondern der Stabilisierung des Überichs dient. Die These, Selbstfindung sei als der Gegenbegriff zu politischem Engagement zu betrachten, erweist sich selbst als Teil einer Ideologie der Selbstunterdrückung. Im Gegenteil: jedes politische Engagement muß sich an der Frage messen lassen, wieviel an Wert es der Freiheit des Einzelnen einräumt[52]; die Freiheit des Einzelnen aber beginnt wesentlich im eigenen Kopf. Eine richtige Psychologie leistet selbst einen unschätzbaren Beitrag zur Emanzipation des Subjekts. Sie ist nicht der Gegenbegriff, sondern die Ouvertüre, der Motor der politischen Befreiung.
Zum zweiten: Es ist unzweifelhaft richtig und wichtig, daß Gott wesentlich auch in dem oft stummen Schrei der Notleidenden zu uns redet und in dieser Sprache «gehört» werden will. Und doch, wird man sagen dürfen, spricht

Gott noch weit grundlegender, grundgebender als durch die zeitbedingten Konstellationen geschichtlicher Not zu uns durch die leise Stimme des eigenen Herzens. Im *Leid* der Menschen redet Gott aus dem *Widerspruch* zu sich selbst – er leidet es nicht, daß Menschen leiden; – doch diese Stimme ist nur wie das gebrochene Echo ganz anderer Worte, die er *unmittelbar* zu uns spricht, und aus *diesen* Worten leben wir wirklich, denn sie erst geben den Mut und die Kraft, die Verneinung des Menschlichen selbst zu verneinen durch die Bejahung, mit der Gott zu uns redet. Es kann gar nicht oft genug wiederholt werden: die erste Frage eines Menschen lautet nicht: «Was muß ich tun?», sie lautet weit ursprünglicher: «Wer bin ich selbst?» bzw.: «Wer darf ich sein?» und: «Was darf ich hoffen?»[53] Es bedeutet nicht mehr und nicht weniger als das Ende der christlichen Erlösungslehre, die Reihenfolge dieser Fragestellungen zu ändern und die Ethik, das moralische Wollen und Sollen des Menschen, an die erste Stelle zu rücken. Die starke, ja, ausschließliche Akzentuierung auf das politische Engagement setzt in gewissem Sinne die KANTianische *Reduktion des Religiösen auf die Ethik* fort[54] und erweitert lediglich den Anwendungsrahmen, indem sie unter den Bedingungen der modernen Massengesellschaft mit ihren vielfältigen politischen nationalen und internationalen Verflechtungen den Bereich der Verantwortung vom Individuellen zugleich auf das Gesellschaftliche ausdehnt und neben dem einzelnen Tun zugleich auch die strukturellen Zusammenhänge mit moralischen Kategorien belegt. Doch die Moral ist nicht, wie in der Philosophie des Deutschen Idealismus, das Ursprüngliche am Menschen, sondern das Abgeleitete[55], und ehe nicht das Dasein des Menschen selbst von den Verformungen der Angst befreit ist, steht alles moralische Gutseinwollen des Menschen unter der Dialektik jeder Gesetzlichkeit: es ist nicht möglich, mit Hilfe von Verordnungen und Maßnahmen Leben zu schaffen – es ist nicht einmal möglich, auf solchem Wege Leben wirksam zu schützen.
Und nun muß man immer wieder darauf hinweisen, daß die Frage der Erlösung, das Entscheidende am Christentum, in einem dogmatischen *Heilspositivismus* schlechtweg für erledigt erklärt wird, wenn man die Frage der eigenen «Identitätssuche» für einen antisozialen Eskapismus erklärt. Gerade umgekehrt: man muß z. B. nur tagaus, tagein immer wieder mitansehen, wie *Ehen* beim besten Wollen und Bemühen der Gatten auf tragische Weise zum Scheitern bestimmt sind, eben weil die Frau, der Mann sich niemals fragen durften: wer bin ich selbst? Man muß das Leid der Kinder vor Augen haben, deren Mutter oder Vater ständig «im Dienst» «für andere» sein mußten, statt in ihrer eigenen Person gefestigt zu ruhen, und man kann leicht den Schaden ermessen, den auch unter sozialem und «politischem» Aspekt eine Theolo-

gie anrichten muß, die in der «Mystik» eines christusförmigen Leidensgehorsams jedwedes Interesse am eigenen Ich für etwas, christlich gesehen, *Illegitimes* erklärt. Die erste Form der «Mystik» eines befreienden Gehorsams besteht in der Fähigkeit, *nach innen* zu hören: auf die Traumpoesie der Bilder der Nächte, auf die feinen Gefühlsschwingungen am Tage, auf die vielfältigen Signale der Körpersprache – auch und gerade in ihnen: in den Vorstellungen spontaner Phantasie, in den Regungen des Herzens, im Rauschen und Pulsieren des Blutes redet Gott zu uns, und diese große Symphonie der Schöpfung, an der wir teilhaben als Mitgeschöpfe dieser Welt und zugleich als Wesen, die imstande sind, in ihrer Unvertauschbarkeit und Individualität diesen Gesang der Welt um eine Stimme, eine Tonfolge, um eine Melodie zu bereichern, die einzig wir in ihr auszusingen vermögen, wenn wir auf die Stimmung und Gestimmtheit des eigenen Ichs zu hören lernen –, dieser schweigende und jubilierende Gesang des Daseins ist *die erste Weise* Gottes, zu uns zu reden, er ist der ferne Nachhall der Schritte Gottes, als der Allmächtige nach der Hitze des Tages in der Abendkühle im Garten der Welt an der Seite des Menschen sich zu ergehen und zu erfreuen pflegte (Gen 3,8)[56], und es ist *die letzte Weise* der Gottesrede, die zu vernehmen wir wieder erlernen müssen, wenn je das «Werk» der «Erlösung» an sein Ziel gelangen soll.[57]
Worum es hier geht, entscheidet über nichts Geringeres als über die ganze Richtung und mithin auch über die relative Berechtigung einer bestimmten Form von Religion und Religiösität. Alle «Mystik» bleibt zweideutig als Vergewaltigungssprache des Überichs bzw. als Ersatzsprache verdrängter Wünsche mit allen nur denkbaren Symptombildungen sexualpathologischer und sadistischer Obsessionen – man vergleiche z. B. nur die Widerfahrnisse der heiligen *Theresia von Avila*[58] oder die wundersame Askese des heiligen *Alphons von Liguori*[59], dieses Vorbilds der Keuschheit für ganze Generationen von Jugendlichen! Es liegt (s. o. S. 49f.) eine erhebliche Gefahr darin, in der üblichen Weise heutiger Theologie das Unbewußte im Menschen schlechtweg zu verleugnen und damit in allem Reden von Gott den Status der Äußerlichkeit und Entfremdung festzuschreiben, stets aus Furcht, es könnte der Raum des Göttlichen noch mehr eingeengt werden, wenn man, nach der methodisch «gottlosen» Erforschung der *äußeren* Natur, nun auch noch die *innere* Natur der menschlichen Psyche mit dem methodischen Atheismus der Psychoanalyse zu durchgrübeln suche. Ein Mensch wird nicht ungläubiger, wenn er sich selber kennenlernt, er wird lediglich freier, offener, empfänglicher, hörbereiter, sensibler – im ganzen «frommer», nimmt man dieses Wort nicht in bigottem Sinne. *Religiös* genügt es nicht,

sich mit der *moralischen* Integrität eines Menschen und mit dem Integralismus der kirchlichen Strukturen zu beruhigen, in denen er geistig aufgewachsen ist; religionspsychologisch geht es wesentlich um die Integration des Unbewußten, denn nur in der Seele eines «ganz» gewordenen Menschen vermag die Gestalt des «Menschensohnes», wenn auch noch so begrenzt, sich widerzuspiegeln.

Und wie mit dem *Hören auf die innere Natur* des Menschen verhält es sich zugleich auch mit dem *Hören auf die Natur draußen*. Es sind heute wesentlich Theologen, die vehement den Satz verteidigen, *alles sei Politik*. Hier wird der Totalanspruch biblischen Geschichtsdenkens so weit getrieben, daß man einfach nicht mehr verstehen will, was ALBERT CAMUS meinte: es müsse Räume der Erfahrung natürlicher Schönheit geben, um sich von der Last der Geschichte zu erholen.[60] In einem eigentümlichen, die Tragödien der Geschichte moralisch verleugnenden Voluntarismus und Rationalismus gibt man sich überzeugt, das Reich Gottes beschleunigen zu können – zu sollen! –, und merkt nicht, wie darüber die Seele des Menschen immer ärmer wird, bis daß sie am Ende, da man ihre Symbole zu verstehen sich weigert, nur noch in der Sprache der Symptome – nicht: sich verständlich, wohl aber wider- und gegenständlich machen kann. Der Satz: Alles ist Politik, ist an sich noch weit weniger zutreffend als die absurde Behauptung, alles sei Physik oder Biochemie – schließlich ist das, was heute «Politik» heißt, noch keine 8000 Jahre alt; man übersieht wie mit Absicht *die Eigenständigkeit der Natur* gegenüber dem Menschen, und ob man es will oder nicht, tötet man das Daseinsrecht der Pflanzen und der Tiere gedanklich noch weit früher, ehe man damit beginnt, besonders die Tiere zugunsten einzig des Menschen in den Massentierhaltungen, Forschungslabors und den Vergiftungs- und Vernichtungsstrategien der Industrie-, Forst- und Landwirtschaft mit milliardenfachem Leid zu überziehen. Wer keine Ohren hat, um die Stimme Gottes in der Sprache seiner Geschöpfe zu vernehmen, wer aus dem Psalmenbuch des Alten Israels grundsätzlich nur die Klage- und Fragepsalmen herausliest, wer den Gesang des Glücks im Wehen des Windes, im Rauschen des Meeres, im Zirpen der Grillen und im Schrillen der Schwalben nicht zu hören sich gestattet, wie will *der* Gott hören *auch* in dem Klagegeschrei eines Schweins, das geschlachtet wird, im Brüllen einer Kuh, die begreift, wohin man sie karrt auf dem Wege zu den Todesfabriken an den Rändern der Großstädte – nein, es gilt, weiß Gott, einen *natürlichen Gehorsam* zu lernen, weit kreatürlicher noch als den «politischen» Gehorsam gegenüber der Not der Menschen! Ehe Adam im Paradies von Gott gewürdigt wurde, einer Frau zu begegnen als seinem Gegenüber, führte Gott ihm *die Tiere* zu, um

zu sehen, wie er sie nenne, denn so sollten sie heißen. Es ist mehr als ein Mißverständnis, es ist der Offenbarungseid des Unverständnisses heutiger Theologie, wenn diese wunderbare Stelle von der *Namengebung der Tiere* in Gen 2,19[61] immer noch nach dem Modell des Herrschaftswissens und der Herrschaftsausübung ausgelegt wird, wo es in Wahrheit, selten genug in der Bibel, einmal um die Magie und den Zauber einer hochpoetischen Wesensvernahme und Wesensaussprache aller Lebewesen geht. Um die Einheit des Menschen mit seiner inneren Natur und um die Einheit des Menschen mit der Natur, in der er lebt, ist es dieser Stelle zu tun, und längst bevor man sinnvollerweise über «Umwelt»-Schutz[62] und Ökologie diskutieren kann, bedarf es einer ganzen Reihe von «mystisch»-gehorsamen Wertevidenzen bzgl. der *Heiligkeit und Unantastbarkeit der großen Kathedralen,* die Gott sich erbaut hat *in den Wäldern der Tropen,* in den *Savannen* nördlich und südlich dem grünen Gürtel des Äquators, in den *arktischen Regionen,* in den Watten- und Schelfmeeren, in den Gletscherzonen der Berge – *keinesfalls ist alles Politik;* und die Natur *gehört* nicht uns, wenn wir es nur lernen, richtig zu hören. – *«Richtig»* zu hören, das heißt, daß der poetische Mensch als wichtiger, buchstäblich als *rettender* erlebt und begriffen wird als der politische Mensch, der freilich sich aus diesem entwickeln kann und muß, um menschlich zu bleiben bzw. um menschlich zu werden.
Wenn man nach einem Bild sucht, um diese Art eines befreienden, hochpoetischen Hörens nach innen wie nach außen sich vorzustellen, so findet man schwerlich ein passenderes Beispiel als *die Legende von der Befreiung des Petrus aus dem Gefängnis* in Apg 12,1–19.[63] Allem Anschein nach erzählt die Geschichte von der Willkür der Macht des Königs *Herodes,* die mit Menschenleben spielt, wie es dem Volke gefällt und dem Ansehen des Hofes zu dienen verspricht. Durch vierfache Wachen, durch Eisen und Stein gefesselt und zu dem Spektakel einer öffentlichen Hinrichtung vorherbestimmt, scheint dem *Petrus,* versunken in Schlaf, nichts weiter zu bleiben als der baldige Tod. Im Sinne einer *politischen* Geschichte müßte nun unbedingt erzählt werden, was die Gemeinde der Christusjünger, versammelt und gestärkt in der «Mystik» des Gebetes, für den in Gefangenschaft Darbenden *tut.* Doch genau das wird nicht erzählt. Gott will die Freiheit des Menschen, kein Zweifel; doch eben: wo Menschen füreinander nichts weiter mehr zu tun vermögen, als füreinander zu beten, schickt Gott mitunter seinen *Engel.* Man würde die Symbolsprache der Legende gegen den Duktus ihrer eigenen Psychodynamik interpretieren[64], würde man das, was die Geschichte in dem Bilde des *Engels* nach innen zieht, wieder nach außen in die Ebene des politischen Aktionismus tragen. Es geht nicht darum, daß jemand, vielleicht ein Hofbe-

beamter des Königs, von den Christen dahin überredet worden wäre, den Apostel überraschend doch noch frei zu lassen, es geht darum, daß ein Mensch, selbst ein Gefangener, frei werden kann, wenn er aufwacht zu seinem eigenen *Wesensbild*. – ANTOINE DE SAINT-EXUPÉRY erzählt einmal, wie an einem Herbsttag eine Gruppe von Hausgänsen, die niemals etwas anderes in ihrem Leben gesehen haben als ihren Stall, den Freßtrog und den Weg zum Weiher, über sich am Himmel eine Kette von Wildgänsen sehen. In diesem Moment begibt sich etwas Wunderbares: die Tiere beginnen, mit den Flügeln zu schlagen, so als wollten sie es ihren freilebenden Artgenossen gleichtun. In ihren kleinen harten Köpfen erwacht für einen Augenblick das Bild von Wäldern, Gebirgen und Meeren – und die Sehnsucht, unendlich ins Weite zu fliegen nach geheimen Bahnen und Routen zurück in das Land der Heimat, aus der sie gekommen sind vor vielen Jahrmillionen. Doch nach Sekunden schon scheint alles vorüber, da versinken die Hausgänse wieder in den Trott von Trog und Tod, von Fressen und Gefressenwerden, als hätten sie nie das wahre Bild ihres Selbst, die Vision ihrer Freiheit geschaut.[65] *Hören auf Gott* – das heißt, das Wesensbild seiner Existenz vor sich zu sehen und ihm wie blind zu gehorchen – vorbei an den Wachen der Menschen, hindurch durch verschlossene Türen, und den Ort der Einsamkeit auszuhalten, ehe der Weg hinüberführt zu den wartenden Brüdern (Apg 12,10).

Und *zum dritten:* Nur wer in dieser Weise auf sich selber zu hören gelernt hat, vermag auch einem anderen Menschen so zuzuhören, daß Gott zu ihm redet. – Vor zwei Jahren wurde in der Presse gemeldet, daß eine Gruppe grönländischer Eskimos Geld gesammelt habe zugunsten der Verhungernden in der Sahel-Zone. Kein Wunder: Eskimos wissen noch immer, was Verhungern ist; sie haben es am eigenen Leibe erlebt. An der *eigenen Seele* erlebt haben muß man, was man von der Seele des anderen verstehen will, und es spricht vieles dafür, daß wir in dieser Sensibilität, auf die Gefühle eines anderen Menschen zu hören, in unserer Kultur relativ noch am Anfang stehen. Noch die Generation unserer Eltern z. B. hat man in den Zweiten Weltkrieg gejagt, ohne daß irgend jemand sie danach gefragt hätte, was sie dabei fühlen; private Gefühle zu zeigen galt nach den Regeln einer eigentümlichen *Schamkultur* als etwas Ehrenrühriges, als ein Gesichtsverlust. Vielleicht zum erstenmal wächst *heute* eine Jugend heran, die es als *wesentlich* empfindet, über Gefühle zu *reden*. Diese Jugend ist zu Recht sehr mißtrauisch, wenn sie etwas von Pflicht und Opfer hört; aber statt dessen dringt sie auf Fairneß im Umgang miteinander, auf Offenheit im Besprechen der jeweiligen Wünsche und Interessen, auf Formen des Zusammenlebens, die einigermaßen partnerschaftlich und für beide Seiten befriedigend sind. Man weiß in der heutigen Industrie- und Computergesellschaft, daß alles Mechanisierbare zwar einen äußeren Arbeitsablauf erleichtern, die Beziehung zwischen zwei Menschen aber nur totmachen kann. Man spürt viel deutlicher als je zuvor, daß das wichtigste im Leben: die Liebe eines anderen Menschen, nicht zu «haben», sondern nur Tag um Tag zu erwerben ist und daß es dazu keinen besseren *Weg* als den *eines ansprechenden Zuhörens* bzw. eines *Anhörens* gibt, das in sich selber wie ein *Zuspruch* ist. Gewiß läßt sich darüber diskutieren, wie hoch der Beitrag speziell der *Psychoanalyse* an diesem Suchen nach einer Form vertiefter Partnerschaft zu schätzen ist – außer Frage steht, daß SIGMUND FREUD der erste war, der einen Raum schuf, in dem Menschen die Einschränkungen ihres Ichs nach und nach überwinden konnten, indem sie im Gegenüber einer Person, die im wesentlichen kaum etwas anderes tat, als aufmerksam zuzuhören, für sich selber die Fähigkeit gewannen, über Empfindungen, Wünsche und Gefühle zu *sprechen*, die auch nur zu *denken* ihnen ihr Leben lang verboten worden war.[66] *«Gehorsam»* – das heißt unter psychoanalytischem Anspruch, den Worten des anderen mutiger und freundlicher, ernster und heiterer, genauer und geduldiger zu folgen, als er sich selbst im Moment zu verstehen getraut; es bedeutet, die Gestalten, Erfahrungen und verdichteten Szenen in und hinter seinen Schilderungen wahrzunehmen, ihm die Brüche und Widersprüche zwischen seinem Denken und Fühlen bewußt zu machen und mitunter ihm sein eigenes Erleben in *Bildern* zu deuten, die seinen Träumen nachempfunden sind oder ihnen in gewissem Sinne vorgreifen.

Wesentlich der *Psychoanalyse* verdankt man in unserem Jahrhundert das Wissen um die Wirklichkeit des Psychischen *hinter* dem Sichtbaren – eine Veränderung des Bewußtseins, die den Umgang miteinander zutiefst umgestaltet hat. Als z. B. der amerikanische Filmregisseur HAL ASHBY 1978 seinen Film *Coming Home – Sie kehren heim* über das Schicksal der Soldaten im Vietnam-Krieg drehte, montierte er die folgende Dialogpassage zwischen *Sally* (Jane Fonda) und ihrem Mann, dem Marine-Captain *Hyde* (Bruce Dern), den sie in Hongkong für ein paar Tage besucht: «Mir geht das verdammte Vietnam nicht aus dem Kopf.» – «Erzähls mir. Ich möchte wissen, wie es dort aussieht.» «Ich weiß nicht, wie es dort aussieht. Ich weiß nur, was es bedeutet. Wie es dort aussieht, zeigen sie im Fernsehen. Aber sie zeigen nicht, was es bedeutet.»[67] – Was etwas *äußerlich* darstellt, ist nach diesen Worten noch lange nicht das, was es innerlich im Menschen bewirkt. Wer diesen Unterschied begreift, versteht auf Anhieb eine der wichtigsten Einsichten der Psychoanalyse, und er weiß auch, daß man auf die Gefühle *hinter der Sprache der Tatsachen* hören muß, um die tatsächliche Wirklichkeit eines Menschen zu

verstehen. – Wie anders sähe *der heutige Lehrbetrieb der Theologie* aus, wenn diese allenthalben fast selbstverständlichen Veränderungen des Bewußt seins die Interpreten des Wortes Gottes auch nur von ferne erreicht hätten!
Das Wichtigste aber im Unterschied zu jeder «politischen» Definition des *Gehorsams* besteht in der *Absichtslosigkeit und Zweckfreiheit,* mit der man einem Menschen zuhören muß, um die verborgene Wahrheit seines Lebens zu finden bzw., in der Sprache der Religion: um zu hören und hörbar zu machen, was Gott zu ihm und durch ihn sagen möchte. Der Raum des Politischen ist wesentlich und unverwechselbar das Gebiet des Zweckrationalen, Planbaren, Machbaren. Ein Zuhören, das nichts mit Menschen «machen», sondern nur für den Menschen dasein will, besitzt keine andere Absicht, als den anderen *gelten* zu lassen und zur Geltung zu bringen; es ist ein Horchen auf das Schöpfungswort, das Gott über das Dasein dieses anderen Menschen gesprochen hat, als er ihn ins Leben rief; und es stellt den Versuch dar, allen möglichen inneren und äußeren Widerständen zum Trotz den ursprünglichen «Namen» zu vernehmen, seinen «Sonnensohnnamen», wie die Alten Ägypter sagten[68], in dem sein Wesen und sein Lebensauftrag wie von einem einheitlichen Zentrum her sich mitteilt und sich ausspricht. Es geht bei dieser Art von Zuhören um eine wirkliche Kunstform menschlicher Begegnung, dicht in der Nähe der Dichtung, der Malerei, der Plastik, der Musik, um jenseits aller funktionalen Verwertbarkeit das Wort, das Bild, die Gestalt, den Ton aus dem anderen hervorzulocken, in dem er sich am wahrsten ausspricht, am klarsten erscheint, am schönsten gestaltet und am reinsten sich aussingt. Ein solches Hören ist prinzipiell auch jenseits der Welt der politischen Zwecke; es ist ein Versuch, den Menschen u. a. auch von der Tyrannei des politischen Prinzips zu erlösen und die Politik als ganze von ihren eigenen Fesseln zu befreien.
Die biblische Schlüsselszene zum Verständnis eines solchen Hörens auf den anderen steht ohne Zweifel in Gen 11,1–9: der *Geschichte vom Turmbau zu Babel.*[69] Die aus dem Garten Eden vertriebene Menschheit spürt in dieser Geschichte sehr deutlich die Gefahr der Zersplitterung, und so sinnt sie darauf, ihre Einheit, entsprechend den Regeln der Gruppendynamik, durch ein gemeinsames Ziel, durch ein gemeinsames Tun zu konstituieren.[70] Doch es ist gerade die Welt der zweckrationalen Machbarkeiten, in welcher den Menschen die Sprache zerbricht, bis schließlich niemand mehr den anderen versteht, weil keiner mehr weiß, wie er selber in Wahrheit sich aussprechen soll. Menschen, die nie gelernt haben, selber zu sein und auf sich selber zu hören, werden ihre eigenen Worte anders wählen, als sie gemeint sind, und auch die Worte anderer anders verstehen, als sie gesprochen wurden. Sie

werden sagen: «Komm doch bald wieder», wenn sie in Wirklichkeit meinen: «Hoffentlich nie!» Sie werden mit Vorzügen protzen, die sie gar nicht aufzuweisen haben; und sie werden vorgeben, sich zu schämen, an Stellen, an denen sie insgeheim Lob und Anerkennung erwarten; und umgekehrt: sie werden das Lob eines anderen als Vorwurf und Tadel auslegen, seine Bitte als Kritik, seine Hilflosigkeit als Schuld, sein Schweigen als Verurteilung und so fort: Eine ständige Sprachverwirrung aus Angst wird ihr Schicksal sein. «Gehorsam», wie er sich heute wesentlich von der Psychoanalyse her lernen läßt, ist wie ein Versuch, die Menschen am Turmbau zu Babel vorbei an den Ort zurückzugeleiten, da sie zum erstenmal fähig wurden, einander *Namen zu geben,* in denen ihre angstfreie Liebe und Zuneigung sich aussprach (Gen 2,23).[71] – Was heute noch aussieht wie eine spezielle psychotherapeutische Behandlungstechnik, die lediglich an den Rändern unserer Gesellschaft den von psychischer Krankheit Geschlagenen zu verordnen ist, stellt sich in Wahrheit als ein Ensemble von Grundhaltungen dar, die wir religiös verwirklichen müssen, wenn irgend es uns mit dem «Rat des Gehorsams» wirklich ernst ist.

Bis dahin läßt sich vom Gehorsam sagen, was PAUL M. ZULEHNER so ausdrückt: er bringt in Erinnerung, «daß nicht wir alles machen können und auch nicht müssen, vor allem nicht das Leben, die Welt, die Liebe, die Versöhnung, die Zukunft, die Überwindung des Todes. Vielmehr hat das Entscheidende Gott schon gemacht. Wir werden so von der krampfhaften Selbstbehauptung erlöst. Noch mehr: Wir alle werden dadurch ermuntert, unsere ‹Macht› frei zu setzen, damit nicht nur wir selbst etwas vom Leben haben, sondern die Vielen zu einem Leben in Frieden finden. ‹Machtlose› stiften damit an, gegen die vielfältigen Leben zerstörenden Mächte, Personen und Strukturen in Freimut aufzutreten und deren Macht einzudämmen.»[72] Doch stellt sich damit das Problem auch der *«Demut»* bzw. der hochmütig machenden Macht. Gerade im Rahmen der *politischen Theologie* ist es üblich geworden, gegen «*die* Mächtigen» Front zu machen und das *Magnificat* hoch zu preisen, in dem die Madonna betet: «Er (Gott) hat Gewaltige von den Thronen gestoßen und Niedrige erhöht.» (Lk 1,52) «Demut» wird hier gern gesehen im Zusammenhang mit der Warnung in Mk 10,42-44, wo Jesus den Jüngern erklärt: «Ihr wißt, daß die vermeintlichen Führer der Völker auf sie herunterherrschen und ihre Großen auf sie herunterwillküren. Nicht so hingegen ist es bei euch, sondern wer groß werden will bei euch, sei euer Diener, und wer bei euch Erster sein will, sei aller Knecht.»[73] In der Tat handelt es sich hier um einen einzigartigen Kommentar Jesu zu den Formen der verwalteten Macht; aber nun ist es wieder die Frage, wie man akzentuiert. «Demütig» zu werden hat das Christentum seine Gläubigen seit jeher angehalten, indem es unter Berufung auf die Sündenfallerzählung von Gen 3,1–7 den Kern aller Sünde im «Hochmut» und «Stolz» des Menschen erblickte[74]; den «letzten Platz» zu wählen (Lk 14,7–11), ohnmächtig unter den Menschen zu sein und alles zu tun, um den rechten «Dienmut» unter Beweis zu stellen, nicht sich «bedienen zu lassen», sondern selber zu dienen (Mk 10,45)[75] und nach dem Vorbild Jesu bei der Fußwaschung im Abendmahlssaal (Joh 13,1–16) *Sklavendienst* zu verrichten, ohne darüber neuerlich in eine Art von Lohngerechtigkeit zu verfallen (Lk 17,7–10) – diese Vorstellungen standen und stehen in der christlichen Askese ganz obenan. Doch die Gefahr solcher Lehren beginnt schon bei der mangelhaften Diagnose. Kein Mensch neigt von Hause aus zu Überheblichkeit und Ichaufblähung. Es ist nicht die biblische Sündenfallerzählung, sondern eher *die babylonische Mythologie*, die man mit der Theorie von dem sündhaften Stolz der Menschen interpretiert: in der babylonischen Urgeschichte, nicht in der Bibel, wird erzählt, daß die Menschen wesenhaft aufrührerisch gegen die Götter seien, indem in ihren Adern das Blut des widerspenstigen Dämons *Kingu* kreist, den *Marduk* als Sündenbock bestimmte, um aus seinem Blut und aus dem Staub der Erde die Menschen zu formen als Diener und Sklaven der Götter.[76] Die Bibel hingegen erzählt nicht die Geschichte eines titanenhaften Aufstands gegen die Götter, sondern die Geschichte der übersteigerten Maßlosigkeit des Menschen, wie Gott sein zu wollen, um nicht die ständige Angst aushalten zu müssen, im Gegenüber der «Schlange» (des Nichtseins) nichts weiter zu sein als ein Stück Kreatur.[77] Das Hauptproblem der biblischen Geschichte lautet also nicht, wie man den Menschen von seinem vermeintlichen Hochmut befreien und ihn zur rechten «Demut» anleiten könne, sondern wie man ihn von der *Angst* zu befreien vermag, die es ihm nicht erlaubt, in ruhigem Gleichmut, im Gleichmaß seines Wesens, zu verharren. *«Stolz»*, psychoanalytisch betrachtet, ist keine ursprüngliche Gefühlsregung, sondern eine Reaktionsbildung auf schwere Minderwertigkeitsgefühle.[78] Nicht wie man den Menschen erniedrigt und «demütigt», nicht wie man ihn «gehorsam» und autoritätsabhängig machen und halten kann, sondern wie man dem Menschen ein Gefühl für seine ursprüngliche Würde zurückgeben kann, stellt das eigentliche Problem christlicher Erlösungslehre dar. Um es so zu sagen: «stolz» ist nicht der Pfau, der im Garten sein Rad schlägt – er bringt lediglich die Schönheit seiner Gestalt in üppiger Pracht vollendet zur Geltung; «stolz» ist eher der Frosch in der Fabel LA FONTAINES, der aus lauter Angst sich bis zum Platzen aufbläht[79]: Das Sich-Vermessen des eigenen Maßes, das Herausfallen aus der Einheit des

eigenen Wesens bestimmt den «Stolz». Nicht «Demütigung», wohl aber Beruhigung der Angst bildet die rechte Antwort auf die Not des «Wie-Gott-sein-Wollens» der Menschen in Gen 3,1–7.[80]
Und so jetzt das Thema der *Macht*. In weiten Teilen des heutigen Katholizismus hält man es offenbar für eine glaubwürdige Synthese von «Mystik» und «Politik», für «die Mächtigen» der «Welt» zu beten, daß Gott ihnen Weisheit, Einsicht, Gedanken des Friedens und der Gerechtigkeit etc. schenken möge, um gegen «die Machthaber der Welt» angehen zu können. Es ist natürlich offenkundig, daß es Diktaturen und Unrechtssysteme in unserer Zeit in erschreckender Form und Fülle gibt; es läßt sich desgleichen nicht leugnen, daß die Kirche im Namen ihrer Gläubigen ebenso wie im Namen der Menschlichkeit zu den entsprechenden Zuständen nicht schweigen kann; die Fehler der Appeasement-Politik des Vatikans in der Zeit des Dritten Reiches dürfen sich ein für allemal nicht wiederholen. Aber: man muß sich auch darüber im klaren sein, daß gerade diejenigen politischen Zustände und Verhaltensweisen, die, von außen betrachtet, als längst überholt und völlig inakzeptabel scheinen, sich im Verlauf der Geschichte nicht so lange hätten halten können, wenn sie nicht in irgendeiner Weise sich «bewährt» hätten oder sogar eine gewisse Notwendigkeit zu ihrer Erklärung geltend machen könnten. Die «Mächtigen», lehrt darüber hinaus die Sozialpsychologie, sind in einem Volke gerade nicht die an sich Unabhängigen, sondern die am meisten an den Willen der Masse Gebundenen.[81] Insbesondere die *Diktatoren* kommen samt und sonders durch die Angst des Volkes an die Macht, und nur mit Hilfe von Angst halten sie sich an der Macht.[82] Nicht die Macht, sondern *die Angst* im Hintergrund stellt daher die eigentliche Herausforderung dar. Insbesondere gilt es, *die Tragik* gerade der «Mächtigen» vor Augen zu haben, die von den Tagen des *Marc Aurel* bis zu den Tagen von Zar *Alexander I.* gegen ihren Willen Krieg führen mußten und Unruhen und Blutvergießen selbst dann noch bewirkten, wenn sie die Krone niederlegen und die Unschuld der Einsamkeit aufsuchen mochten: – REINHOLD SCHNEIDERS Novelle *«Taganrog»*[83] beschreibt meisterlich diese Ohnmacht der Macht für jeden, dem sie nicht schon bei der Lektüre von Mk 14;15 in den Gestalten von *Kaiphas*,[84] *Pilatus*[85] und *Josef von Arimathäa*[86] deutlich wird.
Mit anderen Worten: um den Boden einer gewissen religiösen Kompetenz im Umgang mit dem menschlichen Machtstreben nicht allzusehr zu verlassen, darf man nicht mit der Kritik gewisser Formen politischer Machtausübung beginnen, sondern man muß, ähnlich wie in der Auseinandersetzung mit der Frage des Reichtums, sich mit all den Varianten des menschlichen

Verhaltens auseinandersetzen, in denen der Besitz von Macht *notwendig* scheint, um die tief verankerten Ängste persönlicher Minderwertigkeits- und Ohnmachtsgefühle zu beruhigen. *Religiös betrachtet,* entscheidet es über den Aufbau des gesamten Lebens, ob ein Mensch zu sich selbst, zu seiner eigenen Kleinheit und Begrenztheit ehrlich zu stehen lernt, oder ob er es immer wieder nötig findet, auf andere «herunterzuwillküren», nur um kein Niemand zu sein. Die Kernfrage der «Demut» (besser: eines ehrlichen *Wesensgehorsams* bzw. einer unverkrampften Form der Selbstannahme) lautet infolgedessen nicht: wie kann ich wem womit «dienstbar sein» – selbst das «Dienenwollen» kann auf dem Hintergrund der Angst durchaus terroristische Züge annehmen; bes. der Formen klerikaler Besserwisserei, gerechtfertigt durch das «freudige» «Dienstapostolat», in dem wir «die Kleinheit unseres Ichs» «demütig» dem Herzen Jesu oder der Heiligsten Dreifaltigkeit «aufopfern» in «rückhaltloser Hingabe» und «grenzenloser Bereitschaft», sind bekanntlich unendliche. Die Kernfrage der «Demut» lautet ganz einfach: wie ich es aushalte, ich selber zu sein, nicht mehr und nicht weniger. Erst wem diese Frage im Vertrauen auf Gott sich klärt und beantwortet, der wird bald schon finden, daß er gerade durch eine gewisse Ruhe im eigenen Wesen wohltuend beruhigend und entängstigend auch auf andere Menschen wirkt. Menschen dieser Art stehen Gott nicht länger im Lichte; sie drängen sich weder auf, noch drängen sie sich vor, sie *sind* einfach, und so erlauben sie es auch anderen Menschen an ihrer Seite, selber zu werden. Sie haben und wollen keine Macht; eben deshalb kann ihr Einfluß auf andere Menschen so heilsam und stark sein. Sie bedürfen nicht mehr der Selbstdarstellung; eben deshalb leuchtet ihr wirkliches Sein um so heller. Sie stellen sich nicht auf die Zehenspitzen; eben deshalb sind sie von einer menschlichen Größe, die andere aufrichtet. Während man die Worte «Gehorsam» und «Demut» im Deutschen kaum noch gebrauchen kann, weiß doch ein jeder, was es heißt, wenn einer den anderen «demütigt». Menschen, die zu sich selber gefunden haben, brauchen das nicht mehr.

Diese psychoanalytische Auslegung des evangelischen Rates von «Gehorsam» und «Demut» besitzt vor allem den unschätzbaren Vorteil, daß sie auf die Kirche selbst augenblicklich zurückwirkt. In psychoanalytischer Sicht erscheint es manchmal wie ein nur allzu willkommenes Ablenkungsmanöver, wenn immer wieder die Rede geht von den «Mächtigen der Welt», gegen deren Politik die katholische Kirche als der fortlebende leidende Christus an der Seite der Notleidenden sich einsetzt für Freiheit und Menschenrechte. Um es so zu sagen: Die katholische Kirche kostet es wenig, Demokratie in Chile zu fordern, während sie selber sich beharrlich weigert, in ihren eigenen

Reihen auch nur ein bißchen mehr Demokratie zu wagen; es kostete sie vergleichsweise wenig, gegen die Rassendiskriminierung in Südafrika einzutreten, während sie selber von einem gleichberechtigten Zugang von Männern und Frauen zu den geistlichen Ämtern der Kirche auch gegen Ende des 2. Jahrtausends nach Christus nichts wissen will; es macht ihr wenig Mühe, den Konsumismus der westlichen Industrienationen anzuklagen, während sie selber sich ihre vatikanische Hofhaltung gerade von den Gläubigen dieser Länder bezahlen läßt und zur Verringerung des Elends der Dritten Welt nicht einmal im Ansatz sich bereit und fähig zeigt, über eine vernünftige Form der Bevölkerungspolitik und der Empfängnisverhütung zu diskutieren.[87] Das alles hat mit «gehorchen» und «dienen» herzlich wenig zu tun, um so mehr aber mit ideologischer Rechthaberei und Indoktrination. Kommt dann noch das ständige Klagen über die «Mächtigen der Welt» hinzu, so ist der Eindruck psychoanalytisch unvermeidbar, die katholische Kirche werde auch heute noch von so archaischen Strukturen beherrscht, wie SIGMUND FREUD sie in *«Totem und Tabu»* beschrieben hat: eine «Brüderhorde», die ihr Alpha-Tier für nahezu allmächtig hält und es in einem gemeinsamen Aufstand aller zu töten trachtet[88]; ein offener Aufstand aber ist nicht denkbar (s. o. S. 393 f.); und so scheint es sich denn zu empfehlen, die aufgestauten Aggressionen nach außen abzulenken, und genau dem entspricht allem Eindruck nach z. Zt. die «Politik» und «Mystik» des Vatikans: die katholische Kirche selbst, wie man weiß, ist unfehlbar und heilig, sie ist die unüberbietbare Offenbarung Gottes in seinem Sohne Jesus Christus, der in seiner Kirche auf geheimnisvolle Weise fortlebt als Zeichen des Heils über die Völker bis ans Ende der Tage; sie ist die *mystische* Braut des göttlichen Lammes, das sich opfert für die Sünden der Menschen; sie ist die rettende Arche in den Wogen der Sintflut; und so muß sie *Gehorsam* verlangen, damit sie kraftvoll und geschlossen in diesem Entscheidungskampf der Geschichte mit den Waffen des Geistes antreten kann gegen Unglauben und Unmoral, gegen Unrecht und Unmenschlichkeit, und so hat man sie wieder: die *Wahrheit für andere*, vorbei an der Wahrhaftigkeit des eigenen Seins, *kollektiv* jetzt nicht anders als eben noch auf der Ebene des Individuellen.
Wenn je es gilt, daß der Gehorsam eines Christenmenschen sein Vorbild und Maß an der Art des Christus finde, so gilt allen Menschen gegenüber der mutige Satz des Petrus vor dem Hohen Rat, vor der religiösen Leitungsautorität der Kirche seiner Zeit: «Man muß Gott mehr gehorchen als den Menschen.» (Apg 5,29) Es ist ein Satz, der sich unverändert in unseren Tagen auch an den «fortlebenden Petrus» in der Gestalt der Päpste der katholischen Kirche richten müßte. Es erscheint abenteuerlich, wenn immer noch ver-

sucht wird, mit dem Beispiel Jesu die Ideologie eines Gehorsams der Selbstentleerung statt der Seinsfülle, der Entpersönlichung statt der Selbstwerdung, der Unterwerfung des Willens statt der Stärke des eigenen Ichs zu rechtfertigen. Es ist gewiß richtig, daß jede komplizierte Gesellschaft von ihren Funktionären und Amtsträgern eine Art funktionalen Gehorsams erwarten kann und muß – wo die Übersicht schwindet, delegiert sich die Verantwortung. Aber diese Art eines rein *pragmatischen* «Gehorsams» ist durchaus zweckrational und säkular – es ist ein Typ von Gehorsam, wie ihn jede Verwaltungsbürokratie kennt. Dieser Typ von Gehorsam wird auch nicht dadurch schon göttlich und heilig, daß ein bestimmter Orden oder die Kirche als ganze vorgibt, vom Geiste Gottes geleitet und geadelt zu sein. Im Gegenteil: je rationaler, entscheidungstransparenter und demokratischer die Kirche sich darstellt, um so reibungsloser, rascher korrigierbar und dem Leben zuträglicher werden die innerkirchlichen Lebensprozesse ablaufen. Gehorsam aber in evangelischem, *unbedingtem* Sinne gehört einzig Gott.[89]
«Demut» und «Gehorsam» in evangelischem Sinne – das war, als Jesus selber dem reichen Jüngling auf seine Anrede «Guter Meister» antwortete: «Was nennst du mich gut? Nur Gott allein ist ‹gut›.» (Mk 10,18)[90]
«Gehorsam» und «Demut» der Kirche – das müßte auch bedeuten, nicht nur von einzelnen Menschen, sondern auch von den anderen *Religionen* zu lernen. So wie man von den *Buddhisten* lernen kann, was *Armut* ist, so kann man von den *Muslim* lernen, was *Gottesgehorsam* auch im Sinne der Bibel, auch im Sinne Jesu ist. Als der Stamm der Azd nach dem Tode *Muhammeds* hörte, daß *Abu Bakrin*, der «Vater des Kamelkalbes», ihr neuer Führer werden sollte, höhnten sie: «Will uns im Tod der Prophet einem Kamelkalb vererben! Bei Gott, das wäre der Gipfel der Ehrlosigkeit.»[91] «Die Herrschaft über Menschen», meinte J. WELLHAUSEN von der religiösen Haltung des *frühen* Islam, «gebührt nur Gott; ein menschlicher Besitzanspruch darauf, ein Mulk (Königtum), ist widergöttlich; kein Mensch hat vor einem anderen in dieser Beziehung Rechte voraus, die an seiner Person haften und etwa vererbungsfähig sind.»[92] Diese Haltung eines nur von Gott abhängigen demütigen Gehorsams, der Verengtes aufbricht und Gebeugtes aufrichtet, äußert sich auf ergreifende Weise noch heute in dem islamischen Gebetsgestus: unter der flirrenden Kuppel des arabischen Himmels wirft der Betende dreimal am Tage der Länge nach sich zu Boden, denn nichts sind wir als Staub und Asche; dann aber legen die Betenden die Hände ans Ohr, als vernähmen sie im Raunen des Wüstenwinds das unaussprechliche Wort jenes alles umfangenden Geheimnisses, das wir Gott nennen. Und *im Namen Allahs, des Allbarmherzigen*[93], richten die Betenden sich auf. Es ist diese Art zu

hören, die dem Menschen inmitten seiner Kleinheit und Armut *dennoch* alle Größe und Würde verleiht und die sein kleines Dasein unbeugsam ausspannt in seiner Freiheit zwischen Himmel und Erde, mit der Stirn bei den Sternen, mit den Füßen im Staub. Immer noch glauben wir im Christentum, am besten zu beten, wenn wir vor Gott bitten um dieses und jenes. Bestünde nicht die «Armut» im Geiste darin, auf das «materielle Mißverständnis» des Religiösen zu verzichten und im Beten zu lernen, wie wir mit Gott einverstanden werden? Immer noch glauben wir, Gott bestürmen zu müssen mit unserer Not und unserem Leid, immer im Wahn, im Grunde zu wissen, was für uns gut ist, wenn nur Gott es auch wüßte. «Gehorsam» zu werden, das hieße, die eigenen Planungen fahren zu lassen und wahr und durchsichtig zu werden in der stillen Sammlung der Gegenwart Gottes.

3. Von einer Zärtlichkeit, die Träume weckt, und von einer Liebe, die Wege weist

Von allen evangelischen Räten ist der Begriff der Keuschheit oder der Jungfräulichkeit zweifellos am meisten belastet; schließlich hat er jahrhundertelang wie ein Schwamm das Spülicht der katholischen Sexualmoral in sich aufsaugen müssen. Der Theorie nach gilt die Keuschheit entsprechend den Worten von PAPST PIUS X. als «auserlesene Zier» des Klerikerstandes.[94] «Ihr Glanz macht den Priester den Engeln ähnlich, sichert ihm die Hochachtung der Gläubigen und verleiht seinem Wirken übernatürliche Segenskraft.»[95] Und PIUS XII. schärfte ein: «Erweist es sich bei einem Kleriker, daß er auf diesem Gebiet zum Bösen neigt, und vermag er innert einer angemessenen Probezeit dieser schlimmen Neigung nicht Herr zu werden, so muß er unbedingt vor dem Empfang der heiligen Weihen aus dem Seminar entlassen werden.»[96] Wir wissen inzwischen, wie wenig solche Vorschriften gegen die Onanie heute noch als praktikabel gelten. Gleichwohl konnte selbst PAPST JOHANNES XXIII. vor den lockeren Sitten warnen, mit denen «in manchen Gegenden» die «Umgebung» durch «ausgelassene Sinneslust» «geradezu verseucht» sei, und als heilsames Gegenbeispiel den *Pfarrer von Ars* empfehlen, der in seiner «heldenmütigen Entschlossenheit ... seinen Leib in Zucht hielt»[97] – GEORG BERNANOS hat in seinem Roman *«Die Sonne Satans»*[98] mit respektvoller Verehrung geschildert, wie der Heilige seinen Körper mit eisernen Ruten bis aufs Blut geißelte, um jeden Hauch unkeuscher Gedanken aus seinem sündigen Fleisch zu vertreiben.

Weit mehr noch als die Worte «gehorsam» und «demütig» ist durch solche Beispiele der Begriff der «Keuschheit» unrettbar ins Lächerliche, Abartige und Perverse abgeglitten. Die heute heranwachsende Jugend empfindet es eher als ein beschämendes Zeichen von Schwäche und Verschrobenheit denn als ein Vorbild der Heiligkeit, wenn jemand im Verlauf seiner Pubertät es nicht dahin bringen sollte, in irgendeiner Weise sich in die Erfahrungswelt der Sexualität durch einigermaßen befriedigende Kontakte einzuüben. Zikkig und spießig zu sein wird im allgemeinen als weit schlimmer erlebt, als «unkeusch» zu sein, und von einem bestimmten Alter an gehört es sich gewissermaßen einfach nicht mehr, immer noch «Jungfrau» zu sein[99] – ein entsprechender Begriff für heranwachsende Männer fehlt bezeichnenderweise seit eh und je. Man täte dabei den Jugendlichen und Erwachsenen nach der «Kulturrevolution» von 1968 gewiß sehr Unrecht, wollte man unterstellen, es sei ihnen lediglich um exzessive Triebbefriedigung oder um die schrankenlose Durchsetzung des Lustprinzips zu tun. Worum es in Wirklichkeit geht, ist eine im Grunde schwierigere, jedenfalls offenere, ehrlichere, persönlich glaubwürdigere und im ganzen einheitlichere Form der Begegnung zwischen den Geschlechtern, die freilich die uralten klerikalen Aufteilungen und Abspaltungen wie Spreu im Wind hinwegweht.
Für viele Kleriker z. B., wenn sie denn irgend zur Liebe zu einer Frau oder umgekehrt als Ordensschwester zu einem Manne hingeführt oder «verführt» werden, zeigt sich die Bewahrung christlicher Zucht vor allem darin, die intensivsten Gefühle für «erlaubt» zu halten, solange sie nur keinen *körperlichen* Ausdruck finden; und auch der körperliche Ausdruck mag so lange noch für «unschuldig» gelten, als er nicht zu einem *sexuellen* Ausdruck wird – auf der Ebene der privaten Biographie wiederholt sich auf diese Weise immer wieder im Verlauf weniger Wochen und Monate, was die katholische Kirche in ihrer Moraltheologie jahrhundertelang an Aufspaltungen zwischen Geist und Gefühl, zwischen Seele und Körper und wiederum am Körper zwischen den «ehrbaren» und den «unehrbaren» Teilen in das Gewissen der Menschen zu pflanzen versucht hat. Genau diese Aufspaltungen sind es, die man heute entweder als Heuchelei oder als Prüderie ablehnt, und zwar nicht, weil der moralische Anspruch aneinander gesunken, sondern weil er eher gestiegen ist. Verlangt wird wie selbstverständlich eine viel klarere, eindeutigere, reifere und entschlossenere Form des Verhaltens. Kein Begriff von «Keuschheit», der im Grunde nichts weiter festschreibt als die pubertäre Angst vor dem Körper eines Jungen oder eines Mädchens, hat unter diesen veränderten Gefühlsvoraussetzungen eine Chance.
Insbesondere ist es gerade *die klerikale Moral der Bewahrung*, die man fast

rigoros durch eine *Moral der Bewährung* ersetzt findet. Man glaubt in der Öffentlichkeit endgültig nicht mehr, was die Kleriker der katholischen Kirche ausnahmslos (oder eben um den Preis der unerlaubten Ausnahme!) zu glauben haben oder zu glauben vorzugeben haben: daß man Wahrhaftigkeit, Menschlichkeit und Liebe durch angstverfestigte Vermeidehaltungen und -strategien lernen könnte.

Zudem hat man im Umgang mit der Sexualität etwas wiederentdeckt, das die katholische Kirche in Antwort auf die Priesterheirat und die Auflösung der Klöster im Protestantismus seit dem *Konzil von Trient* sich systematisch abgewöhnt hat: den einfachen *Spaß und* die unbefangene *Freude. Sexualität als Spiel* – das durfte innerhalb des katholischen Kulturlebens allenfalls in der Ausnahmezeit des Karnevals gelten, und selbst da manifestierte sich der klerikale Unterschied: während in den «tollen Tagen» zumindest für Stunden die Regeln des Alltags außer Kraft gesetzt schienen, beteten die Priesteramtskandidaten der Theologenkonvikte zur nämlichen Stunde pflichtweise in eigenen Bußandachten um die Vergebung der Sünden – d. h.: *der* Sünde, es gab und gibt nur eine einzige. Unterdessen freilich haben das Theater, der Film, das Fernsehen, der Videomarkt, die Zeitungen, die Literatur, das gesamte Ambiente unseres Zusammenlebens die Sexualität als eine Quelle von Charme und Schönheit, von Reiz und Verlockung, allerdings auch (vorerst noch?) von Ausbeutung und Vermarktung zurückerobert. Über die Bewertung dieser Tatsachen mag man moraltheologisch streiten, *be*streiten kann man die Tatsache selber gewiß nicht. An ihr liegt es, daß aus der zölibatären Sexualmoral der Kleriker der katholischen Kirche ein bemitleidenswertes Unikum geworden ist; kein Mensch, der einigermaßen normal (gemessen am Querschnitt der Bevölkerung) heranwächst, sieht darin «die Blüte am Stamme der Kirche», wie der heilige CYPRIAN in seinem Traktat *«Über die Haltung der Jungfrauen»* meinte[100], es sei denn, man meinte derlei Aussprüche schon wieder ironisch. Man findet es nicht länger erbaulich, sondern in der Teenager-Sprache, auf die es hier ankommt, «total beknackt», wenn wir den Heiligen die Jungfrauen also rühmen hören: «Sie sind ... die Zierde und der Schmuck der geistlichen Gnade, die erfreuliche Anlage, das reine und unversehrte Werk des Ruhmes und der Ehre, das der Heiligkeit des Herrn entsprechende Ebenbild Gottes, der erlauchteste Teil der Herde Christi. Ihrer freut sich, in ihnen erblüht üppig der ruhmreiche Schoß der Mutter Kirche, und je mehr die Schar der Jungfrauen noch weiter an Zahl zunimmt, desto größer wird die Freude der Mutter.»[101] Und spätestens wäre die Geduld des bloßen Zuhörens wohl überschritten, würde ein Vikar in händeringender Hilflosigkeit den Mädchen einer Schulabgangsklasse auch noch die folgenden Mahnungen vortragen: «Eine Jungfrau muß sie nicht nur sein, sondern man muß dies auch erkennen und glauben. Keiner soll, wenn er eine Jungfrau sieht, im Zweifel sein, ob sie auch wirklich eine Jungfrau ist... Sie, die keinen Mann hat, dem zu gefallen sie etwa vorgeben könnte, muß nicht nur leiblich, sondern auch geistig rein und unbefleckt bleiben. Denn eine Jungfrau darf nicht ihre äußere Erscheinung durch Putz heben oder sich des Fleisches und seiner Schönheit rühmen; gegen nichts hat sie ja heißer zu ringen als gegen das Fleisch, und es kostet sie einen hartnäckigen Kampf, um den Leib zu besiegen und zu bezwingen.»[102] Man braucht gar nicht erst zu hören, wie die Ausführungen des heiligen CYPRIAN wie von selbst darauf hinauslaufen, daß «Foltern und Martern» «im Feuer oder am Kreuze, durch das Schwert oder im Kampfe mit wilden Tieren... der herrlichste Ehrenschmuck des Leibes», die kostbaren «Kleinodien des Fleisches» seien[103] – 70 Jahre nach den Hauptschriften FREUDS zur Psychoanalyse wird jeder einigermaßen aufgeweckten 17jährigen die sadistisch-masochistische Komponente solcher Ideale nicht verborgen bleiben. Mit einem Wort: statt daß die klerikale Forderung des Zölibats mit ihrem Ideal eheloser Keuschheit, wie es die Kirche sich wünscht, als etwas Beispielhaftes und Vorbildliches empfunden würde, erscheint den heutigen Jugendlichen in absoluter Mehrheit dieses Ideal selbst als unglaubwürdig, weil aufgesetzt, unnatürlich und krankhaft. Sie wehren sich dagegen, nicht aus Gründen eines permissiven Hedonismus, wie von seiten der Kirche gerne unterstellt wird, sondern aus einem gesunden Instinkt für das, was menschlich stimmt und was nicht stimmt; und sie sind es leid, mit feierlichen Worten aus dem Munde von Leuten, die mit ihrem mangelnden Mut zum Leben als Vorbild von Heranwachsenden eher im Zwielicht denn als Vorbild erscheinen, sich die schönste Zeit ihres Lebens im aufblühenden Frühling der Liebe durch Schuldgefühle und Ängste aller Art verwüsten und zerstören zu lassen. Eine Moral, die nicht imstande ist, die besten Kräfte im Menschen zu integrieren, statt sie zu unterdrücken, hat, Gott sei Dank, im Erleben der meisten heranwachsenden Menschen heute weder Wert noch Berechtigung.

Wie berechtigt die emotionale Ablehnung der heutigen Jugend gegenüber den kirchlichen Keuschheitsvorstellungen sich ausnimmt, erkennt man am einfachsten, wenn man hört, wie «progressive» Theologen die «Ehelosigkeit um des Himmelreiches willen» zu begründen versuchen; erneut liefert dabei J. B. METZ das wohl instruktivste Beispiel. Es ist dem Münsteraner Theologen nur zuzustimmen, wenn er versucht, die Ehelosigkeit «bewußt nicht von Amt und Funktion des Priesters her» zu begründen[104]; man wird ihm gewiß auch darin beipflichten, wenn er «in der kirchlichen Institutionalisierung der Ehelosigkeit für alle Priester eher eine gewisse Verdunkelung ihrer ‹spezifischen› und unersetzbaren Sendung» erblickt.[105] Dann aber wird er notgedrungen zum Opfer der Psychologieferne seines gesamten Theologiekonzeptes, wenn er erklärt, die Ehelosigkeit als evangelische Tugend sei «Ausdruck einer unabdingbaren Sehnsucht» nach dem Tag des Herrn, und fortfährt: «Sie drängt in die Solidarität mit jenen Ehelosen, für die Ehelosigkeit, sprich: Einsamkeit, sprich: ‹keinen Menschen haben› gerade keine Tugend ist, sondern gesellschaftliches Lebensschicksal; sie drängt zu den in Erwartungslosigkeit und Resignation Eingeschlossenen.»[106] Konkret denkt METZ dabei an die «Alten» in unserer Gesellschaft, um die niemand sich kümmert, oder an die «Jungen», «die oft mehr als andere Altersschichten an jener geheimen Erwartungslosigkeit und Resignation leiden, die als eine gesellschaftliche Krankheit in unseren Seelen schwelt.»[107] Psychoanalytisch gesehen tritt der Sinn solcher Erklärungen am deutlichsten in Erscheinung, wenn man versucht, sie allen Ernstes als Motivation Jungen oder Mädchen, sagen wir: im Alter von 17 Jahren zu vermitteln.

Da soll also, beim Wort genommen, eine Gymnasiastin ein jungfräuliches Leben für erstrebenswert empfinden, weil es in den Hochhäusern und Altenheimen eine Menge alter Leute gibt, die äußerlich zwar gut versorgt, seelisch aber zutiefst vereinsamt sind, oder sie soll «in Freiheit», «um des Evangeliums willen», darauf verzichten, z. B. mit ihrem Freund gemeinsam in Ferien zu fahren, weil eine ihrer Bekannten vielleicht drogenabhängig geworden ist. Es ist offensichtlich: man hat es in solchen Darlegungen nicht mit glaubhaften *Motiven* zu tun, sondern mit *Sinngebungen*, die ganz und gar dem eingangs beschriebenen *Kurzschluß zwischen der psychischen Motivation und der sozialen Funktion* eines Ideals unterliegen (s. o. S. 33 f.). Während J. B. METZ auf der einen Seite gerade versucht, die funktionale Begründung der «evangelischen» «Ehelosigkeit» zurückzustellen, verfällt er ihr doch sogleich wieder, indem er lediglich den Bezugsrahmen der Kirche gegen den Bedürfniskatalog «der» Gesellschaft austauscht, deren Gegenüber er im übrigen nach Belieben variiert: bei der *Armut* ist «die» Gesellschaft wesentlich die Dritte Welt, beim *Gehorsam* sind es «die» Systeme politischer Unfreiheit, jetzt, bei der *Keuschheitsforderung*, ist der Adressat allem Anschein nach in den Verhältnissen westlicher Großstädte zu suchen. Die fehlende Einheit und die unfreiwillige Funktionalisierung in der Begründung der evangelischen Räte darf in unserer Betrachtung an sich schon für ein sicheres Indiz einer mangelnden psychologischen Glaubwürdigkeit gelten. Vor allem aber wird deutlich, daß es sich in den Ausführungen von J. B. METZ, die immerhin zu dem Besten gehören, was die katholische Kirche heute zur Erläuterung ihrer zentralen Lebensformen zu sagen versucht, gerade nicht um Formen gelungenen Lebens geht, sondern bestenfalls um *die späte Rationalisierung eines in der Jugend gescheiterten Lebens* zugunsten von Sozialfällen im Umkreis anderen gescheiterten Lebens. Mit anderen Worten: derartige Gedankengänge können allenfalls bei Leuten verfangen, die, selber gefangen im Netz der klerikalen Lebensformen, sich fragen, warum es sich für sie lohnen soll, so weiterzumachen; es sind Gedanken, die eine gewisse Berechtigung erlangen bei Menschen, deren Leben, äußerlich gesehen, ohnedies kaum mehr zu ändern ist – von 45 Jahren ab etwa. Es handelt sich ersichtlich um *Stabilisierungsversuche nach rückwärts* bzw. um so etwas wie eine späte Ehrenrettung des Ichs in Anbetracht seiner kläglichen Niederlagen in den Tagen der Jugend.

Um Mißverständnissen vorzubeugen, ist an dieser Stelle gleich hinzuzufügen: natürlich hat jedermann das Recht, ja, in gewissem Sinne sogar die Pflicht, selbst aus unglücklichen Lebensvoraussetzungen noch das Beste zu machen und, falls ihm das gelingt, Gott dafür auf den Knien danken und seinen Lebensweg im ganzen für eine geheime Führung und Fügung zu betrachten; es ist auch klar, daß eine Psychotherapie von der Lebensmitte an zunehmend nicht mehr auf äußere Veränderungen des Lebens, sondern eher auf eine innere Verwandlung, auf eine verbesserte Form der Akzeptation, der Bedeutungsverleihung, der Wertschätzung des nun einmal so und nicht anders verlaufenen Lebensweges abzielen wird. Worauf es *hier* jedoch ankommt, ist der psychoanalytisch höchst bedenkliche ideologische Anteil, der jeder Rationalisierung verdrängter Triebe zukommt. Nichts gegen Menschen, die auch als Unverheiratete einen Weg gefunden haben, glücklich zu werden, und die für sich herausgefunden haben, daß zu ihrem Glück der Glaube an Gott und das Mitleid mit fremder Not unabdingbar dazugehören; eine Menge aber ist einzuwenden gegen den Versuch, mit großen theologischen Worten sich aufgrund der eigenen Frustrationen und Kompensationen am Ende für einen besseren, ja, vorbildlichen Menschen auszugeben. Ganz richtig hat C. G. JUNG einmal darauf hingewiesen, daß es höchst gefährlich sei, die Lehren der Religion, die in der zweiten Lebenshälfte allererst wirklich verständlich würden, ungeschützt auf die Jugend loszulassen[108]; so wie es den Wechsel von der jungen Hure zu der späten Betschwester gebe, so werde bei Menschen, die zu früh dem Ideal der «Betschwester» nachstreben wollten, zuviel an seelischem Material abgespalten, das später dann ein seltsames Ersatz- und Eigenleben entwickeln könne. Anders gesagt: es ist eines, jemanden, der sich sein Leben lang nach der Liebe eines anderen Menschen gesehnt hat, in vorgerücktem Alter dahin zu führen, daß er all seine Sehnsucht auf Gott ausrichtet; aber etwas ganz anderes ist es, aus solchen *Notfällen* der psychischen Entwicklung einen *Beispielsfall* eschatologischer Heilserwartung herauszustilisieren. So richtig es ist, daß im Einzelfall auch eine körperliche oder seelische Krankheit, daß auch Unglück und Not einen Menschen zu einer Güte, Verständnisbereitschaft und Gläubigkeit führen können, die er in einem einfacheren, glücklicheren Leben wohl kaum je erreicht hätte, so gewiß kommt es darauf an, solange wie möglich um das Glück des eigenen Lebens zu kämpfen; andernfalls sehr rasch in Gefahr, die Einschränkungen, *das Leid,* mit Gott selbst zu verwechseln. Es ist für die eigene Bewertung und für die Selbstdarstellung vor anderen ein großer Unterschied, ob jemand sich ehrlich eingesteht, als Junge oder als Mädchen derart verschüchtert und gehemmt gewesen zu sein, daß ihm schon deshalb, trotz allen Verlangens nach Gemeinsamkeit und Liebe, schließlich der Weg zum Zölibat als akzeptabel und plausibel, ja, von einem bestimmten Zeitpunkt an sogar als notwendig erschienen sei, oder ob er sich und anderen eine großartige Geschichte auftischt, wie Gott ihn «schon immer» an die Hand genommen und ihn, trotz all seiner Sünden und Fehler, auf den Weg des Heiles geführt habe. Die letztere Version ist, psychologisch betrachtet, nicht nur so etwas wie eine faustdicke Lebenslüge, sie nimmt auch die ganze Spannung des Widerstandes und des Ringens in der Auseinandersetzung mit den eigenen Gehemmtheiten aus der Biographie heraus; sie begünstigt gerade das, was ein Autor wie J. B. METZ den Worten nach eigentlich vermeiden will: die Resignation und Erwartungslosigkeit; sie projiziert letztlich das eigene ungelebte und unbefriedigte Leben in den Raum des Göttlichen und holt es von dort als einen moralischen Sendungsauftrag zur Solidarisierung mit den unglücklichen anderen wieder auf die Erde herunter. Wir haben jedoch längst schon zur Kenntnis genommen, wie Menschen leben, die, statt *selber* zu leben, wesentlich von Amts wegen ihre eigene Lebenssehnsucht ersatzweise in anderen und für andere leben müssen. – Vor einiger Zeit traf ich bei einer Bildungsveranstaltung einen Priester, der in Bolivien die Not der Bergarbeiter kennengelernt und sich an ihrer Seite bis zur Grenze der physischen und psychischen Leistungsfähigkeit aufgerieben hatte; er war nach Deutschland zurückgekommen, da er das Höhenklima offenbar nicht länger vertrug; dieser Priester spielte Abend für Abend auf seiner Gitarre spanische Lieder von Mineros und Gauchos, traurige, melancholische, zornige Lieder, die den Hörern die Tränen in die Augen trieben. Aber was man so deutlich sah, wagte niemand zu sagen: die grenzenlose Einsamkeit und Leere an Liebe im Leben dieses Mannes, der sich für Christus verzehrt hatte. Für welchen Christus?

Wie die Antwort auf diese Frage ausfällt, ist ganz entscheidend. Würde die katholische Kirche sich eingestehen, daß es eine menschliche *Pflicht* gibt, jeden Jungen, jedes Mädchen, so gut es nur geht, dahin zu ermutigen, sich selber als werdende Frau und als Mann zu leben, so müßte sie sehr bald fürchten, daß ihr gesamter Klerikerstand zusammenbräche. Sie müßte ihr eigenes Ideal, soweit es an einen heiligen Stand gebunden ist, preisgeben. Sie müßte insgesamt, statt von der Institution her, das Leben aus dem Blickwinkel der betroffenen Menschen zu sehen versuchen, und statt äußere Lebensformen als an sich gültig festzuschreiben, müßte sie den Blick auf die Motive richten, aus denen die entsprechenden Lebensweisen hervorgehen. Sie müßte mithin gerade das tun, wovor sie seit eh und je am meisten Angst gehabt hat: den Objektivismus ihres verwaltenden Denkens aufgeben und das *Subjekt,* die lebenden Menschen in ihrer Wirklichkeit, zum Ausgangs- und Endpunkt ihrer Betrachtungen erheben. Die Frage lautet dann nicht mehr, ob jemand verheiratet oder unverheiratet lebt, sondern *warum* er so oder so leben will oder soll. Nicht die Außen-, sondern die Innenseite entscheidet vor Gott; doch diese *Innenseite* eines menschlichen Lebens ist von außen her niemals vollständig einzusehen, und sie ist nicht einmal für das eigene Ich festgelegt; sie ist prinzipiell *offen* für eine Vielzahl möglicher zukünftiger Entwicklungen. – Wie man sieht, handelt es sich um ganz einfache Gegebenheiten; doch selbst dieses Einfache läßt sich nur erkennen, wenn die katholische Kirche bereit ist, ihre bisherigen Ansichten zum Thema «Ehelosigkeit» und «Keuschheit» in mindestens zwei Punkten gründlich zu revidieren.

Als erstes: Die Psychologie eines heiligen Standes von pflichtweise Unverheirateten ist nicht länger mehr zu halten. Die Gründe für diese These sind inzwischen geläufig: glaubwürdig ist nur die Person; eine bestimmte Lebensform gewinnt ihren Wert nicht durch sich selbst, sondern durch die Art, wie sie personal gefüllt wird; es heißt, das menschliche Leben auf den Kopf stellen, wenn man die pubertären Kontakt- und Sexualängste Heranwachsender, statt sie nach Möglichkeit durchzuarbeiten und auf das Leben hin zu öffnen, in geheime Zeichen der Auserwählung Gottes umideologisiert; es erstickt die Unbefangenheit der Jugend, wenn man sie mit Idealen verwirrt, die allenfalls in späteren Jahren vor dem Hintergrund eines speziellen Lebensweges, den man eigentlich niemandem wünschen, geschweige denn vorschreiben möchte, eine gewisse Plausibilität erlangen können; unverheiratet bleiben zu müssen ist, sofern es sich aus der Psychodynamik der eigenen Person ergibt, als erstes kein Zeichen größerer Liebe, sondern größerer Liebeseinschränkungen und Gehemmtheiten, größer jedenfalls, als sie im Mittel der jeweiligen Kultur anzutreffen sind; das Unverheiratetsein besitzt keinen erkennbaren psychischen noch moralischen Vorteil vor dem Eheleben, allenfalls basiert es psychisch auf Komplikationen und Gefährdungen, deren Sozialisierung ein hohes Kompensationsgleichgewicht erfordert, das seinerseits allerdings einen gewissen sozialen Nutzen stiften kann; gerade die Schwierigkeiten, dieses Kompensationsgleichgewicht zu halten, sollten es indessen als schlechthin verboten erscheinen lassen, den gegebenen sozialen Nutzen einer persönlich unter erheblichem Leidensdruck gefährdeten Lebensform objektiv festzuschreiben, moralisch zum Ideal aufzuwerten und institutionell auszubeuten; insbesondere kann es nicht als menschlich gelten, Mädchen und Jungen im Status offenbarer seelischer Unreife mit einem Netz moralisch erzwungener Ängste und Schuldgefühle zu überziehen, sie in ihren Lebenseinschränkungen für von Gott auf «besondere» Weise Geliebte auszugeben und sie mit dieser Begründung in eine Lebensform zu pressen, die den Erfahrungsraum möglicher anderer Entscheidungen nur noch als Gefahr und Versuchung erscheinen läßt; das Thema Ehe oder Ehelosigkeit müßte, um, psychoanalytisch betrachtet, glaubwürdig zu bleiben, vollkommen neutralisiert werden, das heißt, es müßte zu jedem beliebigen Zeitpunkt der seelischen Entwicklung dem Einzelnen freistehen, zu heiraten oder nicht zu heiraten, wie es für ihn und für die Menschen an seiner Seite stimmt.

Es bleibt zu wünschen, daß man in Zukunft darauf verzichtet, in diesen wichtigen Fragen sich mutwillig und gutwillig weiter zu belügen, indem man, stramm in Linie angetreten, den Helm straff gebunden, unverdrossen weiter behauptet, all die 25jährigen, die man sechs Jahre lang und mehr mit allen nur möglichen Mitteln seelischer Indoktrination und institutioneller Einengung in ihrer Entfaltung gehindert hat, seien freie Menschen, die in wohlüberlegter Reife das Ja ihrer Ganzhingabe an Christus ein für allemal sprächen und gesprochen hätten – es gibt kein legitimes Abonnement mehr, sich auf so grausame Weise zu irren, wie beispielsweise der subjektiv so menschlich gezeichnete Pater *Ralph de Bricassart*.

Doch selbst wem psychoanalytische oder auch nur allgemein menschliche Erwägungen in theologischer Absicht sich nicht erschließen sollten, der wird womöglich durch das Beispiel der Bibel selber eines Besseren sich belehren lassen müssen. Dem Neuen Testament nach ist die Frage der Ehe oder Ehelosigkeit, bezogen auf das Leben Jesu, derart gleichgültig, daß es in keiner Weise nötig findet, uns über den gesellschaftlichen Stand Jesu aufzuklären: von seinem Beruf, von seinem Werdegang, seiner Familie, ob er Frauen und Kinder besaß, hören wir nicht ein einziges Wort[109]; das alles, soll

das doch wohl heißen, ist unter den Augen Gottes nicht das Wichtige, das Besondere, das Exemplarische, sondern das Unwichtige und Nebensächliche. Genausowenig wird man aus den Worten Jesu selber weder in der einen noch in der anderen Richtung herauslesen können. Immer noch glaubt man im katholischen Eherecht, aus Mk 10,1–12 («was Gott verbunden hat...») die Unauflöslichkeit der Ehe in juristischem Sinne ableiten zu können[110]; doch schaut man genau hin, so geht es Jesus an dieser Stelle gerade nicht um die Aufrichtung eines neuen Gesetzes, sondern um das Ende jedweder Gesetzlichkeit; was er will, ist die Wiederherstellung der Liebe und der Zärtlichkeit in einer Selbstverständlichkeit und Güte, wie sie am Schöpfungsanfang in der Nähe Gottes bestand; um die Art, wie Menschen menschlich miteinander umgehen, war es Jesus zu tun, ein Denken in Paragraphen und Statuten war ihm absolut zuwider. Mit anderen Worten: man kann in Jesus nicht den Restaurator des bürgerlichen Ehelebens erblicken. Es hat aber der Mann aus Nazareth ganz gewiß auch keinen *Orden* gründen wollen, nach dessen Ordnung sorgfältig die Männer vor den Frauen und sie alle gemeinsam vor den Gefahren der Welt durch dicke Mauern aus Steinen und Strafen geschützt wären. Ganz im Gegenteil kam Jesus in diese Welt, um uns etwas zu lehren, das wir offenbar auch 2000 Jahre nach Christus in der katholischen Kirche immer noch fürchten wie den Teufel selber: eine angstfreie Form des Umgangs miteinander, die frei genug und riskiert genug ist, um zwischen den Geschlechtern *ein offenes Spiel der Freundschaft* zu ermöglichen und zuzulassen. Jesus hat die Fähigkeit zur Liebe gerade nicht dadurch «entschärft», daß er sie, wie es in der katholischen Kirche heute noch immer als Pflicht erscheint, in die zwei Gegensatzpole eines keuschen, das heißt wesentlich asexuellen Ordenslebens und eines sexuell erlaubten und nur deshalb «keuschen» Ehelebens aufspaltete; vielmehr lebte er wie selbstverständlich eine Form der Geschwisterlichkeit, die Frauen wie Männer gleichermaßen in seinen Bann zog. Wenn wir etwas zum Thema «Keuschheit» von Jesus lernen wollen, so dürfen wir seine Einstellung daher nicht mit den Problemen einer bestimmten Standesethik und den institutionellen Formen des Klerikerseins vermischen; wir müssen vielmehr versuchen, die Haltung Jesu in ihrer ganzen menschlich unerhörten Ungeschütztheit und Offenheit uns vor Augen zu stellen und mitzuvollziehen.
Seit dem Wort des heiligen Paulus gilt die oft zitierte Vorstellung, daß jemand, der unverheiratet bleibt, «ungeteilter dem Herrn dienen» könne; ein Verheirateter hingegen müsse sich um die Dinge der Welt sorgen, um seiner Frau zu gefallen (1 Kor 7,32.33). Es ist vermutlich gerade diese Vorstellung, die man heute eher als Verdunklung denn als Erklärung der eigent-

lichen Haltung Jesu empfinden wird. Wie denn? Es gälte zu wählen zwischen der Liebe zu Gott und der Liebe zu einer Frau oder einem Mann? Zwischen der Ganzhingabe an Christus und der Hingabe an den Gefährten der Liebe? Zwischen dem Glück irdischer Erfüllung und der Sehnsucht nach der ewigen Welt Gottes? Genau diese Halbierungen und Vierteilungen des Lebens erscheinen religionspsychologisch heute als das Problematische an der Frömmigkeitshaltung der katholischen Kirche. Es ist möglich, daß jemand ohne die Bindung an bestimmte Menschen «rückhaltlos verfügbar» zum «Dienst» gegenüber jedem beliebigen Menschen erscheint; wenn es um das Funktionieren der Institution Kirche geht, mag es daher als recht wünschenswert erscheinen, möglichst viele solcher «Ungebundenen» an sich binden zu können – die Kirche als die Braut Christi, oder Christus als der Herzensbräutigam, wie auch immer. Aber Jesus ging es nicht um Institutionen, auch nicht um die Institution der römisch-katholischen Kirche; ihm ging es einzig um Menschen, wie sie zu leben vermögen unter den Augen Gottes. Und so muß man mit Entschiedenheit sagen: Niemals wird ein Mensch, auf den man sich wirklich, mit Leib und mit Seele, «ganz» einläßt, Gott im Wege stehen; es sind im Gegenteil einzig diese (in der Sprache JOCHEN KLEPPERS): «wesentlichen»[111] Menschen, die uns etwas vom Wesen Gottes nahezubringen vermögen; es ist mehr als wahrscheinlich, daß sie einer gewissen Extensität der Lebensführung mit ihren Ansprüchen und Anforderungen äußerst hinderlich erscheinen; aber Gott wohnt nicht in der quantitativen Veräußerlichung, er ist nur spürbar in der Intensität des Herzens, und je näher zwei Menschen einander kommen, desto näher sind sie dem Geheimnis der Welt, aus dem wir allesamt leben. Ein Mensch, den wir lieben, verstellt uns nicht Gott, er holt uns selber durch sein Dasein ein Stück vom Himmel auf die Erde; er schenkt uns Einsicht in den Grund der Wirklichkeit – nur in der Liebe fühlen wir etwas von der Notwendigkeit des Seins; nur sie bringt uns etwas zurück von dem Glück des Paradiesesmorgens; nur sie hebt uns hinauf zum Berg der Verklärung, an dem die Zeit stillsteht in jenem Augenblick, da wir die Ewigkeit streifen; und nur die Liebe zu einzelnen Menschen lehrt uns, die Poesie der Welt zu vernehmen, indem sie alle Dinge, Lebewesen, Daseinsmächte zu Gleichnissen und Chiffren, zu magischen Beschwörungen, zu Sendboten des oder der Geliebten formt. Man kommt Gott nicht näher, indem man dem Menschen fernrückt; man steigert das Dasein nicht auf Gott hin, indem man es Menschen verweigert; und man gibt sich nicht hin, indem man sich aufspart – für Gott? Wofür hat er uns die Liebe geschenkt!

Es hilft hier gar nichts: Wir können uns Jesus nicht als einen standesbewußten zölibatären Hagestolz vorstellen, der darauf pochte, daß die Unberührtheit seines Körpers durch die Hände einer Frau und die Unverwundbarkeit seiner Seele gegenüber den Versuchungen der Liebe das Gütezeichen seiner göttlichen Sendung seien. Wenn wir uns das Leben Jesu vorstellen wollen, dann eben so paradox und «anarchisch», wie es in einer durchaus ernst zu nehmenden Handschrift im Prozeß gegen den Mann aus Nazareth als Anklage vorgebracht wird: er bringe die Familien auseinander und bringe das Volk durcheinander von Galiläa bis Jerusalem.[112] Es gibt in unserem Kulturkreis wohl nur *eine* Gruppe von Menschen, die wir von ferne in die Nähe einer solchen Lebensform rücken können – einer Liebe, die stark genug ist, um sich über die Tabus der Gesellschaft mit ihren ritualisierten Zwängen und schablonisierten Regeln hinwegzusetzen zugunsten des einzelnen konkreten Gegenübers in seiner Eigenart als Mann und als Frau, einer Energie der Seelenverzauberung, die sich nicht festlegen läßt auf die beruhigenden Besitzzuordnungen von «meine Frau» und «mein Mann», einer Weite des Herzens und einer Großzügigkeit der Gesinnung, die jenseits der Eifersucht eint und zusammenführt und sich aussagt in einer Sprache, die ohne Unterschied alle einlädt zu einem gemeinsamen Fest der greifbaren Nähe des Göttlichen: Einzig *den Dichtern* ist es vergönnt, auch ohne Bindung verbindlich zu sein, auch ohne Verträge verträglich, auch ohne Ehe entscheidend für das Wohl und Wehe anderer Menschen. GOETHES Elegien, RILKES Sonette, STEFAN ZWEIGS Novellen – sie alle wären nicht denkbar ohne den Hintergrund bestimmter menschlicher Erfahrungen der Gemeinsamkeit jenseits der Schranken und Konventionen des bürgerlichen Anstands; die Zeitgenossen selber mochten sich mokieren, sie hatten doch zu respektieren, daß am Maße der Menschlichkeit durch solche Menschen nichts geschmälert, sondern geschenkt ward. Solche Menschen sind reich und offen, mit vielen Armen, wie die Mündungsströme des Nils, befruchtend und belebend, was immer sie berühren; was sie überschwemmen im Anstieg der Fluten, verwüsten sie nicht, sondern entreißen es dem Brachland der Wüste; und wann immer sie die Kanäle und Rinnen überspülen, greifen sie großzügig nur der Mühsal der Pumpen und Schrauben auf den Äckern und Feldern zuvor. Ihr Übermaß an Leben zersprengt, doch zerstört nicht; es spricht sich aus in ihren Werken, und die Nachwelt mag darin eine späte Rechtfertigung ihres Lebens erkennen; doch die mit ihnen lebten und von ihnen lebten, wissen es besser: ihre Werke sind nichts als die Asche der Glut eines Feuers, das niemals verlöscht, und ihr Leben ist unendlich mehr als die wenigen Wörter und Zeilen, in denen es sich schriftlich anderen mitteilte.

Von solcher Art der Schamanen, der Dichter (s. o. S. 47 f.) war am ehesten das Leben des Jesus von Nazareth – des *Propheten,* wie man auch sagte, des *Menschensohnes,* wie er selber oft sagte, eines *Dichters,* der menschliches Leben so liebte, daß es sich in seinen Augen wie von selber bekleidete mit dem göttlichen Glanz der Gnade und mit dem Schimmer der Schönheit seiner wahren Gestalt. Er lebte aus einer Freiheit, die ihn wie selbstverständlich durch «verschlossene Türen» gehen ließ, und er bedurfte offenbar nicht der Festlegung von Ehe und Kloster, um seiner Person als Mann gegenüber der Welt der Frauen «sicher» zu sein. In der Lebensform Jesu mußte es geradewegs unsinnig erscheinen, den Unterschied zwischen verheiratet und unverheiratet als eine vor Gott und den Menschen entscheidende Differenz zu setzen. Allem Anschein nach *war* Jesus unverheiratet, doch gerade nicht in asketischer Distanz zu den Frauen, sondern in offener Zugewandtheit und herzlicher Wärme. Er «mied» nicht die Ehe, er «verzichtete» nicht, er «opferte» sich nicht auf, er lebte in einer heiligen Poesie und Kreativität die Liebe auf einem Energieniveau der Existenz, das noch nicht in die Polarität von Heirat und Kloster zerfallen war. Es scheint Elementarteilchen zu geben, für die Elektrizität und Schwerkraft noch eins sind. So ähnlich war wohl das Leben des Jesus von Nazareth.

Wie weit wir 2000 Jahre nach Christus von dieser Erlebniseinheit einer religiös verdichteten Existenz entfernt sind, mag man daran erkennen, daß wir auch moraltheologisch immer noch einer im Grunde steinzeitlichen Logik folgen, nach welcher es eine eherne Gleichung gibt, etwa der Art: Liebe gleich Sexualität gleich Besitz gleich Familie. Jede dieser Gleichstellungen, die uns so selbstverständlich scheinen, muß Jesus für durchaus nicht selbstverständlich gehalten haben. Darf man zum Beispiel sagen: «mein Mann», «meine Frau», nur weil man im sexuellen Sinne zärtlich zueinander ist oder war? Menschen mögen in der Zärtlichkeit ihrer Liebe zusammengehören, *gehören* werden sie einander nie. Wir sind nichts als Reisende auf dieser Erde, und je besser wir aufeinander zu hören lernen, desto sicherer werden wir die Absurdität aller Formen der «Hörigkeit» bemerken. Kein Mensch ist des anderen Eigentum. Jedoch wie weit sind wir auch in den Denkweisen der katholischen Kirche noch davon entfernt, «Armut» und «Gehorsam» partnerschaftlich zu leben, auch und vor allem in dem Verhältnis von Mann und Frau?

Wenn es möglich ist, bzgl. der menschlichen *Armut* vieles vom *Buddhismus* zu lernen und in den Fragen des *Gehorsams* vor Gott vieles von der Haltung des *Islam,* so werden wir als Christen in den Fragen von *Sexualität und Ehe* vieles von der Religion des *Hinduismus* lernen können mit seinen «Techniken» einer stufenweisen Läuterung der menschlichen Antriebe von dem sinnlichen Erleben der Sexualität an bis hin zu den Formen mystischer Verzückung. Es handelt sich um eine Synthese, wie sie sich in den Bemalungen der südindischen Tempel des Gottes Shiva symbolisch am dichtesten ausspricht: Shiva wird verehrt in dem bilderlosen phallischen Symbol des Lingam, umkränzt von dem weiblichen Zeichen der Yoni – eine koitale Chiffre, die nicht nur die generative Kraft der Fruchtbarkeit, sondern vor allem auch die göttliche Einheit der Gegensatzspannung des Männlichen und des Weiblichen beschwören soll[113] – es ist, mit anderen Worten, nicht nur kein Gegensatz zwischen der Liebe zu einer Frau oder einem Mann und der Liebe zu Gott, es ist vielmehr die Liebe von Mann und Frau der Erfahrungsraum und der Erscheinungsort des Göttlichen selbst; an den Außenwänden des großen Shiva-Tempels von Tanjore indessen sind im Wechsel von oben nach unten rote und weiße Streifen aufgetragen, es sind die nämlichen Farben, die auch die Priester des Gottes auf ihren Stirnen tragen. Setzen wir *rot* als die Farbe der Liebe und Leidenschaft, und nehmen wir *weiß* als die Farbe der Reinheit und Unschuld, so geht es im Kult der Verehrung Shivas wesentlich um eine Synthese eben der Gegensatzpole, die in der Mentalität der katholischen Kirche immer noch unversöhnlich einander gegenüberstehen. Gerade weil die Frömmigkeitshaltung der Bibel zentral aus dem Kampf *gegen* die «heidnischen» Fruchtbarkeitsreligionen hervorgegangen ist, kann es nicht wundernehmen, daß wir im Christentum in der Versöhnung der scheinbar unüberwindlichen Gegensätze von Seele und Körper, Mann und Frau, Sexualität und Frömmigkeit, Gott und Mensch ein erhebliches Erfahrungsdefizit zu verzeichnen haben, das sich am ehesten durch *die Spiritualität des Hinduismus* schließen läßt.

Liebe und Leidenschaft, Reinheit und Unschuld – dieses Begriffspaar führt uns *als zweites* dazu, den Begriff der Keuschheit von der klerikalen Standespflicht der Ehelosigkeit zu trennen. In der theologischen Literatur herrscht an dieser Stelle mittlerweile eine ziemliche Verwirrung. Aus Sorge, die Eheleute für «weniger keusch» halten zu müssen, da sie doch das Opfer ihrer geschlechtlichen Lust Gott nicht in gleichem Maße darzubringen gesonnen sind wie die der Keuschheit verpflichteten Kleriker, neigen manche Autoren dazu, den selbstgeknüpften Gordischen Knoten mit dem Schwert des Alexanders zu lösen: Alle, erklären sie großmütig, sind *unterwegs* zur heiligen Keuschheit, nur sind die Ausgangspunkte verschieden, indem die einen halt von der Ehe, die anderen halt von der Ehelosigkeit herkommen. Will man unter dieser Denkvoraussetzung nach wie vor die Notwendigkeit des Zölibats und des Gelübdes einer «besonderen» Form der Keuschheit rechtfertigen, so bedarf es jetzt natürlich gewisser logischer Husarenstücke, ähnlich in

etwa der bravourösen Gesetzgebung auf GEORGE ORWELLS *«Farm der Tiere»*, wo der revolutionäre Grundsatz «Alle Tiere sind gleich» auf gesetzgeberischem Wege alsbald durch die Ergänzungsklausel präzisiert wird: «doch einige Tiere sind gleicher».[114] So sind jetzt zur Vermeidung jedweder Diffamierung des heiligen Standes der Ehe alle Katholiken, gleich, ob verheiratet oder unverheiratet, durch die Tugend der Keuschheit ausgezeichnet, und doch sind hinwiederum die Kleriker der Kirche «in besonderer Weise» zur Keuschheit berufen. Das muß wohl so sein, denn andernfalls reduzierte sich die Ehelosigkeit der Kleriker rein funktional auf die «rückhaltlose Verfügbarkeit» im Dienst, und das allein wäre doch nun ein gar zu engherziges bzw. schon wieder ein gar zu offenherziges Argument, um eine so heikle Bestimmung wie den Pflichtzölibat der Kleriker zu rechtfertigen.
All diese Schwierigkeiten handelt die heutige Theologie sich ein, weil und solange sie den Begriff der *Keuschheit* wesentlich *als sexuelle Unberührtheit* definiert; schaut man indessen genauer hin, so ist mit der «Keuschheit» beispielsweise von Eheleuten etwas ganz anderes gemeint als etwa bei der «Keuschheit» der Kleriker; hier geht es nicht um die Vermeidung der sexuellen Begegnung von Mann und Frau, sondern um eine Form, in der Mann und Frau einander *personal begegnen*, und die Frage lautet jetzt, wie sich *diese* Art von «Keuschheit» beschreiben läßt. Das beste wird sein, man vermeidet die Worte «unkeusch» und «keusch» in Zukunft überhaupt und spricht statt dessen, wenn man *«unkeusch»* meint, von: verletzend, roh, rücksichtslos, machohaft, «demütigend» (!), prosaisch, gefühllos, mechanisch, seelenlos, einfallslos, rein leistungsbetont, nur um die Pflicht zu erledigen... – alles Worte, die das konkrete Verhalten zweier Menschen bezeichnen und zum Ausdruck bringen, wie sie sich wechselseitig *persönlich* erleben. *«Unkeusch»* ist in diesem Sinne bereits das seelenlose, «objektivierende», gefühlskalte Sprechen über die Fragen der Liebe und die Nöte des Herzens, wie es in der katholischen Moraltheologie immer noch übliche Pflicht zu sein scheint; ja, um es möglichst deutlich zu sagen: Wenn «unkeusch» die Isolation des Leibes von der Seele ist, so hat gerade die katholische Kirche alles ihr Mögliche getan, um diese Trennung von Gefühl und Denken, von Seele und Leib förmlich zum Gebot zu erheben. Umgekehrt müßte man das Wort *«keusch»* mit Redewendungen übersetzen wie: so sensibel, daß es die Seele ruft, so zärtlich wie der Hauch des Windes über dem Gras, so sanft wie der Flügel eines Schmetterlings, so warm und tief wie die Quellen eines Geysirs, so weit wie ein Strom, der sich öffnet zum Meer, so heilend und wohltuend wie milder Regen über trockenes Land, so verträumt wie der Schimmer der Sterne, so erlösend und stark wie ein Sturm

nach Tagen brütender Schwüle – alles Worte, in denen die Erfahrung einer konkreten Poesie sich ausdrückt. *«Keuschheit»* beginnt in diesem Sinne mit der Feststellung, daß man über die Beziehung zwischen Mann und Frau nie anders reden kann als in der Sprache der Dichter.

Wie aber steht es dann mit der *«besonderen Keuschheit»* der Kleriker? Es ist wahr, daß es eine «besondere» Form von Sensibilität und konkreter Poesie, von «Keuschheit» also, gibt, die man heute wiederum vermutlich am leichtesten am *Modell der Psychotherapie* verdeutlichen kann und die speziell dem seelsorglichen Auftrag der Kleriker sehr wohl etwas «Spezifisches» vermitteln könnte. Gemeint ist *das diskrete Feingefühl zwischen Therapeut und Klientin* (bzw. zwischen Therapeutin und Klient).

Normalerweise gilt es als ausgesprochen förderlich für eine Psychotherapie, die Spannung zwischen den Geschlechtern auszunutzen, um das entsprechende Gefälle für Übertragungen, Gegenübertragungen und Wiederholungen aller Art zu nutzen. Um so entschiedener verordnete SIGMUND FREUD der analytischen Therapie die «Enthaltsamkeitsregel»[115], das heißt, er untersagte strikt, daß die aufkommenden Gefühle von Zuneigung und Liebe auch wirklich «agiert» würden; alle Übertragungsgefühle sollten besprochen, bewußtgemacht und dadurch aufgelöst werden, in der Hoffnung, daß der verbleibende Rest an echten Gefühlen von einem erwachsenen Ich in eine Richtung gelenkt werden könne, die mit den Gegebenheiten der Realität sich vereinbaren lasse. Die psychoanalytische Behandlung verpflichtet auf diese Weise zu einer Form von Beziehung, die in gewissem Sinne recht hohe Anforderungen an den Therapeuten bzw. an die Therapeutin stellt: Auf der einen Seite gilt es, eine starke emotionale Beziehung zwischen Therapeuten und Klienten aufzubauen und damit eine Atmosphäre des Verstehens und des Vertrauens zu schaffen, wie sie im Leben vielleicht zwischen Mutter und Kind, sehr selten aber in der Liebe erwachsener Menschen realisiert sein wird; andererseits kommt es darauf an, die geweckten Gefühle innerhalb der Behandlung nicht zu *leben*, sondern zu *er*leben und in ihrer Herkunft und Bedeutung zu verstehen. Der psychoanalytischen Therapie haftet unter diesen Umständen so etwas wie *ein buddhistischer* Effekt an: man muß immer wieder die heftigsten Gefühle und Erwartungen in einem anderen Menschen hervorlocken, um sie dann so lange durchzuarbeiten, bis sie sich scheinbar wie von selber auflösen. – Es ist oft beschrieben und oft darüber gerätselt worden, wie *Freud* selber von der Lebensmitte an auch privat sexuell abstinent lebte.[116] *Eine* mögliche Erklärung dafür könnte lauten, daß die ständige analytische Kontrolle der eigenen Gefühle nebst der unablässigen Desillusionierung der heftigsten Sehnsüchte anderer Menschen nach und nach den

gesamten emotionalen Haushalt der eigenen Psyche in die Richtung eines ausschließlich *objektiven Wohlwollens,* einer *engagierten Neugier* und einer *zähen Geduld* verschieben muß; insbesondere jede Form von eigenem Begehren wird zunehmend eingeschränkt werden, und das Erkennen von Gefühlen verdrängt mehr und mehr die Befriedigung der Gefühle.
Und was hat das alles mit «Keuschheit» zu tun? – Nun, wir lernen, daß es eine Art von Gefühlsbeziehung gibt, die buchstäblich von dem anderen nichts «will», die aber gleichzeitig höchst interessiert an dem Reifen und Wachsen des anderen ist. Im Deutschen gibt es eigentlich kein Wort, das diese Art der Zuneigung und Zuwendung bezeichnen könnte. «Liebe» ist ein so verwaschenes Wort, daß es im Einzelfall alles und nichts bedeuten kann, und allein schon zwischen *«Ich liebe dich»* und *«Ich habe dich lieb»* kann eine ganze Skala von Gefühlen zwischen Himmel und Hölle liegen. Im Grund tritt der Analytiker im Verlauf der Behandlung an die Stellen, an denen in der Kindheit seiner Patientin der Vater, die Mutter, der Bruder, die Schwester und deren Nachfolgegestalten gestanden haben oder hätten stehen müssen; aber schon weil die verschiedenen Rollen immer wieder wechseln, ist es nur begrenzt richtig, auf seiten des Therapeuten von Väterlichkeit, Mütterlichkeit, Brüderlichkeit oder Geschwisterlichkeit zu sprechen; – die verschiedenen Aspekte der therapeutischen Beziehungen geben ja nicht wieder, was der Therapeut von sich her sein will, sondern wozu er phasenweise durch die Übertragung, teils projektiv, teils durch die eigene Kooperationsbereitschaft, gemacht wird. Dennoch gibt es eine Haltung, in welcher der Therapeut sich innerlich gleich bleibt und die er, so gut es geht, konsequent durchzuhalten sucht. Diese Haltung, wie immer man sie benennt, besteht darin, den anderen, der ihn nötigt, *eine* Meile Wegs mit ihm zu gehen, *zwei* Meilen weit zu begleiten (Mt 5,41), ihn nicht zu richten, gleich, was er sagt (Mt 7,1), ihn zu suchen, wenn er sich ausweglos verloren hat (Mt 18,12), und ihm ein Vertrauen entgegenzubringen, das ihn lehrt, in der *Gegenwart jetzt* präsent zu sein und *das Leben heute* nicht mit den Sorgen um den morgigen Tag zu vertun (Mt 6,34). Keine Frage, daß all dies eine ganz und gar *seelsorgliche* Haltung zum Ausdruck bringt und daß gerade diese Haltung in vielen Worten Jesu sich wiederfindet. Es ist eine Haltung, die sensibel genug ist, den nie geträumten Träumen des anderen Raum zu geben, seinen nie gefühlten Gefühlen Worte zu verleihen, seine nie geweinten Tränen fließen zu lassen, das Eis seiner Angst abzutauen, hinter den Verstiegenheiten seines falschen Ichs die leisen Worte seiner Wahrheit zu vernehmen und in allem daran zu glauben, daß in jedem Menschen etwas lebt, in dem Göttliches sich mitteilt. Eine solche Haltung ist im wörtlichen Sinne *arm* und *gehorsam* genug, um

nicht zu demütigen und zu verformen, und sie ist *«keusch»* genug, um nicht zu ängstigen und zu verletzen.
«Keuschheit» meint hier soviel wie: das Wesen des anderen erahnen und mit der Sorgfalt eines Restaurators aus den fremden Übermalungen und den Zerstörungen der Zeit wiederherzustellen und sichtbar zu machen; es heißt, die Linien des Charakters nachzuzeichnen, in denen das Ich des anderen sich am schönsten ausdrückt; es bedeutet, das Porträt seines Lächelns und die Züge seiner Traurigkeit so in sich aufnehmen, daß in diesen Bildern des Augenblicks die Wahrheit seiner Person auf vollkommene Weise in Erscheinung tritt; es besteht darin, die Seele des anderen unter den Trümmerbergen zerstörter Hoffnungen, verbogener Gebärden und verborgener Gedanken in das Licht des Tages zurückzulocken und sie wieder in den angstverwüsteten, leergebrannten, ausgedörrten oder erfrorenen Zonen des Körpers heimisch zu machen und zum Blühen zu bringen; es ist ein Bemühen, den Körper des anderen von den Fesseln falscher Scham zu befreien und ihm seine ursprüngliche Schönheit und Unschuld zurückzuschenken. Es gibt unter Menschen keine Beziehung, die so sehr versuchen würde, dem Geheimnis der Schöpfung nahe zu sein – eine existentielle *Nachdichtung* über das Wort, mit dem Gott diesen Menschen ins Leben rief, eine Nachgestaltung der Spur seiner Hände, die dem vergänglichen Stoff des Fleisches sich unsichtbar eingeprägt haben, eine Komposition über das Thema, das Gott unhörbar leise in das Herz des anderen eingesenkt hat.
«Keuschheit», das ist hier selbstlose Zärtlichkeit, schöpferische Poesie, künstlerische Hingabe, geduldige Suche des wahren Wesens, dankbare Freude im Dienst eines noch verborgenen Königtums; das ist: der Mut, in verzauberte Schlösser zu dringen, die Fähigkeit, flüsternde Elfen und Gnome reden zu hören, die Kunst, auf Zauberpferden zu reiten und die Wolken und Winde als Kutschen und Wagen zu nehmen, das ist Magie und Realismus, Frömmigkeit und Nüchternheit, Freiheit und Bindung, Schlafen und Wachen, Träumen und Denken, Fühlen und Handeln, das ist die vollkommene Einheit von Seele und Leib.
Und doch ist diese Einheit einer gelungenen Seelenmalerei in der Psychotherapie einem Kunstwerk noch ähnlicher als dem wirklichen Leben. Zwar ist es ein lebendes Bild, das in der Person des anderen sich verwirklicht, und insofern ist es der äußerste Kontrast zu allem nur Ästhetischen. Doch mit der Haltung der Dichter, Musiker und Maler hat der Therapeut gemein, daß ihm nicht zu eigen wird, was er aus eigenstem schafft. Einmal entstanden, entgleitet es seinen Händen, betritt freigegeben die Bühne des Lebens und entfaltet sein eigenes Sein, das nie mehr zu ihm zurückkehrt. Jene etruskische Vase, die

man am Meeresgrund fand und von dem Sand und dem Kalk der Jahrtausende reinigte, deren Fragmente man auflas, um aus ihren Rundungen und Bemalungen die vergangene Form und Gestalt zu erraten, wird, wiederhergestellt, unter den Blicken aller ausgestellt werden, und sie wird nie etwas anderes sein als geliehenes Gut. An dieser Stelle zeichnet sich sehr deutlich eine Form von «Keuschheit» ab, die mit dem Willen *zu heiraten*, in der Tat unvereinbar ist und die auch in der Therapie selbst ein erhebliches Maß an Leid und Enttäuschung mit sich bringen kann. Der Unterschied ist deutlich. So wenig zwei Eheleute einander in «Besitz» nehmen möchten, so ist ihr Verhältnis doch davon bestimmt, einander wechselseitig *zu brauchen* aus Liebe und einander zu lieben in wechselseitiger Verwiesenheit und wesentlicher Ergänzungsbedürftigkeit. In einer Liebe, die zum Motiv der Ehe wird, will *ich* notwendig den anderen auch und gerade für mich selbst; ich möchte ihn ganz ausfüllen, ganz umfangen, ich möchte der Mittelpunkt seines Lebens sein, ich möchte von ihm begehrt werden, ich möchte der Schimmer der Sterne in seinen Träumen sein und der Glanz der Sonne über seinen Wegen; die Liebe, die zur dauerhaften Einheit zweier Menschen wird, ist die höchste Steigerung von Ich und Du, sie ist nicht nur «selbstlos», «aufopfernd», «treu», sie ist, in einer wunderbaren Synthese vor allem der aggressiven Triebstrebungen, zumindest gleich stark auch erobernd, kämpferisch, verlangend, eifersüchtig – die Einheit zweier Körper, zweier Seelen, die bis zur Bewußtlosigkeit sich ineinander vergraben, um nie mehr aufzuwachen, es sei denn in einer heiligen Verschmelzung, die immer wieder, über Berge und Meere, über Tage und Jahre des Wartens hinweg, zueinander drängt und zueinander will. *Immer von neuem*, das ist der Kreistanz der Liebe, der mythischen Zyklen im Ring der Zeit.[117] – Psychotherapie oder Seelsorge – das ist, gemessen daran, wie etwas Gedankenblasses, Künstliches, *ein Weg* statt eines Ziels, ein Richtungschild, kein Haus, ein Streicheln, nicht ein Greifen, ein Beieinandersein, kein Ineinandersein, ein Lauschen, nicht ein Rauschen aller Sinne.

Und darf es überhaupt ein Streicheln und ein Beieinander sein? In der Psychotherapie herrscht im wesentlichen die Kontaktform des einseitigen Dialogs: der Klient spricht von sich, während der Analytiker meist schweigend dabeisitzt, recht selten eingreift und so gut wie niemals von sich selber redet. Es ist, als wenn das Ich des Analytikers von jeder eigenen Konturierung freigehalten werden müßte, um als eine ideale Projektionsleinwand für den Patienten erhalten zu bleiben. Gerade umgekehrt in einer «normalen» Liebesbeziehung: Hier ist jeder Erkenntnisfortschritt gebunden an die Selbstmitteilung des anderen und an die Wechselseitigkeit des Austausches. Dafür aber bietet die analytische Situation den Vorteil, den anderen niemals auf seinen derzeitigen Status festzuschreiben. Freundschaften und Liebesbeziehungen sonst vermitteln dem anderen leicht das Gefühl, für diese oder jene Eigenschaft, für dieses oder jenes Verhalten gemocht zu werden; sie sagen dem anderen in gewissem Sinne, er solle so bleiben, wie er jetzt ist; dramatische Veränderungen jedenfalls bis hin zu einem erheblich umgestalteten Persönlichkeitsbild sind nicht gerade das, was in der «Normalform» der Liebe gewünscht wird. Mit anderen Worten: In der Liebe wird der andere gerade so bestätigt, wie er ist. In der Psychotherapie hingegen setzt man voraus, daß der andere weder so bleiben kann noch will, wie er sich derzeit erlebt; man nimmt ihn nicht, wie er ist, sondern setzt darauf, daß er noch anders sein könnte, als er derzeit erscheint. Die Psychotherapie ist, recht verstanden, ein Mittel der Erlösung, nicht der Bestätigung. Während die Liebe eigentlich voraussetzt, daß der andere im großen und ganzen bei sich selber angekommen ist und sich selbst bereits gefunden hat, geht die Psychotherapie davon aus, daß der andere gerade diesen Weg erst noch vor sich hat. Von daher ist auch der Entwicklungsverlauf in aller Regel unterschiedlich: Nach 10 Jahren Gemeinsamkeit darf man bei einer einigermaßen glücklichen Ehe voraussetzen, daß die Partner einander zwar nicht mehr so stürmisch, dafür aber als vertrauter, verwandter und in gewissem Sinne als unersetzlicher noch erleben werden als am Anfang. Gerade umgekehrt in der Psychotherapie. Nach 10 Jahren gemeinsamer Arbeit sollte es in einer Analyse doch dahin gekommen sein, daß der Therapeut für den Klienten *weniger* wichtig ist als am Anfang, der Therapeut selbst sollte bestrebt sein, sich nach und nach *überflüssig* zu machen, und das wiederum bedingt eine besondere Art der Zurückhaltung, des Taktgefühls, eines diskreten Charmes und einer freilassenden Fürsorge. Im Idealfall gleicht eine analytische Psychotherapie wohl am ehesten der allmählichen Reifung und Verselbständigung eines Kindes gegenüber seinen Eltern, die eheliche Liebe aber einem ständigen Wachsen von Erwachsenen aneinander und miteinander.

Mit dererlei Feststellungen könnte man sich beruhigen; das «Besondere» an der ehelosen «Keuschheit» der Kleriker bestünde, so verstanden, in einem quasi «therapeutischen» Wohlwollen, ähnlich der Einstellung von Eltern zu ihrem Kind; es wäre ein Mittel der Erlösung zum Leben, wohingegen die eheliche Liebe als Bestätigung und Betätigung eines in sich frei gewordenen, zu sich zurückgekehrten Lebens zu verstehen wäre. Aber so einfach ist die Psychotherapie nicht immer, und so einfach sind die Grenzlinien nicht immer zu ziehen. Bereits Sandor Ferenczi erkannte richtig, daß es Situationen gibt, in denen die analytische Behandlung notgedrungen sich im Kreise dreht.[118] Was zum Beispiel, wenn die Angst einer Patientin vor den

Männern so groß ist, daß sie selbst nach Jahren der Erinnerung, Wiederholung und Durcharbeitung der Gestalt ihres Vaters immer noch das Wagnis nicht eingeht, sich auf eine sexuelle Beziehung zu einem Mann einzulassen? Was, wenn eine Ehefrau nach 15 Jahren Ehe nicht ein einziges Mal erlebt hat, wie sie sich als Frau fühlen kann? Was, wenn eine Frau, die von ihrem Mann verlassen wurde, sich zutiefst in ihrer weiblichen Rolle verletzt und gedemütigt fühlt und es niemanden gibt, dem sie in ihrer Not sich anzuvertrauen wüßte, als ihren Therapeuten? Gerade weil die Psychoanalyse einen so großen Wert auf die seelische Bedeutung der Sexualität legt, läßt sich eine rein «mechanische» Lösung sexueller Ängste und Frustrationen im Sinne der Verhaltenstherapie[119] mit dem analytischen Grundsatz schwer vereinbaren. Bis hin zu dem sehr ernst und ehrlich gemeinten Versuch von T. Moser[120] zieht sich das Problem durch die Psychoanalyse, was eigentlich der Analytiker darf oder sollte und was nicht. Und diese Fragestellung hört bei der Psychotherapie nicht auf. Könnte es nicht sein, daß wir als Kleriker überhaupt erst von seiten der Psychoanalyse lernen müssen, was Jesus wollte, als er am Sabbat mit seinen Jüngern durch das Ährenfeld ging und das heiligste Gesetz Israels brach, dem Hunger von Menschen zuliebe (Mk 2,23–28)?[121] Wieviel Hunger der Seele gibt es, oft genug zwischen Leben und Tod? Und wie wider den Wortlaut heiliger Weisung sich Jesus von einem Weibe berühren ließ und die Geißel des Blutflusses heilte (Mk 5,25–34)?[122] Wo wagen wir Kleriker auch nur von ferne, einen Menschen, eine Frau, so an uns heranzulassen, daß es ihn, daß es sie, heilen könnte? Es geht nicht um *weniger* «Keuschheit», es geht um ein größeres Maß an Reife, um ein geringeres Maß an Selbstbewahrungsbedürfnis und asketischem Narzißmus, es geht um eine Offenheit gegenüber Menschen, die man eine Weile lang durchs Leben *tragen* muß, einfach weil sie selber nicht mehr laufen können.

Natürlich entsteht hier sogleich die Angst, wie es dann weitergehen soll: Sollte ein solches *Bündnis der Gemeinsamkeit* einer Keuschheit, die Sexualität nicht ausschließt, jemals sich wieder «normalisieren» lassen? Wie oft läßt sich eine solche «Behandlungstechnik» wiederholen? Wie läßt sich mit der erwachenden Eifersucht umgehen? Was schließlich, wenn das Intimste nach außen dringt und jeder sich seine eigene Version der Geschichte zurechtlegen kann? Schwieriger noch: Wird es am Ende nicht doch wieder demütigend und erniedrigend wirken, Liebe erfahren zu haben – aus Mitleid? Und wenn es kein Mitleid war, sondern ehrliche Wertschätzung, Hochachtung und Sympathie? Ein Mensch, der liebt, möchte am meisten, daß er selber vom anderen geliebt werde; er möchte keinesfalls nur vom anderen Hilfe erfahren, er möchte selber mit seinem Dasein dem anderen hilfreich sein; – lassen sich jemals wieder die «Regeln» der psychoanalytischen Behandlung zurückgewinnen, wenn sie erst einmal verlassen wurden? – Die Angst vor solchen Fragen erscheint um so berechtigter, als gerade Menschen, die selber wie ausgehungert sind, in ihren Wünschen und Sehnsüchten unvermeidlich eine grenzenlose Bedürftigkeit verraten. Freilich kann man zuversichtlich darauf vertrauen, daß selbst dem Verhungerten bald schon der Appetit sich reduziert, wenn er nur erst zu essen erhält – in vernünftigen Dosen wohlweislich, damit nach der Zeit der Entbehrung er nicht an ungewohntem Übermaß zerbricht. Es gibt in diesen Grenzbereichen der Menschlichkeit keine Regeln und Anweisungen; vieles lebt hier von einem Vertrauen, das einer letzten Begründung entbehrt, und verlangen läßt sich nur eines: ein möglichst hohes Maß an persönlicher Fairneß.

Sonst aber gilt wohl, was ein jüdischer Rabbi seine Schüler lehrte: Gefragt, was uns Gott, der in allen Dingen zum Menschen redet, sagen könne im *Damespiel*, gab der Rabbi zur Antwort: «Nun, daß ihr in die Kreuz und Quere ziehen müßt auf festen Linien, Schritt für Schritt; dann aber, angelangt, wenn die Umwandlung geschieht, so seid ihr frei und könnt ziehen, wohin ihr wollt und so weit ihr vermögt.»[123] Man sollte wünsche, daß gerade im Umgang mit ihrer Rolle als Frau und als Mann möglichst viele der Kleriker in solche «Damen» verwandelt würden.

Ist auf diese Weise von seiten der Psychoanalyse eine offene, wirklich befreiende und erlösende Form der «Keuschheit» für die kirchliche Seelsorge zu lernen, so ist umgekehrt zugleich deutlich, daß es nicht möglich ist, menschliche Einstellungen, die am klarsten in der Psychotherapie und in der ehelichen Liebe polarisiert erscheinen, *institutionell* voneinander zu trennen und aus dem Fluß der Entwicklung, der sie miteinander verbindet, herauszureißen. Vieles lernt ein Therapeut auch für seine Patientinnen von den Menschen, mit denen er wesentlich verbunden ist – gleich, ob ehelich oder außerehelich, und umgekehrt werden seine Erfahrungen in der Therapie auch seine privaten, persönlichen Umgangsformen zutiefst mitbestimmen. Menschen sind seelisch eine Einheit, und man kann sie nicht ohne die schwere Sünde schmerzhafter Sonderungen in Eheleute und Ordensleute (bzw. Priester) voneinander absondern. Und am schönsten vielleicht ist die Liebe, in welcher ein Mensch einem anderen, ein Mann einer Frau, eine Frau einem Mann, *alles* sein muß und alles sein darf: Arzt und Seelsorger, Dichter und Priester, Freund und Geliebter, Vater und Tochter, Mutter und Sohn, Schwester und Bruder – ein Stückchen Himmel, das sich widerspiegelt in den schimmernden Augen der Sehnsucht des Wartens und des Glücks einer ahnungsweisen Erfüllung.

B. Unzeitgemäße Betrachtungen über die Ausbildung von Klerikern oder: Gedanken über einen Wendepunkt der Religionsgeschichte

Der Dichter, der Psychotherapeut als Vorbildgestalten des Priesters, des Klerikers – auf dieses Ergebnis läuft im positiven Umkehrschluß alles hinaus, was wir an psychischen Konflikten auf der Negativseite der heutigen Form des Klerikerseins in dieser Arbeit kennengelernt haben, und so bleibt, nach dem Versuch einer Neuinterpretation der evangelischen Räte, die Frage übrig, wie die Person eines Priesters, einer Ordensschwester vorstellbar ist, um diesem Erwartungsbild ähnlich zu sein.
Eigentümlich muß für traditionelles Denken bereits ein solcher Paradigmenwechsel selbst erscheinen. Jahrhundertelang galt in der katholischen Kirche die Gestalt des Priesters als das höchste Ideal, als das Bild «engelgleicher Vollkommenheit», als Inbegriff der höchsten Erhebung der menschlichen Natur in der Gnade Gottes, und das nicht ganz zu Unrecht. Noch in den sogenannten Primitivkulturen bietet der Erfahrungsraum des Religiösen in der Gestalt des Schamanen eine einheitliche Grundlage auch für die Kunst, zu dichten, zu musizieren und zu heilen; der Anspruch besteht, daß die Religion der Ort sei, an dem Denken, Fühlen und Empfinden eine Einheit bilden könnten. Alles indessen deutet darauf hin, daß wir mit der gegenwärtigen Form des Klerikerseins uns weit von diesem Bild entfernt haben. Allem Anschein nach stehen wir am Ende einer Sackgasse, die damit begann, den Priester bzw. den Ordensgeistlichen in seiner psychischen Verfassung ebenso wie in seinem sozialen Erscheinungsbild aus diesem Einheitsgrund eines integralen Erlebens herauszulösen. Was wir heute als «Priester» oder als «Mönch» bezeichnen, repräsentiert einen kirchlich gut verwalteten und reibungslos funktionierenden Seitenzweig des öffentlichen Lebens, dem ein gewisser dekorativer Wert bei feierlichen Anlässen sowie auch wohl noch ein bestimmter Effekt als Stilmittel in Oper und Theater zukommt: statt selber die Erlebniswelt der Kunst zu tragen und zu gestalten, ist das Religiöse selbst zu einem ästhetisch freigesetzten Bühnenrequisit verkommen. Es gilt dem öffentlichen Bewußtsein nichts weiter mehr als das Zitat bzw. als die Paraphrase seiner selbst. Der Grund dafür liegt auf der Hand: Wir haben als Kleriker seit Jahrhunderten zunehmend den Kontakt zu uns selbst, den

Kontakt zu den Menschen, den Kontakt zum wirklichen Leben verloren; alles, was wir sind, sind wir «in besonderer», «gleichsamer» Weise. Wir existieren nicht wirklich. *Das* ist der bittere Hintergrund der aufgezeigten neurotisierenden Strukturen und neurotischen Prozesse im einzelnen. «Kann man ohne Gott ein Heiliger werden?» – diese Frage nannte ALBERT CAMUS[1] schon vor 35 Jahren das wichtigste Problem unserer Zeit. Menschen wie SIGMUND FREUD verkörpern eine noch weit schmerzlichere Erfahrung: daß man oft genug nur *gegen* «Gott», den Gott der Kirche, andere Menschen zu heilen vermag.[2] Es genügt keinesfalls, mit Bedauern festzustellen, daß der heutigen verfaßten Form des Religiösen die Dimension des Heilens fehle, wie EUGEN BISER[3] dies ganz richtig getan hat; es kommt darauf an, die Gründe zu verstehen, warum die katholische Kirche das dichterische und das therapeutische Element in der Psyche ihrer Kleriker mit Sorgfalt eliminieren mußte, und dann muß man sich fragen, was alles in der katholischen Kirche sich ändern müßte, um das Verdrängte wieder zu integrieren. Die Künstler, die Therapeuten brauchen heute nicht mehr die Kirche, aber die Kirche bedarf wie ein leukämiekranker Patient dringend einer Revitalisierung und Reintegration durch Dichtung und Tiefenpsychologie.
Es sind näher betrachtet, *zwei elementare Herausforderungen*, die im Hintergrund all unsere Untersuchungen begleitet haben und denen die katholische Kirche nicht länger ausweichen darf, wenn sie sich nicht um ihren letzten Kredit bringen will; diese beiden Herausforderungen lauten: *die verlorene Mystik der Natur* und *die verweigerte Integration des Subjekts;* beide Punkte hängen auf das engste zusammen.

1. Die verlorene Mystik der Natur

Wenn es zutrifft, daß der heutige Typ von Religiosität seit dem Beginn des Neolithikums sich wesentlich durch die Unterscheidung des Menschen von der Natur herausgebildet hat (s. o. S. 349 f.), so deuten alle Anzeichen darauf hin, daß wir heute offenbar an das Ende dieser Entwicklung gelangt sind. Alle Religionsformen sehen sich derzeit einer schweren Krise des Bewußtseins gegenüber, indem durch die wachsende Kenntnis und Beherrschung der Natur der Gedanke an göttliche Mächte, die nach eigenem Willen und Plan die Entwicklung der Welt steuern und lenken würden, zunehmend als animistisches Relikt der Vorzeit empfunden wird.[4] Die marxistische Religionskritik des 19. Jahrhunderts stellte rundweg die Behauptung auf, daß die Religion überhaupt nichts anderes sei als eine falsche, das heißt von Unwis-

senheit und Angst getragene Einstellung des Menschen zur Natur[5], und die Religionspsychologie FREUDS ergänzte diesen Ansatz noch durch die These, daß der Glaube an Gott oder an göttliche Mächte nichts weiter sei als eine kindliche Projektion der verinnerlichten Elterngestalten.[6] Keine Form von Religion ist heute mehr glaubhaft, die nicht den Kriterien dieser beiden Kritikpunkte standzuhalten vermag: es muß gezeigt werden, welch einen Beitrag die Religion dazu leisten kann, den Menschen in seiner Unterschiedenheit und Personalität unter den Voraussetzungen einer durch Wissenschaft und Technik relativ vertraut gewordenen Welt durch eine Mystik konkreter Poesie in die Natur, die ihn umgibt, zurückzubinden; und es müßte gezeigt werden, daß die Religion gerade nicht den Status eines infantil gebliebenen, sich selbst entfremdeten und vom Überich tyrannisierten Bewußtseins widerspiegelt, sondern im Gegenteil eine Funktion des Ichs darstellt.
Daß wir uns geistesgeschichtlich auf einen Typ von Religion zubewegen, der nicht mehr die *Differenz* des Menschen, sondern die dialektische *Einheit* des Menschen mit der Natur symbolisiert und vermittelt, läßt sich vielleicht zum erstenmal bei G. BRUNO[7], stärker noch bei SPINOZA[8], explizit in der Philosophie der Romantik[9], am stärksten aber in der Kritik FRIEDRICH NIETZSCHES[10] am bestehenden Christentum erkennen. NIETZSCHE erkannte als erster, wie grotesk das biblisch begründete Weltbild des Christentums hinter den Ahnungen bereits der antiken Mythen von den wahren Dimensionen der Zeit und des Raumes zurückblieb, und er verlangte mit Nachdruck nach einer Form von Frömmigkeit, Poesie und Menschlichkeit, die den Herausforderungen moderner Naturerkenntnis standhielte.[11] In unseren Tagen ist es die Bewegung des *New Age*, die vor allem mit Hilfe hinduistischer und taoistischer Chiffren eine Mystik der Natur zu erstellen sucht.[12] Nach Jahrtausenden der Differenzierung zwischen Mensch und Natur scheinen wir menschheitlich eine Stufe des Bewußtseins erreicht zu haben, die es nicht länger erlaubt, das Verhältnis des Menschen zu der ihn umgebenden Natur religiös zu neutralisieren oder die «Welt» bzw. das «Fleisch» einseitig als «Versuchung zur Sünde» bzw. als «Gefahr für die Seele» zu interpretieren. Worauf alles hinausdrängt, das ist: *eine Synthese, die das Anliegen des Mythos auf einer höheren Stufe der geistigen Vermittlung erneuert* und den Menschen im Rahmen einer integralen Weltinterpretation wieder in die Natur einordnet, statt ihn als Herrscher oder als unüberbietbaren Höchstpunkt allen Lebens der Natur entgegenzustellen.[13] Schon von daher hat eine Interpretation der sogenannten evangelischen Räte als der intensivsten Formen christlicher Frömmigkeit keine Chance

mehr, die im Grunde nur den asketischen Ansatz der Triebunterdrückung im Namen einer Theologie von Leid und Kreuz erneuert bzw. die das Leidensmotiv durch gewisse soziale Attitüden politischer Solidarität funktional sogar noch erweitert. Ganz im Gegenteil kommt es darauf an, die evangelischen Räte als die Haltung eines natürlichen Gleichgewichts zu interpretieren, zu dem ein Mensch gelangt, dessen ontologische Unsicherheit und Angst sich in einem Vertrauen, wie Jesus es uns lehrte, beruhigt und geklärt haben. Schon vor mehr als 25 Jahren wies der Münsteraner Theologe ANTON ANTWEILER sehr zu Recht darauf hin, daß die heutige Ausbildung der Priesteramtskandidaten immer noch ohne jede Kenntnis moderner Naturwissenschaften auskommen zu können glaube[14], daß sie von den fremden Religionsformen (er sprach stets nur von verschiedenen Formen der Religion, niemals von verschiedenen Religionen!) allenfalls unter der Rubrik «Missionswissenschaften» eine gewisse Ahnung vermittle, und daß sie es immer noch nicht für nötig finde, an den Erfahrungen anderer Kulturen im Umgang mit Gott die Absolutsetzung des abendländischen Weges der Theologiegeschichte zu relativieren.[15] Will die katholische Kirche sich nicht nach dem Vorbild zahlreicher Sekten angstvoll auf die Wahrung ihres tradierten Lehrbestandes zurückziehen, so gilt es, die Spiritualität des Christentums durch Austausch mit Religionsformen, die bislang nur als «heidnisch» galten, um den Bereich des Naturhaften zu erweitern und zu vertiefen.

Insbesondere *die Gestalt des Priesterlichen* selbst könnte dabei nur gewinnen. Immer noch wähnt die katholische Theologie sich gut beraten, wenn sie «kontroverstheologisch» gegenüber der protestantischen Auffassung an ihrer dogmatischen Voraussetzung festhält, Jesus habe im Abendmahlssaal in eigener Person das Sakrament der Priesterweihe eingesetzt.[16] In Wahrheit sprechen gegen diese Auffassung gewichtige historische Gründe – Jesus ist nie als «Priester» aufgetreten, und er hat nie daran gedacht, im Bruch mit dem Volk des Bundes eine eigene Kirche mit einem eigenen Stand von Priestern zu gründen, die in Umwandlung des jüdischen Passahs auf unblutige Weise die Feier seines Todes begehen sollten, um dadurch in einer göttlichen Mahlfeier sein Fleisch und Blut zu essen und zu trinken.[17] Wohl aber läßt sich *ethnologisch* und *religionspsychologisch* auf den archetypischen Charakter solcher Vorstellungen hinweisen. Nicht historisch, wohl aber tiefenpsychologisch läßt sich die Gestalt und Funktion des Priesters in der katholischen Kirche begründen: Eine Religion, die der Erlösung des Menschen dienen will, bedarf derartiger Bilder und Sakramente, da sie in der Psyche des Menschen tief verankert sind.[18] Es ist dann aber unerläßlich, die Gestalt des Priesters als erstes auch und gerade vor dem Hintergrund ihrer naturhaften Verwobenheit zu sehen.

Vor mir steht, während ich dies schreibe, die kleinfigurige Keramiknachbildung einer Maya-Plastik aus dem siebenten Jahrhundert, die einen hohen indianischen Würdenträger, wahrscheinlich einen *Halach Uinic,* einen «Wahren Mann», zeigt, den Territorialherrscher und (manchenorts) den Hohen Priester der Maya.[19] Er steht vor einem kreuzförmigen Baum, dessen Achsen in die vier Weltgegenden weisen und die an den heiligen Baum von *Xibalbá* gemahnen, an dem sich das ewige Drama von Tod und Leben ereignet.[20] Ein Priester, mit anderen Worten, hat seinen Ort in der Vorstellung der Mayas an der Stelle, wo die Welt ihr verborgenes Zentrum besitzt; er ist selbst in seiner Person ein Abbild des Baumes des Lebens und des Todes, er ist jemand, der wesentlich lebt aus der Mitte der Welt. Wie ein Gürtel umgibt die Gestalt des Priesters das Bild der beidendköpfigen Schlange, ein Symbol, das zwischen Sonne und Tod den ganzen Himmel umspannt.[21] Man erwartet mithin von einem Priester, daß er weit ist wie zwischen Sonnenaufgang und Sonnenuntergang, alles vereinend, alles miteinander verbindend, oder anders ausgedrückt: nur wer es gelernt hat, in sich selber und mit sich selber einig genug zu werden, daß er nichts in Himmel und Erde, in Ober- und Unterwelt von sich ausschließt, verdient den Namen eines Priesters. In diesem Sinne unzweifelhaft *war* Jesus von Nazareth ein «Priester», ganz in dem Sinne, in dem OSWALD SPENGLER von ihm sagen konnte: «Das Christentum ist die einzige Religion der Weltgeschichte, in welcher ein Menschenschicksal der unmittelbaren Gegenwart zum Sinnbild und Mittelpunkt der gesamten Schöpfung geworden ist.»[22] Für SPENGLER antwortete die Gestalt Jesu auf die «letzten Geheimnisse des Menschentums und des freibeweglichen Lebens überhaupt, daß die Geburt des Ich und der Weltangst ein und dasselbe sind.»[23] Aber es war die Persönlichkeit Jesus, die den Archetyp des Priesters zur Deutung seines Auftretens in der frühen Kirche auf sich zog, und das eben ist das Entscheidende: daß das Priesterliche, das zwischen den Gegensätzen Vermittelnde, sich nicht aus einer vorgegebenen Institution herleitet, sondern aus der Kraft der Persönlichkeit selbst erwächst. Die Einheit der Gegensätze umfängt auch und notwendig die Differenz zwischen Mensch und Natur, sie umschließt wesentlich auch die psychische Differenz zwischen Bewußtsein und Unbewußtem. Ein Priester ist ein integraler Mensch, oder er ist gar nicht.

Für die Ausbildung eines «Priesters» der katholischen Kirche müßte es deshalb ganz wesentlich darauf ankommen, in Menschen, solange ihre Seele noch bildsam und empfänglich genug ist, vor allem einen Sinn für die Größe und Schönheit der Welt auszuprägen, bis daß in ihnen die Ehrfurcht vor dem Leben, das Gespür für die Heiligkeit seiner Vielfalt und Ordnung sowie ein poetisches Gespür für die verborgene Sinn- und Symbolgestalt aller Dinge eine selbstverständliche Grundlage des Denkens und Fühlens bildeten. Um es paradox auszudrücken: Das Bemühen der Kirche sollte dahin gehen, nicht: Priester auszubilden, sondern *das Priesterliche* in den heranwachsenden Menschen so intensiv zu fördern als nur möglich. Auch hier wäre eine Haltung der *Armut* bzw. eine deutliche Abkehr von jeder Art des «politischen» Denkens vonnöten: es ist nicht die Sache der Kirche, Menschen zu «Priestern» zu formen, ja, sie müßte sich im Ideal den Gedanken völlig abgewöhnen, mit Menschen als künftigen Priestern zu rechnen und zu planen; wenn sie schon die mahnenden Worte von HERMANN HESSE nicht zu beherzigen gesonnen ist (s. o. S. 568), es müsse ein jeder sein eigenes Schicksal finden, gleichgültig, ob er zum Dichter, Maler oder wozu auch sonst bestimmt sei, so warnt doch die Bibel selber in der Geschichte von der *Volkszählung Davids* (2 Sam 24,1–25)[24] ausdrücklich davor, Menschen nach politischem Kalkül in planbares, verrechenbares Material zu verwandeln. Nicht der Bestand ihrer Institutionen, sondern die Wahrheit der Menschen sollte das oberste Ziel aller kirchlichen Erziehung bilden; doch dazu würde gehören, daß die katholische Kirche ihre gesamte Einstellung umkehrt. Als einen Hauptschaden des heutigen Klerikerseins mußten wir erkennen, daß die Lebensformen der sogenannten evangelischen Räte funktionalisiert und das Priesteramt selbst personalisiert ist; gerade umgekehrt aber müßte es sein: *die Lebensformen* müßten *personal* gestaltet werden, *das Amtliche* aber müßte unbedingt auf den Aspekt eines *funktionalen* Pragmatismus reduziert werden. Mit anderen Worten: die katholische Kirche müßte sich erlauben, von den Menschen her zu leben und auf die Menschen hin zu leben, statt immer von neuem Menschen in die Verliese ihrer Institutionen zu pressen, um dann zu erwarten, daß der Rest der Welt sich nach ihren Vorstellungen richte.

Von daher käme es darauf an, die verschiedenen Lebensformen der evangelischen Räte von allem Pomp des «Besonderen» zu lösen und sie als einfache menschliche Haltungen einzuüben, wobei die Offenheit, Freiheit und Kreativität einer dem Dichter, dem Künstler verwandten Existenzform als Vorbild dienen müßte.

Armut zum Beispiel. Selbstverständlich wird ein Künstler, ein Dichter, ein Maler, an Geld und Macht nicht wesentlich interessiert sein, und es ist eine noch unausgemachte Frage, wieviel an Liebesglück das künstlerische Schaffen wohl verträgt. Die «Krankheit» aller wahren Künstler aus Berufung scheint die Armut und das Verkanntwerden zu ihrer Zeit zu sein. «Machen die Menschen die Zeit oder die Zeit die Menschen», fragte CASPAR DAVID FRIEDRICH, und er fuhr fort: «Sind wir wirklich frei?» Sicher ist, daß jemand, der die Enge des Ortes, an den Raum und Zeit ihn gestellt haben, auch nur um ein weniges übersteigt, von seinen Zeitgenossen verspottet und verachtet werden wird. Ihm müssen Geld, Macht und Anerkennung so gut wie nichts bedeuten; er mag sich, wie C. D. FRIEDRICH, in seine eigene Welt wie in einem Kokon einspinnen und muß es den Zeiten nach ihm überlassen, ob aus diesem Gespinst jemals eine Made oder ein bunter Schmetterling hervorgehen wird.[25] Im Metier der Kunst übernehmen Handel und Gewerbe das Interesse, dessen der Künstler selber so sehr ermangelt: wie man die Produkte der Kunst in verkäufliche Waren verwandeln kann. Die katholische Kirche, so scheint es, hat bis heute versucht, in Fragen der Religion so etwas wie ein Atelier und Auktionshaus zugleich zu sein, mit dem Ergebnis, daß sie heutzutage mehr als eine Museumsverwaltung denn als eine Familie von Künstlern erscheint. In einer wesentlichen, religiösen Einstellung spielt die Frage prinzipiell keine entscheidende Rolle, ob oder wie etwas «ankommt», sich «verkauft» oder Profit und Einfluß sichert; die Religion hat es, darin der Kunst vergleichbar, mit der Wahrheit zu tun – mit der *letzten* Wahrheit über unser Leben sogar. Nur weil sie aus dem Raum des Unbedingten kommt, kann sie den Menschen unbedingt einfordern, indem sie jedes Lebensziel der irdischen Existenz zwar nicht entwertet, aber relativiert. Sie müßte daher wesentlich Begabungen, Anlagen und Fähigkeiten («Charismen» ist ein zu salbungsvolles Wort) zu unterstützen und zu fördern suchen, statt nach einem fertigen Schema institutioneller Erwartungen eine Selektion von grauen Mäusen zu betreiben, und statt *«Gehorsam»* von ihren Klerikern zu verlangen, hätte sie selber als erstes die Pflicht, auf die Regungen von Gefühl, Phantasie und Intelligenz zu horchen, die sie in den einzelnen wecken und wachrufen könnte. Sie müßte es riskieren, daß aus jedem in ihren Reihen wird, was Gott mit ihm vorgesehen hat, statt die neurotischen Verengungen der Kindheit durch entsprechende Rationalisierungen und Ideologiebildungen immer noch weiter einzuengen; und vor allem: sie müßte *die Fähigkeit zur Liebe* pflegen und ausbilden, statt sie zu unterdrücken und zu ersticken. Der Zölibat dürfte nicht das Ziel sein, allenfalls ein Ergebnis in der Biographie eines einzelnen, und zwar ein relativ unwichtiges Ergebnis.

Es wird der katholischen Kirche über kurz oder lang nicht erspart bleiben, trotz allen Widerstandes anzuerkennen, daß mit der religiösen Forderung nach einer Mystik und Poesie des Kreatürlichen zugleich der Wunsch nach einer neuen Natürlichkeit im Umgang auch mit der menschlichen *Sexualität* einhergeht, und zwar paradoxerweise, weil die menschliche Sexualität heute von ihren unmittelbaren biologischen Aufgaben weitgehend entlastet und freigesetzt worden ist. Im Stenogramm gesagt: Die geschlechtliche Fortpflanzung wurde von der Natur «erfunden», um die Evolutionsgeschwindigkeit erheblich zu beschleunigen: nach Durchmischung des Erbgutes ist kein Kind mehr das bloße Abbild seiner Eltern, es ist wirklich etwas vollkommen Neues.[26] Als einen treibenden Faktor der Entwicklung «erfand» die Natur des weiteren die Rivalitätskämpfe der Männchen um die Gunst der Weibchen, und sie erreichte damit eine Art Qualitätskontrolle des Erbgutes[27]; sie band auf diese Weise die Sexualität an die Gefühle von Eifersucht und Konkurrenz. Und sie verteilte das Sexualverhalten des Menschen über das ganze Jahr hin und pendelte es auf eine Sterblichkeitsrate der Säuglinge von ca. 50 % ein. In allen diesen Punkten sind in den letzten 200 Jahren wichtige Veränderungen eingetreten: Unter zivilisierten Umständen hat heute praktisch jedes Kind, selbst das kranke, eine relativ gute Chance, zu überleben; die Überbevölkerung der Menschheit mit Verdoppelungsraten zwischen 15 bis 30 Jahren ist zu der größten Gefahr für den Bestand der Natur auf diesem Planeten geworden[28]; der fast komplette Ausfall an natürlichen Selektionsfaktoren wird über kurz oder lang zu einer künstlichen genetischen Kontrolle des menschlichen Erbgutes führen müssen; mit anderen Worten: die Zeit ist längst gekommen, in der die menschliche Sexualität nicht primär der Fortpflanzung dienen kann noch darf; und die Zeit wird bald kommen, in der das Erbgut nicht länger mehr allein vom Verhalten der Partner, sondern von einer gezielten genetischen Steuerung determiniert wird, die zumindest die Weitergabe kranker Gene verhindern soll. Damit aber stehen wir vor dem Ende jener Epoche der Evolution, in welcher vor allem die männlichen Individuen biologisch nichts anderes waren als Depots genetischen Reservematerials bzw. als Überlebensmaschinen und Annexe der Gene.[29] Es läßt sich mit Händen greifen, daß damit auch das menschliche Sexualverhalten sich tiefgreifend verändern wird, ja, es sind die Anzeichen dafür bereits heute schon sichtbar: Rivalenkampf und Eifersucht treten spürbar zurück, die Sexualität dient hauptsächlich weder der Fortpflanzung noch der Familiengründung, sie wird zunehmend als eine alles durchdringende Kraft der Zärtlichkeit, der Freude, der Phantasie und der Gemeinsamkeit erlebt – und allein schon deshalb wird der Zölibat zunehmend keinen Sinn mehr machen.

Zudem: der Unterschied zwischen Männern und Frauen schwindet zusehends dahin, die Spannung zwischen den Geschlechtern, früher durch alle möglichen moralischen Schranken und Tabus noch unterstützt[30], sinkt erheblich ab; zwischen Freundschaft und Liebe besteht nicht mehr dieser Graben, der zumindest in der abendländischen Kultur zwischen ihnen künstlich gezogen wurde.[31] Die Idee, daß es in Kirche oder Gesellschaft Aufgaben geben sollte, die (außer dem Kindergebären) nur von Männern oder nur von Frauen ausgeübt werden könnten, wird zusehends unsinniger – ein Festhalten der Kirche an dem Prinzip, daß nur Männer Priester sein dürfen, ist heute schon ein klar erkennbarer Anachronismus.[32] Und all diese Faktoren werden die «Ausbildung» von Menschen beeinflussen, die religiös das Zeug haben sollen, so etwas wie eine Mittlerfunktion zwischen Mensch und Natur, zwischen Gott und Welt, zwischen Kirche und Gesellschaft auszuüben. An oberster Stelle wird es darauf ankommen, solche Menschen nach Künstlerweise *die Liebe* zu lehren, wohlgemerkt nicht die überweltliche, die engelgleiche, die mystische Liebe, sondern die ganz reale irdische Liebe. Es wird darum gehen, eine Religiosität zu pflegen, welche die uralten Aufspaltungen überwindet, die heute noch die Seele vom Körper, das Fühlen vom Empfinden, das Lieben vom Begehren, die Frau von dem Mann, den Unverheirateten von dem Verheirateten, den Kleriker von dem Laien und letztlich Gott von der Welt trennt.

Man mag sagen, solche Veränderungen auch nur für möglich zu halten, sei bereits – im Sinne der tradierten Moral – ein verwerfliches Zeichen von Unmoral, und jedenfalls könne man nicht Heranwachsende von heute nach ungewissen Maßstäben von morgen erziehen. Mag es dahinstehen, ob «man» das nicht kann. Eines jedenfalls *könnte* man nicht nur, sondern *müßte* es unbedingt: eine Pädagogik ausprägen, die Gefühle, Sehnsüchte und Empfindungen nicht länger mehr zerstört, sondern die es erlaubt, jene Ursprungseinheit von Religiösität, Poesie und Therapie wiederzufinden, die in Gestalt des *Schamanismus* einmal Wirklichkeit gewesen ist. Es besteht in dem vorhin angegebenen Sinne gewiß ein Unterschied zwischen der Haltung, die einer Psychotherapie zugrunde liegt, und der Einstellung, auf welcher (zumindest heute noch) eine Ehe sich gründet; aber es ist sehr die Frage, ob es möglich ist, diese Unterschiede institutionell auf Dauer so zu fixieren, wie es die katholische Kirche in den letzten 1000 Jahren versucht hat. Es ist nicht zu leugnen, daß oft die Liebe zwischen Mann und Frau, gleichgültig, ob sie zu dem Abschluß einer Ehe im bürgerlichen Sinne führt oder nicht, psychisch *mehr* bewirken kann als jede Therapie, und genauso sicher ist auch, daß jenes offene Interesse am anderen, das eine Psychotherapie bzw. eine ordentliche Seelsorge erfordert, am besten von Menschen aufgebracht werden kann, die in etwa wissen, wo sie als Personen sich seelisch zuhause fühlen können. Psychisch wie moralisch lassen sich die Dinge nur fixieren, wenn man der Wirklichkeit des psychischen Erlebens zugunsten bestimmter Strukturen von Macht und Verwaltung Gewalt antut. Vor allem *die Künstler* sind mit den Festlegungen der Liebe in unserem Kulturkreis ganz offensichtlich noch niemals zurechtgekommen[33], und ihr ganzes Bemühen dient immer wieder dem Zweck, die aufgespaltenen Bereiche im Menschen und in der sozialen Wirklichkeit miteinander zu verschmelzen und als Einheit lebendig zu setzen.

Das Umschlagsbild dieses Buches entstammt einem Gemälde von CASPAR DAVID FRIEDRICH[34]. Es zeigt eine zerfallene Kirche vor einem abendlichen Himmel, davor einen Zug von winzig erscheinenden Mönchen, die auf dem angrenzenden Friedhof zwischen verwitterten Grabsteinen einer Beerdigung beizuwohnen scheinen. Auf den ersten Blick enthält dieses Bild nichts weiter als die Botschaft von Auflösung und Verfall. Aber so ist es nicht nur. Gerade C. D. FRIEDRICH suchte auf vielen seiner Bilder eigentlich eine neue Form von Religion vorzubereiten, die für ihn *hinter* den Ruinen und *neben* den Grabgesängen der tradierten Frömmigkeit bereits sichtbar und hörbar wurde. Diese *kommende Religion,* die vor 150 Jahren bereits von der Romantik gefühlt und geahnt wurde, beruht im Grunde auf zwei Einsichten:

1. daß die rechte Art, Gott zu verehren, in einer «Verdichtung» der menschlichen Existenz besteht, in welcher Träume für wahrer erscheinen als Gedanken[35], Anschauungen für wichtiger als Reflektionen, die Sprache der Sehnsucht für stärker als die Sprache der Tatsachen – Religion als eine vertraute Poesie der unvertrauten Unendlichkeit bzw. als eine Art Surrealismus der verborgenen Unendlichkeit. – Damit gegeben ist
2. daß die Natur wieder als ein autochthoner Ort der Gotteserfahrung zurückgewonnen wird; der Schmerz der Trennung des Menschen von der Natur ist zu überwinden durch eine Versöhnung des Menschen mit der Schönheit der Welt, die in dem Reichtum ihrer Chiffren und Symbole selbst als Brücke in die Unendlichkeit erscheint.[36] Eben deshalb glaubten Leute wie FRIEDRICH oder NOVALIS daran, daß es einen Gegensatz weder zwischen Therapeuten und Seelsorger, Arzt und Priester geben dürfe noch auch zwischen Dichter und Prophet, zwischen Künstler und Künder, zwischen Sänger und Kleriker. Eine solche *Religion der Einheit* mit der Weisheit der Natur, die uns umgibt, und mit der natürlichen Weisheit, die unserer Seele innewohnt, sah C. D. FRIEDRICH bereits im Hintergrund der zerfallenen Kathedralen und Dome aufscheinen. Er war der erste, der es wagte, sogar die Szene der *Kreuzigung Christi,* dieses Zentralbild des Christentums, in eine einsame Berglandschaft zu verlegen, wie um der Religion ihren eigentlichen

Standort zurückzugeben:[37] Das Kreuz Christi darf nicht länger mehr dazu herhalten, die Natur sündig zu sprechen und die Natürlichkeit des Menschen zu unterdrücken, sondern es wird morgen nur noch eine Form von Religiösität geben, die als eine gelebte Mystik der Natur gegenwärtig ist; im Rahmen dieser Form der Frömmigkeit wird eine asketische Moral der Abspaltungen und eine Kirchenordnung der Aufspaltungen schlechterdings unverständlich geworden sein.

Selbst jemand, dem derartige Perspektiven und Forderungen zu weit gehen oder dem sie überhaupt als unbegründet erscheinen, wird doch nicht umhin können, zumindest *unterhalb* dieser Aufgabe einer umfassenden Transformation des Religiösen in die Synthese eines neuen Bewußtseins von Einheit und Integration bereits heute schon eine Reihe konkreter Veränderungen herbeizuwünschen, die mehr oder minder deutlich in die angegebene Richtung zielen. So ist es absolut unerläßlich, *innerhalb des theologischen Lehrbetriebs* die unseligen Entgegensetzungen zwischen Denken und Fühlen, zwischen Subjekt und Objekt zugunsten einer einheitlichen Denk- und Erlebnisweise zu überwinden. Immer noch glaubt die katholische Kirche ihre Lehren und Überzeugungen am besten bewahrt, wenn sie einen Stand von Theologen ausbildet, der unter Eid sich darauf verpflichtet, bestimmte für objektiv geltende Formen und Formeln so gewissenhaft wie möglich aufzusagen und auszuüben. In Wahrheit aber führt eine solche Objektivität der falschen Abstraktionen bzw. eine derartige Formalisierung des Religiösen lediglich dazu, das wirkliche Leben immer mehr aus den Kirchenmauern zu verbannen. In allen drei theologischen Hauptfächern läßt sich das zeigen.

So bedeutete es für die Wahrhaftigkeit des Denkens und des Forschens gewiß einen wichtigen Schritt nach vorn, als beim 2. Vaticanum die historisch-kritische Methode in der *Bibelauslegung* mit einer Verspätung von mehr als 150 Jahren nun endlich auch für katholische Theologen hoffähig gemacht wurde. Der weit wichtigere Schritt aber läßt nur allzu lange auf sich warten: die Preisgabe des einseitigen Objektivitätsideals in der Bibelexegese zugunsten von Auslegungsverfahren, die, gestützt auf die Tiefenpsychologie, zu zeigen vermögen, welch eine menschheitliche Wahrheit den Erzählformen der Bibel als Sagen, Legenden, Mythen, Visionen etc. *an sich selbst* zukommt. Die symbolhaftige, dichterische Erzählweise der Bibel, die gerade an den religiös entscheidenden Stellen den geringsten Wert auf historische Berichterstattung legt, ist so lange nicht wirklich zu verstehen, als man den Ursprung ihrer Darstellungsweisen ausschließlich in den kulturellen Bedingtheiten der Zeitgeschichte statt in den Tiefenschichten der menschlichen Psyche sucht; ihre «Realität» liegt nicht wesentlich in äußeren Fakten, sondern vielmehr in inneren Erfahrungen.[38] Wie kann man nur glauben, ein Interpretationsverfahren sei religiösen Texten angemessen, das nicht einmal imstande ist, einen Traum oder ein Märchen sinnvoll auszulegen! Selbst nach vier Jahren eines randvollen Studiums der heutigen Form der Bibelexegese hat ein Diakon der katholischen Kirche vor seiner Priesterweihe nach wie vor nicht gelernt, mit der Heiligen Schrift so umzugehen, daß er selbst oder ein anderer Mensch in Predigt und Unterricht davon leben könnte. Das Hauptergebnis der historisch-kritischen Methode ist notwendigerweise im wesentlichen *negativ:* Gott ist *kein* Teil des Äußeren, er ist *kein* Forschungsgegenstand der Vergangenheit, und es ist *nicht* möglich, die Kluft zwischen kirchlicher Verkündigung und historischer Wirklichkeit jemals zu schließen. Eine solche Bilanz stellt gerade die Wohlmeinenden unter den «Predigern» der Kirche vor eine doppelte Aporie: was sie an positivem Wissen über die Entstehung der biblischen Schriften gelernt haben, dürfen sie dem gläubigen Volk unter der Kanzel allenfalls in vorsichtigen Andeutungen mitteilen, und was die heiligen Texte wirklich zu sagen hätten, haben sie außerhalb bestimmter moralisierender Anwendungsschemata niemals gelernt. Ein entscheidender Teil der Theologenausbildung sollte deshalb in Weiterführung der historisch-kritischen Bibelexegese in Traumseminaren, Einzelanalysen, in Psychodrama- und Bibliodramakursen u. a. m. liegen. Ob jemand zwei Semester lang Griechisch oder Hebräisch gelernt hat, bedeutet für die Entwicklung seiner Persönlichkeit (außer dem Narzißmus einer besonderen Bildung) überhaupt nichts; die Auseinandersetzung mit der Sprache des Unbewußten aber eröffnet allererst einen wirklichen Zugang zu den Quellen des religiösen Erlebens.[39]

Dasselbe gilt von der heutigen Form des Studiums der *Dogmatik.* Statt die Studenten mit der 1500 Jahre alten Formelsprache der frühen Konzilien vollzustopfen und ihr Denken auf das Vokabular der mittelalterlichen Scholastik festzulegen, sollte ein vertieftes Studium der *Religionsgeschichte* und der *Völkerkunde,* gepaart mit den Einsichten der *Tiefenpsychologie,* als erstes an den Erfahrungsraum der entsprechenden Symbole von Heil und Erlösung heranführen. Nur auf diese Weise scheint es vermeidbar, die Lehren des Christentums *von außen,* und das heißt immer: mit Hilfe psychischer Gewalt und in Ausübung verwalteter Macht, weiterzugeben. Im wesentlichen ist gerade das Christentum keine Lehre, sondern eine Existenzmitteilung[40], und ehe nicht dem Einzelnen selber aus eigener Erfahrung deutlich geworden ist, welche Felder und Stadien der Reifung und Selbstentfaltung in den einzelnen Bildern konfiguriert werden, muß sowohl die Auslegung der Heiligen Schrift als auch die Verkündigung des Glaubens immer wieder den Ausfall an persönlicher Erfahrung und menschlicher Evidenz durch eine Vermehrung rationaler, objektivistischer, im Namen eines unfehlbaren Lehramtes vorgetragener *Doktrinen* zu kompensieren trachten.

Nicht zuletzt wird man in der *Moraltheologie* erst dann mit dem munteren Dozieren fixer Normen und Gebote wirklich aufhören, wenn man in Erfahrungen, wie sie in jeder Psychoanalyse vorzukommen pflegen, am eigenen Leibe erlebt hat, was Angst und Verzweiflung und was Vertrauen und Wiedergeburt ist. Die – lutherisch gesprochen – *Knechtschaft* des freien Willens im Feld der Gottesferne[41], die Notwendigkeit von Gnade als derjenigen Kraft, die den Menschen allererst befähigt, sich selbst wiederzufinden und dann auch in moralischem Sinne gut zu sein, die unheimliche Tragik aller Versuche, aus eigener Anstrengung entlang den Weisungen der Moral das Richtige zu tun, mithin die wesentliche Relativierung des Ethischen an den Brechungen der radikalen Erlösungsbedürftigkeit der menschlichen Existenz[42] wird man erst dann verstehen können, wenn man die Hilflosigkeit des Ichs im Kampf mit seinem eigenen Schatten durch eigene Erfahrung erlebt hat. Schon vor über 25 Jahren hat HERMANN STENGER gezeigt, wie stark das Interesse von Theologiestudenten an Fragen der empirischen Psychologie *de facto* ist.[43] Wie aber sagte doch am 24. Juni 1989 KARDINAL WETTER in Freising bei der Priesterweihe von 14 Diakonen: «Ihr werdet zu Priestern geweiht, nicht um euch selbst zu pflegen und zu verwirklichen, sondern um die Herrschaft Christi zu verwirklichen; nicht eure Ansichten sollt ihr verbreiten, sondern das Wort Gottes, das Evangelium.» Und: «Christi Priestertum ist von heute an auch ihr Priestertum. Weil sie Priester sind, können sie auch priesterlich handeln.»[44] Genau umgekehrt sollte man denken: Je mehr ein Mensch sich selber verwirklicht, desto eher vermag er priesterlich zu sein, und desto eher kann er dazu taugen, das Amt eines Priesters in der katholischen Kirche zu übernehmen.

In all dem aber geht es um eine wesentliche *Vertiefung der religiösen Existenz,* bei der die Integration der inneren Natur (des Unbewußten im Menschen) mit der Einbeziehung des Menschen in der Natur draußen Hand in Hand geht. Um es so zu sagen: Ein Dichter wie GERHART HAUPTMANN, als er seine Novelle *«Der Ketzer von Soana»* schrieb, konnte sein Anliegen der Wiederentdeckung einer naturhaften Religiösität, ähnlich wie NIETZSCHE, ZOLA und GIDE, sich nur in erklärtem Widerspruch zur christlichen Theologie vorstellen, und so schilderte er in seiner Erzählung einen ehemaligen Priester, der in den Bergen durch die «Sünde» der Liebe von der «Unnatur» seines christlich erzwungenen Lebens im Amte erlöst wird. Eigentlich mochte G. HAUPTMANN die Fähigkeit wiedergewinnen, «natürliche Symbole» wahrzunehmen; – sein Gewährsmann *Ludovico* selber ist Ziegenhirte, der, nach den «heidnischen» Vorbildern des *Jupiter Ammon* oder *Bacchus Tauriformis,* lieber «einen lebendigen Bock oder einen lebendigen Stier, als einen Gehängten am Galgen» als Gott verehren möchte[45] und der weiß, daß *Eros* ein älterer und mächtigerer Gott ist als *Kronos.*[46] In seiner «heidnischen» Erzählung, die *Ludovico,* gewissermaßen autobiographisch, von dem Priester *Francesco* und seiner Geliebten *Agata* überliefert, verwandelt die Frau sich in die Urmutter Eva zurück, in «die Männin, die Menschin, die syrische Göttin, die Sünderin, die mit Gott zerfiel, um sich ganz dem Menschen, dem Manne zu schenken».[47] Mit ihrem stolzen, selbstbewußten und wissenden Lächeln duldet sie in ihrer betörenden Süße keinen Widerspruch. «Es gab keinen Schutz, keine Waffe gegen den Anspruch dieses Nackens, dieser Schulter und dieser von Lebenshauchen beseligten und bewegten Brust. Sie stieg aus der Tiefe der Welt empor und stieg an dem Staunenden vorbei – und sie steigt und steigt in die Ewigkeit, als die, in deren gnadenlose Hände Himmel und Hölle überantwortet sind.»[48] Es ist das uralte *matriarchale Erbe der Religionsgeschichte,* das nach Jahrtausenden der Verdrängung in der Religion der Bibel wie des Christentums darauf wartet, wiederentdeckt zu werden; keinesfalls geht es einfach nur darum, den sozialen Status der Frauen in der katholischen Kirche hier und da ein bißchen zu verbessern, indem zum Beispiel eine Frau zur Vorsitzenden des Zentralkomitees der deutschen Katholiken gewählt wird; es geht darum, die «Vergiftung des Eros», die FRIEDRICH NIETZSCHE vor 100 Jahren dem Christentum vorwarf[49], endlich rückgängig zu machen.

Die Integration des christlichen Schattens ist mithin keine «Ketzerei», sondern das wichtigste Erfordernis unserer Zeit. Es geht *religionspsychologisch* um eine Erweiterung des christlichen Bewußtseins in Richtung gerade derjenigen Anteile der menschlichen Psyche, die bislang als «heidnisch» verdrängt und abgespalten wurden, *religionsgeschichtlich* aber bedarf es einer Rückerinnerung und Wiederbegegnung mit einer Fülle von Wahrheiten, die wir im Werdegang der abendländischen Gestalt des Christentums bisher glaubten ausgrenzen zu müssen, die aber in der Psyche des Menschen leben und auf den Wegen der Menschheit in anderen Kulturen ihre komplementären Ausdrucksformen gefunden haben. Wonach alles ruft, ist *eine Vertiefung des Schwerpunktes.* Solange wir als Theologen fortfahren, unter «Glauben an Christus» das Nachsprechen abendländischer Sprachspiele zu verstehen, in denen das Wesen Gottes oder die Person des Christus definiert wurden, werden wir uns selber mit unserer Rechthaberei, Intoleranz und

Gewalttätigkeit zu dem Status einer Sekte weiterentwickeln; die Zeit aber wird kommen, da man von der Religion erwartet, daß sie ihre eigene und eigentliche Sprache wiederfindet, die so allgemein verständlich und international ist und sein muß wie die Bilder von VAN GOGH und wie die Symphonien BEETHOVENS. Diese «Sprache» ist wesentlich nicht das Ensemble der Worte, die sich in jedem Volke verschieden sagen und ordnen, sondern die Sprache der *Bilder*, die in unseren Köpfen entstand, längst bevor es zu der Entfaltung des Menschen und seiner Aufsplitterung in verschiedene Rassen und Kulturen kam. Das «Wort» der Religion erreicht sein eigenes Niveau nur, wenn es imstande ist, nach Dichterweise die ewigen Bilder Gottes im Menschen zu beschwören und mit der Kraft der individuellen Existenz in der jeweiligen Zeit verbindlich zu machen. Offensichtlich muß man die «Definition» der mittelalterlichen Philosophie, wonach der Mensch ein «denkendes Tier» ist, vor dem Hintergrund der Anthropologie des 20. Jahrhunderts weit ernster nehmen, als die Theologie es bisher getan hat. Psychoanalyse, Verhaltensforschung, Religionsgeschichte und Völkerkunde müßten zu dem Lehrplan jeder Theologenausbildung gehören, und zwar nicht im bisherigen Sinne als «Lehrfächer», sondern als Erfahrungsräume der Auseinandersetzung mit dem eigenen Wesen.

2. Die wesentliche Subjektivität des Glaubens oder: Die Berechtigung des protestantischen Protestes

Parallel zu der Hinwendung zur Natur ist die Hinwendung zum Subjekt mit dem Beginn der Neuzeit zu einem unüberschreitbaren Postulat an jede Gestaltung des Religiösen geworden, die Anspruch auf innere Glaubwürdigkeit zu machen gedenkt. Mag man in den Bildern und Symbolen der Religion den objektiven, *«katholischen»* Anteil des Christlichen am deutlichsten ausgesprochen finden, so hat das Wissen um die Subjektivität des Glaubens am deutlichsten im *Protestantismus* Gestalt gewonnen. Beide Ebenen: das Bildhaft-Objektive ebenso wie das Existentiell-Subjektive gehören zusammen und bedingen einander, wie Mythos und Geschichte, wie Unbewußtes und Bewußtsein, wie Es und Ich, und ihre Trennung, ja, ihre kirchenpolitische Organisation in zwei getrennten Konfessionen offenbart auf dramatische Weise, wie wenig es uns heute in der abendländischen Form des Christentums gelingt, eine integrale Gestalt des Menschseins auszuprägen, in welcher die vorgegebenen Strukturen des Unbewußten und die Ängste und

Hoffnungen des personalen Bewußtseins in einer spannungsreichen Synthese zueinander fänden. Was heute der katholische Priester bzw. der protestantische Pfarrer, je für sich, repräsentiert, ist in seiner Einseitigkeit und Hilflosigkeit ein überdeutliches Dokument für die seelische Zerrissenheit der christlichen Frömmmigkeitsgeschichte.[50] Die «ganze» Wahrheit, psychologisch betrachtet, liegt weder in den Händen der katholischen noch der evangelischen Kirche, sondern allein in der Ganzheit des Menschlichen, an der sich beide Konfessionen in ihrer gegenwärtigen Gestalt durch ihre Aufspaltungen in schlimmer Weise versündigen.
Im Blick auf die *katholische* Kirche gilt es, die Mahnworte MARTIN LUTHERS über das Verhältnis von Person und Amt zu bedenken, die seit 470 Jahren darauf warten, gehört zu werden. In seiner Schrift *«Von der Freiheit eines Christenmenschen»* schrieb er: «Darüber hinaus (sc. zu der Freiheit und Vollmacht der Christen, d. V.) sind wir Priester; das ist noch viel mehr als Königsein, deshalb, weil das Priestertum uns würdig macht, vor Gott zu treten und für andere zu bitten. Denn vor Gottes Augen zu stehen und zu bitten gebührt niemand als den Priestern. So hat es uns Christus erworben, daß wir geistlich für einander eintreten und bitten können, wie ein Priester leiblich für das Volk eintritt und bittet.»[51] «Du fragst: ‹Was ist dann für ein Unterschied zwischen den Priestern und den Laien in der Christenheit, wenn sie alle Priester sind?› Antwort: Es ist dem Wörtlein ‹Priester›, ‹Pfarrer›, ‹geistlich› und ähnlichen Wörtern damit Unrecht geschehen, daß sie von der Allgemeinheit auf die kleine Schar übertragen worden sind, die man jetzt ‹geistlichen Stand› nennt. Die Heilige Schrift macht keinen anderen Unterschied, als daß sie die Gelehrten oder Geweihten ... nennt, d.h. Diener, Knechte, Verwalter... Aber nun ist aus der Verwaltung eine solche weltliche, äußerliche, hochfahrende, furchterregende Herrschaft und Gewalt geworden, daß die rechte weltliche Macht es ihr keineswegs gleichzutun vermag, gerade als wären die Laien etwas anderes als auch Christenleute. Damit ist das ganze Verständnis von christlicher Gnade, Freiheit, Glaube und allem, was wir von Christus haben, ja Christus selber aufgehoben; dafür haben wir viele Menschengesetze und -werke bekommen und sind ganz zu Knechten der alleruntauglichsten Leute auf Erden geworden.»[52] Es ist hier nicht der Ort, die protestantische Lehre von dem «allgemeinen Priestertum aller Gläubigen» dogmatisch zu diskutieren und mit der katholischen Lehre von der besonderen Amtsgnade der Priesterweihe zu vergleichen; worauf es uns hier ankommt, ist der psychisch erhebliche Schaden, der aus einer Identifikation von Person und Amt hervorgehen muß, wie sie die katholische Kirche in ihrem klerikalen Ideal bis heute voraussetzt.

Da ist als erstes *die Psychologie einer besonderen Erwähltheit,* die nach allem, was wir über die Psychogenese von Klerikern kennengelernt haben, aus der Not die Tugend und dann wieder aus der Tugend die Not macht. LUTHER, im Bestreben, mit seiner Theologie «der Gans an den Hals zu greifen», drückte diesen Sachverhalt in den *«Schmalkaldischen Artikeln»* von 1537 so aus: «wer ein Klosterleben gelobt, der glaubt, daß er ein besseres Leben führe als der gewöhnliche Christ, und will durch seine Werke nicht bloß sich selber, sondern auch noch anderen zum Himmel verhelfen; das heißt Christum verleugnen.»[53] Es ist, wie wir sahen, in der Tat nicht möglich, die *«Armut»* und den *«Gehorsam»* des Christus zu lernen, solange man Menschen dazu nötigt, ihr eigenes Ich unter den Schutz und die Knute des Überichs zu stellen. Und nicht anders verhält es sich mit der *«Keuschheit»*. Man mag theologisch darüber streiten, ob und wie man den Zölibat der Kleriker der katholischen Kirche aus Schrift und Tradition ableiten könne; *psychologisch* wird man zumindest in der Frage des Zwangszölibats dem alten Protest rechtgeben müssen, den MARTIN LUTHER erhob, als er an gleicher Stelle erklärte: «Daß sie die Ehe verboten und den göttlichen Stand der Priester mit der Forderung dauernder Keuschheit belastet haben, dazu haben sie weder Fug noch Recht gehabt, sondern sie haben damit als antichristliche, tyrannische, heillose Bösewichte gehandelt und Anlaß gegeben zu erschrekkenden, greulichen, unzähligen Unkeuschheitssünden aller Art, in welchen sie denn auch heute noch stecken. So wenig nun uns oder ihnen die Macht gegeben ist, aus einem männlichen ein weibliches Wesen oder aus einem weiblichen Wesen ein männliches zu machen oder beides zu nichts zu machen, so wenig haben sie auch Macht gehabt, diese Geschöpfe Gottes zu scheiden oder zu verbieten, ehrlich und ehelich beieinander zu wohnen. Darum wollen wir in ihren leidigen Zölibat nicht einwilligen, ihn auch nicht dulden, sondern wollen die Ehe freigegeben wissen, wie Gott sie angeordnet und gestiftet hat, und wollen sein Werk weder zerreißen noch hindern; denn S. Paulus sagt (1 Tim 4,1 ff.), es sei das eine teuflische Lehre.»[54] Ja, er fügte noch hinzu: «Heiligkeit besteht nicht in Chorhemden, Tonsuren, langen Röcken und anderen feierlichen Gebräuchen, wie sie von ihnen über die Heilige Schrift hinaus erdichtet worden sind; sondern im Wort Gottes und rechten Glauben.»[55] Es waren kirchengeschichtlich eben diese Positionen, die protestantischerseits in Hinsicht auf ein kommendes Konzil entworfen wurden, nur um von der katholischen Kirche 15 Jahre später in Trient in aller Form verworfen zu werden.

Wie auch immer diese Tatsache *theologisch* zu bewerten sein mag, *psychologisch* hat die katholische Kirche dadurch ihre bis heute gültige Weigerung ausgesprochen, den Glauben an Christus wesentlich als Vollzug der menschlichen Existenz zu begreifen und entsprechend von der Erlebniswirklichkeit der Menschen her zu begründen. Ihr Wille zu einer objektiv lehrbaren Wahrheit, die ihr als ein Offenbarungsdeposit übergeben wurde und nunmehr lediglich durch den Mund einer gelehrten Theologenschaft weitergegeben werden soll, bindet das Subjekt auf eine rein abstrakte und formale Weise an die Substanz des Glaubens und macht es unmöglich, die im Grunde mittelalterliche Entzweiung zwischen «Geistlichen» und «Laien», zwischen Göttlichem und Weltlichem, zwischen Unbewußtem und Bewußtsein zu überwinden (s.o. S. 104). Die Vermittlung des Glaubens wird damit wesentlich nicht als eine Begegnung von Person zu Person angesehen, sondern an die Institution eines von Amts wegen irrtumsfreien Lehrbetriebs gebunden. In Konsequenz dieser Einstellung kommt dem Einzelnen entscheidend die Aufgabe zu, seine Person zu *verleugnen* – um der Sache Christi willen, wie sie ihm von der Kirche als der an sich seienden objektiven Wahrheit vorgelegt wird; nicht die Entfaltung seiner Persönlichkeit, sondern die Ausschaltung seiner individuellen Besonderheiten wird damit das Ziel insbesondere der Ausbildung der Kleriker. Ist das Amt die Wahrheit, so gilt es, das Persönliche als das Unwahre zu erkennen; ein rein formal verstandener Menschengehorsam und ein ebenso gewaltsamer Opferbegriff sind die notwendigen Folgen dieser dem Bewußtsein des Einzelnen wesentlich fremden, ihn sich selbst entfremdenden Form der Äußerlichkeit des Religiösen. Vergebens, daß FRIEDRICH NIETZSCHE in seiner Aphorismensammlung *«Morgenröte»* warnte: «Die Moralität, welche sich nach der Aufopferung bemißt, ist die der halbwilden Stufe. Die Vernunft hat da nur einen schwierigen und blutigen Sieg innerhalb der Seele, es sind gewaltige Gegentriebe niederzuwerfen; ohne eine Art Grausamkeit, wie bei den Opfern, welche kannibalische Götter verlangen, geht es dabei nicht ab.»[56] Vergebens auch, daß er davor warnte, die Existenz von Menschen durch ein nur noch «symbolisches Leben» (s.o. S. 169ff.) «zu feierlichen Nullen» zu entwerten.[57] Nach wie vor scheinen «Verfügbarkeit» und «Austauschbarkeit» die obersten Ziele der Ausbildung der Kleriker der katholischen Kirche zu bilden. Doch kann man rein psychologisch nur sagen: die katholische Kirche wird jeden Tag mehr an Glaubwürdigkeit und Wahrhaftigkeit verlieren, an dem sie noch fortfährt, den Glauben und die Wahrheit einseitig an das Amt, statt wesentlich an die Person von Menschen zu binden. Denn einzig darin, daß Menschen ihre Angst verlieren, die es sie kostet, Personen zu sein, besteht das Wunder jenes Vertrauens, das Jesus in diese Welt zu bringen kam. Nur aus der Person des Einzelnen kann sich seine Tauglichkeit zur Übernahme bestimmter Dienstfunktionen in der Kirche entwickeln.[58] Die Ämter der Kirche, wenn sie das Dasein ihrer Amtsträger psychisch nicht verformen und vergewaltigen sollen, müssen daher *flexibel gegenüber der persönlichen Entwicklung* des Einzelnen bleiben (s. o. S. 354). Sie müssen prinzipiell *zeitlich begrenzt* sein, wenn der Einzelne sich seinem Amte nicht mehr gewachsen sieht, oder wenn umgekehrt er sich selber dem Amte entwachsen fühlt. Daß dies dogmatisch möglich ist, dürfte nach den Darlegungen von K. RAHNER und anderen außer Frage stehen.[59] Der eigentliche Grund, der die katholische Kirche gegenüber solchen Forderungen seit Jahrhunderten in Harnisch treibt, liegt weder in der Bibel noch in der Sache selbst begründet, er hängt offenbar mit der Verknüpfung einer bestimmten Art von Psychologie mit einer bestimmten Art von Soziologie zusammen. Der Einwand, der ebenso stereotyp wie einsichtslos gegenüber einer angeblich drohenden «Verpsychologisierung» der Theologie erhoben wird, es gehe hier stets nur um den Einzelnen, die «soziale Dimension» komme dabei zu kurz[60], widerlegt sich, zum Beispiel an dieser Stelle, wie ganz von selbst. Es *geht* um den Einzelnen, ganz gewiß. Aber wer sagt: die Strukturen von Kirche und Gesellschaft müssen vom Individuellen her entwickelt werden, wenn sie nicht als Strukturen verfestigter Gewalt auf den Einzelnen zurückkommen sollen, der verlangt damit notwendig eine soziale Ordnung, in der sich die Pyramide von Rang und Macht *von unten nach oben* aufbaut, statt sich von obenher der Menge der Gläubigen als ein geistiges Gewaltsystem überzustülpen. Und eben deswegen: wegen der von ihr ausgehenden Gefährdung klerikaler Macht erscheint die Psychoanalyse der katholischen Kirche wirklich als gefährlich. Würde sie nur hier und da einem einzelnen neurotischen Priester oder einer unglücklichen Ordensschwester auf die Beine helfen, so wäre sie immerhin als eine etwas sonderbare Behandlungsmethode für Sonderlinge zu tolerieren. Nun aber verlangt die Psychoanalyse, daß man Gesellschaft und Kirche so einrichte, daß sie nicht notwendig die bestehende Form von Außenlenkung und Entfremdung weitertragen; nun verlangt sie, daß die bestehende Form von Religiösität aufhört, sich als bloße Überichfunktion von an und für sich bestehenden Wahrheiten zu verwalten; und damit stellt sie natürlich die Selbstsicherheit all derer in Frage, die vor der ontologischen Unsicherheit in das Beamtete geflohen sind, um dort ihre Ruhe und Geborgenheit zu finden; damit fordert sie unvermeidbar das «Dienstapostolat» all derer heraus, die zum «Dienst» sich berufen fühlen, um nicht selber zu sein; damit provoziert sie ganz von allein die Reaktion all derer, die auf die Stühle der Macht steigen mußten, um dem Gefühl zu entkommen, als «normale» Menschen – gar nichts zu sein.

Man hat der katholischen Kirche immer wieder vorgeworfen, daß sie sich selber zu einem absolutistischen Staat entwickelt habe – DOSTOJEWSKIS *«Großinquisitor»* ist dafür das sprechendste Beispiel (s. o. S. 168 f.). Insofern mag auf die katholische Kirche «in besonderer Weise» zutreffen, was, ein letztes Mal, FRIEDRICH NIETZSCHE gegenüber der Vergöttlichung des Kollektivs seinen *«Zarathustra»* sagen ließ: «Staat heißt das kälteste aller kalten Ungeheuer. Kalt lügt es auch; und diese Lüge kriecht aus seinem Munde: ‹Ich, der Staat, bin das Volk›. Lüge ist's! Schaffende waren es, die schufen die Völker und hängten einen Glauben und eine Liebe über sie hin: also dienten sie dem Leben. Vernichter sind es, die stellen Fallen auf für viele und heißen sie Staat: sie hängen ein Schwert und hundert Begierden über sie hin. Wo es noch Volk gibt, da versteht es den Staat nicht und haßt ihn als bösen Blick und Sünde an Sitten und Rechten ... Falsch ist alles an ihm; mit gestohlenen Zähnen beißt er, der Bissige. Falsch sind selbst seine Eingeweide. Sprachverwirrung des Guten und Bösen: dieses Zeichen gebe ich euch als Zeichen des Staates. Wahrlich, den Willen zum Tode deutet dieses Zeichen! Wahrlich, es winkt den Predigern des Todes! ... ‹Auf der Erde ist nichts größeres als ich: der ordnende Finger bin ich Gottes› – also brüllt das Untier. Und nicht nur Langgeohrte und Kurzäugige sinken auf die Knie! ... Ja, ein Sterben für viele ward da erfunden, das sich selber als Leben preist: wahrlich, ein Herzensdienst allen Predigern des Todes! ... Seht mir doch diese Überflüssigen! Sie stehlen sich die Werke der Erfinder und die Schätze der Weisen: Bildung nennen sie ihren Diebstahl – und alles wird ihnen zu Krankheit und Ungemach! ... Seht mir doch diese Überflüssigen! Reichtümer erwerben sie und werden ärmer damit. Macht wollen sie und zuerst das Brecheisen der Macht, viel Geld – diese Unvermögenden! ... Hin zum Throne wollen sie alle: ihr Wahnsinn ist es – als ob das Glück auf dem Throne säße! Oft sitzt der Schlamm auf dem Thron – und oft auch der Thron auf dem Schlamme. ... Meine Brüder, wollt ihr denn ersticken im Dunste ihrer Mäuler und Begierden? Lieber zerbrecht doch die Fenster und springt ins Freie. ... Frei steht großen Seelen auch jetzt noch die Erde. Leer sind noch viele Sitze für Einsame und Zweisame, um die der Geruch stiller Meere weht. Frei steht noch großen Seelen ein freies Leben. Wahrlich, wer wenig besitzt, wird um so weniger besessen: gelobt sei die kleine Armut! Dort, wo der Staat aufhört, da beginnt erst der Mensch, der nicht überflüssig ist: da beginnt das Lied des Notwendigen, die einmalige und unersetzliche Weise.»[61]

In gerade diesem Sinne müßte die Kirche aufhören, mit ihren Klerikern *«Staat»* machen zu wollen und sie zu halten wie Hofbeamte Gottes auf Erden. Statt auf ein Amt hin, müßte sie die Menschen in ihren Reihen die *«kleine Armut»* lehren, die jedem Einzelnen seine Besonderheit läßt und ihm gerade darin seine Notwendigkeit schenkt. Sie müßte dabei zu Ausbildungsverfahren greifen, die in der Intensivierung von Selbstbegegnung und Persönlichkeitsreifung in etwa dem entsprächen, was heute in der tiefenpsychologischen Ausbildung als *Eigenanalyse* sich oft über Jahre hin erstrecken kann. Es muß vor allem ein Ende damit haben, Seelsorger auszubilden, die ihre eigene Seele *opfern* müssen, statt sie kennenzulernen, und Ordensleute, die ihrem *Orden* dienen müssen, statt als erstes mit sich selber in *Ordnung* zu kommen. Es ist dies der entscheidende Punkt, an dem die katholische Kirche sich wandeln muß, oder sie wird erleben, daß die Zeit sehr rasch über sie hinweggehen wird. In der heutigen Form bereits repräsentiert sie einen Typ von Religiösität, der in seiner Sozialstruktur eher dem Mittelalter als der Neuzeit angehört und der seiner asketischen Opfermentalität nach eher archaisch als christlich anmutet. Im Umgang mit ihren Klerikern entscheidet sich heute, was aus der katholischen Kirche wird: ein Sauerteig der Geschichte (Mt 13,33) oder ein tönendes Erz und eine klingende Schelle (1 Kor 13,1).

Die Gedanken, die wir hier vortragen, klingen nur neu, sie sind sehr alt. *Wie* alt sie sind und seit wie langer Zeit sie ungehört verhallen, mag man an einem kleinen Gebet erkennen, das NIKOLAUS VON KUES (1401–1464), dieser große Vertreter einer konziliaren und konzilianten, dem Geheimnis des Göttlichen mehr als dem Wissen um Gott verschriebenen Kirche uns hinterlassen hat. Mit diesem Gebet ist zu schließen, weil es nichts gibt, was über Gott und den Menschen weiser zu sagen und für die Zukunft der Kirche von Gott inniger zu erbitten wäre:

«Niemand kann sich dir nahen, da du unnahbar bist. Daher erfaßt dich niemand, es sei denn, du schenkst dich ihm. Wie wirst du dich mir geben, wenn du nicht erst mich selbst mir gibst? –

Und wie ich im Schweigen der Betrachtung ruhe, antwortest du mir, Herr, in der Tiefe meines Herzens.

Und du sagst: Sei du dein, so werde ich dein sein!

O Herr, du Beglückung in aller Wonne, du hast es zur Sache meiner Freiheit gemacht, daß ich mein sein kann, wenn ich so gewollt habe. Gehöre ich nicht mir selbst, so gehörst auch du nicht mir.»[62]

Anmerkungen

Vorwort

[1] F. JAMMES: Der Pfarrherr von Ozeron, 165–166.

[2] Vgl. F. KEMP: De l'angelus de l'aube à l'angelus du soir, in: Kindlers Literatur Lexikon, VIII 10603–10604. Zu der Spiritualität von P. CLAUDEL: vgl. bes. Schwert und Spiegel, 1955.

[3] G. BERNANOS: Tagebuch eines Landpfarrers, 17; 101.

[4] R. BRESSON: Das Tagebuch eines Landpfarrers, Frankreich 1951.

[5] Vgl. bes. G. BERNANOS: Das Tagebuch eines Landpfarrers, 115 – die Polemik gegen die Psychiater; S. 136 – der Kampf gegen die Psychoanalyse. Vgl. DERS.: Die tote Gemeinde, 154 – über den Priester; DERS.: Die Sonne Satans, 178–179: der ständige Kampf gegen die Sünde der Wollust.

[6] G. GREENE: Die Kraft und die Herrlichkeit, 111: «Damals, in seiner Unschuld, hatte er niemanden geliebt; jetzt, in seiner Verderbtheit, hatte er gelernt...» DERS.: Fluchtwege, 87ff.: «Viele Jahre später, als ich mit Papst Paul VI. zusammentraf, erwähnte er, daß er das Buch gelesen habe. Ich sagte ihm, daß es vom Heiligen Offizium verurteilt worden sei. – ‹Wer war das?› – ‹Kardinal Pissardo.› Er wiederholte den Namen mit einem dünnen Lächeln und sagte: ‹Mr. Greene, es gibt Stellen in Ihrem Buch, die manchen Katholiken verletzen müssen, aber ich würde dem keine Beachtung schenken.»

[7] ST. ZWEIG: Drei Dichter ihres Lebens, 226–227.

[8] Vgl. H. STRATHMANN: Der Brief an die Hebräer, NTD 9, S. 99.

[9] H. HESSE: Narziß und Goldmund, 298.

[10] A.a.O., 305–306.

[11] Sehr schön, sagt KH. GIBRAN: Jesus Menschensohn, 165–166: «Meister, Meister aller Dichter, Meister der gesungenen und gesprochenen Worte, die Menschen bauten Tempel, um deinen Namen zu beherbergen. Auf jedem Gipfel richteten sie dein Kreuz auf, um ihre unberechenbaren Füße dorthin zu lenken, nicht aber in Richtung deiner Freude. Deine Freude ist ein Gipfel jenseits ihrer Vorstellung... Sie nennen dich König, in der Hoffnung, deinem Hofstaat anzugehören. Sie nennen dich den Messias und würden am liebsten selber mit dem heiligen Öl gesalbt. Ja, sie möchten auf deine Kosten leben.» Bes. H. COX hat die Clown-Gestalt bzw. die Seite des Harlekins an dem Auftreten Jesu hervorgehoben.

I. Vorhaben und Verfahren

[1] Zur Stelle vgl. E. DREWERMANN: Das Markus-Evangelium, II 723–740.

[2] Vgl. E. SCHWEIZER: Das Evangelium nach Matthäus, 159; DERS.: Das Evangelium nach Lukas, 134–135.

[3] Zur sozialpsychologischen Funktion des Tabus vgl. A. GEHLEN: Mensch und Institutionen (1969), in: Anthropologische Forschung, 73–76.

[4] Zur Stelle vgl. H. W. HERTZBERG: Die Samuelbücher, ATD 10, 228–229.

[5] So z. B. G. LOHFINK – R. PESCH: Tiefenpsychologie und keine Exegese, 42–47; vgl. dgg. E. DREWERMANN: An ihren Früchten sollt ihr sie erkennen, 119–172.

[6] Vgl. S. FREUD: Vorlesungen zur Einführung in die Psychoanalyse, XI 250–251; DERS.: Zur Geschichte der psychoanalytischen Bewegung, X 93: «Die Analyse eignet sich aber nicht zum polemischen Gebrauche; sie setzt durchaus die Einwilligung des Analysierten und die Situation eines Überlegenen und eines Untergeordneten voraus.»

[7] Zur Stelle vgl. H. STRATHMANN: Der Brief an die Hebräer, 91. Bes. H. KÜNG: Wozu Priester?, 18 meinte: «Anders als im heidnischen oder jüdischen Kult braucht ein Christ keinen Priester als Mittler zum Innersten des Tempels, zu Gott selbst. Ihm ist vielmehr eine letzte Unmittelbarkeit zu Gott geschenkt, welche ihm eine kirchliche Autorität weder stören noch gar nehmen kann.» Um so mehr aber bedarf es «priesterlicher» Menschen, um zu sich selbst und zu Gott zu finden.

[8] Vgl. G. GRESHAKE: Priestersein, 115: «Es ist die Weihe, d. h. die Befähigung durch Christus, welche jene Heiligkeit verleiht, die für das priesterliche Wirken notwendig ist. So gesehen, ist das Amt von Christus her etwas ‹objektiv Heiliges› und ‹objektiv Heiligendes›, das in seinen sakramentalen amtlichen Handlungen auch unabhängig von der persönlichen Heiligkeit Christus repräsentiert.»

[9] Vgl. Papst JOHANNES PAUL II: Christifideles Laici, S. 34: «Die Amtsträger empfangen durch das Sakrament des Ordo von Christus, dem Auferstandenen, in der ununterbrochenen Apostolischen Nachfolge das Charisma des Heiligen Geistes. Sie empfangen damit die Autorität und die heilige Vollmacht, um der Kirche zu dienen, indem sie ... in der Person des Hauptes Christus handeln, und sie im Heiligen Geist durch das Evangelium und die Sakramente zu einen.»

[10] Vgl. H. DENZINGER: Enchiridion Symbolorum, Nr. 828, S. 379; J. BRINKTRINE: Die Lehre von der Gnade, 123–124; zur Kritik an dieser Vorstellung vgl. E. DREWERMANN: Psychoanalyse und Moraltheologie, I 65, Anm. 75.

[11] Zu der theologischen Kritik an dem Kultpriestertum der kath. Kirche vgl. mit exegetischen Argumenten J. BLANK: Kirchliches Amt und Priesterbegriff, in: Weltpriester nach dem Konzil, München 1969, 13–52; bes. P. EICHER: Hierarchie, in: Eicher (Hrsg.): Neues Handbuch theologischer Grundbegriffe, II 177–196, der das kath. Amtsverständnis in Widerspruch zur reformatorischen Befreiung vom hierarchischen Priestertum und zum bürgerlichen Selbstverständnis von Volkssouveränität und Demokratie sieht (194); vgl. DERS.: Priester und Laien – im Wesen verschieden, in: G. Denzler (Hrsg.): Priester für heute, München 1980, 34–51; vgl. auch E. SCHILLEBEECKX: Das kirchliche Amt, Düsseldorf 1981; vgl. DERS.: Christliche Identität und kirchliches Amt. Plädoyer für die Menschen in der Kirche, Düsseldorf 1985.

[12] Vgl. H. BURGER: Der Papst in Deutschland, 158–159: «Trotz des Zölibates hofft die Kirche auf mehr Priester.» Predigten und Ansprachen von Papst Johannes Paul II, S. 113–118, Nr. 3: «Die Familie ist das erste und eigentliche Seminar.»

[13] B. BRECHT: Kalendergeschichten, 91–92.

[14] Eine höchst bemerkenswerte Psychologie des Traumes findet sich bei F. NIETZSCHE: Menschliches Allzumenschliches, 1. Bd., Nr. 12; 13; S. 34–38, wo NIETZSCHE vor allem den Zusammenhang von Traum, Mythos und Dichtung heraushebt.

[15] Vgl. N. LUHMANN: Funktion der Religion, Frankfurt 1977.

[16] Zu der Einrichtung von Asylstätten im Alten Testament vgl. Num 35,9–34; 1 Kg 1,50–53; Dtn 4,41–43; 19,1–13; Jos 20,1–9; vgl. R. DE VAUX: Das Alte Testament und seine Lebensordnungen, I 258–263.

[17] Zu den verschiedenen Abwehrmechanismen vgl. A. FREUD: Das Ich und die Abwehrmechanismen, 65–73 (Verleugnen in Wort und Handlung).

[18] Eine bemerkenswert gründliche Studie z. B. über das «Bildungserlebnis» von Theologiestudenten hat bereits Pater H. STENGER: Wissenschaft und Zeugnis, Salzburg 1961 vorgelegt, der (S. 54; 58) deutlich zeigt, welche Änderungen das Theologiestudium erfahren müßte; S. 81 zeigt er z. B., daß der Psychologie das größte Interesse der Studierenden gilt; ein Vierteljahrhundert danach sind wir sogar schon wieder dabei, die Pastoralpsychologie mit ihrer ohnedies

geringen Stundenzahl auf Weisung Roms nach Möglichkeit vor allem aus den Anfangssemestern herauszudrängen. G. SIEFER: Sterben die Priester aus?, Essen 1973, 69–96, zeigte (S. 83), daß die Priesterweihen in der BRD von 1967 (447 Weihen) stetig bis 1972 (213 Weihen) um fast 50% gefallen sind; in Österreich (S. 84) waren es 1967 noch 100, 1970 nur noch 51 Weihen, in den Niederlanden fiel die Kurve fast linear von 80 Weihen 1965 auf 4 1970, in der Schweiz sank die Zahl von 63 Weihen 1965 auf 39 in 1966 bis hin zu 33 1970. Aus diesen alarmierenden Zahlen ist in Rom keinerlei Konsequenz gezogen worden. K. G. REY: Das Mutterbild des Priesters, 109–110, hat vor allem auf die «gestörte Gemütsverfassung der Mutter» und auf ein «mangelhaftes Vatererlebnis» in der Psychogenese der Kleriker aufgrund sorgfältiger statistischer Untersuchungen hingewiesen.

[19] Vor allem K. D. HOPPE: Gewissen, Gott und Leidenschaft, 63–82, hat anhand verschiedener Klerikerprofile auf das «narzißtische Selbst» hingewiesen, das er in einer Neigung zu suchtartiger Befriedigung, äußerster Verletzlichkeit, einem ausgesprochenen Mittelpunktsverlangen sowie in einer Überidealisierung des eigenen Selbst ebenso wie anderer Menschen festmacht.

[20] Vgl. F. NIETZSCHE: Morgenröte, Nr. 523, S. 304: «Bei allem, was ein Mensch sichtbar werden läßt, kann man fragen: Was soll es verbergen? Wovon soll es den Blick ablenken? Welches Vorurteil soll es erregen? Und dann noch: Bis wieweit geht die Feinheit in dieser Vorstellung? Und worin vergreift es sich dabei?»

[21] Am menschlich ehrlichsten und persönlich glaubwürdigsten erscheint in dieser Hinsicht J. BOURS – F. KAMPHAUS: Leidenschaft für Gott. Ehelosigkeit, Armut, Gehorsam, Freiburg 1981, wo die evangelischen Räte ganz und gar von bestimmten Zielvorstellungen her «begründet» werden; die «Ehelosigkeit» z. B. hat nach J. BOURS ihren Sinn in der «Solidarität mit den Zukurzgekommenen» (36) – wir werden darauf noch zurückkommen; F. KAMPHAUS betont sehr richtig die «dialektische Spannung zwischen Ich-Stärke und Sich-Lassen, Selbstverwirklichung und Sich-Freigeben» in der «Armut» (91) wie im «Gehorsam» (154). Es ist bemerkenswert, daß «Selbstverwirklichung» hier als Voraussetzung der «evangelischen Räte» erscheint; freilich wird dieser äußerst wichtige Ansatz psychologisch nicht weiter durchgeführt.

[22] Vgl. R. SCHNACKENBURG: Die sittliche Botschaft des Neuen Testaments, 58–64; 82–109.

[23] G. BERKELEY: A Treatise concerning the Principles of Human Knowledge 1710; übers. v. F. Ueberweg [3]1920.

[24] Nach THOMAS VON AQUIN : Summa theologica I 8, 1 wirkt Gott zwar in allem, aber nicht allein; er beläßt den Zweitursachen die eigene Wirkung: S th I 105, 5.

[25] Vgl. K. RAHNER: Kirche und Sakramente, 11–18 (die Kirche als Ursakrament); R. SCHNACKENBURG: Die Kirche im Neuen Testament, 146–156 (Leib Christi); F. MALMBERG: Ein Leib – ein Geist, 285–302 (die «Gnade des Leibes»).

[26] Vgl. E. DREWERMANN: An ihren Früchten sollt ihr sie erkennen, 135–142.

[27] Sehr zu Recht meint K. G. REY: Das Mutterbild des Priesters, 136: «Wir sollten uns hüten, hinter allem, was unbewußt, undurchsichtig und unerklärlich ist, gleich das Wirken der Gnade zu wittern. Es spielen sich unter dem Deckmantel gnadenhafter Beziehungen oft genug menschliche Tragödien ab. Die sogenannte Berufung ist manchmal auch das Versteck neurotischer Entwicklungen und infantil-narzißtischer Strebungen.»

[28] Das entsprechende Interpretationsschema ist methodisch ausgebildet worden in J. P. SARTRE: Kritik der dialektischen Vernunft, 270–365, der «logischen» Konstituierung der Gruppe aus der individuellen Praxis; vgl. die ausführliche Darstellung bei E. DREWERMANN: Strukturen des Bösen, III 331–352.

[29] Vgl. J. P. SARTRE: Marxismus und Existentialismus, 44–45.

[30] Zu klaren Negativwertungen fordert freilich insbesondere die kirchliche Einstellung zur Sexualität heraus; vgl. U. Ranke-Heinemann: Eunuchen für das Himmelreich, 125–141, zu der Angst der Zölibatären vor den Frauen und zu der zölibatären Unterdrückung der Frauen.
[31] Vgl. R. P. Feynman: QED. Die seltsame Theorie des Lichts und der Materie, 13–47.

II. Der Befund

[1] Vgl. K. Lehmann: Das dogmatische Problem des theologischen Ansatzes zum Verständnis des Amtspriestertums, in: F. Henrich (Hrsg.): Existenzprobleme des Priesters, 121–175, S. 172–173: «Durch die Bindung an Jesus, die damit ursprünglich zum Begriff des Priesters in einem sehr radikalen Sinne gehört, wird nicht bloß aller ‹Institutionalismus›, alle ‹Amtlichkeit› und ein gefährlich isolierter Funktionalismus in Schranken gehalten, sondern auch die beständige Spannung zwischen ‹Innerlichkeit› und ‹Dienst› aufrechterhalten. Der Priester erscheint damit nicht mehr als ‹selbständiger Träger› eines ‹Amtes›, sondern sein Amt ist im Wesen ‹Vikariat›; er hat immer den ‹vorletzten Platz› inne, weil der Herr seinen Primat behält. Priester sein heißt also im Ansatz schon Sein-für-einen-anderen.» K. Lehmann scheint selber nicht einmal zu merken, wie er mit solchen Worten den gesamten Bereich der Psychologie und der Soziologie theologisch neutralisiert. B. Schulz: Das kirchliche Amt auch Faktor oder nur Funktion?, in: K. W. Kraemer – K. Schuh (Hrsg.): Priesterbild im Wandel, 78–89, S. 89: «Wie sich der Sohn, das Wort Gottes, in Christus tief in die Welt und unter die Menschen begeben hat, ohne Rücksicht auf sein Leben oder Sterben, so kommt es auch zur Verstrickung der Kirche ins Menschliche und Weltliche gerade mittels des Amtes, das auf Christi besonderes Geheiß an seiner Statt und zu seiner Vertretung ... walten soll.» Bei solch christologischer «Verstrickung» hat jede Art von psychoanalytischer Betrachtung des Klerikerseins natürlich ihren Kopf schon in der Schlinge der kirchlichen Verurteilung.
[2] Zu der mit solchem Denken angesprochenen Problematik des «Wunderbegriffs» vgl. die übersichtliche Darstellung von R. Baumann: Wunder, in: P. Eicher (Hrsg.): Neues Handbuch theologischer Grundbegriffe, IV 318–331.
[3] Vergleiche die Kritik an diesen Vorstellungen bei L. Feuerbach: Das Wesen der Religion, IV 81–153, S. 87; ders.: Das Wesen des Christentums, V 120–132 (über den Begriff der Vorsehung); S. 150–159 (zur Erklärung des Wunders aus Gemüt und Phantasie).
[4] Die Unterscheidung ist identisch mit der Zweiteilung zwischen der empirischen Welt und der intelligiblen Sphäre des Dings an sich bzw. mit der Unterscheidung zwischen den Kategorien des Verstandes und den regulativen Ideen der Vernunft in der Erkenntniskritik I. Kants; vgl. die Darstellung bei E. Drewermann: Strukturen des Bösen, III 1–12.
[5] Vgl. zu der *theologischen* Seite dieser Frage P. Tillich: Systematische Theologie, III 131–137: «Der menschliche Geist als eine Dimension des Lebens ist zweideutig wie alles Leben; nur der göttliche Geist schafft unzweideutiges Leben.» (136) Das Problem stellt sich daher psychologisch: wann erscheint einem Menschen in seinem Leben etwas eindeutig?
[6] Am radikalsten warf dieses Problem J. Monod: Zufall und Notwendigkeit, 204–211, auf: «Zum erstenmal in der Geschichte soll eine Zivilisation entstehen, die auf den überlieferten Animismus als Quelle der Erkenntnis, als Ursprung der *Wahrheit* verzichtet.» (209) Das Problem besteht, selbst wenn die biologischen Ansichten Monods korrekturbedürftig sein mögen.
[7] Vgl. H. v. Ditfurth: Wir sind nicht nur von dieser Welt, 19–23, der den alten Gegensatz

zwischen Religion und Naturwissenschaft sehr zu Recht an dem statischen Weltbild der christlichen Theologie festmacht.

[8] Zu dem aussichtslosen Rückzugsgefecht des Vitalismus in der Naturphilosophie vgl. H. v. DITFURTH: Wir sind nicht nur von dieser Welt, 124–150.

[9] Noch 1972 erklärten bei einer Umfrage des Allensbacher Instituts die meisten der Befragten, eine Hauptererschwernis des Glaubens liege darin, daß die Naturwissenschaften die Welt ganz andes erklärten als das Christentum; a.a.O., 139.

A. Die Erwählten

1. Der Schattenbruder des Schamanen

[1] Vgl. P. TILLICH: Systematische Theologie, III 220–221, der auf die «Zweideutigkeit» aller beamtet-hierarchischen Vermittlung zwischen Mensch und Gott durch die Gestalt des Priesters hinweist und (431–432) gerade an dieser Stelle den protestantischen Protest festmacht. Vgl. von seiten der Religionsgeschichte G. MENSCHING: Die Religion, 204–205, der in dem Priester den «Typus des konservativen Religionsführers» sieht. Vgl. E. O. JAMES: Das Priestertum in Wesen und Funktion. Eine vergleichende und anthropologische Studie, Wiesbaden 1957.

[2] Zur Initiation des Schamanen durch ekstatische Erlebnisse vgl. M. ELIADE: Schamanismus und archaische Ekstasetechnik, 43–52; H. FINDEISEN – H. GEHRTS: Die Schamanen, 60–74; vgl. auch die ausführliche Darstellung bei E. DREWERMANN: Tiefenpsychologie und Exegese, II 79–95.

[3] Vgl. dazu E. DREWERMANN: Tiefenpsychologie und Exegese, II 105 f.

[4] A.a.O., II 85–92.

[5] A.a.O., II 88–89.

[6] A.a.O., II 105–114.

[7] Zum Erlernen von Glaubensvorstellungen vgl. F. J. STENDEBACH: Soziale Interaktion und Lernprozesse, Köln-Bern 1963, 225 ff., der vor allem auf die Genese antizipierter Strafen von seiten göttlicher Mächte zu sprechen kommt; von einem gewissen Grad an formen sich aus den «normalen», durchschnittlichen Bedingungen Klerikerschicksale.

[8] H. MARCUSE: Autorität und Familie in der deutschen Soziologie bis 1933, in: Autorität und Familie. Studien aus dem Institut für Sozialforschung, V, Paris 1936, 745, hat den Testbegriff des sozialen Verhaltens durch die folgenden natürlichen und sozialen Funktionen zu definieren versucht: Fortpflanzung und Vermehrung der Art; natürliche Befriedigung des Geschlechtstriebes, Sorge für Erhalt und Vermehrung des Eigentums; Produktionsgemeinschaft in der Familie bzw. der Gesellschaft, Konsumtionsgemeinschaft; Pflege der religiösen Tradition; Muße und Freizeitgemeinschaft; Sicherung, Erhaltung und Fortschritte der Kultur. Geht man diese Faktoren durch, so wird man finden, daß die genannten Kriterien in fast allen Punkten diametral der Lebensform der Kleriker nach dem Ideal der evangelischen Räte widersprechen. Die Kleriker teilen in gewissem Sinne das Schicksal der Schamanen, als deren späte Nachfahren sie gelten müssen.

[9] Vgl. E. DREWERMANN: Tiefenpsychologie und Exegese, II 156 (das Beispiel des Pythagoras); 159–160 (Empedokles); 174–175 (Chiron).

[10] Zur Psychologie des Künstlers vgl. O. RANK: Das Inzestmotiv in Dichtung und Sage, 1–21, der die Künstlerpersönlichkeit zentral aus dem Ödipuskomplex zu verstehen sucht.

[11] Zur Franziskus-Legende vgl. TH. VON CELANO: Leben und Wunder des heiligen Franziskus von Assisi, I 2, 5; S. 81 f.
[12] Vgl. K. RAHNER: Über das Verhältnis von Natur und Gnade, in: Schriften zur Theologie, I 323–345, S. 334–335: «wenn Gott ein übernatürliches Ziel will …, dann muß Gott ihm (sc. dem Menschen) diese Anlage für dieses Ziel mitgeben.» Von daher formulierte Rahner die «Paradoxie einer natürlichen Begierde des Übernatürlichen als Band zwischen Natur und Gnade» (336). RAHNER griff hier die Kritik der «nouvelle Théologie» an dem Extrinsecismus der kath. Gnadenlehre auf, indem er den Begriff der «potentia oboedentialis», der Aufnahmefähigkeit der göttlichen Gnade, als ein Verlangen deutet, das Gott selber ungeschuldeterweise in den Menschen hineingelegt habe, um sich dem Menschen mitteilen zu können.
[13] Als definiertes Dogma gilt, daß die Gnade dem noch nicht Gerechtfertigten auch zu den auf den Glauben folgenden Heilsakten unumgänglich notwendig ist; vgl. H. DENZINGER: Enchiridion, 813; S. 378; J. BRINKTRINE: Die Lehre von der Gnade, 86.
[14] Vgl. L. FEUERBACH: Das Wesen der Religion, IV 81–153, S. 101: «‹Der Ursprung des Lebens ist unerklärlich und unbegreiflich›; es sei; aber diese Unbegreiflichkeit berechtigt dich nicht zu den abergläubischen Konsequenzen, welche die Theologie aus den Lücken des menschlichen Wissens zieht.» S. 118: «So wie der Mensch aus einem nur physikalischen Wesen ein politisches, überhaupt ein sich von der Natur unterscheidendes und auf sich selbst sich konzentrierendes Wesen wird, so wird auch sein Gott aus einem nur physikalischen Wesen ein *politisches, von der Natur unterschiedliches Wesen.»* S. 126: «Das ‹geistige Wesen›, welches der Mensch über die Natur … setzt, ist nichts anderes als das geistige Wesen des Menschen selbst, das ihm aber deswegen als ein *anderes,* von ihm *unterschiedenes* und *unvergleichliches* Wesen erscheint, weil er es zur *Ursache der Natur* macht.»
[15] Sehr richtig verlangte deshalb E. FROMM: Ihr werdet sein wie Gott, VI 83–121, S. 120–121, die Verehrung Gottes müsse wesentlich die Negation des Götzendienstes sein. Ein solcher Gott «ist kein autoritäter Gott mehr. Der Mensch muß völlig unabhängig werden, und das heißt auch unabhängig von Gott». Es ist gar nicht oft genug hervorzuheben, daß die Einbeziehung der Psychoanalyse in die Theologie heute gerade das Anliegen wieder aufgreift, das der mittelalterlichen *Mystik* innewohnte. So zitiert E. FROMM abschließend ein Fragment Meister ECKHARTS: «Daß ich ein Mensch bin, / Habe ich gemeinsam mit allen Menschen. / Daß ich sehe und höre / Und esse und trinke, / Ist mir gemeinsam mit allen Tieren. / Aber daß ich ich bin, ist nur mit eigen / Und gehört mir / Und niemand sonst, / Keinem anderen Menschen, / Noch einem Engel, noch Gott, / Außer daß ich eins bin mit ihm.»
[16] C. G. JUNG: Psychologie und Dichtung, XV 97–120, versuchte zwar den FREUDschen Ansatz umzukehren; er meinte aber in «Ulysses», XV 121–149, S. 131: «Die mephistophelische Verkehrung von Sinn in Unsinn, von Schönheit in Häßlichkeit … drücken einen Schöpferakt aus, den die Geistesgeschichte in ähnlichem Ausmaß noch nicht erlebt hat.»
[17] Vgl. E. DREWERMANN: Tiefenpsychologie und Exegese, II 125–129; 129–141. Vgl. C. G. JUNG: Über die Beziehung der Psychotherapie zur Seelsorge, XI 355–376.
[18] P. M. ZULEHNER: «Denn du kommst unserem Tun mit deiner Gnade zuvor», 85, meint im Sinne der katholischen Dogmatik: «Die Kirche hat selbst eine Art Grundamtlichkeit, damit nicht in Vergessenheit gerät, daß die Kirche ein Moment des freien Handelns Gottes an der Menschlichkeit ist. Diese Grundamtlichkeit wird nun konkret, indem Personen (oder auch Kollegien) mit einem Amt betraut, damit also an der Grundamtlichkeit der Kirche beteiligt werden.» Die Problematik dieses Denkens liegt nicht allein im Theologischen, sondern ergibt sich wesentlich aus den psychologischen Konsequenzen und Voraussetzungen.
[19] Vgl. zur Stelle G. v. RAD: Das fünfte Buch Moses, 150f.

[20] G. MENSCHING: Die Religion, 204–205, arbeitet den Gegensatz von Priester und Prophet sehr gut heraus; vgl. auch E. DREWERMANN: Tiefenpsychologie und Exegese, II 368–371; DERS.: Das Markusevangelium, II 471–476.
[21] Zu Joel 2,28–32 (bzw. 3,1–5) vgl. A. WEISER: Die Propheten, ATD 24, 119–121.
[22] STENDHAL: Rot und Schwarz, 238: «Statt all dieser weisen Überlegungen irrte Juliens Seele, von ... männlichen Klängen entrückt, in den unermeßlichen Weiten der Phantasie umher. Nie wird aus ihm ein guter Priester werden, noch ein tüchtiger Verwaltungsbeamter. Die Seelen, die sich so tief erregen lassen, taugen allerhöchstens zum Künstler.»
[23] Vgl. z. B. Papst JOHANNES PAUL II.: Predigten und Ansprachen bei seinem 2. Pastoralbesuch in Deutschland, 117; oder Papst JOHANNES XXIII.: Sacerdotii Nostri primordia, in: Sacerdotis imago, 209–251, S. 222, über die Ganzhingabe und Selbstverleugnung eines Priesters nach dem Vorbild des Pfarrers von Ars.
[24] Insbesondere E. FROMM: Die Entwicklung des Christusdogmas. Eine psychoanalytische Studie zur sozialpsychologischen Funktion der Religion, VI 11–68, S. 67f., zeigt die Umkehrung der Gestalt des leidenden Jesus, der eine Identifikationsgestalt der Massen zum Sturz der Mächtigen sein konnte, in den zur Sühne der Sünden Leidenden: «aus dem zum Gott gewordenen Menschen wird der Mensch gewordene Gott. Nicht mehr der Vater soll gestürzt werden, und nicht die Herrschenden sind schuld, sondern die Leidenden: die Aggression wird nicht mehr gegen jene, sondern gegen die eigene Person der Leidenden gewandt.»
[25] Vgl. zur Stelle H. SCHLIER: Der Brief an die Galater, 101–103.
[26] Zu Gal 1,15–16 vgl. a.a.O., 53–58, der bei dem Erlebnis des hl. Paulus vor Damaskus von einer *Vision* spricht, ohne freilich deren Psychologie zu würdigen. Zu dem psychischen Erlebnishintergrund eines Visionsereignisses vgl. E. DREWERMANN: Tiefenpsychologie und Exegese, II 346–355.
[27] Vgl. bes. Röm 7,7–25; dazu O. KUSS: Der Römerbrief, 462–485, zur Auslegungsgeschichte der Stelle.
[28] Vgl. Gal 2,11–13; dazu H. SCHLIER: Der Brief an die Galater, 82–87. Zu der psychologischen Situation Pauli als eines Pharisäers in der Mitte der Jahre vgl. R. KAUFMANN: Die Krise des Tüchtigen. Paulus und wir im Verständnis der Tiefenpsychologie, Olten 1989.
[29] Von der Wirkungsgeschichte her urteilt K. DESCHNER: Kriminalgeschichte des Christentums, I 124: «Er (sc. Paulus, d. V.) wurde ein Klassiker der Intoleranz, der Prototyp des Proselytenmachers, genialer Ausbilder auch jenes zwischen schwammiger Anpassung und rücksichtsloser Schroffheit schamlos lavierenden Stils, der dann vor allem in der Großkirche Schule macht.»
[30] F. NIETZSCHE: Der Antichrist, Nr. 42, S. 44–45: «mit Paulus wollte nochmals der Priester zur Macht – er konnte nur Begriffe, Lehren, Symbole brauchen, mit denen man Massen tyrannisiert, Herden bildet.»
[31] Vgl. M. LUTHER: Von der Freiheit eines Christenmenschen, 17.; S. 173.

2. Der Schattenbruder des Chefs

[1] J. P. SARTRE: Die Kindheit eines Chefs, 7–8.
[2] A.a.O., 9.
[3] A.a.O., 10.
[4] A.a.O., 11.
[5] A.a.O., 12.

[6] A.a.O., 14.
[7] A.a.O., 16.
[8] A.a.O., 16.
[9] A.a.O., 19.
[10] A.a.O., 19–20.
[11] A.a.O., 21.
[12] A.a.O., 22.
[13] A.a.O., 23.
[14] A.a.O., 26.
[15] A.a.O., 36–37.
[16] Vgl. R. DESCARTES: Meditationen, II 2–8; in: I. Frenzel (Hrsg.): Descartes, 99–101. J. P. SARTRE: Die Transzendenz des Ego, 12–17, nahm den Ausgang vom persönlichen Bewußtsein, um von dorther das reflexive Bewußtsein zu begründen. Vgl. E. DREWERMANN: Strukturen, III 198–199.
[17] J. P. SARTRE: Die Kindheit eines Chefs, 40.
[18] A.a.O., 40.
[19] A.a.O., 40.
[20] A.a.O., 44.
[21] A.a.O., 46.
[22] A.a.O., 47.
[23] A.a.O., 48–51.
[24] A.a.O., 53.
[25] A.a.O., 54.
[26] A.a.O., 57.
[27] A.a.O., 62.
[28] A.a.O., 73.
[29] A.a.O., 79.
[30] A.a.O., 81.
[31] A.a.O., 85.
[32] A.a.O., 99.
[33] A.a.O., 99.
[34] A.a.O., 101.
[35] A.a.O., 109.
[36] A.a.O., 111.
[37] A.a.O., 119.
[38] A.a.O., 121–122.
[39] A.a.O., 122.
[40] A.a.O., 123.
[41] F. NIETZSCHE: Der Wille zur Macht, Nr. 1026, S. 673: «Nicht ‹das Glück folgt der Tugend›, – sondern der Mächtigere bestimmt seinen glücklichen Zustand erst als Tugend.»
[42] Vgl. J. P. SARTRE: Das Sein und das Nichts, 139f.: der Mangel an Sein; vgl. dazu E. DREWERMANN: Strukturen des Bösen, III 203–204; 218–222.
[43] G. C. HOMANS: Theorie der sozialen Gruppe, 393–407.
[44] J. P. SARTRE: Der Ekel, S. 136f.; vgl. E. DREWERMANN: Strukturen des Bösen, III 207–209; 238–245.
[45] G. W. F. HEGEL: Phänomenologie des Geistes, 342ff.; vgl. E. DREWERMANN: Strukturen des Bösen, III 354f.

[46] J. P. SARTRE: Das Sein und das Nichts, 126f.; vgl. dazu E. DREWERMANN: Strukturen des Bösen, III 200–201.
[47] Zur Stelle vgl. H. SCHLIER: Der Brief an die Galater, 53–54.
[48] H. CH. ANDERSEN: Sämtliche Märchen, I 290–301.
[49] Die Moral einer solchen erfüllten Belohnung für das ursprüngliche Opfer des Verzichtes lehrt den Worten nach scheinbar Mk 10, 28–31; vgl. dazu aber E. DREWERMANN: Das Markusevangelium, II 125–127.
[50] Zur Stelle vgl. R. SCHNACKENBURG: Das Johannesevangelium, III 128–138.
[51] Vgl. F. M. DOSTOJEWSKI: Tagebuch eines Schriftstellers, 255–259; vgl. dazu E. DREWERMANN: Ich steige hinab in die Barke der Sonne, 46–73.
[52] Vgl. E. DREWERMANN: Strukturen des Bösen, III 235–251.
[53] Vgl. K. JASPERS: Der philosophische Glaube, 22: «Glaube ist das Leben aus dem Umgreifenden ... Er hat den Charakter des Schwebenden.»
[54] Vgl. P. WUST: Ungewißheit und Wagnis, 54–74: Wagnis und Entscheidung.
[55] Vgl. G. MENSCHING: Die Religion, 290–297, der sehr prägnant unter den Lebensstadien einer Religion die Phase der Dogmatisierung und Konfessionalisierung und hernach der Organisierung beschreibt: «Die organisierte Religion setzt grundsätzlich die Spontaneität religiöser Gnadenerfahrung um in ein objektives System von Veranstaltungen, in denen und durch die objektive Gnade vermittelt wird. Diese Wandlung ist eine notwendige Folge des wachsenden Einflusses der Masse in der Organisation.» «Die organisierte Religion ist zwar grenzenlos tolerant gegenüber niveaumindernden primitivreligiösen Tendenzen der Masse ..., aber extrem intolerant gegenüber Tendenzen, die die Geschlossenheit der Organisation durch religiösen Individualismus und durch Restauration persönlicher Heiligkeitsideale aus den Frühzeiten der Religion gefährden. Die Organisation duldet ... keine persönliche religiöse Freiheit. Die persönliche Freiheit in Glaubensfragen wird dem einzelnen ebenso abgenommen wie die sittliche Entscheidung. Es entsteht eine kasuistische Ethik. Die Organisation kann nur ein Minimum religiöser und ethischer Haltung im Sinne äußeren Verhaltens durch Kontrolle garantieren. Die notwendige Folge ist, daß offiziell nur gefordert werden kann, was kontrollierbar ist: äußeres Verhalten, Kultusbesuch, Werke.»
[56] F. NIETZSCHE: Der Antichrist, Nr. 9, S. 12–13.
[57] A.a.O., Nr. 15, S. 17–18.
[58] A.a.O., Nr. 49, S. 54.
[59] A.a.O., Nr. 51, S. 55–56.
[60] A.a.O., Nr. 51, S. 57.
[61] Besonders S. KIERKEGAARD: Der Augenblick, XIV 185f; Werkausgabe, II 395–396, attackierte das beamtete Christentum: «da Gott ein persönliches Wesen ist, kannst Du wohl begreifen, wie widerwärtig es ihm ist, daß man ihm den Mund mit Musterblättern wischen will.»
[62] Wir werden noch sehen, wie stark das Verlangen nach Weiblichkeit bei den männlichen Klerikern ist und wie von daher die Unterdrückung der Frau zu verstehen ist; s. u. S. 553f.; das Umgekehrte ist die Sehnsucht vieler großer Frauen in der Kirche, Männer sein zu wollen: *Theresia von Avila* z. B.; vgl. R. SCHNEIDER: Philipp der Zweite, 117–164, die Schilderung des Lebens der Heiligen, bs. S. 131–132 den Willen zum Schmerz, zu diesem «Entzauberer der Welt».
[63] So neuerdings wieder Papst JOHANNES PAUL II.: Christifideles Laici, Nr. 51, S. 81–84: «In ihrer Teilhabe am Leben und an der Sendung der Kirche kann die Frau das *Sakrament des Ordo* (sc. die Priesterweihe, d. V.) nicht empfangen und somit die Funktionen, die dem Amts-

priestertum vorbehalten sind, nicht erfüllen.» Die «besondere Aufgabe» der Frau in der Weitergabe des Glaubens liege darin, «dem Eheleben und der Mutterschaft die volle Würde zu verleihen» und damit «die moralische Dimension der Kultur zu sichern».

[64] Vgl. J. P. SARTRE: Die Wörter, 142: «Ich glaubte mich der Literatur zu weihen, während ich in Wahrheit in einen Orden eingetreten war.»

[65] Zur Stelle vgl. E. DREWERMANN: Das Markus-Evangelium, II 129–147.

3. Die psychische Struktur

[1] S. KIERKEGAARD: Die Krankheit zum Tode, 61; 66; vgl. die Darstellung bei E. DREWERMANN: Strukturen des Bösen, III 460–478; 487–492; 503.

[2] J. P. SARTRE: Das Sein und das Nichts, 712; 724; vgl. die Darstellung bei E. DREWERMANN: Strukturen des Bösen, III 219f.

[3] Zu dem Begriff der *«Simonie»* vgl. Apg 8,9ff.

[4] Zur Stelle vgl. R. SCHNACKENBURG: Das Johannesevangelium, III 125–128.

a) Ideologische Fixierungen

[1] Vgl. zur Gnadenlehre dogmatisch J. BRINKTRINE: Die Lehre von den heiligen Sakramenten der katholischen Kirche, I 97–101. K. RAHNER: Über das Verhältnis von Natur und Gnade, in: Schriften zur Theologie, I 323–345.

[2] THOMAS VON AQUIN: Summa theologica, I 2, 2 ad 1, S. 25; vgl. J. PIEPER (Hrsg.): Thomas von Aquin, S. 102.

[3] ANGELA VON FOLIGNO: Zwischen den Abgründen, Nr. 67, S. 83: «Und die wahre Liebe verleitet nicht zum Gelächter.» Nr. 83, S. 95: «Ich habe dich nicht zum Scherz geliebt.»

[4] Vgl. dazu E. DREWERMANN: Das Markusevangelium, I 25–80.

[5] Vgl. dazu a.a.O., I 572–585; II 52–61; 129–147.

[6] Zum «Hedonismus-Vorwurf» vgl. S. FREUD: Die kulturelle Sexualmoral und die moderne Nervosität, VII 143–167, S. 167.

[7] Vgl. H.-J. LAUTER: Den Menschen Christus bringen, 57–86, der die traditionelle «Opfertheologie» mit den Ergebnissen der Exegese zu vereinbaren sucht; vgl. J. BRINKTRINE: Die Lehre von den heiligen Sakramenten der katholischen Kirche, I 354–368; 371–385.

[8] Zum Opfercharakter der hl. Messe, zu deren Feier der Priester der Kirche wesentlich bestellt ist, vgl. J. BRINKTRINE: Die Lehre von den heiligen Sakramenten der katholischen Kirche, I 329ff.

[9] S. u. S. 505–510.

[10] Aus der Lehre von der «schmerzhaften Mutter» folgerte man u. a. die Miterlöserschaft Mariens am Erlösungswerk ihres Sohnes; J. BRINKTRINE: Die Lehre von der Mutter des Erlösers, 101–114. In diese Richtung geht auch Papst JOHANNES PAUL II.: Schreiben an die Priester zum Gründonnerstag 1988, in: Kirchliches Amtsblatt der Erzdiözese Paderborn, 131. Tg., 22. 4. 88, S. 55ff., wo die Jungfrau Maria in ihrem Leid als Vorbild des priesterlichen Zölibats gesehen wird; es liegt in diesem Bild die «bräutliche Bedeutung der Erlösung» (S. 57).

[11] So JOHANNES PAUL II.: Reconciliatio et Paenitentia, S. 26; vgl. dagg. E. DREWERMANN: Sünde und Neurose, in: Psychoanalyse und Moraltheologie, I 128–162.

[12] Vgl. J. BRINKTRINE: Die Lehre von der Mutter des Erlösers, 51–56 (Die Gnadenfülle Mariens).

[13] Zur Stelle vgl. Gal 4,3.9; H. SCHLIER: Der Brief an die Galater, 190–194; 202–203.
[14] Vgl. P. J. SCHMIDT: Der Sonnenstein der Azteken, Hamburg 1974.
[15] W. KRICKEBERG (Hrsg.): Märchen der Azteken und Inkaperuaner, 16–22.
[16] Vgl. J. E. S. THOMPSON: Die Maya, 256–269, zur indianischen Philosophie der Zeit.
[17] Vgl. dazu E. DREWERMANN: Das Markusevangelium, I 64–65, Anm. 35.
[18] Zum Begriff der Wiederkehr des Verdrängten vgl. S. FREUD: Der Mann Moses und die monotheistische Religion, XVI 233–236. Zu der Übereinstimmung zwischen der katholischen Eucharistiefeier und dem indianischen Gottessen vgl. C. G. JUNG: Das Wandlungssymbol in der Messe, XI 219–246.
[19] Vgl. J. BRINKTRINE: Die Lehre von den hl. Sakramenten der kath. Kirche, I 354–363.
[20] F. NIETZSCHE: Also sprach Zarathustra, 2. Teil, Von den Priestern, 69–71, S. 71.
[21] Vgl. die absurde Vergegenständlichung der katholischen Dogmatik in der Lehre von den «Meßfrüchten» bei J. BRINKTRINE: Die Lehre von den heiligen Sakramenten der katholischen Kirche, I 380–385. Zur Kritik an der Meßopfertheologie vgl. bereits M. LUTHER: Die Schmalkaldischen Artikel, II 2, 1, S. 182–184.
[22] Vgl. dazu E. DREWERMANN: Das Markusevangelium, I 45–80.
[23] Vgl. J. JEREMIAS: Neutestamentliche Theologie, I 115–119.
[24] Zur Stelle vgl. J. JEREMIAS: Die Gleichnisse Jesu, 207–211.
[25] Vgl. J. JEREMIAS: Neutestamentliche Theologie, I 67–73.
[26] Zu dem Unterschied zwischen der Botschaft Jesu und der Verkündigung Johannes des Täufers vgl. E. DREWERMANN: Dein Name ist wie der Geschmack des Lebens, 67–81; DERS.: Das Markusevangelium, I 136–142.
[27] Vgl. J. JEREMIAS: Die Gleichnisse Jesu, 132–135.
[28] Vgl. E. DREWERMANN: Das Markusevangelium, I 69–73.
[29] Vgl. E. DREWERMANN: Der Krieg und das Christentum, 222–230.
[30] F. NIETZSCHE: Also sprach Zarathustra, 2. Teil, Von den Priestern, S. 69–71.
[31] Joh. 14,6; vgl. R. SCHNACKENBURG: Das Johannesevangelium, III 72–75.
[32] Vgl. K. RAHNER: Einübung priesterlicher Existenz, 248–259, der (S. 258) vor allem das Leben nach den evangelischen Räten mit dem Sterben Jesu in Verbindung bringt.
[33] So allen Ernstes J. B. METZ: Zukunftsfähigkeit, 106, der vor einem Rückzug aus der Leidensgeschichte in die Psychologie warnt.
[34] Den lobenswerten Gegenpol dazu verkörpert H. STENGER: Kompetenz und Identität in: Eignung für die Berufe der Kirche, 31–133, der (S. 65 ff.) die «Architektur der personalen Identität» im Anschluß an E. H. ERIKSON: Kindheit und Gesellschaft, Stuttgart 1957, sehr zu Recht in den Mittelpunkt seelsorglicher Kompetenz stellt. Allerdings handelt es sich bei diesen Darlegungen mehr um einen Wunschkatalog, wie die Kleriker der Kirche sein sollten, als um eine Durcharbeitung des real existierenden Katholizismus. Wie sagte doch Kardinal FRIEDRICH WETTER am 24. Juni 1989 (!) zu den 14 Diakonen, die er im Mariendom zu Freising zu Priestern weihte: «Ihr werdet zu Priestern geweiht, nicht um Euch selbst zu pflegen und zu verwirklichen, sondern um die Herrschaft Christi zu verwirklichen.» S. u. S. 742.
[35] Immer ist die Liebe mit dem Gefühl der «Fügung» und «Führung» verbunden, wie es Gen 2,22 schildert; vgl. zur Stelle E. DREWERMANN: Strukturen des Bösen, I 377.
[36] Zu dieser Art der «Zweiklassenmoral» und ihrer Genese s. u. S. 556 f.
[37] Vgl. zu der Pflicht zur «Selbstentleerung» S. 410 ff.
[38] F. NIETZSCHE: Also sprach Zarathustra, 2. Teil, Von den Tugendhaften, 72–74, S. 73 brachte dieses Problem auf die Formel: «Ach, auch deren Geschrei drang zu euren Ohren ihr Tugendhaften: ‹was ich *nicht* bin, Das, Das ist mir Gott und Tugend!›»

[39] Zu diesem Begriff vgl. W. REICH: Charakteranalyse, 60.
[40] Psychoanalytisch gesehen, geht es vor allem um die Dialektik von *Hemmung* und *Haltung*; vgl. dazu W. SCHWIDDER: Hemmung, Haltung und Symptom, in: Fortschritte der Psychoanalyse, I 115–128.
[41] Zur Bestimmung dessen, was «Glück» ist, vgl. E. DREWERMANN: Das Markusevangelium, I 586–599, zur Verklärung Jesu auf dem Berge (Mk 9,1–13).
[42] Vgl. H.-J. LAUTER: Den Menschen Christus bringen, 74: «Die Hingabe des Sohnes durch den Vater als Sühneopfer zerreißt nicht etwa Gott in einen Repräsentanten der Gerechtigkeit (den Vater) und einen Vertreter der Barmherzigkeit (den Sohn), sondern zeigt zwei verschiedene Aspekte der einen göttlichen Liebe.» Eine Theologie dieses Ansatzes begreift nicht, was sie selber exegetisch zugeben muß: daß der Tod Jesu sich nicht von Gott, sondern nur vom Menschen her verstehen läßt; es geht nicht um eine «Sühne», deren Gott bedürfte, es geht um die Widersprüche von uns Menschen auf dem Wege zum Heil.
[43] Vgl. E. DREWERMANN: Von Angst und Schuld und ihrer Überwindung, in: Psychoanalyse und Moraltheologie, I 111–127.
[44] Vgl. E. DREWERMANN: Sünde und Neurose, in: Psychoanalyse und Moraltheologie, I 128–162, S. 128f.
[45] Vgl. S. KIERKEGAARD: Die Krankheit zum Tode, IV 18ff.; vgl. dazu die Darstellung bei E. DREWERMANN: Strukturen des Bösen, III 460–468.
[46] Vgl. S. KIERKEGAARD: Die Krankheit zum Tode, IV 73; E. DREWERMANN: Strukturen des Bösen, III 474.
[47] EPIKUR: Die Hauptlehrsätze, Nr. 5, in: Über die irdische Glückseligkeit, S. 76, meinte sehr wahr: «Man kann nicht in Freude leben, ohne mit Vernunft, anständig und gerecht zu leben; aber man kann auch nicht vernunftvoll, anständig und gerecht leben, ohne in Freude zu leben.»
[48] Vgl. A. VON HARNACK: Marcion. Das Evangelium vom fremden Gott, 97–143.
[49] Sehr beachtenswert ist der kleine Aufsatz von K. RAHNER: Zur «Situationsethik» aus ökumenischer Sicht, in: Schriften zur Theologie, VI 537–544; sowie der Artikel: Der Anspruch Gottes und der Einzelne, in: a.a.O., VI 521–536, wo er (S. 536) die These vertrat: «Es gibt einen irreduktiblen, individuellen Anruf Gottes, der nicht als die bloße Summe und der bloße Schnittpunkt der allgemeinen materialen Prinzipien der Ethik und der christlichen Moral angesehen werden kann. Und dieser individuelle, irreduktible Anruf Gottes ist nicht nur ein Zuruf des Möglichen und des Gestatteten innerhalb der Zäune der allgemeinen Prinzipien, sondern kann, wenn auch nicht immer, so doch unter Umständen durchaus ein Anruf sein zu einem individuell und sozial Heilsbedeutsamen und wirklich streng verpflichtend Gesollten.» Vor dem Entscheidenden freilich weicht RAHNER zurück: vor der Anerkennung der Möglichkeit, daß das «Gesollte» auch außerhalb der «Zäune der allgemeinen Prinzipien» liegen kann.
[50] Vgl. J. JEREMIAS: Die Gleichnisse Jesu, 132–135.

b) Das entfremdete Sein

α) Die Ebene des Denkens

[1] Vgl. S. KIERKEGAARD: Der Augenblick, XIV 141f.; Werkausgabe, II 357–366: «Wie Christus über das amtliche Christentum urteilt.» Sehr beherzigenswert ist der Artikel von K. RAHNER: Grenzen der Amtskirche, in: Schriften zur Theologie, VI 499–520, der sehr zu Recht auf

die wachsende Differenz zwischen den allgemein verkündbaren Normen der Kirche und der konkreten Wirklichkeit des Einzelnen hinwies. In P. M. ZULEHNER: «Denn du kommst unserem Tun mit deiner Gnade zuvor», 85–90 suchte RAHNER das Amt in der Kirche aus der «Grundamtlichkeit» der Kirche abzuleiten; gerade RAHNER aber betonte (S. 95–96) sehr stark die «Eigentümlichkeit eines spirituellen Gurus» (!), von dem her der Priester zu verstehen sei: «Er ist nicht in erster Linie derjenige, der dafür zu sorgen hat, daß alle ... getauft werden oder sakramental die Ehe schließen ... Er ist der, der ... im Gefühl seiner eigenen Befreitheit und Erlöstheit ... diese seine eigene innere Erlöstheit und Befreitheit mitteilen will.» Hier ist eindeutig das Personale vorrangig vor dem Beamteten, und so ließe sich denn das «Amtliche» im Christentum als ein soziales Konkretwerden des Glaubens im Sinne einer Reihe von Hilfsfunktionen und Ausdrucksgestalten verstehen. Doch was RAHNER sich nicht fragte, ist das psychologisch gerade Entscheidende: wo und wie gelangen denn die Kleriker im Amte zu dem «Gefühl» der eigenen «Befreitheit»?

[2] Vgl. H. REUTER (Hrsg.): Das II. Vatikanische Konzil, 74–75; 197ff.; Dekret über das Apostolat der Laien.

[3] Zur Stelle vgl. R. SCHNACKENBURG: Das Johannesevangelium, I 482–488.

[4] Vgl. L. KARRER: Laie – Klerus, in: P. Eicher (Hrsg.): Neues Handbuch theologischer Grundbegriffe, II 363–374, S. 365.

[5] Bes. E. SCHILLEBEECKX: Das kirchliche Amt, Düsseldorf 1982; K. RAHNER: Weihe im Leben und in der Reflexion der Kirche, in: Schriften zur Theologie, XIV 113–131; A. RAJSP: «Priester» und «Laien». Ein neues Verständnis, Düsseldorf 1982.

[6] K. RAHNER: Über den Episkopat, in: Schriften zur Theologie VI 369–422; DERS.: Pastoraltheologische Bemerkungen über den Episkopat in der Lehre des II. Vaticanum, VI 423–431, warnte sehr zu Recht (S. 430) davor, die Ortskirchen nur als Verwaltungseinheiten der Gesamtkirche zu sehen; doch dieses Denken «von unten» bleibt solange ein dogmatisches Postulat, als es nicht individual- und sozialpsychologisch mitvollzogen wird, und die Grenze der RAHNERschen Theologie wird immer wieder dort sichtbar, wo das «Unten» seiner Gedanken endet: an der Ebene von Gefühlen und Affekten, an den Bereichen des Unbewußten. Um es so zu sagen: die Intentionen und Impulse RAHNERS werden allererst wirksam, nachdem die neurotisierenden Aufspaltungen zwischen Bewußtsein und Unbewußtem in der gegenwärtigen Theologie und Frömmigkeitshaltung der katholischen Kirche überwunden sind. Der Schwerpunkt, um sich «befreit» und «erlöst» zu fühlen, muß weit tiefer liegen, als es in der Reflexionstheologie des RAHNERschen Transzendentalismus liegt.

[7] C. GOLDONI: Der Diener zweier Herren, Florenz 1753; dt.: F. L. Schröder, bearb. v. O. C. A. zur Nedden, Stuttgart 1953 (reclam 463).

[8] N. GOGOL: Der Revisor, Petersburg 1836, hat diese Mentalität prachtvoll karikiert; dt.: J. v. Guenther, in: Ges. Werke, Bd. 5, Berlin 1952.

[9] K. RAHNER: Über die Bischofskonferenzen, in: Schriften zur Theologie, VI 432–454, hat sehr zu Recht die Eigenständigkeit und Aufgabe der nationalen bzw. regionalen Bischofskonferenz «gegenüber der römischen Zentralregierung» (S. 450) hervorgehoben; doch das war vor 24 Jahren!

[10] Das entsprechende Zitat ist Gal 5,1: «Zur Freiheit hat Christus uns befreit.» Zur Stelle vgl. H. SCHLIER: Der Brief an die Galater, 228–231. Insbesondere H. KÜNG: Wozu Priester, 19–21, mahnt die Ideale der Französischen Revolution an.

[11] Zu dem «Fall» PFÜRTNER vgl. die ausgezeichnete Dokumentation bei L. KAUFMANN: Ein ungelöster Kirchenkonflikt. Dokumente und zeitgeschichtliche Analysen, Freiburg (Schweiz) 1987. Die Studie führte u. a. dazu, daß 1987 die Verleihung der «Doktorwürde ehrenhalber»

an L. KAUFMANN von den Bischöfen untersagt wurde. K. OBERMÜLLER: Die Ehre, nicht Ehrendoktor zu werden, in: Die Weltwoche, Nr. 47, 19. 11. 87. Vgl. ST. PFÜRTNER: Moral – was gilt heute noch? Erwägungen am Beispiel der Sexualmoral, Zürich 1972.

[12] Zu dem «einsamen Papstentscheid» vgl. L. KAUFMANN: A.a.O., 51. Eine mutige Kritik an der Enzyklika ebenso wie an der Erkläung der Glaubenskongregation von 1975 publizierte B. HÄRING: Reflexionen zur Erklärung der Glaubenskongregation, in: Theologisch-praktische Quartalsschrift, 124. Jg., 1976/2, 115–126. Wer hätte gedacht, daß 1989 nach der «Kölner Erklärung» immer noch und schon wieder über *«Humanae vitae»* diskutiert werden müßte! Der Paderborner Erzbischof J. J. DEGENHARDT: Zur «Kölner Erklärung» der Theologen, 58–63, verteidigte die von *Paul VI* geforderte «Beherrschung des Trieblebens ... und Askese ... bei Einhaltung der periodischen Enthaltsamkeit» als die «katholisch» einzig erlaubte Form der Empfängnisverhütung mit den Worten: «Die Kirche verkündet die sittliche Norm, welche die verantwortliche Weitergabe des Lebens bestimmen muß. Diese Norm ist nicht von der Kirche geschaffen, nicht ihrem Gutdünken überlassen, vielmehr legt sie Gottes Willen allen Menschen guten Willens vor, ohne den Anspruch auf Radikalität und Vollkommenheit zu verbergen.» (S. 62) Das heißt also: das kirchliche Lehramt ist im Besitz der göttlichen Wahrheit, und was die Wahrheit ist, erkennt man daher an den Lehräußerungen des Lehramtes selbst – eine Tautologie, die im Grunde darauf hinausläuft, die Tradition zum Gott und den Traditionalismus zum Dogma zu erheben.

[13] Vgl. P. M. ZULEHNER: «Denn du kommst unserem Tun mit deiner Gnade zuvor...», 104, wo K. RAHNER die Kirche «als heilige Gemeinschaft der Glaubenden und damit als Präsenz der unwiderruflich siegreichen Gnade Gottes» definiert. Wie weit ist hier der Weg von dem theologischen Anspruch zu der psychologischen Wirklichkeit! Vgl. H. WAHL: «Priesterbild» und «Priesterkrise» in psychologischer Sicht, in: P. Hoffmann (Hrsg.): «Priesterkirche, 164–194, der sehr zur Recht die «identifikatorische Stellvertretung» als Priesterideal mit der Machterhaltung der Institution und der Überichgebundenheit (bzw. Mutterabhängigkeit) der Amtsträger in Verbindung bringt.

[14] Vgl. I. KANT: Zum ewigen Frieden, XI 191–251, S. 244–251.

[15] Vgl. R. NÜRNBERGER: Das Zeitalter der französischen Revolution und Napoleons, in: G. Mann (Hrsg.): Propyläen Weltgeschichte, VIII 59–191, S. 105–107. Es liest sich wie die Beschreibung einer unfehlbaren religiösen Hierarchie, wenn NÜRNBERGER von den «Wissenden» spricht, die den «Volkswillen» als heiligen Auftrag gegen die «Feinde» durchzusetzen haben. «Die Soziologie des jakobinischen Terrors richtet sich immer wieder auf die ‹Sekte› der fanatischen ‹Gläubigen›, die ihr Selbst in dem allgemeinen Glauben verlieren müssen, um ihre ‹Seele› wiederzugewinnen; Unterwerfung wird Befreiung, Gehorsam Freiheit, die Mitgliedschaft im jakobinischen Klub wird zum Kennzeichen für Erwählung und Reinheit.» Wie erst, wenn eine Institution wie die kath. Kirche sich mehr als 1000 Jahre Zeit läßt, ihre Gläubigen in dieser Weise zu instruieren! Vgl. auch W. U. A. DURANT: Die Französische Revolution und der Aufstieg Napoleons, 96–106, S. 98, die Rede von *Camille Desmoulins,* der gegen die Philosophie des Terrors erklärte: «Die Freiheit ist keine Nymphe von der Oper, auch keine rote Mütze oder ein schmutziges Hemd und zerlumpte Kleidung. Freiheit ist Glück, Vernunft, Gleichheit, Gerechtigkeit.»

[16] So ist für die kath. Kirche das Prinzip der Vergebung der Sünden in der Beichte der rechte «Kompromiß» zwischen der Abstraktion ihrer Gesetze und der Unversöhntheit des Einzelnen, doch bleibt die Differenz bestehen, indem selbst die Unterwerfung des Einzelnen in der «Buße» zwar die Abhängigkeit von der kirchlichen Macht dokumentiert, aber das Individuelle und das Allgemeine nach wie vor ungeistig nebeneinander beläßt. Zur Kritik der Reformato-

ren an der Äußerlichkeit der kath. Beichtpraxis vgl. M. LUTHER: Die Schmalkaldischen Artikel, 3. Teil, S. 199–207: Von der falschen Buße des Papstes.

[17] G. W. F. HEGEL: Philosophie der Geschichte, 389f.; 406f.; vgl. zur HEGELschen Geschichtsphilosophie E. DREWERMANN: Strukturen des Bösen, III 64–75.

[18] Vgl. zur Stelle E. SCHWEIZER: Das Evangelium nach Matthäus, 158–161.

[19] G. BESSIERE (u. a.): Diskussion um den Priester. Briefe an Bischof Riobé, 73, fragte bereits 1973: «Wie kann die Kirche als Zeichen, Werkzeug und Stätte des ‹Heils› hingestellt werden, wenn sie ihre Diener entfremdet?» Die Loslösung vom Priesteramt wird erlebt als (S. 75): Befreiung vom Mythos der priesterlichen Gemeinschaft, vom klerikalen Milieu, von einer Welt unbeweglicher Menschen, von einer hochgestellten Position ... «Wir wollen», heißt es dort (S. 114), «keine Kirche mehr als Verwaltung und öffentlichen ‹Dienst›. ... Wir wollen keine rissigen Mauern stopfen. Wir möchten den rohen Stein wiederfinden, auf dem die Kirche gebaut ist ...»

[20] Vgl. a.a.O., 114, wo ein im Volk verwurzeltes Priestertum gefordert wird, «welches keine Beamtenkaste bildet». S. 117–118: Man rät heute den Eltern an, sich nicht um die Weitergabe des Vermächtnisses ihres Glaubensbekenntnisses und ihrer Moral an ihre Kinder zu sorgen, sondern diesen jungen Menschen zu helfen, in der Erkenntnis Jesu Christi ihr ganzes Leben lang sie selbst zu werden ... Und man würde zum Priestertum echte Erwachsene vorschlagen, die an die vierzig Jahre alt sind und bereits die Weisheit der Erfahrung erworben haben.» Vgl. auch M. N. EBERTZ: Die Bürokratisierung der katholischen «Priesterkirche», in: P. Hoffmann (Hrsg.): Priesterkirche, 132–161, der (142–158) drei Bürokratisierungsschübe vom Wiener Kongreß (1815) bis zum 1. Vaticanum (1870) feststellt und meint, die Kirche habe ihr organisatorisches Rückgrat aus dem 19. Jahrhundert bis heute nicht ausgewechselt (158).

[21] Vgl. H. REUTER (Hrsg.): Das II. Vatikanische Konzil, 112, wo in dem *Dekret über den Ökumenismus* (III, 2, 22) vor allem das Fehlen des Weihesakramentes in den protestantischen Kirchen als Haupthindernis für die gemeinsame Feier der Eucharistie angesehen wird. Seit langem weist insbesondere H. KÜNG: Wozu Priester?, 30–32, darauf hin, daß es besser sei, entsprechend der neutestamentlichen Grundlage eher von Leitungsdienst als von Priestertum zu sprechen. «Für die jüdischen und heidnischen Würdenträger wird das Wort ‹Priester› gebraucht, für kirchliche Dienstträger nie.» Es ist, wie wir noch sehen werden, eher ein psychologisches Argument, den *Archetyp* des Priesters für religiös unverzichtbar zu halten; doch gerade dann sollte die organisatorische und institutionelle Form des Priestertums flexibel gehalten werden. Vgl. protestantischerseits M. WEINREICH: Das Priestertum ohne Priesteramt, in: P. Hoffmann (Hrsg.): Priesterkirche, 242–258, der das Liebäugeln mit Amtswürde und Hierarchie von der Substanz der reformatorischen Kritik an der Kirche als sakramentaler Heilsvermittlerin her in die Schranken weisen möchte (S. 257).

[22] G. W. F. HEGEL: Philosophie der Geschichte, 406.

[23] A.a.O., 410.

[24] A.a.O., 513.

[25] A.a.O., 514–515.

[26] So schildert vor allem F. KAFKA: Briefe an Milena, 171, sein Leben als das eines «Waldtieres» in seiner Angst: «Wenn ich nicht schreibe, bin ich nur müde, traurig, schwer; wenn ich schreibe, zerreißt mich Unruhe und Angst.» Von KAFKA stammt der Vergleich.

[27] Vgl. .H. C. MEYER.: Das Zeitalter des Imperialismus, in: G. Mann (Hrsg.): Propyläen Weltgeschichte, IX 25–74, S. 52.

[28] Tatsächlich wird z. Z. von Rom aus gerade dieses Thema wieder neu urgiert. Vgl. zu der neueren Diskussion B. HÄRING: Für ein neues Vertrauen in der Kirche. Zu einem Streit:

Künstliche Empfängnisverhütung in jedem Falle unerlaubt? In: Christ in der Gegenwart, 22.1.89, S. 29–30. Ginge es um bloße Argumente und Erfahrungen, so hätte die Diskussion beendet sein können durch A. ANTWEILER: Ehe und Geburtenregelung. Kritische Erwägungen zur Enzyklika PAULS VI. Humanae vitae, 1969.

[29] Vgl. dagg. bereits K. RAHNER: Über Bischofskonferenzen, in: Schriften zur Theologie, VI 432–454: «Ist ... schon der einzelne Bischof nicht bloß das Ausführungsprogramm der höchsten, zentralen Kirchenleitung ...» (S. 451)!

[30] Zu dem Tabakskollegium *Friedrich Wilhelms* von Preußen, das eine Art preußischen Kabinetts war, vgl. E. SIMON: Friedrich der Große, 58; 64.

[31] Vgl. J. BRINKTRINE: Die Lehre von den heiligen Sakramenten der katholischen Kirche, II 213–216; zur Sakramentalität und Spiritualität der Ehe vgl. B. u. L. WACHINGER: Ehe – Familie, in: P. Eicher (Hrsg.): Neues Handbuch theologischer Grundbegriffe, I 204–214, S. 209ff.

[32] Vgl. dazu E. DREWERMANN: Aus Schuld geschieden – verdammt zum Unglück?, in: Psychoanalyse und Moraltheologie, II 112–137.

[33] Vgl. E. DREWERMANN: Das Tragische und das Christliche, in: Psychoanalyse und Moraltheologie, I, 19–78; DERS.: Ehe – tiefenpsychologische Erkenntnisse für Dogmatik und Moraltheologie, in: a.a.O., II 38–76.

[34] Vgl. a.a.O., I 63ff.

[35] *Gemeinsame Synode* der Bistümer in der Bundesrepublik Deutschland. Beschlüsse der Vollversammlung. Offizielle Gesamtausgabe, I, Freiburg, Basel, Wien 1976; bereits beim 2. Vaticanum hatte der melkitische Patriarchalvikar von Kairo, *Elias Zoghby*, am 29. Sept. 65 beklagt, daß die Kirche die unschuldig Geschiedenen allein lasse, und verlangt, sie solle sich von der Ostkirche in dieser Frage inspirieren lassen. H. HAAG – K. ELLIGER: «Stört nicht die Liebe», 208.

[36] So erklärte PAPST PAUL VI.: Humanae vitae, Artikel 4: «Kein gläubiger Christ wird bestreiten, daß die Auslegung des natürlichen Sittengesetzes zur Aufgabe des kirchlichen Lehramtes gehört.» Für den Paderborner Erzbischof J. J. DEGENHARDT: Zur «Kölner Erklärung» der Theologen, 4, folgt daraus: «Der Papst und die Bischöfe sollen zuverlässige Wächter und Ausleger des ganzen Sittengesetzes sein.» Wer dem Papst widerspricht, entfernt sich von der Kirche (49).

[37] Zu einer Theologie, die Kleriker und Laien miteinander zu verbinden sucht, vgl. P. M. ZULEHNER: Das geistliche Amt des Volkes Gottes. Eine futurologische Skizze, in: P. Hoffmann (Hrsg.): Priesterkirche, 195–207: «Die Aufgabe der künftigen Amtsträger wird sich nicht mehr vom Begriff des Heilsdienstes her definieren lassen, und dies in Absetzung von den Alltagschristen.» (S. 206) Aber von dieser «Zukunft» trennt uns vor allem psychologisch eine ganze Welt.

[38] Vgl. E. DREWERMANN: Von der Geborgenheit im Ring der Liebe, in: Psychoanalyse und Moraltheologie, II 17–37; zu der Entwicklung der Lehre von der Unauflösbarkeit der Ehe vgl. H. HAAG – K. ELLIGER: «Stört nicht die Liebe», 202–211.

[39] W. KEMPF: Für euch und für alle, Limburg 1981, 111–112.

[40] Von einer «Flucht in die Ungültigkeit» sprechen deshalb richtig H. HAAG – K. ELLIGER: «Stört nicht die Liebe», 206–208; M. WEGAN: Ehescheidung. Auswege mit der Kirche, Graz, 2. Aufl. 1983, meint, 30% aller zivil Geschiedenen könnten ihre Ehe kirchlich für nichtig erklären lassen. Aber wie soll es sich mit der Botschaft Jesu vereinbaren, Fragen des Herzens in Fragen des Rechtes zu verwandeln? Bes. zu Mk 10,1–12 vgl. E. DREWERMANN: Das Markusevangelium II, 86–104.

[41] Vgl. E. DREWERMANN: Aus Schuld geschieden – verdammt zum Unglück? Von dem Recht auf Vergebung auch in der katholischen Kirche, in: Psychoanalyse und Moraltheologie, II 112–137, bes. S. 113 f.
[42] Vgl. zur Stelle E. SCHWEIZER: Das Evangelium nach Matthäus, 285–286.
[43] Zum «Fall» *Ch. Curran* vgl. P. DE ROSA: Gottes erste Diener, 179.
[44] Vgl. E. DREWERMANN: Das Tragische und das Christliche, in: Psychoanalyse und Moraltheologie, I 69.
[45] Zum Antimodernismus-Eid vgl. P. DE ROSA: Gottes erste Diener, 331. Die «Irrlehren» der «Modernisten» sind verzeichnet bei DENZINGER-SCHÖNMETZER: Enchiridion Symbolorum, Nr. 3401–3466, S. 669–674 – jede Ziffer enthält eine Irrlehre.
[46] Vgl. DENZINGER-SCHÖNMETZER: Enchiridion Symbolorum, Nr. 3513, S. 684, wo die Bibelkommission vom 30. 1. 1909 ernsthaft auf die Frage, ob man im Sinne der formgeschichtlichen Methode die ersten drei Kapitel der Genesis als Mythen bezeichnen dürfe, die keine wahrhaft historischen Tatsachen enthielten, mit nein anwortete.
[47] Vgl. J. BRINKTRINE: Die Lehre von der Menschwerdung und Erlösung, S. 252 f., der es als «de fide» definiertes Dogma betrachtet, daß Jesus «mit Leib und Seele» «sichtbarerweise vor seinen Jüngern» «vierzig Tage nach seiner Auferstehung» «aus eigener Kraft» in den Himmel aufgefahren sei, während er bei der Auferstehung selbst «unsichtbarerweise» in den Himmel aufgefahren sei.
[48] Vgl. O. KUSS: Dankbarer Abschied, 77. – S. 145 schreibt er: «Es gibt immer nur Interpretationen, Assimilierungen, Mythisierungen, Projektionen, auch massive wissenschaftliche Vergewaltigungen von diesem Jesus, der als das, was er historisch war, völlig unerreichbar bleibt.»
[49] Vgl. R. PESCH: Das Markusevangelium, I 319; 322–325; E. DREWERMANN: An ihren Früchten sollt ihr sie erkennen, 20–21.
[50] Die Verurteilung und Amtsenthebung von Frau UTA RANKE-HEINEMANN in 1988, die – zu Recht – auf den Zusammenhang zwischen der Sexualunterdrückung der kath. Kirche und der äußeren Wörtlichnahme der «Jungfräulichkeit Mariens» hinweisen wollte, ist schon deshalb ein eklatantes Trauerspiel katholischer Theologie, weil sich die Dogmatiker, die der Sache nach durchaus nicht anders denken, schamhaft und schadenfroh in Schweigen hüllten. Die Frage ist, wie man *Symbole* der Seele als objektive Realität interpretieren kann. Vgl. E. DREWERMANN: Dein Name ist wie der Geschmack des Lebens, 44–58.
[51] S. FREUD: Massenpsychologie und Ich-Analyse, XII 71–161.
[52] G. LE BON: Psychologie der Massen, Stuttgart 1973.
[53] Vgl. TERTULLIAN: Vom Kranze des Soldaten, II 230–263, Kap. 14, S. 260–262 mit der Parallele von Siegerkranz und Dornenkrone.
[54] Vgl. H. J. STAMMEL: Die Indianer, 241–242; G. CONSTABLE: Die großen Häuptlinge, 164–185.
[55] G. CONSTABLE: Die großen Häuptlinge, 166 f.
[56] H. J. STAMMEL: Die Indianer, 241.
[57] A.a.O., S. 242; vgl. G. CONSTABLE: Die großen Häuptlinge, 183.
[58] G. CONSTABLE: A.a.O., 183.
[59] Vgl. das Konzil von Trient: Denzinger-Schönmetzer, Nr. 852, S. 382; vgl. J. BRINKTRINE: Die Lehre von den heiligen Sakramenten der katholischen Kirche, I 97–101.
[60] Vgl. P. MILGER: Die Kreuzzüge. Kriege im Namen Gottes, München 1988, der S. 304–311 zu Recht von dem permanenten Kreuzzug spricht, zu dem die Kirche im 13. Jh. ihre Gläubigen aufrief; vgl. auch M. ERBSTÖSSER: Die Kreuzzüge, 68–73, der darauf hinweist, wie sehr das Reformpapsttum des 11. Jh.'s bestrebt war, die Kirche zu zentralisieren und «als geistige und

politische Autorität in der Feudalgesellschaft aufzuwerten». (S. 70) Von daher wurde jetzt der Krieg ein verdienstvolles Werk, das vor allem den Feudalinteressen diente.

[61] Vgl. M. HAMMES: Hexenwahn und Hexenprozesse, 13–18; 43–50. Zur Rolle der Kirche im Dritten Reich vgl. K. DESCHNER: Mit Gott und dem Führer, 224–225, das Zitat des Hirtenbriefs der deutschen Bischöfe vom 26. 6. 1941.

[62] Vgl. F. HEER: Gottes erste Liebe, 326–436, der die Mitschuld der kath. Kirche an den antisemitischen Greueln des Dritten Reiches detailliert herausarbeitet und (437–481) auch die Mitarbeit an der «Endlösung» kenntnisreich belegt.

[63] Vgl. CH. LEA: Die Inquisition, 91 ff.: «Der Erlaß Lucius' III. auf dem sogenannten Konzil von Verona im Jahre 1184 gebot allen Machthabern, vor ihren Bischöfen eidlich zu geloben, daß sie die kirchlichen und weltlichen Gesetze gegen die Ketzerei voll und wirksam durchführen wollten.» Zu den kirchlichen Apologeten der Inquisition vgl. P. DE ROSA: Gottes erste Diener, 219.

[64] Vgl. G. VON LE FORT: Am Tor des Himmels, in: Die Erzählungen, 395–451, bes. S. 422–423: «Die Kirche ... liebt, auch wenn sie richtet.» Sogar B. BRECHT: Leben des Galilei, 8. Ein Gespräch, S. 75–76 bewies erstaunlich viel Verständnis für die Haltung der Kirche. Zu Recht macht TH. LÖBSACK: Wunder, Wahn und Wirklichkeit, 204–205, sich darüber lustig, daß Kardinal *Franz König* am 1. Juli 1968 bei einer Physiker-Nobelpreisträger-Tagung in Lindau glaubte versichern zu können, nach seinem letzten Gespräch mit Papst *Paul VI.* in der Lage zu sein, «vor diesem Auditorium zu erklären, daß eine entsprechende Initiative ergriffen wird, um den Fall Galilei einer klaren und offenen Lösung zuzuführen.» (S. 205) Man nahm diese Ankündigung mit schallendem Gelächter auf.

[65] So ist nach K. RAHNER: Kirche und Sakramente, 17, die Kirche «die Fortsetzung, das Gegenwärtigbleiben dieser eschatologischen Realpräsenz des siegreichen und endgültig in die Welt eingestifteten Gnadenwillens Gottes in Christus», so wie (S. 13) Christus «die geschichtliche Realpräsenz des eschatologisch siegreich gewordenen Erbarmens Gottes» ist. Dann aber steht die Kirche auch wieder unter dem Gesetz der Geschichtlichkeit der Geschichte Gottes mit dem Menschen bzw. unter der Menschlichkeit der Menschwerdung des Gottessohnes. – Schon G. W. F. HEGEL: Philosophie der Religion, I 46, meinte zu Recht zu der rein historischen Exegese der Bibel: «Bloße Wort-Interpretation kann nur so seyn, daß für ein Wort ein anderes ... gesetzt wird ... Aus der Schrift sind daher die entgegengesetzten Meinungen exegetisch durch die Theologie bewiesen.»

[66] Vgl. G. MENSCHING: Die Religion, 289–297.

[67] Vgl. E. DREWERMANN: An ihren Früchten sollt ihr sie erkennen, 98–105

[68] So lehrte ausdrücklich noch im Jahre 1863 *Pius IX.*, daß niemand außerhalb der kath. Kirche gerettet werden könne und daß, wer ihrer Autorität und ihren Definitionen widerspreche, als ein von ihrer Einheit Getrennter das ewige Heil nicht erlangen könne. DENZINGER-SCHÖNMETZER: Enchiridion, Nr. 2867, S. 571

[69] Am 27. Okt. 1986 kam es zu einem Gebetstreffen der Religionen in Assisi, das in traditionell gesinnten Theologenkreisen bis heute für Verwirrung sorgt; vgl. J. DÖRMANN: Krise und Neuaufbruch aus evangelikaler und aus katholischer Sicht, in: Theologisches, Jg. 19, Nr. 3, März 1989, 141–148.

[70] Vgl.: Erklärung über das Verhältnis der Kirche zu den nichtchristlichen Religionen, in: H. REUTER (Hrsg.): Das II. Vatikanische Konzil, 178; vgl. auch K. RAHNER: Das Christentum und die nichtchristlichen Religionen, in: Schriften zur Theologie, V 136–158.

[71] Vgl. K. JASPERS: Der philosophische Glaube, 77–84: Gegen den Ausschließlichkeitsanspruch.

[72] Vgl. bereits J. Huxley: Entfaltung des Lebens, 144f.
[73] Vgl. H.-J. Lauter: Den Menschen Christus bringen, 57–86 – zu der traditionellen Theologie des «Erlösungsopfers» Christi.
[74] Vgl. J. Moltmann: Theologie der Hoffnung, 179–184: Die Identität des als auferstanden Erscheinenden mit dem gekreuzigten Christus.
[75] Vgl. Johannes Paul II.: Christifideles Laici, Nr. 15, S. 23–24: Die Laien und der Weltcharakter.
[76] Vgl. K. Rahner: Theologisches zum Monogenismus, in: Schriften zur Theologie, I 255–322, bes. S. 315–321.
[77] Vgl. G. Heberer: Homo – unsere Ab- und Zukunft, 15–41; R. E. Leakey: Die Suche nach dem Menschen, 40–75; R. E. Leakey – R. Lewin: Wie der Mensch zum Menschen wurde, 34–117.
[78] Teilhard de Chardin: Der Mensch im Kosmos, 132–138.
[79] Vgl. J. Brinktrine: Die Lehre von Gott, II 11–13; 183–212; vgl. dagg. aber K. Rahner: Die Christologie innerhalb einer evolutiven Weltanschauung, in: Schriften zur Theologie, V 183–221, bes. 216–217.
[80] Vgl. A. Einstein: Über die spezielle und die allgemeine Relativitätstheorie, Braunschweig 1920; eine populärwissenschaftliche Einführung in die Spezielle Relativitätstheorie bietet H. Fritzsch: Eine Formel verändert die Welt, München – Zürich 1988.
[81] Als Einführung in die *Quantenphysik* eignet sich J. Gribbin: Auf der Suche nach Schrödingers Katze, München – Zürich 1984; vgl. bes. R. Feynman: QED. Quantenelektrodynamik, 13–47.
[82] Vgl. H. Fritzsch: Quarks. Urstoff unserer Welt, 283–301; St. W. Hawking: Eine kurze Geschichte der Zeit, 100–106.
[83] Vgl. C. Ronan – S. Dunlop: Astronomie heute, 208–215. R. Kippenhahn: Licht vom Rande der Welt, 257–285; J. D. Barrow – J. Silk: Die asymmetrische Schöpfung, 52; 64.
[84] I. Asimov: Die schwarzen Löcher, 181–207; vgl. St. W. Hawking: Eine kurze Geschichte der Zeit, 107–127.
[85] Vgl. I. Asimov: Die schwarzen Löcher, 146–180.
[86] Vgl. C. Sagan: Unser Kosmos, 229–255; H. Reeves: Woher nährt der Himmel seine Sterne, 72–89; 139–144; C. Ronan – S. Dunlop: Astronomie heute, 44–75, S. 70.
[87] Vgl. K. Rahner: Das Christentum und der «Neue Mensch», in: Schriften zur Theologie, V 159–179.
[88] Einhellig wurde so gelehrt, wie man es u. a. findet bei J. Brinktrine: Die Lehre von der Schöpfung, 228–235, oder bei A. Willwoll: Seele und Geist, Freiburg 1938; vgl. dagg. G. Bateson: Geist und Natur. Eine notwendige Einheit, 181–233.
[89] Vgl. G. Nicolis – I. Prigogine: Die Erforschung des Komplexen, 77–82.
[90] A.a.O., 261–287; M. Eigen – R. Winkler: Das Spiel, 110–121.
[91] So bes. Papst Paul VI.: Über den Fortschritt der Völker, Freiburg 1967, komm. v. H. Krauss; diese vielleicht wichtigste Enzyklika der Päpste des 20. Jh.'s hat in der BRD speziell für das Verhältnis von Staat und Kirche kaum eine Rolle gespielt.
[92] Die entsprechenden Fragen werden in der Enzyklika von Papst *Paul VI.* sehr konkret behandelt; zu einer ähnlich konsequenten Betrachtung hat die kath. Kirche der BRD niemals gefunden. *Zur Weltwährungsordnung* vgl. der *Brandt-Report*, 253–276.
[93] Vgl. Der *Brandt-Report*, 216–252.
[94] A.a.O., 135–139. Vgl. auch V. Hummel – D. Maulbetsch – H.-P. Schmid: Entwicklung und Unterentwicklung, in: N. Zwölfer (Hrsg.): Geschichte, II 160–185.

[95] Vgl. E. EPPLER: Ende oder Wende, 79–89, mit Blick auf die Lage in der BRD; *Der Brandt-Report*, 178–215.
[96] Vgl. P. EICHER: Bürgerliche Religion, 174–182, der zu Recht darauf hinweist, daß der Ausdruck «Gott» delegiert worden sei an eine «Entwicklungstheorie soziokultureller Systeme».
[97] Vgl. M. SCHELER: Die Formen des Wissens und die Bildung, in: Philosophische Weltanschauung, 16–48, S. 21, der im Gegensatz zum bloßen Herrschafts- und Bildungswissen postulierte: «Bildung ... ist eine Kategorie des Seins, nicht des Wissens und Erlebens. Bildung – das ist eine gewordene Prägung, Gestaltung dieses menschlichen Gesamtseins.» – O. HÜRTER: Der Zölibat des Weltpriesters im Aspekt der Sozialpsychologie, in: Existenzprobleme des Priesters, 53–71, S. 60, sieht die Ideologiegeprägtheit der Kleriker zu Recht als eine Form der Mutterbindung und Ichbezogenheit.
[98] W. WINK: Bibelauslegung als Interaktion, 9, sieht zu Recht in der historisch-kritischen Exegese die Tendenzen der Säkularisation auf dem Boden der Bibelauslegung zu Ende geführt. G. W. F. HEGEL: Philosophie der Religion, I 46, meinte schon vor 150 Jahren, die historische Exegese habe «diese sogenannte Heilige Schrift zu einer wächsernen Nase gemacht».
[99] J. W. VON GOETHE: Faust. Erster Teil, Studierzimmer, S. 64.
[100] Vgl. Erzbischof J. J. DEGENHARDT: Zur «Kölner Erklärung» der Theologen, 15–28: Verhältnis zwischen dem Gewissen des einzelnen und dem kirchlichen Lehramt. Das Gewissen.
[101] So vertrat in der entscheidenden Debatte des Deutschen Bundestages über das Recht zur Wehrdienstverweigerung Pater HIRSCHMANN (SJ) als Experte der katholischen Kirche die Meinung, daß es eine Erlaubnis zur Wehrdienstverweigerung aus Gewissensgründen nicht geben könne. Eines der wichtigsten Gesetze der BRD kam nur gegen den ausdrücklichen Widerstand der kath. Kirche zustande. Vgl. E. DREWERMANN: Das Tragische und das Christliche, in: Psychoanalyse und Moraltheologie, I 19–78, S. 69.
[102] Vgl. L. LEAKEY: Heirat und Verwandtschaft, in: E. Evans-Pritchard (Hrsg.): Bild der Völker, II 132, zum schwarzafrikanischen Eheverständnis.
[103] Vgl. H. ZIMMER: Indische Mythen und Symbole, 87–101; S. LEMAITRE: Der Hinduismus, 77f.
[104] K. JASPERS: Der philosophische Glaube, 80.
[105] A.a.O., 80–81.
[106] A.a.O., 81.
[107] Zur Stelle vgl. H. SCHLIER: Der Brief an die Epheser, 184–189.
[108] Vgl. G. LOHFINK – R. PESCH: Tiefenpsychologie und keine Exegese, 109; vgl. dagg. E. DREWERMANN: An ihren Früchten sollt ihr sie erkennen, 158–166.
[109] Vgl. dazu F. HEER: Gottes erste Liebe, 514.
[110] Zur Stelle vgl. E. DREWERMANN: Tiefenpsychologie und Exegese, II 686–697; DERS.: An ihren Früchten sollt ihr sie erkennen, 150–155. – Zur kirchlichen Index-Praxis vgl. P. DE ROSA: Gottes erste Diener, 214ff.
[111] Die massive Beeinflussung der Gläubigen in den Hirtenbriefen der deutschen Bischöfe vor jeder Bundestagswahl zugunsten der «christlich» sich nennenden Partei(en) gehört immer noch zum üblichen politischen Ritual, mit dem Ergebnis, daß es keine Gemeinschaft in der BRD gibt, deren Mitglieder so konstant einer bestimmten politischen Partei sich verpflichtet fühlen wie die deutschen Katholiken. – Bereits F. NIETZSCHE: Morgenröte, Nr. .89, S. 86–87, meinte von der Verwandlung des Zweifels in Sünde: «Das Christentum hat das Äußerste getan, um den Zirkel zu schließen, und schon den Zweifel für Sünde erklärt ... Man merke doch, daß damit die Begründungen des Glaubens ... schon als sündhaft ausgeschlossen sind.

Man will Blindheit und Taumel und einen ewigen Gesang über den Wellen, in denen die Vernunft ertrunken ist.»

[112] F. SCHILLER: Don Carlos, in: Werke, I 323–509, 3. Akt, 10. Auftritt, S. 429. – Zu der *Angst vor der Freiheit* und zu der *Flucht in die Identifikation mit dem Amt aus Mangel an Persönlichkeit* meint ganz richtig K. G. REY: Das Mutterbild des Priesters, 35: «Je weniger sich ein Priester seiner Aufgabe gewachsen fühlt, je unsicherer er vor seiner Gemeinde steht, um so mehr identifiziert er sich mit der Kirche, mit der Hierarchie oder mit Gott.»

[113] Nur scheinbar bildet die sog. «Kölner Erklärung», die, Ende Januar 1989 von 163 katholischen Theologieprofessorinnen und -professoren unterzeichnet, vor allem in der Frage der Geburtenregelung und in der Stellenbesetzungspolitik des Vatikans einen päpstlichen Mißbrauch anprangerte, von dieser Feststellung eine Ausnahme. Von den Dozenten an kirchlichen oder ordenseigenen Hochschulen beteiligten sich weniger Dozenten als die Finger einer Hand an dem Aufruf, alle anderen aber konnten sich den Widerstand gewissermaßen leisten – im Falle eines Entzugs der kirchlichen Lehrerlaubnis müssen sie vom Staat übernommen werden. Professor W. KASPER erklärte, sozusagen als das Sprachrohr der «loyalen» Theologenschaft, die «Kölner Erklärung» bleibe «dem innerkirchlichen Kleinkrieg verhaftet, ohne die viel umfassendere Krise des moralischen Bewußtseins überhaupt in den Blick zu nehmen». (FAZ 24. 2. 89) Um diese Zeit bereits gingen die ersten Gerüchte um, Kasper werde selbst bald zum Bischof «gewählt» werden. Bes. F. BÖCKLE kritisierte offen die Einstellung des Papstes, nach der die Enzyklika *«Humanae vitae»* den «Nimbus der Unfehlbarkeit» zu erhalten scheine. Vgl. *Der Dom*, 12. 2. 89, Nr. 7, S. 3. Vgl. auch J. GRÜNDEL: Die eindimensionale Wertung der menschlichen Sexualität, in: F. Böckle (Hrsg.): Menschliche Sexualität und kirchliche Sexualmoral (1977!), 74–105, der sehr zu Recht den Objektivismus der traditionellen katholischen Sexualmoral für einen Irrweg erklärt.

[114] Es ist das ewige Problem: verändern kann vermeintlich nur, wer mitmacht, und mitmachen kann nur, wer Kompromisse schließt, und wer solche schließt – wie vermeidet er es, sich selbst zu kompromittieren? Hätte Jesus je etwas verändert, wenn er «mitgemacht» hätte?

[115] Vgl.: *Zur Sexualerziehung* in Elternhaus und Schule, 1979, hrsg. vom Sekretariat der Deutschen Bischofskonferenz; J. J. DEGENHARDT: Christliche Erziehung im Elternhaus, Schule und Gemeinde, 1978.

[116] Vgl. H. HAAG – K. ELLIGER: Stört nicht die Liebe, 70–71.

[117] Vgl. M. EIGEN – R. WINKLER: Das Spiel, 85–198.

[118] Die folgenden Zitate sind entnommen der Funkbearbeitung von *K. Schöning*, die am 1. 11. 66 in WDR II gesendet wurde. Zu den einzelnen Passagen vgl. die entsprechenden Seiten in M. DE UNAMUNO: San Manuel Bueno, Märtyrer, Spanisch/Deutsch, S. 15–17; 53–57; 63–67; 67–71; 77–83.

[119] Zu dem sozialpsychologischen Spiel des Aufbaus positiver Autostereotype der eigenen Gruppe und negativer Heterostereotype fremder Gruppen vgl. E. DREWERMANN: Der Krieg und das Christentum, 65–74; P. R. HOFSTÄTTER: Gruppendynamik, 98–111.

[120] Die Frage stellt sich an die heutige Theologie in aller Schärfe, inwieweit sie den Glauben an die Absolutheit der Person Jesu mit der Absolutsetzung ihrer Theorien und Spekulationen über die Absolutheit der Person Jesu gleichsetzt oder verwechselt. Die Entscheidung darüber fällt z. B. in der Auslegung einer Stelle wie Mk 10,18; vgl. E. DREWERMANN: Das Markusevangelium, II 121, Anm. 11.

[121] Insbesondere K. RAHNER: Das Christentum und die nichtchristlichen Religionen, V 136–158, hat die Lehre von der Absolutheit des göttlichen Heilswillens mit der Lehre von der Heilsnotwendigkeit der Kirche zu verbinden versucht in seiner Theorie von dem anonymen

Christen (S. 154f.). Doch sah und sieht, wie stets, die Wirklichkeit des real-existierenden Katholizismus anders aus, als Leute wie RAHNER sie sich wünschten und wünschen. In jenen Tagen belehrte man die Seminaristen vor der Priesterweihe über die Erfordernisse und Techniken der Taufe eines Kindes vor der Geburt, damit es, als ungetauft, der ewigen Seligkeit nicht müsse verlustig gehen, verdammt doch das Konzil von Trient (DENZINGER, 861) einen jeden, der sagt, die Taufe sei zum Heil nicht notwendig. Vgl. J. BRINKTRINE: Die Lehre von den heiligen Sakramenten der katholischen Kirche, I 168–173.

[122] Zur Psychologie des angstbesetzten Fanatismus vgl. E. DREWERMANN: Der Krieg und das Christentum, 67–69; 121 ff.

[123] Vgl. zur Stelle H. SCHLIER: Der Brief an die Galater, 39–40.

[124] Man muß z. B. nur lesen, wie schier verzweifelt K. RAHNER: Priesterliche Existenz, III 285–312, versuchte, die «Verwandlung» der Begriffe Priester und Prophet im Christentum zu erweisen, indem er zwischen einem aktiv existentiellen Priestertum Christi und einem passiv existentiellen Priestertum der Gläubigen sowie einer sakramental dauerhaften Gegenwärtigkeit beider in Gestalt des Amtspriestertums zu unterscheiden und miteinander zu vermitteln trachtete – das alles (natürlich) ohne jede Berücksichtigung religionspsychologischer oder psychoanalytischer Einsichten. Tatsächlich liegt im Erleben des «Prophetischen» und des «Priesterlichen» eine grundverschiedene Einstellung zur Welt im ganzen vor; vgl. E. DREWERMANN: Tiefenpsychologie und Exegese, II 368–371; DERS.: Das Markusevangelium, II 471–476. Daß Priestertum und Prophetentum eine lebendige Einheit bilden *sollten*, steht außer Frage; aber das prophetische Element wird von vornherein «entmachtet», wenn es «nur eine dienende, die Wirklichkeit ... der Kirche schon voraussetzende Funktion» haben soll (301): ist es z. B. nicht möglich, daß S. KIERKEGAARD gerade darin «prophetisch» war, daß er das gesamte «Christentum» als Verrat an der Botschaft des Christus erkannte? Zu der Problematik, das prophetische Charisma zu institutionalisieren, vgl. O. SCHREUDER: Gestaltwandel der Kirche, 100–120, am Beispiel der franziskanischen Bewegung. Als Probierstein der Problematik mag die Frage gelten: Verträgt die kath. Kirche einen Mann wie Jeremias?

[125] Auch hier konnte selbst K. RAHNER: Passion und Aszese, III 75–104, behaupten: «Falls der Mensch sich nur einmal der Forderung des sich offenbarenden Gottes in der Aszese des Glaubens unterworfen hat, kann Gott auch seinen Dienst an der Welt ... in Gnaden annehmen als Weg zu ihm ..., so daß der Mensch dem absoluten Gott nicht nur begegnet im radikalen Widerspruch zur Welt, ... sondern auch *in* der Welt.» (S. 98) Bis dahin entspricht die Vorstellung RAHNERS von der «christlichen» Aszese exakt dem, was S. KIERKEGAARD als die «Doppelbewegung der Unendlichkeit» im Glauben beschrieben hat; vgl. S. KIERKEGAARD: Furcht und Zittern, 33–34; vgl. dazu E. DREWERMANN: Strukturen des Bösen, III 497–504. Dann aber fährt RAHNER: A.a.O., 98–99, fort: «Wenn sich der Mensch einmal unter das Kreuz gestellt hat ..., dann kann jeder an sich gute ... Akt von der Gnade übernatürlich ... überhöht werden ... Wer Jungfrau ist um Gottes willen, muß bekennen, daß die Ehe ein Sakrament ist ...» usw. Man vergleiche diese psychologiefernen Theorien, in denen «immer schon» «beides»: Welt und Transzendenz, miteinander «versöhnt» und «gnadenhaft» «von Christus her» «umfangen» ist, mit der Aufregung S. KIERKEGAARDS: Darf er *Regine Olsen* heiraten, und wenn er es *nicht* tut, *gebricht* es ihm dann an Glauben oder *bezeugt* er seinen Glauben – und man wird den Abstand des RAHNERschen existential-theologischen Denkens von der Existenz wirklicher Menschen, psychologisch betrachtet, ermessen.

[126] Zu dem Heteronomievorwurf vgl. I. KANT: Die Religion innerhalb der Grenzen der bloßen Vernunft, VIII 645–879, S. 842; vgl. dazu E. DREWERMANN: Strukturen des Bösen, III 8–10; 21–24.

[127] Vgl. A. VON HARNACK: Das Wesen des Christentums, 122–124; DERS.: Lehrbuch der Dogmengeschichte, I 530–535; 697–707.
[128] Vgl. A. VON HARNACK: Lehrbuch der Dogmengeschichte, I 462–550: Das Christentum als Philosophie und als Offenbarung. Die Lehren des Christentums als der geoffenbarten, vernünftigen Religion.
[129] Vgl. A.a.O., I 550–637 (der Kampf gegen die Gnosis); vgl. E. DREWERMANN: Der tödliche Fortschritt, 67–78; vgl. DERS.: Strukturen des Bösen, III 514–540; A. VON HARNACK: Das Wesen des Christentums, 128.
[130] Vgl. A. VON HARNACK: Lehrbuch der Dogmengeschichte, I 567–630; 637–697.
[131] Vgl. E. DREWERMANN: Der tödliche Fortschritt, 133–160.
[132] Vgl. A. VON HARNACK: Das Wesen des Christentums, 80–84; 92–94; 120–130 – Sehr zu Recht betonte W. DILTHEY: Einleitung in die Geisteswissenschaften, Ges. Schriften, I 318–324, die bleibende Antinomie zwischen der Vorstellung des göttlichen Intellekts und Willens.
[133] Zu dem Streit um B. PASCAL vgl. die ergreifende Darstellung von R. SCHNEIDER: Pascal, ausgew. und eingel., 7–37. Zu den sexualpathologischen Hintergründen des Streites vgl. U. RANKE-HEINEMANN: Eunuchen für das Himmelreich, 273–278.
[134] Vgl. I. KANT: Die Religion innerhalb der Grenzen der bloßen Vernunft, VIII 645–879, S. 767–777; 787; 847–854.
[135] Es handelt sich um den Abwehrmechanismus der Intellektualisierung von Gefühlen, wie A. FREUD: Das Ich und die Abwehrmechanismen, 123–129, es vor allem als ein Merkmal der *pubertären* Triebabwehr beschrieben hat; die so erwachsen sich gebende Großspurigkeit theologischer Schriftgelehrtheit ist in psychoanalytischer Sicht weit eher ein Stück Dauerpubeszententum als das Zeichen einer reifen Persönlichkeit.
[136] Vgl. S. FREUD: Vorlesungen zur Einführung in die Psychoanalyse, XI 390–391.
[137] Vgl. zur Stelle E. SCHWEIZER: Das Evangelium nach Matthäus, 120–121.
[138] Vgl. zu der Rationalisierung verdrängter Affekte in der kirchlichen Dogmatik vor allem TH. REIK: Dogma und Zwangsidee, 44–52.
[139] Als die dogmatische Ausdrucksform dafür darf die Lehre vom «nexus mysteriorum» gewertet werden, wonach alle geoffenbarten Heilsgeheimnisse miteinander verflochten sind, so daß es gilt, *alles* zu glauben, und zwar so, wie es die Kirche lehrt, oder aber als Häretiker zu gelten. Vgl. TH. REIK: Dogma und Zwangsidee; 52–55: Die Verschiebung auf ein Kleinstes. Vgl. demgegenüber K. RAHNER: Was ist Häresie?, V 527–576, der es (S. 527) geradewegs für das Gütezeichen der «Radikalität eines ganz bestimmten Wahrheitsethos» ansieht, daß es nur im Christentum so etwas wie Häresie gibt.
[140] Vgl. O. PFISTER: Das Christentum und die Angst, 254–297, der (S. 290ff.) vor allem die unbewußte und bewußte Angsterzeugung der kath. «Hochmasse» sehr zutreffend schildert.
[141] Vgl. E. DREWERMANN: Der Krieg und das Christentum, 67–69.
[142] Zu dem gnadenlosen Ausrottungskrieg schon der frühen Kirche gegenüber ihren Dissidenten vgl. K. DESCHNER: Kriminalgeschichte des Christentums, I 143–181.
[143] Zum Begriff des Fanatismus vgl. E. DREWERMANN: Der Krieg und das Christentum, 222–230.
[144] Vgl. K. JASPERS: Der philosophische Glaube, 77–84; 84–100.
[145] Vgl. K. JASPERS: A.a.O., 127–130: Verwechslung des Umgreifenden mit einer partikularen Objektivierung.
[146] Vgl. F. HEER: Die Dritte Kraft, 180–212. Zur Gestalt *Luthers* vgl. O. PFISTER: Das Christentum und die Angst, 298–321; H. ZAHRNT: Martin Luther in seiner Zeit für unsere Zeit,

75–100; E. ERIKSON: Der junge Mann Luther, 271–272. Wieviel Angst lebte in *M. Luther*, die er beispielhaft im Kampf gegen eine ängstigende Institution aus dem Vertrauen in die Berechtigung des Seins im Gegenüber Gottes zu überwinden suchte!

[147] Vgl. sogar K. RAHNER: Die Freiheit in der Kirche, II 95–114, der (S. 95) rein intellektuell davon sprechen konnte, daß «Luther ... dieses Thema zu einem reformatorischen Kampfruf gegen die römische Kirche gemacht» habe, «indem er gleichzeitig demselben Menschen die Freiheit vor Gott absprach und die Gnade zu rühmen meinte, indem er die Ohnmacht des Willens zwischen Gott und Teufel betonte». Von der Dynamik der *Angst* ist in dem ganzen Traktat mit keinem Wort die Rede, so daß die lutherische Rechtfertigungslehre nach wie vor als eine logische Bizarrerie erscheinen muß, von der die katholische Ausgewogenheit sich vornehm maßvoll unterscheidet.

[148] Vgl. M. LUTHER: Von der Freiheit eines Christenmenschen, Nr. 10, S. 167: «Durch den Glauben wird ... die Seele von dem Gotteswort ... frei und aller Güte voll.»

[149] Vgl. M. LUTHER: Die Schmalkaldischen Artikel, 4. Artikel, S. 189–194: Von der Stellung des Papsttums.

[150] Vgl. zur Stelle E. SCHWEIZER: Das Evangelium nach Matthäus, 241–244.

[151] Über die Entstehung eines spezifischen kirchlichen Priestertums sowie über das Aussterben der Apostel und Lehrer in der frühen Kirche vgl. nach wie vor A. VON HARNACK: Entstehung und Entwicklung der Kirchenverfassung und des Kirchenrechts in den zwei ersten Jahrhunderten, 83–96, wo bes. die Vorstellung von der apostolischen Qualität der Bischöfe ausführlich erörtert wird (S. 90–91). Vgl. B. SNELA: Priester/Bischof, in: P. Eicher (Hrsg.): Neues Handbuch theologischer Grundbegriffe, III 411–441; vgl. auch P. HOFFMANN: Priestertum und Amt im Neuen Testament, in: P. Hoffmann (Hrsg.): Priesterkirche, 12–61, der die historische Bedingtheit der Durchsetzung der Episkopalverfassung kritisch vermerkt.

[152] Vgl.G. LOHFINK – R. PESCH: Tiefenpsychologie und keine Exegese, 109–111; vgl. dagg. E. DREWERMANN: An ihren Früchten sollt ihr sie erkennen, 160–164.

[153] Vgl. E. DREWERMANN: An ihren Früchten sollt ihr sie erkennen, 23–38.

[154] Vgl. S. KIERKEGAARD: Tagebücher, IV 177–179: «Der Professor»; a.a.O., 67: Luther.

[155] Vgl. J. JEREMIAS: Neutestamentliche Theologie, I 81–123.

[156] Vgl. E. DREWERMANN: Tiefenpsychologie und Exegese, II 725–734.

[157] Vgl. S. KIERKEGAARD: Einübung im Christentum, XII 102; Werkausgabe, II 109: «Das Christentum ist nicht Lehre, alles Reden vom Ärgernis in Beziehung auf das Christentum als Lehre ist Mißverständnis, ist Schwächung des Stoßes im Anstoß des Ärgernisses, so z. B. wenn man von Ärgernis spricht, das auf die *Lehre* vom Gott-Menschen, die Lehre von der Versöhnung sich bezieht. Nein, das Ärgernis geht entweder auf Christus oder auf das selber Christ Sein». Vgl. DERS.: Der Augenblick, XIV 182–186; Werkausgabe, II 392–396: Der Amtliche – Das Persönliche.

[158] Vgl. H. RENNER: Reclams Konzertführer, 153–155; das Thema des Trios im 3. Satz soll einem österreichischen Wallfahrtslied entstammen.

[159] W. SHAKESPEARE: König Lear, in: Sämtliche Werke, 731–756; das Stück ist nicht nur eine verzweifelte Tragödie der Macht, es enthält zugleich das weitverbreitete Mythen- und Märchenmotiv von dem verfeindeten Geschwisterpaar, das um die Liebe seines königlichen Vaters ringt – ein uraltes Kain- und Abel-Motiv.

[160] Vgl. P. LECALDANO: Goya. Die Schrecken des Krieges, Abb. 123: Der 3. Mai 1808 in Madrid. – Man wird ein erschütternderes Christusbild in der modernen Malerei nicht finden als diese Erschießungsszene; wer hier kein christliches Thema wiedererkennt, wird es nirgendwo erkennen.

[161] Zum Begriff der Subjekt-Objekt-Spaltung vgl. K. JASPERS: Der philosophische Glaube, 14f.
[162] Vgl. J. PAUL: Der Siebenkäs, 8. Kap., 1. Bl. St., S. 161.
[163] Die Theologieposse, die z. B. U. RANKE-HEINEMANN: Eunuchen für das Himmelreich, 355–368, z. Z. mit der Lehre von der jungfräulichen Geburt Jesu aufführt, ist überhaupt nur durch die erklärte Weigerung begreiflich, Symbole des Glaubens als Symbole statt als historische Fakten zu verstehen.
[164] Gerade das Sprechen von Gott verschmilzt dabei ungeprüft mit der Absolutsetzung der Elterngestalten der eigenen Kindheit, mit der Folge einer bleibenden Überichverfestigung und autoritätsabhängigen Unmündigkeit im Rahmen des Ödipuskomplexes; vgl. K. G. REY: Das Mutterbild des Priesters, 136.
[165] Zum Historismus-Problem vgl. W. DILTHEY: Vom Aufgang des geschichtlichen Bewußtseins, Ges. Schriften, XI. Bd.
[166] Vgl. S. KIERKEGAARD: Einübung im Christentum, XII 59–63; Werkausgabe, II 69–74: Gleichzeitigkeit mit Christus; vgl. auch E. DREWERMANN: Tiefenpsychologie und Exegese, I 11–22.
[167] Das beste Beispiel dafür liefert derzeit wohl die Frage der *Wiederverheiratung Geschiedener.* Historisch-kritisch läßt sich sehr wohl zeigen, wie unterschiedlich die Frage der Ehescheidung bereits in der frühen Kirche behandelt wurde; doch was folgt daraus für die Gegenwart moraltheologisch? Nichts, solange es nicht auf dem Plan der Opportunität steht. Vgl. E. DREWERMANN: Das Markusevangelium, II 86–104.
[168] F. NIETZSCHE: Vom Nutzen und Nachteil der Historie für das Leben, in: Unzeitgemäße Betrachtungen, 100.
[169] A.a.O.; 100–101
[170] A.a.O., 111.
[171] A.a.O., 101.
[172] So schrieb P. TILLICH: Systematische Theologie, III 207, in Kritik des katholischen Amtsverständnisses mit seiner Identifikation von Kirche und Geistgemeinschaft: «Das protestantische Prinzip des unendlichen Abstandes zwischen dem Göttlichen und dem Menschlichen weist jede Auffassung zurück, die das Neue Sein mit irgendeiner formulierten Lehre gleichsetzt.»
[173] Als historisches Beispiel der Folgen des Wirkens solcher Auswahlkriterien über lange Zeit hin hat M. GÖRG: Der Kollaps eines Klerus. Zu einem Musterfall der Religionsgeschichte, in: P. Hoffmann (Hrsg.): Priesterkirche, 327–333, einen Fall des Alten Ägyptens untersucht.
[174] Zum Begriff der Alpha-Position vgl. A. HEIGL-EVERS: Die Gruppe unter soziodynamischem und antriebspsychologischem Aspekt, in: H. G. Preuss (Hrsg.): Analytische Gruppenpsychotherapie, 44–72, S. 45f.; R. SCHINDLER: Grundprinzipien der Psychodynamik in der Gruppe. Psyche IX, 1957–1958; der Begriff entstammt der Verhaltensforschung im Rahmen der Beobachtungen von TH. SCHJELDERUP-EBBE: Zur Soziologie der Vögel, Zeitschrift für Psychologie, 95/1924.
[175] Es ist ein ähnlicher Gegensatz wie der Konflikt zwischen Macht und Gnade, auf den R. SCHNEIDER: Der Winter in Wien, 218, so eindringlich hingewiesen hat: «Unsere Aufgabe wäre: dem Unglauben der Macht den Glauben der Machtlosigkeit entgegenzusetzen.» So oder so besitzt die Polarität beider Größen stets ein tragisches Format.
[176] Freilich kam es zwischen beiden immer wieder zu erheblichen Spannungen, wie sie besonders in der Amarna-Zeit sichtbar wurden. Vgl.G. GOTTSCHALK: Die großen Pharaonen, 129–160; H. KEES: Der Götterglaube im Alten Ägypten, 366–377; zur Einheit von *Amun* und *Re* vgl. a.a.O., 345–352; 390–401.

[177] Vor allem St. Zweig: Maria Stuart, 17–29; 43–60; 91–113, hat den Glanz und die Tragik der Erbmonarchie dichterisch zu beschwören vermocht; zu Recht sieht er in der Ermordung der schottischen Königin das Ende des Absolutismus, noch ehe dieser eigentlich begann; S. 389–390. – Das Problem der *Stände* von Adel und Priestertum erörterte geistvoll O. Spengler: Der Untergang des Abendlandes, II 961–1004.

[178] Bes. B. Spinoza: Die Ethik, IV. Teil, Lehrsatz 37, Anm .2, S. 221–223 meinte in dem Staat die Quelle allen Rechts gegenüber dem Egoismus des Naturzustandes zu erkennen und verlangte, daß mit Hilfe der staatlichen Gesetzgebung die Affekte des Eigennutzes durch die Affekte der Angst vor eigenem Schaden in Form der gesellschaftlich verhängten Strafen in Schach gehalten würden; dann aber schrieb Spinoza: *Theologisch-politischer Traktat*, S. 352–353: «daß der letzte Zweck des Staates nicht ist zu herrschen, noch die Menschen in Furcht zu halten oder sie fremder Gewalt zu unterwerfen, sondern vielmehr den einzelnen von der Furcht zu befreien, damit er so sicher als möglich leben und sein natürliches Recht zu sein und zu wirken ohne Schaden für sich und andere vollkommen behaupten kann. Es ist nicht der Zweck des Staates, die Menschen aus vernünftigen Wesen zu Tieren oder Automaten zu machen, sondern vielmehr zu bewirken, daß ihr Geist und ihr Körper ungefährdet seine Kräfte entfalten kann, daß sie selber frei ihre Vernunft gebrauchen, und daß sie nicht mit Zorn, Haß und Hinterlist sich bekämpfen, noch feindselig gegeneinander gesinnt sind. Der Zweck des Staates ist in Wahrheit die Freiheit.»

[179] Der republikanische Gedanke ist beispielgebend in der *amerikanischen Revolution* ausgeprägt worden; vgl. E. S. Morgan: Die amerikanische Revolution, in: G. Mann (Hrsg.): Propyläen Weltgeschichte, VII 513–567, S. 546f.

[180] A. von Harnack: Kirchenverfassung und Kirchenrecht, 60–76, schildert die Mischung aus Ordination (durch apostolische Handauflegung) und Akklamation (durch Wahl des Volkes) auf dem Weg zum monarchischen Episkopat im 2. Jh. n. Chr.; zur theologischen Problematik des hierarchischen Denkens vgl. bes. P. Eicher: Hierarchie in: P. Eicher (Hrsg.): Neues Handbuch theologischer Grundbegriffe, II 177–196.

[181] Vgl. Dalai Lama: Mein Leben und Mein Volk, München 1962; L. Gardet: Der Islam, 84–86.

[182] Zum traditionellen Verständnis der sog. «Amtsgnade» vgl. J. Brinktrine: Die Lehre von den heiligen Sakramenten, I 97–101; II 200–202. Es handelt sich (trotz aller theologischen Erklärungen) religionspsychologisch und religionsgeschichtlich um eine archetypische bzw. archaische Vorstellung, die sich letztlich nur von dem Erleben einer kultischen bzw. rituellen Realität her verstehen läßt; vgl. E. Drewermann: Der Krieg und das Christentum, 353–359. Vgl. auch P. Neuner: Charisma/Amt in: P. Eicher (Hrsg.): Neues Handbuch theologischer Grundbegriffe, I 170–175.

[183] So geschehen beispielsweise, als Papst Paul VI. in der Enzyklika *Humanae vitae* das Votum seiner eigenen Berater überging – in einer Frage, die er schon damals so behandelte, als ob es sich hier um eine unfehlbare Lehrmeinung der Kirche handelte; vgl. H. Haag – K. Elliger: Stört nicht die Liebe, 226, Anm. 1; 2. Zum Thema Erbsünde und Geburtenkontrolle vgl. P. de Rosa: Gottes erste Diener, 405–409; zum Verbot der Empfängnisverhütung in Geschichte und Gegenwart, vgl. K. Deschner: Das Kreuz mit der Kirche, 286–307. Daß damals (im Jahr 1967) sogar die Mehrheit der Bischöfe die Geburtenregelung befürwortete, zeigt N. Lo Bello: Vatikan im Zwielicht, 31–36. Vgl. L. Kaufmann: Ein ungelöster Kirchenkonflikt, 51. Aus erster Hand berichtet B. Häring: Meine Erfahrungen mit der Kirche, 84–104, über die «Krise» um «Humanae vitae».

[184] Vgl. P. Tillich: Systematische Theologie, I 278: «Religiöse Symbole sind zweischneidig.

Sie sind einerseits auf das Unendliche ausgerichtet, das sie symbolisieren, andererseits auf das Endliche, durch das sie es symbolisieren. Sie zwingen das Unendliche in das Endliche hinab und das Endliche hinauf zur Unendlichkeit.» In dieser Doppelnatur des Symbols liegt seine eröffnende wie seine möglicherweise verschließende Wirkung.

[185] So bereits Mitte der 70er Jahre Kardinal *Joseph Höffner*, als er bei einem Fortbildungskursus seiner vor zwei Jahren geweihten Priester auf die Frage nach der Wiederverheiratung Geschiedener antwortete: «Die Polen würden das nie verstehen», um dann den Heldenmut der Katholiken in Südkorea als Beispiel zu empfehlen. – Zur Reaktion Roms auf die Würzburger Synode vgl. A. SCHNEIDER: Wie Rom auf die deutsche Synode reagiert, in: N. Greinacher – H. Küng (Hrsg.): Katholische Kirche – wohin?, 367–379, bes. 371–373: die Bischofskonferenz als Bewahrer der römischen Linie.

[186] Daß alles Recht aus der Dezision der Macht hervorgehe, war nicht nur die Meinung *F. Nietzsches*, sondern wurde vor allem von C. SCHMITT: Der Begriff des Politischen, München 1932 (erw.: Mit einer Rede über das Zeitalter der Neutralisierungen und Entpolitisierungen), vertreten. SCHMITT, der von der Identität von Staat und Gesellschaft ausging, erklärte, daß es im 20. Jh. keine unpolitischen oder staatsfreien Zonen gebe, ja, daß die Entpolitisierung gewisser Werte, Anschauungen oder Handlungen nichts anderes sei als eine Finte im politischen Machtkampf. Alle Begriffe der Ethik und Ästhetik ergeben sich nach SCHMITT letztlich aus der Antinomie des Kampfes zwischen Freund und Feind; die Moral ist, so betrachtet, letztlich nichts anderes als ein Mittel im Kampf um die Durchsetzung der eigenen Gruppeninteressen. Die Lehre vom *diktatorischen Dezisionismus* war der Ideologie des Nationalsozialismus durchaus kongenial.

[187] Vgl. zur Konstantinischen Wende W. SESTON: Verfall des Römischen Reiches im Westen. Die Völkerwanderung, in: G. Mann (Hrsg.): Propyläen Weltgeschichte, IV 487–603, S. 500–507; K. DESCHNER: Kriminalgeschichte des Christentums, I 213–285; W. DURANT: Weltreiche des Glaubens, 220–229.

[188] So psychoanalytisch TH. REIK: Dogma und Zwangsidee, 128; 151; vgl. dagg. E. DREWERMANN: Der Krieg und das Christentum, 222f.

[189] Vgl. K. DESCHNER: Kriminalgeschichte des Christentums, I 143–181.

[190] Zur Bewegung der Katharer vgl. G. ROTTENWÖHRER: Der Katharismus, Bad Honnef 1982.

[191] P. MILGER: Die Kreuzzüge, 264.

[192] A.a.O., 266

[193] A.a.O., 267

[194] A.a.O., 268

[195] A.a.O., 281

[196] Vgl. zur Psychologie des Fanatismus E. DREWERMANN: Der Krieg und das Christentum, 222–230.

[197] A.a.O., 65–74.

[198] Man muß sich klarmachen, daß insbesondere die Moraltheologen den Angriffskrieg *Hitlers* auf das schärfste hätten verurteilen müssen; sie taten es nicht. Zu den bischöflichen und theologischen Erklärungen in jener Zeit vgl. K. DESCHNER: Mit Gott und dem Führer, 262–270.

[199] Vgl. zur Stelle E. SCHWEIZER: Das Evangelium nach Matthäus, 119–120.

[200] F. M. Dostojewskij: Die Brüder Karamasoff, 2. Teil, 5. Buch, 5. Kapitel; 1. Bd., 321–322.

[1] Der Vorwurf ist so alt wie Mt 23,28. Vgl. zur Stelle E. SCHWEIZER: Das Evangelium nach Matthäus, 283–284.

[2] Zu dem Thema Geld und Macht vgl. N. LO BELLO: Vatikan im Zwielicht, 216–276; über das «Sodom und Gomorrha» in der Kirche machte sich vor 150 Jahren schon O. VON CORVIN: Der illustrierte Pfaffenspiegel, 123–171, lustig. Vorwürfe dieser Art unterstellen eine Frivolität, die seit dem Konzil von Trient mit Macht unterdrückt wurde. Zu den Veränderungen der kath. Sexualmoral seit der Mitte des 16. Jh's vgl. U. RANKE-HEINEMANN: Eunuchen für das Himmelreich, 250–265. Zur «Zölibatsmoral» vgl. K. DESCHNER: Das Kreuz mit der Kirche, 186–211.

[3] Vgl. W. BÜHLMANN: Von der Kirche träumen, 224–231; vgl. CIC, Can. 284.

[4] Zur Stelle vgl. E. DREWERMANN: Das Markusevangelium, II 316–329.

[5] Zu dem was W. NIGG: Große Heilige, 74, «eine offensichtliche Umbiegung der Bestrebungen des Franziskus» und das Ergebnis der «kurialistischen Beeinflussung» nannte, vgl. CH. LEA: Die Inquisition, 389–473.

[6] Vgl. C. G. FAVA – A. VIGANO: Federico Fellini, 57–58.

[7] Zu dem entgegengesetzten Verhalten der Natur sowie zu dem «Ringen um Reize» auch in der menschlichen Kleidung vgl. D. MORRIS: Der Menschen-Zoo, 287–293; DERS.: Körpersignale, 161–173 (Die Brust); 173–180 (Der Rücken); 181–188 (Der Bauch); 189–196 (Die Hüften); 197–208 (Das Gesäß); 221–236 (Die Beine). Erst wenn man die Signalwirkung jedes Teils des menschlichen Körpers vor Augen hat, versteht man den Sinn einer Kleiderordnung, deren Hauptzweck darin besteht, den menschlichen Körper (vor allem den Körper der Frau) total zu verhüllen.

[8] S. u. S. 558f.

[9] Nicht anders, als Jesus es in Mk 12,38–39 anprangert; vgl. zur Stelle E. DREWERMANN: Das Markusevangelium, II 316–329.

[10] Vgl. ARISTOTELES: Nikomachische Ethik, IV 8, S. 105: «Und schließlich gehört zu den Merkmalen des Hochsinnigen auch noch folgendes: seine Bewegungen sind gemessen, seine Stimmlage ist tief und seine Sprechweise ausgeglichen, denn nur wer weniges ganz ernst nimmt, gerät nicht leicht in Hast.» Auch liebt der «Hochsinnige» es nicht, «wenn Gespräche eine persönliche Wendung nehmen; er spricht nicht über sich und nicht über andere.» (S. 204)

[11] Man darf nicht außer acht lassen, daß die Annahme der Prälatenwürde dem Vatikan jeweils etliche tausend Mark von seiten des Empfängers einbringt – päpstliche Ehren sind teuer. Vgl. zur Kleidung der Kleriker S. KIERKEGAARD: Der Augenblick, XIV 211–214; Werkausgabe, II 417–421.

[12] Zum Tode des hl. *Laurentius* vgl. LEO DER GROSSE: Sämtliche Sermonen, II 255–258 (Sermo LXXXV)

[13] S. KIERKEGAARD: Der Augenblick, XIV 208–210; Werkausgabe, II 414–416: das Christentum der Orden und der Titel; zu dem Beispiel von dem gebratenen Fisch zu Ehren eines Martyrers vgl. a.a.O., XIV 301; Werkausgabe, II 508.

[14] Vgl. S. FREUD: Massenpsychologie und Ich-Analyse, XIII 71–161, S. 101–108.

[15] Vgl. W. KRICKEBERG: Altmexikanische Kulturen, 103–105.

[16] Zur Wandlung der Kirche des 4. Jh's in der Frage des Kriegsdienstes vgl. K. DESCHNER: Abermals krähte der Hahn, 377–379; 504–523; vgl. E. DREWERMANN: Der Krieg und das Christentum, 177–215.

[17] So erläuterte PIUS XII. in der Apostolischen Ermahnung *Menti nostrae* vom 23. Sept. 1950,

in: Sacerdotis imago, 133–191, S. 149, die Gleichgesinntheit mit Christus verlange von den Priestern, «daß sie in gewissem Sinne sich selbst zur Opfergabe machen, ... sich selbst verleugnen, gern und freiwillig sich der Buße unterziehen ..., daß wir alle mit Christus den mystischen Tod am Kreuze auf uns nehmen ...»

[18] Vgl. THERESIA MARTIN: Geschichte einer Seele, 194–207, S. 198, wo der Opfergeist der Heiligen gegenüber dem langen Winter und dem feuchten Klima gerühmt wird. Theresia selbst sagte, sie habe unter der Kälte «bis zum Sterben ... gelitten», aber sie hielt auf ihrem ärmlichen Strohsack aus; auf dem Krankenlager fühlte sie sich vom Teufel umgeben (S. 201); all dies aber, versichert der ungenannte karmelitische Herausgeber, ward gefolgt vom «Verzücken der Hingabe, des Vertrauens und der Liebe».

[19] Selbst W. NIGG: Große Heilige, 485–525, S. 509, sieht in Theresia eine zweite Veronika, die in dem Schweißtuch ihrer Seele das Bild Christi in sich aufnahm. «Man steht oft sprachlos vor dieser unersättlichen Willigkeit, alles Leiden auf sich zu nehmen, das sich bei ihr unbegreiflicherweise bis zur Freude steigerte.» *Neurotischerweise* wäre besser als «unbegreiflicherweise». Auch I. F. GÖRRES: Das verborgene Antlitz, 1944, bedürfte psychoanalytisch dringend einer Revision; vgl. DIES.: Die «Kleine» Therese. Das Senfkorn von Lisieux, 270 ff.

[20] T. CAMPANELLA: Sonnenstaat, in: K. J. Heinisch (Hrsg.): Der utopische Staat, 111–169.

[21] Vgl. F. M. DOSTOJEWSKI: Schuld und Sühne, III 5, S. 278.

[22] Vgl. S. FREUD: Die Verdrängung, X 247–261, S. 257, zur Wiederkehr des Verdrängten.

[23] Zu dem ersten Generalkapitel der *Dominikaner* in Bologna (1210) vgl. L. VON MATT – M. H. VICAIRE: Dominikus, 205–208; zur Kulturgeschichte der Mode vgl. D. MORRIS: Der Menschenzoo, 281–310.

[24] Es ist eben diese Künstlichkeit der Tracht, die den psychischen Sinn dieser Details enthüllt; rein praktisch gesehen ist eine derartige Bekleidung eher hinderlich, wo nicht geradewegs sinnwidrig; – was z. B. macht eine Krankenschwester mit ihrem Schleier im Operationssaal?

[25] Vgl. zur Stelle E. SCHWEIZER: Das Evangelium nach Matthäus, 87.

[26] Vgl. zur Stelle a.a.O., 90. Zum Stundengebet der Kirche vgl. K. RAHNER: Thesen über das Gebet «im Namen der Kirche», in: Schriften zur Theologie, V 471–495, der (S. 486) sehr richtig erklärte, die «objektive Legitimität» des kirchlichen Gebetes sei «als ganze auf den subjektiven Akt des wahrhaft (innerlich) aus der Gnade Gottes Betenden hingeordnet und erreicht nur in einem solchen Gebet in Geist und Wahrheit ihr eigentliches Ziel». Doch wie weit ist diese theologische «Hinordnung» von der psychischen Wirklichkeit entfernt!

[27] Zu dem altägyptischen Kulthymnus in dem Typus des Tageszeitenliedes auf den Sonnengott vgl. J. ASSMANN: Ägyptische Hymnen und Gebete, 47–54. Zur Theologie der Gebetszeiten vgl. J. F. TSCHUDY – F. RENNER: Der heilige Benedikt und das benediktinische Mönchtum, 94–105.

[28] Vgl. J. ASSMANN: Ägyptische Hymnen und Gebete, 131–158 (Sonnenhymnen aus Totenbüchern); 159–187 (Sonnenhymnen aus Privatgräbern); es handelt sich um Gebete beim Sonnenaufgang, zur Tagesmitte und zum Sonnenuntergang. – L. HOHEISEL (Hrsg.): Geistliche Wegweisung, 271, für die Beuroner Benediktiner meint, daß die Psalmen «auch Sehnsucht, Klage, Bitte und Vertrauen» ausdrücken; das ist wahr; doch nicht wahr ist es, daß eben deshalb «die *Nöte* der Menschen unserer Zeit» «in jedem Psalm» leicht wiedererkannt werden könnten.

[29] Vgl. Can 125,1 des alten Kirchenrechtes von 1917. PIUS XII.: Menti Nostrae, in: Sacerdotis Imago, 133–191, S. 156, meinte dazu: «Nie darf es geschehen, geliebte Söhne, daß der Priester diesem Sakrament der Versöhnung fernbleibt ... Denn obwohl Diener Jesu Christi, sind wir doch armselig. Wie können wir also zum Altare Gottes treten und die heiligen Handlungen

vollziehen, wenn wir uns nicht öfters reinigen und entsühnen?» Auch im neuen Kirchenrecht, Can 246 § 4, ist diese Vorstellung unverändert beibehalten.

[30] S. u. zum Thema Gehorsam und Demut, S. 426–431.

[31] S. u. S. 432–442; 688–693.

[32] Vgl. K. RAHNER: Kirche und Sakramente, 83–85; DERS.: Vom Sinn der häufigen Andachtsbeichte, in: Schriften, III 211–225; RAHNER sieht hier (S. 222) in der Beichte eine «Hinwendung zum Geschichtlich-Sichtbaren» und einen «Protest gegen allen versteckten Rationalismus einer humanitären Geistfrömmigkeit»; davon, wie schwer es ist, «rein» humanitär einem Menschen gegen alle Angst ein Vertrauen in die Berechtigung seiner Hoffnung auf Vergebung zu ermöglichen, ist mit keinem Wort die Rede. DERS.: Beichtprobleme, III 227–245, S. 342 sieht einzig das Problem darin: «Dies Ich, mit dem ich mich so selbstzufrieden identifiziere, kommt nie in den Himmel.» Daß die «Beichte» ein Mittel sein könnte, «dies Ich» allererst zu finden, wird hier im Sprechen von der übernatürlichen Heilsmächtigkeit des geschichtlich konkreten Handelns Gottes in seiner Kirche kategorisch abgewehrt.

[33] Zu den Verhörtechniken der Inquisition vgl. CH. LEA: Die Inquisition, 209–242. Der «Fortschritt» liegt wesentlich darin, das System der Unterdrückung so perfektioniert zu haben, daß es sich in den Köpfen der Gläubigen verinnerlicht und automatisiert.

[34] Zu dem zwangsneurotischen Mechanismus der *Verschiebung* vgl. S. FREUD: Zwangshandlungen und Religionsübungen, VII 127–139, S. 138.

[35] Zu dem Begriff der *Charakterpanzerung* vgl. W. REICH: Charakteranalyse, 60.

[36] Vgl. J. BRINKTRINE: Die Lehre von den heiligen Sakramenten, II 53–54; 104–107.

[37] Vgl. a.a.O., II 108.

[38] Vgl. a.a.O., I 402–404.

[39] Zur Debatte um die Abschreckungstheorie zur Begründung der Todesstrafe vgl. A. CAMUS: Die Guillotine, in: Fragen der Zeit, 114–181, der (S. 171) die Rechtfertigung der Todesstrafe durch die kath. Kirche angreift.

[40] K. RAHNER: Kirche und Sakramente, 17, sieht in der Kirche die «Fortsetzung, das Gegenwärtigbleiben» der «eschatologischen Realpräsenz des siegreichen und endgültig in die Welt eingestifteten Gnadenwillens Gottes in Christus.» Auch H. KÜNG: Die Kirche, 99–127, beschreibt die Kirche als die «endzeitliche Heilsgemeinde», meint aber sehr viel vorsichtiger und skeptischer: «*Wenn* die Kirche die Botschaft Jesu Christi glaubt, verkündet und überzeugend tätig lehrt, dann hat sie auch in der modernen Welt und Menschheit eine Zukunft.» Das Amt in der Kirche entwickelt KÜNG (a.a.O., 465–562) in starker Betonung der reformatorischen Lehre von dem allgemeinen Priestertum aller Gläubigen aus der wechselseitigen Zuordnung von Charisma und Diakonia. Die Frage, auf die es uns hier ankommt, besteht indessen nicht in dem dogmatischen Problem einer «richtigen» Kirchenlehre, sondern in der Untersuchung der Folgen, die ein dogmatisch abstraktes Sprechen über die Verfaßtheit von Kirche ohne Rücksicht auf die Verfassung der Gläubigen in der Kirche notwendig nach sich zieht. In Wahrheit geht es nicht um das Verhältnis von persönlicher Begabung («Charisma») und Engagement («Diakonie»), sondern um das Zusammenspiel von Institution und Funktion, das die Person des Einzelnen immer wieder unterdrückt.

[41] Es ist eigentümlich, wie selbst diejenigen, die später das kirchliche Amt verlassen und heiraten, bei allem Bemühen um eine ehrliche Rechenschaft sich über die Hintergründe ihrer Motivation auf dem Wege zum Klerikersein ausschweigen; vgl. G. DENZLER (Hrsg.): Lebensberichte verheirateter Priester, München – Zürich 1989. In Wahrheit stößt man in psychoanalytischen Gesprächen mit großer Regelmäßigkeit beim Eintritt in den Klerikerstand auf das Motiv der Wiedergutmachung sexueller und aggressiver Triebregungen.

[42] Die folgenden Zitate sind frei wiedergegeben nach Ö. VON HORVÁTH: Geschichten aus dem Wiener Wald, in: Ges. Werke, I 157–251; 2. Teil, VII; S. 215–216.
[43] A.a.O., 217.
[44] A.a.O., 217 – Zur Beichte als einem Disziplinierungsinstrument der Kirche vgl. G. DENZLER: Die verbotene Lust, 73–77.
[45] Vgl. Mk 2,17; zur Stelle vgl. E. DREWERMANN: Das Markusevangelium, I 236–247.
[46] Wie wenig sich in Wahrheit gerade an dem Umgangsstil der kath. Kirche mit einzelnen ihrer Mitglieder geändert hat, zeigt z. B. D. MIETH: Moraldoktrin auf Kosten der Moral? Die römischen Dokumente der letzten Jahrzehnte und die christlich gelebten Überzeugungen, in: N. Greinacher – H. Küng (Hrsg.): Katholische Kirche – wohin? Wider den Verrat am Konzil, 162–183, der resümiert: «Es ist ... ein Nachteil der kirchlichen Moraldoktrin, daß sie etwa in Fragen der Sexualethik nicht in der Lage ist, eine positive anziehende und werbende Grundgestalt des sittlichen Lebens zu entwerfen. Der Vorrang der Vermeidungsimperative der kirchlichen Sexualethik, aber auch in sonstigen Situationen der Lebensentscheidung, gibt der kirchlichen Moraldoktrin ein eigentümlich starres und negatives Gepräge.» (182).
[47] G. ORWELL: 1984, S. 62–63.
[48] G. BERNANOS: Tagebuch eines Landpfarrers, 247.
[49] Zur Frage des «Lieblingsjüngers» vgl. R. SCHNACKENBURG: Das Johannesevangelium, III 449–464.
[50] Allerdings darf man weder bei der Gestalt des «Lieblingsjüngers» noch in der Darstellung von Maria und Martha auf historisch korrekte Informationen hoffen; R. BULTMANN: Das Evangelium des Johannes, 302, Anm. 1, sieht in Joh 11,2 zu Recht eine Glosse der kirchlichen Redaktion, die durch Anknüpfung an Mk 14,3–9 «die in der Tradition gegebenen Daten zu einer dem Leser bekannten Welt» in Beziehung zu setzen sucht.
[51] Zur Stelle vgl. E. DREWERMANN: Das Markusevangelium, I 376–389.
[52] L. HOHEISEL (Hrsg.): Die geistliche Wegweisung (das Directorium spirituale) der Benediktiner aus dem Jahre 1985, Nr. 6, S. 265, hält unter dem Stichwort «Der Liebe zu Christus nichts vorziehen» an, Christus in allen Menschen in «adventlicher Dynamik» zu begegnen.
[53] Vgl. zur Stelle E. DREWERMANN: Das Markusevangelium, I 311–321.
[54] Vgl. CIC Can 1055 § 1.
[55] Vgl. CIC Can 276 § 1: «In ihrer Lebensführung sind die Kleriker in besonderer Weise zum Streben nach Heiligkeit verpflichtet.» Welche logischen und psychologischen Konfusionen sich aus dieser «besonderen Weise» zu ergeben pflegen, s. u. S. 556; 717f.; 721 f.
[56] So meint SCH. BEN CHORIN: Mutter Mirjam, 92 f., daß Jesus aufgrund seiner Zugehörigkeit zum jüdischen Gesetz als Gesetzeslehrer verheiratet habe sein müssen; doch diese Spekulation scheitert schon daran, daß Jesus nicht als Rabbi, sondern als Prophet auftrat und empfunden wurde; vgl. J. JEREMIAS: Neutestamentliche Theologie, I 81–84. Vgl. auch SCH. BEN CHORIN: Bruder Jesus, 103–105; dazu E. DREWERMANN: Das Markusevangelium, II 95, A 12.
[57] *Damaskusschrift* VII 7 ordnet zwar ausdrücklich als Pflicht an, man solle sich «Frauen nehmen und ... Söhne zeugen»; J. MAIER: Die Texte vom Toten Meer, I 55; vgl. DAM XIX 3; a.a.O., I 66; *1 Q Sa* I 9f.; a.a.O., I 173; andererseits berichtet PLINIUS von den Essenern, «daß sie ohne Geld und unverheiratet lebten»; J. M. ALLEGRO: Die Botschaft vom Toten Meer, 140, meint, daß es neben solchen, die im Zölibat lebten, auch andere gab, «die sich verheiratet hatten und mit der Einschränkung, daß der eheliche Verkehr nur der Zeugung von Kindern zu dienen habe, ein normales Eheleben führten». Hier eigentlich scheinen die Wurzeln der kirchlichen Sexualmoral zu liegen. Vgl. auch U. RANKE-HEINEMANN: Eunuchen für das Himmelreich, 21–22.

[58] Vgl. J. JEREMIAS: Neutestamentliche Theologie, I 114.
[59] Vgl. a.a.O., I 115–119.
[60] Zu Mt. 19,3–12 vgl. H. ZIMMERMANN – K. KLIESCH: Neutestamentliche Methodenlehre, 101–112; 238–244; E. DREWERMANN: Das Markusevangelium, II 89, Anm. 3.
[61] Über die Hintergründe dieser Resignation s. u. S. 277–286; 530ff.
[62] Zu den spezifisch sexuellen Gehemmtheiten s. u. S. 527ff.
[63] S. u. S. 464ff.
[64] Zu der Dialektik von Hemmung und Haltung vgl. W. SCHWIDDER: Hemmung, Haltung und Symptom, in: Fortschritte der Psychoanalyse, I 115–128.
[65] G. W. F. HEGEL: Philosophie der Geschichte, 516.
[66] M. LUTHER: Der große Katechismus, 1. Teil: Von den Geboten, Das 6. Gebot, Nr. 2, S. 64; vgl. zur Haltung *Luthers* H. ZAHRNT: Martin Luther. Reformator wider Willen, 215–218.
[67] Bereits 1540 hatte *Luther* die Zweitehe des Landgrafen *Philipp von Hessen* gebilligt; vgl. dazu H. ZAHRNT: Martin Luther, 226–228.
[68] Zur Ehescheidung bei den Lutheranern und Orthodoxen vgl. K. DESCHNER: Das Kreuz mit der Kirche, 283.
[69] Zu Mt. 19,10 vgl. E. SCHWEIZER: Das Evangelium nach Matthäus, 249–250.
[70] Die Vaterlosigkeit des Gottesmannes klingt bereits im AT an; vgl. M. BUBER: Der Gesalbte, in: Werke, II 725–845, S. 772–773; A. KLOSTERMANN: Die Bücher Samuelis und der Könige (1877) zu 1 Sam 10,12, der ein Wortspiel der Volketymologie annimmt, das das hebr. Wort für Prophet *(nabi)* ableitet von *ejn abi* – kein Vater. Hinzu kommt eine ausgesprochene *Familienlosigkeit*, psychisch oder sozial, im Werdegang der Kleriker. K. G. REY: Das Mutterbild des Priesters, 122, konstatierte 1969, daß 90% aller von ihm untersuchten Theologen in Internaten zur Schule gegangen waren.
[71] J. P. SARTRE: Kritik der dialektischen Vernunft, 460; vgl. die Darstellung der Sozialphilosophie *Sartres* bei E. DREWERMANN: Strukturen des Bösen, III 340–346.
[72] In der Sprache J. P. SARTRES: Kritik, 455: Der Eid ist «zu definieren als die Freiheit eines jeden, die die Sicherheit aller sichert, damit diese Sicherheit in jeden als seine *andere Freiheit* zurückkommt, um in Form einer unüberschreitbaren Forderung seine freie praktische Zugehörigkeit zur Gruppe zu begründen». S. 460: «Ein freier Versuch, an die Stelle der Angst vor sich selbst und vor dem anderen in jedem und durch jeden die Angst vor allen zu setzen ...: das ist der Eid», «ein Setzen des Menschen als absolute Macht des Menschen über den Menschen in Wechselseitigkeit».
[73] Zur Stelle vgl. E. SCHWEIZER: Das Evangelium nach Matthäus, 77–78; natürlich fallen auch die Gelübde unter das Verbot des Schwörens. Vgl. demgegenüber CIC, Can 1191–1204. In *diesen* Fragen kann offenbar in der Bibel stehen, was will; anders in den Fragen der Ehe – da gilt es, den vermeintlichen Sinn des Jesus-Wortes zu erfüllen. Zweierlei Maß.
[74] R. SCHNACKENBURG: Die sittliche Botschaft des Neuen Testamentes, 53; 289, weist zwar auf das Verbot des Schwörens hin, doch rührt er mit keinem Wort an den flagranten Gegensatz zwischen den ausdrücklichen und eindeutigen Mahnungen Jesu und der kirchlichen Praxis. Vgl. dagg. S. KIERKEGAARD: Der Augenblick, XIV 206–207; Werkausgabe, II 412–414: Ein Eid oder Das Amtliche: das Persönliche.
[75] S. KIERKEGAARD: Der Augenblick, XIV 257–259; Werkausgabe, II 463–466: Die Konfirmation und die Trauung; ein christliches Komödienspiel oder noch Schlimmeres.
[76] So die Übersetzung in Anlehnung an M. BUBER: Die 5 Bücher der Weisung, S. 205.
[77] Zu dem «Sturm auf den Modernismus» unter *Pius IX.* und *Pius X.* vgl. P. DE ROSA: Gottes erste Diener, 325–332, der bes. auf die Verurteilung von Pater *George Tyrell* und *Abbé Loisy*

eingeht. *Tyrell* wurden die Seelenmesse und die kirchliche Beerdigung verweigert – er wurde von Freunden auf einem anglikanischen Friedhof beigesetzt; seine einzige Schuld war es gewesen, daß er «eine Frage» aufgeworfen hatte: ob die Philosophie des hl. Thomas heute noch gültig sein könne; LOISY, der zum Widerruf seiner Schriften (bes. von L'Evangile et l'Eglise, 1903) bereit war, blieb ohne Antwort von *Pius X.* und sollte nach Weisung von *Kardinal Richard* von Paris gedrängt werden, «zu verbrennen, was er anbetete, und anzubeten, was er verbrannt hatte». Seit 1908 galt *Loisy* für Katholiken als «vitandus», als ein zu Meidender.

[78] Ein Moraltheologe wie *Stelzenberger*, «einst Divisionspfarrer Hitlers, nun wieder in der Militärseelsorge der Bundeswehr wirkend», konnte z. B. erklären: «Nachträglich sagt man: die Kriege des Dritten Reiches waren reine Angriffskriege und damit unsittlich und ungerecht. Das ist heute leicht zu behaupten. Aber wer konnte am 1. 9. 1939, am 10. 5. 1940 oder am 22. 6. 1941 das so klar belegen? Die Verantwortung trug einzig und allein die politische Führung des Reiches. Der Fahneneid der deutschen Wehrmacht bedient sich der religiösen Form. Sein Wortlaut bedeutet höchste sittliche Verpflichtung, d. i. Bindung an Gott. Der Fahneneid bindet den Soldaten für sein ganzes Leben. Er schließt jeden Vorbehalt aus. Auch der Fahneneid 1939–1945 war heilig zu halten.» K. DESCHNER: Mit Gott und dem Führer, 267. C. AMERY: Die Kapitulation oder Der real existierende Katholizismus, 30, macht vor allem die «Affinität zum Autoritären» innerhalb des katholischen Milieus für das Versagen der Kirche im Dritten Reich verantwortlich.

[79] Zur Wirtschaftstheorie des frühen Kapitalismus mit der Lehre vom Gegensatz der Klassen vgl. P. H. KOESTERS: Ökonomen verändern die Welt, 43–66: *David Ricardo*. Vgl. auch N. MITSCH: Industrialisierung und sozialer Wandel, in: N. Zwölfer (Hrsg.): Telekolleg II Geschichte, I 67–85.

[80] Vgl. H. BOOCKMANN: Die Stadt im späten Mittelalter, 240–253: Spitäler: «Ein Spital, eine Pflegestätte für Hilflose, war ein unabdingbarer Teil eines jeden einigermaßen ausgebauten Klosters, und es waren in den ersten Jahrhunderten des Mittelalters auch fast nur die Klöster, welche auf solche – organisierte – Weise dem Gebot der christlichen Nächstenliebe nachkommen ... konnten.» Erst mit dem Wachsen der Bevölkerung im 12. und 13. Jh. entstehen die Stadtspitäler.

[81] Vgl. H. DANIEL-ROPS: Vinzenz von Paul, 37–52. F. X. KAUFMANN – (J. H. Metz): Zukunftsfähigkeit, 88, verlangt zu Recht eine Reform des kath. Krankenhauses.

[82] Bes. der Bereich der Psychosomatik und der Bereich des Unbewußten werden infolge der Verstandeseinseitigkeit der Theologie, gleich, ob in Moraltheologie, Exegese oder Dogmatik, eher abgespalten als integriert; vgl. E. DREWERMANN: Tiefenpsychologie und Exegese, II 46–74; 188–238.

[83] Zu den Anwerbepraktiken *indischer Ordensschwestern in Kerala* vgl. N. LO BELLO: Vatikan im Zwielicht, 231–233; zum Priestermangel meinte 1982 der Paderborner Erzbischof J. J. DEGENHARDT: Gott braucht Menschen, 36, daß derzeit in (dem Westteil) der Erzdiözese Paderborn 1150 Diözesanpriester und in Pfarreien tätige Ordensleute lebten. «Ein erheblicher Anteil dieser Priester ist über sechzig Jahre alt, so daß in den nächsten Jahren noch erheblich mehr Priester aus dem Dienst ausscheiden werden als durch junge Priester ersetzt werden ... In den vergangenen fünfzehn Jahren sind knapp achtzig Priester aus dem priesterlichen Dienst ausgeschieden, um sich laisieren zu lassen ... Es besteht zur Zeit ein fühlbarer Mangel an jüngeren Priestern ... Wo früher ein Vikar Dienst getan hat, muß heute der Pfarrer allein seinen Dienst tun. Großgemeinden, in denen früher zwei ode drei Vikare tätig waren, haben heute nur noch einen Vikar.» Daraus folgt für den Erzbischof: «Wir wollen diese Situation als Aufruf Gottes verstehen.» – Vgl. P. M. ZULEHNER: Priestermangel praktisch. Von der ver-

sorgten zur sorgenden Gemeinde, München 1983. – Für den *Benediktinerorden,* dem es statistisch noch recht gut geht, belegen J. F. Tschudy – F. Renner: Der heilige Benedikt und das benediktinische Mönchtum, 267, für die männlichen Mitglieder einen Rückgang von 12 131 in 1960 (davon 7217 Priester) auf 10 324 in 1975 (davon 6639 Priester); die Nonnen zählten 1955 in 247 Klöstern 9493 Mitglieder, 1975 nur noch 8979 Mitglieder in 319 Klöstern. Die Zahl der männlichen Mitglieder wäre 1975 noch um 574 Mitglieder (davon 399 Priestermönche) kleiner ohne das Hinzukommen der Zweigorden der Olivetaner u. a. in 1966 bzw. 1973. – G. Siefer: Sterben die Priester aus?, 73–75, meint (S. 74), daß die Verbesserung der allgemeinen Berufschancen und die Zunahme der Wahlfreiheit des Berufes den Priesternachwuchs negativer beeinflußt hätte «als eine kirchenfeindliche Staatspropaganda».

[84] In jenen Tagen ersetzte das Kirchenrecht nicht nur die Pastoralpsychologie, sondern auch die Moraltheologie, indem das juridische Denken nach Art von *Jones* Kasuistik ganze Priestergenerationen zu Seelsorgeapothekern fertiger Rezepturen herabwürdigte. Zum Kirchenrecht im allgemeinen vgl. K. Walf: Kirchenrecht, in: P. Eicher (Hrsg.): Neues Handbuch theologischer Grundbegriffe, II 340–350.

[85] *Pius X.* (1903–1914), erklärte 1907 die gesamte Bewegung des «Modernismus», die vor allem von A. M. Blondel geprägt war, für Agnostizismus, Immanentismus und Atheismus – immerhin hatte *Blondel,* in Abkehr von der Neuscholastik, dafür plädiert, den christlichen Glauben von den Grundfragen der menschlichen Existenz her zu begründen, statt von fertigen Dogmen und Lehrtraditionen auszugehen. Der von allen Priestern vor der Weihe verlangte Antimodernisteneid, der 1910 eingeführt wurde, bestand bis 1967 und wurde widerspruchslos geschworen.

[86] Vgl. R: Zerfaß: Menschliche Seelsorge, Freiburg 1985. Ebenso wichtig wie anregend ist D. Stollberg: Therapeutische Seelsorge, München 1969.

[87] Vgl. E. Drewermann: Der tödliche Fortschritt, 10–14.

[88] Es ist daher zu einfach, die Frage auf den Abschied von der Volks- und Versorgungskirche zu reduzieren. Sehr richtig hat O. Schreuder: Gestaltwandel der Kirche, 37, gemeint: «Die Zeit, da man vorwiegend auf die Außenfunktionen der religiösen Institutionen gerichtet war, ist noch immer nicht ganz vorbei ... In einer religiösen Institution geht es jedoch primär um die Gestaltung des personellen Verhaltens zu übergeordneten Sinnzusammenhängen ... Man kann nicht ungestraft ... so strukturieren, als handelte es sich vorwiegend um die Außenfunktion. Allzu leicht würde dadurch der Glaube der Kirchenangehörigen in der Religion aufgehen. Man würde aus Gläubigen Indoktrinierte, aus Amtsträgern Funktionäre machen ... Wer den notwendigen Spannungsbogen zwischen Person und Kirche, zwischen Glauben und Religion nicht beachtet, fällt dem Übel der Überinstitutionalisierung oder dem Institutionalismus anheim.» Jedoch: genau das ist der Fall und soll dem Ideal nach sein! So heißt es bei J. P. Schotte (Hrsg.): Lineamenta zur Bischofssynode 1990, 13: über «Die Priesterausbildung unter den derzeitigen Verhältnissen»: «In dieser säkularen und säkularisierten Welt soll der Priester aufgrund seiner Weihe und seines Amtes Zeuge des Geheimnisses sein: seine Identität ist also auf die Ordnung des Glaubens bezogen. Durch die Weihe Christus gleichgestaltet, ist der Priester nur zu verstehen in Abhängigkeit von Jesus Christus» – und das heißt natürlich: in Abhängigkeit von der Kirche, die ihn geweiht hat und in welcher Christus fortlebt. Was das *de facto* bedeutet, wird freilich an der gleichen Stelle verbal negiert: «Diese Dimension des Geheimnisses verkürzt keineswegs die Menschlichkeit des Priesters.» Natürlich nicht! Denn wie sollte auch eine Identität mit dem menschgewordenen Christus, der in seiner Kirche das Werk der gnadenhaft bereits vollzogenen Erlösung fortwirkt, eine Einbuße oder gar eine Zerstörung der Menschlichkeit bedeuten! Es ist bei Gesprächen über solche Fragen, als ob man

mit eingefleischten Kommunisten aus der Stalin-Ära über Freiheit diskutieren wollte und als erstes darüber belehrt würde, daß das bürgerliche Individuum unterdrückt werden *müsse*, um frei zu werden für die Solidarität mit der Arbeiterklasse, die allein als Kollektiv zum Träger der wahren Freiheit werden könne.

[89] Vgl. E. DREWERMANN: An ihren Früchten soll ihr sie erkennen, 140–145.

[90] Nach Mitteilung des CDU- und kirchennahen «Westfälischen Volksblattes».

[91] Vgl. K. v. FRITZ: Quellenuntersuchungen zu Leben und Philosophie des Diogenes von Sinope, Philologus, Supplementum 18, 2, 1926.

[92] Vgl. P.M. ZULEHNER – J. FISCHER – M. HUBER: «Sie werden mein Volk sein», 67–83, die stark die «heimatgemeindliche» Herkunft des Glaubens betonen, um die «Laienmitverantwortung» zu unterstreichen. W. BÜHLMANN: Von der Kirche träumen, 118–192, räumt mit den Haupthindernissen auf: Der «Häresienfabrik» der Glaubenskongregation, die von einer fertigen Lehre, statt von der lebendigen Erfahrung her denkt, und mit der «hierarchistischen» Verfassung der Kirche, die im Einzelfall die Verantwortung der «Laien» immer wieder untergräbt.

[93] Vgl. *Dogmatische Konstitution* über die Kirche, 3. Kap., Nr. 29; in: H. Reuter (Hrsg.): Das II. Vatikanische Konzil, S. 61, wo das Diakonat «als eigene und beständige hierarchische Stufe» wiederhergestellt wird, freilich nur nach Maßgabe der zuständigen Bischofskonferenzen. Diakone können nur verheiratete Männer «reiferen Alters» werden oder geeignete junge Männer, «für die jedoch das Zölibatsgesetz in Kraft bleiben soll». Sie dürfen die Taufe spenden, die Kommunion austeilen, den Beerdigungsritus vornehmen und bei Trauungen assistieren; «das Volk zu lehren und zu ermahnen» ist eine Verfügung des 2. Vaticanums, die praktisch schon wieder zurückgenommen worden ist. Vgl. auch K. RAHNER: Die Theologie der Erneuerung des Diakonates, V 303–355, der (S. 331–335) bes. für verheiratete Diakone eintritt.

[94] Vgl. E. DREWERMANN: Der Krieg und das Christentum, 362. Zur Situation der afrikanischen Kirche vgl. W. BÜHLMANN: Weltkirche, 39–55.

[95] E. DREWERMANN: Der Krieg und das Christentum, 233, Anm. 49.

[96] Zur Lage der Kirche in Lateinamerika vgl. W. BÜHLMANN: Weltkirche 22–38.

[97] Mit diesem Begriff ironisierte G. BÜCHNER: Leonce und Lena, in: Ges. Werke, 107–140, S. 138 das Marionettendasein eines nur von außen mechanisch in Gang gehaltenen Lebens.

[98] Vgl. W. MEYER: Schwester Maria Euthymia, 68–75 schildert die Versetzung vom St. Vinzenz-Hospital in Dinslaken in die Waschküche als den letzten und größten Verzicht, den sie gegenüber der Schwester Vorsteherin nach einer Phase «überzarter Empfindlichkeit» mit den Worten kommentiert haben soll: «Einen Zweck wird sie hier erfüllen. Wenn es meine Heiligung sein sollte, dann wäre das der größte.» (77)

[99] L. BUÑUEL: Viridiana, 1961. Der Film wurde in Spanien sofort verboten. Vgl. L.-A. BAWDEN (Hrsg.): Film Lexikon 4, Personen A–G, 858–860.

[100] F. NIETZSCHE: Menschliches, Allzumenschliches, I 3, S. 17–18, schildert ergreifend den Bruch mit den ehemals heiligen Werten der Kindheit.

[101] Vgl. M. BOSS: Psychoanalyse und Daseinsanalytik, 88–150.

[102] Zur «Gleichzeitigkeit» einer existentiell verbindlichen Auslegung religiöser Texte vgl. S. KIERKEGAARD: Der Augenblick, XIV 297–302; Werkausgabe, II 503–509; DERS.: Philosophische Brosamen und Unwissenschaftliche Nachschrift, 510–529: Die Gleichzeitigkeit der einzelnen Momente der Subjektivität in der existierenden Subjektivität; Der subjektive Denker.

[1] Vgl. E. DREWERMANN: Der Krieg und das Christentum, 46–64.
[2] So das Konstrukt von S. FREUD: Totem und Tabu, IX 55–66, das zumindest psychologisch zutreffen dürfte.
[3] J. W. v. GOETHE: Faust, 1. Teil, V. 2836, S. 91 – Zu dem Gesamtkomplex klerikaler Gemeinschaftserziehung vgl. K. G. REY: Das Mutterbild des Priesters, 124–130, der die Verabsolutierung von Gemeinschaft und Gemeinschaftsordnung, die Wunscherziehung nach fertigen Idealbegriffen und die Bewahrungserziehung zu Recht als psychologischen Widersinn herausstellt.
[4] Vgl. G. GREENE: Der Honorarkonsul, 107–108.
[5] Vgl. E. DREWERMANN: Der tödliche Fortschritt, 90–101.
[6] CIC, Can 289 § 1: «Weil der Militärdienst dem klerikalen Stand weniger angemessen ist...»
[7] Zur Stelle vgl. E. DREWERMANN: Das Markus-Evangelium, I 390–404.
[8] Vgl. H. BRUNNER: Abriß der mittelägyptischen Grammatik, § 69, S. 95; A. GARDINER: Egyptian Grammar, § 456,1; S. 377; Urkunden des ägyptischen Altertums, 151,2; 484,8.
[9] Vgl. R. BILZ: Biologische Radikale, in: Paläoanthropologie, I 119; E. DREWERMANN: Strukturen des Bösen, II 223–226.
[10] Vgl. E. DREWERMANN: Strukturen des Bösen, II 226–228; R. BILZ: Paläoanthropologie, 488–495.
[11] S. FREUD: Totem und Tabu, IX 26–66.
[12] Bes. eindringlich beschreibt N. KAZANTZAKIS: Griechische Passion, Kap. 16, S. 312–317, den Besuch des Priesters Fotis bei seinem Bischof. «War das der Stellvertreter Christi? Konnte dieser Mann Gerechtigkeit und Menschenliebe verkünden?» (315) Das Buch enthält die eindringlichste «Theologie der Armut», die im christlichen Raum bisher geschrieben wurde.
[13] CIC, Can 396–399.
[14] Vgl. IGNATIUS VON LOYOLA: Satzungen der Gesellschaft Jesu, Nr. 63, S. 37: «Zum größeren Fortschritt in seinem Geist und besonders zu seiner größeren Niedrigkeit und Demut frage man ihn (sc. den Kandidaten d. V.), ob er damit einverstanden sein werde, daß alle Irrtümer und Fehler und was immer man sonst bei ihm bemerkt und erfährt, seinen Oberen von jedem, der außerhalb der Beichte davon erfährt, mitgeteilt werden.» Vgl. a. a. O., Nr. 196, S. 79.
[15] Statt dessen lese man L. BOFF: Wie mich die Heilige Kongregation für die Glaubenslehre aufgefordert hat, nach Rom zu kommen: eine persönliche Zeugenaussage, in: N. Greinacher – H. Küng (Hrsg.): Katholische Kirche – wohin?, 433–447. Tatsächlich wurde nach außen hin sogar der fälschliche Eindruck erweckt, als ob die Anwesenheit *Boffs* in Rom auf seine eigene Initiative zurückgehe (S. 440–441). Vgl. auch J.-P. JOSSUA: Ein vernichteter Theologe: Jacques Pohier, in: a. a. O., 424–432. Der Generalmagister des Dominikanerordens war 1978 von der Glaubenskongregation durch Rückgriff auf das «außerordentliche Verfahren» (d. h. ohne alle juristischen Regeln der vom Konzil vorgesehenen Möglichkeiten einer Verteidigung) ohne Vorladung oder Anhörung mit Frist von einem Monat zum Widerruf seines Buches: Quand je dis Dieu, Paris 1977 (Wenn ich Gott sage, Freiburg 1980) aufgefordert worden. 1979 teilte ihm die Kongregation mit, sein Verfahren (welches?) sei abgeschlossen und durch seine eigene Schuld gescheitert; zugleich wurde ihm das Lesen der Messe und das Predigen untersagt. – Zu Recht nennt JOSSUA (430) die «Religionskritik durch die Psychoanalyse» eines «der wichtigsten Elemente des heutigen Kontextes.»
[16] F. KAFKA: Der Prozeß, New York 1946; Frankfurt 1960.

[17] Vgl. H. KÜNG: Die Kirche, 522–562, der resümiert: «Der Petrusdienst mag für die Kirche, ihre Einheit und ihren Zusammenhalt noch so sehr der Fels sein; er darf doch nicht zum Kriterium schlechthin werden dafür, wo die Kirche ist.» Vgl. DERS.: Strukturen der Kirche, 228–244; 317–340; 340–355, wo KÜNG die Irrtumsfreiheit des Papstes als Sonderfall der Irrtumsfreiheit der Gesamtkirche und des Bischofskollegiums zu erweisen sucht und dann daran erinnert, daß jede polemisch definierte Wahrheit selbst schon in besonderer Weise an Irrtum grenze. – Zu den persönlichen Erwartungen an den Papst vgl. N. GREINACHER: Sie messen mit zweierlei Maß, in: T. Seiterich (Hrsg.): Beten allein genügt nicht, 147–155, der besonders eine Anerkennung der Theologie der Befreiung durch den Papst fordert.

[18] Zur «Heilsnotwendigkeit» der Zugehörigkeit zur Kirche vgl. J. BRINKTRINE: Die Lehre von der Kirche, 70–72. Vgl. bes. Papst PIUS IX.: Quanto conficiamur moerore, 1863, DENZINGER: Enchiridion, Nr. 1677, S. 571. Zu *Vinzenz von Lerin* vgl. J. BRINKTRINE: Einleitung in die Dogmatik, Paderborn 1951, 53.

[19] Vgl. *National Catholic Reporter:* Der Bann über die Geburtenkontrolle – Ein erneuter Rückblick: Die Aushöhlung der Autorität geht weiter, in: N. Greinacher – H. Küng (Hrsg.): Katholische Kirche – wohin?, 325–333. Vgl. auch R. B. KAISER: Die Kontrolle Roms über die Geburtenkontrolle, in: A. A. O., 307–324, der (S. 319–321) gerade die Wahrung der Autorität für das entscheidende Motiv der kurialen Einstellung hält. Doch gerade so wird die Autorität in einer Gruppe ruiniert; vgl. G. C. HOMANS: Theorie der sozialen Gruppe, 386–407. – Die vorgelegten Zahlen sind entnommen dem Bericht von U. ARENS: Ist die Kirche noch zu retten, in: Quick, 21. Dez. 1988, Heft 52, S. 6–11. In 1987 belief sich die Zahl der Kirchenaustritte auf 81 598.

[20] Zu den Umständen der Unfehlbarkeitserklärung nebst ihrem Widerspruch vgl. H. JEDIN: Kleine Konziliengeschichte, 120–124.

[21] Vgl. K. RAHNER: Konziliare Lehre der Kirche und künftige Wirklichkeit christlichen Lebens, in: Schriften zur Theologie, VI 479–498, der voraussieht, daß es künftig gar nicht mehr möglich sein werde, «in paternalistischer Weisheit von oben allein her Entscheidungen» zu treffen (495); aber wie man sieht: es *ist* sehr wohl möglich.

[22] Vgl. A. CAMUS: Der Mythos von Sisyphos, 71–72, der an die Schauspielerin *Adrienne Lecouvreur* (1692–1730) erinnert, eine Freundin Voltaires, die auf dem Sterbebett beichten und kommunizieren wollte, aber sich weigerte, ihrem Beruf abzuschwören, und daher zu den Sakramenten nicht zugelassen wurde.

[23] Zur Stelle vgl. E. SCHWEIZER: Das Evangelium nach Matthäus, 281–282.

[24] Vgl. a. a. O., 242–244.

[25] Zum Begriff der Mana-Persönlichkeit vgl. C. G. JUNG: Über die Energetik der Seele, VIII 1–73, S. 70 ff.; DERS.: Die Struktur der Seele, VIII 161–183, S. 180 ff.; DERS.: Die Beziehungen zwischen dem Ich und dem Unbewußten, VII 131–264, S. 249–264.

[26] Vgl. K. KERÉNYI: Der göttliche Arzt. Studien über Asklepios und seine Kultstätten, Darmstadt 1956; A. MAEDER: Der mythische Heilbringer und Arzt, in: Der Psychotherapeut als Partner, Zürich 1957; München (Kindler 2050), 19–28.

[27] Es war ein überaus wichtiger, aber nur ansatzweise durchgeführter Versuch, als K. RAHNER: Der Anspruch Gottes und der Einzelne, in: Schriften, VI 521–536, darauf hinwies, es gebe einen irreduktiblen, individuellen Anruf Gottes, der nicht als die bloße Summe und der bloße Schnittpunkt der allgemeinen materialen Prinzipien der Ethik und der christlichen Moral angesehen werden könne, sondern in dem ein Anruf «zu einem individuell und sozial Heilsbedeutsamen und wirklich streng verpflichtend Gesollten» vorliegen könne (536). Man vgl. dieses immerhin gutgemeinte Plädoyer für die Unableitbarkeit und Eigenständigkeit des

Einzelnen in der Kirche mit der Frage, die S. Kierkegaard: Furcht und Zittern, 49–74, sich stellte und die Rahner offenbar gar nicht, weder existentiell noch theologisch, zu kennen schien: Gibt es eine Suspension des Ethischen? Und: Gibt es eine absolute Pflicht gegen Gott? – Dann begreift man nicht nur, was immer noch die katholische Theologie von dem Erfahrungszentrum reformatorischer Gnadenlehre trennt, sondern auch, wie wenig «prophetische» Spannung die katholische Theologie bis heute selbst bei den besten ihrer Vertreter zuläßt. Vgl. E. Drewermann: Von der Unmoral der Psychotherapie oder: Von der Notwendigkeit einer Suspension des Ethischen im Religiösen, in: Psychoanalyse und Moraltheologie, I 79–104.

28 Zur Stelle vgl. E. Schweizer: Das Evangelium nach Matthäus, 282.

29 Pius XII.: Mystici corporis, vom 29. 06. 1943. AAS 35, 193–248.

30 Zur Theorie des *double bind* vgl. P. Watzlawik – J. H. Beavin – D. D. Jackson: Menschliche Kommunikation, Bern 1969; G. Bateson: Double Bind, in: Ökologie des Geistes, 353–361.

31 Zum Begriff der *Übertragungsneurose* vgl. S. Freud: Erinnern, Wiederholen und Durcharbeiten, X 125–136, S. 134f. Die Umformung der Neurose in eine Übertragungsneurose ist ein wichtiger analytischer Behandlungsvorgang, der freilich leicht außer Kontrolle geraten kann. Vgl. ders.: Zur Dynamik der Übertragung, VIII 363–374.

32 S. Freud: Ratschläge für den Arzt bei der psychoanalytischen Behandlung, VIII 375–387, S. 377.

33 Vgl. C. R. Rogers: Die nichtdirektive Beratung, 36–37; zur Darstellung der Methode vgl. E. Drewermann: Tiefenpsychologie und Exegese, I 444–450.

34 Zum «Fall Schreber» vgl. S. Freud: Über einen autobiographisch beschriebenen Fall von Paranoia, VIII 239–320, S. 269–294.

35 Vgl. P. Federn: Ichpsychologie und die Psychosen, 195–198: Die paranoide Gewißheit.

36 Vgl. G. W. Leibniz: La monadologie, 1714; dt.: Hamburg 1956 (Philos. Bibl. 253), hrsg. v. H. Herring. Zur Darstellung der Problematik vgl. K. Vorländer: Philosophie der Neuzeit, IV 76–79.

37 Zur Frage der *Treue* vgl. E. Drewermann: Von einer besonders tragischen Form des Mißverständnisses in der Ehe – oder: Vom Recht auf Scheidung und auf Wiederverheiratung in der katholischen Kirche, in: Psychoanalyse und Moraltheologie, II 77–111, S. 79ff.

38 Zum Thema *Bindungsangst* vgl. a. a. O., 77.

39 Zur *Schizoidie*-Problematik vgl. F. Riemann: Grundformen der Angst, 20–45; E. Drewermann: Sünde und Neurose. Versuch einer Synthese von Dogmatik und Psychoanalyse, in: Psychoanalyse und Moraltheologie, I 128–162.

40 T. Williams: Die Katze auf dem heißen Blechdach, amerik. 1954.

41 Zur Stelle vgl. R. Bultmann: Das Evangelium des Johannes, 236–238.

42 T. Williams: Die Katze auf dem heißen Blechdach, 88.

43 A. a. O., 80–81.

44 F. Hebbel: Die Nibelungen. Ein deutsches Trauerspiel in drei Abteilungen, Hamburg 1862; Frankfurt-Berlin, hrsg. v. H. de Boor.

45 Vgl. dagg. D. Stollberg: Therapeutische Seelsorge, 146–158: «Die Kirche treibt Seelsorge, weil sie glaubt, daß die Leiden dieser Zeit einen Übergang darstellen. Sie versteht sich als partnerschaftliche Überwindungshilfe auf der Grundlage gemeinsamer Hoffnungen.» (S. 156)

46 Vgl. auch V. van Gogh: Briefe, I 444: «Sieh, für mich ist er mausetot, dieser Gott der Pfaffen. Aber bin ich darum Atheist? Die Pfarrer halten mich dafür – que soit –, aber siehe, ich liebe, und wie würde ich Liebe fühlen können, wenn ich selbst nicht lebte und andere nicht lebten, und wenn wir leben, so ist etwas Wunderbares darin. Nenne das nun Gott oder die

menschliche Natur oder was Du willst, aber es gibt ein gewisses Etwas, das ich nicht definieren kann, und das mir, obwohl es außerordentlich lebendig und wirklich ist, als eine Art Gesetzmäßigkeit erscheint, und sieh, das ist nun mein Gott oder so gut wie mein Gott,» – Das Zitat selbst entstammt einem Fernsehfilm über *van Gogh,* der unter der Regie von F. BAUMER gedreht wurde.

[47] Filmbericht der ARD vom 23.12.88.

[48] A. DE SAINT-EXUPÉRY: Der kleine Prinz, Kap. XIV, S. 47–51; vgl. E. DREWERMANN – I. NEUHAUS: Das Eigentliche ist unsichtbar, 29–30.

[49] A. DE SAINT EXUPÉRY: Der kleine Prinz, 50.

[50] TH. FONTANE: Unterm Birnbaum, in: Werke, II 239–329, S. 300–301.

B. Bedingungen der Auserwählung

1. Der psychogenetische Hintergrund

[1] E. DREWERMANN: Tiefenpsychochologie und Exegese, II 436–467.

[2] Zur psychosomatischen Betrachtung der Herzsymptomatik vgl. A. DÜHRSSEN: Psychogene Erkrankungen bei Kindern und Jugendlichen, 274–277; O. W. SCHONECKE – J. M. HERRMANN: Das funktionelle kardiovaskuläre Syndrom, in: Th. von Uexküll (Hrsg.): Lehrbuch der Psychosomatischen Medizin, 464–475, S. 467–473.

[3] Zu der psychischen Bedeutung der drohenden oder wirklichen Trennung des Kindes von der Mutter vgl. von seiten der Verhaltensforschung die erschütternden Versuche von H. F. HARLOW mit Rhesus-Affen in 1958–1966, beschrieben bei E. SCHMALOHR: Frühe Mutterentbehrung bei Mensch und Tier, 117–145.

[4] Vgl. E. DREWERMANN: Das Tragische und das Christliche, in: Psychoanalyse und Moraltheologie, I 19–78, S. 22–39.

[5] Vgl. als Beispiel eines solchen Systems vertauschter Verantwortungen E. DREWERMANN: Rapunzel, in: Die kluge Else. Rapunzel, 57–105, S. 64–73; 77–78.

[6] Vgl. L. TETZNER: Märchen, 316–322.

[7] Vgl. E. DREWERMANN: Strukturen des Bösen, II 223–226; vgl. DERS.: Von Krankheit, Kränkung und Verwandlung, in: Psychoanalyse und Moraltheologie, III 39–56.

[8] S. FREUD: Totem und Tabu, IX 145–160.

[9] A. a. O., 160–186.

[10] Vgl. zu dem Thema E. DREWERMANN: Das Markus-Evangelium, I 61–80.

[11] So bereits B. MALINOWSKI: Geschlecht und Verdrängung in primitiven Gesellschaften, 163.

[12] Vgl. E. BORNEMAN: Das Patriarchat, 511–543.

[13] Vgl. K. ABRAHAM: Versuch einer Entwicklungsgeschichte der Libido auf Grund der Psychoanalyse seelischer Störungen, in: Ges. Schriften, II 32–102, S. 32–45.

[14] Vgl. dazu E. DREWERMANN: Das Markus-Evangelium, I 45–80.

[15] A. a. O., I 68–69.

[16] Vgl. Sursum Corda. Katholisches Gesang- und Gebetbuch für die Erzdiözese Paderborn, Nr. 118, S. 130f.

[17] Bes. die Lehre vom *«Loskauf»* spielte in der christlichen Opfertheologie eine große Rolle; vgl. J. BRINKTRINE: Die Lehre von der Menschwerdung und Erlösung, 210–211; E. DREWERMANN: Das Markus-Evangelium, I 70–71.

[18] Zur Religionsphänomenologie des Opfers vgl. G. VAN DER LEEUW: Phänomenologie der Religion, 393–406; A. BERTHOLET: Der Sinn des kultischen Opfers, Abh. preuß. Akad. d. Wiss., 1942. Zum Archetyp des Opfers vgl. C. G. JUNG: Das Wandlungssymbol in der Messe, XI 219–323, S. 270–323.

[19] Vgl. J. JEREMIAS: Neutestamentliche Theologie, I 110–123.

[20] Vgl. H. ZAHRNT: Martin Luther, 111–122.

[21] A. a. O., 84–88; frei zitiert; bereits M. LUTHER: Auslegung der sieben Bußpsalmen (1517), in: Von der Freiheit eines Christenmenschen, 9–101, S. 59–62 betont, «daß wir Gott kein wohlgefälliges Opfer geben können». Zur ökumenischen Seite des Problems der Opfertheologie vgl. B.J. HILBERATH – T. SCHNEIDER: Opfer, in: P. Eicher (Hrsg.): Neues Handbuch theologischer Grundbegriffe, III 287–298.

[22] Vgl. M. LUTHER: Von der Freiheit eines Christenmenschen, Nr. 15–17; S. 171–173. H. KÜNG: Die Kirche, 429–457 ist ohne Zweifel derjenige katholische Theologe, der dem reformatorischen Standpunkt am weitesten folgt. Auf dieser Basis wäre eine Verständigung möglich, wenn sie möglich sein dürfte.

[23] S. u. S. 691–695.

[24] Zur katholischen Lehre vom «Mitwirken» an der Gnade Gottes vgl. J. BRINKTRINE: Die Lehre von der Gnade, 151–165, wonach «der Erwachsene» (sic!) sich auf die Rechtfertigung «durch den dogmatischen (sic!) oder Bekenntnisglauben» sowie auch «noch durch andere Akte» vorbereiten muß. Das Konzil von *Trient* war in diesem Punkte bewußt «gegenreformatorisch». Vgl. DENZINGER: Enchiridion, Nr. 822, S. 379.

[25] Zum Verhältnis zwischen «immanenter» und «heilsökonomischer» Trinität vgl. H. MÜHLEN: Der Heilige Geist als Person, 169; 170–171; 249–258.

[26] O. PFISTER: Das Christentum und die Angst, 236, nach F. HEILER: Der Katholizismus, seine Idee und seine Erscheinung, 364; zu Recht betont PFISTER, daß der Priester selber in der kath. Kirche mit Tabu-Angst umgeben werde (234).

[27] S. FREUD: Das Unheimliche, XII 227–268, mit einer Interpretation von E. T. A. HOFFMANN: Der Sandmann (238–242).

[28] TH. REIK: Dogma und Zwangsidee, 25–43, zur Entstehung des Dogmas von den zwei Naturen Christi.

[29] Vgl. E. DREWERMANN: Religionsgeschichtliche und tiefenpsychologische Bemerkungen zur Trinitätslehre, in: W. Breuning (Hrsg.): Trinität, 115–142.

[30] Vgl. E. HORNUNG: Der Eine und die Vielen. Ägyptische Gottesvorstellungen, Darmstadt 1971, 214; J. ASSMANN: Ägypten, 19–21; 189–191: Dreiheit als Ganzheit; H. KEES: Der Götterglaube im Alten Ägypten, 155–171; 344–355; C. G. JUNG: Versuch einer psychologischen Deutung des Trinitätsdogmas, XI 119–218, S. 128–131.

[31] H. KEES: Der Götterglaube im Alten Ägypten, 256–257; A. ERMAN: Die Religion der Ägypter, 68–83.

[32] H. MÜHLEN: Der Heilige Geist als Person, S. V–VI. – Das Buch ist dem eigenen Vater gewidmet.

[33] Vgl. APOLLODOR, I 24; HYGIN, 165; in: L. MADER: Griechische Sagen, S. 8; 322.

[34] Vgl. S. FREUD: Totem und Tabu, IX 184–186.

[35] Bei dem Streit um den «Patripassianismus» ging es eigentlich um die Lehre des *Sabellius*, der in der Trinitätslehre einen «modalistischen» Standpunkt vertrat; die Lehre wurde in der Mitte des 5. Jhs. verurteilt. DENZINGER: Enchiridion, Nr. 284, S. 101.

[36] Wie CIC, Can 276 § 1, S. 117 formuliert, «sind die Kleriker in besonderer Weise zum Streben nach Heiligkeit verpflichtet, da sie, durch den Empfang der Weihe in neuer Weise Gott

geweiht» sind. Auch sind sie nach Can 273 «in besonderer Weise verpflichtet, dem Papst und ihrem Ordinarius Ehrfurcht und Gehorsam zu erweisen».

[37] So meint der Paderborner Erzbischof J. J. DEGENHARDT: Gott braucht Menschen, 14, vom Priestertum: «Diese Gabe ist... zugleich... Auftrag: Der Bußakt in der Meßfeier ist Anruf, daß die Priester sich als Sünder und unnütze Knechte wissen. Die Verkündigung des Wortes Gottes ruft auf zum Gehorsam gegen Gottes Wort und seinen Willen, nicht sich selber zu verkündigen, sondern Jesus Christus als den Herrn, den Gekreuzigten und Auferstandenen. Wenn Priester die Gaben bereiten, sollen sie darin ihre eigene Bereitschaft zur Ganzhingabe ausdrücken. Wenn sie die Liebesstiftung Christi, der sein Leben hingegeben hat für uns am Kreuz, gegenwärtig setzen, sollen sie diese Liebe Gottes erwidern. Sie empfangen die eucharistische Speise und teilen sie aus, damit sie ihm, dem Herrn, ähnlich werden.»

[38] Zur Lehre von dem «unauslöschlichen Merkmal» der Priesterweihe vgl. J. BRINKTRINE: Die Lehre von den heiligen Sakramenten der katholischen Kirche, II 199–200; auch dieses Dogma wurde auf dem Konzil von Trient gegen die reformatorische Theologie definiert: vgl. DENZINGER: Enchiridion, Nr. 964, S. 414; vgl. aber bereits THOMAS VON AQUIN: Summa theologica, III 63,5.

[39] THOMAS VON AQUIN: Summa theologica. III suppl., 37,5.

[40] Zur Stelle vgl. H. SCHLIER: Der Brief an die Galater, 284–285.

[41] Vgl. Joh. 3,3–8; zur Wiedergeburt aus dem Geiste vgl. E. DREWERMANN: Dein Name ist wie der Geschmack des Lebens, 51–58.

[42] Vgl. E. CONZE: Das Mahayana, in: DERS. (Hrsg.): Im Zeichen Buddhas, 107–178, S. 158–159: Hingabe an Avalokiteshvara. Zur Gestalt der Kwan Yin vgl. E. CONZE: Der Buddhismus, 37; 174; E. NEUMANN: Die große Mutter, 311–313.

[43] Vgl. J. BRINKTRINE: Die Lehre von der Mutter des Erlösers, 101–114, bes. S. 103 ff.

[44] Als eine *sententia certa* wurde um 1960 der Satz eingestuft: «Maria hat der Welt den Erlöser, die Quelle aller Gnaden, geschenkt und insofern alle Gnaden vermittelt.» Für eine *sententia pia et probabilis* galt der Satz: «Seit der Aufnahme Mariens in den Himmel wird keine Gnade ohne ihre aktuelle Fürbitte den Menschen zuteil.» Man lehrte also eine *mediatio Mariae in universali et in speciali.* – Zur Entstehung der Marienlegende und des zugehörigen Marienkultes vgl. E. MEYER: Ursprung und Anfänge des Christentums, I 65–70; 77–81: «Es ist in der Tat die alte Göttermutter, die in der Göttin Maria wieder zu vollem Leben erwacht ist; ja man kann sagen, daß in ihr die kleinasiatische Religion die Welt erobert hat. Alle Hauptzüge teilt sie mit der großen Göttin Kleinasiens, ja in der Madonna von Lourdes ist sogar der spezielle Charakter als Berggöttin auf sie übertragen: wie unter den Bäumen und sprießenden Blumen wird Maria auch in der Felsgrotte dargestellt, mitten im Waldgebirge, in dem ihr Kind sich tummelt; und darunter hängen dann die Gläubigen, wie in den heidnischen Kulten, die wächsernen Nachbildungen der Gliedmaßen, die sie geheilt hat, und die zahlreichen Weihinschriften, in denen sie ihren Dank abstatten.» (80) Nur wenn man die Unmöglichkeit anerkennt, die Marienverehrung aus der Bibel zu begründen, bzw. erst wenn man den durchaus *heidnischen* Charakter der Madonnenfrömmigkeit zugibt, versteht man die zentrale Bedeutung, die eine tiefenpsychologische Vertiefung der christlichen Glaubenssymbole in den archetypischen Bildern des Unbewußten fundamentaltheologisch besitzt. Vgl. E. DREWERMANN: Die Frage nach Maria im religionswissenschaftlichen Horizont, in: Zeitschrift für Missionswissenschaft und Religionswissenschaft, 66. Jg., Apr. 1982, Heft 2, 96–117. Zu der tiefenpsychologischen Bedeutung der Mariologie vgl. C. G. JUNG: Antwort auf Hiob, XI, 385–506, S. 495–503: zum Dogma der Aufnahme Mariens in den Himmel.

[45] Zur Lehre von den *Schmerzen* Mariens vgl. J. BRINKTRINE: Die Lehre von der Mutter des

Erlösers, 102–103. Vgl. auch unten S. 504–512; kennzeichnend ist J. J. DEGENHARDT: Marienfrömmigkeit, 16–20: Maria unter dem Kreuz. Man ist nicht einmal bereit zuzugeben, daß es sich hier um eine symbolische Legende handelt.

[46] Vgl. E. JONES: Die Empfängnis der Jungfrau Maria durch das Ohr, in: Zur Psychoanalyse der christlichen Religion, 37–128, S. 90–93; zu dem Zusammenhang von der Sexualunterdrückung und Mariologie vgl. K. DESCHNER: Abermals krähte der Hahn, 360–372; U. RANKE-HEINEMANN: Eunuchen für das Himmelreich, 355–363.

[47] Vgl. O. RANK: Das Trauma der Geburt und seine Bedeutung für die Psychoanalyse, 128–132. Vgl. E. DREWERMANN: Das Markus-Evangelium, II 599–623, S. 611–620.

[48] O. RANK: A. a. O., 128 ff.; C. G. JUNG: Das Wandlungssymbol, XI 293 f.

[49] S. FREUD: Beiträge zur Psychologie des Liebeslebens, VIII 65–91, S. 74–75; O. RANK: Der Mythus von der Geburt des Helden, 79–80: die «Durchschnittssage» des Motivkomplexes.

[50] Zum Motiv des Drachenkampfes bzw. der «Preisjungfrau» vgl. U. STEFFEN: Drachenkampf, 163–206: zum Brudermärchen. Zur mondmythologischen Bedeutung des Motivs vgl. E. SIECKE: Drachenkämpfe, 26–27.

[51] Zu den entsprechenden Erzählungen in Mt 1;2 und Lk 1;2 vgl. E. DREWERMANN: Tiefenpsychochologie und Exegese, I 502–509, S. 504–509; DERS.: Dein Name ist wie der Geschmack des Lebens, 37–66.

[52] Vgl. E. DREWERMANN: Dein Name ist wie der Geschmack des Lebens, 44–50, zum Alten Ägypten.

[53] So erklärte im Jahre 1987 der Paderborner Erzbischof J. J. DEGENHARDT: Marienfrömmigkeit, 29–34: Maria – die allerseligste Jungfrau, S. 31–32: «Die Frage ist ..., welchen konkreten Weg Gott gegangen ist, bei der Menschwerdung und der Erlösung.» «Es kann nicht bestritten werden, daß Matthäus und Lukas Josef nicht als den leiblichen Vater betrachten, sondern die wunderbare Empfängnis durch Überschattung des Heiligen Geistes aussagen wollen.» «Uns Menschen steht es nicht zu, Gottes Wirken die Wege und die Grenzen vorzuschreiben, sie mit den uns bekannten Naturgesetzen gleichzusetzen und nur zuzulassen, wenn sie mit unseren Erfahrungen übereinstimmen. Auch die religionsgeschichtlichen Parallelen können nicht weiterhelfen.» J. J. DEGENHARDT promovierte Mitte der 60er Jahre in neutestamentlicher Exegese bei R. Schnackenburg.

[54] 1969 hat bereits K. G. REY: Das Mutterbild des Priesters, 109–110, mit statistischen Mitteln die Tatsache des mangelnden Vatererlebnisses in der Psychogenese der Kleriker unter Beweis gestellt; doch gilt, diesen Befund in seiner Erlebnisweise und Bedeutung darzustellen.

[55] Vgl. E. DREWERMANN: «Warte, bis Vater wiederkommt», in Psychoanalyse und Moraltheologie, II 138–161.

[56] E. ZOLA: Der Totschläger (1877), München 1975.

[57] E. ZOLA: Nana, München (dtv. 2008) 1976.

[58] A. TOYNBEE: Der Gang der Weltgeschichte, 1. Bd., 1. Teil, S. 93–228: Die Entstehung der Kulturen. Beschrieben wird das Wechselspiel von Herausforderung und Antwort im Bereich der goldenen Mitte.

[59] Vgl. zu dieser Konstellation E. DREWERMANN: Von einer besonders tragischen Form des Mißverständnisses in der Ehe – oder: Vom Recht auf Scheidung und auf Wiederverheiratung in der katholischen Kirche, in: Psychoanalyse und Moraltheologie, II 77–111, S. 84–101.

[60] Zu den Strukturen des Depressiven und des Hysterischen vgl. E. DREWERMANN: Sünde und Neurose, in: Psychoanalyse und Moraltheologie, I 128–162, S. 143–148; 149–155.

[61] Auf der religiösen Ebene meint K. G. REY: Das Mutterbild des Priesters, 115, es sei der religiös indifferent oder negativ erlebte Vater als äußerer Anlaß, die religiöse Mutter als die

innere notwendige Voraussetzung zur Wahl des priesterlichen Vorbildes anzusehen. «Das bedeutet, daß der Priester innerhalb der Priesterberufung oft durch die Religiösität der Mutter einerseits und das religiöse Versagen des Vaters andererseits als Vorbild seine Bedeutsamkeit empfängt.» Es ist aber zu beachten, in welchem Umfang bereits im kindlichen Erleben die Religiösität der Mutter (oder, im Einzelfall, des mütterlichen Vaters) als die entscheidende Form der Lösung schwerer Ängste, Schuldgefühle und Konflikte erscheinen muß, um das spätere Leben auf eine klerikale Berufswahl festzulegen.

[62] Zur Stelle vgl. E. Drewermann: Das Markus-Evangelium, I 311–321.

[63] Zur Stelle vgl. a. a. O., I 376–389.

[64] Zu der «Objektwahl nach dem Anlehnungstyp» aufgrund kindlicher Hilflosigkeit vgl. S. Freud: Die Zukunft einer Illusion, XIV 323–380, S. 345–346.

[65] So erlebt man in der Therapie nicht selten, wie selbst einfache Fragen der Terminabsprache aus Angst, verzweifelter Haltsuche und Enttäuschung als Themen von Machtbehauptung und Willkür mißdeutet werden. Unterstellt wird auf dem Hintergrund kirchlichen Erlebens eine potentielle Allmacht der Eltern und deren Nachfolger, die, wenn sie nicht können, einfach nicht wollen. Das paradoxe Ergebnis der Übertragung besteht in dem Zwang, daß der Therapeut aus Unfähigkeit, zumindest gewisse reale Erfordernisse seinem Klienten verständlich zu machen, von seinen eigenen Wünschen und Neigungen nicht offen reden kann und daher wirklich oft Notwendigkeiten auch dort vorschützen wird, wo es sich in Wahrheit um seine persönlichen Neigungen handelt.

[66] Zu den negativen Seiten des klerikalen Mutterbildes vgl. K. G. Rey: Das Mutterbild des Priesters, 66–67: «Sie hat von Natur aus große Minderwertigkeitsgefühle, die sie in der Sorge um die Kinder mit äußerstem Aufwand zu übertönen versuchte, um sich durchzusetzen.»

[67] Zur Stelle vgl. E. Drewermann: Strukturen des Bösen, I 111–148; II 247–294; III 263–299; 378–379.

[68] Vgl. G. Guareschi: Mondo Piccolo «Don Camillo», Mailand 1948; dt.: Don Camillo und Peppone, übers. v. A. Dalma, Salzburg 1950; Reinbek (rororo 215) 1966.

[69] Zur Problematik speziell des erstgeborenen Kindes in der Kain- und Abel-Geschichte vgl. E. Drewermann: Strukturen des Bösen, II 279–280.

[70] A. a. O., I 143.

[71] L. Szondi: Schicksalsanalyse, 276.

[72] L. Szondi: Lehrbuch der experimentellen Triebdiagnostik, I 119–120.

[73] Zur Gestalt des Moses vgl. E. Drewermann: Tiefenpsychologie und Exegese, II 379–392.

[74] Zur Vision vor Damaskus vgl. D. Hildebrandt: Saulus. Ein Doppelleben, 66–78, der freilich die Frage der psychischen Gegensatzspannung gänzlich unberücksichtigt läßt.

[75] L. Szondi: Lehrbuch der experimentellen Triebdiagnostik, 119.

[76] Zur *Abtreibungsproblematik* vgl. P. de Rosa: Gottes erste Diener, 448–479, der resümiert: «Nur die einzelne Frau weiß, ob ihre Entscheidung, ein Kind auszutragen oder nicht, durch Selbstsucht motiviert ist oder durch Gottes in Christus sichtbar gewordene Liebe.» «... könnte es nicht sein, daß das Hauptproblem nicht bei den Laien liegt, sondern beim Klerus, der alle Regeln für die Laien macht?» (478; 479) Vgl. auch K. Deschner: Das Kreuz mit der Kirche, 307–320, der auf die faktische Unwirksamkeit legaler Strafmaßnahmen mit Zahlen aus verschiedenen Ländern hinweist, dafür aber die nachweisliche Mitschuld der kirchlichen Moralvorstellungen an Gefährdung und Schädigung vieler Frauen betont, die in ihrer Ausweglosigkeit sich an irgendwelche «Engelmacher» wenden mußten. Vgl. auch U. Ranke-Heinemann: Eunuchen für das Himmelreich, 310–323, die vor allem den vermeintlichen Primat des Kindes gegenüber dem Leben der Mutter in der Lehre der Kirche herausstellt.

[77] Zu dem oft *tragischen* Aspekt der Abtreibungsfrage vgl. E. DREWERMANN: Das Tragische und das Christliche, in: Psychoanalyse und Moraltheologie, I 40–45.
[78] U. RANKE-HEINEMANN: Eunuchen für das Himmelreich, 311–312, zitiert den Kardinal mit einer Stellungnahme aus dem Jahre 1986, wonach erneut der Vorrang des Lebens des Kindes vor dem Leben der Mutter eingeschärft wird.
[79] Zur Entstehung des Überichs aus dem Ödipuskomplex vgl. S. FREUD: Das Ich und das Es, XIII 235–289, S. 256–267.
[80] Vgl. K. ABRAHAM: Untersuchungen über die früheste prägenitale Entwicklungsstufe der Libido (1916), in: Ges. Schriften, II 3–31.
[81] Zu dem Vergeltungsgedanken im *deuteronomistischen* Geschichtswerk vgl. G. VON RAD: Theologie des Alten Testamentes, I 346–359.
[82] Mit C. G. JUNG: Über die Psychologie des Unbewußten, VII 58, läßt sich auch von dem *«Schatten»* des klerikalen Frömmigkeitslebens sprechen.
[83] S. o. Anm. 69.
[84] Vgl. vor allem zu dem *elohistischen* Erzählstrang der Josefsgeschichte mit seinem betonten Traummotiv L. RUPPERT: Die Josephserzählungen der Genesis, 33–35; 62–67; 72–74; 77–78; 91–92; 228–229. Freilich ergibt sich bei dieser Art von Exegese nichts weiter als eine Theologie bzw. Ideologie pro oder contra eines menschlichen Königtums im Nord- oder Südreich.
[85] Zur Stelle vgl. G. VON RAD: Das erste Buch Mose, ATD 4, 317–322. E. DREWERMANN: Ehe – tiefenpsychologische Erkenntnisse für Dogmatik und Moraltheologie, II 38–76, S. 57.
[86] TH. MANN: Joseph und seine Brüder, I 237–239; 321–324; 481.
[87] Zu den Parallelen des Märchens vgl. J. BOLTE – G. POLIVKA: Anmerkungen zu den Kinder- und Hausmärchen der Brüder Grimm, I 227–234. Vgl. auch *Die sechs Schwäne* (KHM 49), a. a. O., I 427–434.
[88] Zu der griechischen Plejadenmythe von *Orion* und den sieben Tauben vgl. W. SCHADEWALDT: Die Sternsagen der Griechen, 26. Zwischen der Jagd auf die flüchtenden Mädchen und der Erlösung der Brüder besteht jedoch ein erheblicher Unterschied.
[89] Zum Vogelsymbol vgl. S. FREUD: Eine Kindheitserinnerung des Leonardo da Vinci, VIII 127–211, S. 198. Vgl. auch E. DREWERMANN – I. NEUHAUS: Der goldene Vogel, 36–39.
[90] Zur Lehre vom *Krankheitsgewinn* vgl. S. FREUD: Vorlesungen zur Einführung in die Psychoanalyse, XI 397–400.
[91] Zu den Aspekten des idealisierten bzw. positiven Mutterbildes vgl. K. G. REY: Das Mutterbild des Priesters, 56–66: «Der wirklichen Mutter Lebenszweck ist in letzter Selbstlosigkeit nicht mehr ihr eigenes Wohl, sondern das ihrer Kinder... Sie scheut vor keinem Opfer... Eine Mutter ist stark bis in den Tod.» «Die Mutter muß unendlich *Liebe* spenden.» (57) So Christus selber, so die Madonna, so der Priester dem Ideal nach.
[92] C. M. WIELAND: Die Abderiten, I 4–6, S. 23–39.
[93] Zur Psychosomatik der Adipositas vgl. O. W. SCHONECKE: Verhaltenstheoretisch orientierte Therapieformen in der psychosomatischen Medizin, in: Th. von Uexküll: Lehrbuch der psychosomatischen Medizin, 389–407, S. 395–397.
[94] P. Haining: Brigitte Bardot, 78.
[95] Dieser Kontrast gehört zu den klassischen Märchen- und Mythenmotiven; vgl. E. DREWERMANN – I. NEUHAUS: Frau Holle, 25–26; 30–32.
[96] Vgl. STENDHAL: Die Kartause von Parma, 595 f., die Geschichte des Fabrizio del Dongo, der auf Anraten seiner Geliebten, seiner Tante Gina, sich zum Priester weihen läßt, um dereinst als Bischof Macht und Ruhm zu erlangen. Eingekerkert, verliebt er sich in Clelia Conti,

der Tochter des Kerkermeisters, die jedoch ihre Liebe geheimhalten muß und wider Willen in eine höfische Ehe einwilligt. Sie gelobt der Madonna, den geliebten Fabrizio nur des Nachts zu sehen, während dieser, inzwischen wirklich zum Bischof avanciert, seine Predigten nur hält in der Hoffnung, Clelia eines Tages wiedersehen zu können. Der Roman ist eines der großen Beispiele der Weltliteratur über die Seitenwege einer klerikal verbotenen Liebe und der Lieblosigkeit und Machtbesessenheit des Klerus selbst, wobei man freilich bedenken muß, daß STENDHAL seine Personen zu Beginn des 19. Jh.s wie Menschen der italienischen Renaissance handeln und fühlen läßt – die Gegenwart erschien ihm als zu degeneriert, um großer Leidenschaften noch fähig zu sein.

[97] Zur Stelle vgl. A. WEISER: Die Psalmen, I (ATD 14), 242–247.

[98] Es ist wohl im allgemeinen richtig, wenn K. G. REY: Das Mutterbild des Priesters, 110, meint: «Eine religiös negative Einstellung der Mutter macht die Berufung zum Priestertum unwahrscheinlich.» Doch auch im positiven Falle geht die Entwicklung nicht einfach nach dem Schema von Vorbild und Nachbild vor sich, und das Umgekehrte ist durchaus möglich: eine Religiösität, die rein aus der Sehnsucht des Kindes und aus bestimmten Evidenzen der Überlebensstrategie entsteht.

[99] S. FREUD: Ein religiöses Erlebnis, XIV 391–396, S. 393 ff.

[100] Vgl. E. DREWERMANN: Tiefenpsychologie und Exegese, II 473–485.

[101] Zur *psychoanalytischen* Betrachtung der Entstehung der Sündenbockrolle in Übernahme der Rolle des Substituts der negativen Identität eines Elternteils vgl. H. E. RICHTER: Eltern, Kind und Neurose, 237–273. Zur *religionspsychologischen* Bedeutung des Sündenbockes vgl. S. FREUD: Der Mann Moses und die monotheistische Religion, XVI 101–246, S. 240–246; diese wenigen Seiten gehören zum Besten, was über die Psychologie des Christentums, einschließlich der Bekehrung des hl. Paulus, je geschrieben wurde. Vgl. auch E. JONES: Der Gottmensch-Komplex, in: Zur Psychoanalyse der christlichen Religion, 15–36, der bes. die Retterphantasie gegenüber der Autorität betont. Zur *Sozialpsychologie* des Sündenbockes vgl. A. HEIGL-EVERS: Die Gruppe unter soziodynamischem und antriebspsychologischem Aspekt, in H. G. Preuss (Hrsg.): Analytische Gruppentherapie, 44–72, S. 65 f.

[102] Zu dem Begriff der *Riesenerwartung* vgl. H. SCHULTZ-HENCKE: Lehrbuch der analytischen Psychotherapie, 80–81.

[103] Zu dem verhaltenstherapeutischen Begriff der *Prägung* vgl. K. IMMELMANN – C. MEVES: Prägung als frühkindliches Lernen, in: K. Immelmann (Hrsg.): Verhaltensforschung, 337–353.

[104] Vgl. G. E. LESSING: Die Erziehung des Menschengeschlechtes (1780), in: Werke, II 975–997.

[105] F. SCHLEIERMACHER: Über die Religion, 132–133.

[106] Zur Lehre von der Rangordnung der Ehezwecke vgl. G. DENZLER: Die verbotene Lust, 83–90.

[107] Zu der Rolle des Kindes als eines Substituts für einen Aspekt des eigenen idealen Selbst vgl. H. E. RICHTER: Eltern, Kind und Neurose, 202–236, freilich ohne spezifisch religiöse Inhalte.

[108] Vgl. P. P. ROHDE: Kierkegaard, 8–18; 25–29.

[109] Vgl. A. VON HARNACK: Marcion, 106–143.

[110] Vgl. J. JEREMIAS: Neutestamentliche Theologie, I 110–123; O. PFISTER: Das Christentum und die Angst, 144–181.

[111] Vgl. H. MÜHLEN: Der Heilige Geist als Person, S. 113–115.

[112] A. a. O., S. 145–151.

2. Phasenspezifische Einschränkungen

a) Die Funktionalisierung eines Extrems

[1] Zu Gal 1,15 vgl. H. SCHLIER: Der Brief an die Galater, 53–54.

[2] Vgl. K. G. REY: Das Mutterbild des Priesters, 138–140.

[3] In dem Film von INGMAR BERGMAN: Wilde Erdbeeren, in: Wilde Erdbeeren, 7–71, wird vorbildlich die späte Einsicht und Läuterung eines alternden Professors dargestellt, der erkennen muß, wie sehr er an sich selbst vorbeigelebt hat: Er hat nie geliebt.

[4] Zu dem Begriff der *Dialektik* bei Kierkegaard vgl. L. RICHTER: Glossar, in: S. KIERKEGAARD: Philosophische Brocken, V 127–152, S. 132–133.

[5] Vgl. zu den Stellen E. DREWERMANN: Das Markus-Evangelium, II 86–104; 104–114; 115–128.

[6] Vgl. J. JEREMIAS: Jerusalem zur Zeit Jesu, 279–303, S. 286f.

[7] Zu den Lebensregeln in *Qumran* vgl. a. a. O., 294–297.

[8] Die Schrift des *Celsus:* Das wahre Wort, ist nur noch in den ausführlichen Zitaten erhalten, die ORIGENES: Gegen Celsus, aufgeführt hat. Vgl. P. KOETSCHAU: Einleitung zu: Des Origenes acht Bücher gegen Celsus, II. Bd., S. VII–XVI.

[9] Vgl. ORIGENES: Gegen Celsus, III 44–59, Schriften, Bd. II, 254–273.

[10] Zu der Regierung des *Decius* vgl. EUSEBIUS: Kirchengeschichte, VI 39–46; VII 1; Bd. II, S. 302–322; zu *Diokletian* vgl. a. a. O., VII 30–VIII 13; Bd. II, S. 361–395. – Als eine «fehlgeschlagene Reform» beschreibt K. DESCHNER: Abermals krähte der Hahn, 329–332, die frühe Mönchsbewegung.

[11] Vgl. E. BRUNNER-TRAUT: Die Kopten, 22–47.

[12] Vgl. L. HOLTZ: Geschichte des christlichen Ordenslebens, 52–58; 65–73. Vgl. auch die Mönchsvita des hl. ATHANASIUS: Leben des heiligen Pachomius, II 778–900.

[13] Zur Stelle vgl. E. SCHWEIZER: Das Evangelium nach Matthäus, 30–36; H. SCHÜRMANN: Das Lukasevangelium, I 204–220.

[14] Zum «Fallen» bzw. «Fliegen» in Träumen vgl. P. FEDERN: Über zwei typische Traumsensationen, in: S. Freud (Hrsg.): Jahrbuch der Psychoanalyse, VI 89–134, Leipzig-Wien 1914.

[15] Vgl. H. SCHULTZ-HENCKE: Der gehemmte Mensch, 39–42.

[16] Zum buddhistischen Mönchtum vgl. H. OLDENBERG: Buddha, 298–299: der Mönch als höchste Stufe der Vollendung. L. BOFF: Zeugen Gottes in der Welt, 25–28, S. 26, nennt zu Recht das Ordensleben ein «universelles Phänomen in allen Weltreligionen».

[17] Zur Stelle vgl. R. SCHNACKENBURG: Das Johannesevangelium, III 187–188.

[18] Vor allem der Verzicht auf die Ehe, wie er für das buddhistische ebenso wie für das christliche Mönchtum konstitutiv ist, steht in logischem Widerspruch zu der ursprünglichen Form der jüdischen Messiashoffnung. Selbst in *Qumran* scheint es Formen ehelicher Gemeinschaft gegeben zu haben. Vgl. J. M. ALLEGRO: Die Botschaft vom Toten Meer, 89; 140; 143; 156.

[19] Vgl. E. DREWERMANN: Tiefenpsychologie und Exegese, II 447–452; 467–472.

[20] Zu der «Wüstenhoffnung» der Propheten vgl. G. VON RAD: Theologie des Alten Testamentes, I 293–301; II 259–262.

[21] Vgl. E. HORNUNG: Tal der Könige, 9ff.

[22] Vgl. a. a. O., 78; 92.

[23] Das ägyptische Wort für *Grab* lautet eigentlich: Ort, wo man aufersteht, d. h., wo die Mumie aufrecht hingestellt wird. Vgl. E. DREWERMANN: Ich steige hinab in die Barke der Sonne, 80.

[24] Vgl. a. a. O., 119–154.
[25] Vgl. E. BRUNNER-TRAUT: Die Kopten, 11–12; 14–21, die gerade auf das Leiden der Ägypter an der «Überkultur, Überbewußtheit und Übersensibilität» Alexandriens hinweist (14).
[26] Vgl. E. DREWERMANN: Ich steige hinab in die Barke der Sonne, 151–154.
[27] Vgl. bes. U. RANKE-HEINEMANN: Eunuchen für das Himmelreich, 125–151: zu der Angst der Zölibatären vor den Frauen; G. DENZLER: Die verbotene Lust, 235–330: die Sexualität der Frau; K. DESCHNER: Das Kreuz mit der Kirche, 154–211: zur Sexualfeindlichkeit des Klerus. Vgl. auch unter historischem Gesichtspunkt G. DENZLER: Priesterehe und Priesterzölibat in historischer Sicht, in: Existenzprobleme des Priesters, 13–52.
[28] So z. B. wenn F. X. KAUFMANN (J. B. Metz): Zukunftsfähigkeit, 86–90 im sozialen Bereich etwas «exemplarisch ... Hilfreiches» von der Kirche verlangt, das zeichenhaft glaubwürdig wäre: Krankenhäuser, Asylstätten und dgl. z. B.
[29] Zur Unterdrückung der Frau vgl. K. DESCHNER: Das Kreuz mit der Kirche, 230–246.
[30] Vgl. U. RANKE-HEINEMANN: Eunuchen für das Himmelreich, 297–309, die indessen bei ihrer Schilderung der kirchlichen Moral im 19. und 20. Jh. den sozialen und ökonomischen Hintergrund gänzlich ausklammert.
[31] Vgl. A. R. L. GURLAND: Wirtschaft und Gesellschaft im Übergang zum Zeitalter der Industrie, in: G. Mann (Hrsg.): Propyläen Weltgeschichte, VIII 279–336; N. MITSCH: Industrialisierung und sozialer Wandel, in: N. Zwölfer (Hrsg.): Telekolleg II Geschichte, I 67–85.
[32] Vgl. G. R. TAYLOR: Kulturgeschichte der Sexualität, 71–73; E. DREWERMANN: Der Krieg und das Christentum, 242–246.
[33] Vgl. R. M. RILKE: Das Stundenbuch, 1. Buch: Das Buch vom mönchischen Leben, Sämtliche Werke, I 249–301.
[34] So die wichtige kulturgeschichtliche These von H. MÜLLER-KARPE: Geschichte der Steinzeit, 276; vgl. auch H. KÜHN: Der Aufstieg der Menschheit, 60–65.
[35] Vgl. J. A. WILSON: Ägypten, in: G. Mann (Hrsg.): Propyläen Weltgeschichte, I 323–521; W. VON SODEN: Sumer, Babylon und Hethiter bis zur Mitte des 2. Jtsds. v. Chr., in: a. a. O., I 523–609.
[36] W. DURANT: Kulturgeschichte der Menschheit, I 49–92: Die moralischen und geistigen Grundlagen der Kultur (Ehe, sexuelle und soziale Moral, Religion, Sprache und Schrift, Wissenschaft, Kunst).
[37] A. TOYNBEE: Menschheit und Mutter Erde, 44–54, S. 46–47.
[38] Vgl. H. KÜHN: Der Aufstieg der Menschheit, 60–65; H. MÜLLER-KARPE: Das vorgeschichtliche Europa, 45–77.
[39] Vgl. P. LAVIOSA-ZAMBOTTI: Ursprung und Ausbreitung der Kultur, 215–216.
[40] Vgl. E. NEUMANN: Die große Mutter, 255–266.
[41] A. a. O., 123–146.
[42] Zum Mythos vgl. A. GEHLEN: Urmensch und Spätkultur, 217–228.
[43] Vgl. H. ZIMMER: Philosophie und Religion Indiens, 51–55.
[44] K. JASPERS: Vom Ursprung und Ziel der Geschichte, 58–60.
[45] Vgl. H. ZIMMER: Philosophie und Religion Indiens, 17–28.
[46] E. WALDSCHMIDT: Die Legende vom Leben des Buddha, 85–94.
[47] Vgl. H. OLDENBERG: Buddha, 120–127. Die Lehre vom *Mittleren Pfad* wird auch von den Hindus befolgt; vgl. S. NIKHILANANDA: Der Hinduismus, 84.
[48] Vgl. K. E. NEUMANN (Übers.): Also sprach der Erhabene, 3–23: Der Pfeiler der Einsicht.
[49] Vgl. a. a. O., 95–98; 166–168.
[50] Vgl. K. MYLIUS (Übers.): Gautama Buddha. Die vier edlen Wahrheiten, 203–206. – Sehr

schön gibt N. KAZANTZAKIS: Alexis Sorbas, 20, in der Geschichte von Buddha und dem Hirten den ewigen Gegensatz zwischen Weisheit und Engagement, zwischen Wissen und Handeln, zwischen Erkennen und Leben, zwischen Geist und Gefühl, zwischen Bewußtsein und Welt, zwischen Entleeren und Erobern wieder. Es ist wichtig, schon hier zu bemerken, daß das Ordensleben nicht einfach, wie L. BOFF: Zeugen Gottes in der Welt, 22–28, meint, eine anthropologische Grundtatsache ist: «Jeder Mensch ist ein Wesen, das offen ist für die Totalität der Wirklichkeit.» (27) Im Gegenteil ist das Mönchtum in gewissem Sinne die Reaktion auf die Erfahrung einer tiefen Zerspaltenheit zwischen Mensch und Welt; es hat von daher Teil an einer Einseitigkeit, die selber das bestehende Problem mehr artikuliert als überwindet. – Zur Lehre von der Leere aller Dinge im *Buddhismus* vgl. E. CONZE: Der Buddhismus, 123–127.

[51] Vgl. W. FOERSTER: Die Gnosis, I 7–37 (Einleitung); E. PAGELS: Versuchung durch Erkenntnis, 176–201.

[52] F. C. BURKITT: Die Auffassung von dem Bösen Prinzip im manichäischen System und von seiner Übereinstimmung mit dem Christentum (1925), in: G. Widengren (Hrsg.): Der Manichäismus, 31–36.

[53] Vgl. G. ROTTENWÖHRER: Der Katharismus, Bad Honnef 1982.

[54] Vgl. P. ALFARIC: Die geistige Entwicklung des heiligen Augustinus. Vom Manichäismus zum Neuplatonismus (Auszüge), in: G. Widengren (Hrsg.): Der Manichäismus, 331–361; P. BROWN: Der heilige Augustinus, 39–51. Zu der Gedankenwelt *Augustinus* vgl. auch G. MAURACH: Geschichte der römischen Philosophie, 141–160.

[55] Zur Position der Kirche in der mittelalterlichen Welt mit ihren Privilegien und Bevormundungen vgl. H. BOOCKMANN: Das Reich im Mittelalter, in: H. Boockmann u. a.: Mitten in Europa. Deutsche Geschichte, 41–112, S. 59–63. Zu der Reform von *Cluny* vgl. J. DHONDT: Das frühe Mittelalter, 235–252, S. 239–243, der vor allem die Unabhängigkeit der Abtei von Cluny von den Ideen Papst Gregors VIII. (1073–1085) betont (S. 243). – Zu der Reform der *Zisterzienser* zu Beginn des 12. Jh.s vgl. J. LE GOFF: Das Hochmittelalter, 148–155. Insbesondere der hl. *Bernhard* «kritisierte scharf den Kleider- und Nahrungsluxus der Cluniazenser, die Üppigkeit und Pracht ihrer Kirchen und religiösen Feiern, die Ausbeutung ihrer Leibeigenschaft» (151).

[56] Vgl. J. LE GOFF: Das Hochmittelalter, 155–163. H. BOOCKMANN: Das Reich im Mittelalter, in: Mitten in Europa, 41–112, S. 63–68, weist darauf hin, daß von 1000 n. Chr. bis zur Mitte des 14. Jh.s in Deutschland und Skandinavien die Bevölkerung von etwa 4 Mio. Menschen auf etwa 11,5 Mio. anstieg, nicht zuletzt infolge der rasch gewachsenen Produktivität der Landwirtschaft, verbunden mit einer differenzierten Arbeitsteilung (S. 63 f.; 85). Zur Wirtschaft und Gesellschaft im 10. und 11. Jh. vgl. J. DHONDT: Das frühe Mittelalter, 267–317, bes. S. 285–289; 292–303, zur Entwicklung der Städte.

[57] Vgl. G. DUBY: Krieger und Bauern. Die Entwicklung der mittelalterlichen Wirtschaft und Gesellschaft bis um 1200, S. 275–333, der darauf hinweist, daß vom Ende des 12. Jh.s an «die treibenden Kräfte des Fortschritts» sich «auf dem ganzen europäischen Kontinent auf die Geldzirkulation» stützten (334). «Nach 1180 drängt das Profitdenken den Geist der Freigebigkeit immer weiter in den Hintergrund» (354). «Der Bauer mußte dem Bürger weichen und ihm die Rolle der vorwärtstreibenden Kraft überlassen» (345). Vgl. auch O. BRUNNER: Sozialgeschichte Europas, im Mittelalter, 53–64: Der Widerstreit zwischen Kirche und Welt in seinen sozialgeschichtlichen Folgen, S. 56–57: Der kuriale Fiskalismus; 57–58: Zu den Armutsbewegungen und Häresien.

[58] Vgl. R. SCHNEIDER: Innozenz der Dritte, 103–109, der zu Recht meint: «Kehrt Christus

nicht wieder mit den Zeichen des Leidens und Entsagens, so wird die Kirche zum Staat» (108). Vgl. auch CH. LEA: Die Inquisition, 389–473: Zur Entwicklung des Franziskanerordens. Vgl. auch J. LE GOFF: Das Hochmittelalter, 249–255.

[59] Zur Stelle vgl. R. SCHNACKENBURG: Das Johannesevangelium, III 284–285. Vgl. auch E. DREWERMANN: Das Markus-Evangelium, II 588–598.

[60] Zur Rolle der *Dominikaner* als Inquisitoren vgl. CH. LEA: Die Inquisition, 132: «Als im Jahre 1235 der Plan, die Inquisition durch ganz Europa zu organisieren, greifbare Gestalt annahm, ernannte Gregor den Dominikanerprovinzial von Rom zum Inquisitor...» Zu der Bewegung der Bettelorden und zu der Rolle der Dominikaner bei der Inquisition vgl. J. LE GOFF: Das Hochmittelalter, 249–253. Vgl. auch V. J. KOUDELKA: Dominikus, 169–176.

[61] J. LE GOFF: Das Hochmittelalter, 253–255; CH. LEA: Die Inquisition, 473–506. Zu Bonifaz VIII. vgl. P. DE ROSA: Gottes erste Diener, 94–105.

[62] Zu dem Widerstand der Kanoniker des Weltklerus gegen die Kirchenreform von *Cluny* vgl. J. DHONDT: Das frühe Mittelalter, 242 f. Andererseits gilt für den Verfasser von *De vita vere apostolica* zu Beginn des 12. Jh.s, daß «die Kirche mit dem monastischen Leben angefangen hat», «daß die Klosterregel die apostolische Regel ist, daß die Apostel Mönche waren und somit die Mönche authentische Nachfolger der Apostel». J. LE GOFF: Das Hochmittelalter, 148.

[63] Das Problem formulierte vor 130 Jahren E. RENAN: Das Leben Jesu, 130–131 so: «Wenn Jesus, anstatt sein Himmelreich zu gründen, nach Rom gegangen wäre, und sich darauf beschränkt hätte, Verschwörungen gegen Tiberius anzuzetteln oder den Germanicus zurückzuwünschen, was wäre aus der Welt geworden? Als noch so strenger Republikaner, noch so glühender Patriot hätte er den Lauf der Weltgeschichte nicht aufgehalten, während er dadurch, daß er die Politik für nichtig erklärte, der Welt die Wahrheit offenbarte, daß das Vaterland nicht alles sei, und daß der Mensch dem Bürger in zeitlicher und moralischer Beziehung vorangehe.»

[64] Zu der Lehre der vier Lebensstadien in der *Hindu*-Ethik vgl. S. NIKHILANANDA: Der Hinduismus, 75–84. – Zum Mönchtum im *Taoismus* vgl. H. J. SCHOEPS: Religionen. Wesen und Geschichte, 227; zur dichterischen Darstellung vgl. A. DÖBLIN: Die drei Sprünge des Wang-lun, 143: «Wer die Seele frei hat, kann das Westliche Paradies finden. Ich habe mich nicht in Gelüste geworfen; ich habe mich gereinigt für einen Freudenhimmel; ich habe meine eingesperrten Seelen auf den Pfad des höchsten Kaisers gezwungen.» – Zu der Lehre von den *vier Rangklassen* unter den Gläubigen im *Buddhismus* vgl. H. OLDENBERG: Buddha, 296–298; vgl. auch a. a. O., 177; bes. 307–352. Die *Ordination zum Mönch* erfolgt durch Verpflichtung auf die vier großen Gebote: der Keuschheit, der Armut (kein Diebstahl), der Gewaltfreiheit (kein Lebewesen schädigen) und der Bescheidenheit (Demut; Sich nicht der Vollkommenheit rühmen). Es handelt sich um einen bloßen Rechtsakt, der jederzeit revidiert werden kann – nichts liturgisch Mystisches ist damit verbunden; a. a. O., 322–324.

[65] S. NIKHILANANDA: Der Hinduismus, 80, zeigt, daß erst die vierte Stufe der seelischen Entwicklung auf das *Moksha*, auf «die Freiheit von der Liebe und der Bindung» an die Dinge gerichtet sein kann. Ja: «Nach einem Gebot des Hinduismus kommt zunächst der Leib und dann erst die Ausübung der Religion.» «Die Unterdrückung berechtigter Begierden führt oft zu körperlichen und geistigen Schädigungen und verzögert die Verwirklichung der Freiheit» (79). Das sind Weisheiten einer Pädagogik des langen Atems, wie sie in der christlichen Schule der Kleriker nie bestanden hat.

[66] Vgl. E. WALDSCHMIDT: Die Legende vom Leben des Buddha, 11; M. PERCHERON: Buddha, 20–21; H. OLDENBERG: Buddha, 104–105.

[67] Zu der Gestalt des Brahmanen im Hinduismus vgl. H. v. GLASENAPP: Die nichtchristlichen Religionen, 83–84; 120.
[68] Zur Gestalt *Shivas* vgl. H. ZIMMER: Indische Mythen und Symbole, 137–209.
[69] Vgl. P. DAHLKE (Übers.): Buddha. Die Lehre des Erhabenen, 61–86: Mahapadana-Suttanta, S. 71; 78.
[70] I. NICHOLSON: Mexikanische Mythologie, 74–75.
[71] Vgl. TH. VON CELANO: Leben und Wunder des hl. Franziskus von Assisi, I 32; S. 106–108; II 16; 17; S. 236–238. Vgl. auch A. HOLL: Der letzte Christ, 91–95.
[72] Vgl. CH. LEA: Die Inquisition, 389–398.
[73] P. DE ROSA: Gottes erste Diener, 263–264.
[74] A. a. O., 500.
[75] A. a. O., 264.
[76] Vgl. R. DE ALMEIDA: Armut. Aus der Sicht der Theologie der Befreiung, in: P. Eicher (Hrsg.): Neues Handbuch theologischer Grundbegriffe, I 37–61: «Charakteristisches Merkmal des Reichen ist der Besitz von materiellen Gütern, die ihm insonderheit in der kapitalistischen Welt den Zugang zum Wissen und zur politischen Mitsprache eröffnen. Damit aber wird die Fraktion der Reichen zum Kern der gesellschaftlichen Klasse, die die Richtung der Politik und der gesamten Wissenschaft bestimmen. Im Gegensatz dazu ist der Arme derjenige, dessen einziges Interesse darin besteht, Mensch zu sein ... und allen Menschen die Chance zu ermöglichen, denken, leben, lachen, sich ausdrücken und gemeinsam wachsen zu können. Deshalb kämpft der Arme dafür, daß alle befreit werden, wohingegen dem Reichen nur an der Selbstbehauptung einiger weniger liegt» (60). Es ist absolut richtig, daß der Kampf gegen die Armut in Anbetracht von 50 Mio. verhungernden Menschen pro Jahr das alles entscheidende Thema der Politik sein muß bzw. müßte und daß es sich hier um eine Frage der Gerechtigkeit handelt (54). Wie aber kann man erklären, «der Arme» sehe sein einziges Interesse an dem Glück aller? Die Armut ist als kollektives Schicksal nur kollektiv zu überwinden, wohl wahr; aber als erstes muß man sehen, wie sehr die Armut durch das Leid, das sie jedem einzelnen auferlegt, die Menschen im Kampf gegeneinander fraktioniert: auf der Müllhalde beim Suchen nach Nahrungsmitteln ist jeder der Konkurrent des anderen, auf den Straßen ist der eine Bettler der schlimmste Feind des anderen Bettlers, die eine Prostituierte die Gegnerin der anderen, auf dem Markt der eine Anbieter der Verdrängende des anderen usw. Es ist die Armut, die die Campesinos zum Coca-Anbau zwingt. «Der Arme ... ist also ... das historische Sakrament des Heils, der gesellschaftliche Träger der neuen Rationalität, der neuen Kultur ... der bevorzugte Träger des Evangeliums» (60)? Umgekehrt: Der Arme ist das skandalöse Signum unserer Unfähigkeit, gemeinsam zu leben und die Güter der Welt gerecht zu verteilen; aber: Die Güter der Welt sind nicht vom Himmel gefallen, sondern durch eine «Rationalität» erworben worden, die im Status der Armut niemals zu erringen gewesen wäre. Ob man es will oder nicht: Man muß bei den «Reichen» anknüpfen, wenn man den Skandal der Armut beseitigen will. – Zudem muß man sehen, daß Lateinamerika nicht «die» Welt ist – allein in Indien leben mehr Menschen als in Südamerika und Afrika zusammen. Zur gesamten Problematik s. u. 674 ff. – Das Problem *im Umkreis der evangelischen Räte* ist dieses: Solange «Armut» wesentlich materiell definiert wird, ist sie «ein Übel, das den Menschen beleidigt und das Gott nicht will», wie L. BOFF: Zeugen Gottes in der Welt, 132–137, ganz richtig sagt; dann aber ist sie niemals ein Ziel oder ein Ideal. Selbst wenn L. BOFF (142) als «Ideal des Christentums» sich eine Gesellschaft vorstellt, «die die Gerechtigkeit und die brüderlich-schwesterliche Liebe verwirklicht», so ist eben in diesem Ideal die Armut beseitigt durch den Reichtum für alle. Keinesfalls ist auf der materiellen Ebene zu sehen, wieso auch der Satz gelten soll, es sei

der «Reichtum – ein Übel, das entmenschlicht und das Gott nicht will» (135), es sei denn wieder gemessen an den relativen Bedingungen einer ungerechten Verteilung des Eigentums, die aber mit der Frage nach arm und reich im materiellen Sinne nicht notwendig zu tun haben. Soll der Reichtum selbst als Übel verstanden werden, so muß man *psychologisch* argumentieren, d.h. man muß nach der Funktion fragen, in der Reichtum (materiell) verwendet werden soll, um eine seelische Form von Armut (psychisch) zu kaschieren; dann aber kommt man nicht umhin, den Begriff der Armut aus seiner materiellen Erscheinungsform zu lösen und ihn psychologisch und anthropologisch zu vertiefen. Das geschieht, wenn L. BOFF (a.a.O., 149) ganz richtig Armut als die Fähigkeit bestimmt, «Gott aufzunehmen und dabei das radikale Nichts der Schöpfung, die menschliche Leere vor dem Reichtum der göttlichen Liebe anzuerkennen». An dieser Stelle müßte die existentialanalytische Reflexion wirklich beginnen, statt, wie gewöhnlich, dort zu enden.

[77] So CIC, Can 273, vgl. Erzbischof J.J. DEGENHARDT: Gott braucht Menschen, 16: «Der priesterliche Gehorsam, der vom Geist der Zusammenarbeit durchdrungen sein muß, gründet in der Teilnahme am Auftrag des Bischofs, die dem Priester durch das Weihesakrament und die kirchliche Sendung übertragen wird.» D.h., «geistlich» verstanden, ist der Priester nichts weiter als der Teilhaber an der Würde des Bischofs, als dessen verlängerter Arm er aus Gründen der «Zusammenarbeit» fungiert. «Andererseits hat der Bischof die Verpflichtung, für das geistliche und leibliche Wohl seiner Priester zu sorgen» (16). Man sollte denken, *das* könnten erwachsene Menschen selber. Weit ansprechender ist hier der Vorschlag von L. BOFF: Zeugen Gottes in der Welt, 179–186, in der Forderung des Gehorsams einen «Weg der Selbstverwirklichung» zu sehen, wie wir es unten (S. 688) durchführen werden. Man muß dann freilich sehen, daß zum einen der Widerspruch zu dem offiziellen Verständnis von «Gehorsam» sehr groß ist und daß zum anderen eine psychologische Verinnerlichung des Gehorsamsbegriffs nur glaubhaft ist, wenn sie auch bzgl. der «Armut» und der «Keuschheit» durchgeführt wird. – Wie man übrigens diesen an sich richtigen Ansatz vom anderen Ende her ins Gegenteil verkehren kann, zeigt Kardinal J. MEISNER: Sein, wie Gott uns gemeint hat, 43: «Der Mensch findet im Willen Gottes zu sich selbst und damit zu seiner eigenen Lebenserfüllung.» Da wird die Fremdbestimmung als die wahre Identität behauptet; denn: was wissen wir von Gott?

[78] CIC, Can 277 § 1: «Die Kleriker sind gehalten, vollkommene und immerwährende Enthaltsamkeit um des Himmelreiches willen zu wahren; deshalb sind sie zum Zölibat verpflichtet, der eine besondere Gabe Gottes ist, durch welche die geistlichen Amtsträger leichter mit ungeteiltem Herzen Christus anhangen und sich freier dem Dienst an Gott und den Menschen widmen können.»

[79] In der Tat besteht eine archaische Korrelation zwischen Mahl und Gemeinsamkeit bzw. zwischen dem gemeinsamen Erlegen einer Beute und dem gerechten Teilen der gemeinsamen Speise; vgl. E. DREWERMANN: Der Krieg und das Christentum, 334–337.

[80] Sehr zu Recht meinen L. HARDICK – E. GRAU: Die Schriften des hl. Franziskus von Assisi, 231–333, S. 249–273 zur «Armut» im franziskanischen Sinne, es gehe hier nur um «die äußere Gestalt», um «das Sichtbarwerden der inneren Haltung». Aber eben: wir wissen von der «inneren Haltung» eines Menschen psychologisch heute so entscheidend viel mehr, daß es nicht möglich ist, das Leben eines Menschen nach den Vorstellungen einer mittelalterlichen Mönchsregel *äußerlich* festzulegen, statt den Punkt zu erläutern, wo es ein Zeichen von Freiheit wird, zu der Armut des eigenen Daseins Ja zu sagen. Den ursprünglichen Sinn der franziskanischen Armut freilich sehen die Autoren (S. 273) ganz richtig in der völligen «Enteignung», sagt doch *Franziskus:* Brief an den gesamten Orden (S. 89–94): «Behaltet ... nichts von euch für euch zurück, damit euch als Ganze aufnehme, der sich euch ganz hingibt.» Das ist, wenn

Worte einen Sinn machen, das Gegenteil von Selbstbestätigung und Selbstannahme, es sei denn, man setzt die Gestalt Christi gerade als den Ursprung der bejahenden Gnade Gottes. Statt «Enteignung» ist die christliche «Armut» dann aber Rückgabe der Existenz.

[81] Vgl. J. B. Metz: Die Zeit der Orden?, 52–59; zur Kritik daran s. u. S. 674ff.

[82] Vgl. L. Boff: Zeugen Gottes in der Welt, 154–156; aber noch einmal: «Armut», so verstanden, ist nichts weiter als der Anspruch und der Ausdruck einer Gerechtigkeit, der gegenüber sich die «Reichen» verpflichtet fühlen müssen, solange sie sich «Christen» nennen wollen. Die Forderung einer solchen Gerechtigkeit besteht; aber «evangelische Armut» ist etwas anderes.

[83] Vgl. a. a. O., 148–154: «Armut als Liebesengagement».

[84] Vgl. Papst Johannes Paul II.: Laborem exercens, AAS 73 (1981), 584; ders.: Sollicitudo rei socialis, AAS 80 (1988), 566–569, der von der menschlichen «Arbeit» und vom «Fortschritt» her eine Wandlung des sozio-ökonomischen Systems verlangt. In den Fragen der sozialen Armut verfügt die Kirche sicher nicht über eine Patentlösung, sie ist gegenüber dieser Form der «Armut» jedoch (inzwischen) weit sensibler als gegenüber den Fragen der psychischen Armut. Am 27. 06. 89 z. B. wurden von der *«Kongregation für das katholische Bildungswesen»* «Leitlinien für das Studium und den Unterricht der Soziallehre der Kirche in der Priesterbildung» herausgegeben. Etwas ähnliches ist gegenüber den *psychischen* Problemen der Priesteramtskandidaten oder der Gläubigen in der Kirche selber noch völlig undenkbar. Die Beseitigung der «Armut» *hier* erscheint daher als noch dringlicher als eine Verstärkung des innerkirchlichen Drucks in der Diskussion sozialökonomischer Fragen. Als Beispiel: Täglich rufen in der BRD etwa 100 Kinder bei Sorgentelefonen an, 40 000 Kinder und Jugendliche laufen von zu Hause fort, 10–15 % der Schulanfänger gelten als verhaltensauffällig, 38 Kinder und Jugendliche täglich versuchen einen Selbstmord, 4 sterben wirklich. Neue Westfälische, 9. 9. 89.

[85] Genau besehen, beginnt der Aufstieg zu bürgerlichem Wohlstand, zeitgleich zu dem franziskanischen Protest, im Mittelalter; vgl. J. Le Goff: Das Hochmittelalter, 187–219 zu der Entwicklung von landwirtschaftlichem Wohlstand, der Expansion des Handels und der Ausdehnung der Geldwirtschaft um 1180–1270; S. 285–290; 294–295: zur Krise der Gesellschaft zwischen 1315–17. Zur Industrialisierung im 19. Jh. vgl. A. R. L. Gurland: Wirtschaft und Gesellschaft im Übergang zum Zeitalter der Industrie, in: G. Mann (Hrsg.): Propyläen Weltgeschichte, VIII 279–336.

[86] Zur Verteidigung des so oft gescholtenen «Bürgers» vgl. I. Lissner: Wir sind das Abendland, 410; 570–571, der zu Recht gegenüber J. P. Sartre geltend macht, daß «der Bürger» «heute überhaupt kein feststehender Begriff mehr» sei, «ebensowenig wie der Proletarier». Die *theologische* Kritik, des «Bürgers» dürfte nicht ökonomisch, sie müßte *augustinisch* motiviert sein: «Der Bürger» ist ein Gegenbegriff des Christlichen, wenn und solange damit die Einstellung eines Menschen bezeichnet sein soll, der als seine «Heimat» nichts weiter kennt noch zuläßt als die irdische Existenz.

[87] Zu dem Kampf gerade des aufkommenden Bürgertums im 11. Jh. gegen die Grundherrschaft vgl. G. Duby: Krieger und Bauern, 319f.

[88] Vgl. A. Smith: Der Wohlstand der Nationen, S. 17: «Nicht vom Wohlwollen des Metzgers, Brauers und Bäckers erwarten wir das, was wir zum Essen brauchen, sondern davon, daß sie ihre eigenen Interessen wahrnehmen. Wir wenden uns nicht an ihre Menschen – sondern an ihre Eigenliebe, und wir erwähnen nicht die eigenen Bedürfnisse, sondern sprechen von ihrem Vorteil. Niemand möchte weitgehend vom Wohlwollen seiner Mitmenschen abhängen.»

[89] L. Feuerbach: Über Philosophie und Christentum, II 261–330, S. 315–327: «Oh, ihr Heuchler und Lügner! Die Früchte des alten Glaubens wollt ihr im Jenseits genießen, aber im

Diesseits euch unterdessen die Früchte des modernen Unglaubens köstlich schmecken lassen» (S. 318). Ganz richtig sah L. FEUERBACH: Das Wesen des Christentums, V 189–199, vor allem den *Zölibat* und das Mönchtum in dem «Glauben an den Himmel» und «an die Nichtigkeit und Wertlosigkeit dieses Lebens» begründet (191). Ohne den Hintergrund dieser existentiellen Erfahrung ist in der Tat weder das Christentum noch der Inhalt der evangelischen Räte zu verstehen, und nur wenn man zu diesem Ursprung zurückkehrt, wird man den ontologischen Anknüpfungspunkt für eine Neubegründung der christlichen Idealbildungen finden.

[90] Vgl. E. DREWERMANN: Der tödliche Fortschritt, 10–14.

[91] Zu der «Gemeinde der Bettler» im *Buddhismus* vgl. H. OLDENBERG: Buddha, 325–336: «Kein ausdrückliches Gelübde legte ihm (sc. dem Mönch, d. V.) die Pflicht der Armut auf; durch das Hinausgehen von der Heimat in die Heimatlosigkeit sah man wie die Ehe so auch die Eigentumsrechte dessen, welcher der Welt entsagte, als selbstverständlich aufgehoben an.» «Wie der Vogel, wohin er auch fliegt, nichts mit sich trägt als seine Flügel, so ist auch ein Mönch zufrieden mit dem Kleide, das er an sich trägt, mit der Speise, die er am Leibe hat. Wohin er auch geht, überall trägt er seinen Besitz mit sich.» In keinem christlichen Kloster lebt man derart «vogelfrei»; man verschiebt lediglich die «Armut» in die Vorsorgepflicht der Ordensgemeinschaft, die reich sein darf, wie die Kirche selbst, wenn nur der Einzelne – nicht *arm*, aber abhängig wird und bleibt.

[92] Konkrete Vorschläge, immerhin, müßten in die Richtung gehen, die E. EPPLER: Wenig Zeit für die Dritte Welt, 37–72, konzipiert hat; an der Spitze: *Familienplanung*, 37–40. Ehe die kath. Kirche hier nicht Vernunft annimmt, verwirkt sie jedes Recht, als Mahnerin der Menschheit aufzutreten.

[93] Es ist eine Art zu beten, die einen starken Glauben an die «Allmacht der Gedanken» zu verraten scheint, wie er bes. für das magische Denken in der Zwangsneurose kennzeichnend ist; vgl. S. FREUD: Totem und Tabu, IX 93–121.

[94] Zur Geschichte von *Camillo Torres* vgl. den Film von E. ITZENPLITZ: Der Tod des Camillo Torres oder: Die Wirklichkeit hält viel aus. Von Oliver Storz. ZDF: 14. 12. 77.

[95] So sehr richtig L. BOFF: Zeugen Gottes in der Welt, 148–154. Natürlich stimmt es, wenn E. HUG – A. ROTZETTER: Franz von Assisi. Arm unter Armen, S. 6, schreiben, daß «die Verbindung von sozialer Not und christlicher Mystik bleibend gültig ist». Aber in unseren Breiten ist die psychische Not weit größer als die soziale – und sie ist schwerer zu bewältigen.

[96] H. HESSE: Siddhartha, 117–124.

[97] A. a. O., 38–42.

[98] A. a. O., 45–59, lernt *Siddhartha* vor allem bei der Schönen *Kamala* die Liebe, ehe er (80–92) am Flusse sein zu vieles Wissen (91) zu vergessen und zu verwandeln beginnt.

[99] Man lese dagg. den wundervollen Aufsatz von H. HESSE: Eigensinn (1919), in: Politische Betrachtungen, 47–52: «Eine Tugend gibt es, die liebe ich sehr, eine einzige. Sie heißt Eigensinn ... Wer eigensinnig ist, gehorcht einem anderen Gesetz, einem einzigen, unbedingt heiligen, dem Gesetz in sich selbst, dem ‹Sinn› des ‹Eigenen›.»

[100] Vgl. z. B. E. DREWERMANN – I. NEUHAUS: Der goldene Vogel (KHM 57), 39–42; 52–55.

[101] Vgl. E. BRUNNER-TRAUT: Die Kopten, 22–34. – Interessant ist vor allem das Motiv des *Schweigens*, das (S. 30–31) aus dem pharaonischen Ägypten stammen dürfte, aber auch in der *Regel des heiligen Benedikt* (Kap. 6; S. 49) eine große Rolle spielt.

[102] Zur Stelle Mk 1,12.13 vgl. E. DREWERMANN: Das Markus-Evangelium, I 142–161.

[103] A. a. O., 148; 157, Anm. 24.

[104] A. a. O., 149–157.

[105] Vgl. G. MENSCHING: Die Religion, 290–297.

[106] H. Schultz-Hencke: Der Gehemmte Mensch, 39.
[107] A. a. O., 39–40.
[108] Die Angst vor dem Chaos liegt vor allem der (pubertären) Askese zugrunde, wie sie von S. Freud: Das Ich und die Abwehrmechanismen, 118–135, gültig beschrieben wurde. In gewissem Sinne läuft die asketische Klerikermoral auf eine Verewigung der Triebangst von Menschen hinaus, die seelisch nie älter werden durften als 15 Jahre.
[109] Bes. V. B. Dröscher: Nestwärme, 139–168, schildert höchst eindrucksvolle Beispiele der Elternliebe im Tierreich.
[110] Vgl. S. Freud: Vorlesungen zur Einführung in die Psychoanalyse, XI 369–371. Die Herrschaft des Lustprinzips auf Kosten des Realitätsprinzips ist geradewegs das Kennzeichen des Neurotischen.
[111] K. G. Rey: Das Mutterbild des Priesters, 129–133, hat sehr zu Recht die Infantilisierung der klerikalen «Bewahrungserziehung» beschrieben, die insbesondere in ihren sexuellen Tabus wirksam ist.
[112] Vgl. N. Lo Bello: Vatikan im Zwielicht, 202–203.
[113] S. u. S. 580ff.
[114] S. Kierkegaard: Der Augenblick, XIV 127–128; Werkausgabe, II 344–346: Lobrede auf das menschliche Geschlecht.

b) Armut oder: Konflikte der Oralität

α) Kirchliche Verfügungen

[1] G. Denzler: Lebensberichte verheirateter Priester, 7–13 führt den Katalog der wichtigsten Kritiken am Pflichtzölibat seit 1966 auf. Bereits F. Leist: Zölibat – Gesetz oder Freiheit, 178–214, beschwor einen neuen Priestertyp, der nicht mehr in einer magischen Welt leben müsse, um vor den Gefahren der Welt und der eigenen Lust bewahrt zu bleiben.
[2] CIC, Can 282 § 1 mahnt lediglich an: «Die Kleriker haben ein einfaches Leben zu führen und sich aller Dinge zu enthalten, die nach Eitelkeit aussehen.» Das ist nicht «Armut», sondern mittelständische Mäßigung.
[3] *Römische Bischofssynode* 1971: Der priesterliche Dienst, 60–61.
[4] A. a. O., 69.
[5] M. Huthmann: Mit Jesus auf dem Weg, 85.
[6] Nebenbei: wie in der Kunst der Kitsch ein sicheres Indiz für die Unwahrheit der Gefühle darstellt, so die kirchliche Mystifikationssprache für die Heuchelei im Umgang mit Gott. S. Kierkegaard: Der Augenblick, XIV 248–250; Werkausgabe, II 454–456, hat in der «Novelle» vom Cand. theol. Ludwig Fromm die Verblasenheit eines Christentums der großen Worte scharfzüngig kritisiert.
[7] N. Lo Bello: Vatikan im Zwielicht, 266.
[8] A. a. O., 272.
[9] A. a. O., 276.
[10] A. a. O., 254.
[11] Zu der analen Gleichung von Kot und Gold vgl. S. Freud: Über die Triebumsetzungen insbesondere der Analerotik, X 401–410, S. 407–409.
[12] N. Lo Bello: Vatikan im Zwielicht, 252.
[13] A. a. O., 256.
[14] A. a. O., 243–244.

[15] A. a. O., 244.
[16] A. a. O., 244.
[17] A. ROHRBASSER (Hrsg.): Sacerdotis imago, 43–44.
[18] Vgl. K. MARX: Das Kapital, 1. Bd., 168–169. Der Kapitalist als das personifizierte Kapital ist so «selbstlos», daß schließlich nicht mehr er selbst, sondern der *Wert* im Zirkulationsprozeß von Geld und Ware sich als das treibende Subjekt setzt.
[19] M. WEBER: Die protestantische Ethik und der Geist des Kapitalismus, in: Gesammelte Aufsätze zur Religionssoziologie, I 17–206.
[20] A. ROHRBASSER (Hrsg.): Sacerdotis imago, 144–145.
[21] Vgl. C. AMERY: Das Ende der Vorsehung, Hamburg (rororo 6874) 1972 – zu der christlichen, «eschatologischen» Vertrauensseligkeit der Umweltkatastrophe gegenüber.
[22] Zur Psychologie des Geldes vgl. P. KLOSSOWSKI: Das lebende Geld, in: J. Harten – H. Kurnitzky (Hrsg.): Museum des Geldes, I 78–99.
[23] A. ROHRBASSER (Hrsg.): Sacerdotis imago, 220–221.
[24] A. a. O., 221.
[25] H. MISCHLER: Haben die Priester Zukunft, 57.
[26] A. a. O., 57.
[27] A. a. O., 58.
[28] A. a. O., 60–61.
[29] *Die Regel des hl. Benedikt*, S. 105–107, hrsg. von der Beuroner Benediktinerkongregation.
[30] A. a. O., 104.
[31] A. a. O., 105.
[32] A. a. O., 106.
[33] A. a. O., 107.
[34] *Direktorium* der Missionsschwestern vom Kostbaren Blut, Nr. 30, S. 28–29. – Es sei ausdrücklich hinzugefügt, daß die nachfolgend zitierten Regeln nicht als besonders «schlimme» Beispiele aufgeführt werden, sondern weil hier besonders deutlich wird, wie die *üblichen*, in der Tradition tief verankerten Vorstellungen über die christliche Armut wirken müssen, wenn sie wirklich ernstgenommen werden.
[35] A. a. O., Nr. 31, S. 29–30.
[36] A. a. O., Nr. 33, S. 30–31.
[37] A. a. O., Nr. 37, S. 32.
[38] A. a. O., Nr. 43, S. 35.
[39] A. a. O., Nr. 44, S. 35–36.
[40] A. a. O., Nr. 47, S. 37.
[41] A. a. O., Nr. 50, S. 38.
[42] A. a. O., Nr. 54, S. 41.
[43] Konstitutionen der Missionsschwestern vom Kostbaren Blut, Nr. 19, S. 22.
[44] A. a. O., Nr. 22, S. 23.
[45] F. KAFKA: In der Strafkolonie (1919), in: Sämtliche Erzählungen, 100–123.

β) Vom Ideal der Armut zu der Armseligkeit des Menschlichen

[1] TH. MORUS: Utopia, in: K. J. Heinisch (Hrsg.): Der utopische Staat, 7–110, Kap. 7, S. 44–46: Das Privateigentum als Hindernis gerechter Politik.
[2] T. CAMPANELLA: Sonnenstaat, in: A. a. O., 111–169, Kap. 4, S. 123–124: Gemeinbesitz und Brüderlichkeit. Zu Recht sieht CAMPANELLA, daß privates Eigentum solange unabdingbar ist,

als es Familien mit eigenen Wohnungen, eigenen Kindern, eigenen Männern und Frauen gibt. Er ist konsequenterweise bereit, das eine mit dem anderen abzuschaffen.

[3] Vgl. S. Freud: Drei Abhandlungen zur Sexualtheorie, V 27–145, S. 77–80.

[4] Zur Interpretation des Märchens vgl. B. Bettelheim: Kinder brauchen Märchen, 151–157, der vor allem den schematischen Aufbau der Erzählung in seinen typischen Momenten recht gut wiedergibt.

[5] Bes. F. M. Dostojewski: Njetotschka Neswanowa, 7–47, die (von Ch. Dickens beeinflußte) Geschichte eines Mädchens, das Mutter und Vater verliert. Ders.: Die Erniedrigten und Beleidigten, 328–346, – die Geschichte der kleinen *Nelli* und ihrer verarmten Mutter.

[6] Vgl. H. Thomä: Anorexia nervosa, 272–282; E. Drewermann: Strukturen des Bösen, II 243–246.

[7] Vgl. E. Drewermann: Strukturen des Bösen, II 56–69; 178–202; 594–615.

[8] Vgl. S. Freud: Über weibliche Sexualität, XIV 515–537, S. 520–529.

[9] Aischylos: Orestie, in: O. Werner (Übers.): Aischylos: Tragödien und Fragmente, 7–110.

[10] S. Freud: Totem und Tabu, IX 171 f.

[11] W. Meyer: Schwester Maria Euthymia, 117: «Die Hingabebereitschaft war der Zentralgedanke, der sie zutiefst erfüllte... Sie wollte immer nur, was Gott wollte, ob der Gehorsam sie in die Krankenzimmer oder in die Wäscherei rief. Alles, was ihr von außen oder innen begegnete, sah sie im Glauben: als eine Fügung, als einen Fingerzeig, als einen Wunsch, kurz, als einen Ausdruck des göttlichen Willens.» *Sr. M. Euthymia* litt an tödlichem Darm-Krebs (97). Die erwähnte Begebenheit wurde mir mündlich berichtet. In ihren letzten Aufzeichnungen fragt sie: «Wer wußte von der Traurigkeit meines Herzens? Maria die Trösterin der Betrübten...» (124). Ich zweifle nicht, daß *Sr. M. Euthymia* ein wunderbarer Mensch war, aber das ist etwas anderes, als die offensichtliche Wehrlosigkeit und Mutterabhängigkeit in ihrem Wesen (S. 17–19) als vorbildliches Ideal der Gottergebenheit zu preisen.

[12] Vgl. E. Drewermann – I. Neuhaus: Das Mädchen ohne Hände, 32–33.

[13] Vgl. G. Bernanos: Die Freude, 170: «Jedes übernatürliche Leben vollendet sich im Schmerz, aber diese Erfahrung hat die Heiligen nie von einem solchen Leben abgehalten.» H. U. von Balthasar: Nachwort, 193–199, S. 195, bemerkte dazu: «Der Christ ist psychologisch nicht verstehbar...» Aber wer die Dynamik der Angst im Unbewußten der menschlichen Psyche nicht zunächst mit den Mitteln der Psychoanalyse erforscht, wird immer wieder in die Gefahr kommen, für den Willen «Gottes» oder für «Christus» (und die Kirche) zu erklären, was in Wahrheit sich aus den Erfahrungen der frühen Kindheit ergibt.

[14] P. Claudel: Der seidene Schuh oder Das Schlimmste trifft nicht immer zu, Salzburg–Leipzig 1939, übers. von H. U. v. Balthasar. Vgl. dazu P. A. Lesort: Claudel, 98–106, der zu Recht fragt: «Was bedeutet jene dem Menschenpaar verheißene Verschmelzung außerhalb des Körperlichen und jenseits der Begierde, als sei der Leib für den Menschen ein Grab und die einzige Weihe der Liebe nur durch Tod erreichbar?» (105) Claudels Antwort im Munde *Proëzas* lautet: «Ich wäre nur ein bald hinsterbendes Weib auf deinem Herzen gewesen, und nicht der ewige Stern, nach dem dich dürstet» (Der seidene Schuh, 261). Aber ist die Liebe nur da, um die Menschen dürsten zu machen?

[15] F. Nietzsche: Also sprach Zarathustra, 1. Teil: Von den Priestern, S. 69–71: «Sie nannten Gott, was ihnen widersprach und wehe tat... Und nicht anders wußten sie ihren Gott zu lieben, als indem sie den Menschen ans Kreuz schlugen... Bessere Lieder müßten sie mir singen, daß ich an ihren Erlöser glauben lerne: erlöster müßten mir seine Jünger aussehen!...»

[16] H. Kühner: Lexikon der Päpste, 42–43; J. Dhondt: Das frühe Mittelalter, 82–85.

[17] G. Grass: Gesammelte Gedichte, 78.

[18] S. KIERKEGAARD: Der Begriff Angst, 118–121.
[19] A. a. O., 40–43; vgl. die Darstellung bei E. DREWERMANN: Strukturen des Bösen, III 436–448.
[20] G. W. F. HEGEL: Phänomenologie des Geistes, 158–171: Das unglückliche, in sich entzweite Bewußtsein.
[21] F. SCHILLER: Johanna von Orleans, in: Werke, I 923–1036, Dritter Aufzug, 10. Auftritt, S. 998–1000.
[22] Zur Gestalt der hl. THERESIA VON AVILA vgl. R. SCHNEIDER: Philipp der Zweite, 117–175; bes. S. 157 (das Kampflied der Heiligen) zeigt den soldatisch-männlichen Charakter im Wesen dieser großen Frau. W. NIGG: Große Heilige, 222–271, S. 263–267, erläutert den Ernst der Klosterreform der Heiligen.
[23] R. D. LAING: Knoten, 29.
[24] Vgl. R. A. SPITZ: Vom Säugling zum Kleinkind, 198–205.
[25] S. FREUD: Ein Kind wird geschlagen, XII 195–226.
[26] H. ZULLIGER: Schwierige Kinder, 209–211: «Wenn wir nicht zur straffreien Erziehung kommen, wird der Friede auf der Welt wahrscheinlich Illusion bleiben.»
[27] S. FREUD: Einige Charaktertypen aus der psychoanalytischen Arbeit, X 363–391, S. 370–389.
[28] K. ABRAHAM: Versuch einer Entwicklungsgeschichte der Libido auf Grund der Psychoanalyse seelischer Störungen (1924), in: Ges. Schriften, II 32–83.
[29] M. KLEIN: Zur Psychogenese der manisch-depressiven Zustände (1935), in: Das Seelenleben des Kleinkindes, 44–71.
[30] THERESIA MARTIN: Briefe, II 73–74.
[31] THERESIA MARTIN: Briefe, I 98; THOMAS VON KEMPEN: Nachfolge Christi, übers. von H. Endrös, eingel. v. E. Schaper, S. 41: «Je umfassender und je tiefer dein Wissen ist, um so schwerer wiegt deine Verantwortung, wenn deine Heiligkeit nicht deinem Wissen entspricht. Darum tu dir nichts zugute auf jegliches Wissen und Können; mit Argwohn betrachte vielmehr alle dir gegebene Einsicht... Willst du mit Gewinn etwas wissen und lernen, dann laß es dir angelegen sein, unbekannt und für nichts geachtet zu leben.»

c) Gehorsam und Demut oder: Konflikte der Analität

α) Kirchliche Verordnungen und Verfügungen

[1] *Die Regel des hl. Benedikt,* Kap. 7, S. 51–59; zitiert nach B. STEIDLE (Übers.): Die Regel des hl. Benedikt, 35–43.
[2] Vgl. B. STEIDLE (Übers.): A. a. O., 7: «In der Regel Benedikts ist die Weisheit der Bibel und die reiche, von der Bibel befruchtete persönliche Erfahrung des Mönchsvaters zu unlösbarer Einheit zusammengefügt. Nach der Auffassung des frühen Mönchtums beabsichtigt der Verfasser einer Regel grundsätzlich nichts anderes, als den Willen Gottes, der in der Heiligen Schrift niedergelegt ist, den Schülern konkret greifbar und sichtbar zu machen.»
[3] B. STEIDLE (Übers.): A. a. O., 42.
[4] Vgl. ARISTOTELES: Nikomachische Ethik, I 13, S. 29, wo «das Glück» definiert wird als «ein Tätigsein der Seele... im Sinne der ihr wesenhaften Tüchtigkeit». Das Entscheidende dieser «heidnischen» Bestimmung des «Glücks» bzw. der «Vollkommenheit» liegt in der Anknüpfung an das Wesen des jeweils Handelnden.

[5] Vgl. H. U. v. Balthasar (Übers.): Die ausführlichen Regeln des hl. Basilius, in: Die großen Ordensregeln, 27–98.
[6] W. Hümpfner (Übers.): Die Regeln des hl. Augustinus, in: Die großen Ordensregeln, 99–133; vgl. B. Steidle (Übers.): Die Regel des hl. Benedikt, 7.
[7] Es ist dieses Grundprinzip, das von dem Paderborner Erzbischof J. J. Degenhardt: Zur «Kölner Erklärung» der Theologen, 38–39, wie folgt ausgelegt wird: «Da das Lehramt der Kirche von Christus eingesetzt worden ist, um das Gewissen zu erleuchten, und weil das Lehramt vom Geiste Gottes in Glaubens- und Sittenfragen geführt wird, können katholische Theologie-Professoren sich nicht auf das Gewissen berufen, um die vom Lehramt verkündete Lehre zu bestreiten.» Der Grund: Es ist Jesus Christus bzw. der Heilige Geist selbst (nicht das Kirchenvolk), der Päpste und Bischöfe einsetzt (69), und: Es gibt «in sich schlechte Handlungen ..., die nicht durch eine Güterabwägung, nicht in bestimmten geschichtlichen Situationen und nicht für einzelne Menschen in sittlich gute Handlungen umgewandelt werden können. Wenn man das bestreitet, bestreitet man, daß es Wahrheiten vom Menschen gibt, die dem Ablauf des geschichtlichen Werdens entzogen sind.» Solche ewigen Wahrheiten sind, auf Grund der Heiligkeit Christi und des Zeugnisses der Bibel, die Unauflöslichkeit der sakramentalen Ehe, das Verbot der Homosexualität u. a. m. (14). Die geschichtliche Unveränderlichkeit der von Gott geoffenbarten Wahrheit, die durch das kath. Lehramt verkündet wird, sowie die Ableitung des unfehlbaren Lehramtes selber aus der Einsetzung Christi und dem Wirken des Hl. Geistes, – das stempelt jeden Konflikt eines einzelnen mit diesem Lehramt zu einem «Irrtum» (im besten Falle!) oder, was näher liegt, zu einem böswilligen Aufbegehren, das man disziplinarisch niederdrücken muß; es herrschen hier offensichtlich immer noch Vorstellungen von Offenbarung und Kirche, die man in der Christologie bereits vor 1500 Jahren als «Monophysitismus» bezeichnet hat.
[8] Es ist eben nicht die Person, es ist das *Amt*, das objektiv die Wahrheit ist. Sozialphilosophisch hat A. Gehlen: Urmensch und Spätkultur, 42–45, von der «Innenstabilisierung des Menschen durch Institutionen» gesprochen und die «stabilisierte Spannung» beschrieben, die (78–84) als Ergebnis des Ambivalenzkonfliktes «hohe Schwellenwerte des Objekts» festhalte, «die ganz invariant werden, nämlich unabhängig vom Wechsel der subjektiven inneren Zustände und von irgendwelchen Bedürfnis- und Sättigungsschwellen. Was der Häuptling sagt oder tut, ist immer in höchstem Grade beachtlich, gleichgültig, wie die eigene innere Befindlichkeit aussieht... Im Umkreis der stabilisierten Spannung gibt es keine drängenden und noch abzusättigenden Bedürfnisse mehr, denn sie hat die eingegangenen, gegenseitig unter Hemmung gesetzten Antriebe der Aggression und Unterwerfung, der Furcht und Bewunderung ganz in sich eingeschmolzen» (79). Besseres ist zur Tabuisierung von Institutionen nicht zu sagen. Nur muß man wissen, daß gerade zum Führen das Zuhören gehört und daß nur derjenige auf die Dauer «Gehorsam» auf sich ziehen wird, der in sich selber die faktischen Normen einer Gruppe verkörpert. Vgl. G. C. Homans: Theorie der sozialen Gruppe, 386–407. Was aus einer Religion wird, die das «Stadium der Organisierung» abgeschlossen hat, zeigt G. Mensching: Die Religion, 294–297.
[9] Auch diese Tendenzen teilt die Kirche mit den Gesetzen der Sozialpsychologie: Jede Gruppe ist geneigt, von sich das Beste anzunehmen. Vgl. R. Battegay: Der Mensch in der Gruppe, I 46–48; 69–72; P. R. Hofstätter: Gruppendynamik, 98–111. Die Absolutsetzung der eigenen Wahrheit geht jedoch stets einher mit der Intoleranz gegenüber anderen Lebensformen. Es scheint zu einer Überlebensfrage der Menschheit zu werden, inwieweit es gelingt, die Achtung vor den Gesetzen der eigenen Gruppe mit dem Bewußtsein der geschichtlich bedingten Relativität ihrer Gültigkeit zu vereinbaren.

[10] P. Tillich: Wesen und Wandel des Glaubens, 114, meinte dazu: «Die einzige unbedingte Wahrheit des Glaubens ... ist, daß jede Glaubensaussage unter einem Ja und Nein steht. Von diesem Kriterium geleitet, hat der Protestantismus die Römische Kirche verurteilt. Es waren nicht so sehr die Lehrmeinungen, die die Kirchen in der Reformationszeit spalteten, es war die Wiederentdeckung des Grundprinzips, daß keine Kirche das Recht hat, sich an die Stelle des Unbedingten zu setzen.»

[11] Insbesondere die Zen-Meditation in der Vermittlung von K. Graf Dürckheim gehört heute zum Standardangebot der Bildungsveranstaltungen vieler Benediktinerkonvente. Vgl. K. Dürckheim: Übung des Leibes auf dem inneren Weg, München 1981; ders.: Ton der Stille, Aachen 1986.

[12] Zum Begriff des «Selbst» in der Tiefenpsychologie vgl. C. G. Jung: Psychologische Typen, VI 512; Definitionen. Das «Selbst» koinzidiert als ein transzendenter Begriff mit dem Gottesbild bzw. mit der Christusgestalt (oder der Gestalt des Buddha bzw. eines anderen religiösen Heilbringers); vgl. C. G. Jung: Psychologie und Religion, XI 88f. Vgl. auch E. Drewermann: Strukturen des Bösen, II 26–37.

[13] Vgl. K. Dürckheim: Ton der Stille, 21: «Je mehr das gegenständliche Bewußtsein seine Triumphe feiert, ... und der Mensch in einer immer maßloser werdenden Bewußtseinserweiterung die Grenzen seiner geistigen Leistungskraft ins Unendliche hinaustreibt, um so sicherer gelangt er in einen Raum von numinosem Charakter ... Aber sein Mensch-Sein ist bedroht, wenn er nicht zur Gegenbewegung hinfindet in jene Tiefe hinein, auf deren Grund er demütig nichts anderes findet als eine winzige Perle.»

[14] I. Kant: Kritik der reinen Vernunft, 2. Abt., 2. Buch, 1.–2. Hauptstück, IV 339–399.

[15] Vgl. den berühmten Dialog *Milindapanha*, in: K. Mylius (Übers.): Gautama Buddha. Die vier edlen Wahrheiten, 373–387.

[16] Vgl. die Lehrrede vom endgültigen Verlöschen (*Maha-parinibbana*-Suttanta), bei: P. Dahlke (Übers.): Buddha. Die Lehre des Erhabenen, 87–139, S. 107: «Gleichwie, Ananda, ein abgenützter Karren nur durch künstliche Mittel sich instandhalten läßt, ebenso auch, Ananda, läßt der Leib des Vollendeten sozusagen nur durch künstliche Mittel sich imstande halten ... Daher, Ananda, selber seid euch Schutz, selber Zuflucht ... Und alle diejenigen ..., welche jetzt oder nach meinem Dahinscheiden in sich selber Stütze, in sich selber Zuflucht ... suchen werden ..., werden mir am höchsten stehen von allen, die da willig sind zum Streben.»

[17] Vgl. Meister Eckhart: Predigten und Schriften, hrsg. v. F. Heer, 168: «... was der Mensch von außerhalb seiner selbst bezieht oder nimmt, damit ist er im Unrecht. Man soll Gott in nichts nehmen oder achten als etwas, was außerhalb von einem liegt, sondern als ‹mein eigen› und als das, was in einem ist» (Predigt über Weish 5,16). Zur Geschichte *Meister Eckharts* vgl. W. Nigg: Das Buch der Ketzer, 289–310.

[18] Vgl. G. Wehr: Thomas Müntzer, 17; 25; 51; 117.

[19] L. Gnädinger: Taulers Leben und Umwelt, in: J. Tauler: Gotteserfahrung und Weg in die Welt, 9–59, S. 53–57: Die Gottesgeburt im Menschen.

[20] B. Steidle (Übers.): Die Regel des hl. Benedikt, Kap. 5, S. 32–33.

[21] A. a. O., Kap. 68, S. 115–116.

[22] Zum Begriff der *Heteronomie* vgl. I. Kant: Die Religion innerhalb der Grenzen der bloßen Vernunft, VIII 742–747; 764–767; 767–777; 847–854.

[23] A. Guillermou: Ignatius von Loyola, 90.

[24] A. a. O., 90.

[25] A. a. O., 90.

[26] A. a. O., 68.

[27] A. a. O., 112. Vgl. IGNATIUS VON LOYOLA: Satzungen der Gesellschaft Jesu, 180–181. – Zur Auslegung der «Indifferenz» vgl. K. RAHNER: Die ignatianische Mystik der Weltfreundlichkeit, III 329–348, S. 339–341, der den Gehorsam des Ignatius als Ekstase des Seins bzw. als Transzendenz der Welt versteht; doch ist dies vielleicht die Mystik, sicher nicht die Praktik dieses Ordens.

[28] Vgl. L. HARDICK–E. GRAU (Hrsg.): Die Schriften des hl. Franziskus von Assisi, 273–288, die (S. 280) zwar stets auf den Willen Gottes hinweisen, dem der Gehorsam gilt, dann aber (S. 281) ganz richtig im Sinne des Heiligen erklären: «Der Gehorsam, den alle ... dem Geiste Gottes schulden, wird ... nicht irgendwie und irgendwo vollzogen, sondern ganz konkret im Raume der Kirche», was im folgenden mit zahlreichen Zitaten ausgeführt wird. Im Oberen, in den Amtsträgern der Kirche erscheint Christus selbst. Es ist ein weiter Weg, von diesem Ansatz zu einem gemeinsamen Hören aufeinander inmitten einer brüderlichen Gemeinschaft zu kommen, denn eben: das Hören auf den Armen ist niemals mit Befehl und Auftrag verbunden wie das Hören auf den Oberen. Und vor allem: wer die evangelischen Räte personalisiert, statt institutionalisiert versteht, muß die Eigenständigkeit des Ichs betonen. Zum «Kadavergehorsam» bei *Franziskus* vgl. TH. VON CELANO: Leben und Wunder des hl. Franziskus von Assisi, II 152, S. 355–356.

[29] Vgl. O. BRUNNER: Sozialgeschichte Europas im Mittelalter, 53–64: Der Widerstreit zwischen Kirche und Welt in seinen sozialgeschichtlichen Folgen, bes. S. 58–59: Armutsbewegung und Häresien. J. LE GOFF: Das Hochmittelalter, 37–54: zum Aufschwung der Städte, des Handels und der Geldwirtschaft sowie zu der Revolution in der Landwirtschaft nebst dem erheblichen Bevölkerungswachstum.

[30] Zur Arbeitsteilung bereits im 12. Jh. vgl. J. LE GOFF: Das Hochmittelalter, 51–54.

[31] Man macht sich nur sehr schwer klar, wie sehr die Dogmengeschichte der Kirche immer zugleich auch Herrschafts- und Gewaltgeschichte war. Vgl. TH. REIK: Dogma und Zwangsidee, 25–43; K. DESCHNER: Kriminalgeschichte des Christentums, I 143–181: Die Verteufelung von Christen durch Christen beginnt.

[32] Vgl. R. SCHNEIDER: Philipp der Zweite, 105–117, S. 114–115: «Ignatius wählte Europa als Mittelpunkt ausstrahlender Wirkung und entschied sich bald darauf für Rom. Es galt, Rom zu rüsten, Rom zu wecken; über Rom wirkte Spanien auf die Welt. Bald kämpfte im hohen Norden Spanien als unversöhnlichster Feind des Neuen, als Schürer des Widerstandes unter den Zeichen Roms.» Vgl. auch F. HEER: Die Dritte Kraft, 347–407; Ignatius und seine Söhne, bes. S. 378 ff. über die «Geburt des neuen Menschen» in den «Exerzitien».

[33] Vgl. R. SCHNEIDER: Philipp der Zweite, 197–219, S. 199–200: «Wie das Konzil von Trient wird dieses Bauwerk mitten in der Verirrung stehn: unangreifbar in seiner Form, mächtig und rein, das untadelige Gefäß der unverfälschlichen Wahrheit. Jeder Schlag des Meißels ist ein Protest gegen das Neue, eine Bestätigung gereinigter Tradition; der Umriß jedes Turms soll das nordische Chaos widerlegen.»

[34] Vgl. E. DREWERMANN: Der Krieg und das Christentum, 177–182; 195–219; 232–254.

[35] Vgl. G. MANN: Der europäische Geist im späten 17. Jahrhundert, In: G. Mann (Hrsg.): Propyläen Weltgeschichte, VII 349–384; der (S. 379 f.) bes. das Bemühen von *Leibniz* an der Aussöhnung zwischen den Konfessionen hervorhebt.

[36] Vgl. V. L. TAPIÉ: Das Zeitalter Ludwig XIV., in: G. Mann (Hrsg.): Propyläen Weltgeschichte, VII 275–348; zu dem ägyptischen «Sonnensohn»-Titel vgl. J. VON BECKERATH: Handbuch der ägyptischen Königsnamen, 32–33; A. GARDINER: Egyptian Grammar, 74–76.

[37] «Papa», Papst ist eigentlich die Abkürzung des lateinischen *pater patrum*, «Vater der Väter».

[38] Zur Stelle vgl. E. SCHWEIZER: Das Evangelium nach Matthäus, 281–282.
[39] Zum westfälischen Frieden vgl. G. MANN: Das Zeitalter des Dreißigjährigen Krieges, in: G. Mann (Hrsg.): Propyläen Weltgeschichte, VII 133–230, S. 219–230.
[40] Vgl. A. WANDRUSZKA: Die europäische Staatenwelt im 18. Jahrhundert, in G. Mann (Hrsg.): Propyläen Weltgeschichte, VII 385–465, S. 421–424: Der junge König Friedrich; vgl. E. SIMON: Friedrich der Große, 124–125; 148–162.
[41] Vgl. M. LUTHER: Von der Freiheit eines Christenmenschen (1520), in: Von der Freiheit eines Christenmenschen, 161–187, der (S. 185) freilich zum Gehorsam gegen alle Obrigkeit mahnt. Vgl. auch E. H. ERIKSON: Der junge Mann Luther, 52–105: Gehorsam – wem?; 246–276: Glaube und Zorn.
[42] *Direktorium* der Missionsschwestern vom Kostbaren Blut, Nr. 67, S. 50. – Noch einmal: es ist an sich beliebig, welche Ordensregeln wir hier durchgehen; die Regeln dieses Ordens zeigen besonders deutlich das Bemühen, innerhalb der allgemein verbreiteten Tradition und Interpretation im Verständnis der evangelischen Räte alles ganz richtig zu machen.
[43] A. a. O., Nr. 68, S. 50.
[44] A. a. O., Nr. 69, S. 51.
[45] A. a. O., Nr. 73, S. 52.
[46] A. a. O., Nr. 74, S. 53.
[47] A. a. O., Nr. 82, S. 55–56.
[48] *Konstitutionen* der Missionsschwestern vom Kostbaren Blut, Nr. 26, S. 25.
[49] A. a. O., Nr. 28, S. 26.
[50] A. a. O., Nr. 33, S. 28. – Daß auch nach dem 2. Vaticanum die Ausbildung der Ordensmitglieder vom Noviziat an niemals wirklich revidiert worden ist oder werden sollte, zeigt R. HENSELER: Zur Geschichte des nachkonziliären Ordensrechts, 27: «Es wird damit (sc. mit der Instruktion Renovationis causam, d. V.) die Grundentscheidung für die weitere Institutionalisierung des Ausbildungsweges getroffen. Es geht nicht um eine grundsätzlich neue Institutionalisierung, ... sondern nur um die Lockerung der traditionellen Normen.» Allenfalls bleibt (um 1980) noch eine gewisse «dezentralisierende Tendenz» festzustellen. Doch auch das läßt sich ändern.
[51] P. DE ROSA: Gottes erste Diener, 74.
[52] A. a. O., 76.
[53] A. a. O., 83.
[54] Zu der Gestalt Innozenz III. vgl. J. LE GOFF: Das Hochmittelalter, 240–242.
[55] P. DE ROSA: Gottes erste Diener, 92.
[56] Vgl. J. C. FEST: Hitler, 644, aus *Hitlers* Rechtfertigungsrede nach der Ermordung *Röhms:* «In dieser Stunde war ich verantwortlich für das Schicksal der deutschen Nation und damit des deutschen Volkes oberster Gerichtsherr.»
[57] Zur Stelle vgl. E. DREWERMANN: Das Markus-Evangelium, II 129–147.
[58] TH. HOBBES: Leviathan, zit. nach P. DE ROSA: Gottes erste Diener, 85. HOBBES: A. a. O., S. 111–112, erklärt die römische Glaubenslehre geradewegs zu einem Instrument der päpstlichen Macht.
[59] MARSILIUS VON PADUA: Der Verteidiger des Friedens, II 9, § 1–13, S. 122–128. In II 10, § 4, S. 131–132 ist *Marsilius* mutig genug, in Ketzerprozessen ein ordentliches Verfahren zu fordern – eine noch bis heute nur unvollkommen beherzigte Mahnung. Vgl. auch A. R. MYERS: Europa im 14. Jahrhundert, in: G. Mann (Hrsg.): Propyläen Weltgeschichte, V 563–618, S. 602–604.
[60] Zum Dogma der Unfehlbarkeit vgl. H. JEDIN: Kleine Konziliengeschichte, 120–122.

[61] Zum *«Syllabus»* vgl. die Aufzählung bei DENZINGER-SCHÖNMETZER: Enchiridion Symbolorum, Nr. 2901–2980, S. 577–584. Verurteilt wird da der Pantheismus, der Naturalismus, der Rationalismus (insbes. ANTON GUENTHER), der Indifferentismus, der Laicismus, der Demokratismus, der Liberalismus usw. Man muß sich vorstellen, daß in dieser Weise über 100 Jahre lang die Priesteramtskandidaten sechs Jahre lang durch das Theologiestudium im Verurteilen und Ausgrenzen erzogen wurden, ehe sie würdig wurden, für die Liebe Christi in der Welt Zeugnis zu geben. Die Schriften Spinozas, Kants, Hegels, Schopenhauers, Feuerbachs, von Saint Simon oder Bebel wird auch heute noch kaum ein Priester je in der Hand gehabt haben, es sei denn, er wäre durch eine Seminararbeit einmal genötigt gewesen, die spezielle Irrlehre im Namen der Wahrheit der Kirche zu widerlegen; zu einem Ereignis ist ihm die Begegnung mit einem dieser Großen so gut wie nie geworden.

[62] Vgl. IGNATIUS VON LOYOLA: Geistliche Übungen und erläuternde Texte, S. 324–325 (Beratung der ersten Gefährten): «Der Gehorsam gebiert heroische Akte und Tugenden ... wie zum Beispiel, wenn nur auferlegt würde, daß ich nackt oder in unüblicher Kleidung über Straßen und Plätze ginge; denn auch wenn dies niemals befohlen würde ... wirft nichts so allen Hochmut und alle Anmaßung nieder wie der Gehorsam.» – Vgl. auch P. DE ROSA: Gottes erste Diener, 177; zu *Johannes Paul II.* a. a. O., 174–175.

[63] P. DE ROSA: Gottes erste Diener, 176.

[64] A. a. O., 177.

[65] A. a. O., 179.

[66] A. a. O., 180.

[67] J. ANOUILH: Jeanne oder die Lerche, 2. Teil, S. 75.

[68] A. a. O., 76.

[69] A. a. O., 66.

[70] Besonders zu gedenken ist hier des Breslauer Priesters und Professors JOSEPH WITTIG: Höregott, ein Buch vom Geiste und vom Glauben, 118–123, der in der Rechtfertigung seines Lebens verlangte, die Seele vom Leibe her zu heilen, bis man Gott wieder wandeln sähe im Schatten seiner Bäume. WITTIG war von der Kirche verurteilt worden, weil er die sexuelle Verkrampftheit und Spießerei der katholischen Beichtpraxis durch ein größeres Vertrauen in die Gnade Gottes auflockern und überwinden wollte. Demgegenüber beklagt inzwischen Papst JOHANNES PAUL II.: Reconciliatio et Paenitentia, 18, S. 36–39 den Verlust des Sündenbewußtseins in unserer säkularen Zeit. Kein geringerer als K. RAHNER: Beichtprobleme, in: Schriften zur Theologie, III 227–245, klagte bereits vor einem Vierteljahrhundert über «legalistisch-magische Tendenzen» in der kirchlichen Beichtpraxis (z. B. in der Sonntagsheiligung), doch gelangte auch er nicht weiter als dazu, den Sündenbegriff zu existentialisieren: «Wenn man einmal statt zu sagen: du mußt bereuen, sagen würde: du mußt dein Leben ändern ...» Das wäre viel wert. Doch die Psychologie der Angst war nie sein Thema, und alles, was er dogmatisch sagte, blieb deshalb im Bereich der Intellektualität und des Rationalen stehen.

[71] Natürlich erfolgte zu der Affäre eine Gegendarstellung in der Paderborner Diözesanzeitung *«Der Dom»*, die aber die Tatsache selbst nur bestätigte. G. VIELER: Ein Streit über die Teilnahme an der Erstkommunion und seine Folgen, Der Dom, 16. 4. 89, S. 11.

[72] Vgl. Papst JOHANNES PAUL II.: Christifideles Laici, Nr. 46–47, S. 74–76.

[73] J. P. SARTRE: Der Teufel und der liebe Gott, in: Gesammelte Dramen, 261–366.

[74] T. E. LAWRENCE: Die sieben Säulen der Weisheit, 639.

[75] A. a. O., 712–713.

[76] A. a. O., 713.

[77] A. a. O., 714.

[1] Vgl. S. KIERKEGAARD: Die Krankheit zum Tode, 14–17: Die Möglichkeit und Wirklichkeit der Verzweifelung des menschlichen Daseins als *Geist*.

[2] Vgl. a. a. O., 41–43: Die verzweifelte Unwissenheit darüber, ein Selbst zu haben; vgl. E. DREWERMANN: Strukuren des Bösen, III 436–468.

[3] Zur Psychodynamik der *Zwangsneurose* vgl. F. RIEMANN: Grundformen der Angst, 75–95; E. DREWERMANN: Sünde und Neurose, in: Psychoanalyse und Moraltheologie I 128–162, S. 136–143.

[4] F. KAFKA: Brief an den Vater, in: Hochzeitsvorbereitungen auf dem Lande, 119–162.

[5] Vgl. F. KAFKA: Elf Söhne, in: Sämtliche Erzählungen, 140–144, wo der Vater von dem 11. Sohne denkt: «Du wärst der letzte, dem ich mich vertraue.» Und sein Blick scheint wieder zu sagen: «Mag ich also wenigstens der Letzte sein.»

[6] Vgl. J. J. ROUSSEAU: Bekenntnisse, 6. Buch, 1736–1741, Bd. 2, S. 63–66, wo er von seiner Mutter sagt: «Sie tat alles, was vorgeschrieben war, aber sie hätte es auch getan, wäre es nicht vorgeschrieben gewesen.» (S. 65) Dies als Ideal!

[7] Vgl. E. DREWERMANN: Das Fremde – in der Natur, in uns selbst und als das vollkommen Neue, dargestellt an einem Märchen, in: H. Rothbucher–F. Wurst (Hrsg.): Wir und das Fremde, 117–144.

[8] Zu der «ersten Trotzphase» vgl. H. REMPLEIN: Die seelische Entwicklung des Menschen im Kindes- und Jugendalter, 220–241.

[9] S. FREUD: Vorlesungen zur Einführung in die Psychoanalyse, XI 211–217; 341–350.

[10] Vgl. K. G. REY: Das Mutterbild des Priesters, 48–51; 111–112; 133–140; bes. S. 67.

[11] Die Identifikation nicht mit dem «Besten», sondern mit dem «Stärksten», wie sie von S. FREUD: Totem und Tabu, IX 154–194, als orale Verinnerlichung und Wiederaufrichtung des «Getöteten» im Überich beschrieben wurde, führt dazu, die «Genealogie der Moral» (F. NIETZSCHE) in einer Zwangsform übernommener Gewalt zu erblicken. Sowohl tiefenpsychologisch als auch geschichtspsychologisch dürfte es schwer fallen, dieser Sicht der Dinge zu widersprechen, wenngleich sie erkennbar einseitig ist. Bes. R. E. LEAKEY–R. LEWIN: Wie der Mensch zum Menschen wurde, 79–117, betonen z. B. die Bedeutung des sozialen Teilens für die Entwicklung des Menschen.

[12] Vgl. A. FREUD: Das Ich und die Abwehrmechanismen, 85–94.

[13] Was es unter diesen Umständen lernt, ist freilich (abweichend von der depressiven Gefühlslage) nicht so sehr, daß es wirklich schuldig *ist*, sondern daß es kein Recht hat, sich im Recht zu fühlen, weil das Recht einzig auf seiten des Stärkeren liegt. Es ist ein Eindruck von Moral, wie ihn F. NIETZSCHE: Jenseits von Gut und Böse, Nr. 186–203, S. 73–90: Zur Naturgeschichte der Moral, zu begründen versuchte. Bes. Nr. 197, S. 82: «Man mißversteht das Raubtier und den Raubmenschen (zum Beispiel Cesare Borgia) gründlich, man mißversteht die Natur, solange man noch nach einer ‹Krankhaftigkeit› im Grunde dieser gesündesten aller tropischen Untiere und Gewächse sucht, oder gar nach einer ihnen eingeborenen ‹Hölle› – wie es bisher fast alle Moralisten getan haben.» Die Natur ist schön, aber sie ist nicht «moralisch» – mit dieser Tatsache ist das Christentum bis heute nicht fertig geworden.

[14] Zu dem Unterschied zwischen Dressur und Erziehung vgl. H. ZULLIGER: Schwierige Kinder, 20–35.

[15] Zur *Beichte* als einem Instrument autoritärer Außenlenkung vgl. die durchaus berechtigte Kritik bei K. DESCHNER: Abermals krähte der Hahn, 323–328, der die Einführung der Beichte als Konzession der Großkirche an die Volkspsychologie versteht – im Kampf gegen

den asketischen *Montanismus*, der im Grunde nichts weiter war als eine «Reaktion der radikaleren urchristlichen Gesinnung auf die Verweltlichung der entstehenden katholischen Kirche» (327).

[16] S. FREUD: Einige Charaktertypen aus der psychoanalytischen Arbeit, X 363–391, S. 370–389.

[17] Zu dem Problem der *Überfürsorge* vgl. V. KAST: Wege aus Angst und Symbiose, 39–63: Die Angst bei der Ablösung von der Mutter am Beispiel des Grimmschen Märchens «Die Gänsemagd» (KHM 89).

[18] TH. VON CELANO: Leben und Wunder des heiligen Franziskus von Assisi, II 152, Kap. 112, S. 355; vgl. Kap. 113, S. 356: «Ans Schwert», pflegte er zu sagen, «darf man die Hand nicht rasch legen. Wer aber dem Gebote des Gehorsams nicht eilends gehorche, der fürchte auch Gott nicht und scheue keinen Menschen ... Was ... ist hoffnungsloser als ein Ordensmann, der den Gehorsam verachtet?» A. HOLL: Der letzte Christ, Nr. 94, S. 91–94, schildert, wie Papst *Innozenz III.* den hl. *Franziskus* in seiner Audienz aufforderte, den Schweinen zu predigen, denen er ähnlich sehe. Franz wälzte sich im Schweinekot und bezeigte so seine Bereitschaft, «eilends» zu gehorchen, und der Papst erkannte ihn als ungefährlich für die Kirche.

[19] TH. VON CELANO: Leben und Wunder des heiligen Franziskus, I 11, Kap. 5, S. 87.

[20] A. a. O., I 13, Kap. 6, S. 88.

[21] A. a. O., I 13, Kap. 6, S. 88.

[22] A. a. O., II 12, Kap. 7, S. 233.

[23] A. a. O., I 13, Kap. 6, S. 88.

[24] A. a. O., I 1, Kap. 1, S. 77.

[25] Insofern geht es psychoanalytisch nicht an, *Franziskus* und *Martin Luther* sozusagen auf eine Stufe zu stellen, wie A. HOLL: Der letzte Christ, Nr. 170, S. 174–175, dies versucht. Vor allem scheint es nicht möglich, die enormen Schuldgefühle, die Franziskus plagten, als Reue für sein vormals vertanes Leben zu interpretieren, im Gegenteil: sie entstammen der Ablehnung des Mannes, der dieses «vertane Leben» verkörperte und der selbst zu einer seelischen Instanz in *Franziskus* wurde: des eigenen Vaters. Selbst A. HOLL: A. a. O., Nr. 173, S. 177–178, räumt ein, daß es auch späterhin «manchmal ... Rückfälle in die Selbstquälerei» bei Franziskus gab. Richtig ist allerdings, daß es in *Franziskus* nicht nur diesen *negativen* väterlichen Überichanteil gab, sondern in ihm die Gestalt seiner Mutter herrschend wurde; aber man darf dabei den Unterschied zu *Martin Luther* psychologisch nicht übersehen. E. H. ERIKSON: Der junge Martin Luther, 286, wird recht haben, wenn er die entscheidende Identitäts- und Intimitätskrise *Luthers* auf der Wartburg festmacht, als LUTHER den berühmten Traktat *«De votis Monasticis»* schrieb, «offenbar entschlossen, seiner sexuellen Bedrängnis Rechnung zu tragen, sobald sich eine würdige Lösung finden ließe». Es ist gerade diese unterschiedliche Art, den Triebansprüchen des Es *im Vertrauen auf Gott* Spielraum zu geben, die auch eine andere Persönlichkeit verrät und eine andere Form der Auseinandersetzung mit den Dressaten des Überich ermöglicht. Vgl. das Urteil von F. NIETZSCHE: Morgenröte, Nr. 88, S. 86, über *Martin Luther!*

[26] Es ist dabei nicht nur der Unterschied zwischen Mittelalter und Neuzeit ausschlaggebend, der *Franziskus* z. B. von *Martin Luther* trennt. Vgl. z. B. die Geschichte des *Petrus Valdes;* W. NIGG: Das Buch der Ketzer, 230–249: Die Waldenser.

[27] T. MOSER: Gottesvergiftung, 22–24.

[28] Vgl. E. DREWERMANN: Die kluge Else, in: Die kluge Else. Rapunzel, 9–50.

[29] Vgl. A. FREUD: Das Ich und die Abwehrmechanismen, 65–73: Verleugnung in Wort und Handlung.

[30] Vgl. a.a.O., 55–65. In gesteigerter Form kann die Bildung einer geistigen Ersatzwelt anstelle der Wirklichkeit wahnähnliches bzw. wahnhaftes Format annehmen.
[31] Die Machenschaften im Kampf um den päpstlichen Primat im 4./5. Jh. n. Chr. schildert K. DESCHNER: Kriminalgeschichte des Christentums, II 55–133. Es ist die Umwandlung des Glaubens in eine theologische Lehre, die das Dogma als Herrschaftsmittel auf den Plan ruft.
[32] Dagegen ist als Radikalkur einzig der Kerngedanke hilfreich, den S. KIERKEGAARD: Tagebücher, IV 217 notiert: «Der Kampf um das Christentum wird nicht mehr ein Kampf bleiben um es als Lehre. (Dies ist der Streit zwischen Orthodoxie und Heterodoxie). Es wird (veranlaßt auch durch die sozialen und kommunistischen Bewegungen) um es als eine Existenz gekämpft werden. Die Streitfrage wird die Liebe zum Nächsten werden, die Aufmerksamkeit wird sich auf Christi Leben richten, und das Christentum wird wesentlich betont werden auch in Richtung der Gleichförmigkeit mit seinem Leben. Die Welt hat allmählich diese Massen von Sinnentrug und Zwischenwänden verzehrt, durch die man sich versichert hatte, daß die Streitfrage nur die um das Christentum als eine Lehre bliebe. Die Empörung in der Welt ruft: Wir wollen Taten sehen.»
[33] Man hat immer wieder in der Religionskritik den Führern der Kirche *Machtgier* unterstellt; vgl. z. B. K. DESCHNER: Kriminalgeschichte des Christentums, II 243–352, – die Kämpfe im 5./6. Jh. zwischen Rom und Byzanz. Es scheint kein Zweifel, daß man erst unter dieser Perspektive den *objektiven* Gang der Kirchengeschichte wirklich zu verstehen beginnt. Die *subjektive* Seite indessen erscheint psychologisch als viel weniger glaubhaft. Selten seit der Renaissance-Zeit trifft man unter den Kirchenfürsten Menschen, die Macht zu genießen verstünden; weit eher hat man es mit Persönlichkeiten zu tun, die persönlich gar nicht vorkommen; es ist ihr Überich, das ihr Ich vergewaltigt und es immer von neuem zu Gewalttaten anhält.
[34] HILDE DOMIN: Gesammelte Gedichte, 261 (Gegen die Botmäßigkeit), drückte es so aus: «Fünf ist gerade/fraglos./Der Hintern des Vordermanns/die Sonne.»

d) «Keuschheit» und «Ehelosigkeit»

α) Vom Sinn und Unsinn kirchlicher Beschlüsse

1) Die Überwindung der Endlichkeit

[1] K. DESCHNER: Das Kreuz mit der Kirche, 20–27; 27–33; 33–34, geht immerhin auf die Verehrung der Großen Mutter, den Phalluskult und die Praktiken des kultischen Geschlechtsverkehrs ein, ehe er mit der kultischen Keuschheit und «Frauenverachtung im monotheistischen Judentum» sowie in den hellenistischen Mysterienreligionen (44–59) auf die «Heraufkunft der Askese» zu sprechen kommt. Der geistesgeschichtliche Umbruch, dem die «Askese» entstammt, wird bei dieser Betrachtung nicht wirklich verstanden.
[2] Vgl. z. B. D. VON HILDEBRAND: Zölibat und Glaubenskirche, 145–150, der gegen die psychologischen Zweifel am «Zwangszölibat» ganz einfach die These setzt: «Nein, keineswegs – wenn eine brennende Liebe zu Jesus in seiner (sc. des Priesters, d. V.) Seele lebt, wenn Christus sein Herz aufgeschmolzen hat, kommt es nicht zu dieser Verknöcherung.» In der ganzen Zölibatsdiskusion erblickt er den «Kampf gegen das Kreuz» (47–48). Vgl. dazu die ausgezeichneten Analysen von A. ANTWEILER: Zum Pflichtzölibat der Priester, 26–36, der sich mit der Enzyklika von Papst PAUL VI.: Sacerdotalis Caelibatus, AA S. 59, 1967, 657–697, kritisch auseinandersetzt und vor allem die ideologisch bedingte Wirklichkeitsferne der päpstlichen

Vorstellungen und Vorschriften Punkt für Punkt herausstellt. Vgl. auch F. LEIST: Zölibat – Gesetz oder Freizeit, 78–141: Gegen das entfremdete Geschlecht.

[3] H. BURGER: Der Papst in Deutschland, 159–160; JOHANNES PAUL II.: Predigten und Ansprachen bei seinem zweiten Pastoralbesuch in Deuschland, 109–110.

[4] Vgl. E. DREWERMANN: Die Frage nach Maria im religionswissenschaftlichen Horizont, in: Zeitschrift für Missionswissenschaft und Religionswissenschaft, 66. Jg., April 1982, Heft 2, 96–117; DERS.: Dein Name ist wie der Geschmack des Lebens, 44–58.

[5] Zu Recht polemisieren gegen diese Umwertung U. RANKE-HEINEMANN: Eunuchen für das Himmelreich, 31–49; 355–363, und K. DESCHNER: Das Kreuz mit der Kirche, 224–230. Man mag sich gegen den Ton verwahren, in dem hier argumentiert wird, aber die leiseren Töne der Kritik hat man nur allzu lange nicht hören wollen. Vgl. zu dem Motiv der Jungfrauengeburt die ausgezeichnete kleine Studie von E. BRUNNER-TRAUT: Pharao und Jesus als Söhne Gottes (1961), in: Gelebte Mythen, 34–54.

[6] Den theologischen Probelauf, um von dem Fundamentalismus in der Frage der Jungfrauengeburt herunterzukommen, unternahm 1962 K. RAHNER: Virginitas in partu, in: Schriften zur Theologie, IV 173–205, mit dem Ergebnis, nicht zu sagen: «diese Konkretheiten hat es sicher nicht gegeben», sondern: «daß wir aus diesem Satz» nicht «*sicher* und für *alle* verpflichtend, Aussagen über konkrete Einzelheiten dieses Vorganges abzuleiten» vermögen (205). Interpretiert man auf solche Weise «Heilssymbole», daß man am Ende froh sein muß, wenn man kein Ketzer ist, weil man nichts Bestimmtes sagt? Für Theologen sollte um so mehr gelten, was F. NIETZSCHE: Wir Philologen, in: Unzeitgemäße Betrachtungen, 387–444, Nr. 19, S. 395 sagte: «Wer keinen Sinn für das Symbolische hat, hat keinen für das Altertum: diesen Satz wende man auf nüchterne Philologen an.»

[7] JOHANNES PAUL II.: Predigten und Ansprachen, 113–118, S. 115.

[8] A. a. O., S. 110.

[9] Barmherzige Schwestern von Münster (Clemensschwestern). Weisungen 1970, Nr. 22–30, S. 15–16.

[10] K. DESCHNER: Das Kreuz mit der Kirche, 60–63; G. DENZLER: Die verbotene Lust, 31.

[11] U. RANKE-HEINEMANN: Eunuchen für das Himmelreich, 36–41.

[12] H. ZIMMERMANN–K. KLIESCH: Neutestamentliche Methodenlehre, 101–112; 238–244; E. DREWERMANN: Das Markus-Evangelium, II 86–104.

[13] Zum Einfluß von Qumran vgl. U. RANKE-HEINEMANN: Eunuchen für das Himmelreich, 20–22. Allerdings zeigt bereits der Titelkopf «Sektenrolle» von Qumran, daß «Frauen und Kinder in der Gemeinde ... ihren Platz hatten». J. M. ALLEGRO: Die Botschaft vom Toten Meer, 89. 1 QSa I 4, in: E. LOHSE (Übers.): Die Texte aus Qumran. Hebräisch-Deutsch, S. 46–47.

[14] Zur Gnosis vgl. R. BULTMANN: Das Urchristentum im Rahmen der antiken Religionen, 152–162.

[15] Die Bewegung der Essener ist als ein radikaler Seitenzweig der Pharisäer zu verstehen; eine gewisse innere Verwandtschaft zur «Gnosis» ergibt sich allenfalls aus dem Weltpessimismus des apokalyptischen Denkens; vgl. dazu E. DREWERMANN: Tiefenpsychologie und Exegese, II 467–485. Im Unterschied zu dem gnostischen Dualismus ist man in Qumran von dem israelitischen Monotheismus niemals abgewichen. Vgl. H. MARWITZ: Gnosis. Gnostiker, in: der kleine Pauly, II 830–839, S. 832.

[16] G. DENZLER: Die verbotene Lust, 33.

[17] A. a. O., 35.

[18] E. STAUFFER: Die Botschaft Jesu damals und heute, 79.

[19] Zum folgenden vgl. a. a. O., S. 79–85.

[20] A. a. O., 80; Hieronymus zu Mt 19, 29. Vgl. zur Frage der Jungfräulichkeit und ihrer sexualpathologischen Implikationen HIERONYMUS: Über die beständige Jungfrauenschaft Mariens. Gegen Helvedius, I 253–292.

[21] Vgl. H. KEES: Totenglauben und Jenseitsvorstellungen der Alten Ägypter, 108–131: Die Entwicklung des Totenglaubens nach den Zeugnissen der Privatgräber.

[22] Vgl. A. L. FENGER: Armut. Biblisch-historisch, in: P. Eicher (Hrsg.): Neues Handbuch theologischer Grundbegriffe, I 25–37, S. 31. Vgl. aber H. CONZELMANN: Die Mitte der Zeit, der ein Armutsideal bei Lukas rundum bestreitet.

[23] Zur Stelle vgl. E. SCHWEIZER: Das Evangelium nach Lukas, 54; H. SCHÜRMANN: Das Lukasevangelium, I 211–212.

[24] Vgl. R. PESCH–G. LOHFINK: Tiefenpsychologie und keine Exegese, 108; vgl. dazu E. DREWERMANN: An ihren Früchten sollt ihr sie erkennen, 119–172.

[25] Zur Verwerfung der Ehe bei den *Enkratiten* vgl. IRENÄUS: Gegen des Häresien, I 28, Bd. 1, S. 80–81, der ihre Anschauungen (fälschlich) auf *Marcion* zurückführt. HIPPOLYT: Die Widerlegung aller Häresien, VIII 20, S. 237–238, beschreibt das Leben der Enkratiten eher als das von *Kynikern* als von Christen.

[26] Vgl. H. CONZELMANN: Die Mitte der Zeit, 193–219: «Lukas weiß, daß Nachfolge zur Zeit Jesu und heute zweierlei ist» (218).

[27] Nach wie vor lesenswert über den Gnosticismus in der frühen Kirche ist A. VON HARNACK: Lehrbuch der Dogmengeschichte, I 243–291.

[28] U. RANKE-HEINEMANN: Eunuchen für das Himmelreich, 31–50; zur Interpretation des Symbolischen der Jungfrauengeburt vgl. E. DREWERMANN: Tiefenpsychologie und Exegese, I 502–529; DERS.: Dein Name ist wie der Geschmack des Lebens, 44–58.

[29] Vgl. A. BÖHLIG: Christliche Wurzeln im Manichäismus, in: G. Widengren (Hrsg.): Der Manichäismus, 225–246.

[30] Zum buddhistischen Mönchtum vgl. H. OLDENBERG: Buddha, 307–352.

[31] Zur islamischen Mystik, zum *Sufismus*, vgl. A. SCHIMMEL: Gärten der Erkenntnis, 9–17; bes. T. ANDRAE: Islamische Mystiker, Stuttgart 1960.

[32] Vgl. H. VON GLASENAPP: Die Philosophie der Inder, 411.

[33] Vgl. a. a. O., 183–185.

[34] Vgl. E. NEUMANN: Die Große Mutter, 90–122.

[35] Der entscheidende Wendepunkt, die Entdeckung der Rolle des Mannes beim Geheimnis der Mutterschaft, liegt vielleicht in der hethitischen Sage vom einfältigen Appu; vgl. R. VON RANKE-GRAVES: Griechische Mythologie, I 13–14.

[36] Vgl. E. DREWERMANN: Dein Name ist wie der Geschmack des Lebens, 40–43; 54–55; DERS.: Die Frage nach Maria, in: Zeitschr. f. Miss.wiss., 66. Jg., Apr. 1982 Heft 2, S. 96–117, S. 100–105.

[37] Vgl. E. NEUMANN: Die Große Mutter, 123–169.

[38] Vgl. E. DREWERMANN: Der Krieg und das Christentum, 19–31.

[39] Vgl. J. G. FRAZER: Der goldene Zweig, 523–526; 697–710, zu Osiris, Adonis und Attis.

[40] Vgl. z. B. in der indischen Mythologie H. ZIMMER: Indische Mythen und Symbole, 152–165: Shiva–Shakti.

[41] Zu der kriegerischen Seite Jahwes vgl. R. DE VAUX: Das Alte Testament und seine Lebensordnungen, II 69–81.

[42] Es ist die Diesseitigkeit der israelitischen Messias-Hoffnung, die in der Apokalyptik einer entscheidenden Krise und Revision unterworfen wird; vgl. E. DREWERMANN: Tiefenpsychologie und Exegese, II 467–485.

[43] Vgl. G. von Rad: Theologie des Alten Testamentes, II 29–32: zur Gestalt des Propheten Elija.

[44] Bes. H. Haag–K. Elliger: «Wenn er mich doch küßte.» Das Hohelied der Liebe. Tübingen 1983; Neudruck: Reinbek 1985.

[45] Bes. H. Schmökel: Heilige Hochzeit und Hoheslied, Wiesbaden 1956, konnte in Anknüpfung an W. Wittekind: Das «Hohe Lied» und seine Beziehungen zum Istarkult, Hannover 1925, zeigen, wie stark der mythische Hintergrund der heiligen Hochzeit zwischen Tammuz und Ischtar aus der sumerisch-akkadischen Dichtung in den Metaphern des Textes nachwirkt. Ähnlich wird in der *indischen Dichtung* die Liebe zwischen *Krishna* und der Hirtin *Radha* als Ausdruck der Liebe der Seele zu ihrem Gotte gedeutet. Vgl. H. von Glasenapp: Indische Geisteswelt, 217–222. Vgl. E. Drewermann–H. Haag: Das Hohelied der Liebe, in: Wort des Heils, Wort der Heilung, II 43–78. Gespräch mit Hildegard Lüning.

[46] Vgl. L. Manniche: Liebe und Sexualität im alten Ägypten, 9–15; 45–65; bes. 79–116: Mythologische Erzählungen; vgl. auch S. Schott: Altägyptische Liebeslyrik, 7–36.

[47] Zu Ps 104 vgl. A. Weiser: Die Psalmen, II 61–150, ATD 15, 454–459; zu *Echnatons* Sonnengesang vgl. J. Assmann: Ägyptische Hymnen und Gebete, Nr. 89–95, S. 209–225.

[48] K. Michalowski: Ägypten, Abb. 95.

[49] Vgl. S. Freud: Das Tabu der Virginität, XII 161–180.

[50] Vgl. P. Parin–F. Morgenthaler–G. Parin-Matthèy: Fürchte deinen Nächsten wie dich selbst. Psychoanalyse und Gesellschaft am Modell der Agni in Westafrika, 520–529: Der ödipale Konflikt bei Knaben und Mädchen. G. Devereux: Baubo. Die mythische Vulva, 118-171: zu Vulva und Penis; vgl. auch H. A. Bernatzik (Hrsg.): Neue Große Völkerkunde, 391: «Bei ihnen (sc. den georgischen Bergstämmen) gilt die Frau bei Menstruation und Geburt als unrein und muß sich, fern von jeder Hilfe, in einer besonderen Hütte aufhalten, bis die gesetzliche Frist zu Ende ist.» Es handelt sich um eine archetypische Vorstellung, die bei vielen Völkern ausgeprägt ist. Zur Einwirkung solcher Anschauungen auf das christliche Denken vgl. U. Ranke-Heinemann: Eunuchen für das Himmelreich, 27–29.

[51] Zur Stelle vgl. E. Drewermann: Das Markus-Evangelium, I 366–375.

[52] Vgl. K. Deschner: Das Kreuz mit der Kirche, 227–229.

[53] A. Camus: Caligula, in: Dramen, 15–73, 1. Akt, 11. Auftritt, S. 27: «Und was soll mir eine feste Hand, wozu dient mir diese so erstaunliche Macht, wenn ich die Ordnung der Dinge nicht zu ändern vermag, wenn ich nicht erreichen kann, daß die Sonne im Osten untergeht, daß das Leiden sich verringert und daß die Menschen nicht mehr sterben?»

[54] Augustinus: Bekenntnisse, X 7, Bd. VII, S. 223.

[55] Vgl. *B. Pascal:* Über die Religion, Nr. 206, S. 115: «Das ewige Schweigen dieser unendlichen Räume macht mich schaudern.»

[56] Vgl. P. Brown: Der heilige Augustinus, 298–319. Deutlich wird in dieser Betrachtung freilich auch, wie sehr sich die christliche Erlösungslehre in ein klerikales Unterdrückungsinstrument verwandeln läßt: die verderbte Natur *anthropologisch* ist die unmündige Masse des Kirchenvolkes *soziologisch* und die verführerische Welt der Triebe *psychologisch.* Vgl. auch K. Jaspers: Augustin, 42–51, der das Augustinische Problem allerdings bei der unumgänglichen Verkehrung der Selbstzufriedenheit (des «Stolzes») festmacht, statt bei der Problematik der Angst.

[57] Augustinus: Bekenntnisse, X 30, Bd. VII, 246–247.

[58] Vgl. z. B. Minucius Felix: Dialog Octavius, XXIV 2; 3; 5; vgl. auch E. Drewermann: Strukturen des Bösen, III 514–533.

[59] Vgl. E. Drewermann: Strukturen des Bösen, III 479–514.

2) Die Dennochdurchsetzung der Großen Mutter

[1] E. ZOLA: Die Sünde des Abbé Mouret, 117; 50.
[2] A. a. O., 51.
[3] A. a. O., 39–41.
[4] A. a. O., 41–42.
[5] A. a. O., 166–167.
[6] LONGUS: Daphnis und Chloe, III 14, S. 73–74; III 17–19; S. 71–77; III 34, S. 89–90.
[7] E. ZOLA: Die Sünde des Abbé Mouret, 334–335.
[8] A. a. O., 335–338.
[9] Zum Kult der Kybele vgl. APULEIUS: Der goldene Esel, VIII, S. 147–149; «Kybele» scheint ursprüngl. den weiblichen Uterus bedeutet zu haben; vgl. W. FAUTH: Kybele, in: Der Kleine Pauly, III 383–389.
[10] Vgl. O. RANK: Das Inzest-Motiv in Dichtung und Sage, 290–292.
[11] E. ZOLA: Die Sünde des Abbé Mouret, 174–175.
[12] A. a. O., 175–176.
[13] Vgl. Ex 4,25; Jes 6,2; 7,20. Vgl. E. DREWERMANN: Tiefenpsychologie und Exegese, II 384.
[14] E. ZOLA: Die Sünde des Abbé Mouret, 177–179.
[15] Zu dem Abwehrmechanismus der *«Verlegung nach oben»* vgl. S. FREUD: Bruchstück einer Hysterie-Analyse («Dora»), V 161–286, S. 187–189.
[16] E. ZOLA: Die Sünde des Abbé Mouret, 140–142.
[17] Vgl. B. D. LEWIN: Sleep, the Mouth and the Dream Screen, Psychoanal. Quart. 15; vgl. R. A. SPITZ: Vom Säugling zum Kleinkind, 93 f.; 98–100.
[18] Vgl. P. MEINHOLD: Maria in der Ökumene, Wiesbaden 1978.
[19] Vgl. L. A. BAWDEN (Hrsg.): rororo-Film-Lexikon, 4, Personen A–G, S. 981; G. SEESSLEN–C. WEIL: Ästhetik des erotischen Kinos, 209.
[20] G. SEESSLEN–C. WEIL: Ästhetik des erotischen Kinos, 174–176.
[21] A. a. O., 177.
[22] Vgl. G. HEINEN: Sterben für die Keuschheit? Maria Goretti mal vier, 11. 1. 88, WDR III.
[23] Vgl. B. FRÜNDT–R. THISSEN: Wunderbare Visionen auf dem Weg zur Hölle. Das Kino und die Kämpfe des Martin Scorsese, ZDF 17. 5. 89. – Filmgeschichtlich hat die Szene der Maria Magdalena unter dem Kreuz übrigens mindestens *ein* berühmtes Vorbild in P. P. PASOLINI: La Ricotta – Der Weichkäse, 1962, wo er die Dirne zum Trost des Gekreuzigten einen Nackttanz aufführen läßt. Aber es gibt auch andere Beispiele. «In einem populären Publicity-Foto der sechziger Jahre posiert Brigitte Bardot vor einem großen Kruzifix.» G. SEESSLEN–C. WEIL: Ästhetik des erotischen Kinos, 70. – 1965 zeigte L. MALLE: Viva Maria, wie Jeanne Moreau des Nachts einen am Querbalken gefesselten Rebellen liebt. L.-A. BAWDEN (Hrsg.): rororo-Film-Lexikon, 5, Personen H–Q, 1176–1177.
[24] N. KAZANTZAKIS: Rechenschaft vor El Greco, 553.
[25] A. a. O., 550.
[26] N. KAZANTZAKIS: Die letzte Versuchung, 425.
[27] A. a. O., 440–441.
[28] A. a. O., 422.
[29] L. TOLSTOI: Vater Sergius, in: Sämtliche Erzählungen, III 66–124, S. 87–88.
[30] A. a. O., 88–89.
[31] A. a. O., 95. – Zur Stelle Mt 5,28–30 vgl. E. SCHWEIZER: Das Evangelium nach Matthäus, 73–74; E. STAUFFER: Die Botschaft Jesu damals und heute, 71–73; 82–83.
[32] L. TOLSTOI: Vater Sergius, in: Sämtliche Erzählungen, III 66-124, S. 110.

[33] L. TOLSTOI: Die Kreuzersonate, in: Sämtliche Erzählungen, II 697–801, S. 731.
[34] A. a. O., 731.
[35] Vgl. R. SCHNACKENBURG: Die sittliche Botschaft des Neuen Testamentes, 107–109: «Wenn der Messias seine Gemeinde um sich schart, dann ist dies seine Familie geworden, der nun all sein Mühen und Wirken gilt» (108).
[36] K. RAHNER: Knechte Christi, 194–195.
[37] A. a. O., 195; 198.
[38] Vgl. CIC, Can 277 § 1, S. 119. Daraus folgt § 2: «Die Kleriker haben sich mit der gebotenen Klugheit gegenüber Personen zu verhalten, mit denen umzugehen die Pflicht zur Bewahrung der Enthaltsamkeit in Gefahr bringen oder bei den Gläubigen Anstoß erregen könnte.» Vgl. auch Erzbischof J. J. DEGENHARDT: Gott braucht Menschen, 24: «Durch die Ehelosigkeit werden die Priester in neuer Weise Christus geweiht (sic!). Sie gehören ihm leichter ungeteilten Herzens an, schenken sich freier in ihm und durch ihn dem Dienst für Gott und die Menschen, dienen ungehinderter seinem Reich und dem Werk der Wiedergeburt aus Gott und werden so noch mehr befähigt, die Vaterschaft in Christus tiefer zu verstehen.» Ein Deutschlehrer, der diesen Stil beurteilen müßte, käme nicht umhin, «Phraseologie statt Inhalt» an den Rand zu schreiben.
[39] Vgl. W. REICH: Die Massenpsychologie des Faschismus, 75–78; 179; 187.
[40] F. NIETZSCHE: Also sprach Zarathustra, 1. Teil, Von der Keuschheit, 43–44.
[41] A. ZUMKELLER: Die Regeln des hl. Augustinus, in: H. U. v. Balthasar (Hrsg.): Die großen Ordensregeln, 99–133, S. 118.
[42] A. a. O., 126.
[43] A. a. O., 126.
[44] A. a. O., 128.
[45] A. a. O., 130.
[46] M. SCHOENENBERG–R. STALDER (Übers.): Die Satzungen der Gesellschaft Jesu, in: H. U. v. Balthasar (Hrsg.): Die großen Ordensregeln, 318.
[47] *Direktorium der Missionsschwestern vom Kostbaren Blut*, Nr. 57, S. 42.
[48] A. a. O., Nr. 58, S. 42–43.
[49] A. a. O., Nr. 60, S. 43–45.
[50] A. a. O., Nr. 61, S. 45.
[51] A. a. O., Nr. 62, S. 45–46.
[52] A. a. O., Nr. 63, S. 46.
[53] A. a. O., Nr. 64, S. 46–47.
[54] A. a. O., Nr. 65–66, S. 47–49.
[55] A. a. O., Nr. 66, S. 50.

β) *«Weil sie niemanden lieben ...»*

[1] Vgl. S. FREUD: Das Unbehagen in der Kultur, XIV 419–506, S. 438: vom Glück, das in der Arbeit liegt.
[2] Vgl. z. B. O. VON CORVIN: Der Pfaffenspiegel, 174–220: Die Möncherei. Die Literatur dieser Arbeit hat eine lange Tradition, beginnend mit der mittelhochdeutschen Schwankdichtung: STRICKER: Der Pfaff Amis (um 1220), hrsg. v. K. Heiland, München 1912, sowie PH. FRANKFURTER: Des Pfaffen Geschicht und Historі vom Kalenberg (um 1472), hrsg. v. V. Dollmayr, Halle 1906. Die Tendenz dieser Literatur ist am besten zusammengefaßt in dem antipapistischen Bonmot der Reformationszeit: «Der Papst säuft Fürsten, frißt Bauern und

scheißt Pfaffen.» Wieviel Haß hat die Kirche in Jahrhunderten gesät, wenn ihr ein solch verbittertes Echo wird!

[3] Vgl. P. DE ROSA: Gottes erste Diener, 111–169.

[4] G. BOCCACCIO: Das Dekameron, 9. Tag, 2. Geschichte, S. 695–698. Vgl. auch S. 225–232 (III 2); 488–490 (VI 3); 593–598 (VIII 2); 608–613 (VIII 4). Wie BOCCACCIO über die Kirche seiner Zeit dachte, erläutert die Geschichte von dem *Juden Abraham*, der sich taufen läßt, als er die Zustände am päpstlichen Hof in Rom gesehen, denn eine Kirche, so denkt er, die trotz solcher Verwahrlosung schon 1000 Jahre und länger besteht, müsse wohl von Gott sein. Wie er über die Wahrheit der Religion dachte, zeigte er in der *Ringparabel* (I 3; S. 71–74), die G. E. LESSING: Nathan der Weise, in: Werke I 828–951, 3. Aufzug, 7. Auftritt, S. 890–896, verwandte.

[5] Vgl. STENDHAL: Die Cenci, in: Die Cenci und andere Erzählungen, 7–70, der (S. 12) nicht zu Unrecht die Gestalt des *Don Juan* als das «Produkt der asketischen Institutionen der Päpste, die nach Luther gekommen sind», bezeichnete. Zur Auswirkung des Trienter Konzils auf die katholische Sexualmoral vgl. U. RANKE-HEINEMANN: Eunuchen für das Himmelreich, 250–272.

[6] F. NIETZSCHE: Also sprach Zarathustra, 1. Teil, Vom bleichen Verbrecher, S. 30–32.

[7] B. HÄRING: Das Gesetz Christi, 3. Bd., 8. Aufl., München 1967, 298.

[8] B. HÄRING: Frei in Christus, 2. Bd., 1980, 524; vgl. G. DENZLER: Die verbotene Lust, 91.

[9] G. DENZLER: Die verbotene Lust, 93.

[10] B. FRISCHMUTH: Die Klosterschule, 35.

[11] A.a.O., 36–37.

[12] A.a.O., 38.

[13] A.a.O., 40.

[14] A.a.O., 41–42.

[15] Zur Psychologie des *double bind* vgl. G. BATESON: Double bind, in: Ökologie des Geistes, 353–361.

[16] Richtig meinte F. NIETZSCHE: «Das Christentum gab dem Eros Gift zu trinken. Er starb zwar nicht davon, aber er entartete, zum Laster.» In: Jenseits von Gut und Böse, Nr. 168, S. 71. Vgl. G. BACHL: Der beschädigte Eros, 74–83.

[17] Wie L. G. DA CAMARA: Memoriale. Erinnerungen an unseren Vater Ignatius, Nr. 195, S. 108–109, sagte: «Wenn der Vater vom Gebet spricht, setzt er immer voraus, daß die Leidenschaften gut bezähmt und abgetötet sind, und darauf legt er allen Wert. Ich erinnere mich einmal: ich sprach von einem guten Ordensmann, den er kennt, und ich sagte, er sei ein Mensch vielen Gebets. Der Vater änderte es und sagte: ‹Er ist ein Mensch vieler Abtötung.›»

[18] Vgl. G. T. DI LAMPEDUSA: Der Leopard, 21–22: «‹Ich bin noch ein kräftiger Mann; wie soll ich mich begnügen mit einer Frau, die sich im Bett vor jeder Umarmung bekreuzigt und hernach, in den Momenten größter Erregung, nichts zu sagen weiß als: Jesusmaria! Als wir geheiratet haben, als sie sechzehn Jahre alt war, hat mich das alles begeistert. Aber jetzt... Sieben Kinder habe ich mit ihr gehabt, sieben; und nie habe ich ihren Nabel sehen dürfen. Ist das recht?› Er schrie beinahe, von seinem überspannten Verlangen aufgeregt. ‹Ist das recht? Das frage ich euch alle!› ... ‹Die Sünderin ist sie selbst!›» – Nein, muß man sagen: die Sünderin ist eine Kirche, die ihre Gläubigen in gefühls- und empfindungslose Gebärmaschinen zu verwandeln sucht(e). «Gib mir die Kraft und den Mut, mein Herz und meinen Leib ohne Ekel zu betrachten» (S. 23) – wenn diese Verse eines französischen Dichters «Schweinerei» sind, dann ist eine Religion unrein, die den Menschen unrein spricht, nur weil er ein Mensch ist.

[19] Auf diese Weise erklärt sich die *Idealisierung* der Ehe der Eltern in den Schilderungen vieler

Kleriker: es gab und gibt eine Pflicht, die gemeinsame Lüge als etwas Heiliges zu schützen. «Dann müßte ich ja meine Mutter beschimpfen», erklärte mir vor Jahren entsetzt nach einem Vortrag über ein *Grimmsches* Märchen ein Benediktiner-Pater hohen Ranges. Vielleicht! Oder: warum eigentlich nicht?

[20] S. FREUD: Der Untergang des Ödipuskomplexes, XIII 393–402.

[21] Vgl. J. BRINKTRINE: Die Lehre von der Mutter des Erlösers, 57–72. Wie man sich die «Einzelheiten» vorstellen muß, erzählt bereits die Legende von der Geburt des *Buddha:* er wurde empfangen von einem weißen Elefanten und geboren aus der Seite der Mutter Mahamaya, stehend, im heiligen Hain von Lumbini; dann aber starb die Mutter sehr bald, ohne noch mit einem Mann zusammengekommen zu sein; vgl. E. WALDSCHMIDT: Die Legende vom Leben des Buddha, 29–47.

[22] Vgl. E. DREWERMANN: Der Krieg und das Christentum, 240–241, – zu der unterschiedlichen Wertschätzung weiblicher Jungfräulichkeit in matriarchalen und patriarchalen Kulturen.

[23] Zur Interpretation vgl. E. DREWERMANN – I. NEUHAUS: Marienkind, 23–43.

[24] Zur pubertären Idealbildung vgl. A. FREUD: Das Ich und die Abwehrmechanismen, 118–135. Zu der *Aufspaltung* des Frauenbildes zwischen Madonna und Dirne vgl. S. FREUD: Beiträge zur Psychologie des Liebeslebens, VIII 72–77; bes. H. MYNAREK: Eros und Klerus 66–67; 155. Vgl. auch F. LEIST: Zum Thema Zölibat. Bekenntnisse von Betroffenen, 9–56, der die erschütternden Zuschriften von Priestern veröffentlichte, die im Amt geblieben sind; S. 226–242 skizziert er die Folgen dieses Zwangs zu einer engelgleichen Reinheit.

[25] F. NIETZSCHE: Also sprach Zarathustra, 1. Teil, Von den Predigern des Todes, 36–37.

[26] Vgl. G. SEESSLEN – C. WEIL: Ästhetik des erotischen Kinos, 158–160.

[27] Vgl. J. DE VORAGINE: Legenda aurea, 301–303; E. DREWERMANN: Tiefenpsychologie und Exegese, I 398.

[28] S. FREUD: Das ökonomische Problem des Masochismus, XIII 369–383, hat die Rückwendung des Sadismus gegen die eigene Person infolge eines unbewußten (sexuellen) Schuldgefühls und Strafbedürfnisses hervorragend beschrieben: im Masochismus wird die Moral sexualisiert, und die Moral regrediert zum Ödipuskomplex; sie besteht schließlich in dem Wunsch, vom Vater geschlagen zu werden, um der Versuchung zu sündhaftem Tun entgehen zu können. Vgl. auch *Th. Reik*: Aus Leiden Freuden, 404–420: zu den «Paradoxien» Christi und zur Psychologie des Martyrers.

[29] Vgl. AUGUSTINUS: Bekenntnisse, II 6; Bd. VII 34–35 – die Reflexionen über einen kindlichen Diebstahl von Birnen. In Bek., II 3; VII S. 28–31, erzählt der Heilige von dem Kontrast zwischen der männlichen Sinnlichkeit seines Vaters und der milden Keuschheit seiner Mutter *Monika;* es ist derselbe Kontrast im Bereich der Sexualität, wie wir ihn beim hl. *Franziskus* auf der Ebene der Analität kennengelernt haben. Wie übrigens der hl. Franziskus Mt 5,28 wörtlich nahm, erklärte er in der nicht-bullierten Regel, XII; L. HARDICK – E. GRAU: Die Schriften des heiligen Franziskus von Assisi, S. 190: «Alle Brüder, wo immer sie auch sind und wohin sie gehen, sollen sich in acht nehmen vor unlauterem Blick und Umgang mit Frauen. Und keiner soll sich allein mit ihnen beraten oder mit ihnen des Weges ziehen oder bei Tisch mit ihnen aus einer Schüssel essen ... wir wollen uns alle sehr in acht nehmen.»

[30] Vgl. S. FREUD: Aus der Geschichte einer infantilen Neurose (Der Wolfsmann), XII 27–157, S. 80–90; 129–130; 136–137. Die Frage nach der historischen Realität der «Erinnerungen» an die Beobachtung des elterlichen Verkehrs wirft S. FREUD: Briefe an Wilhelm Fließ, 283–286, in dem berühmten Brief vom 21. Sept. 1897 auf. Ob *Freud* mit Rücksicht auf die Gesellschaft seine früheren Beobachtungen zurückgenommen hat, wie J. M. MASSON: Was hat man dir, du

armes Kind, getan?, 317–329, zugunsten der alten Trauma-Theorie meint, scheint zweifelhaft; daß aber die Zärtlichkeit Erwachsener vom Kind sehr zwiespältig erlebt werden kann, hätte *Freud* nicht nur zugegeben, es war sein eigener Gedanke.

[31] Zur Gestalt des *Minotauros* vgl. R. VON RANKE-GRAVES: Griechische Mythologie, I 265–266; 269.

[32] S. FREUD: Neue Folge der Vorlesungen zur Einführung in die Psychoanalyse, XV 103–104.

[33] Vgl. V. B. DRÖSCHER: Sie töten und sie lieben sich, 166–178: Das Balzfüttern.

[34] H. HESSE: Demian, 150–151.

[35] A.a.O., 151–153.

[36] A.a.O., 166.

[37] A.a.O., 166.

[38] Vgl. J. HALE: Giorgione: Ruhende Venus (1508), in: W. von Bonin (Hrsg.): 100 Meisterwerke aus den großen Museen der Welt, II 74–79.

[39] S. KIERKEGAARD: Der Begriff Angst, 50–58; vgl. E. DREWERMANN: Strukturen des Bösen, III 436–448. Zur Problematik der *Onanie* vgl. E. DREWERMANN: Zur Frage der moraltheologischen Beurteilung bestimmter Formen sexuellen Fehlverhaltens, in: Psychoanalyse und Moraltheologie, II 162–225, S. 178–185. Zu den «offiziellen» Lehren der Kirche vgl. A. PEREIRA: Jugend vor Gott, Kevelaer 1959, 291.–315. Tausend! Dazu auch K. DESCHNER: Das Kreuz mit der Kirche, 327–331; 365–378. Vgl. zu der Problematik auch H. HAAG – K. ELLIGER: «Stört nicht die Liebe», 111–122; G. DENZLER: Die verbotene Lust, 181–187. Vgl. auch: CH. ROHDE – DACHSER: Struktur und Methode der katholischen Sexualerziehung. Dargestellt am Beispiel katholischer Kleinschriften, Stuttgart 1970. U. RANKE-HEINEMANN: Eunuchen für das Himmelreich, 324–337, die auf die Folgen einer Moral hinweist, für welche die Onanie schlechtweg als Krankheit gilt. Immerhin hat S. FREUD: Zur Einleitung der Onanie-Diskussion. Schlußwort, VIII 331–345 bereits im Jahre 1912 gezeigt, wie man ehrlich und realitätsbezogen über die Frage der Onanie sprechen kann. Bes. E. RINGEL – A. KIRCHMAYR: Religionsverlust durch religiöse Erziehung, 123–125, verweisen auf den psychischen Schaden des kirchlichen Onanieverbotes.

[40] E. DREWERMANN – I. NEUHAUS: Schneeweißchen und Rosenrot, 33–35. – Demgegenüber zeigt F. LEIST: Zum Thema Zölibat, 231–242, wie das Totalverbot sexueller Lust außerhalb der Ehe gerade die Priesterbiographien geprägt hat.

[41] F. FURGER: Ethik der Lebensbereiche, Freiburg 1985, 99–101.

[42] K. HÖRMANN: Lexikon der christlichen Moral, Innsbruck 1976, Artikel: Selbstbefriedigung, Spalte 1413–1417.

[43] Vgl. G. DENZLER: Die verbotene Lust, 185–187. – *Erklärung der* GLAUBENSKONGRETATION zu einigen Fragen der Sexualität vom 29. 12. 1975, AAS 68, 1976, 77–96, S. 84f.

[44] E. ZOLA: Die Sünde des Abbé Mouret, 481.

[45] F. NIETZSCHE: Also sprach Zarathustra, 1. Teil, Von den Tugendhaften, 72–74, S. 72–73.

[46] *Erklärung der* GLAUBENSKONGREGATION zu einigen Fragen der Sexualität vom 29. 12. 1975, AAS 68, 1976. H. HAAG – K. ELLIGER: «Stört nicht die Liebe», 152.

[47] A.a.O., 152.

[48] A.a.O., 152. H. HAAG UND K. ELLIGER nennen diese «Beurteilung der Homosexualität durch die oberste Instanz der Kirche ... erschütternd. Es erfolgt keinerlei Auseinandersetzung mit dem heutigen Stand der Wissenschaft.» Das ist richtig, aber immer noch zu freundlich. S. FREUD: Die «kulturelle» Sexualmoral und die moderne Nervosität, VII 141–167 schrieb seinen wichtigen Aufsatz über Autoerotismus (Selbstbefriedigung), Homosexualität, voreheliche Abstinenz, Geburtenregelung und das Unglück vieler Ehen schließlich bereits im Jahre

1908. A. C. KINSEY: Das sexuelle Verhalten der Frau, 342–381 zeigte bereits im Jahre 1953, daß mit 45 Jahren 20 % der Frauen und ca. 50 % der Männer über homosexuelle Erfahrungen verfügten, darunter 13 % der Frauen und 37 % der Männer bis zum Orgasmus (379). Aber Tatsachen des menschlichen Verhaltens spielen für die Kirche offenbar keine Rolle, wenn sie die ewig gültigen, von Gott geoffenbarten Normen der Sittlichkeit verkündigt. Aber redet Gott nicht auch in der Natur? Zur Homosexualität im Tierreich vgl. A. KINSEY: Das sexuelle Verhalten der Frau, 344–346. Im Frankfurter Zoo kann jeder im Primatenhaus homosexuelle Kontakte unter den *Bonobos* (Zwergschimpansen) beobachten, die, nach Auskunft serologischer Untersuchungen, den Menschen näher stehen als jedes andere Tier der Welt. D. HEINEMANN: Die Menschenaffen, in: B. Grzimek (Hrsg.): Tierleben, Bd. 10, Säugetiere I, 485–499, S. 487. Auf den Übergang von biologisch bedingtem Hermaphroditismus zur Homosexualität weist V. B. DRÖSCHER: Sie töten und sie lieben sich, 40–41 – hin. – Psychologisch sehr zutreffend und in den authentischen Selbstdarstellungen erschütternd ist das Material, das H. MYNAREK: Eros und Klerus, 145–168 über den Zusammenhang von kirchlicher Sexualunterdrückung und Homosexualität aufführt.

[49] S. FREUD: Drei Abhandlungen zur Sexualtheorie, V 27–145, S. 33–47.

[50] B. HÄRING: Das Gesetz Christi, 3 Bde, 2. Aufl. Freiburg 1955; 8. Aufl. München 1967, III 311.

[51] B. HÄRING: Frei in Christus, Freiburg 1980, vgl. H. HAAG – K. ELLIGER: «Stört nicht die Liebe», 155. Vgl. auch G. DENZLER: Die verbotene Lust, 192–204; U. RANKE-HEINEMANN: Eunuchen für das Himmelreich, 334–338.

[52] Bes. K. DESCHNER: Das Kreuz mit der Kirche, 331–335 weist auf die strafrechtliche und politische Schuld hin, deren sich die Kirche durch ihre Morallehren in der jahrhundertelangen Verurteilung, Diskriminierung, ja, physischen Ausrottung der Homosexuellen bis hin zum Faschismus anzuklagen hat.

[53] «Die Kongregation für die Glaubenslehre veröffentlichte am 1. Oktober 1986 erstmals in der Geschichte der Kirche ein Dokument, das allein dem Thema der Homosexualität gewidmet ist... Die entscheidende Aussage lautet: ‹Die spezifische Neigung der homosexuellen Person ist zwar in sich nicht sündhaft, begründet aber eine mehr oder weniger starke Tendenz, die auf ein sittlich betrachtet schlechtes Verhalten ausgerichtet ist. Aus diesem Grund muß die Neigung selbst als objektiv ungeordnet angesehen werden.›» G. DENZLER: Die verbotene Lust, 201–202, zitiert nach Herder-Korrespondenz 41 (1987) 26.

[54] H. HAAG –K. ELLIGER: «Stört nicht die Liebe», 151.

[55] Zur Stellung der Bibel, insbesondere zu der Einstellung des hl. *Paulus* sowie der Pastoralbriefe zur Homosexualität vgl. H. HAAG – K. ELLIGER: «Stört nicht die Liebe», 142–148.

[56] Man muß nur (noch einmal) daran erinnern, daß der *Eid* im Neuen Testament zumindest ebenso eindeutig und ausnahmslos verurteilt wird wie die Homosexualität. Die Auslegeregel der Kirche scheint ganz einfach darin zu bestehen, daß Anweisungen, die sie selbst in ihren institutionellen Ordnungen in die Pflicht nehmen, auf Grund der menschlichen Schwäche noch nicht durchführbar sind –: merke: es ist eine utopische Irrlehre, von der Kirche zu fordern, was nur im Reiche Gottes möglich ist. Aber von dem Einzelnen kann buchstabengenau verlangt werden, daß er tut, was Gott durch den Mund seiner Kirche ihm sagen läßt, und er muß es können, da doch die Kirche selber als der fortlebende Leib Christi ihn durch die Aufnahme in die Gemeinschaft der Gläubigen durch das Sakrament der Taufe von aller Sünde befreit hat. Eine solche Theologie zeigt nur eines ganz klar: daß sie darauf berechnet ist, die Institutionen der Kirche zu schützen auf Kosten der Menschen. Vgl. dazu N. LO BELLO: Vatikan im Zwielicht, 210–215, der vor allem die Liberalisierungsversuche in Holland und in den USA schildert.

[57] St. Zweig: Verwirrung der Gefühle, in: Meisternovellen, 186–264, S. 258.
[58] A.a.O., 258–259.
[59] J. Green: Jugend. Autobiographie 1919–1930, S. 567–568.
[60] A.a.O., 574.
[61] A.a.O., 574.
[62] Zu der sexuellen Signalwirkung der Kleidung vgl. D. Morris: Der Mensch, mit dem wir leben, 322–359.
[63] G. Büchner: Woyzeck, in: Ges. Werke, 141–166, S. 147–149.
[64] H. de Balzac: Die Frau von dreißig Jahren, in: Szenen aus dem Privatleben, 5–207.
[65] Vgl. E. Canetti: Masse und Macht, 172–176, der die Klöster und Orden geradewegs als die «Massenkristalle» der Kirche bezeichnet. «Sie enthalten die eigentlichen Christen», die den anderen schon durch die Kleidung zeigen sollen, was wirkliche Christen sind (176).
[66] E. Zola: Die Sünde des Abbé Mouret, 52–60.
[67] G. de Maupassant: Die Taufe, in: Die Erbschaft, 63–68. Vgl. ders.: Mondschein, in: Yvette, 160–165 – die Geschichte eines frauenhassenden Abbé, der die «fleischliche Liebe» ebenso kategorisch wie gut katholisch unterdrückt, nur um sich schließlich zu fragen, warum Gott dies alles geschaffen hat.
[68] Vgl. M. Eliade: Schamanismus und archaische Ekstasetechnik, 248, der das Vorhandensein der «frauenähnlichen Männer» im Schamanismus der *Tschuktschen* auf eine «vom archaischen Matriarchat» stammende Ideologie zurückführt. Vgl. auch E. Drewermann: Tiefenpsychologie und Exegese, II 74–114.
[69] L. Szondi: Triebpathologie, I 406.
[70] A.a.O., I 407.
[71] A.a.O., I 407.
[72] A.a.O., I 407. Vgl. auch E. Drewermann: zur Frage der moraltheologischen Beurteilung bestimmter Formen sexuellen Fehlverhaltens, II 162–225, S. 171–178; 291–296 (Nachtrag zur 5. Aufl. 1987).
[73] Vgl. E. Drewermann: An ihren Früchten sollt ihr sie erkennen, 126–128. Vgl. *Anonymus:* Artikel: Offenbarung contra Religion. Zwischenbilanz nach den ersten vier Teilen der «Geschichte der Unterscheidung» im Blick auf die heutige Theologie, in: Die integrierte Gemeinde, Beiträge zur Reform der Kirche, Heft 12–14, 25–48, S. 48: «Wir können als integrierte Gemeinde die Geschichte der Unterscheidung von Religion und Offenbarung nur deshalb zu schreiben versuchen, weil wir von unserer Erfahrung her dieses Ziel Gottes in der Geschichte erkennen ... Die Inanspruchnahme unseres gesamten Lebens eröffnete die Befreiung und Heilung unserer Leben, so daß wir heute so konkret von der Menschenfreundlichkeit des absoluten Anspruches Gottes reden können.» Hier wird also ein absolutes Wissen behauptet, das in nichts anderem gründet als darin, einer bestimmten Gemeinde zuzugehören; der Ort dieser Gemeinde ist das Heil selber; wer dieser Gemeinde nicht zugehört, versteht weder die Offenbarung noch die Planungen Gottes für die Geschichte. Man kommt offenbar nicht darauf, wieviel an infantiler Haltsuche in solchen Ideologiebildungen seinen Niederschlag findet. Dabei ist die Logik dieses Denkens von erstaunlicher Naivität: Wir brauchen etwas, wir machen etwas, also haben wir es erfahren, also ist es die Wahrheit ...! Es handelt sich hier wohlgemerkt um «Blätter zur Unterscheidung des Christlichen.»
[74] Vgl. *Anonymus:* Kommune – Kibbuz – Kloster – Gemeinde, in: Die integrierte Gemeinde, Heft 7 (1970), S. 143–152: «Und eine Gemeinde? Sie soll dem Willen Gottes sichtbare Gestalt geben, dessen Pläne nicht menschliche sind, aber sich an den Menschen richten, und eifersüchtig nicht weniger fordern als ein Kibbuz und eine Kommune von ihren Mitglie-

dern, nämlich alles.» (S. 151) Ausdrücklich soll hier das Kloster als «Kirche in der Kirche» durch die wahre Gemeinde Christi in der Welt ersetzt werden; und wer, wie z. B. H. Küng, erkären sollte, Gott wolle einfach das Wohl der Menschen, indem sie «in wahrhaft menschlicher Weise zu leben» beginnen (148–149), der ist schon auf dem Wege der Abschwächung, ja des totalen Mißverständnisses des eigentlichen Willens Gottes.

[75] A. Haberlandt: Der Aufbau der europäischen Volkskultur, in: H. A. Bernatzik (Hrsg.): Neue große Völkerkunde, 14–22, S. 22, weist darauf hin, daß uralte Vorstellungen totemistischer Tierverwandlung sich noch heute auf das Maskentreiben der Jungmännerbünde oder Burschenschaften in den Alpenländern auswirken.

[76] Vgl. z. B. in *Nordamerika* H. Läng: Kulturgeschichte der Indianer Nordamerikas, 347–349, – das Beispiel der *Pomo*-Indianer; 374–375: das Beispiel der Hopis; 380–381 – das Beispiel der *Apachen*.

[77] Vgl. aber S. Freud: Über die Psychogenese eines Falles von weiblicher Homosexualität, XII 269–302, S. 284–287; 300, der «zwei Grundtatsachen» konstatiert: «daß die homosexuellen Männer eine besonders starke Fixierung an die Mutter erfahren haben» und «daß alle Normalen neben ihrer manifesten Heterosexulität ein sehr erhebliches Ausmaß von latenter oder unbewußter Homosexualtät erkennen lassen.»

[78] Zu der Lehre A. Adlers vom «männlichen Protest» vgl. S. Freud: Zur Geschichte der psychoanalytischen Bewegung, X 100. Vgl. auch A. Adler: Das Problem der Homosexualität und sexueller Perversionen, 78–89: «Die Homosexualität zeigt sich als einer der mißratenen Kompensationsversuche bei Menschen mit deutlichem Minderwertigkeitsgefühl und entspricht in ihrer gestörten sozialen Aktivität vollkommen der Stellung des Patienten zum Problem der Gemeinschaft.» (88) Es darf bezweifelt werden, daß sich die Homosexuellen in dieser Darstellung verstanden fühlen. – Zur Abwehr gegen die Mutter bzw. zu dem negativen Mutterkomplex vgl. C. G. Jung: Die psychologischen Aspekte des Mutterarchetypus, IX 1, 91–123, S. 105–106.

[79] A. Gide: Die Schule der Frauen (1929), in: Sämtliche Erzählungen, 441–504.

[80] C. G. Jung: Die Ehe als psychologische Beziehung, XVII 213–227, S. 221.

[81] Vgl. V. B. Dröscher: Sie töten und sie lieben sich, 40–41; 78–79. J. Wolpe: Praxis der Verhaltenstherapie, 86–102: Behandlung von Impotenz und Frigidität.

[82] R. Curb –N. Manahan: Die ungehorsamen Bräute Christi. Lesbische Nonnen brechen das Schweigen, 15–37: «Wir wurden von Diskretion erstickt. Doch im Kloster und außerhalb erzählen wir endlich unsere Geschichte... Wir finden einander und bekennen uns. Nach Jahrhunderten der Unsichtbarkeit brechen wir endlich das Schweigen.» (36). – G. Denzler: Die verbotene Lust, 203, verweist auf eine 1977 von W. Müller durchgeführte Umfrage bei 235 Seelsorgepriestern in der BRD, von denen allerdings nur 111 den Fragebogen beantworteten; danach ergab sich, daß 15–20% der Priester «ausschließlich bzw. vorrangig homosexuell ausgerichtet sind»; die Zahl ist jedoch nur ein Schätzwert – der wahre Prozentsatz dürfte eher höher liegen.

[83] A. Döblin: Die drei Sprünge des Wang-lun, 139.

[84] A.a.O., 147–148.

[85] A.a.O., 156.

[86] A.a.O., 156–157.

[87] A.a.O., 157.

[88] E. Zola: Die Sünde des Abbé Mouret, 439–440; 441.

[89] A.a.O., 441–442.

[90] A. Gide: Die enge Pforte, in: Sämtliche Erzählungen, 181–298, S. 290.

[91] A.a.O., 292.
[92] A.a.O., 293.
[93] A.a.O., 294.
[94] A. GIDE: Tagebuch 1939–1949, S. 251, wendet auf CLAUDEL den Ausspruch an: «Er hörte niemals zu; er allein sprach, und wenn man ihm erwidern wollte, hatte er die Fähigkeit, sogleich einzuschlafen; aber... sobald man geendet hatte, erwachte er sofort und nahm, als wäre nichts geschehen, den Faden seiner Rede wieder auf.» Und er zitiert (Aus den Tagebüchern 1898–1939, S. 110): «‹Mein Freund›, sagte Claudel zu Jammes, ‹als ich, nachdem ich lange Jahre in der Liebe Gottes gelebt hatte, der Liebe zu jener Frau verfiel, wie Sie wissen, da war es mir, als tauchte ich, aus einem reinen Bergsee kommend, in einem Fußbad unter!›» Und a.a.O., 130: «Ich möchte Claudel nie gekannt haben. Seine Freundschaft lastet auf meinem Denken, verpflichtet es, hemmt es... Noch bringe ich es nicht fertig, ihm Kummer zu machen, aber meine Denkungsart erweist sich als Kränkung der seinen.» Und, S. 136: «Seine (sc. Claudels, d. V.) Rede ist ein unaufhörliches Strömen, das kein Entwurf, nicht einmal eine Frage aufhält. Eine andere Meinung als die seinige hat keine Existenzberechtigung und, in seinen Augen, fast nicht einmal eine Entschuldigung.»
[95] A. GIDE: Uns nährt die Erde, in: Romane, 7–115.
[96] S. FREUD: Vorlesungen zur Einführung in die Psychoanalyse, XI 390–391.
[97] Zum *hysterischen* Erscheinungsbild vgl. E. DREWERMANN: Sünde und Neurose, in: Psychoanalyse und Moraltheologie, I 128–162, S. 143–148.
[98] Zur Stelle vgl. E. DREWERMANN: Das Markus-Evangelium, I 336–370; DERS.: Tiefenpsychologie und Exegese, II 277–309. – Die Vorstellung, von einer Frau verführt zu werden, gehört freilich zu den klerikalen Lieblingsphantasien. J. BÜHLER: Klosterleben im Mittelalter, 272, erzählt, wie eine vornehme Frau in der Beichte einem Abt ihre heftige Liebe gesteht und wie dieser erklärt, zerlumpt und ungepflegt zu sein. «Siehst du nun, wie uns, die wir der Welt bereits abgestorben sind, der Teufel nachstellt?» P. TÜRKS: Philipp Neri, 61, erzählt, wie der Heilige als Beichtvater von einer jungen Frau namens *Cesarea,* die in der Nähe von San Girolamo drei Häuser besaß, in Versuchung geführt werden sollte. Sie hatte sich gerühmt, «ihrer Schönheit werde *Philipp* nicht widerstehen. Sie ließ ihn zu sich rufen, gab vor, auf den Tod krank zu sein, aber noch beichten zu wollen. Obwohl ihr Ruf eindeutig war, meinte Philipp, ihr helfen zu müssen. Als er dann hinkam und den Aufzug sah, indem sie ihn empfing, merkte er die List, verlor kein Wort, sondern drehte sich um und stürzte Hals über Kopf die Treppe hinunter. Die vorher noch so sichere Frau war so wütend, daß sie den nächstbesten Schemel nahm und ihn Philipp nachschleuderte. Später sagte Philipp oft: ‹Im Krieg um die Reinheit erlangen nur die Feiglinge den Sieg, also nur jene, die davonlaufen.›» Hier kommt so ziemlich alles beisammen: das übliche Klischee von dem unschuldigen Kleriker und der lüsternen Frau, die Abwertung weiblicher Schönheit zur Gefahr der Verführung, der «Krieg», den die Kleriker nicht nur um ihre Selbstbewahrung und Reinheit, sondern vor allem gegen sich selbst und gegen die Frauen führen müssen, die verkrampfte Unfähigkeit, persönlich und menschlich auf die Liebeswünsche einer Frau zu antworten, und vor allem: das offene Eingeständnis der Angst und Vermeidehaltung gegenüber der Frau als Grundlage des Zölibats. Doch soll man das alles lesen als das witzige Musterbeispiel eines großen Heiligen der katholischen Kirche. – Im übrigen sah und sieht die Wirklichkeit natürlich anders aus. Wie die *Frauen* in der Kirche seit den Tagen des hl. *Paulus* unterdrückt und zurückgedrängt, ja entwertet und zur Gefahr des Bösen schlechthin umgewertet werden, dazu vgl. H. HAAG – K. ELLIGER: «Stört nicht die Liebe», 64–69. Mit welchen Mitteln die *Zölibatsforderung* in der Kirche durchgesetzt wurde und wie sie sich auswirkte, welche Gegenbewegungen sie wachrief und welche moralischen

Exaltationen sie hervorrief, schildert ausführlich K. DESCHNER: Das Kreuz mit der Kirche, 158–211; desgl. U. RANKE-HEINEMANN: Eunuchen für das Himmelreich, 105–151, die bes. die zölibatäre Unterdrückung der Frau in der Kirche infolge der Sexualangst der Kleriker hervorhebt; G. DENZLER: Die verbotene Lust, 267–304 schildert die Ambivalenz des kirchlichen Frauenbildes zwischen Madonna und Hure. H. MYNAREK: Eros und Klerus, 52–71 bietet ein eindrucksvolles Material über die Verhältnisse von Zölibatären mit verheirateten Frauen und schildert (S. 75–89) das Problem der «Zölibatessen»: der Priesterhaushälterinnen in eheähnlichen, aber stets gefährdeten und prinzipiell rechtlosen Verhältnissen; zu der psychisch oft genug katastrophalen Erniedrigung der Person im Namen der kirchlichen Sexualmoral in den Klöstern vgl. a.a.O., 117–145. Wie es heute steht, zeigen zwei Zahlen: «29,6 Prozent, fast ein Drittel der Mönche des Kapuzinerordens, des fünftgrößten Mönchsordens der katholischen Kirche, wünschen die Möglichkeit intimer Beziehungen zum anderen Geschlecht... Noch mehr Kapuziner, nämlich 35,6 Prozent, betrachten den Umstand, daß ihnen die Liebe einer Frau fehlt, als ein Hindernis für ‹die volle Reifung der Persönlichkeit›. Das zeigt eine Untersuchung aufgrund einer umfassenden Fragebogenaktion, die eine Gruppe italienischer Kapuziner und Soziologen durchgeführt hat. Die Ergebnisse dieser Untersuchung lösten im Vatikan Überraschung und Bestürzung aus.» (S. 142)

[99] Vgl. TH. FONTANE: Schach von Wuthenow, in: Werke, II 125–238, Kap. 20, S. 233–236, die gnadenlose Abrechnung mit den falschen Ehrbegriffen seiner Zeit.

[100] Vgl. dazu S. FREUD: Beiträge zur Psychologie des Liebeslebens, VIII 65–91, S. 70–77. Vgl. zu dem Problemkomplex bes. W. SCHMIDBAUER: Die hilflosen Helfer. Über die seelische Problematik der helfenden Berufe, Reinbek 1977.

[101] Auch hier ist die Quittierung durch die klerikale Häme die übliche Reaktion: der Priester, der eine Frau heiratet, ist nicht nur ein schwacher, treuloser Eidbrecher, er ist auch moralisch mindewertig, ja, psychisch abartig und zur «Vernunft» nicht imstande; außerdem darf man bereits orakeln, wie unglückselig und vorbelastet jene Ehe sich gestalten werde. All dies scheint unerläßlich, um die Infragestellung zu beruhigen, die durch eine Klerikerheirat bei den «Hinterbliebenen» ausgelöst wird. – Zu den Problemen einer *anima*-Liebe vgl. E. DREWERMANN: Das Tragische und das Christliche, in: Psychoanalyse und Moraltheologie, I 19–78, S. 33–39; DERS.: Ehe – tiefenpsychologische Erkenntnisse für Dogmatik und Moraltheologie, in: A.a.O., II 38–76, S. 43–59.

[102] A. GIDE: Die Pastoralsymphonie, in: Sämtliche Erzählungen, 383–440.

[103] S. CARTER – J. SOKOL: Die Angst vor der ewigen Liebe, 185–201: Der Anfang einer bindungsphobischen Beziehung. Vgl. auch W. WIECK: Männer lassen lieben, 53–89, der die Ausnutzung der Frau als Helferin des Mannes sowie die Frauensucht der unbefriedigten Männer schildert.

[104] Zu dem Mythos vom erlösten Erlöser vgl. W. SCHMITHALS: Die Gnosis in Korinth, Göttingen, 2. Aufl. 1965: Einleitung A: Die Gnosis, S. 21–80: zum Erlösten Erlöser. E. PAGELS: Versuchung durch Erkenntnis, 79–81 zeigt vor allem, daß die gnostische Erlösungslehre die Autorität der hierarchisch etablierten Kirche bedrohte. Es spricht in der Tat gegen sich selber, wenn TERTULLIAN: Die Prozeßeinreden gegen die Häretiker, 41, Bd. II 350–351, erklärt: «Ich will nicht unterlassen, auch von dem Wandel der Häretiker eine Schilderung zu entwerfen, wie locker, wie irdisch, wie niedrig menschlich er sei, ohne Würde, ohne Autorität, ohne Kirchenzucht, so ganz ihrem Glauben entsprechend. Vorerst weiß man nicht, wer Katechumen, wer Gläubiger ist, sie treten miteinander ein, sie hören miteinander zu, sie beten miteinander; auch wenn Heiden dazu kommen, werfen sie Heiliges den Hunden... hin. Das Preisgeben der Kirchenzucht wollen sie für Einfachheit gehalten wissen, und unsere Sorge für dieselbe

nennen sie Scharwenzelei. Was den Kirchenfrieden (sc. die kirchl. Gemeinschaft, d. V.) angeht, so halten sie ihn unterschiedslos mit allen. Es ist in der Tat auch zwischen ihnen, obwohl sie abweichende Lehren haben, kein Unterschied ... Alle sind aufgeblasen, alle versprechen Erkenntnis. Die Katechumenen sind schon Vollendete (sc. Eingeweihte, d. V.), ehe sie noch Unterricht erhalten haben. Und selbst die häretischen Weiber, wie frech und anmaßend sind sie! Sie unterstehen sich, zu lehren, zu disputieren, Exorzismen vorzunehmen, Heilungen zu versprechen, vielleicht auch noch zu taufen. Die Ordinationen der Häretiker sind aufs Geratewohl leichtfertig und ohne Bestand ... Nirgends gibt es leichtere Beförderung als im Lager der Rebellen, wo bloß sich aufzuhalten schon als Verdienst gilt. Und so ist denn heute der eine Bischof, morgen der andere ..., heute einer Priester und morgen Laie. Denn sie tragen die priesterlichen Verrichtungen auch Laien auf.» Offenbar waren die «gnostischen Häretiker» demokratischer, toleranter, frauenfreundlicher, *menschlicher* als die verfaßte Kirche es jemals zulassen wollte. Doch wessen Schuld ist das?

[105] Vgl. R. Pesch – G. Lohfink: Tiefenpsychologie und keine Exegese, 35–36; vgl. dazu E. Drewermann: An ihren Früchten sollt ihr sie erkennen, 39–77.

[106] Es ist erstaunlich, wenn W. Kasper: Tiefenpsychologische Umdeutung des Christentums?, in: A. Görres – W. Kasper (Hrsg.): Tiefenpsychologische Deutung des Glaubens, 9–26, S. 21, ein «starkes gnostisches Gerüchlein» in seine Nase steigen fühlt, wenn er meine Bücher liest. Hätte er wenigstens die Kapitelüberschriften meiner Bücher wirklich gelesen, so hätten ihm in meinen «Strukturen des Bösen», III. Bd., S. XXXI–XLIV doch wohl Titel auffallen müssen wie: «Jenseits der Mythen» und: «Leben gibt es nur im Glauben.»

[107] Vgl. E. Drewermann: Strukturen des Bösen, II 124–152; III 118–185.

[108] Vgl. Abaelard: Die Leidensgeschichte und der Briefwechsel mit Heloisa, übers. v. E. Brost, S. 21: «Ich kann es jetzt wohl kurz machen: der Hausgemeinschaft (sc. mit Heloisa) folgte die Herzensgemeinschaft! Während der Unterrichtsstunden hatten wir vollauf Zeit für unsere Liebe ... Die Bücher lagen offen da, Frage und Antwort drängten sich, wenn die Liebe das bevorzugte Thema war, und der Küsse waren mehr als der Sprüche. Meine Hand hatte oft mehr an ihrem Busen zu suchen als im Buch, und statt in den wissenschaftlichen Textbüchern zu lesen, lasen wir sehnsuchtsvoll eins in des anderen Augen.» Vgl. auch U. Ranke-Heinemann: Eunuchen für das Himmelreich, 173–176.

[109] Zur Entwicklung des Pflichtzölibats vgl. G. Denzler: Das Papsttum und der Amtszölibat, 2 Teilbände, Stuttgart 1973–1976; vgl. auch P. de Rosa: Gottes erste Diener, 480–534: Unkeusche Ehelose, der zu Recht meint: «Johannes Paul sagt oft, der Priester sei seine Verpflichtung (sc. zur Keuschheit) in völliger Freiheit eingegangen. Wenn dem so ist, warum erlaubt er Priestern dann nicht, das Amt zu verlassen?» U. Goldmann-Posch: Unheilige Ehen, 15, erinnert an den derzeitigen Priestermangel: «... von den insgesamt 433 089 Welt- und Ordenspriestern, die 1973 noch zur Verfügung standen, kann der Vatikan in seinen Statistiken für 1982 nur noch 408 945 vorweisen. Im Jahre 1973 wurden auf der ganzen Welt 7169 junge Männer zu Ordens- oder Weltpriestern geweiht, neun Jahre später waren es nur noch 5957.» Wie die derzeitigen Priester leben, zeigt eine «unlängst vom Arbeitskreis Zölibat in Auftrag gegebene Umfrage unter 1500 Priestern im Erzbistum Köln»; sie ergab, daß 76 Prozent aller Befragten der Meinung waren, viele Geistliche würden ohnehin mit einer Frau zusammenleben. Gleichgültig, von wem in den letzten Jahrzehnten eine Erhebung durchgeführt wurde, immer sprach sich eine Mehrheit gegen die Beibehaltung des Zölibats aus. 67,47 Prozent der Leser der katholischen Zeitschrift *Weltbild* votierten 1970 für verheiratete Priester. 53,4 Prozent der Geistlichen des Bistums Passau waren im gleichen Jahre für die Abschaffung des Zölibats. Und bei einer Befragung Münchner Theologiestudenten im Jahre 1968

waren es 94,4 Prozent. Sogar bei der von der Deutschen Bischofskonferenz in Auftrag gegebenen Studie *Priester in Deutschland* aus dem Jahre 1970 hielten 51 Prozent es zumindest für erwägenswert (28 Prozent davon sogar für notwendig), daß die Zölibatsverpflichtung in Zukunft aufgehoben und die Entscheidung dem einzelnen überlassen wird.» (15–16) Und S. 12: «Daß in der Bundesrepublik bereits rund 4000 Priester des Zölibats wegen aus dem Amt geschieden sind, scheint offiziell keiner Diskussion würdig zu sein. Genausowenig wie die Amtsaufgabe der etwa 200 Geistlichen in der Schweiz, der 1000 Priester in Spanien, der 8000 in Italien, der 4000 in Brasilien, der 17000 katholischen Seelsorger in den USA oder der 8000 in Frankreich, die inzwischen geheiratet haben – mit oder ohne den Segen ihrer Kirche... Nach Schätzungen der im März 1984 in Bad Nauheim gegründeten Vereinigung katholischer Priester und ihrer Frauen muß man weltweit von rund 80 000 Priestern ausgehen, die mit oder ohne kirchliche Erlaubnis geheiratet haben. Bei 409 000 Geistlichen, die das Vatikanische Jahrbuch 1982 verzeichnet, heißt das, daß ein Fünftel des Weltklerus sich aus dem Amt in die Ehe verabschiedet hat.» Vgl. auch G. HEINEMANN: Zur gegenwärtigen Situation der Priester in Deutschland, in: Lebendige Seelsorge, 33 (1982) 165–169, der (S. 169f.) auf die mangelnde Zeichenhaftigkeit des Zölibats im Erleben der meisten Gläubigen heute hinweist. A. EXELER: Priesterliche Lebensformen, in: Lebendige Seelsorge, 33 (1982) 223–226 sieht im Zusammenleben des Pfarrers mit seiner Haushälterin eine Lebensform, die soziologisch betrachtet vom Konkubinat nicht zu unterscheiden sei (224–225).

[110] Vgl. THOMAS VON AQUIN: Summa theologica, III 63,5; DENZINGER – SCHÖNMETZER: Enchiridion Symbolorum, Nr. 964, S. 414. – Gleichwohl wurden unter Papst Paul VI (1963–1976) rund 32 000 Priester aus aller Welt laisiert. «Seit 1980 spricht der Vatikan so gut wie keine Laisierungen mehr aus... Derweilen liegen – inoffiziellen Zahlen zufolge – über 10 000 Anträge auf Eis.» U. GOLDMANN – POSCH: Unheilige Ehen, 13.

[111] Vgl. N. GÖTTLER: Die Abschaffung des Zölibats als Ziel. Für immer mehr Geistliche ist die Verpflichtung zur Ehelosigkeit ein unbiblisches Gesetz. Süddeutsche Zeitung, 12. Okt. 88, S. 10. – Man muß Leute wie M. TRÉMEAU: Der gottgeweihte Zölibat, 31–40, lesen, die den Zölibat zur Grundlage des mystischen Lebens erklären, um zu verstehen, wie psychologiefern die übliche Zölibatsdiskussion verläuft.

[112] Was das bedeutet, schreibt F. ERBACHER in: G. DENZLER (Hrsg.): Lebensberichte verheirateter Priester, 199–217, S. 211: «Die Tatsache, daß fast alle Beziehungskonstellationen von Priester und Frau in aller Heimlichkeit geschehen müssen, verhindert eine offene und reale Auseinandersetzung mit den Möglichkeiten und Grenzen (auch im erotischen Bereich).» Und S. 210–211: «Im Blick auf die Amtskirche steht bei mir nicht die Zölibatsproblematik, sondern die Autoritätsproblematik an erster Stelle: Bestimmt die Kirche, bestimme ich oder bestimmt Gott, wie ich mein Leben als Priester und Mensch gestalten darf? ... Wieviel Mut habe ich, zu dem zu stehen, wovon ich persönlich überzeugt bin? ... Jenseits einer absoluten Wahrheit findet der einzelne Mensch seine Wahrheit dialogisch in der Begegnung mit Mitmenschen und seinem eigenen Inneren. Genau das ist die Überwindung des Autoritätsproblems.» Vgl. auch R. KNOBEL-ULRICH: Verbotene Ehen, NDR 16. 12. 88.

[113] Insbesondere U. GOLDMANN– POSCH: Unheilige Ehen, 26–27, schildert die Unsicherheit, die in dieser Gesetzgebung steckt, indem die Kirche selber vor einer «Strafverfolgung» derjenigen Priester zurückschreckt, die ihr Leben nicht entsprechend der Zölibatsverpflichtung einrichten. Sie selber wünscht heute offensichtlich, die Dinge in einer Grauzone von stillschweigendem Tolerieren und illegalem Zusammenleben zu belassen. Aber E. RINGEL – A. KIRCHMAYR: Religionsverlust durch religiöse Erziehung, 137, meinen zu Recht: «Den entscheidenden Grund für die gestörte Beziehung zur Sexualität (sc. in der kath. Kirche, d. V.)

sehen wir ... im Zölibatsgesetz ... Jeder, der mit Alumnen (sc. Priesteramtskandidaten, d. V.) zu tun hat, sieht, wie sie selbst, und natürlich erst recht ihre Vorgesetzten, sich panisch vor einer Begegnung mit einer Frau und damit vor der sexuellen Versuchung fürchten. Unter solchen Umständen kann man noch so oft versichern, man habe jetzt eine normale, gesunde Einstellung zur Frau und Sexualität; dies muß ein Lippenbekenntnis bleiben. Ein Priester, der dies alles mitmachen mußte, wird nur unter äußerst glückhaften Bedingungen die Befangenheit gegenüber Sexualität und Frauen ablegen können», d. h., so wird man denken müssen, er muß das Glück haben, über längere Zeit hin sich in eine andere (meist verheiratete) Frau zu verlieben, ohne ins Gerede zu kommen. Was indessen Frauen alles durchmachen, die sich auf einen Priester der Kirche einlassen und ihm kostenlose «Nachhilfestunden der Liebe» erteilen, schildert U. GOLDMANN-POSCH: Unheilige Ehen, 49–56. Zur «Zölibatsmoral» ist zwar einseitig, aber nicht übertrieben, was K. DESCHNER: Das Kreuz mit der Kirche, 186–211, ausführt.

114 Wieviel Mut es kostet, sich trotz aller kirchlichen Verurteilungen doch noch zur Kirche zugehörig zu fühlen und zu den Sakramenten zu gehen, zeigt der Fall von *Pater Michael* und *Bettina*, den U. GOLDMANN-POSCH: Unheilige Ehen, 57–70, protokolliert.

115 A.a.O., 27.

116 Vgl. P. HAUPTVOGEL: «Sie nennen mich eine Priesterhure», in: Quick, Heft 22, 23. Mai 89, 104–105; zur Sendung der ARD vom 26. 5. 89: Gott und die Welt: Sie nennen mich eine Priesterhure. Frauen brechen ein Tabu. Film von GERNOT SCHLEY.

117 Eine kurze geschichtliche Darstellung der *Abtreibungsfrage* findet sich bei G. DENZLER: Die verbotene Lust, 165–168. Vgl. auch U. RANKE-HEINEMANN: Eunuchen für das Himmelreich, 310–323. In der heutigen Bevölkerung der BRD sind nach einer *Stern*-Umfrage 60 % der Männer und 61 % der Frauen gegen die Bestrafung eines Schwangerschaftsabbruches; 69 % der Männer und 73 % der Frauen meinen, in dieser Frage sollten die Frauen allein entscheiden dürfen; aber 43 % der Männer und 60 % der Frauen lehnen für sich persönlich eine Abtreibung ab; allerdings plädieren von diesen 46 % der Männer und 55 % der Frauen für Straffreiheit. I. KOLB – U. POSCHE: Das Signal von Memmingen, in: Stern, Heft 10; 2. März 1989, 268–270.

118 C. MCCULLOUGH: Dornenvögel, 69.

119 A.a.O., 70.

120 A.a.O., 140; 180.

121 A.a.O., 256.

122 A.a.O., 397.

123 A.a.O., 610–622.

124 Vgl. ATHANASIUS: Leben des heiligen Antonius, II 677–777, der (Kap. 12–13, S. 702–704) von den Kämpfen erzählt, die der Heilige gegen die Dämonen zu bestehen hat; vgl. Kap. 51–53, S. 738–740. Vor seinem Lebensende sprach *Antonius* zu den Mönchen: «Ihr kennt die Nachstellungen der Dämonen, ihr wißt, wie wild sie sind, aber auch wie schwach in ihrer Gewalt. Fürchtet sie also nicht, atmet vielmehr immer in Christus und glaubet an ihn. Lebt, wie wenn ihr jeden Tag sterben solltet ... Ihr sollt keine Gemeinschaft haben mit den Schismatikern.» (Kap. 91, S. 774) Triebabwehr und Gedankenzensur bilden offenbar einen Grundzug im Mönchtum des hl. *Antonius*. Auch von dem Mönchsvater *Pachomius* berichtet ATHANASIUS: Leben des heiligen Pachomius, II 779–900, Kap. 24, S. 847–848, von dem Kampf gegen die Dämonen durch Askese und Tugend. G. FLAUBERT: Die Versuchung des heiligen Antonius (1874), übers. v. B. u. R. Picht, Frankfurt, 1966, entwarf anhand solcher Vorlagen die Vision einer mytischen Verschmelzung von Geist und Materie, von Mensch und

Natur, von Christus und Sonne. Was *Flaubert* vorschwebte, war die Gestalt eines Heiligen, der die Natur *nicht* mehr verleugnet, sondern integriert.

[125] E. ZOLA: Die Sünde des Abbé Mouret, 500.

[126] A.a.O., 505.

[127] A.a.O., 505.

[128] A.a.O., 505.

[129] A.a.O., 506.

[130] A.a.O., 506.

[131] A.a.O., 506.

[132] A.a.O., 508.

[133] P. HAUPTVOGEL: «Sie nennen mich eine Priesterhure», in: Quick, Heft 22, 23. Mai 1989, 104–105, spricht von ca. 230 Frauen. Wie dabei der *Witz* «der Kleriker wie unter Pubertierenden um das Thema Nr. 1, die Sexualität, kreist, zeigt H. BEMMANN: Der klerikale Witz, eingel. v. F. HEER, 15–17; 59 ff.; Von der Treffsicherheit dieser Geschichten ein Beispiel. S. 179: «Welcher Unterschied besteht zwischen einem deutschen und einem brasilianischen Priester? Der deutsche darf alle Gläubigen mit «Geliebte» anreden – außer der eigenen Haushälterin. Der brasilianische wird von allen Kindern «Vater» genannt – außer von den eigenen Kindern.»

[134] N. GÖTTLER: Die Abschaffung des Zölibats als Ziel, in: Süddeutsche Zeitung, 12. Okt. 88, S. 10. – Das Informationsheft der Gruppe ist zu beziehen von *Klaus Thoma*, Gartenstr. 99, 2302 Flintbek, Tel. 04347-2880

[135] A.a.O.

III. Therapievorschläge

A. Was eigentlich ist das Erlösende am Christentum?

[1] D. DIDEROT: Die Nonne, 124–126.

[2] G. W. F. HEGEL: Philosophie der Religion, II 311, warf dem Katholizismus insgesamt vor, er sei «beim Sohne und der Erscheinung» stehengeblieben, statt zum Reich des Geistes fortzuschreiten, indem «zur versöhnenden Macht des Sohnes Maria und die Heiligen hinzukommen und der Geist mehr nur in der Kirche als Hierarchie, nicht in der Gemeinde ist». Freilich konnte HEGEL: Der Geist des Christentums, hrsg. u. eingel. von W. Hamacher, 516, es als Schicksal der christlichen Kirche bezeichnen, «daß Kirche und Staat, Gottesdienst und Leben, Frömmigkeit und Tugend, geistliches und weltliches Tun nie in Eins zusammenschmelzen können.» Doch läßt sich aus dieser Spannung, die als wesentlich gesehen werden muß, nicht ableiten, was insbesondere K. RAHNER: Zur Theologie der Entsagung, in: Schriften zur Theologie, III 61–72 als Begründung der «evangelischen Räte» vorgebracht hat: RAHNER sah in den evangelischen Räten den Verzicht auf positive innerweltliche Werte realisiert als «die Ausdrucks-Realisation von Glaube–Hoffnung–Liebe, die nach Gott auslangt, insofern er gerade in sich selbst ohne Vermittlung der Welt Ziel des Menschen der übernatürlichen Ordnung ist» (66), «das Erscheinensollen der Liebe in der Greifbarkeit der Welt, insofern diese Liebe die eschatologisch-transzendente und kirchliche ist.» (72) Vgl. DERS.: Passion und Aszese, III 73–104, wo er sich gegen die «Versuchung» verwahrt, «die Welt als die endgültige Offenbarung Gottes zu nehmen» (94); Gott sei «eben mehr als der Mensch und als die Welt» (95). «Damit», meinte RAHNER, «entsteht eine Transzendenz der Aufgabe und Bestimmung des Menschen, die notwendig immer irgendwie als Widerspruch empfunden wird zu Natur und

Welt, denen die Versuchung, sich in sich zu runden, wesenhaft innewohnt, die Versuchung, sich zwar vor Gott als dem letzten Grund und Hintergrund, aber doch wesentlich in sich selbst zu vollenden.» (95) Vor allem den *Tod* betrachtete RAHNER als die Widerlegung dieser «Rundung» des irdischen Daseins. *Psychologisch* jedoch ist gegenüber diesem Konzept zu fragen, wie eine die Welt «transzendierende» Existenzweise möglich sein soll, die nicht als erstes durch die Welt hindurch gegangen ist – konkret: wie soll man die Liebe zwischen Mann und Frau ins Überweltliche transzendieren und die göttliche Liebe innerweltlich «greifbar» machen können, wenn niemals die Erlaubnis bestand, als Mann eine Frau, als Frau einen Mann zu lieben? Und dann ist auch *theologisch* zu fragen, was Jesus uns bringen wollte, wenn nicht im Namen Gottes eine tiefere Liebe zu *dieser* Welt, die niemals, solange sie besteht, aufhören wird, Gottes Schöpfung zu sein. Die «wesenhafte Versuchung», das Dasein in sich abzuschließen, existiert, aber sie bedarf einer Begründung: Erst wenn man *die Dynamik der Angst*, psychoanalytisch wie existentialanalytisch, vor Augen hat, versteht man die befreiende Kraft des Vertrauens, aus der Jesus lebte. Nicht den Tod, sondern das Leben angesichts des Todes wollte Jesus uns lehren, nicht das Sterben, sondern die Wiedergeburt, nicht den Abschied, sondern den Aufbruch – das Dasein von Kindern, denen diese Welt *zurückgeschenkt* wird in der Nähe Gottes. Von daher müssen die evangelischen Räte innerhalb dessen gesehen werden, was S. KIERKEGAARD die «Doppelbewegung der Unendlichkeit» genannt hat (Furcht und Zittern, 31); vgl. E. DREWERMANN: Strukturen des Bösen, III 497ff.; m. a. W.: die evangelischen Räte dürfen gerade nicht als Transzendenzbewegungen (im Assoziationsfeld von Opfer und Tod) gesehen werden, sondern als Ausdrucksformen der Rückkehr (der *reditio completa* in der Sprache der thomistischen Erkenntnistheorie) zu den Menschen dieser Erde und der Welt, in der sie leben; die evangelischen Räte sind entweder Wege und Mittel der Erlösung bzw. Möglichkeiten eines erlösten Daseins, oder sie sind ständig in der Gefahr der Rationalisierung von Angst, Verdrängung, Unlebendigkeit und Tod, und der beste Prüfstein, wie es sich in Wirklichkeit verhält, wird darin liegen, in welchem Maße sogar das Sprechen von der «Liebe» noch intellektualisiert werden muß, um sich gegenüber der kirchlichen Zensur zu schützen. – Der große indische Dichter und Philosoph R. TAGORE: Auf des Funkens Spitzen, Nr. 33–34, kleidete, worum es geht, in diese Verse: «Gott will, daß mit Liebe/ errichtet werde sein Haus./ Die Menschen bauen in die Wolken und machen/ einen Sieg der Ziegel daraus./ Gott will um seinen Hals/ der Menschen Kränze tragen./ Drum hat er in den Schoß der Erde/ seiner Schöpfung Blumen gelegt.»

[3] Vgl. zur Stelle E. DREWERMANN: Das Markus-Evangelium, I 390–404.

[4] Vgl. G. BERNANOS: Les grands cimetiéres sous la lune, Paris 1938; dt.: Die großen Friedhöfe unter dem Mond, übers. v. W. Heist, Olten–Köln 1959.

[5] Vgl. L. FEUERBACH: Xenien, in: Werke I, S. 270–349: Die ältern und jetzigen Mystiker, S. 324–325: «Ältere Mystiker, euch, die ihr aus eigenem Geiste,/ Aus der Tiefe heraus wiedergebaret das Wort,/ Das inwendig in euch war, tief in der Seele verborgen,/ Nicht bloß Glaub'/ und Gefühl, selbst Vernunft und Idee,/ Innerster Geistesblitz, unendliche Fülle des Lebens,/ Nicht gespreizt und gestützt auf das geschriebene Wort,/ Werke drum brachtet hervor, zum Beweis selbständigen Geistes;/ Euch verehre ich tief, lieb' euch aus innerstem Grund./ Aber das lederne Pack, das jetzt sich Mystiker nennet,/ Das aus Mangel an Geist, innrer Bewährung entblößt,/ Auf Kritik und Grammatik gestützt, aus biblischen Stellen/ Ängstlich zusammen sich kratzt, was soll das Innerste sein,/ Alles von außen hineinpumpt in sein ödes Gemüt sich,/ Wo kein lebendiger Quell treibt aus dem Grunde hervor,/ Alles nur tut aus der Bibel, doch nichts aus eigenem Herzen,/ Selber das Edelste nicht, hat's nicht den biblischen Schein,/ Erst konsultieret die Schrift, ob, was, wieviel es soll glauben,/ Paulus und Petrus befragt, ob ihm

noch gehet der Puls,/ Ob es noch Kraft und Verstand hat, oder nicht eig'nes Vermögen,/ Ohne den Gnadenstoß Gutes aus sich selbst zu tun:/ Dieses Geschmeiß nebst seinem grammatisch richtigen Glauben,/ Den nur noch stützt das Papier, nimmer lebendiger Geist,/ Den es nur zum Zehrpfennig für's ganz alltägliche Leben/ Vor der Apostel Tür kläglich erbettelt sich hat,/ Dieses gemeine Geschmeiß haß' und verschmäh' und veracht' ich;/ Selber mein letzter Hauch sei ihm noch tödliches Gift.»

[6] Von der «Angst vor der Selbstverwirklichung» spricht ganz richtig H. STENGER: Verwirklichung des Lebens aus der Kraft des Glaubens, 78–83: Werdescheu und Werdewille. Wie man die evangelischen Räte als *Aufhebung* von Angst und als Integrationsform des *Schattens* bzw. als Artikulationen einer riskierten, offenen Zukunft inneren Reifens miteinander und aneinander verstehen kann, *das* ist die entscheidende Frage, die J.-B. METZ (F.X. Kaufmann): Zukunftsfähigkeit, 106, geradezu verbietet.

[7] J. B. METZ: A.a.O., 106.

[8] Zur Stelle vgl. E. SCHWEIZER: Das Evangelium nach Matthäus, 177–178.

[9] In gewissem Sinne wird hier die Reduktion der Religion auf die Ethik, wie sie vor 200 Jahren von I. KANT: Die Religion innerhalb der Grenzen der bloßen Vernunft, VIII 645–879, durchgeführt wurde, vom Individuellen weg in den Bereich kollektiver Verantwortung und struktureller Zusammenhänge erweitert; das «Mystische» bleibt solange nicht glaubwürdig, als es nicht in den Trägern des «erlösten Daseins» selber Struktur und Kontur gewinnt. Von deren Psyche also muß als erstes die Rede sein.

[10] Zum Pelagianismus-Streit vgl. HIERONYMUS: Dialog gegen die Pelagianer. Geführt vom Katholiken Atticus und dem Häretiker Critobolus, I 324–497. Freilich zeigt gerade diese Schrift, wie selbst das Wissen um die menschliche Fehlbarkeit zur Waffe unfehlbarer Rechthaberei entarten kann und in der kirchlichen Dogmengeschichte entartet ist. – U. RANKE-HEINEMANN: Eunuchen für das Himmelreich, 81–83, nennt die Verurteilung des Pelagianismus die «Katastrophe einer unmenschlichen Lehre», weil die Kirche damit die ungetauften Kinder für des Heils nicht fähig erklärte und eine enorme Sexualangst mit sich brachte; trotzdem sollte es möglich sein, die eigentliche Wahrheit in der Lehre von der Erlösungsbedürftigkeit des Menschen zu erkennen. Man kann freilich Frau RANKE-HEINEMANN nicht vorwerfen, daß sie sich weigert, etwas in seiner Äußerlichkeit für wahr anzuerkennen, das nur als *Symbol,* als Wahrheit der Existenz, verstanden werden kann; als erstes müßte die Kirche selber sich zu dem Symbolcharakter und damit zu dem wesentlich *psychischen* Gehalt ihrer eigenen Lehren bekennen.

[11] So sehr richtig S. MADEREGGER: Dämonen, 112–113: «Das Gebet belebt nur den vorhandenen Gott, es stärkt jene Seite des Archetyps, welche für die göttliche gehalten wird.»

[12] P. M. ZULEHNER: Das Gottesgerücht, 62–63.

[13] E. DREWERMANN: Strukturen des Bösen, III 228–251; 479–562.

[14] M. SCHELER: Der Formalismus in der Ethik und die materiale Wertethik, (1913; 1916) hrsg. von M. Scheler 1954; Neudruck 1966. – In gleichem Sinne schreibt M. BUBER: Die Erzählungen der Chassidim, Werke, III 262: «Zu meinen, Demut sei ein Gebot, das ist nur Eingebung des Satans. Der bläst das Herz eines Menschen auf: er sei gelehrt und gerecht und Gottes fürchtig und aller guten Werke Meister, und er wäre würdig, sich über dem Volk zu erheben, aber das hieße hochmütig sein und unfromm handeln, es sei geboten, Demut zu üben und sich mit den Leuten gemein zu machen; und der Mensch vollzieht das vermeintliche Gebot und füttert auch noch damit seinen Hochmut.» Vgl. auch a.a.O., III 298: Die Unterschrift.

[15] M. BUBER: Geltung und Grenze des politischen Prinzips, Werke, III 1095–1108: «Wir leben in einer Weltstunde, in der das Problem des gemeinsamen Menschengeschicks so wider-

borstig geworden ist, daß die routinierten Verweser des politischen Prinzips zumeist sich nur noch zu gebärden vermögen, als ob sie ihm gewachsen wären. Sie redeten Rat und wissen keinen; sie streiten gegeneinander, und eines jeden Seele streitet gegen ihn selber. Sie brauchten eine Sprache, in der man einander versteht, und haben keine als die geläufige politische, die nur noch zu Deklarationen taugt. Vor lauter Macht sind sie ohnmächtig und vor lauter Künsten unfähig, das Entscheidende zu können. Vielleicht werden in der Stunde, da die Katastrophe ihre letzte Drohung vorausschicken wird, die an der Querfront Stehenden einspringen müssen. Sie, denen die Sprache der menschlichen Wahrheit gemeinsam ist, müssen dann zusammentreten, um mitsammen zu versuchen, endlich Gott zu geben, was Gottes ist, oder was hier, da eine sich verlierende Menschheit vor Gott steht, das gleiche bedeutet, dem Menschen zu geben, was des Menschen ist, um ihn davor zu retten, daß er durch das politische Prinzip verschlungen wird.»

[16] Vgl. I. Kant: Grundlegung zur Metaphysik der Sitten, VII 7–102, S. 61: «Handle so, daß du die Menschheit, sowohl in deiner Person als in der Person eines jeden anderen, jederzeit zugleich als Zweck, niemals bloß als Mittel brauchest.».

[17] J. B. Metz: Zeit der Orden?, 53.

[18] A.a.O., 55.

[19] A.a.O., 56.

[20] A.a.O., 59.

[21] Vgl. R. de Almeida: Armut. Aus der Sicht der Theologie der Befreiung, in: P. Eicher (Hrsg.): Neues Handbuch theologischer Grundbegriffe, I 37–61: «Der Arme will nicht aus der Entbehrung zum Reichtum befreit werden; denn der Reichtum ist Ursache und nicht Heilmittel für die Armut. Der Reiche befreit, evangelisiert oder rettet den Armen nicht. Sondern allein dadurch, daß wir alle den Armen aus seiner Entbehrung befreien, befreien wir uns aus dem Gesellschaftssystem, das viele ins Elend stürzt, weil es den Reichtum in einigen wenigen Händen anhäuft. In Lateinamerika ist dieses sündhafte Gesellschaftssystem heute der abhängige und angeglichene Kapitalismus.» (58–59) Wie das Ende der Entbehrung für zwei Drittel der Weltbevölkerung möglich sein soll ohne die Leistungsfähigkeit eines Wirtschaftssystems, das mindestens so produktiv ist wie der «Kapitalismus», ist weit und breit nicht zu sehen. Was wir heute Entbehrung nennen, war ohne den Fortschritt Europas in Naturwissenschaft, Technik und Medizin allenthalben der Normalzustand, und so wird man das Problem nicht durch ein Absenken des «Reichtums», sondern nur durch eine Ausdehnung des Reichtums auf möglichst viele lösen können. Dann aber genügt ein Beispiel, um sich die Schwierigkeit der Frage klarzumachen: *ein* Bürger Westeuropas verbraucht heute 30 mal so viel an Energie wie der Bewohner eines Entwicklungslandes; um den Wohlstand der westlichen Industrienationen auf viele Milliarden Menschen auszudehnen, ohne die Natur nachhaltig zu überfordern, brauchten wir Formen der Energiegewinnung, von denen wir heute bestenfalls eine Ahnung, aber keine Kenntnis haben. Geburtenstop und Bevölkerungsrückgang sind die wichtigsten Erfordernisse eines allgemeinen Wohlstandes; aber gerade das sind immer noch Denktabus der kirchlichen Moral ebenso wie der lateinamerikanischen Politiker. Die Theologie der Befreiung sollte auch vor der Befreiung von katholischen Vorurteilen nicht haltmachen, oder man wird es bald schon als Mitschuld erkennen, die Voraussetzungen des Elends durch moralische Starre erweitert, statt bekämpft zu haben – im Unterschied zu manchen asiatischen Ländern wie Malaysia, China, inzwischen sogar Indien, die das Problem zumindest erkannt haben und es z. B. recht wirkungsvoll durch soziale Kontrollen bekämpfen.

[22] Marcel Bauer: Schau mich an und flieg, ZDF 19. 4. 1989: Schwester Emmanuelle. Die Stadt Kairo, die heute 12 Millionen Einwohner zählt und die, wie jeder sehen kann, der sie

besucht, längst überfüllt ist, wird in 11 Jahren, bis zum Jahr 2000, 20 Millionen Menschen umschließen. *Das* sind die Raten des heutigen Bevölkerungswachstums, die z. T. selbst bereits ein Ergebnis von «westlicher» Hygiene, Anbautechnik und medizinischer Versorgung darstellen und nur mit entsprechenden «künstlichen» Mittteln aufzuhalten sein werden.

[23] Es war ST. ZWEIG: Drei Dichter ihres Lebens, 189–318, der (S. 257–275) die Sozialutopie *Tolstois* mit Argumenten widerlegte, die sich zugleich gegen jede «soziale» Ableitung der evangelischen Räte richten: «Er (sc. Tolstoi, d. V.) fordert, daß wir auf sein religiöses Kommando hin sofort alles aufgeben, hingeben, preisgeben, womit wir gefühlsmäßig verbunden sind; er heischt (ein Sechzigjähriger) von den jungen Menschen Enthaltsamkeit (die er als Mann selbst nie geübt), von den Geistigen Gleichgültigkeit, ja Verachtung der Kunst und Intellektualität (der er sein ganzes Leben gewidmet); und um uns nur ganz rasch, ganz blitzschnell zu überzeugen, an wie Nichtiges unsere Kultur sich verliert, demoliert er mit wütigen Faustschlägen unsere ganze geistige Welt ... So kompromittiert er die edelsten ethischen Absichten durch eine wilde Rechthaberei, der keine Übersteigerung zu maßlos, keine Täuschung zu plump ist. Oder glaubt wirklich jemand, Leo Tolstoi, den ein Leibarzt täglich behorchte und begleitete, betrachtete wirklich die Heilkunde und die Ärzte als ‹unnötige Dinge›, das Lesen als eine ‹Sünde›, die Reinlichkeit als ‹überflüssigen Luxus›?» (S. 268) – Wenn wir auf ehrliche Weise als Christen leben wollen, so müssen wir die evangelischen Räte in einer Bedeutung verstehen, die wirklich aufatmen läßt und freimacht, statt immer neue Schuldgefühle, nutzlose Depressionen und ohnmächtigen Zorn zu verbreiten.

[24] F. M. DOSTOJEWSKI: Schuld und Sühne, 1. Teil, 2. Kap., 13–31; vgl. dazu auch E. DREWERMANN: Ich steige hinab in die Barke der Sonne, 46–75. – Bes. O. SPENGLER: Der Untergang des Abendlandes, II 823 machte zur Verdeutlichung der Botschaft Jesu den Unterschied zwischen *Tolstoi* und *Dostojewski* geltend: «Tolstoi, der Städter und Westler, hat in Jesus nur einen Sozialethiker erblickt und wie der ganze zivilisierte Westen, der nur verteilen, nicht verzichten kann, das Urchristentum zum Range einer sozialrevolutionären Bewegung herabgezogen, und zwar aus Mangel an metaphysischer Kraft. Dostojewski, der arm war, aber in gewissen Stunden fast ein Heiliger, hat nie an soziale Verbesserungen gedacht – was wäre der Seele damit geholfen, wenn man das Eigentum abschafft?»

[25] Zum Fetischcharakter des Geldes vgl. G. E. SIMONETTI: Das Geld und der Tod, in: J. Harten–H. Kurnitzky (Hrsg.): Museum des Geldes, I 102–103.

[26] Vgl. F. CAPRA: Wendezeit, 257–289: Die Schattenseiten des Wachstums.

[27] W. DIRKS: Die Antwort der Mönche, 170.

[28] A.a.O., 170–171.

[29] Sie ist es, die im Hintergrund der Erlösungsbedürftigkeit des Menschen gesehen werden muß; vgl. zum Erleben der *Kontingenz* des Daseins J. P. SARTRE: Der Ekel, 137–143; vgl. die Darstellung bei E. DREWERMANN: Strukturen des Bösen, III 203–226; 226–251.

[30] Vgl. zur Stelle E. DREWERMANN: Das Markusevangelium, II 115–128.

[31] Vgl. E. STAUFFER: Die Botschaft Jesu damals und heute, 86–94. Sehr richtig meint STAUFFER (S. 189, Anm. 45): «Man kann die Botschaft Jesu gar nicht scharf genug abgrenzen gegen die ebionitische Theologie und Ethik des Lukaskreises. Darum ist es nützlich, bei Mt 25,35 ff. einzusetzen.» «Freilich, es ist allezeit sehr viel leichter, den Reichtum aus der Welt zu schaffen als die Armut. So ist denn die Jüngergemeinde nach dem Tode Jesu sehr schnell und unbekümmert wieder zu den traditionellen Donnerpredigten wider die reichen Leute zurückgekehrt und hat die Armut als den gottseligen Weg zum Himmel verherrlicht.» (94) Die Wahrheit ist: für den Feldzug gegen die Armut «kann man nie zu viel Geld haben». (94)

[32] A. SCHWEITZER: Kultur und Ethik, 328–353.

[33] Vgl. zur Stelle E. Drewermann: Das Markus-Evangelium, I 430–440; 502–506.
[34] Vgl. zur Stelle E. Drewermann: Ich steige hinab in die Barke der Sonne, 184–204.
[35] P. M. Zulehner: Das Gottesgerücht, 79–81; ders.: Leibhaftig glauben, 61–68.
[36] E. Drewermann: Strukturen des Bösen, I 120–124; II 267–276; III 263–299; ders.: Das Markus-Evangelium, I 19–23.
[37] Vgl. E. Drewermann: Strukturen des Bösen, I 384–387; III 253–263.
[38] E. Bloch: Atheismus im Christentum, 254.
[39] J. B. Metz: Zeit der Orden?, 67.
[40] Zitiert nach *Kirche Intern.* Forum für eine offene Kirche, Nr. 6, Juni 1989, S. 8.
[41] A.a.O. Vgl. E. Feil: Sicherheit, Gehorsam, Glaube, in: Christ in der Gegenwart, 9. 7. 89.
[42] K. Tucholsky: Briefe an eine Katholikin, 31. – H. Mynarek: Eros und Klerus, 118, meint ganz richtig: «Nicht die christliche Liebe, nicht einmal die in der christlichen Verkündigung fast stets vor der Liebe rangierende Keuschheit, sondern der unbedingte, schrankenlose Gehorsam war das Stich- und Schlagwort, das den Nonnen und Mönchen stets und überall und oft im wörtlichsten Sinn eingehämmert und eingepeitscht wurde. Was hier Jahr für Jahr, Tag für Tag, Stunde um Stunde verbrochen und zerbrochen, verbogen, liquidiert und vernichtet wurde, wiegt vielleicht in der Endabrechnung der Geschichte… noch schwerer als die zahlreichen Opfer der entsetzlichen Inquisitions- und Hexenprozesse, die das Konto der christlichen Kirchen so belasten.» «Denn nicht der (Un-)Geist sinnentleerter sexueller Ausschweifungen und der damit verbundenen Heuchelei vor dem Kirchenvolk… waren das Gravierendste. Viel schlimmer wiegt, daß die Klöster jahrhundertelang den *Geist der Anti-Emanzipation* par excellence kultivierten, daß sie bei Tausenden und Abertausenden gutwilliger Menschen die Persönlichkeit, die geistige Autonomie, den Eigenwilligen des Individuums systematisch zerstörten und dies mit dem Segen der Päpste, Bischöfe und Äbte als Gott wohlgefälliges Werk hinstellten.» Die erschütternden Beispiele, die H. Mynarek aufführt, sprechen für sich selber.
[43] Wie aber, wenn der Wille Gottes gerade im eigenen Ich gehört werden will? Wie sagte doch H. Hesse: Eigensinn, 78–83: «Einen eigenen Sinn nun hat jedes Ding auf Erden, schlechthin jedes. Jeder Stein, jedes Gras, jede Blume, jeder Strauch, jedes Tier wächst, lebt, tut und fühlt lediglich nach seinem ‹eigenen Sinn›, und darauf beruht es, daß die Welt gut, reich und schön ist. Daß es Blumen und Früchte, daß es Eichen und Birken, daß es Pferde und Hühner, Zinn und Eisen, Gold und Kohle gibt, das alles kommt einzig und allein davon her, daß jedes kleinste Ding im Weltall seinen ‹Sinn›, sein eigenes Gesetz in sich trägt und vollkommen sich und unbeirrt seinem Gesetze folgt. – Einzig zwei arme, verfluchte Wesen auf Erden gibt es, denen es nicht vergönnt ist, diesem ewigen Ruf zu folgen und so zu sein, so zu wachsen, zu leben und zu sterben, wie es ihnen der tief eingeborene eigene Sinn befiehlt. Einzig der Mensch und das von ihm gezähmte Haustier sind dazu verurteilt, nicht der Stimme des Lebens und Wachstums zu folgen, sondern irgendwelchen Gesetzen, die von Menschen aufgestellt sind…» «Es ist nichts mit diesen ‹Standpunkten› (sc. von Religion, Vaterland, Nationalökonomie, Moral etc., d. V.), sie mögen heißen, wie sie wollen, und sie mögen von den fettesten Professoren vertreten werden. Sie sind alle Glatteis. Wir sind weder Rechenmaschinen noch sonstwelche Mechanismen. Wir sind Menschen. Und für Menschen gibt es nur *einen* natürlichen Standpunkt, nur *einen* natürlichen Maßstab. Es ist der des Eigensinnes. Für ihn gibt es weder Schicksale des Kapitalismus noch des Sozialismus, für ihn gibt es kein England und kein Amerika, für ihn lebt nichts als das stille, unweigerliche Gesetz in der eigenen Brust, dem zu folgen dem Menschen des bequemen Herkommens so unendlich schwerfällt, das dem Eigensinnigen aber Schicksal und Gottheit bedeutet.» Zur Stelle Hebr. 5,8 vgl. H. Strathmann:

Der Hebräerbrief, NTD 9, 69–158, S. 105. – Eine außerordentlich tiefsinnige, «buddhistische» Deutung des «Gehorsams» bietet die Legende von ST. ZWEIG: Die Augen des ewigen Bruders, in welcher das Scheitern der guten wie der bösen Vorsätze schließlich nur noch den Gehorsam des Seins übrigläßt. In: Legenden, 29–80.

[44] Vgl. E. DREWERMANN: Das Markus-Evangelium, I 45–80.

[45] J. B. METZ: Zeit der Orden?, 68–69.

[46] A.a.O., 69.

[47] a.a.O., 70.

[48] Zu Mk 15,34 vgl. E. DREWERMANN: Das Markus-Evangelium, II 624–648.

[49] Zur Gethsemane-Szene vgl. E. DREWERMANN: A.a.O., II 482–505.

[50] Vgl. M. BUBER: Die Erzählungen der Chassidim, Werke, III 482: Die gute Gottesleugnung: «... wenn einer zu dir kommt und von dir Hilfe fordert, dann ist es nicht an dir, ihm mit frommem Munde zu empfehlen: ‹Habe Vertrauen und wirf deine Not auf Gott›, sondern dann sollst du handeln, als wäre da kein Gott, sondern auf der ganzen Welt nur einer, der diesem Menschen helfen kann, du allein.»

[51] J. B. METZ: Zeit der Orden?, 72.

[52] Vgl. bes. E. CANETTI: Masse und Macht, 335–371, über den Befehl (S. 369–371), der zu Recht *den Befehl* heute für «das gefährlichste einzelne Element im Zusammenleben von Menschen» erklärt.

[53] Aus diesen drei Fragen ergaben sich für I. KANT die Grundthemen der Ethik, der Anthropologie und der Theologie mit den drei «Postulaten» der reinen Vernunft: der Freiheit des Willens, der Unsterblichkeit der Seele und der Existenz Gottes. Vgl. I. KANT: Kritik der praktischen Vernunft, VII 252–266.

[54] Man muß I. KANT: Der Streit der Fakultäten, XI 303–306, unbedingt zustimmen, wenn er verlangte, daß die Bibel zu praktischem Gebrauche ausgelegt werde: «Ob wir in der Gottheit drei oder zehn Personen zu verehren haben, wird der Lehrling mit gleicher Leichtigkeit aufs Wort annehmen, weil er von einem Gott in mehreren Personen (Hypostasen) gar keinen Begriff hat, noch mehr aber, weil er aus dieser Verschiedenheit für seinen Lebenswandel gar keine verschiedene Regel ziehen kann.» Lediglich dies ist zu beanstanden, daß KANT das «Praktische» als das Moralische, statt als das Existentielle verstand.

[55] In dieser Überzeugung liegt der Kern der ganzen christlichen Erlösungslehre, so daß es nicht möglich ist, ohne weiteres das «Mystische» und das «Politische» gewissermaßen als zwei gleichrangige und gleichursprüngliche Erkenntnisquellen einander gegenüberzustellen; es kommt vielmehr darauf an zu zeigen, wie von der Erfahrung Gottes her die Angst sich beruhigt, die den Menschen außerhalb der Einheit mit Gott daran hindert, in moralischem Sinne «gut» zu sein.

[56] Zur Stelle vgl. E. DREWERMANN: Strukturen des Bösen, I 79–80.

[57] Vgl. Jes 65,17–25.

[58] Zur Gestalt der Heiligen vgl. R. SCHNEIDER: Philipp der Zweite, 117-175; bes. kritisch äußert sich K. DESCHNER: Das Kreuz mit der Kirche, 112–119, über die Visionen und Widerfahrnisse der spanischen Mystikerin, deren sexualsymbolische Bedeutung psychoanalytisch in der Tat außer Frage stehen dürfte.

[59] Zu der Gestalt des heiligen *Alphons* vgl. I. F. GÖRRES: Aus der Welt der Heiligen, Frankfurt 1955, 73–79; H. STENGER: Verwirklichung des Lebens aus der Kraft des Glaubens, 150, meint zwar: «Ich zweifle nicht daran, daß es einem Psychotherapeuten ein Leichtes wäre, bei diesem Heiligen nachträglich noch eine faustdicke Angst- oder Zwangsneurose zu diagnostizieren. Was schadet es? Dieser von Sündenangst gequälte Mann war wie selten einer fähig,

ängstliche, skrupulösen ‹Seelen› in der Kraft des Glaubens Halt und souveränes Geleit zu geben. Er war dazu bestimmt, sein Bistum und seine neapolitanische Heimat aus dem Schlaf aufzuscheuchen. Seinen Ehrentitel als ‹doctor zelantissimus›... (der eifrigste, d. V.) hat er sich durch die Gnade Gottes und gleichsam auf dem Rücken seiner Neurose sauer verdient und erlitten.» Das mag schon sein; aber man kann doch nicht übersehen, daß es gerade die neurotischen Züge (und nicht die Auseinandersetzungen mit der Neurose) waren, die den heiligen *Alphons* mit seinen moraltheologischen Ansichten insbesondere für die kirchliche Sexualmoral mit einer verheerenden Wirksamkeit ausgestattet haben. U. RANKE-HEINEMANN: Eunuchen für das Himmelreich, 281–284; 286, läßt sich mit Recht die Gelegenheit nicht entgehen, gerade an diesem Lehrer der Kirche zu zeigen, wie er mit seinen Weisungen schon in der Kinderbeichte Sexualangst und Schuldgefühl verbreitete. – Nicht vergessen darf man in diesem Zusammenhang auch die Gestalt des hl. *Aloysius von Gonzaga*, der bis in die Mitte dieses Jahrhunderts mit seiner exzessiven Prüderie und Fastenpraxis der Jugend sechs Wochen im Jahr als Vorbild verpflichtend gemacht wurde. K. DESCHNER: Das Kreuz mit der Kirche, 95–96; 376, greift das Beispiel dementsprechend auf. Vgl. G. DENZLER: Die verbotene Lust, 81: «Der Grafensohn Luigi (Aloysius) Gonzaga (1568–1591) legte bereits als zehnjähriger Page am Hof von Florenz das Gelübde der Jungfräulichkeit ab. Um sein Reinheitsstreben zu bezeugen, berichteten Biographen, der ‹engelgleiche Jüngling› Luigi habe weder die Hofdamen der Kaiserin Maria in Madrid noch seine eigene Mutter angeblickt. Aloysius starb im Alter von 23 Jahren.»

[60] Vgl. A. CAMUS: Heimkehr nach Tipasa, in: Literarische Essays, 124–191, bes. S. 165–171: Helenas Exil (1948).

[61] Vgl. zur Stelle E. DREWERMANN: Strukturen des Bösen, I 344–357.

[62] E. DREWERMANN: Der tödliche Fortschritt, 64–65; 106–110.

[63] Zur Stelle vgl. E. DREWERMANN: Tiefenpsychologie und Exegese, II 339–341.

[64] A.a.O., II 350–351; 558–559; DERS.: Voller Erbarmen rettet er uns. Die Tobit-Legende tiefenpsychologisch gedeutet, 40–46; DERS.: Dein Name ist wie der Geschmack des Lebens, 37–44.

[65] A. DE SAINT-EXUPÉRY: Wind, Sand und Sterne, in: Ges. Schriften, I 175–340, S. 326–327.

[66] Zu dem *dialogischen* Charakter der psychoanalytischen Therapie vgl. D. FLADER–W. D. GRODZICKI: Hypothesen zur Wirkungsweise der psychoanalytischen Grundregel, in: D. Flader u. a. (Hrsg.): Psychoanalyse als Gespräch, 41–95, S. 90: «die ‹Grundregel› (sc. der psychoanalytischen Behandlung, d. V.) selbst bedeutet die Aufhebung aller Kommunikationsgrenzen.» Was sich hier als «technische» Regel liest, ist in Wahrheit eine menschliche Einstellung, die ein außerordentliches Maß an Geduld, Verständnis, Rücksichtnahme, Zurückhaltung, Respekt, Einfühlungsvermögen und vor allem: Selbstkongruenz in sich vereinigt. Vgl. E. DREWERMANN: Heil und Heilung. Eine Meditation über das Verhältnis von Psychotherapie und Seelsorge, in: Psychoanalyse und Moraltheologie, I 179–189.

[67] H. ASHBY: Coming Home – Sie kehren heim, USA 1978. Vgl. H. G. PFLAUM: Hal Ashby. Erschütterung zum Leben, in: P. S. Jansen–W. Schütte: New Hollywood, München 1976.

[68] Vgl. J. VON BECKERATH: Handbuch der ägyptischen Königsnamen, 32–33.

[69] Zur Stelle vgl. E. DREWERMANN: Strukturen des Bösen, I 277–312.

[70] A.a.O., I 298–304; II 514–526, S. 522; III 389–396.

[71] A.a.O., I 378–379.

[72] P. M. ZULEHNER: Leibhaftig glauben, 80.

[73] Zur Stelle vgl. E. DREWERMANN: Das Markus-Evangelium, II 129–147.

[74] Vgl. dagegen E. DREWERMANN: Strukturen des Bösen, I 106–110; III. Bd., S. LXIX–LXXXVI; DERS.: Das Markus-Evangelium, I 11–25.

[75] Zur Stelle vgl. E. DREWERMANN: Das Markus-Evangelium, II 129–147.
[76] Zur Stelle vgl. E. DREWERMANN: Strukturen des Bösen, I 25.
[77] Zur «Schlange des Nichtseins» vgl. a.a.O., I. Bd., S. LXIV–LXXVI.
[78] Gegen das Motiv des «Stolzes» zur Erklärung des Bösen im Menschen vgl. E. DREWERMANN: Strukturen des Bösen, I 75–78; II 171; III. Bd., S. XXX–XXXI; 304–305.
[79] DE LA FONTAINE: Sämtliche Fabeln, Nr. 3, S. 17, der als Motiv der Aufgeblähtheit allerdings den *Neid* bezeichnet.
[80] Vgl. E. DREWERMANN: Das Markus-Evangelium, I 25–44.
[81] Vgl. G. C. HOMANS: Theorie der sozialen Gruppe, 395–397.
[82] Vgl. E. DREWERMANN: Der Krieg und das Christentum, 64.
[83] R. SCHNEIDER: Taganrog, in: Taganrog und andere Erzählungen, 47-121, mit dem Nachwort, 122–124.
[84] Vgl. E. DREWERMANN: Das Markus-Evangelium, II 525–544.
[85] A.a.O., II 560–587; 588–598.
[86] A.a.O., II 671–683.
[87] E. DREWERMANN: Der tödliche Fortschritt, 10–12; 47–48.
[88] S. FREUD: Totem und Tabu, IX 154–176.
[89] Vgl. bes. H. FRIES: «Aus Schatten und Bildern zur Wahrheit.» Der schwierige Weg des John Henry Newman, in: H. Häring–K. J. Kuschel (Hrsg.): Gegenentwürfe, 225–241, S. 240–241: «Ich leiste niemandem absoluten Gehorsam.» Freilich bleibt die Frage, die *Newmans* Lebensweg nur in einer tragischen Gebrochenheit sichtbar macht, aber nicht beantwortet: wieweit geht das Recht, ja, die Pflicht zum Widerstand; oder, anders gefragt: verträgt die Kirche einen *Jeremias?*
[90] Zur Stelle vgl. E. DREWERMANN: Das Markus-Evangelium, II 115–128.
[91] Vgl. M. BUBER: Königtum Gottes, in: Werke, II 485–723, S. 685.
[92] J. WELLHAUSEN: Die religiös-politischen Oppositionsparteien im alten Islam, 1904, S. 14; DERS.: Das arabische Reich und sein Sturz, 1902, S. 5. Bei seiner Wahl erklärte *Abu Bekr:* «Ich habe die Macht erhalten, ohne der Beste unter euch zu sein. Wenn ich es gut mache, so folgt mir, wenn ich Fehler mache, so berichtigt mich. Der Unterdrückte unter euch wird mehr bei mir gelten als alle anderen, ehe ich ihm nicht sein Recht verschafft habe, und weniger als alle anderen gilt mir der Gewalttätige, ehe ich ihn nicht gezwungen habe, über seine Handlungen Rechenschaft abzulegen. O ihr Gläubigen, ich bin nur ein Mensch, der dem Vorbild Mohammeds folgen will.» G. M. SUGANA: Mohammed 42. – Freilich: obwohl der Islam eigentlich eine Religion der Freiheit ist, die ohne Priester auskommt, erscheint die mittelalterlich wirkende Verflechtung von Religion und Politik heute oft wie ein Prinzip der Unfreiheit.
[93] DER KORAN, bearb. u. erl. v. L. Winter, 1. Sure, 1. Vers, S. 21. Diese Worte bilden die Einleitung jedes Gebetes, ähnlich dem «Im Namen des Vaters und des Sohnes und des Heiligen Geistes» im katholischen Gebetsritus. Zum islamischen Gebetsritual vgl. G. M. SUGANA: Mohammed, 58.
[94] Vgl. PAPST PIUS X: Haerent animo, 97, in: A. ROHRBASSER (Hrsg.): Sacerdotis imago, S. 104.
[95] A.a.O., Nr. 97, S. 104.
[96] PIUS XII: Menti nostrae, in: a.a.O., Nr. 197, S. 178.
[97] JOHANNES XXIII: Sacerdotii Nostri primordia, Nr. 250, in: a.a.O., 222; Nr. 252, S. 223.
[98] G. BERNANOS: Die Sonne Satans, 1. Teil, Kap. 2, S. 63–71. – A.a.O., 168, wehrt sich *Bernanos,* wie an so vielen Stellen, gegen jene «Jäger..., die heutzutage in den Niederungen wühlen und schnüffeln» – gegen die Psychoanalytiker m. a. W. Man muß vor allem sehen, daß dieses

Konzept einer «Heiligkeit», die «das Menschliche» «transzendiert», «opfert» bzw. negiert, mindestens neutralisiert, ganz die Welt ist, die besonders von *Urs von Balthasar* vermittelt wurde und eine ganze Theologengeneration geistig geprägt hat. Bereits vor 70 Jahren sah JULIEN GREEN: Autobiographie 1919–1930, 571, völlig klar: «Ich schätzte die Tendenz bei den Gläubigen überhaupt nicht, sich selbst immer die gute Rolle zu geben, und verhöhnte den sogenannten katholischen Roman, der sich meines Erachtens nur zu einem höchst dubiosen Erbauungsunternehmen entwickeln konnte. Sogar das Beispiel *Mauriac* konnte meine Meinung in diesem Punkt nicht ändern, und ich sollte Bernanos erst viele Jahre später lesen und immer noch dasselbe denken.» Die Theologie K. RAHNERS hat es im Gefälle der «anthropologischen Wende» möglich gemacht, auch als Katholik in diesem Punkte anders zu *denken,* doch der eigentliche Kampf steht immer noch bevor: der Kampf um die psychische Glaubwürdigkeit.

[99] Bereits A. C. KINSEY: Das sexuelle Verhalten der Frau, 313–341, S. 258f. zeigte, daß die «doppelte Moral», die von der jüdisch-christlichen Kultur mit dem strengen Verbot des vorehelichen Koitus verbunden war, «durch die Entwicklung einer einheitlichen Haltung überwunden worden ist, wobei die voreheliche Koitus-Aktivität der Frauen sich so erweitert hat, daß sie der des Mannes immer vergleichbarer wird.» Demnach verfügen 50 Prozent der Frauen und, je nach Bildungsgrad, 98–68 Prozent der Männer über voreheliche Koituserfahrungen; das war noch lange vor der Einführung der Antibabypille. – Man muß bedenken, daß «Keuschheit» von dem lateinischen Wort *«conscientia»* – Bewußtheit, stammt, um das Ausmaß an moralischer Selbstkontrolle zu begreifen, das mit diesem Wort heute assoziiert wird; aus dem lateinischen *«prudentia»* – Weisheit, ist schlicht und einfach «prüde» geworden.

[100] CYPRIAN: Über die Haltung der Jungfrauen, in: Schriften, I 56–82.

[101] A.a.O., Kap. 3, S. 64.

[102] a.a.O., Kap. 5, S. 66.

[103] A.a.O., Kap. 6, S. 67. – Eine kurzgefaßte Psychologie solcher Anschauungen gab bereits F. NIETZSCHE: Menschliches, Allzumenschliches, Nr. 140, 1. Bd., S. 136: «Nachdem ich in vielen der schwerer erklärbaren Handlungen jene Lust an der Emotion *an sich* gefunden habe, möchte ich auch in der Selbstverachtung, welche zu den Merkmalen der Heiligkeit gehört, und ebenso in den Handlungen der Selbstquälerei (durch Hunger und Geißelschläge, Verrenkungen der Glieder, Erheuchelung des Wahnsinns) ein Mittel erkennen, durch welches jene Naturen gegen die allgemeine Ermüdung ihres Lebenswillens (ihrer Nerven) ankämpfen: Sie bedienen sich der schmerzhaftesten Reizmittel und Grausamkeiten, um für Zeiten wenigstens aus jener Dumpfheit und Langeweile aufzutauchen, in welche ihre große geistige Indolenz und jene geschilderte Unterordnung unter einen fremden Willen sie so häufig verfallen läßt.»

[104] J. B. METZ: Zeit der Orden?, 66.

[105] A.a.O., 66–67.

[106] A.a.O., 64.

[107] A.a.O., 64.

[108] Vgl. C. G. JUNG: Die Lebenswende, VIII 437–460 – die Warnung davor, die Jugend im Alter zu leben oder nachholen zu wollen; vgl. DERS.: Psychotherapie und Seelsorge, XI 355–376, wo er (S. 369) das «Problem der Heilung» «ein religiöses Problem» nennt. Beide Aufsätze gehören zu dem Weisesten und Gütigsten, was C. G. JUNG geschrieben hat – für Theologen eine unerläßliche Pflichtlektüre.

[109] Es ist einzig SCH. BEN CHORIN: Mutter Mirjam, 92ff., der aus dem Schweigen der Evangelien folgerte, Jesus müsse verheiratet gewesen sein.

[110] Vgl. zur Stelle E. DREWERMANN: Das Markus-Evangelium, II 86–104. – Zur Geschichte

und Problematik der Frage der Ehescheidung in der kath. Kirche vgl. K. DESCHNER: Das Kreuz mit der Kirche, 279–284; bes. G. DENZLER: Die verbotene Lust, 124–147, S. 147, meint sehr zu Recht, daß die derzeitige Regelung der Kirche sich wohl kaum auf Jesus berufen könne und sich mit der Barmherzigkeit Gottes nicht vereinbaren lasse.

[111] J. KLEPPER: Unter dem Schatten deiner Flügel, 62: «meine ‹Lehre› vom ‹einzigen Menschen›, den man braucht und ohne den alles nichts gilt...» Gemeint ist KLEPPERS jüdische Frau *Hanni*.

[112] Lukas, 23,5. MARCION bietet eine Textvariante, nach der Jesus vorgeworfen wird, daß er «die Frauen und die Kinder» von den Familien abwende. A. VON HARNACK: Die Mission und Ausbreitung des Christentums in den ersten drei Jahrhunderten, 590, Anm. 2. – Die Affinität von Priester und Dichter hat K. RAHNER: Priester und Dichter, in: Schriften, III 349–375; DERS.: Das Wort der Dichtung und der Christ, IV 441–454, sehr wohl gesehen: «Wir können... fast nur eines: uns fragen, wieweit wir schon Menschen geworden sind... liebend das Wort der Dichtung zu hören.» (IV 454) Jedoch geht es nicht nur um eine funktionale Zuordnung der Gestalten des Dichters und des Priesters, es geht um eine Existenzverschmelzung, indem sich zeigt, daß ein Priester, ohne den Zug des Dichterischen, des Schamanenhaften in sich zu verwirklichen, nicht wirklich Priester ist; und noch einen Schritt weiter, wird man sehen, daß eine kastrative Moral keine kreativen Charaktere schaffen kann. Die Kirche kann nicht nach dem Dichter rufen, wenn sie gleichzeitig die Lebensformen in Verruf bringt, die das künstlerische Ambiente auszeichnen.

[113] Vgl. H. ZIMMER: Indische Mythen und Symbole, 153–156. Gerade von diesem Ansatz her ist es freilich alles andere als einleuchtend, die «Keuschheit» der Kleriker als «Integration des Männlichen und des Weiblichen» zu verstehen, wie L. BOFF: Zeugen Gottes in der Welt, 157–178, dies versucht. Es ist vom Ansatz her sehr richtig und hoch zu schätzen, daß BOFF die evangelischen Räte vom Gedanken der Selbstverwirklichung und nicht vom «Opfer» her zu entwickeln sucht – eine Theologie der Befreiung muß ihre befreiende Wirkung als erstes bei denen erweisen, von denen sie getragen wird, und so ist hier gewiß einer der Punkte gelegen, an denen eine tiefenpsychologisch orientierte Theologie ersichtlich auf der Ebene der Psychologie ein gleiches versucht, wie die Theologie der Befreiung auf der Ebene der Soziologie. Ja, es zeigt sich, daß eine Betrachtung der evangelischen Räte ohne Berücksichtigung der Psychoanalyse selbst dann noch Zwang und Unfreiheit bewirken muß, wenn sie durchaus humane Ziele zu erreichen vorgibt. Das Probestück dafür enthalten die Ausführungen L. BOFFS zur christlichen Keuschheit. Es ist sehr wahr, wenn er gleich zu Anfang von allem funktionalen Denken abrückt und eine Rückkehr zu den Humanwissenschaften: zu Religionspsychologie und Anthropologie fordert (157); es ist auch wahr, daß «Keuschheit» sich nur verstehen läßt als Ausdruck menschlicher Reife, die das Männliche und Weibliche in der eigenen Psyche integriert hat; auch richtig, daß L. BOFF das Zeugnis der *Mythen* berücksichtigt, um die ewige Sehnsucht zwischen Mann und Frau als die Sehnsucht nach einer ursprünglichen Einheit zu schildern (vgl. E. DREWERMANN: Strukturen des Bösen, I 368–389) – all dies unterscheidet die Darlegungen von BOFF sehr zum Vorteil von den asketischen Opfervorstellungen von K. RAHNER bis J. B. METZ. Gleichwohl ist innerhalb dieses Gemeinsamen ein entscheidender Widerspruch unvermeidbar, der erneut in der Verwechselung von Ziel und Motiv (s. o. S. 33–34) gelegen ist. Die Einheit «des» Männlichen und «des» Weiblichen, die sich immerhin inhaltlich füllen läßt (vgl. G. R. TAYLOR: Kulturgeschichte der Sexualität, 71–73; E. DREWERMANN: Der Krieg und das Christentum, 244–248), mag als ein Ziel seelischer Entwicklung beschrieben werden; dann aber ist doch zu fragen, wie viele Männer eine Frau, wie viele Frauen ein Mann kennengelernt haben muß, um in etwa den Bereich von «anima» und «ani-

mus» in seine Persönlichkeit aufgenommen zu haben. Es ist keine Frage, daß gerade die rigorose Sexualmoral der katholischen Kirche den Spielraum möglicher Erfahrung so eng wie möglich zu halten sucht – sie ist an moralischer Vollkommenheit, nicht an seelischer Vollständigkeit interessiert. Keine Frage auch, daß die christlich-abendländische Institution der Monogamie gerade darin ihren psychologischen Schwachpunkt besitzt, daß sie Menschen im Alter von 20–30 Jahren für die restlichen 50 Jahre ihres Lebens auf den wesentlichen Umgang mit einem einzigen Partner festzuschreiben sucht, der in sich selbst nur einen relativ kleinen Bereich «des» Weiblichen oder «des» Männlichen lebendig zu halten vermag. Geradezu bizarr aber muß die an sich richtige *Definition* der Keuschheit bei L. Boff wirken, wenn sie zur *Begründung* der kirchlichen Keuschheitsforderung herhalten soll. Da wird also in Meditations- und Exerzitienkursen 20 Jahre alten Novizinnen oder 50jährigen Krankenschwestern, die in «den» Männern nie etwas anderes gesehen haben als Verführer, Arbeitskollegen oder Priester, mit großem Aufwand eingeredet, daß der zölibatäre Stand, in dem sie leben, in keinem Falle ein Ausdruck von Sexualunterdrückung und Leibfeindlichkeit sein kann, wäre doch so etwas ganz gegen die ursprüngliche Schöpfungsabsicht Gottes, der den Menschen in seiner Gottebenbildlichkeit als Mann und als Frau erschaffen hat; die Keuschheitsforderung der Kirche bejaht vielmehr in tieferem Sinne die menschliche Geschlechtlichkeit, indem sie den anthropologischen, den psychischen Sinn der Zweigeschlechtlichkeit als die integrative Form der Ganzmenschlichkeit hervorhebt. M. a. W.: die Ordensangehörigen und die Weltpriester leben und lieben nach diesen Vorstellungen nicht anders als die Eheleute auch, nur daß sie *in sich selbst* verwirklichen, was die anderen *mit Hilfe des anderen* in sich zu verwirklichen suchen: sie gehen nicht mehr nach dem anderen Mann oder der anderen Frau auf die Suche, sondern sie suchen das Männliche bzw. das Weibliche, das in jedem Mann und in jeder Frau immer auch mitgemeint ist, *bei sich selber* auf. Wirklich wäre, so besehen, der zölibatäre Stand der «vollkommene» zu nennen, wären nicht all diese Theorien eine Rechnung ohne den Wirt. Gedanken dieser Art mögen ihre psychologische Berechtigung bei älteren Ehe- oder Liebespaaren haben, aber sie bilden den Grundstein schlimmer Lebenslügen im Umgang mit den Klerikern der Kirche. In ihrem Lebensweg sexueller Unerfahrenheit ist die Differenzierung «des» Männlichen bzw. «des» Weiblichen allenfalls an der Oberfläche durch die Identifikation mit der *persona,* der Berufsmaske, zustandegekommen, und sie wurde erkauft um den Preis der Abspaltung des anderen Seelenteils; im Unbewußten herrscht gerade jene Undifferenziertheit vor, die am Anfang der Pubertät anzutreffen ist: ein Zustand der *Bisexualität* bzw. des psychischen *Hermaphroditismus.* Und genau dieser Zustand findet nun seine Rationalisierung, indem er am Leben vorbei zum Ideal einer immer schon fertigen Lebensform erhoben wird, die freilich – auch das gehört zum klerikalen Image – sich ihrer persönlichen Unvollkommenheit bzw. der prinzipiellen Unvollendbarkeit ihres Strebens wohl bewußt ist. Um es so klar wie möglich zu sagen: Leute, die nie gewagt haben, eine Frau zu lieben, sollten nicht erklären, daß sie eine Frau gar nicht zu lieben brauchten, da sie das Weibliche selbst in sich trügen. Die Männer rollen auf der Erde nicht mehr herum wie die «Urkugeln» Platons, aus denen die Götter zur Strafe die Frauen abspalteten; und es wird auch nicht helfen, «das» Weibliche in der Gestalt der Jungfrau und Mutter und Himmelskönigin Maria zu betrachten, wie L. Boff: Das mütterliche Antlitz Gottes, 87–117, vorschlägt, wo er im Grunde die Gestalt der Großen Mutter vergöttlicht, nur um am Ende zu den alten kirchlichen Fundamentalismen zurückzukehren. Weder auf den Wegen einer *magisch-meditativen Androgynie* noch einer mystischen Madonnen-Minne wird ein Mann weiterkommen als der gute *Abbé Mouret:* es gibt gegen das Ersatzleben des Religiösen nur die reale Erfahrung der Liebe – *Albine,* nicht die Madonna erlöst bei Emile Zola den seelisch wie körperlich kranken Priester. – Wie alt übrigens die Dinge sind, von denen hier die Rede ist, zeigt am klarsten L. FEUERBACH: Das Wesen des Christentums (1841), Werkausgabe, V 71–86 (Das Mysterium der Trinität und Mutter Gottes); S. 189–199 (Die christliche Bedeutung des freien Zölibats und Mönchtums). Es ist religionspsychologisch meisterhaft, wenn *Feuerbach* schreibt: «Der Vater tröstet sich über den Verlust des Sohnes; er hat ein stoisches Prinzip in sich. Die Mutter dagegen ist untröstlich; die Mutter ist die Schmerzensreiche, aber die Trostlosigkeit die Wahrheit der Liebe.» (85) Eben das ist die entscheidende Frage an das Christentum: wie läßt sich die Erde und das Glück der Liebe zurückgewinnen im Vertrauen auf Gott? Keine Religion wird nach FEUERBACH, NIETZSCHE und FREUD mehr glaubhaft sein, in welcher die Kräfte der Liebe nur in projizierter, idealisierter, dem Menschen entfremdeter Weise wie zum Ersatz gelebt werden dürfen. Dann bleibt immer noch bestehen, was H. SCHULTZ-HENCKE: Der gehemmte Mensch, 209–212, als die «Sehnsucht nach dem Androgynen» beschrieben hat; doch die Unabgegoltenheit irdischer Sehnsucht ist etwas anders als die Verdrängungsformen von Bisexualität und pubertärer Homosexualität infolge klerikaler Sexualängste unter dem Deckmantel einer «tieferen» Anthropologie. Man kann es auch einfacher sagen: der Sinn von etwas läßt sich nur leben im wirklichen Leben, so wie die «Seele» nur leben kann im «Körper» und keinesfalls «seelenvoller» dadurch wird, daß sie den Körper als eine Fessel zu überwinden sucht. – Wenn die «Keuschheitsforderung» einen Sinn machen soll, dann muß sie nach dem Gesagten nicht als Ziel oder Ergebnis, sondern als *die Bedingung* eines Weges der Erlösung verstanden werden, der den anderen als Mann und als Frau zu sich selbst führt, gerade weil man es vermeidet, ihn an die eigene (des Therapeuten oder Seelsorgers) Person zu binden. S. u. S. 723 ff.

[114] G. ORWELL: Animal Farm, London 1945; dt.: Die Farm der Tiere, übers. v. N. O. Scarpi, Frankfurt 1958. – Das Problem ist so alt wie die Doppelbödigkeit, mit welcher der heilige HIERONYMUS: Über die beständige Jungfrauschaft Mariens. Gegen Helvedius, Kap. 20, in: Schriften, I 253–292, S. 288–290, es glaubte lösen zu können: «... so bitte ich meine Leser, nicht zu glauben, daß ich das Eheleben im Interesse der Jungfräulichkeit herabsetze ... Ich will nur sagen ..., derjenige, welcher ohne Gattin ist ..., denkt, was Gottes ist und wie er Gott gefalle ... Die Verheiratete sorgt sich um das, was von der Welt ist, und wie sie dem Gatten gefalle (vgl. 1 Kor 7,32–34, d. V.) ... Was bellst du dagegen, was widersprichst du? Es ist das Gefäß der Auserwählung, welches spricht ...» Es ist vor allem die *Psychogenese der pubertären Resignation*, die bereits in der Motivationsgeschichte der Kleriker dazu drängt, die Welt des Austauschs von Mann und Frau *herabzusetzen* (s. o. S. 554 f.), gleichgültig, ob später Dozenten der Theologie, die sich das Recht genommen haben, über den Stand ihrer Seminarzeit hinaus persönlich dabeizulernen, diese Tatsache verleugnen, wegrationalisieren, bagatellisieren oder dgl. *Es ist so.* Wie wenig Distinktionen und Spitzfindigkeiten daran etwas ändern können, zeigte unfreiwillig K. RAHNER: Zur Theologie der Entsagung, in: Schriften zur Theologie, III 61–72, S. 71–72, indem er die Aussage des Konzils von Trient (DENZINGER: Enchiridion, Nr. 980, 416), der Zölibat bzw. die Jungfräulichkeit sei «besser und seliger» als zu heiraten, dahin interpretierte, daß das «Bessere» gar nicht von der «Liebe» oder der subjektiven Vollkommenheit des Einzelnen her zu verstehen sei, sondern: «das Erscheinensollen der Liebe in der Greifbarkeit der Welt, insofern diese Liebe die eschatologisch-transzendente und kirchliche ist», «zu repräsentieren», «dafür ist die evangelische Entsagung das Bessere» (72). Glaubt jemand im Ernst, dies sei die Antwort für ZOLAS *Albine?* Gerade K. RAHNER: Einübung priesterlicher Existenz, 181–186, konnte ausführlich die «Gefahren des Priesters heute» schildern, darunter: die unpersönliche Routine, die Durchschnittlichkeit als Prinzip, den Aszetismus aus Verzweiflung, die Intoleranz im Dienst in der Kirche sowie die Angst vor der unbekannten Zukunft; aber er blieb bei einer bloßen Typologie von «Gefahren» stehen und

gelangte nicht zu einer Ätiologie der bestehenden Verzerrungen im Rahmen von Strukturen, die jene «Gefahren» geradewegs zur wünschenswerten Pflicht erheben. «Angst vor der Zukunft» – die Kirche löst sie durch den Eid; «Intoleranz» – wofür hat die Kirche ihr Lehramt? «Aszetismus» – er ist die Abwehrform des persönlichen Chaos, das eine bestimmte kirchliche Moral selber erzeugt hat, und er ist die Ausbreitungsform der freiwilligen Opfer des kirchlichen Systems. «Durchschnittlichkeit» – sie ist es, die unter dem Diktat des Überichs und im Anpassungstraining an eine bestimmte kirchliche Rolle geradewegs zur Auswahlbedingung des Klerikerseins erhoben wird. Und die «unpersönliche Routine» – sie ist das unausweichliche Ergebnis eines Lebens von Amts wegen. Alles, was RAHNER sagen wollte, bedarf der Durcharbeitung der Dialektik des Unbewußten, und insofern beginnen alle Schwierigkeiten dort, wo RAHNER endete: an den Grenzen der theologischen Reflexion in den Sprachspielen der Intellektualität. Nicht Begriffe und Gedanken, sondern Gefühle und Haltungen liegen dem Problem des Klerikerseins zu Grunde, und je neurotischer ein System ist, desto weniger Spielraum bleibt dem «Geist», sich aus sich selber zu erneuern.

[115] S. FREUD: Bemerkungen über die Übertragungsliebe, X 305–321, S. 318–319. Was hier nicht so sehr als «objektivierende» «Technik», sondern als menschliche Haltung gemeint und impliziert ist, hat bereits C.-G. JUNG: Psychotherapie und Seelsorge, XI 355–376, sehr schön beschrieben. Tatsächlich ist das therapeutische Gespräch in der Psychoanalyse nicht methodenzentriert, sondern patientenzentriert, und so wird aus der Pathologie des Patienten als erstes eine Pathologie der Beziehung zwischen Therapeut und Patient, ein dialektisches bzw. dialogisches Geschehen, das unter dem Stichwort «Übertragung» und «Gegenübertragung» nur sehr unzureichend beschrieben ist. Vgl. A. KOERFER–C. NEUMANN: Alltagsdiskurs und psychoanalytischer Diskurs. Aspekte der Sozialisierung des Patienten in einem «ungewohnten» Diskurstyp, in: D. Flader u. a. (Hrsg.): Psychoanalyse als Gespräch, 96–137. Vgl. auch E. DREWERMANN: Von der Notwendigkeit und Form der Konfrontationstechnik in der gesprächspsychotherapeutischen Beratung, in: Psychoanalyse und Moraltheologie, II 226–290. Vgl. bes. J. CREMERIUS: Die Bedeutung von Dissidenten für die Psychoanalyse, Psyche 36 (1982) 481–514; DERS.: Freud bei der Arbeit über die Schulter geschaut. Seine Technik im Spiegel von Schülern und Patienten, in: Festschrift für G. Scheunert. Beiheft zum Jahrbuch der Psychoanalyse, 1980, 123–158. Vgl. bes. aus der Sicht eines Betroffenen L. HABEL: Umarmen möcht ich dich, 92–100.

[116] Tatsächlich hatten die Freuds in neun Jahren Ehe sechs Kinder, die zu versorgen wesentlich und fast ausschließlich die Aufgabe von *Martha Freud*, geb. Bernays, wurde: «Meine arme Martha hat ein schweres Leben», stellte ihr Ehemann im Februar 1896 denn auch fest, als ihr jüngstes, *Anna*, gerade etwas mehr als drei Monate alt war. P. GAY: Freud. A Life for our time, 60. Später lebte Freud in der Ehe gänzlich abstinent und widmete all seine Energie der Arbeit – man darf sagen, er war oder wurde impotent bzw. er widmete all seine Gefühle den Patientinnen und Patienten, die ihn Tag für Tag in Anspruch nahmen. Allerdings gibt es Hinweise auf eine Affäre mit *Minna Bernays*, der «Schwester dem Gesetze nach», wie S. FREUD sie nannte; sie war ihm unzweifelhaft herzlich zugetan, so wie er ihr, und sie war es, die er im Sommer 1919, bereits 63jährig, für einen Monat mit in die Ferien nahm. Vgl. P. GAY: A.a.O., 76; 202; 225; 382; 502–503. Bereits im März 1907 will *C. G. Jung* von einer Affäre zwischen *Freud* und *Minna Bernays* gehört haben (S. 202); jedenfalls war er es, von dem das Gerücht wesentlich ausging und das bereits 1911 mit zur Trennung zwischen *Freud* und *Jung* beitrug (224–225).

[117] Vgl. E. DREWERMANN: Strukturen des Bösen, I 357–389.

[118] Vgl. J. CREMERIUS: «Die Sprache der Zärtlichkeit und der Leidenschaft.» Reflexionen zu Sandor Ferenczis Wiesbadener Vortrag 1932, Psyche (1983) 988–1015: «Der Grund der Ent-

fremdung (sc. zwischen Freud und Ferenczi, d. V.) lag in den technischen Experimenten Ferenczis, in denen er versuchte, den Patienten jene ‹Mutterzärtlichkeit›, wie Freud es nannte..., zu geben, die sie als Kind hatten entbehren müssen. Besorgt mahnt Freud im Dezember 1931, nachdem er erfahren hatte, daß Ferenczi seine Patienten küsse und sich von ihnen küssen lasse, zur Abstinenz und drückt seine Sorge aus, daß andere auf diesem Wege weitergehen könnten und daß schließlich die psychoanalytische Kur zu einer ‹Petting-Party› entarten könnte.» Auf dem Kongreß in Wiesbaden Mai 1932, hielt *Ferenczi* gegen die ausdrückliche Bitte FREUDS um einjährige Vertagung seinen Vortrag: «Die Leidenschaften der Erwachsenen und deren Einfluß auf Charakter und Sexualentwicklung des Kindes», in: Internationale Zeitschrift für Psychoanalyse, XIV (1933) 5–15. Acht Monate später starb FERENCZI an perniziöser Anämie. In seinem Vortrag, der zum endgültigen Zerwürfnis mit FREUD führte, vertrat FERENCZI die Ansicht, daß der Therapeut die Angst und das Mißtrauen seines Patienten von der Unaufrichtigkeit seiner Mitmenschen, die er als Kind bei seinen Eltern gelernt habe, oft genug nur überwinden könne, wenn er seine wahren Gedanken und Gefühle mitteile. Zudem glaubte er, die streng abstinente Haltung durch eine Haltung mütterlicher Freundlichkeit ablösen zu müssen, da tief regredierte, schwer gestörte Patienten mit Hilfe von «Deutungen» im Felde einer neutralen, objektiven Distanz nicht mehr erreicht werden könnten. – Vgl. dazu auch E. JONES: Sigmund Freud, III 196–198, der den *Brief* FREUDS an FERENCZI vom 13. Dez. 1931 aufführt, in dem FREUD daran erinnert, daß ein Kuß in Rußland etwas anderes bedeute als in Wien, um dann ironisch fortzufahren: «Warum beim Kuß stehenbleiben? Gewiß erreicht man noch mehr, wenn man das ‹Abtatscheln› dazunimmt, das ja auch noch keine Kinder macht. Und dann werden Kühnere kommen, die den weiteren Schritt machen werden zum Beschauen und Zeigen – und bald werden wir das ganze Repertoire des Demiviergentums und der Petting-Parties in die Technik der Analyse aufgenommen haben, mit dem Erfolg einer großen Steigerung des Interesses an der Analyse bei Analytikern und Analysierten.» (198) Vgl. a.a.O., S. 206–209 – zu dem Kongreß in Wiesbaden. JONES erklärte, sehr parteilich, FERENCZI einfach für geistig gestört (209; 211–212; 214). Vgl. S. FERENCZI: Ohne Sympathie keine Heilung, 94–98; 141–144.

[119] Vgl. J. WOLPE: Praxis der Verhaltenstherapie, 86–102, – zur Behandlung von Impotenz und Frigidität.

[120] T. MOSER: Kompaß der Seele, 166–173, – zu der Bereitwilligkeit, selbst in die religiösen Komponenten der Übertragung einzusteigen.

[121] Zur Stelle vgl. E. DREWERMANN: Das Markus-Evangelium, I 268–279.

[122] A.a.O., I 366–370.

[123] Vgl. M. BUBER: Die Erzählungen des Chassidim, Werke III 467.

B. Unzeitgemäße Betrachtungen über die Ausbildung von Klerikern

[1] A. CAMUS: Die Pest, 146: «Kann man ohne Gott ein Heiliger sein, das ist das einzig wirkliche Problem, das ich heute kenne.»

[2] S. FREUD: Die Zukunft einer Illusion, XIV 323–380.

[3] E. BISER: Die glaubensgeschichtliche Wende. Eine theologische Standortbestimmung, Graz–Wien–Köln, 2. Aufl. 1987; DERS.: Glaubenswende. Eine Hoffnungsperspektive, Freiburg 1987.

[4] Wir sind gegenwärtig Zeugen einer dramatischen Veränderung des Weltbildes, die wesentlich mit der Entwicklung der evolutiven Erkenntnistheorie sowie mit dem Wechsel von der

kausalen, reduktiven, objektivistischen Betrachtungsweise der klassischen Physik zu den systemtheoretischen Modellen und Prozeßbeschreibungen der heutigen Biologie, Chemie und Physik zu tun hat. Ein Denken entsteht, das die Spaltungen zwischen Mensch und Natur, zwischen Idealismus und Materialismus, zwischen Geist und Materie durch ein Konzept überwindet, das von der Selbstorganisation der Materie im Bereich des Anorganischen bis hinauf zu der Entwicklung von Gesellschaften und Kulturen in der menschlichen Geschichte anwendbar zu sein scheint. Vgl. dazu wichtige Arbeiten wie G. VOLLMER: Evolutionäre Erkenntnistheorie, Stuttgart 1980; R. RIEDL: Evolution der Erkenntnis, München–Zürich 1982; DERS.: Die Spaltung des Weltbildes, Berlin–Hamburg 1985; I. PRIGOGINE–I. STENGERS: Dialog mit der Natur. Neue Wege naturwissenschaftlichen Denkens, München–Zürich 1983; I. PRIGOGINE: Vom Sein zum Werden. Zeit und Komplexität in den Naturwissenschaften, München, 4. überarb. Aufl., 1985; J.D. BARROW–J. SILK: Die asymmetrische Schöpfung. Ursprung und Ausdehnung des Universums, München 1986.

[5] So bereits L. FEUERBACH: Gedanken über Tod und Unsterblichkeit (1830), in: Werke, I 77–269, S. 168–169: Wenn du also die Grenze des Lebens dadurch aufzuheben versuchst, daß du die Himmelskörper mit lebenden Wesen bevölkerst, so setzt du ... den Flicken neben dem Loch, indem du damit nicht den Tod belebst und ausfüllst. Den schaffe aus der Welt. Solange daher noch ein Ach und Wehe, ein Todesschrei durch die Ohren in meine Seele dringt, so lange halte ich mich berechtigt, jene Zu- und Nachsätze auf den Sternen, überhaupt alle deine Erweiterungen, Repetitionen und langweiligen Wiederaufwärmungen des Lebens für bloße Einbildungen zu erklären. Dieses letzte Röcheln selbst eines sterbenden Kalbes oder Schweines ist der sprechendste oder vielmehr schreiendste Beweis von den leeren Räumen in der Natur, ist ein Ton aus der wüsten Tiefe der Natur zu uns herauf.»

[6] S. FREUD: Die Zukunft einer Illusion, XIV 323–380, S. 352–368; bes. wendet FREUD sich (364–365) gegen die zwangsneurotische Starre und unwandelbare Sakrosanktheit der religiösen Institutionen, die dem Menschen als ein unantastbares, von gehorsamen Priestern verwaltetes Werk Gottes entgegensetzt, was in Wirklichkeit aus seinem eigenen Unbewußten stammt.

[7] Vgl. G. BRUNO: Das Aschermittwochsmahl, 1. Dialog, S. 93: «Es kann ... auch andere, ebensogute Weltkörper geben wie die Erde und sogar solche von besserer Beschaffenheit, die ihren Bewohnern mehr Glückseligkeit gewähren. So erkennen wir denn so viele Sterne, so viele Gestirne, so viele Gottheiten, jene hunderttausende, die alle dem ersten, allumfassenden, unendlichen und ewigen Wirker schauend und dienend zur Seite stehen. Unsere Vernunft ist nicht mehr in den Fesseln der erdichteten acht, neun oder zehn Himmelssphären und ihrer Beweger gefangen. Wir erkennen, daß es nur einen Himmel gibt, eine unermeßliche Ätherregion, in der jene erhabenen Lichter die ihnen angemessenen Abstände wahren, durch die sie am besten am ewigen Leben teilhaben ... So sind wir dazu befähigt, die unendliche Wirkung der unendlichen Ursache zu entdecken, die wahre und lebendige Spur der unendlichen Kraft. Wir brauchen die Gottheit nicht in der Ferne zu suchen; denn sie ist uns nahe und sogar tiefer in uns als wir selbst. Ebensowenig dürfen die Bewohner der anderen Welten die Gottheit bei uns suchen; denn auch sie haben sie bei sich und in sich.»

[8] Vgl. B. DE SPINOZA: Die Ethik nach geometrischer Methode dargestellt, I. Teil, Lehrsatz 34–36, Anhang, S. 39–48.

[9] Vgl. F. SCHLEIERMACHER: Über die Religion, S. 29: «Stellt Euch auf den höchsten Standpunkt der Metaphysik und der Moral, so werdet Ihr finden, daß beide mit der Religion denselben Gegenstand haben, nämlich das Universum und das Verhältnis des Menschen zu ihm.»

[10] Vgl. F. NIETZSCHE: Jenseits von Gut und Böse, 5. Hauptstück: Zur Naturgeschichte der Moral, Nr. 186–203, S. 73–90.

[11] F. NIETZSCHE: Der Antichrist, Nr. 25; 26; S. 26–29: «Der Priester entwertet, *entheiligt* die Natur: um diesen Preis besteht er überhaupt.» (S. 29)

[12] Vgl. F. CAPRA: Der kosmische Reigen. Physik und östliche Mystik – ein zeitgemäßes Weltbild, München–Wien 1977.

[13] Von seiten der Biologie vgl. G. BATESON: Geist und Natur. Eine notwendige Einheit, Frankfurt 1982, 113–162: Kriterien des geistigen Prozesses. Zu den praktischen Konsequenzen dieses Ansatzes vgl. E. DREWERMANN: Der tödliche Fortschritt, 62–142.

[14] Vgl. A. ANTWEILER: Der Priester heute und morgen, 110–111: «Der Glaube lehrt, daß Gott die Welt erschaffen hat. Was aber Welt ist, lehrt die Kirche nicht: nicht, wie groß sie ist; nicht, wie alt sie ist; nicht, woraus sie besteht; nicht, wie sie funktioniert; nicht, was man in ihr und mit ihr machen kann; nicht, welche Zukunft sie dem Menschen möglich macht; nicht, wodurch das Ende der Erde eintreten kann. Entsprechendes gilt für Leben, Mensch, Kraft, Geist, Tier, Pflanze – Auf alles das geht das Konzil nicht ein.» Und: «... auch die Erkenntnisse der Theologie (können) nur dadurch für das geistliche Leben fruchtbar gemacht werden, daß man erkennt, was sie für das Leben des einzelnen bedeuten.» (111) «Lebenserfahrung muß von ihnen (sc. den Theologieprofessoren, d. V.) erwartet und gefordert werden. Lebenserfahrung, nicht Taktik und Gerissenheit.» (110) Und: «... was Christentum ist, muß in jeder Sprache aussagbar sein und ist es auch in der Frühzeit gewesen. Man kann also nicht jemanden deswegen zum halbschlächtigen Christen erniedrigen, weil er nicht Hebräisch, Griechisch und Lateinisch versteht.» (113) «Die jetzige Form der Hierarchie ist weder biblisch begründet noch auch aus den Frühformen der Kirche als notwendig voraussehbar... Dem Priester kann es nicht obliegen dafür zu sorgen, daß diese Formen im Volksbewußtsein als gottgewollt und unabänderlich angesehen werden.» (131) «Man könnte die Frage des Zölibats schon dadurch beträchtlich entschärfen, daß man das Weihealter hinaufschiebt.» (138; vgl. 81–82)

[15] Vgl. A. ANTWEILER: Priestermangel. Gründe und Vorschläge, Altenberge (Verlag für Christlich-Islamisches Schrifttum) 1982, 60–70: die Theologie; 212–215: die Universität; 216–223: die Theologie; bes. S. 162: «Die Beziehung auf Gott wird durch die Religion gefordert, oder umgekehrt: weil man davon überzeugt ist, daß es Gott gibt, ist man religiös. Das gilt so sehr, daß es solche gibt, die berufsmäßig andere darauf aufmerksam machen und dazu anleiten, daß sie an Gott denken und sich nach ihm richten. Was man damit erreichen will, ist, sich in der rechten Weise im Leben zusammenzufinden, und so kann man auch diejenigen Anleitungen und Lehren als Religion verstehen, die nicht von Gott sprechen oder ihn ablehnen, wie es der frühe Buddhismus tut.» S. 163: «Es ist alte Lehre christlichen Lebens und christliche Theologie, daß Gott in allem gegenwärtig ist, alles erhält und durchdringt. Wie aber kann man sich das denken? Gibt es im Physischen Bilder oder Analogien, die behilflich sein können? Vielleicht bietet sich die Feldtheorie an, und vielleicht kann man die Welt als eine Verdünnung der göttlichen Seinsmacht auffassen, so daß also die Welt nicht im Leeren schwebte, sondern von der Fülle gehalten würde oder auf der Dichte schwämme wie die Erdkruste auf dem Erdkern.» ANTWEILERS Gedanken, vor 25 Jahren erarbeitet, sind von einer wohltuenden Offenheit und bilden ein leidenschaftliches Plädoyer für Lebenserfahrung, Freiheit, Wagemut und Auseinandersetzung und für eine Ausrichtung von Theologie und Kirche auf die Menschen der jeweiligen Zeit und der jeweiligen Kultur – ein Ende der Kirche der verfestigten Anschauungen, Konventionen und Traditionen.

[16] Vgl. RÖMISCHE BISCHOFSSYNODE 1971: Der priesterliche Dienst; 51: «Das priesterliche Dienstamt erreicht seine größte Intensität bei der Feier der heiligen Eucharistie, dem Quell- und Mittelpunkt der kirchlichen Einheit. Einzig der Priester kann in der Person Christi handeln, wenn es darum geht, dem Opfermahl, bei dem das Gottesvolk sich mit dem Opfer

Christi vereinigt, vorzustehen und es gültig zu vollziehen.» – Unter dieser Voraussetzung bleibt das Sakrament der Einheit der Christen ein Sakrament der Einheit einzig der katholischen Kirche; aus einem Mahl der Stärkung auf dem Weg des Lebens wird eine Belohnung für die Rechtgläubigkeit in der Annahme der Lehrformeln der römischen Kirche, ein Dokument der Trennung und des Ausschlusses der Christen anderer Konfessionen. Vgl. dagg. H. KÜNG: Die Kirche, 253–269; 305–310.

[17] Vgl. zu den Einsetzungsworten in Mk 14,22–25 E. DREWERMANN: Das Markus-Evangelium, II 450–481.

[18] Vgl. E. DREWERMANN: Der Krieg und das Christentum, 282–337; 352–359; 359–368.

[19] Vgl. V. IONS: Mexikanische Mythologie, 120.

[20] Zum Baum von Xibalba vgl. a.a.O., 58. – Der Mythos, wie *Hun-Hunapu* in die Unterwelt (Xibalba) geht, im Ballspiel (zwischen Sonne und Mond) getötet wird, aber den Kalebassenbaum zum Blühen bringt, an dem sein Haupt hängt, wird erzählt bei W. CORDAN (Übers.): Popol Vuh. Mythos und Geschichte der Maya, 54–61.

[21] Zur beidendköpfigen Schlange vgl. F. ANDERS: Das Pantheon der Maya, 218.

[22] O. SPENGLER: Der Untergang des Abendlandes, II 815.

[23] A.a.O., vgl. II 814–823: die Schilderung des Lebens Jesu.

[24] Zur Stelle vgl. H. W. HERTZBERG: Die Samuelbücher, ATD 10, 337–341.

[25] Zitiert nach dem Film von P. SCHAMONI: Caspar David Friedrich. Grenzen der Zeit, 1987.

[26] Vgl. F. SCHALLER: Die biologische Bedeutung der Sexualität, in: K. Immelmann (Hrsg.): Verhaltensforschung, 392–405, S. 402f. W. WICKLER–U. SEIBT: Das Prinzip Eigennutz, 166–171.

[27] Zur Funktion der Rivalitätskämpfe vgl. H. U. REYER: Formen, Ursachen und biologische Bedeutung innerartlicher Aggression bei Tieren, in: K. Immelmann (Hrsg.): Verhaltensforschung, 354–391, S. 375 f.; W. WICKLER–U. SEIBT: Das Prinzip Eigennutz, 54–69.

[28] Vgl. E. DREWERMANN: Der tödliche Fortschritt, 11–14; 47–48; 61.

[29] Vgl. W. WICKLER–U. SEIBT: Das Prinzip Eigennutz, 347–354, wo die Hypothese aufgestellt wird, «auch der Mensch verhielte sich so, daß seine Gene eine maximale Ausbreitungs-Chance erhalten.»

[30] Geschlechtertrennung ist ein kulturell häufig zu beobachtendes Phänomen; vgl. I. EIBL–EIBESFELDT: Menschenforschung auf neuen Wegen, 158; 163; 194. In unserer Kultur herrscht derzeit eher das gegenteilige Bestreben: die Vermausgrauung der Männer und die Angleichung der Geschlechter.

[31] Es war I. F. GÖRRES: Laiengedanken zum Zölibat, 64, die nicht zu Unrecht auf die Kehrseite des Zölibats der Priester zu sprechen kam: «Es gibt wahrlich eine Unzahl von Gründen, daß sich Frauen dem Priester mit geöffnetem und anwortbereitem Herzen zuwenden. Vielleicht wird überhaupt keinem Mann soviel Liebe von Frauen entgegengetragen wie dem guten Priester – so vielerlei, so vielschichtige, vielgestaltige Liebe: Sympathie und Treue, Schwärmerei und Verehrung, Verliebtheit und Kameradschaftlichkeit, Herzlichkeit und Dankbarkeit, Freundschaft, Eros, Leidenschaft. Und all diese Farben und Variationen sind bezogen auf den Priester als den im Zölibat stehenden, den jungfräulichen Mann. Weit entfernt davon, daß der Priester in der Begegnung mit der Frau benachteiligt würde, ist das Problem nicht selten dieses: wie er mit einem solchen Überangebot fertig werden, wie er es sauber, verständig, ehrfürchtig, unbeirrt bewältigen soll. – Für viele Mädchen ist der Priester auch heute noch der einzige Mann in ihrem Leben. Nicht nur für seine Haushälterin und Mitarbeiterinnen, auch für einen gewissen Typ einfacher, schüchterner, gehemmter Mädchen, die sich von gewöhnlicher Geselligkeit ängstlich fernhalten und nur für die Familie und fromme Kreise leben. Auf

den Herrn Präses also konzentriert sich alles, was andere weibliche Wesen auf sehr viele verschiedene Objekte verteilen.» Was aber soll nun daraus folgen? Wie soll jemand, der selber gerade in seiner Männlichkeit sich niemals auf geradem Wege entfalten und erproben durfte, das Verhalten von Frauen, die sich an ihn wenden, als ein verängstigtes *Suchen* erkennen und an seiner eigenen Person weiterführen? I. F. GÖRRES sieht das Problem sehr wohl (77f.); aber wenn sie zuletzt (S. 86–89) mit dem Ausblick auf die «echte Freundschaft mit Frauen» als einen der Auswege aus dem Zölibatsdilemma hinweist, auf «eine spezifische Liebe des Gläubigen zu guten Priestern, die wahrscheinlich nur im katholischen Raum vorkommt», und dabei an die Beziehung des hl. Franz von Sales zu Franziska von Chantal als den klassischen Fall einer solchen geistlichen Ehe erinnert, dann muß man doch mehr als skeptisch werden. Natürlich gibt es Frauen und Männer, die hervorragende Kameraden und Kameradinnen sind, ganz im Sinne der sexuellen Reinheit, die wir beschrieben haben (s. o. S. 527ff.); gerade indem I. F. GÖRRES sich auf ihre Erfahrungen in der Zeit der Jugendbewegung beruft, macht sie indessen selber deutlich, welch eine psychische Situation hier im Grunde von ihr verherrlicht wird: es ist das Dauerproblem aller Klosterschülerinnen, ob eine Freundschaft zwischen Jungen und Mädchen möglich ist, wann etwas noch Freundschaft, wann es Liebe ist, was man in der Liebe tun darf, ohne daß es Sünde wird – die ganze Litanei kirchlich erzeugter Pubertätsängste pflegt in den Klerikerfreundschaften immer wieder heruntergebetet zu werden. Daneben freilich, gewiß, gibt es 60jährige Männer oder 50jährige Frauen, in denen das sexuelle Verlangen in der Tat erloschen ist und die zu allen möglichen Beziehungen fähig sein mögen, ohne Gefahr für die Tugend der Keuschheit laufen zu müssen. Aber: die Tatsache, daß selbst eingeschränkte Lebensformen unter Menschen sinnvoll und nicht ohne Anmut sein müssen, kann und darf nicht zum Idealfall menschlicher Sittlichkeit hochstilisiert werden, und noch weniger kann und darf man daraus ein Alibi für die Beibehaltung der kirchlichen Zölibatsvorschriften gewinnen. Und dann: soll man mit I. F. GÖRRES denken, daß all diejenigen «versagt» hätten, die ihre entstandene Liebe nicht mehr auf das Maß der «Freundschaft», d. h. im Klartext doch wohl: einer Liebe, die lediglich den sexuellen Ausdruck der Gefühle zu vermeiden sucht, zurückzudrücken gesonnen, willens oder imstande waren? Die klerikale Kunst, im «Ernstfall» immer wieder die Seele vom Körper abzuspalten, um die Reinheit eines engelgleichen Lebens zu bewahren, kann nicht länger als ein menschliches Ideal empfunden werden; die Forderung der Moral eines fairen Umgangs mit einander ist Ehrlichkeit, Eindeutigkeit und Offenheit, nicht Doppelbödigkeit, Zweideutigkeit und «Doppelbindungen» aufgrund der eigenen neurotischen Zerrissenheit zwischen Überich und Es. Wer übrigens bei FRANZ VON SALES: Philothea, S. 99–101, die Ermahnungen an *Franziska von Chantal* zur Bewahrung der Reinheit und Keuschheit durch den Verkehr mit dem gekreuzigten Heiland, durchliest, der wird in ihnen sehr an die Briefe ABAELARDS an seine HELOISE erinnert, mit einem bemerkenswerten Unterschied: HELOISE war Frau genug, ihre Liebe zu verteidigen und sich nicht ohne weiteres den geistlichen Unterweisungen ihres priesterlichen Geliebten zu unterwerfen; FRAU VON CHANTAL ist nie so weit gegangen. Doch war sie darum tugendhafter, heiliger gar, oder war das Ende ihrer Beziehung nicht lediglich ein weiteres trauriges Beispiel für die Macht eines Systems, das sich immer wieder als stärker erweist denn die Liebe, die es vorgibt zu schützen? Die entsprechenden Zweifel kommen nicht erst, wenn man K. DESCHNER: Das Kreuz mit der Kirche, 95; 138, liest: «Das weibliche Geschlecht will geführt werden.» Oder U. RANKE-HEINEMANN: Eunuchen für das Himmelreich, 17–18. Das hindert nicht, daß FRANZ VON SALES mit seiner Lebensregel des «modo grosso» von einer Freimütigkeit und Generösität war, die in der Kirchengeschichte für ungewöhnlich gelten muß. «Wir bezeugen genügend unsere Liebe zu allen Räten, wenn wir treu jene beobachten, die für unsere Verhältnisse passen», schrieb FRANZ VON

Sales: Abhandlungen über die Gottesliebe, VIII 9, Bd. 1, S. 99. Damit läßt sich leben. Vgl. auch W. Nigg: Große Heilige, 318–363, S. 359: «nichts verlangen, nicht verweigern» war eine der Lebensregeln dieses großen Mannes.

[32] Vgl. G. Denzler: Die verbotene Lust, 316–330: Die Frau als Liturgin.

[33] Eben daran wird es liegen, daß die großen Liebesgeschichten des Abendlandes ausnahmslos große Trauerspiele sind; vgl. E. Drewermann: Der Trommler, 21–22. – Neben den Künstlern sind desgleichen viele Philosophen mit der kirchlichen Moraltheologie nicht zurecht gekommen. Vgl. z. B. B. Russel: Warum ich kein Christ bin – über Religion, Moral und Humanität, 77: «Es sollte anerkannt werden, daß, wenn keine Kinder vorhanden sind, geschlechtliche Beziehungen eine reine Privatangelegenheit bedeuten, die weder den Staat noch die Nachbarn etwas angeht. Gewisse Formen der Sexualität, die nicht zur Zeugung von Kindern führen, werden gegenwärtig von Strafgesetzen verfolgt: Das ist reiner Aberglaube, da diese Dinge niemanden als die unmittelbar daran Beteiligten betreffen... Die besondere Bedeutung, die gegenwärtig dem Ehebruch beigemessen wird, ist völlig unvernünftig. Viele Formen schlechten Verhaltens sind eindeutig für das ehelich Glück verhängnisvoller als eine gelegentliche Untreue. Am verhängnisvollsten ist es, wenn der Mann auf einem Kind pro Jahr besteht...» «Die Regeln der Moral sollten so sein, daß sie nicht das natürliche Glück unmöglich machen. Und doch hat die strenge Monogamie in einer Gemeinschaft, in der die Zahl der beiden Geschlechter sehr ungleich ist, diese Wirkung.»

[34] Vgl. H. Börsch-Supan–K. W. Jähnig: Caspar David Friedrich. Gemälde, Druckgraphik und bildmäßige Zeichnungen, München 1973; zur religiösen Problematik vgl. bes. G. Eimer: Zur Dialektik des Glaubens bei Caspar David Friedrich, Darmstadt 1982.

[35] Vgl. Novalis: «Wenn nicht mehr Zahlen und Figuren», in: Das lyrische Werk, in: Novalis Werke, hrsg. v. G. Schulz, 85.

[36] Vgl. Novalis: Das theoretische Werk, in: A.a.O., S. 340: «Der Priester muß uns nicht irre machen. Dichter und Priester waren im Anfang eins – und nur spätere Zeiten haben sie getrennt. Der echte Dichter ist aber immer Priester, so wie der echte Priester immer Dichter geblieben – und sollte die Zukunft nicht den alten Zustand der Dinge wieder herbeiführen?» – Es ist die Liebe des Novalis zum Katholizismus ohne Zweifel von dieser Hoffnung her zu verstehen, so wie die in diesem Buch vorgelegte Kritik am Katholizismus letztlich der Realisierung dieser Hoffnung gewidmet ist. Vgl. Novalis: Die Christenheit oder Europa, Werke 499–518. Sehr zu Recht verweist R. Zerfass: Der Seelsorger – ein verwunderter Arzt, in: Lebendige Seelsorge, 34 (1983) 77–82, auf das gewissermaßen schamanistische Element des Priestertums; vgl. E. Drewermann: Tiefenpsychologie und Exegese, II 155–157; 79–95; 174–177.

[37] Caspar David Friedrich: Das Kreuz im Gebirge (Tetschener Altar), 1807–1808; Dresden, Staatl. Kunstsammlungen, Gemäldegalerie (in: Wieland Schmied, Caspar David Friedrich, Dumont 1976, S. 57).

[38] Vgl. E. Drewermann: Tiefenpsychologie und Exegese, I 28–71; 72–100.

[39] Vgl. E. Fromm: Der Traum ist die Sprache des universalen Menschen, in: Gesamtausgabe, IX 311–315; ders.: Märchen, Mythen, Träume, XI 169–315, S. 172–176.

[40] Vgl. S. Kierkegaard: Tagebücher, IV 7: «Der Grundfehler in der Christenheit ist eigentlich der, daß man alle religiöse Unterweisung zur christlichen hat machen wollen, mit Hilfe der lächerlichen Behauptung, daß alle Menschen Christen seien, weil sie als Kinder getauft sind.» Und S. 98: «Das ist doch ein sonderbares Mißverständnis, welches die Folge jener Vergötzung des Wissenschaftlichen ist, daß man das Wissenschaftliche auch bei der Darstellung des Existentiellen angebracht haben will. Das Existentielle ist als solches etwas weit Konkreteres als

das ‹Wissenschaftliche› (und gelehrte Wissenschaftlichkeit in bezug auf die Darstellung des Existentiellen anzubringen, ist reiner Galimathias); die Darstellung des Existentiellen ist wesentlich entweder Verwirklichung im Leben oder dichterische Darstellung: rede, damit ich sehe.»

[41] Vgl. zu dem Streit zwischen ERASMUS und M. LUTHER über die Freiheit oder Unfreiheit des Willens F. HEER: Die dritte Kraft, 213–241. Es ist unmöglich, die lutherische Rechtfertigungslehre ohne die Psychodynamik der Angst zu verstehen, wie F. HEER: a.a.O., 180–212, ganz richtig gesehen hat, freilich ohne es positiv zu würdigen.

[42] Vgl. E. DREWERMANN: Das Tragische und das Christliche, in: Psychoanalyse und Moraltheologie, I 19–78.

[43] H. STENGER: Wissenschaft und Zeugnis. Die Ausbildung des katholischen Seelsorgeklerus in psychologischer Sicht, 77. Sehr zu Recht betont STENGER die Mängel des gegenwärtigen Theologiestudiums: die Lebensferne und Überdifferenzierung des Wissensstoffes, die fehlende Geschlossenheit, die öde Prüfungspaukerei, um dann von der Gestalt- und Strukturpsychologie her u. a. auf den Wert von Bild und Symbol hinzuweisen (215–217). Doch zeigt allein schon die Tatsache, wie wenig sich bis heute geändert hat (und wie sehr die zögernden Versuche einer Neuorientierung bereits wieder zurückgepfiffen werden), daß man eine Reform der Theologenausbildung nur durchführen kann, wenn man die Zielvorstellungen ändert. Die entscheidende Frage lautet: an welche Ideale zu glauben ist menschlich glaubwürdig, und ehe diese Frage nicht neu beantwortet wird, sind alle Reformversuche so etwas wie Schwimmübungen in der Wüste. Insofern ist es wichtig und richtig, wenn K. SCHAUPP: Eignung und Neigung. Hilfen zur Unterscheidung der Beweggründe, in: H. Stenger (Hrsg.): Eignung für die Berufe der Kirche, 195–240, die Stimmigkeiten und Unstimmigkeiten in der Motivation der Berufswahl untersucht und feststellt, wie unterschiedlich Institutionen wirken können; doch wird dabei akademisch frei so getan, als ob es beliebig wünschbar und machbar wäre, in welcher Kirche wir leben; die Wirklichkeit des real existierenden Katholizismus wird gewissermaßen in eine Hypothese verwandelt, um dem Konflikt mit der Wirklichkeit auszuweichen. Doch wer der Auseinandersetzung mit der Wirklichkeit ausweicht, wird sie nicht verändern. Wie man zu sagen pflegt: Wo der Besen nicht hinkommt, bleibt der Staub liegen. Was immerhin in Form von Kursen mit Hilfe von Transaktionsanalyse, Gruppendynamik, klientenzentrierter Gesprächsführung, Balint-Gruppen u. a. m. versucht wird, hat *H. Stenger:* Kompetenz- und identitätsfördernde Initiativen, in: Eignung für die Berufe der Kirche, 241–285, dokumentiert. Vgl. auch K. SCHAUPP: Geistliche Berufung als Gabe und Aufgabe. Die Bedeutung der Tiefenpsychologie für die Ausbildung von Priestern und Ordensleuten, in ZkTh 106 (1984) 402–439. Freilich: es ist nicht möglich, die Tiefenpsychologie auf den «praktischen» Teil von Ausbildung und Seelsorge zu beschränken; die Tiefenpsychologie verlangt nicht mehr und nicht weniger als die Veränderung der gesamten Bewußtseinseinstellung, mithin für die Theologie eine Umwandlung vor allem der Zentraldisziplinen (Moraltheologie, Exegese und Dogmatik) in Form und Inhalt; sie verlangt zugleich eine Reform der kirchlichen Institutionen und Idealbildungen, M. a. W.: sie ist so etwas wie der Aufruf zu der kollektiven Psychotherapie des Gesamtsystems Kirche, das in seiner Bewußtseinseinseitigkeit selbst dann noch neurotisierend wirkt, wenn es «pastoral» und «seelsorglich» zu wirken vorgibt.

[44] Abgedruckt in: Ordinariatskorrespondenz 03–38/89. – Selbst M. RAMSEY: Worte an meine Priester, 60, dessen Darlegungen zu dem Besten zählen, was Bischöfe in diesem Jahrhundert ihren Priestern gesagt haben, konnte vor der Psychologie warnen, als ob sie die Verantwortlichkeit des Menschen in Frage stellte.

[45] G. HAUPTMANN: Der Ketzer von Soana, in: Das erzählerische Werk, I 79–163, S. 86.

[46] A.a.O., I 85.
[47] A.a.O., I 163.
[48] A.a.O., I 163.
[49] F. NIETZSCHE: Jenseits von Gut und Böse, Nr. 168, S. 71: «Das Christentum gab dem Eros Gift zu trinken. Er starb zwar nicht daran, aber er entartete, zum Laster.» Zu der Forderung einer Theologie, so universal verstehbar wie *Beethovens* 2. Symphonie s. o. S. 151. Vgl. auch N. KAZANTZAKIS: Alexis Sorbas, 65–66: «Ja, ... wie tief ist doch die Menschheit gesunken ...! Man hat den Körper zum Schweigen gebracht, und nur der Mund redet noch. Aber was kann schon der Mund sagen?» «Ein verpfuschtes Leben, dachte ich. Könnte ich doch alles, was ich gelesen, gesehen, gehört habe, mit einem Schwamm auslöschen ... Ich würde ... meinen ganzen Körper soweit bringen, sich an allem zu freuen und alles zu verstehen ... Ich würde das Fleisch mit meiner Seele, die Seele mit meinem Fleisch füllen.»
[50] Vgl. E. DREWERMANN: Der Krieg und das Christentum, 353–359.
[51] M. LUTHER: Von der Freiheit eines Christenmenschen, 172.
[52] A.a.O., 173. – Zur protestantischen Lehre vom allgemeinen Priestertum und zu dem Anliegen *Luthers* vgl. H. KÜNG: Strukturen der Kirche, 75–77; vgl. DERS.: Die Kirche, 437–457. Zur Isolation der Kirche von der Gesellschaft vgl. F. X. KAUFMANN: Kirche begreifen, 58–59; bes. S. 93 f. wird darauf hingewiesen, daß die «katholische Sonderkultur» abseits von Aufklärung und Protestantismus heute gesellschaftlich nivelliert wird.
[53] M. LUTHER: Die Schmalkaldischen Artikel, 216.
[54] A.a.O., 214–215.
[55] A.a.O., 215. – Nicht ganz verkehrt ist, was F. NIETZSCHE: Morgenröte, Nr. 88, S. 86, über LUTHER als den großen Wohltäter schrieb: «Das Bedeutendste, was Luther gewirkt hat, liegt in dem Mißtrauen, welches er gegen die Heiligen und die ganze christliche *Vita contemplativa* geweckt hat: Seitdem erst ist der Weg zu einer unchristlichen *Vita contemplativa* in Europa wieder zugänglich geworden und der Verachtung der weltlichen Tätigkeit und der Laien ein Ziel gesetzt. Luther, der ein wackerer Bergmannssohn blieb, als man ihn ins Kloster gesperrt hatte, und hier, in Ermangelung anderer Tiefen und ‹Teufeln›, in sich einstieg und schreckliche dunkle Gänge bohrte – er merkte endlich, daß ein beschauliches heiliges Leben ihm unmöglich sei und daß seine angeborene ‹Aktivität› in Seele und Leib ihn zugrunde richten werde. Allzulange versuchte er mit Kasteiungen den Weg zum Heiligen zu finden – endlich faßte er seinen Entschluß und sagte bei sich: ‹Es gibt gar keine wirkliche *Vita contemplativa!* Wir haben uns betrügen lassen! Die Heiligen sind nicht mehr wert gewesen als wir alle.› Das war freilich eine bäuerische Art, recht zu behalten – aber für Deutsche jener Zeit die rechte und einzige: Wie erbaute es sie, nun in ihrem Lutherischen Katechismus zu lesen: ‹Außer den Zehn Geboten gibt es kein Werk, das Gott gefallen könnte – die gerühmten geistlichen Werke der Heiligen sind selbsterdachte.›» In Wirklichkeit ging und geht es darum, einen Weg zu Gott zu finden, der menschlich (psychologisch) glaubwürdig ist, und ein solcher Weg darf nicht jenseits oder abseits der Welt gesucht werden, sondern er muß darin bestehen, im Vertrauen auf Gott diese Welt in ihrer Widersprüchlichkeit und Zerrissenheit anzunehmen und zu durchleben; diese Welt – das ist auch der eigene Körper als Mann und als Frau, das ist auch das eigene Unbewußte mit seinen Ängsten und Leidenschaften, das ist auch das eigene Fehlen und Irren. Und vielleicht gibt es daher keinen Satz, der lutherischer sein könnte als der Ausspruch LUTHERS vor dem Reichstag zu Worms: «Und wenn in Worms mehr Teufel wären als Ziegel auf den Dächern – ich muß dorthin.» Gemessen an dem Anliegen *Luthers* zeigt sich immer noch ein merkwürdiges Unverständnis für die psychologischen Antriebe der Reformation, wenn man K. RAHNER: Die Freiheit in der Kirche, Schriften II 95–114, liest, der die lutherische Theolo-

gie mit ihrem Freiheitspathos gegenüber der Kirche und ihrem tragisch anmutenden Gefühl der Unfreiheit schon deshalb für widersprüchlich halten mußte, weil er die Erfahrung der Angst vollkommen unbeachtet ließ. Vgl. DERS.: Gerecht und Sünder zugleich, VI 262–276, wo RAHNER mit dem Beispiel der heiligen *Therese von Lisieux* endet – als ob nicht deutlich wäre, daß hier die gesamte Frage der seelischen Entwicklung auf dem Spiel steht.

[56] F. NIETZSCHE: Morgenröte, Nr. 221, S. 199.

[57] A.a.O., Nr. 526, S. 305; zu dem «symbolischen Leben» bzw. zu einem Dasein *in effigie* s. o. S. 169ff.

[58] Vgl. dazu H. STENGER: Kompetenz und Identität, in: Eignung für die Berufe der Kirche, 31–33, der (S. 54–64) u. a. die Fähigkeit, personbezogen zu kommunizieren, wirklichkeitsbezogen zu handeln und botschaftsbezogen mit Symbolen umzugehen, hervorhebt. Tiefenpsychologisch ist bei all dem ein Ich vorausgesetzt, das soweit zu sich gefunden hat, daß es zu einem anderen relativ projektionsfrei Du sagen kann, das von seinen Überichdressaten sich weit genug gelöst hat, um situationsgerecht zu agieren, und das mit den Bildern und Antrieben seines Unbewußten integrativ genug lebt, um zu den Bildern des kollektiven Unbewußten in affektiv positivem Rapport zu stehen. Es ist gerade der Typ von Persönlichkeit, den die Kirche von Amts wegen entsprechend ihren Idealbildungen, Verlautbarungen und Verordnungen bis in die Gegenwart hinein sich gerade *nicht* wünscht und dessen Heraufkunft sie mit allen Mitteln zu verhindern sucht. Insofern sollte die Diskussion endlich von der Frage des Zwangszölibats loskommen; die Frage ist nicht, ob die Kirche den Zölibat immer noch mit Zwang aufrecht erhalten sollte (vgl. F. KLOSTERMANN: Priester für morgen – pastoraltheologische Aspekte, in: Priestertum, 71–100, S. 80–83); die entscheidende Frage lautet, ob es ein höherwertiges Ideal darstellt, auf die Liebe zu einem Mann oder zu einer Frau zu verzichten um Gottes willen, und was für ein Gottesbild sich in einem solchen Verzichtideal ausspricht. Auf die Gefahr eines unbewußten Machtstrebens unter dem Ideal des Dienens weist H. STENGER: Dienen ist nicht nur dienen, in: Lebendige Seelsorge, 34 (1983) 82–87, hin.

[59] Vgl. K. RAHNER: Zur Theologie der Erneuerung des Diakonates, in: Schriften, V 303–355, S. 351–355, der darauf hinweist, daß ein Diakon relativ leicht laisiert wird und damit das Recht, zu heiraten, zurückerwirbt, «während dies dem Priester verweigert zu werden pflegt». (354) Was aber folgt daraus? Daß Diakone von vornherein der Ehe näher stünden, die Priester aber der Ehelosigkeit? Wohl kaum. Eher folgt, daß der kirchlichen Rechtsprechung die Diakone nach wie vor nicht so wichtig sind, während sie auf ihre Priester «in besonderer Weise» zu achten pflegt. Zu fordern wäre eine Versöhnung zwischen Amt und Person, und sie kann nur darin bestehen, die Entwicklungsmöglichkeit des Einzelnen anzuerkennen. So meint A. GÖRRES: Psychologische Bemerkungen zur Krise eines Berufsstandes, in: Weltpriester nach dem Konzil, Münchener Akademie-Schriften, hrsg. v. F. Henrich, Bd. 46, München 1969, 119–141; 143–175, S. 134: «Ich fürchte, daß... viele geweiht werden, bei denen die innere Bejahung des Zölibats auf äußerst gebrechlichen Füßen und oft genug nur auf Krücken massiver Suggestion oder Selbsttäuschung steht.» «Ich kann nur wenig sagen über die Probleme jener Priester, die auf unglücklichen neurotischen Hintertreppen zu ihrem Beruf gekommen sind. Denn für nicht wenige Menschen ist nun einmal dieser Beruf gerade wegen des Zölibats und wegen anderer Gegebenheiten, die mit seinem Sinn gar nichts zu tun haben, besonders anziehend. Anziehend also zum Beispiel für muttergebundene, infantile Spätentwickler, für latent Homosexuelle, für in ihrer Sexualentwicklung und in ihrer erotischen Entwicklung Verstörte und Verängstigte, für schizoide Sonderlinge, für leicht fanatische Eigenbrödler, für jene hypomanisch betriebsamen Geschaftlhuber ohne tiefere Bindungsbedürfnisse, die einen Verein nach dem anderen gründen – die Menagerie des lieben Gottes hat Platz für viele schrul-

lige Typen. Eine besonders gefährdete Gruppe ist die der ich-schwachen Suggestiblen, die aufgrund eines starken Familien- oder sonstigen Umweltdruckes in diesen Stand gelangt sind. Allen diesen Menschen, die durch das zu weitmaschige und zu kritiklose Sieb eines ungeeigneten Auswahlverfahrens in das Priestertum gelangt sind, vor allem aber für die vielen, die in allzu jungen Jahren sich einfach getäuscht haben über ihre Eignung, müßte eine Möglichkeit zur Revision vorbehalten sein.» Das müßte sie allerdings; die Ausführungen von A. Görres akzentuieren freilich auf eine Weise, daß erneut der Wunsch eines Priesters (oder einer Ordensschwester), sich laisieren zu lassen, als etwas Negatives erscheint, das nur die vorherige «Schrulligkeit» bestätigt – so als könnte die Kirche endlich froh sein, wieder etwas Ordnung in ihre «Menagerie» zu bringen. Entsprechend dieser Logik ist die Kirche zwar manchmal blind und aus Gutwilligkeit und Wunschdenken zu großzügig, im großen und ganzen aber ist sie in Ordnung; in Unordnung sind nur diejenigen, die mit ihr nicht zurecht kommen. Auf diese Weise kann man als Autor gleichzeitig sich systemkritisch geben und systemkonform leben. Gerade umgekehrt aber verhält es sich in Wirklichkeit: mit den bestehenden Ordnungen der Kirche ist etwas nicht in Ordnung, wenn sie gerade bei ihren Amtsträgern neurotische Einstellungen geradewegs fordern und fördern und wenn sie immer wieder hochqualifizierte Leute von der Seelsorge ausschließen, nur weil diese nach oft mühevollem Ringen bestimmte Relikte kirchlich erzeugter Ängste endlich überwunden haben. Sehr viel positiver und menschlicher urteilte vor Jahren A. Antweiler: Priestermangel, 238–239: «Wie man zwischen Berufung und Beruf unterscheiden muß, so auch zwischen Beruf und Amt... Heute ist es üblich und gesetzlich geregelt, daß einer nur amtsmäßig Seelsorge ausüben kann, und dazu wird gefordert, daß er es auf Lebenszeit tue. Das aber müßte geändert werden. Zunächst deswegen, weil es ein Beruf ist wie jeder andere, und wie man einen Beruf wechseln kann, so sollte es auch beim Priester möglich sein.» «Grund kann sein, daß sich jemand verschätzt hat, als er Priester wurde und ein Amt übernahm; nach einiger Zeit stellt er fest, daß die Art der Arbeit ihm nicht liegt – nicht aus Faulheit oder Ichsucht, sondern dem Stil nach, den sie von ihm fordert. Ein anderer Grund kann sein, daß er sich mit dem, was er geben kann, verausgabt hat... Ein wieder anderer Grund könnte sein, daß er die heutigen Formen der Seelsorge für unwirksam hält; er glaubt es nicht mehr verantworten zu können, sich in diesen Formen zu bewegen... noch ein Grund könnte sein, daß er sich unter den Vorgesetzten und Mitarbeitern nicht zurechtfinden kann..., etwa aus menschlichen Unterschieden heraus, die unüberbrückbar sind, wie bei einem unzulänglichen Vorgesetzten und böswilligen Mitarbeitern.» Ein solcher Denkstil ist undogmatisch, realitätsbezogen, personalorientiert – er ist gerade so, wie er den Eignungskriterien von H. Stenger u. a. (s. o. Anm. 43) entsprechen würde; doch gerade deshalb erntete A. Antweiler die heftigsten Gegenreaktionen kirchlicher Amtsträger; ja, hätte nicht damals gerade eine Tauwetterperiode der kirchlichen Kurie geherrscht und wäre Prof. Antweiler nicht bereits ein alter Mann gewesen, ein emeritierter Dozent, den ohnedies kein Berufsverbot mehr erschrecken konnte, so wäre es durchaus zweifelhaft gewesen, was aus ihm als Mitglied der katholischen Kirche geworden wäre. – Übrigens hielt Dante Alighieri: Die göttliche Komödie, das himmlische Paradies, 3. Gesang, Vers 91 ff., es für möglich, daß diejenigen, die ein geistliches Gelübde gebrochen hätten, ihren Ort immerhin am untersten Rand des Himmels fänden.

[60] Vgl. E. Drewermann: An ihren Früchten sollt ihr sie erkennen, 119–172.

[61] F. Nietzsche: Also sprach Zarathustra, 1. Teil, Von neuen Göttern, 39–40.

[62] Nicolaus von Cues: De visione Dei 7. – Das deckt sich ganz und gar mit M. Buber: Der Chassidismus und der abendländische Mensch, Werke, III 933–947, S. 947: «Der Mensch kann dem Göttlichen nicht nahekommen, indem er über das Menschliche hinauslangt; er kann

ihm nahekommen, indem er der Mensch wird, der zu werden er, dieser einzelne Mensch da, erschaffen ist. Dies erscheint mir als der ewige Kern des chassidischen Lebens und der chassidischen Lehre.» Oder DERS.: Geschehende Geschichte, Werke II 1032–1036, S. 1036: «Der Sinn der Geschichte ist nicht eine Idee, die ich unabhängig von meinem persönlichen Leben formulieren kann, mit meinem persönlichen Leben allein vermag ich ihn einzufangen, denn es ist ein dialogischer Sinn.»

Zitierte Literatur

zitiert stets nach der letztgenannten Ausgabe

1) Offizielle Verordnungen und Verlautbarungen

Rundschreiben, Hirtenbriefe, Ordensregeln

Die Regeln des hl. AUGUSTINUS, übertr. v. W. Hümpfner, eingef. v. W. Hümpfner u. A. Zumkeller, in: H.-U. von Balthasar (Hrsg.): Die großen Ordensregeln, Zürich–Köln (Menschen der Kirche in Zeugnis und Urkunde, VIII) 1948, 99–133.

H.-U. VON BALTHASAR: Vom Ordensstand, in: H.-U. von Balthasar (Hrsg.): Die großen Ordensregeln, Zürich–Köln (Menschen der Kirche in Zeugnis und Urkunde VIII) 1948, 7–26

BARMHERZIGE SCHWESTERN von Münster (Clemensschwestern). Weisungen, 1970 Paderborn

Die Ausführlichen Regeln des hl. BASILIUS, auf Grund der revidierten Übersetzung von V. Gröne, unter Beiziehung ausgewählter Teile der Kürzeren Regeln bearb. u. zusgest. v. H.-U. von Balthasar, in: H.-U. von Balthasar (Hrsg.): Die großen Ordensregeln, Zürich–Köln (Menschen der Kirche in Zeugnis und Urkunde VIII) 1948, 27–98

Die Regel des hl. BENEDICTUS, übertr. v. F. Faeßler, eingel. v. L. Hunkeler, in: H.-U. von Balthasar (Hrsg.): Die großen Ordensregeln, Zürich–Köln (Menschen der Kirche in Zeugnis und Urkunde VIII) 1948, 135–216

Zur Sexualerziehung in Elternhaus und Schule, hrsg. v. Sekretariat der DEUTSCHEN BISCHOFSKONFERENZ, Bonn 1979

RÖMISCHE BISCHOFSSYNODE 1971. Der priesterliche Dienst. Gerechtigkeit in der Welt, eingel. v. K. Hemmerle und W. Weber, hrsg. v. der Deutschen Bischofskonferenz, Trier 1972

H. BURGER: Der Papst in Deutschland. Die Stationen der Reise 1987, mit Beiträgen von N. Stahl, München 1987

CODEX DES KANONISCHEN RECHTES, lat.-dt. Ausgabe, hrsg. im Auftr. der dt. Bischofskonferenz, übers. die Gruppe: W. Aymans ..., Kevelaer 1983

J.J. DEGENHARDT: Christliche Erziehung und Gemeinde, hrsg. v. Erzbisch. Generalvikariat, Paderborn 1978

J.J. DEGENHARDT: Gott braucht Menschen. Priestertum, hrsg. v. Erzbisch. Generalvikariat, Paderborn 1982

J.J. DEGENHARDT: Marienfrömmigkeit, hrsg. v. Erzbisch. Generalvikariat, Paderborn 1987

J.J. DEGENHARDT: Zur «Kölner Erklärung» der Theologen. Worte zur Zeit Nr. 21, hrsg. v. Erzbisch. Generalvikariat, Paderborn 1989

Erklärung der GLAUBENSKONGREGATION zu einigen Fragen der Sexualität vom 29. 12. 1975, AAS 68, 1976, 77–96

L. HARDICK – E. GRAU (Übers.): Die Schriften des heiligen Franziskus von Assisi, Werl, 8. verb. Aufl. 1984

IGNATIUS VON LOYOLA: Die Satzungen der Gesellschaft Jesu, aus dem Spanischen übers. u. eingel. v. M. Schoenenberger u. R. Stalder, in: H.-U. v. Balthasar (Hrsg.): Die großen Ordensregeln, Zürich–Köln (Menschen der Kirche in Zeugnis und Urkunde VIII) 1948, 267–347

IGNATIUS VON LOYOLA: Satzungen der Gesellschaft Jesu, mit Erlaubnis der Oberen als Manuskript gedruckt, Frankfurt 1980, 3. erneut durchges. Aufl.

IGNATIUS VON LOYOLA: Geistliche Übungen und erläuternde Texte, übers. u. erkl. v. P. Knauer, mit Erlaubnis der Oberen u. kirchl. Druckerlaubnis, Leipzig 1978; Graz–Wien–Köln 1988

Papst JOHANNES XXIII.: Sacerdotii Nostri primordia, AAS 51 (1959) 545–579, in: A. Rohr-

basser (Hrsg.): Sacerdotis imago. Päpstliche Dokumente über das Priestertum von Pius X. bis Johannes XXIII., Freiburg (Schweiz) 1962, 209–251
Papst JOHANNES PAUL II.: Laborem exercens, Acta Apostolicae Sedis 73, 1981
Papst JOHANNES PAUL II.: Apostolisches Schreiben im Anschluß an die Bischofssynode «Reconciliatio et paenitentia» an die Bischöfe, die Priester und Diakone und an alle Gläubigen über Versöhnung und Buße in der Sendung der Kirche heute, 2. Dez. 1984, Verlautbarungen des Apostolischen Stuhls 60, hrsg. v. Sekretariat der deutschen Bischofskonferenz
Papst JOHANNES PAUL II.: Schreiben an alle Priester der Kirche zum Gründonnerstag 1985, hrsg. vom Sekretariat der Deutschen Bischofskonferenz, Bonn 1985
Papst JOHANNES PAUL II.: Schreiben an die Priester zum Gründonnerstag 1988, in: Kirchliches Amtsblatt der Erzdiözese Paderborn, 131. Tg., 22. 4. 88, S. 55 ff.
Papst JOHANNES PAUL II.: Predigten und Ansprachen bei seinem zweiten Pastoralbesuch in Deutschland sowie Begrüßungsworte und Reden, die an den Heiligen Vater gerichtet wurden, 30. 4.–4. 5. 87, Verlautbarungen des Apostolischen Stuhls 77, hrsg. v. Sekretariat der Deutschen Bischofskonferenz
Papst JOHANNES PAUL II.: Christifideles laici. Über die Berufung und Sendung der Laien in Kirche und Welt. Nachsynodales Apostolisches Schreiben, AAS 87, 1988, hrsg. v. Sekretariat der Deutschen Bischofskonferenz
Papst JOHANNES PAUL II.: Sollicitudo rei socialis, Acta Apostolicae Sedis 80, 1988
WILHELM KEMPF (Bischof von Limburg): Für euch und für alle. Brief des Bischofs von Limburg zur Fastenzeit 1981 an die Gemeinden des Bistums, besonders an ihre sogenannten Fernstehenden, Limburg 1981
J. MEISNER: Sein, wie Gott uns gemeint hat. Betrachtungen zu Maria, Berlin 1988
Generalstatuten des MINDERBRÜDERORDENS, übers. im Auftrag der Germanischen Provinzialkonferenz OFM, Rom 1987; Werl 1988
Regel und Generalkonstitutionen des MINDERBRÜDERORDENS, übers. im Auftrag der Germanischen Provinzialkonferenz OFM, Rom 1987; Werl 1988
Konstitutionen der MISSIONSSCHWESTERN vom Kostbaren Blut, 1981
Direktorium der MISSIONSSCHWESTERN vom Kostbaren Blut, Paderborn 1932
Papst PAUL VI.: Sacerdotalis Caelibatus, Acta Apostolicae Sedis 59, 1967, 657–697
Papst PAUL VI.: Über den Fortschritt der Völker, Freiburg 1967, komm. v. H. Krauss
PIUS X.: Haerent animo, AAS 41 (1908) 555–577, in: A. Rohrbasser (Hrsg.): Sacerdotis imago. Päpstliche Dokumente über das Priestertum von Pius X. bis Johannes XXIII., Freiburg (Schweiz) 1962, 77–109
Papst PIUS XII.: Mystici Corporis, 29. 6. 43, Acta Apostolicae Sedis, 35, 193–248
Papst PIUS XII.: Menti nostrae, AAS 42 (1950) 657–702, in: A. Rohrbasser (Hrsg.): Sacerdotis imago. Päpstliche Dokumente über das Priestertum von Pius X. bis Johannes XXIII., Freiburg (Schweiz) 1962, 133–191
H. REUTER: Das II. Vatikanische Konzil. Vorgeschichte – Verlauf – Ergebnisse, dargestellt nach Dokumenten und Berichten v. H. Reuter; Köln [2](verb.) 1966
A. ROHRBASSER (Hrsg.): Sacerdotis imago. Päpstliche Dokumente über das Priestertum von Pius X. bis Johannes XXIII., Freiburg (Schweiz) 1962
J.-P. SCHOTTE (Hrsg.): Lineamenta zur Bischofssynode 1990: Die Priesterbildung unter den derzeitigen Verhältnissen. Eine Handreichung für die Bischofskonferenzen, hrsg. v. Sekretariat der Deutschen Bischofskonferenz 1989
SOCIETATIS JESU Constitutiones et epitome Instituti. Ad usum nostrum tantum, Rom 1949, eingel. v. Antonius Maria de Aldama

B. STEIDLE (Hrsg.): Die Benediktus-Regel. lateinisch-deutsch, Beuron [3]1978
Gemeinsame *Synode der Bistümer* in der Bundesrepublik Deutschland. Beschlüsse der Vollversammlung. Offizielle Gesamtausgabe, I, Freiburg–Basel–Wien 1976
K. WALF: Kirchenrecht, in: P. Eicher (Hrsg.): Neues Handbuch theologischer Grundbegriffe, 4 Bde., München 1982–1984, II 340–350

2) Kirchengeschichte und Profangeschichte

Analysen zur Zeit, aktuelle Fernsehsendungen

ABAELARD: Die Leidensgeschichte und der Briefwechsel mit Heloisa, übers. u. hrsg. v. E. Brost, Nachw. v. W. Berschin, Heidelberg, 4. verb. Aufl. v. 1979
C. AMERY: Das Ende der Vorsehung (rororo 6874) 1972
C. AMERY: Die Kapitulation oder Der real existierende Katholizismus, München 1988
M. BAUER: Schau mich an und flieg, ZDF, 19. 4. 89
L. BOFF: Wie mich die Heilige Kongregation für die Glaubenslehre aufgefordert hat, nach Rom zu kommen: eine persönliche Zeugenaussage, in: N. Greinacher – H. Küng (Hrsg.): Katholische Kirche – wohin? Wider den Verrat am Konzil, München–Zürich (SP 488) 1986, 433–447
H. BOOCKMANN: Das Reich im Mittelalter, in: H. Boockmann – H. Schilling – H. Schulze – M. Stürmer: Mitten in Europa. Deutsche Geschichte, Berlin 1984, 41–112
H. BOOCKMANN: Die Stadt im späten Mittelalter, München 1986
E. BORNEMAN: Das Patriarchat. Ursprung und Zukunft unseres Gesellschaftssystems, Frankfurt 1975; Neudruck: Frankfurt (Fischer Tb. 3416, mit eigenem Nachwort) 1979
Der *Brandt*-Report. Bericht der Nord-Süd-Kommission. Das Überleben sichern, Frankfurt–Berlin–Wien (Ullstein 34102) 1981
O. BRUNNER: Sozialgeschichte Europas im Mittelalter, Göttingen 1978
J. BÜHLER: Klosterleben im Mittelalter. Nach zeitgenössischen Quellen, Mainz (it 1135) 1989
O. VON CORVIN: Der illustrierte Pfaffenspiegel. Historische Denkmale des christlichen Fanatismus in der römisch-katholischen Kirche (1845), München (Heyne 52) 1971
R. CURB – N. MANAHAN: Lesbian Nuns: Breaking silence, 1985; dt.: Die ungehorsamen Bräute Christi. Lesbische Nonnen brechen das Schweigen, übers. v. G. Kowitzke, München 1986
G. DENZLER: Priesterehe und Priesterzölibat in historischer Sicht, in: F. Heinrich (Hrsg.): Existenzprobleme der Priester, München 1969, 13–52
G. DENZLER: Das Papsttum und der Amtszölibat, Stuttgart 1973–1976
G. DENZLER: Die verbotene Lust. 2000 Jahre christliche Sexualmoral, München–Zürich 1988
F. DENZLER (Hrsg.): Lebensberichte verheirateter Priester. Autobiographische Zeugnisse zum Konflikt zwischen Ehe und Zölibat, München (SP 964) 1989
K. DESCHNER: Abermals krähte der Hahn. Eine Demaskierung des Christentums von den Evangelisten bis zu den Faschisten, Stuttgart 1962; Neudruck: Hamburg (rororo 6788) 1972
K. DESCHNER: Mit Gott und dem Führer. Die Politik der Päpste zur Zeit des Nationalsozialismus (Auszug aus: Ein Jahrhundert Heilsgeschichte. Die Politik der Päpste im Zeitalter der Weltkriege, 2 Bde., 1982–1983), Köln (Ki Wi 149) 1988
K. DESCHNER: Kriminalgeschichte des Christentums. 1. Bd.: Die Frühzeit. Von den

Ursprüngen im alten Testament bis zum Tod des hl. Augustinus (430), Hamburg 1986; 2. Bd.: Die Spätantike. Von den katholischen «Kinderkaisern» bis zur Ausrottung der arianischen Wandalen und Ostgoten unter Justinian I. (527–565), Reinbek 1988

J. Dhondt: Das frühe Mittelalter, aus dem Franz. übers. v. W. Hirsch, Frankfurt (Fischer Weltgeschichte 10) 1968

G. Duby: Krieger und Bauern. Die Entwicklung der mittelalterlichen Wirtschaft und Gesellschaft bis um 1200, aus dem Franz. übers. v. E. Rotter, Frankfurt 1977; Frankfurt (stw 454) 1984

W. Durant: The Story of Civilization, I.: Our Oriental Mentage I–II, New York 1935; dt.: Kulturgeschichte der Menschheit, Bd. 1: Der Alte Orient und Indien, übers. v. J. Blei, Frankfurt–Berlin (Ullstein 36101) 1981

W. Durant: The Story of Civilization, Caesar and Christ IV–V. The Age of Faith I–II, New York 1935; dt.: Weltreiche des Glaubens (Kulturgeschichte der Menschheit, Bd. 5), übers. v. E. Schneider, Frankfurt–Berlin (Ullstein 36105) 1981

W. u. A. Durant: Die Französische Revolution und der Aufstieg Napoleons (The Story of Civilization, XI: The Age of Napoleon I–II), übers. von H. R. Floerke (1967 New York), Frankfurt–Berlin (Ullstein 36117) 1982

M. N. Ebertz: Die Bürokratisierung der katholischen «Priesterkirche», in: P. Hoffmann (Hrsg.): Priesterkirche, Düsseldorf 1987, 132–161

E. Eppler: Wenig Zeit für die Dritte Welt, Stuttgart–Berlin–Köln–Mainz (Urban Tb. 822) [2]1971

E. Eppler: Ende oder Wende. Von der Machbarkeit des Notwendigen, Stuttgart–Berlin–Köln–Mainz [4]1976

M. Erbstösser: Die Kreuzzüge. Eine Kulturgeschichte, Leipzig 1977; [2](überarb.) 1980

Eusebius: Kirchengeschichte, aus dem Griech. übers. v. P. Haeuser, in: Des Eusebius von Cäsarea ausgew. Schriften, Bd. 2, München–Kempten (BKV) 1932

E. Feil: Sicherheit, Gehorsam, Glaube. Über ein neues Glaubensbekenntnis und einen neuen Treueeid für kirchliche Amtsträger, in: Christ in der Gegenwart, 9. 7. 89, Nr. 28

J. C. Fest: Hitler. Eine Biographie, Frankfurt–Berlin–Wien 1973

H. Fries: «Aus Schatten und Bildern zur Wahrheit». Der schwierige Weg des John Henry Newman, in: H. Häring–K. J. Kuschel (Hrsg.): Gegenentwürfe, München–Zürich 1988, 225–241

K. Goldmann-Posch: Unheilige Ehen. Gespräche mit Priesterfrauen, München 1985

N. Göttler: Die Abschaffung des Zölibats als Ziel. Für immer mehr Geistliche ist die Verpflichung zur Ehelosigkeit ein unbiblisches Gesetz, Süddeutsche Zeitung, 12. Okt. 88, S. 10

N. Greinacher: Sie messen mit zweierlei Maß, in: T. Seiterich (Hrsg.): Beten allein genügt nicht. Briefe an den Papst, Reinbek (rororo 12140) 1987, 147–155

A. R. L. Gurland: Wirtschaft und Gesellschaft im Übergang zum Zeitalter der Industrie, in: G. Mann (Hrsg.): Propyläen Weltgeschichte in 10 Bdn. (1960–64), Frankfurt–Berlin 1986, VIII 279–336

M. Hammes: Hexenwahn und Hexenprozesse, Frankfurt (Fischer 1818) 1977

B. Häring: Meine Erfahrung mit der Kirche. Einleitung und Fragen von G. Licheri, Freiburg–Basel–Wien 1989

A. von Harnack: Das Wesen des Christentums (Vorlesungen 1899–1900), mit einem Vorwort von W. Trillhaas, Gütersloh (Siebenstern Tb. 227) 1977

A. von Harnack: Entstehung und Entwicklung der Kirchenverfassung und des Kirchenrechts in den zwei ersten Jahrhunderten. Urchristentum und Katholizismus, Leipzig 1910; Darmstadt 1980

A. VON HARNACK: Lehrbuch der Dogmengeschichte, 3 Bde., Tübingen [4](verm.) 1910; Neudruck: Darmstadt 1983
A. VON HARNACK: Marcion. Das Evangelium vom fremden Gott. Eine Monographie zur Geschichte der Grundlegung der katholischen Kirche, Leipzig 1923; Darmstadt 1985
A. VON HARNACK: Die Mission und Ausbreitung des Christentums in den ersten drei Jahrhunderten, [4](verb. u. verm.) Leipzig 1924
P. HAUPTVOGEL: «Sie nennen mich eine Priesterhure», in: Quick, Heft 22, 23. Mai 1989, 104–105
F. HEER: Die Dritte Kraft. Der europäische Humanismus zwischen den Fronten des konfessionellen Zeitalters; Frankfurt 1959
F. HEER: Gottes erste Liebe. Die Juden im Spannungsfeld der Geschichte, Esslingen 1967; Frankfurt (Ullstein 34329) 1986
G. HEINEN: Sterben für die Keuschheit? Maria Goretti mal vier, WDR III, 11. 1. 88
G. HEINEMANN: Zur gegenwärtigen Situation der Priester in Deutschland, in: Lebendige Seelsorge 33 (1982), 165–169
R. HENSELER: Zur Geschichte des nachkonziliären Ordensrechts. Übersicht, Tendenzen und Entwicklungen, Köln 1980
L. HOLTZ: Geschichte des christlichen Ordenslebens, Zürich–Köln 1986
V. HUMMEL – D. MAULBETSCH – H. P. SCHMID: Entwicklung und Unterentwicklung am Beispiel der Dritten Welt, in: N. Zwölfer (Hrsg.): Telekolleg II Geschichte, Bd. 2, Lektion 14–25
H. JEDIN: Kleine Konziliengeschichte. Die 20 ökumenischen Konzilien im Rahmen der Kirchengeschichte, Freiburg (Herder Tb. 51) 1961
J. P. JOSSUA: Ein vernichteter Theologe: Jacques Pohier, in: N. Greinacher – H. Küng (Hrsg.): Katholische Kirche – wohin? Wider den Verrat am Konzil, München–Zürich (SP 488), 1986, 424–432
F. X. KAUFMANN: Kirche begreifen. Analysen und Thesen zur gesellschaftlichen Verfassung des Christentums, Freiburg–Basel–Wien 1979
L. KAUFMANN: Ein ungelöster Kirchenkonflikt. Dokumente und zeitgeschichtliche Analysen, Freiburg (Schweiz) 1987
R. KNOBEL-ULRICH: Verbotene Ehen, NDR 16. 12. 88
P. H. KOESTERS: Ökonomen verändern die Welt. Wirtschaftstheorien, die unser Leben bestimmen, München (Goldmann–Stern Tb. 11542) 1982
I. KOLB – U. POSCHE: Das Signal von Memmingen, in: Stern, Heft 10, 2. März 1989, 268–270
H. KÜHN: Der Aufstieg der Menschheit, Frankfurt–Hamburg (Fischer Tb. 82) 1955
H. KÜHNER: Lexikon der Päpste von Petrus bis Johannes XXIII.; neu bearb. Ausg. Frankfurt (Fischer Tb. 315) 1960
P. LAVIOSA-ZAMBOTTI: Origini e Diffusione della Civilità, Mailand 1947; dt.: Ursprung und Ausbreitung der Kultur; übers. v. F. Siebert, Baden-Baden 1950; eingel. v. P. Bosch-Gimpera
T. E. LAWRENCE: Seven Pillars of Wisdom, London 1926; dt.: Die sieben Säulen der Weisheit, übers. v. D. v. Mikusch, 1936; Neudruck: München (dtv 1456) 1979
H. CH. LEA: History of the Inquisition of the Middle Ages, 3 Bde., New York 1887; dt.: Geschichte der Inquisition im Mittelalter, übers. v. H. Wieck und M. Rachel, rev. v. J. Hansen, 3 Bde., Bonn 1905, 1909, 1913; Neudruck im Auszug: Nördlingen 1985
J. LE GOFF: Das Hochmittelalter, aus dem Franz. übers. v. S. Metken, Frankfurt (Fischer Weltgeschichte, Bd. 11) 1965

I. LISSNER: Wir sind das Abendland. Gestalten, Mächte und Schicksale Europas durch 7000 Jahre, Olten 1966; München (dtv 1559) 1980
N. LO BELLO: The Vatican Papers, 1983; dt.: Vatikan im Zwielicht. Die unheiligen Geschäfte des Kirchenstaates, übers. v. H. Jelinek, München (Heyne 7261) 1986
G. MANN: Das Zeitalter des Dreißigjährigen Krieges, in: G. Mann (Hrsg.): Propyläen Weltgeschichte in 10 Bdn. (1960–1964), Frankfurt–Berlin 1986, VII 133–230
G. MANN: Der europäische Geist im späten 17. Jahrhundert, in: G. Mann (Hrsg.): Poypläen Weltgeschichte in 10 Bdn. (1960–1964), Frankfurt–Berlin 1986, VII 349–384
MARSILIUS VON PADUA: Defensor Pacis, 1324; dt.: Der Verteidiger des Friedens, übers. v. W. Kunzmann, bearb. v. H. Kusch; ausgew. und komm. v. H. Rausch, Stuttgart (reclam 7964) 1971
H. MARWITZ: Gnosis. Gnostiker, in: Der kleine Pauly. Lexikon der Antike in 5 Bdn. Auf der Grundlage von Pauly's Realencyclopädie der classischen Altertumswissenschaft bearb. u. hrsg. v. K. Ziegler – W. Sontheimer, München (dtv 5963) 1975, II 830–839
E. MEYER: Ursprung und Anfänge des Christentums, 3 Bde., Stuttgart–Berlin 1921–1923
H.C. MEYER: Das Zeitalter des Imperialismus, in: G. Mann (Hrsg.): Propyläen Weltgeschichte in 10 Bdn. (1960–1964), Frankfurt–Berlin 1986, IX 25–74
P. MILGER: Die Kreuzzüge. Kriege im Namen Gottes, München 1988
K. MISCHLER: Haben die Priester Zukunft? Untersuchungen am Beispiel des französischen Klerus. Befragung aus dem Jahre 1982, hrsg. von der Aktion «Contact Abbé», Speyer 1983
N. MITSCH: Industrialisierung und sozialer Wandel, in: N. Zwölfer (Hrsg.): Telekolleg II Geschichte, 1. Bd., München 1981, 67–85
E.S. MORGAN: Die amerikanische Revolution, in: G. Mann (Hrsg.): Proplyäen Weltgeschichte, 10 Bde. (1960–1964), Frankfurt–Berlin 1986, VII 513–567
H. MÜLLER-KARPE: Geschichte der Steinzeit, München [2](erg.) 1976
H. MÜLLER-KARPE: Das vorgeschichtliche Europa (1968), Baden-Baden (Kunst der Welt) 1979
A.R. MYERS: Europa im 14. Jahrhundert, in: G. Mann (Hrsg.): Propyläen Weltgeschichte in 10 Bdn. (1960–64), Frankfurt–Berlin 1986, V 563–618
H. MYNAREK: Eros und Klerus. Vom Elend des Zölibats, Wien–Düsseldorf 1978; Neudruck: München–Zürich (Knaur Tb. 3628) 1980
R. NÜRNBERGER: Das Zeitalter der Französischen Revolution und Napoleons, in: G. Mann (Hrsg.): Propyläen Weltgeschichte. Eine Universalgeschichte in 10 Bdn. (1960–64), Berlin–Frankfurt 1986, VIII 59–191
K. OBERMÜLLER: Die Ehre, nicht Ehrendoktor zu werden, in: Die Weltwoche, Nr. 47, 19.11. 87
E. PAGELS: The Gnostic Gospels, New York 1979; dt.: Versuchung durch Erkenntnis. Die gnostischen Evangelien, übers. v. A. Schweikhart, Frankfurt (st 1456) 1987
U. RANKE-HEINEMANN: Eunuchen für das Himmelreich. Katholische Kirche und Sexualität, Hamburg 1988
P. DE ROSA: Vicars of Christ, 1988; dt.: Gottes erste Diener. Die dunkle Seite des Papsttums, aus dem Engl. übers. v. M. Huber, München 1989
G. ROTTENWÖHRER: Der Katharismus, Bad Honnef 1982
G. SCHLEY: «Sie nennen mich Priesterhure». Frauen brechen mit einem Tabu, ARD, 26.5. 1989, in: Gott und die Welt
W. SCHMITHALS: Die Gnosis in Korinth, Göttingen, 2. Aufl. 1965, Einleitung A: Die Gnosis, 21–80 (Der Mythos vom erlösten Erlöser)

A. SCHNEIDER: Wie Rom auf die deutsche Synode reagiert, in: N. Greinacher – H. Küng (Hrsg.): Katholische Kirche – wohin? Wider den Verrat am Konzil, München–Zürich (SP 488) 1986, 367–379
W. SESTON: Verfall des römischen Reiches im Westen. Die Völkerwanderung, in: G. Mann (Hrsg.): Propyläen Weltgeschichte. Eine Universalgeschichte in 10 Bdn. (1960–1964), Berlin–Frankfurt 1986, IV 487–603
G. SIEFER: Sterben die Priester aus? Soziologische Überlegungen zum Funktionswandel eines Berufsstandes, Essen 1973
E. SIMON: The Making of Frederik the Great, London 1963; dt.: Friedrich der Große. Das Werden eines Königs; übers. v. E. M. Krauss, Tübingen 1963
A. SMITH: A Inquiry into the Nature and Causes of the Wealth of Nations, London 1776; [5]1789; danach dt.: Der Wohlstand der Nationen. Eine Untersuchung seiner Natur und seiner Ursachen, aus dem Engl. übers. v. H. C. Recktenwald, München 1974; München (dtv 6094) 1978
W. VON SODEN: Sumer, Babylon und Hethiter bis zur Mitte des 2. Jtds. v. Chr., in: Propyläen Weltgeschichte in 10 Bdn. (1960–64), Frankfurt–Berlin 1986, I 523–609
V. L. TAPIÉ: Das Zeitalter Ludwig XIV., in: G. Mann (Hrsg.): Propyläen Weltgeschichte in 10 Bdn. (1960–1964), Frankfurt–Berlin 1986, VII 275–348
A. TOYNBEE: A Study of History, 12 Vol., Oxford 1934–1961; Abridgement of volumes I–VI by D. C. Somervell, London; dt.: Der Gang der Weltgeschichte, übers. v. J. v. Kempski; 2 Bde.: 1. Bd.: Aufstieg und Verfall der Kulturen; 2. Bd.: Kulturen im Übergang; Stuttgart–Zürich–Wien 1952; Neudruck München (DTV wr 4 Bde., 4035–38) 1970
A. J. TOYNBEE: Mankind and Mother Earth. A narrative History of the World, Oxford 1976; dt.: Menschheit und Mutter Erde. Die Geschichte der großen Zivilisationen; übers. v. K. Berisch, Düsseldorf 1979
G. VIELER: Ein Streit über die Teilnahme an der Erstkommunion und seine Folgen, in: Der Dom, Paderborn 16. 4. 89, S. 11
A. WANDRUSZKA: Die europäische Staatenwelt im 18. Jahrhundert, in: G. Mann (Hrsg.): Propyläen Weltgeschichte in 10 Bdn. (1960–1964), VII 385–465, Frankfurt–Berlin 1986
M. WEBER: Asketischer Protestantismus und kapitalistischer Geist (1904–1905), in: Gesammelte Aufsätze zur Religionssoziologie, 3 Bde., Tübingen 1920–21; 1. Bd., 17–206
G. WEHR: Thomas Müntzer in Selbstzeugnissen und Bilddokumenten, Hamburg (rm 188) 1972

3) Philosophie, Ethik und Moraltheologie

ARISTOTELES: Nikomachische Ethik, Übers. u. Nachw. v. F. Dirlmeier, Anm. v. E. A. Schmidt, Stuttgart (reclam 8586-5) 1969
G. BERKELEY: A Treatise concerning the Principles of Human Knowledge, 1710; dt.: Eine Abhandlung über die Prinzipien der menschlichen Erkenntnis, übers. v. F. Ueberweg, hrsg. v. A. Klemmt, Hamburg (Philos. Bibl. 20) 1957; 1979
E. BLOCH: Atheismus im Christentum. Zur Religion des Exodus und des Reichs (Frankfurt 1968) Hamburg (rde 347) 1970
G. BRUNO: La cena delle cenere, Oxford 1583; dt.: Das Aschermittwochsmahl, übers. v. F. Fellmann, eingel. v. H. Blumenberg, Frankfurt 1969; Neudruck: Frankfurt (it 548) 1981
T. CAMPANELLA: Civitas Solis. Idea Rei publicae philosophicae, Frankfurt 1623; dt.: Sonnen-

staat, übers. v. K. J. Heinisch, in: Der utopische Staat. Morus: Utopia; Campanella: Sonnenstaat; Bacon: Neu-Atlantis, Hamburg (rk 68–69) 1960, 111–169
A. CAMUS: Le Mythe de Sisyphe, Paris 1942; dt.: Der Mythos von Sisyphos. Ein Versuch über das Absurde; übers. v. H. G. Brenner – W. Rasch, Boppard 1950; Neudruck Reinbek (rde 90) 1959, mit einem komm. Essay von L. Richter
A. CAMUS: Helenas Exil (1948), in: Heimkehr nach Tipasa (L'été), übers. v. M. Lang, in: Literarische Essays, Hamburg 1959, 124–203, S. 165–171
A. CAMUS: Die Guillotine. Betrachtungen zur Todesstrafe (Reflexions sur la Peine Capitale), in: Fragen der Zeit. Von A. Camus ausgew. u. zusammengestellte Beiträge aus: Actuelles I–III, Discours de Suède, Réflexions sur la Peine Capitale; übers. v. G. G. Meister, Hamburg 1960, 114–181
F. CAPRA: The turning Point, 1982; dt.: Wendezeit. Bausteine für ein neues Weltbild, übers. v. E. Schuhmacher, Bern–München–Wien [7]1984
R. DESCARTES: Meditationes de prima Philosophia, in quibus Dei Existentia, et Animae humanae e corpore Distinctio, demonstrantur (1641); dt.: Die Meditationen; übers. v. A. Buchenau, Hamburg (Philos. Bibl. Bd. 27) 1954; in: R. Descartes, ausgew. u. eingel. v. I. Frenzel; Frankfurt (Fischer Tb. 357) 1960, 93–125
W. DILTHEY: Einleitung in die Geisteswissenschaften, in: Ges. Schriften. Versuch einer Grundlegung für das Studium der Gesellschaft und der Geschiche, Ges. Schriften, 1. Bd., Stuttgart 1959
W. DILTHEY: Vom Aufgang des geschichtlichen Bewußtseins, in: Ges. Schriften, 11. Bd., Stuttgart–Göttingen [4]1979
E. DREWERMANN: Das Tragische und das Christliche. Von der Anerkennung des Tragischen – oder: gegen eine gewisse Art von Pelagianismus im Christentum, Schwerte 1981; erweitert um Teil 3: Die Tragik der menschlichen Unzulänglichkeit oder: die Tragik Gottes, in: Psychoanalyse und Moraltheologie, 3 Bde., Mainz 1982–1984, 1. Bd. Angst und Schuld, 19–78
E. DREWERMANN: Von der Unmoral der Psychotherapie oder von der Notwendigkeit einer Suspension des Ethischen im Religiösen, in: Psychoanalyse und Moraltheologie, 3 Bde., Mainz 1982–1984, 1. Bd.: Angst und Schuld, 79–104
E. DREWERMANN: Sünde und Neurose, in: Psychoanalyse und Moraltheologie, 3 Bde., Mainz 1982–1984, 1. Bd.: Angst und Schuld, 128–162
E. DREWERMANN: Ehe – tiefenpsychologische Erkenntnisse für Dogmatik u. Moraltheologie, in: Psychoanalyse u. Moraltheologie, 3 Bde., Mainz 1982–1984, Bd. 2: Wege u. Umwege der Liebe, 38–76
E. DREWERMANN: Von einer besonders tragischen Form des Mißverständnisses in der Ehe – oder: vom Recht auf Scheidung und auf Wiederverheiratung in der katholischen Kirche, in: Psychoanalyse und Moraltheologie, 3 Bde., Mainz 1982–1984, 2. Bd.: Wege und Umwege der Liebe, 77–111
E. DREWERMANN: Aus Schuld geschieden – verdammt zum Unglück?, in: Psychoanalyse und Moraltheologie, 3 Bde., Mainz 1982–1984, Bd. 2: Wege und Umwege der Liebe, 112–137
E. DREWERMANN: Zur Frage der moraltheologischen Beurteilung bestimmter Formen sexuellen Fehlverhaltens, in: Psychoanalyse und Moraltheologie, 3 Bde., Mainz 1982–1984, Bd. 2: Wege und Umwege der Liebe, 162–225
EPIKUR: Schriften. Über die irdische Glückseligkeit, übertr. u. eingel. v. P. M. Laskowsky, München (GG Tb. 683) o. J.
L. FEUERBACH: Gedanken über Tod und Unsterblichkeit (1830), in: Werke in 6 Bdn., hrsg. v. E. Thies, 1. Bd.: Frühe Schriften (1828–1830), Frankfurt 1975, 77–269 (349)

L. FEUERBACH: Xenien, in: Werke in 6 Bdn., hrsg. v. E. Thies, Bd. 1: Frühe Schriften 1828–1830, Frankfurt 1975, 270–349, S. 270–349 (Anhang an: Gedanken über Tod und Unsterblichkeit, 1830)
L. FEUERBACH: Über Philosophie und Christentum (1839), in: Werke in 6 Bdn., hrsg. v. E. Thies, 2. Bd., Frankfurt 1975, 261–330
L. FEUERBACH: Das Wesen der Religion (1846), in: Werke in 6 Bdn., hrsg. v. E. Thies, Frankfurt 1975, IV 81–153
L. FEUERBACH: Das Wesen des Christentums (1841), in: Werke in 6 Bdn., hrsg. v. E. Thies, 5. Bd., Frankfurt 1975
K. v. FRITZ: Quellenuntersuchungen zu Leben und Philosophie des Diogenes von Sinope, Philologus, Supplementum 18, 2, 1926
F. FURGER: Ethik der Lebensbereiche, Freiburg 1985
J. GRÜNDEL: Die eindimensionale Wertung der menschlichen Sexualität, in: F. Böckle (Hrsg.): Menschliche Sexualität und kirchliche Sexualmoral, Düsseldorf 1977, 74–105
H. HAAG – K. ELLIGER: «Stört nicht die Liebe». Die Diskriminierung der Sexualtät – ein Verrat an der Bibel, Olten 1986
B. HÄRING: Das Gesetz Christi, 3 Bde., 2. Aufl. Freiburg 1955; 8. Aufl. München 1967
B. HÄRING: Reflexionen zur Erklärung der Glaubenskongregation, in: Theologisch-praktische Quartalsschrift, 124. Jg., 1976/2, 115–126
B. HÄRING: Für ein neues Vertrauen in der Kirche. Zu einem Streit: Künstliche Empfängnisverhütung in jedem Falle unerlaubt?, in: Christ in der Gegenwart, 22. 1. 89, S. 29–30
B. HÄRING: Frei in Christus, Freiburg 1980
G. W. F. HEGEL: Phänomenologie des Geistes (1808), hrsg. v. J. Hoffmeister 1937, Philos. Bibl. 114, Hamburg [6]1952
G. W. F. HEGEL: Vorlesungen über die Philosophie der Religion (Vorlesungen von 1821, 1824, 1827, 1831), Einf. v. Ph. Marheineke, hrsg. v. H. Glockner, in: Sämtliche Werke in 20 Bdn., Bd. 15–16, Stuttgart–Bad Cannstatt [4]1965
G. W. F. HEGEL: Vorlesungen über die Philosophie der Geschichte; Text nach der Ausgabe v. F. Brunstäd; eingef. v. Th. Litt; Stuttgart (reclam 4881–85) 1961
G. W. F. HEGEL: Der Geist des Christentums und sein Schicksal, hrsg. u. eingel. v. W. Hamacher. Schriften 1796–1800, mit bislang unveröffentlichten Texten, Frankfurt–Berlin–Wien (Ullstein 3360) 1978
TH. HOBBES: Leviathan (1642); 1. und 2. Teil, übers. v. J. P. Mayer, Nachw. v. M. Diesselhorst, Stuttgart (reclam 8348) 1970
K. HÖRMANN: Lexikon der christlichen Moral, Innsbruck 1976, Artikel: Selbstbefriedigung, Spalte 1413–1417
K. JASPERS: Vom Ursprung und Ziel der Geschichte, München 1949; Neudruck: Frankfurt (Fischer Tb. 91) 1955
K. JASPERS: Der philosophische Glaube, München 1948; Neudruck: Fischer Tb. 1958
K. JASPERS: Augustin. Auszug aus: «Die großen Philosophen». 1. Bd. 1957, München (SP 143) 1976
R. B. KAISER: Die Kontrolle Roms über die Geburtenkontrolle, in: N. Greinacher – H. Küng: Katholische Kirche – wohin? Wider den Verrat am Konzil, München (SP 488) 1986, 307–324
I. KANT: Kritik der reinen Vernunft, Riga 1781 (A); 1787 (B), in: Werke in 12 Bdn., hrsg. v. W. Weischedel, Frankfurt (Suhrkamp V.) 1968, Bd. III–IV
I. KANT: Grundlegung zur Metaphysik der Sitten, Riga 1785 (A); 1786 (B); Werke in 12 Bdn., hrsg. v. W. Weischedel, Frankfurt (Suhrkamp V.) 1968, Bd. VII 7–102

I. KANT: Kritik der praktischen Vernunft, Riga 1788, in: Werke in 12 Bdn., hrsg. v. W. Weischedel, Frankfurt 1968, Bd. VII 103–302
I. KANT: Die Religion innerhalb der Grenzen der bloßen Vernunft, Königsberg 1783 (A); 1794 (B), in: Werke in 12 Bänden, hrsg. v. W. Weischedel, Frankfurt (Suhrkamp V.) 1968, Bd. VIII 645–879
I. KANT: Zum ewigen Frieden. Ein philosophischer Entwurf, Königsberg 1795 (A); 1796 (B); Werke in 12 Bdn., hrsg. v. W. Weischedel, Frankfurt (Suhrkamp V.) 1968; Bd. 11, 191–251
I. KANT: Der Streit der Fakultäten in drei Abschnitten, Königsberg 1798, in: Werke in 12 Bdn., hrsg. v. W. Weischedel, Frankfurt 1968, Bd. XI 261–393
S. KIERKEGAARD: Der Begriff Angst. Eine simple psychologisch-hinweisende Erörterung in Richtung des dogmatischen Problems der Erbsünde, Kopenhagen 1844; übers. ins Deutsche von L. Richter, in: Kierkegaards Werke in 5 Bänden, in neuer Übertragung und mit Kommentar versehen von L. Richter, Hamburg (rk 71; 81; 89; 113; 147) 1960–1964; Bd. 1 (rk 71) 1960
S. KIERKEGAARD: Furcht und Zittern. Dialektische Lyrik von Joh. de Silentio, Kopenhagen 1843; übers. ins Deutsche von L. Richter, in: Kierkegaards Werke in 5 Bdn., in neuer Übers. u. mit Kommentar vers. v. L. Richter, Hamburg (rk 71; 81; 89; 113; 147) 1960–1964; Bd. 3 (rk 89) 1961
S. KIERKEGAARD: Die Krankheit zum Tode. Eine christliche psychologische Entwicklung zur Erbauung und Erweckung, von Anti-Climacus, Kopenhagen 1849, übers. ins Deutsche von L. Richter, in: Kierkegaards Werke in 5 Bdn., in neuer Übertragung und mit Kommentar versehen v. L. Richter, Hamburg (rk 71; 81; 89; 113; 147) 1960–1964; Bd. 4 (rk 113) 1962
S. KIERKEGAARD: Philosophische Brocken oder Ein bißchen Philosophie von Johannes Climacus, Kopenhagen 1844, übers. u. komm. v. L. Richter, in: Werke in 5 Bdn., Bd. 5, Reinbek (rk 147) 1964
S. KIERKEGAARD: Philosophische Brosamen und Unwissenschaftliche Nachschrift (1846), hrsg. v. H. Diem u. W. Rest, Köln 1959; Neudruck: München (dtv 6064) 1976
S. KIERKEGAARD: Indövelse i Christendom. Af Anti-Climacus, Kopenhagen 1850, dt.: Einübung im Christentum, von Anti-Climacus, übers. v. E. Hirsch u. H. Gerdes, Werke XII, Düsseldorf–Köln [4]1971, in: Werkausgabe in 2 Bdn., Bd. 2, 9–307, Düsseldorf–Köln 1971
S. KIERKEGAARD: Der Augenblick. Aufsätze und Schriften des letzten Streits zwischen 1854–1855; übers. v. H. Gerdes, Werke XIV, Düsseldorf–Köln 1959, in: Werkausgabe in 2 Bdn., Bd. II, 309–567, Düsseldorf–Köln 1971
S. KIERKEGAARD: Tagebücher, 5 Bde., ausgew. u. übers. v. H. Gerdes, Düsseldorf–Köln 1962–1974
G. W. LEIBNIZ: La monadologie, 1714; dt.: Die Monadologie, hrsg. v. H. Herring, Hamburg (Philos. Bibl. 253) 1956
G. E. LESSING: Die Erziehung des Menschengeschlechtes (1780), in: Werke in 2 Bdn., hrsg. v. P. Stapf, Wiesbaden (Vollmer) o. J., II 975–997
K. MARX: Das Kapital. Kritik der politischen Ökonomie; 3 Bde. (I.: 1867; II.: 1885; [2]1893 hrsg. v. F. Engels; III.: 1894 hrsg. v. F. Engels); in: K. Marx–F. Engels: Werke, Bd. 23 (1965), Bd. 24 (1963), Bd. 25 (1964), Berlin Ost; hrsg. v. Institut für Marxismus-Leninismus beim ZK der SED
G. MAURACH: Geschichte der römischen Philosophie. Eine Einführung, Darmstadt 1989
D. MIETH: Moraldoktrin auf Kosten der Moral? Die römischen Dokumente der letzten Jahrzehnte und die christlich gelebten Überzeugungen, in: N. Greinacher – H. Küng (Hrsg.): Katholische Kirche – wohin? Wider den Verrat am Konzil, München–Zürich (SP 488) 1986, 162–183

TH. MORUS: Utopia (1517), in: K. J. Heinisch (Übers.): Der utopische Staat. Morus: Utopia. Campanella: Sonnenstaat. Bacon: Neu-Atlantis, Hamburg (rk 68–69) 1960, 7–110
F. NIETZSCHE: Vom Nutzen und Nachteil der Historie für das Leben, in: Unzeitgemäße Betrachtungen (1873–1876), Ges. Werke in 11 Bdn., Bd. 2, München (Goldmann Tb. 1472–1473) 1964
F. NIETZSCHE: Menschliches – Allzumenschliches, Chemnitz 1878; [2]Nachtr. 1897–1880; Neudruck: München (GG Tb. 676–677; 741–742) o. J.; eingel. v. L. W. Winter
F. NIETZSCHE: Morgenröte. Gedanken über die moralischen Vorurteile (1881), in: Werke in 11 Bdn., München (Goldmann Tb. 630–631) 1960, eingel. v. L. Winter
F. NIETZSCHE: Also sprach Zarathustra. Ein Buch für alle und keinen (1883–1884: Teil I–III; 1885: Teil IV), München (GG Tb. 403) 1960
F. NIETZSCHE: Jenseits von Gut und Böse. Vorspiel einer Philosophie der Zukunft (1885), München (Goldmann 990, Gesammelte Werke in 11 Bdn.; Bd. 8) o. J., mit einem Nachw. v. B. H. Bonsels
F. NIETZSCHE: Zur Genealogie der Moral (1887), München (GG Tb. 991) o. J. (Gesammelte Werke in 11 Bdn., Bd. 9)
F. NIETZSCHE: Der Antichrist. Versuch einer Kritik des Christentums (1888) – Ecce Homo. Wie man wird, was man ist (1888) – Dionysos-Dithyramben (1884–1985), München (Goldmann 1471, Gesammelte Werke in 11 Bdn., Bd. 11) 1964, mit einem Nachw. v. B. H. Bonsels
F. NIETZSCHE: Der Wille zur Macht. Versuch einer Umwertung aller Werte (1887); ausgew. v. P. Gast u. E. Förster-Nietzsche, Stuttgart (Kröner Tb. 78), Nachw. v. A. Baeumler
B. PASCAL: Pensées de M. Pascal sur la religion et sur quelques autres sujets, qui ont esté trouvées après sa mort parmy ses papiers, postum 1669; dt.: Über die Religion und über einige andere Gegenstände, übers. v. E. Wasmuth, Stuttgart [5](erw. u. neu bearb.) 1954
ST. PFÜRTNER: Moral – Was gilt heute noch? Erwägungen am Beispiel der Sexualmoral, Zürich 1972
P. ROHDE: Kierkegaard in Selbstzeugnissen und Bilddokumenten, aus dem Dänischen übers. v. T. Dohrenburg, bibliogr. Anh. v. P. Raabe, Hamburg (rm 28) 1959
J. J. ROUSSEAU: Bekenntnisse, 6. Buch 1736–1741, übertr. v. L. Schücking, München (GG Tb. 2809) 1971, Bd. III 60–110
B. RUSSELL: Why I am not a Christian and Other Essays on Religion and Related Subjects, London 1957; dt.: Warum ich kein Christ bin. Über Religion, Moral und Humanität. Von der Unfreiheit der Christenmenschen, übers. v. M. Steipe, München 1963; Hamburg (rororo 6685) 1968
J. P. SARTRE: L'être et le néant. Essai d'ontologie phénoménologique, Paris 1943; dt.: Das Sein und das Nichts. Versuch einer phänomenologischen Ontologie; übers. v. J. Streller, K. A. Ott u. A. Wagner, Reinbek 1962
J. P. SARTRE: Question de méthode, in: Les temps modernes 13 (1957–58), 338–417; dt.: Marxismus und Existentialismus. Versuch einer Methodik, übers. v. H. Schmitt, Reinbek (rororo de 196) 1964
J. P. SARTRE: Critique de la raison dialectique, précédé de Question de méthode. Tome 1: Théorie des ensembles pratiques, Paris 1960; dt.: Kritik der dialektischen Vernunft. 1. Bd.: Theorie der gesellschaftlichen Praxis, übers. v. T. König, Reinbek 1967
M. SCHELER: Der Formalismus in der Ethik und die materiale Wertethik (1913; 1916), hrsg. v. M. Scheler 1954
M. SCHELER: Die Formen des Wissens und die Bildung, in: Philosophische Weltanschauung, München (Dalp Tb. 301) 1954, 16–48

F. Schleiermacher: Über die Religion. Reden an die Gebildeten unter ihren Verächtern (1799), mit einem Nachw. v. C. H. Ratschow, Stuttgart (reclam 8313) 1969
C. Schmitt: Der Begriff des Politischen, München 1932, erw.: Mit einer Rede über das Zeitalter der Neutralisierungen und Entpolitisierungen
R. Schneider: Pascal, ausgew. und eingel., Frankfurt (Fischer Tb. 70) 1954
A. Schweitzer: Kultur und Ethik. Unter Einschluß von: Verfall und Wiederaufbau der Kultur, München 1960
O. Spengler: Der Untergang des Abendlandes. Umrisse einer Morphologie der Weltgeschichte, 2 Bde., 1. Bd.: Gestalt und Wirklichkeit; 2. Bd.: Welthistorische Perspektiven; München 1923; Neudruck: München (dtv 838–839) 1972; mit einem Nachw. v. A. M. Koktanek.
B. de Spinoza: Tractatus Theologico-Politicus, Amsterdam 1670; dt.: Theologisch-politischer Traktat, übertr., eingel. u. komm. v. C. Gebhardt, Hamburg (Philos. Bibl. 93) [5]1955
B. de Spinoza: Die Ethik nach geometrischer Methode dargestellt (1677); aus dem Latein. übers. u. komm. v. O. Baensch ([2]1910); eingel. v. R. Schottlaender, Hamburg (Philos. Bibl. 92) 1955
K. Vorländer: Philosophie der Neuzeit, in: Geschichte der Philosophie in 5 Bdn., gek. Ausg., Hamburg (rde 183; 193; 242; 261; 281) 1963–1967, bearb. v. E. Metzke u. H. Knittermeyer
M. Wegan: Ehescheidung. Auswege mit der Kirche, Graz [2]1983
A. Willwoll: Seele und Geist, Freiburg 1938

4) Biblische Theologie und Judentum

J. M. Allegro: The Dead Sea Scrolls, Harmondsworth; dt.: Die Botschaft vom Toten Meer. Das Geheimnis der Schriftrollen, übers. v. W. Hilsbecher, Frankfurt (Fischer 183) 1957
Sch. Ben-Chorin: Bruder Jesus. Der Nazarener in jüdischer Sicht, München 1967; Neudruck: München (dtv – List 1253) 1977
Sch. Ben-Chorin: Mutter Mirjam. Maria in jüdischer Sicht, München 1971; München (dtv 1784) 1982
J. Blank: Kirchliches Amt und Priesterbegriff, in: Weltpriester nach dem Konzil, München 1969, 13–52
M. Buber (F. Rosenzweig): Die 5 Bücher der Weisung, Köln–Olten 1954
M. Buber: Geltung und Grenze des politischen Prinzips (1951), in: Werke, 1. Bd.: Schriften zur Philosophie, Heidelberg–München 1962, 1095–1108
M. Buber: Königtum Gottes (1932), in: Werke, 2. Bd.: Schriften zur Bibel, München–Heidelberg 1964, 485–723
M. Buber: Der Gesalbte (entstanden 1938), in: Werke, 2. Bd.: Schriften zur Bibel, München–Heidelberg 1964, 725–845
M. Buber: Geschehende Geschichte (1933), in: Werke, Bd. 2, München–Heidelberg 1964, 1032–1036
M. Buber: Die Erzählungen der Chassidim (1949), in: Werke, Bd. 3: Schriften zum Chassidismus, München–Heidelberg 1963, 69–712
M. Buber: Der Chassidismus und der abendländische Mensch (1956), in: Werke, Bd. 3, München–Heidelberg 1963, 933–947
R. Bultmann: Das Evangelium des Johannes, Göttingen (Kritischer-exegetischer Kommentar über das Neue Testament) 1941; [17]1962

R. BULTMANN: Das Urchristentum im Rahmen der antiken Religionen, Zürich 1949; Neudruck: Reinbek (rde 157–158) 1962
H. CONZELMANN: Die Mitte der Zeit. Studien zur Theologie des Lukas, Tübingen, 4. verb. u. erg. Aufl. 1964 (Beiträge zur historischen Theologie, hrsg. v. G. Ebeling, 17)
E. DREWERMANN: Gott heilt – Erfahrungen des Buches Tobit. Eine psychologische Meditation, in: H. Becker – R. Kaczinski (Hrsg.): Liturgie und Dichtung, Bd. II, St. Ottilien 1983, 359–404; Neudruck: E. Drewermann – I. Neuhaus: Voller Erbarmen rettet er uns. Die Tobit-Legende tiefenpsychologisch gedeutet, Freiburg–Basel–Wien [3]1985
E. DREWERMANN: Tiefenpsychologie und Exegese, 2 Bde.; 1. Bd.: Die Wahrheit der Formen. Von Traum, Mythos, Märchen, Sage und Legende, Olten–Freiburg 1984; 2. Bd.: Die Wahrheit der Werke und der Worte. Wunder, Vision, Weissagung, Apokalypse, Geschichte, Gleichnis, Olten–Freiburg 1985
E. DREWERMANN: Dein Name ist wie der Geschmack des Lebens. Tiefenpsychologische Deutung der Kindheitsgeschichte nach dem Lukasevangelium, Freiburg–Basel–Wien 1986
E. DREWERMANN: An ihren Früchten sollt ihr sie erkennen. Antwort auf R. Pesch u. G. Lohfinks «Tiefenpsychologie und keine Exegese», Olten–Freiburg 1988
E. DREWERMANN: Das Markus-Evangelium, 2 Bde., Olten 1987–1988
E. DREWERMANN: Ich steige hinab in die Barke der Sonne. Altägyptische Meditationen zu Tod und Auferstehung in bezug auf Joh 20/21, Olten–Freiburg 1989
E. DREWERMANN – H. HAAG: Das Hohelied der Liebe, in: Wort des Heils, Wort der Heilung. Von der befreienden Kraft des Glaubens. Gespräche u. Interviews, hrsg. v. B. Marz, Bd. 2, Düsseldorf 1989, 43–78
A. L. FENGER: Armut. Biblisch-Historisch, in: P. Eicher (Hrsg.): Neues Handbuch theologischer Grundbegriffe, 4 Bde., München 1984–1985, I 25–37
F. HEER: Gottes erste Liebe. Die Juden im Spannungsfeld der Geschichte, Esslingen 1967; Frankfurt (Ullstein 34329) 1986
H. W. HERTZBERG: Die Samuelbücher, Göttingen (Das Alte Testament Deutsch, Teilband 10), [2](neudurchges.) 1960
D. HILDEBRANDT: Saulus. Ein Doppelleben, Olten 1989
P. HOFFMANN: Priestertum und Amt im Neuen Testament, in: P. Hoffmann (Hrsg.): Priesterkirche, Düsseldorf 1987, 12–61
J. JEREMIAS: Die Gleichnisse Jesu, 6. neubearb. Aufl. Göttingen 1962
J. JEREMIAS: Jerusalem zur Zeit Jesu. Eine kulturgeschichtliche Untersuchung zur neutestamentlichen Zeitgeschichte, 3. neubearb. Aufl. Göttingen 1962
J. JEREMIAS: Neutestamentliche Theologie, 1. Teil: Die Verkündigung Jesu, Gütersloh 1971
A. KLOSTERMANN: Die Bücher Samuelis und der Könige, 1877
O. KUSS: Der Römerbrief. Übersetzt und erklärt v. O. Kuss. 1. Lieferung: Röm 1,1–6,11; 2. Lieferung: Röm 6,11–8,19; Regensburg 1957; 1963
O. KUSS: Dankbarer Abschied, München (tuduv-Studien: Reihe Religionswissenschaften, Bd. 2) 1982
E. LOHSE: Die Texte aus Qumran. Hebräisch und Deutsch. Mit masoretischer Punktation, Übersetzung, Einführung und Anmerkungen hrsg. v. E. Lohse, München 1964
J. MAIER: Die Texte vom Toten Meer. Erste deutsche Gesamtübertragung, 2 Bde., München–Basel 1960
R. PESCH: Das Markusevangelium, 2 Bde., Freiburg–Basel–Wien (Herders Theologischer Kommentar zum Neuen Testament), [4](durchges. u. erw.) 1984
R. PESCH – G. LOHFINK: Tiefenpsychologie und keine Exegese, Stuttgart (SBS 129) 1987

G. von Rad: Theologie des Alten Testamentes, 2 Bde., München [4]1957/1960
G. von Rad: Das fünfte Buch Mose. Deuteronomium, übers. u. erkl., Göttingen (ATD 8) 1964
G. von Rad: Das erste Buch Mose, ATD 2–4, Göttingen [9]1972
E. Renan: Das Leben Jesu (1863), aus dem Franz. übers. v. P. Seliger, Leipzig–Wien (Meyers Volksbücher) o. J.
L. Ruppert: Die Josephserzählungen der Genesis. Literar- und formkritische Untersuchung der Prosa in Num 22–24, München 1974
H. Schlier: Der Brief an die Epheser. Ein Kommentar, Düsseldorf 1957
H. Schlier: Der Brief an die Galater, 10. neubearb. Aufl. Göttingen 1962
H. Schmökel: Heilige Hochzeit und Hoheslied, Wiesbaden 1956
R. Schnackenburg: Die Kirche im Neuen Testament. Ihre Wirklichkeit und theologische Deutung. Ihr Wesen und Geheimnis, Freiburg–Basel–Wien (Quaestiones disputatae 14) 1961
R. Schnackenburg: Die sittliche Botschaft des Neuen Testamentes. Handbuch der Moraltheologie, hrsg. v. M. Reding, Bd. VI; München [2](verm. u. verb.) 1962
R. Schnackenburg: Das Johannesevangelium, 3 Teile, Freiburg–Basel–Wien (Herders Theologischer Kommentar zum Neuen Testament Bd. IV), 1972–1975
C. Schneider: *kathämai*, in: G. Kittel (Hrsg.): Theologisches Wörterbuch zum Neuen Testament, Stuttgart 1938, III 443–447
H. Schürmann: Das Lukasevangelium, 1. Teil: Kommentar zu Kap. 1,1–9,50, Freiburg–Basel–Wien 1969; [3]1984
E. Schweizer: Das Evangelium nach Lukas, Göttingen (NTD 3) 1982
E. Schweizer: Das Evangelium nach Markus, Göttingen (NTD 1) 1983
E. Schweizer: Das Evangelium nach Matthäus, Göttingen (NTD 2), 1986
E. Stauffer: Die Botschaft Jesu damals und heute, Bern–München (Dalp Tb. 333) 1959
H. Strathmann: Der Brief an die Hebräer, in: Der Brief an Timotheus und Titus. Der Brief an die Hebräer, übers. u. erkl. v. J. Jeremias u. H. Strathmann, Göttingen (NTD 9) 1970, 69–158
R. de Vaux: Les Institutions de l'Ancien Testament, Paris 1958–1960; dt.: Das Alte Testament und seine Lebensordnungen, 2 Bde.; übers. v. L. Hollerbach; Freiburg–Basel–Wien [2]1964
A. Weiser: Die Psalmen, 1. Bd.: Ps 1–60 (ATD 14), Göttingen 1950
A. Weiser: Die Psalmen, Bd. 2, ATD 15: Ps 61–150, Göttingen 1950
A. Weiser: Die Propheten, ATD 24, 1. Bd.: Hosea, Joel, Amos, Obadja, Jona, Micha; Göttingen 1950
W. Wink: The Bible in Human Transformation. Toward a New Paradigm for Biblical Study, Philadelphia 1973; dt.: Bibelauslegung als Interaktion. Über die Grenzen der historisch-kritischen Methode, übers. v. M. Gronwald, Stuttgart–Berlin 1976
W. Wittekind: Das «Hohe Lied» und seine Beziehungen zum Istarkult, Hannover 1925
H. Zimmermann: Neutestamentliche Methodenlehre. Darstellung der historisch-kritischen Methode, 7. neubearb. Aufl. v. K. Kliesch, Stuttgart 1982

5) Dogmatik, Patristik und Aszetik

Heiligendarstellungen und Mystik, Pastoraltheologie

P. Alfaric: Die geistige Entwicklung des heiligen Augustinus. Vom Manichäismus zum Neuplatonismus (1918; Auszüge), in: G. Widengren (Hrsg.): Der Manichäismus, Darmstadt 1977, 331–361

R. de Almeida: Armut–aus der Sicht der Theologie der Befreiung, übers. aus dem Port. v. H. Goldstein, in: P. Eicher (Hrsg.): Neues Handbuch theologischer Grundbegriffe, 1. Bd., München 1984, 37–61

A. Antweiler: Der Priester heute und morgen. Erwägungen zum Zweiten Vatikanischen Konzil, Münster 1967

A. Antweiler: Zum Pflichtzölibat der Weltpriester. Kritische Erwägungen zur Enzyklika Papst Pauls VI. über den priesterlichen Zölibat, Münster 1968

A. Antweiler: Ehe und Geburtenregelung. Kritische Erwägungen zur Enzyklika Paul VI. *Humanae vitae*, 1969

A. Antweiler: Priestermangel. Gründe und Vorschläge, Altenberge (Verlag für Christlich-Islamisches Schrifttum) 1982

Athanasius: Leben des heiligen Pachomius (357 n. Chr.), aus dem Griech. übers. v. H. Mertel, in: Des hl. Athanasius ausgew. Schriften, II 778–900, München 1917, Bibl. d. Kirchenväter, Bd. 31

Athanasius: Leben des heiligen Antonius (365 n. Chr.), aus dem Griech. übers. v. H. Mertel, in: Des hl. Athanasius ausgew. Schriften, II. Bd., München 1917, 677–777 (Bibliothek der Kirchenväter, Bd. 31)

A. Augustinus: Confessiones (ca. 400); dt.: Bekenntnisse, übers. v. A. Hoffmann, in: Ausgew. Schriften. Bd. VII, Kempten–München (BKV 18) 1914

R. Baumann: Wunder, in: P. Eicher (Hrsg.): Neues Handbuch theologischer Grundbegriffe, 4 Bde., München 1984–85, IV 318–331

G. Bessiere (u. a.): Diskussion um den Priester. Briefe an Bischof Riobé, aus dem Franz. v. Ch. Bouthillier, Salzburg 1974

E. Biser: Die glaubensgeschichtliche Wende. Eine theologische Standortbestimmung, Graz–Wien–Köln, 2. Aufl. 1987

E. Biser: Glaubenswende. Eine Hoffnungsperspektive, Freiburg 1987

L. Boff: Zeugen Gottes in der Welt. Ordensleben heute, aus dem Franz. übers. v. E. Hug, hrsg. v. A. Rotzetter, Zürich–Köln 1985

L. Boff: Das mütterliche Antlitz Gottes. Ein interdisziplinärer Versuch über das Weibliche und seine religiöse Bedeutung, aus dem Portug. übers. v. H. Goldstein, Düsseldorf 1985

J. Bours – F. Kamphaus: Leidenschaft für Gott. Ehelosigkeit, Armut, Gehorsam. Freiburg 1981

J. Brinktrine: Einleitung in die Dogmatik, Paderborn 1953

J. Brinktrine: Die Lehre von Gott, 2. Bd.: Von der göttlichen Trinität, Paderborn 1954

J. Brinktrine: Die Lehre von der Schöpfung, Paderborn 1956

J. Brinktrine: Die Lehre von der Gnade, Paderborn 1957

J. Brinktrine: Die Lehre von der Menschwerdung und Erlösung, Paderborn 1959

J. Brinktrine: Die Lehre von der Mutter des Erlösers, Paderborn 1959

J. Brinktrine: Die Lehre von den heiligen Sakramenten der katholischen Kirche, 2 Bde., Paderborn 1961–1962

J. Brinktrine: Die Lehre von der Kirche, Paderborn 1963
P. Brown: Der heilige Augustinus. Lehrer der Kirche und Erneuerer der Geistesgeschichte, übers. aus dem Engl. (Augustine of Hippo, 1967) v. J. Bernard, Frankfurt (Heyne 18) 1973
W. Bühlmann: Weltkirche. Neue Dimensionen. Modell für das Jahr 2001, mit einem Nachwort von K. Rahner, Graz–Wien–Köln 1985
W. Bühlmann: Von der Kirche träumen. Ein Stück Apostelgeschichte im 20. Jahrhundert, Wien–Köln 1986
L. G. da Camara: Memoriale. Erinnerungen an unseren Vater Ignatius (1555), übers. v. P. Knauer, Frankfurt 1988
Th. von Celano: Leben und Wunder des heiligen Franziskus von Assisi, eingel., übers. u. komm. v. E. Grau, Werl 1988
H. Cox: Göttliche Spiele. Meine Erfahrungen mit den Religionen, Freiburg 1989
Cyprian: Über die Haltung der Jungfrauen, in: Des heiligen Kirchenvaters Caecilius Cyprianus Traktate, übers. v. J. Baer, Kempten–München 1918, BKV 34, 56–82
H. Denzinger – A. Schönmetzer: Enchiridion Symbolorum, Definitionum et Declarationum de rebus Fidei et Morum, Freiburg [32]1963
W. Dirks: Die Antwort der Mönche. Zukunftsentwürfe aus kritischer Zeit von Benedikt, Franziskus, Dominikus und Ignatius, Olten–Freiburg 1968
J. Dörmann: Krise und Neuaufbruch aus evangelikaler und katholischer Sicht, in: Theologisches, Jg. 19, Nr. 3, März 1989, 141–148
E. Drewermann: Strukturen des Bösen. Die jahwistische Urgeschichte in exegetischer, psychoanalytischer und philosophischer Sicht.
1. Bd.: Die jahwistische Urgeschichte in exegetischer Sicht, Paderborn 1977; [2]1979, erw. durch ein Vorwort: Zur Ergänzungsbedürftigkeit der historisch-kritischen Exegese; [3]1981, erg. durch ein Nachwort: Von dem Geschenk des Lebens oder: das Welt- und Menschenbild der Paradieserzählung des Jahwisten (Gn 2,4 b–25), S. 356–413.
2. Bd.: Die jahwistische Urgeschichte in psychoanalytischer Sicht, Paderborn 1977; [2]1980 erw. durch ein Vorw.: Tiefenpsychologie als anthropologische Wissenschaft; [3]1981: Neudruck der 2. Aufl.
3. Bd.: die jahwistische Urgeschichte in philosophischer Sicht, Paderborn 1978; [2]1980, erw. durch ein Vorw.: Das Ende des ethischen Optimismus; [3]1982: Neudruck der 2. Aufl.
E. Drewermann: Der tödliche Fortschritt. Von der Zerstörung der Erde u. des Menschen im Erbe des Christentums, Regensburg [3](erw.) 1981
E. Drewermann: Die Frage nach Maria im religionswissenschaftlichen Horizont, in: Zeitschrift für Missionswissenschaft und Religionswissenschaft, 66. Jg., April 1982, Heft 2, 96–117
E. Drewermann: Religionsgeschichtliche und tiefenspychologische Bemerkungen zur Trinitätslehre, in: W. Breuning (Hrsg.): Trinität. Aktuelle Perspektiven der Theologie, Freiburg–Basel–Wien 1984, 115–142
E. Drewermann: Der Krieg und das Christentum. Von der Ohnmacht u. Notwendigkeit des Religiösen, Regensburg [2]1984
K. Graf Dürckheim: Übung des Leibes auf dem inneren Weg, München 1981
K. Graf Dürckheim: Ton der Stille, Aachen 1986
P. Eicher: Priester und Laien – im Wesen verschieden, in: G. Denzler (Hrsg.): Priester für heute, München 1980, 34–51
P. Eicher: Bürgerliche Religion. Eine theologische Kritik, München 1983
P. Eicher: Hierarchie, in: P. Eicher (Hrsg.): Neues Handbuch theologischer Grundbegriffe, 4 Bde., München 1984–85, II 177–196

A. Exeler: Priesterliche Lebensformen und ihre Bedeutung für die Seelsorge (1967), in: Lebendige Seelsorge 33 (1982) 233–226
Minucius Felix: Dialog Octavius. Schrift vom Irrtum der heidnischen Religionen (ca. 200); aus dem Latein. übers. u. eingel. v. A. Müller, in: Frühchristliche Apologeten und Märtyrerakten, Bd. 2, S. 123–204; Kempten–München (BKV 14) 1913
W. Foerster: Die Gnosis. 1. Bd.: Zeugnisse der Kirchenväter, unter Mitwirkung von E. Haenchen u. M. Krause, eingel., übers. u. erl. v. W. Foerster, Zürich–München 2. rev. Aufl. 1979
A. von Foligno: Zwischen den Abgründen. Ausgew., übertr. u. eingel. v. B. Widmer, Einsiedeln 1955 (Sigillum 5)
Franz von Sales: Abhandlungen über die Gottesliebe (Traité de l'Amour de Dieu), übers. F. Reisinger, in: Werke: Bd. 3, nach: Œuvres de Saint François de Sales, 1892–1931, Wien 1957
L. Gnädinger (Hrsg. u. Übers.): Johannes Tauler, Gotteserfahrung und Weg in die Welt, Olten–Freiburg 1983
I. F. Görres: Das verborgene Antlitz, 1944
I. F. Görres: Aus der Welt der Heiligen, Frankfurt 1955
I. F. Görres: Laiengedanken zum Zölibat, Frankfurt 1962
I. F. Görres: Die «Kleine» Therese, Das Senfkorn von Lisieux, Freiburg–Basel–Wien (Freiburg Herder Tb. 192) 1964
G. Greshake: Priestersein. Zur Theologie und Spiritualität des priesterlichen Amtes, Freiburg–Basel–Wien 1982
A. Guillermou: St. Ignace de Loyala et la Compagnie de Jesus, Paris 1960; dt.: Ignatius von Loyola in Selbstzeugnissen und Bilddokumenten; übers. v. H. Finé, Hamburg (rm 74) 1962
F. Heer (Hrsg.): Meister Eckhart. Predigten und Schriften, ausgew. u. eingel. v. F. Heer, Frankfurt (Fischer Tb. 124) 1956
F. Heiler: Der Katholizismus, seine Idee und seine Erscheinung, 1923
Hieronymus: Über die beständige Jungfrauschaft Mariens. Gegen Helvedius, in: Des heiligen Kirchenvaters Eusebius Hieronymus ausgew. Schriften, übers. v. L. Schade, Bd. 1, München 1914, 253–292 (BVK 15)
Hieronymus: Dialog gegen die Pelagianer. Geführt vom Katholiken Atticus und dem Häretiker Critobolus, in: Des heiligen Kirchenvaters Eusebius Hieronymus ausgew. Schriften, übers. v. L. Schade, Bd. 1, München 1914, 324–497 (BKV 15)
B. J. Hilberath – T. Schneider: Opfer, in: P. Eicher (Hrsg.): Neues Handbuch theologischer Grundbegriffe, 4 Bde., München 1984–1985, III 287–289
D. von Hildebrandt: Zölibat und Glaubenskrise, Regensburg 1970
Hippolyt: Die Widerlegung aller Häresien, in: Des hl. Hippolytus von Rom Philosophumena, übers. v. K. Preising, Kempten–München (BKV 40) 1922
L. Hoheisel (Hrsg.): Die geistliche Wegweisung (das Directorium spirituale) der Benediktiner aus dem Jahre 1985, Abtei Gerleve
A. Holl: Der letzte Christ. Franz von Assisi, Stuttgart 1979; Frankfurt–Berlin–Wien (Ullstein 34069) 1982
E. Hug – A. Rotzetter: Franz von Assisi. Gotteserfahrung und Weg in die Welt, hrsg. u. übers., Olten 1984; Taschenbuch mit dem Untertitel: Arm unter Armen (SP 525), München 1987
M. Huthmann: Mit Jesus auf dem Weg. Grundzüge einer priesterlichen Spiritualität, eingel. v. H. Spaemann, Düsseldorf 1973
Anonymus: Kommune – Kibbuz – Kloster – Gemeinde, in: Die Integrierte Gemeinde, Heft 7 (1970), S. 143–152

Anonymus: Offenbarung contra Religion, Zwischenbilanz nach den ersten vier Teilen der «Geschichte der Unterscheidung» im Blick auf die heutige Theologie, in: Die INTEGRIERTE GEMEINDE. Beiträge zur Reform der Kirche, Heft 12–14, München 1971–1973, S. 25–48
IRENÄUS: Gegen die Häresien, 5 Bücher (ca. 180–192 n. Chr.), übers. v. E. Klebba, 2 Bde., Kempten–München 1912
W. KASPER: Tiefenpsychologische Umdeutung des Christentums?, in: A. Görres – W. Kasper (Hrsg.): Tiefenpsychologische Deutung des Glaubens? Anfragen an Eugen Drewermann, Freiburg–Basel–Wien 1988, 9–26
F. X. KAUFMANN – J. B. METZ: Zukunftsfähigkeit. Suchbewegungen im Christentum, Freiburg 1987
L. KARRER: Laie – Klerus, in: P. Eicher (Hrsg.): Neues Handbuch theologischer Grundbegriffe, 4 Bde., München 1984–1985, II 363–374
F. KLOSTERMANN: Priester für morgen – pastoraltheologische Aspekte, in: Priestertum. Kirchliches Amt zwischen gestern und morgen, mit Beiträgen von W. Pesch, P. Hünermann, F. Klostermann, Aschaffenburg 1971, 71–100
V. J. KOUDELKA (Hrsg.): Dominikus. Gotteserfahrung und Weg in die Welt, Olten 1983; als Taschenbuch mit dem Untertitel: Die Verkündigung des Wortes Gottes, München–Zürich (SP 528) 1989
H. KÜNG: Wozu Priester? Eine Hilfe, Zürich–Köln 1971
H. KÜNG: Die Kirche, Freiburg 1967; München (SP 161) 1977
H. KÜNG: Strukturen der Kirche. Mit einem Vorw. zur Taschenbuchausgabe und einem Epilog 1987, München–Zürich (SP 762) 1987
H.-J. LAUTER: Den Menschen Christus bringen. Theologie für die Verkündigung, Freiburg–Basel–Wien 1981
K. LEHMANN: Das dogmatische Problem des theologischen Ansatzes zum Verständnis des Amtspriestertums, in: F. Henrich (Hrsg.): Existenzprobleme des Priesters, hrsg. v. F. Henrich, München 1969, 121–175
F. LEIST: Zölibat – Gesetz oder Freiheit. Kann man ein Charisma gesetzlich regeln, München 1968
F. LEIST: Zum Thema Zölibat. Bekenntnisse von Betroffenen, München 1973
LEO DER GROSSE: Sämtliche Sermonen, aus dem Latein. übers. v. Th. Steeger, 2 Bde., München 1927, Bibliothek der Kirchenväter, Bd. 54–55
ABBÉ LOISY: L'Evangile et l'Eglise, Paris 1903
M. LUTHER: Auslegung der sieben Bußpsalmen (1517), in: Von der Freiheit eines Christenmenschen. 5 Schriften aus den Anfängen der Reformation, Bd. 2 der Calwer Luther-Ausgabe, hrsg. v. D. W. Metzger, München–Hamburg (Siebenstern 24) 1964, 9–101
M. LUTHER: Von der Freiheit eines Christenmenschen (1520), in: Von der Freiheit eines Christenmenschen. Fünf Schriften aus den Anfängen der Reformation, Bd. 2 der Luther-Ausgabe, hrsg. v. W. Metzger, München–Hamburg (Siebenstern Tb. 24) 1964, 161–187
M. LUTHER: De votis monasticis, 1521
M. LUTHER: Der große Katechismus (1529), in: Der große Katechismus, hrsg. v. W. Metzger, München–Hamburg (Bd. 1 der Calwer Luther-Ausg., Siebenstern Tb. 7) 1964, 9–171
M. LUTHER: Die Schmalkaldischen Artikel (1537), in: Der große Katechismus. Die Schmalkaldischen Artikel, Bd. 1 der Calwer Luther Ausg., hrsg. v. D. W. Metzger, München–Hamburg (Siebenstern 7) 1964, 173–217
M. MALMBERG: Één Lichaam en één Geest, Utrecht 1958; dt.: Ein Leib – ein Geist. Vom Mysterium der Kirche, Freiburg 1960

THERESIA MARTIN: Geschichte einer Seele, Trier (Kreuzring Bd. 1) 1953
THERESIA MARTIN: Briefe, 2 Bde., Trier (Kreuzring 3; 4) 1955
L. VON MATT – M. H. VICAIRE: Dominikus, aus dem Franz. übers. v. W. Kessler, Würzburg o. J. (nach: M. H. Vicaire: Saint Dominique de Caleruega, d'après les documents du XIIIe siècle, Paris 1955)
P. MEINHOLD: Maria in der Ökumene, Wiesbaden 1978
J. B. METZ: Zeit der Orden? Zur Mystik und Politik der Nachfolge, Freiburg–Basel–Wien 1977
W. MEYER: Schwester Maria Euthymia. Nach den Akten und Vorarbeiten des Mutterhauses dargestellt, Münster (Selbstverlag der Clemensschwestern) 1982
J. MOLTMANN: Theologie der Hoffnung. Untersuchungen zur Begründung und zu den Konsequenzen einer christlichen Eschatologie, München (Beiträge zur evangelischen Theologie, Bd. 38) 1966
H. MÜHLEN: Der Heilige Geist als Person. Beitrag zur Frage nach der dem Heiligen Geiste eigentümlichen Funktion in der Trinität, bei der Inkarnation und im Gnadenbund, Münster 1963
P. NEUNER: Charisma/Amt, in: P. Eicher (Hrsg.): Neues Handbuch theologischer Grundbegriffe, 4 Bde., München 1984–1985, I 170–175
NICOLAUS VON CUES: De visione Dei, Straßburg 1488; Frankfurt 1962; dt.: Von Gottes Sehen, übers. v. E. Bohnenstädt, in: Schriften: Bd. 4, Leipzig, 2. Aufl. 1944
W. NIGG: Große Heilige, Zürich 1947; Neudruck: Zürich (Diogenes 21459) 1986
W. NIGG: Das Buch der Ketzer, Zürich 1949, Neudruck: Zürich (Diogenes 21460) 1986
ORIGENES: Gegen Celsus (ca. 248 n. Chr.); aus dem Griech. übers. u. eingel. v. P. Koetschau, in: Des Origenes ausgew. Schriften, Bd. 2–3; Kempten–München 1926, 1927; BKV Bd. 52, 53
J. PIEPER (Hrsg.): Thomas von Aquin, Hamburg (Fischer Tb. 130) 1956
J. POHIER: Quand je dis Dieu, Paris 1977; dt.: Wenn ich Gott sage, Freiburg 1980
K. RAHNER: Kirche und Sakramente, Freiburg–Basel–Wien (Quaestiones disputatae, 10) 1960
K. RAHNER: Theologisches zum Monogenismus, in: Schriften zur Theologie, 1. Bd., Zürich–Köln 1962, 255–322
K. RAHNER: Über das Verhältnis von Natur und Gnade, in: Schriften zur Theologie, I 323–345, Zürich–Köln 1962
K. RAHNER: Die Freiheit in der Kirche, 2. Bd., Zürich–Köln 1962, 95–114
K. RAHNER: Zur Theologie der Entsagung, in: Schriften zur Theologie, Bd. 3, Zürich–Köln 1962, 61–72
K. RAHNER: Passion und Aszese, in: Schriften zur Theologie, 3. Bd., Zürich–Köln 1962, 75–104
K. RAHNER: Vom Sinn der häufigen Andachtsbeichte, in: Schriften zur Theologie, Bd. 3, Zürich–Köln 1962, 211–225
K. RAHNER: Beichtprobleme, in: Schriften zur Theologie, Bd. 3, Zürich–Köln 1962, 227–245
K. RAHNER: Priesterliche Existenz, in: Schriften zur Theologie, 3. Bd., Zürich–Köln 1962, 285–312
K. RAHNER: Die ignatianische Mystik der Weltfreudigkeit, in: Schriften zur Theologie, Bd. 3, Zürich–Köln 1962, 329–348
K. RAHNER: Priester und Dichter, in: Schriften zur Theologie, 3. Bd., Zürich–Köln 1962, 349–375

K. RAHNER: Viriginitas in partu. Ein Beitrag zum Problem der Dogmenentwicklung und Überlieferung, in: Schriften zur Theologie, Bd. IV, Einsiedeln–Zürich–Köln 1962, 173–205
K. RAHNER: Das Wort der Dichtung und der Christ, in: Schriften zur Theologie, 4. Bd., Zürich–Köln 1962, 441–454
K. RAHNER: Das Christentum und die nichtchristlichen Religionen: Pluralismus, Toleranz und Christenheit (1961), in: Schriften zur Theologie, Bd. V, Zürich–Köln 1962, 136–158.
K. RAHNER: Das Christentum und der «Neue Mensch», in: Schriften zur Theologie, 5. Bd., Zürich–Köln 1962, 159–179
K. RAHNER: Die Christologie innerhalb einer evolutiven Weltanschauung, in: Schriften zur Theologie, Bd. 5, Zürich–Köln 1962, 183–221
K. RAHNER: Die Theologie der Erneuerung des Diakonates, in: Schriften zur Theologie, Bd. 5, Zürich–Köln 1962, 303–355
K. RAHNER: Thesen über das Gebet «im Namen der Kirche», in: Schriften zur Theologie, Bd. 5, Zürich–Köln 1962, 471–495
K. RAHNER: Was ist Häresie?, in: Schriften zur Theologie, 5. Bd., Zürich–Köln 1962, 527–576
K. RAHNER: Gerecht und Sünder zugleich, in: Schriften zur Theologie, Bd. 6, 262–276, Zürich–Köln 1965
K. RAHNER: Über den Episkopat, in: Schriften zur Theologie, Bd. 6, Zürich–Köln 1965, 369–422
K. RAHNER: Pastoraltheologische Bemerkungen über den Episkopat in der Lehre des II. Vaticanum, Bd. 6, Zürich–Köln 1965, 423–431
K. RAHNER: Über die Bischofskonferenzen, in: Schriften zur Theologie, Bd. 6, Zürich–Köln 1965, 432–454
K. RAHNER: Konziliare Lehre der Kirche und künftige Wirklichkeit christlichen Lebens, in: Schriften zur Theologie, Bd. 6, Zürich–Köln 1965, 479–498
K. RAHNER: Grenzen der Amtskirche, in: Schriften zur Theologie, Bd. 6, Zürich–Köln 1965, 499–520
K. RAHNER: Der Anspruch Gottes und der Einzelne, in: Schriften zur Theologie, Bd. 6, Zürich–Köln 1965, S. 521–536
K. RAHNER: Zur «Situationsethik» aus ökumenischer Sicht, in: Schriften zur Theologie, Bd. 6, Zürich–Köln 1965, S. 537–544
K. RAHNER: Weihe im Leben und in der Reflexion der Kirche, in: Schriften zur Theologie, Bd. 14, Freiburg, 113–131
K. RAHNER: Knechte Christi. Meditationen zum Priestertum, Freiburg–Basel–Wien 1967
K. RAHNER: Einübung priesterlicher Existenz, Freiburg–Basel–Wien 1970
H. DANIEL ROPS: Vinzenz von Paul. Das Leben des Heiligen. Bibliogr. v. J. Servel, Fotos v. R. Perrin, übers. aus dem Franz. v. H. P. M. Schaad, Heidelberg 1961
A. RAJSP: «Priester» und «Laien». Ein neues Verständnis, Düsseldorf 1982
M. RAMSEY: The Christian Priest Today, London 1972; dt.: Worte an meine Priester, übers. v. M. Gisi, A. Dedio, C. Capol, Einsiedeln 1972
K. SCHAUPP: Geistliche Berufung als Gabe und Aufgabe. Die Bedeutung der Tiefenpsychologie für die Ausbildung von Priestern und Ordensleuten, in: Zeitschrift für katholische Theologie 106 (1984) 402–439
K. SCHAUPP: Eignung und Neigung. Hilfen zur Unterscheidung der Beweggründe, in: H. Stenger (Hrsg.): Eignung für die Berufe der Kirche, Klärung, Beratung, Begleitung, Freiburg–Basel–Wien 1988, 195–240

E. SCHILLEBEECKX: Das kirchliche Amt, Düsseldorf 1981
E. SCHILLEBEECKX: Christliche Identität und kirchliches Amt. Plädoyer für die Menschen in der Kirche, Düsseldorf 1985
O. SCHREUDER: Gestaltwandel der Kirche. Vorschläge zur Erneuerung, Olten 1967
B. SCHULZ: Das kirchliche Amt auch Faktor oder nur Funktion?, in: K. W. Kraemer – K. Schuh (Hrsg.): Priesterbild im Wandel, Essen-Werden 1970, 78–89
B. SNELA: Priester/Bischof. Systematisch-kritische Übersicht, in: P. Eicher (Hrsg.): Neues Handbuch theologischer Grundbegriffe, 4 Bde., München 1984–1985, III 328–441
H. STENGER: Wissenschaft und Zeugnis. Die Ausbildung des katholischen Seelsorgeklerus in psychologischer Sicht, Salzburg 1961
H. STENGER: Dienen ist nicht nur dienen. Ein Beitrag zur Redlichkeit pastoralen Handelns, in: Lebendige Seelsorge 34 (1983) 82–87
H. STENGER: Kompetenz und Identität, in: *ders.* (Hrsg.): Eignung für die Berufe der Kirche, Klärung, Beratung, Begleitung, Freiburg–Basel–Wien 1988, 31–133
H. STENGER: Kompetenz- und identitätsfödernde Initiativen, in: ders. (Hrsg.): Eignung für die Berufe der Kirche. Klärung, Beratung, Begleitung, Freiburg–Basel–Wien 1988, 241–285
H. STENGER: Verwirklichung des Lebens aus der Kraft des Glaubens. Pastoral-psychologische und spirituelle Texte, Freiburg–Basel–Wien, 2. Aufl. 1989 (1985 Salzburg: Verwirklichung unter den Augen Gottes. Psyche und Gnade)
P. TEILHARD DE CHARDIN: Le Phénomène humain, Paris; dt.: Der Mensch im Kosmos, übers. und für die 2. Aufl. durchges. u. verb. v. O. Marbach, München [3]1959
TERTULLIAN: Apologetikum (198 n. Chr.), in: Tertullians apologetische, dogmatische und montanistische Schriften; übers. u. mit Einl. vers. v. K. A. H. Kellner, durchges v. G. Esser; 2 Bde.; Kempten–München 1912; 1915 (BKV Bd. 7; 24); Bd. II 33–182
TERTULLIAN: Vom Kranz des Soldaten (211 n. Chr.), in: Tertullians apologetische, dogmatische und montanistische Schriften; übers. u. mit Einl. vers. v. K. A. H. Kellner, durchges. v. G. Esser; 2 Bde., Kempten–München 1912; 1915 (BKV Bd. 7; 24); Bd. II 230–263
TERTULLIAN: Die Prozeßeinreden gegen die Häretiker (204 n. Chr.), in: Tertullians apologetische, dogmatische und montanistische Schriften, übers. v. H. Kellner, Bd. 2, Kempten–München 1915, BKV 24, 303–354
THERESIA VON JESU: Die Seelenburg, übers. v. A. Alkofer, nach der span. Ausg. des P. Silverio de S. Teresa, 5. Bd. der sämtl. Schriften, München–Kempten 1960
THOMAS VON AQUIN: Summa theologica. Straßburg 1466 (secunda secundae partis); Mainz 1471 (Prima secundae partis); Venedig 1473 (Pars I); Venedig 1478 (Pars III); Basel 1485 (Partes I–III); Rom 1888–1906 (in: Opera omnia, Bd. 4–5; 9–12; Editio Leonina)
THOMAS VON KEMPEN: Nachfolge Christi (1441), übers. v. H. Endrös, eingel. v. E. Schaper, Frankfurt–Hamburg (Fischer Tb. 168) 1957
P. TILLICH: Systematic Theology, 3 Bde., Illinois 1951; 1957; 1963; dt.: Systematische Theologie, übers. v. R. Albrecht, M. Rhine, G. Siemsen, G. Stöber, Dr. Schrey, hrsg. v. A. Rathmann; 1.–2. Bd. Berlin–New York [8]1987; 3. Bd. Stuttgart 1966
P. TILLICH: The Dynamics of Faith, 1961; dt.: Wesen und Wandel des Glaubens, vom Verf. durchges. u. bearb. Übers., Frankfurt–Berlin (Ullstein 318) 1969
M. TRÉMEAU: Le célibat consacré. Son origine historique, sa justification doctrinale, 1979; dt.: Der gottgeweihte Zölibat. Sein geschichtlicher Ursprung und seine lehrmäßige Rechtfertigung, übers. v. F. Burger, Vorw. von Bischof R. Graber, Wien 1981
J. F. TSCHUDY – F. RENNER: Der heilige Benedikt und das benediktinische Mönchtum, St. Ottilien 1979

P. Türks: Philipp Neri oder Das Feuer der Freude, Freiburg–Basel–Wien 1986
M. Weinreich: Das Priestertum ohne Priesteramt, in: P. Hoffmann (Hrsg.): Priesterkirche, Düsseldorf 1987, 242–258
J. Wittig: Höregott. Ein Buch vom Geiste und vom Glauben, Gotha 1929
P. Wust: Ungewißheit und Wagnis, München–Kempten 1950
H. Zahrnt: Martin Luther in seiner Zeit für unsere Zeit, München 1983
H. Zahrnt: Martin Luther. Reformator wider Willen, München (Piper 5246) 1986
R. Zerfass: Der Seelsorger – ein verwundeter Arzt, in: Lebendige Seelsorge 34 (1983) 77–82
R. Zerfass: Menschliche Seelsorge, Freiburg 1985
P. M. Zulehner: Priestermangel praktisch. Von der versorgten zur sorgenden Gemeinde, München 1983
P. M. Zulehner: Leibhaftig glauben. Lebenskultur nach dem Evangelium, unter Mitarbeit v. J. Brandner u. J. Fischer, Freiburg–Basel–Wien 1983
P. M. Zulehner: «Denn du kommst unserem Tun mit deiner Gnade zuvor». Zur Theologie der Seelsorge. P. M. Zulehner im Gespräch mit Karl Rahner, Düsseldorf 1984
P. M. Zulehner: Das Gottesgerücht. Bausteine für eine Kirche der Zukunft. Mit Texten von J. Fischer und einer Meditation von R. Zerfaß, Düsseldorf 1987
P. M. Zulehner: Das geistliche Amt des Volkes Gottes. Eine futurologische Skizze, in: P. Hoffmann (Hrsg.): Priesterkirche, Düsseldorf 1987, 195–207
P. M. Zulehner – J. Fischer – M. Huber: «Sie werden mein Volk sein». Grundkurs gemeindlichen Glaubens, Düsseldorf 1985

6) Naturwissenschaften

Astronomie, Physik, Biologie

I. Asimov: The Collapsing Universe. The story of Black Holes, New York 1977; dt.: Die schwarzen Löcher. Die Lebensgeschichte des Universums, übers. v. H.-M. Hahn, Köln 1979; Neudruck: Bergisch-Gladbach (Bastei-Lübbe Tb. 60083) o. J.
J. D. Barrow – J. Silk: The left hand of creation, New York 1983; dt.: Die asymmetrische Schöpfung. Ursprung und Ausdehnung des Universums, Vorw. v. R. Kippenhahn, München–Zürich 1986
G. Bateson: Mind and Nature. A Necessary Unity, 1979; dt.: Geist und Natur. Eine notwendige Einheit, übers. v. H. G. Holl, Frankfurt 1982
F. Capra: The Tao of Physics, 1975; dt.: Der kosmische Reigen. Physik und östliche Mystik – ein zeitgemäßes Weltbild, übers. v. F. Lahmann, München–Wien 1977
H. v. Ditfurth: Wir sind nicht nur von dieser Welt. Naturwissenschaft, Religion und die Zukunft des Menschen, Hamburg 1981; München (dtv 10290) 1984
M. Eigen – R. Winkler: Das Spiel. Naturgesetze steuern den Zufall, München–Zürich 1975
A. Einstein: Über die spezielle und die allgemeine Relativitätstheorie, Braunschweig 1920
R. P. Feynman: QED – The Strange Theory of Light and Matter, Princeton 1985; dt.: QED. Die seltsame Theorie des Lichts und der Materie, übers. v. S. Summerer u. G. Kurz, München–Zürich 1988
H. Fritzsch: Vom Urknall zum Zerfall. Die Welt zwischen Anfang und Ende, München–Zürich[3] (überarb.) 1983

H. FRITZSCH: Quarks. Urstoff unserer Welt, Vorw. v. H. Schopper, München–Zürich (SP 332) 1984
H. FRITZSCH: Eine Formel verändert die Welt, München–Zürich 1988
J. GRIBBIN: In Search of Schrödinger's Cat. Quantum Physics and Reality, London 1984; dt.: Auf der Suche nach Schrödingers Katze. Quantenphysik und Wirklichkeit, übers. v. F. Griese, München–Zürich 1984
ST. W. HAWKING: A Brief History of Time: From the Big Bang to Black Holes, New York 1988; dt.: Eine kurze Geschichte der Zeit. Die Suche nach der Urkraft des Universums, übers. v. H. Kober, eingel. v. C. Sagan, Hamburg 1988
G. HEBERER: Homo – unsere Ab- und Zukunft. Herkunft und Entwicklung des Menschen aus der Sicht der aktuellen Anthropologie, Stuttgart 1968
D. HEINEMANN: Die Menschenaffen, in: B. Grzimek (Hrsg.): Tierleben, Bd. 10, Säugetiere, Bd. I 485–499, Zürich 1970; München 1979
J. HUXLEY: Evolution in Action, London 1953; dt.: Entfaltung des Lebens; übers. v. J. u. Th. A. Kunst, Frankfurt (Fischer Tb. 61) 1954
R. KIPPENHAHN: Licht vom Rande der Welt. Das Universum und sein Anfang, Stuttgart 1984
R. E. LEAKEY: The Making of Mankind, London 1981; dt.: Die Suche nach dem Menschen. Wie wir wurden, was wir sind; übers. v. F. W. Gutbrod, Frankfurt 1981
R. E. LEAKEY – R. LEWIN: Origins, London 1977; dt.: Wie der Mensch zum Menschen wurde. Neue Erkenntnisse über den Ursprung und die Zukunft des Menschen; übers. v. A. Sussdorff; Hamburg 1978
TH. LÖBSACK: Wunder, Wahn und Wirklichkeit. Naturwissenschaft und Glaube, München 1976
J. MONOD: Le hasard et la nécessité, Paris 1970; dt.: Zufall und Notwendigkeit. Philosophische Fragen der modernen Biologie, übers. v. F. Griese, Vorrede v. M. Eigen, München 1971
G. NICOLIS – I. PRIGOGINE: Die Erforschung des Komplexen. Auf dem Weg zu einem neuen Verständnis der Naturwissenschaften, deutsche Ausg. bearb. v. E. Rebhahn, übers. v. R. Feistel u. E. Rebhahn, München 1987
I. PRIGOGINE – I. STENGERS: Dialog mit der Natur. Neue Wege naturwissenschaftlichen Denkens, München–Zürich 1983; 5. erw. Aufl. 1986; aus dem Engl. u. Franz. (Vorw., Anhänge I u. II) Manuskript übers. v. F. Griese
I. PRIGOGINE: Vom Sein zum Werden. Zeit und Komplexität in den Naturwissenschaften, München, 4. überarb. Aufl. 1985
H. REEVES: Patience dans l'azur. L'évolution cosmique, Paris 1981; dt.: Woher nährt der Himmel seine Sterne? Die Entwicklung des Kosmos und die Zukunft des Menschen, übers. v. N. Lauinger, Basel–Boston–Stuttgart 1983
R. RIEDL: Biologie der Erkenntnis. Die stammesgeschichtlichen Grundlagen der Vernunft, Berlin–Hamburg [3](durchges.) 1981
R: RIEDL: Evolution der Erkenntnis. Antworten auf Fragen aus unserer Zeit, München (SP 378) 1982
R. RIEDL: Die Spaltung des Weltbildes. Biologische Grundlagen des Erklärens und Verstehens, Berlin–Hamburg 1985
C. RONAN – S. DUNLOP (Hrsg.): Amateur Astronomie, Feltham 1964; dt.: Astronomie heute. Theorie und Praxis für den Sternenfreund, aus dem Engl. übers. u. bearb. v. H. M. Hahn – M. Gaida, Stuttgart 1985

C. SAGAN: Cosmos, New York 1980; dt.: Unser Kosmos. Eine Reise durch das Weltall, übers. v. S. Summerer u. G. Kurz, München–Zürich 1982

G. VOLLMER: Evolutionäre Erkenntnistheorie, Stuttgart 1980

7) Religionsgeschichte und Ethnologie

F. ANDERS: Das Pantheon der Maya, Graz 1963

T. ANDRAE: I myrtenträdgården Studier i sufisk mystik, Stockholm 1947; dt.: Islamische Mystiker, übers. v. H. Kanus-Credé, Stuttgart (Urban Tb. 46) 1960

J. ASSMANN: Ägyptische Hymnen und Gebete, Zürich–München 1975

J. ASSMANN: Ägypten – Theologie und Frömmigkeit einer frühen Hochkultur, Berlin–Köln–Mainz (Urban 366) 1984

J. VON BECKERATH: Handbuch der ägyptischen Königsnamen, München (Münchner Ägyptologische Studien, hrsg. v. H. W. Müller, Heft 20) 1984

H. W. BERNATZIK (Hrsg.): Die Große Völkerkunde. Völker und Kulturen der Erde in Wort und Bild, Einsiedeln 1974; S. 388–413: R. Bleichsteiner: Vorderasien

A. BERTHOLET: Der Sinn des kultischen Opfers, Abh. preuß. Akad. d. Wiss., Berlin 1942

A. BÖHLIG: Christliche Wurzeln im Manichäismus (1960), in: G. Widengren (Hrsg.): Der Manichäismus, Darmstadt (Wege der Forschung, Bd. 168), 1977, 225–246

H. BRUNNER: Abriß der mittelägyptischen Grammatik. Zum Gebrauch in akademischen Vorlesungen, 2. verb. u. erw. Aufl., Graz 1967

E. BRUNNER-TRAUT: Pharao und Jesus als Söhne Gottes (1961), in: Gelebte Mythen. Beiträge zum altägyptischen Mythos, Darmstadt 1981, 34–54

E. BRUNNER-TRAUT: Die Kopten. Leben und Lehre der frühen Christen in Ägypten, Köln 1982

F. C. BURKITT: Die Auffassung von dem Bösen Prinzip im manichäischen System und von seiner Übereinstimmung mit dem Christentum (1925), in: G. Widengren (Hrsg.): Der Manichäismus, Darmstadt 1977, 31–36

G. CONSTABLE (Red.): Die großen Häuptlinge, aus dem Engl. übers. v. E. Ortmann, Time-Life 1978

E. CONZE: Buddhism, its Essence and Development, Oxford 1951; dt.: Der Buddhismus. Wesen und Entwicklung, Stuttgart (Kohlhammer Tb. 5) 1953

E. CONZE: Das Mahayana, in: ders. (Hrsg.): Im Zeichen Buddhas (Buddhist Texts through the Ages), aus dem Engl. übers. v. M. Winder, Hamburg (Fischer Tb. 144) 1957, 107–178

W. CORDAN: Popol Vuh. Das Buch des Rates. Mythos und Geschichte der Maya. Aus dem Quiché übertragen und erläutert von W. Cordan, Düsseldorf–Köln 1962

P. DAHLKE: Buddha. Die Lehre des Erhabenen. Aus dem Palikanon ausgew. u. übertr., Berlin 1920; Neudruck: München (Goldmann Tb. 622–623) 1960

DALAI LAMA: My Land and my People, New York 1962; dt.: Mein Leben und mein Volk. Die Tragödie Tibets, übers. v. M. Steininger, München–Zürich 1962

G. DEVEREUX: Baubo. Die mythische Vulva, übers. aus dem Franz. v. E. Moldenhauer, Mainz 1981

M. ELIADE: Le chamanisme et les techniques archaiques de l'exstase, Paris 1951; dt.: Schamanismus und archaische Ekstasetechnik, übers. v. I. Köck; Zürich 1957; Neudruck: Frankfurt (stw 126) 1975

A. ERMAN: Die Religion der Ägypter. Ihr Werden und Vergehen in vier Jahrtausenden, Berlin–Leipzig 1934
W. FAUTH: Kybele, in: Der kleine Pauly. Lexikon der Antike in 5 Bdn., auf der Grundlage von Pauly's Realencyclopädie der classischen Altertumswissenschaft, hrsg. v. K. Ziegler – W. Sontheimer, III 383–389, München (dtv 5963) 1979
H. FINDEISEN – H. GEHRTS: Die Schamanen. Jagdhelfer und Ratgeber, Seelenfahrer, Künder und Heiler, Köln (Diedrichs Gelbe Reihe, 47) 1983
J. G. FRAZER: The Golden Bough, 3 Bde., London 1890; 10 Bde., London 1911–1935; abgek. Ausg. 1922; danach dt.: Der goldene Zweig. Das Geheimnis von Glauben und Sitten der Völker, Leipzig 1928, übers. v. H. v. Bauer
L. GARDET: Connaitre l'Islam, Paris 1958; dt.: Der Islam, übers. v. H. Bauer, Aschaffenburg (Der Christ in der Welt. XVII. Reihe: Die nichtchristlichen Religionen, 4. Bd.) 1961
A. GARDINER: Egyptian Grammar being an introduction to the study of hieroglyphs, Oxford ³1957
H. v. GLASENAPP: Die nichtchristlichen Religionen; verf. u. hrsg. v. H. v. Glasenapp; Frankfurt (Fischer Lexikon 1) 1957
H. v. GLASENAPP: Die Philosophie der Inder. Eine Einführung in ihre Geschichte und in ihre Lehren, Stuttgart (Kröner Tb. 195) ²1958
H. VON GLASENAPP: Indische Geisteswelt. Glaube, Dichtung und Wissenschaft der Hindus. Eine Auswahl von Texten in deutscher Übersetzung, Baden-Baden o. J. (1958)
M. GÖRG: Der Kollaps eines Klerus. Zu einem Musterfall der Religionsgeschichte, in: P. Hoffmann (Hrsg.), Priesterkirche, Düsseldorf 1987, 327–333
G. GOTTSCHALK: Die großen Pharaonen. Ihr Leben. Ihre Zeit. Ihre Kunstwerke. Die bedeutendsten Gottkönige Ägyptens in Bildern, Berichten und Dokumenten, Bern–München 1979; Herrsching 1984
A. HABERLANDT: Der Aufbau der europäischen Volkskultur, in: H. A. Bernatzik (Hrsg.): Neue Große Völkerkunde. Völker und Kulturen der Erde in Wort und Bild, Einsiedeln 1974, 14–22
E. HORNUNG: Der Eine und die Vielen. Ägyptische Gottesvorstellungen, Darmstadt 1971
E. HORNUNG: Tal der Könige. Die Ruhestätten der Pharaonen, Zürich–München 1982
E. O. JAMES: Das Priestertum in Wesen und Funktion. Eine vergleichende und anthropologische Studie, Wiesbaden 1957
H. KEES: Der Götterglaube im alten Ägypten, Leipzig 1956
H. KEES: Totenglauben und Jenseitsvorstellungen der Alten Ägypter. Grundlagen und Entwicklung bis zum Ende des Mittleren Reiches, Berlin ³1977
K. KERÉNYI: Der göttliche Arzt. Studien über seine Kultstätten, Darmstadt 1956
W. KRICKEBERG: Märchen der Azteken und Inkaperuaner. Maya und Muisca; hrsg. u. übertr. v. W. Krickeberg (1928), Düsseldorf–Köln 1968
W. KRICKEBERG: Altmexikanische Kulturen. Anhang: G. Kutscher: Zur Kunst Altmexikos, Berlin 1975
H. LÄNG: Kulturgeschichte der Indianer Nordamerikas, Olten–Freiburg 1981
L. LEAKEY: Heirat und Verwandtschaft, in: E. Evans-Pritchard (Hrsg.): Bild der Völker. Die Brockhaus Völkerkunde in zehn Bänden; Bd. 2: Afrika zwischen Sahara und Sambesi. Südliches Afrika und Madagaskar; Wiesbaden 1974, 132–135
G. VAN DER LEEUW: Phänomenologie der Religion (1933), ²(erw.) Tübingen 1956
S. LEMAITRE: Hindouisme ou Sanatana Dharma, Paris 1957; dt.: Der Hinduismus, übers. v. H. Hoffmann, Aschaffenburg 1958

L. MADER (Übers.): Griechische Sagen (Apollodoros, Parthenios, Antoninus Liberalis, Hyginus), eingel. u. neu übertr. v. L. Mader; aus dem Nachlaß hrsg. u. erg. v. L. Ruegg; Zürich–Stuttgart (Die Bibliothek der alten Welt) 1963
L. MANNICHE: Sexual Life in Ancient Egypt, London 1987; dt.: Liebe und Sexualität im alten Ägypten, übers. v. Ch. u. W. A. Mäder, Zürich–München 1988
G. MENSCHING: Die Religion. Eine umfassende Darstellung ihrer Erscheinungsformen, Strukturtypen und Lebensgesetze, München (GG Tb. 882–883) o. J.
K. MICHALOWSKI: L'Art de l'Ancienne Égypte, Paris 1968 (in der Reihe: L'art et les grandes civilisations, collection créée et dirigée par Lucien Mazeno); dt.: Ägypten. Kunst und Kultur, übers. v. W. Seipel, Vorw. v. E. Otto, Freiburg–Basel–Wien 1969
K. MYLIUS (Übers.): Gautama Buddha. Die vier edlen Wahrheiten. Texte des ursprünglichen Buddhismus, München 1983; München (dtv 2166) 1985
K. E. NEUMANN (Übers.): Also sprach der Erhabene. Eine Auswahl aus den Reden Gotamo Buddhos (1907), Zürich 1962; Zürich (Diogenes Tb. 21443) 1986
E. NEUMANN: Die Große Mutter. Eine Phänomenologie der weiblichen Gestaltungen des Unbewußten; Zürich 1956; Neudruck: Olten–Freiburg [9]1989
I. NICHOLSON: Mexican and Central American Mythology, London 1967; dt.: Mexikanische Mythologie, übers. v. U. Buhle, Wiesbaden 1967
S. NIKHILANANDA: Hinduism: Its Meaning for the Liberation of the Spirit, 1958; dt.: Der Hinduismus. Seine Bedeutung für die Befreiung des Geistes, übers. v. L. Voelker, Frankfurt (Ullstein Tb. 291) 1960 (Weltperspektiven, hrsg. v. R. N. Anshen, Bd. IV)
H. OLDENBERG: Buddha. Sein Leben, seine Lehre, seine Gemeinde (1881), hrsg. v. H. v. Glasenapp, München (Goldmann Tb. 708–709) 1961
P. PARIN – F. MARGENTHALER – G. PARIN-MATTHÈY: Fürchte deinen Nächsten wie dich selbst. Psychoanalyse und Gesellschaft am Modell der Agni in Westafrika; Frankfurt 1971; Neudruck: Frankfurt (stw 235) 1978
M. PERCHERON: Buddha, Paris; dt.: Buddha. In Selbstzeugnissen und Bilddokumenten, übers. v. J. Rassat, Hamburg (rm 12) 1958
R. VON RANKE-GRAVES: The Greek Myths, 1955; dt.: Griechische Mythologie. Quellen und Deutung, übers. v. H. Seinfeld, 2 Bde., Reinbek (rde 113–114, 115–116) 1960
W. SCHADEWALDT: Die Sternsagen der Griechen, Frankfurt (Fischer Tb. 129) 1956
A. SCHIMMEL: Gärten der Erkenntnis. Texte aus der islamischen Mystik, Düsseldorf–Köln 1982
P. J. SCHMIDT: Der Sonnenstein der Azteken, Hamburg 1974 (Wegweiser zur Völkerkunde, Heft 6, im Selbstverlag des Hamburgischen Museums für Völkerkunde)
H. J. SCHOEPS: Religionen. Wesen und Geschichte, Gütersloh 1961
S. SCHOTT (Übers.): Altägyptische Liebeslieder. Mit Märchen und Liebesgeschichten, Zürich (Die Bibliothek der Alten Welt, hrsg. v. K. Hoenn) 1950
E. SIECKE: Drachenkämpfe. Untersuchungen zur indogermanischen Sagenkunde, Leipzig 1907; Mythologische Bibliothek, hrsg. v. d. Gesellsch. für vergleichende Mythenforschung, 1. Bd., Heft 1
H. J. STAMMEL: Die Indianer. Die Geschichte eines untergegangenen Volkes, Gütersloh 1977; Neudruck: München (Goldmann Tb. 11212) 1979
U. STEFFEN: Drachenkampf. Der Mythos vom Bösen, Stuttgart 1984
G. M. SUGANA: Mohammed und seine Zeit, aus dem Italien. übers. v. E. Schindel (Verona 1967), Wiesbaden o. J.
J. E. S. THOMPSON: The Rise and Fall of Maya Civilization, Oklahoma 1954; dt.: Die Maya.

Aufstieg und Niedergang einer Indianerkultur; übers. v. L. Voelker unter Mitarbeit von G. Kutscher; Essen (Magnus Kulturgeschichte) 1975
E. WALDSCHMIDT: Die Legende vom Leben des Buddha. In Auszügen aus den heiligen Texten. Aus dem Sanskrit, Pali und Chinesischen übers. u. eingef. v. E. Waldschmidt, verm. u. verb. Nachdruck der Ausg. von 1929 (Berlin), Graz 1982
J. WELLHAUSEN: Das arabische Reich und sein Sturz, 1902
J. WELLHAUSEN: Die religiös-politischen Oppositionsparteien im alten Islam, 1904
J.A. WILSON: Ägypten, in: G. Mann (Hrsg.): Propyläen Weltgeschichte in 10 Bdn. (1960–64), Frankfurt–Berlin 1986, I 323–521
L. WINTER (Übers.): Der Koran. Das heilige Buch des Islam. Nach der Übertragung von L. Ullmann, neu bearb. u. erl. v. L. Winter, München (Goldmann Tb. 521–522) 1959
H. ZIMMER: Myths and Symbols in Indian Art and Civilization, New York 1946; dt.: Indische Mythen und Symbole, übers. v. E.W. Eschmann, [1]1951; Neuausgabe: Düsseldorf–Köln 1972
H. ZIMMER: Philosophies of India, New York 1951; dt.: Philosophie und Religion Indiens, übers. v. L. Heyer-Grote, Zürich 1961; Neudruck: Frankfurt (stw 26) 1976

8) Tiefenpsychologie und empirische Anthropologie, Verhaltensforschung und Kulturgeschichte, Sozialpsychologie und Gruppendynamik

K. ABRAHAM: Versuch einer Entwicklungsgeschichte der Libido aufgrund der Psychoanalyse seelischer Störungen (1924), in: Psychoanalytische Studien zur Charakterbildung und andere Schriften, hrsg. v. J. Cremerius, Frankfurt 1969, 113–183; Neuausgabe in 2 Bdn.; Gesammelte Schriften, Frankfurt (Fischer Tb. 7319) 1982, II 32–102
A. ADLER: Das Problem der Homosexualität und sexueller Perversionen. Erotisches Training und erotischer Rückzug (1930), hrsg. u. eingel. v. W. Metzger, Frankfurt (Fischer Tb. 6337) 1977
G. BACHL: Der beschädigte Eros. Frau und Mann im Christentum, Freiburg–Basel–Wien 1989
G. BATESON: Double bind (1969), in: Steps to an Ecology of Mind. Collected Essays in Anthropology, Psychiatry, Evolution and Epistemology, New York 1972; dt.: Ökologie des Geistes. Anthropologische, psychologische, biologische und epistemologische Perspektiven, übers. v. H. G. Holl, Frankfurt 1981, Einl. v. H. Stierlin, 353–361
R. BATTEGAY: Der Mensch in der Gruppe; Bd. 1: Sozialpsychologische und dynamische Aspekte; Bern–Stuttgart [2]verb. 1968; Bd. 2: Allgemeine und spezielle gruppenpsychotherapeutische Aspekte, Bern–Stuttgart 1967
B. BETTELHEIM: The Uses of Enchantment, New York 1975; dt.: Kinder brauchen Märchen; übers. v. L. Mickel u. B. Weitbrecht; Stuttgart 1977
R. BILZ: Paläoanthropologie. Der neue Mensch in der Sicht einer Verhaltensforschung, Frankfurt, 1. Bd. 1971 (1. Bd. nach Tod des Verf.s nicht mehr erschienen.)
M. BOSS: Psychoanalyse und Daseinsanalytik, München (Kindler Tb. 2219) 1980
E. CANETTI: Masse und Macht, Düsseldorf 1960; Neudruck: Frankfurt (Fischer 6544) 1980
S. CARTER – J. SOKOL: Men who can't love, New York 1987; dt.: Die Angst vor der ewigen Liebe. Bindungsphobien der Männer... und was Frauen dagegen unternehmen können, übers. v. T. Müller-Roguski u. D. H. Klein, Zürich 1989

J. Cremerius: Freud bei der Arbeit über die Schulter geschaut. Seine Technik im Spiegel von Schülern und Patienten, in: Festschrift für G. Scheunert. Beiheft zum Jahrbuch der Psychoanalyse, 1980, 123–158
J. Cremerius: Die Bedeutung des Dissidenten für die Psychoanalyse, Psyche 36 (1982) 481–514
J. Cremerius: «Die Sprache der Zärtlichkeit und der Leidenschaft.» Reflexionen zu Sándor Ferenczis Wiesbadener Vortrag 1932, Psyche (1983) 988–1015
E. Drewermann – I. Neuhaus: Das Mädchen ohne Hände. Grimms Märchen tiefenpsychologisch gedeutet, Bd. 1, Olten–Freiburg 1981; [8]1988
E. Drewermann – I. Neuhaus: Der goldene Vogel (Reihe: Grimms Märchen tiefenpsychologisch gedeutet), Olten–Freiburg 1982; [6]1988
E. Drewermann – I. Neuhaus: Frau Holle. Grimms Märchen tiefenpsychologisch gedeutet, Bd. 3, Olten–Freiburg 1982, [6]1988
E. Drewermann – I. Neuhaus: Schneeweißchen und Rosenrot (Reihe: Grimms Märchen tiefenpsychologisch gedeutet, Bd. 4), Olten–Freiburg 1983, [5]1989
E. Drewermann – I. Neuhaus: Marienkind. Grimms Märchen tiefenpsychologisch gedeutet. Bd. 5, Olten–Freiburg 1984, [3]1989
E. Drewermann: Die kluge Else; Rapunzel. Grimms Märchen tiefenpsychologisch gedeutet, Bd. 7, Olten 1986, [3]1989
E. Drewermann – I. Neuhaus: Das Eigentliche ist unsichtbar. Der kleine Prinz tiefenpsychologisch gedeutet, Freiburg–Basel–Wien 1984
E. Drewermann: Von Angst und Schuld und ihrer Überwindung, in: Psychoanalyse und Moraltheologie, 3 Bde., Mainz 1982–84, I 111–127
E. Drewermann: Von der Geborgenheit im Ring der Liebe, in: Psychoanalyse und Moraltheologie, 3 Bde., Mainz 1982–1984, Bd. 2: Wege und Umwege der Liebe, 17–34
E. Drewermann: «Warte, bis Vater wiederkommt.» Lebenskrisen aus Kindheitserinnerungen der Nachkriegszeit, in: Psychoanalyse und Moraltheologie, 3 Bde., Mainz 1982–1984, II.: Wege und Umwege der Liebe, 138–161
E. Drewermann: Von der Notwendigkeit und Form der Konfrontationstechnik in der gesprächspsychotherapeutischen Beratung, in: Psychoanalyse und Moraltheologie, 3 Bde., Mainz 1982–1984, Bd. 2: Wege und Umwege der Liebe, 226–290
E. Drewermann: Von Krankheit, Kränkung und Verwandlung, in: Psychoanalyse und Moraltheologie, 3 Bde., Mainz 1982–84, III 39–56
E. Drewermann: Das Fremde – in der Natur, in uns selber und als das vollkommen Neue, dargestellt an einem Märchen, in: H. Rothbucher – F. Wurst (Hrsg.): Wir und das Fremde. Faszination und Bedrohung, Salzburg 1989 (Selbstverlag der Internat. Pädag. Werktagung) 117–144
V. B. Dröscher: Sie töten und sie lieben sich. Naturgeschichte sozialen Verhaltens, Hamburg 1974; Hamburg (rororo 6998) 1977
V. B. Dröscher: Nestwärme. Wie Tiere Familienprobleme lösen, Düsseldorf–Wien 1982
A. Dührssen: Psychogene Erkrankungen bei Kindern und Jugendlichen. Eine Einführung in die allgemeine und spezielle Neurosenlehre, Göttingen 1954
I. Eibl-Eibesfeldt: Menschenforschung auf neuen Wegen. Die naturwissenschaftliche Betrachtung kultureller Verhaltensweisen, Wien–München–Zürich 1976.
E. H. Erikson: Childhood and Society, New York 1950; 1963; dt.: Kindheit und Gesellschaft; übers. v. M. v. Eckhardt-Jaffé, Stuttgart (überarb. u. erw.) 1965
H. E. Erikson: Young Man Luther. A Study in Psychoanalysis and History, 1958; dt.: Der

junge Mann Luther. Eine psychoanalytische und historische Studie; übers. v. J. Schiche, Reinbek (rororo 6733–34) 1970
P. Federn: Über zwei typische Traumsensationen, in: Jahrbuch der Psychoanalyse, hrsg. v. S. Freud, VI. Bd., Leipzig–Wien 1914, 89–134
P. Federn: Ego Psychology and the Psychoses, 1952; dt.: Ichpsychologie und die Psychosen, Bern 1956; Neudruck: Frankfurt 1978, hrsg. v. A. Mitscherlich; übers. v. W. u. E. Federn, 107–151
S. Ferenczi: Die Leidenschaften der Erwachsenen und deren Einfluß auf Charakter und Sexualentwicklung des Kindes, in: Internationale Zeitschrift für Psychoanalyse XIV (1933) 5–15
S. Ferenczi: Ohne Sympathie keine Heilung. Das klinische Tagebuch von 1932, hrsg. v. J. Dupont (Journal clinique, Paris 1985), übers. v. R. Lewinter, Vorw. v. M. Balint, Frankfurt 1985
D. Flader – W. D. Grodzicki: Hypothesen zur Wirkungsweise der psychoanalytischen Grundregel, in: D. Flader u. a. (Hrsg.): Psychoanalyse als Gespräch. Interaktionsanalytische Untersuchungen und Therapie und Supervision, Frankfurt (stw 377) 1982, 41–95
A. Freud: Das Ich und die Abwehrmechanismen (1936), München (Kindler Tb. 2001) o. J.
S. Freud: Drei Abhandlungen zur Sexualtheorie (1905), Gesammelte Werke V, London 1942, 27–145
S. Freud: Bruchstück einer Hysterie-Analyse («Dora») (1905), in: Ges. Werke, V, London 1942, 161–286
S. Freud: Zwangshandlungen und Religionsübungen (1907), Werke VII, London 1941, 127–139
S. Freud: Die «kulturelle» Sexualmoral und die moderne Nervosität (1908), in: Ges. Werke VII, London 1941, 141–167
S. Freud: Beiträge zur Psychologie des Liebeslebens (1910), in: Ges. Werke, VIII, London 1945, 65–91
S. Freud: Eine Kindheitserinnerung des Leonardo da Vinci (1910), in: Ges. Werke, VIII, London 1945, 127–211
S. Freud: Psychoanalytische Bemerkungen über einen autobiographisch beschriebenen Fall von Paranoia (dementia paranoides) (1911), in: Ges. Werke, VIII, London 1945, 239–320
S. Freud: Zur Einleitung der Onaniediskussion. Schlußwort (1912), in: Ges. Werke, VIII, London 1943, 331–345
S. Freud: Zur Dynamik der Übertragung (1912), in: Ges. Werke VIII, London 1945, 364–374
S. Freud: Ratschläge für den Arzt bei der psychoanalytischen Behandlung (1912), in: Ges. Werke VIII, London 1943, 375–387
S. Freud: Totem und Tabu (1912), Ges. Werke, Bd. IX, London 1944
S. Freud: Zur Geschichte der psychoanalytischen Bewegung (1914), in: Ges. Werke, X, London 1946, 43–113
S. Freud: Erinnern, Wiederholen und Durcharbeiten (1914), Ges. Werke, X, London 1946, 125–136
S. Freud: Die Verdrängung (1915), in: Ges. Werke, Bd. 10, London 1946, 247–261
S. Freud: Bemerkungen über die Übertragungsliebe (1915), in: Ges. Werke X, London 1946, 305–321
S. Freud: Einige Charaktertypen aus der psychoanalytischen Arbeit (1915), in: Ges. Werke, X, London 1946, 363–391

S. FREUD: Über die Triebumsetzungen insbesondere der Analerotik (1916), in: Ges. Werke, X, London (1946), 401–410.
S. FREUD: Vorlesungen zur Einführung in die Psychoanalyse (1917), in: Gesammelte Werke, XI, London 1944
S. FREUD: Massenpsychologie und Ich-Analyse (1921), in: Ges. Werke XII, London 1947, 71–161
S. FREUD: Das Tabu der Virginität (1918), in: Ges. Werke, XII, London 1947, 161–180
S. FREUD: Ein Kind wird geschlagen. Beitrag zur Kenntnis der Entstehung sexueller Perversionen. (1919), in: Ges. Werke, XII, London 1947, 195–226
S. FREUD: Das Unheimliche (1919), Ges. Werke XII, London 1947, 227–268.
S. FREUD: Über die Psychogenese eines Falles von weiblicher Homosexualität (1920), in: Ges. Werke, XII, London 1947, 269–302
S. FREUD: Massenpsychologie und Ich-Analyse (1921), Ges. Schriften XIII, London 1940, 71–161
S. FREUD: Das Ich und das Es (1923), in: Ges. Werke, XIII, London 1940, 235–289
S. FREUD: Der Untergang des Ödipuskomplexes (1924), Werke XIII, 393–402
S. FREUD: Die Zukunft einer Illusion (1927), in: Ges. Werke XIV, London 1948, 323–380
S. FREUD: Ein religiöses Erlebnis (1928), in: Ges. Werke XIV, London 1947, 393–396
S. FREUD: Über die weibliche Sexualität (1931), in: Ges. Werke XIV, London 1948, 515–537
S. FREUD: Neue Folge der Vorlesungen zur Einführung in die Psychoanalyse (1932), in: Ges. Werke Bd. XV, London 1944
S. FREUD: Der Mann Moses und die monotheistische Religion (1937), Ges. Werke XVI, London 1950, 101–246
S. FREUD: The Complete Letters of Sigmund Freud to Wilhelm Fliess 1887–1904, ed. by J. M. Masson, Oakland, Cal., 1985; dt: Briefe an Wilhelm Fließ 1887–1904, für die deutsche Fassung bearb. v. M. Schröter, Transkription von G. Fichtner, Frankfurt 1986
E. FROMM: Die Entwicklung des Christusdogmas. Eine psychoanalytische Studie zur sozialpsychologischen Funktion der Religion (1930), in: The Dogma of Christ and other Essays on Religion, Psychology and Culture, New York 1955; dt.: Das Christusdogma und andere Essays; übers. v. C. Dietlmeier; überarb. v. R. Funk; Gesamtausgabe in 10 Bdn., VI 11–68, Stuttgart 1980
E. FROMM: You Shall Be as Gods. A Radical Interpretation of the Old Testament and Its Tradition, New York 1966; dt.: Ihr werdet sein wie Gott. Eine radikale Interpretation des Alten Testamentes und seiner Tradition, in: Gesamtausgabe, hrsg. v. R. Funk, VI: Religion, Stuttgart 1980, 83–226
E. FROMM: The Forgotten Language. An Introduction to the Understanding of Dreams, Fairy Tales and Myths, 1951; dt.: Märchen, Mythen, Träume. Eine Einführung in das Verständnis einer vergessenen Sprache, übers. v. L. u. E. Mickel, in: Gesamtausgabe, hrsg. v. R. Funk, Bd. IX: Sozialistischer Humanismus und humanistische Ethik, Stuttgart 1981, 168–309
E. FROMM: Der Traum ist die Sprache des universalen Menschen, in: Gesamtausgabe, hrsg. v. R. Funk, Bd. IX: Sozialistischer Humanismus und humanistische Ethik, Stuttgart 1981, 311–315
P. GAY: Freud. A Life for our time, New York–London–Toronto–Sidney–Auckland 1988
A. GEHLEN: Urmensch und Spätkultur. Philosophische Ergebnisse und Aussagen, Frankfurt–Bonn [2](neu bearb.) 1964
A. GEHLEN: Mensch und Institutionen (1969), in: Anthropologische Forschung. Zur Selbstbegegnung u. Selbstentdeckung des Menschen; Hamburg (rde 138) 1961, 69–77

A. HEIGL-EVERS: Die Gruppe unter soziodynamischem und antriebspsychologischem Aspekt, in: H. G. Preuss (Hrsg.): Analytische Gruppenpsychotherapie, München–Berlin–Wien 1966, 44–72
A. GÖRRES: Psychologische Bemerkungen zur Krise eines Berufsstandes, in: Weltpriester nach dem Konzil, Münchner Akademie-Schriften, hrsg. v. F. Henrich, Bd. 46, München 1969, 119–141; 143–175
L. HABEL: Umarmen möchte ich dich. Briefe an einen Therapeuten, München 1982; Frankfurt (Fischer Tb. 3299) 1988
P. R. HOFSTÄTTER: Gruppendynamik. Die Kritik der Massenpsychologie; Hamburg (rde 38) 1957
G. C. HOMANS: The Human Group, New York 1950; dt.: Theorie der sozialen Gruppe, übers. v. R. Gruner, Köln–Opladen 1960
K. D. HOPPE: Gewissen, Gott und Leidenschaft. Theorie und Praxis psychoanalytisch orientierter Psychotherapie von katholischen Klerikern, Stuttgart 1985
O. HÜRTER: Der Zölibat des Weltpriesters im Aspekt der Sozialpsychologie, in: Existenzprobleme des Priesters, hrsg. v. F. Henrich, München 1969, 53–71
K. IMMELMANN – C. MEVES: Prägung als frühkindliches Lernen, in: K. Immelmann (Hrsg.): Verhaltensforschung, eingel. v. K. Lorenz, Sonderband zu «Grzimeks Tierleben», Zürich 1974, 337–353
E. JONES: The Life and Work of Sigmund Freud, New York; dt.: Das Leben und Werk von Sigmund Freud, übers. v. K. Jones, 3 Bde., Bern 1960
E. JONES: Der Gottmensch-Komplex (1913), in: Zur Psychoanalyse der christlichen Religion, hrsg. v. A. Mitscherlich, Nachw. v. H. Dahmer, Frankfurt 1970, 15–36
E. JONES: Die Empfängnis der Jungfrau Maria durch das Ohr. Ein Beitrag zu der Beziehung zwischen Kunst und Religion, in: Jahrbuch der Psychoanalyse, hrsg. v. S. Freud, VI. Bd., Leipzig–Wien 1914, 135–204; in: Zur Psychoanalyse der christlichen Religion, hrsg. v. A. Mitscherlich, Nachw. v. H. Dahmer, Frankfurt 1970, 37–128
C. G. JUNG: Definitionen, in: Gesammelte Werke VI: Psychologische Typen (1921), Olten–Freiburg 1960, 444–528; [15]1986
C. G. JUNG: Über die Psychologie des Unbewußten (1943), Werke VII, Olten–Freiburg 1964, 1–130; [4]1989
C. G. JUNG: Die Lebenswende (1930), in: Ges. Werke, Bd. VIII, Olten–Freiburg 1971, 441–460; [15]1987
C. G. JUNG: Die Struktur der Seele (1928), in: Werke, VIII, Olten–Freiburg 1967, 161–183; [15]1987
C. G. JUNG: Die psychologischen Aspekte des Mutterarchetyps (1939), Werke IX, 1. Teil: Die Archetypen und das kollektive Unbewußte; Olten–Freiburg 1976, 89–123; [6]1985
C. G. JUNG: Psychologie und Religion (1940), Werke XI: Zur Psychologie östlicher und westlicher Religion, Olten–Freiburg 1963, 1–117; [5]1988
C. G. JUNG: Versuch einer Psychologischen Deutung des Trinitätsdogmas (1942), in: Ges. Werke, Bd. XI: Zur Psychologie westlicher und östlicher Religion, Olten–Freiburg 1963, 119–218; [5]1988
C. G. JUNG: Das Wandlungssymbol in der Messe (1924), in: Ges. Werke, XI: Zur Psychologie westlicher und östlicher Religion, Olten–Freiburg 1963, 219–323; [5]1988
C. G. JUNG: Die Beziehungen zwischen dem Ich und dem Unbewußten (1928); Werke Bd. VII: Zwei Schriften über Analytische Psychologie, Olten–Freiburg 1964; 131–264; [4]1989

C. G. JUNG: Über die Beziehung der Psychotherapie zur Seelsorge (1932), in: Ges. Werke, Bd. XI: Zur Psychologie westlicher und östlicher Religion, Olten 1971, 353–376; [5]1988

C. G. JUNG: Antwort auf Hiob (1952); Ges. Werke XI, Olten–Freiburg 1963, 385–506; [5]1988

C. G. JUNG: Psychologie und Dichtung (1930), in: Ges. Werke, Bd. XV, Olten 1971, 97–120; [4]1984

C. G. JUNG: Die Ehe als psychologische Beziehung (1925), in: Ges. Werke, XVII: Über die Entwicklung der Persönlichkeit, Olten 1972, 213–227; [5]1987

V. KAST: Wege aus Angst und Symbiose. Märchen psychologisch gedeutet, Olten–Freiburg 1982

R. KAUFMANN: Die Krise des Tüchtigen. Paulus und wir im Verständnis der Tiefenpsychologie, Olten 1989

A. C. KINSEY (U. A.): Sexual Behavior in the human Female, Philadelphia 1953; dt.: Das sexuelle Verhalten der Frau, übers. v. M. Baacke u. a., Frankfurt 1963

M. KLEIN: Zur Psychogenese der manisch-depressiven Zustände (1935), in: Das Seelenleben des Kleinkindes und andere Beiträge zur Psychoanalyse; hrsg. v. A. Thorner; Stuttgart 1962, 44–71

M. KLEIN: Bemerkungen über einige schizoide Mechanismen (1946), in: Das Seelenleben des Kleinkindes und andere Beiträge zur Psychoanalyse, hrsg. v. A. Thorner; Stuttgart 1962, 101–126

P. KLOSSOWSKY: Das lebende Geld, in: J. Harten – H. Kurnitzky (Hrsg.): Museum des Geldes, zusammengestellt u. hrsg. v. J. Harten – H. Kurnitzky, 2 Bde.; 1. Bd.: Von der seltsamen Natur des Geldes in Kunst, Wissenschaft und Leben, Düsseldorf 1978, 78–99

A. KOERFER – C. NEUMANN: Alltagsdiskurs und psychoanalytischer Diskurs. Aspekte der Sozialisierung des Patienten in einem «ungewohnten» Diskurstyp, in: D. Flader u. a. (Hrsg.): Psychoanalyse als Gespräch. Interaktionsanalytische Untersuchungen über Therapie und Supervision, Frankfurt (stw 377) 1982, 96–137

R. D. LAING: Knots, London 1970; dt.: Knoten, übers. v. H. Elbrecht, Hamburg (dnb 25) 1972

G. LE BON: Psychologie des foules, Paris 1895; dt.: Psychologie der Massen; mit einer Einführung v. H. Dingeldey; Stuttgart (Kröner Tb. 99) 1973

B. D. LEWIN: Sleep, the Mouth and the Dream Screen, Psychoanal. Quart. 15, 1946

N. LUHMANN: Funktion der Religion, Frankfurt 1977

S. MADEREGGER: Dämonen. Die Besessenheit der Anneliese Michl im Lichte der Analytischen Psychologie. Ein Beitrag zur Diskussion über die Personalität des Teufels, Wels 1983

A. MAEDER: Der mythische Heilbringer und der Arzt, in: Der Psychotherapeut als Partner, Zürich 1957; München (Kindler 2050), 19–28

B. MALINOWSKI: Sex and Repression in Savage Society, London 1927; dt.: Geschlecht und Verdrängung in primitiven Gesellschaften, übers. v. H. Seinfeld, Hamburg (rde 139–140) 1962

H. MARCUSE: Autorität und Familie in der deutschen Soziologie bis 1933, in: Autorität und Familie. Studien aus dem Institut für Sozialforschung, V, Paris 1936

J. M. MASSON: Was hat man dir, du armes Kind, getan? Sigmund Freuds Unterdrückung der Verführungstheorie, Hamburg 1987

D. MORRIS: The Human Zoo, London 1969; dt.: Der Menschenzoo, übers. v. F. Bolle, Zürich 1969

D. MORRIS: Manwatching, London 1977; dt.: Der Mensch, mit dem wir leben. Ein Handbuch

unseres Verhaltens, übers. v. K.H. Siber und W. Wagmuth, München–Zürich (Knaur 3659) 1978
D. MORRIS: Bodywatching, London 1985; dt.: Körpersignale, übers. v. M. Curths u. U. Gnade, München 1986
T. MOSER: Gottesvergiftung, 1976; Frankfurt (st 533) 1980
T. MOSER: Kompaß der Seele. Ein Leitfaden für Psychotherapie-Patienten, Frankfurt 1984; Frankfurt (st 1340) 1986
O. PFISTER: Das Christentum und die Angst, 1944; Neudruck: Olten 1975, mit einem Vorw. v. Th. Bonhoeffer; Neudruck: Frankfurt–Berlin–Wien (Ullstein Tb. 35219) 1985
O. RANK: Das Inzestmotiv in Dichtung und Sage. Grundzüge einer Psychologie des dichterischen Schaffens, Leipzig–Wien 1912
O. RANK: Psychoanalytische Beiträge zur Mythenforschung, Gesammelte Studien aus den Jahren 1912–1914, Leipzig–Wien 1919; Internationale Psychoanalytische Bibliothek, Nr. 4
O. RANK: Der Mythus von der Geburt des Helden. Versuch einer psychologischen Mythendeutung, Leipzig–Wien [2](verb.) 1922, Schriften zur angewandten Seelenkunde, hrsg. v. S. Freud, 5. Heft
O. RANK: Das Trauma der Geburt und seine Bedeutung für die Psychoanalyse, Leipzig–Wien–Zürich (Internationale Psychoanalytische Bibliothek, Bd. XIV) 1924
W. REICH: Character – Analysis (1933; [3]1949); dt.: Charakteranalyse (1933; Neudruck: 1961); Köln–Berlin 1970; Frankfurt (Fischer Tb. 6191) 1973, das letzte Kap. übers. v. K.H. Bönner
W. REICH: The Mass Psychology of Facism (1933; dritte erw. Aufl. 1942), New York 1971; dt.: Die Massenpsychologie des Faschismus, Köln–Berlin 1971; Neudruck: Frankfurt (Fischer 6754) 1974; Vorw. v. M. Higgins. übers. v. H. Graf
TH. REIK: Dogma und Zwangsidee. Eine psychoanalytische Studie zur Entwicklung der Religion (1927); Neudruck, eingel. v. Y. Spiegel u. J. Scharfenberg; Berlin–Köln–Mainz (Urban Tb. 601) 1973
TH. REIK: Masochism in Modern Man, New York 1941; dt.: Aus Leiden Freuden. Masochismus und Gesellschaft, Frankfurt (Fischer Tb. 6768) 1983
H. REMPLEIN: Die seelische Entwicklung des Menschen in Kindes- und Jugendalter. Grundlagen, Erkenntnisse und pädagogische Folgerungen der Kindes- und Jugendpsychologie, 14. umgearb. u. erg. Aufl., München–Basel 1966
K.G. REY: Das Mutterbild des Priesters. Zur Psychologie des Priesterberufes, Zürich–Köln–Einsiedeln 1969
H.K. REYER: Formen, Ursachen und biologische Bedeutung innerartlicher Aggression bei Tieren, in: K. Immelmann (Hrsg.): Verhaltensforschung. Sonderband zu Grzimeks Tierleben, Zürich 1974, 354–391
H.E. RICHTER: Eltern, Kind und Neurose. Psychoanalyse der kindlichen Rolle, Stuttgart 1963
F. RIEMANN: Grundformen der Angst. Eine tiefenpsychologische Studie über die Ängste des Menschen und ihre Überwindung, München 1961
E. RINGEL – A. KIRCHMAYR: Religionsverlust durch religiöse Erziehung. Tiefenpsychologische Ursachen und Folgerungen, Wien–Freiburg–Basel 1986
C.R. ROGERS: Counseling and Psychotherapy. Newer concepts in practice, Boston 1942; dt.: Die nichtdirektive Beratung, übers. v. E. Nosbüsch, München 1972
F. SCHALLER: Die biologische Bedeutung der Sexualität, in: K. Immelmann (Hrsg.): Verhaltensforschung. Sonderband zu Grzimeks Tierleben, Zürich 1974, 392–405

R. SCHINDLER: Grundprinzipien der Psychodynamik in der Gruppe, Psyche IX, 1957–1958
TH. SCHJELDERUP-EBBE: Zur Soziologie der Vögel, in: Zeitschrift für Psychologie, 95/1924
E. SCHMALOHR: Frühe Mutterentbehrung bei Mensch und Tier, Entwicklungspsychologische Studie zur Psychohygiene der frühen Kindheit, München, 3. durchges. Auflage 1980 (Geist und Psyche 2092)
W. SCHMIDBAUER: Die hilflosen Helfer. Über die seelische Problematik der helfenden Berufe, Reinbek 1977
O. W. SCHONECKE: Verhaltenstheoretisch orientierte Therapieformen in der psychosomatischen Medizin, in: Th. von Uexküll (Hrsg.): Lehrbuch der psychosomatischen Medizin, München–Wien–Baltimore [2](durchges.) 1981, 389–407
O. W. SCHONECKE – J. M. HERMANN: Das funktionelle kardiovaskuläre Syndrom, in: Th. von Uexküll (Hrsg.): Lehrbuch der Psychosomatischen Medizin, München–Wien–Baltimore, [2](durchges.) 1981, 464–475
H. SCHULTZ-HENCKE: Der gehemmte Mensch. Entwurf eines Lehrbuches der Neo-Psychoanalyse ([2]1947); Stuttgart 1965
H. SCHULTZ-HENCKE: Lehrbuch der analytischen Psychotherapie (1951), Stuttgart 1965
W. SCHWIDDER: Hemmung, Haltung und Symptom, in: Fortschritte der Psychoanalyse. Internationales Jahrbuch, Bd. I, Göttingen 1964, 115–128
G. E. SIMONETTI: Das Geld und der Tod, in: J. Harten – H. Kurnitzky (Hrsg.): Museum des Geldes, Düsseldorf 1978, I 102–103
R. A. SPITZ: The First Year of Life. A Psychoanalytic Study of Normal and Deviant Development of Object Relations, New York 1965; dt.: Vom Säugling zum Kleinkind. Naturgeschichte der Mutter-Kind-Beziehung im ersten Lebensjahr, übers. v. G. Theusner-Stampa, Stuttgart 1967, mit einem Nachw. v. W. G. Cobliner
F. J. STENDEBACH: Soziale Interaktion und Lernprozesse, Köln–Bern 1962
D. STOLLBERG: Therapeutische Seelsorge. Die amerikanische Seelsorgebewegung. Darstellung und Kritik. Mit einer Dokumentation, München (Studien zur praktischen Theologie, Nr. 6), 1969
L. SZONDI: Triebpathologie, 1. Bd.: Elemente der exakten Triebpsychologie und Triebpsychiatrie, Bern 1952
L. SZONDI: Lehrbuch der experimentellen Triebdiagnostik, Bd. I: Textband, Bern–Stuttgart, [2](völlig umgearb.) 1960
L. SZONDI: Schicksalsanalyse. Wahl in Liebe, Freundschaft, Beruf, Krankheit und Tod; Basel–Stuttgart, 3. neu bearb. und stark erw. Aufl. 1965
G. R. TAYLOR: Sex in History, London 1953; dt.: Wandlungen der Sexualität, Düsseldorf–Köln 1957, vom Autor ergänzt u. bearb. als: Kulturgeschichte der Sexualität, eingel. v. A. Mitscherlich, Frankfurt 1970; Frankfurt (Fischer Tb. 1839) 1977
H. THOMÄ: Anorexia nervosa. Geschiche, Klinik und Theorien der Pubertätsmagersucht; Bern–Stuttgart 1961
B. u. L. WACHINGER: Ehe – Familie, in: P. Eicher (Hrsg.): Neues Handbuch theologischer Grundbegriffe, 4 Bde., München 1984–1985, I 204–214
H. WAHL: «Priesterbild» und «Priesterkrise» in psychologischer Sicht, in: P. Hoffmann (Hrsg.): Priesterkirche, Düsseldorf 1987, 164–194
P. WATZLAWICK – J. H. BEAVIN – D. D. JACKSON: Menschliche Kommunikation. Formen, Störungen, Paradoxien, Bern 1969
W. WICKLER – U. SEIBT: Das Prinzip Eigennutz. Ursachen und Konsequenzen sozialen Verhaltens, Hamburg 1977

W. Wickler: Stammesgeschichte und Ritualisierung. Zur Entstehung tierischer und menschlicher Verhaltensmuster, München (dtv wr 4166) 1975
J. Wolpe: The Practice of Behavior Therapy, London 1969; dt.: Praxis der Verhaltenstherapie, übers. v. U. Allinger u. K. L. Holtz, Berlin–Stuttgart–Wien 1972
H. Zulliger: Schwierige Kinder. Zwölf Kapitel über Erziehung, Erziehungsberatung und Erziehungshilfe, Bern–Stuttgart 1951

9) Belletristik und Film, Malerei und Musik

Aischylos: Orestie, in: O. Werner (Übers.): Aischylos: Tragödien und Fragmente, übers. u. hrsg. v. O. Werner, Hamburg (rk 213–15) 1966, 7–110
Dante Alighieri: La Comedia (La divina Commedia), Foligno 1472; dt.: Die göttliche Komödie, übers. v. K. Falke, Wiesbaden (R. Löwit) o. J.
H. Ch. Andersen: Sämtliche Märchen in 2 Bänden, aus dem Dänischen übertr. v. Th. Dohrenburg, hrsg. v. E. Nielsen, Zürich 1976
J. Anouilh: L'alouette, Paris 1953; dt.: Jeanne oder Die Lerche, übers. v. F. Geiger, in: Dramen, Bd. 3, München 1957, Neudruck: Stuttgart (reclam 8970) 1987
Lucius Apulejus: Der Goldene Esel; übers. v. A. Rode; München 1961 (GG Tb. 476)
H. Ashby (Regisseur): Coming Home–Sie kehren heim, USA 1978
H. (de) Balzac: La femme de trente ans, Paris 1842, in: La comédie humaine, 17 Bde., 1842–1843, 3: Scènes de la vie privée III; dt.: Die Frau von dreißig Jahren, in: Szenen aus dem Privatleben (Die Frau von dreißig Jahren. Modeste Mignon. Der Ehevertrag. Oberst Chabert), übers. v. I. Täubert
L.-A. Bawden (Hrsg.): Film Lexikon, 4, Personen A–G, Edition der deutschen Ausgabe von W. Tichy, Luzern–Frankfurt 1977; Hamburg (rororo 6231) 1978
H. Bemmann: Der klerikale Witz, eingel. v. F. Heer, Olten 1970
I. Bergman: Wilde Erdbeeren, in: Wilde Erdbeeren und andere Filmerzählungen, aus dem Schwedischen ausgew. u. übers. v. A. Storm, München (Heyne Tb. 5695) 1980, 7–71 (schwedisch: Smultronstället, 1957)
G. Bernanos: Journal d'un Curé de Campagne (1936); dt.: Tagebuch eines Landpfarrers; übers. v. J. Hegner, Köln [11]1966
G. Bernanos: Sous le Soleil du Satan; dt.: Die Sonne Satans, übers. v. F. Burschell u. J. Hegner, Hamburg (rororo 16) 1950
G. Bernanos: Les grands cimetières sous la lune, Paris 1938; dt.: Die großen Friedhöfe unter dem Mond, übers. v. W. Heist, Olten–Köln 1959
G. Bernanos: La Joie; dt.: Die Freude, übers. v. E. Peterich, Frankfurt (Fischer Tb. 476) 1962
G. Bernanos: Monsieur Ouine, 1940; dt.: Die tote Gemeinde, übers. v. E. Peterich, Köln–Olten; München (dtv 27) 1962
J. Bolte – G. Polivka: Anmerkungen zu den Kinder- und Hausmärchen der Brüder Grimm, 5 Bde., Leipzig 1913–1932
H. Börsch-Supan – K. W. Jähnig: Caspar David Friedrich. Gemälde, Druckgraphik und bildmäßige Zeichnungen, München 1973
B. Brecht: Kalendergeschichten, Hamburg (rororo 77) 1953
B. Brecht: Leben des Galilei (1938–1939), Berlin 1955; Frankfurt (sv 1) 1962
R. Bresson (Regisseur): Tagebuch eines Landpfarrers, Frankreich 1951

G. BÜCHNER: Leonce und Lena (postum 1850), in: Gesammelte Werke, hrsg. v. H. Hunold, München (GG Tb. 7510) o. J., 107–140
G. BÜCHNER: Woyzeck (1850, postum); in: Ges. Werke, hrsg. v. H. Hunold, München (Goldmann Klassiker 7510) o. J., 141–166
L. BUÑUEL (Regisseur): Viridiana, Spanien/Mexiko 1961 (mit Silvia Pinal als Viridiana). Filmtext in: Inter Spectacles. Domaine cinéma, Bd. 2, Paris 1962; dt.: Virdiana, Hamburg 1962
A. CAMUS: La Peste. Chronique, Paris 1947; dt.: Die Pest, übers. v. G. Meister, Boppard 1949; Neudruck: Reinbek (rororo 15) 1950
A. CAMUS: Caligula, Paris 1947; dt.: Caligula, in: Dramen, übers. v. G. Meister, Hamburg 1959, 15–73
P. CLAUDEL: Le soulier de satin, Paris 1930; dt.: Der seidene Schuh oder Das Schlimmste trifft nicht immer zu, übers. v. H. U. v. Balthasar, Salzburg–Leipzig 1939
P. CLAUDEL: L'épée et le muroir, Paris; dt.: Schwert und Spiegel, übers. v. Alastair, Heidelberg 1965
C. MCCULLOUGH: The Thorn Birds, New York 1977; dt.: Dornenvögel, übers. v. G. Panske, München 1981
D. DIDEROT: La religieuse, Paris 1796; dt.: Die Nonne, übers. v. O. Füssli (1797), revid. von U. Lehr, Nachw. v. R. Mauzi, Frankfurt (it 31) 1966
A. DÖBLIN: Die drei Sprünge des Wang-lun. Chinesischer Roman (1915), mit einem Nachw. v. W. Muschg, Olten 1960; München (dtv 1641) 1970
HILDE DOMIN: Gesammelte Gedichte, Frankfurt 1987
F. M. DOSTOJEWSKI: Njetotschka Neswanowa (1849), übers. v. E. K. Rahsin, München 1922; Frankfurt (Fischer Tb. 1259) 1971
F. M. DOSTOJEWSKIJ: Unižennye i oskorblennye, Petersburg 1861; dt.: Die Erniedrigten und Beleidigten, übers. v. K. Nötzel, München (GG Tb. 936–937) o. J.
F. M. DOSTOJEWSKIJ: Prestuplenie i nakazanie (1866); dt.: Schuld und Sühne. Roman in 6 Teilen und einem Epilog; übers. v. W. Bergengruen; München (Droemer V.) o. J.
F. M. DOSTOJEWSKIJ: Tagebuch eines Schriftstellers (1873; 1876; 1877; 1888); übers. v. E. K. Rahsin, München 1963
F. M. DOSTOJEWSKIJ: Bratja Karamazovy (1880); dt.: Die Brüder Karamasoff, übers. v. K. Noetzel, München (GG Tb. 478–79; 480–81) 1958
G. EIMER: Zur Dialektik des Glaubens bei Caspar David Friedrich, Darmstadt 1982
A. DE SAINT-EXUPÉRY: Wind, Sand und Sterne (Terre des hommes, Paris 1939), übers. v. H. Becker, in: Ges. Schriften in 3 Bdn., Düsseldorf 1959; München (dtv 5959) 1978, I 175–340
A. DE SAINT-EXUPÉRY: Le petit Prince, 1943; dt.: Der kleine Prinz, mit den Zeichnungen des Verfassers, übers. v. G. u. J. Leitgeb, Düsseldorf 1956
C. G. FAVA – A. VIGANO: Federico Fellini. Seine Filme – sein Leben (Rom 1987: I Filmi di Federico Fellini), München (Heyne Filmbibliothek 32/128) 1989
F. FELLINI (Regisseur): Roma (1972)
G. FLAUBERT: La Tentation de saint Antoine. Version définitive, 1874; dt.: Die Versuchung des heiligen Antonius; übers. v. F. P. Grewe (1907–1909), rev. v. F. Cavigelli, mit einem Essay v. P. Valéry u. einem Brief v. E. Renan, Zürich (detebe 210/4) 1979
TH. FONTANE: Schach von Wuthenow (1883), in: Werke in 4 Bdn., hrsg. v. G. Geiger, Wiesbaden (Vollmer) o. J., Bd. 2, 125–238
TH. FONTANE: Unterm Birnbaum (1885), in: Werke in 4 Bdn., hrsg. v. H. Geiger, Wiesbaden (Vollmer) o. J., Bd. 2, 239–329

B. FRÜNDT – R. THISSEN: Wunderbare Visionen auf dem Weg zur Hölle. Das Kino und die Kämpfe des Martin Scorsese, ZDF 17. 5. 89
KH. GIBRAN: Jesus – The Son of Man. His Words and His Deeds. As told and recorded by those, who knew Him; dt.: Jesus Menschensohn. Seine Worte und Taten, berichtet von Menschen, die ihn kannten, übers. v. U. Assaf-Nowak, Olten 1988
A. GIDE: Les nourritures terrestres (1897); dt.: Uns nährt die Erde, übers. v. H. Prinzhorn, in: Romane, Stuttgart 1973, 7–115
A. GIDE: La porte étroite, 1909; dt.: Die enge Pforte, übers. v. M. Honeit, in: Sämtliche Erzählungen, Stuttgart 1965, 181–298
A. GIDE: La symphonie pastorale (1919); dt.: Die Pastoralsymphonie, übers. v. B. Guillemin, in: Sämtliche Erzählungen, Stuttgart 1965, 383–440
A. GIDE: L'école des femmes, 1929; dt.: Die Schule der Frauen, übers. v. K. Rosenberg, in: Sämtliche Erzählungen, Stuttgart 1965, 441–504
A. GIDE: Journal 1889–1939, Paris 1948; dt.: Aus den Tagebüchern 1889–1939, übers. u. ausgew. v. U. Schäfer-Rümelin, Stuttgart 1961
A. GIDE: Journal 1939–1942; Journal 1942–1949, Paris; dt.: Tagebuch 1939–1949, übers. v. M. Schaefer-Rümelin u. G. Schlientz, Stuttgart 1967
J. W. v. GOETHE: Faust (Stuttgart–Tübingen 1834). Der Tragödie erster u. zweiter Teil. Urfaust, hrsg. u. komm. v. E. Trunz, München 1972 (nach: Goethes Werke, Bd. III, Hamburger Ausgabe, München [10]1976)
V. v. GOGH: Briefe an seinen Bruder, hrsg. v. J. G. van Gogh-Bongers, 3 Bde., Frankfurt (it 954) 1988
N. GOGOL: Der Revisor (Petersburg 1836), übers. v. J. v. Guenther, in: Ges. Werke, Bd. 5, Berlin 1952
C. GOLDONI: Der Diener zweier Herren (Florenz 1753), übers. v. F. L. Schröder, bearb. v. O. C. A. zur Nedden, Stuttgart (reclam 463) 1953
G. GRASS: Gesammelte Gedichte, Vorw. v. H. Vormweg, Berlin–Neuwied 1971
J. GREEN: Jeunes années. Autobiographie 2, Paris 1984; dt.: Jugend. Autobiographie 1919–1930, übers. v. E. Rechel-Mertens u. R. A. Zondergeld, München–Berlin (dtv 11068) 1987
G. GREENE: The Power and the Glory; dt.: Die Kraft und die Herrlichkeit, übers. v. V. Magd u. W. Puchwein, Hamburg (rororo 91) 1953
G. GREENE: The Honorary Consul, 1973; dt.: Der Honorarkonsul, übers. v. S. Rademacher und H. W. Polak, Wien–Hamburg 1973; Neudruck: Hamburg (rororo 1911) 1976
G. GREENE: Ways of Escape, 1980; dt.: Fluchtwege, übers. v. U. Dülberg, H. W. Polak, G. Polak, B. Reiffenstein, Hamburg 1981
G. GUARESCHI: Mondo Piccolo «Don Camillo», Mailand 1948; dt.: Don Camillo und Peppone, übers. v. A. Dalma, Salzburg 1950; Hamburg (rororo 215) 1966
P. HAINING: The legend of Brigitte Bardot, London 1983; dt.: Brigitte Bardot. Die Geschichte einer Legende, übers. v. D. Erb, Herford 1984
J. HALE: Giorgione: Ruhende Venus (1508), in: W. von Bonin (Hrsg.): 100 Meisterwerke aus den großen Museen der Welt, Köln 1987, 2. Bd., 74–79
G. HAUPTMANN: Der Ketzer von Soana, 1917, in: Das erzählerische Werk in 10 Bdn., hrsg. v. U. Lauterbach, 1. Bd., Frankfurt–Berlin–Wien 1963; Wien 1981, 79–163
F. HEBBEL: Die Nibelungen. Ein deutsches Trauerspiel in drei Abteilungen, Hamburg 1862; Frankfurt–Berlin 1966, hrsg. v. H. de Boor
H. HESSE: Eigensinn (1919), in: Politische Betrachtungen, Frankfurt (sv 244) 1970, ausgew. v. S. Unseld, S. 47–52

H. HESSE: Eigensinn. Autobiographische Schriften, ausgew. v. S. Unseld, Reinbek (rororo 4856) 1981
H. HESSE: Siddhartha. Eine indische Dichtung (1919–1922), Montagnola 1950; Frankfurt (sv 227) 1969
H. HESSE: Demian. Die Geschichte von Emil Sinclairs Jugend (1919), Frankfurt (sv 95) 1971
H. HESSE: Narziß und Goldmund. Erzählung (1930), Montagnola 1957, Neudruck: Frankfurt (Bibliothek Suhrkamp 65) 1971
E. T. A. HOFFMANN: Der Sandmann, Berlin (in: Nachtstücke) 1817, in: Werke in 5 Bdn., hrsg. v. G. Spiekerkötter, neu bearb. nach der Ausg. v. G. Ellinger, Bd. 1: Phantasiestücke in Callots Manier. Nachtstücke, Zürich 1965, 295–324
Ö. VON HORVÁTH: Geschichten aus dem Wiener Wald (1931), Hamburg (Stücke, hrsg. v. T. Krischke, Nachw. v. U. Becker) 1961
F. JAMMES: Le curé d'Ozeron; dt.: Der Pfarrherr von Ozeron, übers. v. F. Burschell, Berlin (Ullstein Tb. 223) 1959
E. ITZENPLITZ (Regisseur): Der Tod des Camillo Torres oder Die Wirklichkeit hält viel aus. Von Oliver Storz, ZDF 14. 12. 77
F. KAFKA: Der Prozeß, New York 1946; Frankfurt 1958, in: F. Kafka: Gesammelte Werke, hrsg. v. M. Brod; Neudruck: Frankfurt (Fischer EC 3) 1960
F. KAFKA: Sämtliche Erzählungen, hrsg. v. P. Raabe, Frankfurt (Fischer Tb. 1078) 1970
F. KAFKA: In der Strafkolonie (1919), in: Sämtliche Erzählungen, hrsg. v. P. Raabe, Frankfurt (Fischer Tb. 1078) 1970, 100–123
F. KAFKA: Brief an den Vater, in: Hochzeitsvorbereitungen auf dem Lande und andere Prosa aus dem Nachlaß, hrsg. v. M. Brod, New York 1953; Frankfurt (Fischer Tb. 2067) 1980, 119–162
F. KAFKA: Briefe an Milena; hrsg. u. mit Nachw. vers. v. W. Haas; New York–Frankfurt 1952, Frankfurt (Fischer Tb. 756) 1966
N. KAZANTZAKIS: Alexis Sorbas, übers. v. A. Steinmetz, Hamburg 1955; Hamburg (rororo 158) 1988
N. KAZANTZAKIS: Griechische Passion (1954), aus dem Griech. übers. v. W. Krebs, Berlin–München–Wien 1977; Hamburg (rororo 4747) 1981
N. KAZANTZAKIS: Die letzte Versuchung, aus dem Griech. übers. v. W. Krebs, Reinbek (rororo 5464) 1984
N. KAZANTZAKIS: Rechenschaft vor El Greco, übers. v. I. Rosenthal-K., München 1978
F. KEMP: De l'angelus de l'aube à l'angelus du soir, in: Kindlers Lexikon in 8 Bdn., dt. Ausgabe red. v. G. Woerner – R. Geisler, Zürich 1965, VIII 10603–10604
J. KLEPPER: Unter dem Schatten deiner Flügel. Aus den Tagebüchern der Jahre 1932–1942, hrsg. v. H. Klepper, Stuttgart 1972
J. DE LA FONTAINE: Sämtliche Fabeln, übers. v. E. Dohm u. G. Fabricius, München 1978; München (dtv 2094) 1981
T. DI LAMPEDUSA: Der Leopard (Mailand 1958), übers. v. Ch. Birnbaum, München 1959
P. LECALDANO: F. Goya: Die Schrecken des Krieges; Mailand 1975; aus dem Italien. übers. v. U. Knöller-Seyffarth u. H. Werner, München 1976, Vorw. v. R. Hagelstange.
G. VON LE FORT: Am Tor des Himmels, in: Erzählungen (Ehrenwirt Verlag) 1968, 395–451
P. A. LESORT: Paul Claudel par lui-même, Paris 1963; dt.: Paul Claudel in Selbstzeugnissen und Bilddokumenten, übers. v. H. Schröter, Hamburg (rm 95) 1964
LONGUS: Daphnis und Chloe. Ein antiker Liebesroman, aus dem Griech. übers. u. mit Nachw. vers. v. A. Mauersberger, Leipzig; Frankfurt (Insel Tb. 136) 1976

L. MALLE (Regisseur): Viva Maria, Frankreich 1965 (mit Brigitte Bardot und Jeanne Moreau)
TH. MANN: Joseph und seine Brüder. Roman in 4 Teilen, Stockholm–Amsterdam 1948; Neudruck: Frankfurt–Hamburg (Fischer Tb. 1183, 1184, 1185) 1971
G. DE MAUPASSANT: Le Baptême (1884); dt.: Die Taufe, übers. v. I. Schauber u. E. Sander, in: Gesamtausgabe der Novellen und Romane, Bd. 4: Die Erbschaft, München (GG Tb. 8563) 1987, 63–68
G. DE MAUPASSANT: Clair de Lune (1884); dt.: Mondschein, übers. v. W. G. Hartmann, E. Sander u. I. Schauber, in: Gesamtausgabe der Novellen und Romane, Bd. 5: Yvette, München (GG Tb. 8564) 1987
NOVALIS: Werke, hrsg. u. komm. v. G. Schulz, München [2](neu bearb.) 1981
G. ORWELL: Animal Farm, London 1945; dt.: Die Farm der Tiere, übers. v. N. O. Scarpi, Frankfurt 1958
G. ORWELL: 1984, übers. v. K. Wagenseil, Zürich [1]1950, Neudruck: Frankfurt–Wien–Berlin (Ullstein Tb. 3253) 1976
P. P. PASOLINI (Regisseur): La Ricotta – Der Weichkäse, Italien 1962
J. PAUL: Der Siebenkäs (Ehestand, Tod und Hochzeit des Armenadvokaten F. St. Siebenkäs im Reichsmarktflecken Kuhschnappel) (1796–1797), erl. v. F. Burschell, Hamburg (rk 17–18) 1957
H. G. PFLAUM: Hal Ashby. Erschütterung zum Leben, in: P. W. Jansen–W. Schütte: New Hollywood, München 1976
H. RENNER: Reclams Konzertführer. Orchestermusik; Stuttgart (reclam 7720–31) [8](neu bearb.) 1967
R. M. RILKE: Das Stundenbuch (1905), in: Sämtliche Werke, hrsg. v. Rilke-Archiv, in Verbindung mit R. Sieber-Rilke besorgt durch E. Zinn, 6 Bde., Frankfurt 1955–1966; 1. Bd.: Gedichte. 1. Teil, 1955, 249–366, enthaltend die 3 Bücher: Vom mönchischen Leben (1899); Von der Pilgerschaft (1901); Von der Armut und vom Tod (1903)
J. P. SARTRE: La nausée, Paris 1938; dt.: Der Ekel, übers. v. H. Wallfisch, Stuttgart 1949; Reinbek (rororo 581) 1963
J. P. SARTRE: L'enfance d'un chef, Paris 1939 (in: Le mur, Die Mauer); dt.: Die Kindheit eines Chefs, übers. v. H. Wallfisch, Frankfurt (bs 175) 1968
J. P. SARTRE: Le diable et le bon Dieu, Paris 1951; dt.: Der Teufel und der liebe Gott, übers. v. E. Rechel-Mertens, Hamburg 1951; in: Gesammelte Dramen, Reinbek 1969, 261–366
J. P. SARTRE: Les mots, Paris 1964; dt.: Die Wörter, übers. u. m. Nachw. vers. v. H. Mayer; Hamburg 1965; Neuausgabe: Hamburg (rororo 1000) 1968
P. SCHAMONI: Caspar David Friedrich. Grenzen der Zeit, 1987
F. SCHILLER: Don Carlos. Infant von Spanien (1787), in: Werke, hrsg. v. P. Stapf, 2 Bde., Wiesbaden (Vollmer) o. J., I 323–509
F. SCHILLER: Die Jungfrau von Orleans. Eine romantische Tragödie (1801), in: Schiller. Werke in 2 Bdn., hrsg. v. P. Stapf, Wiesbaden o. J., I 923–1036
W. SCHMIED: Caspar David Friedrich, Köln 1976
R. SCHNEIDER: Innozenz der Dritte (1931), mit einem Nachw. v. J. Rast, München (dtv 116) 1963
R. SCHNEIDER: Taganrog, in: Taganrog und andere Erzählungen, Freiburg–Basel–Wien (Herder Tb. 112) 1962, 47–121
R. SCHNEIDER: Philipp der Zweite oder Religion und Macht, Olten 1949; Neudruck: Frankfurt (st 1412) 1987

R. SCHNEIDER: Winter in Wien. Aus meinen Notizbüchern 1957–58. Mit einer Grabrede von W. Bergengruen, Freiburg–Basel–Wien 1958
M. SCORSESE (Regisseur): Die letzte Versuchung, USA 1988
G. SEESSLEN – C. WEIL: Ästhetik des erotischen Kinos. Geschichte und Mythologie des erotischen Films (Grundlagen des populären Films, Bd. 7), Hamburg (rororo 7379) 1980
W. SHAKESPEARE: König Lear (King Lear, 1608), übers. v. W. Graf Baudissin, in: Sämtliche Werke, Wiesbaden (Löwit) o. J., 731–756
STENDHAL (Henri Beyle): Le Rouge et le Noir, 1830; dt.: Rot und Schwarz. Chronik aus dem Jahr 1830; übers. v. W. Widmer, München 1953
STENDHAL (H. Beyle): La chartreuse de Parme, Paris 1839; dt.: Die Kartause von Parma, übers. v. W. Widmer, München 1972
R. TAGORE: Auf des Funkens Spitzen. Weisheiten für das Leben, ausgew. u. aus dem Bengalischen übers. u. eingel. v. M. Kämpchen, München 1989
L. TETZNER: Märchen der Völker, Frankfurt (Fischer Tb. 222) 1958
K. TUCHOLSKY: Briefe an eine Katholikin 1929–1931, Reinbek 1969
M. DE UNAMUNO: San Manuel Bueno, mártir (1932), Edition de Mario J. Valdés, Madrid 1981; dt.: San Manuel Bueno, Märtyrer, übers. v. E. Brandenberger, Spanisch/Deutsch, Stuttgart (reclam 8437), Hörspielbearbeitung von K. Schöning, 1. 11. 66 in WDR II
C. M. WIELAND: Die Abderiten. Eine sehr wahrscheinliche Geschichte von Herrn Hofrath Wieland, 1774 Weimar; in: Werke in 4 Bdn., hrsg. v. H. Böhm, 1. Bd., Berlin O.–Weimar 1984
T. WILLIAMS: Cat on Hot Tin Roof, 1954; dt.: Die Katze auf dem heißen Blechdach, Schauspiel in drei Akten, übers. v. H. Sahl, Frankfurt (Fischer Tb. 7071) 1980
É. ZOLA: La Faute de l'Abbé Mouret, Paris 1875 (in: Les Rougon-Macquart); dt.: Die Sünde des Abbé Mouret; nach der v. M. Le Blond besorgten Gesamtausgabe übers. v. E. Eichholtz, Nachw. u. Anm. v. R. Schober (in: Die Rougon-Macquart. Natur- und Sozialgeschichte einer Familie aus dem Zweiten Kaiserreich, hrsg. v. R. Schober), München 1975
É. ZOLA: L'Assomoir, Paris 1877; Paris 1961 (in: Les Rougon-Macquart); dt.: Der Totschläger; nach der v. M. Le Bond besorgten Gesamtausgabe übersetzt v. R. Schober (in: Die Rougons-Macquart. Natur und Sozialgeschichte einer Familie aus dem Zweiten Kaiserreich, hrsg. v. R. Schober), München 1975
É. ZOLA: Nana, Paris 1879. 1880, in: Les Rougon-Macquart, 20 Bde., 1871–1893, Bd. 9; Paris 1928, Ges. Werke, hrsg. v. M. Le Bond u. E. Fasquelle, 50 Bde., 1927–1929; dt.: Nana, übers. v. W. Widmer, Nachw. v. R. Schober, München (dtv 2008) 1976
É. ZOLA: La Bête Humaine, Paris 1890, in: Les Rougon-Macquart, Bd. 17; dt.: Das Tier im Menschen; übers. v. G. Krüger, nach der von M. Le Blond bes. Gesamtausgabe; Nachw. v. R. Schober; Bd. 17 der Rougon-Macquart, Natur- und Sozialgeschichte einer Familie unter dem Zweiten Kaiserreich, hrsg. v. R. Schober, München 1977
ST. ZWEIG: Drei Dichter ihres Lebens. Casanova. Stendhal. Tolstoi (1928), Frankfurt 1951; Neudruck: Frankfurt (Fischer Tb. 2290) 1961
ST. ZWEIG: Maria Stuart (1935); Frankfurt 1951; Neudruck: Frankfurt (Fischer Tb. 1714) 1959
ST. ZWEIG: Verwirrung der Gefühle, in: Meisternovellen, Wien 1938; Stockholm 1943/46; Frankfurt 1970, 186–264
ST. ZWEIG: Die Augen des ewigen Bruders, in: Legenden, Stockholm 1945; Frankfurt 1979, Nachw. v. A. Hildebrand, 29–80

Namenregister